Francesco Maria FELTRI
Maria Manuela BERTAZZONI
Franca NERI

LE STORIE I FATTI LE IDEE

CORSO DI STORIA PER IL SECONDO BIENNIO E IL QUINTO ANNO

3

Dal Novecento a oggi

eBook+

Questo volume è disponibile anche in versione digitale.
Per attivarlo segui le istruzioni presenti sul sito internet
www.seieditrice.com/libri-digitali

Il relativo accesso è regolato dalle condizioni generali di licenza di SEI S.p.A., disponibili allo stesso indirizzo

SOCIETÀ EDITRICE INTERNAZIONALE - TORINO

SEI

Coordinamento editoriale: Anna Maria Battaglini
Progetto editoriale: Gianluca Tarabbia
Redazione: Luisa Castellani per Fregi e Majuscole
Ricerca iconografica: Silvia Giraudo, Luisa Castellani per Fregi e Majuscole
Coordinamento tecnico: Michele Pomponio
Controllo cromatico iconografia: at Studio Grafico - Torino
Progetto grafico: Apotema
Impaginazione: Maria Giovanna Mascaro per Fregi e Majuscole
Cartografia: Giorgio Mardegan - Effigies
Coordinamento multimediale: Nicola Prinetti
Redazione multimediale: Tommaso Martino
Copertina: Piergiuseppe Anselmo
Foto in copertina: © Popperfoto/Getty Images
Crediti: Getty Images: 283
Shutterstock: 308; 532
Copyright by SIAE 2015: 97 (Balla); 182
Copyright US Navy: 611
Le foto non citate provengono dall'Archivio SEI.

07412

AZIENDA CON SISTEMA DI GESTIONE QUALITÀ CERTIFICATO DA DNV GL = ISO 9001 =

Prima edizione: 2015

Ristampa

2 3 4 5 6 7 8 9 10
2018 2019

Stampa: Sograte S.r.l. - Città di Castello (PG)

Il tuo libro è anche un **eBook+**

in forma **digitale interattiva**

eBook+

Scarica e attiva, è facile!

Segui le istruzioni che trovi sul sito della casa editrice, alla pagina **www.seieditrice.com/libri-digitali**

Studiare è più semplice con l'**eBook+**

Guarda, annota, sottolinea, evidenzia nel testo!

Con l'**eBook+** apprendi in modo **multimediale** e **interattivo**, attraverso contenuti audio, video e link a risorse multimediali: insomma, in modo **coinvolgente** e **divertente**.

Ascolta, scopri i link, gli approfondimenti e salva il tuo lavoro

Una volta scaricato sul tuo dispositivo, che potrà essere un PC fisso o portatile, un netbook o un tablet, il tuo libro digitale interattivo potrà essere utilizzato anche **in assenza di connessione alla rete**.

Tutte le tue operazioni le potrai ritrovare semplicemente **sincronizzando** i diversi dispositivi.

Sempre connesso alla classe con l'**eBook+**

Condividi con i tuoi compagni e il docente

Vai sul sito SEI all'indirizzo **www.seieditrice.com/on**: troverai tutte le indicazioni per conoscere e utilizzare in modo facile un ambiente didattico digitale, dove sono disponibili **i tuoi libri, i tuoi appunti e le risorse selezionate e messe a disposizione dal tuo insegnante**.

Usa le icone

- Audio
- Video
- Galleria di immagini
- Esercizi interattivi
- Materiali interattivi e proiettabili
- Download
- Approfondimenti
- Documenti
- Link interni al volume
- Link esterni al volume
- Zoom

ON OPENSCHOOL NETWORK

Indice

Unità 1 Masse e potere tra due secoli

Unità 1 Masse e potere tra due secoli 2

1 L'entrata in scena delle masse

- **1.1** La crescita demografica e gli sviluppi della medicina 6
- **1.2** La migrazione dalle campagne alle città 8
- **1.3** Gustave Le Bon e l'era delle folle 9

2 La mobilitazione delle masse

- **2.1** I sistemi stabili: Germania e Inghilterra 10
- → **SPORT Novecento, secolo dello sport Le origini del *football* moderno** 11
- **2.2** La Francia: problemi e contrasti 12
- **2.3** Il movimento boulangista 13
- **2.4** Le masse, l'antisemitismo e l'*affare Dreyfus* 15
- **2.5** Socialismo, sindacalismo e fascismo in Francia 16

3 L'Europa antisemita alla fine dell'Ottocento

- **3.1** L'antisemitismo in Russia 18
- **3.2** L'antisemitismo in Germania: Fritsch 20
- → **DOCUMENTO L'antisemitismo di Fritsch: ebrei = insetti** 20
- **3.3** L'antisemitismo nell'impero asburgico: Lueger 22

4 L'Italia di Giolitti

- **4.1** Giovanni Giolitti e lo Stato liberale 23
- → **DOCUMENTO CHIAVE Gli scioperi popolari e la risposta di Giolitti** 24
- **4.2** Giolitti e la collaborazione con i socialisti 25
- **4.3** L'inizio dello sviluppo industriale 27
- → **CITTADINANZA E COSTITUZIONE I diritti dei lavoratori, nella Costituzione della Repubblica italiana** 28
- **4.4** I meccanismi del potere e le critiche a Giolitti 30
- **4.5** L'impresa italiana in Libia 31
- → **ZOOM La violenza italiana in Tripolitania e in Cirenaica** 33
- **4.6** La legge elettorale e il Patto Gentiloni 34
- → **DOCUMENTO Il Patto Gentiloni** 35

STORIOGRAFIA 36

LAVORARE PER COMPETENZE – AVVIO AL SAGGIO BREVE 39

VERIFICA DELL'APPRENDIMENTO 42

PER RIPASSARE I FATTI 44

PER RIPASSARE I CONCETTI 45

Guardiamo la storia

I progressi della medicina 6
Le riforme di Giolitti 23
La campagna di Libia 31

Unità 2

Sfida serba e azzardo turco

46

1 Il sistema delle alleanze a fine Ottocento

- **1.1** I Balcani 50
- **1.2** Il congresso di Berlino e il sistema delle alleanze 51

2 Il disegno politico della Serbia

- **2.1** La rottura tra la Serbia e l'Austria-Ungheria 53
- **2.2** Le crisi di Bosnia, Marocco e Libia 54
- **2.3** La polveriera balcanica 55

→ **ZOOM Le guerre balcaniche** 55

→ **DOCUMENTO CHIAVE Il giuramento dei nuovi affiliati a Unione o morte** 57

3 Lo scontro tra Austria e Serbia

- **3.1** L'attentato di Sarajevo e la dichiarazione di guerra 58
- **3.2** L'offensiva austriaca contro la Serbia 59

4 L'intervento turco e il genocidio degli armeni

- **4.1** L'entrata in guerra dell'impero turco 61
- **4.2** La deportazione e il genocidio degli armeni 62

→ **DOCUMENTO Nota di Tal'at al Gran visir** 63

STORIOGRAFIA 66

LAVORARE PER COMPETENZE – AVVIO AL SAGGIO BREVE 69

VERIFICA DELL'APPRENDIMENTO 72

PER RIPASSARE I FATTI 74

PER RIPASSARE I CONCETTI 75

MATERIALE DIGITALE

Carta interattiva — Il sistema di alleanze alla vigilia della prima guerra mondiale 51

Video — Cronaca di un assassinio 58

Guardiamo la storia — Gli armeni 62

Indice

Unità 3 Sfida tedesca e azzardo italiano 76

1 La Germania verso la guerra

- **1.1** Efficienza e velocità: il piano Schlieffen 80
- **1.2** La marina militare del Reich 82
- **1.3** L'imprudente scelta tedesca del riarmo 83

2 Estate 1914: la prima fase della guerra

- **2.1** L'euforia della guerra 84
- → **DOCUMENTO CHIAVE L'inizio della guerra nelle memorie di Hitler** 85
- **2.2** Il senso della patria 86
- → **SPORT Novecento, secolo dello sport. La *football controversy* in Inghilterra, nel 1914** 87
- **2.3** L'invasione del Belgio e la guerra di posizione 88

3 L'Italia tra neutralisti e interventisti

- **3.1** L'Italia neutrale 90
- **3.2** I neutralisti 92
- **3.3** Gli interventisti di sinistra 93
- → **DOCUMENTO Dalla guerra alla rivoluzione** 94
- **3.4** I nazionalisti 94

4 L'Italia in guerra

- **4.1** Le posizioni degli intellettuali 96
- → **ZOOM Gabriele D'Annunzio** 96
- **4.2** Il coinvolgimento delle masse e il Patto di Londra 98
- **4.3** Il «maggio radioso»: l'entrata in guerra 100

STORIOGRAFIA 102

LAVORARE PER COMPETENZE – AVVIO AL SAGGIO BREVE 105

VERIFICA DELL'APPRENDIMENTO 108

PER RIPASSARE I FATTI 110

PER RIPASSARE I CONCETTI 111

MATERIALE DIGITALE

Guardiamo la storia

- La propaganda di guerra nella prima guerra mondiale 84
- D'Annunzio e l'estetica della politica 96

Video

- La Trieste di Italo Svevo 91

Percorsi di storia locale

- Mussolini e De Gasperi nel Trentino austriaco 93

Unità 4

La guerra totale

112

1 Una guerra di trincee e logoramento

- **1.1** Da guerra di trincea a guerra di logoramento 116
- → **DOCUMENTO CHIAVE Un poeta-soldato in trincea** 117
- → **LE BATTAGLIE Verdun, 21 febbraio 1916 - Somme, 10 luglio 1916** 118
- **1.2** Il blocco navale e la guerra sottomarina 120

2 Sul fronte italiano

- **2.1** Il comando italiano: Cadorna 122
- **2.2** Le operazioni militari: Il Trentino e il Carso 123
- → **DOCUMENTO L'assalto frontale** 124
- → **CITTADINANZA E COSTITUZIONE La Repubblica, la guerra, la difesa** 126

3 Verso la fine della guerra: 1917-1918

- **3.1** Appelli alla pace e malcontento delle truppe 128
- **3.2** L'uscita della Russia dalla guerra 129
- **3.3** L'intervento degli Stati Uniti: una svolta 131
- → **ZOOM La spagnola** 132
- **3.4** La fine della guerra 133

4 La vittoria italiana

- **4.1** L'ambigua posizione dell'Italia 134
- **4.2** La disfatta di Caporetto 135
- **4.3** Il trionfo dei nazionalisti 137
- **4.4** L'ultimo sforzo per la vittoria 138

STORIOGRAFIA 140

LAVORARE PER COMPETENZE – AVVIO AL SAGGIO BREVE 143

VERIFICA DELL'APPRENDIMENTO 146

PER RIPASSARE I FATTI 148

PER RIPASSARE I CONCETTI 149

MATERIALE DIGITALE

Video

- Le armi della prima guerra mondiale 116
- Ungaretti soldato 123

Guardiamo la storia

- La trincea 116
- Il gas 117

Carta interattiva

- I principali fronti europei durante la prima guerra mondiale 119
- L'Europa nel primo dopoguerra 139

Percorsi di storia locale

- La Grande Guerra della Sardegna 123

Monografia

- Guerra e identità di genere in Italia 139

Unità 5 L'ombra della guerra (1917-1919)

L'ombra della guerra (1917-1919) 150

1 Russia 1917: la Rivoluzione di febbraio

- **1.1** L'arretratezza dell'impero russo 154
- **1.2** La proclamazione della repubblica 156
- **1.3** L'istituzione dei soviet 157
- **1.4** Menscevichi e bolscevichi 159

2 La Rivoluzione d'ottobre

- **2.1** Alla guida dei bolscevichi: Lenin 160
- **2.2** Diserzioni e rivoluzione contadina 162
- **2.3** L'affermazione politica dei bolscevichi 163
- **2.4** L'ideologia di Lenin 164

→ **DOCUMENTO CHIAVE La dittatura del proletariato** 165

- **2.5** L'inizio della Rivoluzione d'ottobre 167

3 La dittatura bolscevica

- **3.1** Dittatura del proletariato e del partito 168
- **3.2** La guerra civile in Russia 170

→ **DOCUMENTO I *Protocolli dei savi anziani di Sion*: un falso storico** 172

- **3.3** Il comunismo di guerra 173
- **3.4** L'Internazionale comunista 176

→ **ZOOM Differenze tra socialismo, comunismo e socialdemocrazia** 176

- **3.5** Malcontento e ribellioni 177
- **3.6** *Nuova politica economica* e repressione 178

4 La Germania della Repubblica di Weimar

- **4.1** Il dopoguerra in Germania 179
- **4.2** Il marxismo in Germania 180
- **4.3** La Costituzione della Repubblica di Weimar 182
- **4.4** Le dure condizioni della pace 184

STORIOGRAFIA 186

MONOGRAFIA L'India 188

LAVORARE PER COMPETENZE – AVVIO AL SAGGIO BREVE 193

VERIFICA DELL'APPRENDIMENTO 196

PER RIPASSARE I FATTI 198

PER RIPASSARE I CONCETTI 199

MATERIALE DIGITALE

Guardiamo la storia

Lenin, la guida della rivoluzione 160
La propaganda anti-comunista 170
La propaganda comunista 174

Unità 6

Gli anni del dopoguerra (1918-1925)

200

1 L'Italia dopo la prima guerra mondiale

- **1.1** I tentativi italiani di espansione dei confini 204
- **1.2** I problemi economici dell'Italia 206
- **1.3** Le divisioni politiche 208

2 I primi passi del fascismo

- **2.1** Le origini politiche di Benito Mussolini 212
- **2.2** Una nuova forza politica: i Fasci 213

➜ **DOCUMENTO Il programma di San Sepolcro** 215

- **2.3** L'ultimo governo Giolitti 216
- **2.4** Le violenze del movimento fascista 218

3 La scena internazionale negli anni Venti

- **3.1** La Società delle nazioni 221
- **3.2** Germania e URSS: il trattato di Rapallo 222
- **3.3** La Germania degli anni Venti 223
- **3.4** Gli Stati Uniti degli anni Venti 224
- **3.5** Stati Uniti e capitalismo 226

4 L'ascesa di Adolf Hitler

- **4.1** Gli anni della formazione 227

➜ **DOCUMENTO CHIAVE L'antisemitismo razionale** 228

- **4.2** La fondazione del Partito nazionalsocialista 229
- **4.3** Hitler, il razzismo e il *Mein Kampf* 230

➜ **DOCUMENTO Ebrei e marxisti devono essere eliminati** 231

- **4.4** Il concetto di razza ariana 232

➜ **BILANCIO DELLE COMPETENZE Saper individuare i caratteri fondamentali di un'ideologia** 234

STORIOGRAFIA 236

MONOGRAFIA Sionismo e risveglio musulmano 239

LAVORARE PER COMPETENZE – AVVIO AL SAGGIO BREVE 247

VERIFICA DELL'APPRENDIMENTO 250

PER RIPASSARE I FATTI 252

PER RIPASSARE I CONCETTI 253

+ questo

MATERIALE DIGITALE

Percorsi di storia locale — Lo squadrismo in Emilia Romagna 219

Carta interattiva — Democrazie e dittature in Europa tra le due guerre mondiali 221

Video — Dall'età del jazz alla grande depressione 224

Monografia — I problemi dell'Inghilterra negli anni Venti 221

Indice

Unità 7 Un mondo sempre più violento

254

1 L'Italia fascista

- **1.1** La nascita del Partito nazionale fascista 258
- **1.2** La presa di potere di Mussolini 259
- → **DOCUMENTO CHIAVE La precoce denuncia del totalitarismo fascista** 261
- **1.3** L'inizio della dittatura 262
- **1.4** Lo Stato fascista 263
- → **ZOOM L'attentato a Mussolini del 31 ottobre 1926** 264
- → **CITTADINANZA E COSTITUZIONE Lo Stato e la Chiesa: i patti lateranensi** 266

2 USA 1929: la *grande depressione*

- **2.1** L'inizio della crisi economica 268
- **2.2** Roosevelt e il *New Deal* 270
- → **DOCUMENTO Il discorso sull'individualismo di Herbert Hoover** 270
- → **DOCUMENTO Il discorso inaugurale di Roosevelt** 271
- → **ZOOM La risposta italiana: il controllo statale su banche e industrie** 272

3 La Germania di Hitler

- **3.1** Il successo del Partito nazista 274
- **3.2** Hitler cancelliere 276
- → **DOCUMENTO Popolo e individuo secondo Joseph Goebbels** 278
- **3.3** Hitler dittatore 278

4 L'Unione Sovietica di Stalin

- **4.1** L'affermazione politica di Stalin 280
- → **ZOOM Un fotomontaggio politico** 281
- **4.2** La priorità di Stalin: l'industrializzazione 282
- → **SPORT Novecento, secolo dello sport. Lo *Spartak* Mosca** 283
- **4.3** La violenza di Stalin contro i kulaki 284
- **4.4** Collettivizzazione delle campagne e carestia 285
- **4.5** Stalin e il Grande terrore 286
- → **BILANCIO DELLE COMPETENZE Saper capire i caratteri fondamentali di un modello economico del Novecento** 288

STORIOGRAFIA 290

LAVORARE PER COMPETENZE – AVVIO AL SAGGIO BREVE 293

VERIFICA DELL'APPRENDIMENTO 296

PER RIPASSARE I FATTI 298

PER RIPASSARE I CONCETTI 299

MATERIALE DIGITALE

Guardiamo la storia

- Mussolini, il Duce 258
- Roosevelt, il presidente del *New Deal* 271
- Hitler, il Fürer del popolo tedesco 276
- Donne e nazionalsocialismo 277
- Stalin e la costruzione del socialismo 281
- Donne e comunismo in URSS 285
- Le deportazioni operate da Stalin 286

Video

- L'accusa di Matteotti e le responsabilità di Mussolini 262
- Il giudizio di Lenin su Stalin 280
- I GULag 286

Carta interattiva

- La grande depressione 269

Monografia

- Nazismo e identità di genere 277
- Comunismo e identità di genere 285
- Gulag. Il sistema concentrazionario sovietico 286

Unità 8

Verso una nuova guerra (1930-1939)

300

1 Il regime totalitario di Hitler

- **1.1** La concezione politica di Hitler 304
- → **DOCUMENTO CHIAVE Lo spazio vitale a est** 305
- **1.2** Il regime nazista 306
- → **ZOOM Gli ebrei: bersagli del razzismo nazista** 307
- **1.3** Le SS e il sistema dei lager 308
- → **ZOOM Identificati da un simbolo** 309
- **1.4** Problemi e soluzioni in ambito economico 310
- → **SPORT Sport, propaganda e razzismo in Italia e in Germania** 313
- **1.5** Gli obiettivi politici del Terzo Reich 314

2 Il regime totalitario di Mussolini

- **2.1** La dottrina del fascismo 315
- **2.2** Il mito di Mussolini: consenso e celebrazioni 316
- **2.3** Lo Stato totalitario fascista 318
- **2.4** La politica economica del regime 319
- → **CITTADINANZA E COSTITUZIONE La scuola** 320
- → **BILANCIO DELLE COMPETENZE I caratteri fondamentali di un regime totalitario** 322

3 Le tensioni internazionali negli anni Trenta

- **3.1** Le ambizioni del Giappone 324
- **3.2** La sfida della Germania all'ordine di Versailles 325
- **3.3** La guerra civile in Spagna 326
- **3.4** L'imperialismo dell'Italia fascista 328
- → **DOCUMENTO Mussolini annuncia l'inizio della guerra d'Etiopia** 329
- **3.5** Il fascismo e la legislazione razziale 330

4 L'aggressione di Hitler all'Europa

- **4.1** La politica estera di Hitler 333
- **4.2** Il progetto egemonico della Germania 335

STORIOGRAFIA 337

MONOGRAFIA Nazionalismo e comunismo in Cina 340

LAVORARE PER COMPETENZE – AVVIO AL SAGGIO BREVE 345

VERIFICA DELL'APPRENDIMENTO 348

PER RIPASSARE I FATTI 350

PER RIPASSARE I CONCETTI 351

MATERIALE DIGITALE

Video

- L'Italia in uniforme fascista 317
- Parla Mussolini 317
- Il cinema italiano durante il fascismo 318

Guardiamo la storia

- Moglie e madre: la donna secondo il fascismo 319
- La guerra civile spagnola 326
- Donne e propaganda: la guerra d'Etiopia 328

Carta interattiva

- L'espansione della Germania di Hitler nel 1938-39 334

Monografia

- Fascismo e identità di genere 319
- Origine ed evoluzione della guerra civile spagnola 326
- La violenza fascista in Europa 328

Unità 9 I primi passi della seconda guerra mondiale (1939-1943)

(1939-1943) 352

1 L'aggressione tedesca all'Europa

- **1.1** La Germania in guerra 356
- **1.2** Le azioni sovietiche nell'Europa orientale 357
- **1.3** 1940: l'avanzata tedesca in Occidente 359

2 L'Italia dalla *non belligeranza* alla guerra

- **2.1** La situazione italiana nel 1939 361
- **2.2** 1940: La scelta dell'intervento 362

→ **DOCUMENTO Il discorso di Mussolini del 10 giugno 1940** 363

- **2.3** La guerra italiana nei Balcani 364

→ **ZOOM Campagna di Grecia** 364

3 L'invasione tedesca dell'URSS

- **3.1** La preparazione e le ragioni dell'attacco 366
- **3.2** L'avanzata tedesca e la reazione sovietica 367

→ **DOCUMENTO Le direttive del feldmaresciallo von Reichenau** 368

- **3.3** L'entrata in guerra di Giappone e USA 370
- **3.4** Estate 1942: gli errori di Hitler 373

→ **BILANCIO DELLE COMPETENZE Saper cogliere i caratteri specifici di un conflitto militare** 374

4 La guerra degli italiani in Africa e in Russia

- **4.1** La dispersione delle forze italiane 376

→ **DOCUMENTO CHIAVE Le carenze degli armamenti italiani** 378

- **4.2** La disfatta italiana in Russia 379

STORIOGRAFIA 381

LAVORARE PER COMPETENZE – AVVIO AL SAGGIO BREVE 385

VERIFICA DELL'APPRENDIMENTO 388

PER RIPASSARE I FATTI 390

PER RIPASSARE I CONCETTI 391

MATERIALE DIGITALE

Video

La guerra lampo di Hitler 357
L'esercito tedesco 359
L'attacco di Pearl Harbor 371

Guardiamo la storia

L'evoluzione del carro armato 357
Churchill, il combattente inglese 360
La battaglia d'Inghilterra 360
La guerra totale sul fronte orientale, nella seconda guerra mondiale 367
La guerra aero-navale nel Pacifico 372

Carta interattiva

L'espansione dell'Asse nel 1942 369
La guerra nel Pacifico 372

Unità
10 La fine della seconda guerra mondiale (1943-1945)

392

1 I drammatici eventi dell'estate 1943

- **1.1** La situazione della Germania 396
- **1.2** Il fascismo verso la crisi 397
- → **DOCUMENTO I sentimenti della popolazione nel 1943** 398
- **1.3** Lo sbarco degli Alleati in Sicilia 399
- **1.4** La caduta del fascismo 399
- **1.5** L'8 settembre e l'occupazione tedesca 402
- → **DOCUMENTO Badoglio annuncia l'armistizio** 402
- → **DOCUMENTO CHIAVE Il disprezzo dei comandanti tedeschi verso i militari italiani** 403

2 Le crescenti difficoltà della Germania

- **2.1** I prigionieri in Germania 404
- → **LE BATTAGLIE Kursk, 5-12 luglio 1943** 405
- **2.2** La Repubblica sociale italiana 407
- **2.3** La politica dopo la liberazione del Sud Italia 408

3 La sconfitta della Germania

- **3.1** Gli avvenimenti dell'estate 1944 410
- → **ZOOM Lo sbarco in Normandia** 411
- **3.2** La Resistenza in Italia 412
- → **BILANCIO DELLE COMPETENZE Saper capire i caratteri specifici di un conflitto militare** 414

4 Gli ultimi atti del conflitto mondiale

- **4.1** La caduta di Hitler 416
- **4.2** La fine della guerra in Italia 418
- **4.3** La guerra e la resistenza in Iugoslavia 420
- **4.4** Trieste contesa e le foibe 421
- **4.5** L'attacco nucleare contro il Giappone 422
- → **DOCUMENTO CLIL Einstein's First Letter to Roosevelt** 423

STORIOGRAFIA 424

LAVORARE PER COMPETENZE – AVVIO AL SAGGIO BREVE 427

VERIFICA DELL'APPRENDIMENTO 430

PER RIPASSARE I FATTI 432

PER RIPASSARE I CONCETTI 433

MATERIALE DIGITALE

Video
- Lo sbarco in Normandia 411
- Beppe Fenoglio. Letteratura e Resistenza 413
- La bomba atomica 422

Guardiamo la storia
- Partigiani e Repubblica sociale in Italia 412
- I bombardamenti alleati sulla Germania 416
- Donne e guerra: le violenze dell'Armata rossa in Germania 418
- L'esodo dei giuliano-dalmati 420
- La bomba atomica 422

Carta interattiva
- L'Italia divisa in due. La liberazione fra il 1943 e il 1944 413

Audiolettura
- **Einstein's First Letter to Roosevelt** 423

Unità 11 Il genocidio degli ebrei

Unità 11 Il genocidio degli ebrei 434

1 L'invasione della Polonia

- **1.1** L'inizio della violenza sugli ebrei 438
- **1.2** Vita nei ghetti 440

2 Lo sterminio degli ebrei in URSS

- **2.1** I reparti di intervento tedeschi 442
- → **DOCUMENTO Lo stupore di un ufficiale tedesco** 443
- **2.2** Il disagio di uccidere 444

3 I centri di sterminio

- **3.1** Belzec, Sobibor e Treblinka 445
- → **ZOOM Campi di concentramento e centri di sterminio** 446
- **3.2** Lo sterminio degli ebrei di Varsavia 446
- **3.3** Insurrezione e distruzione del ghetto di Varsavia 448

4 Auschwitz

- **4.1** Le camere a gas di Auschwitz-Birkenau 449
- **4.2** I lager 451
- → **ZOOM La banchina della morte** 451
- **4.3** La *zona grigia* del lager 452
- **4.4** La specificità dello sterminio nazista 453
- → **ZOOM I processi contro i criminali nazisti** 455
- → **BILANCIO DELLE COMPETENZE Saper cogliere i caratteri specifici di un crimine del XX secolo** 456

STORIOGRAFIA 458

LAVORARE PER COMPETENZE – AVVIO AL SAGGIO BREVE 461

VERIFICA DELL'APPRENDIMENTO 464

PER RIPASSARE I FATTI 466

PER RIPASSARE I CONCETTI 467

MATERIALE DIGITALE

Guardiamo la storia
- Le deportazioni naziste 446
- Donne e Shoah: le donne come vittime privilegiate 450

Carta interattiva
- I lager 451

Video
- La scoperta dei campi di concentramento 452
- I processi di Norimberga 455

Unità
12 Dopoguerra: gli anni cruciali (1946-1950)

468

ULTIMA EDIZIONE DELLA SERA

il Giornale

DI TORINO

Alle ore 10 Nenni dichiara:

"LA REPUBBLICA E' FATTA„

De Gasperi in Quirinale dopo avere esaminata la situazione con Romita - Colloqui del Ministro degli Interni con Brosio e Cevolotto

La mattinata a Palazzo Viminale

Ore 9,30

Repubblica 10.485.000

Monarchia 8.370.000

Ore 8,30

La fisionomia della Costituente 200 D.C., 120 socialisti, 110 comunisti

Come ci vedono dall'estero

1 La spartizione del mondo tra USA e URSS

- **1.1** Le decisioni di Yalta 472
- → **ZOOM Le fosse di Katyn** 472
- **1.2** La spartizione della Germania 475
- **1.3** La politica estera americana del dopoguerra 476
- → **DOCUMENTO CLIL Churchill's *Iron Curtain* Speech** 477
- → **DOCUMENTO La *dottrina Truman*** 478
- **1.4** La risposta sovietica al Piano Marshall 480
- **1.5** L'inizio della guerra fredda 481
- → **ZOOM Il senatore McCarthy e la caccia ai comunisti** 482

2 La nascita della Repubblica italiana

- **2.1** I primi governi del dopoguerra 484
- **2.2** La scelta repubblicana 485
- → **DOCUMENTO Messaggio della Democrazia cristiana agli italiani** 486
- **2.3** L'evoluzione dei rapporti tra DC e PCI 488
- → **ZOOM Perdite territoriali italiane** 489
- **2.4** 1948: la vittoria della DC 489

3 Il risveglio del continente asiatico

- **3.1** L'indipendenza dell'India 491
- **3.2** La Cina di Mao e la guerra di Corea 493
- → **DOCUMENTO CHIAVE La dittatura del proletariato secondo Mao** 494

4 Lo scontro tra Israele e gli arabi

- **4.1** L'ONU e la spartizione della Palestina 495
- **4.2** La prima guerra arabo-israeliana 497

STORIOGRAFIA 499

LAVORARE PER COMPETENZE – AVVIO AL SAGGIO BREVE 503

VERIFICA DELL'APPRENDIMENTO 506

PER RIPASSARE I FATTI 508

PER RIPASSARE I CONCETTI 509

MATERIALE DIGITALE

Guardiamo la storia

- L'espulsione dei tedeschi dalla Polonia e dalla Cecoslovacchia 476
- La guerra fredda 481
- Donne e politica 486
- Cattolici e comunisti in Italia nel 1948 489
- Gandhi e l'indipendenza dell'India 492
- Indira Gandhi e il sogno indiano 492
- L'emigrazione ebraica verso Israele 495

Audiolettura

- Churchill's *Iron Curtain* Speech 477

Carta interattiva

- L'Europa fra NATO e Patto di Varsavia 483

Percorsi di storia locale

- Banditismo e politica in Sicilia tra guerra e dopoguerra 488

Video

- L'attentato a Togliatti 490
- Gandhi e l'arma del digiuno 491
- Mao e la costruzione del socialismo in Cina 493
- Le "battaglie" della guerra fredda 494

Unità 13 Dopoguerra: gli anni di Kruscëv e di Kennedy (1950-1962)

Unità 13 Dopoguerra: gli anni di Kruscëv e di Kennedy (1950-1962) 510

1 L'URSS negli anni di Kruscëv

- **1.1** Le *democrazie popolari* 514
- **1.2** La linea politica di Kruscëv 515
- → **ZOOM Antisemitismo in URSS al tempo di Stalin** 516
- **1.3** 1956: le dimostrazioni antisocialiste in Polonia 517
- **1.4** 1956: la rivolta in Ungheria 519
- → **DOCUMENTI L'ultimo messaggio radiofonico di Nagy** 519

2 I Paesi arabi e la crisi di Suez

- **2.1** Gli Stati arabi e il nazionalismo 520
- **2.2** L'Egitto di Nasser 521
- → **ZOOM L'Egitto dopo la costruzione della diga di Assuan** 522
- **2.3** La contestazione politica a Nasser 524

3 Gli anni della tensione internazionale (1956-1962)

- **3.1** La fine dell'impero coloniale francese 525
- → **ZOOM Il processo di decolonizzazione** 526
- **3.2** La politica di De Gaulle 527
- **3.3** Il muro di Berlino 528
- → **DOCUMENTO CLIL Kennedy's Berlin Speech** 529
- **3.4** Cuba e gli USA: la crisi dei missili 530
- → **ZOOM Kennedy e la Nuova frontiera** 531
- → **BILANCIO DELLE COMPETENZE Saper capire i caratteri specifici di un conflitto mondiale** 532

4 La politica in Italia negli anni Cinquanta

- **4.1** L'Italia tra Chiesa e centrismo 534
- → **DOCUMENTO CHIAVE Disposizioni del cardinale Schuster** 534
- → **ZOOM Le riforme del centrismo** 535
- **4.2** Un Paese conservatore 536
- **4.3** La spaccatura del PCI 538

STORIOGRAFIA 539

LAVORARE PER COMPETENZE – AVVIO AL SAGGIO BREVE 543

VERIFICA DELL'APPRENDIMENTO 546

PER RIPASSARE I FATTI 548

PER RIPASSARE I CONCETTI 549

MATERIALE DIGITALE

Video

- Kruscëv contro Stalin 516
- La costruzione del muro di Berlino 528
- Kennedy e l'impegno per la distensione 531

Guardiamo la storia

- Nasser, il combattente arabo 521
- De Gaulle e il sogno francese 527
- Aerei a reazione e missili 530
- J.F. Kennedy, il presidente della Nuova frontiera 531

Audiolettura

- Kennedy's Berlin Speech 529

Unità
14 "La fantasia al potere!" (1960-1973)

"La fantasia al potere!" (1960-1973) 550

1 La Repubblica popolare cinese

- **1.1** Utopia e realtà del *grande balzo in avanti* 554
- **1.2** La rivoluzione culturale e la guerra civile 556

2 Gli anni della crescita economico-sociale (1950-1979)

- **2.1** Sviluppo economico e società dei consumi 557
- **2.2** I cambiamenti nella società 560
- **2.3** Gli Stati Uniti tra lotte per i diritti e guerra del Vietnam 561

→ **ZOOM Il primo uomo sulla Luna** 562

→ **LE BATTAGLIE L'offensiva del Tet, 31 gennaio - 6 aprile 1968** 564

- **2.4** Il Sessantotto in Europa occidentale 565
- **2.5** L'Europa dell'Est: la primavera di Praga 566

→ **DOCUMENTO Il socialismo dal volto umano di Dubcek** 567

- **2.6** L'epoca delle dittature militari in Sud America 569
- **2.7** La dittatura in Cile 569
- **2.8** L'Argentina tra dittatura e crisi economica 570

3 Israele, Egitto e OLP

- **3.1** La guerra dei Sei giorni 571
- **3.2** L'OLP: una nuova forza contro Israele 572
- **3.3** L'OLP: concezione dello Stato e azioni 573

4 L'Italia: miracolo economico e prospettive politiche

- **4.1** Il miracolo economico italiano 575

→ **ZOOM I consumi degli italiani** 576

- **4.2** Nuove prospettive politiche: il centro-sinistra 577

→ **ZOOM Giovanni XXIII e il Concilio Vaticano II** 577

- **4.3** Le contestazioni giovanili 578

STORIOGRAFIA 580

MONOGRAFIA La guerra in Vietnam 584

LAVORARE PER COMPETENZE – AVVIO AL SAGGIO BREVE 589

VERIFICA DELL'APPRENDIMENTO 592

PER RIPASSARE I FATTI 594

PER RIPASSARE I CONCETTI 595

MATERIALE DIGITALE

Guardiamo la storia

Donne e istruzione nel Novecento 560
Donne e rivoluzione sessuale negli anni Sessanta 560
Donne e lavoro 560
M. L. King e i diritti civili dei neri 562
Malcolm X e la Nazione dell'islam 562
La guerra dei Sei giorni 571
Golda Meir, la combattente israeliana 574
Gli italiani in Belgio nel dopoguerra 576
Il miracolo economico e la migrazione dal Sud al Nord Italia 576
Giovanni XXIII, il papa del Concilio 577
La guerra in Vietnam 584

Video

La conquista dello spazio 562
L'Italia del miracolo economico 575

Carta interattiva

Lo Stato d'Israele tra la guerra dei sei giorni e la nascita dell'Autorità nazionale palestinese 574
Gli schieramenti nella guerra del Vietnam 588

Indice

Unità 15

La fine del *secolo breve* 596

1 Il risveglio del mondo islamico

- **1.1** L'Egitto di Sadat 600
- → **ZOOM Fondamentalismo e islamismo** 601
- **1.2** L'Arabia Saudita e il petrolio 602

2 L'Iran e la rivoluzione islamica

- **2.1** La situazione politico-economica con lo *shah* 603
- → **ZOOM Gli sciiti dell'Iran** 604
- **2.2** Khomeini e lo Stato islamico 605
- **2.3** La guerra tra Iran e Iraq 607

3 La crisi del capitalismo e il crollo del comunismo

- **3.1** Gli USA negli anni Settanta e Ottanta 608
- → **ZOOM I fabbisogni energetici nei Paesi industrializzati** 609
- **3.2** Il declino dell'URSS 611
- **3.3** Michail Gorbacëv e la *perestrojka* 613
- → **DOCUMENTO Una testimonianza da Černobyl'** 614
- **3.4** La fine del socialismo nell'Europa orientale 615
- **3.5** Il crollo del muro di Berlino 617

4 L'Italia degli anni di piombo

- **4.1** Le tensioni politiche 618
- → **ZOOM Gli effetti della crisi economica degli anni Settanta** 620
- **4.2** L'Italia dei referendum su divorzio e aborto 621
- **4.3** La collaborazione tra DC e PCI 622
- **4.4** Le Brigate Rosse e il sequestro Moro 623
- → **ZOOM La morte di Aldo Moro** 624
- **4.5** La svolta degli anni Ottanta 625

STORIOGRAFIA 627

LAVORARE PER COMPETENZE – AVVIO AL SAGGIO BREVE 631

VERIFICA DELL'APPRENDIMENTO 634

PER RIPASSARE I FATTI 636

PER RIPASSARE I CONCETTI 637

MATERIALE DIGITALE

Guardiamo la storia

- La rivoluzione di Khomeini in Iran 605
- Khomeini e la repubblica islamica 605
- L'islam radicale sunnita 606
- Giovanni Paolo II, il papa polacco 613
- L'emigrazione dai Paesi dell'Est Europa dopo il crollo del comunismo 617

Video

- La strage più sanguinosa 619

Unità
16 Il mondo globalizzato

638

1 Medio Oriente senza pace

- **1.1** La cacciata dell'OLP dal Libano e l'*Intifadah* 642
- **1.2** La guerra del Golfo 643
- **1.3** L'accordo tra Israele e OLP: una svolta storica 645

→ **DOCUMENTO CHIAVE Il carteggio Rabin-Arafat** 646

- **1.4** Il difficile processo di pacificazione 647

2 Il superamento del comunismo

- **2.1** La Cina di Deng Xiaoping 648
- **2.2** La crescita economica della Cina 650
- **2.3** Le contraddizioni della Cina moderna 651

→ **ZOOM Il problema del Tibet** 652

- **2.4** Il collasso dell'URSS 653
- **2.5** L'Unione Europea: nascita e allargamento 655

→ **BILANCIO DELLE COMPETENZE**
Saper comprendere il concetto di *svolta storica* (in ambito politico) 656

- **2.6** La Russia di Putin 658
- **2.7** I problemi della ex Iugoslavia 659

3 Mondi complessi: Medio Oriente e Africa

- **3.1** Il terrorismo islamico e Bin Laden 661

→ **DOCUMENTO Bin Laden contro l'America e l'Occidente** 662

- **3.2** Le particolarità della guerra al terrorismo 663
- **3.3** Gli obiettivi del terrorismo islamico 664
- **3.4** La risposta dell'Occidente 665
- **3.5** Le conseguenze della guerra in Iraq 668
- **3.6** Lo Stato islamico di al-Baghdadi 669

→ **ZOOM Lo scontro delle civiltà** 669

→ **DOCUMENTO CLIL Obama's Inaugural Address** 670

- **3.7** I problemi dell'Africa subsahariana 671

4 L'Italia dalla prima alla seconda repubblica

- **4.1** Il potere della mafia 673
- **4.2** La lotta alla mafia 674

→ **ZOOM Falcone e Borsellino** 674

- **4.3** Il rinnovamento dei partiti 675
- **4.3** Gli anni della crisi finanziaria 677

→ **ZOOM Papa Francesco** 677

STORIOGRAFIA 678

LAVORARE PER COMPETENZE – AVVIO AL SAGGIO BREVE 681

VERIFICA DELL'APPRENDIMENTO 684

PER RIPASSARE I FATTI 686

PER RIPASSARE I CONCETTI 687

MATERIALE DIGITALE

Guardiamo la storia
- La guerra in Iraq 644
- La pulizia etnica nella ex Iugoslavia 660
- Il terrorismo internazionale 663

Video
- La questione ambientale 650
- Il World Trade Center, un simbolo americano 661
- I quattro aerei dell'11 settembre 661

Audiolettura
- Obama's Inaugural Address 670

Carta interattiva
- Il processo di decolonizzazione 671

Monografia
- L'Europa unita dai primi progetti federalisti all'euro 655

Unità

1 Masse e potere tra due secoli

Un'immagine per iniziare

In Italia la nuova industria automobilistica cominciò con piccole fabbriche: l'Isotta Fraschini, l'Alfa Romeo, la Bugatti, l'Itala, la Lancia. Nel 1899, a Torino, venne fondata la Fabbrica Italiana Automobili Torino (FIAT); la vera svolta avvenne però nel 1912, quando la FIAT, sotto la guida di Giovanni Agnelli, cominciò a produrre in serie una vettura utilitaria (il modello Zero) che si ispirava al famoso modello T della Ford (una fabbrica di automobili degli Stati Uniti). Da quel momento la FIAT divenne la principale azienda del settore automobilistico e continuò a svilupparsi durante la guerra di Libia (1911-1912), con la produzione di autocarri industriali (nell'immagine, l'interno della FIAT di corso Dante a Torino, nel 1909).

Gli eventi per orientarsi nel tempo

1881
Uccisione dello zar Alessandro II in Russia

1894-1897
Processo e condanna di Albert Dreyfus in Francia

1898
Émile Zola pubblica il *J'accuse...!*

1880 — 1890 — 1900

Sommario

TESTO

La carta d'identità del periodo

1 L'entrata in scena delle masse

2 La mobilitazione delle masse

3 L'Europa antisemita alla fine dell'Ottocento

4 L'Italia di Giolitti

Una carta per orientarsi

All'inizio del XX secolo, il centro del continente era dominato da due vasti imperi, quello tedesco e quello austro-ungarico, mentre l'impero russo occupava gran parte dell'attuale Polonia. Erano imperi multinazionali, nel senso che il sovrano di Vienna, Berlino o San Pietroburgo dominava un numero elevato di popoli, molto diversi dalla sua nazione. Un gruppo particolare era, poi, quello degli ebrei, diffusi in tutta l'Europa centro-orientale, da Vienna, Budapest e Praga (nell'impero austro-ungarico), fino a Varsavia, Vilnius, Riga e Kiev (nell'impero russo).

Orientarsi nel tempo

1904 Primo sciopero generale in Italia

1912 Riforma elettorale che introduce il suffragio universale maschile

1910

1920

1903-1914 Età giolittiana

1911-1912 Guerra di Libia

1913 Patto Gentiloni Elezioni politiche

Per iniziare

Storia slide

La carta d'identità del periodo

Quali furono le novità più significative dell'età giolittiana?

Nel 1903 si formò il secondo governo Giolitti. Decollo industriale dell'Italia e nuovi rapporti con il movimento dei lavoratori furono le due principali caratteristiche dei suoi governi:

- nei primi anni del Novecento l'Italia conobbe un forte sviluppo industriale nel Nord del Paese; il Sud continuò a essere prevalentemente agricolo; lo Stato poi acquistò le principali linee ferroviarie;
- ci fu un'apertura nei confronti del movimento sindacale e del Partito socialista sia attraverso una cauta politica di riforme sociali (leggi che obbligavano a concedere il riposo festivo e che fissavano limiti al lavoro di donne e bambini) sia per la rinuncia a una politica repressiva verso gli scioperi dei lavoratori.

L'età giolittiana fu poi segnata, nel 1912, dalla conquista della Libia e dalla concessione del suffragio universale maschile.

CAPITOLO 1 L'entrata in scena delle masse

➜ Durante il XX la **medicina** fu uno dei campi che registrò i maggiori progressi. Si distinsero in particolare il francese **Louis Pasteur**, che trovò un efficace vaccino contro la rabbia, e il tedesco **Robert Koch**, che individuò sia il microorganismo responsabile della tubercolosi sia il bacillo che provoca il colera.

➜ I progressi in campo medico e le migliori condizioni igieniche portarono a una diminuzione della mortalità e al conseguente **aumento della popolazione**. Sul finire del XIX secolo si registrò poi un altro importante fenomeno: un numero crescente di persone si spostò a vivere dalle campagne o dai piccoli centri verso le grandi città, dando vita a metropoli di eccezionale entità.

➜ La **qualità della vita delle persone migliorò**: nelle case comparvero l'illuminazione elettrica, servizi igienici più efficienti e l'acqua corrente. Furono inventati poi sia **nuovi mezzi di trasporto** (bicicletta, automobile, aeroplano, piroscafi a vapore), sia **nuovi sistemi di comunicazione** (come il telefono e il radiotelegrafo, quest'ultimo messo a punto da Guglielmo Marconi tra il 1894 e il 1897).

➜ Nel 1894 uscì *Psicologia delle folle* del francese **Gustave Le Bon**, che fu tra i primi a intuire che il Novecento sarebbe stato il "secolo delle masse".

CAPITOLO 2 La mobilitazione delle masse

➜ All'inizio del Novecento la **Germania** era la principale potenza europea. Il sistema politico tedesco era ben saldo: il movimento socialista, infatti, aveva sì grandi consensi nel Paese, ma era ben inserito nel sistema parlamentare e non aveva finalità rivoluzionarie. Stesso discorso per il sistema parlamentare **inglese**, anch'esso collaudato e stabile.

➜ In Francia, la Terza Repubblica (lo Stato repubblicano dopo il 1870) era disprezzata sia dai cattolici sia dai socialisti e la maggior parte delle classi più agiate voleva il ritorno della monarchia. In questo clima di incertezza emerse la figura di **Georges Boulanger**, che riuscì a mobilitare intorno a sé un **grande consenso popolare**.

➜ Molti erano convinti che Boulanger avrebbe tentato un colpo di Stato: invece si lasciò sfuggire l'occasione e fu costretto ad abbandonare il Paese. La sua esperienza fu molto significativa: per la prima volta un leader carismatico proclamava che era il **popolo**, e non il Palamento, il **vero soggetto della politica moderna**.

➜ In Francia le tensioni non scomparvero, ma anzi si accentuarono con l'**affare Dreyfus**, un grave caso di **antisemitismo** (il capitano Alfred Dreyfus, di origine ebraica, fu accusato ingiustamente di passare segreti militari ai tedeschi). Il Paese si spaccò in due: gli innocentisti erano convinti che Dreyfus fosse stato condannato perché ebreo; i colpevolisti non volevano accettare l'eventualità di un errore giudiziario.

→ Domande fondamentali

- → Quali furono le principali invenzioni avvenute alla fine dell'Ottocento?
- → Che cosa provocò l'affare Dreyfus in Francia?
- → Che cosa sono i pogrom?
- → Perché le elezioni del 1913 in Italia furono particolarmente importanti?

Lo sciopero dei muratori a Milano, tavola disegnata da Achille Beltrame per "La Domenica del Corriere" del 26 maggio 1901.

CAPITOLO 3 L'Europa antisemita alla fine dell'Ottocento

→ Tra la fine dell'Ottocento e l'inizio del Novecento all'interno della società europea prese sempre più piede l'**antisemitismo**. L'odio verso gli ebrei offriva un capro espiatorio alle frustrazioni e alle insicurezze dei ceti medi e di coloro che le ricorrenti crisi economiche condannavano alla disoccupazione e all'emarginazione sociale.

→ In **Russia**, l'antisemitismo divenne uno strumento usato dallo Stato per scatenare **pogrom** (cioè massacri di israeliti), indicati come i veri responsabili dell'assassinio dello zar Alessandro II (1881). Dopo il 1905 si sviluppò un nuovo tipo di antisemitismo: gli ebrei furono accusati di **finanziare tutti i movimenti che volevano abbattere la Russia** per conquistare il potere su scala mondiale.

→ L'antisemitismo in **Germania** ebbe caratteristiche particolari. Alcuni intellettuali tedeschi, infatti, cominciarono a presentare gli ebrei come una razza malefica e pericolosa. I partiti dichiaratamente antisemiti non ottennero però grandi successi elettorali.

→ L'antisemitismo trovò terreno fertile anche nell'**impero austro-ungarico**. Le idee antisemite furono amplificate da **Karl Lueger**, leader dei cristiano-sociali: secondo il suo programma gli ebrei dovevano essere esclusi dall'esercito, dalla pubblica amministrazione, dalla medicina e dall'insegnamento. Sostenuto dalle masse, fu eletto per ben tre volte sindaco a Vienna: trovò però una forte opposizione da parte dell'imperatore e di numerosi vescovi.

CAPITOLO 4 L'Italia di Giolitti

→ In Italia, il primo leader politico liberale che si accorse della nuova e crescente potenza delle masse fu **Giovanni Giolitti**. A suo giudizio, il risveglio sociale dei contadini e degli operai era inevitabile nella società moderna e non poteva essere contrastato con la forza della repressione.

→ La grande novità introdotta da Giolitti nella vita politica italiana riguarda la **piena accettazione della legittimità degli scioperi** (con finalità economiche e non rivoluzionarie). Questa linea moderata e pragmatica generò una stretta **collaborazione tra il governo e il movimento socialista**; la relazione con i socialisti si raffreddò quando l'Italia (nel 1911) intraprese la **conquista della Libia**, avvenuta nel 1912.

→ Il governo di Giolitti favorì lo **sviluppo del settore industriale**: crebbero in particolare la metallurgia, la chimica e la meccanica. Particolare rilevanza ebbe poi l'**industria automobilistica**. Lo sviluppo industriale toccò però solo il Nord (in particolare Piemonte, Lombardia e Liguria): ampie aree dell'Italia (soprattutto il Sud), infatti, ne restarono totalmente escluse.

→ Giolitti tentò di recuperare il favore dei socialisti introducendo il **suffragio universale maschile**. Alle elezioni del 1913, tuttavia, egli preferì trovare un accordo con i cattolici. L'importanza storica di queste elezioni è notevole sia perché furono le prime a suffragio universale maschile, sia perché videro la fine dell'astensionismo dei cattolici, che dal 1870 rifiutavano di partecipare alla vita politica italiana.

Capitolo 1

ECONOMIA DEMOGRAFIA E SOCIETÀ

L'entrata in scena delle masse

Storia slide

LE CONOSCENZE DA ACQUISIRE
Il concetto di massa è fondamentale per comprendere il XX secolo, durante il quale ogni fenomeno veramente importante ebbe sempre dimensioni enormi, coinvolgendo milioni di individui.

LE COMPETENZE DA POTENZIARE
Saper cogliere la dimensione di massa dei fenomeni tipici del XX secolo.

1.1 La crescita demografica e gli sviluppi della medicina

Guardiamo la storia
I progressi della medicina

La crescita demografica nella seconda metà del Settecento Nella seconda metà del XVIII secolo avvenne un importante cambiamento per quanto riguarda l'andamento demografico dell'Europa. Fino ad allora, per la popolazione si erano verificati periodi di crescita, diminuzione e stagnazione a seconda dei mutamenti climatici, delle epidemie, delle carestie. Proprio queste ultime erano rimaste una costante minaccia per tutti i Paesi europei (con la parziale eccezione di Olanda e Inghilterra) lungo tutto il Settecento; e forse non è un caso che la rivolta che diede il via alla Rivoluzione francese, il 14 luglio 1789, sia scoppiata proprio nel giorno in cui il prezzo del pane era stato il più alto di tutto il secolo.

Intorno alla **metà del Settecento**, dopo la fine delle grandi epidemie di peste, **la popolazione aveva iniziato** lentamente, ma costantemente, **a crescere** e il fenomeno non s'interruppe neppure nell'Ottocento, nonostante le guerre napoleoniche e le epidemie di colera che si fecero duramente sentire a partire dagli anni Trenta in varie regioni del continente. Il morbo, tuttavia, colpì soprattutto le zone più arretrate e degradate sotto il profilo igienico e sanitario.

Albert Edelfelt, *Louis Pasteur*, 1885 (Parigi, Museo d'Orsay).

I progressi della medicina Nell'Ottocento, i **medici iniziarono a scoprire le cause batteriologiche e virali di numerose malattie**, ma non furono ancora in grado di trovare valide risposte terapeutiche. Si tratta dunque di un'epoca di transizione. In ogni caso, alcune scoperte medico-scientifiche furono determinanti per diminuire la mortalità, come quelle del francese **Louis Pasteur** (1822-1895) e del tedesco **Robert Koch** (1843-1910); il primo mise a punto un processo di sterilizzazione ad alte temperature (chiamato, tuttora, *pastorizzazione*) per impedire che i microscopici organismi viventi presenti nel latte e in altre sostanze potessero trasmettere malattie all'uomo. Inoltre, proseguendo sulla strada aperta da Edward Jenner nel Settecento, Pasteur trovò un efficace vaccino contro la *rabbia*, la mortale malattia trasmessa agli esseri umani dai cani idrofobi. Koch, invece, dapprima isolò il bacillo del carbonchio e scoprì un vaccino contro di esso, poi individuò il microrganismo responsabile della tubercolosi (tuttora denominato *bacillo di Koch*). Nel 1883, riuscì a individuare anche il *bacillo virgola*, che provocava il **colera**, e quindi a dimostrare che questo morbo **poteva essere efficacemente contrastato migliorando le condizioni igieniche**.

Quando queste scoperte uscirono dalla fase sperimentale, furono gradualmente adottate delle autorità, spingendole a un progressivo miglioramento delle condizioni di vita dei ceti più poveri; di conseguenza, la **mortalità infantile arretrò**, la speranza di vita alla nascita si fece più elevata e la **popolazione aumentò di numero**.

Le tendenze demografiche tra Ottocento e Novecento La **crescita della popolazione nel corso del XIX** secolo fu impressionante. È stato calcolato che se, intorno all'anno 1800, la popolazione europea globale ammontava a 190 milioni di individui, essa giunse a toccare la cifra di 401 milioni a fine secolo. L'incremento più significativo si ebbe nell'impero russo, che passò da 39 milioni nel 1800 a 110 milioni nel 1900; in questo caso, tuttavia, un'importante diminuzione della mortalità si verificò solo a partire dal 1890. Fino ad allora, la crescita demografica si deve soprattutto a usi e abitudini tradizionali, che favorivano la natalità e la fecondità: la maggior parte delle donne russe, ad esempio, si sposava prima dei vent'anni, il che aumentava notevolmente la probabilità di una prole numerosa.

Limitazione delle nascite

In Francia, in Germania e in altri Paesi dell'Europa occidentale, verso la fine del secolo, si comincia a percepire una tendenza di segno opposto, che avrebbe poi caratterizzato gran parte del Novecento; in effetti, soprattutto nelle grandi città, si nota una certa **tendenza a limitare il numero dei figli**, al fine di elevare il tenore di vita del gruppo familiare. Intorno alla metà del XIX secolo, la donna partoriva mediamente 4 figli (Danimarca, Svezia, Norvegia, Belgio, Svizzera) o 5 (Inghilterra, Germania, Olanda, Italia). È verosimile che il 20-25% di tali bambini non superasse il primo anno di vita; all'opposto, uno dei grandi fattori che sostennero la crescita demografica dell'Ottocento fu proprio il **drastico calo della mortalità infantile**: è stato infatti stimato che, a cavallo dei due secoli, il tasso di bimbi morti entro il primo anno di età fosse sceso al 9% nell'area scandinava e al 13-15% nell'Europa occidentale e meridionale; rimase stabile intorno al 20% solo nell'Europa orientale.

Aspettativa di vita più elevata

La popolazione europea, all'inizio del Novecento, era formata per il 50% da individui tra i 15 e i 50 anni, per il 30-35% da bambini, e solo per il 15-20% da adulti maturi sopra i 50 anni. Insomma, se alla fine del Settecento la speranza di vita alla nascita si aggirava intorno ai 25-35 anni, in poco più di un secolo, si era elevata di una quindicina d'anni.

Federico Zandomeneghi, *Piazza d'Anversa a Parigi*, 1880 (Piacenza, Galleria Ricci Oddi). Si notano bambini, balie e carrozzine.

1.2 La migrazione dalle campagne alle città

La crescita dei nuclei urbani La crescita demografica, in molte regioni d'Europa, ebbe come conseguenza la necessità da parte di molti di abbandonare le aree agricole, che non garantivano più lavoro e sostentamento per tutti, e di cercare lavoro altrove. Questo spiega un altro dei fenomeni demografici più tipici del XIX secolo, l'**emigrazione di massa verso l'America** (e, in misura minore, verso altre regioni del mondo). Al contempo spiega lo spostamento di **un numero** sempre **crescente di persone dalle campagne o dai piccoli centri verso le grandi città**.

La migrazione verso le città diede vita a concentrazioni umane di eccezionale entità. Nel 1800, solo il 12,5% degli europei viveva in realtà urbane che superavano i 5000 abitanti. A livello continentale, tale proporzione salì al 18,5% nel 1850 e toccò la quota del 36% nel 1910.

Le città di medie dimensioni (abitate da almeno 100 000 abitanti) erano solo 24 all'inizio del secolo (di cui 6 in Italia), ma diventarono 128 all'inizio del Novecento e, mentre comprendevano appena il 3% della popolazione al tempo di Napoleone, ora ospitavano il 12% degli abitanti del continente europeo. In **Germania** questo fenomeno fu particolarmente evidente: se le 8 città con più di 100 000 abitanti riunivano 2 milioni di persone nel 1871 (5% della popolazione globale), i 48 centri che nel 1910 avevano raggiunto quella soglia concentravano 14 milioni di individui, pari al 21% degli abitanti del Reich. **Berlino**, in particolare, **divenne una metropoli enorme e modernissima**, con 2,7 milioni di persone (3,7, se si considera la superficie che la capitale occuperà nel 1920, dopo una riorganizzazione amministrativa).

Storiografia 1
La nascita dei grandi magazzini
→ pag. 36

La diffusione delle comodità Tutte queste persone dovevano essere rifornite di cibo, di vestiario e di altri generi di prima necessità. A differenza del contadino tradizionale – che era tendenzialmente autosufficiente e che si nutriva di ciò che producevano il suo campo, il suo orto e il suo frutteto, e al limite era in grado di arrangiarsi anche nella produzione di tessuti, cesti e altra oggettistica –, il cittadino era un puro consumatore di prodotti fabbricati in serie dall'industria moderna e venduti nei centri commerciali. D'altra parte, per quanto gran parte della classe operaia vivesse ancora in situazione di notevole difficoltà economica, la qualità della vita materiale di un numero crescente di individui andò lentamente migliorando: l'**illuminazione elettrica nelle case**, i **servizi igienici più efficienti**, l'**acqua corrente** (a volte, addirittura calda), la bicicletta e una serie di piccoli o grandi oggetti, resero l'esistenza più sopportabile.

Timori dei politici

Tale miglioramento suscitò reazioni allarmate: da una parte i conservatori iniziarono a proclamare che le **nuove generazioni, rammollite dalle comodità**, non avrebbero più voluto sopportare i disagi della vita militare e tanto meno sacrificarsi in guerra per la grandezza e l'onore della nazione. Sul versante opposto, i timori venivano dai socialisti più estremisti, preoccupati del fatto che – tra le masse operaie sempre più *imborghesite* – si sarebbe **spenta qualsiasi volontà rivoluzionaria**. Secondo Marx, il proletariato aveva da perdere solo le proprie catene; per quanto gravi fossero ancora le condizioni di moltissimi operai (e contadini), in Inghilterra, Francia, Germania il tenore di vita lentamente cresceva e migliorava, per mezzo di lotte sindacali e scioperi che avevano alzato in maniera significativa i salari, mentre la **produzione industriale di massa di generi di consumo** stava permettendo ai prezzi di tali beni di scendere in continuazione, con il risultato di metterli **alla portata di tutti**.

L'ora del bagno per i bambini in una casa più confortevole della media in una fotografia dell'inizio del Novecento.

ECONOMIA DEMOGRAFIA E SOCIETÀ

1.3 Gustave Le Bon e l'era delle folle

Lavorare per competenze avvio al saggio breve
Le Bon, studioso di un fenomeno moderno
→ pag. 39

Le folle come oggetto di studio Il fatto che un numero sempre più alto di persone andasse concentrandosi nelle metropoli e che le masse incominciassero a partecipare a scioperi e manifestazioni, spinse alcuni intellettuali a studiare la psicologia delle folle e gli strumenti per manovrarle. Tra i primi a rivolgere l'attenzione verso tali questioni vi fu il francese **Gustave Le Bon** (1842-1931), che ai suoi tempi fu una figura molto discussa e chiacchierata, con molteplici interessi nel campo della medicina, dell'antropologia e dell'archeologia.

Nel 1895, Le Bon pubblicò il suo lavoro più celebre: *Psicologia delle folle*, un'opera che ebbe subito una risonanza enorme, tanto che nel 1906 ne era già uscita la dodicesima edizione.

Secondo l'autore, la fine del XIX secolo era un tempo di svolte decisive, uno di quei pochi momenti fondamentali in cui la storia cambiava direzione e si verificavano sconvolgimenti capaci di alterare in modo profondo e duraturo il volto delle civiltà.

Le folle muovono la storia

Il primo mutamento che Le Bon individuava riguardava la religione: sia i popoli sia gli individui, a suo parere, non erano più interessati all'aldilà; quindi, **la presa della Chiesa sulle società umane si faceva sempre minore**. In secondo luogo, mentre in passato le grandi decisioni erano state prese dai re, nel tempo moderno questi ultimi avevano un scarso peso nel determinare le grandi vicende storiche. Secondo lo psicologo francese, come il Medioevo era stato il *tempo dei re e dei nobili*, l'epoca moderna era invece l'*era delle folle*: la loro voce, le loro esigenze e le loro aspirazioni, ben più degli ordini o delle ambizioni dei sovrani, indirizzavano la storia.

I caratteri delle folle Nell'epoca delle masse, Le Bon si presentò come colui che avrebbe potuto insegnare ai governanti i modi più efficaci di rapportarsi a questa entità – la massa, appunto – che nel mondo moderno era diventata predominante.

L'uomo non è un essere razionale

Le Bon disprezzava la democrazia e rifiutava il presupposto liberale secondo cui gli uomini sono esseri razionali, disposti a ragionare serenamente in un'assemblea parlamentare, ad ascoltare il punto di vista altrui e infine a prendere insieme la decisione più saggia. Gli uomini, secondo lui, sono mossi da una serie di *elementi inconsci*, cioè da **istinti e passioni comuni a un intero popolo**. In altre parole, la vera guida dei popoli sono le loro **tradizioni**. Da questa sua convinzione Le Bon deriva una serie di conseguenze molto importanti. La prima riguarda il fatto che non si può imporre a tutti i popoli lo stesso tipo di ordinamento politico. In secondo luogo, a suo giudizio, **un leader deve conoscere profondamente l'anima del popolo che vuole comandare**: ad esempio Napoleone, secondo Le Bon, conosceva i francesi, ma ignorava la psicologia delle folle di nazionalità diversa.

Differenza tra individuo e folla

Riuniti in una folla, gli individui sentono, pensano e agiscono in modo del tutto diverso da come ognuno di essi sentirebbe, penserebbe e agirebbe isolatamente. **Il soggetto inserito in una folla si sente invincibile** e per questo si lascia andare a istinti e ad azioni che, se fosse rimasto solo, avrebbe quasi certamente represso. Inoltre, Le Bon insiste sul fatto che **la folla è insensibile alle sfumature**: l'oratore che vuol sedurre una massa deve «esagerare, affermare, ripetere e mai tentare di dimostrare alcunché col ragionamento»: nulla colpisce infatti l'immaginazione popolare come le rappresentazioni teatrali. Il fascismo e il nazismo avrebbero appreso questa lezione in modo magistrale, organizzando **coinvolgenti manifestazioni di massa** e introducendo **un nuovo stile politico**, in cui l'elemento estetico e quello emotivo contavano più del messaggio. Infine, secondo lo studioso francese, le folle hanno soprattutto bisogno di *fede*, la quale, però, può anche assumere forme del tutto laiche e quindi prive di qualsiasi riferimento a Dio o all'aldilà.

Le Bon, insomma, ha intuito che la **politica del suo tempo** (e, a maggior ragione, quella del nuovo secolo) **stava acquistando connotati e caratteri pseudoreligiosi**, proprio perché era politica *di massa* e *rivolta alle masse*.

Ritratto fotografico di Gustave Le Bon.

Capitolo 2

ECONOMIA DEMOGRAFIA E SOCIETÀ

La mobilitazione delle **masse**

Storia slide

LE CONOSCENZE DA ACQUISIRE
In Francia, nel periodo compreso tra il 1870 e il 1914, incontriamo numerose strategie politiche finalizzate a sottrarre le masse all'influenza dei socialisti. L'affare Dreyfus dimostrò che l'antisemitismo era lo strumento più efficace di mobilitazione delle masse.

LE COMPETENZE DA POTENZIARE
Saper individuare le radici dei meccanismi totalitari tipici del XX secolo.

2.1 I sistemi stabili: Germania e Inghilterra

La supremazia della Germania in Europa All'inizio del Novecento, **la Germania stava diventando la principale potenza economica d'Europa**: era infatti all'avanguardia nella fabbricazione di acciaio, nella produzione di energia elettrica, nella ricerca chimica-farmaceutica.

L'eccezionale sviluppo industriale aveva reso più forte la classe operaia tedesca che, oltre a essere la più numerosa, era anche la meglio organizzata di tutto il continente. Il **movimento socialista** tedesco era estremamente ben strutturato: alla fine del secolo disponeva di funzionari a tempo pieno, regolarmente stipendiati, ed era capace di raccogliere più di 2 milioni di voti alle elezioni del 1898 e oltre 4 milioni di suffragi (su 12 milioni di votanti) nel 1912. Nel complesso, tuttavia, si trattava di un partito bloccato, in quanto a dispetto delle parole d'ordine ancora rivoluzionarie (e della condanna teorica del *revisionismo* di Bernstein), era **ben inserito nel sistema parlamentare** del Reich e perfino **disposto a collaborare con il governo imperiale**: non a caso, nell'agosto 1914 – a parte un ristretto gruppo di dissidenti, tra i quali spiccavano Rosa Luxemburg e Karl Liebknecht – il Partito socialista tedesco avrebbe sostenuto in massa la scelta governativa di spingere il Paese nell'avventura della guerra mondiale.

Partito socialista e Reich

Classe operaia e governo semiautoritario avevano trovato in Germania un sostanziale equilibrio che rendeva il **Reich** un singolare soggetto in cui **coesistevano modernità e tradizionalismo**. Sia pure con modalità diverse, tale contrasto si ripeteva nelle classi superiori: borghesia liberale e aristocrazia Junker, tuttavia, avevano trovato un sostanziale equilibrio e un'accettabile ripartizione del potere. Tutto sommato, si trattava di un meccanismo sociale molto delicato, che sarebbe andato in pezzi dopo la disfatta militare del 1918; fino ad allora, però, i soggetti che si ponevano all'esterno del sistema e avrebbero voluto distruggerlo – socialisti veramente rivoluzionari, a sinistra; estremisti ultranazionalisti, antisemiti e razzisti, a destra – non trovarono né spazi di manovra politica, né appoggi a livello di massa.

Una veduta di Berlino nel 1905.

Il mondo operaio e sistema parlamentare inglese Sia pure per ragioni diverse, **anche il sistema inglese** era sostanzialmente **stabile e consolidato**. Quando il mondo operaio britannico iniziò a organizzarsi, dotandosi di proprie strutture politiche e di un partito che ne rappresentasse in Parlamento i bisogni specifici, fin dall'inizio si precisò che il sistema parlamentare veniva completamente accettato, che le nuove realtà politiche non avevano finalità rivoluzionarie e che, al massimo, si chiedeva il suffragio universale maschile, paradossalmente presente nel semiautoritario Reich tedesco, ma non nella liberale Inghilterra.

SPORT

Novecento, secolo dello sport

Le origini del *football* moderno

Educare con lo sport

Il gioco del calcio, come lo conosciamo oggi, ha una precisa data di nascita: il 26 ottobre 1863. In tale giorno, si riunirono in un locale del centro di Londra, la Free Mason's Tavern, i rappresentanti di undici club e scuole situate nell'area della capitale britannica. Da alcuni decenni, **nelle più prestigiose *public schools* inglesi**, si era diffusa **l'abitudine di far praticare sport agli allievi**. Mr. Haslam, preside della Ripon School, amava ripetere che l'impero era potuto sorgere solo perché i ragazzi inglesi si erano formati sui campi da gioco: per questo essi erano stati capaci «affrontare marce estenuanti in Egitto». **Il gioco di squadra era concepito come strumento di educazione**: i giovani imparavano che un obiettivo comune poteva essere raggiunto solo grazie a una stretta collaborazione dei vari soggetti coinvolti; in secondo luogo, erano così educati al rispetto delle regole e ad accettare serenamente un'eventuale sconfitta. Si trattava di valori essenziali, per un regime politico che aveva deciso di affidarsi alla **libera e leale competizione elettorale**, finalizzata alla scelta periodica dei parlamentari e dei governanti.

La nascita del regolamento

In un primo momento, il gioco di squadra per antonomasia fu quello praticato nell'università di Rugby; a Harrow, tuttavia, iniziò a imporsi un gioco alternativo, che si praticava solo con i piedi e in cui era vietato afferrare la palla con le mani, tanto che **i giovani erano obbligati a munirsi di guanti bianchi e a tenere nel pugno alcune monete d'argento**. Il nuovo gioco appassionò in breve tempo i ragazzi di altre scuole, ma per vari anni ogni struttura giocò secondo regole e stili propri. L'unica cosa che li accomunava fin dal principio fu il numero di giocatori, 11: la classe standard di una *public school*, infatti, era composta da **10 studenti, più l'insegnante**. La riunione del 26 ottobre 1863 servì proprio a dettare un regolamento valido in tutto la Gran Bretagna, in modo da permettere partite anche tra squadre di scuole diverse.

La classe non è acqua: aristocratici e proletari in campo

Il *football* non era identico a quello praticato in seguito; prima di tutto, il pallone usato fu per parecchio tempo un oggetto realizzato con vesciche di animali riempite di turaccioli di sughero: solo verso la fine dell'Ottocento si poté utilizzare la camera d'aria in caucciù, ricoperta dal cuoio. In secondo luogo, il concetto di base che alimentava l'intero gioco era quello della lealtà tra i gentiluomini che si incontravano, del ***fair play***, della correttezza di stile e di comportamento. Eventuali **comportamenti sleali non erano puniti sul campo, ove non c'era alcun arbitro, bensì sanzionati** in seguito, **in privato**, dal capitano della squadra. Solo a partire dal 1872 vennero introdotti l'arbitro e il calcio di punizione; il primo calcio di rigore, invece, fu tirato nel 1891. Nel contempo, il nuovo gioco si era diffuso fuori dal mondo degli aristocratici e dei ricchi borghesi che frequentavano le scuole d'élite: tuttavia, mentre il calcio andava trasformandosi in fenomeno di massa, i nuovi giocatori di basso ceto sociale erano decisamente meno sportivi e più determinati a vincere, rispetto ai primi giocatori di classe sociale elevata. Per alcuni nostalgici, **la diffusione del *football* tra il proletariato** ne aveva falsato lo spirito più autentico; come scrisse un giornale ancora nel 1911, criticando la regola del calcio di rigore: «È un insulto bello e buono agli sportivi dover giocare secondo una regola che presuppone che i giocatori intendano fare sgambetti, dare calci negli stinchi e buttare a terra gli avversari, comportandosi come canaglie della peggior risma».

I nostalgici criticarono poi aspramente il fatto che, a partire dal 1885, la legge riconobbe piena legittimità al **calciatore professionista**: una figura che andò rapidamente imponendosi dopo che (nel 1872) era sorta l'idea di un torneo nazionale a squadre; la prima finale venne seguita da 2000 spettatori, quella del 1882 da 10 000, quella del 1902 da 110 000. Ormai, almeno in Gran Bretagna, il *football* era un business, **uno spettacolo di massa capace di coinvolgere vere e proprie folle**, al punto da suscitare anche perplessità e preoccupazioni fra i socialisti, che lo consideravano una pericolosa forma di evasione, un diversivo capace di impedire ai proletari di pensare e di concentrarsi nell'impegno rivoluzionario.

Un incontro tra le squadre di calcio inglese e scozzese nel 1878. Incisione.

2.2 La Francia: problemi e contrasti

La Terza Repubblica tra contrasti e corruzione In Francia, gli elementi stabilizzatori del sistema politico presenti in Germania e nel Regno Unito non c'erano: il governo non godeva del prestigio che il Reich tedesco aveva guadagnato sul campo di battaglia negli anni 1866-1871, né poteva contare su una lunga e gloriosa tradizione come in Inghilterra. **In Francia tutto era precario e problematico**, in quanto la cosiddetta *Terza Repubblica*, istituita nel 1870, era odiata e disprezzata da componenti influenti e molto significative della società francese. I cattolici rifiutavano il suo carattere laico e nazionalista, che fin dal tricolore faceva riferimento alla Rivoluzione e ai *principi del 1789*. Sull'altro versante, invece, i socialisti non avevano certo dimenticato che i primi passi della Repubblica avevano coinciso con la brutale e feroce repressione della Comune, nella primavera 1871.

Attacchi da sinistra e da destra

Oltretutto, la nuova repubblica parlamentare si segnalò fin dall'inizio per un **elevatissimo tasso di corruzione fra i deputati** e per alcuni clamorosi scandali finanziari. Da destra e da sinistra, un numero crescente di soggetti si pose deliberatamente fuori da un sistema che disprezzava e che avrebbe voluto abbattere. In alcuni casi, gli estremisti dei due schieramenti procedettero in maniera autonoma gli uni rispetto agli altri; in varie circostanze, tuttavia, intellettuali, ideologi e attivisti politici sostennero che il **comune sentire antiparlamentare e antiborghese** li avvicinava, per cui cercarono provvisorie alleanze tattiche, o addirittura si proposero di elaborare **nuove sintesi teoriche e nuovi progetti politici**, alcuni dei quali possono essere considerati anticipatori dei successivi movimenti fascisti.

› VEDI Il fascismo delle origini → pag. 213

La resistenza alla Terza Repubblica La maggior parte delle **classi superiori** e del **ceto politico**, nella Francia di fine Ottocento, non era favorevole alla repubblica e **avrebbe preferito un ritorno alla monarchia**. Ma i sostenitori dell'opzione monarchica, a loro volta, non erano un fronte compatto, soprattutto dopo la morte di Napoleone Eugenio Luigi Bonaparte, erede di Napoleone III: vi erano i reazionari, che caldeggiavano addirittura un ritorno all'*Ancien Régime*, e vi erano i moderati, che guardavano con nostalgia alla monarchia di luglio (sorta dopo la rivoluzione del luglio 1830).

L'opposizione cattolica

Tuttavia, nel giro di pochi anni la maggior parte dei borghesi e dei conservatori francesi abbandonò l'ipotesi di un ritorno al passato. Assai più tenace e significativa fu invece la resistenza dei cattolici, che alla Repubblica contestavano di aver accolto alcuni principi fondamentali della tradizione rivoluzionaria e napoleonica, come il matrimonio civile, la possibilità di divorziare e l'istruzione pubblica laica (la «scuola senza Dio», come dicevano i preti dal pulpito). Soltanto nel 1892 papa **Leone XIII esortò i cattolici francesi a prendere parte alla**

Stampa del XIX secolo che rappresenta la proclamazione della Terza Repubblica francese.

vita della Repubblica: tuttavia si trattava solo di un *riconoscimento di legittimità* del regime repubblicano, non certo di un'accettazione dei principi e dei valori che lo animavano. Pertanto, anche nelle intenzioni dei cattolici francesi, gran parte del cammino percorso dalla Francia nei cent'anni precedenti andava cancellato e si attendeva con ansia il momento della resa dei conti, che avrebbe ridato «la Francia a Dio, e Dio alla Francia».

Ritratto di Patrice de Mac-Mahon, presidente della Terza Repubblica francese, 1877.

Il programma autoritario di Mac-Mahon Alle elezioni del 1876 risultò vincente una maggioranza fieramente anticlericale e decisa a imitare l'esempio parlamentare inglese. Nello stesso anno, fu eletto presidente il generale **Patrice de Mac-Mahon**, che si scontrò duramente con la maggioranza alla Camera. Nel maggio 1877, con una mossa autoritaria, Mac-Mahon nominò primo ministro il monarchico Albert de Broglie. Tale decisione fece temere di essere dinanzi al primo passo verso un colpo di Stato che avrebbe portato alla restaurazione della monarchia. Forse, il generale non voleva spingersi fino a quel punto; tuttavia, dal punto di vista costituzionale, il suo gesto era una forzatura: significava proclamare che il governo era responsabile del suo operato di fronte al presidente, e non dinanzi al Parlamento. Se il disegno di Mac-Mahon avesse avuto successo, **la repubblica francese si sarebbe di fatto trasformata in un regime simile a quello prussiano e tedesco**, in cui effettivamente il cancelliere non aveva bisogno, per restare a capo del governo, della fiducia del Reichstag (il Parlamento tedesco), bensì del sostegno del Kaiser. In Francia, tuttavia, il **programma autoritario di Mac-Mahon** fu clamorosamente **sconfessato dai francesi**, che alle elezioni del 14-28 ottobre 1877 respinsero il suo progetto e diedero le loro preferenze ai deputati dell'opposizione.

2.3 Il movimento boulangista

Boulanger, leader carismatico Un decennio dopo la sconfitta elettorale di Mac-Mahon, la Francia temette ancora una volta un colpo di Stato e il ritorno a un regime autoritario. A destare tali preoccupazioni fu la comparsa sulla scena politica del generale **Georges Boulanger** (1837-1891), figura che anticipa quella che, nel corso del XX secolo, avrebbe avuto un'importanza capitale: il leader politico carismatico, **capace di infiammare le masse**. La strategia di Boulanger, tuttavia, fu molto diversa da quella Mac-Mahon: mentre questi era un uomo d'ordine, che detestava le masse (e non a caso era stato la vera anima della sanguinosa repressione del 1871), Boulanger intuì la loro forza e permise che intorno alla sua figura si formasse una **vasta mobilitazione popolare**. Come non mancò di notare Gustave Le Bon, l'**entusiasmo delle masse** fu enorme, tanto che, nel gennaio 1889, dopo una serie di spettacolari vittorie elettorali, Boulanger trionfò anche a Parigi. La capitale era in preda a una folla in delirio, e molti pensavano che il generale si sarebbe posto a guida di questo formidabile esercito popolare per marciare sul palazzo presidenziale. In realtà, **Boulanger esitò e lasciò passare l'occasione propizia per il colpo di Stato**, abbandonando infine il Paese.

Differenze tra Boulanger e Mac-Mahon

Al di là del fallimento concreto del movimento boulangista, la sua importanza storica è eccezionale: per la prima volta nella storia dell'epoca delle masse, Boulanger incarna il ruolo del **leader che cerca il bagno di folla** e proclama che il **popolo**, ben più del Parlamento, dev'essere il **vero soggetto della politica moderna**. Tuttavia, appare chiaro che **il leader chiede una specie di delega assoluta** e non revocabile. Di fatto, qualora ottenesse il potere, il capo agirebbe in nome del popolo, ma senza concedergli più alcun reale spazio decisionale.

› VEDI Il fascismo e la mobilitazione delle masse → pag. 316

I sostenitori di Boulanger È importante precisare che **Boulanger fu sostenuto da una coalizione** alquanto **eterogenea**, che comprendeva sia nazionalisti convinti che la corrotta repubblica parlamentare non avesse le forze e le energie sufficienti a rilanciare il prestigio della Francia dopo la disfatta del 1870-1871, sia socialisti che si ispiravano più a Blanqui e

Particolare di una pagina del supplemento del giornale "Le Figaro" del 1889, nel quale sono rappresentati alcuni personaggi dell'epoca sostenitori del generale Georges Boulanger, candidato alle elezioni presidenziali dello stesso anno.

a Proudhon che a Marx. Agli occhi di questi **estremisti di sinistra**, la Terza Repubblica era prima di tutto l'incarnazione dello Stato borghese che aveva massacrato gli operai al tempo della Comune: il fatto che fosse un regime parlamentare e democratico non contava nulla. Per questo motivo, accettarono di allearsi con altri sostenitori di Boulanger che provenivano da percorsi diversi: l'essenziale, secondo la loro valutazione, era distruggere lo Stato borghese.

Nazionalisti

I **nazionalisti**, invece, **si ispiravano al pensiero dello scrittore francese Ernest Renan** (1823-1892), il quale nel 1870, subito dopo la disfatta di Sedan, aveva imputato la sconfitta della Francia alla tradizione culturale e politica nata con l'Illuminismo e rafforzatasi con la grande Rivoluzione. Lo scontro con la Prussia, a suo parere, aveva ampiamente dimostrato la superiorità di uno Stato autoritario, che antepone la grandezza nazionale al benessere del singolo, sul Paese che invece aveva scelto di «rinnegare la disciplina» e di ispirarsi a una concezione liberale.

Pur **partendo da presupposti teorici molto diversi**, gli uni e gli altri potevano incontrarsi nella **critica della classe borghese e del modello liberale**.

Schema proiettabile

Terza Repubblica e masse — CAUSA EFFETTO

SITUAZIONE INIZIALE	FATTORI DI CAMBIAMENTO	RISULTATO FINALE
Condizione di precarietà della Terza Repubblica	Boulanger interpreta e guida il malcontento	Leader politico con delega assoluta
Stato borghese corrotto e in declino	Volontà di nazionalisti e socialisti di rilanciare la Francia	Nuovo fronte eterogeneo ma compatto
Insoddisfazione del popolo	Coinvolgimento come soggetto attivo della vita politica	Entusiasmo e mobilitazione delle masse

ECONOMIA DEMOGRAFIA E SOCIETÀ

2.4 Le masse, l'antisemitismo e l'*affare Dreyfus*

L'antisemitismo di Drumont L'alleanza tra estremisti di sinistra e nazionalisti che la scena politica francese aveva conosciuto in occasione del moto boulangista si ripropose in occasione del cosiddetto ***affare Dreyfus***, uno scandalo messo in piedi dallo scrittore Édouard Drumont (1844-1917), direttore dal 1892 del quotidiano "La Libre Parole". Drumont divenne famoso nel 1886, allorché pubblicò *La Francia ebraica*, un vero e proprio best seller di cui si ebbero 114 edizioni e 100 000 copie vendute in un solo anno e 200 edizioni fino al 1943, per un totale di un milione circa di copie vendute. Se si prescinde dai frequenti riferimenti al cristianesimo (che permisero al lavoro di Drumont di essere apprezzato anche negli ambienti conservatori cattolici), le concezioni espresse nella *Francia ebraica* appaiono dichiaratamente razziste. A suo giudizio, la storia è caratterizzata dalla **perenne e insanabile contrapposizione tra la razza ariana o indoeuropea** (che secondo Drumont «possiede essa sola la nozione di giustizia, il sentimento della libertà, la concezione del bello») **e quella semita**, le cui produzioni (scrive ancora) «non sono che delle immagini vane, delle parodie più o meno grossolane» delle feconde e durevoli creazioni dell'ariano. Di conseguenza, l'intera vicenda storica europea era letta come una contesa tra *ariani* e *semiti*, dal cui esito sarebbero dipese le sorti della civiltà e della cultura.

Un vero *best-seller*

Secondo Drumont, inoltre, lo *spirito ebraico* permeava il sistema sociale moderno, basato sulla grande industria, sull'investimento di capitali e sul primato della città rispetto alla campagna: di fronte al formidabile potere dell'alta finanza, dei banchieri e degli speculatori, egli si presentava come il difensore dei poveri e il ***profeta* di un nuovo ordine sociale**, in cui tutte le componenti della Nazione (liberata finalmente dal soffocante sfruttamento degli ebrei) avrebbero collaborato offrendo a ogni francese un dignitoso tenore di vita. Agli occhi di Drumont, la Terza Repubblica era l'incarnazione di quella perversa realtà moderna che egli denunciava; la sua voce si unì a quella dei già numerosi critici del sistema borghese, liberale e parlamentare: **i socialisti più estremisti, non meno dei nazionalisti e dei cattolici, accolsero con entusiasmo il suo antisemitismo, moderno, combattivo** e adeguato alla realtà sociale di un Paese in rapida trasformazione.

› VEDI
Il *Mein Kampf* di Hitler
→ pag. 230

L'*affare Dreyfus* Negli anni Novanta, alcune vicende colpirono profondamente l'opinione pubblica francese e parvero offrire conferma alla diagnosi di Drumont. Innanzitutto, nel 1891-1892, fallì la compagnia (francese) che aveva intrapreso la costruzione del canale di Panama, gettando sul lastrico migliaia di risparmiatori che ne avevano comprato le azioni. Poiché tra i consiglieri della compagnia vi erano diversi finanzieri ebrei di origine tedesca, Drumont ebbe buon gioco a denunciare lo scandalo come una perversa macchinazione antinazionale ebraica. In realtà, l'inchiesta dimostrò l'estraneità dei consiglieri. La vicenda aveva infatti coinvolto gli ambienti parlamentari: **più di cento deputati**, infatti, **avevano percepito tangenti** opportunamente distribuite al momento delle verifiche del bilancio della Compagnia del Canale.

La pagina dell'"Aurore" del 13 gennaio 1898 con il famoso *J'Accuse...!* in cui Émile Zola attaccava i vertici dell'esercito, che si rifiutavano di ammettere di aver commesso un errore e, dall'altra parte, subivano le pressioni di Drumont e dei conservatori.

Cinq Centimes
ERNEST VAUGHAN
L'AURORE
Littéraire, Artistique, Sociale
J'Accuse...!
LETTRE AU PRÉSIDENT DE LA RÉPUBLIQUE
Par ÉMILE ZOLA
LETTRE A M. FÉLIX FAURE
Président de la République

Nel novembre 1894, il capitano **Alfred Dreyfus fu accusato di aver passato importanti segreti militari ai tedeschi**, arrestato e condannato per alto tradimento. Poiché Dreyfus era di origine ebraica, Drumont vide ulteriormente confermati tutti i suoi sospetti e i suoi pregiudizi: la condanna dell'ufficiale, a suo parere, era la prova lampante del fatto che tutti gli ebrei, con gli strumenti più diversi, tramavano nell'ombra per la rovina della Francia.

Il 13 gennaio 1898, il giornale francese "L'Aurore" pubblicava in prima pagina un articolo intitolato *J'Accuse...!* (*Io accuso...!*), firmato dal celebre romanziere **Émile Zola**, la figura più prestigiosa tra coloro che si schierarono a difesa di Dreyfus. Nel 1897, infatti, erano emerse le prime **prove dell'innocenza dell'ufficiale**; a quel punto in Francia era iniziato un durissimo contrasto, che avrebbe diviso l'opinione pubblica fino al 1906.

2.5 Socialismo, sindacalismo e fascismo in Francia

Dreyfusardi e anti-dreyfusardi

La Francia si spacca: la posizione dei socialisti La **vicenda di Dreyfus** fu l'occasione per lo scontro di **due opposte concezioni dello Stato e della vita politica**. Da un lato, intorno alla difesa di Dreyfus si riunirono tutti coloro che volevano una Francia il più possibile fedele agli ideali della Rivoluzione, cioè laica, democratica e repubblicana; gli avversari di Dreyfus, invece, ritenevano che la Francia non si sarebbe mai ripresa dalla sconfitta del 1870-1871 se fosse stato messo in discussione il prestigio dell'esercito e se la religione non avesse di nuovo educato i cittadini a sottomettersi alle autorità. Una società in cui tutto potesse essere criticato e messo in discussione, priva di autorità infallibili che tutti dovevano seguire senza discutere, secondo gli *antidreyfusardi* era solo sinonimo di caos, di debolezza, e quindi non poteva essere altro che il perverso prodotto di forze estranee alla Nazione, che volevano la sua distruzione.

In un primo tempo, i socialisti marxisti, aderenti alla Seconda Internazionale, **si rifiutarono di prendere posizione**. Poco tempo dopo, tuttavia, Jean Juarès e gli altri dirigenti del Partito socialista si resero conto della pericolosissima piega che stava assumendo la questione e presero la difesa di Dreyfus. Nel frattempo, a più riprese, i militanti antisemiti organizzarono tumulti e manifestazioni di piazza, mentre l'odio per gli ebrei dimostrava di possedere uno straordinario potere di mobilitazione popolare, al punto che **il controllo della mobilitazione delle masse rischiava di sfuggire di mano ai marxisti**. Ma, soprattutto, i socialisti dell'Internazionale fecero una precisa scelta di campo, cioè decisero di **sostenere il sistema parlamentare** e la democrazia, mentre sinistra estrema, antisemiti, nazionalisti e cattolici intransigenti – per motivi diversi – lottavano per abbatterli.

Il sindacato come strumento rivoluzionario

Il sindacalismo di Sorel Negli anni che precedettero l'inizio della guerra mondiale, all'interno della sinistra estrema, gli avversari più agguerriti dei socialisti marxisti divennero i seguaci di **Georges Sorel** (1847-1922), che nel 1908 pubblicò le sue *Riflessioni sulla violenza*.

Disgustato dai compromessi tattici che i partiti socialisti dovevano quotidianamente stipulare, in Parlamento e fuori, dopo che avevano scelto di partecipare alla vita politica dei vari Paesi, Sorel scelse il **sindacato come strumento rivoluzionario**. I lavoratori, a suo giudizio,

Uno dei massimi dirigenti del Partito socialista francese, Jean Jaurès (il primo a destra) discute con dei colleghi nelle strade di Parigi, 1901.

Lo sciopero generale

dovevano essere organizzati in vista del **grandioso e risolutivo *sciopero generale*** che avrebbe provocato il collasso dell'apparato produttivo capitalista e il passaggio del potere nelle mani del proletariato.

A livello politico, l'impostazione di Sorel toglieva ogni importanza ai partiti operai e negava valore alla loro strategia, che prevedeva un avvicinamento graduale dell'intera società al socialismo. L'approccio di Sorel richiama, per certi aspetti, quello di Bakunin, ma per altri versi si avvicina piuttosto alle riflessioni di Le Bon sull'irrazionalità delle folle. In effetti, lo *sciopero generale* risolutivo divenne un *mito*, cioè un'**idea-forza che doveva scaldare gli animi**, caricare emotivamente i lavoratori e convincerli che nello scontro finale essi potevano risultare vittoriosi.

Dal sindacalismo al fascismo Il **percorso politico di Sorel** fu **tutt'altro che lineare**. Dopo aver lodato Lenin e la Rivoluzione russa del 1917, guardò con interesse anche al fascismo mussoliniano, considerato un movimento capace di creare una struttura sociale più morale della società capitalistica, basata sull'egoismo individuale. Del resto, **molti discepoli di Sorel aderirono al fascismo** che, ai loro occhi, appariva come un'inedita sintesi tra nazionalismo, capacità di mobilitazione delle masse e superamento del modello borghese, con il suo liberalismo politico, il suo individualismo anticomunitario e la sua insistenza sull'interesse privato del singolo, sul quale invece – dirà il fascismo – doveva prevalere l'interesse della collettività nazionale.

Dal nazionalismo al fascismo Anche il nazionalismo ebbe un ruolo nella genesi del fascismo. Dopo la sconfitta degli antidreyfusardi, nel 1908 il leader nazionalista **Charles Maurras** fondò il movimento dell'*Action Française*, mosso dal **disprezzo** nei confronti **degli avversari** (marxisti o liberali che siano) **e della cultura illuminista**, di cui essi sono gli eredi. Se sul piano teorico Maurras appare un **reazionario**, su quello organizzativo egli era lucidamente **moderno**: ad esempio, si rese perfettamente conto del fatto che un **movimento nazionalista e di destra**, per essere incisivo nella realtà industriale, **doveva diventare di massa**, abbandonando la tradizionale concezione autoritaria secondo cui i ceti popolari dovevano restare zitti e passivi.

Un reazionario moderno

Maurras fu poi consapevole sia delle straordinarie possibilità che l'**antisemitismo** offriva come mezzo per alimentare le paure e le emozioni della gente, sia del ruolo importantissimo che la stampa aveva assunto nella società di massa. Nella lotta senza quartiere che l'Action Française aveva ingaggiato contro il sistema liberal-borghese, per pilotare l'opinione pubblica ogni mezzo era lecito, se risultava efficace: dagli **articoli scandalistici e diffamatori**, a effetto, che non esitavano a raccontare menzogne e a usare toni fortissimi, fino all'**aggressione fisica**.

Nel 1908, alla Sorbona, gli attivisti dell'Action Française impedirono lo svolgimento delle lezioni del professor Amédée Thalamas, lo insultarono e lo bastonarono, dopo averlo accusato di aver offeso Giovanna d'Arco. Inoltre, impedirono alla *Comédie Française* (prestigiosa e antica compagnia teatrale) di mettere in scena un'opera di Henri Bernstein, cui veniva imputato di essere antinazionale (in quanto ebreo e disertore).

Charles Maurras, il fondatore dell'Action Fraçaise nel suo studio.

Capitolo 3

CULTURA CIVILTÀ E RELIGIOSITÀ

L'Europa **antisemita** alla fine dell'Ottocento

Storia slide

LE CONOSCENZE DA ACQUISIRE
In tutt'Europa, la fine dell'Ottocento fu caratterizzata da vivaci e aggressivi movimenti antisemiti. L'accento venne posto sempre più sulla razza, e non sulla religione: gli ebrei venivano presentati come pericolosi parassiti, biologicamente diversi dai tedeschi o dai francesi.

LE COMPETENZE DA POTENZIARE
Saper individuare le dinamiche psicologiche che si attivano all'interno delle comunità colpite da crisi gravi, prive di rapida soluzione.

3.1 L'antisemitismo in Russia

La discriminazione degli ebrei nell'impero russo L'odio contro gli ebrei, che abbiamo visto in azione in Francia, agitò le masse anche degli altri Paesi europei; e quasi ovunque incontriamo pure abili leader che colsero la straordinaria capacità di attrazione e di mobilitazione dei sentimenti antisemiti.

Il Paese in cui si verificarono le violenze più gravi fu sicuramente **l'impero russo**, che **ospitava la comunità ebraica più grande del mondo**. A differenza di quanto era accaduto in tutta l'Europa, ove sull'onda della Rivoluzione francese o delle campagne napoleoniche gli israeliti avevano ricevuto la completa parità civile, in Russia essi erano ancora **discriminati** e sottoposti a una quantità incredibile di *leggi eccezionali* e di misure repressive. Inoltre, non potevano risiedere nelle regioni più interne della Russia vera e propria, ma solo nelle aree più occidentali dell'impero, in una vasta striscia di territorio denominata *Zona di insediamento*.

Un Paese arretrato e autoritario

Negli anni Settanta, vari gruppi di intellettuali detti *narodniki* ("populisti") avevano cercato di spingere i contadini russi all'azione contro i nobili e la monarchia assoluta, ma nessuno di essi aveva ottenuto risultati concreti. Pertanto, negli ambienti rivoluzionari russi si fece strada l'idea che il popolo andava *svegliato* per mezzo di azioni clamorose, che colpissero i centri stessi del potere. Iniziò così una **campagna di atti terroristici** che ebbe il proprio culmine nell'**uccisione dello zar Alessandro II**, il 1° marzo 1881.

Rovine in una strada dopo il pogrom. Ucraina, 1881.

Incanalare la rabbia popolare

I pogrom A questa sfida che gli era stata lanciata, il potere zarista rispose con una strategia quanto mai cinica e sottile; da un lato, infatti, accentuò le misure repressive, dall'altro scelse di screditare i gruppi rivoluzionari e di incanalare la rabbia popolare verso altri bersagli, diversi da quelli dell'ordine sociale e politico esistente, utilizzando l'antisemitismo.

Sfruttando il tradizionale odio religioso delle popolazioni russe, in diverse regioni la polizia zarista cominciò a organizzare dei ***pogrom***, cioè dei **massacri di israeliti**; in genere, un gruppo di *sobillatori* veniva condotto nel luogo prescelto per l'esplosione del pogrom e qui comunicava che lo zar in persona aveva ordinato di distruggere le case degli ebrei, presentati come la **fonte di tutti i mali** che affliggevano il popolo russo e come i **veri responsabili dell'assassinio di Alessandro II**. Convinti da questi agitatori, i contadini di un villaggio o gli abitanti russi di una città assalivano il quartiere ebraico, lo saccheggiavano e uccidevano tutti coloro che provavano a resistere o a difendersi. Gli episodi più gravi si ebbero a Kiev e a Odessa nel 1881, a Chişinău in Bessarabia (l'attuale Moldavia) nel 1903, di nuovo a Odessa e in numerose altre città nel 1905, in concomitanza con gli eventi rivoluzionari.

Elementi remoti e moderni

Le accuse contro gli ebrei La vicenda dei grandi pogrom che caratterizzarono l'impero russo negli anni compresi tra il 1881 e il 1914 è interessante perché ci appare un fenomeno dai caratteri complessi, che riunisce in sé elementi di origine molto remota con altri modernissimi, anticipatori del tragico futuro novecentesco. In virtù dell'**arretratezza complessiva** del Paese e della **tenace religiosità** delle masse (una fede che tuttavia spesso si accompagnava all'analfabetismo, all'ignoranza e alla superstizione), l'antisemitismo russo poté fondarsi su accuse tradizionali, che in Occidente non avevano più significato o erano cadute in disuso: nel 1911, ad esempio, un ebreo di Kiev poté ancora essere imputato di **omicidio rituale**, cioè accusato di aver ucciso un bambino cristiano per fabbricare il pane azzimo della cena pasquale!

Gli ebrei come grandi burattinai

Tuttavia, dopo il 1905, assistiamo al rapido sviluppo di un nuovo e ben più raffinato e moderno tipo di antisemitismo: la propaganda, infatti, insisté in modo più massiccio e coerente di prima sull'idea che il socialismo, il liberalismo e più in generale **tutti i movimenti riformatori che volevano modernizzare la Russia**, in realtà **erano finanziati e diretti dagli ebrei**. In questo modo, gli israeliti erano accusati di cospirare per abbattere la Santa Russia, baluardo della cristianità, e di macchinare nell'ombra al fine di conquistare il potere su scala mondiale.

Ulteriormente rafforzatasi a seguito della rivoluzione comunista del 1917, tale concezione sarebbe poi stata completamente condivisa da Hitler e da lui rilanciata nel *Mein Kampf*; di conseguenza, l'individuazione degli **ebrei come grandi *burattinai* della rivoluzione** avrebbe infine costituito una delle principali giustificazione ideologiche della *soluzione finale della questione ebraica*, messa in atto dai nazisti nel cuore del Novecento.

Caricatura in "Pluvium", giornale antisemita pubblicato a San Pietroburgo (febbraio 1907).

3.2 L'antisemitismo in Germania: Fritsch

Il giornalista e scrittore antisemita Theodor Fritsch.

Theodor Fritsch In Germania, negli anni a cavallo tra Ottocento e Novecento, una feroce campagna contro gli ebrei fu condotta da alcuni intellettuali antisemiti, tra i quali si distinse **Theodor Fritsch** (1852-1933). Nel suo *Manuale della questione ebraica*, ma in generale in tutti i suoi testi, gli ebrei sono completamente *disumanizzati*, cioè ridotti al rango di insetti nocivi e trasformati nell'incarnazione del *male*, al punto che la scelta di *schiacciarli* diventa l'unica azione veramente degna di tutti coloro che hanno a cuore il futuro del genere umano (da cui invece, ovviamente, gli ebrei vengono esclusi). Anche l'antisemitismo russo poteva arrivare fino all'estremo, cioè giungere a demonizzare gli ebrei e l'ebraismo. Tuttavia, tra le due forme di odio nei confronti degli israeliti c'è una differenza radicale: in linea di massima, **l'atteggiamento russo è ancora di tipo tradizionale**, sicché l'immagine più utilizzata, perché ritenuta la idonea a dipingere la radicale malvagità degli ebrei, è quella medievale dell'Anticristo, cioè lo strumento privilegiato di cui Satana si serve per distruggere la Chiesa di Cristo.

Storiografia 2
L'antisemitismo in Germania a fine Ottocento
→ pag. 37

L'antisemitismo razziale Le immagini usate da Fritsch (e poi, più tardi, sulla sua scia, da Hitler) sono di tipo biologico, non religioso, in quanto l'autore tedesco ha operato un formidabile salto di qualità nella valutazione dell'essenza e dell'identità ebraica. A suo giudizio, **gli ebrei non sono una comunità religiosa, ma** un popolo: anzi, **una razza** speciale, **distinta e antitetica**, rispetto al tipo umano germanico. A livello terminologico, questo nuovo concetto fu messo in evidenza da un altro autore tedesco, **Wilhelm Marr** (1819-1904), cui va attribuita l'invenzione del termine stesso *antisemitismo*, nel 1877. Coniando tale nuova espressione, Marr tenne a mettere in chiaro che la sua opposizione era di tipo razziale, non di ordine religioso.

Documento →

L'antisemitismo di Fritsch: ebrei = insetti

L'opera di maggior successo di Fritsch, *Catechismo antisemita*, uscì nel 1887, ma poi fu ripubblicata nel 1907 con il titolo *Manuale della questione ebraica*. Il suo antisemitismo viscerale e fanatico, però, emerge già con chiarezza da alcune lettere che Fritsch scrisse a Marr nel 1884. La prima lettera, dell'8 maggio, è la più importante e la più esplicita.

Per come oggi è la mia immagine dell'autentico carattere ebraico, non posso accettare l'ebreo come uomo, perché non ci trovo nulla di autenticamente umano. Mi ispiro un po' alla concezione del mondo teleologica. Dio ha creato gli animali nocivi affinché costituiscano uno stimolo. Dove si accumula lo sporco si moltiplicano gli insetti; per liberarci dai parassiti che ci molestano, dobbiamo cercare di tenere lontano lo sporco. Così gli insetti costituiscono un incitamento alla pulizia e con ciò la spinta a tutti gli sviluppi ed affinamenti della civiltà. Il distorto intelletto ebraico trarrebbe la conseguenza che occorre onorare e curare gli animali nocivi in quanto *portatori di civiltà*. Il giusto intelletto dell'uomo trae altre conclusioni. La civiltà non nasce coltivando i parassiti, ma nasce e consiste [si sviluppa, *n.d.r.*] lottando contro di essi. Qui c'è tutta la mia professione di fede: la missione degli ebrei è di tormentare gli uomini, la missione degli uomini è di schiacciare gli ebrei.

M. FERRARI ZUMBINI, *Le radici del male. L'antisemitismo in Germania da Bismarck a Hitler*, il Mulino, Bologna 2001, pp. 412, 420-424

Analizza il testo

- Perché, secondo Theodor Fritsch, occorre «tenere lontano lo sporco»?
- Quali conseguenze potevano essere tratte dalla «professione di fede» di Theodor Fritsch?

Esodo ebraico dalla Russia, caricatura antisemita tedesca, 1889.

La fede soggettiva professata da un ebreo era del tutto indifferente, agli occhi di Marr, Fritsch e (più tardi) Hitler: un israelita poteva osservare con zelo i precetti della propria fede, oppure averla ripudiata ed essere diventato cristiano o ateo. Agli occhi del nuovo **antisemitismo razziale**, tutto ciò era irrilevante, visto che la natura biologica dell'ebreo in quanto tale era malefica, pericolosa, e come tale da neutralizzare in un modo o nell'altro.

› VEDI
Il *Mein Kampf* di Hitler
→ pag. 230

L'antisemitismo razziale non è un fenomeno di massa Si può dunque affermare che, **alla fine del XIX secolo, l'antisemitismo razziale in Germania era giunto a piena maturazione** e si era trasformato in un'ideologia coerente e pericolosa. Tuttavia, secondo la maggioranza degli storici nel Reich tedesco dei decenni a cavallo tra Ottocento e Novecento l'antisemitismo non era affatto un fenomeno di massa. Sul piano elettorale, in particolare, i partiti che posero l'antisemitismo al centro del loro programma (proponendo, ad esempio, il licenziamento dei funzionari pubblici ebrei o l'espulsione degli israeliti da alcune attività economiche ritenute di speciale importanza strategica per la nazione) non vennero assolutamente sostenuti e premiati dall'opinione pubblica tedesca. **Nel 1912**, con oltre 4 milioni di voti, **il Partito socialista divenne il primo partito tedesco** e riuscì a passare da 43 a 110 parlamentari, corrispondenti a circa il doppio di tutti i deputati conservatori. Polemicamente definite dagli antisemiti come *Judenwahlen* ("elezioni giudaiche"), per il fatto che vennero eletti al *Reichstag* ben 20 parlamentari di origini ebraiche, quelle votazioni segnarono il tracollo dei partiti programmaticamente ostili agli ebrei, che avrebbero rialzato la testa solo durante la prima guerra mondiale.

L'antisemitismo in Europa

Schema proiettabile

FRANCIA	RUSSIA	GERMANIA	AUSTRIA - UNGHERIA
Antisemitismo economico	Antisemitismo religioso	Antisemitismo ideologico	Antisemitismo strumentale
Ebrei: bersaglio dell'insofferenza popolare contro lo Stato borghese	Ebrei: attentatori del modello tradizionale della Russia	Ebrei: male da estirpare per ragioni razziali	Ebrei: causa del declino dell'impero austro-ungarico

3.3 L'antisemitismo nell'impero asburgico: Lueger

Gli ebrei visti come responsabili del declino dell'impero asburgico In Austria, l'antisemitismo moderno aveva mosso i suoi primi passi intorno alla metà del XIX secolo, quando il giornale "Wiener Kirchenzeitung", diretto dal sacerdote cattolico **Sebastian Brunner**, aveva iniziato ad accusare gli ebrei di essere i principali responsabili del declino dell'impero asburgico: **scristianizzazione**, **liberalismo**, **capitalismo** e **socialismo** erano **attribuiti agli israeliti**, che oltretutto – dopo i moti del 1848 – avevano ottenuto il permesso di risiedere a Vienna e quindi affluirono verso la città in grandissimo numero, in cerca di lavoro e opportunità. Nel 1880, la capitale contava già 73 000 ebrei, che divennero circa 100 000 all'inizio del Novecento.

Il Partito dei cristiano-sociali e Karl Lueger Negli anni Novanta, le idee di Brunner furono riprese e rilanciate dal **partito dei cristiano-sociali**; fondato nel 1887, il nuovo movimento trovò in poco tempo il proprio leader più prestigioso in **Karl Lueger** (1844-1910), una figura molto carismatica, che si pose il problema della strategia più valida per sbarrare la strada ai socialisti. L'idea forte che servisse a tale scopo fu individuata da Lueger nell'antisemitismo. La validità della sua tattica è dimostrata dal fatto che fu **sindaco di Vienna ininterrottamente dal 1897 al 1910**.

Antisemitismo strumentale

Lueger non era un antisemita fanatico: a differenza di Fritsch (e di Hitler), egli non concepiva gli ebrei come demoni, né li paragonava a pericolosi batteri. Il suo **antisemitismo** era **più strumentale che ideologico**. Resta il fatto che il programma dei cristiano-sociali chiedeva con insistenza l'esclusione degli ebrei dall'esercito, dalla pubblica amministrazione e dalla magistratura, dal commercio al dettaglio, dalla medicina e dall'insegnamento. I **toni** usati dal movimento erano spesso **volgari e violenti**, e altrettanto forti erano le critiche mosse al governo imperiale – che aveva recepito il rivoluzionario e illuminista principio dell'uguaglianza degli israeliti di fronte allo Stato e si rifiutava di revocare loro i pieni diritti civili.

Ritratto di Karl Lueger, sindaco della città di Vienna, conosciuto per il suo antisemitismo.

La resistenza di imperatore e vescovi **Questi atteggiamenti**, insieme al fatto stesso di fare appello alle masse, **apparvero inaccettabili sia all'imperatore sia a numerosi vescovi**. Quando Lueger fu eletto per la prima volta borgomastro (cioè sindaco) di Vienna, nel 1895, Francesco Giuseppe si rifiutò per tre volte di ratificarne la designazione. Anche i più alti prelati di Austria e Boemia erano uomini d'ordine, abituati a considerare il popolo come un insieme silenzioso e docile, obbediente e passivo: l'odio contro gli ebrei urlato nelle manifestazioni dai cristiano-sociali era giudicato incompatibile con la dottrina cristiana.

I cristiano-sociali, tuttavia, ebbero l'aperto sostegno dell'autorevole rivista "La Civiltà Cattolica", che a sua volta stava conducendo una durissima campagna a sostegno dell'idea che gli ebrei dovevano essere privati dei diritti civili. Secondo **i padri gesuiti che scrivevano su "La Civiltà Cattolica", la vittoria elettorale dei cristiano-sociali era stata l'inizio di una vera «riscossa dal giogo ebraico»**, nonché uno «splendido esempio alle città e contrade cattoliche». In Austria, Lueger e i suoi trovarono pieno appoggio anche nel nunzio apostolico (il rappresentante del papa) a Vienna, che si limitò a richiedere loro una completa sottomissione ai vescovi nelle questioni religiose, una pubblica dichiarazione di devozione nei confronti della Santa Sede, un'assoluta lealtà verso la monarchia degli Asburgo e un esplicito ripudio delle dottrine socialiste, considerato essenziale da parte di un movimento come quello dei cristiano-sociali, che si proponeva di coinvolgere le masse nella lotta politica e di mobilitarle contro il *capitalismo*, da loro identificato con gli ebrei e il loro presunto potere nell'alta finanza.

Capitolo

4

CONTRASTI POLITICI

L'Italia di Giolitti

Storia slide

LE CONOSCENZE DA ACQUISIRE

In Italia, le masse entrarono davvero sulla scena politica all'inizio del Novecento. Il primo leader politico liberale che se ne rese conto fu Giovanni Giolitti.

LE COMPETENZE DA POTENZIARE

Saper comprendere il modello di potere moderno, basato sul principio della sovranità popolare e sui diritti del cittadino.

4.1 Giovanni Giolitti e lo Stato liberale

Guardiamo la storia
Le riforme di Giolitti

Il nuovo atteggiamento dello Stato verso le masse Il primo leader politico liberale italiano a rendersi conto che le masse erano una potenza in crescita, e che questa crescita era inarrestabile, fu **Giovanni Giolitti** (1842-1928). A suo giudizio era impossibile e assurdo opporsi a quel fenomeno, così come era un'illusione pensare di poterlo fermare con la pura forza delle armi, facendo ricorso solamente alla repressione e alle *leggi eccezionali*; **secondo Giolitti era indispensabile che lo Stato liberale mutasse** radicalmente **la propria strategia**. Esso doveva cessare di collocarsi sempre e unicamente dalla parte dei *padroni*, dei *signori*, perché in tal modo avrebbe ottenuto come unico risultato l'odio e l'ostilità delle masse popolari, che avrebbero visto nello Stato un nemico.

Cittadinanza e Costituzione
I diritti dei lavoratori, nella Costituzione della Repubblica italiana
→ pag. 28

Giovanni Giolitti fu più volte presidente del Consiglio dei ministri.

La strategia politica di Giolitti Secondo Giolitti, gli **scioperi** e le proteste dei lavoratori non avevano, in sé, nulla di pericoloso e di rivoluzionario; quindi, finché essi si mantenevano sul piano della **pura e semplice rivendicazione economica**, lo Stato non doveva intervenire per reprimerli. Compito dello Stato era di garantire l'ordine, di evitare che le proteste degenerassero in tumulti armati o, peggio ancora, in insurrezioni finalizzate a distruggere le istituzioni politiche esistenti e a sovvertire l'assetto sociale. Ma poiché la maggioranza degli scioperi non aveva affatto tale carattere eversivo, anche quando erano diretti dai socialisti, lo **Stato** doveva trattenere l'esercito ed evitare l'intervento repressivo; in tal modo, avrebbe dimostrato di non essere schierato sempre e solo da una parte, ma di essere l'**imparziale garante e tutore degli interessi di tutti i cittadini**.

La posizione politica di Giolitti — Schema proiettabile

PRESUPPOSTO	OBIETTIVO	STRUMENTO
Le masse operaie sono un soggetto politico ineliminabile	Prevenire la rivoluzione sociale	Garantire alle masse il diritto di sciopero e permettere il graduale miglioramento delle condizioni di vita

Documento chiave

Gli scioperi popolari e la risposta di Giolitti

Giolitti tenne questo discorso alla Camera, il 21 giugno 1901. L'obiettivo che egli si proponeva era quello di convincere la borghesia italiana a modificare il proprio comportamento: per prevenire la rivoluzione, alcuni immediati aumenti salariali potevano essere molto più efficaci delle leggi eccezionali, capaci solo di esasperare le masse.

Si è detto che questo [Giolitti si riferisce agli scioperi contadini da poco verificatisi in tutta l'Italia settentrionale, *n.d.r.*] è un movimento politico, asserzione la più grave di quante siano state messe innanzi in questa discussione. [...] Ora io comincio dal constatare che il movente di tutto questo fenomeno è stato puramente economico. Evidentemente se i socialisti non avessero trovato un terreno preparato in quel modo che io ho esposto alla Camera, la loro propaganda non avrebbe avuto che un effetto infinitamente minore.

[...] Poi bisogna tener conto di un'altra circostanza: ed è che questi scioperi sono cessati sempre appena è stato offerto agli operai un equo componimento. Tutto questo immenso movimento non ha dato luogo a un tumulto, non a un disordine. In tutto questo immenso movimento di 600 mila operai, non vi fu mai una dimostrazione che avesse carattere politico. Ma, si dice (e pur troppo in parte è vero): guidano questo movimento i socialisti. Ma la colpa di questo fatto a chi risale? Non risale forse a quella borghesia che è stata aspramente censurata dai conservatori più schietti, la quale non si è occupata di queste gravi condizioni e non ha visto nulla del pericolo cui andava incontro? C'è da meravigliarsi che le masse popolari seguitino [seguano, *n.d.r.*] solo chi si occupa di loro? Evidentemente di questo fatto non abbiamo diritto di meravigliarci.

Secondo Giolitti, la nuova forza del movimento operaio era inevitabile e inarrestabile

La borghesia è in gran parte responsabile della rabbia degli operai

Ma quel che è stato è stato. A me pare che la colpa più grave della borghesia comincerebbe oggi, se non vedesse la necessità assoluta di combattere anch'essa per il miglioramento dei lavoratori, e di dimostrare a quella che è la classe più numerosa del Paese, che ha da sperare molto di più dalle classi conservatrici che non da coloro i quali vogliono adoprarli un poco a scopo politico.

[...] Un'altra funzione altamente civile e sociale, ha avuto da esercitare il Governo su larga scala: quella di conciliatore fra capitale e lavoro. [...] Ma la funzione di conciliatore si poteva esercitare utilmente a un patto: che lo Stato rispettasse i diritti di tutti, proprietari e operai, e che osservasse la più assoluta imparzialità tra queste due classi sociali. [...] Le classi popolari hanno compreso che il Governo non è loro nemico, ma un tutore imparziale dei loro diritti: e se noi teniamo conto della estensione del movimento, delle tristi condizioni in cui i lavoratori si trovavano, della poca cultura, degli eccitamenti che non sono mancati, e vediamo quale sia stato il rispetto all'ordine pubblico e alla proprietà, noi dobbiamo concludere che il popolo italiano realmente è maturo alla libertà.

Lo Stato non deve apparire come nemico degli operai

F. GAETA, P. VILLANI, *Documenti e testimonianze*, vol. 2, Principato, Milano 1979, pp. 432, 435

Sciopero dei muratori a Milano, 1901.

4.2 Giolitti e la collaborazione con i socialisti

Giolitti, conservatore che guarda alle masse Il ragionamento di Giolitti può essere accostato a quello di Cavour, il politico piemontese che aveva guidato il percorso del Risorgimento italiano. Cavour, infatti, aveva individuato nelle riforme la via migliore per bloccare ogni volontà rivoluzionaria; in modo analogo, Giolitti ritenne che, se lo Stato voleva evitare che il sogno utopico di una società libera e giusta prendesse i colori della rivoluzione, la strada da percorrere era quella di **favorire un graduale miglioramento delle condizioni di vita dei lavoratori**.

Giolitti, nella sostanza, era un conservatore: proprio per questo, però, aveva capito che non era più pensabile mantenere l'assetto sociale esistente, basato sulla diseguaglianza economica, senza il consenso delle masse popolari. Esse, gradualmente, dovevano convincersi che lo Stato non era un loro nemico e che esso avrebbe potuto aiutarle a raggiungere **concreti e tangibili risultati**, capaci di migliorare davvero le loro condizioni di vita, se esse avessero rinunciato al progetto di instaurare, per via rivoluzionaria, la giusta ed egualitaria società promessa da Marx.

Filippo Turati

Con i socialisti, comunque, Giolitti ebbe un **rapporto positivo e costruttivo**; uomini come Turati, infatti, pur non rinunciando all'utopia che avrebbe dovuto coronare la fine della storia, non si lasciarono sfuggire l'opportunità di collaborare con lo *Stato borghese*, per il miglioramento delle condizioni di vita dei lavoratori. Gli obiettivi finali, certo, erano opposti: Turati riteneva che quel dialogo fosse un passo avanti sulla strada del socialismo, mentre Giolitti riteneva che il progressivo inserimento del partito dei lavoratori nella normale dinamica politica e sociale della società avrebbe infine del tutto spento ogni aspirazione rivoluzionaria.

D'altra parte, sia per Giolitti sia per Turati, esistevano nell'immediato le condizioni ottimali per sostenersi a vicenda e lavorare insieme.

› VEDI Georges Sorel → pag. 16

Il Partito socialista italiano La **collaborazione politica dei socialisti** non si spinse mai fino alla piena e ufficiale assunzione di responsabilità governative: nessun socialista, quindi, rivestì mai la carica di ministro. Inoltre, non si deve pensare che la linea *gradualista* (cioè di risultati parziali, frutto della collaborazione con lo Stato) di Turati fosse condivisa da tutto il partito; all'interno di esso, restò forte e viva un'ala rivoluzionaria, che rifiutava ogni dialogo con lo Stato e con la borghesia, e anzi cercava esplicitamente lo scontro frontale. Nel **1904** questa corrente ottenne la maggioranza all'interno del PSI, con il risultato che, in settembre, si arrivò al **primo sciopero generale** su scala nazionale. Lo sciopero venne proclamato in risposta a un eccidio di minatori operato dai soldati in Sardegna, durante una manifestazione (in cui ci furono tre morti e

La protesta popolare nel centro di Napoli durante il primo sciopero generale del 1904.

Le parole → Sciopero generale

Lo sciopero generale ha come fine la paralisi della società capitalista. I lavoratori di tutti i settori produttivi, infatti, sono chiamati dal sindacato a cessare ogni attività, in modo da bloccare completamente il funzionamento delle fabbriche, dei trasporti, del commercio ecc. Secondo i seguaci di Georges Sorel, una serie ripetuta di scioperi generali avrebbe provocato il collasso del capitalismo e aperto la strada alla rivoluzione. In realtà, né lo sciopero del 1904 né quelli seguenti ebbero alcun effetto significativo.

Le parole → Massimalismo

Nato in ambito tedesco, questo termine indica una delle due correnti che si formarono nel Partito socialista italiano, nato nel 1891: da un lato stavano i riformisti (o gradualisti), che si concentravano su un programma "minimo" di riforme graduali; dall'altro i rivoluzionari (o intransigenti o massimalisti), che consideravano le conquiste parziali solo come trampolino di lancio per il vero obiettivo massimo, la rivoluzione socialista. Nel 1907 i sindacalisti rivoluzionari furono espulsi dal partito, mentre nel 1912 la componente massimalista (di cui faceva parte Mussolini) riuscì a far espellere i dirigenti riformisti che avevano appoggiato la guerra di Libia (Bissolati, Bonomi, Cabrini). Allo scoppio della prima guerra mondiale Mussolini, che era direttore del quotidiano socialista "Avanti!", venne estromesso dal partito per essersi dichiarato a favore dell'intervento.

venti feriti). Tra i *rivoluzionari* (o **massimalisti**) si distinse **Arturo Labriola**, che può essere considerato il più autorevole sostenitore italiano delle teorie di Sorel; nella sua concezione, lo sciopero del 1904 doveva essere il primo di una serie di lotte destinate a temprare il proletariato, in vista dello scontro finale.

Una simile strategia avrebbe forse potuto avere successo in un contesto diverso; **Giolitti**, invece, non si lasciò spaventare dallo sciopero, **ordinò all'esercito e alla polizia di non intervenire** e si limitò ad attendere che l'agitazione svanisse da sé. Momenti critici si ebbero anche nel 1907 e nel 1908, quando scioperarono i braccianti della provincia di Ferrara e i contadini di Parma. Al Congresso di Firenze del 1908, comunque, i riformisti ripresero la guida del PSI. Gli scioperi generali vennero definiti metodi di lotta estremi, a cui si doveva far ricorso solo in situazioni eccezionalmente drammatiche; tra le **riforme** da ottenere attraverso il costruttivo lavoro parlamentare, invece, vennero individuate quelle relative al **suffragio universale** (1912), a un'**imposta** progressiva **sui redditi**, al potenziamento dell'**istruzione pubblica**.

Esponenti socialisti riuniti a Firenze nel congresso del partito nel 1908. A sinistra, seduto in seconda fila, con la barba, si può riconoscere Filippo Turati. I socialisti si opposero con forza all'intervento dell'esercito italiano in Libia.

EUREKA! L'automobile

La fiat Tipo Zero.

Dai primi modelli a vapore, apparsi nella prima metà dell'Ottocento, l'automobile conobbe una continua evoluzione. Tappe fondamentali furono l'**invenzione del motore a scoppio a 4 tempi** (1876), quella del **motore Diesel** (1892) e quella del **motore a benzina** (1894). In Italia erano diverse le officine che costruivano automobili, al tempo ancora un **bene di lusso** molto caro (una vettura di media cilindrata era venduta a 17 000 lire, mentre il salario annuo di un operaio medio era di 800-900 lire). Un'officina in particolare era destinata a una lunga storia: la **FIAT** (**Fabbrica Italiana Automobili Torino**), nata a Torino nel 1899. Qualche anno dopo, il suo fondatore, **Giovanni Agnelli**, visitò gli stabilimenti Ford di Detroit, che nel 1908 avevano iniziato a produrre il *modello T*. Tornato in Italia, decise di tentare il lancio di una vettura più economica per il mercato locale.

Nel 1912, pertanto, uscì la *Tipo Zero*, che costava *appena* 7000 lire e permise a un numero maggiore di persone l'acquisto del nuovo mezzo di trasporto; nel 1914-1915, si immatricolavano in Italia, ogni anno, più di 16 000 vetture, mentre la FIAT, nel 1913, occupava 4000 operai.

4.3 L'inizio dello sviluppo industriale

La nascita dell'industria italiana All'epoca di Giolitti, in Italia l'agricoltura rappresentava ancora il settore chiave dell'economia nazionale. A partire dalla fine dell'Ottocento, tuttavia, va segnalata la progressiva e costante crescita dell'industria: nel decennio a cavallo tra XIX e XX secolo il settore industriale crebbe, nel complesso, del 6,7%, toccando addirittura il 12% in settori quali la metallurgia, la chimica e la meccanica. In particolare, l'**industria automobilistica** ebbe uno **sviluppo straordinario**: le case produttrici di veicoli (appena 7 nel 1904) raggiunsero quota 70 nel 1907. Va precisato, tuttavia, che molte di queste ditte non erano vere imprese moderne, ma officine in cui abili artigiani costruivano modelli esclusivi per chi voleva soddisfare le proprie passioni sportive o i propri raffinati gusti estetici.

Officine automobilistiche

Aumento del consumo elettrico

Il segnale più eloquente della complessiva crescita industriale del Paese è dato dal notevole **aumento del consumo di energia elettrica**: dai 100 milioni di chilowattora del 1898, esso passò a 950 milioni nel 1907 e raggiunse la quota di 2575 milioni di chilowattora nel 1914. A questa data, l'Italia era ormai un Paese a metà strada tra passato (agricolo) e futuro (industriale), ma le basi del *decollo* industriale erano ormai state gettate in modo solido e irreversibile.

Nel 1911, anno in cui fu realizzato il primo censimento industriale nazionale, oltre 2 300 000 persone (corrispondenti a circa il **21% della popolazione attiva** totale) risultarono **impiegate in attività** manifatturiere o comunque **collegate con l'industria moderna**.

Il decollo industriale al Nord Lo sviluppo economico italiano aveva, però, gravi e complessi problemi strutturali, che l'orientamento politico di Giolitti non seppe (e spesso non volle) affrontare. Innanzitutto va ribadito che **la grande crescita industriale riguardò solo il Nord**, che nel 1911 contava quasi il 69% degli esercizi con due o più addetti e il 79% degli operai impegnati nelle attività industriali. La sola Lombardia comprendeva il 28,5% della manodopera industriale complessiva, seguita dal Piemonte con il 14,8%. «Messe insieme, Lombardia, Piemonte e Liguria, che contavano allora poco più del 27% della popolazione italiana, avevano da sole un peso specifico uguale a tutto il resto della Penisola, per l'entità delle persone complessivamente occupate nell'industria [e] per il numero di imprese che impiegavano più di dieci addetti» (V. Castronovo).

Lombardia, Piemonte e Ligura

geostoria

Poli industriali e minerari in Italia tra il 1890 e il 1910

Lo sviluppo industriale si verificò in Italia tra la fine dell'Ottocento e l'inizio del Novecento. Oltre alle industrie tradizionali (la tessile, ad esempio), interessò il settore dell'elettricità, della siderurgia, della meccanica e dei trasporti. Ma la crescita industriale non interessò tutto il Paese: come si vede dalla cartina, in alcune zone le industrie sono totalmente assenti.

Cittadinanza e Costituzione

Costituzione italiana

Articolo 40

Il diritto di sciopero si esercita nell'ambito delle leggi che lo regolano.

I diritti dei lavoratori, nella Costituzione della Repubblica italiana

Una clamorosa omissione

Quando il lettore esamina il *Titolo III* (artt. 35-47) della sezione della Costituzione dedicata ai diritti e ai doveri dei cittadini, il primo dato che lo colpisce è la precisa scelta compiuta dai padri costituenti. Essi, infatti, citano esplicitamente lo sciopero, ma non la serrata. Com'è noto, lo **sciopero** è un'**azione collettiva** (infatti può essere effettuata solo su iniziativa di un'organizzazione sindacale), durante la quale i lavoratori non svolgono le proprie ordinarie attività professionali, in segno di protesta. Di solito, l'obiettivo di uno sciopero è di obbligare i datori di lavoro a concedere salari più elevati rispetto a quelli pagati fino a quel momento, ritenuti insufficienti o ingiusti. All'inizio del Novecento, se una vertenza tra lavoratori e imprenditori si prolungava per un tempo troppo lungo, e se i proprietari delle aziende non erano intenzionati a cedere alle richieste degli operai, i *padroni* potevano ricorrere alla **serrata**: in pratica, la **fabbrica** veniva **chiusa d'autorità** e tutti i **lavoratori** venivano **licenziati**. Sarebbero poi stati riassunti solo coloro che avessero accettato il vecchio salario, mentre per tutti gli altri l'alternativa era la disoccupazione. Destò molto clamore, a suo tempo, che lo sciopero fosse incluso fra i diritti tutelati dalla Costituzione, mentre la serrata – pur non essendo esplicitamente negata o condannata – non veniva menzionata: tale silenzio equivaleva comunque a un giudizio negativo, a una precisa scelta di campo della nuova Repubblica, che si proponeva di **tutelare i lavoratori dall'arbitrio dei padroni**.

Una precisa scelta di campo della nuova Repubblica, che si proponeva di tutelare i lavoratori dall'arbitrio dei padroni

Il retroterra fascista

Per comprendere questa precisa scelta degli uomini che stesero la Costituzione, bisogna tener conto del contesto storico in cui essa fu elaborata. Nel 1946-1948, era ancora molto vivo il ricordo del **fascismo**, che **aveva tentato di sopprimere la lotta di classe**, aveva **vietato lo sciopero** e imposto un unico sindacato. In teoria, il regime mussoliniano proclamava (riprendendo i concetti centrali dell'ideologia nazionalista, sorta all'inizio del XX secolo) che imprenditori e operai avrebbero dovuto collaborare, trovare intese e compromessi, tenendo conto non dei vantaggi di una singola parte, ma del comune e superiore interesse dell'intera nazione. Di qui lo sforzo fascista di creare le *corporazioni*, associazioni nelle quali erano rappresentati sia i *padroni*, sia i lavoratori. Di fatto, però, poiché questi ultimi non potevano né dar vita ad associazioni sindacali indipendenti, né usare lo sciopero come arma di pressione, il proletariato era costretto semplicemente a **subire quanto era deciso dai grandi industriali e dal regime**: decisioni che, di solito, prevedevano salari bas-

Operai della FIAT scioperano a Torino nel marzo 1943 per porre all'attenzione del regime le loro difficili condizioni di vita.

Secondo l'articolo 37 della Costituzione le lavoratrici sono tutelate quando in maternità.

si, per mantenere contenuti (e quindi concorrenziali sul mercato) i prezzi dei beni prodotti, senza intaccare i profitti della grande borghesia industriale. La Costituzione fece piazza pulita di questo impianto e, di conseguenza, dichiarò solennemente che «**l'organizzazione sindacale è libera**» (art. 39). I lavoratori, dunque, non sono affatto obbligati a iscriversi solo a sindacati che appoggino la politica del governo in carica e possono costituire nuove associazioni sindacali, nel caso in cui le organizzazioni già funzionanti stipulino con la controparte contratti ritenuti insoddisfacenti.

I diritti dei lavoratori

Ai sindacati, la Costituzione chiede unicamente di elaborare uno statuto democratico e di registrarsi «presso uffici locali o centrali, secondo le norme stabilite dalla legge» (art. 39). Nel caso in cui un sindacato giunga a rappresentare un elevato numero di iscritti, il **contratto** che viene stipulato con la controparte (cioè con gli imprenditori) ha carattere **collettivo**; dunque, esso ha valore vincolante su tutto il territorio nazionale e nessun singolo *padrone* può rifiutarsi di concedere gli eventuali nuovi vantaggi (ad esempio in termini di orario o di salario) ottenuti dagli operai, per il tramite dell'associazione sindacale. Gli articoli 35-36 precisano poi che la Repubblica «cura la formazione e l'elevazione professionale dei lavoratori», i quali hanno diritto «ad una **retribuzione proporzionata alla quantità e qualità» del** loro **lavoro**, e in ogni caso «sufficiente ad **assicurare** a sé e alla famiglia **un'esistenza libera e dignitosa**. La durata massima della giornata lavorativa è stabilita dalla legge. Il lavoratore ha diritto al riposo settimanale e a ferie annuali retribuite, e non può rinunziarvi». Seguono indicazioni specifiche a tutela delle **donne lavoratrici** (art. 37), dei **minori** che precocemente entrino nel mondo del lavoro e di coloro che, invece, subiscano **infortuni** più o meno gravi o risultino **disoccupati** senza propria colpa o responsabilità (art. 38). Si tratta di indicazioni di principio importanti; tuttavia, in molti casi, la legislazione chiamata a dare concretezza e spessore a queste affermazioni arrivò con **molto ritardo**. Solo nel 1970, ad esempio, fu emanato un importante complesso di norme (denominato *Statuto dei lavoratori*) che limitava ogni abuso di potere da parte dei *padroni* all'interno delle fabbriche, rafforzava il diritto alla libera espressione di rimostranze e rendeva effettivo il diritto all'istruzione (vedi oltre, p. 320).

4.4 I meccanismi del potere e le critiche a Giolitti

Il protezionismo: acciaio e grano Se l'economia italiana poté decollare all'inizio del Novecento, benché in modo estremamente sbilanciato a favore del Nord, fu perché lo Stato, fin dal 1887, aveva adottato una **legislazione protezionistica**: in altre parole, tassando i beni importati, le merci che provenivano dall'estero non risultavano concorrenziali.

Aiuti statali alle industrie del Nord

Le principali industrie che beneficiarono dei vantaggi della *protezione* offerta dallo Stato furono quelle dell'**acciaio**. Negli anni 1905-1912, lo Stato si accollò un passivo di 224 milioni, pur di affidare la costruzione di strumenti bellici (navi e cannoni) e di materiale ferroviario alle acciaierie nazionali, che producevano a costi superiori rispetto agli impianti inglesi o tedeschi.

Solo grazie a questo **continuo e sostanzioso aiuto statale** l'industria siderurgica poté giungere, intorno al 1914, a produrre un milione di tonnellate d'acciaio: ben poca cosa, se confrontata con la produzione della Germania (17 milioni), o anche solo della Francia e della Russia (4 milioni). Altre industrie fortemente protette erano quella cotoniera e quella dello zucchero. Molti economisti del tempo protestarono vigorosamente contro questo protezionismo, mettendo in luce il fatto che lo Stato rischiava di assumersi oneri pesantissimi per sostenere l'industria, mentre i cittadini del Sud continuavano a risultare penalizzati in quanto non partecipavano allo sviluppo. Tuttavia, l'**intervento pubblico** dev'essere considerato un **supporto essenziale alla crescita industriale**: se esso fosse venuto meno, con ogni probabilità l'Italia avrebbe perduto ogni possibilità di tenere il passo degli altri Paesi europei, ben più sviluppati dal punto di vista economico.

Il grano e i voti del Sud

Più grave e discutibile, invece, appare la decisione di Giolitti di sostenere il **dazio sul grano**. Questo provvedimento imponeva una forte tassa sui cereali provenienti dagli Stati Uniti, che altrimenti avrebbero avuto un prezzo più basso di quelli italiani consentendo una diminuzione del costo del pane. Ma **Giolitti scelse di non danneggiare i grandi proprietari terrieri latifondisti del Sud**, che erano i maggiori produttori di grano del Paese. In questo modo, egli poté *acquistarsi* il sostegno parlamentare di numerosi deputati eletti nei collegi meridionali e costruire quella maggioranza che gli permetteva di stare al potere.

Salvemini e le critiche a Giolitti Il metodo di Giolitti non era nuovo: fina dal 1876 tutte le coalizioni e le maggioranze in Parlamento erano il risultato di accordi con il presidente del Consiglio. All'inizio del Novecento, tuttavia, la stampa era divenuta più agguerrita e l'opinione pubblica più sensibile: **il tradizionale *sistema di potere***, che Giolitti si guardò bene dal modificare, fu pertanto **aspramente criticato**, al punto da mettere in ombra e impedire di comprendere la radicale svolta che, con l'ascesa di Giolitti al governo, la vita politica italiana aveva effettivamente compiuto.

Il lavoro in una fabbrica del Nord Italia all'inizio del Novecento, fotografia dell'epoca.

Tra i più accesi critici di Giolitti si segnalò, per lucidità e rigore, **Gaetano Salvemini** (1873-1957), che chiamava sprezzantemente «ascari» (mercenari) i deputati della maggioranza e arrivò a definire «ministro della malavita» lo stesso Giolitti. Nel suo attacco al sistema che si era creato negli anni 1901-1914, **Salvemini non risparmiò neppure Turati e i socialisti**: a suo giudizio, infatti, essi pensavano solo a tutelare gli interessi degli operai e dei contadini del Nord, **ignorando del tutto le esigenze del Sud**, che continuava ad avere, come unica alternativa alla miseria, l'emigrazione di massa.

Il sistema giolittiano

Schema proiettabile

PROVVEDIMENTI ADOTTATI	RISULTATI POLITICI	CONSEGUENZE SOCIALI
Protezionismo industriale	Sostegno della borghesia imprenditoriale	Sviluppo economico delle città del Nord
Neutralità del governo in caso di scioperi privi di valenza rivoluzionaria	Sostegno della corrente riformista del Partito socialista	Aumento dei salari degli operai e miglioramento delle condizioni di vita dei lavoratori delle industrie
Protezionismo agrario	Sostegno parlamentare dei deputati meridionali	Stagnazione economica delle regioni meridionali ed emigrazione di massa

4.5 L'impresa italiana in Libia

Storiografia 3
La guerra di Libia: i limiti dell'approccio politico e militare italiano
→ pag. 38

Guardiamo la storia
La campagna di Libia

Il sostegno degli italiani alla guerra di Libia Dopo aver concordato con la Francia (che puntava al Marocco) un'equilibrata e consensuale spartizione degli ultimi territori del Nord Africa non ancora colonizzati dagli europei, nel settembre 1911 il governo Giolitti si impegnò nella **conquista della** Libia. Non era la prima volta che l'Italia si lanciava in un'impresa coloniale: qualche anno prima, il tentativo di conquistare l'Etiopia si era risolto nella disastrosa disfatta di Adua del 1896.

Memori di questo, alcuni critici imperterriti, come Salvemini, si opposero all'impresa, avvertendo che la Libia non era altro che un enorme «scatolone di sabbia»; ma si trattava di casi isolati. Nel complesso, **l'opinione pubblica reagì con straordinario favore**, compresa la maggior parte degli intellettuali e degli organi di stampa, che rivolsero parole appassionate allo slancio imperialista dell'Italia, che si sarebbe così trasformata in grande potenza.

Collaborazione con lo Stato

Il consenso dei cattolici Il conflitto libico destò entusiasmo e commozione anche negli ambienti cattolici. Dopo l'annessione di Roma, nel 1870, la maggioranza dei fedeli aveva guardato al nuovo Stato unitario come a un'entità illegittima, che aveva violato la sacra figura del papa, privandolo del suo potere temporale. Pertanto, **fino ai primi del Novecento la maggior parte dei cattolici non aveva partecipato alle elezioni politiche** e aveva cercato di restare il più possibile estranea alla struttura amministrativa dello Stato liberale. Con il passare degli anni, in molti credenti era subentrata, tuttavia, l'impressione che la *questione romana* non fosse davvero così decisiva e che la nazione non potesse far a meno del contributo dei cattolici. Tale apporto, inoltre, apparve particolarmente necessario man mano che aumentavano il prestigio e l'influenza dei socialisti. La guerra di Libia fu l'occasione per permettere a questa **nuova volontà di collaborazione** di emergere e di esprimersi in maniera esplicita: nell'ora del bisogno, in cui tutto il Paese doveva essere unito e concorde, i cattolici non vollero più apparire come nemici della patria, ma come dei cittadini a pieno titolo, preoccupati della sua sorte e del suo destino.

I luoghi → **Libia**

Il termine *Libia* è di origine greca e nell'antichità indicava la provincia dell'Impero romano compresa tra la regione di Cartagine (a ovest) e l'Egitto (a est). Nella terminologia ufficiale italiana, l'espressione entrò in vigore il 10 gennaio 1934; fino ad allora, le definizioni più usate erano quelle che, separatamente, indicavano le due più importanti regioni libiche: la Cirenaica e la Tripolitania. La Libia, nel 1911, faceva ufficialmente parte dell'impero ottomano. La campagna coloniale di Libia, pertanto, spesso è chiamata anche con il nome di guerra *italo-turca*.

Truppe italiane in Libia all'inizio dell'occupazione.

La fine della guerra di Libia Il conflitto libico si concluse dopo circa un anno, nell'ottobre del 1912 (trattato di Losanna); formalmente, **la Libia diventava una colonia italiana**. In realtà, era stata conquistata solo la fascia costiera, mentre nell'interno la guerriglia araba continuò a tenere impegnato un numero elevatissimo di soldati italiani (60 000 nell'estate del 1914). Solo negli anni Venti, applicando il sistema della deportazione in campi di concentramento (in cui furono rinchiuse, forse, 80 000 persone) di tutta la popolazione sospettata di sostenere i ribelli, il regime fascista sarebbe riuscito a sottomettere davvero l'intero Paese.

geostoria La guerra di Libia

Carta proiettabile

ZOOM La violenza italiana in Tripolitania e in Cirenaica

Una guerra più difficile del previsto

Il Regio Esercito sbarcò sulla costa africana nei primi giorni d'ottobre del 1911. L'azione militare italiana poggiò fin dall'inizio su un **clamoroso equivoco**, cioè sulla **convinzione che la popolazione locale** (formata in prevalenza da arabi) **avrebbe accolto i nostri soldati come liberatori**, per il fatto che cancellavano l'odiata dominazione turca. In realtà, **arabi e turchi, uniti dalla comune fede musulmana, si unirono contro l'invasore**, che non aveva le risorse per una campagna in grande stile, ma aveva sperato in una campagna militare facile e veloce.

Il 23 ottobre 1911, la guarnigione italiana di stanza a Tripoli (circa 22 500 uomini) fu assalita da un gran numero di nemici, arabi e turchi, che provocarono la morte di 21 ufficiali e 482 soldati italiani. La rappresaglia italiana fu durissima e fece (forse) 4000 vittime; altri 4000 libici, scelti a caso, vennero deportati in Italia e confinati alle isole Tremiti, a Ustica, a Ponza e in altre località.

La **pace** con l'impero turco venne ufficialmente firmata il **18 ottobre 1912**, dopo che Serbia, Grecia e Bulgaria avevano a loro volta aggredito l'impero ottomano e lo avevano pesantemente sconfitto. La "passeggiata militare" libica era costata all'Italia 3431 morti e 4220 feriti. Poiché la guerriglia araba, nell'interno, continuava a essere attiva, **le truppe italiane utilizzarono la forza con sempre maggiore frequenza**, come denunciò Filippo Turati alla Camera, il 18 gennaio 1913: «Ho sentito dire dal Re, pochi giorni or sono, che l'acquisto della Libia dà all'Italia una grande missione di civiltà, e che abbiamo come primo fine quello di renderci amiche quelle popolazioni, col rispettarne la religione, la proprietà e la famiglia e col far loro apprendere i benefici della civiltà. Ma io vedo dappertutto l'ombra della forza protendersi sulla vostra impresa!».

Rivolta araba, vendetta italiana

Il 28 novembre 1914, ebbe inizio la **grande rivolta araba**, che obbligò tutti gli italiani a ritirarsi dall'interno del Paese, con gravi perdite (circa 5000 uomini, tra morti, dispersi e prigionieri). Cosa ancora più grave, i ribelli si impadronirono di moltissime armi (tra cui 37 cannoni, 20 mitragliatrici e 9000 fucili) e munizioni.

Sconfitto e demoralizzato, **l'esercito italiano si rifugiò nelle città della costa**. Il clima che si respirava allora è stato ben riassunto dal tenente colonnello Gherardo Pàntano, che nelle sue memorie scrisse: «Non è raro, purtroppo, sentire ufficiali distinti e di animo generoso proclamare le teorie reazionarie e più feroci, come, ad esempio, l'utilità della soppressione di tutti gli arabi della Tripolitania. Si raccontano con compiacenza, e come utili e belle imprese, cose sbalorditive: arabi trovati feriti gravemente e inondati di benzina e bruciati; altri gettati in pozzi e chiusivi dentro; altri fucilati senza altra ragione che quella di un feroce capriccio. Vi sono ufficiali che si incaricano personalmente di simili esecuzioni, e se ne vantano. [...] Noi vendichiamo sugli arabi gli errori nostri, le nostre ritirate, gli scacchi subiti ovunque, non per la loro abilità, ma per la nostra inettitudine. Anzi, non potendo vendicarci sopra i nemici che ottennero, con sì scarsi mezzi, risultati tanto vistosi, sfoghiamo l'umiliazione sui deboli, sugli inermi».

Spesso, fino a poco tempo fa, si sentiva dire che gli italiani erano sempre stati brava gente, ovunque fossero andati e ovunque avessero combattuto. La storiografia più recente ha completamente spazzato via questo luogo comune: in Cirenaica e in Tripolitania, come più tardi (negli anni Trenta e Quaranta) in Etiopia e in Iugoslavia, **l'esercito italiano ha fatto ampio ricorso alla violenza brutale**, né più né meno di quelli di tutte le altre potenze coloniali europee.

Un corpo di spedizione italiano di 35 000 uomini sbarca in Libia, ottobre 1911.

4.6 La legge elettorale e il Patto Gentiloni

Desiderio di potenza

Suffragio universale maschile

La fine della collaborazione tra Giolitti e i socialisti Solo **i socialisti avevano aspramente osteggiato la guerra di Libia**, convinti che **gli unici che ne avrebbero ricevuto dei benifici sarebbero stati i ricchi industriali del Nord** Italia, i quali avrebbero rifornito l'esercito, per conto dello Stato, di armi, uniformi e degli altri approvvigionamenti necessari. Insomma, a giudizio dei socialisti, l'operazione era dettata solo dal desidero di potenza, di prestigio e di ricchezza, e nessun vantaggio sarebbe toccato alle classi popolari.

Questo disaccordo portò alla fine della collaborazione tra Turati e il governo. Per recuperare credibilità agli occhi dei socialisti, Giolitti presentò alla Camera un progetto di riforma elettorale che raccoglieva il loro desiderio di introdurre una **maggiore democrazia** nel sistema politico italiano, aprendo anche ai lavoratori e alle masse popolari la possibilità di partecipare alla vita dello Stato. In effetti, la **nuova legge elettorale** approvata il **25 maggio 1912** concesse il **diritto di voto a tutti i cittadini maggiorenni** (la maggiore età era raggiunta, a quell'epoca, a 21 anni) che sapessero leggere e scrivere, ma anche agli analfabeti, a patto che avessero compiuto 30 anni o avessero svolto il servizio militare. In pratica, permettendo il passaggio dell'elettorato da 3 a 8 milioni (3 dei quali analfabeti), la riforma di Giolitti aveva introdotto il suffragio universale maschile.

All'interno del PSI, tuttavia, nel 1912 riprese il sopravvento la componente più radicale del partito, quella secondo cui fra i capitalisti e il proletariato non doveva esserci altro che guerra aperta, fino alla rivoluzione finale. Nel luglio dello stesso anno, poi, la direzione dell'"Avanti!", organo di stampa del Partito socialista, venne affidata a **Benito Mussolini**, che aveva organizzato numerose dimostrazioni contro la guerra e persino tentato di bloccare la partenza dei treni carichi di soldati.

La collaborazione tra Giolitti e i cattolici Giolitti, a quel punto, si trovò in una situazione estremamente pericolosa, in quanto le prime elezioni che si fossero svolte con il nuovo sistema avrebbero potuto provocare una netta affermazione socialista, proprio nel momento in cui il partito dei lavoratori era una forza tutt'altro che disponibile al dialogo costruttivo. L'unica via d'uscita praticabile era quella di trovare un'intesa con le organizzazioni cattoliche, che costituivano l'altra grande forza (moderata e alternativa ai socialisti) capace di indirizzare il voto delle masse. Così, mentre **numerosi esponenti politici di orientamento liberale si accordarono con l'Unione elettorale cattolica** (presieduta dal conte Vincenzo Ottorino Gentiloni, da cui il nome **Patto Gentiloni**) per ottenere il sostegno delle masse che seguivano le sue indicazioni, in tutti i collegi in cui era prevedibile una vittoria socialista, ai cattolici venne concesso di andare alle urne e votare per un candidato liberale, purché questi si fosse impegnato per iscritto a non sostenere alcuna proposta di legge contraria alla morale e ai principi cattolici.

Manifesti elettorali a Roma, per le elezioni del 1913.

L'importanza storica delle **elezioni del 1913**, dunque, è veramente notevole; esse, infatti, non solo furono **le prime a suffragio universale maschile**, ma anche **videro la fine dell'astensionismo cattolico**. Dal 1870, l'orientamento dei credenti fedeli agli insegnamenti del papa aveva seguito due principi complementari, riassunti nelle formule «non è opportuno» (*non expedit*) partecipare alla vita politica del Regno d'Italia, e «né eletti, né elettori».

Fine dell'antisemitismo cattolico

Nel 1913, si ebbe l'abbandono di fatto del principio del *non expedit*, in quanto si ritenne che il **contributo cattolico** fosse ormai divenuto **determinante per impedire una vittoria dei socialisti**; il secondo principio, invece, fu soltanto attenuato, nel senso che, per il momento, i cattolici parteciparono alla vita politica solo in veste di *elettori*. D'altra parte, l'enciclica *Rerum novarum*, promulgata nel 1891 da Leone XIII, aveva incoraggiato da tempo la creazione di associazioni e di sindacati cattolici, capaci di contrastare il monopolio della propaganda socialista tra le masse dei lavoratori. Fu proprio questo ramificato sistema associativo, ancor più del Patto Gentiloni, del 1913, a spianare la strada alla fondazione, nel 1919, del **Partito popolare italiano**, con la nascita del quale l'inserimento dei cattolici nel nuovo Stato nazionale avrebbe trovato il suo pieno e ufficiale compimento.

› VEDI Il Partito popolare italiano → pag. 210

› VEDI Il governo Salandra → pag. 90

Secondo le stime dell'Unione elettorale cattolica, alle elezioni dell'ottobre del 1913 furono ben 228 i candidati liberali che stipularono il Patto Gentiloni e vennero eletti grazie al voto determinante dei cattolici. Trovandosi di fronte a una Camera dalle caratteristiche inedite e particolari, Giolitti scelse di non assumere, per il momento, responsabilità di governo e lasciò che il nuovo incarico venisse assegnato, dal re, al conservatore **Antonio Salandra**.

Documento →

Il Patto Gentiloni

Presentiamo il testo dell'accordo che l'Unione elettorale cattolica proponeva ai candidati liberali che, alle elezioni del 1913, volevano beneficiare del voto dei cattolici.

1. Difesa delle istituzioni statutarie e delle garanzie date dagli ordinamenti costituzionali alla libertà di coscienza e di associazione, e quindi opposizione anche ad ogni proposta di legge in odio alle congregazioni religiose e che comunque tenda a turbare la pace religiosa della nazione.
2. Svolgimento della legislazione scolastica secondo il criterio che, col maggior incremento della scuola pubblica, non siano fatte condizioni che intralcino o screditino l'opera dell'insegnamento privato, fattore importante di diffusione e di elevazione della cultura nazionale.
3. Sottrarre ad ogni incertezza ed arbitrio e munire di forme giuridiche e di garanzie pratiche ed efficaci il diritto dei padri di famiglia di avere per i propri figli una seria istruzione religiosa nelle scuole pubbliche.
4. Resistere ad ogni tentativo di indebolire l'unità della famiglia e quindi assoluta opposizione al divorzio.
5. Riconoscere, agli effetti della rappresentanza nei Consigli dello Stato, il diritto di parità alle organizzazioni economiche e sociali, indipendentemente dai principi sociali o religiosi ai quali esse si ispirino.
6. Riforma graduale e continua degli ordinamenti tributari e degli istituti giuridici nel senso di una sempre migliore applicazione dei principi di giustizia nei rapporti sociali.
7. Appoggiare una politica che tenda a conservare e rinvigorire le forze economiche e morali del Paese, volgendole ad un progressivo incremento della influenza italiana nello sviluppo della civiltà internazionale.

N. B. – Queste sono le condizioni da porre da noi ad ogni candidato per ottenere i nostri voti; condizioni che debbono venire accettate dal candidato in una sua dichiarazione da rilasciarsi ai nostri Comitati elettorali con facoltà di eventualmente pubblicarla, oppure poste esplicitamente nel programma pubblico del candidato stesso.

M. BENDISCIOLI, A. GALLIA,
Documenti di storia contemporanea 1815-1970,
Mursia, Milano 1970, pp. 230-231

Analizza il testo

› Individua nel testo gli articoli che impegnano i candidati liberali a opporsi a quei disegni di legge che possono:
a) minacciare il patrimonio della Chiesa;
b) mettere in discussione la morale cattolica;
c) limitare la libertà di evangelizzazione e l'attività della Chiesa in campo educativo.

1 La nascita dei grandi magazzini

I conservatori di tutti i Paesi guardarono con orrore e disprezzo ai nuovi grandi magazzini che stavano nascendo nelle metropoli dell'Europa di fine Ottocento e negli Stati Uniti. Di solito, l'accento cadeva sul fascino che avrebbero esercitato le merci esposte: come il frutto proibito dell'Eden, sarebbero state per le donne una tentazione irresistibile. Le famiglie sarebbero andate in rovina e con esse la società intera.

«Carrie passò attraverso i reparti affollati, impressionata dalle mostre di chincaglieria, abiti, cartolerie e gioielli. Ogni banco costituiva una prepotente attrazione di per sé. Non poteva fare a meno di sentire il richiamo d'ogni gingillo che le cadeva sotto gli occhi, eppure non rallentò, né si fermò. Non c'era nulla che non avrebbe potuto usare, nulla che non avrebbe desiderato da tempo di possedere. Eleganti pantofole, calze, gonne increspate e bluse e giacchette, merletti, nastri, pettini, borsette; ogni cosa le risvegliava dei desideri, anche se poi doveva riconoscere che nessuno avrebbe potuto essere compatibile con quello che aveva nella borsa».

Quante volte abbiamo provato le stesse sensazioni dell'eroina del romanzo di Theodor Dreiser, Carrie Meeber, che arriva nella Chicago del 1890 dalla provincia e gira alla ricerca di un lavoro nella megalopoli percorsa da una frenetica attività. [...] «Centinaia di negozi riuniti in uno solo»: è questo il pensiero che domina la mente di Carrie di fronte alla visione del grande magazzino. In effetti la caratteristica del grande magazzino consisteva e consiste nella sua organizzazione in reparti specializzati, nella varietà dell'offerta merceologica e nella possibilità di poter operare con margini di guadagno inferiori sfruttando invece le opportunità di utili offerte dalla maggior dimensione delle vendite. L'evoluzione verso il grande magazzino fu relativamente rapida. Pionieri in questo cammino furono la Francia e gli Stati Uniti, che ancor oggi si contendono il merito dell'invenzione.

I francesi naturalmente sostengono che il trofeo spetta a Aristide Boucicaut che nel 1852 entrò in società con Jean Videau nella gestione del *Bon Marché* [il primo dei grandi magazzini francesi, sorto a Parigi nel 1838, *n.d.r.*] [...]. Boucicaut modificò il sistema di vendita in maniera radicale. Applicò il principio del basso ricarico alle merci, rese visibili i prezzi delle merci, rese libero l'ingresso senza obbligo di acquisto e accettò la restituzione delle merci da parte dei clienti insoddisfatti. Non si può dire che fosse l'inventore di ciascuno di questi aspetti, ma seppe metterli in relazione trasformando l'impresa commerciale. La fama di Boucicaut era elevata anche presso i contemporanei. Lo dimostra il fatto che David Lewis in visita a Parigi rimase così impressionato dal magazzino e dalla reputazione del francese da chiamare con lo stesso nome un esercizio commerciale aperto a Liverpool.

Non fu certo un caso se lo sviluppo del grande magazzino ebbe inizio nel campo dei tessuti e dell'abbigliamento. In questo settore la possibilità di aumentare l'offerta abbassando i prezzi erano maggiori. Solo in seguito altre branche industriali poterono raggiungere gli stessi standard produttivi. Di conseguenza mutò anche la natura del grande magazzino che si arricchì di nuovi reparti moltiplicando e variando l'offerta di merci. Se nel 1852 i reparti in cui era diviso il *Bon Marché* erano quattro, nel 1882 erano diventati trentasei. Tra il 1870 e il 1880 la varietà merceologica degli oggetti esposti aumentò vertiginosamente, accanto ai reparti di tessuti e abbigliamento si aggiunsero sezioni per la vendita di mobili, profumi, argenteria, calzature e perfino oggetti da camping. Negli Stati Uniti nel 1877 *Macy* poteva offrire ai suoi clienti una vasta gamma di prodotti che andava dall'arredamento ai giocattoli, dai dolci alle scarpe. [...]

Non si pensi però che l'evoluzione verso il grande magazzino non incontrasse resistenze. Quando Abraham e Strauss aprirono un reparto di drogheria nel loro magazzino di Brooklyn i negozianti della zona inscenarono una manifestazione di protesta. I grandi magazzini, definiti come *mostri onnivori*, furono accusati di distruggere il piccolo commerciante e di produrre una dipendenza da centri di potere economico che nel tempo si sarebbe trasformata in una sorta di tirannia. Di fronte alla crisi economica degli anni Novanta vari stati introdussero tasse sulla «piovra che ha disteso i suoi tentacoli in ogni direzione». Tuttavia i tentativi dei piccoli commercianti di fissare limiti legislativi all'espansione della grande distribuzione non raggiunsero l'obiettivo. Leggi restrittive furono bocciate da alcuni stati e la corte suprema del Missouri giudicò incostituzionale una legge a tutela del piccolo commercio che era stata approvata. Nel 1901 la *Industrial Commission* federale assolse infine i grandi magazzini dalle accuse di monopolio difendendo la loro presenza come un vantaggio per il consumo della gente. [...] Resta comunque indubbio che la polemica contro la grande distribuzione e la difesa del piccolo commercio costituirono temi di sicuro effetto all'interno della categoria dei commercianti. Essi furono largamente impiegati all'interno del discorso politico dei movimenti di destra entrando nel patrimonio culturale dell'anticapitalismo di destra.

S. CAVAZZA, *Dimensione massa. Individui, folle, consumi (1830-1945)*, il Mulino, Bologna 2004, pp. 161-166, 174-179

Grandi magazzini Macy's a Manhattan, New York, fotografia del 1907.

Analizza il testo

- Quali novità (assolute per l'epoca, ovvie e familiari, ai nostri giorni) introdusse Aristide Boucicaut nella tecnica commerciale?
- Perché i grandi magazzini furono chiamati «mostri onnivori»? Quale orientamento politico li contrastò in modo particolare?

2 L'antisemitismo in Germania a fine Ottocento

L'odio per gli ebrei nell'impero tedesco fu determinato da ragioni di carattere economico e sociale. Gli ebrei furono visti come i responsabili di tutte le novità portate dal mondo moderno, percepito come un'onda pericolosa che spazzava via gerarchie, abitudini e stili di vita tradizionali, consolidati da secoli.

Tra il 1870 e il 1890 l'antisemitismo tedesco si fece più brutale e si diede una struttura organizzata. Accadde nella misura in cui i cristiani cominciarono ad accorgersi del loro ritardo sociale e cercarono di entrare a far parte della nuova classe media [la borghesia del commercio e dell'industria, *n.d.r.*]. Siccome poi, nel loro desiderio di promozione sociale, si sentivano minacciati dalla classe operaia a sua volta in ascesa, Constantin Frantz addossò agli ebrei anche la responsabilità della lotta di classe. Con l'ascesa della plutocrazia ebraica, scriveva nel 1874, emergeva per contro anche il proletariato e di conseguenza il fenomeno della «lotta tra il *ricco* e il *povero*». In tal modo declinava il ceto medio, per natura tendente all'armonia sociale, e la società si polarizzava: «Se qui si venera il vitello d'oro, là si sventola la bandiera rossa». Appena *Mammona* [espressione evangelica con cui si definisce il denaro, quando diventa un idolo, *n.d.r.*], vale a dire l'ebreo, avesse rotto i freni morali che la religione cristiana aveva posto alle masse, i nullatenenti avrebbero cominciato a scagliarsi contro i ricchi «e a dividersi i loro averi». Ed ecco il logico epilogo per Frantz: «E se l'opera di saccheggio delle masse si rivolgesse in primo luogo contro chi ha contribuito in massima parte ad allontanarle dalla fede cristiana e possiede il mammona più consistente, ottenuto in minima parte grazie al lavoro produttivo e dunque indegno del minimo rispetto morale, non sarebbe forse la giusta nemesi [vendetta, *n.d.r.*]? ». Dopo quell'*interrogativo* pungente, Frantz prendeva di mira gli ebrei socialisti i quali, secondo le sue elucubrazioni (e in seguito quelle di Hitler), alleati segretamente con gli ebrei del denaro, si curavano solo di distrarre i proletari dalla loro vera missione: impegnarsi per un armonico contratto sociale e cristiano. Ma le cose non sarebbero andate avanti così in eterno, perché il movimento sociale [gli antisemiti tedeschi, difensori del popolo e portavoce delle sue esigenze sociali, *n.d.r.*] «si [poneva] in contrasto diretto con il dominio ebraico». Frantz era certo che in un tempo non troppo lontano i tedeschi avrebbero aperto gli occhi e lo «pseudo-germanesimo del liberalismo nazionalista [la linea dei liberali che, in nome dei *diritti dell'uomo*, sostenevano l'uguaglianza degli ebrei e la loro possibilità di integrarsi nella nazione tedesca, *n.d.r.*] avrebbe ottenuto la meritata condanna». In caso contrario, la bella Germania sarebbe stata presto «un Reich tedesco della nazione ebraica».

Anche Wilhelm Marr era intenzionato a impedirlo e nel 1879 fondò la *Antisemitenliga* (*Lega antisemita*). Come la maggioranza di chi all'epoca e in seguito condivise le sue idee, mise il bene del popolo al centro della sua attività sobillatrice, istigando le masse contro «il predominio sociale del semitismo». Che parlasse di Vienna, Monaco di Baviera o Heilbronn, citava sempre le percentuali degli studenti liceali e degli avvocati. A conclusione dei suoi pamphlet dal crudo tono provocatorio scriveva sempre che i cristiani di questa o quella città erano tot volte meno in grado «di assicurare ai propri famigliari un'istruzione superiore». Ne deduceva dunque (come, prima di lui, molti altri nemici degli ebrei) che i cittadini non ebrei della Germania in breve tempo sarebbero stati «relegati definitivamente nei servizi più umili». Nato nel 1819, Marr aveva appreso il mestiere di commesso. A vent'anni aveva aderito allo schieramento repubblicano. Espulso da varie città per sedizione, era passato su posizioni anarchiche. Nel glorioso autunno rivoluzionario del 1848 divenne uno dei tre presidenti del governo democratico che si costituì ad Amburgo e in ottobre fu eletto alla costituente amburghese come esponente dell'estrema sinistra del partito radical-democratico. Dopo varie lotte interne al partito e scontri fra le correnti, nel 1852 andò a cercar fortuna in Costa Rica. Dopo il fallimento delle sue imprese, nel 1859 tornò ad Amburgo. Fu nuovamente eletto nella Bürgerschaft, il consiglio municipale della città anseatica [Amburgo, *n.d.r.*], tra le file dei radical-democratici, da cui tuttavia venne espulso nel 1862 a causa di un articolo antisemita.

Così ebbe inizio la carriera politica del primo fondatore di una lega antisemita. Marr è considerato uno dei padri dell'antisemitismo razzista, ma i suoi scritti sembrano soprattutto l'opera di un autore che inveisce contro chi ha avuto successo dove egli ha fallito: l'ascesa sociale. Marr vendeva i suoi testi definendoli «il grido di dolore degli oppressi». Da tempo, scriveva, siamo arrivati al punto che non si può più parlare di caccia all'ebreo, ma di caccia al tedesco. La persecuzione si scatena «appena anche un solo elemento non giudaico osa farsi avanti»: «Non riusciamo più a stare al passo di questa genia straniera», lamentava in nome della giustizia e delle pari opportunità. Per Marr e i suoi seguaci, «lo sveglio, furbo figlio di Israele» si contrapponeva «alla pigra indolenza germanica», gli ebrei, «che mettono spietatamente a frutto i loro talenti», si opponevano «all'integrità e morale» dei tedeschi cristiani. Constantin Frantz diceva le stesse cose in forma leggermente più elegante: «E così l'ebreo, grazie al suo sguardo acuto, alla perspicacia e al freddo calcolo, è in media assai superiore al cristiano». Infatti i tedeschi ebrei presto appartennero in numero più alto della media alla classe borghese. Molti dei connazionali cristiani provavano un senso di inferiorità, erano diffidenti verso chi aveva successo. L'antisemitismo che propagandavano, come sottolineava Walter Pohlmann, contemporaneo di Marr, era una delle armi con cui si conduceva la lotta dell'epoca antica contro la moderna, per «proteggere la pigrizia e il poco talento dallo spirito d'iniziativa e dall'intelligenza». Era la lotta «del buio contro la luce: una luce troppo chiara per occhi sonnolenti e dunque insopportabile».

G. ALY, *Perché i tedeschi? Perché gli ebrei? Uguaglianza, invidia e odio razziale (1800-1933)*, Einaudi, Torino 2013, pp. 64-66, trad. it. V. TORTELLI

Analizza il testo

- Spiega il termine «plutocrazia».
- Che cosa sarebbe accaduto alla Germania, secondo gli antisemiti tedeschi, se avesse prevalso l'orientamento liberale, favorevole all'integrazione degli ebrei?
- L'antisemitismo di Marr è di destra o di sinistra?

3

La guerra di Libia: i limiti dell'approccio politico e militare italiano

Il governo e i generali del Regno d'Italia si lanciarono nell'impresa libica senza alcuna preparazione. Tutte le mosse, politiche e militari, furono improvvisate. Il risultato fu un successo solo formale e apparente: Cirenaica e Tripolitania non furono affatto conquistate e sotto il controllo italiano restarono solo alcune città portuali, facili da rifornire e da difendere. Negli anni Trenta, il regime fascista dovette ricominciare da zero la sottomissione delle regioni dell'interno, e lo fece con estrema violenza.

Per quanto riguarda l'aspetto militare della conquista, il governo italiano e il regio stato maggiore si erano convinti che si sarebbe trattato di un risultato conseguibile con facilità. Si immaginava che l'unica opposizione al corpo di occupazione sarebbe venuta dalle truppe turche di stanza in Tripolitania e Cirenaica, calcolate in meno di 5000 uomini con scarso equipaggiamento e scadente artiglieria. La distanza del teatro delle azioni dalle basi turche e il dominio del mare che la flotta italiana avrebbe rapidamente acquisito grazie alla sua schiacciante superiorità in termini di quantità e qualità dei materiali, oltre che di addestramento degli equipaggi, facevano inoltre immaginare che tali reparti avrebbero ricevuto appoggio logistico e rifornimenti solo con grandi difficoltà. Non ci si poneva il problema delle dimensioni e delle caratteristiche dei luoghi dove la campagna si sarebbe svolta, contando sul fatto che privi di ogni sostegno e senza alcuna speranza di vittoria i soldati turchi si sarebbero arresi quasi senza combattere.

Giolitti e i suoi generali immaginavano quindi di essere in grado di concludere con rapidità la guerra grazie al grande vantaggio per numero e qualità di truppe su cui l'Italia poteva contare in Africa settentrionale rispetto all'impero ottomano. Nessun conto veniva fatto su una possibile resistenza opposta all'invasione da parte della popolazione araba del paese, almeno un milione di abitanti in maggioranza nomadi, quasi tutti musulmani, che non venivano presi in considerazione se non in modo del tutto marginale nella predisposizione dei piani di conquista.

Un misto di presunzione e di razzismo faceva credere agli italiani che il loro arrivo sarebbe stato accolto con favore, basandosi sull'ipotesi non dimostrata che un governo europeo fosse in ogni caso e per tutti preferibile a quello ottomano, quali che ne fossero i modi di affermazione e le prospettive di esercizio.

La popolazione araba era considerata apatica e sottomessa, non si dava alcun peso né alla comune appartenenza all'Islam di arabi e turchi [...], né alla lunga durata del loro rapporto che aveva portato all'individuazione di forme di convivenza e di collaborazione fra i rappresentanti del governo ottomano e le autorità espresse a livello tribale dalle comunità arabe, sulla cui organizzazione in Italia si ignorava praticamente tutto. Neppure si teneva in considerazione il dato sostanziale di quella che in termini tecnici potrebbe essere definita la natura giuridica della cittadinanza di cui godevano le popolazioni arabe della Libia, poste in condizioni di parità, almeno formale, rispetto agli altri sudditi di Costantinopoli. Al contrario il Regno d'Italia si preparava a imporre loro uno status d'inferiorità nei confronti degli abitanti della zona metropolitana del paese. [...]

Rispetto alla rete di rapporti esistente fra i vari potentati locali, basati su legami familiari, tribali, di clientela, religiosi o di tradizione, gli italiani si presentavano impreparati e inconsapevoli. Se qualche osservatore era stato inviato a Tripoli o in altri centri costieri a rendersi conto della realtà locale, gli italiani non sapevano praticamente niente del deserto e di quanti ci vivevano e a nulla potevano valere delle buone intenzioni prive di ogni approfondimento di studio o di programmazione. Mancava qualsiasi esperienza di dialogo con popolazioni di cultura e tradizione diverse, inoltre i rapporti con le istituzioni locali vennero affidati esclusivamente ai militari, dalla mentalità notoriamente poco flessibile, pur con la raccomandazione di non entrare in contrasto con la popolazione araba, di dimostrarsi rispettosi delle sue tradizioni e di non trattarla in modo tale da spingerla a collaborare con i turchi nella, pur ritenuta improbabile, resistenza anti-italiana.

Tutto inutile. Fra gli episodi di incomprensione per la sensibilità locale e di agire sconsiderato spicca a livello simbolico l'affissione nelle strade di Tripoli di un manifesto del governatore italiano, scritto in arabo, con il quale si garantivano ai musulmani la tolleranza religiosa e il rispetto delle proprietà private. Il testo era sormontato da un grande stemma sabaudo nel quale gli arabi, in larga maggioranza analfabeti, riconoscevano con chiarezza la croce cristiana. L'impreparazione culturale e tattica per una guerra coloniale, nella quale l'uso della forza è solo una delle componenti dell'attività bellica, buona parte della quale consiste nella conquista di rapporti fiduciari con i maggiorenti locali, era assoluta. Inoltre nessuno sembrava essersi reso conto di questo limite, destinato a condizionare in modo determinante e fin dall'inizio le operazioni italiane e al quale non si tentava neppure di porre rimedio.

F. CARDINI, S. VALZANIA, *La scintilla. Da Tripoli a Sarajevo: come l'Italia provocò la prima guerra mondiale*, Mondadori, Milano 2014, pp. 99-101

Esercito italiano all'inizio dell'occupazione della Libia.

Analizza il testo

- Spiega l'espressione secondo cui la preparazione dell'impresa libica fu caratterizzata da «un misto di presunzione e di razzismo».
- Quale giudizio veniva dato sulla popolazione araba?

STORIOGRAFIA

Le Bon, studioso di un **fenomeno moderno**

Lo studio della riflessione di Gustave Le Bon sulle masse può permettere l'acquisizione di una competenza fondamentale, che potremmo definire nel modo seguente: **saper cogliere la dimensione *di massa* dei fenomeni tipici del XX secolo.** Per affinare tale competenza, viene proposto di seguito un approfondimento, che prende le mosse da due testi di Emilio Gentile. A parere di questo studioso, Mussolini si è ispirato direttamente a Le Bon: pertanto, avvicinarsi al pensatore francese di fine Ottocento significa dotarsi di uno strumento essenziale per capire il fenomeno della politica nell'epoca delle masse, tipico del XX secolo, con i suoi movimenti e le sue ideologie che si proponevano di raggiungere grandi folle o, addirittura, di plasmare interi popoli.

Le Bon, il leader e la folla

Nel 2009, dal 1° ottobre, il quotidiano francese "Le Monde" pubblicò ogni settimana un libro facente parte di una collezione intitolata *I venti libri che hanno cambiato il mondo*. Il primo libro fu *L'origine della specie* di Charles Darwin, seguito da *Come vedo il mondo* di Albert Einstein. Il *Manifesto del partito comunista* di Karl Marx e Friedrich Engels era al diciannovesimo posto, mentre al quattordicesimo vi era *La psicologia delle folle* di Gustave Le Bon, pubblicato per la prima volta nel 1895.

Scrittore poligrafo, autore di grossi volumi che trattavano di medicina, fisica, fotografia, equitazione, archeologia, antropologia, etnologia, filosofia, pedagogia, sociologia, Le Bon aveva 54 anni quando pubblicò il libro che gli ha dato una notorietà mondiale. Ignorato dall'accademia francese, che mai lo accolse nelle sue istituzioni, Le Bon acquistò fama come divulgatore scientifico, anche se si considerava orgogliosamente uno scienziato che aveva fatto importanti scoperte: nel 1922 polemizzò per lettera con Einstein sostenendo di essere giunto prima di lui a scoprire l'equivalenza fra masse ed energia. Le numerose edizioni delle sue opere di psicologia collettiva, tradotte in molte lingue, gli garantirono una fama mondiale per tre decenni, fino alla morte, avvenuta a novanta anni nel 1931. *La psicologia delle folle* nel 1928 aveva avuto trentacinque edizioni e rimane tuttora il suo libro più noto e diffuso. Per propagare le sue idee, Le Bon adottò gli stessi modi di comunicare che consigliò ai capi per conquistare le folle: uno stile semplice, chiaro, aforistico [basato su frasi brevi, a effetto e facili da memorizzare, *n.d.r.*], e nello stesso tempo perentorio, assertivo, ripetitivo. Le Bon ebbe l'ambizione di essere il Machiavelli della politica nell'era delle masse. Chi voleva governare nella società doveva fondare il proprio potere sulle masse. Come Machiavelli fece con *Il principe*, spiegando la psicologia delle folle Le Bon voleva insegnare ai capi come conquistare e governare le masse. La folla per Le Bon è un agglomerato di persone che assumono caratteristiche nuove e diverse da quelle dei singoli individui. Gli individui che compongono la folla, indipendentemente dal tipo di vita, dall'occupazione, dal temperamento e dall'intelligenza, acquistano una psicologia comune, una «anima collettiva», come la chiama Le Bon, che li fa sentire, pensare e agire in modo diverso da come ciascuno di loro farebbe isolatamente. «Nella folla, le attitudine coscienti, razionali e intellettuali dei singoli individui si annullano, e predominano i caratteri inconsci. I fenomeni inconsci svolgono una parte preponderante nel funzionamento dell'intelligenza». E ciò accadeva, secondo Le Bon, non solo per una folla composta da individui senza cultura o appartenenti alle classi popolari, ma anche per una folla composta da individui colti o appartenenti alle classi superiori. «Le decisioni di interesse generale prese da un'assemblea di uomini illustri, ma di specializzazioni diverse, non sono molto migliori delle decisioni che potrebbero essere prese in una riunione di imbecilli».

La caratteristica fondamentale della folla è la necessità di avere una guida, un capo. «La folla è un gregge che non può fare a meno di un padrone». Per Le Bon i popoli sono sempre guidati da un capo. Rari però sono i grandi capi dotati di forti convinzioni capaci di creare nelle masse una nuova fede, mentre i capi sono spesso «retori sottili, che mirano all'interesse personale e cercano il consenso lusingando i bassi istinti». Ma sia i grandi che i piccoli capi, per conquistare le masse, devono usare gli stessi modi di persuasione. I modi insegnati da Le Bon erano soprattutto l'affermazione e la ripeti-

Le Bon voleva insegnare ai capi come conquistare e governare le masse

zione. «Quanto più l'affermazione è concisa, sprovvista di prove e di dimostrazioni, tanto maggiore è la sua autorità». L'affermazione deve essere ripetuta continuamente perché solo così penetra «nelle regioni profonde dell'inconscio, in cui si elaborano i moventi delle azioni». Solo così è possibile penetrare nella psicologia della folla, i cui caratteri specifici sono la suggestionabilità, l'incapacità di ragionare, l'esagerazione dei sentimenti, il semplicismo delle opinioni e altre caratteristiche che apparentano la folla al bambino o agli esseri primitivi per la «facilità a lasciarsi impressionare dalle parole e dalle immagini, a farsi trascinare in atti lesivi dei suoi più evidenti interessi». Di conseguenza, Le Bon insegnava ai capi che «conoscere l'arte di impressionare l'immaginazione delle folle», vuol dire conoscere l'arte di governare. «L'arte degli uomini di governo consiste soprattutto nell'uso della parola, perché la potenza della parola è così grande che bastano alcuni termini ben scelti per far accettare le cose più odiose». Nella politica di massa, il potere di una parola non dipende dal suo significato «ma dall'immagine che essa suscita. I termini dal significato più confuso possiedono a volte il più grande potere», se sintetizzano le aspirazioni inconsce delle masse e la speranza della loro realizzazione. Perciò il capo deve conoscere «l'affascinante potere di seduzione che hanno le parole, le formule e le immagini», e servirsi di parole e di formule capaci di evocare immagini eccitanti la suggestionabilità delle folle. Nella psicologia delle folle, le immagini acquistano la vivacità delle cose reali e sono considerate reali: «L'irreale predomina sul reale». [...] Ma soprattutto il capo deve possedere il prestigio, l'elemento fondamentale della persuasione, la molla più forte di ogni potere, che Le Bon definiva come «una sorta di fascino che un individuo, un'opera o una dottrina esercitano su di noi».

E. GENTILE, *Così il capo conquista la folla*, in "Il Sole 24 Ore", 28 settembre 2014, p. 31

Ansie e paure di Le Bon, di fronte all'avanzare delle masse

Le Bon aveva vissuto personalmente l'esperienza dei tumultuosi movimenti di massa del periodo della Comune di Parigi, nel 1871, della mobilitazione demagogica del generale Boulanger nel 1893 e degli scontri del fanatismo collettivo in Francia durante l'affare Dreyfus. E ne era rimasto profondamente impressionato. Le sue osservazioni sulla psicologia delle folle e sull'uomo moderno nell'epoca delle masse divennero popolari grazie alla sua prolificità di scrittore chiaro e conciso, capace di sintetizzare in formule efficaci, con dogmatica perentorietà, le sue riflessioni sul futuro della civiltà moderna. [...] L'avvento delle folle, affermava Le Bon nel 1895, «segnerà forse una delle ultime tappe della civiltà occidentali, un ritorno verso quei periodi di confusa anarchia che precedono il fiorire di nuove civiltà». Il futuro dell'Occidente rientrava per Le Bon nel destino ciclico di tutte le civiltà condannate a decadere quando la folla prende il sopravvento sulla «piccola aristocrazia intellettuale» che ha creato e guidato la civiltà, perché le folle hanno soltanto una potenza distruttiva. «Una civiltà implica alcune regole fisse, una disciplina, la capacità di abbandonare l'istinto per la ragione, una certa dose di preveggenza, un grado elevato di cultura, qualità inesistenti nelle folle abbandonate a se stesse... Quando l'edificio di una civiltà è tarlato, le folle ne provocano il crollo».

Le Bon non dava per certo che questa sarebbe stata la sorte della società moderna, ma lo temeva fortemente: «Dobbiamo riconoscere che un'evidente decadenza minaccia seriamente la vitalità della maggior parte delle grandi nazioni europee, e specialmente di quelle dette latine e che lo sono veramente in realtà, se non per il sangue, almeno per le tradizioni e l'educazione». Queste nazioni perdevano «di giorno in giorno l'iniziativa, l'energia, la volontà e l'attitudine ad agire. La soddisfazione di crescenti bisogni materiali tende a diventare il loro unico ideale. La famiglia si dissocia, le molle sociali si allentano. Il malcontento e il malessere si diffondono in tutte le classi, dalle più ricche alle più povere». Per Le Bon, la modernità era un'epoca di corrosione delle idee fondamentali della civiltà occidentale. Osservando la condizione in cui si trovava l'uomo moderno, Le Bon lo paragonava «alla nave che ha perduto la bussola ed erra alla ventura in balia del vento... va errando in balia del caso negli spazi che gli dei popolavano una volta e che la scienza ha resi deserti. Ha perduto insieme la fede e la speranza».

All'anarchia delle idee, al relativismo e al nichilismo filosofico, si aggiungevano le nuove condizioni di vita materiale prodotte dal progresso e dalla civiltà industriale, che hanno potentemente contribuito a tra-

Tutte le civiltà sono condannate a decadere quando la folla prende il sopravvento

sformare mentalità e desideri dell'uomo moderno. «L'evoluzione della civiltà ha creato disgraziatamente nell'uomo moderno una quantità di bisogni senza dargli i mezzi di soddisfarli e ha prodotto così un malcontento generale negli animi. È senza dubbio madre del progresso, ma è pure madre del socialismo e dell'anarchia, terribili espressioni della disperazione delle folle, che nessuna credenza sorregge più. Paragonate l'Europeo irrequieto, febbrile, malcontento della propria sorte, con l'Orientale sempre felice del suo destino. La modernità, osservava Le Bon, è «forse un'epoca di decadenza, ma è uno dei rari momenti della storia del mondo in cui resta libera l'espressione del pensiero. Non può durare a lungo. Le condizioni della civiltà moderna portano i popoli europei verso uno Stato sociale che non tollererà né discussione né libertà. Infatti i nuovi dogmi che stanno per nascere non potranno impiantarsi se non a condizione di non accettare discussioni d'alcun genere e d'essere altrettanto intolleranti quanto quelli che li hanno preceduti».

Le Bon segnalava il socialismo fra i candidati al nuovo dogmatismo che avrebbe sopraffatto la civiltà moderna, essendo egli convinto che «l'applicazione delle attuali idee socialiste condurrà i popoli che le adotteranno a uno stato di abietta decadenza e di duro dispotismo». E ciò sarebbe accaduto quando il socialismo fosse divenuto il nuovo credo delle masse, le grandi protagoniste della vita moderna. L'altro movimento candidato al dogmatismo era, per Le Bon, il principio di nazionalità: «La sua realizzazione condurrà l'Europa alle più disastrose guerre e porterà successivamente molti Stati moderni alla rovina e all'anarchia».

E. GENTILE, *L'apocalisse della modernità. La Grande Guerra per l'uomo nuovo*, Mondadori, Milano 2008, pp. 69-72

Lavorare con i testi

Nei passi citati, il colore ha evidenziato alcuni passaggi essenziali. Come ulteriore stimolo di analisi e di riflessione, ti vengono proposte le seguenti domande.

Analizza i testi

Quali sono i tratti più tipici della psicologia della folla?

Per quali ragioni, secondo Le Bon, il comportamento della folla può essere paragonato a quello dei bambini e dei popoli primitivi?

Con quali strumenti e quali tecniche un capo può guidare una folla?

Per quale motivo, secondo Le Bon, il progresso materiale sarà fonte di crescenti tensioni sociali e di malcontento?

Di che cosa sono «terribili espressioni», secondo Le Bon, socialismo e anarchia?

Quali ideologie, secondo Le Bon, avrebbero portato nuovo dogmatismo e rinnovata intolleranza nella civiltà europea?

Utilizzando le tue risposte come una scaletta, componi un testo di tre colonne di foglio protocollo.

Conoscenze e abilità

Lo spazio

1. Osserva la carta e rispondi alle seguenti domande. Attribuisci infine un titolo idoneo alla carta.

Titolo: ....

....

a) Quali sono le aree di maggior concentrazione industriale? Quali tipi di industrie vi prevalgono?

....

....

b) A quale periodo dello sviluppo industriale italiano ritieni si possa riferire questa carta?

....

c) Quali furono, nel periodo interessato, i segnali più indicativi della complessiva crescita industriale del Paese?

....

....

d) Quale dato emerge in modo molto evidente dall'attenta e complessiva osservazione della carta (in riferimento alla distribuzione geografica di fabbriche e zone di estrazione di minerali)?

....

....

Organizzare le informazioni

2. Completa lo schema relativo all'antisemitismo in Europa.

FRANCIA	RUSSIA	GERMANIA	AUSTRIA - UNGHERIA
....	Antisemitismo religioso	....	....
Ebrei: bersaglio dell'insofferenza popolare contro lo Stato borghese	....	....	Ebrei: causa del declino dell'impero austro-ungarico

Lessico

3. Definisci le espressioni o i termini.

Movimento boulangista

....

....

Affare Dreyfus

....

....

Pogrom

....

....

Sciopero generale

....

....

Fatti e concetti

4. Rispondi brevemente alle seguenti domande.

a) Come si possono descrivere, nelle linee essenziali, le tendenze demografiche dell'Europa tra Ottocento e Novecento?

....

....

....

b) Qual era la situazione politico-economica della Germania nei primi anni del Novecento?

....

....

....

c) Che cosa indica l'espressione "antisemitismo razziale"? Che cosa sono le "elezioni giudaiche"?

....

....

....

d) Quale fu una delle più importanti intuizioni di Giovanni Giolitti? Come lo definiresti sotto il profilo politico?

....

....

....

e) Quale fu la strategia di Giolitti in ambito economico? Le sue decisioni accolsero sempre unanime favore oppure provocarono anche critiche e opposizioni?

....

....

....

f) Che cos'è il Patto Gentiloni? In quale contesto politico si verificò e perché tale contesto è ritenuto storicamente così importante?

....

....

....

....

Economia, cultura, società

5. Contrassegna con V (vero) o F (falso) ciascuna delle frasi.

	V	F
a) I progressi della medicina nell'Ottocento favorirono l'aumento della popolazione europea.	☐	☐
b) Nonostante il trasferimento nelle città e l'impiego negli stabilimenti industriali, le condizioni di vita della maggioranza della popolazione europea ai primi del Novecento rimasero di estrema miseria.	☐	☐
c) Nei primi anni del XX secolo l'Inghilterra presentava un quadro politico molto conflittuale e instabile.	☐	☐
d) Numerosi seguaci di Georges Sorel aderirono in seguito al fascismo, che consideravano l'unica via per impedire che l'interesse del singolo prevalesse su quello della collettività nazionale.	☐	☐
e) L'antisemitismo in Russia era più che altro strumentale perché serviva al Partito dei cristiano-sociali per opporsi a socialisti e liberali.	☐	☐
f) I massimalisti sono la corrente del Partito socialista italiano che sosteneva un programma politico di riforme da attuarsi in modo graduale e non conflittuale.	☐	☐
g) Il Partito popolare italiano nacque nel 1919 e sancì il definitivo inserimento dei cattolici nella vita politica italiana.	☐	☐

Verso il saggio breve

6. Scrivi un testo – massimo due facciate di foglio protocollo – sull'esperienza italiana della guerra in Libia utilizzando le domande-guida elencate di seguito.

→ Quando e in seguito a quali fatti si diede avvio alla guerra in Libia?

→ Quale fu la reazione dell'opinione pubblica italiana? In particolare, quale fu la posizione dei cattolici?

→ Perché le truppe italiane ebbero notevoli difficoltà in Tripolitania e in Cirenaica? Quale fu il loro atteggiamento nei confronti delle popolazioni indigene?

→ Come si concluse l'impresa? Quali ne furono le conseguenze?

metodo di studio

→ Per ripassare i **fatti**

CONTRASTI POLITICI

1881
→ Uccisione dello zar Alessandro II in Russia

Fine Ottocento-inizio Novecento
→ Pogrom in Russia

1894-1897
→ Processo e condanna di Albert Dreyfus in Francia

1903-1914
→ Età giolittiana

1911-1912
→ Guerra di Libia

1912
→ Riforma elettorale che introduce il suffragio universale maschile

1913
→ Patto Gentiloni
Elezioni politiche

ECONOMIA DEMOGRAFIA E SOCIETÀ

1899
→ La Bayer inizia a produrre l'aspirina

1904
→ Primo sciopero generale in Italia

1909
→ Primo volo di un aeroplano sulla Manica

1912
→ Naufragio del Titanic

1912
→ La FIAT produce il *Tipo Zero*

CULTURA CIVILTÀ E RELIGIOSITÀ

1883
→ Koch individua il *bacillo virgola* che provoca il colera

1894-1897
→ Guglielmo Marconi mette a punto il radiotelegrafo

1894
→ Gustave Le Bon pubblica il saggio *Psicologia delle folle*

1898
→ Émile Zola pubblica *J'accuse...!*

L'AURORE
Littéraire, Artistique, Sociale
J'Accuse...!
LETTRE AU PRÉSIDENT DE LA RÉPUBLIQUE
Par ÉMILE ZOLA

1908
→ Georges Sorel pubblica *Riflessioni sulla violenza*

→ Per ripassare i **concetti**

Leggere gli schemi

- **TRA OTTOCENTO E NOVECENTO**
  - Miglioramento delle condizioni di vita e nascita di nuove metropoli
    - Germania
      - Imponente movimento socialista
        - Equilibrio tra modernità e tradizionalismo
    - Inghilterra
      - Consolidata stabilità
    - Francia
      - Problemi sociali, precarietà e corruzione
        - Movimento boulangista e affare Dreyfus
          - Sorel: desiderio di azione diretta
            - Maurras: disprezzo del sistema parlamentare
    - Italia
      - Giolitti collabora con i socialisti riformisti
        - Intervento pubblico in favore dello sviluppo industriale
          - Divario Nord-Sud
            - Guerra di Libia

Unità 2

Sfida serba e azzardo turco

Un'immagine per iniziare

La miccia che fece scoppiare il conflitto in Europa fu l'attentato di Sarajevo, il 28 giugno 1914, in cui vennero assassinati l'arciduca Francesco Ferdinando e sua moglie, la duchessa Sofia. L'illustrazione della "Domenica del Corriere" mostra il momento in cui l'attentatore, il giovane serbo Gavrilo Princip, spara all'arciduca: un mese dopo l'Austria dichiarerà guerra alla Serbia (28 luglio) e da lì a poco l'intera Europa sarà trascinata nel conflitto.

Gli eventi per orientarsi nel tempo

1878 Congresso di Berlino

1882 Triplice Alleanza tra Germania, Austria e Italia

1892 Alleanza difensiva tra Russia e Francia

1870 — 1880 — 1890

Sommario

TESTO

La carta d'identità del periodo
1 Il sistema delle alleanze a fine Ottocento
2 Il disegno politico della Serbia
3 Lo scontro tra Austria e Serbia
4 L'intervento turco e il genocidio degli armeni

Una carta per orientarsi

All'inizio del XX secolo, l'impero turco (in verde nella carta) si estendeva ancora su gran parte dell'Europa balcanica, sull'Asia Minore e sul Medio Oriente arabo. In Africa del Nord, esso comprendeva anche la Cirenaica e la Tripolitania (attuale Libia). Queste due regioni furono conquistate dall'Italia nel 1912; in Europa, negli anni 1912-1913, Serbia, Grecia e Bulgaria ampliarono i propri confini e respinsero verso est i turchi, ai quali rimasero solo Istanbul e l'area degli stretti del Bosforo e dei Dardanelli.

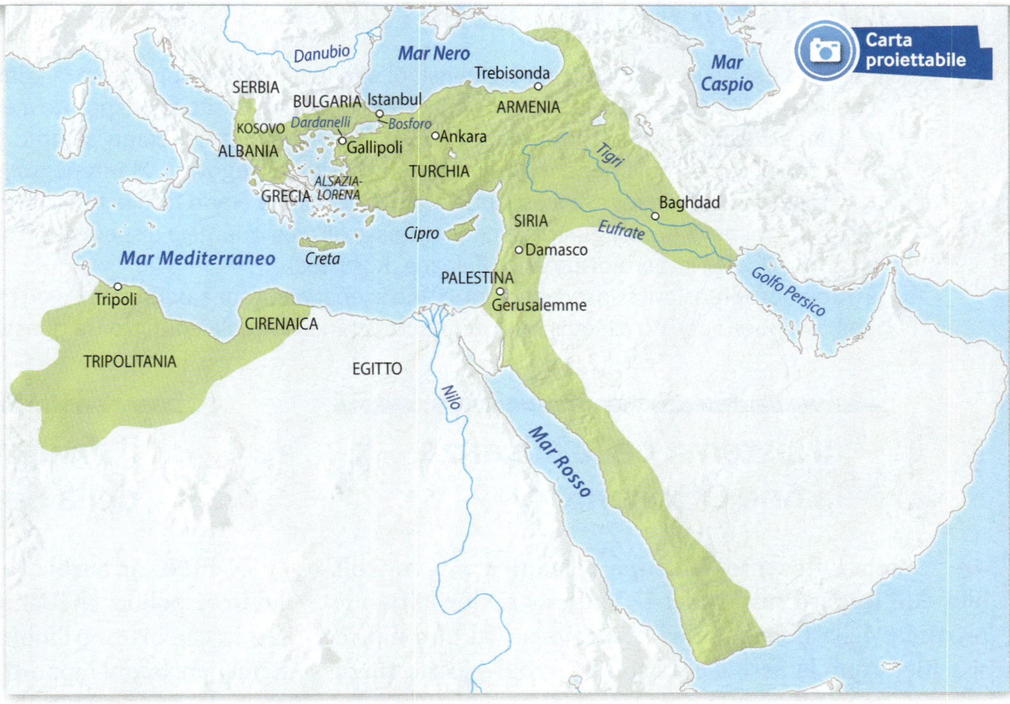

Orientarsi nel tempo

- **1903** Colpo di Stato in Serbia

- **1908** L'Austria annette la Bosnia-Erzegovina

- **1912** Prima guerra balcanica

- **28 giugno 1914** Attentato di Sarajevo
- **28 luglio 1914** Ultimatum dell'Austria alla Serbia
- **Giugno-luglio 1915** Deportazione degli armeni dell'Anatolia

1900 · 1910 · 1920

Per iniziare

Storia slide

La carta d'identità del periodo

Perché i Balcani furono un'area decisiva all'inizio del Novecento?

All'inizio del Novecento il focolaio di tensioni più pericoloso in Europa era la penisola balcanica, detta la "polveriera d'Europa"; in quell'area, infatti, c'era una serie di situazioni pronte a esplodere:

- l'impero ottomano era in agonia; nei suoi domini balcanici erano sempre più forti le richieste di autonomia dei movimenti nazionalisti slavi (Bosnia, Erzegovina, Montenegro);
- l'impero austriaco mirava a espandersi nei Balcani, ma erano forti le tensioni con la Serbia;
- infine anche la Russia guardava con interesse all'area orientale e sperava di sottrarre i territori sotto il controllo dell'impero ottomano (Bulgaria, Romania).

Tutto queste tensioni si inserivano poi in uno scenario europeo dominato da un fitto intreccio di alleanze che avrebbero potuto allargare all'intera Europa un eventuale conflitto tra queste forze.

CAPITOLO 1 Il sistema delle alleanze a fine Ottocento

→ A metà Ottocento, l'**Europa balcanica** era **controllata dall'impero turco**. Nel 1875, però, si ribellarono le province della Bosnia e dell'Erzegovina e al loro fianco si schierarono la Serbia e il Montenegro: l'esercito turco intervenne prontamente e sconfisse gli insorti.

→ La **Russia** a quel punto attaccò l'impero ottomano, sperando di poter allargare la propria influenza nell'area dell'Europa orientale. Dopo aver **sconfitto gli ottomani** impose una pesante pace (il trattato di Santo Stefano) che prevedeva la nascita della **Bulgaria**, uno Stato vassallo della Russia che avrebbe compreso gran parte dei territori ottomani in Europa.

→ L' espansione della Russia allarmò le altre potenze europee, specialmente Inghilterra e Austria-Ungheria, che minacciarono di dichiararle guerra. Il cancelliere tedesco **Bismarck**, però, trovò una soluzione durante il **congresso di Berlino** (1878): la Russia rinunciò alla nascita dello Stato di Bulgaria e l'impero ottomano dovette riconoscere la piena **indipendenza di Serbia e Montenegro**.

→ Dopo il congresso di Berlino cominciarono a delinearsi le future alleanze che divisero l'Europa in due blocchi. Da un lato, infatti, nel 1882 nacque la **Triplice Alleanza** (Germania, Austria-Ungheria e Italia), un accordo puramente difensivo che prevedeva un sostegno reciproco dei tre Stati qualora ci fosse stato un attacco di una potenza nemica; dall'altro, la **Francia** stipulò un'alleanza con la **Russia** nel 1892.

CAPITOLO 2 Il disegno politico della Serbia

→ Nel 1903, in **Serbia**, un colpo di Stato spodestò re Alessandro. I politici che salirono al potere, guidati da Nikola Pashic, cambiarono l'indirizzo della politica estera: anziché mantenere buoni rapporti con l'Austria-Ungheria (come ai tempi del re Alessandro), **scelsero di contrapporsi all'impero austriaco** e di avvicinarsi alla Russia.

→ Nei primi anni del Novecento, aumentarono le tensioni tra alcuni Stati europei. **Nel 1908 l'Austria-Ungheria decise di annettere la Bosnia-Erzegovina**, provocando risentimento in Serbia; **la Francia**, invece, **occupò il Marocco** (1911) e, a quel punto, non ostacolò la conquista italiana della Libia (1912). La conquista del Marocco provocò proteste in Germania e acuì i contrasti tra tedeschi e francesi.

→ Quando l'Italia intervenne in Libia ci furono violenti scontri per il controllo della Cirenaica e della Tripolitania (due regioni della Libia). La Serbia, la Grecia, la Bulgaria e il Montenegro approfittarono della situazione per attaccare a loro volta l'impero ottomano, che fu duramente sconfitto (**prima guerra balcanica**) e **perse quasi tutti i possedimenti in Europa**.

→ La situazione nei Balcani fu aggravata dalla **creazione del piccolo Stato di Albania** da parte dell'Austria-Ungheria e dell'Italia, entrambe preoccupate dall'espansionismo serbo. La costituzione dell'Albania aveva il solo obiettivo di negare alla Serbia l'accesso al mare. Aumentò così ulteriormente il rancore tra austriaci e serbi, i quali fomentarono i gruppi terroristici che attaccavano gli interessi austriaci in Bosnia-Erzegovina.

→ Domande fondamentali

- → Chi faceva parte e che tipo di accordo era la Triplice Alleanza ?
- → Che cosa prevedeva il piano Schlieffen?
- → Perché fu creato lo Stato d'Albania?
- → Quale episodio determinò la dichiarazione di guerra dell'Austria alla Serbia?

Mitraglieri serbi in azione, estate 1914.

CAPITOLO 3 Lo scontro tra Austria e Serbia

→ Il 28 giugno 1914 l'arciduca **Francesco Ferdinando**, erede designato al trono austriaco, **fu ucciso** con la moglie mentre era in visita **a Sarajevo**, capitale della Bosnia. L'uccisore era il giovane serbo Gavrilo Princip, membro del gruppo nazionalista serbo Giovane Bosnia, contrario all'annessione della Bosnia all'Austria.

→ Dopo l'uccisione di Francesco Ferdinando, l'Austria inviò un ultimatum alla Serbia, minacciando di attaccarla se non avesse accettato una serie di condizioni durissime; i serbi respinsero l'ultimatum: il conflitto diventò così inevitabile e il 28 luglio ci fu la **dichiarazione di guerra dell'Austria alla Serbia**.

→ Il 29 luglio, un giorno dopo la dichiarazione di guerra, l'**esercito austriaco invase la Serbia**. L'offensiva, però, non diede i risultati sperati: la tenacia dei serbi, infatti, fu tale che gli austriaci, dopo aver perso circa 30 000 uomini nei vari combattimenti, dovettero ritirarsi in Bosnia-Erzegovina.

→ I serbi, però, non potevano resistere all'infinito: la situazione divenne per loro insostenibile quando gli austriaci ricevettero il sostegno tedesco; la Serbia, poi, ricevette la dichiarazione di guerra anche da parte della Bulgaria. La disparità tra le forze in campo **determinò la vittoria dell'Austria-Ungheria** e della Germania: moltissimi civili e militari serbi dovettero ritirarsi verso l'Albania, dove furono evacuati da navi francesi, italiane e britanniche.

CAPITOLO 4 L'intervento turco e il genocidio degli armeni

→ Il 2 novembre 1914 l'**impero turco entrò in guerra** a fianco della Germania e dell'Austria-Ungheria: la principale preoccupazione del governo di Istanbul, infatti, era quella di contrastare le mire espansionistiche della Russia e della Serbia, le sue principali antagoniste in Europa orientale e balcanica.

→ I turchi cercarono prima di attaccare la regione del Caucaso, controllata dalla Russia, ma l'offensiva fallì. Gli **inglesi**, allora, nel 1915, approfittarono delle difficoltà degli ottomani e **sbarcarono a Gallipoli** (nello stretto dei **Dardanelli**) per far capitolare definitivamente l'impero ottomano: i turchi, però, seppero, difendersi e gli inglesi dovettero ritirarsi.

→ Il governo turco, di fronte al doppio pericolo (russo e inglese) decise di salvaguardare a ogni costo l'impero, eliminando ogni corpo estraneo al suo interno: si decise quindi la **deportazione della popolazione armena** (di fede cristiana) che viveva in Anatolia, che già in passato si era resa protagonista di alcuni tentativi di rivolta.

→ Le deportazioni, avvenute tra i mesi di giugno e luglio del 1915, provocarono **moltissime vittime** tra gli armeni. Altri morirono nei campi di concentramento in Siria e Mesopotamia, il luogo della loro deportazione. Anche se non si conosce il numero esatto delle vittime, si sa che fu altissimo: nel loro caso, quindi, si può parlare di **genocidio**, cioè di una strategia messa in atto per sterminare un'intera popolazione.

Capitolo 1

CONTRASTI POLITICI

Il **sistema delle alleanze** a fine Ottocento

Storia slide

LE CONOSCENZE DA ACQUISIRE
La Grande Guerra fu un evento globale, che coinvolse subito tutte le grandi potenze, dato che ognuna di esse era legata ad altre in un rigido sistema di alleanze e contro-alleanze.

LE COMPETENZE DA POTENZIARE
Saper cogliere i fattori fondamentali che determinano la potenza militare di uno Stato.

1.1 I Balcani

Le ribellioni in Bosnia e in Erzegovina

I Balcani e l'avanzata della Russia Poiché la *scintilla* che diede inizio all'incendio si verificò a Sarajevo, pare opportuno incominciare la ricostruzione dal **1875**; in quell'anno, nelle due province della **Bosnia** e della **Erzegovina** (controllate dall'impero turco) i contadini cristiani si ribellarono contro i grandi proprietari terrieri musulmani. Due principati slavi, la Serbia e il Montenegro, intervennero a favore dei ribelli; costituitisi nel 1856, dopo la guerra di Crimea, essi erano ancora sottomessi all'impero ottomano, che aveva la propria capitale a Istanbul. Nelle loro intenzioni, il sostegno offerto ai ribelli bosniaci era un gesto di autonomia, il primo passo verso l'affermazione della piena indipendenza.

L'intervento russo

Serbia e Montenegro furono sconfitti dall'esercito turco. A quel punto, intervenne nel conflitto anche l'impero zarista: con il pretesto di sostenere le due nazioni slave, sorelle della Russia, il governo di San Pietroburgo sperava di **allargare la propria influenza nella regione balcanica**, cioè nell'Europa sud-orientale, a spese dell'impero ottomano.

L'esercito russo riuscì a sbaragliare i turchi, cosicché il sultano di Istanbul fu costretto ad accettare la pesante **pace di Santo Stefano**. Stipulato nel marzo 1878, il trattato **prevedeva la nascita di un vasto Stato di Bulgaria**, che avrebbe compreso gran parte dei territori europei sotto dominazione ottomana e sarebbe stato un **docile vassallo politico della Russia**. In tal modo, però, l'equilibrio politico internazionale sarebbe cambiato in modo profondo, a tutto vantaggio dell'impero zarista. Preoccupate per l'accaduto, Inghilterra e Austria-Ungheria protestarono immediatamente, minacciando di muovere guerra alla Russia.

Nikolai Dmitriev-Orenburgsky, *Resa turca a Nicopoli nel 1877*, 1883 (San Pietroburgo, Museo di storia dell'artiglieria militare).

1.2 Il congresso di Berlino e il sistema delle alleanze

Il congresso di Berlino La crisi trovò pacifica composizione, nell'estate del 1878, per mezzo del cosiddetto **congresso di Berlino**, che vide riuniti nella capitale del Reich (l'impero tedesco) i ministri delle principali potenze. Alla Russia, in pratica, fu imposto di rinunciare alla grande Bulgaria prevista dalla pace di Santo Stefano; ma, in cambio dell'appoggio diplomatico fornito all'impero ottomano, l'**Austria-Ungheria** e l'**Inghilterra** ottennero importanti concessioni: la prima poté occupare la **Bosnia-Erzegovina**, mentre la seconda richiese l'**isola di Cipro** (nel cuore del Mediterraneo, di fronte all'imboccatura del canale di Suez).

Serbia e Montenegro ottennero la piena indipendenza. La Russia, tuttavia, dal congresso di Berlino uscì nel complesso umiliata e sconfitta; in quella sede, pertanto, cominciarono a delinearsi le alleanze che sarebbero poi scattate nel 1914, provocando lo scoppio della prima guerra mondiale.

Al congresso del 1878, il cancelliere tedesco **Otto von Bismarck**, timoroso di un eccessivo rafforzamento russo, non agì affatto da mediatore imparziale (come amava presentarlo la stampa tedesca del tempo), ma **sostenne le posizioni e gli interessi dell'Austria-Ungheria e dell'Inghilterra**. Temendo poi un ulteriore deterioramento dei rapporti tra Germania e Russia, nel 1879 Bismarck stipulò un'alleanza difensiva con l'impero asburgico, che il Reich avrebbe sostenuto, da quel momento, fino al novembre del 1918.

Le parole → Congresso

Chiamati anche *conferenze*, i congressi internazionali delle potenze ebbero nell'Ottocento lo scopo di decidere l'assetto politico europeo, giungendo a un compromesso tra le aspirazioni dei Paesi coinvolti. L'equilibrio tra le potenze fu sempre il principale obiettivo dell'Inghilterra, dopo il tentativo napoleonico di sottomettere l'intero continente al dominio francese.

Carta interattiva
Il sistema di alleanze alla vigilia della prima guerra mondiale

L'occupazione della Tunisia da parte della Francia Nel 1881, **la Francia occupò la Tunisia**, giustificando l'acquisizione di una **nuova colonia come compensazione dei vantaggi ottenuti**, a livello territoriale, **dall'Inghilterra e dall'Austria-Ungheria** al congresso di Berlino. L'Italia cercò di ostacolare il gesto compiuto dalla Francia, ma le sue proteste non trovarono ascolto presso nessuna delle altre nazioni. Persino l'Inghilterra – tradizionale alleato dell'Italia – abbandonò il nostro Paese: infatti, nel caso in cui la Tunisia fosse stata conquistata dall'Italia, entrambe le sponde del canale di Sicilia sarebbero state controllate da un unico soggetto, e ciò poteva essere d'intralcio alla volontà inglese di percorrere senza problemi l'intero Mediterraneo, da un capo all'altro. Insomma, in quell'occasione risultò evidente la **posizione di isolamento** del nuovo Stato unitario: troppo debole per agire da sola, l'Italia, per farsi valere, doveva collegarsi stabilmente e appoggiarsi a qualche grande potenza.

Debolezza dell'Italia

Anton von Werner, *Il Congresso di Berlino del 1878*, 1881 (Berlino, Rathaus).

Le ambizioni francesi

Per il momento, i contrasti più forti erano di tipo coloniale, con la Francia. In Africa settentrionale, l'Egitto, con il canale di Suez, era saldamente in mano agli inglesi; i francesi però possedevano da tempo l'Algeria (1830), avevano appena occupato la Tunisia e non facevano mistero di voler dominare anche su Libia e Marocco, per giungere al completo controllo della maggior parte della costa mediterranea africana.

La Triplice Alleanza Nel 1882, l'Italia si avvicinò all'impero tedesco (principale avversario continentale della Francia) e di legarsi a esso con un'alleanza militare. Nacque così la cosiddetta **Triplice Alleanza**, che comprendeva **Italia**, **Germania** e **Austria-Ungheria** (queste ultime, già legate dall'accordo del 1879). Si trattava di un **accordo puramente difensivo**, che prevedeva un sostegno reciproco dei tre Stati, qualora uno di essi fosse stato aggredito da una potenza nemica.

Lavorare per competenze avvio al saggio breve
L'alleanza tra Francia e Russia
→ pag. 69

La Triplice Alleanza dava per scontato che questo eventuale avversario fosse la Francia: con essa, la Germania era in tensione a seguito della conquista dell'Alsazia-Lorena (nel 1871), mentre l'Italia ne temeva l'ulteriore espansione nel Mediterraneo. È importante precisare che, stipulando la Triplice Alleanza, **l'Italia di fatto rimandava** a tempo indeterminato **l'annessione di Trento e Trieste**, cioè il completamento della propria unità nazionale: nell'immediato, la questione della liberazione di quelle due regioni irredente (cioè sottomesse al dominio asburgico) appariva decisamente secondaria rispetto alla necessità di **contenere**, con l'aiuto tedesco (e, quindi, austriaco), **l'imperialismo francese** nell'area mediterranea.

La **Francia**, da parte sua, contro la Germania trovò infine un valido sostegno nella **Russia**, con la quale venne ufficialmente stipulata un'**alleanza difensiva** nel 1892. Per certi aspetti, era un legame anomalo: la Francia era una repubblica parlamentare, fiera del suo passato illuminista e rivoluzionario; l'impero zarista era una monarchia assoluta. Il terreno in direzione dell'alleanza era stato spianato dai banchieri francesi, che avevano fornito alla Russia notevoli capitali, indispensabili per l'ammodernamento e l'industrializzazione del Paese.

I luoghi → Alsazia-Lorena

L'Alsazia e la Lorena si trovano nella regione del Reno. Nel 1871, la Germania se ne impossessò dopo la vittoria sulla Francia: in tal modo, riuscì ad allontanare la Francia dal grande fiume tedesco. Per circa ottant'anni (tra il 1871 e il 1945) le due province sono state il simbolo dell'ostilità franco-tedesca, della divisione politica dell'Europa e delle catastrofi che lo scontro tra opposti nazionalismi poteva scatenare. Proprio per questo, il capoluogo dell'Alsazia, Strasburgo, nel 1949 fu scelto come sede del Consiglio d'Europa. Oggi, in questa città si trova il Parlamento dell'Unione Europea.

Potenze vincitrici e potenze sconfitte al congresso di Berlino (1878) Schema proiettabile

POTENZE	VANTAGGI OTTENUTI	FALLIMENTI POLITICI
Inghilterra	Controllo di Cipro	
Austria-Ungheria	Occupazione della Bosnia-Erzegovina	
Francia	Occupazione della Tunisia (1881)	
Serbia e Montenegro	Acquisizione della piena indipendenza	
Russia		Fallimento dell'espansione in Bulgaria
Italia		Incapacità di contenere le mire espansionistiche francesi in Nord Africa

Capitolo 2

POTERI E CONFLITTI

Il disegno politico della Serbia

Storia slide

LE CONOSCENZE DA ACQUISIRE
Il regno di Serbia assunse posizioni sempre più ostili nei confronti dell'Austria.

LE COMPETENZE DA POTENZIARE
Saper individuare i fattori di rafforzamento o di indebolimento di una struttura politica.

2.1 La rottura tra la Serbia e l'Austria-Ungheria

Il colpo di Stato del 1903 L'11 giugno 1903, a Belgrado, capitale del regno di Serbia, un gruppo di **ufficiali dell'esercito serbo** attuò un violento **colpo di Stato**, uccidendo il re Alessandro Obrenovic e la regina Draga Mashin.

Al posto del re assassinato fu posto Pietro Karadjordjevic, ma il potere vero fu nelle mani di un gruppo di politici che avevano sostenuto la ribellione e soprattutto di **Dragutin Dimitrievic** (soprannominato ***Apis***), vero regista della congiura. Gli eventi del 1903 non significarono solo un cambio di dinastia; le conseguenze più importanti, infatti, si verificarono nella politica estera. Alessandro, infatti, aveva cercato di mantenere buone relazioni politiche con l'impero di Vienna e aperto il Paese agli investimenti dei finanzieri austriaci. **Il nuovo governo**, invece, **scelse subito di contrapporsi all'Austria-Ungheria e di appoggiarsi politicamente alla Russia**; questo nuovo esecutivo filorusso era diretto da **Nikola Pashic**, che negli anni 1904-1918 guidò ben dieci governi e che era a capo del Paese anche nell'estate del 1914, quando l'attentato di Sarajevo provocò la crisi che poi sarebbe sfociata nella dichiarazione di guerra.

Conseguenze della congiura

Il rivoluzionario e militare serbo Dragutin Dimitrievic, soprannominato *Apis*, principale regista del colpo di Stato del 1903.

Il rafforzamento dei rapporti con la Francia I primi segnali del nuovo orientamento assunto dalla Serbia in politica estera si manifestarono in campo economico. **Il governo di Belgrado**, infatti, **cessò di acquistare armamenti dall'impero austro-ungarico**, rivolgendosi per le proprie esigenze a fabbriche francesi; Vienna reagì bloccando le importazioni di carne suina, che costituiva una delle voci più importanti dell'economia serba. Il risultato di questo singolare scontro economico (durato dal 1906 al 1909 e denominato dalla stampa del tempo *la guerra dei maiali*) fu **un rafforzamento dei legami finanziari con Parigi**, che nel 1906 concesse un consistente prestito al Paese balcanico, a rischio di bancarotta. Grazie a quel prestito Belgrado non solo consumò definitivamente la frattura con l'Austria-Ungheria (alleata della Germania, principale avversario della Francia), ma consolidò inoltre la propria efficienza militare, acquistando, sempre da industrie francesi, ottimi cannoni a tiro rapido.

L'estremismo nazionalista di Pashic intimoriva una parte della popolazione serba, soprattutto i cittadini e i musulmani. Incontrava invece grande successo presso la **popolazione che viveva nelle campagne**; tra i contadini, infatti, era vivissima l'idea secondo cui la Serbia doveva rafforzarsi e allargare i propri confini, fino a comprendere gran parte della regione balcanica e tutta la Iugoslavia, la terra degli slavi del Sud. Lo slogan più caro ai nazionalisti serbi era quello

Nazionalismo serbo

secondo cui «**là dove un serbo dimora, quella è Serbia**». Il grande modello era il vasto impero costruito dai sovrani serbi nel XIV secolo, distrutto dai turchi nel 1389. Nell'immediato, la realizzazione di tali ambiziosi progetti non era certo alla portata di un Paese relativamente povero e arretrato, con un tasso di analfabeti tra i più alti d'Europa. Pertanto, i servizi segreti e il **governo di Belgrado** agivano spesso nell'ombra, con **mezzi illegali e clandestini**. In particolare, vennero finanziati gruppi di guerriglieri serbi in Macedonia (sotto dominazione turca) e in Bosnia (occupata dall'Austria).

2.2 Le crisi di Bosnia, Marocco e Libia

I rancori serbi e russi

L'annessione della Bosnia all'impero austriaco Nel 1908, **l'Austria-Ungheria decise di annettere** a pieno titolo **la Bosnia-Erzegovina**, che Vienna occupava fin dal 1881, ma il cui stato giuridico era tutt'altro che chiaro e definito. In Serbia, la decisione austriaca provocò una formidabile ondata di odio e di risentimento, al punto che migliaia di uomini si offrirono subito volontari per combattere una guerra che sembrava imminente. Tuttavia la Russia – ancora sofferente per la guerra che aveva sostenuto in Manciuria contro il Giappone (*guerra russo-giapponese*) e per la rivoluzione che era scoppiata in varie regioni dell'impero dopo la disfatta subita a opera dei nipponici – in quell'occasione non offrì alcun sostegno alla Serbia e alla sua bellicosa opinione pubblica. Pertanto, volente o nolente, il 31 marzo 1909, **il governo di Belgrado fu costretto a cedere**, cioè a riconoscere il passo compiuto dall'Austria-Ungheria. Per la Russia, comunque, si trattò di una vera umiliazione, che spiega la determinazione dello zar e del governo di San Pietroburgo nell'estate 1914, dopo l'attentato di Sarajevo: se l'impero russo si fosse tirato indietro ancora una volta, senza onorare le sue promesse di solidarietà e protezione verso i fratelli slavi di Serbia, il suo prestigio di grande potenza sarebbe tramontato definitivamente.

› VEDI
La conquista italiana della Libia
→ pag. 31

Le conquiste coloniali di Francia e Italia Nella primavera del 1911, la **Francia** ritenne giunto il momento di imporre la propria **dominazione anche sul Marocco**; **l'Italia**, seguendo quella logica di prestigio e di potenza che abbiamo ricordato, **intervenne** poco tempo dopo **in Libia**. I due Paesi, in realtà, fin dal 1902 avevano trovato un accordo ragionevole e vantaggioso per entrambi: in caso di occupazione francese del Marocco, la potenza transalpina non avrebbe posto alcun ostacolo a una dominazione italiana in Cirenaica e Tripolitania. Questo compromesso può essere considerato un notevole **successo diplomatico per la Francia**: in effetti, per l'Italia – che aveva aderito alla Triplice Alleanza proprio per evitare che la Francia occupasse l'intera costa africana del Mediterraneo – a partire da quel momento non c'era più alcun motivo di restare legata a un patto difensivo antifrancese.

La concessione del Congo alla Germania L'imperatore tedesco (il kaiser Guglielmo II) protestò energicamente di fronte all'intervento francese in Marocco e inviò nelle acque di Agadir l'imponente corazzata *Panther*. Anche in questa circostanza, come nel 1908 (annessione della Bosnia), si andò molto vicini alla guerra, che tuttavia fu evitata grazie alla **concessione di un vasto territorio del Congo francese alla Germania**. Si trattava, in realtà, di un'area assolutamente improduttiva, interamente ricoperta da foreste vergini; solo a livello formale la richiesta tedesca di una compensazione per l'alterazione dell'equilibrio politico in Africa era stata soddisfatta. In **Germania**, molti dichiararono che l'onore tedesco era stato calpestato e offeso da un simile scambio ineguale. Di conseguenza, **come in Serbia e in Russia, molti (militari, politici, intellettuali) aspettavano con ansia l'occasione per una rivalsa** a danno dell'Austria-Ungheria.

Di conseguenza, all'interno del Reich tedesco la crisi dell'estate 1914 fu accolta con favore e soddisfazione: finalmente la Francia avrebbe ricevuto la lezione che si meritava dal 1911.

Artiglieria francese a Rabat, Marocco, 1911.

2.3 La polveriera balcanica

La reazione turca al tentativo espansionistico dell'Italia La Cirenaica e la Tripolitania, su cui intendevano espandersi gli italiani, erano province dell'impero ottomano. Dal 1908 il governo di Istanbul era retto dal *Comitato unione e progresso*, sostenuto dal movimento dei cosiddetti *Giovani turchi*. Il Comitato voleva introdurre radicali riforme militari, giuridiche ed economiche, per uscire da uno stato di soggezione e competere con gli occidentali ad armi pari. Il sogno dei Giovani turchi era analogo a quello dei riformatori giapponesi dell'Ottocento: **modernizzare l'impero per combattere su un livello di parità i russi, gli austriaci e chiunque altro** minacciasse un Paese che, per la sua intrinseca debolezza, era soprannominato *il grande malato* dalla diplomazia di tutt'Europa. Nel medesimo tempo, il nuovo governo di Istanbul era **profondamente nazionalista**, cioè determinato a ribadire la superiorità dell'elemento etnico turco nei confronti dei numerosi altri popoli presenti all'interno dell'impero: arabi (in Medio Oriente), armeni (in Asia Minore), greci e slavi (nelle regioni europee che ancora non erano sfuggite alla dominazione turca).

Il movimento dei *Giovani turchi*

Conflitto italo-turco

L'intervento italiano in Libia provocò una rabbiosa reazione nei nazionalisti turchi, determinati a respingere l'ennesimo tentativo di una potenza europea di indebolire l'impero. Pertanto, negli anni 1911-1912, si verificò un violento conflitto italo-turco per il **controllo della Cirenaica e della Tripolitania**.

Il disegno espansionistico della Serbia Nell'ottobre del 1912, tuttavia, la **Serbia** decise di approfittare della situazione e si alleò con il **Montenegro**, con la **Grecia** e con la **Bulgaria** (indipendente dal 1908); uniti nella *Lega balcanica*, questi Paesi **attaccarono** a loro volta **l'impero ottomano**, che fu pesantemente sconfitto nella prima delle due **guerre balcaniche**. Tale disfatta chiuse un lungo ciclo storico: l'impero ottomano, dopo secoli di presenza in Europa sud-orientale, **perse** in pratica **tutti i suoi possedimenti**, compresa la grande città di Salonicco, che i greci riuscirono a occupare prima dei bulgari. Sul continente europeo, i turchi conservarono solo Istanbul, l'antica Costantinopoli, costruita in posizione strategica sugli stretti che collegano il Mediterraneo al Mar Nero.

La prima guerra balcanica

La vittoria della Serbia

La Serbia uscì vittoriosa dal conflitto e ottenne la maggior parte del bottino: l'estensione del regno passò da 48 282 a 87 739 chilometri quadrati; soprattutto, però, **l'esercito di Belgrado conquistò il Kosovo**, un territorio che ospitava numerosi monasteri ortodossi e migliaia di serbi, ma era abitato anche da moltissimi contadini albanesi, di religione musulmana. I kosovari albanesi furono eliminati a centinaia, in modo da ridurre drasticamente il loro

ZOOM Le guerre balcaniche

Le due guerre balcaniche sconvolsero la parte europea dell'impero ottomano tra il 1912 e il 1913. **Il primo** dei due conflitti scoppiò nell'**ottobre 1912** e vide la **Lega balcanica**, formata da Serbia, Montenegro, Grecia e Bulgaria, attaccare i territori dell'impero ottomano, in forte difficoltà politica e militare. Dopo una serie di sconfitte, **i turchi furono costretti** a firmare gli accordi di Londra e **ad abbandonare quasi completamente il territorio europeo**, mentre la Serbia incrementò notevolmente i suoi possessi.

La **Bulgaria** però, insoddisfatta della spartizione territoriale tra i vincitori, nel giugno 1913 diede il via alla **seconda** guerra balcanica attaccando la Serbia; a fianco di quest'ultima si schierarono Montenegro, Grecia, Romania e anche la Turchia. I **bulgari** furono **duramente sconfitti** e, con il trattato di Bucarest, persero Salonicco e la costa della Macedonia a vantaggio della Grecia.

La cattura di soldati turchi a Florena, in Macedonia, durante la prima guerra balcanica (1912).

Storiografia 1
Le violenze contro i kosovari albanesi nel 1912
→ pag. 66

numero, a vantaggio della popolazione serba. Secondo alcuni storici, la brutale operazione di **pulizia etnica** compiuta dai serbi in Kosovo nel 1912 è un chiaro segnale della violenza assoluta che, di lì a poco, avrebbe travolto l'intero continente. Anche da questo punto di vista, la guerra balcanica del 1912 può essere letta come un punto di svolta importantissimo della storia europea.

Il colpo di Stato nell'impero turco Le gravi disfatte subite nelle guerre balcaniche (1912-1913) e nel conflitto con l'Italia (in Libia, nel 1911-1912) convinsero i **Giovani turchi** che l'impero era in pericolo mortale e che per salvarlo fosse giusto ricorrere a qualsiasi metodo. Partendo da questa convinzione, nel 1913, il Comitato unione e progresso operò un colpo di Stato e instaurò una dittatura, guidata dal gruppo dirigente del movimento.

Costoro erano rimasti profondamente colpiti dalla presenza di reparti di volontari armeni all'interno dell'esercito bulgaro, che combatté contro quello ottomano nel 1912-1913; nel medesimo tempo, iniziarono a **temere** che **gli armeni**, con il sostegno del potente vicino russo, riuscissero a imitare i serbi e le altre popolazioni cristiane dell'area balcanica, cioè a crearsi un loro Stato indipendente, in Anatolia, proprio nel cuore stesso dell'impero.

Dare una lezione alla Serbia

La nascita dell'Albania Preoccupate dall'arroganza e dall'espansionismo serbo, **Austria-Ungheria e Italia** negarono a Belgrado l'accesso al mare e **istituirono il piccolo Stato dell'Albania**, che si frappose tra la Serbia e l'Adriatico. Questo gesto irritò profondamente la Serbia, i cui rapporti con l'Austria-Ungheria, nel corso del 1913, si fecero sempre più tesi: mentre Belgrado aspirava a cancellare lo Stato albanese e a liberare i territori slavi sotto il dominio austriaco, a Vienna si diffondeva l'idea che all'ambizioso regno di Serbia doveva essere inflitta una severa lezione, capace di renderlo definitivamente innocuo.

geostoria

L'Europa balcanica alla vigilia della Grande Guerra (1914)

Carta proiettabile

Le guerre balcaniche del 1912-1913 ridussero notevolmente i possedimenti dell'impero ottomano in Europa. La Serbia, invece, con la conquista del Kosovo, ne uscì rafforzata, anche se l'istituzione dell'Albania le negava l'accesso al mare.

Membri del movimento terroristico Giovane Bosnia nel 1912.

Il ricorso serbo al terrorismo La rabbia e il rancore covati a Vienna erano alimentati anche dal fatto che **il governo di Belgrado** sosteneva direttamente o indirettamente varie **associazioni nazionalistiche** che non esitavano a ricorrere al **terrorismo**. Il 3 marzo 1911 era ufficialmente nata *Unione o morte*; nota anche con il nome di ***Mano nera***, aveva visto tra i suoi principali promotori Apis, vale a dire quel Dragutin Dimitrievic, già protagonista del colpo di Stato del 1903 e responsabile dei servizi segreti serbi. Ben presto, Unione o morte si ramificò in altri gruppi operativi minori, tra cui *Giovane Bosnia*, specializzata in azioni terroristiche contro i funzionari austriaci. Tra il 1910 e il 1914, i terroristi serbi organizzarono almeno dodici cospirazioni. Ben si comprende **la rabbia degli austriaci e il loro desiderio di farla finita**, dopo i tragici eventi del 28 giugno 1914.

Unione o morte

Documento chiave

Il giuramento dei nuovi affiliati a Unione o morte

L'associazione nazionalista Unione o morte riprese vari elementi delle società segrete ottocentesche. Nel medesimo tempo, si può dire che vari dei suoi esponenti professavano un nazionalismo estremo, affine a quello che avrebbe assunto, dopo la guerra, il fascismo italiano. Oltre a disprezzare il sistema parlamentare, Apis e gli altri leader della Mano nera teorizzavano infatti la necessità di una profonda e radicale «rigenerazione della nostra razza degenerata».

Io [nome], nell'affiliarmi all'organizzazione *Unione o morte*, giuro sul sole che mi riscalda, sulla terra che mi nutre, davanti a Dio, sul sangue dei miei avi, sul mio onore e sulla mia vita, che da questo momento fino a quello della mia morte sarò fedele alle leggi di questa organizzazione, e sarò sempre pronto a fare qualsiasi sacrificio per essa.

Giuro davanti a Dio, sul mio onore e sulla mia vita, che eseguirò tutte le missioni e gli ordini senza discutere.

Giuro davanti a Dio, sul mio onore e sulla mia vita, che porterò tutti i segreti di questa organizzazione con me nella tomba.

Possano Dio e i miei compagni nell'organizzazione essermi giudici se, consapevolmente o no, accada mai che io violi questo giuramento.

C. CLARK, *I sonnambuli. Come l'Europa arrivò alla Grande Guerra*, Laterza, Roma-Bari 2013, p. 4, trad. it. D. SCAFFEI

Obiettivo dell'associazione era l'unione di tutti gli slavi del Sud

Per i serbi la sconfitta subita nel 1389 doveva essere vendicata

Per i serbi il martirio per la patria era il valore supremo

Capitolo 3

POTERI E CONFLITTI

Lo scontro tra Austria e Serbia

Storia slide

LE CONOSCENZE DA ACQUISIRE
L'assassinio dell'arciduca Francesco Ferdinando costituiva, nelle intenzioni di serbi e bosniaci, l'inizio del riscatto dal dominio austriaco.
Nei fatti, invece, fu il primo atto di un conflitto di dimensioni epocali.

LE COMPETENZE DA POTENZIARE
Saper cogliere i caratteri specifici di un conflitto militare.

3.1 L'attentato di Sarajevo e la dichiarazione di guerra

Video
Cronaca di un assassinio

L'uccisione di Francesco Ferdinando d'Austria Il **28 giugno 1914**, a **Sarajevo**, capoluogo della Bosnia-Erzegovina austriaca, il terrorista serbo-bosniaco diciannovenne **Gavrilo Princip uccise** a colpi di pistola **l'arciduca Francesco Ferdinando d'Asburgo**, erede al trono imperiale austro-ungarico, e sua moglie, la duchessa Sofia. L'omicidio compiuto dal giovane Princip faceva parte di una cospirazione preparata con cura dal gruppo nazionalista serbo Giovane Bosnia.

Riscatto degli slavi del Sud

La data dell'attentato non era casuale: nella memoria collettiva serba, il 28 giugno era sinonimo di lutto e di dolore, in quanto ricordava la disfatta subita dall'esercito cristiano, in Kosovo, nel 1389. Quella lontana sconfitta aveva comportato, per la Serbia, secoli di dominazione ottomana; l'uccisione dell'arciduca austriaco avrebbe dovuto significare, secondo i terroristi, l'**inizio del riscatto degli slavi del Sud dalla dominazione straniera**: quel medesimo 28 giugno che, da tanti secoli, evocava solo ricordi amari, da allora in avanti sarebbe stato ricordato come il primo atto del *Risorgimento* serbo.

La Giovane Bosnia aveva stretti legami, come abbiamo detto, con l'associazione nazionalista Unione o morte di Dragutin Dimitrievic. Questi era il capo dei servizi segreti dell'esercito serbo, ragione per cui è probabile che alti esponenti dell'apparato amministrativo e militare di Belgrado fossero a conoscenza della progettazione del clamoroso attentato.

L'arciduca Francesco Ferdinando con la moglie Sofia in carrozza a Sarajevo poco prima di essere uccisi, 28 giugno 1914.

La reazione all'attentato Il **governo austro-ungarico** si convinse immediatamente che la **responsabilità dell'accaduto** dovesse ricadere interamente **sullo Stato serbo**, a causa del suo atteggiamento antiaustriaco e nazionalista. Inoltre, il governo di Vienna si orientò subito nella direzione di **una risposta forte e pesante**, che poteva anche assumere – se necessario – i caratteri dell'intervento militare. I governanti austro-ungarici, tuttavia, sapevano bene che **la Serbia**, in caso di conflitto, **sarebbe stata aiutata dalla Russia**, e che l'eventuale guerra, da scontro regionale e limitato, avrebbe potuto trasformarsi ben presto in un vasto conflitto esteso a tutte le potenze europee.

Prima di compiere la mossa che avrebbe potuto provocare l'inizio delle ostilità, **il governo** imperiale si consultò il 5 luglio 1914 con quello **tedesco**, che **assicurò all'Austria-Ungheria il suo completo sostegno in caso di intervento russo**. Sia il kaiser Guglielmo II, sia i principali esponenti politici e militari tedeschi erano consapevoli della gravità della loro scelta: una guerra contro la Russia avrebbe comportato anche lo scontro con la Francia. Tutti, però, erano certissimi che la guerra sarebbe stata vinta rapidamente, come era già capitato nel 1866 e nel 1870-1871.

La convinzione di una guerra breve

L'ultimatum alla Serbia Il 23 luglio, in risposta all'omicidio dell'arciduca, il governo austro-ungarico consegnò a quello di Belgrado un categorico e pesante **ultimatum**, a cui i serbi avrebbero dovuto rispondere entro 48 ore. Forte della promessa tedesca, **l'Austria-Ungheria avanzò richieste umilianti**: ad esempio, la Serbia avrebbe dovuto vietare ogni forma di propaganda antiaustriaca nelle scuole e nell'esercito, e anche licenziare i funzionari o gli ufficiali che avessero manifestato sentimenti antiaustriaci oppure posizioni nazionalistiche. Inoltre il governo serbo, per fare luce sull'attentato contro l'arciduca, avrebbe dovuto istituire una commissione d'inchiesta, alla quale si imponeva la presenza di delegati austriaci. Il governo serbo accolse le richieste, salvo l'ultimo punto, che considerava una violazione della sovranità dello Stato, rimettendone in discussione l'indipendenza. Il **28 luglio**, dunque, venne consegnata al governo serbo una formale **dichiarazione di guerra**.

La dichiarazione di guerra

Nessuna delle grandi potenze aveva intenzione di combattere; d'altra parte, tutti i governi temettero che la mancata mobilitazione dell'esercito (messo in stato di allarme, pronto ad attaccare il nemico) fosse interpretata dai nemici come un gesto di debolezza, e dagli alleati come un segnale di indecisione, di scarsa disponibilità a **mantenere gli impegni di assistenza militare** reciproca assunti in tempo di pace.

Inoltre, più di ogni altra considerazione pesò la convinzione che, qualora fosse davvero scoppiata, la guerra sarebbe stata breve, cioè vinta senza eccessive perdite, nel giro di pochi mesi. Infine, va ricordato che tutti i governi erano fermamente convinti che la colpa dello scatenamento delle ostilità dovesse essere addossata agli altri e che fossero gli avversari a dover fermare la mobilitazione dell'esercito: tutti, insomma, affermavano di **agire per legittima difesa**, senza rendersi conto che, in tal modo, il **meccanismo complessivo** era assolutamente **privo di freni e di controllo**.

Le parole → Ultimatum

In una situazione di grave crisi internazionale, il momento di massima tensione è raggiunto quando uno Stato pone a un altro una serie di richieste e fissa una precisa scadenza. Quella scadenza è considerata un termine *ultimo*: se le richieste non saranno accettate entro la data fissata, il primo Paese dichiarerà guerra al secondo.

3.2 L'offensiva austriaca contro la Serbia

La prima fase: la fallimentare strategia austriaca **A Vienna**, la morte di Francesco Ferdinando spianò la strada ai sostenitori della necessità di procedere, in fretta, a un'**esemplare punizione della Serbia**. Da tempo, in effetti, nel governo austro-ungarico vari esponenti del mondo politico e dell'esercito dichiaravano senza mezzi termini che la Serbia era un pericolo serissimo per l'impero asburgico: anzi, un vero covo di terroristi e di criminali.

La presa di posizione contro la Serbia

Tra i più agguerriti sostenitori della necessità di una reazione severa contro la Serbia vi fu anche il comandante in capo dell'esercito austro-ungarico, **Conrad von Hötzendorf**. I suoi ordini di procedere alla rappresaglia furono immediati: il 29 luglio 1914, navi austriache armate di cannoni scesero lungo i fiumi Sava e Danubio e iniziarono a bombardare Belgrado.

La **capacità strategica del generale austriaco**, tuttavia, era decisamente **inferiore alla sua rabbia e alla sua determinazione**. Infatti, Conrad von Hötzendorf commise subito l'errore di dividere il proprio esercito, inviando 19 reparti a combattere in Serbia e 30 in Galizia (corrispondente all'attuale Ucraina occidentale) per fronteggiare i russi. In tal modo, su entrambi i fronti, gli austro-ungarici si trovarono a combattere in situazione di sostanziale parità numerica (contro i serbi) o di grave inferiorità (contro i russi). La **Serbia**, inoltre, è **una terra montagnosa, in cui è difficile organizzare un efficace sistema di rifornimento**.

Storiografia 2
Austriaci e serbi all'inizio del conflitto
→ pag. 66

Le truppe imperiali, pertanto, nel giro di pochi giorni si trovarono stremate dal caldo afoso e affamate, in pieno territorio ostile, con un nemico determinato a difendersi. Su una popolazione di 4 milioni di abitanti, infatti, i serbi riuscirono a mobilitare ben 500 000 uomini (cui vanno aggiunti anche 45 000 soldati montenegrini). Anche se non tutti questi uomini erano muniti di fucili moderni, l'esercito serbo era dotato di un'ottima artiglieria di produzione francese. In ogni contrada e in ogni vallata, inoltre, si attivò subito una **micidiale guerriglia partigiana**; per stroncarla, gli austriaci fecero ricorso a violenze di ogni genere. È possibile che, solo nelle prime due settimane di guerra, siano stati giustiziati 3500 civili, accusati di essere complici dei partigiani.

La fine imminente dell'impero austriaco

Infine, intorno alla metà di agosto, si ebbero le prime vere battaglie, che costarono carissime agli **austriaci**; dopo aver perso circa 30 000 uomini, essi furono **costretti a ritirarsi di nuovo in Bosnia**, da dove erano partiti. **Non andò meglio il secondo tentativo di invasione** della Serbia, iniziato l'8 settembre 1914.

La seconda fase: la sconfitta della Serbia I serbi non avevano la possibilità di contrastare gli austriaci all'infinito. La loro situazione divenne poi insostenibile allorché **gli austriaci ricevettero un consistente sostegno tedesco** (5 ottobre 1915), che spinse anche la **Bulgaria** (11 ottobre 1915) a entrare in guerra contro Belgrado. Fiaccati dalla **superiorità nemica** e dal **tifo**, i serbi evacuarono la capitale. Tra soldati e civili, 200 000 persone, dopo aver distrutto i cannoni e i veicoli a motore, iniziarono una ritirata di 150 chilometri in direzione dell'Albania.

Durissima marcia verso il mare

La marcia verso il mare fu drammatica, in quanto costò la vita ad almeno 20 000 dei profughi che si erano messi in cammino; oltre alla fame, al freddo e alla malattia, i fuggiaschi dovettero subire le innumerevoli **incursioni dei montanari albanesi**, che non avevano dimenticato le violenze compiute dai serbi in Kosovo pochi anni prima. Arrivati al mare, i superstiti furono evacuati da una flotta imponente (45 navi italiane, 25 francesi, 11 britanniche, che effettuarono 1159 viaggi). Insieme ai soldati e ai civili serbi (e, tra questi, dobbiamo ricordare anche il sovrano e gli ambasciatori di tutte le potenze alleate, che decisero di fuggire da Belgrado) furono imbarcati anche 10 000 cavalli e 24 000 prigionieri austriaci; inviati in Sardegna, in un campo di internamento, morirono poi quasi tutti di tifo e di colera.

I numeri della disfatta serba

Al termine della guerra, la Serbia sarebbe stato un Paese desolato e stremato, con 750 000 caduti (1 ogni 6 abitanti del Paese). Ma anche l'impero austro-ungarico uscì provato dal conflitto, avendo subito cocenti umiliazioni militari che preannunciavano il suo collasso.

Soldati austro-ungarici seduti attorno a un fuoco nel corso di una disastrosa campagna contro la Serbia, 1914.

Capitolo 4

POTERI E CONFLITTI

L'intervento turco e il genocidio degli armeni

Storia slide

LE CONOSCENZE DA ACQUISIRE
L'impero turco entrò in guerra a fianco della Germania, contro Russia, Inghilterra e Francia

LE COMPETENZE DA POTENZIARE
Saper cogliere i caratteri specifici di un crimine del Novecento

4.1 L'entrata in guerra dell'impero turco

La situazione del conflitto nell'autunno 1914 Iniziato come *guerra di movimento*, nel settembre del 1914 il conflitto si trasformò in *guerra di posizione*; anche se le speranze di una rapida conclusione rimasero ancora vive per qualche tempo, a fine anno era ormai evidente che lo scontro avrebbe comportato sforzi e sacrifici superiori a qualsiasi previsione. **Per indebolire l'avversario**, poteva risultare utile **suscitargli contro uno o più nuovi nemici**; pertanto, le diplomazie di entrambi gli schieramenti si attivarono per coinvolgere nuovi soggetti, allargare e **moltiplicare i teatri delle operazioni militari**, obbligare gli avversari a disperdere le proprie forze, allontanandole dai fronti più importanti.

Il lavoro delle diplomazie

Sia gli imperi centrali (Germania e Austria-Ungheria) sia la Triplice Intesa (Francia, Russia e Gran Bretagna) avevano conseguito almeno un importante successo: i primi, infatti, erano riusciti a portare dalla propria parte l'**impero ottomano**, mentre la seconda spinse l'**Italia** a rompere la propria iniziale neutralità e a entrare in guerra al loro fianco. In entrambi i casi, si verificò un capovolgimento di alleanze antiche o consolidate. L'Italia, infatti, fin dal 1882 era legata al Reich tedesco e all'impero austro-ungarico; analogamente, per tutto l'Ottocento, l'impero turco aveva mantenuto rapporti abbastanza buoni con la Gran Bretagna (che pure aveva occupato Aden, Cipro, l'Egitto e la zona del canale di Suez). Anzi, si può dire che proprio l'Inghilterra sia stata, nel XIX secolo, la potenza europea più preoccupata di garantire l'esistenza e la sicurezza dello Stato ottomano, considerato da Londra come il più importante baluardo che avrebbe impedito all'impero zarista di avere accesso al Mar Mediterraneo.

Capovolgimento di alleanze

Reclutamento delle truppe ottomane nel 1914.

L'intervento dell'impero turco Nel 1914, tuttavia, la Gran Bretagna aveva finito per schierarsi a fianco della Russia, la grande rivale storica della Turchia per il controllo degli stretti del Bosforo e dei Dardanelli. Pertanto, il 2 novembre 1914, **il governo di Istanbul decise di entrare in guerra dalla parte degli imperi centrali**, nello sforzo di contrastare le mire espansionistiche della Russia e della Serbia.

Perdita d'importanza in Europa

Nei cinquant'anni precedenti il 1914, in Europa e in Africa del Nord l'impero turco aveva perso quasi tutti i territori che, nel corso dei secoli, aveva conquistato o sottomesso alla propria autorità. In Medio Oriente invece, al momento dello scoppio del conflitto mondiale, le terre dominate dal sultano di Istanbul formavano un complesso ancora notevole per estensione e per importanza strategica. Oltre agli stretti e all'Anatolia, i turchi controllavano la regione siro-palestinese, la Mesopotamia e la Penisola arabica.

Provocare una ribellione in Russia

Nella sua qualità di califfo (= luogotenente del Profeta), il sultano lanciò un appello affinché tutti i musulmani del mondo lo appoggiassero nel grande *jihad* (= guerra santa) che aveva intrapreso contro le potenze non islamiche. Il governo turco sperava di riuscire a **far ribellare i milioni di sudditi musulmani presenti nell'immenso impero russo**; a tal fine, **nella regione del Caucaso**, venne lanciata una **grande offensiva**, per raggiungere le terre dell'Asia centrale sottoposte al dominio zarista, occupate da popolazioni di lingua e cultura affini a quelle turche.

La battaglia di Gallipoli

Lo sbarco inglese nei Dardanelli L'attacco si risolse in un completo insuccesso, dopo la pesante sconfitta di Sarikamish. Convinti di poter dare un **rapido colpo di grazia all'impero ottomano**, gli inglesi decisero di procedere a uno sbarco nella penisola di Gallipoli, nell'area dello stretto dei Dardanelli. Da lì, l'esercito britannico si sarebbe diretto contro Istanbul, colpendo i turchi nel cuore stesso del loro impero. Lo sbarco avvenne il 25 aprile 1915, ma **il fronte turco non crollò**, per merito, soprattutto, della determinazione di alcuni ufficiali che riuscirono a evitare la rotta dei loro reparti. Tra questi, si distinse in modo particolare Mustafa Kemal, che avrebbe poi guidato la Turchia negli anni Venti, dopo la disfatta. Dopo circa un anno di combattimenti, gli inglesi si ritirarono: nel complesso, la battaglia di Gallipoli provocò la morte di 66 000 soldati turchi, 28 000 inglesi, 7595 australiani, 2431 neozelandesi e 10 000 francesi.

4.2 La deportazione e il genocidio degli armeni

Guardiamo la storia
Gli armeni

Aprile 1915: la deportazione degli armeni L'attacco inglese di Gallipoli, che si aggiunse al pericolo di un attacco russo dalla zona del Caucaso, accelerò nel governo turco la decisione di procedere alla **deportazione forzata dell'intera popolazione armena dall'Anatolia**. Il timore del governo turco era che, in caso di avanzata russa, gli armeni si sarebbero schierati con gli invasori. L'idea di trasferire con la forza un intero gruppo etnico era già balenata sul fronte orientale, per opera delle autorità russe. Nella prima metà del 1915, gli ebrei dell'impero zarista furono accusati di simpatie filotedesche, di spionaggio e di tradimento; di conseguenza, furono obbligati ad abbandonare in massa le loro residenze, con un'operazione di sgombero brutale e spietata, perché in larga misura compiuta in pieno inverno e con mezzi di trasporto del tutto non idonei o insufficienti.

Storiografia 3
La dinamica delle deportazioni degli armeni
→ pag. 68

Donne e bambini armeni, 1915.

Per la deportazione degli armeni, la decisione fu presa dal governo turco nell'aprile 1915, in concomitanza con lo sbarco inglese nella zona di Gallipoli. Mentre una serie di telegrammi diramati dal ministro Tal'at ordinava la **chiusura delle organizzazioni armene**, a Istanbul (il 24 aprile 1915) vennero effettuati

2345 **arresti di leader politici, capi religiosi, intellettuali e professionisti** (giornalisti, medici ecc.). Il 27 maggio, dopo che una ribellione armena permise ai russi di occupare la città di Van (17 maggio), un apposito decreto legislativo autorizzò le deportazioni delle popolazioni ritenute ostili, il loro reinsediamento in altre aree, secondo modalità che le avrebbe rese completamente inoffensive, e la confisca di fatto di tutti i loro beni.

Piano premeditato o improvvisazione?

Le deportazioni furono effettuate nei mesi di giugno e luglio 1915. È difficile affermare con certezza che i trasferimenti coatti facevano già parte di un piano premeditato da tempo per eliminare fisicamente l'intera popolazione armena; infatti, la documentazione portata da alcuni storici a sostegno di una vera e propria *intenzionalità omicida* su vasta scala è lacunosa e spesso di dubbia autenticità. L'impressione principale è che, in questa fase iniziale, abbia prevalso l'improvvisazione, in larga misura dettata dal panico suscitato dalla doppia offensiva alleata, quella russa nell'Anatolia orientale, quella inglese a Gallipoli, nella Turchia europea.

Mehmet Tal'at Pascià fu uno dei triumviri che governò l'impero ottomano durane la Prima guerra mondiale. Fu il maggiore responsabile del genocidio armeno.

Documento

Nota di Tal'at al Gran visir

Il 26 maggio 1915, il ministro dell'Interno Tal'at Pascià – una delle figure di maggior spicco del Comitato unione e progresso, che di fatto dominava l'impero – fece pervenire una nota a corte, per informare che era stata presa la formale decisione di trasferire l'intera popolazione armena residente in Anatolia in regioni situate in Siria e in Iraq.

Poiché alcuni armeni residenti nelle vicinanze delle zone di guerra hanno ostacolato le attività dell'esercito imperiale ottomano incaricato di difendere le frontiere dai nemici del paese; poiché hanno fatto causa comune con il nemico; e soprattutto poiché hanno attaccato le forze armate all'interno del paese, la popolazione innocente, città e cittadine ottomane, uccidendo e saccheggiando; e poiché hanno addirittura osato rifornire la marina nemica con approvvigionamenti e rivelarle l'ubicazione delle nostre postazioni fortificate; e poiché è necessario che elementi ribelli di tal fatta siano allontanati dalla zona delle attività militari e che i villaggi che fungono da base e da riparo a questi ribelli siano sgombrati, determinate misure sono state adottate, tra cui la deportazione degli armeni dai *vilayet* [regioni amministrative, come anche *liva* e sangiaccati, poco dopo, *n.d.r.*] di Van, Bitlis, Erzurum; delle *liva* di Adana, Mersin, Kozan, Gebelibereket, con l'eccezione delle città di Adana, Sis e Mersin; del sangiaccato di Maras, con l'eccezione di Maras; dei distretti di Iskenderun, Beilan, Gisr-I-Shuur, Antakya del *vilayet* di Aleppo, con l'eccezione delle città capoluogo amministrativo di ciascuna zona. Le autorità sono state informate che gli armeni dovevano essere trasferiti nelle località seguenti: *vilayet* di Mosul con l'eccezione della zona confinante a settentrione con il *vilayet* di Van; sangiaccato di Zor; zona meridionale [del *vilayet*] di Urfa con l'eccezione della città di Urfa; parte orientale e sudorientale del *vilayet* di Aleppo; parte orientale del *vilayet* di Siria.

G. LEWY, *Il massacro degli armeni. Un genocidio controverso*, Einaudi, Torino, 2006, p. 200, trad. it. P. ARLORIO

Analizza il testo

- Quali accuse muove Tal'at agli armeni?
- Si fa distinzione tra armeni ribelli e armeni pacifici? Si può parlare di un'accusa collettiva?

Violenze e stupri I trasferimenti forzati si svolsero secondo procedure molto diverse, a seconda dei casi e delle circostanze, cioè dei luoghi e dei funzionari che si incaricarono di eseguire i vaghi e ambigui ordini che provenivano dalla capitale. In alcune regioni, le autorità turche si comportarono in modo relativamente corretto e pacifico, permettendo, ad esempio, l'uso di carri per lo spostamento verso i centri di raccolta. In altre situazioni, invece, i funzionari periferici del Comitato unione e progresso ritennero che la più corretta esecuzione degli ordini comportasse un atteggiamento molto duro a danno dei *traditori*: quindi, **per rendere inoffensivi gli armeni e deportarli nel massimo della sicurezza, essi procedettero innanzitutto alla fucilazione** dei maschi adulti e di tutti coloro che avrebbero potuto organizzare un movimento di resistenza.

Soldati e predoni

Molte delle **colonne di deportati**, inoltre, furono **oggetto di attacchi e razzie**. A volte, gli autori di queste azioni di saccheggio e rapina erano le guardie stesse, incaricate di scortare gli armeni; anche in questi casi, non necessariamente si deve pensare che i militari predoni obbedissero in modo zelante a un ordine superiore: all'interno dell'esercito turco, la corruzione era dilagante, mentre i soldati spesso erano sprovvisti di viveri e vestiario, che senza troppi scrupoli morali tolsero ai *traditori* durante le marce di trasferimento. Alcune regioni erano infestate da vere bande di disertori, che vivevano di razzie; le violenze più sistematiche, tuttavia, provennero dalle tribù curde, quando le colonne dei deportati attraversavano i territori di cui esse, di fatto, erano le uniche signore e padrone, perfino in tempo di pace, taglieggiando tutti i viaggiatori.

Le donne, bersaglio delle violenze

In tutte queste circostanze, **le donne furono il principale bersaglio dei predoni**, che praticarono sistematicamente lo **stupro**, oppure si impadronirono di donne e ragazzi, che a volte erano venduti dai soldati di scorta ai curdi e agli altri rapinatori.

La conversione per avere salva la vita Per questi armeni catturati, si apriva in genere un futuro di duro lavoro come servi, come schiavi o come prostitute; tuttavia, **a patto che si convertissero all'islam, in genere ebbero salva la vita**. Sotto questo profilo, il dramma che colpì il popolo armeno nel 1915 è molto diverso dal processo di sterminio degli ebrei, ai quali i nazisti, senza concedere alcuna opportunità di conversione religiosa, non lasciarono alcuna via di scampo, fino al punto da rinunciare in gran parte a quanto lo sfruttamento del loro lavoro avrebbe offerto allo sforzo bellico decidendo di sterminarli tutti. Inoltre, poiché le relazioni sessuali tra ebrei e ariani erano formalmente vietate dalle leggi del regime nazista, il numero di violenze contro le donne fu decisamente esiguo, nel caso della Shoah, mentre gli stupri furono compiuti in numero elevatissimo a danno delle donne armene deportate.

› VEDI
La Shoah
→ pag. 307

Ufficiali ottomani vicini a un numero imprecisato di cadaveri armeni, vittime della violenza turca.

I campi di concentramento L'ultimo atto della tragedia degli armeni si consumò quando i deportati – letteralmente decimati dalle marce spossanti, dalla fame e dalle razzie – giunsero alla loro destinazione, in Siria e in Mesopotamia. In queste regioni, **un numero elevatissimo di armeni** (forse 870 000) **fu distribuito in almeno 25 campi di concentramento**, situati in mezzo al deserto, ad almeno 25 chilometri dalla ferrovia; nel complesso, all'interno di ogni regione, la loro presenza non doveva superare il 10 per cento complessivo della popolazione.

› VEDI
La deportazione dei kulaki
→ pag. 284

I campi erano privi di qualsiasi organizzazione logistica (per il rifornimento e la distribuzione del cibo, ad esempio) e delle più elementari infrastrutture, cosicché **migliaia di persone perirono a causa del clima, delle malattie e della carenza di alimenti**, secondo modalità che, per alcuni aspetti, anticipano la sorte dei kulaki deportati da Stalin all'inizio degli anni Trenta o quella dei prigionieri sovietici tedeschi, catturati nell'estate del 1941. Ancora una volta, soldati, disertori e predoni erano liberi di compiere ogni sorta di razzie e di abusi, mentre in alcune circostanze gli ufficiali incaricati di affrontare i problemi legati alla presenza dei deportati decisero infine, nel 1916, di ricorrere alla pura e semplice eliminazione fisica. Anche se, all'inizio, non è documentabile una vera intenzionalità omicida, siamo di fronte comunque a una specie di radicalizzazione cumulativa, cioè a **un crescendo di cinismo, disinteresse e colpevole negligenza, che culminarono infine nell'assassinio su vasta scala**, in tutte quelle circostanze in cui non si sapeva più come affrontare il problema della concentrazione di grandi masse di deportati, bisognosi di tutto e trasferiti forzatamente – per ragioni politiche – lontano dall'area in cui il loro gruppo etnico aveva vissuto per secoli.

I numeri della strage **È impossibile fornire una cifra precisa delle vittime della tragedia** che colpì gli armeni durante la prima guerra mondiale. Secondo gli studiosi turchi, che in genere tendono a minimizzare l'accaduto, i morti non superarono i 300 000; gli storici armeni e occidentali sono concordi solo nel ritenere tale cifra ampiamente inferiore alla verità. A giudizio di G. Lewy, il numero dei decessi può essere stimato in 642 000 (pari al 37% della popolazione armena prebellica, che lo studioso americano valuta in 1 750 000); secondo altri storici, che naturalmente innalzano in genere anche il numero degli armeni residenti in Anatolia prima della catastrofe, le vittime furono molte di più: la cifra di 1 200 000, ad esempio, è accettata e riportata da numerosi studiosi nelle loro ricostruzioni di un «genocidio non-industriale» e per molti versi improvvisato, che lo storico americano J. Winter ha efficacemente definito «l'anello di congiunzione tra Ottocento e Novecento».

Un genocidio "non industriale"

Rifugiati armeni, 1915-1916.

1 Le violenze contro i kosovari albanesi nel 1912

Quando la Serbia, nell'autunno del 1912, riuscì a impadronirsi del Kosovo, i kosovari albanesi furono considerati come degli intrusi e dei ladri, degli usurpatori che si erano impadroniti della terra altrui, grazie al sostegno di una potenza straniera non cristiana. Ne nacque una feroce pulizia etnica, anticipatrice dei numerosi stermini che avrebbero segnato il Novecento.

Un giornalista che seguì la guerra, il corrispondente da Vienna del giornale ucraino "Kievskaia Mysl", Lev Bronshtein (più noto nella storia con il nome di Lev Trotzkij), rimase impressionato dalle prove di atrocità da parte delle forze serbe e bulgare. Un ufficiale serbo gli disse che le peggiori furono commesse non dall'esercito regolare ma dai cetnici [guerriglieri, partigiani, *n.d.r.*] paramilitari: «Tra di loro vi erano intellettuali, uomini di pensiero, fanatici nazionalisti, ma si trattava di individui isolati. Per il resto erano solo delinquenti, ladri, che si erano uniti all'esercito per far bottino». Ma altre prove persuasero Trotzkij che l'uccisione degli albanesi e la distruzione dei loro villaggi fosse il risultato di qualcosa di più dell'iniziativa di qualcuno: concluse che «i serbi della Vecchia Serbia», nel loro sforzo nazionale di correggere i dati delle statistiche etnografiche a loro non molto favorevoli, sono impegnati molto semplicemente nello sterminio sistematico della popolazione musulmana [i kosovari albanesi, *n.d.r.*]. [...]

A gran parte dei giornalisti stranieri fu proibito di entrare in Kosovo, ma alcune notizie filtrarono: un giornalista danese a Skopje riferì che 5000 albanesi erano stati uccisi a Pristina dopo la cattura della città, e scrisse che la campagna serba aveva «assunto il carattere di un orrendo massacro della popolazione albanese». Alcune informazioni raggiunsero il mondo esterno attraverso la Chiesa cattolica: fu da un prete cattolico locale che il "Daily Telegraph" apprese di un massacro a Ferizaj, dove il comandante serbo aveva invitato gli albanesi a ritornare alle loro case in pace: quelli che lo fecero (300-400) furono poi portati fuori e fucilati. Il resoconto più complesso e agghiacciante fu quello di Lazer Mjeda, arcivescovo cattolico di Skopie, in una relazione a Roma del 24 gennaio 1913. Scrisse che a Ferizaj solo tre albanesi musulmani di età superiore ai 15 anni erano stati lasciati in vita; la popolazione albanese di Gjilan era stata anch'essa massacrata, nonostante la città si fosse arresa senza combattere e Giacova era stata completamente saccheggiata.

Ma il caso peggiore fu Prizren, che, come Gjilan, si era arresa pacificamente: «La città sembra il regno della morte. Picchiano alle porte delle case albanesi, portano via gli uomini e sparano loro immediatamente. In pochi giorni il numero degli uomini uccisi ha raggiunto 400. Per quanto riguarda le devastazioni, i saccheggi e gli stupri, non occorre parlarne; d'ora innanzi l'ordine del giorno è: qualunque cosa è permessa contro gli albanesi – non solo permessa, ma voluta e ordinata. E nonostante tutti questi orrori, il comandante militare, Bozo Jankovic, ha obbligato i notabili della città, con la pistola in pugno, a spedire un telegramma di ringraziamento al re Pietro!».

Nel complesso, l'arcivescovo calcolò che il numero totale di albanesi uccisi in Kosovo a questo punto fosse già di 25 000. Questo dato concordava con altri rapporti apparsi sulla stampa europea, che avevano fornito una stima di 20 000 ai primi di dicembre. Nel 1914, una commissione internazionale d'inchiesta istituita dal Carnegie Endowment [organizzazione mondiale per la promozione della pace, *n.d.r.*] pubblicò i propri risultati. Non azzardò una valutazione per quanto riguardava il numero totale di albanesi uccisi, ma concluse che era stato attuato qualcosa di simile a una politica sistematica: «Case e interi villaggi ridotti in cenere, popolazioni disarmate e innocenti massacrate... questi furono i mezzi che vennero e sono tuttora utilizzati dai soldati serbo-montenegrini, con l'intenzione di trasformare del tutto il carattere etnico delle regioni abitate esclusivamente da albanesi».

Una speciale caratteristica della politica serba e montenegrina fu la conversione forzata dei musulmani e cattolici all'ortodossia. Essa fu applicata con particolare vigore dai montenegrini, che controllavano la regione di Pec; nel maggio 1913, il console austriaco a Prizren riferì che 2000 famiglie musulmane nella città di Pec erano state convertite e che quelli che rifiutavano venivano torturati o uccisi. [...] Il motivo immediato di tutte queste misure era, come lo si riconobbe chiaramente in alcuni resoconti citati prima, quello di cambiare le statistiche della popolazione e quindi di rafforzare la posizione diplomatica dei governi serbo e montenegrino per vedersi riconosciuto il diritto di incorporare queste terre conquistate.

N. MALCOM, *Storia del Kosovo. Dalle origini ai giorni nostri*, Bompiani, Milano 1999, pp. 290-292, trad. it. M. PAGLIANO, O. PUTIGNANO, M. W. CROCE

Analizza il testo

- Chi erano i «cetnici»?
- Si può individuare una precisa regia, dietro i massacri? Quali obiettivi erano perseguiti?
- Quale comportamento permetteva, a volte, di evitare l'uccisione?

2 Austriaci e serbi all'inizio del conflitto

L'attacco condotto in grande stile dall'esercito austro-ungarico in Serbia si risolse in un clamoroso disastro militare. Molti dei soldati erano slavi (croati, sloveni, cechi), scarsamente motivati a combattere contro i "cugini serbi"; la logistica e i rifornimenti furono gestiti in modo pessimo, per cui l'esercito si trovò ben presto in preda alla fame. I serbi, infine, diedero prova di una capacità di resistenza formidabile, assolutamente imprevista dalle autorità di Vienna.

Il fronte occidentale sarebbe diventato il principale campo di battaglia della guerra, ma il massacro iniziò a est, quando l'esercito austro-ungarico di Conrad von Hötzendorf lanciò la sua spedizione punitiva contro la Serbia. Nelle prime ore del 29 luglio i cittadini di Belgrado furono svegliati dagli spari che provenivano dalla fortezza di Zemun, lungo il fiume. Alcune ore dopo, le cannoniere austriache scesero lungo la Sava e il Danubio e cominciarono a bombardare la capitale serba, colpendo alcuni edifici vicino alla cattedrale. Le strade si svuotarono. Quando i soldati serbi fecero esplodere le cariche distruggendo il ponte che collegava il loro paese all'impero asburgico si udì un'esplosione simile a un tuono. Con grande soddisfazione dei soldati del genio, le macerie caddero su una cannoniera austriaca facendo annegare gran parte del suo equipaggio. [...]

Ai serbi […] piaceva combattere, ed erano bravi a farlo. All'inizio si avvicinarono alla guerra come a un'avventura romantica

Nel frattempo, oltre il confine, la casta che governava l'Austria si imbarcava nella guerra che aveva scelto, ignara della distanza tra l'immagine che aveva del proprio esercito, degna della vanità di un pavone, e la sua sclerotica realtà. Alexander von Brosch-Aarenau era un famoso generale che per anni aveva prestato servizio come aiutante di Francesco Ferdinando. Il 29 luglio scrisse, euforico: «Ancora più dell'America, l'Austria è un paese dal potenziale infinito. È passata in un attimo dall'umiliazione e dall'abbattimento, dall'indolenza, la frivolezza e la codardia a uno stato d'animo tanto forte e sereno, dinamico e austero che c'è da essere molto orgogliosi della propria patria e dei suoi capi! L'ultimatum [alla Serbia, *n.d.r.*] è stato una cosa impressionante; con quanta facilità l'esercito si è mobilitato; e adesso, a rendere impossibile qualunque interferenza gratuita, per quanto possa ringhiare l'orso russo, arriva la dichiarazione di guerra, sorprendente perfino per un soldato! Ogni mossa segue la precedente, in modo così naturale che nemmeno Bismarck e Moltke [il generale prussiano che sconfisse i francesi nel 1870, *n.d.r.*] insieme sarebbero riusciti a concludere la questione con tanta dignità, energia e abilità. La Serbia è stata colta assolutamente di sorpresa e adesso vacilla, insieme alle grandi potenze che, stupefatte, già si rendono conto che qualsiasi loro intervento sarebbe inutile». I commenti di Brosch-Aarenau sottolineano il compiacimento con cui gli ufficiali superiori austriaci, soprattutto Conrad, guardarono alla catastrofe continentale. Il loro stato d'animo influenzò anche i comuni cittadini. Sigmund Freud scrisse: «Forse per la prima volta in trent'anni mi sento davvero austriaco, vorrei dare un'altra possibilità a questo impero, nel quale avevo così poca speranza. L'umore è eccellente ovunque. Una scelta coraggiosa ha avuto effetto liberatorio». [...]

Il popolo serbo, da parte sua, non era solo fieramente nazionalista, ma conosceva bene l'arte della guerra. Nelle recenti guerre balcaniche aveva acquisito tutta l'esperienza che mancava all'esercito asburgico. I serbi non temevano il sacrificio: gli stranieri in visita al paese restavano spesso colpiti dalla popolarità del *Coriolano*, la più sanguinosa delle opere di Shakespeare, presso il pubblico dei teatri serbi. Il conflitto con l'Austria era considerato un'occasione unica per portare avanti la causa panslava [l'aspirazione all'unione politica dei popoli slavi, *n.d.r.*].

Su una popolazione di meno di 4 milioni di persone i serbi riuscirono a mobilitare addirittura 500 000 uomini, quattro quinti dei quali furono schierati sul confine occidentale, mentre gli alleati montenegrini, forti di 45 000 uomini, presero posizione più a sud. Questi ultimi avrebbero combattuto sulle loro montagne, con l'aiuto dei partigiani locali – i cosiddetti *komitadji*. Mostrandosi preveggente, il corrispondente del *Times*, esperto di questioni militari, scrisse che l'esercito serbo «non era da disprezzare» e avrebbe creato «parecchi problemi» agli austriaci. I soldati serbi erano legati da un cameratismo che andava oltre le divisioni in classi sociali, e riconoscevano poche distinzioni di grado: un soldato semplice poteva salutare un ufficiale e poi stringergli la mano se si conoscevano già dalla vita civile, una cosa assolutamente impensabile per qualunque altro esercito in guerra. «In Serbia siamo tutti contadini e di ciò andiamo fieri» disse un colonnello serbo a un corrispondente americano. Erano, tuttavia, a corto di armi tanto che un terzo degli uomini mobilitati nel 1914 non aveva un fucile e la produzione di munizioni andava a rilento.

Alla fine di luglio il paese ne aveva una tale necessità che la polizia fu costretta ad andare in giro casa per casa in cerca di fucili. Le uniformi consunte erano quelle rimaste dalle guerre balcaniche; molte reclute si videro distribuire soltanto giubba e berretto – il *sajkace* – e qualcuna nemmeno quelli. Il Capo di Stato Maggiore disse al Ministero della Guerra che bisognava ordinare alle nuove reclute di portare da casa indumenti e scarpe, perché «almeno all'inizio non ci saranno uniformi». Ai serbi comunque piaceva combattere, ed erano bravi a farlo. All'inizio si avvicinarono alla guerra come a un'avventura romantica: ogni reggimento avanzava verso il fronte preceduto da due o tre zingari che suonavano le cornamuse o i loro tradizionali violini cantando canzoni epiche o d'amore, e inni alla vittoria.

Zivan Zivanovic, il cognato di «Apis», descrisse così questo febbrile ottimismo: «La gente di Zivkovci diceva: "Abbiamo sconfitto i turchi, abbiamo cacciato i bulgari, adesso tocca agli austriaci; se Dio vuole, faremo vedere loro chi sono gli uomini migliori"». Tadija Pejovic, un geologo, si meravigliò del morale dei soldati che vide marciare verso il fronte dalle caserme nelle retrovie, a Kragujevac, armati solo di vanghe e picconi. Scherzavano, euforici: «Servono a seppellire tutti i tedeschi morti!». *Schwaben* era il termine con cui i serbi indicavano ugualmente tutti i sudditi di Francesco Giuseppe e Guglielmo II. [...] Nel frattempo, a sud e a ovest, avvolte da una nuvola di polvere, 2 armate austriache marciavano attraverso la Bosnia verso le frontiere serba e montenegrina sul fiume Drina. I fanti, chini sotto zaini da 30 chili, sudavano copiosamente al caldo dell'estate. Avevano ricevuto razioni extra di carne in scatola, e molti di loro preferirono liberarsene, cosa di cui si sarebbero pentiti, perché le cucine da campo dell'esercito e i carri per il trasporto dei rifornimenti rimasero molto indietro rispetto ai soldati. «Lunedì abbiamo attraversato Jablanica, diretti a Rama» scrisse Matita Malesic del reggimento intitolato al conte von Lacy. «Il caldo era terribile. Assetati, assetati, assetati, con l'equipaggiamento che pesava come il piombo e quel caldo insopportabile, eppure dovevamo proseguire e proseguire. È così dura che viene da domandarsi perché siamo al mondo. Solo per soffrire?».

M. HASTINGS, *Catastrofe 1914. L'Europa in guerra*, Neri Pozza, Vicenza 2014, pp. 206-215, trad. it. R. SERRAI

Analizza il testo

- Spiega l'espressione di Freud «una scelta coraggiosa ha avuto effetto liberatorio».
- Perché «il conflitto con l'Austria era considerato un'occasione unica per portare avanti la causa panslava»?
- Individua le principali caratteristiche dell'esercito serbo e di quello austro-ungarico.

STORIOGRAFIA

3 La dinamica delle deportazioni degli armeni

Secondo lo storico Marcello Flores, l'offensiva russa e lo sbarco inglese a Gallipoli determinarono una svolta qualitativa, cioè misero in moto nei dirigenti turchi la decisione di salvaguardare a qualunque costo l'esistenza dell'impero. Pertanto, nella primavera del 1915, la comunità armena nel suo insieme è ormai considerata come un corpo estraneo, da estirpare con ogni mezzo, per esigenze di sicurezza.

Ogni comunità [armena], da quelle delle regioni di frontiera più sensibili ai richiami del nazionalismo o alle provocazioni russe a quelle dell'interno, desiderose soltanto di continuare la propria vita operosa in pace e tranquillità, viene messa adesso sotto tiro dell'Organizzazione speciale [una struttura militare parallela e segreta, che secondo alcuni storici giocò un ruolo decisivo nelle deportazioni, *n.d.r.*], dell'esercito, delle bande curde. E il destino che le attende sarà quello, comune, di una deportazione violenta e inospitale, in regioni desertiche e senza mezzi di sussistenza, alla mercé dei dirigenti e comandanti locali, delle esplosioni di rabbia e violenza – o in alcuni casi di pietà e solidarietà – delle popolazioni turche. Il processo di deportazione venne accompagnato e intrecciato [...] da violenze d'ogni tipo: assassinii, mutilazioni, stupri, rapimenti, torture, conversioni coatte, riduzione in schiavitù, furti e brutalità d'ogni genere. Le vittime erano uomini e donne, bambini e vecchi, senza che distinzioni d'età e di sesso potessero significare granché, anche se per i maschi in età di leva era quasi scontato venire trucidati il prima possibile. A commettere queste violenze d'ogni tipo erano gli uomini dei gruppi paramilitari organizzati dal CUP [Comitato unione e progresso, *n.d.r.*], i soldati dell'esercito regolare, le bande di criminali liberati all'inizio del conflitto per compiere ogni sorta di violenza, membri di clan curdi o di altre popolazioni musulmane non turche (circassi, ceceni, tatari) che speravano di ottenere vantaggi materiali, riconoscimenti e garanzie da parte ottomana.

L'autorizzazione, concessa dal Ministero dell'Interno a metà giugno 1915, a uccidere chi cercasse di resistere alle deportazioni o fuggire dalle colonne dei prigionieri in marcia forzata, costituì una sorta di giustificazione a posteriori di ogni atto di violenza che fosse stato compiuto consapevolmente o incidentalmente. Il fatto che la maggior parte degli assassinii di *accompagnamento* alla deportazione si sviluppasse nell'Anatolia orientale, mentre lo spostamento coatto degli armeni della Cilicia conobbe un numero assai limitato di queste violenze *collaterali*, testimonia come, al di là di ordini, leggi, piani di pulizia etnica, incitazioni scritte e orali alla violenza, fossero anche le condizioni locali a indirizzare verso una modalità o l'altra di deportazione il destino degli armeni delle differenti province. [...] Alcune stime ritengono che non più del 20% dei coinvolti in questi mesi nella deportazione riuscirono a sopravvivere nel corso del viaggio. Naturalmente le condizioni climatiche, la fame e il caldo (o il freddo di notte), le malattie e gli stenti, contribuirono a decimare le colonne di deportati. Come anche il suicidio di coloro, spesso donne, che preferirono non sopravvivere a un destino di crudeltà e abiezione.

La decisione di deportazione, pur se accompagnata da leggi e misure che rafforzavano la possibilità di violenze collaterali, intenzionali o casuali, non conteneva di per sé un ordine generalizzato di qualche etnia. L'intenzione chiara e determinata dei dirigenti ottomani era quella di ripulire l'impero – e in particolar modo alcune regioni come la Cilicia e i sei *vilayet* [regioni amministrative, *n.d.r.*] dell'Anatolia orientale dove viveva la maggioranza degli armeni – dalla presenza della minoranza più cospicua e considerata la più pericolosa per la sua sopravvivenza.[...]

La forma che avrebbe dovuto prendere il processo di deportazione, la logistica dei campi di prigionia nelle regioni desertiche, gli strumenti organizzativi e finanziari attribuiti ai governatori delle diverse province, la divisione di responsabilità tra le forze paramilitari e l'esercito regolare, sono tutti aspetti cruciali che conobbero un'attuazione e una concretizzazione in parte improvvisata e in parte disegnata dal centro soltanto in concomitanza con l'evolversi dello stesso genocidio. Lo stesso affastellamento giuridico e normativo [susseguirsi rapido e confuso di provvedimenti legislativi, *n.d.r.*] di fine maggio, che avrebbe potuto essere facilmente riassunto in un'unica legge dai caratteri più chiari e incisivi, risponde a questa logica ibrida, in cui precipitazione e impreparazione caratterizzano in senso non organico e pianificato anche decisioni che erano state prese certamente con intenzionalità da parte della dirigenza dell'*Ittihad* [CUP, *n.d.r.*].

Un'altra misura rilevante a determinare il destino di molti armeni nel corso della deportazione fu la decisione d'impedire che gli armeni deportati superassero il 10% della popolazione dei luoghi vicino a cui erano stati costruiti i campi di concentramento. Scelte simili erano già state compiute in passato, per la consapevolezza di come un'anarchia demografica avrebbe potuto inficiare ogni politica d'integrazione o di riassestamento etnico. Ne erano stati colpiti, proprio negli anni precedenti, anche i musulmani di Bosnia e di Albania che si erano dovuti trasferire in Anatolia dopo il raggiungimento dell'indipendenza. In questo caso, il desiderio di lasciare al margine degli assetti sociali consolidati gli armeni deportati, insieme al timore che una concentrazione troppo alta avrebbe potuto permettere episodi di ribellione o resistenza, spinge alla decisione di non permettere che la presenza armena eccedesse il 10% della popolazione delle regioni e delle province della Siria dove si concentravano i deportati. È possibile, come è stato suggerito abbastanza di recente da Taner Akçam, che la nuova fase di massacri che colpì, nella prima metà del 1916, proprio i campi di detenzione e il numero dei profughi quasi giunti a destinazione fosse determinato dalla volontà di rispettare questa *legge del 10%*, applicandola burocraticamente e sadicamente su persone che avevano già sofferto per giorni e per mesi le più terribili atrocità.

M. FLORES, *Il genocidio degli armeni*, il Mulino, Bologna 2006, pp. 128-131

Analizza il testo

› Quale fu la percentuale di perdite tra i deportati?

› Qual era l'intenzione chiara e determinata (ovvero, l'obiettivo ultimo) dei dirigenti ottomani?

STORIOGRAFIA

L'alleanza tra **Francia** e **Russia**

Lo studio della singolare alleanza tra Francia e Russia può permettere l'acquisizione di una competenza fondamentale, che potremmo definire nel modo seguente: **saper cogliere i fattori fondamentali che determinano la potenza militare di uno Stato.** Per affinare tale competenza, viene proposto di seguito un approfondimento, che prende le mosse da alcune pagine storiografiche.

I problemi della Russia all'inizio del Novecento

La Russia soffriva gravi problemi. Si trattava in generale di una profonda arretratezza economica, sociale e politica. Le rivoluzioni industriali dell'Ottocento avevano appena sfiorato il gigantesco paese mentre lo czar aveva mantenuto una forma di potere autocratico a paragone della quale gli imperi tedesco e austro-ungarico, con il loro sistema rappresentativo efficiente anche se non dotato di vasti poteri, erano modelli di moderna democrazia. Nel 1904-1905 l'impero russo aveva conosciuto il suo momento della verità, quando era uscito sconfitto dal confronto bellico con il Giappone, potenza asiatica emergente, al termine di una guerra lunga e sanguinosa. Nell'assedio di Port Arthur, durato dal giugno al dicembre del 1904, si calcola siano caduti 60 000 giapponesi e 30 000 russi, mentre nella decisiva battaglia di Mukden, combattuta tra il febbraio e il marzo del 1905 in Manciuria, le perdite russe avevano sfiorato i 100 000 uomini contro quelle giapponesi di 70 000. Altri 10 000 russi caddero nel corso della battaglia navale di Tsushima, combattuta il 27-28 maggio del 1905, nel corso della quale i giapponesi annientarono la flotta russa del Baltico, che per giungere all'appuntamento con il disastro aveva disceso l'Atlantico, circumnavigato l'Africa e attraversato l'Oceano Indiano in una crociera divenuta epica. [...] Il 9 gennaio 1905 scoppiava a San Pietroburgo la cosiddetta prima rivoluzione russa, destinata a durare un anno. Essa si estese in molte regioni dell'impero, comprendendo il celebre episodio della corazzata Potëmkin a Odessa, immortalato nel film di Sergej Ejzenstein, e si concluse con la concessione da parte dello czar del Manifesto di Ottobre, una sorta di statuto [di Costituzione, *n.d.r.*] che prevedeva l'istituzione in Russia della Duma, un parlamento rappresentativo di poteri molto limitati, peraltro sciolto l'anno stesso della sua prima elezione. I moti di piazza ebbero termine solo a dicembre del 1905, quando le truppe repressero in modo violento lo sciopero generale e l'insurrezione operaia scoppiati a Mosca.

La debolezza dell'economia russa e del sistema politico zarista aveva radici lontane, in buona parte dovute agli errori commessi dallo czar Alessandro un secolo prima, quando per la sua ostilità alla Francia rivoluzionaria e a Napoleone aveva consegnato alla Gran Bretagna una sorta di egemonia mondiale fondata sul controllo assoluto degli oceani, anche se era riuscito a far abbeverare nella Senna i cavalli dei suoi cosacchi. Al congresso di Vienna si era presentato poi come il paladino di un impraticabile ritorno all'Ancien Régime insistendo in una politica destinata a isolare sempre di più la Russia dal resto dell'Europa, della quale egli temeva il contagio democratico. Da quel momento l'impero guardò a est più che a ovest, geloso del suo assolutismo orientale e orgoglioso delle nuove conquiste asiatiche, ma irrimediabilmente arretrato rispetto ai dinamici Stati centroeuropei. Gli czar che succedettero ad Alessandro non avevano personalità tali da far uscire il paese che governavano dal solco da lui tracciato, se non per quanto riguarda lo sviluppo di una politica estera contraddittoria, condizionata in modo profondo dalla paura suscitata in Russia dalla crescita della potenza industriale e militare della Germania unificata, che proprio la sconfitta della Francia napoleonica ricercata con maniacale determinazione da Alessandro I aveva contribuito a far nascere nel cuore del continente. Il timore nei confronti dell'impero tedesco aveva spinto gli czar a stipulare un'alleanza istituzionalmente innaturale con la Francia repubblicana e successivamente a estendere l'accordo comprendendo in esso un'intesa con la Gran Bretagna, ossia il grande alleato europeo del Giappone, al quale esso aveva trasferito i materiali bellici e il sostegno tecnologico e logistico necessari per sconfiggere la Russia nella guerra del 1904-1905.

Stretta fra i due incubi della rivoluzione democratica in politica interna e della sconfitta di fronte alle spinte austro-tedesche in direzione dei Balcani in politica estera, la Russia, e il suo czar in particolare, si erano resi responsabili in quest'ultima regione di un'attività diplomatica schizofrenica, suscitando conflitti che non erano in grado di governare e sostenendo alleati che alla prima occasione si pretendevano autonomi e forzavano loro la mano fino a trascinarli in avventure destinate a provocare il collasso della struttura sociale del paese.

F. CARDINI, S. VALZANIA, *La scintilla. Da Tripoli a Sarajevo: come l'Italia provocò la prima guerra mondiale*, Mondadori, Milano 2014, pp. 24-26

Russia e Francia verso la guerra

Nell'eventualità di una guerra europea l'ideale, per la Francia, sarebbe stata un'offensiva russa contro la Germania nei primi giorni del conflitto, una misura che avrebbe contribuito ad alleviare la pressione sul fronte occidentale. Negli anni i francesi avevano fatto leva sul loro primato finanziario (la Russia aveva un disperato bisogno di capitali esteri) per convincere gli alleati a prendere impegni precisi in merito, oltre a fare in modo che il denaro investito in nuove linee ferroviarie servisse anche, in caso di necessità, a trasferire rapidamente le forze russe sul confine con la Germania. I leader del Paese tendevano a reagire con insofferenza alle insistenti richieste di Parigi, ma nel 1911 il capo di stato maggiore russo cedette e promise alla Francia che la Russia avrebbe sferrato un'offensiva contro la Prussia orientale a quindici giorni dall'avvio delle ostilità. L'impegno venne confermato negli anni successivi, anche se alcuni ritenevano che fosse un errore e che la Russia avesse tutto l'interesse a cercare di evitare una guerra contro la Germania, se possibile, e in ogni caso a concentrare le forze contro il nemico principale, l'Austria-Ungheria. [...] Con il senno di poi risulta evidente che la strategia migliore passava per una difesa forte e una ritirata verso lo sconfinato entroterra russo, seguite da un contrattacco in forze contro ciascuno dei due nemici, uno per volta. Eppure già nel 1912 le autorità militari russe, contagiate dall'entusiasmo degli altri Paesi europei per la guerra offensiva, avevano escluso in partenza l'ipotesi di una guerra tutta in difesa. L'ultima esperienza bellica in ordine di tempo, la guerra contro il Giappone [del 1904-1905, *n.d.r.*], sembrava insegnare che l'esercito russo era stato sconfitto perché era rimasto con le mani in mano ad attendere l'attacco giapponese. Nelle nuove istruzioni, nei regolamenti e negli ordini l'accento cadeva ormai sui benefici della guerra offensiva, e di difesa non si parlava quasi più. [...]

I russi [...] erano tutt'altro che impazienti di prendere impegni militari con la Francia

La sopravvivenza della Francia dipendeva dall'alleanza con la Russia. Se la Germania non avesse avuto bisogno di guardarsi le spalle, avrebbe concentrato tutte le sue forze sul fronte occidentale. Al tempo stesso i francesi non riuscivano a fidarsi del tutto degli amici russi. [...] I francesi non si nascondevano che, dopo la guerra russo-giapponese, l'esercito russo, ridotto a mal partito, non era in condizione di combattere. I russi, per parte loro, erano tutt'altro che impazienti di prendere impegni militari con la Francia. Dopo la firma dei primi accordi, nel 1892, i francesi avevano ripetutamente insistito per avere dettagli sugli effettivi russi [il numero vero dei soldati che l'impero zarista avrebbe potuto portare sul campo, *n.d.r.*] e la loro collocazione, ma ogni volta lo stato maggiore russo prendeva tempo. I francesi trovavano preoccupante la lentezza della mobilitazione russa, un inconveniente che la costruzione di nuove ferrovie non aveva ancora del tutto risolto, e guardavano con sospetto all'apatia e al dilettantismo degli ufficiali russi. In un rapporto inoltrato allo stato maggiore francese si legge: «In Russia, dove l'inverno non finisce mai e i tempi di comunicazione sono biblici [lentissimi, *n.d.r.*], il fattore tempo non sembra avere alcuna importanza». I russi, per parte loro, trovarono irritante l'insistenza dei francesi sulla previsione e i dettagli, e sopportavano di malagrazia quello che percepivano come un'eccessiva pedanteria. In buona sostanza, i francesi volevano una sola cosa, e riuscirono a ottenerla: la Russia si impegnò ad attaccare la Germania, mentre la Francia avrebbe fatto altrettanto da ovest. Né gli uni né gli altri, in compenso, vollero scoprire del tutto le carte, e da entrambe le parti le indicazioni sulla tempistica e l'entità dei contingenti interessati restarono volutamente vaghe. I vertici tra i due stati maggiori erano frequenti e le autorità militari e civili si scambiavano visite di cortesia, eppure nessuna delle due parti si fidò mai completamente dell'altra. [...]

Se le grandi linee della situazione erano chiare, i dettagli della strategia francese e la gestione della catena di comando erano fonte di grattacapi a non finire.

Il governo repubblicano aveva sempre guardato con sospetto all'esercito, ma le misure adottate per tentare di portarlo sotto il controllo delle autorità civili avevano sempre dato luogo a un sistema incoerente e macchinoso. [...] I radicali, che dai tempi dell'affare Dreyfus erano in maggioranza, avevano estromesso gli ufficiali sospettati di nutrire simpatie di estrema destra, e quelle purghe avevano già ulteriormente compromesso il morale dell'esercito, che lasciava già a desiderare. Anche parametri come la durata del servizio militare e dell'addestramento avevano finito per dipendere da considerazioni politiche. I militanti di sinistra, legati al modello della guardia nazionale rivoluzionaria, chiedevano un esercito di popolo: i cittadini avrebbero ricevuto un addestramento militare di base, ma senza perdere la mentalità civile. La destra esigeva un esercito di professionisti, costituito da buoni soldati fedeli ai loro comandanti e alle unità di appartenenza. [...] La disputa politica sull'esercito francese del futuro si estese perfino a problemi come la divisa: Messimy [ministro della Guerra, nel 1911, *n.d.r.*] voleva seguire l'esempio degli altri eserciti europei e adottare uniformi che avrebbero reso più difficile individuare i suoi uomini sul campo; la destra percepì quella misura di puro buon senso come un attacco alle gloriose tradizioni militari francesi. Le nuove uniformi erano orrende, un affronto al buon gusto della Francia, scrivevano i giornali di destra. I copricapo assomigliavano a dei berretti da fantino e gli ufficiali facevano pensare a garzoni di stalla. *L'Echo de Paris*, quotidiano di taglio conservatore, parlò di un tentativo di minare l'autorevolezza degli ufficiali agli occhi dei loro uomini. [...] I fondi destinati alle nuove uniformi vennero sbloccati solo a pochi mesi dallo scoppio della Grande guerra. Era troppo tardi: i soldati francesi partirono per il fronte con le vecchie divise dai colori sgargianti.

M. MACMILLAN, *1914. Come la luce si spense sul mondo di ieri*, Rizzoli, Milano 2013, pp. 421-427, trad. it. F. PERI

Lavorare con i testi

Nei passi citati, il colore ha evidenziato alcuni passaggi essenziali, cioè i punti di maggiore criticità dell'esercito francese e del sistema sociale, politico ed economico russo. Come ulteriore stimolo di analisi e di riflessione, ti vengono proposte le seguenti domande.

Analizza i testi

Per quale ragione l'alleanza tra Francia e Russia può essere definita istituzionalmente innaturale?	
Per quale motivo i francesi insistono tanto sul fattore tempo?	
Quale opposta visione dell'esercito avevano, in Francia, i partiti di destra e quelli di sinistra?	
Qual era la vera posta in gioco, nella disputa sulle uniformi?	
Per quale motivo è lecito affermare che «nel 1904-1905 l'impero russo aveva conosciuto il suo momento della verità»?	

Utilizzando le tue risposte come una scaletta, scrivi un testo di tre colonne di foglio protocollo.

Verifica dell'apprendimento
Conoscenze e abilità

Lo spazio

1. Colora in modo diverso sulla carta le entità politiche elencate qui sotto; attribuisci poi alla carta un titolo idoneo.

Albania	Italia
Bosnia-Erzegovina	Kosovo
Bulgaria	Macedonia
Croazia	Montenegro
Grecia	Romania
Impero austro-ungarico	Serbia
Impero ottomano	Ucraina

Titolo: ....
....

Organizzare le informazioni

2. Ricostruisci lo schema relativo al congresso di Berlino collocando e collegando correttamente nello spazio sottostante i box riportati qui sotto in ordine sparso.

- Fallimento dell'espansione in Bulgaria
- Occupazione della Bosnia-Erzegovina
- Austria-Ungheria
- Acquisizione della piena indipendenza
- Francia
- Controllo di Cipro
- Incapacità di contenere le mire espansionistiche francesi in Nord Africa
- Russia
- Occupazione della Tunisia (1881)

POTENZE	VANTAGGI OTTENUTI	FALLIMENTI POLITICI
Inghilterra		
Serbia e Montenegro		
Italia		

VERIFICA

Il tempo

3. Ricostruisci l'ordine cronologico degli eventi elencati numerandoli progressivamente.

☐ **a)** Guerre balcaniche
☐ **b)** Annessione della Bosnia-Erzegovina all'Austria-Ungheria
☐ **c)** Alleanza difensiva tra Russia e Francia
☐ **d)** Colpo di Stato in Serbia
☐ **e)** Ribellioni in Bosnia-Erzegovina
☐ **f)** Congresso di Berlino
☐ **g)** Nascita dell'Albania per opera di Austria-Ungheria e Italia
☐ **h)** Attentato di Sarajevo: muore Francesco Ferdinando
☐ **i)** Triplice Alleanza

Lessico

4. Definisci le espressioni o i termini.

Congresso

....

....

Alsazia-Lorena

....

....

Ultimatum

....

....

Giovani turchi

....

....

Fatti e concetti

5. Rispondi brevemente alle seguenti domande.

a) Che cos'è la Triplice Alleanza? Quale fu il suo scopo principale?

....

....

....

b) Che cosa sono le guerre balcaniche? Quali ne furono i protagonisti? Quali le conseguenze?

....

....

Continuità e cambiamento

6. Completa le seguenti frasi.

a) L'occupazione della .... da parte della Francia nel .... fu giustificata quale compensazione dei vantaggi ottenuti da .... e Austria-Ungheria al congresso di Berlino.
b) Dopo il violento colpo di Stato in .... nel 1903, il potere passò nelle mani di politici ribelli, e in particolare di Dragutin ...., soprannominato ....
c) Negli anni 1911-1912, in seguito all'occupazione italiana della ...., i nazionalisti .... ebbero una violenta reazione che condusse alla guerra ....
d) Austria-Ungheria e Italia, per bloccare a .... l'accesso al mare, istituirono il piccolo Stato dell'....................
e) Il 23 luglio 1914, in risposta all'uccisione dell'arciduca ...., il governo austro-ungarico consegnò a Belgrado un pesante ...., sotto condizione del quale venivano poste alla .... umilianti condizioni.
f) Nella seconda fase del conflitto fra .... e Serbia, quest'ultima uscì .... e devastata, anche se l'impero austro-ungarico mostrava ormai chiari segni dell'imminente ....

Verso il saggio breve

7. Scrivi un testo – massimo due facciate di foglio protocollo – sulla deportazione e il genocidio degli armeni utilizzando le domande-guida elencate di seguito.

→ Quando iniziò la deportazione del popolo armeno? In corrispondenza di quali fatti storici?
→ Quale uomo politico fu il maggiore responsabile di questo terribile episodio della storia turca? Chi era e qual era il suo pensiero?
→ Con quali mezzi venne attuata la deportazione? Si trattava di ordini sistematici, impartiti dall'alto, oppure di modalità di volta in volta diverse a seconda dei casi e delle circostanze?
→ Quali furono i principali bersagli delle violenze e dei massacri?
→ Secondo te, come si spiega il fatto che la deportazione degli armeni sia progressivamente degenerata in una sorta di assassinio su vasta scala?

metodo di studio

Per ripassare i **fatti**

CONTRASTI POLITICI

1878
→ Congresso di Berlino

1882
→ Triplice Alleanza

1892
→ Alleanza difensiva tra Russia e Francia

1903
→ Colpo di Stato in Serbia

1908
→ L'Austria annette la Bosnia Erzegovina

1912
→ Prima guerra balcanica

28 giugno 1914
→ Attentato di Sarajevo

28 luglio 1914
→ Ultimatum dell'Austria alla Serbia

2 novembre 1914
→ L'impero turco entra in guerra con l'Austria-Ungheria e la Germania

25 aprile 1915
→ Sbarco dell'esercito britannico a Gallipoli

ECONOMIA DEMOGRAFIA E SOCIETÀ

Giugno-luglio 1915
→ Deportazione degli armeni dell'Anatolia

Per ripassare i **concetti**

Leggere gli schemi

VERSO LA GUERRA

- **Congresso di Berlino (1878)**
  - Isolamento dell'Italia, che si avvicina a Germania e Austria-Ungheria (Triplice Alleanza)
  - Sul fronte opposto, avvicinamento di Francia, Russia, Gran Bretagna
- **Polveriera balcanica**
  - Colpo di Stato in Serbia (1903)
  - Volontà di liberarsi dal dominio austro-ungarico
  - Guerre balcaniche contro l'impero turco
  - Attentato di Sarajevo (28 giugno 1914)
- **Impero ottomano**
  - Volontà di rinnovamento dei Giovani turchi
  - Guerre in Nord Africa contro l'Italia
  - Intervento nel conflitto mondiale a fianco della Germania
  - Genocidio degli armeni

Unità 3 Sfida tedesca e azzardo italiano

Un'immagine per iniziare

Alla notizia dello scoppio della prima guerra mondiale, la maggior parte dei cittadini dei Paesi coinvolti accolse l'evento con gioia: c'era infatti la convinzione che il conflitto sarebbe durato poco e che il nemico sarebbe stato sconfitto facilmente. Le numerose manifestazioni di giubilo (nelle strade, nelle piazze, nelle stazioni) che seguirono all'annuncio sono il segno più evidente di questa atmosfera: gli stessi soldati (nell'immagine si possono vedere truppe dell'esercito tedesco mentre partono sorridenti per il fronte nell'agosto del 1914) erano convinti di coprirsi di onore agli occhi della propria nazione. Questa illusione, però, sarà tragicamente smentita dai fatti: la guerra, infatti si rivelerà lunga e massacrante.

Gli eventi per orientarsi nel tempo

→ Sommario

TESTO

La carta d'identità del periodo
1 La Germania verso la guerra
2 Estate 1914: la prima fase della guerra
3 L'Italia tra neutralisti e interventisti
4 L'Italia in guerra

pagine digitali

› PERCORSI DI STORIA LOCALE

Mussolini e De Gasperi nel Trentino austriaco

Una carta per orientarsi

La carta mostra le alleanze in Europa nel maggio del 1915, dopo che anche l'Italia (inizialmente neutrale) era entrata in guerra al fianco delle forze dell'Intesa. Dalla raffigurazione è chiaro come il blocco degli imperi centrali (Austria-Ungheria e Germania) fosse letteralmente accerchiato dai nemici: a est, infatti, si trovava l'impero russo, a ovest la Francia e l'Inghilterra, a sud l'Italia.

Carta proiettabile

Orientarsi nel tempo

Giugno-luglio 1915
Deportazione degli armeni

gen. 1915

gen. 1916

26 aprile 1915
Viene siglato il Patto di Londra: l'Italia si impegna a entrare in guerra contro l'Austria-Ungheria

24 maggio 1915
L'Italia entra in guerra al fianco di Francia, Inghilterra e Russia

Per iniziare

Storia slide

La **carta d'identità** del periodo

Perché l'Italia decise di schierarsi con Francia, Inghilterra e Russia?

Allo scoppio del conflitto, nell'estate del 1914, l'Italia decise di rimanere neutrale, anche se l'opinione pubblica era profondamente divisa. Gli interventisti premevano per entrare in guerra a fianco di Francia, Inghilterra e Russia: pochi, infatti, volevano mantenere in vita la Triplice Alleanza (il patto difensivo che legava Germania, Austria e Italia), soprattutto perché erano forti i motivi di attrito con l'Austria, la nemica storica del Risorgimento italiano e lo Stato che occupava terre rivendicate dall'Italia (Trento e Trieste su tutte). Le tensioni di fine Ottocento con la Francia (il legame con la Germania aveva lo scopo di frenare l'espansionismo francese nel Mediterraneo), invece, si erano concluse dopo la conquista francese del Marocco (1911) e l'occupazione italiana della Libia (1912), che di fatto avevano sancito un'equa spartizione tra i due Stati degli ultimi territori nordafricani non ancora caduti sotto il dominio coloniale europeo.

CAPITOLO 1 La Germania verso la guerra

→ All'inizio del Novecento, la **Germania** era esposta al rischio di essere **attaccata su due fronti**: sul fronte occidentale, infatti, c'erano i francesi che non si erano rassegnati alla sconfitta del 1870 e sognavano la rivincita; sul fronte orientale, invece, si trovava l'impero russo, alleato con la Francia.

→ Per la Germania quindi c'era il rischio di dover dividere il proprio esercito (e quindi di indebolirlo) per affrontare contemporaneamente due nemici. Per evitare tutto ciò, il generale **Alfred von Schlieffen**, nel 1905, elaborò un piano strategico: la Germania, nelle sue intenzioni, avrebbe dovuto attaccare prima la Francia dopo aver **invaso il Belgio** (che era neutrale), cogliendo così di sorpresa i francesi.

→ Approfittando dell'**effetto sorpresa**, i tedeschi avrebbero dovuto sconfiggere l'esercito francese in sei settimane. A quel punto l'**efficiente sistema ferroviario tedesco** avrebbe trasferito l'intero esercito sul fronte orientale per combattere le numerose ma disorganizzate truppe russe: secondo Schlieffen i russi, prima di poter schierare i loro soldati al fronte, avrebbero impiegato un tempo pari a quello necessario ai tedeschi per sconfiggere la Francia.

→ Il piano Schlieffen **avrebbe potuto funzionare solo se i rapporti tra Germania e Inghilterra fossero rimasti buoni**, cosicché gli inglesi non sarebbero intervenuti in caso di invasione tedesca del Belgio. Tuttavia, la Germania si era inimicata l'Inghilterra dotandosi, all'inizio del Novecento, di una **grande flotta da guerra**.

CAPITOLO 2 Estate 1914: la prima fase della guerra

→ Dopo la dichiarazione di guerra dell'Austria-Ungheria alla Serbia (28 luglio), il conflitto divenne subito uno **scontro generalizzato e globale**, in quanto tutte le principali potenze europee erano unite in una vasta rete di alleanze e contro-alleanze. Così la Germania dichiarò guerra alla Russia (1° agosto) e di conseguenza alla Francia, sua alleata.

→ Nelle capitali e nelle principali città europee, la notizia dell'inizio della guerra fu accolto con **grande entusiasmo**: i cittadini dei più importanti Stati europei, infatti, condividevano tutti la medesima **illusione**, secondo cui **il conflitto sarebbe stato breve** (e sarebbe quindi finito entro Natale); anche i partiti socialisti dei Paesi belligeranti appoggiarono la decisione dei loro governi di entrare in guerra.

→ I **tedeschi** misero in atto il piano Schlieffen e **invasero il Belgio**. L'Inghilterra, garante dell'indipendenza belga, dichiarò allora guerra alla Germania. I piani tedeschi di una fulminea campagna francese non si concretizzarono: l'esercito germanico venne prima rallentato in Belgio e poi bloccato dall'esercito francese e inglese sul fiume Marna (a 40 chilometri da Parigi), in una grande battaglia (settembre 1914).

→ Nell'ottobre 1914, il conflitto si trasformò in **guerra di posizione**: i due eserciti, stremati e privi di munizioni, si attestarono lungo una linea che percorreva longitudinalmente la Francia e che ricevette il nome di **fronte occidentale**. Sul **fronte orientale**, invece, i tedeschi ottennero una schiacciante vittoria contro i russi a Tannenberg (30 agosto).

Domande fondamentali

- Quando l'Inghilterra decise di entrare in guerra?
- Perché l'Italia nell'estate del 1914 non entrò in guerra?
- Che cosa prevedeva il Patto di Londra?
- Perché il governo turco decise la deportazione della popolazione armena?

Un'importante manifestazione a favore dell'intervento italiano in guerra nel maggio del 1915 in piazza del Campidoglio a Roma.

CAPITOLO 3 L'Italia tra neutralisti e interventisti

Nell'estate del 1914, il Regno d'Italia non entrò in guerra: infatti, l'**alleanza** che lo legava alla Germania e all'Austria-Ungheria era **puramente difensiva**. L'Italia era obbligata a sostenere i suoi alleati solo nel caso in cui fossero stati aggrediti. Invece era successo il contrario: furono infatti i governi di Berlino e di Vienna ad aprire le ostilità.

La popolazione italiana non visse nulla di equivalente all'atmosfera di entusiasmo che caratterizzò le capitali degli altri Paesi d'Europa. La prospettiva della guerra generò in Italia un **vasto dibattito** e una **grande frattura all'interno dell'opinione pubblica**, divisa ben presto in interventisti (che sostenevano la necessità di partecipare alla guerra) e neutralisti (secondo i quali il Paese non doveva farsi coinvolgere dal conflitto).

Tra i neutralisti vi erano i socialisti, i cattolici e Giolitti. A favore dell'intervento, invece, erano il governo (presieduto, nel 1914-1915, dal liberale conservatore Antonio Salandra), i nazionalisti e numerosi intellettuali, primo fra tutti **Gabriele D'Annunzio**.

A favore dell'ingresso in guerra si schierò anche **Benito Mussolini**, direttore dell'"Avanti!", il quotidiano del Partito socialista. Egli disprezzava il sistema parlamentare e avrebbe voluto subito giungere subito alla rivoluzione proletaria; a suo giudizio, la guerra, provocando gravissimi problemi all'economia e alla società italiana, avrebbe favorito le condizioni ottimali per l'esplosione della rivoluzione. Il Partito socialista non condivise questa analisi ed espulse Mussolini.

CAPITOLO 4 L'Italia in guerra

Gli **interventisti**, nella primavera del 1915, organizzarono **manifestazioni e raduni** nelle principali città italiane a favore dell'ingresso dell'Italia in guerra. Questi eventi coinvolgevano le folle a livello emotivo e davano ai partecipanti la sensazione di avere un ruolo attivo nella vita politica del Paese: si stava inaugurando un nuovo stile politico, che cercava di mobilitare le masse.

Il 26 aprile 1915, il ministro degli esteri italiano **Sidney Sonnino** stipulò il cosiddetto **Patto di Londra**, un accordo con il governo inglese e quello francese, in virtù del quale l'Italia si impegnava a entrare in guerra entro un mese a fianco di Francia, Inghilterra e Russia. In cambio, a vittoria avvenuta, l'Italia avrebbe ricevuto le due regioni di Trento e di Trieste, l'Alto Adige, l'Istria, la Dalmazia e una parte delle colonie tedesche in Africa.

L'accordo doveva essere ratificato dal Parlamento: alla **Camera**, però, la **maggioranza** dei deputati era **schierata su posizioni neutraliste**, simili a quelle di Giolitti, secondo cui l'Italia poteva ottenere molto di più restando neutrale, piuttosto che partecipando in prima persona alla guerra.

D'Annunzio e altri intellettuali organizzarono manifestazioni per spaventare e intimorire i deputati neutralisti. Giolitti fu attaccato dai nazionalisti; infine si pronunciò a favore dell'intervento anche il re Vittorio Emanuele III. Di fronte a queste pressioni il Parlamento italiano, il **24 maggio 1915**, approvò la decisone del governo di entrare **in guerra contro l'Austria-Ungheria**.

Capitolo

1

CONTRASTI POLITICI

La **Germania** verso la **guerra**

Storia slide

LE CONOSCENZE DA ACQUISIRE
Nel 1914, il governo tedesco era convinto di poter vincere in tempi brevi la guerra contro la Francia e la Russia.

LE COMPETENZE DA POTENZIARE
Saper cogliere i limiti di una potenza militare apparentemente invincibile.

1.1 Efficienza e velocità: il piano Schlieffen

Nella tenaglia franco-russa

La Germania accerchiata In occasione del congresso di Berlino del 1878, la **Germania** del kaiser Guglielmo II (1859-1941) aveva scelto di sostenere la politica espansionista dell'impero austro-ungarico nei Balcani, anche a costo di entrare in contrasto con la Russia. Negli anni successivi, però, essa si trovò sempre più accerchiata, poiché si andava prospettando la possibilità di **una guerra su due fronti**. Fin dal 1870, infatti, la Germania, era in lotta con la Francia: nella battaglia di Sedan, proprio in quell'anno, il suo esercito aveva umiliato quello dell'imperatore Napoleone III. Inoltre, la guerra si era conclusa con la perdita dell'Alsazia e della Lorena da parte della Francia, che tuttavia non era affatto rassegnata e sognava una riscossa (*revanche*, in francese).

Nel 1892, la repubblica di Parigi aveva stretto un'alleanza difensiva con l'impero zarista: pertanto, nel caso in cui il conflitto con la Francia fosse ripreso, la Germania sarebbe stata attaccata anche a oriente, dall'esercito russo. Per lo Stato maggiore tedesco, il principale problema strategico da risolvere divenne quello di **come combattere contemporaneamente due avversari**, senza procedere a una divisione delle proprie forze, operazione che avrebbe notevolmente ridotto le probabilità di vittoria.

Revanche, rivincita. Ecco il sentimento dei francesi contro i tedeschi, espresso in questo manifesto per una pubblica sottoscrizione. La sconfitta di Sedan del 1870 con la perdita dell'Alsazia e della Lorena era stata un'umiliazione troppo bruciante per non alimentare sentimenti di vendetta.

Il piano Schlieffen La soluzione al dilemma venne trovata, nel 1905, dal generale **Alfred von Schlieffen** (1833-1913), il quale elaborò un piano al tempo stesso cinico e geniale. Il ragionamento di von Schlieffen partiva dalla constatazione che, mentre le ferrovie tedesche erano modernissime ed efficienti, il sistema di trasporti russo (malgrado i notevoli investimenti del governo, resi possibili dai capitali francesi) era ancora carente e arretrato. L'impero zarista, certo, possedeva enormi risorse umane, che gli avrebbero permesso di mettere in campo l'esercito più numeroso d'Europa.

Tuttavia, prima che tutte le forze russe potessero essere davvero portate al fronte e impiegate contro la Germania, sarebbe passato un intervallo di tempo che l'impero tedesco avrebbe potuto sfruttare per concentrare tutte le proprie energie a ovest, contro la Francia.

Per sconfiggere in tempi brevi l'avversario occidentale, era necessario compiere una

Il piano Schlieffen

Schema proiettabile

PRIMA FASE	SECONDA FASE	TERZA FASE
Spostamento della maggior parte dell'esercito tedesco a ovest, contro la Francia	Invasione del Belgio (neutrale), attacco contro Parigi e sconfitta della Francia	Trasferimento, per mezzo delle ferrovie, di tutto l'esercito tedesco a est, contro la Russia

mossa inattesa, che cogliesse di sorpresa i francesi, i quali, senza dubbio, avrebbero cercato innanzitutto di liberare l'Alsazia-Lorena. Von Schlieffen, pertanto, propose che l'esercito tedesco disponesse le proprie truppe nel modo seguente: sul fronte russo e in Alsazia-Lorena bastava dislocare dei contingenti di piccola entità, con funzioni puramente difensive; la massa d'urto dell'esercito germanico, invece, avrebbe dovuto essere concentrata più a nord e **puntare direttamente su Parigi, dopo aver attraversato il Belgio**. Dal momento che quest'ultimo era neutrale e pacifico, i francesi sarebbero stati colti completamente alla sprovvista da una simile offensiva sulla capitale, proveniente da nord.

Secondo le speranze del generale, in sei settimane la guerra sul fronte occidentale si sarebbe conclusa con una completa vittoria tedesca. A quel punto, infine, grazie al già citato efficientissimo sistema ferroviario del Reich, tutto l'esercito germanico avrebbe potuto essere trasferito verso est, per fronteggiare i russi e sconfiggere anche loro.

I luoghi

Belgio

Il piccolo regno del Belgio divenne indipendente nel 1831. Durante la guerra franco-prussiana (1870-1871), il Paese restò neutrale: il suo principale obiettivo in politica estera era proprio quello di non farsi coinvolgere dalla rivalità che contrapponeva l'uno all'altro i suoi potenti vicini. Verso la fine dell'Ottocento, il Belgio partecipò attivamente all'espansione coloniale europea, conquistando il Congo, una vastissima e assai ricca area nell'Africa centrale. La dominazione coloniale belga fu particolarmente cinica e spregiudicata, e come tale venne denunciata dallo scrittore Joseph Conrad nel suo romanzo *Cuore di tenebra* (1899).

Una sezione di soldati tedeschi della fanteria Landwehr, Reggimento n. 29, posa di fronte al vagone di un treno che reca la scritta "Auf nach Paris" cioè "A Parigi", nell'ambito del piano Schlieffen.

1.2 La marina militare del Reich

Gran Bretagna e Germania

I rapporti tra la Germania e l'Inghilterra La difficoltà maggiore che si profilava nel brillante piano Schlieffen era l'**attraversamento del Belgio**. Dal punto di vista dei trattati internazionali, accettati anche dalla Germania, l'invasione di un Paese neutrale costituiva una violazione piuttosto grave; inoltre, con buona probabilità, **la Gran Bretagna** non avrebbe accettato di buon grado che le coste belghe fossero invase dai tedeschi, e **avrebbe reagito immediatamente**.

In effetti, la linea politica adottata da Bismarck subito dopo il congresso di Berlino era stata attenta a intrattenere rapporti pacifici con l'Inghilterra: se i tedeschi avessero mantenuto tale strategia, la Gran Bretagna non avrebbe in alcun modo percepito la Germania come un pericolo per i propri interessi.

Viceversa, nei quindici anni precedenti lo scoppio della guerra mondiale, il **Reich condusse una politica** nettamente **ostile nei confronti dell'impero inglese**, che giunse a considerarlo il proprio rivale più temibile e pericoloso.

La sfida tedesca alla supremazia inglese sui mari

La corsa all'armamento marittimo Il principale motivo di attrito fra le due potenze fu la grande **flotta di navi da guerra** (capace di competere con quella britannica) **di cui la Germania cominciò a dotarsi** a partire dal 1898. In un primo tempo, i tedeschi pensavano di poter superare gli inglesi varando navi più moderne, più veloci e meglio equipaggiate per quanto riguardava la strumentazione e l'armamento.

Veloci corazzate d'acciaio

Alla sfida tedesca, tuttavia, l'Inghilterra rispose nel 1906 iniziando la costruzione di una serie di corazzate di nuovissima concezione, le cosiddette *Dreadnoughts* («Intrepide»): navi enormi (circa 25 000 tonnellate di stazza lorda), capaci di un'elevata velocità di crociera (25 miglia marine, in media) e armate di cannoni di grossissimo calibro. Per non restare indietro in questa forsennata corsa agli armamenti navali, anche la Germania iniziò a produrre corazzate simili a quelle inglesi, programmando che, tra il 1908 e il 1912, uscissero dai cantieri tedeschi quattro *Dreadnoughts* ogni anno.

L'intesa tra Inghilterra, Francia e Russia Il risultato inevitabile della decisione tedesca di procedere al riarmo navale fu il progressivo **avvicinamento dell'Inghilterra ai nemici della Germania**. Nel 1904, i due governi di Francia e Gran Bretagna riuscirono ad appianare tutti i principali problemi relativi alle rispettive zone di influenza in Africa; analogamente, nel 1907, l'Inghilterra raggiunse un accordo con la Russia, finalizzato a chiudere ogni contrasto circa la Persia, l'Afghanistan e altri territori contesi tra i due imperi, nella fascia compresa tra l'Asia centrale russa e i confini settentrionali dell'India britannica. L'Inghilterra non stipulò alcun accordo militare vincolante né con la Francia, né con la Russia; con esse, però, era ormai giunta a un'intesa, a relazioni cordiali e pacifiche, in virtù del fatto che tutte e tre queste potenze si erano **convinte che la Germania fosse il loro vero e unico potenziale nemico**.

Una corazzata *Dreadnought* della marina militare tedesca.

1.3 L'imprudente scelta tedesca del riarmo

La politica di potenza tedesca A posteriori, la scelta della Germania di procedere alla costruzione di una flotta militare appare folle e suicida. Occorre dunque interrogarsi sulle motivazioni che la condussero sulla via del riarmo.

Smania di potenza e prestigio

Nella corsa all'impero, tipica dei decenni a cavallo fra il XIX e il XX secolo, le motivazioni di genere economico non furono affatto quelle prevalenti e decisive: le conquiste coloniali, prim'ancora di essere terre utilizzabili per la vendita di manufatti o per l'investimento di capitali in eccesso, contavano in sé e per sé, in quanto segni di potenza e di prestigio. Per due decenni, tra il 1880 e il 1900, la Francia aveva sfidato la Gran Bretagna sul terreno della corsa all'impero più vasto; ma, all'inizio del Novecento, la possibilità di conquistare colonie si era praticamente esaurita, e ciò obbligava alla ricerca di altre manifestazioni di potenza e di prestigio.

La **flotta da guerra**, insomma, potrebbe essere letta come un **mezzo capace di mostrare al mondo la forza** e la grandezza **della nazione tedesca**, in un'epoca in cui la corsa all'impero stava esaurendosi, a causa dell'ormai completata spartizione di tutti i territori conquistabili.

Il capitalismo tedesco diviso sul riarmo navale

La **borghesia tedesca non fu unanime nel giudicare positivamente** la scelta di intraprendere **una politica estera capace di provocare l'ostilità della Gran Bretagna**. È vero che alcuni grandi gruppi industriali – quelli legati alla produzione dell'acciaio, ad esempio – ricavarono profitti eccezionali dalla costruzione della flotta. D'altra parte, il riarmo navale incontrò la netta opposizione sia di alcune prestigiose compagnie marittime impegnate nel commercio internazionale, sia di **Walther Rathenau**, dirigente dell'AEG, uno dei più imponenti e moderni complessi industriali del tempo, specializzato nel settore della produzione di energia elettrica.

La marina tedesca: uno strumento per intimorire l'avversario Il principale sostenitore della svolta anti-inglese fu il ministro della Marina tedesco, l'ammiraglio **Alfred von Tirpitz**, che fu il vero **artefice del programma di riarmo navale**. A suo giudizio, bisognava dissuadere la Gran Bretagna dalla tentazione di intervenire contro l'impero tedesco in caso di scontro tra la Germania e la Francia: la flotta, nella sua visione strategica, doveva servire come arma di pressione, cioè avrebbe dovuto convincere l'Inghilterra che, con la grande potenza tedesca, era meglio scendere a patti e a compromessi, pena l'annientamento.

› VEDI La nuova politica di massa → pag. 98

Infine, è importante notare che von Tirpitz accompagnò il suo lavoro di pianificatore del riarmo navale con una martellante **opera di propaganda e di persuasione dell'opinione pubblica tedesca**. Sotto questo profilo, egli non ha nulla del tradizionale aristocratico prussiano, che voleva le masse silenziose e obbedienti, ma assomiglia piuttosto ai leader dei regimi totalitari del Novecento, preoccupati di presentarsi come i portavoce e gli interpreti dei sentimenti del popolo. E infatti, convinti dall'azione propagandistica di von Tirpitz, ampi settori dell'opinione pubblica risposero alle sue sollecitazioni e organizzarono azioni di pressione sul parlamento e sul governo affinché non limitassero i fondi destinati alla flotta militare.

Il Kaiser Guglielmo II e il ministro della Marina tedesco Alfred von Tirpitz (in secondo piano, con la barba) a bordo di una nave.

Capitolo

2

POTERI
E CONFLITTI

Estate 1914: la prima fase della guerra

Storia slide

LE CONOSCENZE DA ACQUISIRE
Il governo e i generali tedeschi erano convinti di poter raggiungere una rapida vittoria, grazie alla possibilità di mobilitare masse enormi di soldati per mezzo delle ferrovie.

LE COMPETENZE DA POTENZIARE
Saper cogliere la dimensione di massa dei fenomeni tipici del XX secolo.

2.1 L'euforia della guerra

› **VEDI** Il piano Schlieffen → pag. 80

La Germania in guerra contro Russia e Francia Negli ultimi giorni di luglio del 1914, dopo che il governo tedesco ebbe preso la decisione di sostenere l'Austria-Ungheria anche a costo di entrare in conflitto con la Russia (e quindi con la Francia), per la **Germania** gli **spazi di manovra** divennero estremamente **ristretti**: per vincere la guerra su due fronti, i vertici politici e militari tedeschi dovevano agire con la massima rapidità e rendere operativo il piano Schlieffen nel più breve tempo possibile.

A Berlino, la decisione definitiva fu presa dopo che la Russia ebbe schierato le proprie truppe al confine con l'Austria-Ungheria e con la Germania: il 31 luglio, il governo tedesco inviò un **ultimatum all'impero zarista**, intimando di «sospendere entro 12 ore tutte le misure di guerra prese contro di noi [contro la Germania] e contro l'Austria-Ungheria»; di fronte al silenzio dei russi (che, ovviamente, chiedevano alla Germania di allontanare le sue truppe dal confine), il **1° agosto 1914 l'impero tedesco entrò ufficialmente in guerra con la Russia e**, conseguentemente, con **la Francia**, sua alleata in Occidente.

Guardiamo la storia
La propaganda di guerra nella prima guerra mondiale

Fanti dell'esercito francese sfilano per le strade acclamati dalla popolazione mentre si recano al fronte, nel 1914. Nei soldati e nella gente c'è tutto l'entusiasmo di chi crede di ottenere una facile e rapida vittoria.

La posizione dei socialisti In tutti gli Stati d'Europa, **lo scoppio delle ostilità venne accolto**, nell'estate del 1914, **con euforia**, con entusiasmo, con un eccezionale trasporto emotivo che tutti i protagonisti menzionano nei loro ricordi. Persino i partiti socialisti dei vari Paesi appoggiarono la scelta dei loro rispettivi governi, quando questi presero la drammatica decisione di entrare nel conflitto.

Negli anni precedenti il 1914, a più riprese, i partiti socialisti di tutta Europa avevano solennemente proclamato che i lavoratori avrebbero osteggiato con ogni mezzo lo scoppio di una grande guerra europea; e i governi, da parte loro, avevano preso sul serio quelle minacce, al punto che in Francia la polizia aveva predisposto un elenco di esponenti politici e di sindacalisti di sinistra da arrestare immediatamente, in caso di guerra, prima che potessero organizzare scioperi o altre forme di boicottaggio della mobilitazione della nazione.

I socialisti si allineano con i governi

Nell'agosto 1914, in nessun Paese fu necessario ricorrere a simili misure poliziesche, in quanto **i socialisti si affrettarono** ovunque ad allinearsi, cioè **ad approvare l'ingresso in guerra del proprio Stato**. Solo piccoli gruppi minoritari, in Russia e in Germania, si opposero: per il resto, la grande maggioranza dei socialisti dimenticò il principio marxista secondo cui la solidarietà dei proletari non conosceva confini e accettò di identificarsi in tutto e per tutto con la difesa della patria. In termini più generali, si potrebbe dire che, nel 1914, tra le due grandi *idee-forza* che avevano caratterizzato l'Ottocento – la *nazione* e la *classe* – la prima prese di gran lunga il sopravvento sulla seconda, temporaneamente cancellata dall'orizzonte politico.

Documento chiave

L'inizio della guerra nelle memorie di Hitler

Quando iniziò la prima guerra mondiale (il 28 luglio 1914 l'Austria-Ungheria dichiarò guerra alla Serbia, il 2 agosto la Germania scese in campo al suo fianco contro Russia, Francia e Belgio) il giovane Adolf Hitler si trovava a Monaco di Baviera. Pur essendo cittadino austriaco, ottenne di essere arruolato nell'esercito tedesco in un reggimento bavarese.

La guerra del 1914 non fu imposta alle masse, anzi, fu profondamente desiderata da tutto il popolo. Si voleva finalmente uscire da uno stato di generale incertezza. Solo così si può capire come mai più di due milioni di uomini e di giovani tedeschi accorressero volontariamente alle armi, decisi a difendersi fino all'ultima goccia di sangue.

Per molti tedeschi la guerra fu il rimedio capace di unire il popolo

Molti tedeschi erano alla ricerca di una nuova "comunità"

Anche a me, le ore di allora appaiono come una liberazione dalle fastidiose impressioni della mia giovinezza. Né mi vergogno di dire ancora oggi, che, soverchiato da quel tempestoso entusiasmo, io son caduto in ginocchio e ho ringraziato il cielo di avermi concesso la gioia di vivere in una simile epoca. Una guerra per la libertà era scoppiata, quale il mondo non ne aveva ancora viste di più immani; giacché quanto più il fato procedeva nel suo corso, tanto più albeggiava nelle masse la convinzione che non si trattava stavolta della Siberia o del destino dell'Austria, ma dell'essere o del non essere della Nazione tedesca.

Per Hitler la guerra fu l'occasione per mettersi alla prova

Per l'ultima volta nel corso di molti anni il popolo si era fatto profetico nei riguardi del suo stesso avvenire. E così, già all'inizio della lotta gigantesca, si poté sentire nell'ebbrezza della formidabile esaltazione il necessario e severo accordo di basso continuo [metafora musicale; associato a una melodia dinamica e vivace, un basso continuo la attenua, *n.d.r.*]: giacché quel riconoscimento faceva apparire il sollevamento nazionale come qualcosa di più serio di un semplice fuoco di paglia. E la serietà era quanto mai necessaria; nessuno difatti sospettava allora, minimamente, la durata della lotta che iniziava. Si era convinti di essere di nuovo a casa per l'inverno, a riprendervi la propria pacifica attività.

A. HITLER, *La mia vita*, Bompiani, Milano 1939, p. 175, trad. it. B. REVEL

2.2 Il senso della patria

Entusiasmo patriottico e spiritualità nazionale Nel giorno della dichiarazione di guerra, il kaiser Guglielmo II coniò uno slogan estremamente efficace: «Non vedo più partiti. Vedo solo tedeschi». Esprimendosi in tal modo, l'imperatore dava voce a un'idea piuttosto diffusa in Germania e condivisa da molti protagonisti di quelle strane giornate. La società moderna, divenuta sempre più complessa con il progredire dell'industrializzazione, risultava profondamente diversificata, stratificata, per non dire lacerata da conflitti di interesse e da contrasti di ogni genere fra gruppi sociali differenti. Per un momento, invece, apparvero improvvisamente irrilevanti tutte le distinzioni politiche e sociali valide fino agli istanti immediatamente precedenti il conflitto.

Lo scoppio della guerra generò una sorta di "miracolo emotivo", suscitando un rinnovato senso della comunità nazionale: dimenticati temporaneamente tutti i contrasti, i tedeschi (ma il discorso vale, identico, per i francesi, gli inglesi, gli austriaci ecc.) si percepirono come una realtà omogenea, chiamata a combattere una comune battaglia e ad affrontare un comune destino.

› VEDI
Le liturgie di massa naziste
→ pag. 275

Le differenze reali e concrete (di condizione sociale e di ricchezza, ad esempio) non erano affatto abolite, ma solo momentaneamente superate dal sentimento, da una sorta di intuizione mistica comune a tutti i tedeschi. Nella posteriore esperienza storica del nazismo, l'agosto 1914 resterà un modello, e il Partito nazista si sforzerà di ricreare in continuazione quell'atmosfera satura di **entusiasmo patriottico** e di **spiritualità nazionale**, capaci di elevarsi dai grezzi problemi materiali (la divisione della società in classi contrapposte) alle sublimi vette della lotta per il trionfo del popolo germanico su tutti gli altri. Le **grandi parate** e le maestose **liturgie di massa** svolgeranno, negli anni Trenta, proprio questa funzione aggregante, questo ruolo di trasformazione di tanti individui socialmente differenti (e, quindi, potenzialmente aperti al conflitto reciproco) in un unico organismo vivente e compatto: il popolo tedesco.

Lavorare per competenze
avvio al saggio breve
I primi passi verso il totalitarismo
→ pag. 105

L'emergere della figura del leader che guida il suo popolo La frase del kaiser sopra citata è poi significativa perché, di fatto, poteva anche essere interpretata come un **rifiuto del parlamentarismo**, della democrazia e del principio liberale dell'inviolabilità dei diritti dell'uomo. La proclamazione della **fine dei partiti**, in effetti, poteva aprire la strada al principio secondo cui tutti i tedeschi, in modo ordinato e disciplinato, dovevano rinunciare a ogni forma di partecipazione politica, **affidandosi alla guida** di un **leader**, capace di condurre il popolo verso il suo destino. Dietro il principio della fine dei partiti faceva capolino, in fondo, il *principio del Führer*, cioè l'idea dell'obbedienza incondizionata al *capo supremo* della nazione.

Proseguendo coerentemente su tale strada, però, il singolo individuo veniva completamente privato della sua facoltà di critica e della sua libertà di espressione: chi osava criticare il leader era considerato un pericolo per il popolo, accusato di tradimento e infine trattato come un nemico, cioè messo in condizione di non nuocere.

La chiamata alle armi del 1914 davanti allo Stadtschloss, la residenza imperiale, di Berlino.

SPORT

Novecento, secolo dello sport

La *football controversy* in Inghilterra, nel 1914

Lo sport, metafora della guerra

Nel 1914, il gioco del **calcio** era ormai diventato un **fenomeno di massa**, sia nel Regno Unito sia sul continente: Germania, Austria-Ungheria, Italia e Francia avevano numerose squadre di ottimo livello, che disputavano regolari campionati o tornei. La diffusione della cultura calcistica era stata favorita dal fatto che in tutti i Paesi (con la parziale eccezione della Francia) le autorità militari avevano visto nel nuovo gioco un **ottimo esercizio preparatorio alla guerra**, di cui esso sembrava metafora: difesa, attacco, sfondamento, incursione di sorpresa nel territorio nemico (il *contropiede*), vittoria, sconfitta... In effetti, la maggior parte dei **termini calcisti** hanno il proprio equivalente più immediato in **concetti di tipo militare**. Per non parlare della necessità di **addestramento/allenamento** fisico e dello **spirito di corpo/di gruppo**, come requisiti essenziali per raggiungere **l'obiettivo/il goal**.

In Germania, nell'agosto del 1914, all'inizio delle ostilità, tutte le associazioni calcistiche appoggiarono senza indugio il governo; un loro giornale delle regioni del Nord si espresse in termini accesi: «Addosso al nemico! Dimostrate in questa lotta accesa che siete veri sportivi, che siete animati dal coraggio, dall'eroismo, dall'ubbidienza e dall'amor patrio. **Grazie allo sport e al calcio siete stati educati per la guerra**, quindi addosso al nemico, senza tremare!».

La *controversia* dei calciatori in Inghilterra

In Inghilterra, patria del football, le cose andarono in maniera molto diversa. Innanzitutto va ricordato che il Regno Unito non conosceva, all'inizio delle ostilità, la coscrizione obbligatoria: in un primo tempo, l'arruolamento fu esclusivamente su base volontaria. Le principali associazioni sportive britanniche risposero con entusiasmo: rugbisti, ginnasti, giocatori di cricket, ciclisti e boxeur si arruolarono in massa. **I calciatori**, invece, **non si mossero**, e in questa loro scelta furono **sostenuti dalle loro società, che non volevano cancellare il calendario delle partite e perdere un'intera stagione di incassi**. Il loro contributo non sarebbe stato rilevante (i calciatori professionisti erano circa 2000); l'atteggiamento tenuto tuttavia scatenò le ire di quanti, già da tempo, criticavano il football, considerandolo una specie di **attività demoniaca**, che spingeva i tifosi all'**ozio**, alle **passioni esasperate** e all'**alcolismo**. In questa vera e propria crociata, che mise seriamente in discussione la sopravvivenza del gioco del calcio nel Paese che l'aveva inventato, conservatori e sindacalisti si trovarono dalla stessa parte, tanto che il 25 novembre 1914, al Parlamento di Westminster, fu messa all'ordine del giorno una formale **proposta di legge per sopprimere, almeno in tempo di guerra, l'intero sistema calcistico**.

Ma proprio quel giorno, con perfetto tempismo, il tenente colonnello Sir George McCrae, in ottime relazioni con l'associazione calcistica scozzese, annunciò che i calciatori scozzesi e i loro tifosi avevano ufficialmente costituito un reparto di 600 uomini pronti a combattere in Francia. Il vento di Edimburgo spinse anche le associazioni inglesi a cambiare orientamento, il che mise subito a tacere le accuse degli avversari del calcio.

Il calcio, così importante ormai nella società inglese, era salvo.

Un club inglese di football, 1914.

2.3 L'invasione del Belgio e la guerra di posizione

La brutalità dell'invasione del Belgio Nel momento in cui il Reich intimò al Belgio di lasciar passare le proprie truppe sul suo territorio (2 agosto), la Gran Bretagna si sentì immediatamente chiamata in causa, in quanto garante dell'indipendenza belga. Nelle settimane precedenti, i britannici non avevano escluso a priori l'ipotesi della neutralità; tuttavia, alle 23 del 4 agosto, sette ore dopo che i primi reparti tedeschi avevano violato la frontiera del Belgio, **l'Inghilterra dichiarò guerra all'impero germanico**.

La violenza tedesca in Belgio

L'invasione tedesca del Belgio assunse immediatamente caratteri di estrema brutalità e spietatezza; l'esercito del piccolo Stato non poteva certo competere con l'immensa armata degli invasori, ma poteva contare su alcune solide fortezze (Liegi, Namur e Anversa), colpire i nemici con piccole incursioni a sorpresa e godere dell'appoggio della popolazione locale.

I forti vennero espugnati a uno a uno con l'aiuto di giganteschi cannoni d'assedio, che, oltre alle strutture militari, devastarono anche le città che quelle fortificazioni difendevano. La resistenza della popolazione, invece, fu domata mediante il **sistematico ricorso alla fucilazione** di ostaggi. Sui muri di Liegi, ad esempio, il 22 agosto venne affisso il seguente proclama, firmato dal generale von Bülow: «La popolazione di Andenne, dopo aver manifestato intenzioni pacifiche nei confronti delle nostre truppe, le ha attaccate nel modo più proditorio. Con la mia autorizzazione il generale comandante ha ridotto in cenere la città e fatto fucilare 110 persone».

Stragi e saccheggi

Una strage ancora più terribile fu perpetrata, il giorno dopo, a Dinant, ove le autorità tedesche, accusando la popolazione civile belga di aver sparato sui soldati che riparavano un ponte, uccisero per rappresaglia 612 persone tra uomini, donne e bambini. La grande città di Lovanio, addirittura, alla fine di agosto fu devastata e saccheggiata per cinque giorni di seguito.

Storiografia 1
Le ragioni del fallimento dell'offensiva tedesca
→ pag. 102

Il fallimento del piano Schlieffen La concentrazione delle truppe tedesche su Parigi, secondo quanto previsto dal piano Schlieffen, fallì. Le truppe tedesche, dopo aver attraversato il Belgio, erano sfinite a causa delle marce e degli scontri. Inoltre una parte del contingente dovette essere trasferita in Alsazia, per frenare l'attacco più forte sferrato dai francesi, e soprattutto in Prussia orientale, per far fronte all'offensiva russa. Qui i tedeschi ottennero una **schiacciante vittoria**, il 30 agosto, a **Tannenberg**, provocando la morte di 30 000 soldati russi e facendone prigionieri oltre 120 000. A guidare le forze tedesche erano i generali **Paul von Hindenburg** ed **Erich Ludendorff**.

I personaggi → Paul von Hindenburg

Nato nel 1847 da una prestigiosa famiglia aristocratica prussiana, von Hindenburg partecipò alle guerre del 1866 contro l'Austria e del 1870-1871 contro la Francia. Nel 1914 venne richiamato in servizio per organizzare la difesa della Prussia orientale, assalita dai russi, che Hindenburg sconfisse a Tannenberg. Nel 1916 assunse il comando supremo di tutto l'esercito tedesco. Nel 1932 divenne presidente della Repubblica.

4 agosto 1914: i civili di Stavelot, cittadina belga vicino alla frontiera tedesca nelle Ardenne, si mescolano tranquillamentre ai giovani soldati nemici: non hanno ancora imparato a temere l'esercito tedesco.

L'attacco decisivo contro Parigi, quindi, non riuscì a concretizzarsi, sebbene le armate tedesche fossero arrivate a circa 40 chilometri dalla capitale francese. Il **5 settembre**, nella regione del fiume **Marna**, gli eserciti inglese e francese passarono all'attacco, e dopo quattro giorni di violentissima lotta cancellarono per sempre la speranza di una rapida vittoria tedesca sul fronte occidentale. Le dimensioni di questo scontro sono indicative del tipo di guerra che si stava profilando: 1 275 000 tedeschi si scontrarono con 1 000 000 di francesi, sostenuti da 125 000 inglesi. La concentrazione di una simile quantità di uomini era stata resa possibile dalle **ferrovie**, capaci di far affluire rapidamente nei punti di raccolta, e poi nei diversi settori dello scenario bellico, tutti i soldati che i generali ritenessero necessari alla vittoria. **Nessun conflitto del passato**, neppure la guerra civile americana (che pur aveva fatto ampio ricorso alle ferrovie), **aveva visto un tale spiegamento di forze**.

La fine della guerra di movimento

Ricacciati indietro da Parigi, i tedeschi tentarono almeno di conquistare i principali porti francesi sulla Manica, ma anche questa operazione non riuscì. A quel punto, nell'ottobre del 1914, la situazione si bloccò del tutto e il conflitto si trasformò in **guerra di posizione**: i due eserciti, stremati e privi di munizioni, si attestarono lungo una linea, che percorreva longitudinalmente l'intera Francia (dal Mare del Nord fino al confine con la Svizzera) e che ricevette il nome di "**fronte occidentale**". Materialmente, si trattava di due interminabili file di **trincee** (circa 765 km), che correvano una in parallelo all'altra ed erano separate da uno spazio, più o meno ampio a seconda dei settori – poteva in effetti occupare dai 200 ai 1000 metri –, chiamato "**terra di nessuno**".

geostoria

La carta mostra le alleanze in Europa allo scoppio della Prima guerra mondiale. Come si può vedere, Austria e Germania erano accerchiate dagli eserciti della Triplice Alleanza. La posizione iniziale dell'Italia era di neutralità.

Gli schieramenti nell'estate del 1914

Carta proiettabile

Capitolo 3

CONTRASTI POLITICI

L'Italia tra neutralisti e interventisti

Storia slide

LE CONOSCENZE DA ACQUISIRE
In un primo tempo, l'Italia rimase neutrale; in seguito, il governo scelse di entrare in guerra, mentre l'opinione pubblica era lacerata fra interventisti e neutralisti.

LE COMPETENZE DA POTENZIARE
Saper individuare le radici dei meccanismi totalitari, tipici del XX secolo.

3.1 L'Italia neutrale

L'Italia nella Triplice Alleanza Le tensioni in atto in Europa alla fine del luglio 1914 facevano presagire che la guerra stesse assumendo una dimensione continentale. In Italia, il capo di Stato Maggiore dell'esercito Luigi Cadorna sollecitò il re affinché le truppe italiane scendessero in campo a fianco dell'Austria-Ungheria e della Germania, con le quali era legata dalla **Triplice Alleanza**, siglata nel 1882 e rinnovata nel 1912. Tuttavia, tale alleanza aveva **carattere difensivo**, cioè obbligava all'intervento solo nel caso in cui uno dei Paesi avesse subito un attacco.

Carattere difensivo della Triplice Alleanza

Nei giorni decisivi della crisi, sia la Germania sia l'Austria-Ungheria avevano presentato la loro decisione di aprire le ostilità come un'inevitabile risposta alla mobilitazione russa. Tale argomentazione non parve affatto convincente al governo italiano: secondo il suo giudizio, non si era verificata una vera e propria aggressione, da parte di uno o più Stati nemici, nei confronti dei due imperi alleati con l'Italia. Di conseguenza, gli impegni assunti con la stipulazione della Triplice Alleanza non dovevano, nel caso specifico della crisi del 1914, essere onorati in modo automatico e immediato. Pertanto, il 1° agosto, il governo italiano guidato del liberale conservatore **Antonio Salandra** assunse una posizione di **neutralità**.

Le lusinghe dei nemici della Germania I nemici della Germania, dopo aver accolto con molto sollievo la scelta della neutralità, cominciarono ben presto a sollecitare l'Italia a schierarsi dalla loro parte. Questo invito nasceva dall'ovvia constatazione dell'**esaurimento delle ragioni che avevano portato l'Italia a firmare la Triplice Alleanza**. Nel 1882, il legame politico e militare con la Germania era nato dal desiderio italiano di frenare l'espansionismo francese nel Mediterraneo, anche al prezzo di accantonare a tempo indeterminato la questione dei territori di lingua e cultura italiana (le regioni di Trento e Trieste) sottomessi al dominio austriaco.

Prima pagina del quotidiano "La Stampa" del 2 agosto 1914, in cui compare la notizia della neutralità dell'Italia.

TORINO, Domenica 2 Agosto 1914

LA STAMPA

La neutralità dell'Italia ufficialmente confermata

La Germania non ha presentato finora nessun "ultimatum„

La mobilitazione generale in Francia annunciata dall'Agenzia svizzera

Perchè il Consiglio dei ministri ha deciso la neutralità dell'Italia

La decisione storica

La Francia sicura dell'appoggio dell'Inghilterra?

Ma, nel 1911-1912, erano avvenute in modo consensuale l'occupazione francese del Marocco e la conquista italiana della Libia: si era trattato di un'equilibrata spartizione degli ultimi territori nordafricani ancora liberi dal dominio coloniale europeo.

Nel 1914, tra Francia e Italia non era più attivo alcun serio motivo di contrasto. Se teniamo presente, invece, che l'Austria-Ungheria non aveva alcuna intenzione di rivedere i propri confini con l'Italia, e che le violenze delle forze di occupazione tedesche in Belgio avevano fatto molta impressione sull'opinione pubblica, si può affermare che, fin dall'autunno del 1914, **l'eventuale intervento dell'Italia** nel conflitto sarebbe potuto avvenire **solo a fianco dell'Inghilterra, della Francia e della Russia**.

La politica estera italiana

Schema proiettabile

	DAL 1881 AL 1904	DAL 1904 AL 1914
EVENTO CRITICO, PUNTO DI SVOLTA	Occupazione francese della Tunisia (1881)	Accordo tra Italia e Francia (1904) su Marocco e Libia
POTENZIALE AVVERSARIO, DOPO L'EVENTO CRITICO	Francia	Austria-Ungheria
MOTIVO DEL CONTRASTO	Espansione coloniale francese nel Mediterraneo	Dominazione austriaca su Trento e Trieste
STRATEGIA POLITICA	Triplice Alleanza tra Germania, Italia e Austria-Ungheria	Accordo politico (e poi, anche militare) con Francia e Inghilterra
PROBLEMI SUSCITATI DALLA STRATEGIA	Temporaneo accantonamento della questione di Trento e Trieste	
POLITICA ADOTTATA		Rinnegamento della Triplice Alleanza

Un dibattito acceso

Un Paese lacerato In Italia, lo scoppio della guerra non suscitò i sentimenti di **coesione nazionale** e di **solidarietà** che invece erano sorti negli altri Paesi coinvolti. La popolazione italiana non visse nulla di equivalente all'atmosfera di intensa emotività che caratterizzò le altre capitali europee. Al contrario, il **dibattito** fu **acceso** e **l'opinione pubblica si divise**: da una parte stavano i **neutralisti**, che osteggiavano un coinvolgimento italiano; dall'altra vi erano gli **interventisti**, cioè coloro che erano favorevoli all'intervento italiano in guerra.

Anche i politici italiani ebbero tempo di riflettere e di discutere, a differenza dei loro colleghi di altre nazioni, che – costretti a prendere decisioni rapide, incalzati dagli eventi – non sempre riuscirono a valutare a pieno le conseguenze delle loro scelte.

Video
La Trieste di Italo Svevo

I luoghi → Trieste

Nel 1866 l'Austria fu costretta a cedere il Veneto all'Italia. Sotto la dominazione austriaca, però, restavano ancora vari territori abitati da una popolazione di lingua e cultura italiana, come il Trentino, il Friuli e la Venezia Giulia. Trieste, prima della guerra 1914-1918, era il principale porto dell'impero austro-ungarico. Anche la vita culturale triestina era molto vivace, basti pensare all'ampia circolazione che vi ebbero le idee di Freud, che influenzarono profondamente lo scrittore Italo Svevo. Il vero nome di questi era Ettore Schmitz: assunse lo pseudonimo con cui è noto per indicare che (come tanti triestini) egli sentiva di appartenere a due mondi, a quello della cultura italiana e a quello dell'Europa centrale. Ricordiamo infine che Svevo era di origine ebraica: Trieste in effetti, prima della seconda guerra mondiale, ospitava una delle più ampie e vivaci comunità ebraiche italiane.

Trieste austriaca: cerimonia e corteo funebre degli arciduchi Francesco Ferdinando e Sofia, 2 luglio 1914.

3.2 I neutralisti

Giovanni Giolitti Fra i **sostenitori della neutralità**, la voce più autorevole era senza dubbio quella di **Giovanni Giolitti**, che aveva retto il Paese per circa dieci anni, tra il 1900 e il 1914.

Consapevolezza dei limiti dell'economia italiana

Giolitti non era affatto contrario alla guerra in sé, e neppure era ostile alla conduzione di imprese belliche finalizzate al rafforzamento del prestigio della nazione: non a caso, proprio sulla questione della guerra di Libia si era infranta la collaborazione politica dell'anziano statista piemontese con i socialisti. D'altra parte Giolitti aveva intuito, più lucidamente di Salandra e degli altri ministri, che dopo l'arresto dell'avanzata tedesca sulla Marna **la guerra sarebbe stata lunga ed estenuante**, cioè capace di logorare eserciti, economie e sistemi sociali ben più robusti di quello italiano. A suo giudizio, pertanto, l'Italia doveva stare fuori dallo scontro il più a lungo possibile, e trarre a livello internazionale, dalla sua posizione di neutralità, tutti i vantaggi possibili.

La Chiesa Anche la Chiesa riteneva che per l'Italia fosse opportuno restare al di sopra delle parti in lotta. La motivazione primaria di questo orientamento era di natura morale, cioè nasceva dal fatto che il conflitto si stava rivelando un **massacro** di dimensioni superiori a ogni più pessimistica previsione: nel 1917, coerente con tale impostazione, papa Benedetto XV arrivò a dichiarare che la guerra era solo un'«**inutile strage**». Non vanno poi dimenticate altre motivazioni, più strettamente politiche: l'intervento italiano avrebbe potuto contribuire alla sconfitta (e, al limite, al crollo) dell'Austria-Ungheria, l'ultima grande potenza europea dichiaratamente cattolica.

Nessun vantaggio per il proletariato

› VEDI Lenin sull'imperialismo → pag. 161

I socialisti riformisti A favore della neutralità, infine, si schierarono anche i **socialisti riformisti**, che collegavano direttamente la guerra mondiale con il fenomeno dell'imperialismo. Dal loro punto di vista, le grandi potenze capitaliste erano ormai giunte alla completa spartizione della Terra; poiché non c'erano più terre *senza padrone*, da aggiungere al proprio impero, se si voleva entrare in possesso di nuove regioni, da trasformare in campi d'investimento per i capitali e in mercati aggiuntivi per l'esportazione dei prodotti nazionali, bisognava strapparle con la forza ai rivali. Anche in caso di vittoria del proprio Paese, dunque, il proletariato non avrebbe ottenuto alcun beneficio da questa **guerra**, **vantaggiosa solo per i capitalisti**: viceversa, sui campi di battaglia, sarebbero stati proprio gli operai e i contadini a dover morire, cioè a sopportare tutto il peso umano e materiale della lotta.

Nelle loro dichiarazioni pubbliche, i socialisti italiani minacciavano che avrebbero bloccato con ogni mezzo la mobilitazione dell'esercito, in caso di intervento italiano in guerra. Nel medesimo tempo, però, nessun progetto di protesta sociale organizzata venne mai effettivamente elaborato: quando si arrivò al momento critico, i socialisti si trovarono incapaci di ostacolare in maniera davvero efficace le decisioni del governo. Infine, per tutto il periodo 1915-1918 essi si trincerarono dietro la formula: «**né aderire, né sabotare**». La guerra continuò a essere criticata, ma soldati e operai non furono esortati né a disertare né a boicottare la produzione di armi e munizioni.

Cartolina postale disegnata nel 1914 che mostra l'Italia contesa tra Germania e Austria, da un lato, e Francia, Russia e Inghilterra, dall'altro. Lo slogan sottolinea la salda neutralità italiana: «Come torre ferma e che non crolla al forte soffiar degli... eventi».

3.3 Gli interventisti di sinistra

Liberare Trento e Trieste

Gli intellettuali democratici Anche il gruppo degli interventisti era tutt'altro che omogeneo e compatto. Anzi, era costituito da forze politiche piuttosto diverse, tra le quali spiccavano, in prima fila, gli **intellettuali democratici**, eredi della tradizione risorgimentale.

Tra questi possiamo ricordare il geografo trentino **Cesare Battisti** (impiccato dagli austriaci nel 1916) e lo storico **Gaetano Salvemini**.

Sulla scia del pensiero risorgimentale, appunto, costoro ritenevano che la **guerra** andasse considerata come la **grande occasione storica per liberare dal dominio austriaco le due regioni *irredente*** ("non redente", non liberate) di **Trento** e **Trieste**. A loro giudizio, inoltre, questo *nuovo Risorgimento* avrebbe dovuto caratterizzarsi per una presenza popolare ben più massiccia e significativa, che avrebbe infine generato un complessivo rinnovamento, in senso democratico, dell'intero assetto politico italiano. Infine, essi affermavano che una vittoria della Germania avrebbe comportato, a livello europeo, un trionfo del militarismo e dell'autoritarismo, mentre una sua sconfitta (cui l'Italia avrebbe dovuto contribuire) avrebbe significato la crisi dell'impero austro-ungarico e la liberazione di tutte le nazionalità oppresse dell'Europa centrale.

I personaggi → Gaetano Salvemini

Nato nel 1873, lo storico Gaetano Salvemini aveva inizialmente aderito al Partito socialista italiano. Il suo progressivo distacco dai socialisti si verificò a causa della loro collaborazione politica con Giolitti, che Salvemini accusava di essere il principale responsabile del degrado del Mezzogiorno italiano. In un celebre scritto polemico del 1910, Salvemini arrivò ad apostrofare Giolitti con l'epiteto di «ministro della malavita». Salvemini, infatti, aveva raccolto le prove di numerosi brogli elettorali, compiuti dai candidati giolittiani in vari collegi elettorali del Sud Italia. Dopo la guerra assunse un atteggiamento apertamente antifascista. Espulso e privato della cittadinanza italiana, fu costretto a emigrare negli Stati Uniti. Tornato in patria nel 1947, morì nel 1957.

Prologo della rivoluzione proletaria

I socialisti rivoluzionari Ancora più a sinistra dei democratici, si collocò nello schieramento interventista un gruppo di **socialisti rivoluzionari**, che prevedeva per il futuro ben altri sviluppi.

Richiamandosi a una celebre *profezia* di Engels, intuirono che la partecipazione a un conflitto di dimensioni così vaste avrebbe logorato le strutture sociali e politiche del Paese, generando condizioni ideali per una sollevazione di tipo rivoluzionario. Essi ammettevano che, nell'immediato, la guerra avrebbe provocato terribili sofferenze a migliaia di persone; ma la carneficina, ai loro occhi, era il prezzo da pagare per **il trionfo e la vittoria finale del proletariato**, cosicché doveva essere accettata con virile forza, se non addirittura con entusiasmo.

Su posizioni simili si schierò anche **Benito Mussolini**; convinto che quella della neutralità fosse la causa dei moderati e dei conservatori (la Chiesa, Giolitti, i socialisti riformisti ostili a ogni prospettiva rivoluzionaria) il 15 novembre 1914 diede vita a un **nuovo quotidiano**, **"Il Popolo d'Italia"**. Come sottotitolo, esso recava la dicitura «quotidiano socialista»; in realtà, era finanziato da alcuni gruppi industriali italiani che, favorevoli al coinvolgimento del Paese in guerra, erano disponibili ad appoggiare economicamente quei settori del movimento socialista che si fossero schierati dalla parte dell'interventismo. Dopo alcuni mesi, anche dall'ambasciata francese giunsero fondi al nuovo giornale di Mussolini, che, dopo essere stato espulso dal Partito socialista, era in cerca di una linea politica propria.

Percorsi di storia locale
Mussolini e De Gasperi nel Trentino austriaco

I personaggi → Benito Mussolini

Nato nel 1883 a Predappio, in Romagna, figlio di un fabbro di idee anarchiche e di una maestra, aderì nel 1900 al Partito socialista, si diplomò maestro ed emigrò in Svizzera per evitare il servizio militare. Rientrato in patria nel 1905, grazie a un'amnistia, iniziò l'attività giornalistica in fogli locali del PSI a Trento e Forlì, su posizioni rivoluzionarie e anticlericali. Fu condannato per aver organizzato le manifestazioni contro la guerra di Libia; nel 1912 al congresso di Reggio Emilia guidò l'ala intransigente del partito, che ottenne la maggioranza contro i riformisti, e venne nominato direttore dell'"Avanti!", il quotidiano ufficiale del PSI. Neutralista allo scoppio della guerra, nell'ottobre del 1914 si schierò improvvisamente su posizioni interventiste. A fine novembre fu espulso dal PSI. Richiamato alle armi, venne ferito durante un'esercitazione e lasciò la zona di guerra. La sua storia successiva è fusa indissolubilmente con quella del fascismo.

Documento

Dalla guerra alla rivoluzione

Nel 1914 i socialisti rivoluzionari accolsero con gioia lo scoppio della guerra, in quanto credevano che essa avrebbe accelerato i tempi e le condizioni della rivoluzione. L'articolo seguente comparve sul quotidiano socialista "Avanti!" il 12 settembre 1914, con la firma di Sergio Panunzio, ma vari storici ipotizzano che il vero autore fosse Benito Mussolini.

L'arresto di Mussolini durante una manifestazione interventista nel 1915.

Io sono fermamente convinto che solo dalla presente guerra, e quanto più questa sarà acuta e lunga, scatterà rivoluzionariamente il socialismo in Europa... Alle guerre esterne dovranno succedere le interne, le prime devono preparare le seconde, e tutte insieme la grande luminosa giornata del socialismo... Siamo tutti convinti che il socialismo per effettuarsi deve essere *voluto*. Questo è il momento di *volerlo* e di *averlo*. Domani, se il socialismo sarà inerte e... *neutrale*, la situazione storica non solo potrebbe ribadire uno stato di cose simile all'attuale, ma potrebbe volgersi oggettivamente nel senso il più lontano e opposto al socialismo... Siamo tutti certi che *tutti* gli Stati, *in quanto* Stati borghesi, *dopo* la guerra vincitori o vinti, resteranno prostrati e con le ossa rotte... Vinti saranno un po' tutti. Non ci sarà dunque nessun *terzo* esercito, nessun terzo *sopra-Stato* vincitore? [...] Il capitalismo sarà così profondamente intaccato che basterà solo che gli sia inferto il colpo mortale... *Chi sostiene la causa della pace sostiene inconsciamente la causa della conservazione e del capitalismo.*

R. DE FELICE, *Mussolini il rivoluzionario. 1883-1920*, Einaudi, Torino 1965, pp. 245-246

Analizza il testo

- Quale sequenza di eventi porterà, secondo chi scrive, al socialismo?
- Spiega l'espressione «Chi sostiene la causa della pace sostiene inconsciamente la causa della conservazione e del capitalismo».

3.4 I nazionalisti

Enrico Corradini Tra i più accesi sostenitori dell'intervento italiano in guerra vi erano **Enrico Corradini** e il gruppo dei **nazionalisti** da lui fondato. Corradini era stato uno dei propugnatori dell'intervento in Libia, che a suo parere aveva lanciato l'Italia nel suo cammino di grande potenza.

Sul piano teorico, l'intuizione più originale di Corradini era stata quella di adottare una **terminologia di tipo marxista**, strumentalizzandola per i propri fini. Secondo il suo giudizio, infatti, i veri soggetti motori della storia non erano le classi sociali, bensì le nazioni, costantemente in lotta tra loro per la sopravvivenza e la supremazia. Nel mondo moderno, egli vedeva però due tipi di nazioni: quelle che chiamava "nazioni borghesi" e le cosiddette "nazioni proletarie". Le prime, da tempo, avevano costruito propri imperi e si erano arricchite, mentre le seconde (Italia compresa) erano ancora alla ricerca di un'affermazione politico-militare e di un impero coloniale. Tra questi due gruppi non potevano esserci pace e collaborazione, in quanto le nazioni più ricche soffocavano l'espansione delle *proletarie*, più povere, certo, ma piene di vita e di energia, *giovani*, e quindi destinate a emergere e a prendere il posto delle ormai declinanti potenze *borghesi*.

La "nazione proletaria" di Corradini

Ostacoli al nazionalismo

La vittoria nella grande **competizione tra le nazioni**, tuttavia, secondo Corradini esigeva alcune importanti modifiche dell'assetto sociale e politico interno. Innanzitutto, era indispensabile **schiacciare «l'ignobile socialismo»**, che esortava i proletari a combattere i borghesi e, dunque, poteva portare a una rovinosa guerra civile; il socialismo, insomma, era visto come una specie di cancro che minava la salute della nazione e le impediva di sostenere, unita e compatta, il peso della grande competizione con gli altri Stati del mondo. In secondo luogo, Corradini era nemico del parlamentarismo e della democrazia, che a suo giudizio non erano in grado di condurre con efficienza e decisione una nazione verso l'espansione e la grandezza. Secondo Corradini, era indispensabile che il **potere fosse esercitato** in modo autoritario **da un'élite**, da un nuovo ristretto gruppo dirigente, capace di individuare gli obiettivi della politica nazionale e di perseguirli con mano ferma.

La differenza rispetto a Mazzini

La novità del nazionalismo di Corradini Per cogliere la **novità storica del nazionalismo** di Corradini, può essere utile segnalare ciò che distingue tale posizione (anticipatrice dei tratti fondamentali dell'ideologia fascista) dalle concezioni di Mazzini. In entrambi i casi, la nazione è posta al centro della riflessione: il pensatore risorgimentale, tuttavia, aspirava alla nascita di un'Europa in cui tutti i popoli fossero liberi e indipendenti, mentre Corradini auspicava l'**egemonia della nazione italiana su altre nazioni**, i cui diritti non venivano minimamente presi in considerazione e tanto meno rispettati.

Inviati durante la guerra italo-turca: il primo da sinistra è Filippo Tommaso Marinetti, mentre Enrico Corradini è in sella al cavallo.

Quanto alla politica interna, anche Mazzini, certo, fu avversario del socialismo, ma nello stesso tempo fu pure un fiero sostenitore della democrazia politica. **In Corradini**, al contrario, le idee di **democrazia** e di **nazione si sganciano l'una dall'altra**, si separano e si allontanano, al punto che la seconda sottomette a sé la prima e, di fatto, la cancella.

Le posizioni degli italiani riguardo l'entrata in guerra

Schema proiettabile

NEUTRALISTI	Giolitti	La guerra è un colpo mortale per esercito, economia, sistema sociale
	Chiesa cattolica	La guerra è un "inutile strage" da condannare moralmente
	Socialisti riformisti	La guerra è espressione estrema della sete imperialista dei moderni Stati capitalisti
INTERVENTISTI	Intellettuali democratici	La guerra è l'occasione per un nuovo risorgimento in Italia e in Europa
	Socialisti rivoluzionari	La guerra è l'anticamera del trionfo finale del proletariato
	Mussolini e gli industriali	La guerra è una possibilità di riscatto del popolo e dell'economia del Paese
	Corradini e i nazionalisti	La guerra è un'opportunità per diventare una "nazione borghese" affermata e dotata di un impero coloniale

Capitolo
4

CONTRASTI POLITICI

L'Italia in guerra

Storia slide

LE CONOSCENZE DA ACQUISIRE
La maggior parte degli intellettuali, il re e il governo spinsero il Paese in guerra

LE COMPETENZE DA POTENZIARE
Saper cogliere la dimensione di massa dei fenomeni tipici del XX secolo

4.1 Le posizioni degli intellettuali

Il "mito del superuomo": Gabriele D'Annunzio Su posizioni simili a quelle nazionaliste di Corradini, troviamo molti degli intellettuali più brillanti dell'epoca. Colpiti dal concetto di **superuomo** proposto dal filosofo tedesco **Nietzsche**, questi intellettuali avevano finito per abbracciarne una **versione banalizzata e semplificata**, assumendo pertanto atteggiamenti trasgressivi e provocatori. Ai loro occhi, la società moderna non lasciava più spazio all'individuo forte e geniale, sempre più schiacciato dalle masse e da una morale che conduceva a una vita piatta e meschina, simile a quella di un gregge.

Il genio schiacciato dalle masse

Guardiamo la storia
D'Annunzio e l'estetica della politica

Gabriele D'Annunzio, alla fine dell'Ottocento, aveva aperto la strada a questo tipo di rivolta dell'individuo, descrivendo nei suoi romanzi personaggi eccessivi e trasgressivi. Dopo di lui, il "mito del superuomo" aveva continuato a essere attivo, tuttavia molti intellettuali italiani del primo Novecento cercarono **strade artistiche nuove**, dando vita a un'**avanguardia** quanto mai vivace e originale nelle sue proposte e nei suoi risultati.

ZOOM Gabriele D'Annunzio

Gabriele D'Annunzio nacque a Pescara nel 1863. All'età di 26 pubblicò il più famoso dei suoi romanzi, *Il piacere* (1889), nel quale criticava il **«grigio diluvio democratico»** dei suoi tempi, **che non lasciava più spazio all'eroe e all'uomo eccezionale**, schiacciato dalle masse. Questo atteggiamento fortemente critico lo portò a creare personaggi capaci di trasgredire le regole della morale comune e, quindi, di vivere una vita intensa, piena di emozioni e satura di sensazioni. Se sul piano letterario, il suo stile e il suo linguaggio erano apparsi superati ai giovani della sua generazione, **le vicende della sua vita personale**, invece, **appassionavano i contemporanei**. Al pari di quella dei suoi personaggi, D'Annunzio trasformò la sua esistenza in una **ricerca continua di esperienze forti e di nuove emozioni**, nel completo disprezzo della morale corrente.

Con questo spirito eroico, partecipò alla prima guerra mondiale e compì imprese che destarono grande scalpore, come il siluramento delle navi austriache nel porto di Buccari (in Croazia) e un volo su Vienna (1918). Nel 1919, **guidò l'occupazione di Fiume** e fu un **punto di riferimento per il nascente movimento fascista**. Dopo la conquista del potere, invece, Mussolini temette che il prestigio del poeta potesse oscurare il suo e pertanto lo mantenne in una posizione di dorato isolamento fino alla sua morte, nel 1938.

Il mito della guerra: i futuristi Poiché la guerra, nella concezione morale corrente, era condannata come il massimo dei mali e dei peccati, proprio essa venne assunta dalla nuova generazione di intellettuali come l'evento affascinante e avvincente per eccellenza. **Giovanni Papini**, ad esempio, nel 1913 sulla rivista "Lacerba" celebrò la **guerra** come **uno strumento liberatore**, capace di spazzare via dalla terra l'umanità in esubero, le ottuse masse dominatrici che soffocavano il genio e l'individuo. Così scriveva: «In verità siamo troppi nel mondo. La marmaglia trabocca e gli imbecilli si moltiplicano. Per diminuire il numero di codeste bocche dannose qualunque cosa è buona: eruzioni, convulsioni di terra, pestilenze. E siccome tali fortune son rare e non bastano ben venga l'assassinio generale collettivo».

Filippo Tommaso Marinetti In termini simili si era già espresso **Filippo Tommaso Marinetti**, che aveva definito la guerra «sola igiene del mondo»; egli aveva dato vita, nel 1909, al movimento artistico del **Futurismo**, preoccupato di adeguare l'arte (in tutti i suoi campi) alla realtà moderna e, soprattutto, al fatto che **il XX secolo era il tempo della velocità**. Le riflessioni teoriche e le produzioni artistiche di Marinetti furono caratterizzate dalla preoccupazione di dare velocità e ritmo alla comunicazione artistica (in modo da permetterle di esprimere il mondo moderno e di essere in sintonia con esso), anche a costo di distruggere la sintassi (in poesia), il suono (in musica) e la figura tradizionale (in pittura).

Lo scrittore Filippo Tommaso Marinetti (1876-1944).

Tutti questi autori esaltavano l'individuo; eppure, nel momento in cui il loro desiderio di trasgressione scelse la **guerra come mezzo di provocazione**, essi finirono per assumere posizioni di tipo nazionalistico, cioè finirono per esaltare un'entità collettiva – la nazione – a discapito dell'individuo. «Oggi più che mai – scrisse Marinetti nel 1915 – la parola *Italia* deve dominare sulla parola *Libertà*». In pratica, il loro desiderio di libertà assoluta li portò dapprima a sostenere la necessità dell'intervento italiano in guerra, poi a difendere la sottomissione di tutte le libertà individuali alle superiori esigenze della patria e infine (dopo il conflitto) ad aderire al movimento fascista.

Giacomo Balla, *Sbandieramento + folla*, 1915 (Milano, Museo del Novecento). Il dipinto, un esempio di pittura futurista, rappresenta il movimento della folla e delle bandiere sventolate dai nazionalisti che auspicano l'ingresso in guerra.

4.2 Il coinvolgimento delle masse e il Patto di Londra

Un nuovo stile politico Gli interventisti intensificarono la loro azione propagandistica nel corso della primavera 1915. Nelle principali città italiane furono organizzati **raduni e manifestazioni**. Alcune di questi eventi, grazie al determinante **contributo coreografico di D'Annunzio**, ebbero sulle folle effetti di coinvolgimento sconosciuti fino ad allora, e possono essere considerati un'anticipazione di quelle liturgie di massa che caratterizzeranno, non molti anni dopo, il fascismo: siamo di fronte, per la prima volta in Italia, alle fasi iniziali di un **nuovo modo di gestire il potere politico**.

Il leader e le masse

Il **leader**, in questo nuovo stile politico, non era una figura separata dal popolo e superiore alle masse, ma colui che ne incarnava e ne risvegliava i sentimenti più intimi, più profondi e più autentici. **Immerso nella folla, il leader la guidava** e l'indirizzava lungo la strada che egli stesso indicava come l'unica capace di portare prosperità e grandezza alla nazione. Chi partecipava al raduno era colpito spesso più dalle musiche, dai colori e dal contesto complessivo, che dalle parole dell'oratore: il risultato era comunque un'emozione profonda, una formidabile carica passionale (al limite del fanatismo), capace di travolgere impetuosamente ogni obiezione di tipo razionale che potesse venir mossa alle opinioni del leader, che non a caso faceva uso, spesso, di termini e simboli derivati dalla tradizione religiosa.

Le manifestazioni interventiste La più imponente di queste manifestazioni si ebbe a Genova, il 5 maggio 1915. Salandra e il re, invitati alla cerimonia, declinarono l'invito. Questo gesto di rifiuto è indicativo della differenza esistente tra il vecchio e il nuovo stile politico. Uomini della tradizione, Salandra e **Vittorio Emanuele III** avrebbero voluto le masse obbedienti, silenziose e passive. D'Annunzio, invece, intuì che la piazza e la festa pubblica andavano sottratte alla tradizione rivoluzionaria (democratica o socialista) e conquistate a un progetto politico di segno nuovo, che pur essendo autoritario e nazionalista, offrisse alle masse l'opportunità di sentirsi protagoniste e soggetto attivo.

Un nuovo progetto politico

Inizialmente, un progetto di questo genere lasciò perplessi anche vari nazionalisti. Alfredo Rocco (che poi avrebbe dato un contributo decisivo alla costruzione del regime fascista) scrisse nell'aprile 1915 che bisognava «deplorare questo elevamento della piazza a organo della vita politica italiana». Tuttavia, nel medesimo tempo, riconosceva che tale **centralità della piazza**, cioè delle masse, sulla scena politica era «un

I personaggi → Vittorio Emanuele III

Nato nel 1867, Vittorio Emanuele III di Savoia divenne re d'Italia nel 1900, dopo che suo padre Umberto I era stato ucciso dall'anarchico Bresci nell'attentato di Monza. Fino alla prima guerra mondiale, si mostrò rispettoso del sistema parlamentare e della Costituzione. A partire dal maggio del 1915, invece, assunse un atteggiamento sempre più ambiguo e timoroso della democrazia, che lo spinse infine a sostenere in pieno il fascismo. Solo nel 1943 Vittorio Emanuele III si sarebbe dissociato da Mussolini, temendo che la caduta del fascismo potesse provocare anche la fine della monarchia in Italia. Dopo la seconda guerra mondiale, Vittorio Emanuele abdicò, il 9 maggio 1946. Morì ad Alessandria d'Egitto nel 1947.

Una dimostrazione interventista a Milano, 1915.

dato di fatto, una realtà effettiva e attuale, che noi constatiamo con dolore, ma che non possiamo distruggere di un colpo. Questo è il clima politico in cui operiamo, e da cui non possiamo prescindere, senza eliminarci completamente dalla pratica della vita nazionale».

› VEDI
Il fascismo e la mobilitazione delle masse
→ pag. 205

I nazionalisti dunque si adeguarono al nuovo stile politico lanciato da D'Annunzio. Dopo la guerra, sarebbe però stato Mussolini a raccogliere più di tutti l'eredità di questi primi tentativi sperimentali di gestione nazionalista della piazza e di mobilitazione delle masse per fini opposti a quelli della democrazia e del socialismo.

Il Patto di Londra Nei mesi di marzo e aprile 1915, il ministro degli Esteri italiano **Sidney Sonnino** ebbe numerosi incontri diplomatici con alti esponenti del governo austro-ungarico per sondare quali vantaggi concreti, a livello territoriale, l'Italia potesse aspettarsi dalla sua posizione di neutralità. Tuttavia Vienna si disse disposta a cedere solo una parte del Trentino.

L'Italia contro l'Austria-Ungheria

Stimando insufficiente tale offerta e illudendosi di poter ottenere di più, il 26 aprile 1915 il governo italiano firmò il cosiddetto **Patto di Londra**, impegnandosi entro un mese a entrare in guerra con Francia, Gran Bretagna e Russia, *contro* l'Austria-Ungheria. L'accordo prevedeva che, dopo la vittoria, all'Italia sarebbero state assegnate le due regioni di Trento e di Trieste, l'Alto Adige, l'Istria, la Dalmazia (cioè la costa orientale dell'Adriatico) e una parte delle colonie tedesche in Africa. Tutto ciò avrebbe comportato il trasferimento sotto sovranità italiana di 230 000 austro-tedeschi e 700 000 slavi. Per giustificare l'espansionismo italiano Salandra fece uso dell'espressione «sacro egoismo», coniata dai nazionalisti. Tale formula stava a indicare che il punto di vista del governo era molto diverso da quello degli interventisti democratici: l'Italia sarebbe entrata in guerra non per compiere una nobile missione di redenzione, ma in nome di una **fredda politica di potenza**, guidata dalla speranza di allargare in modo consistente il territorio nazionale.

«Sacro egoismo»

Per definire meglio la posizione di Salandra e di Sonnino, lo storico Gian Enrico Rusconi utilizza invece il termine *azzardo*. I massimi dirigenti dello Stato italiano, infatti, non tennero in minimo conto le concrete e sensate obiezioni di Giolitti, dettate da una realistica considerazione delle effettive risorse italiane. «L'azzardo – scrive Rusconi – è qualcosa in più di un rischio calcolato tra obiettivi e risorse, con un margine di incertezze e imponderabilità. **È un atto di volontà che forza la situazione**».

4.3 Il «maggio radioso»: l'entrata in guerra

Gli scontri parlamentari La prima forzatura riguardava il Parlamento, che avrebbe dovuto **ratificare** con il proprio voto il Patto di Londra. Alla Camera, la maggioranza dei deputati era schierata su posizioni simili a quelle di Giolitti, secondo cui l'Italia poteva ottenere molto di più restando neutrale che partecipando allo scontro. «Potrebbe essere, – scrisse Giolitti all'onorevole Peano – e non apparisce improbabile, che, nelle attuali condizioni dell'Europa, parecchio possa ottenersi senza una guerra».

Contro Giolitti

Quando il quotidiano "Tribuna" (il 1° febbraio 1915) pubblicò la lettera che conteneva tali parole, **Giolitti fu attaccato** pubblicamente **dai nazionalisti**, che lo accusarono di voler affrontare le delicate questioni del momento con bassi raggiri. Giolitti diventò il simbolo di una povera *Italietta*, da lasciarsi indietro senza rimpianti: dal grandioso scontro armato europeo, invece, ci si attendeva la nascita di una nuova Italia, la rinascita della nazione, rinvigorita nel morale, più forte e rispettata dalle altre potenze.

Le parole di Mussolini

L'orientamento neutralista della Camera suscitò la collera di molti interventisti e, soprattutto, di Mussolini, che l'11 maggio, in un articolo intitolato *Abbasso il Parlamento!* arrivò a scrivere: «Sono sempre più convinto che per la salute dell'Italia bisognerebbe fucilare, dico *fucilare*, nella schiena, qualche dozzina di deputati e mandare all'ergastolo un paio almeno di ex ministri. Non solo, ma io credo, con fede sempre più profonda, che il Parlamento in Italia sia il bubbone pestifero che avvelena il sangue della Nazione. Occorre estirparlo».

Lo scontro tra neutralisti e interventisti toccò il culmine nel **maggio 1915**, che D'Annunzio chiamò il «maggio radioso». Tale conflitto assunse la massima intensità a Roma, dove alcuni giornali schierati per l'intervento giunsero a invitare all'assassinio di Giolitti e dei deputati a lui vicini. Poiché il Parlamento era allineato su posizioni di neutralità, gli interventisti, **contrapponendosi all'istituto parlamentare**, si presentavano come gli unici autentici interpreti della volontà nazionale, desiderosi di guidare il Paese lungo un percorso di potenza ed espansione, che invece la meschinità e la prudenza dei politici si rifiutavano di intraprendere.

Gabriele D'Annunzio, con la sua riconosciuta abilità oratoria, fu il protagonista di molte manifestazioni a favore dell'intervento sulle piazze o nei teatri di tutta Italia (nella stampa tratta da una copertina della "Domenica del Corriere" è raffigurato mentre tiene un comizio in un teatro a Roma).

Le parole → Ratificare

Ratificare significa "confermare", "convalidare". In un sistema parlamentare pienamente sviluppato, basato sulla separazione dei poteri, ogni decisione del governo (che esercita il potere esecutivo) dev'essere approvata (cioè ratificata) anche dal Parlamento, che esercita il potere legislativo. Una procedura simile non era necessaria nell'impero tedesco, monarchia semiassoluta in cui le decisioni relative alla politica estera e alla guerra erano di competenza solo del kaiser e del cancelliere (capo del governo). Proprio per questo, i nazionalisti italiani ammiravano la Germania: ritenevano che le discussioni in Parlamento impedissero l'azione tempestiva e fossero solo un'inutile perdita di tempo. A loro giudizio, il sistema parlamentare andava sostituito con un'autorità dittatoriale energica e decisa, esercitata da un leader o da una ristretta élite di individui capaci e determinati.

Storiografia 2
L'Italia e la scelta dell'intervento
→ pag. 103

Le dimissioni di Salandra e l'entrata in guerra Resosi conto di non godere della fiducia della Camera, il 13 maggio Salandra diede le dimissioni; ma il re, deciso sostenitore dell'intervento, gli conferì di nuovo l'incarico. A quel punto, per i deputati, votare contro il Patto di Londra avrebbe significato non solo resistere alle minacce degli interventisti, ma anche sconfessare l'operato del re, mettendone in discussione il prestigio e l'autorità. Il 20 maggio, pertanto, il Parlamento ratificò la decisione del governo, provocando l'**ingresso dell'Italia in guerra** (**24 maggio**).

Questa cartolina postale di propaganda pubblicata nel 1915 vuole convincere gli italiani dell'importanza dell'entrata in guerra. Un'Italia turrita avvolta dalla bandiera tricolore e con lo scudo Savoia guarda verso la stella del 1915, astro che splende sulla città di Trieste e che ha determinato l'entrata in guerra per conquistare le terre ancora sotto il dominio austro-ungarico: Trento, Trieste e la Dalmazia.

L'adesione dell'Italia al conflitto non registrò assolutamente quel momentaneo entusiasmo collettivo che si era verificato a Parigi, Vienna o Berlino: non si percepì infatti un clima di mistica unione nazionale, ma un'**atmosfera da guerra civile**, di violenza e di rancori. Dopo la guerra, molti interventisti confluirono nel fascismo proprio perché, nel maggio del 1915, si erano convinti del fatto che, all'interno della nazione, si nascondevano dei veri e propri nemici dell'Italia: se quest'ultima voleva sopravvivere e diventare una grande potenza, tali pericolosi avversari interni andavano zittiti, schiacciati e, al limite, eliminati, con estrema determinazione e senza alcuna pietà.

Il re non rispetta il Parlamento

La procedura seguita dal re nel maggio del 1915 doveva rivelarsi molto pericolosa per il futuro: era stato evidente, infatti, che **il re non aveva tenuto in alcun conto la volontà del Parlamento** e, di fatto, l'aveva scavalcato. Dal punto di vista formale, è senza dubbio eccessivo parlare di *colpo di Stato*. Appare condivisibile, tuttavia, il giudizio espresso a suo tempo dal leader socialista Filippo Turati: «La guerra avrebbe prodotto questo primo effetto prima ancora di essere scoppiata: di aver abolito fra noi il vigore e la dignità dell'istituto parlamentare».

Schema proiettabile

Intervento e crisi del sistema parlamentare

CAUSA EFFETTO

RESPONSABILITÀ DEL RE → Non rispetta il volere della Camera, che in maggioranza è contraria all'intervento

RESPONSABILITÀ DEL GOVERNO → Stipula in segreto il Patto di Londra, senza informare la Camera, che è messa di fronte a un fatto compiuto

RESPONSABILITÀ DELLA STAMPA → L'istituzione parlamentare è oggetto di disprezzo

RESPONSABILITÀ DEI MILITANTI NAZIONALISTI → Intimidazione e minacce contro Giolitti e gli altri deputati neutralisti

→ Crisi del Parlamento: gli interventisti ottengono l'entrata in guerra dell'Italia

1 Le ragioni del fallimento dell'offensiva tedesca

Il piano elaborato dal generale von Schlieffen era geniale solo in linea teorica. Infatti, anche tralasciando i due aspetti più problematici (la violazione della neutralità belga e il rischio di provocare l'intervento britannico), avrebbe avuto bisogno di forze decisamente superiori a quelle che l'esercito tedesco aveva davvero a propria disposizione. Inoltre, pur dandosi l'aria di «moderno Alessandro», von Schlieffen non si era preoccupato di potenziare il numero degli autoveicoli. Pertanto, nonostante il massiccio utilizzo delle ferrovie, l'offensiva tedesca in Belgio conservò qualcosa di arcaico e di tradizionale, mancando di velocità e di incisività.

Aperte ufficialmente le ostilità, all'alba del 4 agosto un corpo speciale tedesco entra in Belgio puntando su Liegi e il suo sistema di forti. Senza la loro immediata neutralizzazione non sarebbe possibile realizzare nei tempi programmati l'avvicinamento e la marcia delle armate già mobilitate. L'impresa si rivela più difficile del previsto. Solo il 7 agosto con un'audace iniziativa del generale Erich Ludendorff è vinta la resistenza della guarnigione della cittadella belga; intervengono quindi alcuni obici [cannoni di grosso calibro, *n.d.r.*] eccezionalmente potenti che, lanciando proiettili di quasi 1000 kg, sono in grado di polverizzare il cemento armato e ogni altra struttura portante dei forti dell'intera area. Trattandosi di cannoni più pesanti e più potenti di quelli di una corazzata, si è parlato di «battaglia navale a terra» contro obiettivi immobili e impotenti. Uno alla volta i dodici forti di Liegi cadono. Quando il 16 agosto l'operazione è conclusa, le campane di tutta la Germania suonano per festeggiare la potenza del suo esercito e per annunciare l'inevitabile imminente vittoria. Ma la situazione rimane difficile: ponti distrutti, strade ostruite, ostacoli materiali, atteggiamento ostile della popolazione e azioni di franchi tiratori. La reazione tedesca si fa brutale e porterà nelle settimane seguenti ad arresti di ostaggi, fucilazioni di civili, rappresaglie.

Il 16 agosto la 1ª armata tedesca (forte di 320 000 uomini) al comando di Alexander von Kluck attraversa la Mosa, il 19 arriva a Lovanio, il 20 entra in Bruxelles. Poco più a sud è in movimento la 2ª armata (260 000 uomini al comando di Karl von Bülow), al suo fianco più a sud-est si muove la 3ª armata. È una massa di uomini, armi, cavalli che crea enormi problemi di approvvigionamento impegnando migliaia di treni organizzati secondo un rigido *timing*. La sezione ferroviaria dello stato maggiore tedesco ha programmato il movimento di 11 000 treni; da Colonia sul ponte Hohenzollern sul Reno dal 2 al 18 agosto transitano non meno di 2150 treni composti da 54 vagoni. È un gigantesco sforzo logistico eseguito puntualmente grazie ad anni di preparazione. Complessivamente sull'intero fronte occidentale l'esercito tedesco schiera oltre 1,6 milioni di uomini divisi in sette armate. [...]

Il trasporto ferroviario deve sopportare l'intero peso del rifornimento e dell'approvvigionamento dell'esercito. Nelle prime settimane d'agosto, con l'avanzata in Belgio e nella Francia settentrionale, le ferrovie funzionano in modo soddisfacente, anche se rimangono al di sotto del livello di efficienza ottimale atteso, a motivo dell'intasamento del traffico, delle distruzioni e poi della crescente lontananza delle truppe dalle stazioni di scalo. Di fatto, durante la campagna di agosto-settembre fra le truppe in marcia e l'ultima stazione ferroviaria utile per scaricare rifornimenti e munizioni ci sono dai 60 agli 80 chilometri di distanza, sino a punte di 100 chilometri. Eppure le armate in movimento non ne risentono ancora in modo pesante, riescono a nutrirsi a sufficienza, anche se per i cavalli è un disastro. La 1ª armata non riesce più a foraggiare adeguatamente i suoi 84 000 cavalli, con il risultato di doversi progressivamente privare, con il passare delle settimane, di buona parte della cavalleria e di soffrire considerevolmente nel trasporto delle artiglierie. È pertanto già straordinario che le truppe arrivino sino alla Marna senza denunciare gravi carenze di cibo, di munizioni o di personale. Ma sono al limite. Quanto agli effettivi in armi, alla Marna arriva praticamente la metà di quelli partiti il 4 agosto. Un numero considerevole di unità, infatti, rimane indietro ad assediare piazzeforti, a presidiare linee di trasporto, depositi, città

I fucilieri francesi raggiungono la Marna, fotografia del 1914.

ecc. Ma il numero delle perdite è superiore alle previsioni. La potenza del fuoco delle armi leggere e pesanti (mitraglie e artiglieria da campo) fa strage di truppe, nonostante l'addestramento dei tedeschi si riveli superiore a quello dei francesi. In questo contesto la questione della insufficienza di truppe, sottovalutata all'inizio delle operazioni, si rivela drammatica sulla Marna. [...] Ci si chiede perché Schlieffen e le autorità militari non si siano impegnati a fondo per ampliare gli organici, una volta che il governo era al corrente della situazione dell'esercito, mentre continuava a stanziare fondi per la marina. Si danno varie risposte al quesito. Da un lato c'è la resistenza degli alti ranghi militari, influenti presso il ministero della Guerra, a inserire nell'esercito (soprattutto nei gradi superiori) strati *borghesi*, per tacere di ceti operai e popolari urbani, con il pericolo di *infettare* con idee sovversive (socialiste) la compattezza delle forze armate. Nella Germania Guglielmina [di Guglielmo II, terzo e ultimo imperatore della Germania, *n.d.r.*] l'esercito è sempre virtualmente uno strumento di intimidazione e repressione interna, soprattutto antisocialista. Dall'altro lato, nella competizione tra marina ed esercito per l'accaparramento di fondi, la *Weltmachtpolitik* ["politica di potenza", finalizzata a trasformare la Germania in potenza mondiale, *n.d.r.*] Guglielmina, [...] ha privilegiato in un primo tempo la flotta. Soltanto in anni più vicini l'esercito ottiene nuovi stanziamenti. Ma l'ampliamento dell'organico non sarà sufficiente a influire in modo significativo sulla campagna del 1914. [...]

A proposito di logistica, o meglio di trasporti e trasmissioni, è sorprendente il modestissimo livello della motorizzazione militare che, adeguatamente sviluppata, avrebbe facilitato i movimenti dell'inizio della campagna. Sottosviluppata è anche la tecnologia delle comunicazioni. Lo stesso Schlieffen, cui la letteratura (più o meno agiografica) attribuiva una visione quasi avveniristica del «moderno Alessandro» che dispone di radio, telefoni, telegrafi e carte topografiche aggiornate in tempo reale, aveva fatto ben poco per adeguare la realtà organizzativa a questa immagine. Ci chiediamo se il mancato sfruttamento ottimale delle tecnologie non riveli una sorta di chiusura cognitiva verso innovazioni che potrebbero mettere in discussione, in qualche modo, valori, abitudini, gerarchie consolidate nella cultura militare tradizionale. Il risultato sarà sempre una imprevista insufficienza di controllo e comando dell'impresa militare. Insomma si ha l'impressione che i vertici militari tedeschi del 1914 siano meno attrezzati tecnicamente di quanto lascino credere. Lo stesso Schlieffen è assai meno *tecnocrate* di quanto lo dipingano i suoi ammiratori o detrattori. L'ampio margine di incertezza del suo piano viene surrogato [integrato, completato nei suoi aspetti carenti, *n.d.r.*] dalla volontà di rischio, anziché dalla acquisizione delle innovazioni tecniche virtualmente in grado di ridurre tale incertezza.

G.E. RUSCONI, *1914. Attacco a Occidente*, il Mulino, Bologna 2014, pp. 89-90, 106-108

Analizza il testo

- Spiega l'espressione «gigantesco sforzo logistico».
- Quale fu il problema più serio provocato dalle difficoltà di rifornire le truppe in Belgio?
- Per quali motivi gli organici dell'esercito tedesco non furono potenziati negli anni precedenti il 1914?

2 L'Italia e la scelta dell'intervento

Il governo italiano valutò con molta attenzione l'andamento del conflitto. In un primo tempo, la scelta della neutralità parve a tutti quella più saggia. Nel 1915, lo sbarco inglese a Gallipoli lasciò intendere (in modo del tutto erroneo) che la vittoria dell'Intesa fosse vicina. Pertanto, forzando la mano al Parlamento, il governo ottenne che fosse votata la dichiarazione di guerra all'Austria-Ungheria.

Il trattato segreto di Londra con gli Alleati, firmato il 26 aprile 1915, vincolava l'Italia a unirsi a loro entro un mese. A differenza della Turchia e del Giappone, sembrò passare da una parte all'altra. Eppure la Triplice Alleanza del 1882 tra Italia, Germania e Austria-Ungheria non obbligava gli italiani a partecipare a un attacco alla Serbia, soprattutto perché nel 1914 i suoi alleati non l'avevano preventivamente consultata. Dal punto di vista di Roma, l'Austria-Ungheria era di fatto il nemico principale e da un decennio questi due presunti alleati avevano fortificato le reciproche frontiere e costruito flotte rivali nell'Adriatico. Erano in competizione per l'influenza nei Balcani, e l'Italia irredenta, cioè i circa 800 000 di lingua italiana sotto il governo asburgico nel Trentino e attorno a Trieste, costituiva la priorità assoluta per i nazionalisti italiani. Poiché gli italiani erano troppo deboli per attaccare l'Austria-Ungheria e consideravano l'esercito tedesco il migliore d'Europa, la Triplice Alleanza aveva un senso per loro in tempo di pace ma, una volta che la Germania combatteva la Francia e la Russia, l'Italia non aveva interesse a unirsi agli Imperi Centrali a meno che non stessero per vincere. Considerata proprio la vulnerabilità italiana nei confronti della marina britannica, che poteva bombardarne le città e ferrovie costiere impedendo le sue importazioni di cereali e carbone, nel 1914 la neutralità fu la scelta ovvia ed ebbe il generale sostegno dell'opinione pubblica.

Gli esponenti italiani di spicco erano Antonio Salandra, Primo Ministro, e Sidney Sonnino, suo ministro degli Esteri dall'ottobre del 1914, che mantennero il Gabinetto all'oscuro e potevano contare sull'appoggio del re Vittorio Emanuele III. Durante il periodo di neutralità, i negoziati con la Germania e l'Austria-Ungheria continuarono, ma in malafede da entrambe le parti. Nonostante le pressioni di Berlino, gli austriaci intendevano promettere all'Italia soltanto una parte del Trentino, e rifiutarono di trasferirlo subito invece che dopo la guerra, temendo di stabilire un precedente per altri pretendenti. Gli Alleati, consapevoli di trovarsi in un gioco a chi offriva di più, accondiscesero con riluttanza a gran parte delle richieste avanzate da Salandra e Sonnino nel marzo del 1915. Gli italiani volevano possedimenti coloniali in Africa e Asia Minore ma la richiesta principale riguardava frontiere difendibili sulle Alpi (fino alla linea del passo del Brennero) e in Istria, e le isole e la regione costiera della Dalmazia in modo da poter dominare l'Adriatico. Il loro scopo era non solo di completare l'unità etnica dell'Italia, ma anche di raggiungere la sicurezza militare e navale, e limitare l'espansionismo slavo, stabilendo nuove frontiere che avrebbero compreso un quarto di milione di persone di lingua tedesca nel Sud Tirolo e circa 700 000 sloveni e croati. Piuttosto che frantumare l'Austria-Ungheria, miravano a mantenerla come contrappeso alla Serbia, mentre quest'ultima, appoggiata dalla Russia, si oppose alle richieste dell'Italia.

Ad ogni tappa lungo la strada verso l'intervento italiano le alterne fortune sul campo di battaglia giocarono un ruolo primario. La Marna persuase Salandra che gli Alleati avrebbero vinto ed era nell'interesse dell'Italia allearsi a loro. L'inizio dell'attacco nei Dardanelli (che si sperava avrebbe avuto successo e fatto scendere sul campo gli Stati balcanici) lo incoraggiò a negoziare seriamente. Salandra, Sonnino e il capo di stato maggiore dell'esercito, Luigi Cadorna, si aspettavano una pace vicina. Richiedendo soltanto un modesto prestito alleato, cercarono di affrettare la dichiarazione di guerra; tale decisione avrebbe dato loro ancora un potere politico, anche se l'esercito non era pronto. Alla fine, lo stallo dell'avanzata russa sul fronte orientale in aprile indebolì il potere di veto di Pietrogrado e la persuase [convinse il governo russo, *n.d.r.*] a dare più peso all'ingresso dell'Italia a spese della Serbia, rendendo possibile un compromesso mentre, oltre alle promesse di compensazione coloniale, al Trentino, al Sud Tirolo, a Trieste e all'Istria si sarebbe annessa la costa dalmata settentrionale e la parte meridionale sarebbe stata resa neutrale. Con gli invasori alleati di Gallipoli ora bloccati sulle loro teste di sbarco, però, e i russi messi in rotta, nel mese dopo la conclusione del Trattato di Londra di aprile, i governanti italiani non avrebbero avuto vita facile nell'ottenere l'approvazione parlamentare al loro impegno. [...]

Durante il periodo di neutralità, i negoziati con la Germania e l'Austria-Ungheria continuarono, ma in malafede da entrambe le parti

Gran parte della stampa era favorevole a un affiancamento agli Alleati, e lo stesso atteggiamento avevano assunto, fra gli altri, i politici conservatori, i nazionalisti e i socialisti riformisti, ma i funzionari nelle province riferivano che la maggior parte della popolazione era indifferente od ostile. La Chiesa cattolica era contraria all'intervento, così come il principale partito socialista, il PSI, che non vedeva un motivo tale (come quello che aveva chiamato a raccolta i suoi equivalenti francese e tedesco) da invocare una solidarietà nazionale contro un aggressore reazionario. Inoltre Giovanni Giolitti, il rivale politico più progressista di Salandra e suo predecessore come capo del governo, affermò che «moltissimo» poteva essere ottenuto rimanendo neutrali e la guerra doveva essere evitata a meno che non fosse assolutamente necessaria. Quando una maggioranza di deputati manifestò il proprio sostegno a Giolitti, Salandra si dimise. La sua azione fece partire il cosiddetto «maggio radioso» delle dimostrazioni interventiste nelle maggiori città, soprattutto ordinate manifestazioni borghesi, anche se a Roma la folla invase l'edificio del parlamento intimidendo i sostenitori di Giolitti. In ogni caso lo schieramento contrario alla guerra era privo di una guida. Poiché Giolitti riconobbe che Vienna aveva offerto molto solo perché era stata minacciata, rifiutò di formare un governo e così fecero altri due candidati. Quando il re richiamò Salandra, l'opposizione crollò e il governo si garantì grosse maggioranze, mentre il PSI decise soltanto di opporsi senza però sabotare lo sforzo bellico. Pertanto, benché l'entrata dell'Italia fosse raggiunta con mezzi costituzionali, significò la sconfitta per la sinistra e il centro. Sottovalutò il costo della belligeranza e intervenne senza un generale sostegno: il risultato sarebbe stato indebolire l'ordine politico e sociale che Salandra sperava di consolidare.

D. STEVENSON, *La Grande Guerra. Una storia globale*, vol. 1, Rizzoli, Milano 2004, pp. 200-203, trad. it. G. MAINI

Analizza il testo

- Per quale ragione Italia e Austria-Ungheria sono definite «presunti alleati»?
- Spiega l'espressione «l'Italia irredenta».
- Quali erano le relazioni dell'Italia con la Serbia?

Anno 40 — Num 142 Milano — Lunedì, 24 Maggio 1915

CORRIERE DELLA SERA

Italia e Colonie, centesimi 5 — Un numero arretrato, centesimi 10

Le pubblicazioni che il CORRIERE DELLA SERA offre ai suoi abbonati sono:

La Domenica del Corriere | La Lettura | Il Romanzo Mensile | Corriere dei Piccoli

L'ITALIA DICHIARA GUERRA ALL'AUSTRIA-UNGHERIA

Una nota italiana alle Potenze - Lo Stato Maggiore parte per il campo

Il quotidiano milanese "Corriere della Sera" del 24 maggio 1915 annuncia l'ingresso dell'Italia in guerra.

I primi passi **verso il totalitarismo**

Lo studio delle reazioni delle masse di fronte alla notizia dello scoppio della guerra può permettere l'acquisizione di una competenza fondamentale, che potremmo definire nel modo seguente: **saper individuare le radici dei meccanismi totalitari, tipici del XX secolo**. Per affinare tale competenza, viene proposto di seguito un approfondimento, che prende le mosse da una pagina storiografica e da un documento.

La concordia nazionale dell'agosto 1914

Il 5 agosto in Germania il parlamento accettò di finanziare un prestito di guerra di 5 miliardi di marchi, con l'appoggio dei socialdemocratici, anche se la maggior parte dei membri di quel partito era contraria al conflitto. La guerra ormai era un fatto compiuto e dunque il patriottismo superava tutte le precedenti convinzioni, come accadde anche in Gran Bretagna e Francia. I socialisti, sensibili alle provocazioni conservatrici secondo cui erano dei semplici *vaterlandslose Gesellen* – «persone senza stato» – si sentirono spinti a unirsi sotto la bandiera. Inoltre, il timore e l'odio per la Russia erano forti tanto a sinistra quanto a destra. La maggior parte dei tedeschi credeva sinceramente che il proprio paese fosse circondato da nemici. Il 7 agosto la testata *Münchner Neueste Nachrichten* rifletté amaramente sul rinnovarsi di una fin troppa familiare ostilità da parte degli stranieri, «un odio contro l'identità tedesca, che stavolta proviene da est». La semiufficiale *Kölnische Zeitung* dichiarò: «Adesso che l'Inghilterra ha scoperto le carte, tutti possono vedere cosa sta succedendo: il più grande complotto della storia del mondo».

Molti di quelli che festeggiarono nelle strade erano giovani del tutto irresponsabili che abitavano in città. [...] Alcuni romantici e nazionalisti tuttavia erano davvero entusiasti

La *Neue Preussiche Zeitung* fu il primo giornale a impiegare la parola *Burgfrieden* ["Pace del castello", *n.d.r.*], per descrivere la nuova tregua politica tedesca. Derivava da un'usanza medievale che proibiva le dispute private all'interno delle mura di un castello impegnato in una battaglia. Adesso il *Burgfrieden* tornò a essere sulla bocca di tutti. Con lo stesso spirito, in Francia, il 4 agosto il capo del governo René Viviani coniò un'espressione che sarebbe entrata nella lingua francese – l'*union sacrée*: «Nella prossima guerra, la Francia sarà difesa eroicamente da tutti i suoi figli, la cui sacra unione di fronte al nemico sarà indissolubile». La stampa francese era molto agguerrita. Il giornale ecclesiastico *Croix d'Isere* battezzò il conflitto «la guerra purificatrice», inflitta alla Francia come punizione per i peccati commessi durante la Terza Repubblica. «Dappertutto si credeva» scrisse un altro contemporaneo «che la guerra avrebbe ripulito l'aria e tutto, dopo, sarebbe stato migliore». Il giornale socialista *Le Droit du peuple* adottò un'altra espressione: «la guerra per la pace». [...]

La leggenda che l'Europa abbia accolto con gioia il conflitto è stata notevolmente ridimensionata, se non screditata. Le comunità rurali di ogni paese rimasero esterrefatte e profondamente sgomente; molti di quelli che festeggiarono nelle strade erano giovani del tutto irresponsabili che abitavano in città. Le persone più attente rimasero sbigottite. Michel Corday, un anziano impiegato pubblico francese, scrisse: «Ogni pensiero e ogni evento che riguardasse lo scoppio della guerra era un colpo aspro e mortale alla grande convinzione che avevo nel cuore: l'idea del continuo progresso, del cammino verso una felicità sempre più grande. Non avrei mai creduto che potesse succedere qualcosa del genere». Alcuni romantici e nazionalisti tuttavia erano davvero entusiasti, come Itha J [si tratta dello pseudonimo, con cui firma il suo diario; di lei sappiamo che era una maestra, che aveva 31 anni e che viveva a Graz. Il vero nome è ignoto, *n.d.r.*], una donna austriaca che in preda a un'estasi lirica scrisse della «grandezza del momento... Dello spettacolo superbo del mondo che va in fiamme». Il 2 agosto, anche mentre piangeva alla stazione salutando il marito, un tenente, parlò in modo entusiastico di «questa meravigliosa giovane [generazione], che parte per affrontare la battaglia e la morte con allegria e coraggio. Nessuno trema, nessuno piange. Un esercito del genere non è forse destinato alla vittoria?». I tedeschi sperimentarono l'ondata di euforia più consistente, influenzata dal ricordo glorioso della vittoria sulla Francia nel 1870. La Croce Rossa dovette raccomandarsi con la popolazione perché desse meno cioccolata ai soldati, che cominciavano a sentirsi male. Il 2 agosto un giornalista scrisse sulla *Tägliche Rundschau*: «Quello che la Germania ha vissuto negli ultimi giorni è stato un rinnovamento miracoloso, durante il quale ogni cosa meschina ed estranea è stata messa da parte; ha rappresentato un riconoscimento incredibilmente potente della nostra vera identità».

Il 4 agosto, davanti al Reichstag [il Parlamento di Berlino, *n.d.r.*], [il cancelliere] Bethmann-Hollweg affermò che quel giorno sarebbe rimasto in eterno uno dei più grandi della storia tedesca. [Il generale] Falkenhayn disse al Cancelliere: «Anche se dovessimo soccombere a causa di tutto questo… è stato bello». Parecchi dei suoi compatrioti erano d'accordo. Il 14 agosto Riezler, segretario di Bentham-Hollweg, esultò: «Guerra, guerra, il Volk [il popolo tedesco, *n.d.r.*] si è alzato. È come se prima non ci fosse nulla, e adesso all'improvviso è forte ed è in movimento… In superficie sembra regnare la più grande confusione e invece tutto procede con ordine; a questo punto a milioni hanno già oltrepassato il Reno». Una ragazza tedesca, Gertrud Bäumer, scrisse con lo sdolcinato sentimentalismo tipico del momento che la guerra avrebbe accresciuto l'amore nel mondo, «perché insegnava a ciascuno ad amare il prossimo più di se stesso».

In Gran Bretagna, al contrario, […] anche se decine di migliaia di volontari si arruolarono in fretta nell'esercito, molte altre potenziali reclute preferirono restare a casa. Un certo Mr Doyle della Manor House di Birtley, nella contea di Durham, scrisse allo *Yorkshire Post*: «Bisognerebbe cominciare sul serio a istruire la popolazione sul significato della guerra. Alcuni giorni fa, attraversando uno dei villaggi più grandi, mi sono fermato a guardare una dozzina di giovani che si erano arruolati e venivano addestrati su un campo. Ce n'erano sei volte tanti appoggiati a un recinto e li guardavano senza interesse. Ho domandato a uno di loro, un giovane atletico e ben piantato, perché preferisse stare lì a guardare invece di partecipare. Mi ha fissato negli occhi e mi ha detto: "Perché non vale la pena; potremmo restare sei mesi a non far niente, e a quel punto il nemico non ci sarà più. La Germania sarà cancellata dalla carta geografica". Un altro giovane ha detto: "Questa guerra tra potenze straniere non ci riguarda. La Germania non voleva entrarci finché non è stata costretta dalla Russia, e anche noi avremmo dovuto restarne fuori. A ogni modo, non abbiamo problemi: la flotta ci terrà al sicuro"».

M. HASTINGS, *Catastrofe 1914. L'Europa in guerra*, Neri Pozza, Vicenza 2014, pp. 173-174, 181-183, trad. it. R. SERRAI

Il giudizio di Adolf Hitler sul comportamento degli operai tedeschi nel 1914

Nella memoria di Hitler, le entusiasmanti giornate dell'agosto 1914 rimasero un esempio memorabile di concordia nazionale. Un popolo intero, finalmente, dimenticata ogni divergenza, affrontava la prova estrema della guerra mondiale. Le giornate d'agosto erano state una clamorosa sconfitta per i marxisti, del tutto incapaci di impedire la mobilitazione militare.

Era assurdo, incomprensibile, confondere gli operai tedeschi col marxismo nei giorni dell'Agosto 1914. L'operaio tedesco si era, in tali ore, liberato dall'abbraccio di quella velenosa genìa, ché diversamente non avrebbe mai potuto intraprendere la guerra. Ma si era ancora abbastanza ingenui per credere che anche il marxismo fosse diventato nazionale; fatto questo che dimostra da solo come nessuno degli uomini di Stato si fosse data la pena di studiare l'essenza di quella dottrina; ché in caso contrario un simile errore non avrebbe potuto passare. Il marxismo, il cui ultimo scopo è e rimane la dissoluzione di tutti gli Stati nazionali non semiti [non ebrei, *n.d.r.*], s'era dovuto accorgere con grande spavento come nel luglio del 1914 la massa operaia tedesca si fosse liberata dal suo incantesimo e si ponesse di ora in ora a disposizione della patria. In pochi giorni, tutti i vapori esalati da quell'infame truffa del popolo eran come soffiati via; e i dirigenti ebrei erano rimasti soli e abbandonati, come se non fosse rimasta neppure una traccia del morbo iniettato per 60 anni, nelle masse tedesche. Fu certo un brutto momento per gli ingannatori del proletariato tedesco. Ma non appena se ne accorsero, tentarono un altro imbroglio, e seguirono spudoratamente il movimento nazionale. Era dunque giunto il momento di procedere contro questa banda di imbroglioni e di avvelenatori del popolo. Si sarebbe dovuto far loro un rapido processo, senza nessun riguardo verso possibili piani o proteste. Nell'agosto del 1914 la frottola della solidarietà internazionale era scomparsa, come per un colpo di bacchetta magica, dai cervelli degli operai tedeschi; al suo posto, poche settimane dopo, le granate americane rovesciarono sugli elmetti delle colonne in marcia le benedizioni della fratellanza mondiale. Ora che l'operaio tedesco aveva ritrovato la strada verso il suo popolo, sarebbe stato preciso dovere di un governo responsabile di sradicare spietatamente gli avvelenatori dell'anima popolare. Mentre i migliori cadevano alla fronte [al fronte, *n.d.r.*], si sarebbe dovuto, se non altro, distruggere in casa gli insetti immondi; invece, S.M. l'Imperatore stese la mano agli antichi delinquenti e permise così a siffatti astutissimi criminali di riprendersi, di ritrovare forze. La vipera poté continuare la sua impresa, fatta più prudente di prima, ma più pericolosa. Mentre gli onesti sognavano la pace civile, gli spergiuri organizzavano la rivoluzione.

A. HITLER, *La mia vita*, Bompiani, Milano 1939, pp. 183-184, trad. it. B. REVEL

Lavorare con i testi

Come ulteriore stimolo di analisi e di riflessione, ti viene proposto uno schema che riassume le principali informazioni. Dopo averlo esaminato, costruisci un testo che, come minimo, abbia la lunghezza di tre colonne di foglio protocollo.

Analizza i testi

IN FRANCIA

Unione sacra

Disponibilità dei socialisti a sostenere il governo e la sua politica di guerra

Possibilità di procedere regolarmente alla mobilitazione generale dell'esercito

IN GERMANIA

Pace del castello

Netta superiorità della passione nazionale rispetto all'idea internazionalista tipica del marxismo

Entusiasmo ed euforia collettiva, nella convinzione di una rapida vittoria

IN GRAN BRETAGNA

- Assenza di coscrizione obbligatoria
- Convinzione che la guerra non tocchi gli interessi inglesi
- Convinzione che la flotta difenderà il territorio britannico

Scarso entusiasmo iniziale per la guerra

Verifica dell'apprendimento
Conoscenze e abilità

Lo spazio

1. **Osserva la carta relativa agli schieramenti nell'estate 1914. È stata tolta la legenda: costruiscine una idonea nell'apposito spazio.**

Legenda:
- (giallo) ....
- (bianco) ....
- (verde) ....
- (verde chiaro) ....
- (rosa) ....

Continuità / Cambiamento

2. **Completa lo schema relativo alla situazione del Parlamento italiano nel 1915.**

RESPONSABILITÀ DEL RE → Non rispetta il volere della ...., che in maggioranza è contraria all'..............................

RESPONSABILITÀ DEL .... → Stipula in segreto il ...., senza informare la Camera, che è messa di fronte a un fatto compiuto

RESPONSABILITÀ DELLA .... → L'istituzione parlamentare è oggetto di ....

RESPONSABILITÀ DEI MILITANTI .... → Intimidazione e minacce contro .... e gli altri deputati ....

→ .... del Parlamento: gli interventisti ottengono l'.............................. .... dell'Italia

VERIFICA

Lessico

3. Definisci le espressioni o i termini.

Guerra di posizione

Carattere difensivo (in riferimento alla Triplice Alleanza)

Futurismo

Patto di Londra

Il ruolo dei soggetti storici

4. Collega ciascun nome o gruppo della colonna di sinistra con le corrispondenti posizioni riguardo l'entrata in guerra dell'Italia della colonna di destra.

a) Corradini e nazionalisti
b) Giolitti
c) Mussolini e industriali
d) Socialisti riformisti
e) Chiesa cattolica
f) Socialisti rivoluzionari
g) Intellettuali democratici

1) Neutralisti
2) Interventisti

Economia, cultura, società

5. Rispondi brevemente alle seguenti domande.

a) Che cosa rappresentò, per l'Inghilterra e la Germania, la corsa al riarmo navale?

b) Fatta eccezione per l'Italia, come venne accolto l'inizio della guerra dalle opinioni pubbliche dei Paesi europei coinvolti? Da che cosa era motivato e con quali mezzi veniva tenuto vivo tale sentimento?

c) Che cosa accadde il 5 settembre nella regione della Marna, in Francia? Quale fu la conseguenza più grave dell'accaduto?

d) Chi era Enrico Corradini? Quale fu l'importante novità che il suo pensiero portò nell'ambito delle idee nazionaliste italiane?

e) Quale significato assunse la guerra agli occhi degli intellettuali italiani (D'Annunzio, Papini, Marinetti)?

Verso il saggio breve

6. Scrivi un testo – massimo due facciate di foglio protocollo – sul piano Schlieffen utilizzando le domande-guida elencate di seguito.

→ Chi era il generale Alfred Schlieffen?
→ Quali erano le considerazioni di base dalle quali era partito per sviluppare il suo piano strategico per affrontare, in caso di conflitto, contemporaneamente Francia e Russia?
→ Quante fasi prevedeva il piano elaborato da Schlieffen? Che cosa sarebbe dovuto accadere in ciascuna di esse?
→ Secondo la tua opinione, si tratta di una strategia che avrebbe potuto essere applicata con successo? Perché?

metodo di studio → Per ripassare i **fatti**

CONTRASTI POLITICI

1904
→ Relazioni cordiali e pacifiche tra Francia e Inghilterra

1905
→ Elaborazione del piano Schlieffen

1907
→ Relazioni cordiali e pacifiche tra Inghilterra e Russia

1914
1° agosto
→ La Germania dichiara guerra alla Russia e alla Francia

→ L'Italia assume una posizione di neutralità

4 agosto
→ L'Inghilterra dichiara guerra alla Germania

30 agosto
→ I tedeschi sconfiggono i russi a Tannenberg

5 settembre
→ Inizia la battaglia della Marna

Ottobre
→ Il conflitto si trasforma in una guerra di posizione

1915
26 aprile
→ Viene siglato il Patto di Londra

24 maggio 1915
→ L'Italia entra in guerra al fianco di Francia, Inghilterra e Russia

ECONOMIA DEMOGRAFIA E SOCIETÀ

Dal 1898
→ La Germania comincia a dotarsi di una flotta di navi da guerra

Agosto 1914
→ L'annuncio della guerra viene accolto con entusiasmo nei principali Paesi europei

Maggio 1915
→ «Maggio radioso» in Italia

CULTURA CIVILTÀ E RELIGIOSITÀ

1909
→ Filippo Tommaso Marinetti dà vita al movimento futurista

15 novembre 1914
→ Benito Mussolini fonda il quotidiano "Il Popolo d'Italia"

Per ripassare i **concetti**

Leggere gli schemi

INIZIO DEL CONFLITTO

Germania

Politica di riarmo (da inizio Novecento)

- Costruzione di una flotta da guerra (dal 1898)
  - Risposta inglese:
    - costruzione di corazzate militari
    - avvicinamento ai nemici della Germania
- Piano Schlieffen (1905): guerra su due fronti (russo ed europeo)
  - 1914, inizio del conflitto:
    - invasione del Belgio
    - fallimento dell'occupazione di Parigi
  - Guerra di posizione

Italia

Agosto 1914: neutralità

- Neutralisti:
  - socialisti riformisti
  - liberali giolittiani
  - cattolici
- Interventisti:
  - socialisti rivoluzionari (Mussolini)
  - intellettuali democratici
  - nazionalisti

Governo e monarchia decidono a favore dell'intervento

Patto di Londra (26 aprile 1915)

24 maggio 1915: dichiarazione di guerra all'Austria-Ungheria

Unità 4

La guerra totale

Un'immagine per iniziare

Contrariamente a quanto pensavano molti generali, la prima guerra mondiale non fu un conflitto breve e si trasformò in una lunga guerra di posizione (o di trincea). Le trincee erano fossati protetti da muretti di pietre, sacchi di terra e sbarramenti di filo spinato, dotati di postazioni di tiro dalle quali i soldati potevano sparare ai nemici senza esporsi troppo ai loro colpi. La guerra di trincea richiese ai Paesi combattenti un grande sforzo produttivo: era infatti decisivo disporre di adeguati rifornimenti per sostenere gli eserciti al fronte.

Gli eventi per orientarsi nel tempo

gen. 1916

febbraio 1916
Offensiva tedesca a Verdun

15 maggio 1916
Spedizione punitiva austriaca in Trentino

luglio 1916
Offensiva anglo-francese sulla Somme

agosto 1916
Offensiva italiana sull'Isonzo e conquista di Gorizia

gen. 1917

febbraio-marzo 1917
Caduta dello zar in Russia

6 aprile 1917
Intervento degli Stati Uniti a fianco dell'Intesa

→ Sommario

TESTO

La carta d'identità del periodo

1 Una guerra di trincee e logoramento
2 Sul fronte italiano
3 Verso la fine della guerra: 1917-1918
4 La vittoria italiana

pagine digitali

› **MONOGRAFIA**
Guerra e identità di genere in Italia

› **PERCORSI DI STORIA LOCALE**
La grande guerra della Sardegna

Una carta per orientarsi

La carta mostra i principali fronti europei nel 1916. Sul fronte orientale, la Germania aveva praticamente vinto la guerra: dopo le vittorie tedesche del 1914 (Tannenberg e Laghi Masuri) e del 1915 (Augustów), i russi provarono inutilmente a contrattaccare. Sul fronte occidentale invece la situazione era statica: le battaglie di Verdun e delle Somme (1916) comportarono drammatiche perdite umane, ma non segnarono la supremazia di alcuno schieramento. Discorso analogo sul fronte italiano, dove nel 1916 austriaci e italiani erano impegnati in battaglie durissime, ma incapaci di decidere l'esito del conflitto.

Orientarsi nel tempo

24 ottobre 1917
Disfatta di Caporetto per l'esercito italiano

gen. 1918

3 marzo 1918
Pace di Brest-Litovsk tra Russia e Germania

4 novembre 1918
L'Austria firma l'armistizio con l'Italia

11 novembre 1918
La Germania firma l'armistizio

gen. 1919

Per iniziare

Storia slide

La **carta d'identità** del periodo

Perché si parla di Grande Guerra?

Nella memoria dei contemporanei la guerra del 1914-1918 è ricordata come la "Grande Guerra". Per quali motivi?

- Per la durata: quattro anni e mezzo (per l'Italia un anno in meno). Le guerre dell'Ottocento, ad eccezione delle guerra civile americana, durarono molto meno;
- per il numero dei Paesi coinvolti: vi parteciparono tutte le nazioni europee (ad eccezione di Spagna, Svizzera, Finlandia, Norvegia e Svezia) e di alcuni Paesi extraeuropei come gli Stati Uniti;
- per il numero delle vittime: basti pensare che la guerra franco-prussiana del 1870 provocò 150 000 morti, questa oltre 10 milioni;
- per l'enorme distruzione di materiali e di risorse: in alcune zone (ad esempio in Francia) per molto tempo i terreni non poterono essere coltivati a causa dell'impressionante quantità di ferro e di proiettili inesplosi.

CAPITOLO 1 Una guerra di trincee e logoramento

→ La potenza delle armi moderne (prima fra tutte la mitragliatrice) rese impossibile ai due eserciti **sfondare il fronte**, cioè conquistare le trincee nemiche. Tutti gli assalti frontali si risolsero perciò in clamorosi e sanguinosi fallimenti.

→ Le battaglie più impegnative si svolsero nel 1916: i tedeschi tentarono inutilmente di attaccare nella regione di **Verdun**, mentre gli inglesi furono respinti nell'attacco che condussero nella valle del fiume **Somme**. Neppure alcune armi micidiali e di nuovissima concezione (come il gas e il carro armato) riuscirono a far uscire gli eserciti dalla situazione di stallo che si era creata.

→ Lo scontro assunse allora i contorni di una **guerra di logoramento**, che vedeva contrapposti sia due eserciti, sia due sistemi sociali, impegnati a garantire agli eserciti stessi le risorse umane e materiali indispensabili per continuare a combattere. La vittoria sarebbe stata ottenuta da chi fosse stato capace di reggere a tempo indeterminato i costi materiali e le sofferenze provocate dal conflitto.

→ A partire dal 1914 la marina britannica istituì un **blocco navale** per impedire l'arrivo in Germania di materie prime necessarie alla produzione bellica. Nel corso del conflitto la flotta da guerra tedesca cercò di fare altrettanto, intraprendendo una **guerra sottomarina** per affondare le navi mercantili inglesi che rifornivano di derrate alimentari la madrepatria. L'offensiva tedesca però, al contrario di quella inglese, non produsse i risultati sperati.

CAPITOLO 2 Sul fronte italiano

→ Dopo la dichiarazione di guerra all'Austria, l'esercito italiano fu posto sotto il comando del generale **Luigi Cadorna**, un uomo duro e severo, convinto di essere l'unico a conoscere la strategia migliore per sconfiggere il nemico. Fin dall'inizio le truppe italiane furono spinte a una serie di attacchi contro gli austriaci (la strategia della spallata).

→ La guerra sul fronte italiano fu caratterizzata dalla presenza di **due teatri molto diversi fra loro**: il Trentino e il Carso. In particolare, in **Trentino** si trattò di una **guerra di montagna**, condotta tra mille difficoltà di ordine climatico e ambientale, soprattutto nei mesi invernali. Nel maggio 1916, le truppe austriache attaccarono in forze e penetrarono nel territorio italiano, ma la loro avanzata fu bloccata da una controffensiva italiana.

→ Nell'area del **Carso**, invece, l'esercito italiano affrontò un **conflitto di trincea**, del tutto simile a quello che le truppe francesi, inglesi o tedesche stavano combattendo in Francia o in Belgio. Nell'agosto del 1916 le truppe italiane conquistarono **Gorizia** ma gli austriaci riuscirono poi a fermare l'avanzata italiana.

→ Tutte queste battaglie non provocarono una svolta nel conflitto, ma le **perdite umane** furono **rilevantissime**: basti pensare che nel 1916 i soldati italiani morti sul campo di battaglia furono ben 118 000, con 285 000 feriti e gravi conseguenze sul morale delle truppe.

→ Domande fondamentali

- Che cosa si intende con l'espressione "guerra di logoramento"?
- Quali diverse caratteristiche avevano la guerra in Trentino e la guerra nel Carso?
- Quali eventi decisivi accaddero nel 1917?
- Perché l'Italia fu accusata di opportunismo da Francia e Inghilterra?

Un gruppo di alpini marcia in fila sulla neve durante una fase della prima guerra mondiale, Trentino.

CAPITOLO 3 Verso la fine della guerra: 1917-1918

→ Dopo alcuni anni di guerra, nel 1917, i **Paesi impegnati nel conflitto** erano allo **stremo**: i soldati soffrivano per la fame e il freddo mentre in patria i prezzi salivano alle stelle e scarseggiavano i beni di prima necessità.

→ Il 1917 fu l'anno decisivo del conflitto: sul fronte orientale la Russia zarista uscì dal conflitto dopo la rivoluzione comunista che aveva provocato la caduta dello zar. Nel medesimo anno, tuttavia, **Gran Bretagna** e **Francia** ricevettero il **decisivo sostegno degli Stati Uniti**, indotti a entrare nel conflitto dalla guerra sottomarina che i tedeschi praticavano nell'Atlantico, ove essi affondavano tutte le navi dirette in Inghilterra, non escluse quelle dei Paesi neutrali.

→ La produzione dei cantieri americani, le armi, i soldati e gli abbondanti rifornimenti permisero alle forze dell'Intesa di piegare sempre più i tedeschi. La **Germania** tentò un'ultima disperata offensiva nell'estate 1918, quando cercò di sfondare il fronte occidentale: dopo il fallimento di quest'ennesimo tentativo, il popolo tedesco obbligò l'**imperatore ad abdicare** e il nuovo governo a **chiedere la pace**.

→ La Germania firmò l'**armistizio** con le potenze alleate l'**11 novembre 1918**. Nel complesso la prima guerra mondiale provocò la morte di circa 9 milioni di soldati e di 5 milioni di civili (deceduti sia per denutrizione sia per la **spagnola**, una micidiale epidemia di influenza che colpì il mondo intero nel 1918).

CAPITOLO 4 L'Italia da Caporetto a Vittorio Veneto

→ Fino al 1916 l'**Italia** aveva dichiarato guerra all'Austria-Ungheria ma non alla Germania. Accusato di opportunismo da Francia e Inghilterra, il governo italiano fu messo alle strette e il 28 agosto del 1916 **dichiarò guerra anche ai tedeschi**.

→ Il 24 ottobre 1917, l'esercito italiano rischiò la disfatta. I tedeschi, infatti, intervennero a sostegno degli austriaci con un contingente numeroso e ben addestrato, che spazzò via le difese nemiche nell'area di **Caporetto** e obbligò le truppe italiane a una precipitosa ritirata. La sconfitta provocò un cambio ai vertici dell'esercito: Cadorna fu esonerato dall'incarico e il suo posto fu occupato dal generale **Armando Diaz**.

→ Dopo la sconfitta di Caporetto circa 600 000 profughi abbandonarono le loro case, e almeno un milione di persone si trovarono sotto un regime di occupazione straniera. Solo sulla linea del fiume **Piave** fu possibile organizzare un'efficace **linea di difesa**. A quel punto, però, gli austriaci non riuscirono più a proseguire e la situazione rimase stazionaria fino all'autunno dell'anno seguente.

→ Nell'ottobre del 1918 Germania e Austria-Ungheria erano ormai allo stremo. Diaz, che fino ad allora aveva assunto un atteggiamento difensivo, ordinò di attaccare: il 26 ottobre a **Vittorio Veneto** le truppe italiane sconfissero gli austriaci e il 4 novembre 1918 **l'impero austro-ungarico firmava la resa**: l'Italia, dunque, aveva vinto la guerra.

Capitolo 1

POTERI E CONFLITTI

Una guerra di trincee e logoramento

Storia slide

LE CONOSCENZE DA ACQUISIRE
Dopo una breve fase di movimento, il conflitto si trasformò in un'interminabile guerra di trincea, e quindi di logoramento.

LE COMPETENZE DA POTENZIARE
Saper cogliere i caratteri specifici di un conflitto militare.

1.1 Da guerra di trincea a guerra di logoramento

Video – Le armi della prima guerra mondiale

Una guerra di posizione Gli eserciti che combatterono nella prima guerra mondiale disponevano tutti di armi moderne e innovative, quali i cannoni di grosso calibro, i fucili a retrocarica e canna rigata e soprattutto la **mitragliatrice**, inventata negli Stati Uniti nel 1899. Un'altra invenzione americana utilizzata nella guerra fu il **filo spinato**, che veniva disposto davanti alle trincee come ostacolo agli assalti nemici.

La sostanziale parità di equipaggiamento tra i due schieramenti finì per creare una situazione del tutto sconosciuta nei conflitti precedenti: in pratica, a partire dall'autunno 1914, **la linea del fronte francese non subì alcun significativo cambiamento per quattro anni**. Ogni tentativo di conquistare le trincee nemiche fallì inevitabilmente: i soldati che uscivano allo scoperto venivano falcidiati a migliaia dalle mitragliatrici nemiche.

Una situazione di stallo

La **condizione dei soldati** durante la guerra, pertanto, si fece **sempre più drammatica**; immersi nel fango e divorati dai pidocchi nei momenti di relativa quiete, quando dovevano lanciarsi all'attacco affrontavano un'artiglieria moderna di potenza inaudita, capace di provocare gravi shock e traumi psichici fortissimi anche in chi non era stato ferito gravemente, mentre fucili e mitragliatrici decimavano i reparti a cui era stato ordinato di avanzare. La **capacità difensiva di ogni esercito**, nella prima guerra mondiale, **era** infinitamente **superiore alla** sua **capacità di attacco** e di penetrazione. La situazione di stallo, sul fronte occidentale, nacque da questa sproporzione: si era capaci di respingere l'offensiva altrui, provocando al nemico gravissime perdite, ma per lo stesso motivo non si riusciva a *sfondare*, cioè a travolgere le difese dell'avversario.

Guardiamo la storia – La trincea

EUREKA! Le armi della prima guerra mondiale

Per combattere la prima guerra mondiale furono usate armi prodotte su larga scala dall'industria.
La principale protagonista del conflitto fu senza dubbio la **mitragliatrice**, che rese più facile l'attacco delle fanterie: infatti, per facilitare l'avanzata dei soldati era prima indispensabile aprire un varco nel fronte nemico con il fuoco delle mitragliatrici, supportate da cannoni e mortai. Sempre in appoggio alla fanteria fu progettato il **carrarmato**, un nuovo mezzo di assalto.
Un'altra arma micidiale utilizzata furono i **gas asfissianti**, prodotti dall'industria chimica. Come contromossa ai gas fu necessario dotare i soldati di **maschere antigas**, che impedivano di respirare gli agenti inquinanti presenti nell'atmosfera.

Infine non si possono dimenticare altri mezzi bellici, come gli **aeroplani**, impiegati sia per la ricognizione sia per il mitragliamento a terra, o i **sommergibili**, per affondare le corazzate o le navi mercantili dei nemici.

Una maschera antigas in dotazione ai soldati italiani sul fronte alpino (Borgo Valsugana, Mostra permanente della Grande Guerra, foto di Stefano Torrione).

Due soldati in trincea durante la prima guerra mondiale.

La guerra chimica Neppure l'introduzione di alcune nuove armi, particolarmente micidiali, riuscì a spezzare la situazione di stallo; senza dubbio va ricordato, al primo posto, il **gas**, che fu sperimentato dai tedeschi il 22 aprile 1915, nei pressi della città belga di Ypres (da cui il nome "iprite" comunemente usato per indicare il tipo di gas impiegato), e venne poi usato ampiamente anche da inglesi e francesi. In quella prima occasione, l'effetto della nuova arma fu devastante, ma ben presto ci si accorse che il gas era ben **poco affidabile** e, anzi, poteva essere molto **pericoloso** persino per chi lo lanciava: infatti, in presenza di vento contrario, la nube tossica poteva investire i soldati che l'avevano provocata e in assenza di vento a favore le truppe non potevano avanzare senza correre il rischio di intossicarsi. A questo si aggiunse che, nei giro di pochi giorni, l'esercito alleato fu dotato di **maschere antigas** rudimentali, ma efficaci, contenenti un tampone imbevuto di sostanze chimiche che contrastavano gli effetti dell'iprite. In caso di necessità si poteva adoperare anche l'urina.

Documento chiave

Un poeta-soldato in trincea

Guardiamo la storia
Il gas

Per far fronte a quella durissima prova, moltissimi uomini affidarono alla penna le loro emozioni e i loro pensieri, scrivendo diari o memorie. Numerosi furono i poeti-soldati, tra i quali dobbiamo ricordare innanzitutto l'inglese Wilfred Owen, che descrisse la guerra moderna con profonda intensità nei suoi versi. Owen morì nel 1918, poco tempo prima dell'armistizio; le sue poesie di guerra furono pubblicate dal suo amico Siegfried Sassoon, nel 1920. Il testo seguente fu composto nel 1917, dopo un attacco con il gas.

Piegati in due, come vecchi straccioni, sacco in spalla,
le ginocchia ricurve, tossendo come megere, imprecavamo nel fango,
finché volgemmo le spalle all'ossessivo bagliore delle esplosioni
e verso il nostro lontano riposo cominciammo ad arrancare.
Gli uomini marciavano addormentati. Molti, persi gli stivali,
procedevano claudicanti, calzati di sangue. Tutti finirono azzoppati; tutti orbi;
ubriachi di stanchezza; sordi persino al sibilo
di stanche granate che cadevano lontane indietro.

Il gas! Il GAS! Svelti, ragazzi! – Come in estasi annasparono,
infilandosi appena in tempo i goffi elmetti;
ma ci fu uno che continuava a gridare e a inciampare
dimenandosi come in mezzo alle fiamme o alla calce...
Confusamente, attraverso l'oblò di vetro appannato e la densa luce verdastra
come in un mare verde, lo vidi annegare.
In tutti i miei sogni, davanti ai miei occhi smarriti,
si tuffa verso di me, cola giù, soffoca, annega.

L'autore, che osserva, indossa una maschera antigas

Come vari altri soldati, Owen fu ricoverato in un ospedale psichiatrico

Se in qualche orribile sogno anche tu potessi metterti al passo
dietro al furgone in cui lo scaraventammo,
e guardare i bianchi occhi contorcersi sul suo volto,
il suo volto a penzoloni, come un demonio sazio di peccato;
se potessi sentire il sangue, ad ogni sobbalzo,
fuoriuscire gorgogliante dai polmoni guasti di bava,
osceni come il cancro, amari come il rigurgito
di disgustose, incurabili piaghe su lingue innocenti –
amico mio, non ripeteresti con tanto compiaciuto fervore
a fanciulli ansiosi di farsi raccontare gesta disperate,
la vecchia Menzogna: *Dulce et decorum est*
pro patria mori ["Morire per la patria è nobile e dolce", Orazio, *Odi*, 3, 2, 13, *n.d.r.*].

W. OWEN, *Poesie di guerra*, Einaudi, Torino 1985, pp. 29-31

LE BATTAGLIE

Verdun, 21 febbraio 1916 - Somme, 10 luglio 1916

Nel 1916, si combatterono le due battaglie più lunghe e sanguinose dell'intero conflitto: l'offensiva tedesca contro le fortificazioni circostanti la città di **Verdun** e l'attacco condotto dagli inglesi nella valle del fiume **Somme**. I semplici dati numerici, in entrambi i casi, sono impressionanti, cioè indicativi sia delle **dimensioni** sempre più **gigantesche assunte dal conflitto**, sia dei suoi **esagerati costi umani**. L'avanzata dei primi 140 000 tedeschi che, il 21 febbraio 1916, presero d'assalto Verdun fu preparata da un bombardamento di nove ore, condotto da 850 cannoni pesanti. Malgrado una simile micidiale preparazione, **le difese francesi** resistettero al colpo e **respinsero l'attacco**, provocando ai tedeschi perdite enormi: è stato infatti stimato che, nelle prime cinque settimane di battaglia, intorno a Verdun i soldati germanici cadevano all'incredibile ritmo di 1 ogni 45 secondi! Man mano che la battaglia proseguiva, il numero dei cannoni in azione crebbe da entrambe le parti, toccando quota 2200 sul versante tedesco e 1777 su quello francese. In cinque mesi, a Verdun i due eserciti spararono oltre 23 milioni di granate: in media, più di 100 al minuto.

Analogamente, nella regione della **Somme**, l'attacco delle truppe inglesi fu preparato dal fuoco di almeno 1500 cannoni di grosso calibro, che spararono 1 732 873 colpi tra il 24 giugno e il 10 luglio 1916; all'alba di quest'ultima giornata (che vide l'inizio dell'avanzata dei soldati britannici), in poco più di un'ora caddero sulle linee tedesche circa 250 000 granate, con una media di 3500 al minuto. L'**offensiva inglese si risolse** però **in un** enorme **disastro**: solo il 10 luglio morirono 20 000 soldati e più di 1000 ufficiali, mentre 25 000 uomini risultarono feriti gravi.

Le due grandi battaglie del 1916 videro, inoltre, la comparsa di nuovi ulteriori strumenti di combattimento; a Verdun, nel secondo giorno di lotta i tedeschi misero in campo il **lanciafiamme**, di cui avevano pronti 99 esemplari. Nella valle della Somme, invece, il 15 settembre 1916 fecero la loro prima comparsa i **carriarmati** (*tanks*), inventati dagli inglesi; in quell'occasione, ne furono impiegati 49, ma non risultarono decisivi, perché ancora troppo fragili e poco numerosi per essere veramente capaci di sfondare il fronte nemico.

Nell'arco di quattro mesi, la battaglia della Somme provocò la morte di 146 404 soldati anglo-francesi e di 164 055 tedeschi; a Verdun invece, tra francesi e tedeschi, morirono circa 650 000 uomini. Solo nelle due più grandi offensive del 1916, dunque, **morirono più di 960 000 soldati**, senza che la situazione strategica complessiva avesse subito alcun significativo mutamento.

geostoria

Il fronte franco-tedesco (1914-1918)

Carta proiettabile

La carta mostra l'invasione del Belgio da parte dei tedeschi (agosto 1914), con l'intento di conquistare la Francia. La loro avanzata fu però fermata nei pressi del fiume Marna (1914). Da allora si susseguirono dure battaglie tra francesi e inglesi da una parte e tedeschi dall'altra: questi scontri provocarono moltissimi morti, senza però modificare in modo significativo le posizioni dei rispettivi eserciti.

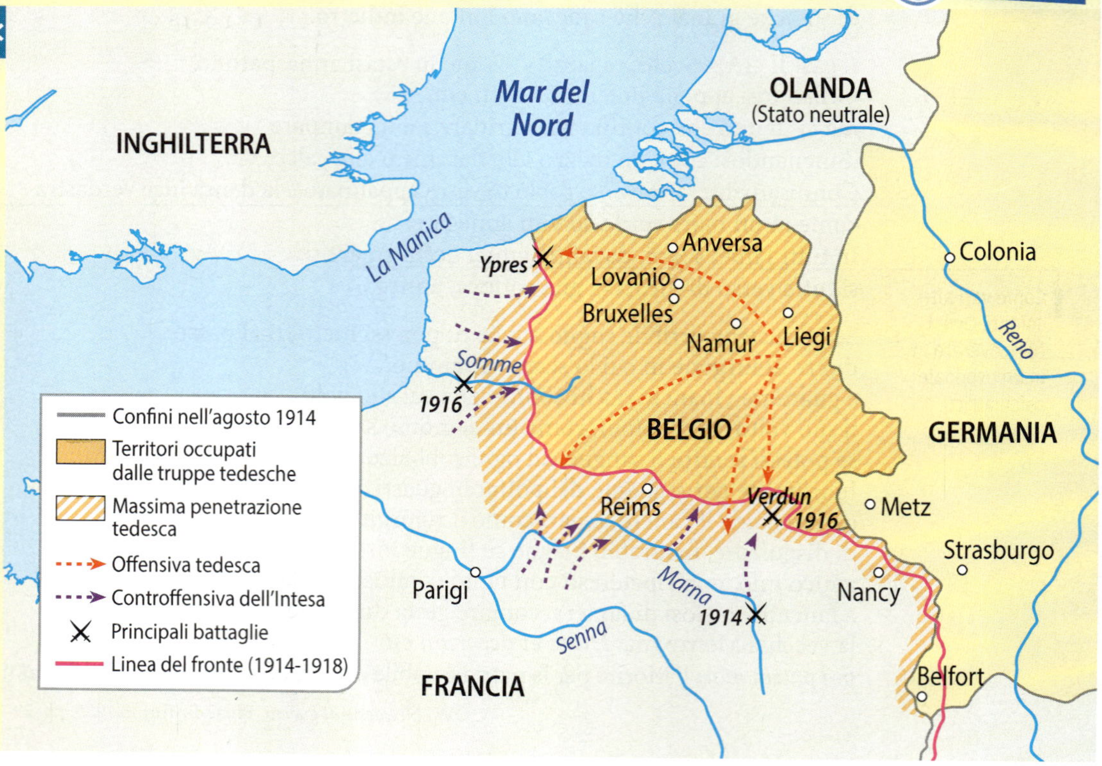

Carta interattiva
I principali fronti europei durante la prima guerra mondiale

La guerra di logoramento Nell'autunno del 1914 nessun governo coinvolto pensava più che la guerra sarebbe stata rapida. Il prolungarsi del conflitto significava sostenere costi immensi: dunque, **per vincere, era indispensabile un'economia solidissima, capace di sostenere a tempo indeterminato i costi del conflitto**. Insomma, non era tanto una questione di battaglie, in cui si fronteggiavano due eserciti; lo scontro riguardava, nel medesimo tempo, due apparati produttivi, due sistemi economici e sociali, impegnati a garantire alle truppe le risorse umane e materiali per continuare a combattere. Come la guerra civile americana (1861-1865), anche la prima guerra mondiale assunse i tratti della **guerra di logoramento**.

Un conflitto di massa Non c'era però alcun Paese europeo che, nel 1914, avesse un sistema economico in grado di sostenere questo tipo di guerra. Per quanto concerne gli uomini, osserviamo innanzitutto che la Gran Bretagna era l'unico Stato in Europa a non possedere, nel 1914, la coscrizione obbligatoria. Pertanto, all'inizio della guerra, essa poté schierare solo 50 000 uomini, mentre l'esercito austro-ungarico comprendeva 3 milioni di soldati, quello francese 4 milioni, quello tedesco 4 milioni e mezzo, quello russo quasi 6 milioni. Con il protrarsi del conflitto, fu necessario anche per l'Inghilterra aumentare i propri effettivi, che toccarono la quota di 2 675 000 alla fine del 1915; questi soldati erano tutti volontari, in quanto solo il 5 gennaio 1916 fu presentata alla Camera dei Comuni una proposta di legge per istituire il servizio di leva, al fine di arruolare altri 2 milioni di soldati. In Germania, si toccò la quota di 11 milioni di uomini mobilitati.

Manifesto inglese che invita al reclutamento per la prima guerra mondiale.

Queste cifre dimostrano che la prima guerra mondiale fu davvero un **conflitto di massa**, nel senso che portò al fronte una quantità di uomini impensabile in qualsiasi epoca del passato. Inoltre, non dobbiamo dimenticare che sia l'Inghilterra sia la Francia fecero ampio ricorso a **truppe** provenienti **dai propri territori coloniali**: africani, marocchini e indiani, per non parlare di canadesi, australiani e neozelandesi, furono inviati sul fronte occidentale non appena fu evidente che esso dissanguava gli eserciti in maniera superiore a ogni più fosca previsione formulata prima dell'inizio delle ostilità.

Schema proiettabile

La prima guerra mondiale: uno scontro senza soluzione

CAUSA EFFETTO

ARMI A DISPOSIZIONE DI CHI SI DIFENDE	STRATEGIE E STRUMENTI IDEATI PER SFONDARE IL FRONTE	EFFETTI SUL CAMPO DI BATTAGLIA	RISULTATI
Fucile a lunga gittata e a tiro rapido	Gas e lanciafiamme	Capacità di infliggere enormi perdite al nemico	Altissimo numero delle perdite umane
Mitragliatrice	Carriarmati	Inutilità degli attacchi frontali	Impossibilità di vittoria sul campo
Artiglieria	Massicci bombardamenti prima dell'assalto	Assoluta superiorità della difesa sull'attacco	Guerra di logoramento, che si prolunga a oltranza

1.2 Il blocco navale e la guerra sottomarina

Impedire le importazioni tedesche

La soluzione inglese: il blocco navale Sul piano economico, il protrarsi della guerra provocò una specie di rivoluzione nella gestione delle risorse e della produzione. A partire dall'estate del 1914, la marina britannica istituì un rigido **blocco navale**, finalizzato a paralizzare il commercio di importazione tedesco. In pratica, si voleva **impedire l'arrivo**, nei porti del nemico, **di tutte le materie prime** necessarie **per la produzione bellica**: basti pensare al rame e al nitrato di potassio, provenienti dal Cile ed essenziali per la fabbricazione delle granate e degli esplosivi.

La prima pianificazione dell'economia in Germania

La riorganizzazione dell'economia tedesca Il primo a rendersi conto della necessità di procedere a **una radicale riorganizzazione dell'economia tedesca**, per renderla capace di sostenere lo sforzo bellico, fu l'industriale **Walther Rathenau**, che già nell'agosto del 1914 sollecitò presso il kaiser l'istituzione di un ministero per le Materie prime, finalizzato a requisire e a distribuire in modo programmato dall'alto le scorte di materie prime disponibili in Germania. L'importanza storica dell'esperimento condotto da Rathenau negli anni seguenti il 1914 è, a dir poco, fondamentale: in pratica, egli introdusse una rigorosa pianificazione in tutti gli ambiti e i settori vitali dell'economia nazionale, decretando la **fine del modello liberista**, cioè ponendo lo Stato ad arbitro supremo della dinamica economica (non più regolata dal mercato e dalle leggi della domanda e dell'offerta) e anticipando molti degli sviluppi sociali più tipici della storia del Novecento.

› VEDI La pianificazione in URSS → pag. 287

Comunque, nella Germania del periodo di guerra, la proprietà dei mezzi di produzione non venne mai messa in discussione: anzi, la tassazione straordinaria sui profitti ricavati dalle imprese che vendevano materiale bellico allo Stato, che in Inghilterra era del 30%, e infine arrivò all'80% nel 1917, in Germania fu pressoché inesistente fino al 1916. Nel tentativo di superare le difficoltà imposte dal blocco navale e la conseguente carenza di nitrato di potassio, l'industria chimica tedesca mise in atto una sua recente scoperta, riuscendo a **ricavare l'azoto dall'atmosfera**. In realtà, il procedimento era stato scoperto prima della guerra, ma gli elevati costi di produzione ne avevano frenato la realizzazione.

Scarsità di generi alimentari in Germania

Molto più difficile, invece, fu reperire generi alimentari, che in Germania scarseggiarono in quantità sempre maggiore; a causa della carenza di fertilizzanti, il raccolto del 1916 fornì la metà del grano ottenuto nel 1913. Poiché la razione giornaliera di pane, per ogni individuo, era scesa ad appena 170 grammi, molti tedeschi, soprattutto nelle città, nell'inverno 1916-1917 furono costretti a **nutrirsi quasi esclusivamente di rape**. La mortalità infantile, rispetto al 1913, salì del 50%, **mentre almeno 700 000 persone morirono per denutrizione**.

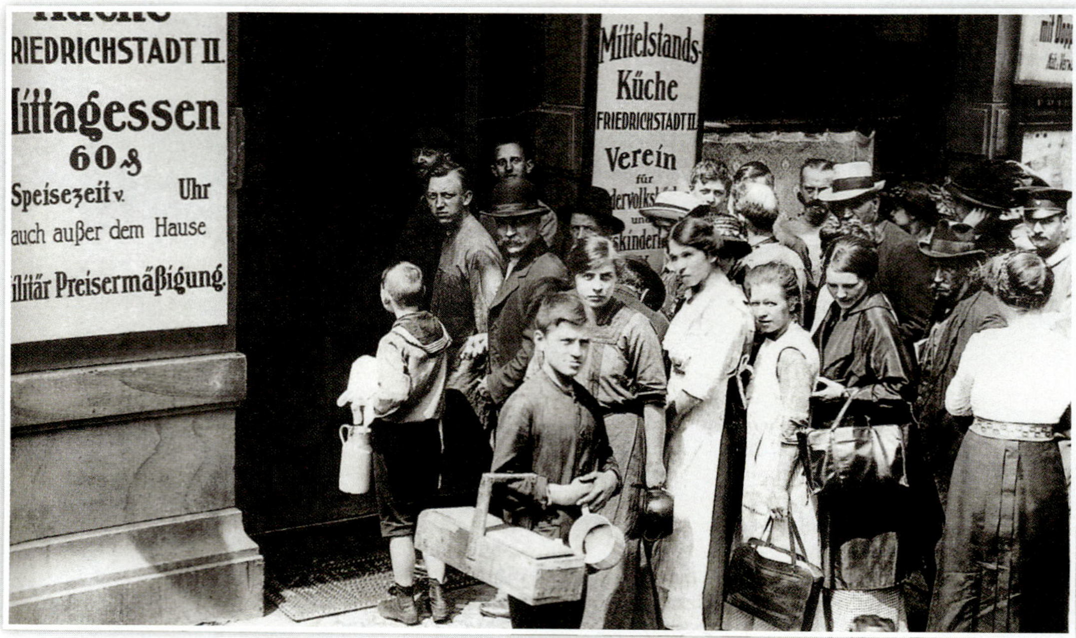

Distribuzione pubblica del cibo in Germania dopo il blocco britannico, durante la prima guerra mondiale.

La guerra sottomarina Nel giugno del **1916**, la grande **flotta da guerra tedesca si scontrò con quella britannica**, al largo della costa dello **Jütland** (nell'attuale Danimarca). Gli inglesi persero tre corazzate, tre incrociatori e otto cacciatorpediniere; i tedeschi, però, non riuscirono a forzare il blocco, e furono costretti a far rientrare le proprie navi nei porti, dopo aver perso una corazzata, quattro incrociatori e cinque cacciatorpediniere. Preso atto dell'impossibilità di contrastare la marina inglese, la Germania intraprese la cosiddetta *guerra sottomarina*, che sul piano militare si rivelò **la più efficace risposta tedesca al blocco navale britannico**.

La guerra nell'Atlantico

I **sommergibili** germanici procedettero al sistematico siluramento di tutte le navi che solcavano l'Atlantico e il Mare del Nord; l'obiettivo era quello di **arrestare l'afflusso di materie prime e di derrate alimentari** dirette **in Inghilterra**, esattamente come quest'ultima impediva l'arrivo di ogni merce in Germania per mezzo del blocco navale. Nei quattro anni della guerra, la Gran Bretagna subì la perdita di oltre 2000 imbarcazioni: nel solo aprile 1917 vennero affondate 373 navi, per un totale di 873 754 tonnellate. Senza dubbio, la primavera del 1917 fu per questo Paese il momento più critico, quello in cui la macchina bellica inglese corse seriamente il rischio di incepparsi per mancanza di alimenti e di materie prime essenziali all'industria. Dal 24 maggio in avanti, però, la situazione cominciò a mutare, in quanto venne adottato il cosiddetto **sistema dei convogli**: le navi mercantili, cioè, da allora non attraversarono più l'Atlantico da sole, ma in gruppo, ben protette dalla marina da guerra.

Guerra totale

Il fallimento dell'offensiva sottomarina può essere considerato una delle cause principali della sconfitta tedesca; in effetti, mentre l'Inghilterra riuscì a rendere sempre più dura la vita dei tedeschi, essi non riuscirono a danneggiare in modo altrettanto efficace gli inglesi. Su entrambi i fronti, comunque, la prima guerra mondiale si stava orientando nella direzione della **guerra totale**, che non fa più differenza tra civili e militari: la **distruzione dell'apparato produttivo del nemico vale quanto una vittoria sul campo**.

Durante la seconda guerra mondiale, questo aspetto, tipico dei conflitti moderni, sarebbe stato portato a livelli ancora più forti e drammatici; la differenza fondamentale, tra i due eventi, va ricercata nello sviluppo dell'aviazione, che nella guerra 1914-1918 non era ancora in grado di svolgere bombardamenti su vasta scala. Londra, è vero, fu attaccata diverse volte, sia dai dirigibili *Zeppelin* sia da grossi aerei bimotori chiamati *Gotha*; i danni e le vittime civili provocati da tali incursioni, però, non sono assolutamente paragonabili a quelli dei massicci bombardamenti che, negli anni 1940-1945, avrebbero investito le città inglesi, tedesche o giapponesi.

Guerra sul mare: un sommergibilista tedesco sta caricando un tubo di lancio.

Capitolo 2

POTERI E CONFLITTI

Sul fronte italiano

Storia slide

LE CONOSCENZE DA ACQUISIRE
I generali italiani condussero la guerra in modo antiquato, senza comprendere che in essa il fattore meccanico era prevalente su quello umano.

LE COMPETENZE DA POTENZIARE
Saper cogliere i caratteri specifici di un conflitto militare.

2.1 Il comando italiano: Cadorna

Il generale Cadorna Alla fine del luglio 1914, quando ancora l'Italia era neutrale, il generale **Luigi Cadorna** assunse l'incarico di **comandante supremo** dell'esercito. Ostinato, molto sicuro di sé e incapace di ammettere i propri errori, era un uomo piuttosto antiquato, e non fu in grado di recepire le novità della guerra moderna. Anche quando il Paese entrò nel conflitto, Cadorna continuò a rivendicare la **totale autonomia del potere militare dal potere civile**, cioè dal governo: egli si sentiva subordinato solo e direttamente al re, e quindi considerava come vere intromissioni nella sua sfera di competenza ogni direttiva proveniente dal presidente del Consiglio o dal ministro della Difesa. Collaborare con Cadorna (che difficilmente accettava consigli) non era semplice neppure per gli altri generali; il comandante supremo – infatti – anche se non aveva mai visto un campo di battaglia, si considerava un raffinato esperto di tattica militare ed era **convinto di essere l'unico a conoscere la strategia vincente** per battere il nemico. Di conseguenza, nei primi due mesi di guerra, rimosse dal loro incarico ben 27 generali, i primi di una lunghissima lista: tra il maggio 1915 e l'ottobre 1917 sarebbero stati allontanati dal comando 807 ufficiali, tra cui 217 generali e 255 colonnelli.

Egocentrismo e indifferenza per le perdite umane

Un'impostazione militare anacronistica Al centro della sua impostazione, stava il principio della **"spallata"**. In gergo più tecnico, ciò significava che l'**offensiva andava mantenuta a ogni costo**; l'esercito nemico doveva essere tenuto sempre sotto pressione da una serie di attacchi massicci e potenti, che infine avrebbero provocato lo sfondamento del fronte. Un anno di guerra in Belgio e in Francia, aveva già dimostrato che questa **impostazione** era **anacronistica**, poiché opponeva i soldati non ad altri uomini, più o meno coraggiosi di loro, bensì alle armi moderne.

La "spallata"

Ritratto del generale Luigi Cadorna.

Per di più, l'esercito italiano non era affatto quella forza poderosa di cui la tattica di Cadorna avrebbe avuto bisogno: aveva infatti subito gravi perdite di materiali in Libia nel novembre 1914, sicché disponeva di circa 2000 cannoni (di diverso calibro) e di appena 618 mitragliatrici (soltanto due per ogni reggimento).

Infine, qualche probabilità maggiore di successo la strategia offensiva del comandante italiano avrebbe potuto ottenerla se l'esercito fosse stato già pronto e il 24 maggio, di sorpresa, avesse immediatamente assalito d'impeto il confine austriaco; **Cadorna**, al contrario, **si mosse con estrema lentezza**, cosicché **la raccolta degli uomini** dei reparti di fanteria **fu completata solo il 16 giugno**, mentre l'artiglieria pesante fu dispiegata ai primi di luglio.

POTERI E CONFLITTI

2.2 Le operazioni militari: Il Trentino e il Carso

Alta quota, freddo, valanghe

La guerra in montagna: il Trentino Il Trentino e il Carso furono le due zone, molto diverse tra loro, in cui si concentrarono le operazioni sul fronte italiano, che era lungo circa 700 chilometri. In Trentino il conflitto ebbe le caratteristiche di una guerra di montagna, condotta ad alta quota e in condizioni climatiche proibitive; per certi aspetti, quelle che venne combattuta su montagne trentine fu una guerra pre-moderna. L'**inverno del 1916 fu estremamente duro**: il 13 dicembre, in particolare, migliaia di soldati di entrambi gli schieramenti furono travolti da valanghe e slavine, e per questo quella giornata fu chiamata *venerdì bianco*. È stato stimato che, da soli, i fattori ambientali e climatici abbiano provocato 30-40 000 morti, circa due terzi del totale dei caduti complessivi in questa zona di guerra.

La *Strafexpedition*

Nel **maggio del 1916**, gli austriaci lanciarono la cosiddetta ***spedizione punitiva*** (*Strafexpedition*); dopo un intenso bombardamento, l'esercito austro-ungarico attaccò in forze in Trentino e riuscì ad avanzare per circa una ventina di chilometri, ma infine venne fermato. Ciò nonostante, la grande offensiva austriaca ebbe un importante risvolto politico: nel giugno 1916, Salandra fu costretto a dimettersi e fu sostituito dall'anziano Paolo Boselli; Sonnino, però, conservò il ministero degli Esteri.

Percorsi di storia locale
La grande guerra della Sardegna

Gli alpini Nel settore trentino del fronte, molti dei reparti impegnati erano truppe del corpo degli **alpini**, ufficialmente costituito nel 1872. Si trattava di soldati **reclutati su base regionale**, mentre negli altri reggimenti italiani, di solito, erano accorpati uomini provenienti da diverse regioni. Poiché invece, nel limite del possibile, i reparti alpini erano formati da montanari, che provenivano dallo stesso villaggio o dalla stessa vallata, si creò una straordinaria **coesione di gruppo**, che permise loro di affrontare con fermezza e coraggio anche le situazioni disperate. Senza dubbio, una delle crisi più gravi che gli alpini dovettero affrontare fu la battaglia dell'Ortigara (tra Valsugana e Asiago) durante la quale – in soli 20 giorni (10-30 giugno 1917) – caddero 12 000 soldati, in un'offensiva condotta a 2000 metri, secondo i criteri fissati da Cadorna (assalto frontale a oltranza).

La battaglia dell'Ortigara

Da quella durissima prova nacque una delle più celebri canzoni della guerra, *Ta-pum*, la cui aria era già stata cantata dai minatori che, tra il 1872 e il 1880, avevano scavato la galleria del San Gottardo. In quel contesto, l'espressione onomatopeica *ta-pum* alludeva allo scoppio delle mine, che aprivano la strada al duro lavoro degli sterratori. Nel 1917, invece, *ta-pum* espresse il rumore degli spari che colpivano gli alpini, costretti a restare «venti giorni sull'Ortigara / senza il cambio per dismontà».

Video
Ungaretti soldato

Alpini sulle pendici del Corno di Cavento, Trentino-Alto Adige.

Documento

L'assalto frontale

Emilio Lussu (uomo politico, scrittore e militare) partecipò alla guerra in qualità di tenente. Insieme al suo reggimento di fanti sardi, combatté per un anno sull'altopiano di Asiago. La sua testimonianza fu pubblicata nel 1938. Mentre la retorica fascista, in quell'epoca, descriveva la guerra come un'esperienza eroica, che aveva completato e cementato l'unità della nazione, Lussu la presentò come un assurdo massacro di vite.

Il capitano Bravini aveva l'orologio in mano, e seguiva, fissamente, il corso inesorabile dei minuti. Senza levare gli occhi dall'orologio gridò: «Pronti per l'assalto!» Poi riprese ancora: «Pronti per l'assalto! Signori ufficiali, in testa ai reparti!» [...] Gli occhi dei soldati, spalancati, cercavano i nostri occhi. Il capitano era sempre chino sull'orologio e i soldati trovarono solo i miei occhi. Io mi sforzai di sorridere e dissi qualche parola a fior di labbra; ma quegli occhi, pieni di interrogazione e di angoscia, mi sgomentarono. «Pronti per l'assalto!» Ripeté ancora il capitano. Di tutti i momenti della guerra, quello precedente l'assalto era il più terribile. L'assalto! Dove si andava? Si abbandonavano i ripari e si usciva. Dove? Le mitragliatrici, tutte, sdraiate sul ventre imbottito di cartucce, ci aspettavano. Chi non ha conosciuto quegli istanti, non ha conosciuto la guerra. [...]

«Savoia!» gridò il capitano Bravini. «Savoia!» ripeterono i reparti. E fu un grido urlato come un lamento ed un'invocazione disperata. La 9ª [la 9ª compagnia, *n.d.r.*], tenente Avellini in testa, superò la breccia e si lanciò all'assalto. Il generale e il colonnello erano alle feritoie. [...] La 10ª, la 11ª e la 12ª seguirono di corsa. In pochi secondi tutto il battaglione era di fronte alle trincee nemiche. Che noi avessimo gridato o no, le mitragliatrici nemiche ci attendevano. Appena oltrepassammo una striscia di terreno roccioso ed incominciammo la discesa verso la vallata, scoperti, esse aprirono il fuoco. Le nostre grida furono coperte dalle loro raffiche. A me sembrò che contro di noi tirassero dieci mitragliatrici, talmente il terreno fu attraversato da scoppi e da sibili. I soldati colpiti cadevano pesantemente come se fossero stati precipitati dagli alberi. Per un momento, io fui avvolto da un torpore mentale e tutto il corpo divenne lento e pesante. Forse sono ferito, pensavo. Eppure sentivo di non essere ferito. I colpi vicini delle mitragliatrici e l'incalzare dei reparti che avanzavano alle spalle mi risvegliarono. Ripresi subito conoscenza del mio stato. Non rabbia, non odio, come in una rissa, ma una calma completa, assoluta, una forma di stanchezza infinita attorno al pensiero lucido. Poi anche quella stanchezza scomparve e ripresi la corsa, veloce. Ora mi sembrava di essere ridivenuto calmo, e vedevo tutto attorno a me. Ufficiali e soldati cadevano con le braccia tese e, nella caduta, i fucili venivano proiettati innanzi, lontano. Sembrava che avanzasse un battaglione di morti. Il capitano Bravini non cessava di gridare: «Savoia!» [...]

I difensori non erano nascosti, dietro le feritoie. Erano tutti in piedi e sporgevano oltre la trincea. Essi si sentivano sicuri. Parecchi erano addirittura dritti sui parapetti. Tutti sparavano su di noi, puntando calmi, come in piazza d'armi. [...] D'un tratto, gli austriaci cessarono di sparare. Io vidi quelli che ci stavano di fronte, con gli occhi spalancati e con un'espressione di terrore quasi che essi e non noi fossero sotto il fuoco. Uno, che era senza fucile, gridò in italiano: «Basta! Basta!»

«Basta!» ripeterono gli altri, dai parapetti. Quegli [quello, *n.d.r.*] che era senz'armi mi parve un cappellano. «Basta! bravi soldati. Non fatevi ammazzare così».

Noi ci fermammo, un istante. Noi non sparavamo, essi non sparavano. Quegli che sembrava un cappellano, si curvava talmente verso di noi, che, se io avessi teso il braccio, sarei riuscito a toccarlo. Egli aveva gli occhi fissi su di noi. Anch'io lo guardai.

Dalla nostra trincea, una voce aspra si levò: «Avanti! soldati della mia gloriosa divisione. Avanti! Avanti, contro il nemico!» [...] Dalla trincea nemica, una voce di comando gridò alta, in tedesco: «Fuoco!» Dalla trincea partirono dei colpi. [...] Tutti ci buttammo a terra, fra i cespugli, e ci riparammo dietro gli abeti. L'assalto era finito. Io ho impiegato molto tempo a descriverlo, ma esso doveva essersi svolto in meno d'un minuto.

E. LUSSU, *Un anno sull'altipiano*, Einaudi, Torino 1966, pp. 121-127

Analizza il testo

- Con quali aggettivi definiresti l'attacco frontale dei soldati italiani?
- Quale reazione suscita l'attacco dei fanti italiani tra i soldati nemici?

La guerra nel Carso A differenza della guerra in Trentino, quella combattuta sul Carso – un altopiano che separa Trieste e il fiume Isonzo – fu di stampo modernissimo, al pari di altri fronti europei come quello delle Fiandre o quello francese. Nella zona friulana, la tattica della "spallata" italiana non ebbe alcun successo e **le battaglie combattute sull'Isonzo**, nel giro dei primi due anni di guerra, **furono ben 12: il fronte**, insomma, **era praticamente fermo**.

Dopo le prime offensive, l'esercito italiano cominciò a soffrire per carenza di ufficiali esperti. Le truppe furono guidate sempre più spesso da giovani laureati o da studenti universitari, che erano nutriti di studi classici e di ideali risorgimentali, ma non avevano alcuna esperienza, visto che erano mandati subito al fronte, dopo un corso di pochi mesi.

La conquista di Gorizia

Nell'**agosto 1916**, al termine della *sesta battaglia dell'Isonzo*, l'esercito italiano riuscì a conquistare **Gorizia**. Però, proprio com'era accaduto agli austriaci in maggio sul fronte trentino (*Strafexpedition*), dopo un successo iniziale non si riuscì a proseguire l'offensiva, a darle ulteriore forza e, quindi, a infliggere al nemico una disfatta risolutiva. Come ha scritto lo storico italiano Giorgio Rochat, «al di là di Gorizia c'erano soltanto nuove trincee, su cui la guerra di posizione continuava con tutti i suoi orrori e sacrifici».

Storiografia 1
La guerra di trincea
→ pag. 140

Le **perdite** provocate da queste operazioni, in effetti, **furono pesantissime**: solamente nel 1916, gli italiani ebbero 118 000 morti e 285 000 feriti, mentre l'intero Risorgimento, dal 1848 al 1870, era costato circa 7000 caduti.

Cittadinanza e Costituzione
La Repubblica, la guerra, la difesa
→ pag. 126

Anche se il numero di cannoni e mitragliatrici a disposizione delle forze italiane era in continua crescita, e ciò rendeva lo scontro con il nemico meno impari rispetto al 1915, le truppe erano sempre più stanche e demoralizzate, di fronte a una guerra di cui non si intravedeva la conclusione. Costata 50 000 uomini agli italiani (e 40 000 agli austriaci), la conquista di Gorizia non mutò affatto questo stato d'animo. Come nel caso degli alpini, **la rabbia dei fanti traspare dalle canzoni** che, più o meno clandestinamente, circolavano nelle trincee. La più celebre, sul fronte dell'Isonzo, recitava: «O Gorizia tu sei maledetta / tanti cuori son senza coscienza! / Dolorosa mi fu la partenza / che per tanti ritorno non fu. / Traditori signori ufficiali / che la guerra l'avete voluta, / scannatori di carne venduta / e rovina della gioventù».

Soldati italiani a Gorizia il 9 agosto 1916.

La Repubblica, la guerra, la difesa

Costituzione italiana

Articolo 11

L'Italia ripudia la guerra come strumento di offesa [...] e come mezzo di risoluzione delle controversie internazionali.

Il rifiuto della guerra

Elaborata tra il 1946 e il 1948, la Costituzione della Repubblica italiana risente del clima culturale e politico tipico della prima metà del XX secolo, caratterizzata da due devastanti guerre mondiali. Pertanto, nella sezione preliminare, che espone i *Principi fondamentali* della Carta e della Repubblica, all'articolo 11 si dichiara che **«l'Italia ripudia la guerra** come strumento di offesa alla libertà degli altri popoli e come mezzo di risoluzione delle controversie internazionali». Questa frase condensa in poche parole **mezzo secolo di storia** e si propone di chiudere un intero capitolo di politica estera nazionale. Infatti, nel periodo compreso tra il 1900 e il 1943, l'Italia aveva attaccato la Libia, l'Austria-Ungheria, l'Etiopia, la Francia, la Iugoslavia, la Grecia e l'URSS, nella speranza di creare una vasta zona d'influenza e di trasformarsi in una grande potenza. Certo, una politica così aggressiva, disposta all'uso delle armi in nome dell'espansione, non era per nulla eccezionale e anomala: negli ultimi decenni dell'Ottocento e nei primi del Novecento, tutti gli Stati giudicarono assolutamente giusto e normale condurre una **politica di potenza**, finalizzata a ingrandire i propri confini e/o a costruire un impero. La libertà dei popoli conquistati non era assolutamente considerata: anzi, di fatto, era calpestata, quando essi erano obbligati a sottostare a un nuovo padrone. Anche Paesi liberali e democratici, come Gran Bretagna e Francia, avevano costruito vasti imperi coloniali, ignorando del tutto la libertà di innumerevoli popoli asiatici e africani. La solenne dichiarazione dell'articolo 11 significava il **ripudio di un intero stile politico: quello del nazionalismo, del colonialismo e dell'imperialismo**.

La solenne dichiarazione dell'articolo 11 significava il ripudio di un intero stile politico

Le organizzazioni internazionali

In virtù dell'articolo 11, lo Stato italiano **non può avere**, in circostanze normali, un **ministero della guerra**; le Forze Armate (che sono al servizio delle istituzioni democratiche e devono condividerne i medesimi valori) servono solo per la protezione della nazione dai pericoli provenienti dall'esterno: poiché non possono essere usate a fini di aggressione, esse sono guidate da un *ministero della Difesa*. La Repubblica italiana si propone come uno Stato pacifico, per quanto non raggiunga il livello della Carta giapponese del 1947, che prevede bassissimi stanziamenti per le spese militari: un preciso limite di bilancio, che la legislazione ordinaria

Quel che resta della base MSU (*Multinational Specialized Unit*) italiana dei Carabinieri dopo l'esplosione del deposito munizioni a Nassiriya il 12 novembre 2003. L'attentato provocò la morte di 28 persone, 19 italiani e 9 iracheni.

non può assolutamente superare. Secondo la Costituzione, comunque, l'Italia «consente, in condizioni di parità con gli altri Stati, alle limitazioni di sovranità necessarie a un ordinamento che assicuri la pace e la giustizia fra le Nazioni; promuove e favorisce le organizzazioni internazionali rivolte a tale scopo». In altre parole, ciò significò l'immediata **adesione dell'Italia all'Organizzazione delle Nazioni Unite** (nata al fine di prevenire le guerre, risolvere in modo pacifico i conflitti e impedire gli abusi di potere commessi dagli Stati più forti, a danno dei più deboli) e gettò le basi per partecipare all'**Unione Europea**, che ha per lo meno avuto il grande merito di rendere obsolete e **inconcepibili le guerre fra i principali Paesi europei**.

In virtù dell'articolo 11, lo Stato italiano non può avere, in circostanze normali, un ministero della guerra

La Repubblica e la guerra

La Repubblica italiana **non è uno Stato pacifista**. Come si è visto, l'Italia possiede Forze Armate e la Costituzione prevede che esse possano essere impiegate, sia pure a determinate condizioni. Recentemente, soldati italiani hanno partecipato a **missioni** in Libano, in Afghanistan, in Iraq, in Kosovo e in altri Paesi. Alcune di queste azioni militari (dettate da *fini umanitari*, cioè per impedire azioni violente da parte di regimi dittatoriali, e comunque mai progettate a scopo di conquista) hanno suscitato aspri dibattiti per il fatto di non essere state condotte sotto diretto mandato dell'ONU o in stretta collaborazione con essa. Comunque, su un punto la Repubblica italiana non si è mai allontanata dal dettato costituzionale e dallo spirito dei padri costituenti: in ogni momento, l'operato del governo è stato **controllato e autorizzato dal Parlamento**, che non è mai stato scavalcato o forzato, come invece avvenne, di fatto, nel maggio 1914. Secondo l'articolo 52, «la difesa della Patria è sacro dovere del cittadino. Il servizio militare è obbligatorio nei limiti e modi stabiliti dalla legge». Al giorno d'oggi, la coscrizione non è più obbligatoria, cosicché tutti i militari in servizio sono volontari professionisti. Fino agli anni Settanta, l'**obiezione di coscienza**, cioè il rifiuto di prestare il servizio militare per motivi di tipo morale, era punita con il carcere. Nel 1965, il sacerdote toscano **don Lorenzo Milani** difese pubblicamente i giovani che si rifiutavano di indossare l'uniforme in uno scritto dal provocatorio titolo *L'obbedienza non è più una virtù*. Don Milani fu processato per *apologia di reato*, ma venne assolto. Il dibattito suscitato dal suo scritto e dal procedimento penale che lo vide come imputato contribuì all'approvazione di una legge che permetteva di **sostituire il servizio militare con un servizio civile**: in base ai principi generali che informano la Costituzione, in effetti, il fatto di svolgere azioni di assistenza pubblica, di lavorare in un ospedale o di praticare la rischiosa attività di vigile del fuoco va comunque considerata un'attività di *difesa della Patria* (ovvero, dei suoi cittadini). Per questo stesso motivo, in occasione della parata che, il 2 giugno, ricorda la nascita della Repubblica, da qualche tempo non sfilano solo militari, ma anche associazioni e individui impegnati in attività di protezione civile, pronti a intervenire in occasione di terremoti, alluvioni e altre calamità naturali.

Crocerossine sfilano in occasione della parata del 2 giugno per celebrare la nascita della Repubblica.

Capitolo

3

POTERI E CONFLITTI

Verso la **fine** della **guerra**: 1917-1918

Storia slide

LE CONOSCENZE DA ACQUISIRE
La Germania riuscì a piegare la Russia, ma la sua situazione divenne insostenibile con l'intervento degli Stati Uniti.

LE COMPETENZE DA POTENZIARE
Saper individuare i limiti e i fattori di debolezza di una grande potenza, apparentemente invincibile.

3.1 Appelli alla pace e malcontento delle truppe

Gli appelli alla pace Ovunque in Europa, ma in particolar modo in Francia, Russia e Germania, gli effetti della guerra di logoramento diventavano sempre più pesanti. Un forte malcontento si diffuse, sia tra i soldati al fronte, che pagavano un prezzo altissimo a livello di vite umane, sia tra la popolazione civile, che mal sopportava il crescente aumento dei prezzi, la scarsità dei prodotti più basilari, il razionamento alimentare. All'inizio, quando ognuna delle potenze coinvolte poteva seriamente pensare di vincere la guerra, questo malcontento non esplose apertamente, né riuscì a trovare una forza politica capace di organizzarlo e di trasformarlo in vera e propria rivolta. Gruppi minoritari, staccatisi dai vari partiti socialisti dei diversi Paesi, si riunirono a congresso, nella neutrale Svizzera, a Zimmerwald (settembre 1915) e a Kienthal (aprile 1916); ma i loro appelli alla pace, che rilanciavano il tradizionale internazionalismo proletario marxista, non ebbero alcuna efficacia concreta. La situazione subì una repentina impennata nel **1917**, che non a caso fu l'**anno decisivo del conflitto**. A Berlino, in aprile, circa 200 000 operai scesero in sciopero, chiedendo per la prima volta, in modo esplicito, l'apertura delle trattative di pace.

Socialisti contro la guerra

L'ammutinamento dei soldati francesi Il 27 maggio 1917, **30 000 soldati francesi abbandonarono le trincee** e si trasferirono di propria iniziativa nelle retrovie. Il 1° giugno, a Missy-aux-Bois, in Piccardia (nel Nord della Francia), un reggimento di fanteria si impadronì della città e proclamò di voler dare vita a una specie di *contro-governo*, che avrebbe posto fine alla guerra.

Un'illustrazione che raffigura un gruppo di soldati francesi dalle divise lacere con un'espressione cupa sul volto. Una scritta recita "La grogne 1917", il malcontento.

Quando le autorità militari francesi si mossero per porre fine all'ammutinamento, si resero conto di **dover dosare** con estrema intelligenza **repressione inflessibile e interventi finalizzati a migliorare le condizioni di vita dei soldati al fronte**. Quattrocento uomini furono condannati a morte: di questi, 50 furono effettivamente fucilati, mentre gli altri vennero mandati ai lavori forzati. Nel medesimo tempo, però, furono concessi alle truppe periodi di riposo più lunghi, rinviando tutti i progetti di offensiva, nella consapevolezza che nuovi e costosi assalti alle trincee tedesche avrebbero potuto provocare, invece dello sfondamento del fronte nemico, il completo collasso, per ammutinamento, di quello francese.

3.2 L'uscita della Russia dalla guerra

La disfatta della Russia Sul **fronte orientale**, fino al 1917 (anno fatidico nella storia della Russia) l'esercito zarista era riuscito a tenere testa agli austriaci, sebbene, già nell'agosto 1915 Varsavia fosse stata conquistata dai tedeschi e fossero stati catturati oltre 700 000 russi. All'inizio del 1917, però, l'esercito russo dovette cedere di fronte alla schiacciante **superiorità delle armate tedesche**, la cui **avanzata** era stata **praticamente inarrestabile**: l'esercito dello zar si sgretolò e i disertori furono almeno un milione e mezzo. **La Germania, nell'Europa dell'Est, aveva** di fatto **vinto la guerra**. Nelle città russe il costo della vita, rispetto al livello prebellico, era cresciuto del 700%; i salari degli operai delle industrie, tra il 1913 e il 1917, furono triplicati, ma rimasero comunque al di sotto dei prezzi, che aumentavano senza posa. Soprattutto, mancavano i più elementari generi di prima necessità (pane, legna, carbone), sicché la fame e il freddo, nei centri urbani, si facevano prepotentemente sentire.

L'esercito russo allo sfascio

geostoria

Sul fronte orientale, dopo le iniziali vittorie in Galizia contro gli austro-ungarici, i russi subirono la doppia disfatta di Tannenberg e dei Laghi Masuri a opera dei tedeschi (agosto-settembre 1914). L'esercito zarista indietreggiò, ma seppe contrattaccare vittoriosamente sugli austriaci prima delle nuove pesanti sconfitte di Augustów e Jaroslav (oggi in Polonia). Nel 1916 vi fu una nuova riscossa russa sugli austriaci, ma l'anno seguente l'avanzata tedesca, con l'occupazione di Riga e dell'isola di Ösel, portò i russi a chiedere la pace di Brest-Litovsk del 1918.

Il fronte orientale (1914-1917)

Carta proiettabile

› VEDI
La Rivoluzione di febbraio
→ pag. 156

Le conseguenze della Rivoluzione russa sulla guerra Tale drammatica situazione condusse, nei mesi di febbraio e marzo 1917, alla **caduta del regime zarista** e alla **creazione di un governo provvisorio**, che tentò di continuare la guerra e di lanciare una nuova offensiva. Tuttavia i **comunisti** – guidati da **Vladimir Lenin** – proclamarono a gran voce che, se fossero stati al potere, avrebbero immediatamente posto fine al conflitto e stipulato una pace separata con la Germania.

La pace separata con la Germania

Approfittando del caos assoluto che regnò in Russia tra ottobre e novembre 1917, **Lenin** riuscì a effettuare con successo un **colpo di Stato a** Pietrogrado (oggi San Pietroburgo). Pochi mesi dopo, il 3 marzo 1918, il **nuovo governo comunista firmò con i tedeschi la pace di Brest-Litovsk**. Per la Russia, il trattato era quanto mai oneroso, visto che comportava pesantissime amputazioni al suo territorio prebellico: l'intera Ucraina, ad esempio, avrebbe dovuto diventare uno Stato autonomo, satellite della Germania. Lenin tuttavia, preoccupato in primo luogo di rafforzare il proprio potere, accettò tutte le umilianti condizioni poste dai tedeschi, consapevole del fatto che il popolo russo era stanco di combattere e avrebbe appoggiato solo un regime che l'avesse condotto fuori dal conflitto. Inoltre, **a livello internazionale**, la pace separata siglata da Lenin segnò un **formidabile rilancio del socialismo**, che poté di nuovo presentarsi come il **vero e unico difensore della pace**.

I luoghi → San Pietroburgo

Costruita attorno alla foce del fiume Neva (sul Mar Baltico), San Pietroburgo si colloca nella parte occidentale della Russia ai confini con la Finlandia e l'Estonia, ed è attualmente la seconda città più grande del Paese dopo Mosca, sia per dimensioni sia per numero di abitanti. Dopo la fondazione, avvenuta nel 1703 per la volontà dello zar Pietro il Grande (1682-1725) di assicurarsi un avamposto strategico sul Mar Baltico, la città si trasformò in un vero e proprio centro urbano, tanto da diventare capitale della Russia nel 1712, e da rimanervi fino al 1918. Verso la fine dell'Ottocento fu intrapreso un processo di industrializzazione, intensificato poi al termine della prima guerra mondiale, che ebbe tra i suoi effetti un vertiginoso aumento della popolazione, soprattutto di operai che lavoravano nelle fabbriche della città. Nel corso della storia, il suo nome fu più volte cambiato: dal 1914 al 1924, fu Pietrogrado; dal 1924 al 1991 fu Leningrado. La sua fondazione significato per la Russia l'apertura di una via di accesso verso l'Occidente e l'occasione per dar vita anche a fertili scambi culturali con gli altri Paesi europei. Anche per questo San Pietroburgo è oggi un centro artistico e culturale tra i più vivi: basti pensare che l'Ermitage, il vecchio Palazzo d'Inverno, è uno dei maggiori musei al mondo.

Un'interminabile fila di prigionieri russi catturati dai tedeschi, 1917.

3.3 L'intervento degli Stati Uniti: una svolta

Gli Stati Uniti entrano in guerra Con l'uscita della Russia dalla guerra, la Germania perdeva un nemico impegnativo. Tuttavia, nello stesso 1917, entrò in campo un nuovo avversario, che alla fine si sarebbe rivelato determinante per l'esito del conflitto: **il 6 aprile** di quell'anno, **gli Stati Uniti dichiararono guerra all'impero tedesco**. Alla Germania, quindi, restava poco tempo per vincere: infatti, se la resa della Russia aveva significato la possibilità di concentrare tutte le truppe sul fronte occidentale, occorreva ora sconfiggere Francia e Inghilterra prima dell'arrivo in Europa degli americani, la cui netta superiorità economica e militare non avrebbe lasciato scampo alle stremate forze tedesche. Insomma, **l'ultimo anno di guerra fu per la Germania una sorta di corsa contro il tempo**.

Una corsa contro il tempo

Sui mari, la partita era già stata perduta dai tedeschi, in quanto i sommergibili non erano più in grado di impedire il trasferimento dell'esercito statunitense e di tutte le altre risorse che, dagli USA, prendevano la via della Gran Bretagna. L'incapacità dei sottomarini germanici di bloccare quell'imponente afflusso di uomini e merci derivava, soprattutto, dalla **gigantesca produttività dei cantieri americani**, che riuscivano a varare nuove navi in quantità di gran lunga superiore rispetto alla capacità distruttiva dei sommergibili, per altro notevolmente ridotta dopo l'adozione del *sistema dei convogli* (in effetti, del milione e mezzo di soldati americani che tra il 1917 e il novembre 1918 varcarono l'Atlantico, solo 637 perirono per colpa dei siluri tedeschi).

Gli obiettivi dell'intervento statunitense L'8 gennaio 1918 il presidente **Thomas Woodrow Wilson** (1856-1924) presentò al Congresso americano un documento che, in **14 punti**, illustrava gli obiettivi politici che gli Stati Uniti intendevano raggiungere con la vittoria. In primo luogo, Wilson presentava gli USA come i garanti della libera navigazione sui mari, che la guerra sottomarina tedesca aveva reso impossibile, colpendo indiscriminatamente sia le imbarcazioni inglesi sia i mercantili e i piroscafi (l'affondamento del transatlantico *Lusitania*, il 7 maggio 1915, comportò la morte di 1198 persone, 128 delle quali erano cittadini americani) dei Paesi neutrali.

I *14 punti* di Wilson

Inoltre, Wilson poneva il **principio di nazionalità** come criterio di soluzione di tutti i maggiori problemi politici europei: tradotto in pratica, ciò avrebbe significato la restituzione dell'Alsazia-Lorena alla Francia, la nascita di uno Stato polacco indipendente e la dissoluzione dell'impero austro-ungarico.

Per quanto riguardava la Russia, il presidente statunitense era consapevole del fatto che i lavoratori di tutte le nazioni del mondo guardavano al nuovo regime con simpatia, e pertanto **si mostrò, nel "discorso dei 14 punti", estremamente conciliante**. Wilson, in effetti, non propose una specie di *crociata anticomunista*, da condurre con ferma determinazione; al contrario, riteneva che alla Russia dovesse essere lasciata «l'occasione opportuna di

Aprile 1917: gli Stati Uniti entrano in guerra. Un carro armato britannico su cui è issata la bandiera americana sfila davanti al Flatiron Building a New York.

› VEDI
L'ONU
→ pag. 473

fissare, senza ostacoli né imbarazzi, in piena indipendenza, il suo sviluppo politico e nazionale».

Infine, nell'ultimo punto del suo programma, Wilson proponeva l'istituzione di una **Società generale delle nazioni**, cioè di un organismo internazionale finalizzato a garantire in futuro l'indipendenza politica e territoriale di tutti gli Stati.

Il superamento dell'isolazionismo americano L'importanza dei *14 punti* di Wilson risiede nel fatto che essi segnavano un completo cambio di atteggiamento da parte degli Stati Uniti nei confronti delle vicende politiche e militari europee, da cui si erano sempre tenuti lontani. **L'intervento statunitense** nel primo conflitto mondiale **interruppe la tendenza all'«isolazionismo».** Va però notato che, dopo la sconfitta della Germania, gli Stati Uniti persero ben presto interesse per le vicende europee, tant'è vero che, nel 1919, gli USA non entrarono a far parte della Società delle nazioni, quando essa fu effettivamente istituita dalle potenze vincitrici.

L'intervento USA decisivo per la vittoria

La prima guerra mondiale fu vinta da francesi e inglesi solo con l'aiuto americano; questo intervento, **tuttavia, non significò ancora il declino della centralità politica dell'Europa** e tanto meno una sua dipendenza militare postbellica dagli Stati Uniti. Solo dopo il 1945, cioè dopo la conclusione della seconda guerra mondiale, gli Stati Uniti avrebbero assunto, in Europa, un peso preponderante, in contrapposizione alla Russia sovietica, l'altro grande Stato che, alla fine del primo conflitto, si ritirò dalla scena internazionale, a causa dei colossali problemi economici e sociali che dovette affrontare dopo la rivoluzione comunista.

ZOOM La spagnola

Una misteriosa epidemia

Nel 1918, la macchina bellica americana fu seriamente minacciata da un nemico molto più insidioso dei sottomarini tedeschi. In quell'anno, infatti, il mondo intero fu flagellato da una **terribile epidemia di influenza**, passata alla storia con il nome di ***spagnola***. I primi segnali esplosero in primavera; la malattia, a dire il vero, non toccò solo la Spagna né si può affermare che il contagio si diffuse a partire dalla Penisola iberica. La Spagna, però, era un Paese neutrale: dunque i suoi giornali, non sottoposti a censura, potevano parlare liberamente di quella strana *febbre dei tre giorni*.

La situazione si normalizzò nei mesi seguenti. In settembre, però, la malattia tornò a manifestarsi, in modo assai più acuto e spesso mortale. Il decesso nasceva in genere dalle complicanze polmonari, che la medicina del tempo, priva di antibiotici, non sapeva ancora curare. Negli **Stati Uniti**, il primo importante focolaio divenne Boston; e poiché la spagnola, a differenza delle consuete forme di influenza (che aggrediscono in prevalenza i bambini e gli anziani), **colpiva soprattutto i giovani adulti**, le basi militari dell'esercito furono paralizzate e decimate. Il 29 settembre 1918, un ufficiale medico scrisse a un amico una lettera terrorizzata: «Camp Devens è vicino a Boston e accoglie 50 mila uomini, o li accoglieva prima che scoppiasse questa epidemia. Ha colpito il campo quattro settimane fa e si è diffusa così rapidamente che l'intero lavoro di routine è stato sospeso fino a tempi migliori. [...]. È orribile. Si può sopportare di vedere uno, due, o anche venti uomini morire, ma i nervi non ti reggono quando guardi questi poveri diavoli venir falciati come mosche. In media registriamo cento decessi al giorno, e la cifra continua a salire».

Milioni di vittime in tutto il mondo

In ottobre, la spagnola aggredì Filadelfia; in poche settimane, gli ammalati divennero centinaia di migliaia in tutto il Paese: alla fine, le autorità sanitarie stimarono che avesse contratto la malattia oltre il 25% della popolazione e registrarono almeno 500 000 morti. Nel solo 1918, si ammalarono il 40% degli effettivi della marina e il 36% di quelli dell'esercito degli Stati Uniti.

Anche in **Europa** la spagnola fece moltissime vittime, e la situazione fu a volte peggiorata dalla grave sottoalimentazione provocata dalla guerra. Secondo le stime ufficiali delle diverse nazioni, la mortalità si distribuì nel modo seguente: Russia, 450 000; Italia, 350 000; Inghilterra e Germania, 225 000 ciascuna; Spagna, 170 000; Francia, 166 000. Il virus fece il giro dell'intero pianeta, provocando **dai 20 ai 100 milioni di morti** (su un miliardo di contagiati).

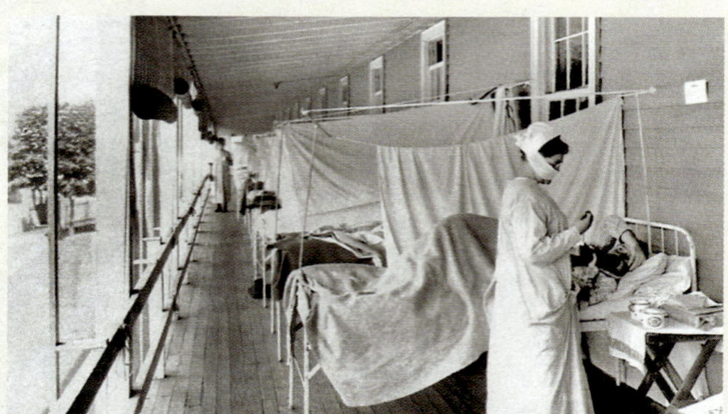

Una corsia del Walter Reed Hospital di Washington durante la terribile influenza spagnola, novembre 1918.

POTERI E CONFLITTI

3.4 La fine della guerra

Rivolte e rivoluzioni Il 21 marzo 1918 l'esercito del Reich sferrò un attacco che, nei piani dei suoi generali, avrebbe dovuto sfondare il fronte occidentale e invadere la Francia. In effetti, in alcuni tratti del fronte i tedeschi riuscirono a passare, minacciando Parigi. Tuttavia, grazie a un poderoso spiegamento di aeroplani e carri armati (che costituirono una specie di anteprima delle battaglie della seconda guerra mondiale), inglesi, francesi e americani riuscirono a sventare anche quest'ultima offensiva e, dopo che migliaia di pezzi d'artiglieria e centinaia di migliaia di prigionieri erano caduti in mano nemica, **i tedeschi vennero definitivamente respinti**.

Nel settembre del 1918, il comando tedesco era ormai consapevole che la Germania non era più in grado di opporre resistenza al contrattacco nemico. Tuttavia, le autorità di Berlino non si decidevano a intavolare trattative di pace, consapevoli del fatto che gli avversari avrebbero accettato solo una resa senza condizioni. In novembre, la situazione precipitò. I primi sintomi del crollo si verificarono nella base navale di Kiel, sul Baltico, ove 3000 marinai della flotta da guerra si ammutinarono il **3 novembre**. Il giorno seguente, l'**impero austro-ungarico**, ormai stremato, **si arrese**. Nei giorni successivi, in Germania, si unirono ai primi ribelli i 20 000 soldati della guarnigione di Kiel e i marinai dei porti di Lubecca e Amburgo. Le rivolte di Monaco (7 novembre) e di Berlino (9 novembre) provocarono infine l'**abdicazione del kaiser Guglielmo II**, la sua fuga in Olanda **e la proclamazione della repubblica**.

Ammutinamenti, rivolte e abdicazione del kaiser

Lavorare per competenze avvio al saggio breve
La violenza della prima guerra mondiale
→ pag. 143

La sconfitta tedesca L'**11 novembre 1918**, alle 5.30, **la delegazione tedesca firmò l'armistizio** con le potenze alleate: la prima guerra mondiale aveva provocato la morte di almeno 9 milioni di soldati e di circa 5 milioni di civili.

La Germania era stata sconfitta perché non aveva retto il peso di un'imponente guerra di logoramento, che nel 1917 la vedeva praticamente sola, contro il resto del mondo. Tuttavia, è vero che, dalla vittoria di Lenin in poi, i fautori della fine della guerra avevano tutti assunto, come proprio vessillo, la bandiera rossa della Rivoluzione d'ottobre. Per questo motivo, a guerra finita, i movimenti nazionalisti radicali, sia in Italia sia in Germania, avrebbero visto nel comunismo il nemico principale della nazione.

Secondo Adolf Hitler, era colpa del marxismo se la Germania aveva perso la guerra: il popolo tedesco, ancora unito nel grande momento dell'agosto 1914, era stato *intossicato* dalla propaganda dei socialisti, che erano riusciti a dividerlo e a fiaccarne l'energia combattiva. La guerra, secondo i nazionalisti, era stata persa per il cedimento del *fronte interno*, ossia per colpa della rivoluzione che – secondo loro – aveva *pugnalato alla schiena* l'esercito ancora imbattuto.

In questo modo, nel momento in cui aveva finalmente termine, la guerra **lasciava fra gli sconfitti un pesante strascico di odio**, di rancore, di fanatismo ideologico e di speranze di riscossa futura; tutti questi elementi avrebbero costituito il **principale retroterra del fascismo e del nazionalsocialismo**.

› VEDI La leggenda della *pugnalata alla schiena*
→ pag. 179

Bambini di Berlino festeggiano la fine della guerra al rientro delle truppe tedesche, 1918.

Gli ultimi anni di guerra

DATE	EVENTI
6 aprile 1917	Intervento degli Stati Uniti
8 gennaio 1918	I 14 punti di Wilson
3 marzo 1918	Trattato di Brest-Litovsk
4 novembre 1918	Resa dell'Austria-Ungheria
11 novembre 1918	Resa della Germania

Capitolo 4

POTERI E CONFLITTI

La vittoria italiana

Storia slide

LE CONOSCENZE DA ACQUISIRE
Nel 1917, l'esercito austriaco (rafforzato da truppe tedesche) lanciò una violentissima offensiva nella zona di Caporetto. Solo nell'autunno 1918 le truppe italiane avrebbero potuto attaccare di nuovo e, infine, vincere la guerra.

LE COMPETENZE DA POTENZIARE
Saper cogliere i fattori fondamentali che determinano la potenza militare di uno Stato.

4.1 L'ambigua posizione dell'Italia

L'Italia contro l'Austria, ma non contro la Germania Nel momento in cui l'Italia era entrata nel conflitto, lo aveva fatto solo parzialmente: infatti aveva dichiarato guerra solo all'Austria-Ungheria (24 maggio 1915) e, in seguito, ad alcuni alleati minori dell'impero asburgico (Turchia e Bulgaria, in agosto). **L'Italia non aveva dichiarato guerra alla Germania**, tant'è vero che nel 1916 i tedeschi residenti nella Penisola non avevano subito restrizioni di rilievo né sulla loro libertà né sui loro beni; l'unico provvedimento preso era stata l'interruzione dei rapporti diplomatici con il Reich.

Le critiche degli alleati

Tra gli alleati, molti guardavano con sospetto all'Italia: i serbi ne temevano le ambizioni sulla Dalmazia e su altre terre occupate da slavi che, in caso di sconfitta austriaca, essa avrebbe potuto conquistare; l'Inghilterra e la Francia, che consideravano la Germania il loro vero avversario, tacciarono **il governo italiano di egoismo e di opportunismo**. Lo si accusò di condurre una guerra privata, per ottenere vantaggi specifici, approfittando del fatto che Vienna era impegnata in un conflitto generalizzato; a quest'ultimo però – si diceva, non senza ragione – l'Italia non voleva partecipare in modo pieno: anzi, in caso di vittoria della Germania (che sarebbe risultata, se avesse vinto, la principale potenza del continente) avrebbe limitato al minimo i danni della sconfitta e avrebbe goduto della protezione tedesca, contro eventuali richieste austriache di ritorsione. Era **Salandra**, soprattutto, l'architetto di questo disegno, **accusato di doppio gioco dagli alleati**; non a caso, fino al marzo 1916, né Salandra né Sonnino parteciparono ad alcun incontro al vertice con i massimi responsabili del governo inglese e francese.

Manifesto di propaganda rivolto alle truppe (Roma, Museo Centrale del Risorgimento).

La dichiarazione di guerra alla Germania La caduta di Salandra nell'estate del 1916 modificò il quadro politico italiano: **il 28 agosto, l'Italia dichiarò finalmente guerra all'impero germanico**. Cadorna intanto proseguiva le sue "spallate" contro le posizioni trincerate austriache: la decima battaglia dell'Isonzo (maggio 1917) costò 15 000 morti e 40 000 feriti; l'undicesima (detta "della Bainsizza") fu la più grande offensiva mai lanciata dagli italiani. Sostenuta da 5000 cannoni, durò due mesi (agosto e settembre 1917) e provocò 46 000 morti e 120 000 feriti italiani.

Nel frattempo, il collasso dell'esercito russo permise la concentrazione di tutte le armate austro-ungariche sul fronte italiano; quanto ai tedeschi, prima di trasferire le loro truppe dal fronte russo a quello francese, decisero di sostenere l'alleato austriaco in una vasta offensiva sull'Isonzo.

4.2 La disfatta di Caporetto

L'offensiva austro-tedesca Quando i tedeschi decisero di prendere in mano il comando delle operazioni, dopo che inizialmente si erano uniti con sette divisioni scelte alle truppe austriache, stabilirono come obiettivo della loro massiccia offensiva **Caporetto**. Il villaggio di Caporetto (oggi Kobarid, in Slovenia), situato a nord di Gorizia, si trovava tra i due avamposti di Plezzo e Tolmino. Applicando una tattica che si stava già collaudando in Francia, i tedeschi progettarono un assalto condotto non da una grande massa di truppe concentrate in un unico settore, ma da vari reparti di medie dimensioni, il cui compito era di **infiltrarsi in profondità entro le file del nemico**, per poi colpirne la prima linea alle spalle, dopo averla aggirata e circondata. Questa nuova strategia aveva già dato discreti risultati sul fronte occidentale, ma non era risultata vincente, perché l'esercito inglese e quello francese erano organizzati su varie linee di difesa e dotati di buone riserve. Sul fronte italiano, la tattica tedesca dell'*infiltrazione* risultò invece devastante, dal momento che lo schieramento imposto da Cadorna al suo esercito era tutto sbilanciato in avanti, in direzione offensiva, mentre le riserve erano scarse e mal dislocate.

Nuova tattica tedesca

Infiltrazione in profondità

L'esercito italiano colto alla sprovvista Il generale Cadorna, nei giorni immediatamente precedenti l'inizio dell'attacco, fu informato da alcuni disertori austriaci dell'imminente offensiva nemica, ma non prestò fede a quelle notizie. Pertanto, all'alba del 24 ottobre 1917 l'**esercito italiano fu colto** completamente **alla sprovvista**, allorché le prime linee vennero investite da un violentissimo bombardamento di artiglieria (quattro ore con granate a gas; altre due ore di fuoco con granate esplosive), che preparò l'avanzata (o meglio, *l'infiltrazione in profondità*) della fanteria austro-tedesca.

Errori dei generali italiani

All'inizio, il comando italiano non valutò correttamente l'entità dell'attacco nemico. Il generale Badoglio, responsabile dell'artiglieria italiana, non seppe opporre un valido e tempestivo sbarramento di fronte all'avanzata austro-tedesca, mentre Cadorna diramò le prime direttive solo tra le 18 e le 23. L'intero comando rimase per qualche giorno indeciso sul da farsi, emanando ordini contraddittori e confusi. **I tedeschi**, quindi, **ottennero un successo superiore a ogni loro più ottimistica aspettativa**: nei giorni seguenti il 24 ottobre, gli italiani ebbero perdite per 11 000 morti, 30 000 feriti, 300 000 prigionieri, 3000 cannoni e 300 000 fucili. L'esercito italiano

geostoria

Il fronte italiano

Carta proiettabile

L'Italia riuscì a respingere la controffensiva austriaca in Trentino (1916), ma fu travolta a Caporetto nell'ottobre 1917. La nuova linea del fronte si spostò quindi fra il Piave e il monte Grappa.

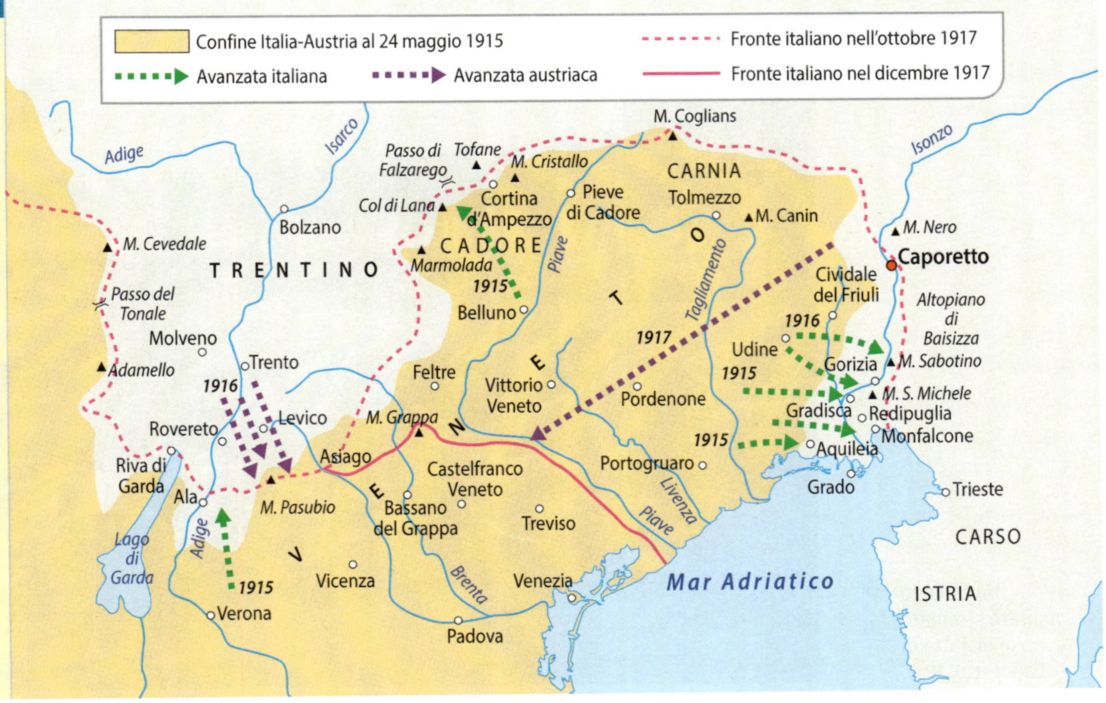

Una ritirata scomposta

fu costretto a ritirarsi disordinatamente, incalzato dai nemici, per circa 140 chilometri: solo lungo la linea del fiume Piave fu possibile ricostruire un efficace sistema difensivo.

L'episodio più critico dell'intera ritirata si ebbe al fiume Tagliamento, nel momento in cui migliaia di soldati e di mezzi si accalcarono sui pochi ponti che permettevano il passaggio. L'ingorgo delle vie di comunicazione, in quella circostanza, ebbe dimensioni inaudite e potrebbe essere paragonato al collasso della circolazione su una grande autostrada dei giorni nostri. Il parallelo – si badi – è meno assurdo di quanto si pensi: in entrambi i casi siamo di fronte a un **fenomeno** (la guerra, nel 1917; il turismo, ai giorni nostri) **di massa**, che mobilita e coinvolge migliaia di persone, **secondo modalità tipiche di una moderna società industrializzata** e dunque sconosciute nei secoli passati.

L'occupazione austriaca del Veneto

Le cause della sconfitta italiana Le truppe austro-tedesche riuscirono ad arrivare a 25 chilometri da Venezia, la cui provincia, comunque, venne occupata, come anche quelle di Udine, Belluno, Treviso e Vicenza. La **dominazione** militare **austriaca fu** estremamente **dura**, per il fatto che l'esercito occupante doveva ricavare dalle regioni in cui si era installato tutte le risorse alimentari che gli servivano per sopravvivere; i territori italiani invasi, pertanto, vennero sottoposti dapprima a **razzie disorganizzate** e poi a un sistematico **processo di spoliazione**. Almeno 30 000 civili morirono per denutrizione, mentre un numero imprecisabile (ma sicuramente elevato) di donne fu vittima di violenza sessuale, come già era avvenuto in Belgio nel 1914.

Cadorna, nel *bollettino di guerra* emanato alle ore 13 del 28 ottobre, cercò di scaricare le responsabilità del disastro sulle truppe, accusandole di essersi ritirate ed arrese senza onore. Il comandante presentava la disfatta come la conseguenza fatale di una **specie di sciopero militare**, che si sarebbe verificato in prima linea, secondo modalità simili a quelle che, in quello stesso anno, avevano paralizzato e dissolto l'esercito russo. In effetti, moltissimi soldati – moralmente e fisicamente esausti, dopo due anni di micidiali assalti frontali – avevano gettato le armi. Tuttavia, **i casi di rivolta** aperta contro gli ufficiali, **durante la rotta di Caporetto furono pochissimi**; inoltre, non si può in alcun modo documentare che il disfattismo dei soldati sia stato indotto dalla propaganda socialista o dalle parole di papa Benedetto XV, che il 1° settembre 1917 aveva definito la guerra «inutile strage», come molti conservatori presero a sostenere, al fine di proteggere l'onore dell'esercito. In realtà, il vero responsabile del crollo delle truppe – là dove si verificarono episodi di rassegnazione, di resa o di fuga in massa – fu soprattutto la sistematica e spietata strategia cadorniana delle "spallate".

Storiografia 2
I soldati italiani nella Grande Guerra
→ pag. 141

Un reparto militare stremato dopo la disfatta di Caporetto, 1917.

4.3 Il trionfo dei nazionalisti

Il cambio al vertice dell'esercito Pochi giorni dopo la sconfitta, l'8 novembre, il generale Cadorna fu destituito dall'incarico di capo di Stato Maggiore e sostituito dal generale **Armando Diaz**. Le **gravissime colpe di Badoglio e di Cadorna** vennero passate **sotto silenzio**, sia nelle dichiarazioni ufficiali, sia nei bollettini di guerra. Ciò nonostante, il nuovo comando assunse un atteggiamento militare opposto rispetto al precedente, anche perché le enormi perdite di materiali avevano ridotto drasticamente la forza d'urto dell'esercito italiano.

Orlando a guida del governo

Treves, Turati e i socialisti moderati

La posizione dei socialisti A livello politico, poi, la disfatta di Caporetto provocò un vero terremoto. Mentre la presidenza del Consiglio veniva assunta da Vittorio Emanuele Orlando, i vari schieramenti politici cercarono di precisare le loro posizioni. L'ala maggioritaria del **Partito socialista si rifiutò di uscire dal proprio isolamento**, cioè non abbandonò l'atteggiamento di diffidenza e di freddezza che si esprimeva nella formula «né aderire, né sabotare». Solo un piccolo gruppo di dirigenti sindacali (come Rinaldo Rigola, della **CGL**, cioè la Confederazione generale del lavoro) e di deputati (come Claudio Treves e Filippo Turati) affermò che, dopo Caporetto, il conflitto diventava davvero **la guerra di tutti gli italiani**: nell'animo di ciascuno – scrisse Treves in un articolo firmato anche da Turati, pubblicato nel novembre 1917 – doveva ormai «campeggiare soltanto l'atroce dolore per il danno e per il lutto e la ferma volontà di combattere, di resistere fino all'estremo».

Sfiducia nel Parlamento

La posizione degli interventisti Sull'altro fronte, tra gli **interventisti**, si registra la crescita di una serie di atteggiamenti che subito dopo la fine della guerra sarà fatta propria dal movimento fascista. Tutti, compresi i democratici, **guardarono al Parlamento con diffidenza** e timore; poiché la Camera era ancora composta dagli stessi deputati del 1915, la maggior parte dei quali non avrebbe, a suo tempo, voluto la guerra, si temeva che Giolitti, o qualcuno dei suoi, approfittasse della gravità della situazione per tornare al potere e, peggio ancora, stipulare una pace separata con la Germania e l'Austria-Ungheria. La gravità della situazione era tale – si scriveva su tutti i giornali – che il potere avrebbe dovuto essere saldamente nelle mani di un uomo solo, determinato a resistere a oltranza, fino alla vittoria.

Inoltre, anche gli interventisti più legati alla tradizione risorgimentale dimenticarono il valore del concetto di libertà: richiamandosi a Robespierre e alla Rivoluzione francese, invocarono da parte del governo misure repressive durissime nei confronti di chiunque proponesse di negoziare o, peggio ancora, invocasse la rivoluzione.

In sintesi, sia nella valutazione del ruolo del Parlamento, sia nel campo dei diritti e delle libertà individuali, **la maggior parte degli interventisti finì per schierarsi su posizioni molto simili a quelle dei nazionalisti**. Anche sugli scopi ultimi del conflitto, infine, l'illusione democratica della guerra finalizzata a liberare tutte le nazionalità finì per lasciare il posto al *sacro egoismo*: dopo Caporetto, gli immani sforzi compiuti dalla nazione italiana dovevano essere adeguatamente compensati con ampie concessioni territoriali e non contava nulla il fatto che, sul confine orientale, le aree rivendicate fossero abitate in maggioranza da slavi. La guerra democratica, dopo Caporetto, lasciò il posto a **rivendicazioni imperialistiche sempre più vaste ed esplicite**.

Il nuovo capo di Stato Maggiore Armando Diaz, il primo a sinistra, in una foto del 1917.

Le parole → **CGL**

La Confederazione Generale del Lavoro (CGL) era un'organizzazione sindacale nata a Milano nell'autunno del 1906. In breve tempo raggiunse i 250 000 iscritti, molti dei quali erano anche attivi nel Partito socialista italiano.

4.4 L'ultimo sforzo per la vittoria

Malcontento e proteste I timori dei nazionalisti erano rafforzati dal fatto che il malcontento era universalmente diffuso. Già nell'agosto 1917, due mesi prima di Caporetto, a Torino si erano verificate proteste per la carenza di pane e farina; la polizia, per reprimere la rivolta, aveva dovuto intervenire con gli autoblindo e le mitragliatrici, provocando 50 morti e oltre 200 feriti. **Se voleva continuare la guerra, l'Italia aveva la necessità di rafforzare il fronte interno**, vale a dire evitare che il malcontento popolare per l'aumento del costo della vita e la mancanza dei generi di prima necessità giungesse a quella soglia critica che in Russia era stata superata nel 1917 e che in Germania sarebbe stata toccata alla fine 1918.

Il rilancio dell'economia

Per prima cosa, il nuovo governo Orlando si preoccupò di individuare le principali necessità economiche del Paese, bisognoso di urgenti e cospicue forniture di grano e di carbone. Il capo del governo, inoltre, ottenne dagli Alleati regolari **rifornimenti alimentari** e **ingenti crediti**, capaci di **rilanciare l'economia di guerra italiana**. La produzione di acciaio e di ghisa aumentò in modo vertiginoso, permettendo finalmente all'esercito italiano di avere un numero di cannoni adeguato alle esigenze della guerra. Le **industrie torinesi FIAT** riuscirono da sole, nel 1918, a consegnare ben 25 000 automezzi.

Vittorio Veneto: cambio di tattica e vittoria finale La tattica condotta per diversi mesi dal generale Diaz fu puramente difensiva, nel tentativo di respingere gli attacchi degli austriaci contro la linea del Piave. La capacità offensiva dell'esercito austro-ungarico, però, fu notevolmente ridotta dopo il trasferimento sul fronte francese delle unità tedesche che avevano avuto il ruolo decisivo nella battaglia di Caporetto; di conseguenza, **le truppe italiane riuscirono a contenere tutte le offensive del nemico**.

Dalla strategia difensiva all'attacco

Nell'autunno del 1918, la situazione della Germania e dell'Austria-Ungheria era ormai disperata; rendendosi conto delle difficoltà dell'esercito avversario, ormai vicino al collasso, **Diaz**

Centro di accoglienza per mutilati di guerra, dove gli ex combattentii venivano curati e abituati all'uso della carrozzella.

La guerra sul fronte italiano

DATE	EVENTI
1915	24 maggio: inizio delle ostilità
1916	Maggio: offensiva austriaca in Trentino (spedizione punitiva) Agosto: offensiva italiana sul Carso e conquista di Gorizia
1917	24 ottobre: offensiva tedesca e austriaca a Caporetto
1918	26 ottobre: offensiva italiana a Vittorio Veneto 3 novembre: resa dell'Austria-Ungheria

I trattati di pace con l'Austria-Ungheria (1919-1920)

TRATTATO	STATO SCONFITTO	PRINCIPALI DECISIONI
10 settembre 1919 Trattato di Saint-Germain	Austria-Ungheria	• Smembramento dell'impero con la nascita di nuovi Stati (Iugoslavia, Cecoslovacchia, Polonia)
4 giugno 1920 Trattato del Trianon	Austria-Ungheria	• All'Italia vanno il Trentino, l'Alto Adige, la Venezia Giulia, l'Istria

ordinò l'attacco il 26 ottobre: nella regione di **Vittorio Veneto**, nel Trevigiano, le truppe austro-ungariche non riuscirono a resistere e si disgregarono, dando luogo a vasti e gravi fenomeni di diserzioni di massa e di ammutinamento, che videro come protagonisti soprattutto i soldati slavi e ungheresi, ormai decisi a ottenere l'indipendenza per le proprie nazioni. Il 3 novembre, l'Austria-Ungheria firmava la resa, che prevedeva per il giorno seguente – **4 novembre** – **la cessazione delle ostilità**.

Monografia
Guerra e identità di genere in Italia

L'Italia usciva vincitrice dalla guerra, che però le era costata 680 000 morti, mezzo milione di mutilati o di invalidi, e più di un milione di feriti. Per di più, l'Italia che veniva fuori dal conflitto era ancor più divisa di quando l'aveva iniziato. **Per i nazionalisti, quanto fu concesso all'Italia dopo la conferenza di pace non era assolutamente proporzionato al prezzo pagato** per conseguirlo; viceversa, i socialisti videro in quei risultati decisamente deludenti la conferma della loro idea secondo cui il Paese avrebbe dovuto restare fuori dal conflitto. Insomma, il **clima di scontro, al limite dell'aperta lotta civile**, che aveva caratterizzato la primavera del 1915, si ripropose in tutto e per tutto nel dopoguerra, fornendo il terreno di coltura ideale per la nascita del movimento fascista.

geostoria

Oltre alle perdite territoriali evidenziate dalla tabella, nella carta possiamo vedere che anche la Russia subì pesanti conseguenze dalla prima guerra mondiale. Infatti riuscirono a ottenere l'indipendenza dal colosso sovietico gli Stati della Lituania, Lettonia, Estonia e Finlandia.

L'Europa dopo i trattati di pace

Carta proiettabile

Carta interattiva
L'Europa del primo dopoguerra

1 La guerra di trincea

Uno dei temi che più è stato studiato dagli storici che si sono occupati della Grande Guerra è quello della mentalità dei soldati che hanno dovuto affrontare la terribile prova della trincea. Le loro condizioni di vita erano, a dir poco, terribili.

Dopo mesi passati al fronte, i soldati subivano una sorta di regressione antropologica, si sentivano degradati ad una esistenza primitiva, costretti a vivere come selvaggi trogloditi. La condizione dei soldati in trincea fu descritta con crudo realismo nel libro *Il fuoco*, scritto alla fine del 1915 e pubblicato nel 1916 dal francese Henri Barbusse, socialista e pacifista militante, che volle tuttavia partire volontario per condividere la sorte dei suoi compatrioti, e dopo essere stato ferito chiese nuovamente di tornare al fronte: «Si distinguono intersecazioni di lunghi fossati ove s'accumula un residuo di notte. Sono le trincee. Il fondo ne è pavimentato d'uno strato vischioso donde il piede si scolla rumorosamente ad ogni passo, e tutt'attorno ad ogni ricovero è puzzolente, causa le orine... Da questi pozzi laterali vedo emergere, e muoversi, delle ombre: masse enormi e deformi: specie d'orsi che s'impantanano e grugniscono. Siamo noi... Da più di quindici mesi, da cinquecento giorni, in quest'angolo di mondo in cui siamo, la fucileria e il bombardamento non si sono mai fermati dalla mattina alla sera e dalla sera alla mattina. Siamo sotterrati nel fondo di un enorme campo di battaglia».

Quando non era sconvolta dai bombardamenti e dai combattimenti, la vita quotidiana del soldato in trincea si svolgeva per giorni e settimane con ossessionante monotonia, nell'attesa di andare all'assalto o di resistere ad un attacco nemico.

«Si aspettava sempre, in stato di guerra. Si diventa delle macchine da attesa», osservava Barbusse: «Per adesso, quel che si aspetta è il rancio. Poi, sarà la posta. Ogni cosa però al suo momento: quando sarà finita col rancio, si penserà alla posta. Dopo, ci si metterà ad aspettare qualche cosa d'altro». Ma spesso accadeva che il rancio tardava ad arrivare o non arrivava per giorni perché impedito dai bombardamenti. I soldati conducevano una esistenza primordiale, senza lavarsi per settimane, dormendo in fosse o nicchie scavate nelle pareti delle trincee, esposti alla calura estiva, al freddo invernale, alle piogge torrenziali che inondavano di acqua e di fango le trincee. In trincea, essi vivevano circondati da grossi ratti famelici, tormentati da pidocchi e pulci, nauseati dalle esalazioni dei propri escrementi e dal fetore dei cadaveri di commilitoni e di cavalli in putrefazione, assistendo talvolta all'agonia dei propri camerati che giacevano feriti nella *terra di nessuno*, senza poterli soccorrere.

Fra i milioni di soldati in trincea era diffuso un dominante senso di impotenza di fronte al meccanismo feroce di una guerra che pareva sfuggita al controllo degli uomini per perpetuarsi come una forza autonoma che si alimentava con sempre più numerose masse di esseri umani. La guerra, scrisse un soldato francese, era «un'odiosa macelleria, uno scannamento barbaro e stupido», con uomini «avviati al macello come bestiame, come vitelli al mattatoio». Giudizi analoghi si trovano nei diari e nelle lettere di combattenti di tutti gli eserciti. Anche se fra i soldati delle opposte trincee si stabiliva talvolta una sorta di tacito accordo sul «vivi e lascia vivere» per evitare inutili uccisioni, l'atteggiamento dominante nei combattenti era l'assuefazione alla violenza, dovuta anche alla visione quotidiana degli orrori in un immutabile paesaggio di morte. [...] Mai nella storia tanti milioni di esseri umani avevano vissuto, giorno per giorno, l'esperienza della morte

L'assalto di una trincea durante la prima guerra mondiale.

Fra i milioni di soldati in trincea era diffuso un dominante senso di impotenza di fronte al meccanismo feroce di una guerra che pareva sfuggita al controllo degli uomini

di massa. I soldati in trincea vivevano in compagnia della morte, esposti ogni momento al rischio di essere uccisi da un colpo di arma da fuoco, mutilati da una scheggia di granata, disintegrati dai bombardamenti. Nella morte degli altri, nei cadaveri abbandonati e putrescenti assaliti dai ratti, ciascun soldato prefigurava con terrore la propria morte, che poteva giungere in qualsiasi momento. La morte non veniva solo dai proiettili. Ci furono soldati, specialmente nella regione piovosa delle Fiandre, sul Fronte occidentale, che affogarono nel fango dei crateri dove avevano cercato rifugio. Altri morivano sepolti vivi sotto cumuli di terra durante i bombardamenti. Migliaia di soldati subirono per effetto dei bombardamenti gravi traumi mentali (*shell shocks*), che li rendevano inabili a qualsiasi attività. Molti di questi erano rimandati al fronte dopo essere stati sottoposti alla terapia dell'elettroshock, altri erano puniti severamente per simulazione, molti altri, ricoverati, rimasero lesi per il resto della vita.

In molti soldati al fronte, l'assuefazione agli orrori della guerra generò una sorta di fatalistica indifferenza verso la morte. Altri cercarono sostegno nella fede religiosa, mescolandola talvolta con pratiche superstiziose, per esorcizzare la paura della morte. In trincea molti soldati ritrovarono la fede, altri la persero. I credenti ebbero il conforto dei cappellani militari. Altri cercarono di sottrarsi alla guerra con la diserzione, l'autolesionismo, la simulazione della follia e soprattutto con la resa al nemico, come un mezzo per uscire dalla guerra. In totale, il numero dei prigionieri di guerra, fra i due schieramenti, oscilla fra i sette e gli otto milioni. Ma non sempre, dall'una e dall'altra parte, erano rispettate le convenzioni per i prigionieri, che non di rado venivano uccisi sul posto al momento della resa o fatti morire di stenti in prigionia, mentre gli Stati Maggiori spesso consideravano disertori e traditori i propri soldati caduti prigionieri. La giustizia militare infliggeva durissime punizioni per i tentativi di sottrarsi alla guerra con qualsiasi espediente, fino alla fucilazione sul posto per chi disertava o abbandonava il proprio reparto in prima linea. Tuttavia considerando i milioni di combattenti, il numero dei soldati condannati per questi reati sembra sia stato limitato: secondo cifre ufficiali, i giustiziati furono 600 nell'esercito francese, 346 nell'esercito britannico, 48 nell'esercito tedesco; in Italia i denunciati per renitenza furono circa 470 000, furono circa 15 000 i condannati all'ergastolo e 4028 i condannati a morte, con 750 sentenze eseguite.

E. GENTILE, *Due colpi di pistola, dieci milioni di morti, la fine di un mondo. Storia illustrata della Grande Guerra*, Laterza, Roma-Bari 2014, pp. 122-127

Analizza il testo

› Spiega l'espressione «si diventa delle macchine da attesa».

› Quali comportamenti può generare l'assuefazione alla violenza e alla morte di massa?

2 I soldati italiani nella Grande Guerra

Alcuni dei più influenti soggetti che si occuparono della psicologia del soldato italiano espressero giudizi duri. Molti militari, in effetti, non comprendevano il significato della guerra per cui erano stati chiamati a combattere e, al limite, a morire. Le autorità militari, da parte loro, considerarono spesso le vite degli uomini come sacrificabili per fini strategici. Insomma, la Grande Guerra fu condotta con rassegnazione da moltissimi soldati, e con freddo cinismo da numerosi ufficiali.

Tra i più acuti osservatori della psicologia dei combattenti troviamo due religiosi, vicini alle truppe per vocazione apostolica e interesse scientifico: il barnabita Giovanni Semeria, cappellano del Comando Supremo, nonché instancabile predicatore delle truppe, e il frate Agostino Gemelli, psichiatra e capitano medico, autore di vari studi e monografie sulla psicologia del militare italiano. Dopo aver sottolineato la necessità di guardare la «turba» dei soldati da vicino, Giovanni Semeria rivela senza mezzi termini che: «La patria [è una] realtà inafferrabile per il piccolo cervello del contadino Calabrese o Siculo o Sardo o Piemontese, – che si batte, secondo l'influente religioso, – senza che sia più chiara... o più attraente l'idea della gloria». «Il soldato vale quanto il popolo dal quale è cavato, – è il disincantato commento di Gemelli. – Sarebbe un amore di patria male inteso quello che spingesse uno studioso a dipingere un soldato irreale, convenzionale, perché ci troveremmo ben presto a crudeli disillusioni». Con queste premesse, non stupisce la bassa considerazione degli alti gradi dell'esercito verso i soldati che si trovavano a condurre, e nemmeno la conseguente applicazione, nei loro confronti, della dura disciplina militare come principale, se non unico, strumento di persuasione forzata. Ecco allora che l'intervento repressivo della giustizia militare, con processo o senza, può essere considerato non strumento eccezionale nella gestione delle truppe, ma al contrario corrente metodo di controllo e di governo dei reparti al fronte. Una volta in trincea i soldati si trovarono immersi in una realtà di guerra complessa, diversificata, estremamente dura e altamente pericolosa per la loro stessa esistenza, che non potevano affrontare con una generica adesione agli slogan patriottici appresi in caserma.

Perché dunque combattevano i soldati? Riassumendo posizioni largamente condivise dai vertici dell'esercito, Agostino Gemelli arguiva che il soldato combatteva in genere per dovere secondo schemi che la disciplina avrebbe voluto il più possibile passivi ed automatici. Secondo Gemelli, soldati fortemente condizionati fisicamente e psicologicamente dall'esperienza della trincea, costantemente sotto il fuoco nemico e di fronte a privazioni di ogni genere, subivano una sorta di pressoché totale restringimento della coscienza e della percezione sensoriale, raggiungendo una specie di *trance*, uno stato di ottundimento psicofisico capace di favorire l'obbedienza passiva e dunque il

STORIOGRAFIA

compimento di azioni che dovevano essere semplici e ripetitive. Teorie come queste contribuirono a supportare, semmai ce ne fosse stato bisogno, le direttive del Comando Supremo che prevedevano la conduzione ferma, in alcuni casi ferrea, delle truppe in battaglia. Il tutto doveva avvenire attraverso manovre il più possibile semplici e in gran parte obbligate, comunque tali da non lasciare al soldato alcun margine di autonomia. Manovre dispendiosissime dal punto di vista umano, che possiamo per brevità riassumere nell'attacco frontale, in ranghi più o meno serrati, portato di solito in massa e quasi sempre di giorno, sotto il diretto controllo degli ufficiali e la minaccia dei corpi di polizia militare.

La trincea nemica da conquistare divenne l'incubo dei soldati di tutti gli eserciti. Tuttavia, su tutti i fronti del conflitto, la trincea era anche la *casa* di milioni di uomini. Scavata nella viva roccia o sprofondata nella molle terra argillosa, sulla cima dei monti come nel mezzo delle pianure, costituì l'utero protettivo in cui tutti i soldati trovavano ricovero e rifugi, e che pure bisognava abbandonare per andare incontro a un destino incerto e pericoloso. [...] Così il tenente Giorgio Orefice descrive la vita che i combattenti facevano in quelle buche: «In Aprile cominciano le giornate calde. E comincia la sofferenza per il puzzo che esalano i cadaveri non sepolti di cui è disseminato il terreno e specialmente il brevissimo tratto fronteggiante le trincee nostre e posto fra queste e quelle austriache. Anche attaccati al reticolato vi sono corpi e brandelli di carne umana in putrefazione. Tutte le azioni di sfondamento delle linee austriache cozzano contro questa insormontabile difesa dei reticolati. Inutili tutti i tentativi per farli saltare con tubi di gelatina [esplosiva, *n.d.r.*] o per tagliarli con le pinze. Le vedette nemiche sono all'erta di giorno e di notte. Le notte sono illuminate dal continuo lancio di razzi illuminanti. Chiunque si avventuri fuori dalle linee per portare tubi di gelatina o tagliare reticolati è inesorabilmente mitragliato dal fuoco nemico. Nessuno può alzare nemmeno una mano dalla trincea senza essere subito segnalato. E così ogni azione frontale ordinata da Cadorna si chiude con un inutile elenco di morti e senza guadagnare un palmo di terreno».

Non stupisce il malevolo accenno al comandante supremo nel diario di un ufficiale che pure fece per intero il suo dovere. Cadorna esprimeva all'epoca il meglio dei vertici dell'esercito italiano, ma la tattica dell'attacco frontale, da lui accanitamente perseguita, comportava un grande dispendio di vite umane a fronte di risultati risibili, cosa spesso notata con preoccupazione dai subalterni, che non di rado, nei loro scritti privati, esprimevano perplessità e dissenso, come ad esempio il colonnello Roberto Mocali, presidente del Tribunale militare di Cervignano fino al febbraio 1916: «Tutti sapevano che l'attacco frontale, la manovra predicata da Cadorna, non sarebbe riuscita... Ma quando in Italia apriamo gli occhi? Macelli, macelli! Cozzi contro ostacoli insormontabili». Nonostante questi quotidiani «macelli», i soldati in trincea andavano all'assalto perché arrivava l'ordine e agli ordini si obbediva. [...] Le caratteristiche della guerra di posizione richiedevano ai soldati di tutti gli eserciti l'esecuzione di comandi semplici, come attaccare frontalmente in ranghi serrati o combattere dietro una trincea. In trincea bisognava resistere e obbedire, avanzare e morire, e in questo contesto l'esercito italiano sopportò e superò prove durissime, con un comportamento in battaglia complessivamente non dissimile da quello di altri più titolati eserciti.

L. FABI, *Soldati d'Italia*, in G. PROCACCI (a cura di), *La società italiana e la Grande Guerra*, Gangemi, Roma 2014, pp. 153-156

Analizza il testo

- Quale opinione avevano le autorità militari del soldato italiano?
- Spiega l'espressione secondo cui la trincea costituì per milioni di uomini una sorta di «utero protettivo».
- Quale giudizio veniva espresso dai militari italiani sul generale Cadorna?

Truppe italiane scavalcano le trincee e si dirigono verso il fiume Isonzo. Si è alla vigilia della prima grande battaglia del primo conflitto mondiale, con migliaia di morti, maggio 1915.

STORIOGRAFIA

La **violenza** della prima guerra mondiale

Lo studio della violenza estrema, tipica della Grande Guerra, può permettere l'acquisizione di una competenza fondamentale, che potremmo definire nel modo seguente: **saper cogliere i caratteri specifici di un crimine di massa del Novecento.** Per affinare tale competenza, viene proposto di seguito un approfondimento, che prende le mosse dai testi di due storici francesi specializzati nella storia dei genocidi del XX secolo, convinti che la prima guerra mondiale abbia preparato la classe dirigente e l'opinione pubblica europea all'idea dello sterminio di massa.

Dalla guerra allo sterminio del nemico

La guerra non ha vaccinato nessuno contro l'orrore [...]. Le nuove forme della guerra, per mezzo dello sterminio del nemico, hanno fatto regredire il soldato alle forme più arcaiche di combattimento. La guerra totale fa del genocidio il mezzo per risolvere i problemi politici. A suo tempo, l'arma chimica fu il simbolo più forte della volontà sterminatrice legata alla natura ideologica del conflitto [...]. Nessun dubbio che in questo campo la Germania si sia distinta, grazie all'uso di 52 000 tonnellate di prodotti chimici contro i 26 000 della Francia e i 14 000 del Regno Unito. Il ricorso all'arma chimica fu sempre più frequente: nel corso degli ultimi anni del conflitto è stato utilizzato il 52% di tonnellate di prodotti, nel 1918 fu raggiunto il 70% delle vittime del gas. Tuttavia se ci si attiene al mero bilancio delle perdite, il gas fu responsabile solo del 3% dei morti. Eppure, nella memoria collettiva è proprio il gas che suscita lo spavento più forte. I contemporanei hanno forse confuso questa nuova arma che attacca prima di tutto i bronchi e provoca il soffocamento con il terrore tradizionalmente suscitato dalla tubercolosi? Senza dubbio, ma la ragione di questa paura di massa, probabilmente, è da cercare altrove. I contemporanei hanno capito che con i gas asfissianti la guerra assumeva una nuova dimensione. Da arma di rottura nel 1915 (allora si trattava di rompere il fronte del nemico con la sorpresa) è diventata molto rapidamente un'arma di annientamento. Walter Benjamin [intellettuale tedesco antinazista, *n.d.r.*] parlerà in seguito delle «notti di sterminio dell'ultima guerra», cogliendo dialetticamente nel progresso tecnico una formidabile regressione della civiltà.

Poiché il nemico non è più l'avversario che si deve costringere alla resa, ma un ratto, vettore della peste, che deve essere distrutto. La Grande Guerra non inaugura certo la retorica razzista, ma la spinge a una forma di parossismo non ancora raggiunto. Il nemico è innanzitutto definito dalla sua *razza*, e solo la sua *razza* spiega i misfatti di cui si è reso colpevole. [...] Così si dice che i tedeschi commettono dei crimini nel nord della Francia e in Belgio a causa della loro *germanicità*, vale a dire della loro essenza nociva. Questa *analisi* annulla del tutto il libero arbitrio, e solleva ciascuno dalla responsabilità personale di fronte al male. Elude inoltre tutte le domande di ordine politico sui fondamenti della crudeltà organizzata. Ormai importano solo il sangue e la razza, il principio biologico che manda in frantumi nella specie umana un'unità che era a fondamento dell'Illuminismo e dell'eredità biblica. In Francia, per esempio, la trasformazione del nemico in animale è moneta corrente. [...] Tedesco è sinonimo di nocivo. Il quotidiano *Le Matin*, il 17 novembre 1915, titola: «Peggio dei crucchi: sono i topi. Essi (i topi) pullulano e si lanciano all'assalto degli alloggiamenti come i crucchi sull'Yser, in massa per battaglioni... Come i crucchi cominciano a essere incalzati, e la scarsità, che tuttavia a casa loro non è dovuta ad alcun blocco, li rende capaci di qualsiasi audacia». Il 31 gennaio 1915 lo stesso giornale aveva già scritto sull'argomento dei «Crucchi e le pulci». Il nemico *biologizzato* viene in tal modo escluso dal consesso umano. [...] La codificazione di una guerra totale è un'impresa impossibile, in ultima analisi un'illusione che rende conto del carattere irrealizzabile della missione affidata al Comitato Internazionale della Croce Rossa (CICR). La sorte riservata ai prigionieri civili come quella riservata ai prigionieri di guerra illustra bene questa tragica evoluzione. Nei campi di prigionia le autorità tedesche si sono date da fare per mettere insieme gli ammalati di tifo con gli altri detenuti, come se si trattasse, con lo strumento dell'epidemia, di continuare la guerra con altri mezzi, senza alcuna barriera etica. Occorre aggiungere a questo quadro la durezza delle punizioni inflitte dall'amministrazione tedesca nei suoi campi per prigionieri di guerra, ma al tempo stesso una gamma di sevizie che preannuncia certe pratiche del mondo concentrazionario nazista. Il CICR, nonostante fosse la prudenza fatta persona, nel 1917 finì per parlare chiaro. In un rapporto datato inizio d'anno, l'organizzazione di Ginevra denuncia: «Dalla fine del 1916, in Germania, il trattamento inflitto ai prigionieri è diventato sempre più duro. Le punizioni, in taluni campi, sono di un rigore che sembra eccessivo... L'idea che prevale in tutto il paese, vale a dire che di fronte ai prigionieri la guerra sia finita, non sembra essere ammessa dalle autorità tedesche». «Lavorare! Lavorare! – testimonia un prigioniero di guerra francese in Germania – Questo era il grido continuo dei nostri guardiani... Loro avevano anche la consegna di colpire quelli che erano sfiniti e che si appoggiavano un secondo sul badile». Anche la fame viene utilizzata come arma contro i prigionieri di guerra; è vero che anche la Germania soffre di gravi penurie alimentari. Di ritorno dalla prigionia, nel 1919, un medico francese scrive che i tedeschi [...] «grazie a questa esperienza di massa, che nessuno aveva tentato di rischiare fino ad allora, hanno dimostrato che una razione alimentare inferiore alla metà della razione considerata come normale era comunque compatibile con la vita di molti anni».

G. BENSOUSSAN, *Genocidio. Una passione europea*, Marsilio, Venezia 2009, pp. 49-56, trad. it. F. SESSI, C. SALETTI, L. DI GENIO

La prima guerra mondiale come educazione alla violenza estrema

La prima guerra mondiale, che raggiunge un livello di violenza senza precedenti, fa capire ai contemporanei che un certo tipo di guerra non esiste più. Morte anonima di massa, efferatezza del combattimento diretto, violazione dei diritti dei civili, odio del nemico eretto a sistema: gli storici che elaborano un'antropologia della guerra possono a buon diritto definire la violenza che si scatena in Europa *estrema*, sia dal punto di vista quantitativo sia da quello qualitativo. A partire da allora, il conflitto fa vacillare le strutture istituzionali, distrugge quelle mentali e pesa in modo decisivo sulle scelte e sulle tendenze ideologiche dei successivi trent'anni. [...] Il primo aspetto rivoluzionario riguardò il carattere e la concezione stessa della guerra: infatti, il conflitto del 1914 – prima vera e propria manifestazione della guerra totale – pone fin dal suo inizio il problema della distruzione assoluta del nemico. Non bisogna soltanto intensificare al massimo la lotta militare, ricorrendo il più possibile alla tecnologia [...] o a una violenza diretta estrema e senza limiti, ma anche aggredire le popolazioni di cui si vuole stroncare la volontà di resistenza. Da tutto ciò dipende la brutalità straordinariamente nuova di questa guerra, nuova per i soldati innanzitutto; basta leggere le statistiche, che mostrano chiaramente che cosa fu la prima morte di massa, e ricordare il numero altissimo di vittime: tra i 9 e i 10 milioni di morti e 25 milioni di feriti su un totale di 70 milioni di soldati mobilitati. Le percentuali relative alle perdite di vite umane tra i soldati sono forse ancora più significative: fino al 37% in Serbia, il 27% in Turchia, tra il 15 e il 17% in Germania e Francia. Altrettanto significativo è il numero dei morti per ogni giorno di guerra, numero che può essere calcolato per ciascuna fase del conflitto: 1300 tedeschi e 900 francesi ogni giorno, con punte a volte altissime, come per esempio il primo giorno della battaglia della Somme, quel terribile 1° luglio 1916, in cui tra i soldati britannici si contano 20 000 morti e 40 000 feriti. A questo proposito, il fatto che nel lessico militare compaia il termine *abbattimento* [annientamento, *n.d.r.*] per indicare quel nuovo tipo di battaglia in cui la potenza di fuoco, la durata e lo spazio smisurato del combattimento portano a una totale disumanizzazione, è piuttosto eloquente. La guerra del 1914-18, con le sue carneficine e il suo terrore insostenibile, ha reso banale la scomparsa di milioni di uomini, per esempio facendo accettare il fatto che la metà delle vittime di guerra non abbia sepoltura. Il consenso alla morte di massa è inscindibile dall'improvvisa dissacrazione della vita umana. [...]

Partendo dall'affermazione che la cultura del nemico è responsabile dello scoppio della guerra e del suo barbaro svolgimento, si opera una distinzione manichea tra coloro che combattono per il bene, e che rappresentano ciò che è umano, e un nemico che rappresenta invece il male, cioè l'inumano, se non addirittura l'a-umano [il mostruoso, il demoniaco, *n.d.r.*]. Il nemico totale, già considerato barbaro, diventa prima semplice animale e poi animale nocivo. Lo stereotipo disumanizzante del nemico è allora talmente brutale e violento che la sua morte, così come essa viene rappresentata nel testo o nell'immagine di propaganda, non suscita più alcuna pietà. [...] L'alta mortalità durante gli anni di guerra non è dovuta quindi soltanto alle innovazioni tecniche e all'eccessiva quantità di armi usate, ma anche alla creazione di una *cultura di guerra* imperniata sull'odio per il nemico. La violenza estrema che ne consegue – subito accettata, poi esercitata in modo massiccio e infine banalizzata – conferisce al primo conflitto mondiale un carattere totalmente nuovo [...]. Ma la svolta culturale decisiva avviene quando, scrive George Mosse, «la contrapposizione tra la morte dell'amico e quella del nemico in tempo di guerra fu trasposta, in tempo di pace, nell'ambito della lotta politica». Secondo lo storico americano, il fatto che i comportamenti violenti e gli odi degli anni di guerra siano continuati anche dopo la fine del conflitto nella società civile, avrebbe portato – si tratta di un concetto importante – a una *brutalizzazione* della vita politica, accentuando ancor più il disprezzo per il carattere sacro della vita umana. Società rese brutali dalla cultura di guerra trasformerebbero la violenza militante in una delle realtà dell'Europa postbellica. A riprova di ciò, continua a essere usato il lessico di guerra, incentrato sull'annientamento totale dell'avversario, un avversario ormai interno, anche quando il conflitto è finito. [...] Fa così la sua comparsa l'ampia gamma di parole chiave della disumanizzazione dell'avversario: per l'estrema destra nazionalista, l'assassinio politico (324 casi nei primi anni di Weimar) è soltanto l'*omicidio di un parassita* e se il nemico politico, definito *subumano*, è *ucciso*, l'amico e sostenitore, invece, è *assassinato*. [...]

Anche il bolscevismo affonda le proprie radici nella prima guerra mondiale, dalla quale attinge un analogo vissuto positivo, come François Furet ha espresso molto bene: «Bolscevismo e fascismo ereditano dalla guerra, di cui sono figli, i loro principi elementari. Entrambi traspongono nella sfera politica ciò che hanno imparato nelle trincee: l'abitudine alla violenza, la semplicità delle passioni estreme, la sottomissione dell'individuo al gruppo e infine l'amarezza per i sacrifici inutili o traditi». Bisogna sottolineare a questo proposito il ruolo determinante della violenza esercitata da milioni di *muzik* [contadini, *n.d.r.*] con la divisa dell'esercito zarista, contadini-soldato disertori o smobilitati, durante la rivoluzione russa del 1917. [...] Nicholas Werth vede giustamente la Russia di quegli anni come un *laboratorio sperimentale* della violenza: «Nell'ambito di una militarizzazione e brutalizzazione generale dei comportamenti sociali e delle pratiche politiche, i limiti tra sfera civile e militare, tra guerra e politica, tra nemico *esterno* e *interno*, tra le violenze di guerra, quelle sociali e quelle politiche, furono completamente cancellati». Ovviamente questa violenza multiforme getta le basi del terrore istituzionalizzato da Lenin a partire dal settembre 1918. [...] A partire dagli anni Venti i seguaci del leninismo concepiscono la politica in termini di guerra bolscevica contro il nemico interno. È il preludio delle future violenze dello stalinismo, nonché delle strategie di rapida distruzione delle classi condannate dalla storia.

B. BRUNETEAU, *Il secolo dei genocidi*, il Mulino, Bologna 2005, pp. 53-63, trad. it. A. FLORES D'ARCAIS

LAVORARE PER COMPETENZE avvio al saggio breve

Lavorare con i testi

Nei passi citati, il colore ha evidenziato alcuni passaggi essenziali, cioè alcuni elementi che, emersi durante la prima guerra mondiale, sono giunti a piena maturazione negli anni Trenta e Quaranta del Novecento. Come ulteriore stimolo di analisi e di riflessione, ti viene proposto uno schema da completare, in modo da riassumere le principali informazioni.

Analizza i testi

Ambito	Atteggiamento violento/estremo emerso durante la prima guerra mondiale	Atteggiamento violento/estremo emerso negli anni seguenti
Giudizio sul nemico		Disprezzo verso gli ebrei e altri soggetti, ritenuti inferiori dal punto di vista razziale
Comportamento verso il nemico		Sterminio di massa del nemico
Comportamento verso i prigionieri di guerra		Duro lavoro nei campi di concentramento

Dopo aver svolto tale operazione, componi un testo di tre colonne di foglio protocollo, che esprima discorsivamente le affermazioni inserite nella tabella.

Verifica dell'apprendimento
Conoscenze e abilità

Lo spazio

1. Osserva la carta e rispondi alle seguenti domande.

a) Quali sono i territori persi dalla Germania e dall'Austria-Ungheria al termine della prima guerra mondiale?

....

....

....

b) Quali territori perse invece la Russia?

....

....

....

c) Nella carta sono segnalati con una linea più spessa di colore viola i confini del 1923: quali avvenimenti di guerra consentirono all'Italia di raggiungere un tale assetto?

....

....

....

Organizzare le informazioni

2. Completa lo schema relativo alla prima guerra mondiale inserendo correttamente i testi che ti forniamo qui sotto in ordine sparso.

Altissimo numero delle perdite umane · Massicci bombardamenti prima dell'assalto · Guerra di logoramento, che si prolunga a oltranza · Effetti sul campo di battaglia · Gas e lanciafiamme · Armi a disposizione di chi si difende · Mitragliatrice · Inutilità degli attacchi frontali

	STRATEGIE E STRUMENTI IDEATI PER SFONDARE IL FRONTE		RISULTATI
Fucile a lunga gittata e a tiro rapido		Capacità di infliggere enormi perdite al nemico	
	Carriarmati		Impossibilità di vittoria sul campo
Artiglieria		Assoluta superiorità della difesa sull'attacco	

VERIFICA

Il tempo

3. Ricostruisci l'ordine cronologico degli eventi elencati numerandoli progressivamente.

- ☐ **a)** Conquista italiana di Gorizia
- ☐ **b)** Disfatta di Caporetto
- ☐ **c)** L'Austria firma l'armistizio con l'Italia
- ☐ **d)** Pace di Brest-Litovsk tra Russia e Germania
- ☐ **e)** Sperimentazione tedesca del gas a Ypres (Belgio)
- ☐ **f)** Offensiva tedesca a Verdun
- ☐ **g)** *Strafexpedition* austriaca in Trentino
- ☐ **h)** La Germania firma l'armistizio
- ☐ **i)** Entrata in guerra degli Stati Uniti
- ☐ **l)** I 14 punti di Woodrow Wilson
- ☐ **m)** Offensiva anglo-francese sulla Somme
- ☐ **n)** L'Italia dichiara guerra alla Germania

Lessico

4. Definisci le espressioni o i termini.

Conflitto di massa (in riferimento alla prima guerra mondiale)

....

....

Guerra totale

....

....

Principio della "spallata"

....

....

Tattica dell'infiltrazione (in riferimento all'esercito tedesco)

....

....

Fatti e concetti

5. Completa le seguenti frasi.

a) Nella prima guerra mondiale la capacità .... di ogni esercito era decisamente superiore alla sua capacità di .... e di penetrazione.
b) A partire dall'estate del ...., la marina britannica mise in atto un rigido .... per paralizzare il commercio di .... tedesco.
c) La guerra nel Carso ebbe caratteristiche di grande .... : le battaglie combattute sull' .... furono ben 12, in contrasto con la tattica della ".........." italiana.
d) Tra febbraio e marzo del ...., in Russia il regime .... cadde e fu istituito un governo provvisorio; ma nell'ottobre-novembre dello stesso anno il leader comunista .... effettuò con successo un colpo di Stato, che portò alla firma della pace con la ....

Il ruolo dei soggetti storici

6. Rispondi brevemente alle seguenti domande.

a) Qual è l'importanza del piano di riforma economica che Walther Rathenau sollecitò presso il kaiser sin dal 1914?

....

....

....

b) Perché le idee e le strategie del comandante italiano Luigi Cadorna si possono definire "anacronistiche" e, in ultima analisi, fallimentari ai fini della vittoria in guerra?

....

....

....

c) Perché il 1917 può essere considerato un anno decisivo per gli sviluppi della prima guerra mondiale?

....

....

....

→ Verso il saggio breve

7. Scrivi un testo – massimo due facciate di foglio protocollo – sui 14 punti di Woodrow Wilson utilizzando le domande-guida elencate di seguito.

- → Chi era Woodrow Wilson?
- → Che cosa sono i 14 punti da lui elaborati e presentati al Congresso americano l'8 gennaio 1918?
- → Perché gli Stati Uniti si ponevano quali garanti della libera navigazione dei mari?
- → Che cos'è il principio di nazionalità esposto nei 14 punti? Quale fu la sua applicazione pratica?
- → Quale fu l'atteggiamento di Wilson nei confronti della nascente Russia comunista?
- → Qual era lo scopo della proposta di creare una Società generale delle nazioni?

metodo di studio

→ Per ripassare i **fatti**

CONTRASTI POLITICI

Febbraio 1916
→ Offensiva tedesca a Verdun

Maggio 1916
→ Spedizione punitiva degli austriaci in Trentino

Luglio 1916
→ Offensiva anglo-francese alla Somme

Agosto 1916
→ Offensiva italiana sull'Isonzo e conquista di Gorizia

Febbraio-marzo 1917
→ Caduta dello zar in Russia

6 aprile 1917
→ Gli Stati Uniti entrano in guerra al fianco dell'Intesa

24 ottobre 1917
→ L'esercito italiano viene sconfitto a Caporetto

Marzo 1917
→ Pace di Brest-Litovsk: la Russia esce dal conflitto

21 marzo 1918
→ Violenta offensiva tedesca sul fronte occidentale

4 novembre 1918
→ L'Austria firma l'armistizio con l'Italia

11 novembre 1918
→ La Germania firma l'armistizio

ECONOMIA DEMOGRAFIA E SOCIETÀ

1914
→ Blocco navale inglese per paralizzare il commercio di importazione tedesco

1917
→ A Berlino 200 000 operai entrano in sciopero

→ Si mette in moto l'apparato bellico statunitense

1918
→ La spagnola, una terribile epidemia di influenza, provoca dai 20 ai 100 milioni di morti nel mondo

CULTURA CIVILTÀ E RELIGIOSITÀ

1918
→ Il presidente degli Stati Uniti Wilson espone i suoi *14 punti*

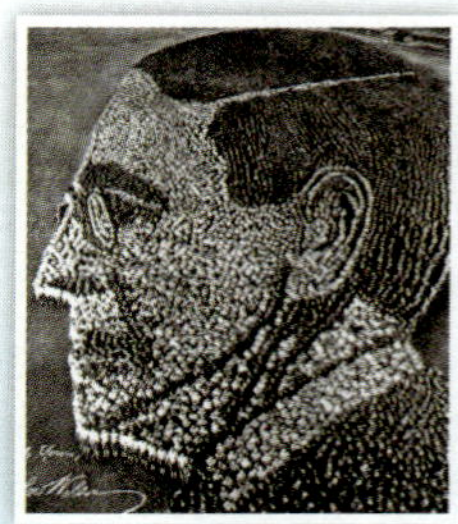

Per ripassare i concetti

Leggere gli schemi

GUERRA DI LOGORAMENTO

- Guerra di trincea sul fronte occidentale (battaglie di Verdun e della Somme, 1916)
  - Blocco navale inglese e guerra sottomarina tedesca
    - Interventi degli Stati Uniti contro la Germania
      - Sconfitta tedesca (novembre 1918)
- Vittorie tedesche sul fronte russo
  - Rivoluzione contro lo zar (febbraio 1917)
    - Trattato di Brest-Litovsk (marzo 1918): la Russia esce dal conflitto
- Fronte italiano:
  - guerra alpina (Trentino)
  - guerra di trincea (Venezia Giulia)
  - Disfatta di Caporetto (ottobre 1917)
    - Vittoria finale italiana (4 novembre 1918)

Unità

5 L'ombra della guerra (1917-1919)

Un'immagine per iniziare

In questo celebre manifesto di propaganda, Lenin, leader dei bolscevichi russi, con la scopa rossa del comunismo spazza via dalla Terra i rappresentanti del potere politico, economico e religioso, vale a dire i sovrani, i capitalisti e gli uomini di Chiesa. Per molti la rivoluzione russa del 1917 rappresentò la speranza dell'avvento di un nuovo tipo di società, basato sull'uguaglianza e sulla giustizia. Da moltissimi altri, invece, essa fu accolta con terrore, come un'azione da combattere con ogni mezzo.

Gli eventi per orientarsi nel tempo

gen. 1917

23-28 febbraio 1917
Rivoluzione di febbraio

2 marzo 1917
Abdicazione dello zar Nicola II

aprile 1917
Ritorno di Lenin in Russia

24-25 ottobre 1917
Rivoluzione di ottobre

gen. 1918

1918-1920
Guerra civile

→ Sommario

TESTO

La carta d'identità del periodo

1 Russia 1917: la Rivoluzione di febbraio

2 La Rivoluzione d'ottobre

3 La dittatura bolscevica

4 La Germania della Repubblica di Weimar

MONOGRAFIA

L'India

Una carta per orientarsi

La carta evidenzia le perdite territoriali subite dalla Germania: l'Alsazia-Lorena passa alla Francia (che per 15 anni avrebbe amministrato anche la regione mineraria della Saar), lo Schleswig-Holstein alla Danimarca, la zona di Memel alla Lituania, intere regioni prussiane alla Polonia, con la creazione del corridoio di Danzica.

Carta proiettabile

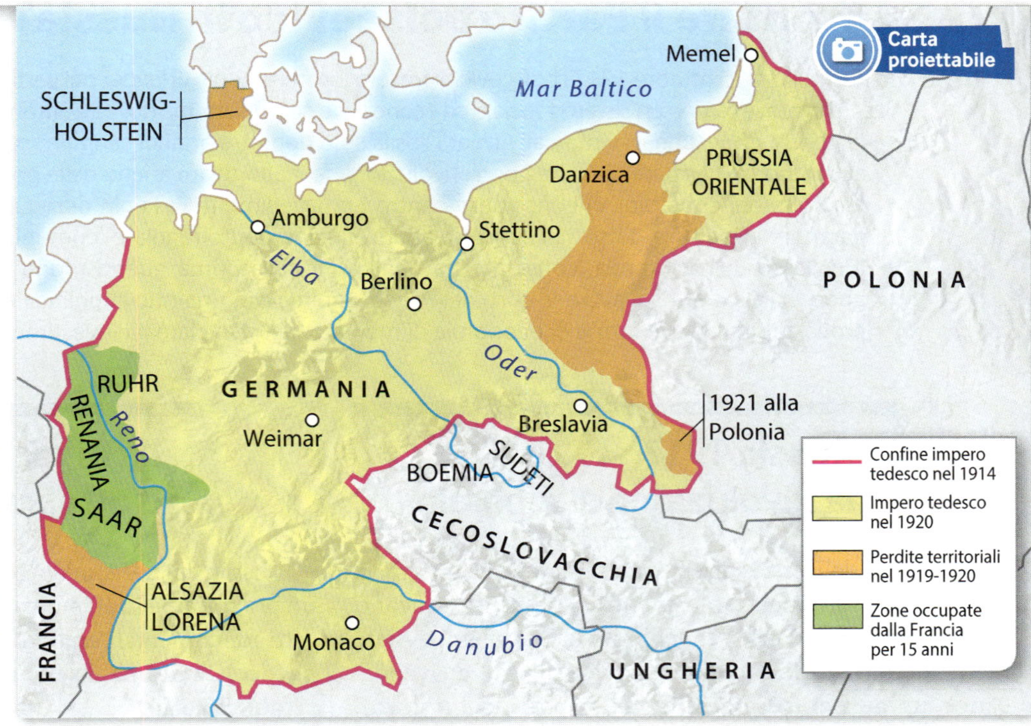

Orientarsi nel tempo

9 novembre 1918
Proclamazione della repubblica in Germania

11 novembre 1918
Resa incondizionata della Germania

gen. 1919

gen. 1920

5 gennaio 1919
Insurrezione comunista a Monaco di Baviera

Agosto 1919
Promulgazione a Weimar della nuova Costituzione tedesca

Per iniziare

Storia slide

La **carta d'identità** del periodo

Quali furono le principali sfide che dovette affrontare il Partito bolscevico in Russia?

In Russia il 24-25 ottobre 1917 i bolscevichi presero il potere. Lenin (il leader del partito) si proponeva di realizzare in breve tempo un sistema sociale ed economico comunista, ma dovette affrontare tre grandi ostacoli:

- la guerra civile, che fu vinta dall'Armata rossa solo dopo tre anni di sanguinoso conflitto: i comunisti sconfissero le Armate bianche controrivoluzionarie, appoggiate anche dalle potenze occidentali;
- le rivolte dei contadini, che insorsero contro i provvedimenti di Lenin di requisire i loro raccolti per garantire alle città, ridotte alla fame, un approvvigionamento regolare (comunismo di guerra);
- il collasso dell'economia, conseguenza degli anni della prima guerra mondiale e della successiva guerra civile. Per risollevare le sorti del Paese, Lenin avviò una nuova politica economica (NEP), che provò a reintrodurre forme di economia di mercato, per rilanciare gli investimenti e la produzione.

CAPITOLO 1 Russia 1917: la Rivoluzione di febbraio

➔ Nel 1917, la Russia zarista era stremata dalla guerra: la popolazione soffriva la fame, mentre i soldati disertavano a centinaia di migliaia. Il 23 febbraio le donne impegnate nelle industrie di Pietrogrado scesero in piazza rivendicando un **aumento salariale**; nel giro di pochi giorni, l'intera città era paralizzata da un grande sciopero generale (**rivoluzione di febbraio**).

➔ Lo zar cercò l'appoggio dell'esercito per fermare gli scioperanti, ma interi reparti si schierarono con gli operai: impossibilitato a riprendere il controllo della capitale, **Nicola II abdicò il 2 marzo**. Al potere salì un governo provvisorio guidato dal principe Georgij L'vov e sostenuto da cadetti (il partito della borghesia liberale), socialrivoluzionari (un partito sostenuto dai contadini, che chiedevano soprattutto una riforma agraria) e menscevichi (un partito di ispirazione marxista).

➔ Il Partito marxista, a sua volta, era frammentato in due correnti: i **bolscevichi**, favorevoli a un'immediata rivoluzione proletaria, e i **menscevichi**, secondo cui l'attuazione del socialismo era possibile solo quando nel Paese si fosse giunti al punto più alto dello sviluppo capitalistico (come sosteneva Marx).

➔ Fuori dal parlamento e in ogni città erano presenti i **soviet**, organi di autogoverno formati da soldati e contadini. Di fatto, quindi, si venne a creare un **dualismo di poteri**: da un lato il governo provvisorio, dall'altro i soviet, che indebolivano notevolmente l'autorità del primo.

CAPITOLO 2 La Rivoluzione d'ottobre

➔ Lenin era il leader dei bolscevichi. Nell'aprile 1917 stese un programma in 10 punti denominato **tesi di aprile**. I concetti fondamentali erano due: occorreva firmare subito la **pace con la Germania** e **conquistare il potere con un'azione rivoluzionaria**.

➔ Nell'estate 1917, Lenin precisò meglio il suo pensiero in un testo teorico intitolato *Stato e rivoluzione*. A suo giudizio, la **rivoluzione** andava fatta **al più presto**: prima di tutto bisognava conquistare il potere; occorreva poi abolire la proprietà privata dei mezzi di produzione e sconfiggere ogni tentativo di controrivoluzione effettuato dalla borghesia.

➔ Nel frattempo la situazione in Russia era disperata. Il 18 giugno l'esercito subì una pesante sconfitta contro i tedeschi e iniziarono le **diserzioni di massa**. La protesta si allargò alla società: i contadini cominciarono ad assalire le residenze padronali per impossessarsi delle loro tenute. Il principe L'vov si dimise e il suo posto fu preso dal socialista moderato **Kerenskij** (7 luglio), che formò un nuovo governo provvisorio, sostenuto anche dai bolscevichi.

➔ Lenin, però, ben presto riuscì a convincere i bolscevichi della necessità di un'**insurrezione armata** per la conquista del potere, cosa che avvenne nella notte tra il 24 e il 25 ottobre 1917 (**Rivoluzione d'ottobre**): i bolscevichi occuparono quindi il Palazzo d'inverno, sede del governo provvisorio, dopo l'abdicazione dello zar. Questa azione segnò di fatto l'instaurazione della dittatura del partito bolscevico (che poco tempo dopo assunse il nome di **Partito comunista**).

Domande fondamentali

- In quali correnti era diviso il Partito marxista?
- Quali erano gli obiettivi di Lenin indicati nel testo *Stato e rivoluzione*?
- Che cosa si intende con l'espressione "comunismo di guerra"?
- Perché la conferenza di Versailles umiliò la Germania?

Georgy Konstantinovich Savitsky, *Primi giorni della Rivoluzione d'ottobre*, 1948 (Mosca, Museo Statale della Rivoluzione).

CAPITOLO 3 La dittatura bolscevica

Nel dicembre 1917 alcuni generali russi tentarono di riorganizzare un esercito volontario (i *bianchi*) per rovesciare il regime bolscevico. Tra i *bianchi* e i *rossi* rivoluzionari scoppiò una **sanguinosa guerra civile** (1918-1920). Il 16 luglio del 1918, in pieno conflitto, lo **zar Nicola e la sua famiglia furono uccisi dai bolscevichi**.

Nel marzo 1918 Lenin firmò il trattato di Brest-Litovsk, una **pace separata con la Germania** che consentì alla Russia di uscire dal conflitto. La situazione, però, restava grave: nelle città si moriva di fame per la scarsità di beni alimentari.

Lenin decise allora di **requisire tutti i raccolti dei contadini**, per garantire un regolare rifornimento di generi alimentari alle città (il cosiddetto **comunismo di guerra**): quando i contadini si ribellarono, la repressione dei bolscevichi fu durissima e feroce. Nel frattempo, per vincere la guerra civile, il commissario della Guerra Lev Trockij creò l'**Armata rossa**, il nuovo esercito delle forze bolsceviche.

Nel 1921, la guerra civile si era conclusa con la vittoria dell'Armata rossa. I comunisti erano riusciti a conservare il potere, ma il Paese era sfinito. Per rilanciare la produzione agricola e industriale, Lenin varò una **nuova politica economica (NEP)**, che permetteva ai contadini di vendere liberamente, a prezzi di mercato, la maggior parte dei raccolti. Nel campo della politica sociale furono però inaspriti i controlli: la **Chiesa ortodossa** fu particolarmente **perseguitata** con l'arresto e l'internamento in campi di concentramento di numerosi sacerdoti e vescovi.

CAPITOLO 4 La Germania della Repubblica di Weimar

Nel 1918, la Germania uscì sconfitta dalla prima guerra mondiale. Il 9 novembre del 1918 era stata proclamata la **repubblica**, mentre erano forti le tensioni sociali all'interno del Paese: in particolare la **Lega di Spartaco** (che poi si trasformò in Partito comunista) voleva conquistare il potere per via rivoluzionaria, seguendo l'esempio russo.

Il 5 gennaio 1919 gli spartachisti insorsero a Berlino, occupando le sedi dei più importanti quotidiani berlinesi. La risposta dell'esercito e dei **Corpi franchi** (reparti militari che nel 1918 si rifiutarono di gettare le armi e continuarono a combattere) non si fece attendere: il 15 gennaio furono assassinati **Rosa Luxemburg** e **Karl Liebknecht**, leader del movimento comunista, e ben presto il tentativo rivoluzionario fallì.

Nel gennaio 1919 fu eletta un'Assemblea costituente che avrebbe dovuto scrivere la nuova Costituzione tedesca. Come sede dei lavori fu scelta la città di **Weimar**. I lavori furono ultimati velocemente (nell'agosto 1919): quella che ne uscì fu una **repubblica parlamentare**; il presidente aveva però ampi poteri: poteva infatti sciogliere il Parlamento e designare il primo ministro.

Sempre nel 1919, si tenne la **conferenza di pace di Versailles**, che **umiliò profondamente la Germania**, privandola di tutte le colonie e di parte del suo territorio prebellico; inoltre le fu vietato possedere qualsiasi arma moderna e pesante (cannoni, carri armati, corazzate). La Germania fu poi obbligata a versare un'elevatissima indennità di guerra.

Capitolo 1

ECONOMIA DEMOGRAFIA E SOCIETÀ

Russia 1917: la Rivoluzione di febbraio

Storia slide

LE CONOSCENZE DA ACQUISIRE
Nel 1917, la Russia aveva perso la guerra e gli abitanti delle città soffrivano la fame.

LE COMPETENZE DA POTENZIARE
Saper cogliere il fatto di rafforzmento o di indebolimento di struttura politica.

1.1 L'arretratezza dell'impero russo

Un impero vasto, un esercito inefficiente Al principio del XX secolo, la Russia era un impero vastissimo, che si estendeva dalla Polonia all'Oceano Pacifico. Il suo esercito, inoltre, era il più numeroso d'Europa, contando all'incirca 15 milioni di soldati. Eppure, nonostante la sua forza apparente, nel 1905 era stato pesantemente sconfitto in Asia dal Giappone. La sua insufficiente organizzazione risultò evidente anche nel 1914, quando l'impero zarista decise di schierarsi contro l'Austria-Ungheria e la Germania, a sostegno della Serbia, nazione slava *sorella*: pur essendo riuscita a mobilitare in tempi abbastanza brevi 6 milioni di uomini, l'armata russa disponeva solo di 5 milioni di fucili. Inoltre, mostrò subito di essere inferiore a quella tedesca nella quantità e qualità dei cannoni, mentre le munizioni per tutte le armi erano drammaticamente insufficienti. In pratica, fin dai primi mesi di guerra, emerse che, rispetto agli altri Stati europei, la Russia era clamorosamente arretrata.

Ernst Friedrich von Liphart, *Ritratto dello zar Nicola II*, 1900 (San Pietroburgo, Museo statale Tsarskoye Selo).

L'autocrazia dello zar e la debolezza del Parlamento Nel 1894 era salito al trono lo zar **Nicola II Romanov**, che al momento della sua solenne incoronazione aveva giurato di conservare integra e intatta la lunga tradizione di **autocrazia**, tipica dell'impero russo. In pratica, si trattava di una concezione del potere medievale, di una forma estrema di assolutismo: poiché l'imperatore (lo zar) **riteneva di aver ricevuto direttamente da Dio il proprio potere**, egli si considerava responsabile del proprio operato solo di fronte al Signore, e non dinanzi al popolo. Una simile concezione era stata abbandonata da tempo nel resto dell'Europa: in Inghilterra fin dal Seicento. Fu in Francia dal Settecento. In ambito politico, quindi, l'impero russo era indietro di secoli rispetto all'Europa occidentale.

Nicola II non faceva mistero del suo **rifiuto della modernità** e non amava **San Pietroburgo**, la nuova capitale costruita all'inizio del Settecento, sul Mar Baltico, in stile occidentale. In questa città più tedesca che russa, proseguendo l'opera del suo predecessore Alessandro III, Nicola II aveva cercato di introdurre numerosi elementi architettonici e urbanistici che richiamassero Mosca, la prima capitale degli zar.

Nel 1905, dopo la guerra con il Giappone e dopo una rivoluzione che il potere centrale era infine riuscito a domare, era stata istituita una **Camera dei deputati dotata di poteri di controllo sull'operato del sovrano e sulla politica del governo**. Denominato **Duma**, tale organismo parlamentare veniva però di fatto **sistematicamente scavalcato dall'imperatore**, che continuava a concentrare in sé ogni autorità e poteva prendere qualsiasi decisione, senza limitazioni di alcun genere.

Un'economia poco sviluppata Anche sotto il profilo economico tra la Russia e il resto d'Europa esisteva un vero e proprio abisso. Malgrado gli sforzi compiuti negli ultimi due decenni dell'Ottocento, **la coltivazione dei campi era ancora di gran lunga l'attività prevalente**. Su 170 milioni di abitanti, quasi l'80% lavorava in campagna. In genere, si trattava di un'**agricoltura molto arretrata** sia nelle tecniche di lavoro (la maggior parte dell'attrezzatura, ad esempio, era ancora in legno), sia nelle strutture sociali di base: con la sola eccezione di un piccolo nucleo di agricoltori proprietari benestanti (sorto a seguito di una riforma agraria promossa dal ministro P.A. Stolypin negli anni 1906-1911), la sterminata moltitudine dei contadini era in pratica priva di terra, cioè costretta a lavorare alle dipendenze degli aristocratici latifondisti, in condizioni, spesso, di estrema miseria. Nel 1900, c'era in media soltanto un cavallo per ciascuna famiglia contadina, mentre la produzione di frumento e di segale (circa 3,5 quintali per ettaro) era di poco superiore a quella dell'Inghilterra del XIV secolo.

>80% di contadini

L'**industria** era **concentrata in poche zone** particolari (ad esempio le regioni minerarie) e nelle grandi città, prima fra tutte la capitale, San Pietroburgo, che all'inizio del conflitto mutò il proprio nome (troppo "tedesco") in quello, più slavo, di Pietrogrado. Ovviamente, la disciplina all'interno delle fabbriche era rigida e ferrea; assolutamente vietati, dunque, i sindacati, mentre gli scioperi e le altre manifestazioni di rivendicazione erano illegali e sciolti regolarmente con la forza.

Pietrogrado

Contadini in un villaggio russo alla vigilia della prima guerra mondiale.

geostoria

La cartina presenta la densità di popolazione e le principali trasformazioni economiche in Russia tra il 1890 e il 1914. La rete ferroviaria, in questo periodo, raddoppiò. Inoltre, solitamente vicino alle miniere di carbone, sorsero importanti regioni industriali, dove la densità abitativa era maggiore.

La Russia zarista alla vigilia della rivoluzione

Carta proiettabile

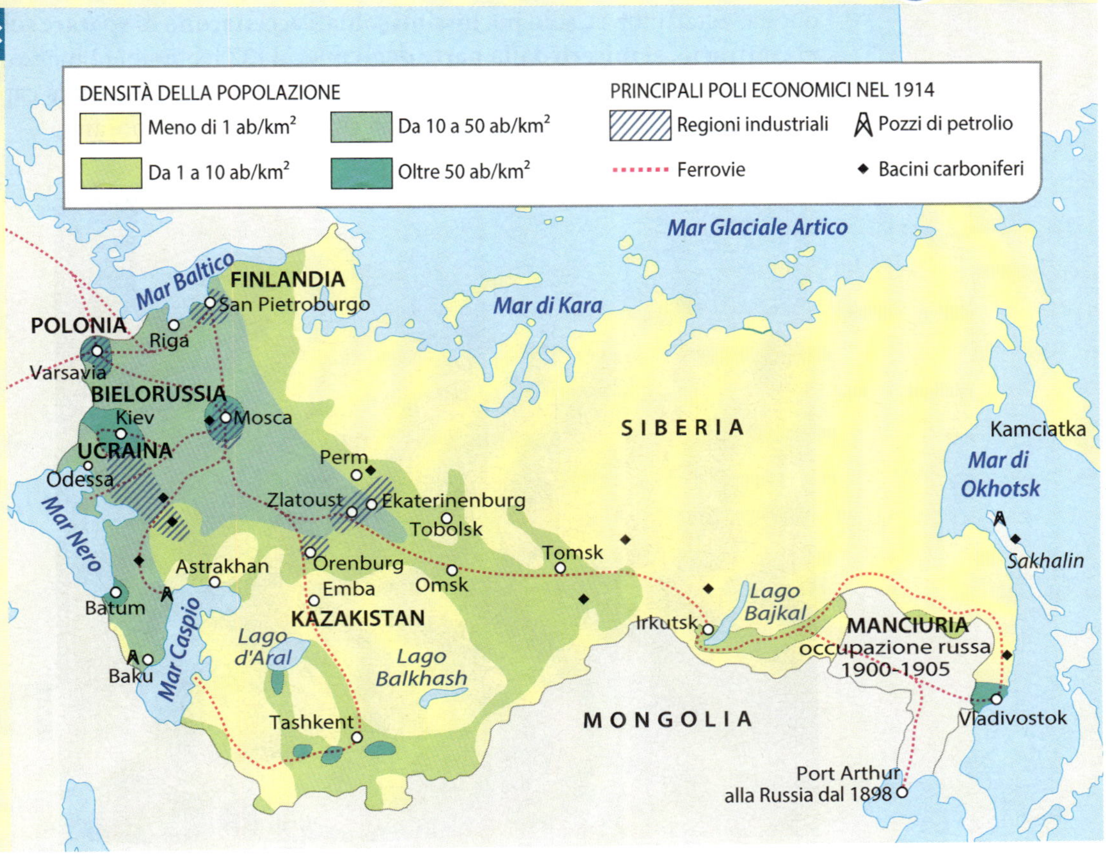

1.2 La proclamazione della repubblica

Esercito in crisi e occupazione tedesca del territorio russo Tra la fine del 1916 e l'inizio del 1917, l'esercito zarista aveva subito un numero consistente di **sconfitte** sul fronte orientale e i **disertori** ammontavano a un milione e mezzo. Le armate tedesche parevano destinate ad avere il sopravvento su quelle russe: avevano infatti occupato i maggiori centri industriali polacchi (cioè Varsavia, Radom, Lublino e Lodz) e invaso circa un milione e mezzo di chilometri quadrati di territorio russo. Da quell'area, in precedenza, la Russia ricavava un decimo dei minerali fossili, un quinto del carbone e due terzi dei prodotti chimici necessari a tutto l'impero. La *guerra di logoramento*, dunque, mise l'economia russa di fronte all'evidenza della sua arretratezza e fragilità.

Condizioni di vita durissime

Nelle città il costo della vita, rispetto al livello prebellico, era cresciuto del 700%. I salari degli operai delle industrie, tra il 1913 e il 1917, vennero triplicati, ma rimasero comunque al di sotto dei prezzi, che aumentavano senza posa. Inoltre, mancavano i più elementari generi di prima necessità (pane, legna, carbone), sicché la fame e il freddo, nei centri urbani, si facevano prepotentemente sentire.

Il problema del calendario russo

Le prime manifestazioni di protesta Il freddo intenso e la mancanza di carburante per scaldare e di legna per i forni condussero la popolazione all'esasperazione: a **Pietrogrado**, dove la situazione era particolarmente grave, il **23 febbraio 1917** si ebbero **le prime manifestazioni**, con il pretesto di celebrare la festa della donna (8 marzo; lo sfasamento di date è dovuto al fatto che il calendario russo era avanti di 13 giorni rispetto a quello occidentale e che solo nel 1918 fu adeguato al sistema di datazione utilizzato nel resto d'Europa).

L'esercito non reprime lo sciopero

L'iniziativa della protesta partì dalle operaie degli stabilimenti tessili, ma subito si mobilitarono anche i 30 000 lavoratori delle grandi officine metallurgiche Putilov. Immediatamente i dirigenti di questa azienda minacciarono la serrata, cioè la chiusura della fabbrica, e il licenziamento per tutti coloro che non avessero ripreso immediatamente il lavoro. Il risultato, però, fu solo un allargamento ulteriore della protesta: il **24** e il **25 febbraio** (9-10 marzo) per solidarietà tutta la città fu bloccata da un gigantesco **sciopero generale**. Secondo un copione più volte collaudato, le autorità fecero ricorso all'esercito, in modo da disperdere con le armi i cortei degli scioperanti; questa volta, tuttavia, **solo pochissimi soldati accettarono di sparare sulla folla. Interi reparti, al contrario, si misero dalla parte degli operai** (27 febbraio/12 marzo). Lo zar, che si trovava al fronte per dirigere le operazioni militari, tentò di far affluire sulla capitale truppe fedeli, ma i ferrovieri, il 28 febbraio (13 marzo), si rifiutarono di collaborare.

Boris Kustodiev, *Pietrogrado a febbraio, 1917* (Mosca, Tretyakov Gallery). Spiccano le bandiere rosse, simbolo delle organizzazioni operaie.

ECONOMIA DEMOGRAFIA E SOCIETÀ

La rivoluzione di febbraio

DATE (CALENDARIO RUSSO)	DATE (CALENDARIO OCCIDENTALE)	EVENTI
23 febbraio 1917	8 marzo (festa della donna)	Prime manifestazioni
24-25 febbraio	9-10 marzo	Sciopero generale
27 febbraio	12 marzo	Ammutinamento dei soldati
1° marzo	14 marzo	Formazione del governo provvisorio
2 marzo	15 marzo	Abdicazione dello zar

Nasce il governo provvisorio

La nascita della repubblica Il 1°/14 marzo, a Pietrogrado, la Duma creava un **governo provvisorio** presieduto dal principe Georgij L'vov. Contestualmente, il comandante in capo dell'esercito, generale Alekseev, ordinò di fermare qualsiasi progetto di spedizione militare contro la capitale e suggerì allo zar di abdicare. La sua paura era che l'ammutinamento dilagasse anche fra le truppe al fronte; all'opposto, sperava che la rinuncia al trono da parte dell'imperatore placasse gli insorti e permettesse di continuare la guerra contro la Germania. Il **2 marzo** (15 marzo) **Nicola II accettò di abdicare e la Russia divenne una repubblica**.

Tra i gruppi politici che facevano parte del debole parlamento russo, il più numeroso era quello dei **liberali moderati**, chiamati **"cadetti"** per le iniziali del nome ufficiale del loro partito: Costituzionali-Democratici.

1.3 L'istituzione dei soviet

I soviet Al di fuori della Duma, i soldati e gli operai diedero vita a **organi di autogoverno** chiamati **soviet** ("consigli"). Questa forma istituzionale era già stata sperimentata durante la rivoluzione del 1905, scoppiata a seguito della clamorosa sconfitta subita dall'impero russo nella guerra con il Giappone: per ogni fabbrica e ogni reggimento veniva eletto un certo numero di delegati; essi poi, a loro volta, concorrevano a formare il **soviet cittadino**, un consiglio che poteva essere considerato come l'effettiva espressione della volontà popolare e che era dotato di poteri decisionali.

Cittadini di Pietrogrado leggono la notizia dell'abdicazione dello zar Nicola II e della proclamazione della repubblica.

La forza del soviet di Pietrogrado derivava in primo luogo dall'appoggio dei soldati. Il 28 febbraio (13 marzo), timorosi di punizioni per aver disobbedito agli ordini, un gran numero di militari si era rivolto al consiglio per cercare sostegno e protezione. Dopo una seduta disordinata e confusa, era stato steso un documento denominato ***Ordine n. 1*, una dichiarazione in cui si metteva in discussione l'autorità dei coman-**

di militari e di qualsiasi altro soggetto che impartisse ordini ai soldati. Poiché la maggior parte dei soldati era di origine contadina, e la memoria della servitù (abolita nel 1861) era ancora vivissima, agli ufficiali fu vietato, prima di ogni altra cosa, di atteggiarsi in modo arrogante verso i subordinati e, soprattutto, di interpellarli con il *tu*, utilizzato comunemente dagli adulti per parlare con i bambini e, in passato, dai padroni per rivolgersi ai servi. Il punto più importante, però, era costituito da una solenne proclamazione, in base alla quale **i soldati riconoscevano il soviet di Pietrogrado come unica autorità**, impegnandosi a obbedire agli ordini di qualsiasi altro soggetto solo nella misura in cui non fossero in conflitto con quelli del consiglio operaio rivoluzionario. In quel momento, il governo provvisorio era ancora in via di definizione; quando assunse i pieni poteri (1° marzo/14 marzo) l'*Ordine n. 1* non fu revocato, cosicché la nuova autorità si trovò in una situazione di estrema debolezza, dal momento che la maggior parte dell'esercito, di fatto, non si sentiva obbligata a obbedire ai suoi ordini e, al limite, si sentiva in diritto di rifiutarli.

Debolezza del governo provvisorio

L'uscita della Russia dal Medioevo Con la *Rivoluzione di febbraio* (così vengono chiamati gli episodi di protesta che portarono poi all'abdicazione dello zar), la Russia usciva dal Medioevo, così come era successo per l'Inghilterra nel 1688 e per la Francia nel 1789. Di fatto, il potere assoluto del sovrano era stato spazzato via e la repubblica, dopo secoli di autocrazia per diritto divino, l'aveva sostituito. Come già era accaduto nel corso delle due più importanti rivoluzioni del passato europeo, però, il problema che si pose ai protagonisti divenne ben presto quello dell'indirizzo da dare al nuovo Stato e, più in generale, al processo rivoluzionario appena innescato. Si trattava di **decidere**, in sintesi, **se la rivoluzione fosse da considerare già conclusa, oppure se fosse solo al suo inizio**.

L'abolizione del potere assoluto

Ma, in Russia, la risposta a tale decisivo quesito si intrecciava con il fatto che, nella primavera del 1917, esisteva ciò che correntemente viene indicato come **dualismo di poteri**: all'autorità ufficiale del governo provvisorio si contrapponeva quella non meno reale dei soviet. La sorte della rivoluzione e l'indirizzo che essa avrebbe assunto sarebbero stati decisi dalla capacità di uno dei due poteri di sottomettere l'altro.

Dualismo di potere

Le due autorità dopo la caduta dello zar

Schema proiettabile

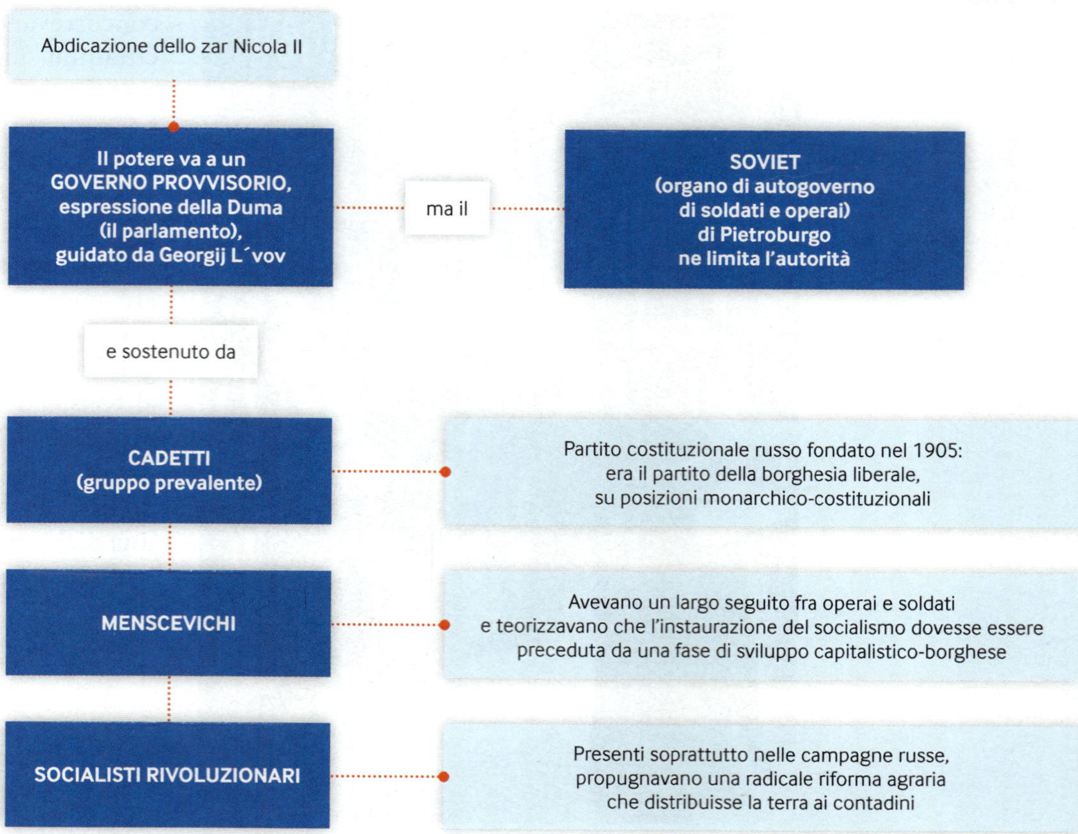

ECONOMIA DEMOGRAFIA E SOCIETÀ

1.4 Menscevichi e bolscevichi

La concezione marxista della rivoluzione Nei primi tempi dopo la Rivoluzione, il dualismo di potere sembrava doversi risolvere a favore del governo provvisorio: pareva, infatti, che la spinta rivoluzionaria si fermasse all'abolizione dell'assolutismo e alla concessione dei diritti fondamentali dell'uomo e del cittadino.

Verso questa prospettiva erano orientati non solo i liberali, ma anche i principali esponenti del marxismo russo; coerentemente con l'impostazione data al problema della rivoluzione dall'autore del *Capitale*, essi ritenevano che non fosse in alcun modo possibile instaurare il socialismo, in una situazione in cui l'80% della popolazione era ancora composto da contadini.

L'inevitabilità della fase borghese

Non si poteva assolutamente, secondo il marxismo ortodosso, saltare la *fase borghese* e capitalistica della storia (caratterizzata dallo sviluppo della democrazia politica e dall'industrializzazione) passando direttamente dall'assolutismo e dal feudalesimo al socialismo.

Le due correnti dei socialdemocratici Il **Partito socialdemocratico russo**, di ispirazione marxista e membro della Seconda Internazionale, era tuttavia **diviso** fin dal 1903 **in due correnti**. A fronte di una tendenza risultata in un primo tempo minoritaria (e per questo chiamata **menscevica**), stava l'agguerrita corrente dei cosiddetti **bolscevichi** (*bolshe* = più grande). Mentre i primi incarnavano il marxismo ortodosso, e quindi prevedevano tempi molto lunghi per la rivoluzione proletaria, i bolscevichi erano più radicali e disponibili a soluzioni rivoluzionarie più decise.

Diverse concezioni del partito

La spaccatura era nata a proposito della struttura da dare al partito; poiché miravano – come primo obiettivo – al raggiungimento di una democrazia parlamentare pienamente realizzata (sul modello occidentale), i **menscevichi propendevano per un partito** ampiamente ramificato, **di massa**, che costituisse soprattutto un efficiente strumento elettorale una volta che le condizioni russe fossero mutate e fossero state indette libere elezioni. I **bolscevichi**, all'opposto, erano **favorevoli a un partito elitario**, composto da un numero ristretto di militanti quanto mai impegnati e disciplinati. Anzi, come nelle società cospirative del XIX secolo, il nucleo dirigente doveva essere formato da veri e propri rivoluzionari di professione.

Le parole → Menscevichi/Bolscevichi

Con *menscevichi* (dal termine russo che significa "minoritari") si indicano coloro i quali appartenevano alla corrente in minoranza all'interno del Partito socialdemocratico russo. I menscevichi avevano una posizione moderata, in aperto contrasto con quella rivoluzionaria di Lenin, il quale guidava i *bolscevichi* ("maggioritari"). L'opposizione tra le due correnti si era manifestata fin dal 1903, quando, al Congresso di Londra, Lenin aveva presentato il suo programma rivoluzionario, che prevedeva la rivoluzione in tempi brevi.

Primavera 1917, un militante bolscevico durante un comizio a Pietrogrado.

Capitolo 2

CONTRASTI POLITICI

La **Rivoluzione d'ottobre**

Storia slide

LE CONOSCENZE DA ACQUISIRE
Nell'ottobre del 1917, i bolscevichi (guidati da Lenin) riuscirono a conquistare il Paese.

LE COMPETENZE DA POTENZIARE
Saper individuare i caratteri fondamentali di una ideologia.

2.1 Alla guida dei bolscevichi: Lenin

Le *Tesi di aprile* di Lenin A guidare la corrente bolscevica del Partito socialdemocratico russo c'era Vladimir Il´ic Ul´janov, che nel 1902 aveva adottato lo pseudonimo di **Lenin**. Quando era iniziata la *Rivoluzione di febbraio*, egli era esiliato a Zurigo, ma riuscì a tornare in Russia accordandosi con le autorità militari tedesche, le quali gli consentirono di attraversare la Germania in treno. I tedeschi confidavano nel fatto che il ritorno in patria di Lenin avrebbe creato una situazione di caos, la quale avrebbe ulteriormente rallentato la già inefficiente macchina bellica della neonata repubblica.

L'aiuto delle autorità tedesche

Lenin arrivò a Pietrogrado il 3 aprile (16 aprile) 1917; il giorno seguente, **scandalizzò tutti i marxisti russi** (non esclusi diversi bolscevichi) **proclamando la sua intenzione di forzare i tempi**, in modo che la rivoluzione passasse il più rapidamente possibile dalla fase borghese a quella proletaria. Le sue direttive politiche vennero condensate nelle cosiddette ***Tesi di aprile***, un breve documento articolato in dieci punti. Innanzi tutto, il leader bolscevico insisteva sul fatto che occorreva giungere il più in fretta possibile a **una pace separata della Russia con la Germania**; al contrario, il governo provvisorio (presieduto, ancora, nella primavera del 1917, dal principe L´vov, e poi, fino a novembre, dal socialista rivoluzionario Aleksandr F. Kerenskij) si era impegnato con le potenze dell'Intesa a non uscire dal conflitto. Per sostenere la sua posizione, il governo insisteva sul fatto che la sconfitta militare avrebbe travolto tutte le conquiste della rivoluzione. **A questa tesi del difensivismo rivoluzionario**, **Lenin opponeva un'interpretazione tutta negativa del ruolo storico del conflitto**, considerato lo sbocco inevitabile delle contraddizioni del capitalismo.

Armistizio immediato

Guardiamo la storia — Lenin, la guida della rivoluzione

I personaggi → Lenin

Vladimir Il´ic Ul´janov (Lenin) nacque nel 1870 nella cittadina russa di Simbirsk e morì nel 1924, dopo essere stato colpito da paralisi, a Gorki (Mosca). Fu un intellettuale marxista, leader della Rivoluzione d'ottobre del 1917, fondatore e statista dell'URSS, guida del comunismo internazionale tra il 1917 e il 1924. Aderì alla causa rivoluzionaria all'età di diciassette anni, a seguito della morte del fratello maggiore, giustiziato per aver organizzato un attentato contro lo zar Alessandro III. Fu però solo nel periodo trascorso a San Pietroburgo, durante il quale approfondì gli studi in giurisprudenza, economia e politica, che Lenin iniziò a fare proprie le posizioni marxiste, in particolare il progetto di una rivoluzione socialista. Fu esiliato in Siberia, per tre anni, colpevole di aver fondato a San Pietroburgo, nel 1885, il circolo "Emancipazione del lavoro" che aveva il fine di unificare i diversi gruppi rivoluzionari; nel 1900, a Zurigo, diede vita al periodico "Scintilla", che si prefiggeva di diffondere il marxismo in Russia e rendere più salda l'organizzazione del Partito operaio socialdemocratico russo in vista della futura rivoluzione. Lenin, infatti, era convinto che alla classe operaia russa, per quanto molto debole, sotto il profilo numerico, dovesse spettare un ruolo decisivo nel rinnovamento del Paese.

Le convinzioni di Lenin All'inizio del 1917, Lenin aveva pubblicato *L'imperialismo, fase suprema del capitalismo*, un'opera in cui affermava che l'economia capitalistica, negli ultimi decenni, si era profondamente modificata. In particolare, dopo la nascita dei grandi **monopòli** – giganteschi complessi industriali – i profitti erano diventati talmente elevati che, secondo lui, non era più possibile reinvestirli entro i confini nazionali. In questo modo si spiegava, a suo parere, il fenomeno dell'imperialismo, tipico degli anni a cavallo tra la fine del XIX e l'inizio del XX secolo. La guerra mondiale, per Lenin, era la conclusione di questo processo. Una volta compiuta la ripartizione dell'intera Terra tra le grandi potenze capitalistiche, **ciascuno Stato industrializzato cercava di strappare con la forza ai rivali nuove regioni, da trasformare in campi d'investimento per i capitali in eccesso**, pena il collasso dell'intero sistema.

Legame tra guerra e imperialismo

Lenin: «pace immediata» e «tutto il potere ai soviet» Lenin era convinto che, poiché il capitalismo era ormai al suo punto estremo, il suo tramonto fosse inevitabile e **le condizioni per la realizzazione del socialismo** si fossero ormai concretizzate. Certo, la Russia era ancora arretrata; la guerra mondiale imperialista però, in quanto scontro decisivo tra le potenze capitalistiche giunte all'ultima fase del loro sviluppo, avrebbe permesso la realizzazione della **rivoluzione in tutti i Paesi dell'Europa industrializzata**. Una rivoluzione socialista in Russia, dunque, non sarebbe affatto stata prematura, bensì perfettamente in sintonia con i grandi eventi che stavano scuotendo la scena europea e mondiale.

Appoggiare il governo provvisorio avrebbe significato, per Lenin, rinunciare alla possibilità di partecipare all'**imminente rivoluzione mondiale**. Dunque, occorreva opporsi con ogni mezzo alla nuova repubblica, e risolvere infine la questione del *dualismo di poteri* in modo che tutta l'autorità passasse nelle mani del proletariato. Alla linea dei menscevichi che, in nome del marxismo ortodosso, proponevano il sostegno al governo in modo che la fase borghese della storia russa potesse consolidarsi, Lenin opponeva, in sostanza, due parole d'ordine: «**pace immediata**» e «**tutto il potere ai soviet**».

Le parole

Monopòli

Con "monopolio" si indica un complesso industriale di proporzioni tali da controllare in esclusiva un intero settore della vita economica di un Paese. Tra il 1890 e il 1914 si verificò infatti la tendenza delle industrie ad assumere dimensioni ciclopiche attraverso processi di fusione di più imprese; in virtù della loro alleanza, esse riuscivano a dettare sul mercato le regole del gioco e ad assorbire la concorrenza residua, ingrandendosi ulteriormente. Per definire tali coalizioni si usa di solito il termine americano *trust* per i casi in cui le imprese arrivavano alla completa fusione, mentre l'espressione tedesca *kartell* ("cartello", "consorzio") è impiegata per indicare ditte che, pur restando autonome, stringevano accordi di sinergia.

In questo dipinto Lenin (il secondo da sinistra) è raffigurato mentre impartisce le direttive ai rivoluzionari nel suo quartier generale.

2.2 Diserzioni e rivoluzione contadina

La dissoluzione dell'esercito russo All'interno del governo provvisorio, molti erano convinti della necessità di proseguire il conflitto a fianco degli Alleati. Nel giugno 1917, il ministro della Guerra e della Marina, il socialista moderato **Aleksandr Kerenskij** e il comandante dell'esercito, Aleksej Brusilov, ritennero opportuno lanciare una grande offensiva contro gli austriaci e i tedeschi. Nelle loro intenzioni, l'estremo sforzo dell'offensiva estiva avrebbe dovuto suscitare una grande ondata di patriottismo e, quindi, permettere alla Russia di **riacquistare forza, ordine e stabilità, in nome della democrazia.** Grazie all'aiuto degli Alleati, per la prima volta dall'inizio della guerra l'esercito russo poté schierare in campo più cannoni del nemico e, cosa ancora più importante, disporre di munizioni in abbondanza, da usare a volontà. Tuttavia, negli stessi giorni in cui l'offensiva stava iniziando, il soviet di Pietrogrado votò una risoluzione che aboliva la pena di morte per i disertori e per i soldati che si rifiutassero di andare all'assalto.

Un'offensiva per suscitare patriottismo

La grande offensiva iniziò il 5 giugno (18 giugno nel calendario occidentale). Dopo alcuni successi iniziali, l'avanzata si trasformò in **una disfatta, che provocò quasi 400 000 caduti**. Nella maggior parte dei reparti, la disciplina militare si dissolse: gli ordini superiori erano discussi o disattesi, mentre un numero sempre crescente di soldati-contadini, semplicemente, abbandonò le trincee e tornò al proprio villaggio. Tra marzo e ottobre, i disertori che lasciarono i loro reparti furono almeno un milione. Il fenomeno della **diserzione di massa** iniziò a manifestarsi in maggio, allorché la rivoluzione – fino ad allora, in fondo, fenomeno prevalentemente cittadino – raggiunse e coinvolse le campagne.

Crisi della disciplina militare

La rivoluzione contadina In tutte le regioni della Russia, i **contadini cominciarono ad assalire le residenze padronali**, obbligando i signori a cedere le loro tenute. Quando la notizia arrivò al fronte e circolò tra i contadini-soldati, tra questi si diffuse la paura di restare fuori dalla grande ridistribuzione delle terre che stava avvenendo, cosicché i disertori divennero una marea umana e diedero vita a una specie di *migrazione di massa* verso est.

Accaparrarsi le terre

Il governo provvisorio non seppe fronteggiare in alcun modo la rivoluzione contadina, che lo colse del tutto impreparato. Da una parte, ribadiva che si trattava di atti illegali e rinviava al futuro ogni riforma agraria; dall'altro, mentre non aveva la forza di imporre l'ordine, non scelse neppure di accettare il fatto compiuto: un gesto che avrebbe portato al governo provvisorio la gratitudine e il sostegno della maggior parte degli abitanti della Russia.

Un altro problema, in quelle stesse cruciali settimane, si aggiunse a complicare il quadro politico. Il 10 giugno, un'**assemblea parlamentare** istituita **a Kiev acclamò** una **dichiarazione di libertà per l'Ucraina** che, in tal modo, proclamava la propria **autonomia** rispetto alla Russia. I ministri liberali (*cadetti*) presenti all'interno del governo provvisorio – contrari sia alla riforma agraria sia alla concessione dell'autonomia alle diverse nazionalità sottomesse alla supremazia russa – il 3 luglio si ritirarono dall'esecutivo, obbligando il principe L´vov a dare le dimissioni.

Il problema della nazionalità

Aleksandr Kerenskij (in primo piano), capo del governo provvisorio rovesciato dalla Rivoluzione d'ottobre, a Mosca.

CONTRASTI POLITICI

2.3 L'affermazione politica dei bolscevichi

L'impreparazione dei bolscevichi In seguito alle dimissioni da parte di L'vov, il 3 e il 4 luglio migliaia di operai invasero le strade di Pietrogrado. Con il sostegno di interi reparti di soldati in armi e dei **marinai della base navale di Kronstadt**, essi assediarono le sedi dei soviet e del governo provvisorio: la caduta di quest'ultimo, infatti, aveva acceso nei bolscevichi un forte desiderio di insurrezione. A fronte di un tale entusiasmo popolare, però, i dirigenti del partito non avevano una strategia d'azione precisa. La stessa manifestazione armata era stata soprattutto un'iniziativa spontanea e improvvisata, guidata da capi di secondaria importanza, che in breve tempo non seppero che cosa fare.

La folla pronta all'insurrezione

A fatica, i leader del soviet di Pietrogrado riuscirono a controllare la situazione. Tra questi, la maggior parte erano menscevichi, cioè socialisti marxisti convinti che la fase borghese della rivoluzione non potesse essere saltata. Per questo motivo, quando la confusa e minacciosa folla del 3-4 luglio chiese loro di assumere tutto il potere, si tirarono indietro e rifiutarono la proposta. Subito si sparse la voce che i bolscevichi avevano agito come agenti prezzolati, al soldo della Germania; molti dirigenti del partito furono arrestati, mentre Lenin fu costretto a fuggire in Finlandia.

Nuovo esilio di Lenin

Il governo Kerenskij Il 7 **luglio, Kerenskij assunse l'incarico di costituire il nuovo governo**. Sempre più convinto di essere l'unico statista capace di salvare la Russia dallo sfacelo, creò una specie di culto della propria figura e, per rafforzare il prestigio del governo, **trasferì il proprio ufficio nel Palazzo d'Inverno**, già residenza della famiglia imperiale.

Il tentativo insurrezionale del 3-4 luglio, l'ininterrotta fiumana di disertori, molti dei quali davano vita a un esercito parallelo, dedito al brigantaggio, e la rivolta nelle campagne (particolarmente violenta in settembre, a causa dell'avvicinarsi della stagione dell'aratura e del numero crescente di uomini armati di ritorno dal fronte) spinsero i liberali moderati a chiedere al governo misure drastiche, capaci di riportare l'ordine nel Paese. Brusilov, pertanto, fu sostituito dal generale **Lavr Kornilov**, che propose a Kerenskij di vietare le assemblee militari al fronte, di fucilare i disertori e di militarizzare le ferrovie e le industrie belliche, al fine di bloccare gli scioperi.

La proposta di misure repressive

Kerenskij restò a lungo indeciso se introdurre queste misure, ma soprattutto incominciò a temere che Kornilov volesse instaurare una dittatura militare, presentandosi come il Bonaparte della rivoluzione russa. Quando Kerenskij, alla fine di agosto, destituì Kornilov, il generale rifiutò di dimettersi e ordinò a un reparto di marciare sulla capitale. Non è certo se Kornilov volesse fare un colpo di Stato: forse, voleva solo obbligare con la forza il governo a emanare le misure straordinarie che egli aveva proposto. Il soviet di Pietrogrado, comunque, mobilitò i soldati della città e gli operai, per far fronte a quella che considerò una grave minaccia controrivoluzionaria. **Per fronteggiare il nuovo pericolo, si decise di accettare anche il sostegno dei bolscevichi**, i cui dirigenti furono rilasciati dal carcere.

Assemblea del soviet di Pietrogrado nella sala della Duma, marzo 1917.

Le forze armate dei bolscevichi I bolscevichi misero in campo **40 000 operai**, che furono **muniti di armi**; a partire da quel momento, si può dire che il partito di Lenin fosse dotato di un vero esercito parallelo. Non ci fu bisogno di usare quei fucili contro le truppe di Kornilov, che fu arrestato senza spargimento di sangue e internato in un monastero, insieme ad altri generali ritenuti inaffidabili. L'affare Kornilov mise in evidenza tutta la debolezza del governo, mentre i **bolscevichi** poterono presentarsi come i veri **difensori della rivoluzione**. Il numero degli iscritti al partito di Lenin registrò un brusco incremento, giungendo infine alla cifra di 300 000. E mentre fino ad allora i bolscevichi erano risultati in minoranza all'interno dei vari soviet sorti in tutti i principali centri del Paese, in settembre risultarono maggioritari sia a Pietrogrado sia a Mosca: il che avrebbe garantito ai bolscevichi di controllare anche il Congresso panrusso dei soviet, cioè la riunione generale dei delegati di tutto il Paese, convocato a Pietrogrado per la fine d'ottobre.

Maggioranza nei soviet

2.4 L'ideologia di Lenin

La conquista dello Stato da parte del proletariato Forte di un esercito e convinto che fosse arrivato il tempo per l'insurrezione bolscevica, nell'agosto 1917, durante la clandestinità in Finlandia, Lenin espose le proprie convinzioni in un testo teorico intitolato *Stato e rivoluzione*. **Il leader bolscevico condivideva i presupposti della dottrina dello Stato avanzata da Marx e da Engels**: il *Manifesto del partito comunista* (1848) presentava lo Stato innanzitutto come un apparato di coercizione, usato dalla classe dominante per tenere sotto controllo quelle antagoniste. La semplice esistenza dello Stato, quindi, è di per sé indice della presenza, in una data società, della divisione in classi e della lotta tra queste.

Lo Stato garantisce il dominio di una classe

Nella società moderna, se vuole instaurare il socialismo, **il proletariato deve** prima di tutto **conquistare lo Stato**, impadronirsi dello strumento che permette alla borghesia di dominare e che, viceversa, renderà possibile la creazione dell'armonica e giusta società del futuro. La prima tappa della rivoluzione è – per Lenin – proprio quella relativa all'acquisizione del potere statale; solo in virtù di esso sarà possibile al proletariato (divenuto ora *classe dominante*) respingere gli assalti della borghesia che, spodestata, vorrà certamente riprendere la posizione di potere perduta.

Per indicare tale **Stato proletario**, strumento coercitivo utilizzato, questa volta, per tutelare gli interessi dei lavoratori divenuti classe dominante, Marx ed Engels avevano coniato l'espressione **«dittatura del proletariato»**. Lenin la fece propria, rilanciandola in tutta la sua crudezza: il suo compito primario, infatti, era di tipo repressivo, nei confronti della borghesia.

I volti di Friedrich Engels, Karl Marx e Lenin, particolare di un arazzo, 1917 circa (Berlino, Museo Stasi).

Documento chiave

La dittatura del proletariato

Lenin scrisse *Stato e rivoluzione* nell'estate 1917. Il testo insiste soprattutto sulla necessità di conquistare il potere politico, perché lo Stato è presentato come lo strumento principale che permette a una classe di dominare le altre. Come nella società capitalistica lo Stato è al servizio della borghesia, così, dopo la rivoluzione – che consiste, in primo luogo, proprio nella conquista del potere – lo Stato sarà al servizio del proletariato.

Lo Stato è un'organizzazione particolare della forza, è l'organizzazione della violenza destinata a reprimere una certa classe. Qual è, dunque, la classe che il proletariato deve reprimere? Evidentemente una sola: la classe degli sfruttatori, vale a dire la borghesia. I lavoratori hanno bisogno dello Stato solo per reprimere la resistenza degli sfruttatori, e solo il proletariato è in grado di dirigere e di attuare questa repressione, perché il proletariato è la sola classe rivoluzionaria fino in fondo, la sola classe capace di unire tutti i lavoratori e tutti gli sfruttati nella lotta contro la borghesia, per soppiantarla completamente. Le classi sfruttatrici hanno bisogno del dominio politico per il mantenimento dello sfruttamento, vale a dire nell'interesse egoistico di un'infima minoranza contro l'immensa maggioranza del popolo. Le classi sfruttate hanno bisogno del dominio politico per sopprimere completamente ogni sfruttamento, vale a dire nell'interesse dell'immensa maggioranza del popolo, contro l'infima minoranza dei moderni schiavisti: i proprietari fondiari e i capitalisti. [...] La dottrina della lotta di classe, applicata da Marx allo Stato e alla rivoluzione socialista, porta necessariamente a riconoscere il *dominio politico* del proletariato, la sua dittatura, il potere cioè che esso non divide con nessuno e che si appoggia direttamente sulla forza armata delle masse. L'abbattimento della borghesia non è realizzabile se non attraverso la trasformazione del proletariato in *classe dominante*, capace di reprimere la resistenza inevitabile, disperata della borghesia e di organizzare per un nuovo regime economico *tutte* le masse lavoratrici e sfruttate. Il potere statale, l'organizzazione centralizzata della forza, l'organizzazione della violenza, sono necessari al proletariato sia per reprimere la resistenza degli sfruttatori, sia per *dirigere* l'immensa massa della popolazione – contadini, piccola borghesia, semiproletariato – nell'opera di *avviamento* dell'economia socialista.

Lo Stato è un mezzo, uno strumento di repressione

Lo Stato attuale è al servizio della borghesia

Lo Stato attuale è al servizio di una minoranza che controlla i mezzi di produzione

LENIN, *Stato e rivoluzione. Il marxismo sullo Stato*, Edizioni Progress, Mosca 1976, pp. 29-31

Lenin tiene un comizio ai lavoratori delle miniere, dipinto degli anni Venti (Collezione privata).

Uso della forza nello Stato proletario

L'"estinzione dello Stato" Anche lo Stato proletario, secondo Lenin, sarà costretto a **fare uso della violenza**. Dal momento che la borghesia non lascerà di buon grado il potere, l'impiego della forza sarà necessario **per combattere i nemici di classe**. La grande differenza tra una Stato proletario e uno borghese, però, consiste nel fatto che, mentre quest'ultimo esercita la violenza per conto di una minoranza, lo Stato proletario agisce – per la prima volta nella storia – **per la tutela della maggioranza della popolazione**, i **lavoratori**. Quindi si può dire che esso sia un autentico governo del popolo, una *democrazia*, benché il termine assuma, in Lenin, un significato piuttosto diverso da quello che esso ha in un contesto liberale.

› VEDI Le democrazie popolari dopo il 1945 → pag. 514

Lenin, tuttavia, riprese da Marx e da Engels anche un altro concetto quanto mai importante; egli era convinto, come i due padri fondatori, che una volta raggiunto davvero il socialismo lo **Stato si sarebbe estinto**. Se è vero che *socialismo* significherà (in virtù dell'abolizione della proprietà privata) definitiva assenza della stratificazione sociale e della divisione in classi, persino lo Stato proletario, in quelle circostanze, cesserà di avere significato: esaurito il proprio compito repressivo, si dissolverà.

L'utopia comunista Secondo Lenin, nella società socialista gli individui non si comporteranno più in modo malvagio, né agiranno in modo giusto solo per timore delle punizioni. Il **comandamento morale, per così dire**, verrà **interiorizzato da ogni essere umano**, che conformerà spontaneamente il proprio comportamento alla norma etica. In questo modo, Lenin non fa che rilanciare una tesi tipica della concezione del mondo tardo-illuministica. La società, per così dire, ha corrotto e traviato l'essere umano, il quale sarebbe istintivamente portato alla virtù e al bene. L'istituzione più corruttrice di tutte è la proprietà, che porta all'egoismo. Lenin ragiona ancora come un illuminista del Settecento, convinto che **l'instaurazione del socialismo** non solo porterà libertà e giustizia, ma persino **reintegrerà la natura umana in tutta la sua perfezione**. Se non si tiene conto di questo aspetto utopico non si riesce a cogliere il fascino che il marxismo-leninismo esercitò su milioni di persone. Oltretutto, esso riusciva a coniugare tale promessa di redenzione radicale dell'umanità con un'analisi rigorosa e razionale della realtà, il che permetteva di ammantare di scientificità l'ideologia nel suo complesso.

Lenin parla alla folla, 1917.

Infine, va notato che il comunismo non si limitava a promettere per il futuro, bensì esortava ad agire nell'immediato, in modo da calare il più presto possibile nella realtà quella grande visione. Si trattò di un elemento decisivo, di cui dobbiamo tenere conto, per comprendere il **fascino del comunismo**, l'entusiasmo appassionato che esso suscitò, sia in Russia sia nel resto del mondo, per diversi decenni.

La concezione politica di Lenin

Schema proiettabile

SOCIETÀ BORGHESE	Proprietà privata e divisione in classi sociali	Lo Stato è uno strumento repressivo al servizio della borghesia
RIVOLUZIONE E DITTATURA DEL PROLETARIATO	Abolizione della proprietà privata dei mezzi di produzione	Lo Stato proletario impedisce alla borghesia di riprendere il potere
SOCIETÀ COMUNISTA	Uguaglianza assoluta di tutti gli uomini e loro spontanea adesione alle norme morali	Estinzione dello Stato

CONTRASTI POLITICI

2.5 L'inizio della Rivoluzione d'ottobre

Storiografia 1

La rivoluzione a Pietrogrado e nelle campagne

→ pag. 186

Il colpo di Stato dei bolscevichi Nella seduta che si tenne il 10 ottobre 1917 a Pietrogrado, Lenin riuscì a convincere il comitato centrale bolscevico della necessità di un'insurrezione armata in tempi brevi. Secondo le sue direttive, **la notte tra il 24 e il 25 ottobre (6-7 novembre), reparti della guardia rossa bolscevica entrarono con la forza nel Palazzo d'Inverno**, sede del governo, e catturarono molti ministri, ma non Kerenskij, che si era allontanato dalla città per cercare rinforzi.

Il soviet ratifica l'azione di Lenin

Quando la notizia dell'insurrezione arrivò al Congresso panrusso dei soviet, l'**azione** dei bolscevichi fu **criticata dai menscevichi e dai socialisti rivoluzionari**, un partito che sosteneva gli interessi dei contadini, richiedeva una radicale riforma agraria, ma per il resto – a dispetto del nome – era tutt'altro che radicale. Per protesta, tutti questi socialisti moderati abbandonarono la sala della riunione del congresso. Si trattò di un grave errore politico, in quanto il Congresso dei soviet passò interamente in mano ai bolscevichi, che poterono ottenere da esso la ratifica del colpo di Stato. In tal modo, un'azione che, di fatto, era stata voluta da un gruppo ristretto di estremisti poté essere presentata come perfettamente rispondente alla volontà delle masse.

Abolizione della proprietà privata e nazionalizzazione Una volta assunto il potere, il congresso approvò i **primi decreti rivoluzionari**, predisposti da Lenin. Innanzi tutto fu lanciato un appello ai popoli e ai governi di tutte le nazioni belligeranti, affinché iniziassero **trattative per una pace «giusta e democratica»**. In secondo luogo, preoccupato di avere l'appoggio dei contadini (cioè della stragrande maggioranza della popolazione), Lenin sottopose al Congresso dei soviet il decreto sulla terra, **abolendo la proprietà privata della terra**, senza compenso. In conseguenza di questa dichiarazione di principio, tutti i terreni erano messi a disposizione dei contadini che desiderassero coltivarli con il proprio lavoro. Viceversa erano vietati, da allora in avanti, l'acquisto, la vendita e l'affitto dei terreni, nonché l'utilizzo di manodopera salariata.

Lo stupore di un soldato rivoluzionario nella sala del trono del Palazzo d'Inverno a Pietrogrado, ottobre 1917.

Nei mesi seguenti, provvedimenti di tipo analogo furono emanati per ogni altro settore dell'economia; le banche, ad esempio, vennero **nazionalizzate**, mentre fu decretato il *controllo operaio* su tutte le imprese commerciali e industriali che possedessero almeno cinque dipendenti o avessero un giro d'affari minimo di 10 000 rubli all'anno.

In tal modo, venivano gettate le basi per la costruzione del socialismo, cioè di quel sistema sociale che si proponeva di portare all'umanità vera libertà e completa eguaglianza mediante l'**eliminazione della proprietà privata**, considerata il maggior ostacolo alla realizzazione di una comunità umana pienamente armonica e priva di ingiustizie. Sotto questo profilo, il **contrasto con la tradizione liberale**, che considera la proprietà un diritto inalienabile dell'individuo, non potrebbe essere più stridente e completo.

Le parole → Nazionalizzare

Il termine indica un processo di espropriazione, cioè il passaggio di un'attività economica dalla gestione privata a quella dello Stato. Esso non presuppone un processo rivoluzionario: nel caso di uno Stato rivoluzionario si tratta in pratica di una confisca (in nome dell'interesse della comunità, giudicato superiore a quello dell'individuo), mentre nel caso di uno Stato liberale viene concesso un indennizzo, ovvero si tratta di un'operazione di compra-vendita tra lo Stato e un privato (che comunque è obbligato a cedere la sua azienda e non può rifiutarsi di vendere).

Capitolo 3

POTERI E CONFLITTI

La dittatura bolscevica

Storia slide

LE CONOSCENZE DA ACQUISIRE
In Russia esplose una violenta guerra civile tra "bianchi" (nemici dei bolscevichi) e "rossi".

LE COMPETENZE DA POTENZIARE
Saper cogliere i caratteri fondamentali di un regime totalitario.

3.1 Dittatura del proletariato e del partito

Lenin a capo del Consiglio dei commissari del popolo Per instaurare la dittatura del proletariato, il Congresso panrusso dei soviet guidato dai bolscevichi designò a **capo dello Stato** un **Consiglio dei commissari del popolo** (26 ottobre; 8 novembre secondo il calendario russo). Tale organo, composto dai membri principali del partito e **presieduto da Lenin**, era dotato di pieni poteri.

Sconfitta dei bolscevichi alle elezioni

Il governo provvisorio aveva organizzato per il giorno 12 novembre le elezioni, in modo da istituire l'**Assemblea costituente** incaricata di dare alla Russia un nuovo regime politico liberal-democratico. I bolscevichi, appena giunti al potere, non si sentirono ancora sufficientemente forti per impedire le votazioni; ma queste ultime, per loro, si rivelarono un clamoroso insuccesso: essendo la maggioranza della popolazione formata da contadini, la percentuale più ampia dei suffragi non andò ai bolscevichi (appoggiati soprattutto dai soldati e dagli operai delle grandi industrie urbane, essi ebbero solo il 24% dei voti), bensì all'ala più moderata dei socialisti rivoluzionari (52% dei suffragi).

La repressione del dissenso e la CEKA **Lenin** decise di lasciar riunire l'assemblea, ma dopo la prima seduta inaugurale **la fece disperdere**, con la giustificazione che il proletariato, al momento del voto, non aveva deciso liberamente, bensì ancora mentalmente condizionato dall'ideologia che la classe dominante gli aveva trasmesso per tenerlo soggiogato. Solo la linea politica dei bolscevichi poteva essere considerata veramente rispondente agli interessi del proletariato; finché il popolo non avesse spontaneamente aderito a quell'orientamento, il partito doveva guidarlo e, se necessario, persino costringerlo a seguirlo. Ogni dissenso da quella linea, nel contempo, sarebbe stato automaticamente considerato un gesto controrivoluzionario, un attentato alla libertà del proletariato, da punire con severità e intransigenza.

Il partito come guida infallibile e unica

A tal fine, il 24 novembre (7 dicembre) 1917 era già stata istituita la **Commissione straordinaria per la lotta contro la controrivoluzione e il sabotaggio** (CEKA), incaricata di schiacciare tutti i nemici del proletariato e della sua vittoriosa rivoluzione; la categoria di costoro, poi, venne ben presto notevolmente allargata oltre i confini strettamente classisti, e la ragione di ciò va trovata nella concezione che Lenin aveva elaborato circa il ruolo del partito nel processo di costruzione del socialismo. Lenin infatti era profondamente convinto che **solo il partito bolscevico** fosse perfettamente **consapevole** e cosciente **della meta cui il proletariato** (e, tramite lui, l'intera umanità) **doveva tendere**. Pertanto, anche tutti quei proletari o quelle organizzazioni dei lavoratori (come i socialisti rivoluzionari, la corrente dei menscevichi, i gruppi anarchici) che in qualche modo e per un qualsiasi motivo dissentivano dalla linea dei bolscevichi, e avevano condannato l'insurrezione di ottobre, furono bollati come elementi controrivoluzionari e, nel giro di poco tempo, imprigionati o costretti all'esilio. La **dittatura del proletariato, di fatto, era la dittatura del partito che si era autoproclamato «avanguardia» del proletariato** stesso.

Lavorare per competenze
avvio al saggio breve
La violenza della rivoluzione bolscevica
→ pag. 193

La pace separata con la Germania Il 3 marzo 1918, Lenin firmò il **trattato di Brest-Litovsk**, cioè una pace separata con la Germania. Nel corso del 1917, il leader bolscevico aveva promesso al popolo russo l'uscita dalla guerra e questo, di fatto, aveva rappresentato uno dei motivi determinanti della crescita dei consensi tra la popolazione. Per Lenin, si trattò di un importante risultato: non solo egli dimostrò di portare a termine in breve tempo quanto aveva promesso, ma riuscì anche a garantirsi un momento di tregua, indispensabile per consolidare il nuovo regime. D'altra parte, però, le condizioni previste dal trattato erano molto pesanti. La Russia dovette rinunciare a parti cospicue del suo territorio prebellico, come l'Ucraina, che avrebbe dovuto diventare uno Stato autonomo, satellite della Germania.

Le condizioni della pace

Il trattato fu oggetto di una durissima discussione all'interno del gruppo dirigente. Tra i bolscevichi, il più fiero oppositore della pace proposta dai tedeschi fu **Nikolaj Bucharin**, che sosteneva la necessità di una guerra rivoluzionaria contro la Germania imperialista. **Contrari al trattato di pace erano anche i socialisti rivoluzionari di sinistra**, un piccolo gruppo che si era staccato dal proprio partito, aveva approvato l'insurrezione di ottobre e sostenuto fino ad allora le principali scelte compiute dai bolscevichi.

Il Terrore rosso Il 6 luglio 1918 – mentre la Russia stava sprofondando nella guerra civile e i bolscevichi stavano prendendo le prime dure misure contro i contadini –, i socialisti rivoluzionari di sinistra tentarono a Mosca un'insurrezione contro il nuovo governo, che da febbraio si era trasferito nell'antica capitale russa, per timore di un'aggressione tedesca. Dopo il fallimento di quest'azione, **i socialisti rivoluzionari proseguirono** per qualche altro tempo **la lotta contro il governo bolscevico**, facendo ricorso all'azione terroristica, cioè prendendo di mira alti esponenti del nuovo regime, allo stesso modo in cui i rivoluzionari del passato avevano colpito lo zar o i suoi ministri.

Insurrezione dei socialisti rivoluzionari

Attentato a Lenin

Il 30 agosto 1918, **Tanja Kaplan** – una giovane donna ebrea che aveva passato molti anni di prigionia in Siberia – **sparò allo stesso Lenin**, ferendolo in modo grave. Per il regime bolscevico quell'episodio segnò una svolta fondamentale, in direzione della **repressione violenta di ogni forma di opposizione**. Subito dopo il fallito attentato, infatti, fu organizzato il cosiddetto **Terrore rosso**: in base a un decreto emanato il 5 settembre, 10-15 000 persone detenute nelle carceri furono eliminate. Si trattava di esponenti del regime zarista, di capitalisti e di borghesi: solo a Kronstadt, in una notte furono uccisi 400 ostaggi.

Un arresto a Pietrogrado durante il periodo del Terrore rosso.

Le parole → Terrore rosso

Molti comunisti amavano considerare la Rivoluzione d'ottobre come la continuazione logica della Rivoluzione francese. In quel caso, la borghesia aveva abbattuto l'antico regime feudale; nel 1917, il proletariato aveva sconfitto la borghesia e aperto la strada verso il socialismo. La scelta dell'espressione *Terrore rosso* richiama il periodo più violento della Rivoluzione francese (detto il *Terrore*): in entrambi i casi, chi ha compiuto la rivoluzione pretende di rappresentare l'intera umanità e di possedere in esclusiva la "verità". Gli avversari della rivoluzione, invece, sono considerati dei nemici dell'umanità: come tali, non hanno alcun diritto e possono essere eliminati.

3.2 La guerra civile in Russia

Guardiamo la storia
La propaganda anti-comunista

I *bianchi*: l'esercito anticomunista Fin dal dicembre 1917, alcuni generali di quello che fino a poco tempo prima era l'esercito zarista avevano dato vita, nella Russia meridionale, a un'armata volontaria di opposizione al governo bolscevico. I **reparti anticomunisti** andarono ad aggiungersi ad altri gruppi formatisi in Siberia: in opposizione ai "**rossi**" **rivoluzionari**, erano chiamati "**bianchi**" e godevano del **sostegno militare ed economico delle grandi potenze straniere**. Queste erano preoccupate non solo per i loro interessi in territorio russo, ma anche per la possibilità che la rivoluzione si propagasse in altri Stati. I primi a intervenire furono 400 giapponesi, in Siberia, il 5 aprile 1918; prima della fine dell'anno, si aggiunsero – nelle regioni asiatiche della Russia – altri 73 000 giapponesi, 2500 inglesi, 1000 francesi, 1500 italiani e più di 8000 americani. In Siberia, i bolscevichi dovettero affrontare un'altra minaccia, quella dei soldati della *Legione cecoslovacca*. Questi uomini erano ex prigionieri di guerra dell'esercito austro-ungarico, catturati dall'esercito russo negli anni 1914-1916. Poiché il governo provvisorio aveva proposto loro di combattere contro gli austriaci, in nome della comune fratellanza slava, i cecoslovacchi avevano di nuovo ricevuto armi ed erano stati trasformati in un efficiente reparto militare di circa 35 000 uomini. Saliti al potere, i bolscevichi non si fidarono di queste truppe e ne chiesero l'immediato disarmo. Chiunque non si fosse arreso immediatamente – stabiliva un'ordinanza del 4 giugno 1918 – sarebbe stato imprigionato.

La Legione cecoslovacca

geostoria

La guerra civile in Russia e gli interventi stranieri

Carta proiettabile

Dopo la pace di Brest-Litovsk con i tedeschi, sul confine occidentale i russi furono attaccati dai popoli che erano stati sottomessi al regime zarista e che ora volevano conquistare l'indipendenza. I generali fedeli allo zar guidarono i propri soldati contro il governo rivoluzionario, mentre le flotte dell'Intesa sbarcarono truppe nei porti russi del Mar Nero, del Mar Bianco e del Baltico. Solo nella primavera del 1919 l'Armata rossa sconfisse i *bianchi* a est e contrattaccò in Ucraina e nella regione di Pietrogrado.

Le figlie dello zar Nicola II, Maria, Tatiana, Anastasia e Olga: persero la vita il 16 luglio 1918.

L'esecuzione dello zar e della sua famiglia I cecoslovacchi rifiutarono di smobilitare, sfidarono il potere sovietico e divennero una pericolosa forza antibolscevica, che dalla Siberia marciò verso il Volga. Quando si avvicinarono alla città di Ekaterinburg, dove erano detenuti lo **zar Nicola II e la sua famiglia**, il soviet regionale degli Urali ne ordinò l'**eliminazione**, che ebbe luogo il **16 luglio 1918**.

L'uccisione a sangue freddo della famiglia imperiale è indicativa della straordinaria brutalità che fin dall'inizio caratterizzò la guerra civile russa. Entrambe le parti utilizzarono lucidamente la violenza più efferata come arma per terrorizzare il nemico e indurlo alla resa. Nello stesso tempo, il **crescente imbarbarimento dello scontro** spinse sia i *bianchi* sia i *rossi* a pensare alla guerra come a una lotta che non avrebbe mai potuto concludersi con un compromesso: era una guerra totale, che sarebbe finita solo con la completa distruzione di una delle due parti. Sotto questo profilo, la guerra civile russa assomiglia moltissimo alle guerre che si svolsero in Europa al tempo della Rivoluzione francese, ma ancor più appare come un'anticipazione del carattere *assoluto* che avrebbe assunto la seconda guerra mondiale sul fronte orientale.

› **VEDI**
Il bolscevismo giudaico in *Mein Kampf*
→ pag. 230

Feroce antisemitismo

L'antisemitismo dei *bianchi* I bianchi si macchiarono di un tipo particolare di violenza: anticipando un'importante componente del pensiero hitleriano, generali e soldati controrivoluzionari si convinsero che la maggioranza degli israeliti russi appoggiasse i bolscevichi di Lenin e di Lev Trockij, o peggio ancora che **il comunismo** stesso fosse **uno strumento inventato dagli ebrei per conquistare il potere in Russia e nel mondo** intero. Pertanto, molti **reparti bianchi massacrarono intere comunità ebraiche**, soprattutto in Ucraina. Gli ebrei assassinati tra il 1918 e il 1921 furono moltissimi, ma le stime sono molto discordanti, in quanto variano da un minimo di 50 000 a un massimo di 200 000.

A fondamento del loro feroce antisemitismo, i bianchi posero i cosiddetti ***Protocolli dei savi anziani di Sion***, cui prestarono integralmente fede. Pubblicato per la prima volta nel 1905, quell'opuscolo pareva offrire un'eccellente spiegazione per i gravi eventi che avevano colpito la Russia nel 1917. In realtà, **si trattava di un falso**, confezionato da alcuni intellettuali reazionari russi nel 1902-1903. In esso si descriveva il grandioso piano per la conquista del potere mondiale che gli ebrei avrebbero messo a punto in alcune riunioni segretissime, di cui i *Protocolli* pretendevano di essere i verbali ufficiali. Di fatto, **in quel testo si presentavano** tutte **le correnti di opposizione allo zarismo** (il liberalismo non meno del socialismo) **come** sovvenzionate e **controllate dagli ebrei**, come strumenti di cui essi si servivano per scalzare l'autorità dell'imperatore più cristiano d'Europa e fare della Russia una base da cui continuare poi la lotta per la conquista del potere mondiale.

I personaggi → **Lev Davidovič Trockij**

Il vero nome di Trockij (nato nel 1879) era Lejba Bronštein. Fu il più stretto collaboratore di Lenin durante la Rivoluzione d'ottobre e assunse questo pseudonimo per depistare la polizia zarista. Di famiglia ebraica, per i bianchi, e poi, più tardi, per i nazisti, egli era la prova vivente che la rivoluzione comunista era stata organizzata e pilotata dagli ebrei. Nella Rivoluzione d'ottobre, Trockij organizzò il piano militare del colpo di stato che provocò la caduta del governo provvisorio, quindi guidò l'Armata rossa e fu una delle figure di maggior spicco del regime comunista. Dopo la morte di Lenin, entrò in contrasto con Stalin, che riuscì a estrometterlo da tutti gli incarichi di partito, tanto che dovette rifugiarsi in Messico. Nel corso dei processi stalinisti degli anni Trenta, Trockij era citato spesso come il capo di una pericolosissima congiura controrivoluzionaria diretta contro il regime comunista. Venne assassinato nel 1940, da un sicario di Stalin.

Documento

I *Protocolli dei savi anziani di Sion*: un falso storico

È difficile stabilire con precisione l'origine dei *Protocolli dei savi anziani di Sion*. Fino ad alcuni anni fa, l'opinione più diffusa individuava come luogo d'origine Parigi e attribuiva la stesura del testo agli uomini della polizia segreta dello zar. Studi più recenti sostengono invece che il libretto fu scritto in Russia nel periodo 1902-1903; in questo caso, gli autori sarebbero alcuni intellettuali reazionari, determinati a salvare l'autocrazia. In ogni caso, tutti gli studiosi concordano su un punto: si tratta di un testo falso, redatto utilizzando come base e come fonte (spesso copiata di sana pianta) un opuscolo composto in Francia nel 1865, contro Napoleone III.

Noi [il testo attribuisce le parole seguenti ai capi del popolo ebraico, *n.d.r.*] abbiamo l'intenzione di assumere l'aspetto di liberatori dell'operaio, venuti per affrancarlo da ciò che l'opprime, quando gli suggeriremo di unirsi alla fila dei nostri eserciti di socialisti, anarchici e comunisti. Sosteniamo i comunisti, fingendo di amarli giusta [in virtù dei, *n.d.r.*] i principi di fratellanza e dell'interesse generale dell'umanità, promosso dalla nostra massoneria socialista. L'aristocrazia, la quale – per diritto – spartiva il guadagno delle classi operaie, si interessava perché queste classi fossero ben nutrite, sane e robuste. Il nostro scopo è invece l'opposto, vale a dire che ci interessiamo alla degenerazione dei Gentili [i non ebrei, *n.d.r.*]. La nostra forza consiste nel tenere continuamente l'operaio in uno stato di penuria ed impotenza, perché, così facendo, lo teniamo assoggettato alla nostra volontà e, nel proprio ambiente, egli non troverà mai la forza e l'energia di insorgere contro di noi. La fame conferirà al Capitalismo dei diritti sul lavoratore infinitamente più potenti di quelli che il legittimo potere del Sovrano potesse conferire all'aristocrazia. Noi governiamo le masse mediante i sentimenti di gelosia ed odio fomentati dall'oppressione e dalla miseria. Ed è facendo uso di questi sentimenti che togliamo di mezzo tutti coloro che ci ostacolano. Quando verrà il giorno dell'incoronazione del nostro Sovrano Mondiale, provvederemo con questi mezzi, e cioè servendoci della plebe, a distruggere tutto ciò che potrebbe ostacolare il nostro cammino. [...]

Date le condizioni attuali della scienza, che segue una linea tracciata da noi, la plebe, nella sua ignoranza, crede ciecamente nelle parole stampate e nelle illusioni erronee opportunamente ispirate da noi, ed odia tutte le classi che crede più elevate della sua. Ciò perché essa non comprende l'importanza di ogni singola casta. Questo odio diventerà ancora più acuto quando si tratterà di crisi economiche, perché allora arresterà i mercati e la produzione. Determineremo una crisi economica universale con tutti i mezzi clandestini possibili e coll'aiuto dell'oro, che è tutto nelle nostre mani. In pari tempo getteremo sul lastrico folle enormi di operai in tutta l'Europa. Allora queste masse si getteranno con gioia su coloro dei quali, nella loro ignoranza, sono stati gelosi sin dall'infanzia, ne saccheggeranno gli averi e ne verseranno il sangue. A noi non recheranno danno, perché il momento dell'attacco ci sarà ben noto, e prenderemo le misure necessarie per proteggere i nostri interessi. Siamo riusciti a persuadere i Gentili che il liberalismo avrebbe dato loro il regno della ragione. Il nostro dispotismo sarà di questa specie perché avrà il potere di sopprimere le ribellioni e di sradicare con giusta severità ogni idea liberale dalle istituzioni.

Quando la plebe si avvide che in nome della libertà le venivano concessi diritti di ogni genere, si immaginò di essere la padrona e tentò di assumere il potere. Naturalmente s'imbatté come un cieco qualsiasi, in ostacoli innumerevoli. Allora, non volendo tornare al regime di prima, depose il suo potere ai nostri piedi. Ricordatevi della rivoluzione francese, che chiamiamo la Grande Rivoluzione: ebbene, tutti i segreti della sua preparazione organica ci sono ben noti, essendo lavoro delle nostre mani. Da allora in poi abbiamo fatto subire alle nazioni una delusione dopo l'altra, cosicché esse dovranno perfino rinnegarci, in favore del Re Despota, uscito dal sangue di Sionne [Sion, cioè Gerusalemme, *n.d.r.*], che stiamo preparando al mondo.

PROTOCOLLO III, nella versione italiana curata nel 1921 da G. PREZIOSI, citato in R. PIPERNO, *L'antisemitismo moderno*, Cappelli, Rocca San Casciano 1964, pp. 164-166

Analizza il testo

- Segnala i passi in cui gli ebrei sono presentati come i veri registi della società capitalistica.
- Quale ruolo avrebbero avuto gli ebrei, secondo l'autore del testo, nella nascita dell'Illuminismo e della Rivoluzione francese?
- Quale giudizio viene dato su questi eventi storici, che sono alla base del mondo moderno?

La diffusione in Europa del mito della "cospirazione ebraica" Ai primi del Novecento, l'impero russo ospitava la più grande colonia ebraica del mondo (composta da vari milioni di individui). Poiché il tradizionale **antisemitismo di matrice cristiana** era quanto mai diffuso fra le religiosissime masse russe, indicando negli ebrei i veri manovratori dell'opposizione (e, più in generale, di tutti coloro che proponevano un rinnovamento politico e sociale della Russia) gli intellettuali che si proponevano di difendere l'autocrazia avevano sperato di screditare tutte quelle forze e di impedire che le loro idee mettessero radici fra la popolazione. Ripreso e amplificato dai generali delle **truppe bianche**, **il mito della cospirazione mondiale ebraica si diffuse in tutta l'Europa**. L'8 maggio 1920, l'autorevole quotidiano londinese "Times" pubblicò un articolo intitolato *Il pericolo ebraico* nel quale, con toni decisamente allarmati, presentava la rivoluzione russa come il primo passo compiuto dagli ebrei nel loro sforzo di giungere al dominio mondiale, ed esortava il governo inglese a non intraprendere alcun tipo di rapporto con la Russia sovietica. Nell'agosto 1921, fu lo stesso "Times" a denunciare e provare indiscutibilmente la falsità dei *Protocolli*. Il mito, però, continuò la sua corsa e fu **recepito senza esitazioni dagli antisemiti di tutta l'Europa** (si pensi, ovviamente, ad Adolf Hitler) e degli Stati Uniti. Secondo alcuni storici, nel periodo compreso tra le due guerre mondiali, i *Protocolli dei savi anziani di Sion* furono la pubblicazione a stampa più diffusa al mondo, seconda solo alla Bibbia.

Un testo diffuso in milioni di copie

3.3 Il comunismo di guerra

La popolazione russa alla fame Subito dopo lo scoppio della Rivoluzione d'ottobre, la Russia si trovò in condizioni economiche difficilissime: le tempeste di neve di dicembre resero inagibili le ferrovie, impedendo il trasporto delle materie prime (grano, legna e carbone), che iniziarono a scarseggiare in tutti i centri urbani. Per queste ragioni, in città la popolazione cominciò a soffrire tragicamente la fame e il freddo, che in quell'inverno fu particolarmente intenso. Pietrogrado (che doveva nutrire 2 250 000 abitanti) poteva offrire al massimo 200 grammi di pane a testa al giorno per persona, e non più di 395 calorie giornaliere complessive a ciascun cittadino. A Mosca, ciascun abitante aveva a disposizione, al massimo, una razione di 120 grammi giornalieri di pane e non più di 396 calorie.

All'inizio del 1918, Lenin ordinò di procurare cereali e generi alimentari con ogni mezzo possibile. In tal modo, ebbe inizio il cosiddetto **comunismo di guerra**, una politica finalizzata a **ottenere dai contadini russi tutto il grano possibile**, a costo di requisirlo se gli agricoltori si fossero rifiutati di venderlo ai prezzi fissati dal governo, giudicandoli troppo bassi.

Nella primavera del 1918, le principali regioni produttrici di grano (in testa l'Ucraina) erano in mano ai tedeschi. La situazione

"Ricordati degli affamati" ammonisce questo manifesto, esortando a non accumulare e nascondere i beni di prima necessità.

Fuga in massa dalle città

delle città divenne insopportabile, a causa della carenza di generi alimentari. Gli abitanti dei principali centri industriali, primi fra tutti gli operai delle grandi industrie metallurgiche di Pietrogrado, abbandonavano i luoghi di lavoro e se ne andavano nelle campagne, alla ricerca di cibo. Mosca perse il 14,5% della propria popolazione; **Pietrogrado, il maggior polo industriale del Paese, arrivò a un calo del 57,5%.** Il rischio che si profilava era quello della paralisi degli impianti, compresi quelli che producevano le armi, indispensabili per combattere la guerra civile contro i bianchi.

Guardiamo la storia
La propaganda comunista

La guerra contro i contadini Il 9 maggio 1918, Lenin annunciò che «coloro che possiedono grano e non lo consegnano alle stazioni ferroviarie e agli ammassi destinati all'uopo [...] saranno dichiarati *nemici del popolo*». Era una vera **dichiarazione di guerra contro i contadini**, che vennero sprezzantemente chiamati ***kulaki***, cioè "sfruttatori". A Mosca e a Pietrogrado furono organizzati reparti di operai bolscevichi inviati nelle campagne a requisire tutto il grano che trovavano. I contadini, tuttavia, reagirono violentemente: nell'estate del 1918, scoppiarono almeno 200 **rivolte nelle campagne** delle province centrali della Russia. In pratica, si trattò di un'ulteriore guerra civile, all'interno dello scontro in atto tra bianchi e rossi.

L'Armata rossa di Trockij

Alla metà di marzo 1918, **Lev Trockij** divenne **commissario della Guerra**. Subito si rese conto che, se il governo bolscevico voleva vincere la guerra civile, doveva dotarsi di un efficiente apparato militare. Denominato **Armata rossa**, il nuovo esercito che venne creato aveva però un disperato bisogno di professionisti esperti, che potevano essere trovati solo tra gli ufficiali del vecchio esercito zarista, che non si fossero uniti ai bianchi. Questi specialisti militari, ritenuti «indispensabili per la difesa», non sempre erano ritenuti politicamente affidabili. Pertanto, al fianco di ognuno di loro, venne posto un ***commissario politico* comunista**, incaricato di sorvegliarne l'operato. Inoltre, a partire dalla fine di settembre, Trockij ordinò che mogli e figli degli ufficiali ex zaristi che servivano nell'Armata rossa fossero tenuti in regime di detenzione, come ostaggi.

Primi lager

Quanto agli ufficiali che rifiutavano di arruolarsi, un ordine del 26 giugno 1918 prescrisse il loro internamento in campi di concentramento.

Controrivoluzionari bianchi prigionieri dell'Armata rossa vengono condotti a piedi verso i luoghi di reclusione o di esecuzione sommaria.

Crisi dei raccolti e rivolte contadine

La vittoria dei rossi Nel 1920, dopo quasi tre anni di sanguinosa guerra civile, i **rossi avevano prevalso sulle armate dei bianchi.** Il Paese, però, era in condizioni catastrofiche. A causa delle distruzioni portate dalla guerra, per mancanza di manodopera o per un esplicito rifiuto dei contadini di seminare campi il cui raccolto era interamente confiscato dallo Stato, solo due terzi dei terreni sottoposti a coltura nel 1914 erano ancora coltivati nel 1920. Il risultato fu un fortissimo calo della quantità di cereali: nel 1920, furono raccolti appena due quinti del grano prodotto nel 1916.

I partigiani "verdi"

Con l'arrivo della pace, i contadini speravano che il sistema delle requisizioni (il cosiddetto *comunismo di guerra*) fosse eliminato o almeno attenuato. Dal governo, però, non venne alcun segnale in quella direzione, e ciò provocò ben presto una nuova ondata di **rivolte contadine**. La rivolta più impegnativa si verificò (a partire dall'agosto 1920) nel **distretto di Tambov** (400 km a sud-est di Mosca), una regione sovrappopolata che riforniva di grano la capitale. A capo dei ribelli (che si denominavano *verdi*, per il fatto che si nascondevano nelle foreste) si pose Aleksandr Antonov, che guidava un vero esercito di partigiani, sostenuti dalla popolazione.

geostoria

All'inizio del 1920 fallì definitivamente il tentativo controrivoluzionario: le armate bianche e le truppe straniere furono respinte sulle coste e costrette alla fuga sulle navi dell'Intesa. Sullo slancio l'Armata rossa invase la Polonia sino alle porte di Varsavia: la vittoriosa reazione polacca, sostenuta dagli occidentali, obbligò i russi alla pace di Riga nel marzo 1921, che sancì l'indipendenza di Polonia, Lituania, Lettonia, Estonia e Finlandia. La sovranità sovietica fu però riconosciuta sull'Ucraina e sulle repubbliche del Caucaso.

La Russia al termine della guerra civile (1920-1921)

Carta proiettabile

3.4 L'Internazionale comunista

La reazione dei socialisti europei alla Rivoluzione d'ottobre Durante la guerra civile, la maggior parte dei capi dei bolscevichi era convinta che la rivoluzione russa si sarebbe salvata solo se nel resto d'Europa gli operai avessero sposato la causa del primo Stato proletario della storia, alimentando altri focolai di insurrezione. Di fatto, però, la reazione internazionale non rispose del tutto alle aspettative: la notizia della Rivoluzione d'ottobre era stata accolta dal **movimento socialista europeo** con **posizioni contrastanti**. Da una parte, nonostante le poche e frammentarie notizie giunte nei vari Paesi, la maggioranza del proletariato si sentì coinvolto da quel che stava accadendo in Russia; dall'altra, invece, molti dirigenti marxisti avanzarono più che altro perplessità, criticando sia il disprezzo mostrato da Lenin verso i principi scientifici del marxismo ortodosso, sia la violenta politica di repressione che i bolscevichi riservavano a tutti i nemici politici.

Polemica tra Kautsky e Lenin

La critica più esplicita mossa all'operato dei bolscevichi venne dal dirigente socialista austriaco **Karl Kautsky**, che nel 1918 polemizzò apertamente con Lenin, accusandolo di aver distrutto ogni libertà all'interno della Russia, ove oltre tutto, a causa dell'arretratezza dell'industria e dell'agricoltura, non sarebbe stata neppure possibile la piena realizzazione di un'economia socialista.

La creazione del *Comintern* Lenin si scagliò con estrema violenza contro Kautsky, chiamandolo *rinnegato* e *traditore*. Il 4 marzo 1919, in opposizione al movimento socialista europeo, venne ufficialmente creata a Mosca la **Terza Internazionale** (o ***Comintern***, *Internazionale comunista*). In realtà, si trattò di una fondazione più formale che sostanziale, visto che erano presenti solo 50 delegati, e non più di 19 rappresentavano ufficialmente il partito del loro Paese; inoltre, mancavano i delegati di nazioni importanti come l'Italia, la Francia, il Belgio, l'Inghilterra e la Spagna. Dopo un anno, fu dunque necessario convocare un'altra conferenza programmatica. In quella sede, **Lenin pose ai vari partiti socialisti** una serie di **21 precise e rigide condizioni**, da accettare o respingere, senza possibilità di mediazione, per entrare a far parte del *Comintern*.

Un manifesto celebrativo della Terza Internazionale. La scritta in russo sulla bandiera, tradotta in altre lingue nella parte bassa del manifesto, significa: "Evviva la Terza Internazionale comunista!" (nella traduzione italiana, come si può notare, non mancano evidenti errori grammaticali).

ZOOM Differenze tra socialismo, comunismo e socialdemocrazia

Fino al 1917, i tre termini *socialismo*, *comunismo* e *socialdemocrazia* erano stati usati in modo intercambiabile. Dopo la Rivoluzione d'ottobre (o meglio, dopo il Secondo congresso dell'Internazionale comunista, nel luglio-agosto 1920), i tre termini presero a indicare tendenze ideologiche e orientamenti politici nettamente differenziati.

a) **Comunismo** definì il movimento che, a imitazione del modello sovietico e sotto la direzione della Terza Internazionale, aveva come meta la rivoluzione e, cosa ancora più importante, la riteneva realizzabile in tempi brevi.

b) **Socialismo** indicò un movimento che continuava a presentare la rivoluzione come propria meta finale; tuttavia, in aperto disaccordo con Lenin e i suoi seguaci (i bolscevichi), esso riteneva che il rovesciamento del capitalismo non fosse possibile in tempi ravvicinati.

c) **Socialdemocrazia**, infine, fu il nome assunto da quella corrente del movimento operaio che aveva definitivamente rinunciato alla prospettiva di una rivoluzione; secondo questo orientamento, i lavoratori avrebbero dovuto concentrare tutte le proprie energie nello sforzo di riformare gli aspetti più gravi e disumani del sistema capitalistico; della *società borghese*, tuttavia, venivano accolti i presupposti fondamentali, sia nel campo dell'economia (rispetto per il diritto di proprietà) sia in quello della vita politica (accettazione della democrazia parlamentare).

3.5 Malcontento e ribellioni

La guerra contro la Polonia A partire dall'aprile 1920, la Russia si trovò nuovamente in guerra contro un nemico esterno. Le regioni occidentali dello Stato sovietico, infatti, erano state invase dalla **Polonia**, convinta di poter approfittare della difficile situazione che la Russia stava attraversando al suo interno. A giugno, l'Armata rossa contrattaccò e raggiunse le porte di Varsavia. Dal canto suo, Lenin auspicava che l'esercito russo sarebbe stato accolto dal proletariato polacco come il liberatore dal giogo capitalistico, provocando l'inizio dell'insurrezione contro lo Stato borghese. Ma tali previsioni furono disattese: sulla solidarietà di classe prevalse il sentimento nazionale, cosicché i russi furono visti come invasori, costretti a ritirarsi e infine ad arretrare il proprio confine con la Polonia di circa 200 chilometri (trattato di Riga, marzo 1921).

La battaglia di Varsavia

La grave sconfitta subita nella guerra contro la Polonia convinse definitivamente Lenin della impossibilità di scatenare, nell'immediato, una generale insurrezione europea che appoggiasse l'esperimento bolscevico, e della necessità di **dedicare** piuttosto **tutte le energie a rafforzare dall'interno il nuovo regime**.

I luoghi → Polonia

Nel corso del Settecento, il regno di Polonia venne a più riprese spartito tra Austria, Prussia e Russia. Al Congresso di Vienna, tale spartizione fu confermata e alla Russia andò la porzione maggiore di territorio polacco. Nel 1919, dopo la prima guerra mondiale, Francia e Inghilterra favorirono la nascita di uno Stato polacco indipendente.

› VEDI L'attacco sovietico del 1939 → pag. 367

La rivolta dei marinai di Kronstadt Nel febbraio 1921, il malcontento era molto diffuso sia nelle campagne, sia tra gli operai di Pietrogrado a causa di inflazione, mancanza di combustibile e gravi carenze nei rifornimenti di generi alimentari. Le notizie che arrivavano dalla ex capitale preoccuparono molto i **marinai** della vicina **base navale Kronstadt**, che ospitava la flotta del Baltico. Nel 1917, si erano schierati compatti per Lenin; molti di loro, però, erano di origine contadina e dalle loro famiglie sentivano parlare solo di violenze, di requisizioni forzate, di fame. Il nuovo regime che i marinai avevano contribuito a costruire sembrava non garantire nulla di quanto aveva promesso.

Opposizione al governo bolscevico

Il 28 febbraio 1921, dopo che una delegazione di marinai tornò da Pietrogrado e informò gli altri soldati delle durissime condizioni di vita dei lavoratori delle fabbriche della città, i marinai si riunirono in assemblea e stesero un documento molto critico nei confronti del governo, chiedendo la liberazione di «tutti i prigionieri politici appartenenti a partiti socialisti», nuove elezioni e libertà di parola, di assemblea e di stampa.

Di fronte alla secca risposta negativa del partito, i marinai proclamarono che era tempo di procedere a una **terza rivoluzione**, la quale avrebbe dovuto combattere e rovesciare la dittatura dei bolscevichi. Per Lenin si trattava di una sfida inaccettabile. Il 7 marzo, il **generale** Michail N. **Tuchacevskij** iniziò l'**attacco alla fortezza di Kronstadt**, che capitolò il giorno 18 marzo.

› VEDI Il riarmo dell'URSS → pag. 222

Un gruppo di marinai della base navale Kronstadt impegnati in un'esercitazione. Lenin e Trockij presentarono come una «tragica necessità» l'intervento dell'Armata rossa per reprimere la rivolta dei marinai del 1921.

3.6 Nuova politica economica e repressione

La *Nuova politica economica* La gravità della situazione indusse Lenin ad adottare provvedimenti per risolvere la grave situazione interna: il 15 marzo 1921, mentre ancora erano in corso le operazioni militari per espugnare la base di Kronstadt, il leader bolscevico presentò al X Congresso del Partito la cosiddetta ***Nuova politica economica*** (NEP). Tale provvedimento **metteva fine alle requisizioni di grano e reintroduceva nelle campagne un'economia di mercato**. I contadini furono chiamati a versare, a titolo di imposta, una percentuale fissa della loro produzione agli organi dello Stato. Il resto del raccolto, però, restava nelle loro mani, ed essi potevano liberamente commercializzarlo. In tal modo, venne finalmente offerto agli agricoltori **un importante incentivo per aumentare la produzione**, garantendo allo stesso tempo il regolare afflusso di alimenti alle città e ai centri industriali. Per Lenin, tuttavia, era una dura sconfitta e il leader bolscevico ne era consapevole, al punto da definire la **NEP** una **«ritirata» nel cammino sulla strada verso il socialismo**. Per compensare questa battuta d'arresto nel campo della politica sociale, vennero ulteriormente inaspriti la disciplina interna al partito e il già rigido controllo esercitato da esso sul Paese e sullo Stato.

Parziale reintroduzione dell'economia di mercato

NEP, sconfitta del socialismo

La politica repressiva La **prima vittima** del nuovo affondo politico **fu la Chiesa ortodossa.**

La NEP non era intervenuta in tempo per evitare al Paese una spaventosa **carestia**, che negli anni 1921-1922 fece **5 o 6 milioni di vittime**. Il governo approfittò della situazione per attaccare la Chiesa russa e privarla delle sue notevoli ricchezze. Moltissimi sacerdoti e vescovi furono arrestati e internati in campi di concentramento. La popolazione, in molti villaggi, si oppose energicamente alla campagna contro la Chiesa: furono almeno 1400, nelle diverse regioni, gli scontri in cui dei soldati della CEKA o dell'Armata rossa dovettero fronteggiare dei fedeli, che si opponevano al saccheggio dei luoghi di culto.

Attacco alla Chiesa ortodossa

Insieme alla persecuzione contro la Chiesa, il principale segnale della linea politica intransigente, adottata nel 1921, fu la **durezza con cui fu repressa l'imponente insurrezione contadina di Tambov**, mediante il ricorso all'esecuzione di ostaggi, ai gas tossici e ai campi di concentramento. **Era la prima volta che un governo usava i lager come strumento di repressione interna, contro i propri cittadini**; e lo faceva senza opposizione, avendo introdotto la **censura** per cui la stampa non poteva più criticare il governo e condizionarne l'operato.

Persecuzione religiosa e repressione (con un ricorso sempre più frequente e sistematico al campo di concentramento) si fusero nel caso del monastero delle **isole Solovki** nel Mar Bianco, che dapprima fu confiscato nell'ambito della grande offensiva condotta contro la Chiesa, e che poi, a partire dal 1923, divenne sede del primo lager *a destinazione speciale*, cioè del primo campo esplicitamente finalizzato all'internamento degli oppositori politici.

Il primo lager per oppositori politici

Schema proiettabile

La NEP

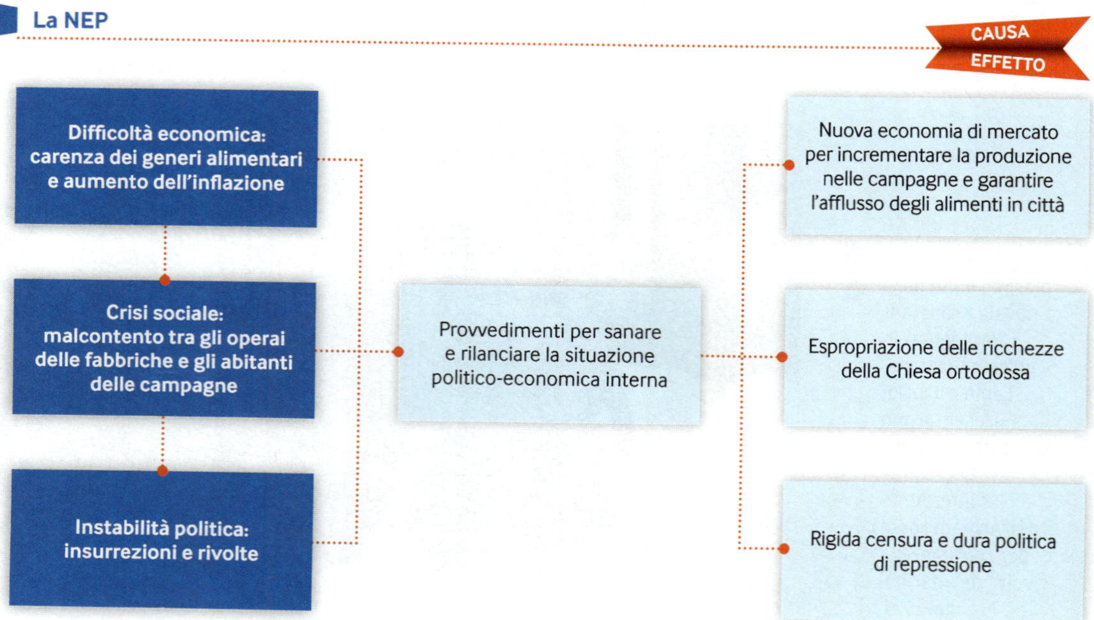

Capitolo 4

CONTRASTI POLITICI

La Germania della **Repubblica di Weimar**

Storia slide

LE CONOSCENZE DA ACQUISIRE
Nei primi anni dopo la fine della guerra, in Germania la politica fu violentissima, al limite della guerra civile. Mentre la Russia viveva il suo primo drammatico anno di rivoluzione, sul fronte occidentale la guerra proseguiva più violenta che mai.

LE COMPETENZE DA POTENZIARE
Saper individuare i fattori di rafforzamento e di indebolimento di una struttura politica.

4.1 Il dopoguerra in Germania

La resa senza condizioni della Germania La Germania, tuttavia, alla fine del 1918 non aveva più le forze necessarie per proseguire lo sforzo bellico. Benché l'esercito tedesco non avesse subito alcuna sconfitta decisiva, la guerra giunse alla fine perché **crollò il** cosiddetto ***fronte interno***, cioè il sostegno e il morale della popolazione, ridotta alla fame e alla miseria. I primi sintomi collasso si verificarono nella **base navale di Kiel**, sul Baltico, ove i marinai della flotta da guerra si ammutinarono il 4 novembre. A tale episodio seguirono le **rivolte di Monaco** (7 novembre) **e di Berlino** (9 novembre), che provocarono l'**abdicazione del kaiser Guglielmo II** (con la conseguente fuga in Olanda) e **la proclamazione della repubblica** (9 novembre). Il nuovo governo fu dunque costretto, l'11 novembre, a firmare l'**armistizio** con le potenze alleate: si trattava di una vera e propria resa senza condizioni.

› VEDI La sconfitta tedesco-austriaca → pag. 135

A firmare la capitolazione, dunque, non furono esponenti del vecchio regime o generali dell'esercito imperiale, bensì gli uomini del nuovo governo repubblicano, presieduto dal socialdemocratico Friedrich Ebert. Questo fatto permise alla propaganda di estrema destra di bollarli con l'infamante epiteto di «criminali di novembre», che avevano «pugnalato alla schiena» la Germania: se non avessero incitato il popolo alla rivoluzione – così si diceva – il Reich avrebbe potuto proseguire il conflitto e, al limite, vincerlo. Ovviamente, si trattava di una rozza falsificazione della realtà: l'impero tedesco, nel 1918, era ormai letteralmente stremato dallo sforzo bellico.

«Criminali di novembre»

L'attività dei *Corpi franchi* La leggenda della **pugnalata alla schiena** si diffuse immediatamente fra gli ex combattenti. In trincea e sotto il fuoco, si era creato un clima del tutto speciale, una *comunità* di *camerati* (*Männerbund*) del tutto diversa dall'anonima e individualistica vita borghese. Tra i soldati al fronte, ognuno sapeva di poter contare sugli altri: solo un gruppo compatto poteva sopravvivere nelle condizioni estreme tipiche di una battaglia moderna. Finita la guerra, molti reduci idealizzarono il *Männerbund* e sognarono di trasferire questa **comunità di trincea** all'intera vita nazionale, che secondo loro andava completamente rifondata su nuove basi, estirpando tutti i pericolosi agenti di divisione.

Soldati tedeschi tolgono i pidocchi dai loro abiti, mentre una sentinella scruta i movimenti del nemico.

Questi obiettivi sostennero l'attività dei cosiddetti *Corpi franchi* (*Freikorps*), reparti militari che, nel novembre 1918, si rifiutarono di gettare le armi e, a loro modo, continuarono a combattere contro i nemici della Germania. Ai gruppi strutturati di ex combattenti, spesso si unirono anche numerosi giovani, soprattutto studenti, che non avevano potuto partecipare al conflitto mondiale per ragioni anagrafiche. Poiché era impossibile riprendere la guerra vera e propria contro i francesi e gli inglesi, **l'azione dei Corpi franchi si concentrò contro i comunisti e gli ebrei**, soprattutto a Berlino, a Monaco, in Slesia e nei Paesi Baltici.

› VEDI
Lo squadrismo in Italia
→ pag. 258

La violenza, eredità del conflitto La **prima guerra mondiale lasciò** una terribile **eredità di violenza**. Per cinque anni, migliaia di individui erano stati a diretto contatto con il massacro di massa e si erano abituati a considerarlo normale. Questa **assuefazione alla morte** ebbe una grave conseguenza, che gli storici chiamano «brutalizzazione della politica» o «militarizzazione della politica». Secondo questa nuova logica, l'avversario politico non era più un soggetto con cui discutere, ma un *nemico interno*, da eliminare con gli stessi sistemi utilizzati fino a poco tempo prima contro i nemici *esterni*. L'obiettivo dell'azione politica cessava di essere la vittoria elettorale o l'approvazione, per via pacifica e parlamentare, di leggi capaci di introdurre riforme sociali, più o meno radicali. Lo **scopo ultimo dell'azione politica diventava l'eliminazione fisica del nemico**, secondo una logica militare che non lasciava spazio a scrupoli morali.

Logica di guerra in tempo di pace

La manifestazione più chiara di questa crescente brutalità introdotta nell'attività politica fu l'impressionante numero degli omicidi politici nel primo dopoguerra. In Germania, tra il 1919 e il 1923, i gruppi di estrema destra attuarono 324 omicidi politici (contro i 22 commessi dall'estrema sinistra).

4.2 Il marxismo in Germania

Le divisioni dei socialisti Nel corso del 1919, alcuni significativi episodi di insurrezione operaia sembravano annunciare anche in Germania l'inizio di una rivoluzione bolscevica, sull'onda di quella scoppiata in Russia. Bisogna ricordare che, all'inizio del Novecento, il **Partito socialdemocratico tedesco (SPD)** era la **forza politica marxista** più potente e meglio organizzata tra quelle europee. Tuttavia, allo scoppio della prima guerra mondiale, furono pochi coloro che, nel partito, non appoggiarono il governo; la maggior parte preferì non boicottare la mobilitazione e lo sforzo militare.

Rosa Luxemburg e Karl Liebknecht

Per molto tempo, il piccolo gruppo di **militanti ostili alla guerra** (fra i quali spiccavano **Rosa Luxemburg** e **Karl Liebknecht**) non riuscì in alcun modo a incidere davvero sulla dinamica politica tedesca. Solo nel 1918, svanite definitivamente tutte le speranze tedesche di vincere il conflitto, la nuova formazione politica dissidente – che nel 1915 aveva assunto il nome di ***Lega di Spartaco*** (*Spartakusbund*) – acquistò un ruolo importante, divenendo una delle forze decisive che misero in moto la rivoluzione che, in novembre, provocò l'abdicazione del kaiser e, infine, l'armistizio. Nello stesso tempo, però, il giudizio sulla rivoluzione comunista in Russia aveva diviso ulteriormente il movimento operaio tedesco, in quanto dal Partito socialdemocratico (moderato, riformista e critico nei confronti di Lenin) si era staccato il **Partito socialista indipendente (USPD)**, una parte del quale era decisamente più radicale e disponibile a guardare con interesse all'esperimento leninista.

Rosa Luxemburg fotografata nel 1918.

Dalla *Lega di Spartaco* al Partito comunista Gli spartachisti premevano sugli indipendenti affinché non partecipassero al nuovo governo della Repubblica con i socialdemocratici; anzi, proprio per obbligarli a scegliere da che parte stare, il 31 dicembre 1918 la Lega di Spartaco convocò il proprio congresso nazionale e prese diverse decisioni importanti. In primo luogo, **gli spartachisti decisero di trasformarsi in Partito comunista di Germania (KPD)**; in secondo luogo (contro l'opinione della

Luxemburg) scelsero di non partecipare alle elezioni per l'Assemblea nazionale costituente e di tentare la conquista del potere per via rivoluzionaria, seguendo l'esempio russo.

Rivoluzione a Berlino

L'insurrezione ebbe inizio il 5 gennaio 1919, con l'occupazione delle sedi dei più importanti quotidiani berlinesi; il giorno seguente, mentre veniva conquistata anche la Tipografia di Stato, che stampava la cartamoneta, furono distribuite le prime armi e si tentò l'assalto al ministero della Guerra. La situazione cominciò a mettersi male per i comunisti già nella notte tra l'8 e il 9 gennaio, allorché le forze controrivoluzionarie (esercito e Corpi franchi) attaccarono la redazione del giornale "Rote Fahne"; due giorni dopo, fu demolita la sede del Partito comunista, mentre gli operai armati erano costretti ad arrendersi in tutti i quartieri di Berlino.

L'assassinio di Luxemburg e Liebknecht

La violenta reazione dei Corpi franchi Il 15 gennaio 1919, **Rosa Luxemburg** e **Karl Liebknecht** furono **arrestati e assassinati**, senza processo, **da un reparto di Corpi franchi**. Il giorno prima, la Luxemburg aveva pubblicato il suo ultimo editoriale, intitolato *L'ordine regna a Berlino*. Se da un lato ammetteva la sconfitta dei comunisti, dall'altro prometteva la sicura vittoria futura della rivoluzione proletaria: «*L'ordine regna a Berlino!* Stupidi tangheri, il vostro *ordine* è costruito sulla sabbia. Già domani la rivoluzione *si leverà di nuovo con gran fragore* e annuncerà con uno squillo di tromba per terrorizzarvi: *Io ero, io sono, io sarò!*».

Rivoluzione a Monaco

Il 13 aprile 1919, un comitato rivoluzionario comunista tentò di istituire a Monaco e nel resto della **Baviera** una repubblica sovietica. L'esperimento durò appena due settimane, ma si segnalò per l'estrema violenza degli eventi. Da parte bolscevica, l'episodio più grave fu l'esecuzione di otto esponenti nazionalisti, detenuti come ostaggi. Sul versante opposto, invece, va ricordata la **spietata durezza con cui l'esercito e i Corpi franchi repressero la rivoluzione**. Nella loro offensiva contro i *rossi*, i nazionalisti fecero appello agli studenti liceali affinché si unissero alle forze controrivoluzionarie. Questi ragazzi erano quasi tutti d'estrazione borghese, o comunque di ceto sociale alto; molti di loro, durante la guerra o subito dopo la fine delle ostilità, avevano assunto posizioni e atteggiamenti sempre più nazionalisti.

Giustizia sommaria

Tra i rivoltosi, almeno 606 (di cui 335 civili, e tra questi tutti i principali leader comunisti) furono giustiziati sommariamente oppure condannati a morte. I tribunali distribuirono circa **6000 anni di carcere**, condannando 65 imputati ai lavori forzati, altri 1763 al carcere e 404 a forme meno gravi di detenzione.

Milizie appartenenti ai *Freikorps* azionano una mitragliatrice su un balcone lungo una strada a Berlino, fotografia del marzo 1919.

La rottura tra comunisti e socialdemocratici L'estrema sinistra tedesca si riprese nell'ottobre 1920, allorché il KPD si fuse con l'ala più radicale del Partito socialista indipendente, dando vita al **Partito comunista unificato di Germania (VKPD)**. Si trattava del **più forte partito comunista d'Europa**: contava infatti 350 000 iscritti. Tuttavia, la sua influenza sulla società tedesca e la sua forza elettorale erano ancora limitate, se confrontate con quelle della socialdemocrazia.

Socialdemocrazia = socialfascismo

I comunisti non perdonarono mai la scelta operata dal governo socialdemocratico di aver fatto intervenire i Corpi franchi per reprimere la rivoluzione del 1919. Tra i due partiti della sinistra tedesca si determinò un vero e proprio baratro di odio e di diffidenza, al punto che negli anni 1929-1932 la Terza Internazionale (comunista) arrivò a **bollare la socialdemocrazia con lo sprezzante epiteto di *socialfascismo***, cioè a denunciarla come una pericolosa complice della borghesia e a considerarla come un nemico dei veri interessi del proletariato, non molto dissimile dal fascismo. Violentemente contrapposti l'uno all'altro, i due principali partiti della sinistra tedesca non seppero mai opporre un valido fronte comune al nazismo, di cui non compresero la natura e sottovalutarono la pericolosità.

4.3 La Costituzione della Repubblica di Weimar

Weimar, sede dei lavori dell'Assemblea costituente Gli sconvolgimenti politici postbellici avevano suscitato grande preoccupazione in alcuni settori della società tedesca: aristocratici, militari, la maggior parte dei funzionari statali e persino molti industriali **consideravano con una notevole diffidenza le istituzioni democratiche e il sistema parlamentare**. Secondo questi conservatori, l'autoritarismo era la via politica tipica della Prussia, prima, e della Germania unita, poi. Al contrario, i cosiddetti principi del 1789 rappresentavano realtà d'importazione, estranee allo spirito tedesco. Pertanto, la scelta di Weimar come sede per i lavori dell'Assemblea costituente (eletta nel gennaio 1919), che avrebbe dovuto stendere la nuova Costituzione per la repubblica tedesca, fu carica di significato: rappresentava il **tentativo di tenere uniti il liberalismo e la democrazia**, da un lato, **con la grande tradizione culturale e letteraria tedesca**, rappresentata dalla città che aveva ospitato il grande Goethe, tra fine Settecento e inizio Ottocento.

George Grosz, *Automi repubblicani*, 1920 (New York, The Museum of Modern Art). In una città industriale è raffigurato in primo piano un invalido di guerra che rappresenta la nuova massa di cittadini della Repubblica di Weimar.

I luoghi → **Weimar**

Negli ultimi decenni del Settecento e all'inizio dell'Ottocento, Weimar fu un centro culturale vivace e prestigioso: era la città che aveva ospitato Goethe e Schiller, due fra i massimi poeti della storia letteraria germanica. L'Assemblea costituente, eletta nel gennaio 1919, decise di riunirsi a Weimar per sottolineare che la nuova Germania democratica e parlamentare non voleva essere un corpo estraneo rispetto alla tradizione, ma alimentarsi alle fonti stesse della cultura tedesca.

La proclamazione della Repubblica di Weimar davanti al Reichstag, novembre 1918.

Una Costituzione all'avanguardia La stesura della Costituzione fu abbastanza rapida: nell'agosto 1919, infatti, essa era ormai completata nelle sue linee fondamentali. Seguendo una prassi ampiamente diffusa fin dai tempi della Rivoluzione francese, il testo della Costituzione della Repubblica di Weimar è articolato in due parti, che rispettivamente si occupano dei *diritti dei cittadini* e dell'*ordinamento dello Stato*. **L'elenco dei diritti è ampio e dettagliato**; tra questi, oltre a quelli più ovvi e tipici della grande tradizione liberale (diritto alla proprietà, libertà di religione, di parola, di stampa, di associazione ecc.) spicca sicuramente il *diritto al lavoro*, sancito dall'art. 163, ispirato alla Costituzione democratica francese del 1793, nella fase più acuta della Rivoluzione.

Diritti dei cittadini e ordinamento dello Stato

Il **Parlamento** (***Reichstag***) consisteva in una sola Camera, eletta a suffragio universale; avrebbero goduto del **diritto di voto tutti i cittadini (maschi e femmine)** che avessero compiuto vent'anni, il che rendeva la Costituzione di Weimar la più avanzata di tutta l'Europa.

Suffragio universale e voto alle donne

Anche il presidente della Repubblica sarebbe stato eletto a suffragio universale, direttamente dai cittadini; il suo mandato era fissato in sette anni, mentre ogni legislatura sarebbe durata quattro anni. Anche se, in teoria, lo Stato di Weimar era una **repubblica parlamentare**, al presidente erano in realtà conferiti poteri ampi e notevoli. Infatti, oltre ad avere il potere di sciogliere il Parlamento e di designare il cancelliere (cioè il primo ministro, incaricato di formare il governo e di presentarlo alla Camera per ottenerne la fiducia) – **in forza dell'art. 48** –, **poteva emanare decreti legge** e dare ordini alle forze armate, in situazioni di emergenza, al fine di ripristinare l'ordine.

› VEDI I decreti d'emergenza del 1933 → pag. 279

La Germania nell'immediato dopoguerra

DATE	EVENTI
9 novembre 1918	Proclamazione della Repubblica
11 novembre 1918	Resa incondizionata della Germania, fine della prima guerra mondiale
31 dicembre 1918	Nascita del Partito comunista tedesco
5 gennaio 1919	Insurrezione comunista a Berlino
15 gennaio 1919	Assassinio di Rosa Luxemburg e Karl Liebknecht
13 aprile 1919	Insurrezione comunista a Monaco di Baviera
Agosto 1919	Promulgazione a Weimar della nuova Costituzione

4.4 Le dure condizioni della pace

Una data simbolica

La firma del trattato di Versailles Mentre la Repubblica di Weimar iniziava la sua difficile esistenza, in una data per nulla casuale (stabilita dalla Francia), vale a dire il 18 gennaio 1919, iniziarono a riunirsi a Versailles i vincitori della prima guerra mondiale, per la conferenza di pace. Fin dalla scelta della data, appariva chiara la volontà di **infliggere ai tedeschi una punizione pesantissima**: il 18 gennaio 1871, infatti, Guglielmo I era stato incoronato kaiser (imperatore) del risorto Reich (= impero) tedesco proprio a Versailles. In sostanza, lo stesso giorno e lo stesso luogo che, una cinquantina d'anni prima, avevano visto il trionfo tedesco, ora avrebbero assistito all'umiliazione della Germania. La firma del trattato di Versailles fu uno dei primi atti ufficiali della Repubblica di Weimar.

Pace imposta e punitiva

Crudele nella scelta di questa data simbolica, la Conferenza di Versailles fu impietosa verso lo sconfitto anche sotto un altro profilo: la Germania non fu ammessa alle sedute della conferenza stessa (a differenza di quanto, invece, era stato concesso alla Francia al Congresso di Vienna) e non poté quindi negoziare o discutere nulla di quanto i vincitori decisero di imporle.

› VEDI Carta → pag. 151

Per quanto riguarda la sostanza del trattato, giustamente si parla spesso di «pace cartaginese»: in effetti, il fine principale era l'**annullamento della Germania come grande potenza politica e militare**, un po' come, alla fine delle guerre puniche, Roma tentò di fare con la sua grande rivale mediterranea. In sintesi, si può dire che la Germania dovette subire, a seguito della sconfitta, tre tipi di conseguenze.

Un soldato manda al macero dei caschi da pilota, 1919. Secondo il trattato di Versailles, la Germania era obbligata a distruggere la quasi totalità delle sue armi e attrezzature militari.

1. Amputazioni territoriali La Germania, innanzi tutto, fu privata di tutti i suoi possedimenti coloniali. In Europa, dovette invece cedere alla Francia l'Alsazia-Lorena, di cui si era impadronita nel 1871. Assai più odiosa agli occhi dei tedeschi, tuttavia, risultò la fissazione dei nuovi confini orientali, in quanto un'ampia porzione di territorio prussiano passò al neonato Stato polacco e la regione della Prussia orientale fu separata dal resto del Reich mediante un **corridoio** che permetteva alla Polonia stessa di avere uno **sbocco sul mare a** Danzica. Nel complesso, a seguito del nuovo assetto politico fissato a Versailles, **la Germania perse il 13% del suo territorio e il 10% della sua popolazione**.

I luoghi → Danzica

Gdannsk (in polacco) o *Danzig* (in tedesco) è uno dei più importanti porti situati sul Mar Baltico. Già nel 1361 Danzica faceva parte della Hansa, la potente confederazione delle città marinare tedesche che commerciavano con l'Inghilterra e con i Paesi Bassi. Alla fine del Settecento, a seguito della spartizione della Polonia, la città passò sotto il dominio della Prussia: del resto, la sua popolazione era composta in prevalenza da tedeschi di religione luterana. Nel 1919, al momento della rinascita della Polonia come Stato indipendente, i polacchi chiedevano il controllo del porto, ma la città era abitata soprattutto da tedeschi. Per risolvere la questione, si creò un *corridoio*, che separò la Prussia orientale dal resto della Germania e consentì l'accesso diretto della Polonia al mare. Danzica fu dichiarata *città libera*, non sottomessa né alla Germania né alla Polonia. Il 10 ottobre 1939, nel corso della campagna militare contro la Polonia, l'esercito tedesco entrò a Danzica; i russi la conquistarono nel marzo 1945 e la assegnarono immediatamente alla Repubblica polacca, di cui oggi essa rappresenta uno dei principali centri industriali.

CONTRASTI POLITICI

Il trattato di pace di Versailles (1919)

TRATTATO	STATO SCONFITTO	PRINCIPALI DECISIONI
28 giugno 1919 Trattato di Versailles	Germania	• Alsazia e Lorena tornano alla Francia • Creazione dello Stato indipendente di Polonia e distacco territoriale della Prussia orientale (*corridoio di Danzica*) • Perdita di tutte le colonie • Esercito ridotto a 100 000 uomini e limitazioni all'armamento • La Renania (regione della Germania che comprendeva i bacini della Ruhr e della Saar) viene smilitarizzata • Amministrazione francese del bacino minerario della Saar per 15 anni • Cessione dello *Schleswig* del Nord (una regione) alla Danimarca • Pagamento di enormi danni di guerra

Divieto di possedere armi pesanti

2. Limitazioni militari Alla Germania fu vietato, con il trattato di Versailles, di possedere sottomarini, carri armati, aviazione da guerra, artiglieria pesante, mentre la flotta (che era stata l'orgoglio del Reich guglielmino e uno dei principali motivi di attrito con la Gran Bretagna) fu drasticamente ridotta a poche decine di navi. Analogamente, all'esercito **fu vietato di superare il numero dei 100 000 effettivi**: in pratica, proprio come la flotta avrebbe potuto servire solo per la sorveglianza costiera, così l'esercito – privo oltre tutto, come già si è detto, di armi pesanti e moderne – era ridotto al rango di una forza capace solo di mantenere l'ordine in caso di rivoluzione. Inoltre la **Renania** – cioè la regione tedesca che si estende dal Reno fino ai confini con la Francia – avrebbe dovuto subire per quindici anni l'occupazione alleata e poi, in seguito, restare comunque permanentemente **smilitarizzata**, cioè priva di basi e di attrezzature militari.

› VEDI La mobilitazione del 1914 → pag. 90

3. Indennità di guerra L'articolo 231 del trattato recitava: «La Germania riconosce la responsabilità propria e dei suoi alleati per tutte le perdite e i danni subiti dai governi alleati e dai loro cittadini in conseguenza dell'aggressione della Germania e dei suoi alleati». Le amputazioni territoriali e le limitazioni militari erano la conseguenza operativa del presupposto fondamentale alla base dell'intera conferenza di pace: quello relativo alla colpevolezza della Germania. Nel 1914, il punto di vista del governo e dell'opinione pubblica tedesca era stato, invero, del tutto diverso: a loro giudizio, il Reich era stato costretto all'intervento solo per far fronte alla mobilitazione dell'esercito russo. D'altronde, il fatto che la guerra fosse scoppiata davvero solo dopo l'invasione del Belgio, insieme al carattere particolarmente brutale assunto dall'occupazione militare di quel piccolo Paese, fece prevalere, a Versailles, la **tesi dell'esclusiva colpevolezza tedesca**. La Germania dunque, considerata la principale (per non dire unica) responsabile del conflitto, dovette **pagare tutti i danni** che esso aveva provocato. L'entità dei risarcimenti da versare fu precisata infine, nel 1921, in **132 miliardi di marchi** oro; si trattava, per l'epoca, di una cifra astronomica: basti pensare che alla Germania furono addossate tutte le spese che i Paesi vincitori avrebbero dovuto sostenere, in futuro, per pagare le pensioni di guerra agli orfani, alle vedove e ai mutilati.

Storiografia 2 Le conseguenze della guerra in Germania → pag. 187

Davanti ad una folla di spettatori entusiasti, rappresentanti del governo tedesco ratificano l'umiliante trattato di pace nella Sala degli Specchi di Versailles, 28 giugno 1919.

1 La rivoluzione a Pietrogrado e nelle campagne

Il colpo di stato che, il 25 ottobre (7 novembre) 1917, portò i bolscevichi al potere, venne progettato in primo luogo da Lev Trockij. Lenin però fu la mente politica dell'intera operazione, mentre altri dirigenti comunisti erano scettici o perplessi. Il leader bolscevico, inoltre, si rese conto che all'insurrezione operaia nella capitale andava affiancata una più vasta rivoluzione nelle campagne.

Lenin s'impegnò spasmodicamente nella progettazione dell'insurrezione armata a Pietrogrado. [...] Nelle organizzazioni bolsceviche del centro e dell'immensa periferia si aprì un vivacissimo dibattito sull'opportunità e sulle conseguenze di una prova di forza contro il governo in carica. A non pochi dirigenti e militanti il colpo di mano progettato dal vertice del partito appariva un salto nel buio. Neppure il carisma di Lenin bastava a fugare dubbi e perplessità. Basta gettare uno sguardo alle frammentarie fonti disponibili per capire come il dissenso sulla strategia leniniana fosse più vasto e acuto di quanto siamo soliti pensare. Non poche organizzazioni di partito si sentivano infatti impreparate a conquistare e gestire il potere politico. I bolscevichi, al centro e alla periferia, erano molto meno compatti e uniti di quel che spesso si dice. Quando il comitato centrale, spronato da Lenin, approvò il 10 ottobre 1917 una risoluzione che invitava tutte le organizzazioni di partito a prepararsi all'azione di forza contro il governo provvisorio, due esponenti bolscevichi di primo piano, Zinov'ev e Kamenev, votarono contro quella delibera. Il giorno seguente essi vollero precisare e render pubblico il loro disaccordo con una dichiarazione allegata ai verbali del massimo organo decisionale del partito. Quali motivazioni spinsero i due fedeli discepoli di Lenin ad una così accanita opposizione al progetto di presa violenta del potere? Il vittorioso esito dell'insurrezione armata bolscevica sembrò poi dar loro torto; ed essi stessi avranno poi a pentirsi della posizione assunta nelle giornate d'ottobre, facendo ogni sforzo per cancellare il marchio d'infamia che li aveva segnati. Ma se leggiamo con attenzione il loro appello dell'11 ottobre, scopriamo che essi erano mossi non da avidità e indecisione (come poi diranno i loro accusatori di partito), bensì da un'analisi serrata e per molti versi perspicace delle prospettive della rivoluzione in Russia e in Europa. Innanzi tutto, Kamenev e Zinov'ev muovevano serie obiezioni all'idea che l'imminente rivoluzione in occidente potesse garantire il successo della rivoluzione socialista russa: le recenti rivolte nella flotta tedesca e i fermenti in Italia erano chiari segni della crisi politico-sociale del mondo capitalistico, «ma da questo a sostenere in qualche modo attivo la rivoluzione proletaria russa, che dichiara guerra a tutto il mondo borghese, ci corre ancora molto». [...] Non bisognava metter tutto a repentaglio con un'azione rischiosa e imprevedibile, anche perché i soldati si aspettavano dai bolscevichi una politica di pace, non una nuova guerra: «Se noi [...] ci trovassimo [...] nella necessità di condurre una guerra rivoluzionaria, la massa dei soldati se ne andrebbe». [...]

Malgrado tutto, Lenin riuscì a convincere il grosso del partito dell'improrogabile necessità di un atto di forza contro il traballante governo Kerenskij. [...] Senza di lui, il partito bolscevico non avrebbe osato intraprendere un passo che a tanti sembrava gravido di pericoli. Era stato Lenin a convincere in aprile i suoi compagni a mutare strategia e a considerare chiusa la fase democratico-borghese della rivoluzione. Era stato lui a lanciare appelli, sin dalla fine dell'estate, per la preparazione dello scontro decisivo con il governo Kerenskij; e solo la sua grandissima autorità aveva avuto ragione delle ultime resistenze nel partito.

Ma ricordare questa verità elementare non basta. [...] Non dobbiamo dimenticare che l'insurrezione d'ottobre a Pietrogrado e in altre città [...] ebbe luogo sullo sfondo di un'apocalittica sollevazione contadina, che rappresentò il momento culminante e il fatto più importante della rivoluzione sociale russa. Come non hanno mancato di rilevare gli studiosi più seri, il movimento agrario «ha qualche diritto d'esser considerato la principale forza dinamica della rivoluzione russa» (J. L. H. Keep). All'inizio dell'autunno 1917 era ormai svanita la prospettiva d'una pacifica rivoluzione agraria. I dirigenti socialrivoluzionari, che pure erano stati gli artefici della grandiosa mobilitazione politica e sindacale del mondo rurale, non si avvidero – malgrado gli avvertimenti della sinistra interna e i segnali provenienti da molti comitati locali del partito – che i contadini non avrebbero atteso a lungo la convocazione dell'assemblea costituente. Sul finire dell'estate ci fu una brusca ripresa delle forme violente di lotta: alle occupazioni legali o semilegali dei mesi precedenti, attuate in maniera pacifica per iniziativa dei comitati contadini, subentrarono gli assalti disordinati alle tenute nobiliari e le altre azioni anarchiche e distruttive. Come fosse mutato il clima nelle campagne rispetto ai mesi precedenti, ce lo dice questa testimonianza d'un nativo di Novorepnoe (distretto di Novouzinsk, provincia di Samara): «All'inizio della rivoluzione i contadini chiedevano d'aver in affitto le terre signorili a prezzi ridotti [...]. Nel mese d'ottobre del 1917 i contadini non avanzarono più nessuna richiesta, ma passarono all'azione sbaragliando i signori, ai quali non restò che fuggire. Quando occupavano una tenuta signorile, essi si prendevano i terreni arativi, il grano immagazzinato nei sili, i prati e il fieno, gli attrezzi, le provviste, le suppellettili domestiche, tutto il bestiame e tutti gli altri beni». La guerra contadina ebbe inizio, nella prima decade di settembre, nella provincia di Tambov, ossia nel cuore agrario della Russia. [...] L'apocalittica *jacquerie* [sollevazione, *n.d.r.*] contadina, esplosa su vasta scala nell'ottobre 1917 e protrattasi fino all'inizio del 1918, rappresentò la fase culminante della rivoluzione sociale russa. Il «gallo rosso» – come i musichi chiamavano l'incendio della tenuta nobiliare – ne fu il sinistro simbolo materiale. Il leniniano «decreto sulla terra» del 26 ottobre, nonché [invece di, *n.d.r.*] placare la rabbia contadina, diede nuova esca al fuoco della rivolta perché, quando gli abitanti delle campagne ne avevano notizia (solitamente dai soldati tornati a casa per partecipare alla grande spartizione), veniva interpretato per lo più come il segnale dell'assalto alle proprietà signorili. Sta di fatto che il picco della violenza agraria si ebbe proprio nelle settimane successive alla presa del potere da parte dei bolscevichi.

E. CINNELLA, *1917. La Russia verso l'abisso*, Della Porta, Pisa-Cagliari 2012, pp. 32-133, 142-146

Analizza il testo

- Che cosa era il «gallo rosso»?
- Fino a che punto il decreto bolscevico sulla terra placò la rabbia dei contadini?

2 Le conseguenze della guerra in Germania

Per milioni di tedeschi, la sconfitta del 1918 fu un vero e proprio trauma. Dopo aver sofferto per quattro anni eccezionali sacrifici, e dopo aver combattuto contro il mondo intero una lotta di cui solo in minima parte si sentivano responsabili, si videro addossare l'intera colpa della catastrofe.

La prima guerra mondiale annientò le antiche strutture sociali e governative dell'Europa centrale e orientale, lasciando dietro solo fame, regresso, caos, miseria, ottusità e odio. Da parte tedesca erano caduti due milioni di uomini, per la maggior parte giovani, un quarto dei quali durante gli ultimi mesi di guerra. Milioni di persone rese storpie, vedove e orfane dalla guerra vivevano alla giornata. Il blocco navale britannico aveva causato la morte per fame di 500 000 tedeschi. Nel 1917 ogni abitante delle città aveva a disposizione in media 1400 calorie al giorno. «Fare la fila davanti ai negozi di alimentari rese la gente, logorata dagli stenti, violenta, riottosa e soprattutto furibonda contro i ricchi che "di nascosto" mangiavano meglio». A centinaia di migliaia erano morti prima del tempo di tubercolosi, epidemie influenzali e debilitazione. I bambini soffrivano di denutrizione e rachitismo. Soldati smobilitati, donne disperate, stremate, trascinavano un'esistenza grama e difficile. [...]

Il trattato di pace di Versailles, che gli inviati tedeschi dovettero firmare nell'estate del 1919 senza negoziazioni e sotto la minaccia delle armi, fu percepito dai vinti come un'enorme ingiustizia. Questi dimenticavano tuttavia quanto la Germania aveva preteso dalla Francia sul fronte delle perdite territoriali e delle contribuzioni belliche al termine della guerra del 1870-1871, proporzionalmente piccola con i suoi 120 000 caduti tra soldati francesi e tedeschi, nonché di aver imposto alla giovane Unione Sovietica nel gennaio del 1918 una pace che superava palesemente la durezza del trattato di Versailles. Ciononostante nel 1919 i vincitori umiliarono i vinti in modo fatale. Suscitarono un sentimento di rifiuto, una resistenza interiore collettiva, facendo indirettamente il gioco delle antiche élite reazionarie. Il diktat di Versailles violava sotto vari profili l'armistizio del novembre del 1918 che i tedeschi avevano concluso sulla base della dichiarazione del presidente americano Wilson, i suoi Quattordici Punti. [...] Era in particolare l'articolo 231 del trattato di Versailles a violare l'idea centrale di una «pace senza vincitori» proclamata da Wilson e accettata dalla Germania nell'ottobre del 1918. L'articolo attribuiva ai soli tedeschi la responsabilità morale della guerra e costituiva il fondamento per la richiesta delle riparazioni. Queste non dovevano venire pagate in quanto conseguenza, in un certo senso naturale, della sconfitta (come d'abitudine nei trattati di pace stipulati fino ad allora), bensì in ragione di una grave colpa ammessa in precedenza. Gli statisti francesi e britannici avevano escogitato quell'innovativo meccanismo della colpa ammantata di valori morali poiché si trovavano sotto la pressione dei loro elettori, i quali pretendevano che la Germania pagasse il conto. La guerra aveva provocato 17 milioni di vittime; le masse degli Stati democratici gridavano vendetta, limitando il margine di negoziazione dei pragmatici. La clausola della «colpa di guerra» portò ben presto la maggioranza tedesca ad accordarsi sul terreno comune di negare ogni corresponsabilità nel conflitto, tanto che in seguito la NSDAP [il Partito nazista, *n.d.r.*] poté affermare senza tema di smentita: «Oggi l'innocenza della Germania nella guerra mondiale è confermata in ogni senso dai documenti». Un effetto psicologico altrettanto spiacevole fu provocato dall'entità delle riparazioni di guerra, che permisero ai tedeschi di allontanare da sé ogni colpa per le conseguenze belliche, l'inflazione, la disoccupazione e la crisi economica, e attribuire la loro miseria a forze estranee, non in ultimo al presunto potere ebraico ramificato a livello mondiale. [...]

L'economista John Maynard Keynes, durante i negoziati di Parigi, faceva parte della delegazione britannica [...]. Nell'autunno del 1919 redasse la sua critica ai diktat di pace (diretti anche contro l'Austria e l'Ungheria), accusando i vincitori di ridurre la Germania in schiavitù per una generazione, di degradare, per mera sfrenata avidità, «la vita di milioni di esseri umani e di privare un'intera nazione della felicità». La critica, rivolta in particolare alla Francia, rimase inascoltata. Solo il 2 agosto 1932 il presidente americano Edgar Hoover definì il trattato una «fonte avvelenata di insicurezza». Poco tempo prima André Tardieu, più volte presidente del consiglio e ministro degli Esteri francese, lo aveva definito un'opera inutile e avulsa dalla realtà. Troppo tardi. Keynes lo sapeva già nel 1919. All'epoca aveva predetto che entro pochi anni, in Germania, la pace imposta avrebbe inevitabilmente condotto a un'enorme svalutazione monetaria. Aveva menzionato le leggi economiche e le conseguenze politiche dalle quali, quattro anni dopo, sarebbe effettivamente scaturita l'iperinflazione tedesca: «Non c'è mezzo più sottile, più sicuro dello svilimento della moneta per abbattere le basi esistenti della società». Se i prezzi aumentano continuamente, «ogni operatore commerciale che abbia immagazzinato scorte o possieda proprietà e impianti fa inevitabilmente profitti». In un simile processo inflazionistico, secondo Keynes doveva sorgere la figura dei «profittatori» di guerra, oggetto d'odio della borghesia impoverita dall'inflazione «non meno che del proletariato». A causa dei «colpi già inferti alla sicurezza sociale», si sarebbero poi scatenati «l'odio popolare verso la classe degli imprenditori» e una situazione rivoluzionaria che, rapidamente, avrebbe reso «impossibile una prosecuzione dell'ordine economico e sociale del XIX secolo». [...] Con convinzione profetica, nel 1919 Keynes metteva in guardia da una Germania costantemente oppressa, economicamente paralizzata e politicamente accerchiata: «Se miriamo deliberatamente a impoverire l'Europa centrale, la vendetta, posso predire, non si farà attendere. Niente potrà allora ritardare a lungo quella finale guerra civile tra le forze della reazione e le convulsioni disperate della rivoluzione, rispetto alla quale gli orrori della passata guerra tedesca svaniranno nel nulla, e che distruggerà, chiunque sia il vincitore, la civiltà e il progresso della nostra generazione».

G. ALY, *Perché i tedeschi? Perché gli ebrei? Uguaglianza, invidia e odio razziale 1800-1933*, Einaudi, Torino 2013, pp. 112-118, trad. it. V. TORTELLI

Analizza il testo

- Che cosa dichiarava l'articolo 231 del trattato di Versailles?
- Che cosa aveva previsto l'economista J.M. Keynes nel 1919?

STORIOGRAFIA

L'India

La dominazione coloniale britannica in India

Il governo inglese in India: funzionari britannici e indiani Nel 1877, la regina Vittoria fu incoronata "imperatrice delle Indie"; in effetti, dalla metà del XIX secolo, l'intero **subcontinente indiano** era sotto la diretta **dominazione coloniale britannica**, che lo governava attraverso un **complesso apparato amministrativo**, comprendente un migliaio di funzionari provenienti dall'Inghilterra e un gran numero di impiegati indiani. I **funzionari** e il personale indigeni avevano completamente assimilato la mentalità e lo stile di vita europei, sebbene, spesso, gli inglesi li trattassero con durezza e arroganza, al limite del razzismo. Anche un secondo gruppo di indiani adottò integralmente il modello britannico: si trattava di quanti esercitavano le **libere professioni** (medicina e, soprattutto, avvocatura), oppure si erano arricchiti come imprenditori industriali e commercianti.

Borghesia indiana assimilata

Nel 1885, il governo inglese concesse a tale borghesia indigena un organismo rappresentativo, il Congresso nazionale indiano, incaricato di esprimere un parere consultivo in merito ai problemi concreti che, di volta in volta, le singole province o l'intero Paese dovevano affrontare. Sul piano politico, esso non mise mai in discussione – almeno fino al 1920 – il dominio (*Raj*) britannico: anzi, nelle sedute ufficiali, tutti i delegati del Congresso si esprimevano in lingua inglese.

Una famiglia britannica in India, anni Trenta.

Le prime spinte nazionaliste All'inizio del Novecento cominciò a farsi strada, fra gli intellettuali, una coscienza nazionale indiana; tra il 1907 e il 1917 si verificarono ben 64 attentati nei confronti di magistrati e funzionari che collaboravano con il governo coloniale. Malgrado ciò, nel corso della **prima guerra mondiale** l'India si comportò da suddita devota e fedele: circa **1 200 000 soldati indiani**, ad esempio, **combatterono per l'Inghilterra** in Francia e in Medio Oriente. In cambio di questo contributo, gli indiani si aspettavano che il governo inglese concedesse loro una qualche forma di autogoverno, simile a quelle che, in precedenza, erano state rilasciate ad altri territori dell'impero, come l'Unione Sudafricana, la Nuova Zelanda e l'Australia. Per l'India, però, le innovazioni politico-amministrative offerte

Rifiuto inglese di concedere l'autogoverno

Le relazioni tra India e Inghilterra

DATE	EVENTI
1757	L'esercito della Compagnia delle Indie conquista il Bengala
1763	Gli inglesi eliminano dall'India la concorrenza francese
1857	Rivolta contro la Compagnia delle Indie
1858	Repressione della rivolta e assunzione diretta del controllo amministrativo dell'India da parte dello Stato inglese
1877	La regina Vittoria è incoronata imperatrice delle Indie

dall'Inghilterra nel 1918 furono estremamente caute e modeste, dal momento che, in ogni questione importante, la decisione finale continuava a essere di competenza esclusiva di organismi controllati dagli inglesi. Inoltre, consapevoli che la delusione patita avrebbe scatenato un diffuso e profondo risentimento, nel 1919 gli inglesi emanarono leggi (***Rowlatt Acts***) che concedevano alle autorità ampi poteri di detenzione preventiva o di residenza coatta nei confronti di ogni indiano che fosse sospettato di agitazione politica antibritannica: in pratica, violavano quelle fondamentali garanzie di protezione dall'arresto arbitrario, di cui qualsiasi cittadino inglese poteva godere da più di due secoli.

Rigido controllo britannico

La protesta nei confronti del governo coloniale si sviluppò in tutto il Paese, ma ebbe l'episodio più tragico nel Punjab, la regione settentrionale da cui proveniva la massima parte dell'esercito indiano. Il 13 aprile 1919, nella città di Amritsar, le truppe coloniali aprirono il fuoco su una folla di uomini e donne indifesi, uccidendo circa 400 persone e ferendone altre 1200. Il **massacro di Amritsar**, che rivelò di colpo la brutalità del dominio coloniale, mise in moto il processo che sarebbe infine culminato, nel 1947, con l'indipendenza del Paese.

Il massacro di Amritsar

Il *satyagraha* di Gandhi

All'origine della dottrina di Ganhdi Il nuovo movimento di protesta esploso in India dopo il conflitto mondiale trovò il proprio leader in **Mohandas Karamchand Gandhi**, poi detto **Mahatma** ("Grande Anima"). Nato nel 1869, Gandhi aveva studiato diritto in Inghilterra ed era diventato avvocato. Nel 1893, era stato chiamato in Sudafrica da una ditta indiana, che lo aveva assunto come proprio legale; l'esperienza decisiva della sua vita si verificò durante un viaggio in treno, dove, per quanto regolarmente munito di biglietto, a causa della sua pelle scura venne espulso dalla prima classe e scaricato a forza dalla vettura. Da quel momento, egli prese a cuore la condizione di **sfruttamento e discriminazione in cui vivevano circa 100 000 immigrati indiani**, trattati come servi dai loro datori di lavoro bianchi.

Esperienza sudafricana

Nei vent'anni della sua permanenza in Sudafrica (dal 1893 al 1914), Gandhi elaborò e sperimentò i concetti fondamentali della dottrina e della tattica che poi, a partire dal 1920, avrebbe usato in India. Presupposto fondamentale è il **concetto di *ahimsa***, espressione che – a un primo elementare livello – potrebbe essere reso con ***non violenza***; in realtà, il concetto è molto più ricco, e Gandhi stesso, più volte, per renderlo fa ricorso al termine cristiano *amore*. In pratica, Gandhi vuole da un lato affermare che **ogni essere vivente** (compresi gli animali: Gandhi, infatti, era vegetariano) **deve essere rispettato** e non deve essere oggetto di alcuna violenza; in positivo, invece, egli sottolinea che ogni individuo dev'essere **oggetto d'amore**, da parte del credente che mette in pratica il principio dell'*ahimsa*.

Amore e rispetto per tutti i viventi

Gandhi (il primo a destra inginocchiato) con i barellieri del Corpo di soccorso indiano durante la guerra anglo-boera, Sud Africa, 1899-1900.

MONOGRAFIA

Documento

Gandhi definisce il concetto di *satyagraha*

In questa pagina, scritta nel 1920, Gandhi spiegò per la prima volta agli indiani la sua concezione della lotta non violenta, che egli aveva già sperimentato con successo in Sudafrica.

Il termine *satyagraha* è stato coniato da me in Sudafrica per definire la forza che in quel Paese gli indiani utilizzarono per ben otto anni, e fu coniato con lo scopo di distinguere tale forza dal movimento che allora si andava sviluppando in Inghilterra e in Sudafrica con il nome di Resistenza Passiva. Il suo significato profondo è l'adesione alla verità, e dunque la forza della verità. Lo ho definito anche forza dell'amore o forza dell'anima. Nell'applicazione del *satyagraha* ho scoperto fin dai primi momenti che la ricerca della verità non ammette l'uso della violenza contro l'avversario, ma che questo deve essere distolto dall'errore con la pazienza e la comprensione. Infatti ciò che sembra la verità ad uno può sembrare un errore ad un altro. E pazienza significa disposizione a soffrire. Dunque il senso della dottrina è la difesa della verità attuata non infliggendo sofferenze all'avversario ma a se stessi.

Ma in campo politico la lotta per il bene del popolo consiste soprattutto nell'opporsi all'errore nella forma delle leggi ingiuste. Quando non si è riusciti a convincere il legislatore dell'errore attraverso petizioni e cose del genere, l'unica strada che rimane aperta, se non ci si vuole sottomettere all'ingiustizia, è di costringerlo a cedere con la forza o di soffrire nella propria persona esponendosi alla punizione per la violazione della legge. Per questo *satyagraha* per la maggior parte della gente significa Disobbedienza Civile o Resistenza Civile. È civile perché non è criminale.

Il criminale viola la legge furtivamente, e cerca di evitare la punizione; del tutto differente è invece il comportamento di colui che pratica la resistenza civile. Questo obbedisce sempre alle leggi dello stato cui appartiene, non per paura delle punizioni ma perché le considera utili al benessere della società. Ma si verificano alcuni casi, generalmente rari, in cui egli considera alcune leggi ingiuste e l'obbedienza ad esse un disonore. Egli dunque apertamente e civilmente viola queste leggi e sopporta con pazienza la punizione che gli viene inflitta per tale violazione. E per manifestare la sua protesta contro l'azione dei legislatori egli può rifiutare la sua collaborazione allo stato, disobbedendo anche ad altre leggi la cui violazione non implica un comportamento immorale.

A mio parere la bellezza e l'efficacia del *satyagraha* sono grandiose, e la dottrina è così semplice da poter essere insegnata anche ad un bambino. In Sudafrica l'ho predicata a migliaia di uomini, donne e bambini indiani, con eccellenti risultati.

M.K. GANDHI, *Teoria e pratica della non-violenza*, Einaudi, Torino 1973, pp. 15-16, trad. it. F. GRILLENZONI, S. CALAMANDREI

Una foto di Gandhi negli anni Trenta.

Analizza il testo

- Individua nel testo le differenti e complementari definizioni che Gandhi fornisce del termine *satyagraha*.
- Che differenza c'è tra la violazione della legge compiuta dal criminale e il comportamento del militante che pratica la disobbedienza civile?

MONOGRAFIA

Il radicale rifiuto della violenza Fissati i principi di base della sua dottrina, Gandhi si pose poi il problema della risposta che l'uomo deve dare al male, o meglio alle situazioni in cui una persona o un gruppo vengono fatte oggetto di un'ingiustizia da parte di un governo o di uno Stato. Gandhi elaborò il **concetto di *satyagraha*** ("forza della verità"), che consiste in una **tecnica di lotta basata sul** radicale **rifiuto della violenza.** A più riprese, Gandhi affermò che il *satyagraha* esige, da parte del militante che lo pratica, le stesse precise virtù richieste tradizionalmente al soldato: coraggio, determinazione, disponibilità a soffrire e, al limite, a sacrificare la propria vita per un ideale.

Resistenza civile

Il nocciolo del *satyagraha* era la *resistenza civile*, consistente nella disobbedienza di massa, da parte di migliaia di militanti, alle leggi ingiuste emanate dal potere oppressore. A differenza del criminale, il militante *non-violento* viola apertamente la legge, cioè provoca e accetta volontariamente la repressione dello Stato. Anzi, l'obiettivo della lotta era proprio quello di provocare un numero talmente elevato di arresti da spingere il potere oppressore a tornare sui propri passi, riconoscendo il proprio comportamento errato.

La strategia di Gandhi — Schema proiettabile

PRESUPPOSTO	OBIETTIVO	STRUMENTI
Rifiuto della violenza (*ahimsa*)	Spingere alla *conversione* un governo che abbia commesso un'ingiustizia	*Satyagraha*: disobbedienza di massa alle leggi ingiuste

La lunga lotta per l'indipendenza

Gandhi si pose alla **guida del movimento nazionalista** indiano nel 1920; per prima cosa, egli si preoccupò di **riformare il Congresso**, trasformando quello che era stato fino ad allora un gruppo ristretto, rappresentativo solo degli indiani più colti o più ricchi, **in un grande partito di massa**, capace di coinvolgere sia gli abitanti delle città sia i milioni di contadini sparsi nelle campagne e nei villaggi. L'indipendenza divenne l'obiettivo finale del movimento, che in un primo tempo riuscì a tenere uniti fra loro induisti e musulmani, da sempre in conflitto più o meno aperto.

Il 1° agosto 1920 venne lanciata la prima vasta campagna di lotta non violenta, che aveva il proprio punto di forza nel **rifiuto di collaborare con il potere a qualsiasi livello**: gli indiani, pertanto, a migliaia abbandonarono i posti che ricoprivano nell'apparato amministrativo, oppure si rifiutarono di frequentare le scuole, i tribunali e gli uffici pubblici, paralizzando di fatto il Paese. Inoltre, Gandhi esortò anche a **boicottare i prodotti**

Manifesto indiano che raffigura Gandhi con l'arcolaio.

Le parole → **Boicottaggio**

Letteralmente il termine *boicottare* significa "ostacolare deliberatamente", "impedire". Oggi molto spesso, nella forma sostantivata di *boicottaggio*, viene usato per indicare il sabotaggio delle attività economiche di un Paese accusato di gravi violazioni (per esempio nel campo dei diritti umani). Nel caso specifico dell'India, va ricordato che, verso la fine del Settecento, la Compagnia delle Indie aveva organizzato una capillare e ramificata rete di manifatture: migliaia di artigiani indiani (filatori e tessitori) lavoravano per i mercanti inglesi, che importavano in Europa grandi quantità di tessuti di cotone. Dal 1820, la situazione si capovolse completamente: a seguito della rivoluzione industriale, la Compagnia si trasformò nel principale strumento di esportazione dei manufatti inglesi, la cui diffusione in India avrebbe rovinato completamente l'artigianato locale e posto l'India in una condizione di soggezione economica sempre più marcata e gravosa.

d'importazione provenienti dall'Inghilterra e, per danneggiare economicamente l'industria tessile britannica, invitò gli indiani a riprendere l'antica pratica della filatura a mano del cotone. L'arcolaio (*charkha*) divenne così il simbolo della lotta contro la dominazione coloniale, al punto che, stilizzato, sarebbe stato più tardi riprodotto sulla bandiera della Repubblica indiana indipendente. Gandhi diede personalmente l'esempio, dedicando una parte della propria giornata alla filatura manuale, e abbandonò l'abbigliamento all'occidentale, servendosi solo di *khadi* (tessuto di cotone fabbricato a mano). Tale scelta, che conferì all'immagine di Gandhi una straordinaria semplicità, urtò profondamente le autorità coloniali che dovettero trattare con lui, al punto che Winston Churchill, nel 1931, affermò di essere nauseato dalla vista di «quel fachiro seminudo» che saliva le scale del palazzo di Delhi per discutere alla pari con il viceré inglese.

Il cotone indiano, simbolo di indipendenza

All'inizio del 1922, circa 30 000 nazionalisti erano stati arrestati e si trovavano in carcere; il 4 febbraio, tuttavia, a Chauri Chaura una folla inferocita uccise ventidue poliziotti; tale episodio spinse Gandhi a proclamare la fine dello scontro. «In India – scrisse Gandhi per difendersi dalle critiche di quanti contestarono la saggezza politica della sua scelta che, in effetti, diede respiro a un'amministrazione coloniale palesemente in difficoltà a gestire la situazione – non c'è ancora quell'atmosfera di sincerità e di non-violenza che sola può giustificare la disobbedienza di massa: disobbedienza civile, assai dolce, umile, saggia, astuta ma affettuosa, mai criminale né brutale».

Negli anni seguenti, il leader indiano dedicò tutta la propria attività da un lato alla diffusione fra le masse della sua concezione della non-violenza, dall'altro a **difendere i diritti dei cosiddetti intoccabili**, cioè di coloro che si trovavano al livello più basso del complesso sistema di caste in cui era stratificata la società indù tradizionale. Nel 1930, Gandhi si sentì pronto per una nuova sfida al governo inglese e, pertanto, lanciò una **nuova campagna di *non collaborazione* e di disobbedienza civile di massa**; il simbolo della *resistenza* divenne il **rifiuto di pagare l'imposta sul sale**: per dare l'esempio, il 12 marzo lo stesso Gandhi intraprese a piedi una marcia di 380 chilometri, giunse al mare e incominciò a estrarne sale, la cui produzione e vendita erano monopoli governativi.

La marcia del sale

Le parole → Intoccabili

Per la religione induista, la popolazione indiana era da tempo immemorabile divisa in rigidi gruppi sociali detti *caste*. Al primo livello si trovavano i sacerdoti, al secondo i guerrieri, al terzo gli artigiani e i commercianti, al quarto i servi; al di sotto di tutti erano i *paria* o *intoccabili*, un gruppo composito che comprende gli emarginati, del tutto privi di diritti. In passato erano vietati sia il cambio di professione sia il matrimonio con un individuo di casta diversa; in teoria, dal 1950, l'India ha messo tutti i cittadini sullo stesso livello giuridico. In pratica, il sistema delle caste funziona ancora oggi nelle piccole città e nei villaggi più isolati.

Gandhi durante la marcia del sale, 1930.

MONOGRAFIA

La **violenza** della **rivoluzione bolscevica**

Lo studio della prassi del Partito bolscevico può permettere l'acquisizione di una competenza fondamentale, che potremmo definire nel modo seguente: **saper cogliere i caratteri fondamentali di un regime totalitario.** Per affinare tale competenza, viene proposto di seguito un approfondimento, che prende le mosse da due pagine storiografiche.

Il partito bolscevico

Il partito bolscevico era un'istituzione molto particolare. Era organizzato come un gruppo di congiurati con l'obiettivo specifico di conquistare il potere e di sferrare la rivoluzione dall'alto, prima in Russia e poi nel resto del mondo; aveva una filosofia di fondo e metodi operativi profondamente antidemocratici. Somigliava più a una setta segreta che a un partito nell'accezione comune del termine, e costituì il modello di tutte le organizzazioni totalitarie successive. Vladimir Lenin, suo fondatore e capo indiscusso, il giorno stesso in cui apprese dello scoppio della rivoluzione di febbraio decise che i bolscevichi avrebbero rovesciato il governo provvisorio con le armi. La sua strategia consisteva nel promettere a tutti i gruppi delusi ciò che volevano: la terra ai contadini, la pace ai soldati, le fabbriche agli operai, l'indipendenza alle minoranze etniche. Nessuno di tali obiettivi rientrava nel programma dei bolscevichi, che intendevano sbarazzarsene non appena ottenuta la supremazia, ma per il momento se ne servivano allo scopo di alienare al governo vaste fasce della popolazione.

In primavera e in estate i bolscevichi tentarono per tre volte di assumere il potere, ma fallirono sempre: nell'ultima occasione, in giugno, furono respinti dai soldati di Pietrogrado, informati dal governo sui rapporti di Lenin con il nemico tedesco. Dopo il terzo putsch [colpo di stato, *n.d.r.*] fallito, Lenin si rifugiò in Finlandia, e il comando operativo passò a Trockij, che con gli altri dirigenti bolscevichi decise di far passare il tentativo di prendere il potere come un trasferimento di tutta l'autorità ai soviet. Per questo il 25 ottobre fu convocato il II congresso panrusso dei soviet, illegale e non rappresentativo. Il colpo di stato ebbe successo perché stavolta l'esercito, irritato dal comportamento di Kerenskij nei confronti di Kornilov, rifiutò di appoggiarlo. Da Pietrogrado, la conquista del potere da parte dei bolscevichi si estese alle altre città russe. Sebbene il colpo di stato fosse avvenuto in nome dei soviet, in cui erano rappresentati tutti i partiti socialisti, Lenin rifiutò di ammettere altri gruppi politici socialisti nel suo governo che risultò composto esclusivamente da bolscevichi. Nelle elezioni per l'assemblea costituente, che doveva dare alla Russia una costituzione e un'amministrazione nuove, i bolscevichi subirono una dura sconfitta: ottennero infatti meno di un quarto dei voti. Lo scioglimento dell'assemblea costituente nel gennaio del 1918, dopo una sola riunione, segnò l'inizio del regime monopartitico. I bolscevichi si servirono di tribunali politicizzati e della CEKA, la polizia segreta di nuova costituzione, per scatenare un terrore che nel loro primo anno di governo soffocò efficacemente l'opposizione. Tutte le attività organizzate erano gestite dal Partito bolscevico, che invece non subiva alcun controllo esterno.

Ma i bolscevichi erano padroni solo della Russia centrale, ove comunque controllavano esclusivamente le città e i centri industriali. La Siberia e i territori di confine di quello che era stato l'impero russo, abitati da popoli diversi per origine etnica e religiosa, si erano separati proclamando l'indipendenza perché intendevano far valere i propri diritti nazionali, oppure (come nel caso della Siberia e dei cosacchi) perché non volevano vivere sotto il regime bolscevico. Perciò i bolscevichi dovettero letteralmente conquistare con le armi i territori di confini secessionisti e le campagne, in cui vivevano i quattro quinti della popolazione russa. […] La guerra civile, che dilaniò la Russia per quasi tre anni, fu l'evento più distruttivo nella sua storia dai tempi dell'invasione dei mongoli, nel XIII secolo. Il rancore e la paura causarono atrocità indicibili: milioni di persone persero la vita in battaglia, e per il freddo, la fame e le malattie. Cessati i combattimenti, la Russia fu colpita da una carestia di una gravità senza precedenti fra le popolazioni europee, una carestia di dimensioni asiatiche, che uccise milioni di persone. Come molti altri termini applicati alla rivoluzione russa, l'espressione *guerra civile* ha più di un significato. Nell'accezione comune si riferisce al conflitto militare tra l'Armata Rossa e svariati eserciti anticomunisti o *bianchi*, che si svolse fra il dicembre 1917 e il novembre 1920, quando ciò che restava delle truppe bianche abbandonò la Russia, ma in origine il termine aveva un significato più vasto. Per Lenin si trattava del conflitto di classe globale fra il suo partito, l'avanguardia del *proletariato*, e la *borghesia internazionale*: una *guerra di classe* nel senso più ampio, di cui il conflitto armato costituiva solo un aspetto. Lenin aveva previsto che la guerra civile sarebbe scoppiata non appena avesse conquistato il potere, anzi si può dire che conquistò il potere proprio per scatenarla. Per lui, il golpe d'ottobre sarebbe stato un rischio inutile, se non avesse innescato un conflitto di classe globale. Dieci anni prima della rivoluzione, parlando della Comune di Parigi, Lenin aveva dato ragione a Marx, ammettendo che il suo fallimento era dovuto al fatto di non essere riusciti scatenare una guerra civile. Sin dallo scoppio della prima guerra mondiale, Lenin aveva criticato i socialisti pacifisti che chiedevano di porre fine ai combattimenti. I veri rivoluzionari non desideravano la pace: «È un motto da borghesucci e da preti. La parola d'ordine dei proletari deve essere: guerra civile». «La guerra civile è l'espressione della rivoluzione... Pensare che la rivoluzione sia possibile senza la guerra civile è utopistico, come credere alla possibilità di una rivoluzione *pacifica*», scrissero Bucharin e Preobrazenskij in un manuale di comunismo molto diffuso. Trockij si espresse in modo ancora più drastico: «L'autorità sovietica è guerra civile organizzata». Da affermazioni come queste dovrebbe risultare evidente che per i dirigenti comunisti la guerra civile non fu resa inevitabile dalla borghesia straniera e interna, ma costituì un punto essenziale del loro programma politico.

R. PIPES, *Il regime bolscevico. Dal Terrore rosso alla morte di Lenin*, Mondadori, Milano 1999, pp. 6-8, trad. it. L.A. DALLA FONTANA

Lenin, la CEKA e il terrore rivoluzionario

«La borghesia, i proprietari terrieri e tutte le classi ricche stanno compiendo sforzi disperati per minare la rivoluzione»; così Lenin ammonì i suoi colleghi del *Sovnarkom* [Consiglio dei commissari del popolo, *n.d.r.*]. «Costoro sono pronti a commettere i delitti più odiosi e... si sono spinti al punto di sabotare la distribuzione dei generi alimentari, minacciando in tal modo la morte per fame di milioni di individui». Convinto, come aveva detto il giorno successivo alla presa di potere bolscevico, che fosse «un'inammissibile debolezza» anche solo pensare di compiere una rivoluzione «senza sparatorie», Lenin era disposto a fare di tutto per difendere il nuovo ordine che egli e i bolscevichi avevano creato. «La borghesia imperialista internazionale ha massacrato dieci milioni di uomini e ne ha mutilati venti altri nella *sua* guerra, destinata a decidere se a governare il mondo dovessero essere gli avvoltoi inglesi o tedeschi», aveva spiegato in una lettera aperta ai lavoratori d'America qualche mese dopo. «Se la *nostra* guerra, la guerra degli oppressi e degli sfruttati contro gli oppressori e gli sfruttatori dovesse causare mezzo milione o un milione di morti in tutti i paesi, la borghesia sosterrà che, mentre le prime morti erano giustificate, le seconde sono dei crimini». Il terrore, concludeva Lenin, «era stato ritenuto giusto e legittimo quando la borghesia in Francia e in Inghilterra aveva fatto ricorso a esso a proprio beneficio contro il feudalesimo ma... è divenuto mostruoso e criminale quando gli operai e i contadini poveri hanno osato servirsene contro la borghesia!».

In quel periodo, ricordava Trockij, Lenin sottolineava l'assoluta necessità del terrore e ammoniva che «solo misure eccezionalmente severe potevano salvare la rivoluzione». «Credete forse che possiamo riportare la vittoria senza il più implacabile terrore rivoluzionario?» esclamò Lenin quando il commissario alla Giustizia Steinberg sollevò obiezioni riguardanti l'inserimento, in un proclama approvato dal *Sovnarkom* all'inizio del 1917, della frase «agenti nemici, profittatori, saccheggiatori, teppisti, agitatori controrivoluzionari e spie tedesche devono essere fucilati sul posto». E a un certo punto, ai suoi colleghi del *Sovnarkom* Lenin aveva chiesto: «Se non siamo pronti a fucilare un sabotatore e una Guardia Bianca, che razza di rivoluzione è mai questa?». Ai delegati del Presidium del Soviet di Pietrogrado raccolti in assemblea disse che «non possiamo aspettarci di arrivare da nessuna parte se non facciamo ricorso al terrorismo».

Nessuno fu d'accordo con entusiasmo maggiore di quello mostrato da Feliks Edmundovic Dzerzinskij, il quale affermò che la Rivoluzione d'ottobre era «chiaramente e attualmente in pericolo», anche se poteva vantare i suoi primi trionfi. Dzerzinskij che, stando a un resoconto, aveva l'aria di un monaco vestito da soldato, all'inizio di dicembre disse ai suoi compagni del *Sovnarkom* che dovevano creare «un'organizzazione per vendicarsi in nome della rivoluzione» di tutti coloro che volevano strapparla loro di mano. E il *Sovnarkom* approvò senza esitazione: quello stesso giorno, il 7 dicembre 1917, istituì la *Commissione Straordinaria panrussa contro la Controrivoluzione e il Sabotaggio* – la VChK ovvero CEKA –, e ne affidò la guida a Dzerzinskij, il quale ben presto dimostrò di essere quel «leale giacobino» che Lenin aveva esortato i suoi compagni del *Sovnarkom* a cercare. «Il terrore è una necessità assoluta in tempi di rivoluzione», spiegò qualche mese dopo. «Noi terrorizziamo i nemici del governo sovietico per stroncare il crimine alla radice». [...]

Il giorno di capodanno del 1918 ebbe luogo il primo attentato a Lenin: un potenziale killer sparò quattro colpi di pistola contro la sua automobile che passava tra la folla. Da quel momento, Dzerzinskij intraprese la trasformazione della CEKA in quello strumento di rapida punizione e morte certa che le guadagnò il soprannome di *spada della vendetta* della rivoluzione. Esattamente tre mesi dopo essersi trasferita in quella che era stata la sede della compagnia d'assicurazione *Anchor & Lloyd*, in piazza Lubjanka a Mosca, la CEKA disponeva di 43 succursali distrettuali e provinciali; nella sola sede della Lubjanka erano al lavoro oltre mille uomini e donne, e altri mille erano stati reclutati nel *Distaccamento di Combattimento*, la formazione di élite che ne era il braccio militare. Alla metà del 1918, la CEKA esercitava anche il controllo delle zone di frontiera ed era sul punto di creare speciali unità di vigilanza in alcuni importanti centri ferroviari e di traffico fluviale. «Non c'è sfera della nostra esistenza», scrisse un ufficiale addetto all'addestramento degli agenti dell'organizzazione, «che la CEKA non scruti con il suo occhio d'aquila».

Lenin aveva trovato in Dzerzinskij un uomo che ne condivideva la volontà di difendere la rivoluzione con ogni mezzo e a ogni costo, e la CEKA acquisì diritto di vita e di morte sui russi. Nel timore che i russi fossero «troppo morbidi» e «incapaci di applicare le dure misure del terrore rivoluzionario» da lui ritenute indispensabili, Lenin continuava a insistere sulla necessità di una «guerra all'ultimo sangue contro i ricchi e i loro manutengoli [protettori, collaboratori, *n.d.r.*], una guerra in cui «ogni manifestazione di debolezza, di esitazione e di sentimentalismo... rappresenterebbe un immane delitto». Mai, nella storia della Russia moderna, un leader aveva invocato la pena di morte con la stessa frequenza e con la stessa franchezza di Lenin in quei giorni [...]. «Che ce ne facciamo di un commissariato alla Giustizia?» sbottò Steinberg quando Lenin lo criticò per la sua opposizione alle esecuzioni sommarie della CEKA. «Chiamiamolo senza mezzi termini *commissariato per lo Sterminio Sociale*, e facciamola finita!». Illuminandosi a quell'idea, Lenin stette a rifletterci e poi, a quanto risulta, esclamò: «Ben detto! È proprio questo che quel commissariato dovrebbe essere».

W.B. LINCOLN, *I bianchi e i rossi. Storia della guerra civile russa*, Mondadori, Milano 1991, pp. 115-119, trad it. F. SABA SARDI

Lavorare con i testi

Nei brani citati, il colore ha evidenziato alcuni passaggi essenziali, cioè alcuni elementi tipici della mentalità di Lenin e dei suoi seguaci. Come ulteriore stimolo di analisi e di riflessione, ti vengono proposte alcune domande, in modo da riassumere le principali informazioni.

Analizza i testi

- Secondo Lenin, dopo la rivoluzione, il governo poteva essere condiviso con altri partiti?
- Quale evento segnò l'inizio del regime a partito unico?
- Lenin pensava che la rivoluzione e la guerra di classe contro la borghesia dovessero restare circoscritte alla Russia?
- Con quale motivazione Lenin dichiarava che la borghesia non aveva alcun titolo per criticare la violenza della rivoluzione proletaria?
- In quale vicenda del passato, secondo Lenin, anche la borghesia aveva fatto uso del terrore rivoluzionario?
- Tutti i bolscevichi condividevano la radicalità di Lenin?

Utilizzando le tue risposte come scaletta, componi un testo di tre colonne di foglio protocollo.

Verifica dell'apprendimento
Conoscenze e abilità

Lo spazio

1. **Colora in modo diverso sulla carta i territori riconquistati dai sovietici nel 1920-1921 e i territori invece perduti dagli stessi. Rispondi poi alle seguenti domande.**

a) Che cosa accadde in territorio polacco negli anni 1920-1921?

....

....

....

....

b) Che cosa stabilì la pace di Riga del marzo 1921? Quali Stati non furono interessati dall'applicazione di questo trattato?

....

....

....

....

....

Organizzare le informazioni

2. **Completa lo schema relativo alla concezione politica di Lenin.**

SOCIETÀ BORGHESE	.... e divisione in	Lo Stato è uno strumento .... al servizio della ....
RIVOLUZIONE E DITTATURA DEL PROLETARIATO	.... della proprietà privata dei mezzi di	Lo .... impedisce alla borghesia di riprendere il potere
SOCIETÀ COMUNISTA	.... assoluta di tutti gli uomini e loro spontanea adesione alle	.... dello Stato

Lessico

3. **Definisci le espressioni o i termini.**

Soviet

....

....

Menscevichi

....

....

VERIFICA

Fatti e concetti

4. Collega gli inizi di frase della colonna di sinistra con le corrispondenti conclusioni della colonna di destra.

a) L'utopia comunista di Lenin lo portava a ritenere che

b) In Russia, il 2 marzo 1917 Nicola II

c) La Commissione straordinaria per la lotta contro la controrivoluzione e il sabotaggio (CEKA)

d) Il 4 marzo 1919, in opposizione al movimento socialista europeo,

e) In Germania, la prima guerra mondiale

1) lasciò un'eredità di violenza: anche in politica lo scopo ultimo era l'eliminazione del nemico.

2) a Mosca fu creata la Terza Internazionale (*Comintern*).

3) abdicò e nacque la repubblica.

4) l'instaurazione del socialismo avrebbe riportato la natura umana al suo livello di perfezione iniziale.

5) era incaricata di individuare ed eliminare (imprigionamento, esilio, uccisione) tutti coloro che erano considerati "nemici della rivoluzione"

Economia, cultura, società

5. Rispondi brevemente alle seguenti domande.

a) Che cosa indica l'espressione "Terrore rosso"? A quale periodo risale? Quali ne sono gli echi storici?

....

....

....

b) Che cosa sono i *Protocolli dei savi anziani di Sion*? Perché si tratta di un falso storico? Quale fu la più grave conseguenza della loro diffusione in Russia?

....

....

....

....

c) Che cosa indica la sigla NEP? Quali furono i principali bersagli di questa politica?

....

....

....

Il ruolo dei soggetti storici

6. Contrassegna con V (vero) o F (falso) ciascuna delle frasi.

	V	F
a) Le condizioni di vita dei russi che vivevano nelle città, durante la prima guerra mondiale, non erano difficili: i salari degli operai erano infatti triplicati.	☐	☐
b) I bolscevichi, corrente maggioritaria del Partito socialdemocratico russo, erano di posizioni moderate e sostenevano l'idea di un partito che fosse di massa.	☐	☐
c) Aleksandr Kerenskij, che fu al potere del governo provvisorio del 1917, era un socialista moderato.	☐	☐
d) Secondo l'ideologia di Lenin, il proletariato, prima di assumere il potere statale, deve accettare un fase di predominio dello Stato borghese.	☐	☐
e) I bianchi, nella guerra civile scoppiata dopo l'uscita della Russia dal conflitto mondiale, erano reparti militari anticomunisti sostenuti e finanziati dalle grandi potenze straniere.	☐	☐
f) Nel febbraio 1921, i marinai della base navale di Kronstadt riuscirono a proclamare la terza rivoluzione e abbattere la dittatura bolscevica.	☐	☐
g) Rosa Luxemburg e Karl Liebknecht erano i capi dei *Freikorps*.	☐	☐

Verso il saggio breve

7. Scrivi un testo – massimo tre facciate di foglio protocollo – sul trattato di Versailles utilizzando le domande-guida elencate di seguito.

→ Perché la data in cui fu ratificato il trattato fu crudelmente simbolica per la Germania?

→ Qual era la situazione socio-politica tedesca all'epoca?

→ Spesso, quando si tratta questo argomento, si parla di "pace cartaginese": in quale senso?

→ Dal punto di vista geopoltico, quali furono le conseguenze per la Germania? Che cos'è il corridoio di Danzica?

→ Le condizioni del trattato di Versailles per quanto riguarda gli armamenti tedeschi furono pesantissime: che cosa fu imposto dalle potenze vincitrici?

→ In base alla tesi dell'esclusiva colpevolezza tedesca dell'intero conflitto, quali conseguenze ci furono nell'ambito delle indennità di guerra?

metodo di studio

→ Per ripassare i **fatti**

CONTRASTI POLITICI

febbraio 1917
→ Rivoluzione di febbraio e abdicazione dello zar

luglio 1917
→ Kerenskij forma un governo provvisorio

ottobre 1917
→ Rivoluzione d'ottobre

1918-marzo 1921
→ Inizia la guerra civile in Russia

marzo 1918
→ Trattato di Brest-Litovsk: la Russia esce dalla prima guerra mondiale

16 luglio 1918
→ Uccisione dello zar e della sua famiglia

5 settembre 1918
→ Inizio del *Terrore rosso*

9 novembre 1918
→ Proclamazione della repubblica in Germania

5 gennaio 1919
→ Insurrezione della Lega di Spartaco a Berlino

18 gennaio 1919
→ Si radunano a Versailles i vincitori della prima guerra mondiale

Agosto 1919
→ Proclamazione della Repubblica di Weimar in Germania

Febbraio 1921
→ Rivolta dei marinai di Kronstadt

ECONOMIA DEMOGRAFIA E SOCIETÀ

1918
Inizio del *comunismo di guerra*

1921
→ Inizia la NEP, la Nuova Politica Economica

CULTURA CIVILTÀ E RELIGIOSITÀ

aprile 1917
→ Lenin scrive le *Tesi di aprile*

agosto 1917
→ Lenin scrive *Stato e rivoluzione*

→ Per ripassare i **concetti**

Leggere gli schemi

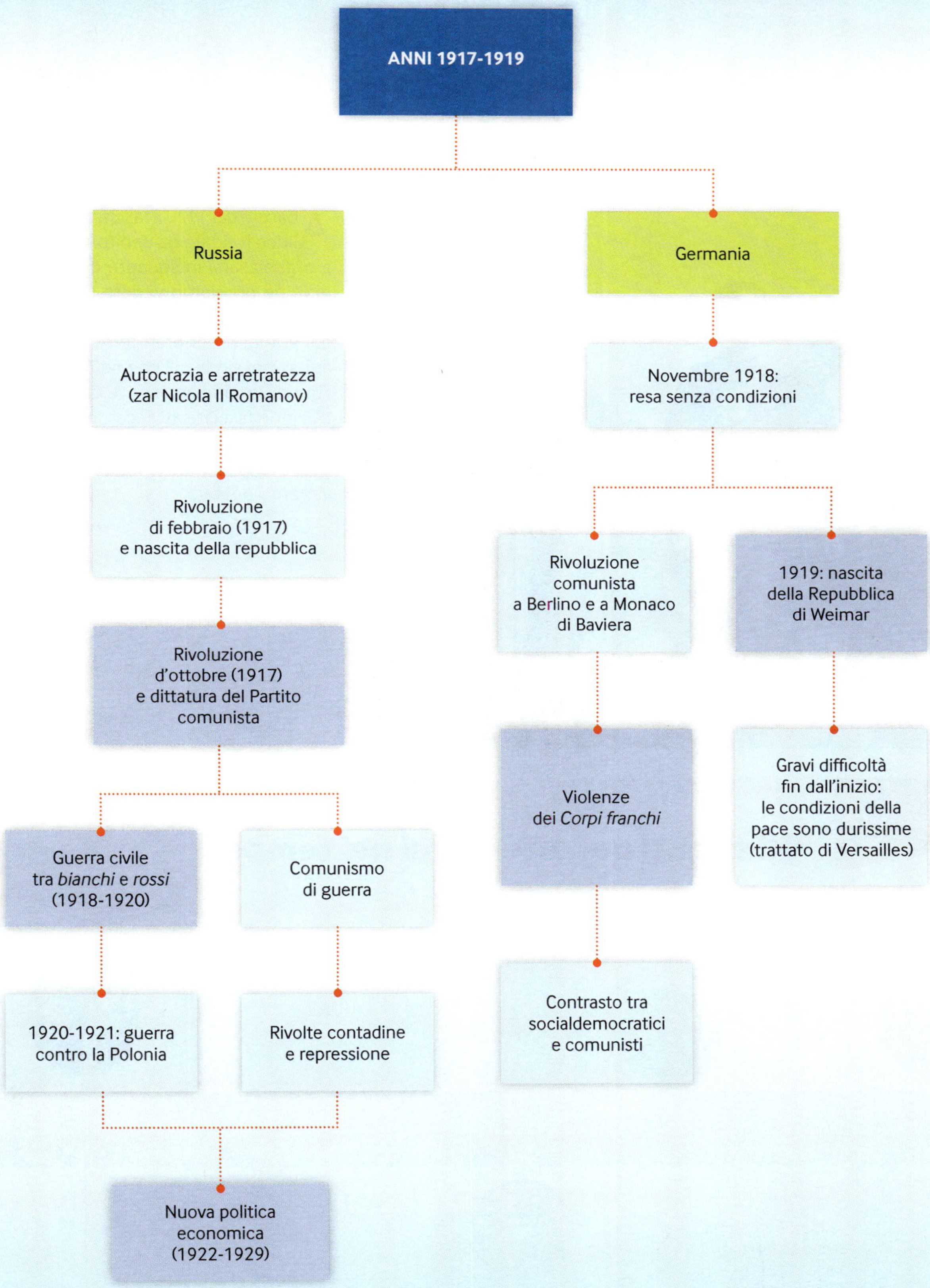

Unità 6

Gli anni del dopoguerra (1918-1925)

Un'immagine per iniziare

A partire dal 1920 il fascismo, il movimento politico fondato da Benito Mussolini, cominciò a organizzarsi in squadre d'azione (nell'immagine ne possiamo vedere una in cui spicca la presenza di una donna). Sostenute e finanziate dai grandi proprietari terrieri (terrorizzati dalle agitazioni sindacali che nel 1920 avevano investito sia le campagne sia le fabbriche), le squadre d'azione fasciste attaccarono le organizzazioni sindacali socialiste e cattoliche, distruggendo le sedi e aggredendo le figure più in vista del movimento operaio.

Gli eventi per orientarsi nel tempo

18 gennaio 1919
Don Luigi Sturzo fonda il Partito popolare italiano (PPI)

settembre 1919
Occupazione di Fiume

1921
A Livorno viene fondato il Partito comunista italiano

gen. 1919 — gen. 1920 — gen. 1921

23 marzo 1919
Benito Mussolini fonda i Fasci di combattimento

1919-1920
Biennio rosso

1920-1929
Anni ruggenti negli Stati Uniti

1921
Il fascismo comincia a organizzarsi in squadre d'azione

Sommario

TESTO

La carta d'identità del periodo

1 L'Italia dopo la prima guerra mondiale

2 I primi passi del fascismo

3 La scena internazionale negli anni Venti

4 L'ascesa di Adolf Hitler

MONOGRAFIA

Sionismo e risveglio musulmano

pagine digitali

MONOGRAFIA

I problemi dell'Inghilterra negli anni Venti

PERCORSI DI STORIA LOCALE

Lo squadrismo in Emilia Romagna

Una carta per orientarsi

Dopo la prima guerra mondiale, l'area appartenente all'impero austro-ungarico (che non esisteva più) venne smembrata nella repubblica d'Austria e in quella d'Ungheria; quest'ultima, a sua volta, perse alcuni territori in favore della Romania. In Europa orientale vennero creati la Cecoslovacchia e la Iugoslavia. Dalla dissoluzione dell'impero, l'Italia ottenne limitati vantaggi territoriali: il Trentino, l'Alto Adige e la Venezia Giulia con l'Istria.

Orientarsi nel tempo

gen. 1922 — gen. 1923 — gen. 1924

1923
Svalutazione del marco in Germania

9 novembre 1923
Tentativo di colpo di Stato di Hitler a Monaco di Baviera

Per iniziare

Storia slide

La carta d'identità del periodo

Quale Italia era uscita alla fine della prima guerra mondiale?

Una volta concluso il conflitto, l'Italia, si trovò ad affrontare un gravissimo debito nel bilancio statale, un'inflazione che divorava rapidamente i redditi fissi e la riconversione a fini civili di un apparato industriale cresciuto enormemente con la produzione bellica. A questi problemi vanno poi aggiunti l'aumento del costo della vita e la disoccupazione crescente, che contribuirono ad alimentare le difficoltà.
Dal punto di vista politico si formarono movimenti e partiti di massa: nel 1919 nacque il Partito popolare italiano (PPI) di Don Luigi Sturzo, che segnò il ritorno ufficiale dei cattolici alla vita politica; il Partito socialista assunse un ruolo di primo piano, anche se nel 1921 ci fu una scissione che portò alla nascita del Partito comunista; ma la novità forse più rilevante fu che anche i ceti medi cominciarono a organizzarsi e a muoversi, come dimostra la fondazione dei Fasci di combattimento da parte di Benito Mussolini nel 1919.

CAPITOLO 1 L'Italia dopo la prima guerra mondiale

→ Nel 1918, l'Italia uscì vincitrice dalla prima guerra mondiale. Parte dell'opinione pubblica, però, era delusa dai risultati ottenuti. Sfruttando questo clima, **Gabriele D'Annunzio** lanciò il fortunato slogan della *vittoria mutilata* e **occupò la città di Fiume**.

→ Dopo la guerra, la situazione economica e sociale del Paese era molto difficile: lo sforzo bellico aveva provocato un **enorme debito** nel bilancio dello Stato. Mentre l'**inflazione** danneggiava in modo pesante il potere d'acquisto dei salari e degli stipendi, la **svalutazione della moneta** provocava un pericoloso rincaro di tutti i prodotti che dovevano essere importati dall'estero (grano, petrolio, carbone, ferro...).

→ I contadini e gli operai, dopo anni di durissima guerra, desideravano radicali cambiamenti sociali. Il **Partito socialista**, però, era **diviso al proprio interno**: solo una piccola parte era favorevole a una rivoluzione come quella bolscevica in Russia; la maggior parte era schierata su una **posizione riformista**, mirata a ottenere miglioramenti nelle condizioni di vita degli operai e dei contadini, senza però sovvertire l'ordine sociale esistente.

→ Per arginare il pericolo di una rivoluzione socialista, i cattolici furono autorizzati dalla Chiesa a creare un loro partito politico: nacque così, nel 1919, il **Partito popolare** di **don Luigi Sturzo**, che aveva come obiettivo una maggiore giustizia sociale, nel rispetto dell'assetto esistente.

CAPITOLO 2 I primi passi del fascismo

→ Con l'obiettivo di creare una nuova forza politica alternativa ai socialisti e allo Stato liberale, **Benito Mussolini**, il 23 marzo 1919, diede vita ai **Fasci italiani di combattimento**. Il progetto politico iniziale del fascismo era una sintesi di elementi nazionalisti e proposte di matrice socialista (voto alle donne, abolizione del Senato, nazionalizzazione delle fabbriche di armi).

→ Nel corso del 1920 iniziò in Italia un periodo di forti scontri sociali. Dapprima lo **sciopero dei braccianti** costrinse diversi proprietari terrieri a stipulare contratti vantaggiosi per i lavoratori della terra; successivamente gli **operai metalmeccanici occuparono le fabbriche**.

→ Il presidente del Consiglio, Giolitti, non usò la forza, aspettando che il moto sbollisse da solo, cosa che effettivamente avvenne poche settimane dopo. Diversi **esponenti della borghesia**, però, **si convinsero che lo Stato fosse debole** ed erano perciò terrorizzati che nel Paese incombesse un pericolo rivoluzionario: ad aggravare questa convinzione fu poi la **nascita del Partito comunista** italiano (gennaio 1921).

→ Tra il 1920 e il 1921, il movimento fascista si organizzò in **squadre d'assalto**, che aggredirono i "nemici della nazione", come il **Partito socialista** o le **leghe contadine rosse**: in un paio d'anni, i fascisti riuscirono a smantellare l'intero apparato politico e sindacale socialista. Gli squadristi ebbero il sostegno finanziario della borghesia agraria, l'appoggio dell'esercito e la complicità delle forze dell'ordine, che non intervennero quasi mai a fermare le loro azioni.

Sostenitori del neonato Partito nazista.

Domande fondamentali

- Qual era l'obiettivo del Partito popolare fondato da Don Luigi Sturzo?
- Da quali settori della società erano appoggiate/tollerate le squadre fasciste?
- Quale doveva essere l'obiettivo della Società delle nazioni nelle intenzioni di Wilson?
- Quali erano i cardini dell'ideologia di Hitler?

CAPITOLO 3 La scena internazionale negli anni Venti

Alla fine della prima guerra mondiale nacque, per volontà del presidente americano **Wilson**, la **Società delle nazioni**, un'organizzazione internazionale che aveva lo scopo di risolvere in modo pacifico i contrasti tra i vari Stati. Il Senato americano, però, rifiutò di ratificare l'adesione e **gli Stati Uniti ne restarono fuori**.

Nel 1923, in **Germania** la situazione economica peggiorò. Schiacciati dai **debiti di guerra**, i tedeschi chiesero di ritardare il pagamento della quota d'indennità prevista per quell'anno. I francesi e i belgi non solo rifiutarono, ma occuparono la regione mineraria della **Ruhr** per garantirsi il pagamento dei debiti. La situazione, già grave, precipitò e il Paese cadde vittima di un'**inflazione senza precedenti nella storia**.

Gli anni Venti furono un periodo di grande sviluppo industriale negli **Stati Uniti**. Qui l'economia era dominata da **poche** gigantesche **compagnie che controllavano settori essenziali della vita economica** (produzione dell'acciaio, dell'energia elettrica, estrazione del petrolio ecc.). Il mercato interno era alimentato dal **consumo di massa**: con la diminuzione dei costi di produzione, alcuni beni di lusso (come l'automobile) divennero più accessibili.

La società americana era però contraddistinta dalla violenza della **criminalità organizzata** e del **Ku Klux Klan**, un'organizzazione razzista costituita da uomini bianchi convinti della superiorità della loro razza rispetto alle altre: si moltiplicarono quindi atti intimidatori e violenze **contro neri**, **ebrei**, **immigrati**, **cattolici** e **socialisti**.

CAPITOLO 4 L'ascesa di Adolf Hitler

Nello scenario drammatico della Germania uscita umiliata dalla prima guerra mondiale, riuscì a farsi strada il movimento denominato *Partito nazionalsocialista tedesco dei lavoratori* guidato da **Adolf Hitler**. Il 24 febbraio 1920 Hitler presentò un programma politico che aveva due obiettivi principali: la **soppressione dei duri trattati di pace imposti alla Germania** e la **cancellazione della Repubblica di Weimar**.

Approfittando del caos provocato dall'inflazione del 1923, Hitler **tentò un colpo di stato** a Monaco di Baviera, ma venne arrestato, processato e incarcerato. In prigione scrisse la prima parte di *Mein Kampf*, l'opera in cui esprime la propria concezione della vita, della storia e della politica.

Il vero centro dell'ideologia hitleriana è il **razzismo**, cioè la convinzione secondo cui esistono una razza superiore (quella dei **popoli ariani**) e numerose razze inferiori (come i neri e gli slavi). Nel pensiero di Hitler riveste poi un'importanza fondamentale l'**antisemitismo**: gli **ebrei**, infatti, erano paragonati ai topi e ai batteri, cioè erano degli esseri pericolosi, capaci solo di distruggere le grandi realizzazioni della civiltà prodotte dagli ariani.

Secondo Hitler, gli **ebrei** furono i **veri responsabili della sconfitta tedesca** del 1918 e volevano conquistare il potere a livello mondiale. Per raggiungere questa meta si servivano di due strumenti complementari: l'**inquinamento razziale** e il **comunismo**. A giudizio di Hitler, occorreva pertanto che lo Stato vietasse qualsiasi relazione sessuale fra soggetti di razza diversa e che tutti i bolscevichi fossero eliminati.

Capitolo 1

ECONOMIA DEMOGRAFIA E SOCIETÀ

L'Italia dopo la prima guerra mondiale

Storia slide

LE CONOSCENZE DA ACQUISIRE
L'Italia uscì molto provata dalla guerra: le tensioni sociali e politiche erano altissime.

LE COMPETENZE DA POTENZIARE
Saper individuare i fattori di rafforzamento e di indebolimento di una struttura politica.

1.1 I tentativi italiani di espansione dei confini

La delusione dopo la vittoria L'Italia era tra i vincitori della prima guerra mondiale; tuttavia, pur avendo pagato a caro prezzo la partecipazione al conflitto (680 000 morti, mezzo milione di mutilati e di invalidi, più di un milione di feriti), fu estremamente delusa dalle conseguenze della vittoria, i cui **benefici risultarono molto inferiori alle previsioni e alle aspettative**.

Calcoli politici errati

La prima delusione fu l'esito di un errato calcolo del governo italiano nel 1915. Infatti, nel momento in cui Salandra stipulò il Patto di Londra (26 aprile 1915), impegnandosi a entrare in guerra con Francia e Gran Bretagna contro l'Austria-Ungheria, nessuno credeva che una sconfitta austriaca avrebbe provocato la totale disgregazione dell'impero asburgico. L'Italia, semplicemente, sperava in un arretramento dell'Austria-Ungheria verso est, in modo che regioni dominate fino ad allora dall'impero di Vienna passassero sotto amministrazione e controllo italiani.

› VEDI
Il Patto di Londra
→ pag. 99

Per questo motivo l'**Italia**, nel Patto di Londra, **non si limitò a rivendicare Trento e Trieste** (regioni di cultura e tradizione italiane), bensì **chiese** per sé, in caso di vittoria, **anche la Dalmazia** (cioè la costa orientale dell'Adriatico), sebbene essa fosse abitata prevalentemente da slavi. Viceversa, il Patto di Londra **non** menzionava in modo esplicito il porto di **Fiume**, sul cui destino dunque, prima della guerra, non si era deciso assolutamente nulla.

I risultati della Conferenza di pace di Parigi Le prime difficoltà per il governo italiano nel dopoguerra sopraggiunsero nell'ottobre 1918: la città di **Fiume**, infatti, dichiarò la sua volontà di essere annessa al Regno d'Italia. Tale dichiarazione pose un grave problema di strategia diplomatica alla delegazione italiana alla **Conferenza di pace di Parigi**, spingendola ben presto in un vicolo cieco. Poiché l'impero austro-ungarico si era dissolto, e al suo posto erano sorti vari Stati nazionali (Iugoslavia, Polonia, Cecoslovacchia, Austria, Ungheria), le rivendicazioni italiane sulla costa adriatica (slava) perdevano ogni significato. La logica avrebbe voluto che l'Italia rinunciasse alla Dalmazia (in nome del principio di nazionalità) e, sulla base del medesimo criterio, si accontentasse di Trento, Trieste e Fiume.

La questione di Fiume

Fallimento diplomatico dell'Italia

Invece, **la delegazione italiana tenne un atteggiamento a un tempo rigido e ambiguo**, chiedendo sia Fiume (in nome del principio di nazionalità), sia la Dalmazia (in nome del Patto di Londra). Di fronte alla netta opposizione degli Alleati (e, soprattutto, del presidente americano Wilson) il 24 aprile 1919 la delegazione italiana abbandonò Parigi in segno di protesta. Si trattò di un clamoroso gesto d'orgoglio, e come tale fu accolto con favore da gran parte dell'opinione pubblica italiana. In realtà, provocò solo ulteriori danni al prestigio italiano, visto che i lavori della Conferenza andarono avanti regolarmente: anzi, si procedette perfino all'assegnazione delle **colonie tedesche in Africa** e alla spartizione delle zone di influenza in Medio Oriente, senza tenere nel minimo conto l'**Italia**, che da tale operazione di divisione delle prede di guerra **non ottenne praticamente nulla**.

D'Annunzio e l'impresa di Fiume Il 13 settembre 1919, **senza alcuna autorizzazione del governo italiano, alcuni reparti dell'esercito invasero militarmente Fiume** sotto la guida di D'Annunzio. Fin dalla primavera, il poeta abruzzese si era mobilitato in difesa del prestigio violato dell'Italia, concentrandosi in particolare sulla questione fiumana e coniando uno slogan che si impresse nella mente degli italiani, in particolare degli ex combattenti: quella italiana era stata una «**vittoria mutilata**».

I militanti di Fiume

La città divenne presto il rifugio e il punto di riferimento di un'ampia gamma di personaggi, in tutto simili a quelli che, di lì a poco, avrebbero formato il nerbo del movimento fascista. In genere, si trattava di giovani ex combattenti, per lo più ex ufficiali che (socialmente parlando) provenivano dai ceti medi. Molti, poi, erano **ex arditi**, truppe d'assalto che si erano distinte per la loro temerarietà e il loro amore per il rischio. Per essi, come del resto per D'Annunzio e gli artisti futuristi, la guerra era stata un'esperienza appassionante, che aveva permesso loro di mettersi alla prova e di sperimentare nuove e forti emozioni: in altre parole, di **uscire** dalla piatta routine quotidiana, dalla noia del lavoro e **dalla banalità della vita borghese**. Questi uomini avevano accolto la fine della guerra con amarezza, o meglio con la piena consapevolezza che, dopo quella parentesi esaltante, li attendeva di nuovo un'opaca e ripetitiva esistenza di studenti, di impiegati, di professionisti, di piccoli commercianti.

Amarezza per la fine della guerra

A tutti costoro D'Annunzio offrì **un'avventura supplementare**, in nome dell'onore dell'Italia infangato a Parigi. Inoltre, da amante dello spettacolo e della messa in scena qual era, il *poeta soldato* elaborò, a Fiume, quasi tutta la coreografia che sarebbe poi stata ripresa più tardi dal fascismo: si pensi, ad esempio, al dialogo che, da un balcone, il *Comandante* intesseva con la folla dei suoi fedeli osannanti.

› **VEDI** Il «maggio radioso» → pag. 100

Sotto questo profilo, si può affermare che sia il «**maggio radioso**» sia l'**esperienza fiumana**, entrambi svolti sotto la guida di D'Annunzio, **ebbero per Mussolini** e per il nascente movimento fascista il **ruolo di laboratori**: furono vicende politiche di tipo nuovo e moderno, grazie alle quali fu possibile sperimentare tattiche e strategie capaci di mobilitare grandi masse di persone, per ottenere determinati risultati, voluti da un leader o comunque da una minoranza. Quanto alle autorità tradizionali, va precisato che la classe politica e l'esercito sostennero l'iniziativa di D'Annunzio, anche quando era decisamente illegale, proprio come, di lì a poco, avrebbero permesso le azioni violente delle *squadre fasciste*.

Gabriele d'Annunzio (cerchiato in rosso nella fotografia) con i suoi legionari a Fiume.

1.2 I problemi economici dell'Italia

Gli industriali e le commesse di guerra

Uno Stato povero e indebitato Dal punto di vista economico, il Regno d'Italia si trovava in una pessima situazione. Nel bilancio, la voce delle spese era schizzata da circa 2 miliardi e mezzo (1913-1914) a quasi 31 miliardi (1918-1919); anche il **debito pubblico** era vertiginosamente salito, passando da quasi 15 miliardi (1910) a oltre 95 miliardi (1920). Ad arricchirsi, durante la guerra, erano stati molti industriali, i quali, grazie alle commesse pubbliche (cioè la fornitura di tutto ciò che serviva all'esercito), avevano realizzato profitti molto consistenti.

Svalutazione, rincari e inflazione

La situazione finanziaria dello Stato italiano poteva avere soltanto conseguenze negative. La prima di tali conseguenze fu una **pesante svalutazione della lira**, che perse valore nei confronti delle altre valute: se nel 1914 un dollaro era quotato 5,18 lire, nel 1920 si era passati a un rapporto di 28,57 lire per un dollaro USA. Ciò ovviamente **significò** un pesante **rincaro** di tutti i **generi che l'Italia doveva importare dall'estero**: carbone, petrolio e perfino grano, visto che la mobilitazione generale aveva portato al fronte soprattutto i contadini. Nel 1920, il raccolto dei cereali era ancora inferiore di 18 milioni di quintali rispetto a quello degli anni 1909-1914. Per frenare il malcontento popolare, il prezzo del pane era mantenuto artificialmente basso dallo Stato, ma il contributo che esso versava a tal fine non faceva che approfondire il baratro della finanza pubblica. Il Paese, dunque, era in preda all'**inflazione, che divorava i redditi fissi**, le rendite (gli affitti, ad esempio, oppure i depositi bancari e i titoli di Stato) e i salari.

Il diffuso desiderio di un cambiamento sociale Dinanzi alla crisi economica, le varie categorie sociali reagirono in modi molto diversi. Il **proletariato urbano** (operai) o rurale (mezzadri e braccianti) – che era meglio organizzato dai propri sindacati e maggiormente disposto alla lotta nei confronti della controparte – riuscì a **ottenere che**, sostanzialmente, **i salari venissero** progressivamente **adeguati al costo della vita**. Al contrario, gli stipendi e risparmi dei **ceti medi** furono in genere **rovinati dalla perdita del potere d'acquisto della lira**. Per quanto si sentissero molto superiori al proletariato, piccoli commercianti, impiegati e funzionari statali videro pericolosamente diminuire il divario che li separava dai semplici lavoratori.

Fare come in Russia

A un numero sempre crescente di operai, tuttavia, l'obiettivo degli alti salari, tenacemente perseguito dal sindacato, non bastava più; fra di essi, infatti, serpeggiava la voglia di *fare come in Russia*, cioè di procedere a un radicale mutamento della situazione sociale, mediante una vera rivoluzione socialista. Le **fabbriche**, dunque, erano **in fermento**. Ma, per certi aspetti,

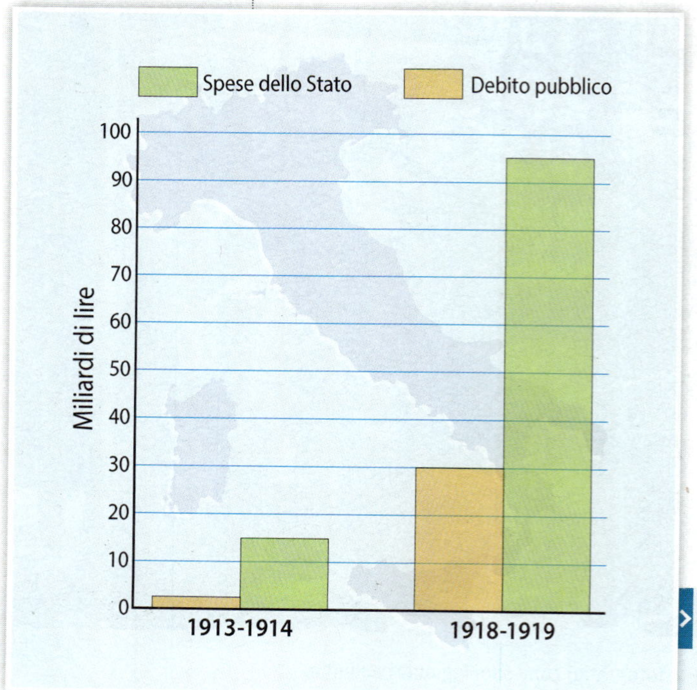

Il grafico mostra i dati relativi alle spese dello Stato e al debito pubblico prima e dopo la Grande Guerra. La partecipazione dell'Italia alla prima guerra mondiale comportò un aumento del debito pubblico di circa sei volte.

Le parole → Debito pubblico

Il debito pubblico è l'insieme dei prestiti che lo Stato ottiene dai cittadini, attraverso l'emissione di titoli (si pensi, ad esempio, agli odierni BOT, Buoni ordinari del Tesoro). Grazie a questo denaro, lo Stato può far fronte ai bisogni immediati del Paese, che ovviamente, in tempo di guerra, crescono continuamente. Tutti i Paesi coinvolti nel primo conflitto mondiale hanno avuto necessità di rivolgersi ai propri cittadini per ottenere crediti di guerra; le campagne finalizzate alla raccolta del denaro furono ovunque sistematiche.

Contadini al lavoro, fotografia del 1920 circa.

lo erano ancor più le campagne, ove i **contadini**, negli anni immediatamente seguenti la vittoria (non a caso, gli anni 1919-1920 sono stati chiamati *biennio rosso*), procedettero spesso all'**occupazione delle terre**. Del resto lo stesso governo, nel tragico momento della disfatta di Caporetto, per ottenere che i fanti restassero in trincea e non si arrendessero in massa (come stava accadendo in Russia) aveva fatto ricorso alla promessa di una sostanziosa distribuzione di terre ai contadini. Quando le autorità, dopo il 1918, non mostrarono alcuna seria intenzione di mantenere quanto avevano annunciato, i **braccianti** agricoli, un po' in tutta Italia, passarono all'azione diretta, convinti semplicemente di **ricevere la giusta ricompensa per quanto avevano patito in guerra**.

geostoria

Disordini in Italia nel primo dopoguerra

Carta proiettabile

Le lotte contadine avvennero nelle campagne in cui si concentrava il maggior numero di braccianti e mezzadri: la Bassa Padana, la pianura veneta e le regioni collinari del Centro Italia. Anche nel Meridione l'occupazione delle terre, pur non risultando generalizzata, fu assai significativa. Si può notare che i disordini nelle città per protestare contro il forte rincaro dei generi alimentari furono distribuiti su tutto il territorio nazionale.

1.3 Le divisioni politiche

› VEDI
Neutralisti e interventisti
→ pag. 91

Le tensioni politiche tra nazionalisti e sovversivi Le occupazioni delle terre **non avevano** in realtà **scopi rivoluzionari**, e a guidarle furono, infatti, soprattutto leader cattolici o ex combattenti. Tuttavia, una situazione così difficile dal punto di vista economico e sociale portò un nuovo inasprimento delle **tensioni di tipo politico**. Lo scontro tra neutralisti e interventisti, che si era in parte placato dopo la disfatta di Caporetto, riprese con rinnovato vigore e con pesantissimi scambi di accuse: militari, **ex combattenti e nazionalisti** accusavano i *sovversivi* di non aver compreso l'importanza della prova sostenuta dalla patria e di volere una rivoluzione bolscevica. In una parola, gli interventisti e gli ex combattenti **accusarono i loro avversari di essere dei *senza patria* o, peggio, dei veri *nemici della nazione***. Dall'altra parte, i neutralisti affermavano che la guerra era stata solo un inutile macello, che aveva portato il Paese sull'orlo del collasso; in certi casi, si arrivò a insultare e ad aggredire gli ufficiali che giravano per strada in divisa, sostenendo che essi avevano voluto la più grave disgrazia che avesse colpito l'Italia dal tempo dell'unità nazionale.

Il debole governo di Nitti

La paura della rivoluzione comunista In un contesto così teso e lacerato, il presidente del Consiglio **Francesco Saverio Nitti** (succeduto a Orlando nel giugno 1919) era convinto che in Italia stesse per esplodere la rivoluzione comunista. Pertanto, il 14 luglio 1919 emanò una circolare telegrafica in cui invitava i prefetti a «tenersi in contatto con coloro che hanno maggiore seguito e fiducia nei partiti liberali», al fine di ottenere la collaborazione di queste *forze sane della nazione* «in un momento in cui [le] autorità non possono tenersi isolate e contare unicamente sui funzionari e sulla forza pubblica». Insomma, secondo il principale esponente del governo, se la rivoluzione fosse scoppiata, lo Stato non sarebbe stato in grado di fermarla con il solo sostegno dell'esercito e della polizia (carabinieri e guardie regie). L'eventuale uso della forza da parte di **soggetti *nazionali*, contro i *sovversivi rossi***, era viceversa da considerare non un pericoloso sconfinamento in un campo (il cosiddetto *monopolio della violenza legale*) di competenza esclusiva dello Stato, bensì un importante contributo alla **salvezza dell'ordine sociale e delle istituzioni**.

Memoria divisa sulla guerra

Debole e terrorizzato, il governo Nitti si rifiutò di organizzare qualsiasi celebrazione per il 4 novembre 1919, primo anniversario della vittoria. Al contrario, con grande scandalo dei militari e dei nazionalisti, in settembre concesse un'amnistia ai disertori. Agli occhi di molti ufficiali e dei nazionalisti, lo **Stato** liberale era del tutto **inadatto a fronteggiare l'emergenza**, per non dire condannato a essere travolto dalla rivoluzione imminente. Su questo sfondo, si comprendono sia la complicità che molti prefetti e alti gradi dell'esercito avrebbero mostrato, a partire dal 1921, nei confronti dello squadrismo fascista, sia – nel 1919-1920 – l'ambiguo atteggiamento tenuto dal governo e dai militari nei confronti dell'avventura di D'Annunzio a Fiume.

I mutilati, reduci dalla prima guerra mondiale, chiedono pane al governo, 1919.

La divisione del Partito socialista Il Partito socialista italiano contava più di 87 000 iscritti. Inoltre, al Congresso tenutosi a Bologna nel 1919, si era affermata la **corrente massimalista**, guidata da Costantino Lazzari e **Giacinto Menotti Serrati**. Allo stesso Congresso, era stata accolta per acclamazione la proposta di aderire all'Internazionale comunista, fondata a Mosca in quello stesso anno. Tutto questo contribuì ad accrescere la paura di una rivoluzione in Italia.

I massimalisti

In realtà, la situazione interna del partito era assai più complessa e tormentata. **I sogni rivoluzionari**, infatti, **non erano affatto condivisi da ampi settori del movimento operaio italiano**. Il sindacato (CGL, Confederazione generale del lavoro, fondata nel 1906), ad esempio, era ormai schierato su posizioni pragmatiche, più preoccupato di conquistare migliori salari e condizioni di lavoro, che di preparare l'insurrezione decisiva. Quanto al partito, la maggior parte dei deputati, guidati da **Filippo Turati**, aveva assunto una **posizione riformista, cioè moderata**, tutt'altro che favorevole ad avventure insurrezionali, dittature e bruschi cambiamenti di regime politico o sociale.

I riformisti

Persino i **massimalisti** erano **sovversivi** più **a parole** che nei fatti; nello stesso momento in cui parlavano quotidianamente della rivoluzione, la celebravano sull'"Avanti!" e invitavano gli operai a tenersi sempre pronti, all'atto pratico non facevano assolutamente nulla per organizzarla: e quando – dopo uno sciopero generale o uno scontro sindacale particolarmente aspro – i lavoratori mostravano di voler passare dalle parole ai fatti, subito si affrettavano a esortare alla calma, **rinviando l'insurrezione proletaria** ad altra e più propizia occasione.

La corrente radicale del PSI Pertanto, alla sinistra estrema del partito, e soprattutto tra i giovani, nel corso del 1919 cominciò a delinearsi una corrente più determinata e decisa ad andare fino in fondo, imitando l'esempio leninista. Tra questi radicali desiderosi d'azione, si distinse in primo piano **Amadeo Bordiga**, che accusava il Partito socialista di aver perduto qualsiasi volontà rivoluzionaria. A suo giudizio, occorreva dare vita al più presto a un disciplinato partito simile a quello bolscevico e prepararsi a un'insurrezione armata finalizzata alla conquista del potere statale. Bordiga era un ingegnere. Di formazione affatto diversa, invece, **Antonio Gramsci**, un altro dei giovani favorevoli a una svolta rivoluzionaria in Italia. Nato in Sardegna nel 1891, aveva studiato all'Università di Torino e raggiunto una buona preparazione filosofica e letteraria. Pertanto, al momento della vittoria della rivoluzione russa, egli si pose la domanda relativa all'*ortodossia marxista* della mossa di Lenin.

La posizione di Gramsci

Per Gramsci (come per tutti i socialisti) era evidente che la rivoluzione russa si era svolta secondo modalità completamente differenti rispetto a quelle previste da Marx nella sua opera più importante, *Il Capitale*. Tuttavia, invece di scandalizzarsi, in un suo articolo del dicembre del 1917 Gramsci arrivò a parlare di «Rivoluzione contro il *Capitale*» e celebrò l'abilità con cui Lenin aveva adeguato la teoria alla peculiare situazione del suo Paese. **Nell'azione rivoluzionaria**, occorreva rilanciare il **ruolo creatore della volontà**, o meglio **della capacità umana di dirigere gli eventi**, al di là e perfino contro gli schemi entro i quali la dottrina marxista aveva preteso di poter incasellare la realtà.

Antonio Gramsci in una foto del 1920 circa.

I Consigli di fabbrica

Insieme a Palmiro Togliatti, Angelo Tasca e Umberto Terracini, il 1° maggio 1919 Gramsci diede vita alla rivista "Ordine nuovo". L'idea più innovativa che fu lanciata dal nuovo periodico era quella dei *Consigli di fabbrica*, concepiti come organismi eletti dai lavoratori, al fine di preparare **gli ingranaggi della nuova macchina proletaria, che si sarebbe sostituita allo Stato e alla classe dirigente borghese, dopo la conquista rivoluzionaria del potere**. In prima battuta, ad esempio, sarebbe stato compito dei Consigli comprendere i meccanismi di funzionamento di una complessa industria moderna, in modo da poter subito far a meno dei padroni e dei tecnici, dopo la svolta rivoluzionaria. Rispetto alla concezione di Bordiga, in **Gramsci** c'era una maggior volontà di trasformare le **masse in soggetto attivo**; nella visione di **Bordiga**, al contrario, l'unico vero protagonista dell'azione rivoluzionaria era il **partito**.

Il Partito popolare Da più parti, da molto tempo si chiedeva una riforma elettorale, che sostituisse il **sistema uninominale** con un **sistema proporzionale**, al fine di costruire un parlamento più rappresentativo della volontà popolare. Con tale sistema, tuttavia, in un regime a suffragio universale (maschile) come quello italiano (introdotto da Giolitti nel 1912), si rischiava che i socialisti ottenessero una vera valanga di deputati, sia nelle campagne sia nelle città.

I cattolici in politica

Per scongiurare un simile pericolo, i cattolici furono finalmente autorizzati dalla Chiesa a costituire un loro partito politico, che prese il nome di Partito popolare italiano. Va subito precisato, però, che il leader della nuova formazione politica, don **Luigi Sturzo**, non voleva affatto rivolgersi solo ai cattolici, ma a tutti gli italiani che si riconoscessero negli ideali e negli obiettivi del partito: «A tutti gli uomini liberi e forti – così iniziava il manifesto programmatico diffuso il 18 gennaio 1919 – che in questa grave ora sentono alto il dovere di cooperare ai fini supremi della Patria, senza pregiudizi né preconcetti, facciamo appello perché uniti insieme, propugnino nella loro interezza gli ideali di giustizia e di libertà».

Le parole → Sistema uninominale/sistema proporzionale

Si tratta di due diversi sistemi elettorali. Con l'uninominale il territorio viene diviso in un certo numero di zone, dette *collegi elettorali*, ognuno dei quali elegge il candidato che nel collegio ha ottenuto la maggioranza relativa dei voti. Il sistema proporzionale prevede invece che i deputati di ogni forza politica siano designati in maniera perfettamente corrispondente alla percentuale di suffragi ricevuti su scala nazionale.

Don Sturzo (al centro dell'immagine) insieme ad alcuni esponenti del Partito popolare.

In effetti, quanto alle proposte concrete, il fatto che il nuovo organismo volesse oggettivamente contrapporsi ai socialisti non significava per nulla che il PPI fosse condannato a una politica reazionaria. Anzi, nelle intenzioni di Sturzo, la strategia del **partito doveva** orientarsi in una direzione sinceramente democratica, cioè **preoccuparsi delle esigenze dei ceti più deboli** e delle zone meno fortunate del Paese, distinguendosi nettamente, sotto questo profilo, dai vari orientamenti del liberalismo. A differenza dei socialisti, però, gli obiettivi ultimi di una simile politica democratica non avrebbero mai dovuto essere l'abolizione della proprietà privata e la dittatura di una classe (il proletariato) sull'altra (la borghesia), bensì la **pacifica composizione degli interessi delle varie classi sociali**, nel rispetto dei diritti e della libertà di ognuno.

Il PPI si proponeva in sintesi – almeno nelle intenzioni di Sturzo – come partito **aconfessionale** (benché ispirato a principi e ideali cristiani) e **interclassista**; sinceramente rispettoso dell'ordinamento parlamentare, chiedeva però (in polemica a un tempo con i liberali e con i socialisti) che lo Stato non diventasse mai il puro strumento di dominio di una classe sulle altre, bensì fosse una sorta di motore che, ispirato da principi di giustizia sociale, promuovesse il *bene comune*, cioè l'ordinato e dignitoso sviluppo della società civile in tutte le sue componenti.

Don Luigi Sturzo.

I personaggi → Luigi Sturzo

Nato nel 1871 a Caltagirone, in Sicilia, divenne sacerdote nel 1894, ma si mostrò interessato fin dalla giovinezza alle problematiche politiche. Dopo aver fondato il Partito popolare, ne fu il segretario fino al luglio 1923, quando Mussolini ottenne, facendo pressione sulle più alte autorità vaticane, che Sturzo abbandonasse la direzione politica del PPI. A seguito di nuove pressioni e minacce, nel 1924 Sturzo andò in esilio dapprima a Parigi, poi a Londra e infine a New York. Tornato in Italia nel 1946, fu nominato senatore a vita nel 1952. Morì a Roma nel 1959.

Le parole → Aconfessionale/interclassista

Entrambi gli aggettivi stanno a significare una disponibilità all'apertura e alla diversificazione. Il termine "aconfessionale" voleva sottolineare che il programma del PPI poteva essere sostenuto anche da individui che non aderissero alla confessione religiosa cattolica. "Interclassista" aveva invece una valenza antisocialista: mentre il PSI voleva essere, innanzitutto, il partito che rappresentava gli interessi della classe operaia, il PPI si presentava come una forza che voleva promuovere il bene comune di tutto il Paese, mediando tra le diverse esigenze e i differenti interessi.

I principali soggetti politici nell'Italia del 1919

ORIENTAMENTO POLITICO	OBIETTIVI FONDAMENTALI
Liberali	Conservazione del sistema politico e sociale vigente
Socialisti massimalisti	Rivoluzione sociale, ma non in tempi brevi
Socialisti riformisti	Graduale e pacifico mutamento dell'assetto sociale vigente
Comunisti	Rivoluzione sociale in tempi brevi, secondo l'esempio russo
Popolari (cattolici)	Maggiore giustizia sociale, nel rispetto dell'assetto sociale vigente

Capitolo 2

IDEOLOGIE E PROGETTI POLITICI

I primi passi del fascismo

Storia slide

LE CONOSCENZE DA ACQUISIRE
A partire dal 1919, il fascismo si propose come nuovo soggetto politico.

LE COMPETENZE DA POTENZIARE
Saper individuare i caratteri fondamentali di una ideologia.

2.1 Le origini politiche di Benito Mussolini

Il socialismo radicale di Mussolini Per comprendere il fascismo nei suoi vari e numerosi aspetti, bisogna considerare una lunga serie di elementi. Si trattò infatti di un fenomeno composito, sfuggente, difficile da inquadrare all'interno di categorie schematiche e fisse. Come primo fattore di questa analisi, dunque, va considerata la vicenda personale di **Benito Mussolini**, fondatore e figura cardine di tutto il movimento.

Estremismo socialista

Nato a Dovia (frazione di Predappio, in Romagna) nel 1883, iniziò la sua esperienza politica nel PSI, all'interno del quale fece una rapida e brillante carriera, giungendo a diventare, nel 1912, direttore dell'"Avanti!", il quotidiano ufficiale del partito. In questo periodo, Mussolini fu il **leader indiscusso della corrente più radicale del movimento socialista**, quella secondo cui fra i capitalisti e il proletariato non doveva esserci altro che guerra aperta, fino alla rivoluzione finale. Anzi, Mussolini riteneva che i lavoratori dovessero sempre mantenersi pronti per quell'evento decisivo: di qui lo sforzo, tramite il giornale del partito, di tenere vivo il loro entusiasmo rivoluzionario e il loro desiderio di un radicale rovesciamento del vigente sistema sociale. Fu Mussolini, ad esempio, il principale animatore della cosiddetta ***settimana rossa*, una grande ondata di scioperi che, nel giugno 1914, investì soprattutto la Romagna e le Marche**, provocò vari disordini (per un totale di 16 morti, tra dimostranti e forze dell'ordine) e infine si concluse senza nessun risultato concreto.

Scoppiata la guerra mondiale, il PSI si schierò apertamente e decisamente per il non-intervento dell'Italia. Mussolini, invece, **scelse il campo dell'interventismo**, perché aveva intuito che la guerra avrebbe logorato le economie e le istituzioni politiche di tutti i Paesi coinvolti: dunque, avrebbe reso più agevoli le condizioni per una **rivoluzione proletaria**.

Mussolini accompagnato da due littori che portano il fascio, proprio come i consoli dell'antica Roma.

L'espulsione dal Partito socialista La presa di posizione di Mussolini a favore dell'intervento ne causò l'**espulsione dal PSI**: di conseguenza, egli tentò di elaborare una linea politica propria, diversa e alternativa rispetto a quella percorsa fino ad allora. Innanzitutto, la scelta di appoggiare l'intervento lo riconciliò con l'idea di nazione e di patria, che fino ad allora aveva invece disprezzato in nome dell'*internazionalismo proletario*. In secondo luogo, l'andamento del conflitto e la tragica esperienza di Caporetto lo portarono alla conclusione che la lotta di classe, all'interno di una nazione, l'avrebbe irrimediabilmente corrosa e disintegrata. Infine, lo scoppio della rivoluzione bolscevica in Russia, sfociata nella guerra civile, nel terrore e nella miseria generalizzata, lo spinse ad abbandonare definitivamente l'idea di un radicale rovesciamento dell'ordine sociale e a **valorizzare**, viceversa, **il ruolo della borghesia imprenditoriale** nello sviluppo economico di un Paese.

Adesione al nazionalismo

Eppure, malgrado tutto questo (e malgrado il fatto che, dal 1° agosto 1918, il suo giornale – "Il Popolo d'Italia" – non portasse più il sottotitolo di *Quotidiano socialista*, bensì quello di *Quotidiano dei combattenti e dei produttori*, espressione che coinvolgeva sia i lavoratori sia gli imprenditori) **Mussolini non aveva ancora del tutto abbandonato la propria matrice socialista**.

2.2 Una nuova forza politica: i Fasci

La nascita del movimento fascista Con l'obiettivo di dare vita a una forza politica nuova, alternativa sia ai socialisti sia allo Stato liberale, Mussolini convocò una riunione il 23 marzo 1919, nel salone del Circolo dell'Alleanza industriale e commerciale in piazza San Sepolcro, a Milano. Il nuovo gruppo fu chiamato **Fasci italiani di combattimento**; il programma politico venne esposto qualche mese dopo, il 6 giugno 1919, su "Il Popolo d'Italia".

Il programma di San Sepolcro

L'elemento più singolare è rappresentato dal fatto che la **linea politica appare** ancora decisamente **spostata a sinistra**, piena di rivendicazioni sociali quanto mai audaci (ad esempio la «forte imposta straordinaria sul capitale a carattere progressivo, che abbia la forma di una vera espropriazione parziale di tutte le ricchezze»). Nel medesimo tempo, il programma insisteva sulla necessità di una politica estera intesa «a valorizzare [...] la nazione italiana nel mondo». Il fatto poi che il documento si aprisse con la solenne proclamazione della «valorizzazione della guerra rivoluzionaria», dopo aver appena affermato che si trattava di «un programma nazionale di un movimento sanamente italiano», lasciava trasparire che quella forte connotazione antiborghese e anticapitalistica volesse coniugarsi con l'idea di nazione.

Fusione di nazione e socialismo

Il nuovo movimento, in sintesi, si proponeva di **fondere insieme** due concetti (quello di **nazione** e quello di **socialismo**) che fin dai tempi di Marx e Mazzini erano sembrati, invece, del tutto antitetici e incompatibili. In effetti, istigando alla lotta di classe, il socialismo era accusato di corrodere dall'interno quell'unità di intenti e di ideali senza la quale una nazione non avrebbe potuto risultare capace di affrontare gli altri Paesi nella lotta per la sopravvivenza e l'espansione. Restava da vedere fino a che punto quei due elementi (effettivamente inconciliabili) potessero durevolmente restare legati insieme, senza che uno di essi prendesse il sopravvento sull'altro.

Le parole → Fascio

Come la falce e martello comunista e la svastica nazista, anche il fascio littorio è un simbolo che riesce a esprimere l'essenza dell'ideologia che rappresenta. Il fascio dà un'impressione di unità e, quindi, di forza: si può facilmente spezzare un singolo bastone, ma non un insieme di elementi stretti e ben legati tra loro. Inoltre il fascio assunto da Mussolini non era un oggetto qualsiasi, bensì il *fascio littorio* (comprendente vari bastoni e una scure) portato sulla spalla sinistra dai littori che nell'antichità scortavano i magistrati romani, di cui rappresentavano pubblicamente il potere e l'autorità. In sintesi, il fascio mussoliniano simboleggiava la principale promessa del movimento: se l'Italia fosse riuscita a diventare unita, eliminando i contrasti interni, fomentati soprattutto dai socialisti, sarebbe diventata una grande potenza a livello internazionale, come al tempo in cui Roma dominava il mondo intero.

Benito Mussolini posa insieme a un gruppo di militanti a Milano nel 1919 durante i giorni della fondazione dei Fasci italiani di combattimento.

Disfatta elettorale nel 1919

All'inizio del 1920, il movimento fondato da Mussolini attraversò un momento di crisi radicale e profonda: basti pensare che alle **elezioni** del novembre **del 1919** (le prime con il nuovo sistema proporzionale) esso **aveva raccolto pochissimi consensi**. Nella stessa Milano, roccaforte del movimento, non era stata raggiunta la quota dei 5000 voti!

La disfatta elettorale era il segnale evidente del fatto che lo strano miscuglio di socialismo e di nazionalismo proposto dai Fasci non aveva colpito e conquistato le masse, le quali avevano preferito votare per il PSI o per il PPI.

Le tappe essenziali dell'esperienza politica di Mussolini

Schema proiettabile

DATE ED EVENTI	POSIZIONE POLITICA
1912-1914: Direzione dell'"Avanti!" e *settimana rossa*	Estremismo rivoluzionario e opposizione netta al socialismo riformista
1914: Interventismo ed espulsione dal PSI	Estremismo rivoluzionario: la guerra avrebbe accelerato i tempi propizi per l'insurrezione proletaria
1915-1918: Direzione di "Il Popolo d'Italia"	Recupero dell'idea di patria e avvicinamento alle posizioni dei nazionalisti
1919: Fondazione dei *Fasci italiani di combattimento*	Sforzo di conciliare socialismo e nazionalismo

Documento

Il programma di San Sepolcro

Riportiamo il programma dei Fasci italiani di combattimento, così come fu pubblicato il 6 giugno 1919 su "Il Popolo d'Italia", il quotidiano politico fondato da Benito Mussolini.

Italiani!
Ecco il programma nazionale di un movimento sanamente italiano.
Rivoluzionario, perché antidogmatico e antidemagogico; fortemente innovatore perché antipregiudizievole.
Noi poniamo la valorizzazione della guerra rivoluzionaria al di sopra di tutto e di tutti.
Gli altri problemi: burocrazia, amministrativi, giuridici, scolastici, coloniali, ecc. li tracceremo quando avremo creata la classe dirigente.
Per questo NOI VOGLIAMO:

Per il problema politico:
a) Suffragio universale a scrutinio di lista regionale, con rappresentanza proporzionale, voto ed eleggibilità per le donne.
b) Il minimo di età per gli elettori abbassato ai 18 anni; quello per i deputati abbassato ai 25 anni.
c) L'abolizione del Senato.
d) La convocazione di una Assemblea Nazionale per la durata di tre anni, il cui primo compito sia quello di stabilire la forma di costituzione dello Stato.
e) La formazione di Consigli Nazionali tecnici del lavoro, dell'industria, dei trasporti, dell'igiene sociale, delle comunicazioni ecc. eletti dalle collettività professionali o di mestiere, con poteri legislativi, e col diritto di eleggere un Commissario Generale con poteri di Ministro.

Per il problema sociale:
NOI VOGLIAMO:
a) La sollecita promulgazione di una Legge dello Stato che sancisca per tutti i lavoratori la giornata legale di otto ore di lavoro.
b) I minimi di paga.
c) La partecipazione dei rappresentanti dei lavoratori al funzionamento tecnico dell'industria.
d) L'affidamento alle stesse organizzazioni proletarie (che ne siano degne moralmente e tecnicamente) della gestione di industrie o servizi pubblici.
e) La rapida e completa sistemazione dei ferrovieri e di tutte le industrie dei trasporti.
f) Una necessaria modificazione del progetto di legge di assicurazione sull'invalidità e sulla vecchiaia, abbassando il limite di età proposto attualmente a 65 anni, a 55 anni.

Per il problema militare:
NOI VOGLIAMO:
a) *L'istituzione di una milizia Nazionale*, con brevi periodi d'istruzione e compito esclusivamente difensivo.
b) La nazionalizzazione di tutte le Fabbriche di Armi e di esplosivi.
c) Una politica estera nazionale intesa a valorizzare nelle competizioni pacifiche della civiltà, la nazione italiana nel mondo.

Per il problema finanziario:
NOI VOGLIAMO:
a) Una forte imposta straordinaria sul capitale a carattere progressivo, che abbia la forma di vera espropriazione parziale di tutte le ricchezze.
b) *Il sequestro di tutti i beni delle Congregazioni religiose* e l'abolizione di tutte le mense Vescovili, che costituiscono una enorme passività per la Nazione, e un privilegio di pochi.
c) La revisione di tutti i contratti di fornitura di guerra, ed il sequestro dell'85% dei profitti di guerra.

G. DE ROSA, *I partiti politici in Italia*, Minerva Italica, Bergamo 1972, pp. 277-278

FASCI ITALIANI DI COMBATTIMENTO - Comitato Centrale
MILANO - Via Paolo da Cannobbio, 37 - Telefono 7156

Italiani!

Ecco il programma nazionale di un movimento sanamente italiano.
Rivoluzionario, perchè antidogmatico e antidemagogico; fortemente innovatore perchè antipregiudizievole.
Noi poniamo la valorizzazione della guerra rivoluzionaria al di sopra di tutto e di tutti.
Gli altri problemi: burocrazia, amministrativi, giuridici, scolastici, coloniali, ecc. li tracceremo quando avremo creata la classe dirigente.

Per questo NOI VOGLIAMO:

Per il problema politico

a) — Suffragio universale a scrutinio di Lista regionale, con rappresentanza proporzionale, voto ed eleggibilità per le donne.
b) — Il minimo di età per gli elettori abbassato ai 18 anni; quello per i Deputati abbassato ai 25 anni.
c) — L'abolizione del Senato.
d) — La convocazione di una Assemblea Nazionale per la durata di tre anni, il cui primo compito sia quello di stabilire la forma di costituzione dello Stato.
e) — La formazione di Consigli Nazionali tecnici del lavoro, dell'industria, dei trasporti, dell'igiene sociale, delle comunicazioni ecc. eletti dalle collettività professionali o di mestiere, con poteri legislativi, e col diritto di eleggere un Commissario Generale con poteri di Ministro.

Per il problema sociale:

NOI VOGLIAMO:

a) — La sollecita promulgazione di una Legge dello Stato che sancisca per tutti i lavoratori la giornata legale di otto ore di lavoro.
b) — I minimi di paga.
c) — La partecipazione dei rappresentanti dei lavoratori al funzionamento tecnico dell'industria.
d) — L'affidamento alle stesse organizzazioni proletarie (che ne siano degne moralmente e tecnicamente) della gestione di industrie o servizi pubblici.
e) — La rapida e completa sistemazione dei ferrovieri e di tutte le industrie dei trasporti.
f) — Una necessaria modificazione del progetto di legge di assicurazione sull'invalidità e sulla vecchiaia, abbassando il limite di età proposto attualmente a 65 anni, a 55 anni.

Per il problema militare:

NOI VOGLIAMO:

a) — **L'istituzione di una milizia Nazionale**, con brevi periodi d'istruzione e compito esclusivamente difensivo.
b) — La nazionalizzazione di tutte le Fabbriche di Armi e di esplosivi.
c) — Una politica estera nazionale intesa a valorizzare nelle competizioni pacifiche della civiltà, la nazione italiana nel mondo.

Per il problema finanziario:

NOI VOGLIAMO:

a) — Una forte imposta straordinaria sul capitale a carattere progressivo, che abbia la forma di vera **ESPROPRIAZIONE PARZIALE** di tutte le ricchezze.
b) — **Il sequestro di tutti i beni delle Congregazioni religiose** e l'abolizione di tutte le mense Vescovili, che costituiscono una enorme passività per la Nazione, e un privilegio di pochi.
c) — La revisione di tutti i contratti di forniture di guerra, ed il se-

Il programma di San Sepolcro, 1919.

Analizza il testo

› Individua e metti in evidenza nel testo:
a) gli elementi di matrice socialista;
b) gli elementi di matrice nazionalista.

2.3 L'ultimo governo Giolitti

› VEDI
Giolitti di fronte al movimento operaio
→ pag. 23

La lucidità di Giolitti dinanzi agli scioperi La tensione sociale nelle campagne e nelle industrie raggiunse il massimo livello nel corso del 1920. In Emilia, lo **sciopero dei braccianti** durò gran parte dell'estate; infine, dopo che i raccolti subirono gravi danni, i proprietari terrieri furono costretti a stipulare contratti molto vantaggiosi per i contadini. In settembre, impegnati con gli imprenditori in una vertenza contrattuale che sembrava senza via d'uscita, gli **operai metalmeccanici occuparono le fabbriche**.

In questo clima rovente, a partire da giugno Giolitti era il nuovo presidente del Consiglio. Mentre la borghesia italiana era invasa dal panico, dal terrore di una rivoluzione bolscevica, Giolitti al contrario rimase lucido e freddo; consapevole che una repressione violenta dell'occupazione degli impianti industriali avrebbe solo acuito lo scontro, avvantaggiando gli estremisti, il **governo attese che il moto "sbollisse da sé"**: cosa che effettivamente avvenne dopo poche settimane. Infatti, anche in quel caso, il PSI dichiarò apertamente che l'occupazione delle fabbriche non aveva risvolti politici e che si trattava solo di una forma particolarmente drastica di protesta sindacale: in altre parole, non era assolutamente da considerare come il prologo della rivoluzione sociale.

Il governo accusato di passività

La rivincita della borghesia Nell'insieme, si trattò dunque di un'impresa inutile, per non dire dannosa: il proletariato italiano ne uscì pesantemente disilluso e disorientato, mentre la borghesia – dopo quell'esperienza terrificante – trovò una nuova determinazione, una rinnovata volontà d'opporsi, con ogni mezzo, ai *sovversivi rossi*. A posteriori, si può senz'altro dire che Giolitti fece la mossa giusta; ma il suo comportamento, improntato a un'apparente passività, irritò profondamente i ceti borghesi, per i quali lo Stato doveva svolgere, innanzitutto, il ruolo di *gendarme* dei loro interessi. Molti **esponenti della borghesia si convinsero che lo Stato liberale era debole**, incapace di difenderli dalla rivoluzione, e quindi si orientarono nella direzione di cercare altri strumenti, più validi e più efficaci, per la protezione dei loro interessi e della proprietà privata.

Uno Stato più forte di quello liberale

Il 4 novembre 1920, Giolitti fece celebrare con grande solennità l'anniversario della Vittoria al fine di consolidare il legame tra l'esercito, il governo e il sistema parlamentare. Tra i militari, però, ormai serpeggiava la **voglia di uno Stato più forte**, capace di valorizzare la nazione italiana, di riconoscere i giusti meriti al ceto militare che aveva combattuto per la patria e di schiacciare i sovversivi. Il 12 novembre, l'anziano statista piemontese risolse la spinosa questione di Fiume; in base a un accordo con la Iugoslavia (trattato di Rapallo), l'**Italia poté** almeno **annettersi l'Istria**, mentre **Fiume** fu dichiarata **città libera**.

Operai della FIOM (Federazione italiana operai metallurgici) in posa dopo aver occupato una fonderia a Firenze nel settembre del 1920.

IDEOLOGIE E PROGETTI POLITICI

I governi italiani nel primo dopoguerra

PERIODO	PRESIDENTE DEL CONSIGLIO
Ottobre 1917 Giugno 1919	Vittorio Emanuele Orlando
Giugno 1919 Giugno 1920	Francesco Saverio Nitti
Giugno 1920 Giugno 1921	Giovanni Giolitti

Attacco contro Fiume

In dicembre, dal momento che D'Annunzio non si decideva ad abbandonare la città, Giolitti ordinò di procedere militarmente. Non a caso, nell'attacco contro Fiume furono utilizzati in prevalenza reparti di carabinieri e di guardie regie (polizia), ritenuti più fedeli e affidabili di quelli di fanteria. Gli ufficiali dell'esercito regolare, in effetti, al momento dell'assalto, non obbedirono agli ordini o lo fecero in modo parziale, in modo da sabotare l'offensiva contro D'Annunzio (e contro i soldati italiani che lo sostenevano).

Malcontento dei ceti medi e dei liberali

La politica economica del governo Giolitti Accusato di debolezza per l'atteggiamento neutrale tenuto nei confronti dell'occupazione delle fabbriche e disprezzato per la liquidazione della vicenda di Fiume, il governo Giolitti perse consensi anche in seguito al tentativo di risanare le finanze dello Stato. Nel 1921 fu **abolito il** prezzo politico **del pane** e vennero introdotte alcune **misure fiscali poco gradite alla borghesia** italiana: fu stabilita la nominatività dei titoli azionari (per consentire un più efficace controllo del fisco sugli introiti provenienti dall'investimento di capitali in Borsa) e venne aumentata la tassa di successione.

Di fronte al dilagare del malcontento dei ceti medi e di molti deputati liberali, nel giugno del 1921 **Giolitti diede le dimissioni.** Il suo governo avrebbe potuto reggersi solo con l'appoggio dei socialisti: ma questi, abbagliati dal miraggio di una rivoluzione che non sapevano costruire nei fatti, disprezzavano un'istituzione *borghese* come il Parlamento e si rifiutarono sempre di sostenere il governo. Oltre tutto, nel 1921, il Partito socialista dovette affrontare una gravissima crisi interna, a causa della scissione degli estremisti, decisi a fondare un partito veramente comunista.

› VEDI
L'Internazionale comunista
→ pag. 176

La nascita del Partito comunista italiano Nell'estate 1920, i partiti socialisti d'Europa dovettero affrontare una difficile scelta: aderire o meno alla Nuova Internazionale comunista (sorta il 4 marzo 1919, ma in realtà tutta da costruire). Lenin e gli altri dirigenti bolscevichi, artefici della vittoriosa rivoluzione sovietica, avevano posto 21 condizioni, da accettare in blocco, senza possibilità di negoziare o modificare nulla. Tra queste richieste ultimative – da prendere o lasciare – furono due quelle che lasciarono più **perplessi Serrati e gli altri socialisti italiani**: l'assoluta necessità cambiare il nome del partito, da *socialista* in *comunista*, e l'espulsione dei riformisti.

La condizione che esigeva il mutamento di denominazione pareva umiliante, un atto con cui il passato – una storia ormai trentennale, di cui il movimento operaio italiano andava giustamente fiero – era ripudiato e, in pratica, disprezzato come insignificante e inutile, ai fini della costruzione del socialismo. Quanto ai *riformisti* – che Lenin definiva sprezzantemente «opportunisti» e, talvolta, perfino «rinnegati» – Serrati li difese, anche se non ne condivideva le posizioni politiche, perché si erano sempre mostrati leali verso il proletariato e verso il partito, e soprattutto perché, al momento dello scoppio della guerra mondiale, non avevano avuto esitazioni nel condannare l'intervento italiano, mentre i dirigenti francesi o tedeschi avevano appoggiato i loro governi, provocando la crisi dell'Internazionale socialista.

Le parole → Prezzo politico

L'espressione indica che il prezzo di una merce è tenuto artificialmente basso dallo Stato. Sul piano economico, l'operazione è in genere svantaggiosa, ma permette al governo che la compie di guadagnare consensi tra la popolazione, in quanto il prodotto mantenuto sotto controllo è un bene di prima necessità: un rialzo eccessivo del suo costo provocherebbe malcontento e, al limite, una vera rivolta sociale.

Una foto ricordo di un gruppo di delegati al congresso del Partito socialista a Livorno nel 1921.

Spaccatura sulle trattative con i bolscevichi

La resa dei conti definitiva si ebbe nel **1921**, al **Congresso di Livorno** (21 gennaio). In previsione di quella riunione decisiva, i vari gruppi decisi a dare vita in Italia a un partito comunista si erano riuniti a Imola, al teatro comunale, il 20 novembre 1920, e avevano predisposto una mozione in cui chiedevano al partito di accettare senza modifiche tutte le 21 condizioni poste da Mosca. Poiché la maggioranza dei delegati presenti a Livorno, invece, propose di negoziare ancora con i bolscevichi, al fine di trovare un compromesso, coloro che sostenevano la *mozione di Imola* abbandonarono la sala del teatro Goldoni, si riunirono nel teatro San Marco e lì proclamarono formalmente la **nascita del Partito comunista d'Italia**.

Secondo i militanti del neonato Partito comunista (in gran parte giovani), l'occupazione delle fabbriche e gli scioperi contadini del 1920 erano la prova che il **proletariato italiano era pronto allo scontro decisivo con la borghesia**. In sostanza, Bordiga e gli altri comunisti ritenevano che per la conquista rivoluzionaria del potere fosse solo necessario un partito deciso e pronto a sostenere la lotta.

2.4 Le violenze del movimento fascista

Le violenze delle squadre d'azione La realtà, invece, era ben diversa: anzi, il quadro complessivo stava evolvendo in direzione assolutamente opposta. Il **movimento fascista**, che nel 1919 aveva faticato a trovare una precisa linea politica e sembrava destinato a restare una forza del tutto insignificante, nella seconda metà del 1920 **intraprese** con decisione **la strada della violenza**.

Trieste e Bologna

Due azioni clamorose divennero il simbolo del nuovo volto che il movimento fascista andava gradualmente assumendo. Il 13 luglio, a Trieste, venne incendiato l'Hotel Balkan, sede delle associazioni slavofile della città; il 21 novembre 1920, invece, i fascisti presero d'assalto il municipio di Bologna (palazzo d'Accursio), per impedire l'insediamento della nuova giunta comunale rossa, provocando 10 morti e circa 100 feriti. Il prestigio che il movimento fascista trasse da queste **due aggressioni contro i *nemici della nazione* – slavi e socialisti** – fu enorme, mentre la borghesia cominciò a guardare con interesse a un gruppo che invece – fino ad allora – era parso poco affidabile perché, a suo modo, anch'esso eversivo e pericoloso per l'assetto sociale tradizionale.

Distruzione delle organizzazioni socialiste

Nel primo semestre del 1921, **finanziato, armato e rifornito di mezzi dai grandi proprietari terrieri**, il fascismo cominciò a organizzarsi in **squadre d'azione**. Il compito che esse si assunsero fu quello di procedere al **metodico smantellamento** di tutta l'**organizzazione**

politica e sindacale di matrice **socialista** (ma, nel caso delle leghe contadine, anche **cattolica**), bruciando le Case del popolo (cioè i tradizionali luoghi di incontro di socialisti e comunisti), distruggendo le tipografie dei giornali e le sedi di riunione, uccidendo i dirigenti più determinati e obbligando intere giunte municipali rosse alle dimissioni.

Fascismo e borghesia

In tal modo, il movimento procedette rapidamente a **una duplice metamorfosi**. Fino a quel momento, il **fascismo** era stato un fenomeno ambivalente, cioè a un tempo nazionalista e antiborghese. A partire dalla fine del 1920, invece, esso **si alleò apertamente con la borghesia, in funzione antisocialista**. Inoltre, mentre in precedenza il fascismo era radicato solo nelle città, prima fra tutte Milano, nel corso del 1921 i rapporti più stretti si instaurarono in **regioni a economia prevalentemente agricola**. Più esattamente, i teatri privilegiati dell'attività fascista divennero la Pianura Padana e le Puglie, ove gli agrari erano stati pesantemente colpiti nei loro interessi dalle lotte contadine del biennio rosso 1919-1920 e dove, di conseguenza, covava maggiormente il desiderio di rivincita e di rivalsa.

Percorsi di storia locale
Lo squadrismo in Emilia Romagna

La composizione delle squadre d'azione Fin dal principio, il fascismo assunse un'inconfondibile **connotazione piccolo-borghese**. Le squadre d'azione, infatti, erano formate in prevalenza da **individui appartenenti ai ceti medi**. Erano persone provenienti da quei settori sociali che avevano pesantemente subito le conseguenze dell'inflazione e che, con disgusto e con disprezzo, avevano visto ridursi la distanza che in passato li separava dal proletariato. Desiderosi anch'essi di una rivalsa, ora che il movimento fascista si era definitivamente convertito al nazionalismo e aveva individuato nel socialismo il nemico mortale della nazione, si schierarono di buon grado a fianco della borghesia agraria, contro il comune nemico *rosso*.

Contro il comune nemico socialista

Un altro dato che va ricordato è la **giovinezza** di questi individui, che spesso erano minorenni (in un tempo in cui la maggior età si raggiungeva a 21 anni) e addirittura adolescenti. Tutti costoro vissero lo squadrismo come un'esperienza affascinante, come un'avventura emozionante che permetteva loro di uscire dai canoni della rigida educazione ricevuta fino a quel momento. Quasi tutti i capi dello squadrismo, invece, erano **ex combattenti**; in genere, erano anch'essi individui di provenienza borghese o piccolo-borghese, che avevano fatto la guerra con il grado di tenente o di capitano.

Storiografia 1
L'appropriazione della memoria della guerra da parte del fascismo
→ pag. 236

Grazie all'esperienza e alla mentalità dei loro comandanti, le squadre introdussero nella lotta politica un elemento completamente nuovo: la **violenza organizzata**. Si trattò di una conseguenza diretta della guerra mondiale, che aveva abituato milioni di individui all'idea secondo la quale con il nemico non si poteva dialogare, fraternizzare o discutere: piuttosto, bisognava aggredirlo con impeto, di sorpresa, in modo da schiacciarlo completamente. Ai loro occhi, l'**avversario interno** di oggi, socialista, non era per nulla diverso dagli austriaci e dai tedeschi contro cui avevano combattuto fino a poco tempo prima. Anzi, per certi versi, era persino più pericoloso: dunque, andava sconfitto con gli **stessi metodi** e la medesima determinazione **impiegati al fronte** nel conflitto conclusosi vittoriosamente nel 1918.

Tale trasposizione nella vita politica nazionale di **una mentalità** e di un **metodo tipicamente bellici** fu un elemento decisivo del successo fascista: esso permise al nuovo movimento, nel giro di un anno, di imporsi come una forza travolgente e devastante.

Due fascisti della prima ora: a sinistra un ardito e a destra un appartenente ai reparti d'assalto. Entrambi vestono la camicia nera, divisa ufficiale della milizia fascista, con decorazioni e distintivo di mutilato.

Lavorare per competenze
avvio al saggio breve
Dalla guerra al fascismo
→ pag. 247

La negazione dei principi democratici e il sostegno delle forze dell'ordine Ridotta la vita politica al brutale contrasto bellico *amico-nemico*, gli squadristi ignorarono e calpestarono i più elementari principi della convivenza civile democratica, basata sul sistema parlamentare, sulla libertà di pensiero e sul diritto di associazione. Malgrado ciò, un elevato numero di prefetti, di magistrati, di alti ufficiali dell'esercito, di carabinieri e di funzionari di polizia, guardò ai fascisti non come a dei nemici delle istituzioni liberali, ma come a dei **preziosi alleati**, che riportavano la pace sociale e **rimettevano le masse al loro posto**. Fin dal 24 settembre 1920, l'*Ufficio centrale informazioni* dello stato maggiore dell'esercito aveva diramato una circolare in cui invitava i comandanti di corpo d'armata, dislocati nelle varie zone del territorio nazionale, e gli uffici di polizia militare, a tenersi in stretto contatto con i Fasci di combattimento, definiti come «**forze vive da contrapporre agli elementi antinazionali e sovversivi**».

Pertanto, durante le aggressioni messe in atto dalle squadre, **le forze dell'ordine** in genere **non intervennero per difendere le vittime**: agli occhi dalla maggior parte degli ufficiali dei carabinieri e dell'esercito, socialisti e sindacalisti erano solo dei pericolosi sovversivi, che finalmente ricevevano, per mano dei fascisti, la giusta lezione.

Squadre fasciste, armate con fucili e mitragliatrici, controllano una strada in una periferia cittadina, 1922.

geostoria

Le violenze fasciste

Carta proiettabile

In molte regioni italiane le squadre fasciste distrussero sedi di giornali, tipografie, camere del lavoro, circoli operai. La carta mostra le zone più colpite: come si può vedere, le azioni violente si concentrarono principalmente al Centro-Nord.

Capitolo 3

ECONOMIA DEMOGRAFIA E SOCIETÀ

La scena internazionale negli anni Venti

Storia slide

LE CONOSCENZE DA ACQUISIRE

Negli anni Venti, i cittadini americani vissero nella prosperità, mentre la Germania sperimentò una tremenda inflazione.

LE COMPETENZE DA POTENZIARE

Saper capire i caratteri fondamentali di un modello economico del Novecento.

3.1 La Società delle nazioni

› VEDI I 14 punti → pag. 131

Monografia: I problemi dell'Inghilterra negli anni Venti

Carta interattiva: Democrazie e dittature in Europa tra le due guerre mondiali

Wilson e la Società delle nazioni Alla fine della prima guerra mondiale, il presidente americano **Wilson** (che restò in carica dal 1913 al 1921) aveva esercitato forti pressioni sulle altre potenze affinché nascesse un organismo internazionale denominato **Società delle nazioni**. Nelle sue intenzioni, la nuova organizzazione avrebbe dovuto **promuovere la collaborazione internazionale e realizzare la pace**. Gli Stati membri della Società, infatti, avrebbero dovuto difendere l'integrità territoriale di ogni Paese che avesse subito un'aggressione esterna e, nel contempo, contribuire a risolvere con il negoziato tutti gli eventuali conflitti.

Le obiezioni del senato degli USA alla Società delle nazioni Wilson riuscì a imporre il proprio punto di vista agli statisti europei, ma non alla classe dirigente americana. Nel 1920, **il senato degli Stati Uniti non ratificò il documento** che istituiva l'organizzazione, in quanto molti senatori la ritennero pericolosa per gli interessi americani. Fin dalla metà del XIX secolo, infatti, il governo degli USA aveva più volte dichiarato che non avrebbe tollerato alcun intervento delle potenze europee al di là dell'Atlantico; l'articolo 10 del documento istitutivo, però, non faceva distinzioni tra America, Europa o Asia: *ogni* violazione dell'integrità territoriale di uno Stato membro dell'organizzazione avrebbe comportato l'intervento delle potenze garanti. **A numerosi senatori, la partecipazione usa alla Società delle nazioni parve una capitolazione, l'accettazione di un inedito diritto di ingerenza europea nelle faccende americane**, mentre l'idea che il soggetto principale di interventi esterni fosse l'esercito statunitense non era gradito alla maggior parte dei cittadini degli Stati Uniti. In definitiva, sebbene la spinta maggiore per la nascita della Società delle nazioni fosse venuta dal presidente americano, gli Stati Uniti ne restarono fuori.

Una seduta della Società delle nazioni del 1926. Gli Stati Uniti non avevano aderito alla nuova istituzione.

3.2 Germania e URSS: il trattato di Rapallo

Due Paesi uniti dall'emarginazione

Germania e Unione Sovietica escluse dalla Società delle nazioni Dalla Società delle nazioni rimasero fuori anche la Germania e l'Unione Sovietica. Subito dopo il conflitto, infatti, benché avesse completamente cambiato il proprio regime politico, avesse abolito la monarchia che aveva intrapreso la guerra e si fosse trasformata in una repubblica democratica, **la Germania fu trattata come un Paese barbaro**, con cui nessuno avrebbe dovuto intrattenere relazioni di alcun genere (economico, diplomatico, scientifico ecc.). Anche l'URSS, ritenuto un pericoloso Paese rivoluzionario, sprofondato nel caos e nella violenza, fu escluso dalla nuova organizzazione mondiale.

Per rompere l'isolamento, la Germania compì un gesto clamoroso, cioè si avvicinò proprio all'Unione Sovietica, che come lei era uscita sconfitta dalla prima guerra mondiale, aveva dovuto cedere ampie porzioni del proprio territorio prebellico al neonato Stato polacco ed era guardata con sospetto e diffidenza (sia pure per motivi alquanto diversi) dalla Francia e dalla Gran Bretagna.

La clausola segreta

Il 16 aprile **1922, Germania e Unione Sovietica firmarono il trattato di Rapallo** (da non confondere con quello firmato nel novembre 1920 tra l'Italia e la Iugoslavia), un accordo che prevedeva non solo l'attivazione di un regolare commercio fra i due Paesi, ma anche, e soprattutto, l'impegno della Germania a non partecipare a un'eventuale futura *crociata* antibolscevica delle potenze capitaliste, impedendo il passaggio delle loro truppe sul suo territorio. Inoltre, una clausola segreta dell'accordo prevedeva che **all'esercito tedesco** fosse **concesso di addestrarsi clandestinamente in territorio russo** con tutte quelle armi moderne (carri armati, artiglieria pesante, aviazione) che il trattato di Versailles aveva vietato alla Germania di possedere.

I fautori del trattato di Rapallo: Tuchačevskij e Rathenau In Russia, il principale sostenitore della collaborazione militare con la Germania fu il generale Michail Tuchačevskij, il quale aveva precocemente intuito che la guerra del futuro sarebbe stata decisa dalle macchine, più che dagli uomini. Nel 1931, **Tuchačevskij** convinse anche Stalin, il successore di Lenin, dell'importanza di **potenziare l'apparato militare sovietico** e fu posto a capo di un grandioso progetto per la produzione su vasta scala di carri armati e aeroplani; nel 1937, però, Tuchačevskij sarebbe stato arrestato e fucilato, nell'ambito della grande *purga* che coinvolse moltissimi generali dell'Armata rossa. In Germania, invece, il vero artefice del trattato di Rapallo fu Walther Rathenau, che nel gennaio 1922 era divenuto ministro degli Esteri. L'accordo stipulato con l'URSS fu criticato ferocemente dall'estrema destra tedesca, che dimenticò il ruolo decisivo svolto da Rathenau durante la guerra, e invece iniziò a denunciare l'origine ebraica dell'imprenditore ministro. **Il 24 giugno 1922, Rathenau fu assassinato da alcuni nazionalisti** vicini all'ambiente dei Corpi franchi. Il giorno dell'attentato non era stato scelto a caso; si trattava del solstizio d'estate, festa del sole, simbolo della luminosa razza ariana. L'assassinio di Rathenau sta a indicare che, **nel mondo dell'estrema destra, antisemitismo, razzismo, anticomunismo e volontà di rivincita nazionale** stavano mescolandosi in una pericolosa miscela, che di lì a poco sarebbe stata rielaborata ed esposta da Adolf Hitler nella sua forma più coerente e micidiale.

› VEDI
Il Grande terrore
→ pag. 286

Walter Rathenau, ministro degli Esteri della Repubblica di Weimar, assassinato il 24 giugno 1922.

3.3 La Germania degli anni Venti

Occupazione della Ruhr

Il marco privo di ogni valore

I problemi economici della Germania Poiché le richieste imposte dal trattato di Versailles alla Germania erano pesantissime, nel 1923 la repubblica chiese di poter ritardare il pagamento della quota dell'indennità di guerra prevista per quell'anno. Ma **Francia e Belgio** non accordarono tale permesso e, anzi, **invasero il bacino carbonifero della Ruhr** (nella Germania nord-occidentale), al fine di prelevare sotto forma di materie prime l'equivalente di ciò che non veniva corrisposto in oro.

Il governo tedesco esortò la popolazione della regione occupata alla **resistenza passiva**: si trattava, in pratica, di uno sciopero generale, finalizzato a bloccare la produzione di carbone e, conseguentemente, a costringere le truppe francesi a lasciare a mani vuote la Ruhr. Tuttavia, nel medesimo tempo, il governo tedesco promise agli operai che avrebbe regolarmente pagato loro il salario, operazione che accelerò enormemente un processo di **grave inflazione** già da tempo in atto nel Paese. Il risultato fu una formidabile **svalutazione del marco**, che perse praticamente ogni valore; si pensi che un dollaro USA, nell'agosto del 1923, venne quotato 4 600 000 marchi, in settembre 100 milioni e in novembre 4200 miliardi: una cifra assurda, indicativa solo del fatto che il marco tedesco non valeva più nulla!

In effetti, il pane raggiunse il prezzo di 428 miliardi di marchi al chilo e il burro fu venduto persino a 5600 miliardi al chilo. Solo una piccola minoranza di grandi possidenti e di speculatori passò indenne attraverso la tempesta della grande inflazione e, al limite, trasse vantaggio da essa. Tutti gli altri settori della società tedesca, invece, si trovarono in difficoltà più o meno gravi, mentre **i più danneggiati furono i piccoli risparmiatori**: costoro (per lo più membri del ceto medio) nel giro di poche settimane videro spazzato via dall'inflazione tutto ciò che possedevano e avevano messo da parte, poco per volta e con grandi sacrifici, nell'arco di un'intera vita.

Bambini tedeschi giocano con mazzette di marchi, che a causa dell'inflazione non valgono praticamente nulla.

Le parole → Svalutazione (della moneta)

La moneta è come una merce, che viene venduta o comprata. Quando la moneta di uno Stato viene cambiata (per cui, ad esempio, si danno degli euro in cambio di dollari americani o di yen giapponesi), si effettua un'operazione di tipo commerciale. E come il prezzo di una merce dipende dalla sua qualità, così il valore di una moneta dipende dalla solidità finanziaria dello Stato che l'ha emessa. Pertanto, se uno Stato è in gravi difficoltà economiche e finanziarie, la sua moneta si svaluta, cioè perde valore. In Germania nel 1923 si verificò una svalutazione senza precedenti e senza confronti, in quanto lo Stato era praticamente sull'orlo della bancarotta: di conseguenza, la moneta che esso emetteva era, di fatto, carta straccia.

Il miglioramento delle relazioni franco-tedesche La moneta tedesca riuscì a stabilizzare di nuovo il proprio valore solo grazie a un massiccio intervento di capitali statunitensi. Così, negli anni 1923-1929, la situazione economica, politica e sociale della Germania migliorò. Nel nuovo clima, decisamente più disteso, migliorarono anche le relazioni tra la Germania e la Francia.

Il trattato di Locarno

Il trattato di Rapallo (1922) partiva dal presupposto che il principale nemico della Germania (e dell'URSS) fosse la Polonia. In effetti, era a Oriente che la sistemazione territoriale prevista dal trattato di Versailles era apparsa a tutti i tedeschi (e non solo ai più accesi nazionalisti) particolarmente odiosa e bisognosa di una drastica revisione. Pertanto, fu un grande successo diplomatico quello ottenuto dal cancelliere tedesco Gustav Stresemann il **10 dicembre 1925**, con il **trattato di Locarno**. Con tale patto, la **Germania** accettò come definitivo l'assetto territoriale fissato dai vincitori ai confini occidentali, il che in pratica significava, per essa, rinunciare definitivamente all'Alsazia-Lorena e accettare di intraprendere un nuovo **rapporto, non più conflittuale, con la Francia**. La Germania ottenne un significativo silenzio: il testo del trattato non diceva assolutamente nulla circa i confini orientali della Germania, lasciando così intendere che una revisione territoriale, in quella zona dell'Europa, non era esclusa a priori dalle grandi potenze. Si trattava dunque, per molti versi, di un trattato ambiguo e tutt'altro che dettato dalla volontà di mantenere l'ordine fissato a Versailles dai vincitori nel 1919. Ciò nonostante, per la Francia la nuova politica tedesca risultò sufficiente, al punto che, **nel 1926**, la **Germania** fu **ammessa nella Società delle nazioni**.

Ambiguità sui confini orientali

3.4 Gli Stati Uniti degli anni Venti

THE ROARING TWENTIES

I ruggenti anni Venti In quasi tutti i Paesi che avevano vissuto la tremenda esperienza della guerra, gli anni 1925-1929 furono un periodo di relativa stabilità e tranquillità: pareva proprio che l'*ombra della guerra* fosse destinata a dissolversi. Nell'immaginario collettivo americano, gli anni Venti occupano un posto simile a ciò che il primo quindicennio del secolo scorso ha rappresentato a lungo per gli europei. In entrambi i casi, le persone rimasero profondamente colpite da quel che accadde *dopo* quel periodo storico: la prima guerra mondiale, in Europa, la grande depressione, in America. Quindi, gli anni felici che precedettero la catastrofe ricevettero denominazioni positive, capaci di segnalare che, in **un passato recente ma irrimediabilmente perduto**, si viveva in modo allegro, felice e spensierato, senza i terribili problemi che sarebbero sorti più tardi.

Video — Dall'età del jazz alla grande depressione

Mentre il tempo precedente la catastrofe del 1914 era stato chiamato, alla francese, *belle époque*, gli americani definirono *ruggenti* i loro anni Venti, o meglio il periodo compreso tra la fine del primo conflitto mondiale e la grande crisi del 1929. Il cinema, la musica jazz e alcuni nuovi tipi di ballo (come il charleston) divennero i simboli di questo periodo, quasi si trattasse di una festa perenne, cui tutti gli abitanti dell'America erano invitati.

Xenofobia, intolleranza e proibizionismo L'immagine convenzionale degli anni ruggenti sfuma notevolmente, tuttavia, a una più attenta analisi della realtà americana. Infatti, si trattò anche di un periodo di brutale intolleranza, di diffusa ottusità mentale, di xenofobia, di ostilità verso ogni forma di diversità. Basti pensare che il **Ku Klux Klan** (rilanciato nel 1915) contava negli anni Venti ben 4 milioni di affiliati, che disprezzavano non solo i neri, ma anche gli ebrei, i cattolici e i socialisti. Agli occhi dei bravi cittadini che aderivano al Klan (che, ovviamente, dovevano rigorosamente essere WASP, acronimo per *white anglosaxon protestant*: bianchi, anglosassoni e protestanti), **tutti i diversi erano dei pericolosi sovversivi**,

Le parole → Ku Klux Klan

Organizzazione razzista nata negli Stati Uniti e costituita da uomini bianchi convinti della supremazia della loro razza nei confronti delle altre, il Ku Klux Klan fu sciolto nel 1880. Un secondo gruppo, ben distinto dal primo, usò lo stesso nome e iniziò la sua attività negli Stati Uniti a partire dal 1915. Anche questa organizzazione, che raccoglieva denaro per tenere vive le tradizioni americane, minacciate, a suo dire, dall'aumento del numero di cattolici, neri, ebrei, fu sciolta nel 1944.

Gli anarchici italiani Sacco e Vanzetti

Crescita della criminalità organizzata

che mettevano in discussione il modo di vita americano e ne minavano le fondamenta morali.

L'episodio più eloquente di questo clima avvelenato dai pregiudizi fu la **condanna a morte di Nicola Sacco e Bartolomeo Vanzetti**, due anarchici italiani emigrati negli Stati Uniti, che nel 1921 furono accusati di aver ucciso due persone durante una rapina. Anche se, nel corso del processo, la loro innocenza era stata ampiamente dimostrata dagli avvocati (tant'è vero che, nel 1977, lo Stato del Massachusetts li ha pubblicamente riabilitati), Sacco e Vanzetti salirono sulla sedia elettrica nel 1927; agli occhi dei giurati e di gran parte dell'opinione pubblica americana, il puro e semplice fatto che essi fossero **stranieri e anarchici**, li trasformava automaticamente in elementi antiamericani, cioè in pericolosi delinquenti.

Il medesimo clima morale determinò anche la decisione di varare il cosiddetto **proibizionismo**, cioè il divieto di vendere bevande che contenessero una percentuale di alcool superiore allo 0,5%. Il risultato di questo provvedimento del Congresso (il *Volstead Act*, del 1920) non determinò un miglioramento dei costumi degli americani, come speravano i promotori della legge: al contrario segnò la crescita esponenziale del **contrabbando** e della vendita clandestina di alcolici, gestita dalla **criminalità organizzata** (si pensi alla figura di Al Capone).

Crescita dei beni di consumo

Il trionfo del consumismo Malgrado tutto ciò, gli anni Venti furono **un'epoca di formidabile espansione economica**: di qui il ricordo positivo che essi hanno lasciato in milioni di americani. Il prodotto nazionale lordo crebbe del 2% l'anno, l'inflazione rimase sempre sotto l'1%, mentre la disoccupazione non superò il 3,5% della forza lavoro. In questa situazione favorevole, il reddito della famiglia statunitense media rimase a lungo in costante crescita, e ciò permise l'acquisto di un numero sempre crescente di beni di consumo (radio, ferri da stiro elettrici, lavatrici, frigoriferi, automobili) che migliorò notevolmente la qualità della vita delle persone.

Per facilitare ulteriormente gli acquisti, la società americana si dotò poi di strumenti sempre più efficaci, che a noi oggi sembrano ovvi e normali, ma che per l'epoca erano una novità assoluta. Pensiamo alla **pubblicità**, che per la prima volta venne elaborata in modo scientifico, per ottenere il massimo effetto sul cliente, e fu organizzata in grandi campagne di dimensioni nazionali. Allo stesso modo, per l'epoca, erano una novità sia la possibilità di acquistare prodotti in **grandi magazzini** capaci di provvedere alla distribuzione di beni di largo consumo su tutto il territorio americano, sia la formula del **pagamento rateale**, che permetteva di distribuire su più annate la spesa sostenuta.

Attrezzature per distillare clandestinamente sequestrate durante il proibizionismo.

3.5 Stati Uniti e capitalismo

L'industria americana negli anni Venti Il sistema economico degli USA era formidabile. La sua caratteristica principale era l'altissimo livello raggiunto dal processo di concentrazione industriale e finanziaria: un ristretto numero di banche controllava la maggior parte del credito, mentre **poche gigantesche compagnie dominavano interi settori essenziali della vita economica**, come la produzione dell'acciaio e dell'energia elettrica o l'estrazione del petrolio. Insomma, senza dubbio si può affermare che, negli anni Venti, gli **USA** erano **lo Stato capitalista più potente al mondo**.

L'automobile come bene di consumo di massa

Oltre a questi colossi dell'industria pesante e mineraria, va poi menzionata la schiera delle grandi industrie che inondavano lo sterminato mercato interno (rigorosamente protetto da altissimi dazi doganali) di beni di consumo, fra i quali andò assumendo un posto sempre crescente l'**automobile**. Si prenda come esempio eloquente la prima utilitaria prodotta su vasta scala, la **Ford modello T**: mentre nel 1908 costava ancora 1000 dollari, nel 1924 poteva essere acquistata per soli 300 dollari, con il risultato che la cifra totale degli esemplari venduti risultò essere, alla fine del 1926, di 15 milioni. Il **calo verticale dei costi di produzione** allargò il bacino dei compratori: così, un bene tradizionalmente di lusso come l'automobile si avviava a diventare un oggetto alla portata di un numero enorme di individui, un **prodotto destinato al consumo di massa**.

La catena di montaggio

L'organizzazione del lavoro Tale risultato fu ottenuto dall'industriale **Henry Ford** applicando nuovi e rivoluzionari sistemi nell'organizzazione del lavoro, il più noto e importante dei quali era la cosiddetta *catena di montaggio*, introdotta per la prima volta nel 1913 nelle fabbriche automobilistiche di Detroit. Il *lavoro a catena* portò a termine il **processo di divisione del lavoro** che l'applicazione della macchina al procedimento produttivo aveva introdotto nell'Inghilterra della fine del Settecento; mentre l'artigiano seguiva l'intero ciclo delle operazioni che dalla materia prima portava al manufatto finito, l'operaio dell'industria moderna aveva sotto controllo soltanto una fase di quel processo. Nella catena di montaggio, tutto ciò fu portato al limite estremo, visto che **il procedimento produttivo era scomposto in un numero elevatissimo di operazioni elementari**.

Micidiale ripetitività

Nella nuova organizzazione del lavoro (che prese anche il nome di **taylorismo**), il lavoratore era chiamato a compiere sempre e solo il medesimo movimento, aggiungendo infinite volte un singolo elemento al manufatto in formazione sulla catena. Non a caso (in *Tempi moderni*, del 1931) l'attore e regista britannico Charlie Chaplin scelse proprio la catena di montaggio, con la sua micidiale ripetitività, per denunciare l'alienazione dell'individuo nella società industriale avanzata.

I personaggi → Henry Ford

Nacque nel 1863, da una famiglia di agricoltori irlandesi immigrati negli Stati Uniti. Divenuto ingegnere, nel 1882 costruì un veicolo a benzina e nel 1903 fondò la Ford Motor Company. Dopo aver introdotto nella sua industria la catena di montaggio, che garantiva un alto livello di produttività ma esigeva un notevole impegno da parte dei lavoratori, per mantenersi in buoni rapporti con gli operai Ford fissò nel 1914 un salario minimo giornaliero di cinque dollari: per l'epoca, una paga decisamente elevata. D'altra parte, Ford restò sempre fieramente nemico sia delle organizzazioni sindacali sia di ogni forma di legislazione statale che ponesse dei vincoli alla libertà d'azione dell'imprenditore. Insieme a Hitler (che tenne per anni la sua fotografia sulla scrivania), Henry Ford può essere considerato uno dei più accesi propagandisti dell'antisemitismo nel Novecento. Morì nel 1947.

Le parole → Taylorismo

Questa teoria venne elaborata da un ingegnere americano, Frederick Taylor, in un'opera pubblicata nel 1911. Taylor si pose l'obiettivo di aumentare il rendimento del lavoro mediante una sua "razionalizzazione", ottenuta con la divisione del lavoro in operazioni semplici e facilmente acquisibili da parte di ogni lavoratore, con l'eliminazione di tutti i movimenti inutili, con la netta separazione tra il lavoro di progettazione e quello di esecuzione.
Tale organizzazione "scientifica" del lavoro permise un'eccezionale accelerazione dei tempi di produzione industriale: ad esempio, per assemblare un'auto Ford ai primi del Novecento occorrevano 14 ore di lavoro, ma nell'immediato dopoguerra questo tempo si era ridotto a un'ora e mezza.

Capitolo 4

CONTRASTI POLITICI

L'ascesa di Adolf Hitler

Storia slide

LE CONOSCENZE DA ACQUISIRE
Adolf Hitler seppe sfruttare nel modo migliore il clima della Repubblica di Weimar, e indicò negli ebrei i veri responsabili di tutte le disgrazie del popolo tedesco (guerra, sconfitta, rivoluzione, crisi economica).

LE COMPETENZE DA POTENZIARE
Saper individuare i caratteri fondamentali di un'ideologia

4.1 Gli anni della formazione

Gli anni di Vienna All'interno del complicato panorama della disfatta militare tedesca e della successiva drammatica situazione economica e politica, avvenne la lenta ascesa verso il potere di **Adolf Hitler** e del partito nazista. Nato nel 1889 a Braunau am Inn, una cittadina austriaca a pochi chilometri dal confine con la Germania, a diciott'anni, nel 1907, si era trasferito a Vienna, dove rimase fino al maggio del 1913. Qui aveva tentato per due volte di entrare nell'Accademia di Belle Arti, fallendo entrambi i tentativi.

Negli anni viennesi, decisivi per la sua formazione, Hitler frequentò con regolarità il teatro, per assistere alla rappresentazione delle opere di **Richard Wagner**, che celebravano la spiritualità del popolo tedesco e la grandezza degli eroi germanici. Inoltre, sappiamo che Hitler apprezzava molto la rivista "Ostara". Questo periodico diffondeva concezioni razziste e antisemite, derivate da vari autori dell'Ottocento, celebrava la superiorità dell'uomo nordico (biondo e dagli occhi azzurri) e sosteneva che solo un simbolo di luce e perfezione come la **svastica** – cioè una croce uncinata – fosse idoneo a raffigurarne la grandezza creativa.

Circoli antisemiti

A Vienna, Hitler vide in azione i primi movimenti politici dichiaratamente antisemiti. Il primo leader politico austriaco che si mosse in quel senso fu Georg Ritter von Schönerer, che si presentava come difensore degli agricoltori e degli artigiani, contro la grande industria e l'alta finanza. Schönerer, tuttavia, era ancora un uomo dell'Ottocento e quindi non comprese l'importanza delle masse; fu **Karl Lueger** a compiere questo passo in direzione di un'organizzazione più ampia, veramente popolare, e ciò gli permise di rivestire l'incarico di **sindaco di Vienna dal 1897 al 1910**. L'antisemitismo di Lueger era di tipo cristiano, più che di matrice razzista. Ciò non gli impediva, però, di definire gli ebrei «animali da preda in forma umana» e di affermare che l'antisemitismo sarebbe scomparso solo con la morte dell'ultimo giudeo.

› VEDI L'antisemitismo di Karl Lueger → pag. 22

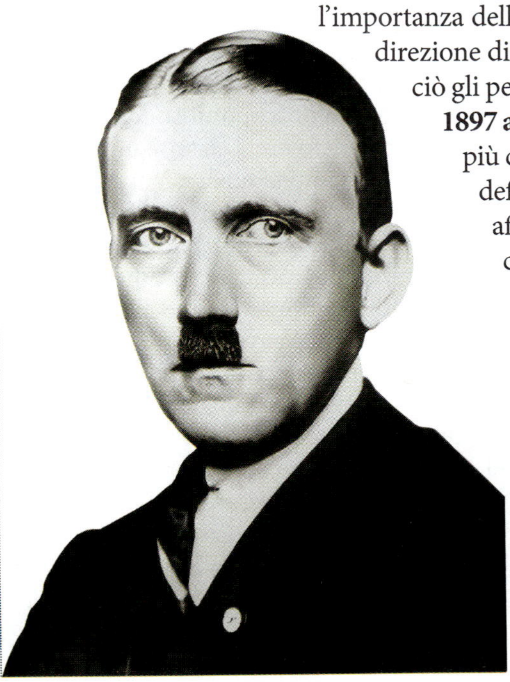

Ritratto fotografico di un giovane Adolf Hitler.

Gli anni di Monaco Nel 1913, Hitler fuggì a **Monaco** per evitare il servizio militare.

Scoppiata la guerra, si arruolò volontario nell'esercito tedesco. Dopo aver partecipato a varie battaglie, essere stato ferito e decorato, ricevette la notizia della resa tedesca mentre era ricoverato nell'**ospedale militare di Pasewalk, in Prussia orientale**. Hitler tornò a Monaco il 21 novembre 1918. Per diversi mesi si tenne in disparte: ovviamente, non aderì alla rivoluzione comunista di

Monaco, ma non cercò neppure avventure emozionanti in qualche Corpo franco. Nella sua autobiografia, racconta che decise di dedicarsi all'attività politica subito dopo aver appreso le modalità della disfatta tedesca. In realtà, la decisione fu presa in modo graduale, a Monaco, negli anni 1919-1920.

Oratore tra i soldati

Dapprima Hitler fu **impiegato dall'esercito come propagandista antibolscevico**, con il compito di convincere le truppe a non sostenere mai più, in futuro, alcun tentativo rivoluzionario. Questo tirocinio di oratore militare fu un'esperienza fondamentale: per la prima volta, Hitler scoprì di avere un grande talento. Nei suoi **discorsi politici finalizzati a «nazionalizzare le truppe»** (l'espressione è dello stesso Hitler), si soffermava su problemi economici, sulla prima guerra mondiale, sulle prospettive di pace ecc. Trattando di tutti questi problemi, l'accento di Hitler cadde sempre più spesso sulle **colpe e** le **responsabilità degli ebrei**, complice anche un ambiente – quello bavarese – quanto mai recettivo nei confronti di questo tema.

Documento chiave

L'antisemitismo razionale

Mentre ancora lavorava per l'esercito come agente di propaganda, incaricato di indottrinare i soldati bavaresi in senso nazionalistico e antibolscevico, Hitler ricevette l'incarico di fornire alcuni chiarimenti sulla "questione ebraica" al suo ex collega Adolf Gemlich. La lettera scritta da Hitler a Gemlich il 16 settembre 1919 è il primo documento politico del leader nazista che si sia conservato fino a noi. Rivela un Hitler ormai pienamente maturo, che ha già elaborato con chiarezza alcune delle sue idee fondamentali: quelle che saranno esposte nel libro da lui scritto nel 1924-1925 intitolato *Mein Kampf* (*La mia battaglia*) e a cui il Führer sarebbe rimasto fedele fino alla propria morte, nel 1945.

I fatti sono questi: in primo luogo, il giudaismo è in tutto e per tutto una razza, e non una fede religiosa. Attraverso un millenario incrocio tra appartenenti allo stesso gruppo per lo più mediante matrimoni in cerchie ristrettissime, l'ebreo in generale è riuscito a mantenere la propria razza e le proprie caratteristiche con più rigore di quanto non abbiano fatto numerosi popoli tra i quali vive. Ne deriva che tra noi vive una razza non tedesca, straniera, la quale non vuole e non è neppure in grado di rinunciare alle proprie caratteristiche razziali, di sbarazzarsi del suo modo di sentire, di pensare e di agire particolari, la quale tuttavia usufruisce dei nostri stessi diritti politici. Già i sentimenti dell'ebreo sono limitati alla pura materialità, ma questo vale tanto più per il suo modo di pensare e di agire... Tutto ciò che spinge l'uomo a elevarsi, si tratti di religione, di socialismo, di democrazia, per l'ebreo non è che un mezzo inteso allo scopo di soddisfare la propria brama di denaro e di potere. Le conseguenze di questa sua attività sono pertanto la tubercolosi razziale dei popoli.

Gli ebrei sono l'opposto dei tedeschi

Gli ebrei sono malvagi e materialisti

Anziani ebrei ritratti con un'espressione truce in una vignetta antisemita tedesca.

Ne deriva quanto segue: l'antisemitismo mosso da ragioni puramente sentimentali troverà la sua espressione conclusiva sotto forma di pogrom [termine che indica le sommosse popolari antisemite avvenute in Russia tra la fine dell'Ottocento e i primi decenni del Novecento, *n.d.r.*], mentre invece l'antisemitismo razionale deve indurre alla lotta pianificata, condotta con mezzi legali, contro gli ebrei, e all'eliminazione dei loro privilegi... Il suo obiettivo ultimo non può però essere che la cacciata di tutti gli ebrei. Ma potrà farlo solo un governo di forza nazionale, mai un governo di impotenza nazionale.

La lotta contro gli ebrei deve essere condotta dallo Stato

J. FEST, *Hitler*, Milano, Rizzoli 1991, p. 138, trad. it. F.x SABA SARDI

4.2 La fondazione del Partito nazionalsocialista

La croce uncinata

Alla base del nazismo A Monaco di Baviera, alla fine del 1917, era stata fondata la *Thule-Gesellschaft*, una società cospirativa nazionalista e antisemita, che aveva assunto la **croce uncinata come proprio simbolo**. Nel 1918, la Thule svolse un'intensa campagna di propaganda contro gli **ebrei**, **presentati come i responsabili della disfatta bellica tedesca**. Nell'ottobre 1918, per contrastare la diffusione delle idee socialiste all'interno del proletariato, Karl Herrer e Anton Drexler avevano fondato un *Circolo operaio*, su incarico della Thule (che contava a quell'epoca circa 1500 aderenti). Infine, il 5 gennaio 1919, Drexler diede vita a una vera organizzazione politica, il **Partito dei lavoratori tedeschi**, o **DAP** (*Deutsche Arbeiter-Partei*).

Un partito di sinistra, ma nazionalista

L'espressione non era nuova, in quanto già adottata a Trautenau (in Boemia) nel 1904, per designare un partito attivo nell'area dei Sudeti. Si trattava di una regione industriale in cui vivevano fianco a fianco operai tedeschi e lavoratori cechi. Questi ultimi accettavano salari più miseri ed erano disposti a lavorare anche durante gli scioperi. Pertanto, tra le due comunità di lavoratori non c'era affatto quella sintonia di intenti che auspicava la propaganda marxista («Proletari di tutto il mondo unitevi!»), ma anzi un'accesa rivalità. La DAP del 1904 nacque da questa consapevolezza. Voleva essere un partito di sinistra e socialista, ma anche difendere i lavoratori tedeschi da quella che veniva chiamata *l'invasione ceca*. Ben presto, i seguaci del nuovo partito si definirono ***nazionalsocialisti***. La DAP delle origini, in effetti, si proponeva di fondere la *lotta di classe* con il principio della *nazione*: due idee che la maggioranza degli intellettuali del tempo considerava opposte e inconciliabili.

Un partito di massa

La nascita del Partito nazista In qualità di propagandista antibolscevico, il 12 settembre 1919 Hitler fu inviato dalle autorità militari ad assistere a una riunione della DAP di Monaco, presso la birreria Sternecker. A quell'epoca, l'organizzazione era minuscola e del tutto insignificante. **Hitler** comunque iniziò ad appassionarsi al dibattito, **decise di iscriversi al partito** e ben presto entrò nel piccolo comitato direttivo. A seguito della sua insistenza, le riunioni vennero ampiamente pubblicizzate; inoltre, **grazie al suo talento oratorio, i consensi iniziarono a crescere**. Il 24 febbraio 1920, Hitler riuscì a organizzare una vera riunione politica, cui parteciparono circa 2000 persone. In quella sede fu presentato un **programma politico in 25 punti**, che mescolava elementi antisemiti, nazionalisti e persino socialisti, visto che si chiedeva, ad esempio, «la statalizzazione di tutte le imprese a carattere monopolistico». In quel testo, gli unici obiettivi chiaramente illustrati erano due: la soppressione dei duri trattati di pace imposti dai vincitori e la volontà di **cancellare lo Stato liberale**. Una settimana dopo, la DAP cambiò il proprio nome in *Nationalsozialistische Deutsche Arbeiter-Partei* (**Partito nazionalsocialista tedesco dei lavoratori** o **NSDAP**, meglio conosciuto come **Partito nazista**) e adottò come proprio emblema la croce uncinata.

Deutsche Arbeiter-Partei (D. A. P.)
Ortsgruppe München
Abteilung:
Mitgliedskarte
für Herrn Adolf Hitler
München, den 1. Jan. 1920.
Nr.
Schriftwart
Für den Arbeitsausschuß: Drexler
Diese Karte gilt als Ausweis bei geschlossenen Versammlungen

Membri del Partito nazionalsocialista tedesco dei lavoratori nel 1920. Si noti, sulla bandiera, la svastica, che per Hitler era simbolo della perfezione della razza tedesca. Sopra, una tessera della DAP del 1920.

4.3 Hitler, il razzismo e il *Mein Kampf*

› VEDI
La marcia fascista su Roma
→ pag. 260

1923: il *putsch* di Monaco Nello stato di caos determinato dalla grande inflazione nel 1923, il movimento nazista salì per la prima volta alla ribalta: il 9 novembre di quell'anno, infatti, **Hitler tentò un colpo di Stato in Baviera** (noto come il *putsch* di Monaco). Il suo obiettivo era di conquistare il potere in quel distretto, in modo da poter poi organizzare una sorta di *marcia su Berlino* (sul modello della marcia su Roma operata dai fascisti, l'anno prima) di tutte le forze di opposizione di estrema destra. Il colpo di Stato fallì miseramente. Eppure si trattò ugualmente di un successo: per la prima volta, infatti, **il nome di Hitler diventava noto in tutta la Germania** e il movimento nazista saliva alla ribalta nazionale.

Bilancio delle competenze
→ pag. 234

Hitler fu processato per alto tradimento e **condannato** a **cinque anni di carcere** nella fortezza di Landsberg, in Baviera. Qui, nel luglio del 1924, prese a scrivere la prima parte – prevalentemente autobiografica – di un libro intitolato ***Mein Kampf*** (*La mia battaglia*), che avrebbe completato nel 1925. Si tratta di un'opera in cui si trovano poche e semplici idee; esse, però, sono tutte ben coordinate tra loro, in modo da formare **un complesso ideologico organico e coerente**, al quale Hitler restò fedele sino alla morte.

I contenuti del *Mein Kampf* Le cose essenziali da notare nel *Mein Kampf* sono due. Hitler, infatti, da un lato mostra di condividere la leggenda della *pugnalata alla schiena*, cioè l'idea secondo cui la Germania sarebbe stata sconfitta per colpa dei marxisti, veri ispiratori delle rivoluzioni dell'ottobre 1918. D'altro canto, per Hitler, quei **marxisti** in realtà erano **manovrati dagli ebrei**, i quali rappresentano – a suo giudizio – i veri nemici della Germania e del popolo tedesco.

Gli ebrei, manovratori dei marxisti

Storiografia 2
L'antisemitismo redentivo di Hitler
→ pag. 237

Il concetto centrale, su cui Hitler sarebbe tornato più volte nel *Mein Kampf*, può essere espresso mediante l'espressione «**bolscevismo giudaico**»: i marxisti sono solo delle marionette, dei burattini. I veri **registi del movimento comunista sono gli ebrei**, che sfruttano il malcontento operaio per scatenare rivoluzioni, al termine delle quali essi, e solo essi, saranno al vertice del potere.

Hitler era convinto che gli ebrei stessero da secoli congiurando segretamente per la conquista del mondo. Come dimostravano sia la rivoluzione russa sia la disfatta tedesca del 1918, la principale arma di cui essi si servivano era il marxismo, per mezzo del quale distruggevano la coesione interna di una nazione, la portavano alla catastrofe e infine se ne impadronivano. È in questa prospettiva, ad esempio, che Hitler legge la Rivoluzione d'ottobre: «Nel bolscevismo russo – scrive – dobbiamo ravvisare il tentativo intrapreso dal giudaismo nel secolo ventesimo per conquistare la dominazione del mondo». La sconfitta tedesca nel 1918 andava ricondotta alla medesima causa e la Germania correva, per Hitler, il medesimo rischio di trasformarsi in un Paese comunista, espressione che, nella sua concezione, significa *dominato dagli ebrei*. Dunque, bisognava attaccare a fondo i marxisti, non permettere loro di sfruttare le libertà che anche a essi lo Stato liberale concede e anzi procedere alla loro completa eliminazione.

Il *putsch* di Monaco, il primo tentativo (fallito) di colpo di Stato del partito nazionalsocialista guidato da Adolf Hitler, 1923.

In alcuni passi del *Mein Kampf*, Hitler menziona esplicitamente Mussolini e afferma di averlo ammirato per la radicalità con cui, nel suo Paese, si è opposto al comunismo. Sotto questo profilo, è innegabile un legame di affinità con il fascismo italiano. Tuttavia, mentre l'**antisemitismo** fu, del fascismo, una componente alquanto tardiva, nel caso di Hitler esso fu fin dall'inizio l'**elemento centrale della sua concezione del mondo**. L'ostilità contro il marxismo non è sganciabile, in Hitler, dall'interpretazione che egli diede del marxismo stesso e di cui coerentemente si servì per leggere gli avvenimenti russi degli anni seguenti il 1917.

Documento

Ebrei e marxisti devono essere eliminati

Nelle pagine del *Mein Kampf,* Hitler dà voce a una mentalità diffusa nel dopoguerra, secondo cui i nemici interni dovevano essere affrontati e neutralizzati con la stessa determinazione usata, negli anni del conflitto mondiale, contro gli avversari. L'accenno al gas non deve essere considerato una profezia delle tecniche di sterminio usate negli anni 1942-1944, ma solo un riferimento all'arma più micidiale usata nella Grande Guerra. Nel 1923 – dopo l'occupazione francese della Ruhr – Hitler avrebbe voluto mettere in atto il suo progetto di eliminazione violenta di ogni opposizione comunista.

Nel 1919 espiammo con molto sangue il fatto di non avere, nel 1914 e nel 1915, schiacciato per sempre il capo al serpente marxista: ed ora espiamo il fatto di non avere, nella primavera del 1923, colta l'occasione di sopprimere una volta per tutte i marxisti traditori del paese e assassini del popolo. [...]
Se all'inizio e durante la guerra si fossero tenuti sotto i gas velenosi dodici o quindici migliaia di questi ebraici corruttori del popolo come dovettero restare sotto i gas, in campo, centinaia di migliaia dei migliori lavoratori tedeschi di tutti i ceti e di tutti i mestieri, non invano sarebbero periti al fronte milioni di vittime. Eliminando in tempo dodicimila furfanti, si sarebbe salvata la vita a un milione di tedeschi, preziosi per l'avvenire. Ma fu degno della *politica* borghese l'abbandonare, senza batter ciglio, milioni di creature ad una morte sanguinosa sul campo di battaglia, e considerare sacre dieci o dodici migliaia di traditori del popolo, imbroglioni, usurai e impostori, proclamandoli intangibili. Quale è maggiore, nel mondo borghese: la debolezza, la codardia, o l'abietta mentalità? In verità, è sacra al tramonto [destinata al declino, *n.d.r.*] una classe che, purtroppo, trascina con sé nell'abisso un popolo intiero.
Nel 1923 la situazione era la stessa che nel 1918. A qualunque genere di resistenza ci si appigliasse, occorreva anzitutto eliminare dal corpo della nostra nazione il veleno marxista. E, a mio parere, era allora primo compito d'un governo realmente nazionale cercare e trovare forze risolute a dichiarare guerra a morte al Marxismo, e poi lasciare via libera a queste forze. [...]
Certo, una resa dei conti da parte dei marxisti, avvenimento d'importanza mondiale, non può aver luogo secondo lo schema preparato da un Consiglio segreto o da una vecchia arida anima di ministro, ma secondo le eterne leggi della vita su questa Terra, che sono e restano quelle della lotta per l'esistenza. Si doveva tener presente che spesso dalle più sanguinose guerre civili esce un sano e forte corpo di nazione, mentre da una pace mantenuta artificialmente nasce la putrefazione. Non si cambiano con guanti di pelle fina i destini dei popoli. Si doveva nel 1923 agire con brutalità per impadronirsi delle vipere che si nutrivano del sangue del nostro popolo. [...]
Fu quello il tempo in cui – lo confesso apertamente – concepii profonda ammirazione per il grand'uomo a sud delle Alpi che, pieno di fervido amore per il suo popolo, non venne a patti col nemico interno dell'Italia ma volle annientarlo con ogni mezzo. Ciò che farà annoverare Mussolini fra i grandi di questa Terra è la decisione di non spartirsi l'Italia col marxismo, ma di salvare dal marxismo, distruggendolo, la sua patria.

A. HITLER, *La mia battaglia*, Bompiani, Milano 1939, pp. 375-378, trad. it. B. REVEL

Manifesto antisemita: l'ebreo è rappresentato come un usuraio. L'aspetto è poco curato, sembra povero, ma ha monete d'oro in mano; tiene una frusta che rappresenta il dominio sul mondo e, sul braccio, il simbolo del comunismo, nemico della nazione tedesca.

Analizza il testo

- Qual è il primo compito di un governo «realmente nazionale», secondo Hitler?
- Quale decisione, secondo Hitler, farà annoverare Mussolini fra i grandi uomini della Terra?

Fascismo e nazionalsocialismo a confronto

Schema proiettabile

ELEMENTI DA CONFRONTARE	FASCISMO ITALIANO	NAZIONALSOCIALISMO TEDESCO
Legame del leader con la prima guerra mondiale	Interventismo di Mussolini	Partecipazione di Hitler alla guerra e sdegno per la disfatta del 1918
Legame dei militanti con la prima guerra mondiale	Forte presenza di ex combattenti nelle squadre d'azione	Forte presenza nelle file della NSDAP di ex combattenti e di volontari dei Corpi franchi
Atteggiamento verso il sistema parlamentare	Rifiuto totale: il sistema parlamentare è incapace di affrontare il pericolo marxista	Rifiuto totale: il sistema parlamentare è incapace di affrontare il pericolo marxista
Atteggiamento verso il marxismo	Lotta violenta: il socialismo è considerato un pericolo per l'unità della nazione	Lotta violenta: il marxismo è considerato uno strumento usato dagli ebrei per raggiungere il potere e il responsabile della sconfitta del 1918

4.4 Il concetto di razza ariana

› VEDI
I Protocolli dei savi anziani di Sion
→ pag. 171

Un antisemitismo di tipo nuovo Il legame tra antimarxismo e antisemitismo esposto da Hitler ampliava la concezione dei *Protocolli dei savi anziani di Sion*, base dell'ideologia antisemita dei *bianchi* durante la guerra civile russa. In seguito alla sconfitta della controrivoluzione, molti di questi bianchi, insieme con numerosi esponenti del vecchio regime zarista, della borghesia russa e dell'aristocrazia agraria, erano fuggiti in Occidente. Tra costoro, esule dall'area del Baltico, occorre ricordare **Alfred Rosenberg** (1893-1946).

Giovane studente di architettura, nel 1919 si trasferì a Monaco di Baviera e aderì alla Thule-Gesellschaft. Poco più tardi, aderì alla DAP e infine incontrò Hitler. **Probabilmente, fu Rosenberg a fargli conoscere i Protocolli dei savi anziani di Sion, che Hitler utilizzò come fonte per alcuni dei suoi primi discorsi pubblici.**

Tuttavia, occorre precisare che, mentre in Russia l'odio per gli ebrei era ancora di tipo tradizionale, cioè religioso, nella visione di Hitler l'antisemitismo si era fuso con le teorie razziste nate alla fine del Settecento e sviluppatesi nel corso dell'Ottocento.

Una fotografia di Alfred Rosenberg, 1925 circa.

L'ariano crea, l'ebreo distrugge

Secondo tali dottrine, esisterebbe una **razza**, quella **ariana**, corrispondente in pratica agli europei di pelle chiara, che possiede **caratteristiche superiori a** quelle di **tutte le altre** e, di conseguenza, sarebbe in diritto di dominarle. «Su questa terra – scrive Hitler nel *Mein Kampf* – la cultura e la civiltà umana sono indissolubilmente legate alla presenza dell'uomo ariano. La sua morte o il suo tramonto stenderebbero nuovamente sul nostro pianeta i veli oscuri di un'epoca priva di civiltà». Secondo Hitler, dunque, solo l'**ariano** può a buon diritto portare il nome di *uomo* ed essere considerato il **fondatore della cultura umana**. L'ebreo, viceversa, vuole distruggere quanto l'ariano produce e in questa sua opera di demolizione si serve di vari strumenti. Il principale è, come si è detto, il marxismo; ma poiché la dottrina comunista non può penetrare all'interno di una comunità di ariani (in virtù della loro intelligenza e della loro nobiltà d'animo), chi voglia diffonderla presso quel popolo deve prima di tutto *inquinarlo* e *imbastardirlo* dal punto di vista razziale, privandolo della sua originaria *purezza*. Infatti, per Hitler, «ogni incrocio tra due esseri di ineguale valore dà come prodotto un termine medio tra il valore dei due genitori».

Le parole → Ariano

A seguito degli studi di linguistica condotti tra la fine del Settecento e l'inizio dell'Ottocento, in Europa si diffuse la convinzione che la lingua parlata da un popolo riflettesse fedelmente i suoi caratteri fondamentali. Poiché le lingue indoeuropee, derivanti da quella parlata dal popolo originario degli ariani, apparivano più complesse e articolate rispetto all'ebraico e all'arabo, si dedusse che gli ariani fossero più intelligenti, creativi e ricchi di spiritualità rispetto ai cosiddetti *semiti*. A questo si aggiunse la convinzione che i popoli ariani fossero migliori perché erano i più simili fisicamente alla perfezione umana raffigurata nell'arte dell'antica Grecia. Infine, i popoli considerati razzialmente inferiori vennero accusati di non saper dominare i propri istinti, e quindi di avere abitudini e comportamenti perversi.

Due mezzi complementari

Il complotto ebreo per la conquista del mondo In questo modo, Hitler finisce per presentare gli **ebrei** come **esseri demoniaci** che, assetati di potere, **mirano alla conquista del mondo intero**; in questo loro tentativo, fanno ricorso a due mezzi complementari: da un lato cercano in ogni modo di **abbassare il livello della purezza razziale del popolo che vogliono conquistare**, e dall'altro diffondono (in questa popolazione ormai privata delle sue migliori facoltà intellettuali e spirituali) il marxismo, che permetterà infine alla *razza ebraica* di ottenere il potere supremo.

Ma, per Hitler, se fosse accaduto, ciò avrebbe significato la completa estinzione del **genere umano, che ai suoi occhi coincideva con la razza ariana**: «Se l'ebreo, con l'aiuto del credo marxista, vince i popoli di questo mondo, allora la sua corona sarà la corona funebre dell'umanità, allora questo pianeta, come milioni di anni fa, solcherà l'etere senza uomini... Perciò oggi sento di agire nel segno dell'onnipotente creatore: **difendendomi dall'ebreo lotto per l'opera del Signore**».

Una famiglia tipicamente ariana, rappresentata in un dipinto degli anni Trenta.

Bilancio delle competenze

Saper individuare i caratteri fondamentali di un'ideologia

A questo punto del nostro percorso, possiamo ricostruire in forma organica i caratteri fondamentali delle principali ideologie del XX secolo.

1 Secondo il politologo inglese Michael Freeden, le ideologie «sono sistemi di pensiero politico, flessibili o rigidi, consapevoli o inconsapevoli, attraverso cui gli individui e i gruppi danno vita a un'idea del mondo politico che essi abitano, per poi agire sulla base di quella comprensione». In termini più semplici, potremmo affermare che i tratti più caratteristici delle ideologie sono due. In primo luogo, troviamo lo sforzo di **interpretare la realtà in tutti i suoi aspetti**, compresi quelli che apparentemente sono molto lontani dalla vita politica, come l'esistenza o meno di una divinità, l'eventuale senso della vita e della storia umana, la relazione tra i sessi o tra genitori e figli. A maggior ragione, ogni ideologia si è quindi costruita una propria **precisa concezione dello Stato, dell'economia**, dei rapporti fra i vari gruppi che costituiscono la **società civile**.

A un raduno a Monaco nel gennaio 1923, membri del nascente Partito nazista mostrano bandiere con la svastica, il simbolo della razza ariana.

→ Questa *interpretazione della realtà*, questa *concezione globale* – che tende a trasformarsi in *sistema rigido* – non è fine a se stessa: non è un puro esercizio intellettuale, una dottrina astratta. L'**ideologia**, infatti, **tende a calarsi in prassi** concreta, cioè a modellare il contesto su cui riesce ad agire (ma, in prospettiva, il suo sogno sarebbe di coinvolgere il mondo intero) secondo il modello, il progetto teorico, il sistema intellettuale elaborato.

2 Si può certo affermare che tutte le epoche hanno generato ideologie, nel senso appena delineato. Tuttavia, l'Ottocento e il Novecento hanno visto l'elaborazione e lo scontro di numerose ideologie concorrenti, in una forma particolarmente acuta e violenta. Il contrasto nasceva dal fatto che le differenti interpretazioni della realtà offrivano visioni opposte della vita, della storia, dello Stato, dell'essere umano.

Per il **liberalismo**, il dato in assoluto più importante era il **singolo individuo**, di cui lo Stato doveva rispettare il libero sviluppo, garantendogli i **fondamentali e inviolabili diritti naturali**. Oltre alla vita e alla libertà (di movimento, di pensiero, di religione, di associazione...), lo Stato doveva tutelare **soprattutto il diritto alla proprietà privata**; inoltre, secondo la maggioranza dei liberali, lo Stato doveva astenersi il più possibile dall'intervenire nella vita economica. Il **socialismo** (nelle sue varie forme) si pose in antitesi al liberalismo, negando innanzitutto il principio della proprietà privata: essa non era, secondo i socialisti, un diritto naturale, bensì l'esito di particolari circostanze storiche, o meglio di soprusi compiuti da alcuni uomini a danno di altri. Pertanto, la realtà sociale esistente – radicalmente ingiusta – andava rovesciata. E **se la libertà è il principio più caro ai liberali, i socialisti, invece, le antepongono l'uguaglianza**. A livello religioso, la maggior parte dei socialisti fu fortemente critica verso la fede tradizionale, sostenendo che la promessa di un aldilà serviva solo come strumento di oppressione, utilizzato dai gruppi che detenevano il potere per illudere i diseredati.

Saper individuare i caratteri fondamentali di un'ideologia

1 Un'interpretazione globale della realtà
2 Liberalismo e socialismo
3 Fascismo e nazionalsocialismo
4 Le crisi delle ideologie

3 Dopo la prima guerra mondiale, giunsero a piena maturazione **fascismo** e **nazionalsocialismo**, che rifiutavano sia il primato assegnato dai liberali all'individuo, sia il socialismo (nella sua versione marxista). Secondo i seguaci di Hitler e Mussolini, l'**agire dei singoli** doveva essere **subordinato alle superiori esigenze della nazione** (o meglio, della razza, nel caso nazista). Il marxismo, invece, era rifiutato perché esortava allo scontro frontale tra borghesia e proletariato; queste due classi sociali, secondo fascisti e nazisti, invece di combattersi avrebbero dovuto trovare un accordo e unire le loro energie, per l'espansione della nazione e la creazione di un vasto impero capace di garantire prosperità e benessere, a danno di popoli ritenuti inferiori.

→ Mentre liberalismo e socialismo, in linea di principio, sostengono l'uguaglianza di tutti gli esseri umani, il razzismo finì per essere un tratto importantissimo delle due ideologie *nazionaliste*.

4 Queste ideologie si scontrarono per tutto il Novecento. Le prime a soccombere furono il fascismo e il nazismo, sconfitti nel 1945 dalla provvisoria alleanza dell'unico Stato socialista allora esistente (l'Unione Sovietica) con i due più importanti Stati liberali (Inghilterra e Stati Uniti). Tra il 1945 e il 1989, invece, si contrapposero il modello liberale americano e quello socialista (o meglio, comunista) sovietico, in uno scontro che fu in larga misura *freddo*, cioè solo politico, nel cuore dell'Europa, mentre divenne violento in alcuni teatri asiatici (Corea, 1950-1953; Vietnam, 1946-1973). Il collasso economico e politico dell'Unione Sovietica, all'inizio degli anni Novanta, segnò la cosiddetta ***fine delle ideologie***, obbligando numerosi partiti protagonisti del Novecento a trasformarsi in modo radicale. Si pensi, in Italia, alla fine del Partito comunista, della Democrazia cristiana (di ispirazione cattolica) e del Movimento sociale italiano (neofascista).

→ **A eccezione del liberalismo, tutte le grandi ideologie del Novecento si sono esaurite**, sia in Europa sia in tutto il resto del mondo. In Cina o in Vietnam, ad esempio, regimi che si definiscono ancora, ufficialmente, comunisti, di fatto non lo sono più, visto e considerato che le loro economie si sono aperte al libero mercato e permettono l'investimento di capitali privati. In vari Paesi, però, **il posto delle ideologie** del Novecento (nazionalismo e socialismo, ad esempio) **è stato preso dalla religione**, prima fra tutte l'islam, che talvolta assume quel ruolo di antagonista rispetto al modello liberale americano che, negli anni dal 1945 al 1989, era stato assunto dal comunismo sovietico.

Talebani armati in Afghanistan.

1 L'appropriazione della memoria della guerra da parte del fascismo

Fin dal 1922, il fascismo diede un eccezionale rilievo alla memoria della guerra. Il 24 maggio 1915 e il 4 novembre 1918 furono presentati come momenti di frattura radicale, da cui era iniziata la resurrezione morale e politica dell'Italia. Per la sua vicinanza al 28 ottobre (data della marcia su Roma, che portò Mussolini al potere), l'anniversario della vittoria subì una progressiva e speciale fascistizzazione, cioè fu presentata come l'atto iniziale del nuovo corso assunto dalla politica nazionale. A quel punto, il 4 novembre entrò a far parte del culto del littorio, quell'insieme di riti e di miti per mezzo dei quali il fascismo – vera e propria religione politica – celebrava se stesso.

Un ruolo centrale nell'istituzione del culto della patria, in funzione della legittimazione del potere fascista, ebbe soprattutto la glorificazione della Grande guerra, con i riti per gli anniversari dell'intervento e della vittoria. Giunto al potere, il fascismo si impegnò molto per sviluppare il mito della guerra, trasfigurandola in una epopea di eroismo e di martirio consacrata alla divinità della patria. [...]

Tre giovani con divisa delle camicie nere posano davanti a un treno il 28 ottobre 1922, giorno della marcia su Roma.

[Il 24 maggio 1923, *n.d.r.*] Mussolini si recò in *sacro pellegrinaggio* al cimitero di Redipuglia, dove partecipò, con membri del governo ed alti ufficiali dell'esercito, ad una grande adunata di reduci. Il duca d'Aosta, dopo la funzione religiosa, evocò «la gloriosa epopea del grande riscatto» e i «primi Eroi» che avevano consacrato la vita «sulla forca d'Asburgo, simbolo del martirio redentore nella religione d'Italia, come la croce nella religione di Cristo»; ricordò il martirio di sangue nelle battaglie, il «Golgota tremendo» di Caporetto, e quindi la resurrezione dell'«Italia crocefissa» fino alla vittoria. Concluse con un'invocazione ai «martiri sublimi», ai «purissimi eroi», ai «Santi del Carso» di vegliare sulla patria «sempre fiammeggiante di avvenire e di gloria».

L'immagine della resurrezione, legata al culto della Grande guerra, era comune nella retorica patriottica, ma essa acquistò un particolare significato nella fascistizzazione del mito della guerra, divenendo *mito di fondazione* nell'universo simbolico fascista sia per quanto riguarda gli aspetti rituali del *culto del littorio*, sia per quanto riguarda gli aspetti epici, sviluppati nella invenzione di una *storia sacra* per la religione fascista. Facendo ricorso ad analoghe metafore cristologiche, infatti, il fascismo esaltò l'intervento presentandolo come l'atto voluto e imposto da una *aristocrazia morale e spirituale del popolo* insorta a reclamare la «propria croce per salire il calvario della redenzione» [*Il Popolo d'Italia*, 24 maggio 1923]. Di questa aristocrazia, il fascismo si proclamava principale espressione, unico erede e legittimo rappresentante. Il 24 maggio, scriveva *Il Popolo d'Italia*, «che nessun Governo aveva finora osato celebrare, è la data folgorante che segna il limitare della nuova vita, e sta nitidamente tra due periodi, due epoche, due mondi... di là comincia il dissidio ultimo e profondo tra la vecchia e la nuova Italia», è la «giornata gloriosa dell'interventismo italiano, è la magnifica epifania dell'anima nuova», che la rivoluzione fascista avrebbe fatto trionfare. [...]

La stessa sorte toccò alla festa del 4 novembre che, grazie alla contiguità con l'anniversario della *marcia su Roma*, si prestava facilmente a essere assimilata a quest'ultima, come altra data decisiva della rivoluzione fascista, perché, affermava *Il Popolo d'Italia* nel 1924, il fascismo «prese il potere per la delega e la procura dei combattenti, vivi e morti» e «vuole continuare a governare in nome di questa sublime investitura. Benito Mussolini è l'uomo, il quale... restaurò il tempio dell'Italia profanata». Instaurato il regime, la festa conservò il carattere di celebrazione del combattentismo, ma alla rievocazione della Vittoria si affiancò, e sempre più si sovrappose, il rito di una collettiva manifestazione di dedizione e di obbedienza al duce e al regime, anche se l'incorporazione di questa festa nel *culto del littorio* dovette esigere all'inizio una certa cautela, per non riaccendere tensioni fra combattenti [che avevano fatto la guerra, ma poi non avevano aderito al fascismo, *n.d.r.*] e fascisti. Per gli

Giunto al potere, il fascismo si impegnò molto per sviluppare il mito della guerra, trasfigurandola in una epopea di eroismo e di martirio consacrata alla divinità della patria

anniversari del 28 ottobre e del 4 novembre del 1930, tutte le associazioni della Grande guerra diramarono una dichiarazione congiunta che sanciva l'avvenuta assimilazione delle due ricorrenze: «Uniti nell'amore che è fede noi salutiamo ogni anno le due date di gloria: l'una illumina l'altra, ché entrambe ci annunciarono il magnanimo presente con le sue dure fatiche». Nel 1930, le cerimonie furono dominate dal rito del giuramento dei giovani iscritti ai Fasci giovanili, da poco costituiti. Anche per il 4 novembre, dunque, l'incorporazione era stata compiuta:

«Stamane – riferiva il prefetto di Modena il 4 novembre 1930 – dopo celebrazione messa tempio monumentale questo capoluogo in memoria caduti guerra autorità civili militari gerarchi convennero palazzo Littorio per deporre corona lapide ricordante caduti fascisti et per assistere giuramento giovani fascisti stop formatosi poscia imponentissimo corteo con partecipanti autorità fasci organizzazioni Partito et numerosissimo pubblico stop corteo deposto altre corone lapidario accademia militare recossi monumento caduti guerra per ascoltare orazione commemorativa».

Col passare degli anni, ai riti della *patria risorta* si sovrappose sempre più il simbolismo fascista. Le cerimonie associavano in molti casi, in un unico rito, il culto dei caduti per la patria e il culto dei caduti per la rivoluzione fascista. Parlando ad Enna per l'anniversario della Vittoria, nel 1932, in occasione dell'inaugurazione del monumento ai caduti, il ministro Romano pose «in rilievo come nel decennale del Regime i Caduti della Guerra e della Rivoluzione siano tornati ravvolti nello stesso tricolore». Il partito, inoltre, estese il suo controllo sull'apparato celebrativo, fissando le modalità delle cerimonie. La formalizzazione rituale tipica degli anniversari della Grande guerra, dopo l'incorporazione nel *culto del littorio*, è descritta sinteticamente nella relazione del prefetto di Padova del 4 novembre 1932:

«Ricorrenza anniversario vittoria con intervento organizzazioni svoltasi tutti comuni provincia con grande entusiasmo e senza incidenti. Questo capoluogo dopo messa celebrata stamane Duomo, presenti autorità civili e militari organizzazioni partito, reparti armati e rappresentanze combattenti e mutilati convenute da tutti comuni provincia, formatosi imponente corteo che si è recato monumento caduti per deporre corone e assistere benedizione impartita S.E. Arcivescovo. Corteo ricostituitosi ha poscia raggiunto al canto inni patriottici parco Rimembranze ove sono stati letti fra grandi applausi bollettino vittoria bollettino Marina e motivazione concessione croce guerra questa città. Pomeriggio oggi questo teatro comunale presente autorità associazioni organizzazioni e gremito pubblico presente questa federazione combattenti ha efficacemente rievocato data vittoria suscitando entusiastiche appassionate manifestazioni consenso e devozione Casa Savoia Duce e Regime».

E. GENTILE, *Il culto del littorio. La sacralizzazione della politica nell'Italia fascista*, Laterza, Roma-Bari 1994, pp. 74-84

Analizza il testo

- Che ruolo svolgevano le metafore religiose nella retorica nazionalista?
- Quale obiettivo raggiungeva la commemorazione in un unico rito dei caduti in guerra e degli squadristi morti negli anni 1920-1922?

2 L'*antisemitismo redentivo* di Hitler

Non è facile ricostruire le fonti del pensiero di Hitler. Secondo alcuni storici, va messa in evidenza la figura del giornalista Dietrich Eckart, cui Hitler dedicò *Mein Kampf*. Inoltre, la maggior parte degli studiosi concorda ormai nell'individuare nell'antisemitismo e nel razzismo – più che nell'antimarxismo – il nucleo centrale della concezione del mondo hitleriana.

Come ha sottolineato lo storico tedesco Eberhard Jäckel, i più ampi obiettivi dell'antisemitismo di Hitler apparvero solo con la pubblicazione di *Mein Kampf*, in cui la dimensione apocalittica della lotta antiebraica trova piena forza espressiva. Tale epilogo potrebbe essere stato il frutto di un'evoluzione indipendente del pensiero politico di Hitler; più probabilmente, tuttavia, fu il risultato dell'influsso ideologico di un uomo che Hitler conobbe alla fine del 1919 o all'inizio del 1920: lo scrittore, direttore di giornale, saggista, tossicodipendente e alcolizzato Dietrich Eckart.

L'influenza di Eckart su Hitler e l'aiuto pratico offertogli in diverse occasioni tra il 1920 e il 1923 sono stati più volte menzionati. Lo stesso Hitler non negò mai l'influenza di Eckart: «Brillava dinanzi ai nostri occhi come una stella polare», ebbe a dire di lui, aggiungendo: «A quel tempo, ero intellettualmente parlando un lattante». *Mein Kampf* fu dedicato ai compagni di Hitler uccisi durante il putsch del 1923 e a Dietrich Eckart (morto nei pressi di Berchtesgaden la vigilia di Natale del 1923).

Il tristemente noto *dialogo* tra Eckart e Hitler, *Der Bolschewismus von Moses bis Lenin: Zwiegerspräch zwischen Adolf Hitler und Mir* (Il bolscevismo da Mosè a Lenin: un dialogo tra Adolf Hitler e me), pubblicato alcuni mesi dopo la morte di Eckart, fu scritto dal solo Dietrich Eckart probabilmente all'insaputa dello stesso Hitler. Per alcuni storici, il *Dialogo* esprime la posizione ideologica di Hitler riguardo alla questione ebraica; per altri il testo rispecchia molto più il modo di pensare di Eckart che non quello di Hitler. A prescindere, tuttavia, dalla paternità del pamphlet, tutto quanto sappiamo su Eckart e Hitler ci induce a credere che il documento sia un'espressione del loro rapporto e delle loro idee comuni.

Il bolscevismo non è identificato con l'ideologia e la forza politica assurta al potere in Russia nel 1917, quanto piuttosto con l'azione distruttiva degli ebrei

I temi del *Dialogo* traspaiono chiaramente nel *Mein Kampf* ogni qual volta la retorica di Hitler assurge al livello metastorico [assume caratteri di immutabilità ed eternità, *n.d.r.*]. Ciò che immediatamente colpisce nel *Dialogo*, a partire dal titolo stesso, è che il bolscevismo non è identificato con l'ideologia e la forza politica assurta al potere in Russia nel 1917, quanto piuttosto con l'azione distruttiva degli ebrei nel corso dei tempi. In realtà, nei primi anni della carriera

STORIOGRAFIA

di agitatore di Hitler – e questo include la stesura del testo del *Mein Kampf* – il bolscevismo politico, sebbene costantemente indicato come uno degli strumenti impiegati dagli ebrei per giungere a dominare il mondo, *non* è una delle principali ossessioni di Hitler. Esso è un tema primario solo nella misura in cui il *vero* tema centrale sono gli ebrei, di cui il bolscevismo è espressione. In altre parole, il periodo rivoluzionario del 1919 non costituisce una fase centrale nella propaganda hitleriana. Cosicché, considerare il nazismo principalmente come un'atterrita reazione alla minaccia del bolscevismo, com'è stato sostenuto ad esempio dallo storico tedesco Ernst Nolte, non corrisponde a quanto sappiamo sui primi passi della carriera di Hitler.

Il *Dialogo* è impregnato di visioni apocalittiche correlate alla minaccia ebraica. Il pamphlet di Eckart è certamente una delle rappresentazioni più estremizzate degli ebrei in quanto storica forza del male. Alla fine del testo *egli* (vale a dire Hitler) riepiloga l'obiettivo ultimo degli ebrei: «Le cose stanno certamente – egli disse – come tu [Eckart, *n.d.r.*] hai scritto una volta; "È possibile capire gli ebrei solo conoscendo il loro obiettivo finale. Essi vanno al di là del dominio del mondo, e tendono alla *distruzione* del mondo"».

Questa visione di una fine del mondo provocata dagli ebrei riappare, quasi testualmente, in *Mein Kampf*: «Se, con l'aiuto del credo marxista, l'ebreo risulterà vittorioso sugli altri popoli del mondo», scrisse Hitler, «la sua corona sarà la ghirlanda funeraria dell'umanità e il suo pianeta ruoterà nell'etere, come faceva migliaia di anni fa, del tutto privo di esseri umani».

Al termine del secondo capitolo di *Mein Kampf* troviamo la sinistra dichiarazione di fede: «Oggi io ritengo di star agendo in accordo al volere del Possente Creatore: difendendo me stesso dall'ebreo io combatto per l'operato del Signore». In Eckart, e in Hitler così com'egli andò postulando il proprio credo a partire dal 1924, l'antisemitismo redentivo trovò la sua più piena espressione. [...]

Hitler ripeté incessantemente una storia di perdizione causata dagli ebrei e di redenzione conquistata mediante una completa vittoria su di essi. Per il futuro Führer, le sinistre macchinazioni degli ebrei erano un'ininterrotta e onnicomprensiva attività cospirativa che abbracciava l'intera storia dell'Occidente. Il quadro interpretativo hitleriano non si riduceva semplicemente al suo contesto esplicito; esso costituiva altresì l'essenza dell'implicito messaggio che la storia trasmetteva. Nonostante le pretese di analisi storica, nella descrizione di Hitler l'ebreo veniva destoricizzato e trasformato in un astratto principio di malvagità contrapposto a una controparte altrettanto metastorica e immutabile nella sua natura e nel suo ruolo: la razza ariana. Laddove il marxismo enfatizzava l'idea del conflitto come conseguenza del tentativo di cambiare le forze della storia, il nazismo e la visione del mondo hitleriana in particolare consideravano la storia come scontro tra forze del bene e forze del male, entrambe immutabili, il cui esito finale non poteva essere immaginato che in termini religiosi: perdizione o redenzione.

S. FRIEDLÄNDER, *La Germania nazista e gli ebrei*, vol. 1, *Gli anni della persecuzione*, 1933-1939, Garzanti, Milano 1998, pp. 105-108, trad. it. S. MINUCCI

Analizza il testo

- Che cosa intendono designare Eckart e Hitler, quando parlano di bolscevismo? Il termine designa solo il partito che conquistò il potere in Russia nel 1917?
- Si può affermare che gli ebrei, nella concezione hitleriana, sono una forza demoniaca?
- Spiega l'espressione utilizzata dallo storico S. Friedländer, che definisce «antisemitismo redentivo» il nucleo centrale del pensiero hitleriano.

Ebrei su un mezzo della polizia osservano gli agenti che controllano i loro documenti di identità. Gli ebrei erano ritenuti il maggior pericolo per la Germania.

STORIOGRAFIA

Sionismo e risveglio musulmano

La situazione nell'impero ottomano

› VEDI
Il genocidio degli armeni
→ pag. 62

L'intervento inglese nell'impero ottomano Nel 1914, l'impero ottomano era entrato in guerra dalla parte degli imperi centrali, nel tentativo di contrastare l'espansione russa sugli Stretti del Bosforo e dei Dardanelli, aerea strategicamente nevralgica. L'intento del governo di Istanbul era di far ribellare le popolazioni che, pur vivendo nell'impero russo, erano affini per cultura e religione ai turchi. L'attacco si risolse in un completo insuccesso. Durante la ritirata, a partire dal gennaio del 1915, i turchi intrapresero un'opera di sistematica deportazione della popolazione armena, cristiana, residente da secoli nell'Anatolia orientale.

Nel **1915**, l'Inghilterra si illuse di porre rapidamente fine al nuovo scenario bellico mediorientale con un attacco frontale contro Istanbul. Le **truppe inglesi sbarcarono a Gallipoli** (nella Turchia europea), ma non riuscirono a proseguire la loro avanzata contro la capitale e infine **furono costrette a ritirarsi**.

Thomas Edward Lawrence, meglio conosciuto come Lawrence d'Arabia, fu un personaggio eclettico: agente segreto ma anche archeologo e scrittore britannico, fu protagonista della rivolta araba contro la dominazione ottomana.

L'appoggio britannico alla rivolta degli arabi A quel punto, prevalse l'idea di **alimentare la rivolta delle popolazioni arabe sottomesse al dominio turco** e, a tal fine, fu cercata l'alleanza con Husayn, prestigioso *Sharif* ("nobile", in quanto discendente del Profeta) della **Mecca**, cui la diplomazia inglese fece balenare la prospettiva della nascita di un grande Stato arabo indipendente, comprendente tutte le province asiatiche dell'impero ottomano.

Nel 1916, **Husayn** si pose a **capo della grande rivolta araba**, cacciando dalla Mecca (in giugno) la guarnigione turca e assumendo (in novembre) il titolo di *re delle nazioni arabe*. Dal punto di vista militare, la ribellione diede un notevole contributo alla sconfitta turca; appoggiati da consiglieri militari britannici (tra i quali ricordiamo il colonnello **Thomas Edward Lawrence**), gli arabi tennero impegnati circa 30 000 soldati ottomani ed ebbero il loro più clamoroso successo nella conquista del porto di Aqaba, sul Mar Rosso, nel luglio del 1917.

La spartizione del Vicino Oriente

Le trattative segrete tra Inghilterra e Francia Nello stesso tempo in cui sosteneva la rivolta degli arabi, il governo inglese iniziò trattative segrete con quello francese, al fine di una spartizione del Medio Oriente, una volta concluso il conflitto. L'accordo raggiunto dalle due parti non lasciava alcuno spazio a un vasto Stato nazionale arabo indipendente: al contrario, prevedeva che **Siria e Libano passassero sotto controllo francese**, **Palestina e Mesopotamia sotto influenza inglese**.

La conferenza di Sanremo

A guerra finita, quando la conferenza di Sanremo dell'aprile 1920 incominciò a definire la nuova geografia politica della regione, fu questa **logica imperialistica** a prevalere, senza che le aspirazioni arabe fossero tenute nella minima considerazione; non a caso, gli arabi definirono il 1920 come l'*anno della catastrofe*, quello in cui videro infranti tutti i loro sogni di autonomia e di indipendenza.

geostoria

Gli Stati del Vicino Oriente dopo il 1914

Carta proiettabile

Tra il 1914 e il 1920 la regione del Vicino Oriente subì notevoli cambiamenti. L'assetto creatosi dopo la guerra fu pesantemente modificato dai cosiddetti "mandati", che la conferenza di Sanremo affidò a Francia e Gran Bretagna. Istituiti per favorire la collaborazione tra i popoli, si trattava in realtà di una forma mascherata di colonialismo.

La nascita dei mandati e la delusione degli arabi Ufficialmente, i nuovi territori sottoposti al controllo inglese o francese non erano delle vere e proprie colonie; **formalmente**, l'attività di amministrazione europea era chiamata ***mandato***: in teoria, **Francia e Gran Bretagna agivano per conto della Società delle nazioni** (il nuovo organismo internazionale sorto, dopo la fine della guerra, allo scopo di favorire la collaborazione tra i popoli e le nazioni) e avrebbero dovuto creare tutte le condizioni per promuovere, in futuro, l'indipendenza dei popoli sottoposti al mandato. **In pratica**, si trattava di una pura finzione giuridica, non priva di ipocrisia e incapace di mascherare che **il Vicino Oriente era sottomesso a dominazione occidentale**. La **delusione degli arabi** fu immensa, tanto da condizionare i rapporti con l'Occidente fino ai nostri giorni.

MONOGRAFIA

Il mandato britannico

Gli inglesi divisero poi i territori sotto il proprio mandato in tre grandi aree; in Mesopotamia **crearono lo Stato dell'Iraq** (eretto a regno e assegnato a Faisal, figlio di Husayn), mentre dalla Palestina propriamente detta separarono tutta la regione a est del Giordano, la **Transgiordania**, concessa al fratello maggiore di Faisal, Abd-Allah, con il titolo di emiro. Il motivo per cui la **Palestina fu divisa in due aree distinte** va cercato in un nuovo fattore politico, che complicò notevolmente la situazione e irritò ulteriormente i sentimenti degli arabi. Tale inedito elemento prende correntemente il nome di ***sionismo***, termine con il quale si indica il movimento finalizzato alla ricostruzione di uno Stato ebraico in Palestina.

Il sionismo

Theodor Herzl e l'idea di uno Stato per gli ebrei L'idea di **costituire uno Stato ebraico** fu lanciata, negli ultimi anni dell'Ottocento, da **Theodor Herzl**, uno scrittore di opere teatrali che collaborava a uno dei più prestigiosi quotidiani viennesi. Herzl era un ebreo completamente assimilato, cioè privo di ogni legame con la religione, la lingua e la cultura dei suoi avi. Proprio per questo, restò profondamente colpito dall'ondata di antisemitismo che, un po' in tutta l'Europa, si scatenò nell'ultimo decennio del XIX secolo. In particolare, egli notò con preoccupazione che l'ostilità antiebraica non pareva un retaggio esclusivo dell'arretrato e reazionario impero zarista, bensì trovava un numero sempre più elevato di adesioni anche in Stati moderni e industrializzati come la Francia e la Germania.

Timori per l'antisemitismo in Europa

Herzl giunse alla conclusione che l'**antisemitismo era inestirpabile presso le popolazioni europee**; gli ebrei, secondo il suo giudizio, non avrebbero mai potuto vivere in pace: neppure la più completa assimilazione avrebbe permesso loro di risiedere, in Europa, senza essere disprezzati e periodicamente perseguitati. Così, Herzl lanciò la sua proposta di **costruire uno Stato in cui gli ebrei avrebbero dovuto trasferirsi in massa**; cessando di essere una ristretta minoranza in balia degli umori degli altri popoli, essi avrebbero finalmente raggiunto la sicurezza materiale e la rispettabilità di cui fino ad allora erano stati privati. Nel 1896, Herzl pubblicò *Lo Stato ebraico*, un libretto di un centinaio di pagine che, oltre a presentare l'idea in sé, faceva anche numerose proposte di tipo pratico circa le sue modalità di realizzazione.

Appello alle masse ebraiche

Theodor Herzl, fondatore dello del movimento politico sionista, nel suo studio.

MONOGRAFIA

I primi insediamenti in Palestina Secondo l'intenzione originaria di Herzl, alcuni dei più potenti banchieri ebrei avrebbero potuto offrire al sultano il risanamento delle dissestate finanze dell'impero turco, in cambio della possibilità di creare in Palestina uno Stato sovrano ebraico. Tuttavia, di fronte al disinteresse mostrato dai finanzieri per il suo progetto – che all'opposto, soprattutto nell'Europa orientale, aveva suscitato l'entusiasmo e l'adesione appassionata delle grandi masse ebraiche – nel **1897** fu convocato a **Basilea il primo *Congresso sionista***, con l'obiettivo di esplorare tutte le vie possibili in vista della creazione dello Stato ebraico.

A partire dai primi anni del Novecento, il movimento sionista (tramite il Fondo nazionale ebraico) iniziò ad acquistare terre in Palestina, soprattutto dai grandi proprietari arabi assenteisti, residenti a Beirut o a Damasco. Nel medesimo tempo, l'**immigrazione ebraica in Palestina** andò crescendo costantemente: a fronte di circa 24 000 ebrei presenti nel 1882, la consistenza dell'insediamento ebraico aveva toccato, nel 1914, le 80 000 unità. A questa data, però, le prospettive per la trasformazione di questa presenza in un vero e proprio Stato parevano quanto mai remote, visto che il governo turco non aveva la minima intenzione di cedere a nessuno, e tanto meno ai sionisti, la propria sovranità sul territorio palestinese.

Antisemitismo europeo e sionismo

DATE	EPISODI DI ANTISEMITISMO	MOVIMENTO SIONISTA
1881	Pogrom di Kiev e Odessa, nella Russia zarista	
1896	Affare Dreyfus in Francia	Herzl pubblica *Lo Stato ebraico*
1897	Un partito antisemita vince le elezioni a Vienna	Primo Congresso sionista a Basilea

geostoria

Insediamenti ebraici in Palestina (1882-1944)

Carta proiettabile

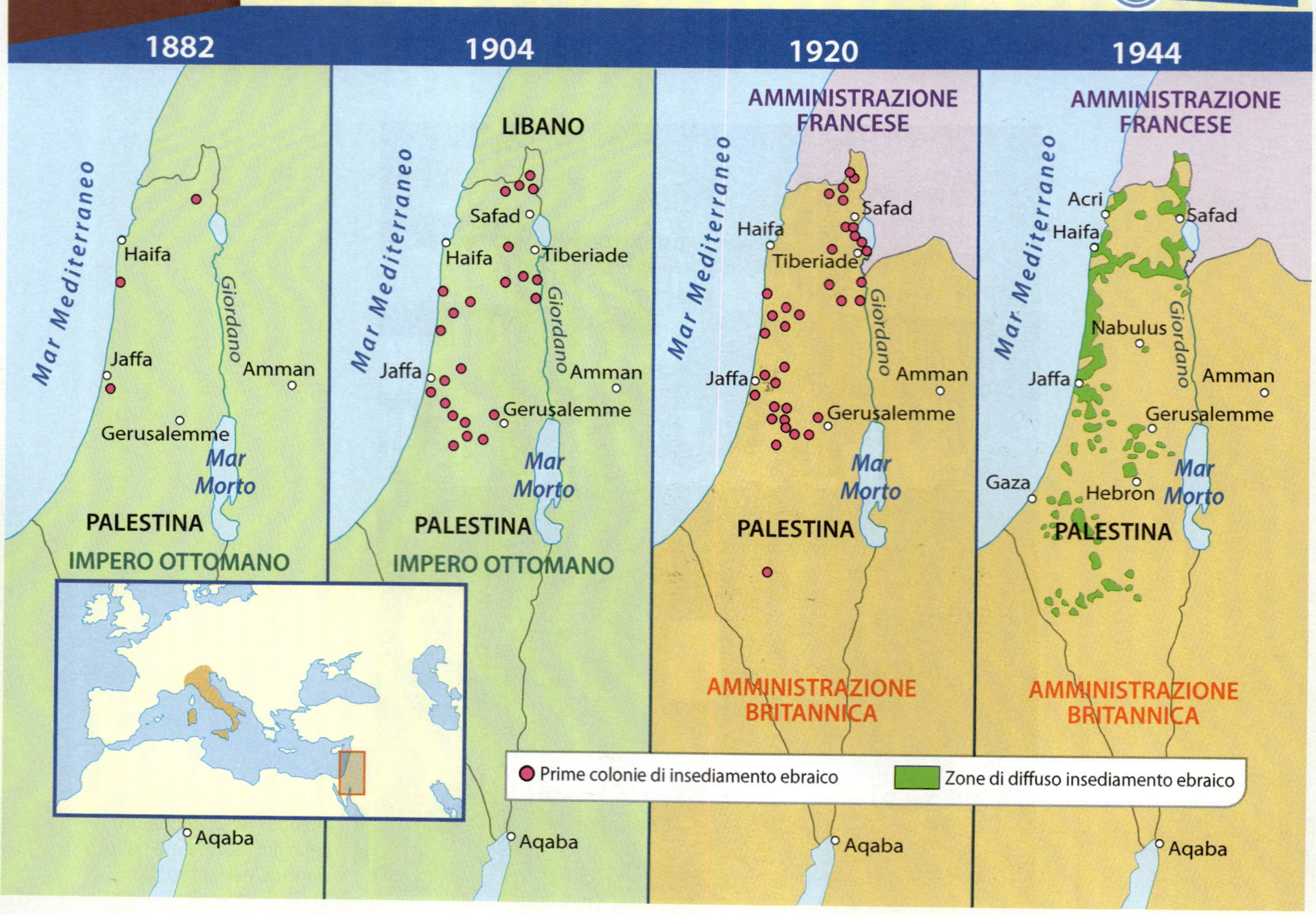

La *Dichiarazione Balfour* Fu la guerra mondiale a imprimere una brusca accelerazione al processo: il 2 novembre 1917, infatti, tramite il suo ministro degli Esteri, Arthur James Balfour, il governo inglese pronunciò una dichiarazione ufficiale finalizzata a far sì che gli ebrei di tutto il mondo (tendenzialmente ostili alla Russia, a causa dei sentimenti antisemiti profondamente radicati in quella terra) collaborassero attivamente alla vittoria degli Alleati. La dichiarazione, a dir poco, era un capolavoro di ambiguità. Da un lato, infatti, non si accennava minimamente alla possibilità di far nascere uno Stato sovrano ebraico e si proclamava che i diritti civili e religiosi delle comunità non ebraiche di Palestina non sarebbero stati danneggiati. Eppure, nello stesso tempo, il **governo britannico** dichiarava apertamente di essere **favorevole alla creazione di una *sede nazionale* ebraica** (*national home*) **in Palestina.**

Il leader sionista Chaim Weizmann annuncia agli abitanti di Rishon Le-Zion (a sud di Tel Aviv) la *Dichiarazione Balfour*.

Il movimento sionista, dunque, con la ***Dichiarazione Balfour*** non ottenne alcuna promessa precisa in ordine alla costruzione dello Stato ebraico; tuttavia, con quel documento era riuscito a porre una sorta di ipoteca sulla Palestina, di riconoscimento di un diritto all'esistenza di un consistente insediamento ebraico in quella terra. Per gli **arabi**, invece, fu una **dolorosa umiliazione** dover constatare che, mentre le loro aspirazioni erano state completamente ignorate, la più forte delle potenze europee offriva garanzie in ordine alla nascita e allo sviluppo della sede nazionale ebraica in Palestina.

Documento →

La *Dichiarazione Balfour*

La cosiddetta *Dichiarazione Balfour* prende il proprio nome dal ministro degli Esteri britannico che la stese e la firmò. In un secondo tempo, per far conoscere il documento ai responsabili del movimento sionista, Arthur James Balfour inviò una lettera a Lord Rothschild, uno dei più prestigiosi esponenti della comunità ebraica britannica.

Ministero degli Affari esteri
Londra, 2 novembre 1917
Caro Lord Rothschild,
ho il grande piacere di inviarvi da parte del Governo di Sua Maestà la seguente dichiarazione di simpatia per le aspirazioni sionistiche degli Ebrei, sottoposta al Gabinetto e da lui approvata:
Il governo di Sua Maestà vede con favore la costituzione in Palestina d'una sede nazionale (*national home*) per il popolo ebraico e spiegherà tutti i suoi sforzi per facilitare la realizzazione di questo obiettivo, essendo chiaramente inteso che niente sarà fatto che possa portar pregiudizio ai diritti civili e religiosi delle comunità non-ebraiche in Palestina, come pure ai diritti e allo status politico di cui gli Ebrei possono fruire in tutti gli altri paesi.
Vi sarei grato se portaste questa dichiarazione a conoscenza della Federazione sionistica.
Sinceramente vostro
Arthur James Balfour

G. VALABREGA, *Il Medio Oriente dal primo dopoguerra a oggi*, Sansoni, Firenze 1977, p. 77.

Analizza il testo

- Sottolinea le parti del testo che esprimono l'ambiguità politica di cui è pervasa la *Dichiarazione Balfour*.
- spiega l'affermazione secondo cui «niente sarà fattto che possa protar pregiudizio a diritti civili e religiosi delle comunità non-ebraiche».

Le prime ostilità tra ebrei e arabi palestinesi Già negli anni precedenti la prima guerra mondiale si erano verificati alcuni attriti tra immigrati ebrei e arabi di Palestina; i nuovi arrivati, infatti, coltivavano direttamente e personalmente le terre che il Fondo nazionale ebraico aveva acquistato dai latifondisti arabi, dando vita a fattorie gestite in modo comunitario e, di fatto, socialista, dette *kibbutzim*. Per un gran numero di contadini palestinesi, ciò significò disoccupazione e, di riflesso, rancore e astio verso l'insediamento ebraico. Dopo la sconfitta dell'impero turco e l'istituzione dei mandati, **l'ostilità nei confronti del sionismo si caricò di valenze politiche**. A partire dagli anni Venti, il sionismo non fu più avversato solo per i problemi sociali ed economici che generava in Palestina, bensì anche e soprattutto per la protezione che esso aveva ricevuto da parte delle grandi potenze colonialiste. L'insediamento ebraico e, più tardi, la nascita dello Stato di Israele furono **percepiti dagli arabi**, per tutto il Novecento, **come gesti di arroganza da parte dell'Occidente**, come imposizioni intollerabili, come soprusi da rifiutare categoricamente in nome del diritto di ogni popolo a decidere autonomamente della propria vita e del proprio destino.

Fattorie comunitarie

L'imitazione dell'Occidente

Le reazioni dei Paesi arabi alla supremazia occidentale Nel mondo islamico, la dissoluzione dell'impero turco segnò la fine di un'epoca; risultò a tutti evidente, infatti, che gli Stati musulmani erano incapaci di competere militarmente con le grandi potenze europee.

Tale consapevolezza generò reazioni di segno opposto, in quanto innescò sia un acuto desiderio di imitazione dell'Occidente, sia un'energica e rinnovata affermazione della propria identità islamica. Il primo orientamento prevalse, negli anni Venti e Trenta, in Turchia e in Persia; il secondo, invece, si impose in Arabia e divenne oggetto di approfondita riflessione teorica in Egitto.

La Turchia di Kemal In **Turchia**, dopo la sconfitta militare, l'iniziativa politica fu assunta da **Mustafà Kemal** (1881-1938), il generale che aveva respinto gli inglesi a Gallipoli nel 1915. In primo luogo, Kemal sconfisse con le sue truppe un esercito greco che, nel 1920, era sbarcato in Asia Minore con l'obiettivo di annettere tutta la costa occidentale dell'Anatolia. Forte di questo successo, dapprima impose le dimissioni del sultano (29 ottobre 1923) e poi abolì l'istituto del califfato (3 marzo 1924). Diventato **presidente della nuova Repubblica turca**, si impegnò al massimo per trasformare il suo Paese in un **moderno Stato europeo**. Al posto dell'alfabeto arabo, ad esempio, furono adottati i caratteri latini; inoltre, a tutti i cittadini fu concessa l'assoluta parità dei diritti, a prescindere dalla loro religione. Ciò significava rompere con la secolare tradizione (risalente a Maometto stesso e fondata sul Corano) secondo cui gli ebrei e i cristiani potevano sì godere di libertà di culto, ma dovevano pur sempre restare cittadini di seconda categoria per il fatto di non credere alla rivelazione del Profeta. Analogamente, Mustafà Kemal riorganizzò l'intero sistema legale, che fu basato non più sulla normativa coranica e sulla tradizione musulmana, bensì sui più moderni codici in uso nell'Occidente europeo.

Un manifesto celebrativo: Mustafà Kemal, in sella a un cavallo condotto da una donna, la Turchia, raffigurata senza il tradizionale velo delle donne islamiche.

Le parole

Califfato

Dopo aver perso il potere politico, il sultano di Istanbul aveva conservato il ruolo di supremo capo religioso dell'islam. Infatti, fin dal 1917, il sovrano turco aveva assunto il titolo di "califfo", termine che designava il "vicario del Profeta".

Le parole → Corano

Maometto non si presentò come il fondatore di una nuova religione, bensì come il *Profeta* (cioè "messaggero", "portavoce della parola divina") dell'unico vero Dio (*Allah*, in lingua araba) che tanti secoli prima si era già rivelato ad Abramo, a Mosè e a Gesù. Ebrei e cristiani, tuttavia, secondo l'islam avevano corrotto in vari modi il puro messaggio divino: di qui la necessità di proclamarlo ancora una volta, in forma completa e definitiva, per mezzo di un nuovo portavoce, prescelto da Dio stesso. Il Corano è la raccolta delle parole che Maometto proclamò durante la sua vita, proponendole non come frutto della propria intelligenza, bensì della diretta ispirazione divina. Esse furono messe per iscritto subito dopo la morte del Profeta, per conservarne la memoria. Stando alle parole di Maometto, una voce soprannaturale gli ingiunse di «recitare» agli abitanti della Mecca quanto Dio gli comunicava. Va ricercata qui l'origine del Corano (*Quran*) termine che, alla lettera, in arabo significa appunto "recitazione".

La Persia di Reza Khan Un'evoluzione simile fu impressa alla **Persia** da **Reza Khan** (1877-1944), che era un sincero ammiratore di Kemal e, come lui, era stato un alto ufficiale dell'esercito. Diventato capo del governo nel 1921, dopo aver marciato con le sue truppe su Teheran, completò la conquista del potere nel **1925**, allorché **si proclamò *shah*** ("imperatore").

Nel corso degli anni Trenta, intraprese il suo vasto **programma di occidentalizzazione del Paese**, al quale, tra l'altro, **cambiò il nome**, chiamandolo **Iran**. In primo luogo, fu imposto un abbigliamento di stile europeo per entrambi i sessi e decretata l'eliminazione del velo per le donne, che secondo la tradizione dovrebbero sempre coprire in pubblico il loro volto. L'istruzione e il diritto, come in Turchia, furono riorganizzati su basi occidentali; l'introduzione del matrimonio civile, sotto questo profilo, può essere considerata come l'innovazione più rivoluzionaria: segnava, infatti, la netta separazione dello Stato dalla fede, ridotta al rango di credenza privata e personale, ininfluente nel campo della vita civile.

Laicizzazione dello Stato

Il ritorno all'islam

L'Arabia Una tendenza opposta prevalse invece in **Arabia**, ove lo *sharif* Husayn, nel 1924, fu rovesciato da **Ibn Saud**; capo delle tribù dell'interno, Ibn Saud sosteneva il **ritorno a un islam rigoroso e intransigente**. Il nuovo governo, pertanto, si caratterizzò per il fatto di assumere la *shariah* (la legge coranica) come criterio fondamentale della propria azione; ciò significava, ad esempio, in ambito economico, il divieto di esigere interessi sui prestiti che un musulmano concedeva a un altro membro della comunità islamica. Tale sforzo di modellare un'intera società sulla base della religione e delle prescrizioni presenti in un libro sacro prende il nome di ***integralismo***, per cui la religione non viene concepita come un aspetto particolare e marginale del complesso della vita sociale e tanto meno viene relegata alla sfera della vita privata dell'individuo.

Il Corano diventa legge in Arabia

Quest'ultimo atteggiamento è tipico della mentalità occidentale moderna ed è stato propugnato, soprattutto, dall'ideologia liberale; nella tradizione musulmana, al contrario, **la religione** è una realtà pubblica, **che si colloca al centro della vita sociale**: anzi, secondo i musulmani più radicali, tutti gli ambiti e i settori dell'esistenza umana dovrebbero essere modellati secondo i precetti della rivelazione coranica, in modo che l'intera società sia completamente islamica.

La nascita del movimento dei Fratelli musulmani Fino alla scoperta, nel 1932-1933, dei suoi immensi giacimenti petroliferi (circa un quarto delle riserve mondiali), l'Arabia Saudita (questo il nome dato alla nazione dal suo leader) fu tuttavia troppo povera e isolata perché il suo orientamento integralista potesse diffondersi ed essere assunto come punto di riferimento in altri Paesi del mondo islamico. Prima della seconda guerra mondiale, spettò piuttosto all'**Egitto** (diventato indipendente nel 1922) svolgere la funzione di promuovere il ritorno all'islam come strada maestra per uscire dalla condizione di sudditanza in cui i Paesi arabi si trovavano nei confronti dell'Occidente. Qui, nel 1928, **Hassan al-Banna'** (1906-1949) fondò il **movimento dei *Fratelli musulmani*** (*Al-Ikhwan Muslimun*), con l'obiettivo di riportare l'Egitto all'osservanza completa della legge coranica e di purificarlo da ogni contaminazione ideologica o politica di matrice occidentale.

Il mutamento dell'atteggiamento europeo

La Gran Bretagna e i rapporti con i Paesi arabi Nel 1936-1939, gli **arabi di Palestina** tentarono di ottenere dalle autorità britanniche il **blocco dell'immigrazione ebraica nel Paese**. In quell'occasione, i Fratelli musulmani egiziani allargarono il loro raggio d'azione, dirigendo e conducendo le attività di guerriglia nella regione di Gerusalemme. A seguito di quella ribellione, gli inglesi furono indotti a pubblicare, nel maggio del 1939, un *Libro bianco*, cioè un rapporto sulla situazione palestinese, che fissava per l'immigrazione ebraica un tetto massimo di 75 000 individui in cinque anni, in modo che la maggioranza degli abitanti della Palestina restasse araba.

Il Libro bianco

L'impennata dell'immigrazione (che nel 1930 registrava appena 4000 individui) si spiega con l'ascesa di Hitler al potere in Germania, nel 1933. Anche la **svolta politica britannica** fu influenzata dal nuovo scenario politico internazionale; nel 1939, era evidente che una seconda guerra mondiale poteva esplodere da un momento all'altro. Per l'Inghilterra era essenziale **mantenere buoni rapporti con i Paesi arabi**, i quali invece, dal canto loro, erano fortemente **attratti** sia dal **fascismo** sia dal **nazionalsocialismo**; gli avversari degli arabi, dell'Italia e della Germania, del resto, nel 1939 erano gli stessi: l'Inghilterra, la Francia, gli ebrei.

I palestinesi schierati con Hitler Durante la guerra, si distinse per le sue simpatie filonaziste soprattutto la suprema autorità religiosa palestinese, il **gran muftì di Gerusalemme Hagg Amin al-Husayni**. Per tutta la durata del conflitto, Husayni esortò a più riprese gli arabi a prendere le armi contro gli inglesi: «Dallo scoppio di questa guerra – affermò l'11 novembre 1942, parlando alla radio tedesca – la nazione araba non ha avuto né pace né neutralità. Essa si è impegnata nella più dura lotta contro la politica anglosassone-ebraica. Questa guerra è stata per il popolo arabo nient'altro che la continuazione dell'ininterrotta lotta che esso ha sostenuto per venti anni. Oggi il popolo arabo ha al suo fianco i potenti nemici del suo nemico… **Se, non lo voglia Dio, l'Inghilterra dovesse risultare vincitrice, gli ebrei dominerebbero il mondo.** L'Inghilterra e i suoi alleati rifiuterebbero agli arabi qualsiasi libertà e indipendenza, colpirebbero la madrepatria araba nel cuore, ne strapperebbero parti per formare un Paese ebraico le cui ambizioni non si limiterebbero alla Palestina, ma si estenderebbero ad altri Paesi arabi… Ma se, al contrario, l'Inghilterra perdesse e i suoi alleati fossero sconfitti, la questione ebraica, che per noi costituisce il massimo pericolo, avrebbe una soluzione finale; tutte le minacce contro i Paesi arabi scomparirebbero, milioni di arabi sarebbero liberati e molti milioni di musulmani in Asia e in Africa sarebbero salvi».

Antisemitismo degli arabi

Non sappiamo fino a che punto al-Husayni, che risiedeva in Germania, fosse allora a conoscenza della grande campagna di sterminio degli ebrei che, proprio in quel medesimo periodo, veniva condotta nell'Europa orientale. Resta il fatto che l'espressione *soluzione finale* figura, nella terminologia ufficiale tedesca degli anni 1942-1945, come l'eufemismo adottato per indicare il processo di annientamento del popolo ebraico nel suo complesso, nei suoi mezzi e nei suoi obiettivi.

Il mondo musulmano dal 1914 al 1939

DATE	EVENTI
2 novembre 1914	Entrata in guerra dell'impero ottomano
Gennaio 1915	Inizio del genocidio degli armeni
Giugno 1916	Inizio della rivolta araba
2 novembre 1917	*Dichiarazione Balfour*
1920	Conferenza di Sanremo e istituzione dei mandati: Siria e Libano alla Francia; Iraq e Palestina all'Inghilterra
29 ottobre 1923	Nascita della Repubblica turca
1928	Fondazione del movimento dei Fratelli musulmani
1936-1939	Rivolta araba in Palestina contro l'insediamento ebraico

Dalla **guerra** al **fascismo**

Lo studio dello squadrismo fascista può permettere l'acquisizione di una competenza fondamentale, che potremmo definire nel modo seguente: **saper cogliere i caratteri fondamentali di un regime totalitario.** Per affinare tale competenza, viene proposto di seguito un approfondimento, che prende le mosse da due pagine storiografiche, che tentano di illustrare la mentalità e gli obiettivi di quanti aderirono al movimento fascista negli anni 1920-1922.

Lo squadrismo come continuazione della guerra contro i nemici interni

Il fascismo trasferì l'esperienza della Grande Guerra nell'ambito della politica e questo comportò una «militarizzazione della politica». Come nelle trincee, la lotta politica si fondava, ora, su un antagonismo irriducibile, sull'antitesi amico-nemico, e dunque, in conseguenza di ciò, i fascisti ritenevano che fosse assolutamente necessario, nonché del tutto legittimo sul piano etico, far ricorso alla violenza per colpire e per terrorizzare gli avversari. Questi ultimi, del resto, non erano considerati dei semplici oppositori, ma venivano invariabilmente bollati con il marchio d'infamia di "antinazionali". Vale a dire nemici da annientare ad ogni costo in quanto "nemici interni", poiché legati a centrali antitaliane come la Russia bolscevica e il Vaticano, oppure perché traditori della patria in quanto "parassiti" o "imboscati". Come scriveva lo squadrista fiorentino Umberto Banchelli, «i nemici interni, per mezzo dei loro organi avvelenatori» avevano preso «Verità e Patria prostituendole all'oro dei varii Lenin esteri e dei castrati interni».

Nel discorso conclusivo tenuto all'adunata di Piazza San Sepolcro del 23 marzo 1919, [Mussolini] aveva detto testualmente: «noi dichiariamo guerra al socialismo, non perché socialista, ma perché è stato contrario alla nazione»

Mussolini aveva incominciato a *identificare* gli antinazionali fin dall'inverno 1918-19, quando aveva indicato quali dovessero essere i compiti che attendevano i combattenti dopo la conclusione del conflitto. In alcuni discorsi e in alcuni articoli apparsi su «Il Popolo d'Italia» nel dicembre del 1918, Mussolini aveva detto, in sostanza, che l'Italia dei combattenti dichiarava guerra all'Italia degli antinazionali. Il 21 dicembre 1918 Mussolini aveva pronunciato un discorso a Trieste, nel cortile della caserma «Guglielmo Oberdan», sede della IV Brigata Bersaglieri, su invito del comandante della brigata generale Coralli e aveva esortato i bersaglieri a non abbassare la guardia. Dopo aver battuto il nemico storico, dopo aver «sconquassato» l'Austria per «virtù di baionette e di cuore», essi avrebbero dovuto affrontare, ora, i "nemici interni", i «parassiti», i «vigliacchi» e gli «imboscati». Ossia coloro che se ne erano stati acquattati mentre i bersaglieri morivano di «fuoco e di freddo», che avrebbero tentato di «svalutare la vittoria» e che avrebbero cercato di convincere gli eroi della Grande Guerra che essi si erano battuti, in realtà, «per i signori, per i padroni, per ingrassare gli ignavi». [...]

In vista della fondazione dei Fasci italiani di combattimento, Mussolini aveva precisato ancora più esattamente il suo pensiero sul ruolo "antinazionale" dei socialisti italiani. E dopo aver scritto che avevano lavorato «direttamente o indirettamente [...] per realizzare la vittoria tedesca», li aveva sprezzantemente definiti dei «controrivoluzionari, dei reazionari [e] dei carnefici della libertà». Dopodiché, nel discorso conclusivo tenuto all'adunata di Piazza San Sepolcro del 23 marzo 1919, aveva detto testualmente: «noi dichiariamo guerra al socialismo, non perché socialista, ma perché è stato contrario alla nazione».

Ricordando quell'adunata, Roberto Farinacci aveva scritto che era stato «un ordine solenne di continuare la guerra. Innanzi tutto contro la matta bestialità del socialismo [...]; poi contro qualcosa di meno visibile e superficiale, di più intimo, di più indefinibile e pericoloso che logorava le viscere della Nazione. [...] Era la decisione di farla finita ad ogni costo con le idee e gli uomini del ceto parlamentare».

Nella primavera e nell'estate del 1919, la dichiarazio-

LAVORARE PER COMPETENZE
avvio al saggio breve

ne di Mussolini contro gli "antinazionali" fu continuamente rilanciata dagli organi di stampa fascisti. E ciò è testimoniato, ad esempio, da quanto scriveva «Il Fascio» del 6 settembre 1919. In un articolo in cui invitava all'«unione di tutte le forze interventiste», G.E. Pessina affermava: «Per noi la guerra non è cessata. Ai nemici esterni sono subentrati nemici interni [...]: da una parte gli italiani veri, amanti della grandezza della patria; dall'altra i nemici di essa, i vigliacchi che attentano a tale grandezza e che ne premeditano la distruzione. [...] È l'azione diretta che occorre, l'azione energica, decisa, coraggiosa! Ed è a noi, interventisti della prima ora che spetta questo sacro compito!».

L'invocazione dell'azione energica, decisa e coraggiosa altro non era, in realtà, che la rivendicazione del legittimo uso della violenza nei confronti degli "antinazionali". E questo concretamente significò che tra la fondazione dei Fasci italiani di combattimento e la conquista del potere il «violentissimo fascista», come lo definì Sergio Panunzio, si abbatté come una vera e propria valanga sugli "antinazionali". Infatti, sebbene il numero esatto dei caduti per mano fascista prima della Marcia su Roma non si conosca, essi sarebbero stati, secondo Salvemini, circa tremila tra il 1921 e il 1922; di questi, seicento sarebbero stati socialisti. Nel complesso, un numero imponente, che rappresenta un preciso indicatore della propensione dei fascisti a impiegare la violenza nella lotta politica.

L. DI NUCCI, *Lo Stato fascista e gli italiani "antinazionali"*, in L. DI NUCCI, E. GALLI DELLA LOGGIA (a cura di), *Due nazioni. Legittimazione e delegittimazione nella storia dell'Italia contemporanea*, il Mulino, Bologna 2003, pp. 129-132

Lo squadrismo, tra culto della violenza e mito della giovinezza: il legame con l'interventismo

La minore tra le sanzioni riservate ai sovversivi, la somministrazione dell'olio di ricino, ha in sé l'elemento della beffa e dell'umiliazione di un avversario che si vuole pronto a «farsela addosso», materialmente per effetto del lassativo, moralmente per la sua indegnità di traditore della nazione. Poi gli squadristi potranno salire lungo la scala della «rappresaglia» aggiungendo al manganello (definito «santo» persino da Giovanni Gentile) argomenti via via più convincenti come il pugnale, il revolver, la bomba a mano, sempre al fine supremo di purificare il corpo dell'Italia nuova. Essi spaccano i crani, secondo l'efficace espressione usata in diverse occasioni da Mussolini, pretendendo di farvi entrare un po' di buon senso, e particolarmente l'etica della responsabilità verso la patria.

I più colti assimilano la velocità delle azioni squadriste a quella propugnata dall'estetica futurista, e sentono quel ritmo come il segno della modernità da contrapporre alla greve tradizione. I precedenti della mobilitazione squadrista stanno d'altronde in buona parte nella cultura, oltre che nella pratica, dell'interventismo. Già D'Annunzio nel maggio del 1915 aveva incitato a stilare una «lista di proscrizione [un elenco dei nemici della patria, da arrestare ed eliminare, *n.d.r.*], senza pietà», aveva esortato «i più maneschi» tra i patrioti a formare «una milizia vigilante»: «codesto servidorame di bassa mano teme i colpi, ha paura delle busse, ha spavento del castigo corporale. Io ve li raccomando. Vorrei poter dire: io ve li consegno; [...] fate la ronda, ponetevi alla posta, per pigliarli, per catturarli». Poi c'era stata la guerra, e sul finire di essa le azioni degli arditi, dannunzianamente basate sulla beffa e sul gesto esemplare, ideologicamente connotate da un aggressivo nazionalismo. Si ascoltino le parole gravide di futuro con cui Marinetti nell'ottobre 1918 aveva arringati i membri di questo corpo d'élite:

«Siete diventati arditi per amore della violenza, spirito novatore, spirito rivoluzionario, spirito futurista. – Siete diventati arditi per amore della violenza e del bel gesto eroico. Schiaffi in tempo di pace ai vigliacchi, alle carogne, ai traditori. Pugnalate e bombe a mano in guerra ai tedeschi. – Siete diventati arditi per desiderio di mafia [cameratismo, spirito di comunità, *n.d.r.*] e spavalderia giovanile. [...] Bella mafia trionfante degli arditi d'Italia che amano le belle donne e le conquistano come trincee con un gesto eroico. Non preoccupatevi delle smorfie e dei sussieghi degl'imboscati [...]. Siete voi i primi, i più alti, i più degni. Siete voi i padroni della nuova Italia. Io amo la vostra disinvoltura insolente».

Ritroviamo qui i temi del combattentismo, la contrapposizione tra gli uomini delle trincee e gli imboscati o i traditori, la legittimazione dei reduci a governare, e in più questa «bella mafia» che allegramente i più determinati tra i combattenti potranno imporre all'Italia nuova, la quale attende come una femmina smaniosa di essere presa, seppure con un po' di violenza. Anche le squadre – in cui sono numerosi gli ex arditi – sentono se stesse come un corpo di volontari che esercita la bella mafia, e delle leggi e di tutto il resto «se ne frega»; ovvero, come una guardia nazionale che dà forma a se stessa nell'interesse superiore della patria, a prescindere da quanto decide lo Stato, e per questo combatte, uccide e muore. [...]

Molti avevano meno di vent'anni. Chi osserva oggi le facce imberbi dei non pochi diciassettenni caduti per la rivoluzione fascista non può non avere un momento di sconcerto trovandosi di fronte, più che a dei giovani, a dei bambini. Bambini tutti «disperatamente» innamorati della patria e, peraltro, tutti inferociti dalla guerra. Vediamoli nella descrizione, dovuta alla penna di uno sconcertato Paolo Valera, dell'assassinio a colpi di mazza piombata di Attilio Boldori, vicepresidente della deputazione provinciale cremonese:

«Divenne il loro materazzo [materasso, sacco da riempire di colpi, *n.d.r.*]. Dopo una mazzolata, un'altra. Coi loro rompicapi lo piegarono in due. In ginocchio la vittima impallidiva e rantolava. Ricevette i colpi di grazia. Rotolò sul pavimento. Gli aggressori furono implacabili. Non se la diedero a gambe che quando lo videro in lotta con gli spasimi della morte e dopo che qualcuno di loro gli aveva schiacciato la testa con colpi di tacco [...]. Il massimo dei suoi uccisori si è confessato con baldanza. "Sono io, Giorgio Passani, studente di 16 anni"».

Mussolini e gli altri membri del gruppo dirigente «milanese» si affacciano sulla maturità, ma i capi delle squadre hanno solo qualche anno in più dei loro gregari: la loro età varia, al 1921, dai 33 anni di Augusto Turati ai 24-25 di Carlo Scorza e Italo Balbo. Così il giovanilismo fascista esprime da un lato l'ideologia della forza e dell'energia vitale, ma dall'altro anche la realtà di fatto di una generazione passata tutta, in qualche modo, attraverso la guerra. Ad indicare la contaminazione tra queste esperienze di vita giovanile può essere citata la vicenda della più nota tra le canzoni fasciste, intitolata appunto *Giovinezza*, nel 1909 inno di congedo dagli studi degli studenti universitari, qualche anno dopo – con gli opportuni adattamenti nel testo – adottato dagli alpini e dagli arditi al fronte, poi dagli squadristi, e infine (1926) dal partito unico del ventennio.

S. LUPO, *Il fascismo. La politica in un regime totalitario*, Donzelli, Roma 2000, pp. 67-72

Lavorare con i testi

Nei passi citati, il colore ha evidenziato alcuni passaggi essenziali. Come ulteriore stimolo di analisi e di riflessione, ti viene proposto uno schema, che da una lato riassume le principali informazioni, dall'altro propone un rapido confronto con la mentalità dei bolscevichi.

Analizza i testi

MENTALITÀ DEI MILITANTI FASCISTI	MENTALITÀ DEI MILITANTI BOLSCEVICHI	CONSEGUENZE PRATICHE IN ENTRAMBI I REGIMI
Gli squadristi si considerano gli unici veri patrioti: tutti gli altri sono elementi *antinazionali*	I bolscevichi si considerano gli unici veri interpreti dell'interesse del proletariato: tutti gli altri sono elementi *controrivoluzionari*	Per sua natura, un regime totalitario è un sistema a partito unico: un solo soggetto (il partito e/o il suo leader) detiene la verità, in regime di monopolio
Verso i nemici della nazione la violenza è legittima e doverosa	Verso i nemici della rivoluzione e della classe operaia la violenza è legittima e doverosa	Non è ammessa alcuna forma di dissenso o di opposizione: l'avversario è un nemico da eliminare e da sopprimere (come in tempo di guerra, in trincea)

Dopo aver svolto tale operazione, componi un testo di tre colonne di foglio protocollo.

Verifica dell'apprendimento
Conoscenze e abilità

Lo spazio

1. Osserva la carta, alla quale è stata tolta la legenda, e rispondi alle seguenti domande. Attribuisci infine un titolo idoneo alla carta.

Titolo: ....

....

a) Che cosa rappresenta la parte colorata in beige nella carta? Qual è la causa principale del fenomeno rappresentato?

....

....

....

b) Che cosa indicano i pallini verdi? Come si spiega, secondo te, la loro concentrazione nell'area del Centro-Nord della Penisola?

....

....

....

c) Che cosa accadde, per opera degli squadristi fascisti, a Trieste il 13 luglio 1920 e a Bologna il 21 novembre dello stesso anno? Che cosa dimostrarono questi fatti?

....

....

....

Organizzare le informazioni

2. Completa lo schema relativo al confronto tra fascismo e nazionalsocialismo.

ELEMENTI DA CONFRONTARE	FASCISMO ITALIANO	NAZIONALSOCIALISMO TEDESCO
Legame del .... con la prima guerra mondiale	.... di Mussolini	.... di Hitler alla guerra e sdegno per la disfatta del ....
Legame dei militanti con la prima guerra mondiale	Forte presenza di .... nelle squadre d'azione	Forte presenza nelle file della .... di ex combattenti e di volontari dei ....
Atteggiamento verso il	Rifiuto totale: il sistema parlamentare è incapace di affrontare il pericolo marxista	....................: il sistema parlamentare è incapace di affrontare il pericolo marxista
Atteggiamento verso il	Lotta violenta: il .... è considerato un pericolo per l'....................	Lotta violenta: il marxismo è uno strumento usato .... per raggiungere il potere e il .... della sconfitta del 1918

VERIFICA

Lessico

3. Definisci le espressioni o i termini.

Debito pubblico

....

....

Sistema proporzionale

....

....

Fasci italiani di combattimento

....

....

Trattato di Rapallo (tra Germania e Russia)

....

....

Catena di montaggio

....

....

Il ruolo dei soggetti storici

4. Completa le seguenti frasi.

a) Il 13 settembre ...., senza alcuna autorizzazione da parte del governo italiano, alcuni reparti dell'esercito invasero .... guidati da Gabriele ....

b) Il movimento fascista nei primi anni dalla sua fondazione si proponeva di fondere due concetti, quello di .... e di ...., che storicamente erano sempre stati opposti e ....

c) Malgrado il presidente americano .... fosse l'ideatore del progetto di realizzazione della .... delle nazioni, il .... degli Stati Uniti non ratificò il documento.

d) Poiché la Germania aveva chiesto di ritardare i pagamenti dell'...................... di guerra, ... e Belgio occuparono il bacino carbonifero della ....

e) Il primo programma politico del Partito .... tedesco dei lavoratori (......................) prevedeva essenzialmente l'abolizione dei duri .... di pace imposti dai vincitori e la volontà di cancellare lo Stato ....

f) L'antisemitismo su cui faceva leva Hitler non era su base ...., ma ...., per cui soltanto una razza, quella ...., era superiore a tutte le altre.

Fatti e concetti

5. Contrassegna con V (vero) o F (falso) ciascuna delle frasi.

	V	F
a) Il «maggio radioso» e l'esperienza di Fiume possono essere considerati laboratori per il nascente movimento fascista.	☐	☐
b) Negli anni Venti all'interno del Partito socialista italiano vi era una sostanziale unità di vedute, senza contrasti e posizioni politiche conflittuali.	☐	☐
c) Quando, a seguito della pesante crisi economica del dopoguerra vi furono in Italia scioperi e dimostrazioni varie di malcontento, Giolitti reagì dando le dimissioni, temendo disordini popolari che il governo non sarebbe stato in grado di controllare.	☐	☐
d) Una delle caratteristiche tipiche della composizione dei primi fasci di combattimento era la prevalenza di ex combattenti ormai molto anziani.	☐	☐
e) Nonostante l'immagine positiva dei ruggenti anni Venti degli USA, con il trionfo del consumismo e del capitalismo, a un'attenta analisi risulta chiaro che intolleranza, xenofobia (Ku Klux Klan) e ottusità mentale erano ampiamente diffuse.	☐	☐
f) Hitler divenne abile oratore quando, in giovinezza, fu reclutato dall'esercito tedesco come propagandista del socialismo.	☐	☐

Verso il saggio breve

6. Scrivi un testo – massimo due facciate di foglio protocollo – sulla nascita del Partito popolare italiano e sulla figura di Luigi Sturzo utilizzando le domande-guida elencate di seguito.

- Quando e per quale ragione fondamentale venne fondato il Partito popolare?
- Chi era don Luigi Sturzo? Le sue scelte politiche ebbero conseguenze sulle sue vicende personali?
- Chi erano, secondo Sturzo, i potenziali elettori del Partito popolare?
- Quali erano gli obiettivi principali che si poneva il nascente partito di ispirazione cattolica?
- Che cosa significa affermare che «il PPI si proponeva come partito aconfessionale e interclassista»?

metodo di studio

→ Per ripassare i **fatti**

CONTRASTI POLITICI

settembre 1919
→ Occupazione di Fiume

1919-1920
→ Biennio rosso

settembre 1920
→ Occupazione delle fabbriche

dicembre 1920
→ Giolitti, dopo il trattato di Rapallo con la Iugoslavia, fa sgombrare con la forza Fiume

1921
→ Il fascismo comincia a organizzarsi in squadre d'azione

1922
→ Trattato di Rapallo tra Germania e Unione Sovietica

1923
→ Francia e Belgio occupano il bacino della Ruhr in Germania

9 novembre 1923
→ Tentato colpo di stato di Hitler in Germania

ECONOMIA DEMOGRAFIA E SOCIETÀ

1911
→ Inizia l'epoca del *taylorismo*

1920-1929
→ Anni ruggenti negli Stati Uniti

1923
→ Svalutazione del marco in Germania

CULTURA CIVILTÀ E RELIGIOSITÀ

18 gennaio 1919
→ Don Luigi Sturzo fonda il Partito popolare italiano (PPI)

23 marzo 1919
→ Benito Mussolini fonda i Fasci di combattimento

1920
→ Il Parlamento degli Stati Uniti non ratifica l'entrata nella Società delle nazioni

24 febbraio 1920
→ Hitler presenta il programma politico del Partito nazionalsocialista

1921
→ A Livorno viene fondato il Partito Comunista italiano

1924
→ Hitler scrive il *Mein Kampf*

Per ripassare i **concetti**

Leggere gli schemi

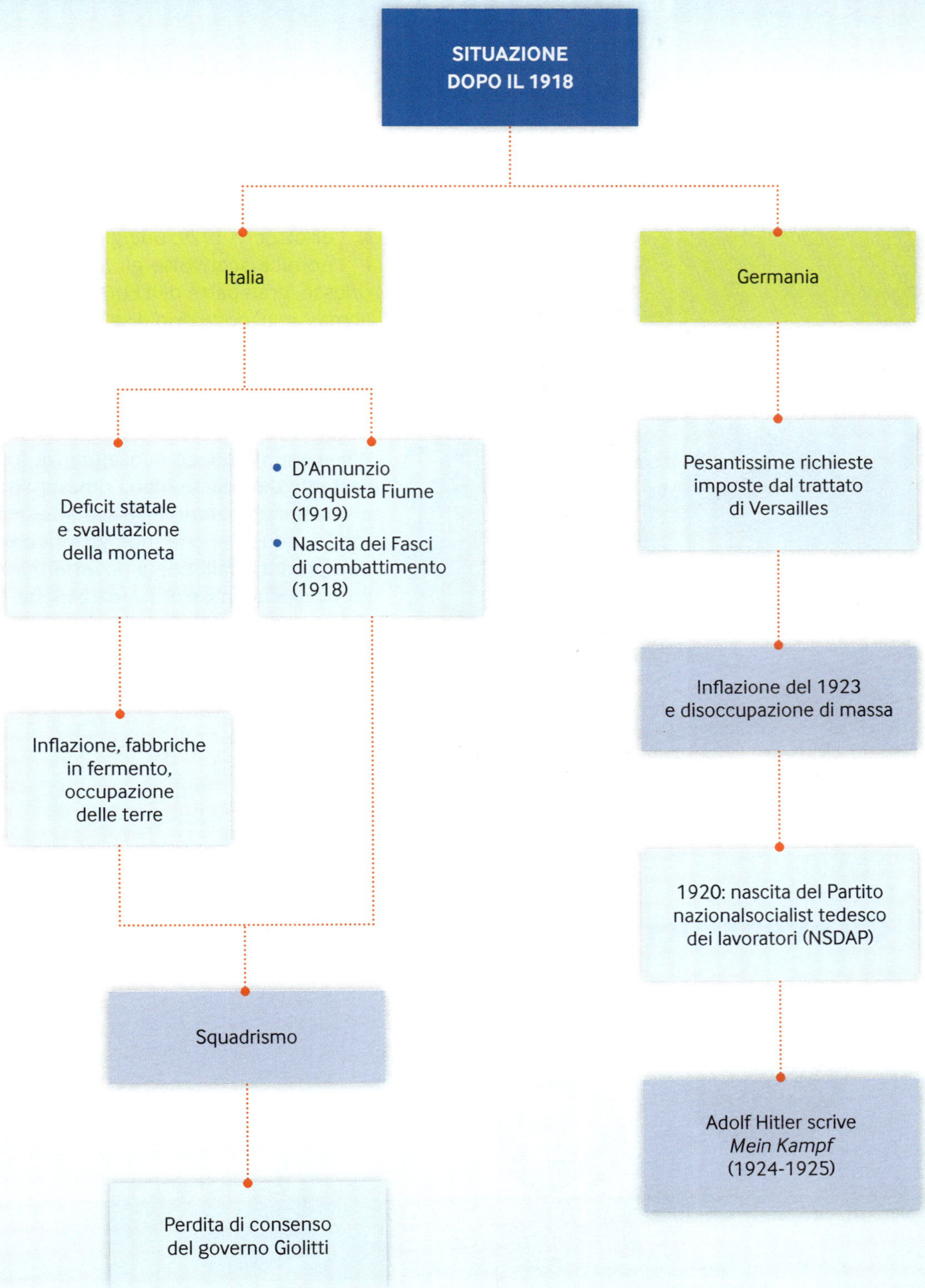

Unità 7 Un mondo sempre più violento

Un'immagine per iniziare

Nell'ottobre 1929, una gravissima crisi economica sconvolse gli Stati Uniti e poi, di riflesso, gran parte dell'Europa. Semplificando al massimo, possiamo dire che la depressione (come venne chiamato il periodo che ne seguì) fu originata da una crisi della domanda, in quanto l'industria americana produceva beni in quantità superiore alle possibilità di acquisto dei consumatori. Le conseguenze furono devastanti: tantissime merci rimasero invendute e questa situazione aggravò le condizioni di molte industrie, che, non potendo vendere i loro prodotti, fallirono e dovettero licenziare i propri dipendenti, e di diverse banche, costrette a chiudere perché i loro clienti non potevano restituire le somme prestate (nell'immagine, una mensa per bisognosi durante la depressione, fotografia del 1931).

Gli eventi per orientarsi nel tempo

1920 – 1930

28 ottobre 1922
Marcia fascista su Roma

giugno 1924
Il deputato socialista Giacomo Matteotti viene ucciso dai fascisti

1924-1925
Leggi fascistissime

1927
Stalin diventa leader indiscusso in URSS

11 febbraio 1929
Patti lateranensi tra Chiesa cattolica e Stato italiano

24 ottobre 1929
Crollo della Borsa di Wall Street

→ Sommario

TESTO

La carta d'identità del periodo

1 L'Italia fascista
2 USA 1929: la *grande depressione*
3 La Germania di Hitler
4 L'Unione Sovietica di Stalin

pagine digitali

› MONOGRAFIE

A. Nazismo e identità di genere
B. Comunismo e identità di genere
C. GULag. Il sistema concentrazionario sovietico

Una carta per orientarsi

La carta raffigura il numero e la dislocazione dei campi di lavoro in Unione Sovietica mostrando quanto fosse esteso il sistema di repressione in URSS. Inizialmente i campi furono costruiti in luoghi isolati, come le isole Solovki, ma in un secondo tempo furono disseminati in tutto il territorio sovietico. La forza lavoro dei prigionieri dei GULag (i lager sovietici) fu impiegata nell'estrazione di minerali e nella realizzazione di opere pubbliche (strade, canali, dighe), specialmente in Siberia e nei freddi e desolati territori dell'estremo Nord.

Orientarsi nel tempo

1932
Roosevelt viene eletto presidente degli Stati Uniti

30 gennaio 1933
Hitler viene nominato cancelliere in Germania

1933
Inizia la politica del *New Deal* negli Stati Uniti

1937-1938
Grande terrore staliniano

1940

Per iniziare

Storia slide

La carta d'identità del periodo

Perché in Europa a partire dagli anni Venti si affermarono regimi dittatoriali?

Con la scalata al potere del fascismo in Italia e del nazismo in Germania si può dire che la democrazia parlamentare (con l'eccezione di Francia, Inghilterra e pochi altri Stati) scomparve dall'Europa.
Non è semplice dare una spiegazione al fenomeno: sicuramente le ferite del primo dopoguerra, i contrasti nazionalistici e le difficoltà economiche che sconvolsero diversi Paesi a partire dagli anni Venti fecero pensare a molti che la democrazia parlamentare fosse inadatta per uscire dalla crisi. La litigiosità fra i partiti e la lentezza nelle decisioni, tipiche delle democrazie parlamentari, venivano percepite dalle masse come segnali di debolezza, soprattutto se messe a confronto con il decisionismo dell'*uomo forte*, rapido ad agire e pronto a interpretare i sentimenti del popolo.

CAPITOLO 1 L'Italia fascista

→ Nel novembre 1921 nacque il **Partito nazionale fascista** (PNF). Rispetto al programma del 1919, il fascismo si era ormai schierato su posizioni di **difesa degli interessi della borghesia e della proprietà privata** e si contrapponeva in modo violento alle organizzazioni politiche e sociali che tutelavano gli interessi degli operai e dei contadini.

→ Nell'ottobre 1922, circa 14 000 fascisti marciarono su Roma, mentre in molte città italiane vennero occupate le prefetture e altri centri di potere. Il re **Vittorio Emanuele III**, anziché firmare lo stato d'assedio e far disperdere con l'esercito le squadre fasciste, **il 29 ottobre conferì a Mussolini l'incarico di presidente del Consiglio**.

→ Nel 1924 il partito di Mussolini attraversò una grave crisi, dopo che una squadra fascista **rapì e assassinò il deputato socialista Giacomo Matteotti**, il quale aveva denunciato i brogli che avevano portato il Partito fascista a vincere le elezioni politiche del 6 aprile 1924. Gli avversari del fascismo speravano che, dopo un fatto così grave, il re avrebbe obbligato Mussolini a dare le dimissioni, ma il sovrano non intervenne.

→ Superata la crisi, Mussolini iniziò a **smantellare lo Stato liberale**, abolendo la libertà di stampa e rendendo illegali le forze d'opposizione. In campo sociale, il fascismo si propose di abolire la lotta di classe, creando le **corporazioni**, che comprendevano rappresentanti degli operai e degli imprenditori. L'11 febbraio 1929 vennero firmati i **Patti lateranensi**: nasceva lo Stato della Città del Vaticano e il cattolicesimo diveniva religione ufficiale dello Stato italiano.

CAPITOLO 2 USA 1929: la *grande depressione*

→ Gli anni Venti negli Stati Uniti furono caratterizzati da un'impetuosa crescita industriale. La situazione era decisamente più problematica nel settore agricolo, in quanto **molti contadini si erano indebitati** ed erano sull'orlo del fallimento. L'acquisto di beni prodotti dall'industria americana subì quindi una caduta verticale.

→ Nel 1929, la **contrazione della domanda** di beni di consumo si fece sempre più seria. In ottobre, la fiducia della Borsa nella capacità delle aziende americane di affrontare la crisi crollò, con il risultato che il valore delle azioni precipitò a zero. Mentre molte **industrie e banche fallivano, la disoccupazione aumentò** enormemente e nel 1933 raggiunse la cifra record di 17 milioni di persone.

→ L'economia americana riuscì gradualmente a riprendersi solo grazie all'azione del presidente **Franklin Delano Roosevelt**, il quale lanciò il cosiddetto *New Deal*, un programma d'azione fondato sulla **centralità dell'intervento dello Stato nell'economia**. In particolare, l'amministrazione Roosevelt finanziò imponenti progetti di opere pubbliche, in modo da offrire lavoro a moltissimi disoccupati; gli agricoltori invece furono aiutati con una serie di sussidi.

→ Gli interventi statali comportarono però un **aumento della spesa pubblica**: il debito pubblico nazionale, tra il 1930 e il 1938, passò da 16 a 36 miliardi di dollari; inoltre il numero dei disoccupati nel 1939 era ancora alto. Fu solo con lo scoppio della seconda guerra mondiale che l'economia degli Stati Uniti uscì completamente dalla crisi del 1929.

Domande fondamentali

- Perché il deputato socialista Giacomo Matteotti fu ucciso dai fascisti?
- Qual era il principio chiave del *New Deal* di Roosevelt?
- Quali furono le conseguenze dell'incendio al Reichstag il 27 febbraio 1933?
- Che cosa si intende con l'espressione "collettivizzazione delle campagne"?

Deportati sovietici ai lavori forzati all'inizio degli anni Trenta.

CAPITOLO 3 La Germania di Hitler

In Europa la **Germania fu il Paese più colpito dalla crisi economica** esplosa negli Stati Uniti nel 1929. I disoccupati passarono da 1 320 000 (1929) a oltre 6 milioni (1932). Il primo risultato di questa drammatica crisi fu l'avanzata elettorale dei comunisti, ma soprattutto del **Partito nazista** di Hitler, che nel 1930 ottenne ben 6 milioni di voti.

Nelle elezioni del 1932, i nazisti ottennero oltre 13 milioni di voti e divennero il primo partito. Dopo molte incertezze, il **30 gennaio 1933** il presidente della Repubblica tedesco, il generale Paul von Hindenburg, nominò **Hitler cancelliere**, cioè capo del governo, che era formato da esponenti del Partito nazista e da conservatori legati al mondo dell'industria o dell'aristocrazia agraria.

Il 27 febbraio 1933 fu **incendiato il Reichstag** (il Parlamento). L'attentato probabilmente fu messo in atto dagli stessi nazisti, ma Hitler fu abile a far ricadere le colpe sui comunisti. Il giorno seguente, sulla base del principio di emergenza, fece quindi approvare un **decreto che permetteva di eliminare ogni forma di opposizione**.

Il 23 marzo 1933 Hitler presentò un progetto di legge che consegnava **al governo tutti i poteri**, esautorando il Parlamento: la proposta, in un clima di paura, fu approvata. Il 14 luglio dello stesso anno, poi, venne emanata una legge che faceva del Partito nazista l'unica forza politica del Paese. Lo Stato liberale era stato così smantellato: la **Germania era ormai diventata una dittatura a partito unico sotto la guida di Hitler**.

CAPITOLO 4 L'Unione Sovietica di Stalin

Alla morte di Lenin (1924) si aprì la lotta per la sua successione. Dopo alcuni durissimi scontri interni, emerse la figura di **Josif Stalin**, consapevole dell'enorme divario tecnico ed economico che separava l'URSS dalle nazioni capitaliste. Il principale obiettivo di Stalin divenne dunque la **rapida industrializzazione del Paese**.

Per garantire il regolare rifornimento alimentare dei centri industriali, Stalin decise di imporre un **severo controllo sulla produzione agricola**: pertanto, procedette alla cosiddetta **collettivizzazione delle campagne**. In pratica, i contadini furono obbligati a lavorare in fattorie gestite dallo Stato, in cui essi, di fatto, erano trattati da servi.

Le proteste dei contadini contro la collettivizzazione furono violentemente represse. I contadini più ricchi furono accusati di essere degli sfruttatori (***kulaki***) e **deportati** in zone semidesertiche (ove morirono a migliaia) oppure costretti a lavorare in **campi di concentramento (GULag)**.

Nel 1932-1933, nelle regioni dell'URSS che opposero maggiori resistenze alla collettivizzazione, lo Stato requisì tutti i raccolti, lasciando la popolazione alla fame. Una **terribile carestia** causò 5-7 milioni di morti. Stalin sfruttò questo evento come una micidiale arma di pressione politica: i contadini furono obbligati a cedere i raccolti e a collaborare con il regime. La violenta politica staliniana si acuì nel 1937-1938, gli anni del ***Grande terrore***, durante i quali Stalin eliminò tutti coloro che venivano sospettati di tradimento.

Capitolo 1

CONTRASTI POLITICI

L'Italia fascista

Storia slide

LE CONOSCENZE DA ACQUISIRE
Ne1922, Mussolini arrivò al potere con il sostegno del re, dell'esercito e della borghesia.

LE COMPETENZE DA POTENZIARE
Saper individuare i fattori di rafforzamento o di indebolimento di una struttura politica.

1.1 La nascita del Partito nazionale fascista

Debolezza di Mussolini

L'importanza dei capi locali dello squadrismo Nei primi sei mesi del 1921, il movimento fascista raggiunse il massimo della sua forza. Con la complicità e il **sostegno logistico dell'esercito** e **delle forze di polizia** (che talora arrivò al fiancheggiamento vero e proprio, alla cooperazione con gli aggressori), le squadre fasciste ottennero risultati clamorosi e devastanti: nei primi sei mesi del 1921, distrussero complessivamente 17 giornali e tipografie, 59 Case del popolo, 110 Camere del lavoro, 83 leghe contadine, 151 circoli culturali o politici socialisti e cattolici. I morti furono 77 tra il 1° gennaio e il 7 aprile 1921; 280, invece, furono i feriti.

Un leader contestato

Va precisato, però, che lo squadrismo era sostanzialmente *acefalo*, cioè privo di un organo di coordinamento centrale: il movimento fascista delle origini **non aveva** infatti **una rigida organizzazione** e una vera struttura gerarchica. Questa realtà emerse con estrema chiarezza in occasione del cosiddetto *patto di pacificazione*, stipulato da Mussolini il 3 agosto 1921 (a Montecitorio, nel Gabinetto del presidente della Camera) con il PSI e con la CGL. Firmando quel documento, Mussolini impegnava il movimento fascista a cessare le azioni squadristiche. Tuttavia, i capi delle principali squadre d'azione (i cosiddetti ras, veri **padroni della situazione, a livello locale**) sconfessarono l'accordo, negando addirittura che Mussolini avesse l'autorità per stipularlo.

Senza paura d'esagerare, si può affermare che nell'estate del 1921 Mussolini (che pur già si fregiava del titolo di *Duce*) in realtà era solo un *primo tra pari*, mentre le vere guide del movimento erano Italo Balbo (a Ferrara), Dino Grandi (a Bologna) e Roberto Farinacci (a Cremona).

Le parole → Ras

Il termine *ras*, che in lingua etiope significa "capo", designava i leader locali del fascismo squadrista, dotati di un ampio margine di autonomia rispetto alla direzione centrale del partito.

Guardiamo la storia
Mussolini, il Duce

Da movimento a partito Messo alle strette da queste figure, Mussolini arrivò ad ammettere la propria sconfitta e a rassegnare le dimissioni, che tuttavia furono respinte per il fatto che egli era pur sempre l'unica figura veramente nota a livello nazionale, cioè il solo leader che, dotato di esperienza politica, avrebbe potuto trasformare l'esperienza dello squadrismo in un progetto nazionale di largo respiro.

Per facilitare questo disegno, nel novembre 1921, il movimento dei Fasci si riorganizzò in **Partito nazionale fascista** (PNF). Analizzandone il programma, si comprende che, rispetto al 1919, la metamorfosi era ormai completata: sorto come realtà ambigua, ma comunque aperta a sollecitazioni e a tematiche socialiste, il fascismo si era ormai schierato su **posizioni di estremo conservatorismo sociale**, di **difesa a oltranza (e con ogni mezzo) degli interessi borghesi** e della proprietà privata, di opposizione violenta nei confronti di tutti coloro che avevano tentato di far progredire il movimento organizzato dei lavoratori, sia nelle campagne sia nelle città.

› VEDI Il programma del 1919 → pag. 215

1.2 La presa di potere di Mussolini

Crescita dei consensi

Gli atteggiamenti di Giolitti e dei socialisti verso il fascismo Nel corso del 1922, la fiducia nei confronti di Mussolini aumentò, da parte sia di alti esponenti dello Stato e dell'esercito, sia del mondo economico; in questi ambienti, il **fascismo parve** una sorta di cura, energica ma necessaria, **capace di riportare all'ordine le classi lavoratrici**, i loro sindacati e i loro partiti. Tutti costoro, che erano gli esponenti dei tradizionali gruppi dirigenti del Paese, ritenevano di poter sfruttare il fascismo, di riuscire a utilizzarlo per i propri fini, senza considerare che esso potesse salire al potere e trasformarsi in una dittatura. In questo clima di crescente approvazione, le violenze dello squadrismo proseguirono fino all'estate del 1922, senza che da parte delle autorità vi fosse la volontà politica di bloccarle.

Il Blocco nazionale

Giolitti, ad esempio, in occasione delle elezioni politiche anticipate che si tennero nel maggio 1921, formò il cosiddetto *Blocco nazionale*, una lista di liberali e nazionalisti in cui inserì anche esponenti fascisti. L'anziano statista si proponeva di unire in un unico raggruppamento tutte le forze conservatrici del Paese, in modo da sbarrare la strada, con strumenti politici e legali, a popolari e socialisti, che stavano assumendo un ruolo sempre più importante nella società italiana del dopoguerra. Nello stesso tempo, **Giolitti** sperava di poter **addomesticare e moderare la violenza del movimento fascista**, che andava diffondendosi su scala sempre più vasta. Dopo la caduta di Giolitti, nei confronti degli squadristi si mostrarono ancora più deboli i governi presieduti da Ivanoe Bonomi (luglio 1921-febbraio 1922) e Luigi Facta (febbraio-ottobre 1922).

Socialisti divisi

Rendendosi conto del gravissimo pericolo che ormai correvano sia il movimento operaio, sia lo stesso sistema parlamentare italiano, i **socialisti riformisti** (come Turati, Treves, Modigliani e Matteotti) si dichiararono disponibili a partecipare a un governo che si proponesse come priorità assoluta la **lotta contro il fascismo**, lanciato alla conquista del potere. Pur di contrastare la «reazione medioevale» che stava colpendo il proletariato, al fine di instaurare «un nuovo feudalesimo e una nuova servitù», i **riformisti erano disposti a collaborare con i liberali e i cattolici**. Questa scelta, però, non fu condivisa assolutamente da Serrati e dagli altri massimalisti. Dopo essere stati espulsi dal PSI al Congresso di Roma (1-4 ottobre 1922), i riformisti diedero vita al **Partito socialista unitario** e assunsero il quotidiano reggiano "La Giustizia" come loro organo ufficiale.

Squadre fasciste con una mitragliatrice sul lungotevere, Roma, 1922.

Storiografia 1
La marcia su Roma fuori dal mito
→ pag. 290

La marcia su Roma Mentre i socialisti, sempre più divisi, mostravano tutta la loro debolezza, alla fine di ottobre del 1922, fu inscenata dal fascismo la cosiddetta **marcia su Roma**. Circa 14 000 squadristi si accamparono in alcune località vicino alla capitale, mentre nella maggior parte delle città italiane venivano occupati (pacificamente) le prefetture e gli altri centri di potere. Si trattava di un rischio: **se lo Stato avesse risposto con le armi, il fascismo sarebbe stato definitivamente spazzato via**; il rischio, tuttavia, era stato calcolato, in quanto Mussolini sapeva che il re Vittorio Emanuele III stava ricevendo pressioni da più parti affinché fosse formato un governo in cui i fascisti (malgrado la loro ben misera forza parlamentare, appena 35 deputati) fossero presenti in modo consistente e significativo.

Il re conferisce potere a Mussolini

Il **29 ottobre 1922**, Vittorio Emanuele III prese la sua decisione: mentre si rifiutò di firmare il decreto che, instaurando lo *stato d'assedio*, avrebbe permesso all'esercito di disperdere le squadre, il **re conferì a Mussolini l'incarico di formare il nuovo governo**. Il fascismo, dunque, non conquistò il potere con un colpo di Stato paragonabile all'assalto al Palazzo d'Inverno condotto dai bolscevichi nel novembre 1917. Esso, certo, utilizzò la violenza per farsi strada, ma tale violenza non fu in alcun modo esercitata contro lo Stato e le sue autorità, per abbatterle con la forza. Furono esse, all'opposto, che dapprima tollerarono le brutalità fasciste contro i gruppi d'opposizione e poi, infine, concessero il potere a Mussolini.

› VEDI
L'ultimo governo Giolitti
→ pag. 216

La realizzazione di uno Stato fascista Nei primi due anni di governo, Mussolini prese provvedimenti piuttosto cauti, al fine di rinsaldare i legami con quelle forze sociali ed economiche – come l'esercito e la grande borghesia – che lo avevano sostenuto al momento della marcia su Roma. Per andare incontro alla borghesia, egli abolì l'innalzamento della tassa di successione e la nominatività dei titoli azionari (provvedimenti giolittiani); per gratificare l'esercito, invece, organizzò un'imponente celebrazione della Vittoria (il 4 novembre).

Mussolini volle presentare il fascismo come l'unica forza capace di difendere l'onore della patria. Dopo aver dato un'eccezionale prova di valore durante la recente guerra mondiale, l'Italia doveva ora farsi valere a livello internazionale; per fare questo ulteriore passo, era stato necessario respingere l'assalto delle forze antinazionali e salvarla dai *bolscevichi*.

Il leader del fascismo si sforzò di **presentare il suo movimento come la parte più sana della nazione**, secondo un procedimento che già era stato seguito dai nazionalisti, al tempo dell'intervento. Quindi, mentre cercava di presentarsi come il vero garante della memoria della guerra, Mussolini cercò di **far sì che il concetto di *patria* e quello di *fascismo* si identificassero. Chi era contro il fascismo** – questo era il concetto centrale – **era contro l'Italia** e come tale doveva essere combattuto. Il 14 gennaio 1923 fu lanciato in questo senso un segnale eloquente e pericoloso: l'istituzione della *Milizia volontaria per la sicurezza nazionale*. Grazie a questo nuovo istituto, lo squadrismo veniva inserito ufficialmente tra le forze dell'ordine dello Stato italiano. **Lo Stato**, invece di essere un'istituzione al di sopra delle parti e tutore dei diritti di tutti, **incominciava a porsi al servizio di un solo orientamento politico**, che proclamava di essere l'interprete più autentico dell'interesse nazionale.

A livello simbolico, la progressiva identificazione tra fascismo e nazione si manifestò nella solenne celebrazione dell'anniversario della marcia su Roma, il 28 ottobre 1923. In

Squadre fasciste posano per una foto durante la marcia su Roma.

realtà, si trattava di una ricorrenza importante solo per una forza politica; malgrado questo carattere *di parte*, l'anniversario fu celebrato come una *festa nazionale*.

Un nuovo termine, per una dittatura di tipo nuovo

Osservando tale evoluzione, fin dal 1923 alcuni **acuti osservatori antifascisti**, come Giovanni Amendola e Luigi Sturzo, coniarono un nuovo aggettivo, per definire l'atteggiamento del fascismo. Essi, infatti, **lo definirono *totalitario***, al fine di precisare che il movimento di Mussolini aspirava a un controllo completo dello Stato, a un'occupazione integrale della società civile, senza lasciare alcuno spazio libero. Anzi, Amendola intuì perfino che il fascismo, una volta assestatosi al potere, avrebbe cercato di conquistare le coscienze: «Il fascismo ha le pretese di una religione, – scrisse il 1° aprile 1923 – le supreme ambizioni e le inumane intransigenze di una crociata religiosa. Non promette la felicità a chi non si converte, non concede scampo a chi non si lasci battezzare».

Documento chiave

La precoce denuncia del totalitarismo fascista

I due testi seguenti furono scritti da Luigi Salvatorelli e da Lelio Basso. Il primo apparve sul giornale antifascista "La Stampa" il 18 luglio 1922; il secondo fu pubblicato su "Rivoluzione liberale" il 2 gennaio 1925. In entrambi i casi, veniva denunciata la pretesa del fascismo di arrivare a controllare tutti gli apparati dello Stato, in modo da metterlo al servizio di un solo partito, che si presentava come l'incarnazione stessa dell'interesse nazionale.

Il fascismo è un movimento che tende con tutti i mezzi a impadronirsi dello Stato e di tutta la vita nazionale per stabilire la sua dittatura assoluta ed unica. Il mezzo essenziale per riuscirvi è, nel programma e nello spirito dei capi e dei seguaci, la completa soppressione di tutte le libertà costituzionali pubbliche e private, che è quanto dire la distruzione dello Statuto e di tutta l'opera liberale del Risorgimento italiano. Quando la dittatura fosse stabilita in modo che non una istituzione potesse esistere, non un atto compiersi, non una parola pronunciarsi se non di totale dedizione e obbedienza al fascismo, allora questo sarebbe disposto a sospendere l'uso della violenza, per mancanza di obiettivo, riservandosi sempre di riprenderlo al primo cenno di rinnovata resistenza.

Il fascismo si propone il completo controllo della società

L. SALVATORELLI

Non sarò io marxista, che negherò allo Stato il suo compito di tutore, di difensore degli interessi delle classi dominanti; ma lo Stato fascista si assume un altro compito, esso «non si difende ma attacca!». In altre parole lo Stato fascista non si limita a tutelare l'ordine costituito con un ordinamento giuridico all'uopo adatto, e nell'ambito del quale sia concesso alle forze contrarie di preparare il terreno per una nuova forma di convivenza sociale; esso rappresenta l'universo popolo, esclude che possa esservi un movimento a sé contrario o comunque diverso, e se qualcuno timidamente si mostra, tenta di distruggerlo irrimediabilmente. Quando siam giunti a questo punto, quando tutti gli organi statuali, la Corona, il Parlamento, la Magistratura, che nella teoria tradizionale incarnano i tre poteri, e la forza armata che ne attua la volontà, diventano strumenti di un solo partito, che si fa interprete dell'unanime volere, del totalitarismo indistinto e come tale escludente ogni ulteriore progresso, noi possiamo ben asserire che la crisi dello Stato ha toccato il suo estremo e ch'esso deve risolversi o precipitare.

Il fascismo è lo strumento con cui la borghesia colpisce il proletariato

Il fascismo sottomette a sé lo Stato e l'esercito

L. BASSO

E. GENTILE, *Fascismo. Storia e interpretazione*, Laterza, Roma-Bari 2003, pp. 65-66.

1.3 L'inizio della dittatura

Un formidabile premio di maggioranza

Il delitto Matteotti Nel novembre 1923 fu approvata la **legge Acerbo**, che modificava la precedente legge elettorale. In base alla nuova normativa, la lista che avesse ottenuto almeno il 25 per cento dei voti avrebbe avuto i due terzi dei seggi, mentre il restante terzo sarebbe stato proporzionalmente diviso tra le altre liste.

L'anno seguente vide la svolta decisiva del fascismo. Il 6 aprile 1924 si tennero le prime elezioni successive all'approvazione della legge Acerbo. Per assicurarsi il 25 per cento, le squadre fasciste ricorsero in diversi collegi ai **brogli** e alla **violenza.** Mussolini e i suoi seguaci erano convinti che nessuno avrebbe protestato e che tutti, ormai, avrebbero accettato il controllo dello Stato da parte del fascismo. All'apertura della nuova Camera, tuttavia, il giorno 30 maggio, il deputato socialista Giacomo Matteotti **osò denunciare apertamente tutte le irregolarità** in un appassionato discorso parlamentare. Decisi a conservare il potere, **i fascisti** di una squadra speciale denominata *Ceka* (come la prima polizia politica sovietica), **rapirono e uccisero Matteotti** il 10 giugno.

Video
L'accusa di Matteotti e le responsabilità di Mussolini

La secessione dell'Aventino Tutta l'opposizione, per protesta, abbandonò la Camera, dando vita a quella che fu chiamata la **secessione dell'Aventino**. La speranza di tutti gli avversari del fascismo era che, di fronte a un fatto così grave come l'assassinio di un parlamentare, il re avrebbe obbligato Mussolini a dare le dimissioni. In quell'occasione, un'azione di Vittorio Emanuele III contro Mussolini sarebbe stata accolta molto favorevolmente da gran parte dell'opinione pubblica, inizialmente schierata in massa con i deputati dell'Aventino e preoccupata per il fatto che **anche dopo essere giunto al potere il fascismo non cessava di praticare la violenza**: e questa volta, addirittura, la vittima non era un pericoloso sovversivo, bensì un riformista moderato che, oltretutto, sedeva sui banchi parlamentari come rappresentante popolare regolarmente eletto.

Piero Gobetti

Tra gli intellettuali, si distinse per la sua combattività il giovane torinese **Piero Gobetti**, che esortava tutte le forze antifasciste a coalizzarsi e a impegnarsi per un radicale rinnovamento politico e morale dell'Italia: «Mai come questa volta – scrisse l'11 novembre 1924 – la lotta politica in Italia avrà avuto una impostazione tanto semplice e precisa: da una parte i nazionalisti,

I luoghi → Aventino

L'Aventino è uno dei sette colli di Roma. Secondo la tradizione, nell'anno 494 a.C., proprio su quel colle si ritirarono i plebei romani, in segno di protesta nei confronti dell'ingiusto trattamento che subivano da parte della repubblica, che concedeva privilegi solo ai nobili e ai ricchi (i patrizi). Nel caso dei deputati antifascisti, non si trattò di un'azione materiale: l'espressione "secessione dell'Aventino" è una metafora per indicare che essi decisero di non partecipare ai lavori del Parlamento. Come gli antichi plebei, si rifiutarono di collaborare con uno Stato ingiusto, o meglio con un presidente del Consiglio il cui partito praticava sistematicamente la violenza e l'assassinio per fini politici.

I personaggi → Giacomo Matteotti

Nato nel 1885 in provincia di Rovigo, Matteotti guidava nel 1922 il Partito socialista unificato (PSU), il gruppo riformista che si era sganciato dal PSI dopo aver rinunciato definitivamente a ogni prospettiva rivoluzionaria. Il duro discorso in cui egli denunciò dettagliatamente i brogli elettorali compiuti dai fascisti fu pronunciato alla Camera il 30 maggio 1924. I sicari fascisti lo uccisero in una località deserta della campagna romana, Quartarella, dove il cadavere fu ritrovato il 16 agosto. Nel 1947 vennero processati tre dei sei assassini che avevano partecipato all'azione, i soli ancora in vita, e condannati a trent'anni di reclusione.

Giacomo Matteotti.

Coraggio di Gobetti

i clericali, i conservatori, gli avvocati degli agrari e degli industriali protetti, i rifiuti dei partiti vecchi e nuovi, gli avventurieri della politica; dall'altra le masse dei lavoratori coi borghesi rimasti fedeli ai loro ideali di libertà». Nel momento in cui scriveva queste dure parole, Gobetti aveva già subito (in settembre) una pesante aggressione da parte di una decina di squadristi che l'avevano percosso e bastonato. L'assoluta impunità degli aggressori dimostrava che **il fascismo**, per quanto intimorito e in difficoltà, **era tutt'altro che disposto a uscire di scena**.

Il re non interviene

Le gravi responsabilità di Vittorio Emanuele III L'unico soggetto che avrebbe potuto davvero fermare Mussolini – il sovrano, **Vittorio Emanuele III** – **non si decise a intervenire**, con il risultato che Mussolini poté superare la crisi più grave della sua esperienza politica, quella che poteva essergli fatale perché l'assassinio era stato severamente giudicato anche da numerosi uomini che pure, in precedenza, avevano guardato al fascismo con favore e interesse. Persino l'Associazione nazionale combattenti prese le distanze dal governo, al punto che – il 4 novembre 1924 – si verificarono duri scontri tra fascisti e mutilati di guerra, in occasione delle celebrazioni della Vittoria. Un conservatore come Salandra, alla Camera, e senatori fino ad allora tolleranti verso il fascismo (come Luigi Albertini) chiesero le dimissioni del presidente del Consiglio; al Senato, il conte Sforza accusò Mussolini di essere «colpevole come non mai, o incompetente come non mai nessuno poté essere».

Mussolini stringe la mano a re Vittorio Emanuele III prima di ottenere l'incarico di presidente del Consiglio.

Alla fine della vicenda, forte dell'assoluta passività di Vittorio Emanuele III, nel **discorso alla Camera del 3 gennaio 1925**, Mussolini poté assumersi «la responsabilità politica, morale, storica di quanto è avvenuto», cioè del *delitto Matteotti* e di tutti gli altri crimini compiuti dal fascismo: «Se il fascismo è stato un'associazione a delinquere, – disse Mussolini, – se tutte le violenze sono state il risultato di un determinato clima storico, politico, morale, a me la responsabilità di questo, perché questo clima storico, politico, morale io l'ho creato con una propaganda che va dall'intervento fino ad oggi».

La **dittatura**, di fatto, **era iniziata**, come testimonia in primo luogo la sorte della rivista "Rivoluzione liberale", diretta da Gobetti: fin dal numero pubblicato il 10 gennaio, con un pretesto o l'altro, il settimanale fu regolarmente sequestrato. L'**8 febbraio 1926**, **Gobetti andò in esilio in Francia**, dove sperava di proseguire la sua battaglia antifascista. Invece, si ammalò e **morì il 15 febbraio**, pochi giorni dopo il suo arrivo.

1.4 Lo Stato fascista

La distruzione dello Stato liberale Nel corso del 1925, tutti i principi e i meccanismi politici che contraddistinguono uno Stato liberale furono smantellati. In primo luogo, vi fu la progressiva **abolizione della libertà di stampa**, realizzata attraverso la soppressione dei giornali antifascisti e il controllo di tutti i quotidiani più prestigiosi. In seguito, nel dicembre 1925, si procedette a liquidare la **separazione dei poteri**, che secondo la concezione liberale è il principale strumento per garantire ai cittadini di uno Stato il libero godimento dei loro diritti e, quindi, rappresenta il principale antidoto contro l'assolutismo.

Fine del potere parlamentare

Con l'approvazione della **legge sulle prerogative del capo del Governo**, il Parlamento cessò di esercitare qualsiasi potere effettivo, in quanto nessun argomento poteva essere discusso da una delle due Camere senza l'autorizzazione dell'esecutivo. Il capo del Governo, in pratica, era **abilitato a controllare ogni settore della vita dello Stato** (compresa la magistratura), non era più responsabile davanti a Camera e Senato e poteva essere revocato dal suo incarico solo dal re (questo particolare risulterà decisivo ai fini del crollo del fascismo, nel 1943). Malgrado tutti gli sforzi compiuti per giungere a una dittatura personale assoluta, **Mussolini non poté mai prescindere completamente dalla presenza del sovrano, che era pur sempre il capo dello Stato.**

› VEDI Il 25 luglio 1943 → pag. 400

Mussolini, sotto lo sguardo del segretario di Stato vaticano cardinal Gasparri, firma i Patti lateranensi, l'11 febbraio 1929.

Fascismo e Chiesa

I Patti lateranensi In aggiunta alla monarchia, il Duce dovette rapportarsi con un'altra istituzione concorrente e ineliminabile, la Chiesa cattolica. Per guadagnarne l'appoggio, Mussolini attenuò il proprio originario anticlericalismo e l'**11 febbraio 1929** portò il Regno d'Italia a stipulare con la Santa Sede i cosiddetti **accordi del Laterano**, che sancirono la **nascita dello Stato della Città del Vaticano e proclamarono il cattolicesimo religione ufficiale dello Stato italiano**. Anche sotto questo profilo si verificava una cesura netta rispetto al sistema liberale, che aveva considerato la religione un fatto puramente privato ed evitato che la professione (o meno) di una qualsiasi fede apportasse privilegi o discriminazioni di alcun genere.

Cittadinanza e Costituzione

Lo Stato e la Chiesa: i Patti lateranensi → pag. 266

Le *leggi fascistissime*

La repressione dell'opposizione e il confino Con le *leggi fascistissime*, approvate nel **novembre 1926**, il processo di totale cancellazione delle libertà personali ebbe sanzione formale. Innanzitutto, fu vietato promuovere e costituire associazioni dirette a sovvertire gli ordinamenti dello Stato e, più in generale, «a distruggere o deprimere il sentimento nazionale». Ad eccezione del PNF, **tutti i partiti furono automaticamente soppressi**, mentre i 123 deputati di opposizione che parteciparono all'*Aventino* furono dichiarati decaduti. Per i reati più gravi fu reintrodotta la pena di morte, abolita nel 1870, mentre con la legge *per la difesa dello Stato* del 25 novembre 1926 fu istituito un **Tribunale speciale**, incaricato di processare tutti gli antifascisti, cioè i dissidenti e i nemici del regime. Formato da un generale e cinque consoli della Milizia, nel corso della sua attività (1928-1943) giudicò 5319 imputati, infliggendo 9 condanne a morte, 7 condanne all'ergastolo e 27 735 anni di carcere.

ZOOM L'attentato a Mussolini del 31 ottobre 1926

Le *leggi fascistissime* del novembre 1926 furono emanate pochi giorni dopo che, il 31 ottobre, a **Bologna, Mussolini aveva rischiato di essere assassinato da un colpo di pistola.** Accusato di essere l'attentatore, **il quindicenne Anteo Zamboni fu giustiziato sul posto**. La vicenda dell'attentato di Bologna presenta numerosi punti oscuri. Infatti, non portò alcun esito l'inchiesta condotta a carico della famiglia Zamboni, accusata di aver ordito una vera congiura familiare a danno del Duce; Mammolo Zamboni (padre di Anteo) e sua nuora furono condannati dal Tribunale speciale a trent'anni di reclusione, ma la loro innocenza è riconosciuta da tutti gli storici.

L'**ipotesi più verosimile** è che il giovanissimo **Anteo fosse del tutto estraneo** ai fatti: **fu ucciso sul posto dai veri attentatori**, che probabilmente erano **fascisti radicali, legati alla figura di Roberto Farinacci**, il quale non sopportava l'emarginazione imposta da Mussolini ai vecchi capi dello squadrismo.

Percorsa da alcuni zelanti funzionari di polizia, questa pista fu in breve tempo volutamente insabbiata, per non scatenare una faida interna al fascismo, che avrebbe potuto indebolire il regime. Al contrario, **l'attentato fu abilmente sfruttato da Mussolini** per completare il controllo ormai assoluto del potere e procedere all'emanazione della normativa del novembre 1926 che aboliva ogni libertà politica.

Il confino

Il **confino di polizia** era, invece, un provvedimento di pubblica sicurezza previsto per coloro i quali erano **sospettati di attività antifascista**. Tra il 1926 e il 1943, furono inviati al confino circa 15 000 italiani, mentre i fascicoli aperti dalla polizia contro i presunti *sovversivi* toccarono quota 114 000. Chiunque fosse accusato di nutrire sentimenti antifascisti era obbligato a risiedere per cinque anni in zone remote e scarsamente collegate con il resto del Paese, quali piccole isole o villaggi di montagna. A volte, la propaganda fascista cercò di minimizzare le condizioni di vita dei prigionieri obbligati al confino, dipingendolo come una specie di *villeggiatura*; in realtà, la povertà e l'isolamento dei luoghi, insieme agli occasionali comportamenti violenti delle guardie fasciste, fecero sì che per moltissime persone il soggiorno obbligato risultasse un'esperienza durissima.

Luoghi poveri e isolati

Ulteriori provvedimenti restrittivi proibirono lo **sciopero**, considerato **un reato**, e sostituirono la figura del sindaco (eletto democraticamente dai cittadini) con quella del **podestà**, designato direttamente dal governo.

Le corporazioni Sulla base dell'ideologia nazionalista che il fascismo fece propria, **il concetto di lotta di classe veniva negato**. Secondo questo principio di fondo (che trovò la propria espressione teorica più chiara nella *Carta del Lavoro*, 1927), il 2 ottobre 1925 venne siglato a Roma a Palazzo Vidoni (la sede amministrativa del Partito fascista) un accordo tra le organizzazioni del padronato e quelle dei lavoratori. Le prime riconobbero il **sindacalismo fascista** come **unico legittimo rappresentante del proletariato** e portavoce delle sue esigenze specifiche; il **sindacato**, invece, accettò la rinuncia allo sciopero come strumento di lotta e di rivendicazione economica.

Il sindacato fascista

Tale accordo fu poi integrato (il 5 febbraio 1934) dalla **legislazione sull'ordinamento corporativo**; in base a esso, i datori di lavoro e i prestatori d'opera impegnati in un determinato settore economico venivano riuniti in una **corporazione**, ossia un'unica organizzazione, il cui scopo era quello di comporre pacificamente le vertenze tra le parti sociali, tenendo conto dell'interesse nazionale (considerato superiore a quello delle singole parti, in contrasto tra loro). All'atto pratico, poiché le maestranze erano rappresentate solo dal sindacato fascista – controllato dallo Stato –, sotto il fascismo **i lavoratori non ebbero più alcuna possibilità di esprimere liberamente la propria voce** e le proprie rivendicazioni.

In sintesi, l'affermazione propagandistica del regime secondo cui lo Stato corporativo rappresentava una *terza via* rispetto ai modelli comunista e capitalistico, non contiene pressoché nulla di vero. L'Italia fascista continuò a essere uno Stato capitalista, con l'unica significativa differenza (rispetto ai regimi liberali e democratici) che le organizzazioni sindacali erano state completamente imbavagliate. Ogni decisione concernente i problemi dei lavoratori (salario, orario di lavoro, condizioni di vita sul luogo d'impiego ecc.) poteva essere presa d'intesa tra il governo fascista e gli imprenditori, senza paura di proteste o di rimostranze: non a caso, nel 1930, i salari erano in Italia i più bassi di tutta l'Europa occidentale (con la sola eccezione della Spagna).

Le parole

Sindacato/corporazione

La differenza tra un sindacato e una corporazione può essere compresa usando le due categorie *orizzontale* e *verticale*. Il sindacato è un'associazione orizzontale, nel senso che raggruppa solo lavoratori, i quali si uniscono per lottare contro gli imprenditori. La corporazione è invece una struttura verticale, nel senso che comprende sia i lavoratori sia gli imprenditori. In teoria, la corporazione dovrebbe essere il luogo in cui i diversi interessi delle parti sociali trovano conciliazione. In pratica, nell'Italia fascista (e nella Germania nazista) i lavoratori furono completamente privati della possibilità di far ascoltare i propri bisogni e di difendere i propri interessi.

Le tappe verso la dittatura fascista

DATE	EVENTI
29 ottobre 1922	Mussolini riceve l'incarico di formare il governo
6 aprile 1924	Elezioni vinte dai fascisti usando brogli e violenze
10 giugno 1924	Rapimento e uccisione di Giacomo Matteotti. Il re non interviene
3 gennaio 1925	Mussolini si assume la responsabilità di tutti i delitti compiuti dal fascismo
Dicembre 1925	Legge sulle prerogative del capo del Governo
Novembre 1926	Leggi fascistissime

Cittadinanza e Costituzione

Lo Stato e la Chiesa: i Patti lateranensi

Costituzione italiana

Articolo 7

Lo Stato e la Chiesa cattolica sono, ciascuno nel proprio ordine, indipendenti e sovrani. I loro rapporti sono regolati dai Patti Lateranensi.

Gli accordi del 1929

I **rapporti del Regno d'Italia con la Chiesa cattolica** furono **problematici, fin dalla nascita dello Stato unitario**, nel 1861. Il processo risorgimentale, infatti, comportò la conquista di Roma (20 settembre 1870), la **cancellazione dello Stato della Chiesa**, l'introduzione del principio della libertà religiosa e la completa uguaglianza di tutti i cittadini davanti alla Legge, a prescindere dalla loro fede. Ciò comportò il completo godimento di tutti i diritti civili e politici anche da parte di ebrei e protestanti: soggetti che la Chiesa ottocentesca, invece, avrebbe voluto vedere discriminati e privati di una piena cittadinanza. **Fino al 1929, Chiesa e Stato si trattarono con molta freddezza**: il papa, ad esempio, si rifiutava di uscire dai palazzi vaticani, considerandosi come una sorta di prigioniero. La situazione mutò gradualmente negli anni Venti, in quanto **Mussolini si rese conto di quanto fosse essenziale**, per consolidare il proprio potere, **l'appoggio dei cattolici**. Pertanto, con grande soddifazione della Santa Sede, nel 1923 ordinò di reintrodurre i crocefissi negli ospedali (da dove, invece, il laico Stato liberale li aveva rimossi) e stanziò tre milioni di lire per il restauro e la ricostruzione delle chiese danneggiate durante la guerra. In tal modo, andò costruendosi un clima di reciproca fiducia, che sfociò nella **firma degli accordi del Laterano dell'11 febbraio 1929**. I Patti lateranensi si concretizzarono in tre distinti documenti. Al primo posto va ricordato il Trattato, in base al quale il Regno d'Italia riconosceva alla Santa Sede «la piena proprietà e la esclusiva ed assoluta potestà e giurisdizione sovrana sul Vaticano». In tal modo, dopo quasi sessant'anni, **rinasceva uno Stato della Chiesa (la Città del Vaticano)**, dotato di **piena e completa sovranità** sul proprio territorio: la questione romana, apertasi nel 1870, trovava così la sua definitiva e formale chiusura. La **Convenzione finanziaria** fu del Trattato (che si limitava alle sole questioni politiche e territoriali) una specie di corollario economico; l'Italia, infatti, si impegnò a **versare alla Santa Sede una cospicua somma** (750 milioni di lire in contanti, più un miliardo in consolidato al 5% al portatore) in qualità di indennizzo per la perdita dei proventi dell'antico Stato della Chiesa subita dal papato nel 1870. In questo caso, non si può parlare di una rottura con il passato, visto che lo Stato liberale, con la *Legge delle guarentigie* del 1871, si

Fino al 1929, Chiesa e Stato si trattarono con molta freddezza: il papa, ad esempio, si rifiutava di uscire dai palazzi vaticani, considerandosi come una sorta di prigioniero

Mensa di una scuola di milano, 1937, in cui il crocefisso è appeso alla parete, tra le fotografie di Mussolini e del re Vittorio Emanuele III.

era offerto di versare al papato una rendita annua, in modo che esso potesse provvedere alle proprie necessità dopo aver perduto gli introiti provenienti dai territori di cui era stato in passato il signore temporale.

Il Concordato

CUM CORDIS = CON IL CUORE

Una vera svolta rispetto allo Stato laico uscito dal Risorgimento fu rappresentata, invece, dal terzo documento firmato l'11 febbraio 1929: il Concordato. Sulla base di esso, infatti, **lo Stato cessava di essere neutro in campo religioso**, e accettava di privilegiare una confessione sopra tutte le altre. Alla Chiesa cattolica, pertanto, fu concesso che la sua dottrina religiosa fosse oggetto di insegnamento in tutte le scuole, di ogni ordine e grado; a questo proposito, anzi, l'articolo 36 del Concordato affermava categoricamente che «l'insegnamento della dottrina cristiana secondo la forma ricevuta nella tradizione cattolica» veniva considerato dall'Italia «fondamento e coronamento dell'istruzione pubblica». Analogamente, alla Chiesa venne concesso che il **matrimonio** celebrato secondo il rito cattolico avesse piena validità civile e che ai sacerdoti scomunicati fosse impedito di esercitare attività di insegnamento nelle scuole e nelle università dello Stato. **Sia per la Chiesa che per il regime fascista, i *Patti lateranensi* furono un grande successo**. Mussolini, però, nel discorso tenuto alla Camera il 13 maggio 1929, in occasione della ratifica degli accordi, dichiarò con enfasi che lo Stato non aveva rinunciato in nessun settore alla sua piena sovranità. Con tali parole, il Duce non si proponeva assolutamente di tutelare quel poco che restava della laicità dello Stato italiano, né si preoccupava minimamente del rischio che i cittadini non cattolici potessero in qualche modo risultare discriminati. Egli, piuttosto, pensava ormai solo in termini fascisti, cioè ribadiva che (malgrado il Concordato) **il regime mirava** comunque **al pieno controllo di ogni aspetto della vita del Paese e degli italiani**: «Lo Stato fascista – affermò Mussolini nel suo discorso – rivendica in pieno il suo carattere di eticità: è cattolico, ma è fascista, anzi soprattutto, esclusivamente, essenzialmente fascista. Il Cattolicesimo lo integra, e noi lo dichiariamo apertamente, ma nessuno pensi, sotto la specie filosofica o metafisica, di cambiarci le carte in tavola».

Lo scontro sulle leggi razziali

Pertanto, nel 1938, al momento della promulgazione delle leggi razziali, esplose un violento scontro tra la Santa Sede e il regime fascista. Le critiche della Chiesa nacquero dal fatto che l'antisemitismo fascista (come quello nazista) muoveva da presupposti razzisti, e non da motivazioni di tipo religioso. Di conseguenza, **agli occhi del regime non contava nulla la religione professata dal singolo ebreo**: anche se convertito e battezzato, per chi ragiona in termini razziali l'ebreo resta sempre tale. **La protesta del papato** non ebbe come oggetto la difesa della dignità umana e civile degli israeliti; all'opposto, **si concentrò** solo **sulla questione dei diritti degli ebrei convertiti al cattolicesimo**. In particolare, la Chiesa attaccò il fatto che, sulla base del concetto di razza, ad un ebreo battezzato fosse vietato il matrimonio con un ariana cattolica (e viceversa). Per la Chiesa, un simile atteggiamento del regime era del tutto inaccettabile, contrario a tutta la dottrina cattolica sul matrimonio e, cosa ancora più importante sotto il profilo giuridico, era in **palese contrasto con l'articolo del Concordato secondo il quale il matrimonio contratto secondo le regole del diritto ecclesiastico era valido a tutti gli effetti anche sotto il profilo civile**. Il regime, comunque, restò fermo sulla propria posizione: alla Chiesa non rimase altro se non accettare di malavoglia quello che il papa definì un grave *vulnus* ("ferita") inferto al Concordato.

Santa Sede e regime fascista suggelano i Patti lateranensi, 1929.

Capitolo 2

ECONOMIA DEMOGRAFIA E SOCIETÀ

USA 1929: la *grande depressione*

Storia slide

LE CONOSCENZE DA ACQUISIRE
Alla fine degli anni Venti, gli agricoltori si trovarono in crescente difficoltà. Nel 1929, l'intero sistema economico statunitense collassò, sprofondando il Paese in un lungo periodo di crisi e di depressione.

LE COMPETENZE DA POTENZIARE
Saper capire i caratteri fondamentali di un modello economico del Novecento.

2.1 L'inizio della crisi economica

› VEDI *I ruggenti anni Venti* → pag. 224

Crollo dei prezzi in agricoltura

Agricoltura in crisi e contrazione dei consumi Negli anni Venti del Novecento, l'economia degli Stati Uniti conobbe una straordinaria crescita del settore industriale. Al contrario, per il settore agricolo questo fu un periodo tutt'altro che positivo. Infatti, se durante la guerra l'agricoltura americana aveva avuto un notevole sviluppo (dovuto al calo della produzione in Europa), dopo il 1920 l'agricoltura europea si riprese, con il risultato che, da quel momento, **i prezzi dei prodotti agricoli americani calarono pesantemente**. Né servì a qualcosa, per mantenerli alti, distruggere tonnellate di derrate che non era più possibile collocare vantaggiosamente sul mercato a causa della sovrapproduzione. Molti agricoltori, che oltretutto avevano contratto pesanti debiti per potenziare, al tempo della prosperità, le loro attrezzature e la propria capacità produttiva, andarono così in rovina, innescando quel processo di contrazione dei consumi (della *domanda*) che sta alla base della cosiddetta *grande depressione*.

Il giovedì nero

Il crollo della Borsa di New York Il disastro cominciò a manifestarsi in tutta la sua ampiezza nell'ottobre 1929; la Borsa di New York (sita in Wall Street), dopo un periodo di forsennata speculazione finanziaria, registrò un brutale ribasso del valore dei titoli, in quanto le aziende non possedevano più un livello di prosperità effettivamente corrispondente all'elevata quotazione in Borsa delle loro azioni. Il **24 ottobre 1929** (passato alla storia come il *giovedì nero*) **Wall Street crollò**: in preda al panico, gli operatori finanziari presero a vendere, pur di liberarsi di titoli che parevano perdere costantemente valore di minuto in minuto.

Solo in quella giornata, furono vendute azioni per 13 milioni di dollari! Ma la valanga, lungi dall'esaurirsi, proseguì per tutti i giorni seguenti, con il risultato che il 29 ottobre furono liquidate azioni per altri 29 milioni di dollari e nel giro di un mese il valore dei titoli si abbassò del 40%.

Lavorare per competenze avvio al saggio breve
Le conseguenze della crisi del 1929 → pag. 293

Il **crollo borsistico** dell'ottobre 1929 – sebbene rappresenti l'inizio "ufficiale" della *grande depressione* – non ne fu assolutamente la causa. Esso **fu solo il sintomo** più **clamoroso della situazione** che si era venuta a creare: a causa delle difficoltà degli agricoltori, un regime eco-

Schema proiettabile

La crisi del 1929 negli USA

CAUSA EFFETTO

Il sistema americano si regge su un aumento costante della produzione → Gli agricoltori hanno notevoli difficoltà economiche dopo la ripresa dell'agricoltura europea → Contrazione della domanda → Le industrie entrano in crisi → Disoccupazione → Ulteriore contrazione della domanda → Crollo della Borsa nomico basato sull'**aumento costante della produzione** (dell'*offerta*) si stava scontrando con una **stasi della domanda**, con l'incapacità del mercato di assorbire la mole sempre crescente dei prodotti sfornati dalle fabbriche.

Fallimenti bancari

Iniziata in un settore specifico, quello finanziario, la crisi si manifestò nel giro di poco tempo in tutti gli altri comparti, fino a travolgere in breve l'intera economia, dapprima degli Stati Uniti e poi di tutti i Paesi industrializzati. Mentre più di 5000 banche dovettero cessare la loro attività, i fallimenti commerciali e industriali, tra il 1929 e il 1932, procedettero al ritmo dell'11% all'anno. La produzione industriale, negli USA, diminuì del 45%, con il risultato che i **disoccupati** passarono dai 2 milioni dell'inizio del 1929, a 8 milioni all'inizio del 1931, a 12 milioni nel 1932 e infine a 17 milioni nel 1933; **nel 1935, più del 25% dell'intera popolazione attiva statunitense** era ancora senza lavoro.

Carta interattiva
La grande depressione

La fine di un'epoca

La crisi si propaga in Gran Bretagna Nel **1931**, gli **effetti della crisi raggiunsero l'Inghilterra**, dove il numero dei disoccupati toccò la cifra assoluta di 2 500 000 individui (pari al 15,4% circa dell'intera forza lavoro). Di fronte a una simile emergenza, il governo si trovò costretto a modificare radicalmente i pilastri della politica economica inglese, cioè si decise di svalutare la sterlina (che passò da un valore di 4,86 dollari a 3,80) e a **introdurre**, per la prima volta dal 1846, **pesanti dazi protezionistici**, in modo da difendere il mercato interno. Si trattava, per la Gran Bretagna, di una vera e propria rivoluzione economica, della fine di un'intera epoca.

Una madre e suoi figli all'epoca della grande depressione, California.

Giungeva a conclusione, anche in Inghilterra, l'epoca del *liberismo economico*, basato sul presupposto secondo cui lo Stato doveva rigorosamente astenersi dall'intervenire nel campo dell'economia. Fino al 1929, era universalmente accettata l'idea che esistesse una sorta di sistema capace di autoregolarsi, basato sul libero dispiegamento della domanda e dell'offerta, sulla convertibilità in oro delle varie monete e sul pareggio nel bilancio degli Stati, che di quelle monete convertibili erano i garanti. Tutto ciò, con l'inizio della grande depressione, ebbe fine.

La crisi economica mondiale tra il 1929 e il 1932

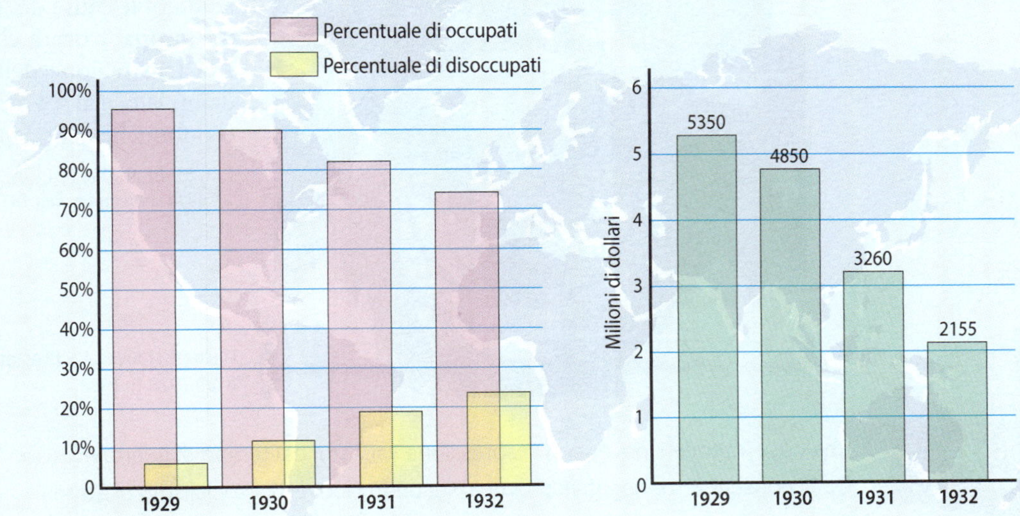

I grafici evidenziano l'entità della crisi economica tra il 1929 e il 1932. Gli istogrammi a sinistra mostrano la progressiva crescita del numero dei disoccupati; quelli a destra evidenziano la crisi del commercio internazionale: il valore totale delle merci scambiate sui mercati mondiali scese in quattro anni di oltre il 50%.

2.2 Roosevelt e il *New Deal*

L'incapacità del presidente Hoover Il contrasto tra gli anni Venti e l'inizio degli anni Trenta fu enorme: dalla prosperità del decennio precedente si passò, infatti, a una situazione di drammatica miseria. Nel 1929 il presidente degli Stati Uniti era **Herbert Hoover**, convinto **sostenitore della dottrina del liberismo classico**: fiducioso nella capacità del mercato di autoregolarsi e persuaso che ogni intervento dello Stato nella sfera dell'economia equivalesse a

Documento

Il discorso sull'individualismo di Herbert Hoover

Herbert Hoover pronunciò questo discorso nel 1928, quando era il candidato del Partito repubblicano per le elezioni presidenziali americane. Si tratta di una delle più chiare enunciazioni del liberismo economico, che aveva trionfato in tutto il mondo fino al 1914 ed era entrato in crisi a seguito della prima guerra mondiale. La crisi esplosa nell'ottobre 1929 mise immediatamente in luce i limiti della visione tradizionale, così appassionatamente difesa da Hoover in questa sede.

Quando la guerra finì, il più vitale di tutti i problemi, sia nel nostro paese che in tutto il mondo, consistette nel decidere se i Governi dovessero continuare coi sistemi del tempo di guerra, a gestire cioè i molti strumenti di produzione e distribuzione. Ci trovavamo di fronte alla scelta in tempo di pace fra il sistema americano dell'individualismo assoluto e una filosofia europea fondata su dottrine diametralmente opposte: le dottrine del paternalismo e del socialismo di Stato. L'accettazione di queste idee avrebbe significato la distruzione dell'autogoverno attraverso l'accentramento del governo. Avrebbe significato il sabotaggio dell'iniziativa individuale e dello spirito di intrapresa, grazie a cui la nostra gente ha raggiunto altezze senza precedenti.

Fin dall'inizio, il Partito Repubblicano si allontanò risolutamente da queste idee e da queste pratiche del tempo di guerra [...]. Quando il Partito Repubblicano conquistò il potere, tornò risolutamente alla nostra concezione fondamentale dello Stato e dei diritti e responsabilità dell'individuo. In tal modo restaurò la fiducia e la speranza nel popolo americano, liberò e stimolò lo spirito di iniziativa, riportò il Governo alla sua posizione di arbitro anziché di giocatore nella partita economica. Per queste ragioni gli Americani hanno progredito mentre il resto del mondo si è fermato ed alcuni paesi hanno fatto dei passi indietro. Se qualcuno studierà le cause del ritardato recupero in Europa, troverà che molto è dovuto alla frustrazione dell'iniziativa privata da un lato, e al sovraccarico di funzioni economiche dello Stato dall'altro.

M. BENDISCIOLI, A. GALLIA, *Documenti di storia contemporanea 1815-1970*, Mursia, Milano 1970, p. 347

Herbert Hoover, US president from 1928 to 1932.

Analizza il testo

- Che cosa intende Hoover con l'espressione «sistemi del tempo di guerra»?
- Quali conseguenze negative provoca, secondo Hoover, il «socialismo di Stato»?
- Quale ruolo viene attribuito da Hoover al governo, nell'ambito della vita economica?

Guardiamo la storia
Roosevelt, il presidente del New Deal

un opprimente *socialismo* nemico dell'**individuo** e della sua **libertà di iniziativa**, Hoover non si curò neppure di venire incontro alle necessità più elementari dei disoccupati. Lasciato a se stesso, il Paese venne assumendo un aspetto spettrale.

Le campagne furono letteralmente invase da **una schiera di vagabondi** e di miserabili; alla periferia delle metropoli, nel medesimo tempo, disoccupati ed emarginati di ogni tipo si ammassavano in **baraccopoli improvvisate** che, in segno di disprezzo, vennero denominate *hoovervilles*.

Documento

Il discorso inaugurale di Roosevelt

Franklin Delano Roosevelt, eletto presidente degli Stati Uniti nel 1932, pronunciò questo discorso il 4 marzo 1933. La politica liberista di Hoover era chiaramente fallita. Da soli, il mercato e l'iniziativa privata non erano stati capaci di rilanciare l'economia capitalistica.

Oggi è giorno di consacrazione nazionale; e sono certo che i miei concittadini si attendono che, nel momento della mia ascesa alla Presidenza, io mi rivolga a loro con la franchezza e la decisione che l'attuale situazione della nostra nazione impone. Questo è soprattutto il momento di dire la verità, l'intera verità, francamente e audacemente. Né dobbiamo indietreggiare di fronte alla necessità di far fronte onestamente alle condizioni odierne del nostro paese. Questa grande nazione sopporterà come ha sempre sopportato, rinascerà e prospererà ancora. Lasciate pertanto che io riaffermi in primo luogo la mia ferma convinzione che la sola cosa di cui dobbiamo aver paura è la paura stessa, l'irragionevole ingiustificato terrore senza nome che paralizza gli sforzi necessari a convertire la ritirata in progresso.

In ogni ora oscura della nostra vita nazionale una guida franca e vigorosa ha ottenuto la comprensione e l'appoggio del popolo, elementi essenziali per la vittoria. Sono convinto che voi darete nuovamente il vostro appoggio a coloro che guidano il paese in questi critici giorni. Con questo spirito da parte mia e da parte vostra noi faremo fronte alle comuni difficoltà. Le quali concernono, grazie a Dio, soltanto le cose materiali. I valori [le azioni e i titoli quotati in Borsa, *n.d.r.*] si sono ridotti a livelli fantastici; le tasse sono aumentate; la nostra capacità di pagamento è diminuita; il governo è di fronte a una seria riduzione di entrate; i mezzi di scambio sono congelati nelle correnti commerciali; le foglie avvizzite dell'iniziativa industriale giacciono da ogni parte; gli agricoltori non trovano mercati per i loro prodotti; sono svaniti in migliaia di famiglie i risparmi di lunghi anni. Fatto ancora più importante, un esercito di cittadini disoccupati è di fronte al duro problema dell'esistenza, e un numero altrettanto grande lavora con scarso guadagno. Soltanto uno sciocco ottimista potrebbe negare la triste realtà del momento. [...]

Questa nazione chiede azione, e azione immediata. Il nostro primo grandissimo compito è di porre la gente al lavoro. Questo non è un problema insolubile se lo fronteggeremo con saggezza e con coraggio. E può essere risolto in parte col reclutamento diretto da parte del governo stesso, considerando il problema alla stessa stregua di una emergenza bellica, ma nello stesso tempo realizzando, attraverso questo impiego, progetti grandemente necessari per stimolare e riorganizzare l'uso delle nostre risorse naturali. Dobbiamo francamente riconoscere, inoltre, la sovrabbondanza della popolazione nei nostri centri industriali e, impegnandoci in una redistribuzione su scala nazionale, sforzarci di offrire un migliore impiego della terra per i più adatti all'attività agricola. [...] Infine, nel nostro progetto verso la ripresa del lavoro, abbiamo bisogno di due salvaguardie contro il ritorno dei malanni del vecchio ordine: occorre una rigorosa supervisione di tutte le operazioni bancarie, dei crediti e degli investimenti; deve cessare la speculazione fatta sul danaro degli altri, e si deve provvedere una moneta adeguata ma sana. Queste sono le linee di attacco. Solleciterò la convocazione di una sessione speciale del nuovo Congresso perché deliberi la esecuzione di provvedimenti ben dettagliati, e cercherò di ottenere aiuto immediato da parte dei vari Stati.

M. BENDISCIOLI, A. GALLIA, *Documenti di storia contemporanea 1815-1970*, Mursia, Milano 1970, pp. 351-352

Analizza il testo

- Qual è, secondo Roosevelt, il primo compito che il governo deve assumersi?
- Quale strategia nuova, opposta rispetto a quella di Hoover, viene proposta da Roosevelt?
- Quali sono le «linee d'attacco» della nuova amministrazione?

La consapevolezza del presidente Roosevelt In questa atmosfera di miseria generalizzata e di frustrazione, alle nuove elezioni presidenziali del 1932 venne eletto il democratico **Franklin Delano Roosevelt**. Rispetto al 1929, il prodotto nazionale lordo era più basso di un terzo, l'indice dei prezzi era circa la metà di quello precedente l'inizio della crisi, gli investimenti privati erano caduti del 90%, i disoccupati erano quasi 13 milioni. Roosevelt si rese immediatamente conto del fatto che, per affrontare la crisi in tutta la sua gravità, bisognava **agire in modo non conforme alle teorie del liberismo**, la dottrina economica che era stata considerata per più di un secolo una specie di indiscutibile articolo di fede. Nonostante le feroci critiche della maggior parte degli economisti americani, il nuovo presidente si circondò di un gruppo di esperti disposti ad **affrontare la situazione con metodi radicalmente diversi** rispetto a quelli classici. In primo luogo (nel 1933), anche l'amministrazione Roosevelt abbandonò la parità aurea, cioè la convertibilità del dollaro in oro. Si trattava del primo passo nella direzione del cosiddetto *New Deal* (nuovo corso); infatti, mentre il presupposto fondamentale per la conservazione della base aurea era il pareggio del bilancio statale, l'amministrazione Roosevelt scelse deliberatamente di andare incontro a un **deficit nei conti dello Stato**, pur di trovare le risorse necessarie a far ripartire il meccanismo inceppato dell'economia nazionale.

Abbandono della parità aurea

L'intervento statale nell'economia: il *New Deal* In altri termini, si può dire che **l'idea centrale del *New Deal*** (con un'intuizione che più tardi, nel 1936, troverà conferma accademica e razionalizzazione scientifica nell'opera del grande economista inglese John Maynard Keynes) consisteva nel **far intervenire lo Stato** in quel mondo della **vita economica** da cui il liberismo l'aveva espulso in nome dell'idea-forza della capacità di autoregolazione da parte del mercato. Dal momento che il mercato, nel nuovo contesto della *grande depressione*, non era più capace di generare occupazione, il compito primario dello Stato era, secondo l'impostazione rooseveltiana, quello di fornire lavoro ai propri cittadini. In questo modo, un numero crescente di individui avrebbe di nuovo avuto a propria disposizione delle risorse, del denaro da spendere in beni di consumo o in derrate alimentari, cosicché l'intero meccanismo avrebbe ripreso a funzionare, in quanto sia le fabbriche sia gli agricoltori avrebbero di nuovo avuto un mercato sul quale collocare quanto producevano.

› VEDI
Il Welfare State
→ pag. 559

Combattere la disoccupazione

ZOOM La risposta italiana: il controllo statale su banche e industrie

Anche l'Italia, al pari degli altri Paesi europei, si trovò a dover fare i conti con gli effetti della crisi economica del 1929. A subire il contraccolpo fu soprattutto il settore tessile, molto importante all'interno dell'economia nazionale, la cui produzione scese del 30% nei tre anni successivi allo scoppio della crisi. Nel complesso, nel 1932, i disoccupati in Italia erano più di un milione.

La strada scelta dal regime per far fronte alla disoccupazione fu analoga a quella percorsa dall'amministrazione Roosevelt negli USA, nel senso che comportò il massiccio intervento dello Stato nel campo dell'economia. A questo proposito va segnalata, in primo luogo, la politica di grandi spese per lavori di pubblica utilità, come la **bonifica dell'Agro Pontino** (una malsana e paludosa regione a sud di Roma) e le prime autostrade nel Nord del Paese. Ma, senza dubbio, il risultato più duraturo dell'intervento statale nell'economia italiana fu rappresentato dalla creazione dell'IMI (**Istituto mobiliare italiano**) e dell'IRI (**Istituto per la ricostruzione industriale**). Nel primo caso, si trattò di una grande banca pubblica, incaricata di intervenire a sostegno delle industrie e delle banche coinvolte dalla crisi; lo stesso scopo, a partire dal 1933, venne perseguito tramite l'IRI, che però rilevava le aziende in difficoltà e ne assumeva la gestione diretta. Secondo i calcoli dello storico Franco Gaeta, l'IRI (cioè lo Stato) alla fine degli anni Trenta si trovò in possesso del 44,5% di tutto il capitale azionario italiano: «Lo stato assumeva così un grande ruolo in tutta la vita economica e finanziaria del paese e si instaurava una forma di **economia mista** nella quale il potere pubblico aveva in mano gli strumenti per realizzare una programmazione economica generale e per gestire comunque una grandissima parte dell'attività economica secondo criteri che rispondessero al pubblico interesse. **Nel periodo tra le due guerre mondiali** (soprattutto a partire dal 1936) **il controllo statale sull'industria risultò essere il più esteso che vi fosse in tutti i Paesi europei** (eccettuata, ovviamente, l'Unione Sovietica)».

Il regime fascista, tuttavia, benché disponesse di una così significativa presenza dello Stato nella vita economica italiana, non fu in grado di preparare il Paese a sostenere una grande guerra moderna. Nel momento in cui Mussolini, nel 1940, ne decise l'ingresso nella seconda guerra mondiale, l'Italia non era assolutamente pronta, né sotto il profilo economico né sotto quello strettamente militare. Il risultato fu, nel giro di poco tempo, la completa prostrazione del Paese, la fine di quel consenso che pure, negli anni Trenta, il regime aveva ottenuto, e, infine, la destituzione dello stesso Mussolini.

› VEDI
La politica economica di Hitler
→ pag. 310

A tal fine, l'amministrazione Roosevelt intraprese **una grande campagna di lavori pubblici**, all'interno della quale il posto preminente fu assunto dalla costruzione delle grandi dighe che permisero lo sfruttamento idroelettrico del fiume Tennessee. All'inizio del 1934, lo Stato era riuscito a trovare un impiego a più di 4 milioni di disoccupati; negli anni seguenti, in media, fu possibile **creare 2 milioni di posti di lavoro all'anno**. L'agricoltura, invece, fu sostenuta con una serie di sussidi, offerti ai contadini disposti a ridurre la propria produzione, al fine di risollevare i prezzi dei prodotti agricoli.

Al di là di ogni particolare, l'entità dello sforzo compiuto dall'amministrazione Roosevelt e la novità del suo operato si riassumono nei dati delle spese del governo federale: tra il 1930 e il 1936, il debito nazionale passò da 16 a 36 miliardi di dollari; malgrado ciò (e questo dà un'ulteriore conferma della eccezionale gravità della crisi), nel 1939 il Paese contava ancora 9 milioni e mezzo di disoccupati. In pratica, dunque, **solo lo scoppio della seconda guerra mondiale pose fine alla grande depressione**, rilanciando la produzione e riportando ordine nel complesso meccanismo dell'economia statunitense.

Liberismo e democrazia: una nuova formula per lo Stato Il *New Deal* rooseveltiano modificò profondamente la tradizionale concezione dello Stato liberale. Premesso che lo Stato non poteva violare la libertà del singolo (anche nella sfera economica e relativamente al diritto di proprietà), considerata un bene sacro, tuttavia, con Roosevelt, per la prima volta lo **Stato liberale** si trasformò da passivo osservatore delle dinamiche autoregolatrici del mercato, in **attivo elemento all'interno del meccanismo economico**, impegnandosi per migliorare la qualità della vita dei propri cittadini.

Modifiche dell'ideologia liberale

Il fatto che lo Stato, in un momento drammatico come la grande depressione, intervenisse pesantemente nella vita economica, significò che **la concezione liberale iniziava a coniugarsi con gli ideali della tradizione democratica**. Storicamente, l'aspirazione a un miglioramento delle condizioni di vita delle grandi masse era sempre stata considerata dai liberali un pericolo per il libero dispiegamento dell'economia e della società: di conseguenza, tale aspirazione era diventata monopolio esclusivo delle forze socialiste. Grazie a Roosevelt, si verificò una sorta di **conversione del liberalismo alla democrazia**: una conversione che è affine (sebbene di segno opposto) a quella compiuta dalla socialdemocrazia.

Alla base delle future democrazie Con Roosevelt, **il liberalismo tentò la sintesi dei propri valori con quelli della tradizione democratica**; nel caso della socialdemocrazia, al contrario, la tradizione democratica (tragicamente sbilanciata verso il totalitarismo, come avevano dimostrato i precedenti di Robespierre e Lenin) accettava i concetti di base del liberalismo: il rispetto per le libertà del singolo, il diritto alla proprietà privata, la divisione dei poteri nell'ambito dello Stato.

Negli anni Trenta questi orientamenti – sebbene schiacciati, per il momento, nella morsa dei totalitarismi – rilanciavano l'idea-forza secondo cui la lotta politica non deve mai assumere toni e tinte pseudoreligiose, che portano alla demonizzazione dell'avversario, alla limitazione dei suoi diritti e, al limite, alla sua soppressione fisica. All'opposto, si insisteva sul fatto che lo scontro politico dovesse sempre basarsi sul pluralismo, sulla discussione, sul confronto e sulla libera espressione delle opinioni: in una parola, sul **rifiuto di presumere che solo una delle parti in gioco possieda la verità e possa, in suo nome, cancellare tutte le altre tendenze dalla scena politica e sociale**. In tal modo, sia pur faticosamente, si vennero a creare le basi per l'elaborazione, dopo il 1945, delle nuove costituzioni (a un tempo veramente liberali e democratiche) di quegli Stati che, dopo essere stati schiacciati dalla dittatura, ritornavano a un regime parlamentare e a una libera vita politica.

Liberismo, liberalismo e domocrazia

	LIBERISMO	LIBERALISMO	DEMOCRAZIA
Definizione e finalità	*Dottrina economica*: lo Stato non deve intralciare la dinamica dell'economia	*Dottrina politica*: lo Stato deve garantire *i diritti dell'uomo*	*Dottrina politica*: lo Stato deve garantire a tutti i cittadini un livello di vita dignitoso
Caratteri fondamentali	Lo Stato si disinteressa dei cittadini più deboli in tempo di crisi	Lo Stato tutela gli interessi solo dei cittadini proprietari di beni	Lo Stato garantisce la libera espressione delle opinioni, rispetta le libertà del singolo e il diritto alla proprietà privata

Capitolo 3

CONTRASTI POLITICI

La Germania di Hitler

Storia slide

LE CONOSCENZE DA ACQUISIRE
Il successo di Hitler nel 1933 fu favorito dalla disoccupazione di massa.

LE COMPETENZE DA POTENZIARE
Saper cogliere i caratteri fondamentali di un regime totalitario.

3.1 Il successo del Partito nazista

Sostegno USA alla ripresa tedesca

Gli effetti della grande depressione sulla Germania La Germania era uscita dalla fase peggiore della crisi postbellica tramite un consistente intervento statunitense, grazie al quale il marco tedesco si era ripreso dalla terribile inflazione che l'aveva colpito nel 1923. Così, negli anni seguenti, la situazione economica, politica e sociale si era stabilizzata. In un simile contesto relativamente normale, il messaggio di Hitler non era riuscito a fare presa sulla popolazione e di conseguenza i risultati elettorali del Partito nazista furono, in questa fase, piuttosto scarsi.

Il quadro mutò bruscamente quando si fecero sentire a livello mondiale gli effetti della grande crisi esplosa negli USA nell'ottobre 1929. Non appena le grandi banche americane ritirarono i capitali che avevano investito in Germania, il Paese sprofondò immediatamente nel caos e nella confusione. La produzione industriale, ad esempio, subì un calo del 46,7% rispetto alla situazione precedente la crisi, mentre i **disoccupati** passarono da 1 320 000 (nel 1929) a circa 3 milioni (nel 1930), per giungere infine a **circa 6 milioni nel 1932**.

Manifesto nazista per le elezioni del 1932. Un lavoratore tedesco si trova faccia a faccia con i pericoli principali per la Germania: un comunista, che tiene nella mano un pugnale, e un ebreo, che sussurra nell'orecchio di un marxista le richieste da avanzare.

Il crescente consenso elettorale al Partito nazista Il primo risultato di questa nuova situazione drammatica fu la repentina crescita dei comunisti, che alle **elezioni** del 14 settembre **1930** ottennero più di 4 milioni di voti e 77 seggi; a Berlino, in particolare, essi furono in assoluto il partito che raccolse più suffragi. Moltissimi disoccupati, tuttavia, preferirono votare per il **partito di Hitler (NSDAP)**, che nel contempo era sostenuto anche da gran parte del ceto medio e quindi **ottenne 6 milioni e mezzo di voti** (passando improvvisamente dal 2,6 al 18,3% dei suffragi, cioè da 12 a 107 deputati).

La **sinistra** non percepì con sufficiente lungimiranza il pericolo nazista, ma soprattutto **non riuscì a trovare una strategia comune per contrastare Hitler**; i comunisti, che non riuscivano a mettere da parte l'odio e la diffidenza suscitati dalla sanguinosa repressione della rivolta del gennaio 1919, gestita dal governo socialdemocratico, erano convinti che il crollo del capitalismo fosse imminente e che il tempo della rivoluzione fosse finalmente arrivato anche per la Germania.

Contrasti politici

Aumento dei disoccupati e successi elettorali del Partito nazista

Schema proiettabile

ANNI DI RIFERIMENTO	DISOCCUPATI	VOTI AL PARTITO NAZISTA
1928-1929	1 320 000 (1929)	800 000 (2,6% nel 1928)
1930	3 000 000	6 400 000 (18,3%)
1932	6 000 000	13 745 000 (37,2%)

Nazisti contro comunisti

Il clima politico si fece sempre più brutale e il Paese sembrava sull'orlo della guerra civile: solo in Prussia, nel luglio 1932 si verificarono 500 scontri di piazza fra nazisti e comunisti, con un bilancio di 99 morti e 1125 feriti gravi.

Alle **elezioni** del 31 luglio **1932**, i comunisti ricevettero 5 250 000 voti e 89 seggi; il Partito nazista, però, li superò nettamente, ottenendo **13 745 000 consensi** (pari al 37,2% e a 230 seggi).

Hitler: l'ultima speranza

Prima nazisti, poi antisemiti

Le ragioni del successo Tutti gli storici si sono chiesti per quale motivo milioni di tedeschi votarono per Hitler e aderirono al Partito nazista. Prima di cercare una risposta a questa domanda, è opportuno lasciare sullo sfondo l'**antisemitismo**. La maggior parte degli studiosi è oggi convinta che l'odio per gli ebrei, nella Germania degli anni Venti, **non** fosse **un fenomeno di massa**, mentre l'analisi dettagliata compiuta sui manifesti e sugli altri strumenti di propaganda usati dai nazisti nelle campagne elettorali degli anni 1930-1932 mostra che l'accento cadde su altri argomenti, evidentemente ritenuti più utili, nella dinamica elettorale.

Se escludiamo i militanti più convinti e fanatici, che fin dall'inizio condivisero tutti gli aspetti dell'ideologia hitleriana, per la maggioranza dei tedeschi che votarono per la NSDAP negli anni 1930-1932 si può affermare, con una formula a effetto, che non divennero nazisti perché antisemiti: anzi, *prima divennero nazisti* e poi, gradualmente, assorbirono e interiorizzarono anche l'odio per gli ebrei.

Da chi votò per lui negli anni della disoccupazione di massa, **Hitler** fu percepito come l'ultima opportunità che si offriva alla nazione: **l'estrema speranza** cui aggrapparsi, **per la resurrezione di una patria umiliata e disperata**, che rischiava di affondare nella crisi, dopo aver già subito le drammatiche esperienze della disfatta e della grande inflazione. Alla maggior parte degli elettori tedeschi il **sistema parlamentare apparve del tutto incapace di garantire la sopravvivenza fisica della nazione** e di proteggerne l'onore e la dignità.

Adolf Hitler nel 1932.

Storiografia 2
La messa in scena del carisma di Hitler
→ pag. 291

Hitler salvatore della Germania Con il passare del tempo, man mano che la situazione economica andò migliorando, Hitler fu percepito come il **salvatore della Germania** anche da molti che, inizialmente, si erano mostrati scettici nei suoi confronti e non avevano votato per lui. Inoltre, grazie ai rituali e alle adunate di massa, il nazionalsocialismo riuscì ad attenuare l'angoscia e il senso di impotenza che l'inflazione e la crisi economica avevano generato in milioni di persone. Moltissimi individui si sentirono di nuovo protetti e fieri di essere tedeschi, **proiettati verso un futuro di prosperità** che, sotto la guida del Führer, si sarebbe dischiuso per loro e per i loro figli.

Una grande promessa

A milioni di tedeschi sconvolti dalle drammatiche esperienze degli anni 1914-1930, il messaggio di Hitler parve una grande promessa: se l'avessero seguito, sarebbe iniziata per il popolo tedesco un'età completamente nuova (denominata, nel linguaggio nazista, il *Terzo Reich* o *Reich dei mille anni*) caratterizzata finalmente dalla stabile presenza di quella prosperità che la repubblica democratica non aveva saputo garantire.

Nel caso del nazionalsocialismo **siamo di fronte più a una fede che a una proposta politica** nel senso stretto del termine: Hitler non ottenne consensi su un preciso e realistico programma politico, ma sulla base dell'assoluta ed entusiastica dedizione di milioni di persone che si affidarono alle sue promesse salvifiche.

Tuttavia, nel giro di pochi anni, la maggioranza dei tedeschi assimilò anche gli aspetti più pericolosi del messaggio nazista. Da un numero crescente di cittadini del Terzo Reich, gli ebrei furono giudicati i principali responsabili del male patito dal popolo tedesco: solo la loro completa e definitiva eliminazione avrebbe garantito davvero alla Germania la possibilità di vivere stabilmente nella prosperità e nella serenità che il *Reich millenario* le avrebbe portato. Nel momento stesso in cui rendeva forte la speranza, la **nuova fede preparava migliaia di persone al massacro di massa**.

3.2 Hitler cancelliere

Guardiamo la storia
Hitler, il Führer del popolo tedesco

La nomina di Hitler al cancellierato In seguito al risultato ottenuto alle elezioni del 1932, Hitler fu nominato **cancelliere** dal presidente della Repubblica, l'anziano generale Paul von Hindenburg, il 30 gennaio 1933. Hitler si trovò a capo di un **governo di coalizione**, formato solo da due ministri appartenenti alla NSDAP, mentre gli altri membri erano dei conservatori, legati al mondo dell'industria o dell'aristocrazia agraria. Costoro, se da un lato speravano che i successi del movimento nazista fossero solo un fenomeno di breve durata e legato alla crisi economica, dall'altro **non avevano sentimenti particolarmente favorevoli nei confronti della democrazia**: pertanto non si opposero al fatto che venisse nominato cancelliere un uomo che, apertamente, aveva più volte minacciato e promesso la distruzione del regime parlamentare.

Dopo la presa del potere di Hitler nel 1933, davanti al castello di Berlino, si svolse una imponente dimostrazione nazista notturna.

L'incendio del Reichstag nella notte fra il 27 e il 28 febbraio 1933.

L'incendio del Reichstag Hitler dunque arrivò **al governo per vie legali**, ma in posizione di debolezza. L'occasione per trasformare il potere in una dittatura illimitata e definitiva gli fu offerta dall'incendio del *Reichstag* (Parlamento). Quasi certamente, l'attentato fu messo in opera dai nazisti stessi; nella loro propaganda, tuttavia, essi addossarono la responsabilità di quel grave episodio ai comunisti, cosicché il 28 febbraio (il giorno seguente l'incendio) il presidente emanò un **decreto** che permise di **eliminare**, con una parvenza di legalità, **ogni forma di opposizione**.

Infatti, **sulla base del *principio dell'emergenza***, la polizia avrebbe potuto arrestare arbitrariamente, senza l'obbligo di dichiararne il motivo, ogni persona, tenerla rinchiusa a tempo indeterminato senza processo, perquisirne l'abitazione e confiscarne i beni. Inoltre, alla polizia era concesso di spiare chiunque, di controllare le telefonate, di disperdere le assemblee, di sciogliere le associazioni e di chiudere i giornali che fossero ritenuti, a discrezione della polizia stessa, pericolosi per la sicurezza dello Stato. In un colpo solo, **venivano spazzati via tutti i *diritti dell'uomo e del cittadino* sanciti dalla Costituzione**.

Guardiamo la storia
Donne e nazionalsocialismo

Simbologia nazista

Monografia
Nazismo e identità di genere

Il "socialismo" del Partito nazista A giustificazione di tale politica, il ministro della Propaganda **Joseph Goebbels** affermò che il nazionalsocialismo si distingueva dal liberalismo proprio per il fatto di porre **al centro non l'individuo, ma il popolo** (*Volk*, in tedesco), o meglio ancora la *comunità popolare*. In questo senso, se per *socialismo* si intende la subordinazione del singolo a una collettività, il movimento fondato da Hitler fu *socialista*, come scrisse lo stesso Goebbels: «Essere socialista vuol dire sottomettere l'io al tu; socialismo vuol dire sacrificare l'individuo al tutto». Il rifiuto del liberalismo (cioè, la dimensione *socialista* dell'ideologia hitleriana) non prospettava però una subordinazione dell'individuo a una classe sociale (come accade nel marxismo), bensì alla nazione, o meglio ancora al *Volk* tedesco e alla razza ariana.

Nel *Mein Kampf*, Hitler aveva affermato esplicitamente che la scelta del colore rosso per la bandiera del suo movimento aveva proprio questo significato simbolico: doveva indicare, con estrema chiarezza, la **componente antiliberale della NSDAP**. Tuttavia, al centro della bandiera rossa non vi erano i simboli del lavoro (la falce e il martello), come negli stendardi comunisti, bensì una **svastica** (che stava a significare, nelle intenzioni di Hitler, la luminosità e la perfezione della razza ariana): «In qualità di socialisti nazionali – recita *Mein Kampf* – noi ravvisiamo nella bandiera il nostro programma. Nel rosso, ravvisiamo l'idea sociale del movimento, nel bianco l'idea nazionalista, nella croce uncinata la **missione di combattere per la vittoria dell'uomo ario** e per il trionfo dell'idea del lavoro creatore, che fu e sarà sempre antisemitico».

I personaggi

Joseph Goebbels

Nato nel 1897, Goebbels aderì al nazismo nel 1922, dopo aver ascoltato un discorso di Hitler. In un primo tempo, tuttavia, egli fu legato soprattutto a Gregor Strasser (di cui divenne il segretario personale) e alla corrente di sinistra della NSDAP, che chiedeva la nazionalizzazione dell'industria pesante e della grande proprietà terriera. Nel 1926, Goebbels si avvicinò alla corrente hitleriana e ricevette l'incarico di espellere dal partito, nella turbolenta regione di Berlino, i nazisti che ancora sognavano un radicale mutamento dell'assetto sociale tedesco. Nel 1933, dopo la vittoria del nazismo, ottenne l'incarico di ministro della Propaganda, che rivestì sino alla fine della guerra. Si suicidò a Berlino il 30 aprile 1945 (lo stesso giorno in cui anche Hitler si tolse la vita), insieme con la moglie e i figli, per non cadere prigioniero dei russi.

Joseph Paul Goebbels fu uno dei maggiori esponenti del nazismo.

Documento

Popolo e individuo secondo Joseph Goebbels

Joseph Goebbels, ministro della Propaganda del Terzo Reich, pronunciò questo discorso il 5 novembre 1933. Pur riferendosi innanzitutto all'arte e alla letteratura, Goebbels illustrava la concezione nazista del rapporto tra individuo e collettività.

Il sistema che noi abbiamo abbattuto aveva la sua caratterizzazione più precisa nel liberalismo. Mentre il liberalismo parte dall'individuo e pone l'individuo al centro di ogni cosa, noi abbiamo sostituito l'individuo con il popolo (*Volk*) e l'uomo singolo con la comunità (*Gemeinschaft*). Ovviamente la libertà dell'individuo doveva in tal caso venir limitata nella misura in cui si trovava in contrasto con la libertà della nazione. Ciò non è una riduzione del concetto di libertà in sé. Se questo però diventa un paradosso individualistico, finisce col mettere in gioco o addirittura in serio pericolo la libertà del popolo. Il concetto di libertà individuale trova il suo limite nel concetto di libertà popolare. Nessun singolo individuo, si trovi in alto o in basso nella scala sociale, può avere il diritto di fare uso della sua libertà a spese del concetto di libertà nazionale.

W. HOFER, *Il Nazionalsocialismo. Documenti 1933-1945*, Feltrinelli, Milano 1979, p. 75, trad. it. F. BOLOGNA

La folla riunita per un discorso del ministro della Propaganda Joseph Goebbels (Berlino, febbraio 1934).

Analizza il testo

- Dove trova il proprio limite il concetto liberale di libertà?
- E dove lo trova, invece, il concetto nazista di libertà individuale?

3.3 Hitler dittatore

La fine dello Stato liberale in Germania Anche se formalmente la Costituzione di Weimar non era stata abolita, il decreto del 28 febbraio l'aveva scavalcata e aveva sancito, di fatto, la fine dello Stato liberale in Germania. Un analogo meccanismo di neutralizzazione fu messo in atto nei confronti del Parlamento circa un mese dopo: il **23 marzo 1933**, Hitler propose al Reichstag di votare una legge che, di fatto, **consegnava al governo tutti i poteri**: così facendo, sarebbe stata **soppressa la separazione dei tre poteri** fondamentali dello Stato (legislativo, esecutivo e giudiziario) tipica del liberalismo. In effetti, secondo il progetto di legge presentato da Hitler, **il governo da allora in poi avrebbe potuto emanare leggi**; anzi, tale normativa promulgata dall'esecutivo avrebbe potuto addirittura scostarsi dal testo della Costituzione. Al governo, inoltre, era concessa la completa facoltà di stipulare trattati internazionali senza che essi dovessero ricevere la ratifica parlamentare.

Il Parlamento non ha più potere

L'instaurarsi della dittatura nazista Solo il Partito socialdemocratico, in Parlamento, osò votare contro la legge dei pieni poteri; tutti gli altri (il Partito comunista, però, non era più rappresentato al Reichstag, in quanto era già stato dichiarato fuorilegge) l'approvarono, nella speranza che Hitler permettesse loro, almeno, di sopravvivere come forze di opposizione. Tale speranza si rivelò del tutto infondata: il **14 luglio 1933**, il processo di conquista del potere fu completato mediante l'emanazione di una legge del governo, che trasformava la **Germania** in uno **Stato a partito unico** e obbligava tutte le altre forze politiche a sciogliersi.

Scioglimento di tutti i partiti

Nel giro di sei mesi – molto più velocemente di quanto non fosse riuscito a fare Mussolini in Italia – **Hitler fu dunque l'assoluto padrone della Germania**. Il processo di concentrazione di tutti i poteri si concluse allorché **Hitler, dopo la morte di Hindenburg** (avvenuta il 2 agosto 1934), **assunse anche il titolo di presidente del Reich** e poi modificò la formula del giuramento a cui erano vincolati i militari. Da allora in avanti, essi non avrebbero più giurato fedeltà alla patria o alla Costituzione, bensì personalmente ad Adolf Hitler, nella sua qualità di «Führer del Reich e del popolo tedesco».

Le tappe verso la dittatura nazista

DATE	EVENTI
30 gennaio 1933	Hitler viene nominato cancelliere dal presidente Hindenburg
28 febbraio 1933 (dopo l'incendio del Reichstag)	Hitler emana un decreto che permette di eliminare ogni forma di opposizione
23 marzo 1933	*Legge dei pieni poteri*: viene soppressa la separazione dei tre poteri fondamentali dello Stato; il governo può emanare leggi e i suoi decreti possono scostarsi dal testo della Costituzione
14 luglio 1933	Il Partito nazista rimane l'unico partito legale in Germania: tutti gli altri sono obbligati a sciogliersi
2 agosto 1934 (dopo la morte di Hindenburg)	Hitler diventa presidente del Reich e assume il completo controllo dello Stato

La sera del 10 maggio 1933 fu organizzato nelle principali città tedesche un grande rogo di libri di autori ebrei o ritenuti pacifisti e antinazionali. Nella foto, il rogo a Berlino.

Capitolo 4

CONTRASTI POLITICI

L'Unione Sovietica di Stalin

Storia slide

LE CONOSCENZE DA ACQUISIRE
Negli anni Trenta, Stalin trasformò l'URSS in una grande potenza industriale, ma provocò la morte di milioni di contadini.

LE COMPETENZE DA POTENZIARE
Saper cogliere i caratteri specifici di un crimine di massa nel Novecento.

4.1 L'affermazione politica di Stalin

› VEDI
La guerra civile
→ pag. 170

La nascita dell'URSS Nel dicembre 1922, la situazione economica e politica della Russia uscita pesantemente provata dalla prima guerra mondiale (8 millioni di morti), dalla guerra civile (1 milione di caduti), dalle epidemie e dalla prima grande carestia (5 milioni di vittime) si era finalmente stabilizzata. La nuova entità statale originata dalla rivoluzione bolscevica del 1917 assunse ufficialmente il nome di **Unione delle repubbliche socialiste sovietiche (URSS)**. Rispetto all'impero zarista, erano sfuggiti al controllo di Mosca solo i territori più occidentali dell'Ucraina e della Bielorussia (occupati dal neonato Stato di Polonia), la Finlandia e le tre repubbliche baltiche (Lituania, Lettonia ed Estonia), che erano diventate indipendenti. Quindi le perdite territoriali erano state, tutto sommato, ridotte e accettabili.

Come capitale del nuovo Stato fu scelta **Mosca**, preferita a Pietrogrado (ribattezzata Leningrado dal 1924) perché meglio difendibile rispetto alla città baltica. In Georgia e in Ucraina il governo centrale dovette ricorrere alle armi per reprimere le forti resistenze che gruppi consistenti di avversari dei comunisti opponevano al processo di unificazione. Riportate all'ordine tutte le repubbliche, si procedette all'elaborazione della nuova costituzione approvata dal Secondo congresso dei soviet dell'URSS nel gennaio 1924.

Video
Il giudizio di Lenin su Stalin

La lotta per la successione di Lenin Lenin morì il 21 gennaio 1924, all'età di 54 anni. Dopo una serie di scontri feroci tra i principali esponenti comunisti, nel 1927 risultò padrone assoluto della situazione Iosif Vissarionovič Dzugasvili, detto **Stalin**. Per molto tempo era stato una figura di secondo piano, nel gruppo dirigente comunista; tuttavia, poiché già dal 1922 ricopriva la carica di **segretario del partito**, era riuscito a organizzare intorno a sé **un seguito di funzionari devoti e obbedienti**, che gli permettevano di trionfare in tutte le votazioni importanti, mettendo in netta minoranza gli avversari.

Stalin contro Trockij

Lo scontro tra i vari dirigenti del partito non aveva come posta in gioco solo il potere assoluto, ma anche la questione dello sviluppo economico del Paese. Il primo avversario di Stalin, sulla via della conquista della leadership assoluta, fu **Lev Trockij**, che avrebbe voluto riprendere una strategia di respiro europeo, cioè tentare di nuovo l'esportazione della rivoluzione all'e-

Stalin e Lenin in una foto del 1919.

Guardiamo la storia
Stalin e la costruzione del socialismo

sterno della Russia. **Stalin, al contrario, sostenne la linea del socialismo in un solo Paese**, secondo cui tutte le energie andavano concentrate sulla costruzione della nuova società comunista in URSS. Trockij, inoltre, già negli anni Venti aveva proposto di abolire la NEP e di sostituirla con un orientamento di segno opposto, molto più svantaggioso per i contadini e tutto centrato sullo sviluppo dell'industria pesante. A **sostegno dei contadini** si pose soprattutto **Nikolaj Bucharin**, che tuttavia, insieme ad altri dirigenti bolscevichi, fu infine messo sotto accusa da Stalin, processato e **condannato a morte**. L'elemento più tipico di tali processi fu la spettacolarità, o meglio, l'accurata regia secondo cui essi vennero condotti. Il punto culminante del dramma divenne l'autocritica dell'imputato, il momento in cui egli era costretto pubblicamente ad accusarsi di aver compiuto i reati più clamorosi ed assurdi, in palese disprezzo non solo della verità ma, spesso, persino del più elementare buon senso. In certi casi, i soggetti arrestati furono torturati, fino a quando non accettarono di sottoscrivere i crimini di cui erano accusati; in altre circostanze, furono decisive le minacce di morte contro i familiari di coloro che erano stati portati in tribunale.

Processi spettacolari

Solo **Trockij** non venne processato pubblicamente: **fuggì all'estero** e, tralasciando il ruolo che lui stesso aveva avuto nell'instaurazione della dittatura comunista, accusò Stalin di essere un nuovo despota, peggiore dello zar. Per questo, durante i grandi processi degli anni Trenta, era molto frequente che gli imputati fossero costretti a dichiarare che era stato Trockij a dirigere le loro cospirazioni.

Manifesto propagandistico in cui Lenin indica la via da seguire a Stalin. Il dittatore cercò sempre di accreditarsi come il naturale continuatore del "padre della rivoluzione".

ZOOM Un fotomontaggio politico

Per ordine di Stalin, l'immagine di Trockij venne sistematicamente cancellata dalle fotografie dei tempi della Rivoluzione d'ottobre. A destra, in questa fotografia del 1917, Trockij compariva accanto alla tribuna da cui Lenin arringava la folla, mentre a sinistra un abile ritocco l'1ha fatto scomparire.

4.2 La priorità di Stalin: l'industrializzazione

› VEDI
La nuova politica economica
→ pag. 178

Lo sviluppo dell'industria pesante Il primo problema che Stalin dovette affrontare fu la scelta della linea da seguire per iniziare il rilancio della Russia. Dal punto di vista economico egli adottò le idee di Trockij. La NEP, senza dubbio, aveva aiutato la produzione agricola; ma se fosse scoppiato un nuovo conflitto mondiale, il nuovo Stato si sarebbe trovato nella stessa situazione in cui si era trovata la Russia zarista: pertanto, come primo intervento, occorreva **ridurre la distanza che, in campo industriale, separava l'Unione Sovietica dalle potenze capitaliste**.

Cala la produzione di beni di consumo

Fin dal 1927 si decise di passare da una linea economica che privilegiava la produzione dei beni di consumo all'investimento di una quantità sempre crescente di capitali nell'**industria pesante** (produzione di acciaio, estrazione di carbone, creazione di grandi centrali idroelettriche). La disponibilità di beni di consumo, pertanto, calò vistosamente in tutta l'Unione Sovietica, mentre viceversa, per contenere al minimo i costi di produzione, i salari furono pesantemente compressi: nel 1933, essi erano inferiori dell'11,5% rispetto a quelli del 1928, né raggiunsero più quel livello fino al 1940.

Nel medesimo tempo, **si potenziò in tutti i modi la produttività degli impianti**; il lavoro a cottimo e il lavoro notturno furono incentivati con gratifiche salariali, mentre i sindacati vennero trasformati, da associazioni finalizzate alla tutela degli interessi dei lavoratori, in organizzazioni controllate dallo Stato e incaricate di sorvegliare che nessun elemento di "disturbo" ponesse ostacoli alla produzione. D'altra parte, non va tralasciata la **carica ideale con cui tantissimi operai aderirono sinceramente alla campagna per l'industrializzazione**, per cui si accollarono volontariamente ritmi di lavoro e orari estremamente pesanti e sopportarono privazioni di ogni tipo, sorretti dalla convinzione che si trattasse di sacrifici necessari per la costruzione della società socialista del futuro.

Le parole → Lavoro a cottimo

L'espressione indica che un operaio viene pagato in modo direttamente proporzionale alla quantità di lavoro svolto nell'arco di una giornata.

Il primo piano quinquennale Nel 1929, fu varato il primo **piano quinquennale**, che fissava gli obiettivi da raggiungere nei vari campi della produzione industriale. La **pianificazione** rappresenta l'antitesi più completa del liberismo economico: mentre questo proclama che lo Stato deve astenersi da ogni interferenza nella sfera dell'economia, il concetto di pianificazione pone il potere statale, come elemento motore e propulsore, al centro della vita economica di un Paese. Il modello principale cui gli economisti sovietici si riferirono fu quello della **Germania durante la prima guerra mondiale**, allorché la produzione industriale necessaria allo sforzo bellico venne organizzata dall'alto. Tuttavia, la fondamentale differenza che separa l'esperimento bellico tedesco da quello sovietico è che in Germania, al di là di tutti i vincoli posti alla libera espansione dell'economia di mercato, il principio della proprietà privata non venne mai messo in discussione.

› VEDI
L'esperimento di Rathenau in Germania
→ pag. 120

Grande crescita industriale

L'esperienza sovietica, dunque, non ha alcun vero precedente nel passato, e **negli anni Trenta** – a fronte di un'economia capitalistica in piena crisi e in preda alla grande depressione – **suscitò ammirazione e stupore in tutta Europa**. I risultati conseguiti dal sistema della pianificazione, in effetti, possono essere definiti eccezionali: nel 1932, la produzione industriale dell'URSS era raddoppiata rispetto al 1928, e **per tutti gli anni Trenta procedette a un tasso annuo di incremento del 13-14%**.

Il complesso industriale delle acciaierie di Kerteschmed, ai confini della Crimea, negli anni Venti.

SPORT

Novecento, secolo dello sport

Lo *Spartak* Mosca

I duelli della Presnja

All'inizio del XX secolo, la Presnja era un quartiere operaio di Mosca che contava oltre 135 000 abitanti; nel primo decennio del Novecento, però, quel sobborgo era famoso soprattutto per le **risse**, che ogni domenica vedevano contrapposti i *campioni* della Presnja a quelli del limitrofo quartiere Dorogomilov. Si trattava di scontri regolati in modo preciso: alle dieci del mattino iniziavano i bambini di 10-12 anni; poi era il turno degli adolescenti e, infine, degli adulti. Non erano zuffe di gruppo, ma duelli in cui era vietato colpire sotto la cintura o accanirsi contro un avversario caduto a terra. Il rischio di ferite anche gravi, tuttavia, esisteva; di qui lo sforzo che venne compiuto di **incanalare l'aggressività verso attività meno pericolose**: prima fra tutte il **calcio**, arrivato a Mosca nel 1901. L'iniziativa di introdurre il calcio nel quartiere di Presnja risale a Nikolaj Starostin e ai suoi tre fratelli, che nel 1920 crearono una società sportiva da zero e costruirono uno stadio. Intanto, il calcio cominciava a diffondersi in URSS: perfino la CEKA (la polizia politica) diede vita a una propria squadra, denominata *Dinamo*.

Lo Spartak, entità libera e autonoma

Nel 1935, nacque ufficialmente lo *Spartak*, nome che evocava il capo della rivolta degli schiavi contro l'Impero romano e che (nel 1919) era già stato adottato in Germania per designare il Partito comunista. Nei dintorni di Mosca, a Tarasovka, fu messo a disposizione della nuova società uno stadio capace di accogliere 3000 spettatori; la simpatia popolare, però, superava di gran lunga quel piccolo numero, in quanto si percepì subito che lo **Spartak era un'entità** molto più **libera e autonoma**, rispetto alla Dinamo o ad altre squadre promosse e dirette dall'alto.

La vera *consacrazione* dello Spartak avvenne un anno dopo la sua fondazione, allorché il funzionario incaricato di organizzare la *giornata della cultura fisica* decise che, il 6 luglio 1936, alla presenza di Stalin, sarebbe stata giocata una partita di calcio sulla Piazza Rossa, davanti al Mausoleo di Lenin. Poiché la squadra prescelta per la dimostrazione non era la Dinamo, la polizia politica cercò in tutti i modi di impedire la partita, che invece ebbe luogo e fu molto apprezzata dal leader sovietico. Di conseguenza, lo **Spartak** fu eletto a squadra *ufficiale*, incaricata di **difendere l'onore dell'URSS** nelle più prestigiose competizioni sportive internazionali. L'invidia di Lavrentij Berija, capo della polizia politica dal 1938, divenne a quel punto incontenibile, al punto che Nikolaj Starostin e i suoi fratelli vennero arrestati e imprigionati il 21 marzo 1942, con l'accusa di aver progettato di uccidere Stalin, in occasione della *giornata della cultura fisica* del 1937, quando avevano sfilato dinanzi al dittatore in un carro a forma di scarpetta da calcio. Per ottenere una loro confessione, i fratelli Starostin furono picchiati e privati per varie giornate della possibilità di dormire. Tuttavia, si trattava di un'accusa talmente assurda che, alla fine, i giudici ripiegarono sulla più modesta imputazione di *elogio dello sport borghese* e di sforzo finalizzato alla *diffusione di costumi del mondo capitalistico* all'interno dell'URSS. La condanna, comunque, fu durissima: dieci anni di lavoro forzato. Ciò nonostante, Nikolaj ebbe un trattamento di favore, legato al fatto che i comandanti del GULag erano soliti organizzare tornei fra squadre di detenuti dei diversi campi, e a Starostin fu assegnato il ruolo di allenatore. Nikolaj fu liberato nel 1950, per diretto interessamento di Vasilij Stalin, figlio del dittatore, desideroso di creare una propria squadra di calcio, da contrapporre a quella di Berija: ancora una volta, e fino alla morte di Stalin, nel 1953, calcio, politica e giochi di potere si intrecciarono, nella Russia sovietica.

Un'immagine della squadra di calcio *Spartak* di Mosca, durante la partita sulla Piazza Rossa nel 1936.

4.3 La violenza di Stalin contro i kulaki

Lo sfruttamento dei contadini e le requisizioni forzate Il peso maggiore dell'industrializzazione fu pagato non tanto dalla classe operaia (di cui pure abbiamo ricordato le durissime condizioni di vita negli anni Trenta), quanto dai contadini: furono loro a fare le spese di un processo che portò l'URSS, in dieci anni, a diventare una grande potenza industriale, capace di rivaleggiare con la Germania e gli Stati Uniti.

Alla fine degli anni Venti, Stalin si rese conto che il processo di industrializzazione avrebbe potuto aver luogo solo se i centri industriali (quelli già esistenti e quelli di nuova creazione, spesso di dimensioni enormi) fossero stati riforniti regolarmente di derrate alimentari, a basso costo; nel medesimo tempo, lo Stato sovietico aveva **necessità di esportare grandi quantità di cereali**, per ottenere dall'estero capitali, macchinari e tecnologia, di cui la Russia era del tutto priva. Per raggiungere questi obiettivi, Stalin aveva bisogno di ottenere l'assoluto controllo delle campagne, o meglio dei raccolti di cereali.

Fine della NEP

Una scelta di questo tipo significava cancellare la NEP, che del resto iniziò a entrare in crisi già nel 1927, allorché molti contadini cessarono di immettere sul mercato i raccolti, stimando troppo bassi i prezzi fissati dal governo. Per evitare che le città soffrissero la fame (come era accaduto negli anni 1918-1921), a partire dai primi mesi del 1928 si fece di nuovo ricorso alle **requisizioni forzate**, come al tempo del comunismo di guerra. Agendo in questo modo, però, si ottenne solo una **drastica riduzione delle semine**, con il risultato che nel 1929 l'ammontare totale dei cereali raccolti fu di 8 milioni di tonnellate (contro i 10 del 1928) e fu necessario importare grano per 250 000 tonnellate. Come negli anni 1918-1921, **i contadini non avevano alcun interesse a produrre eccedenze che sarebbero poi state confiscate**.

› VEDI Il comunismo di guerra → pag. 173

L'eliminazione della classe dei kulaki Gli agricoltori maggiormente determinati a resistere al governo erano quelli più agiati, che durante gli anni della NEP si erano mostrati più intraprendenti degli altri e avevano assunto alle loro dipendenze numerosi braccianti salariati.

Resistenza dei coltivatori agiati

L'offensiva staliniana nei loro confronti iniziò con una massiccia campagna di propaganda, che bollò questi contadini-imprenditori con l'insulto di ***kulak*** ("sfruttatore") e li dipinse come parassiti, come criminali e, soprattutto, come i principali responsabili dell'arretratezza del Paese. Infine, nel gennaio del 1930, Stalin decise di procedere alla ***liquidazione dei kulaki come classe***. Gli elementi ritenuti più pericolosi per il potere sovietico furono **uccisi o internati**: nel 1930, secondo i dati ufficiali dell'OGPU (la polizia politica), 20 000 kulaki furono fucilati, mentre altri 114 000 finirono nei lager. Quanto agli altri contadini, sempre secondo i dati ufficiali della OGPU, tra il 1930 e il 1931 furono deportate **in zone periferiche e semidesertiche** 381 173 famiglie di kulaki, per un totale di **1 803 392 individui**. La maggior parte di loro perì di stenti, a causa della mancanza di generi alimentari, case, attrezzi da lavoro, combustibile. I bambini, naturalmente, furono i soggetti più esposti alla mortalità, che all'inizio del 1932, negli insediamenti speciali, era del 10% al mese.

Gli autori della deportazione

La **deportazione** fu condotta in genere da attivisti del Partito comunista: per lo più, erano giovani operai che vivevano nelle città e che venivano temporaneamente trasferiti nelle campagne appunto per cacciare i kulaki dalle loro case. Nei diversi villaggi, si unirono a loro anche numerosi individui marginali (contadini poveri o delinquenti veri e propri), che speravano di impossessarsi dei beni e delle terre di coloro che erano stati arrestati.

Le parole → Kulak

Kulak è un termine denigratorio, usato come insulto; pertanto, non è sinonimo di *contadino imprenditore* o di *agricoltore agiato*. Prima del 1917, *kulak* significava, in russo, "strozzino" o "truffatore". Nella propaganda comunista, l'espressione divenne sinonimo di *sfruttatore agricolo* e designò tutti quei contadini che si servivano di braccianti nei loro poderi, si erano arricchiti grazie alla NEP e si rifiutavano di consegnare il grano allo Stato quando i prezzi erano troppo bassi. Secondo Stalin, la presenza di tale gruppo sociale era il principale ostacolo che impediva la trasformazione dell'URSS in una grande potenza industriale.

CONTRASTI POLITICI

4.4 Collettivizzazione delle campagne e carestia

Monografia
Comunismo e identità di genere

I kolchoz Una volta "liquidati" i Kulaki, il regime staliniano procedette a riorganizzare rigidamente dall'alto la produzione agricola. I contadini che non erano stati deportati furono costretti a riunirsi in *kolchoz*, ossia in **grandi aziende agricole collettive**, comprendenti spesso diverse migliaia di ettari e controllate dallo Stato. Il governo, ai fini dell'esportazione e del regolare rifornimento dei centri industriali, poteva prelevare tutto il grano che riteneva necessario, sotto forma di imposte o di pure e semplici requisizioni.

Una seconda guerra civile

La maggior parte degli agricoltori rifiutò questa rivoluzione dall'alto introdotta nelle campagne, e si può senz'altro dire che nei primi anni Trenta si verificò in URSS un secondo grande durissimo scontro tra Stato e contadini, simile a quello dei tempi del comunismo di guerra. Secondo i dati dell'OGPU, nei primi quattro mesi del 1932 si verificarono 576 episodi di rivolta nelle campagne; tra maggio e giugno, esplosero altre 949 insurrezioni di massa.

Rivolte e resistenza passiva

Tuttavia, per esprimere la propria rabbia e la propria protesta, la maggior parte dei lavoratori costretti alla collettivizzazione usò soprattutto l'arma della resistenza passiva, procedendo all'**abbattimento degli animali** che avrebbero dovuto essere socializzati nei kolchoz. In particolare, furono uccisi moltissimi cavalli, al fine di rendere più complicati i processi di aratura e di semina dei campi: nel 1932, la campagna di semina primaverile nel Caucaso del Nord si prolungò per 35-40 giorni, invece che per la solita settimana. In Ucraina, al 15 maggio 1932 erano stati seminati solo 8 milioni di ettari di terreno, a fronte dei 15,9 del 1930 e dei 12,3 del 1931.

Guardiamo la storia
Donne e comunismo in URSS

Contro coloro che si rifiutavano di entrare nelle fattorie collettive, le autorità fecero sistematicamente ricorso alla forza e alla deportazione nei campi di concentramento. Inoltre, per impedire la fuga dei contadini dai kolchoz in direzione delle città e dei centri industriali, alla fine del 1932 lo Stato sovietico introdusse un complesso **sistema di passaporti interni**, che rendeva difficili gli spostamenti e impossibile l'assunzione di un fuggiasco.

La carestia del 1933 **Nel 1933** la situazione precipitò: il boicottaggio messo in atto da moltissimi lavoratori dei kolchoz l'anno precedente aveva infatti causato un raccolto molto inferiore alle aspettative. Per dimostrare agli agricoltori che lo Stato non sarebbe arretrato di un passo, le autorità ordinarono comunque di procedere alla **requisizione delle quote fissate, a costo di far patire la fame ai contadini**. In pratica, come nel processo di deportazione dei kulaki, anche in questa circostanza il governo inviò nei villaggi squadre di attivisti, incaricati di sequestrare tutto il grano che riuscivano a trovare: i **contadini**, infatti, erano **accusati** di nascondere gran parte dei cereali che producevano, cioè **di sabotare** consapevolmente **la costruzione del socialismo**.

Bilancio delle competenze
→ pag. 288

Con la legge del 7 agosto 1932 (per la difesa della proprietà socialista) venne vietato persino di raccogliere nei campi qualche spiga, per rimediare qualcosa da mangiare: chiunque l'avesse fatto, sarebbe stato punito con il campo di concentramento. Il sistema di passaporti interni, che vincolava qualsiasi spostamento al permesso delle autorità – esattamente come nel caso di un trasferimento all'estero –, impedì che i contadini potessero riversarsi dalle campagne affamate nelle città o spostarsi in altre regioni, meno colpite dalla carestia. Intanto, il governo permetteva l'esportazione di 1,6 milioni di tonnellate di cereali nel 1932 e di altre 1,8 milioni di tonnellate nel 1933, quando la fame era al culmine.

Sorveglianza del lavoro in un kolchoz sovietico, fotografia degli anni Trenta.

Lo sterminio per fame Furono **almeno 6 milioni i morti** causati dall'insieme dei comportamenti delle autorità: quella che era un'ordinaria situazione di penuria alimentare si trasformò infatti in un micidiale **sterminio per fame**. La tragedia investì soprattutto le regioni dell'Ucraina e del Caucaso settentrionale, i cui abitanti si erano opposti in modo particolarmente energico al processo di collettivizzazione. Nel caso della carestia del 1932-1933 non siamo di fronte a una semplice catastrofe naturale, ma al momento più violento e drammatico dello **scontro** in atto **per il controllo delle campagne e dei raccolti**. Al gesto disperato dei contadini (che uccidevano il bestiame, riducevano le semine o cercavano di fuggire dai kolchoz) lo Stato rispose con le confische e i provvedimenti punitivi, in un braccio di ferro che vide infine i contadini sconfitti, stremati e costretti a collaborare con il regime.

La sconfitta dei contadini

4.5 Stalin e il Grande terrore

Storiografia 3
Dimensioni e caratteri della violenza staliniana
→ pag. 292

La durissima repressione staliniana Stalin era consapevole che la brutalità dei suoi metodi avrebbe suscitato profondo risentimento in ampi settori della società sovietica. Per prevenire sul nascere qualsiasi forma di opposizione, il dittatore attuò una **durissima repressione**. Chiunque criticasse il suo operato, non collaborasse in modo sufficientemente zelante o fosse sospettato di cospirazione contro il potere del capo del partito veniva arrestato dalla polizia politica. A volte, l'individuo veniva condannato (sulla base dell'**art. 58 del Codice penale sovietico**, che puniva i reati contro lo Stato) alla deportazione in un lager; altre volte, invece, si procedeva direttamente alla fucilazione, senza nessun processo.

La repressione colpì anche moltissimi cittadini sovietici che si consideravano veri comunisti fedeli a Stalin, ma che ugualmente vennero condannati ai lavori forzati. Solo nel 1937, furono internate nel sistema dei campi di concentramento sovietici (a partire dal 1930 denominato GULag, sigla per Direzione Centrale dei Lager) 700 000 persone; **all'inizio del 1941**, è possibile che i **prigionieri presenti nei lager** fossero **1 930 000**, dislocati su una rete di campi che si estendeva dalla Russia del Nord fino alla Siberia orientale.

Monografia
GULag. Il sistema concentrazionario sovietico

Video
I GULag

Guardiamo la storia
Le deportazioni operate da Stalin

Il terribile biennio 1937-1938 L'ondata di terrore toccò il proprio culmine negli anni 1937-1938. Il dato più impressionante riguarda le condanne a morte, che furono (stando ai documenti ufficiali) 681 692 (353 074 nel 1937 e 328 618 nell'anno seguente). Sempre secondo i dati ufficiali, nell'intero arco di tempo 1921-1940 le condanne a morte sarebbero state 749 421: le **esecuzioni** degli anni terribili, dunque, rappresentano ben l'85% del totale. A questi dati, vanno poi aggiunti i morti per tortura durante le indagini e quelle che la polizia definiva "esecuzioni supplementari non ratificate". Sommando anche tutti questi decessi, è verosimile parlare di **800 000 morti violente negli anni 1937-1938**.

La politica economica in Unione Sovietica

DATE	EVENTI
1917-1921	**GUERRA** • Crisi alimentare nei centri industriali • Requisizione dei raccolti • Rivolte contadine • Carestie nelle campagne: 5 milioni di morti
1921-1927	**NUOVA POLITICA ECONOMICA** • Possibilità per i contadini di vendere sul mercato i raccolti • Sviluppo della produzione di beni di consumo
1927-1939	**STALIN AL POTERE** • Collettivizzazione delle campagne • Carestia negli anni 1932-1933: almeno 5 milioni di morti • Pianificazione: sviluppo dell'industria pesante • Riduzione della produzione dei beni di consumo • Sistematico utilizzo del lavoro dei detenuti nei campi di concentramento

Il gruppo più numeroso preso di mira fu quello denominato, in modo alquanto vago, degli ex kulaki, criminali e altri elementi antisovietici. Questa **operazione repressiva di massa** provocò la morte di 320 000 individui, molti dei quali erano effettivamente ex kulaki, cioè contadini deportati nel 1930-1931, che erano riusciti a fuggire dalle zone remote in cui erano stati confinati: i documenti, ad esempio, registrano 207 010 fughe nel 1932 e 215 856 fughe nel 1933. Ovviamente, Stalin temeva questi individui, che avevano vissuto la terribile esperienza della deportazione; la paura principale del dittatore era che, in caso di conflitto con una potenza straniera, essi avrebbero costituito una specie di quinta colonna interna ostile.

Il Grande terrore e le minoranze nazionali Per lo stesso motivo, il ***Grande terrore* degli anni 1937-1938 colpì** molto duramente **anche tutte le minoranze nazionali** (tedeschi, polacchi, estoni, lettoni, ucraini ecc.) presenti sul territorio sovietico. Un ordine emanato personalmente da Stalin il 20 luglio 1937, ad esempio, recitava: «TUTTI i tedeschi che lavorano nelle nostre fabbriche militari e chimiche, nelle centrali elettriche e nei cantieri delle grandi opere in TUTTE le regioni devono essere TUTTI arrestati». Furono circa 72 000 i cittadini sovietici di origine tedesca imprigionati durante il Grande terrore; un prezzo ancora più alto, però, fu pagato dai polacchi (in Ucraina e in Bielorussia), con 120 000 arresti.

Tedeschi e polacchi

› VEDI
Il trattato di Rapallo
→ pag. 222

La decapitazione dell'Armata rossa Infine, nel 1937, venne colpita anche l'Armata rossa, con l'**arresto del maresciallo Michail Tuchačevskij** (il fautore del trattato di Rapallo con la Gemania) e sette generali. Nel complesso, tra il maggio 1937 e il settembre 1938 furono arrestati o espulsi 35 000 ufficiali. Nel 1931, Tuchačevskij aveva convinto Stalin del fatto che la guerra del futuro sarebbe stata decisa dalle macchine, più che dagli uomini; perciò era stato posto a capo di un grandioso progetto per la **produzione su vasta scala di carri armati e aeroplani**. Tuttavia, nel 1937, Stalin iniziò a temere che Tuchačevskij e i generali dell'Armata rossa avessero acquistato troppo potere. L'arresto e la fucilazione di Tuchačevskij segnarono l'inizio di una *purga* (eliminazione degli avversari) gigantesca che decapitò l'esercito: nel 1941, 71 degli 85 ufficiali superiori che negli anni Trenta avevano occupato i posti di maggior responsabilità nell'Armata rossa erano morti.

Il riarmo sovietico

Allo scoppio della guerra (1939) l'esercito sovietico era ancora molto arretrato. Il difetto più grave consisteva nel fatto che i nuovi carri e gli aeroplani non erano dotati di radio, il che rendeva problematico il coordinamento delle azioni militari sul campo di battaglia. Assai più grave, tuttavia, era un altro difetto: a causa del Grande terrore, **l'Armata rossa aveva perso tutti i suoi uomini migliori e più esperti**. Nel 1941, al momento dell'invasione nazista, l'URSS avrebbe pagato molto cara l'inesperienza e l'impreparazione dei suoi quadri, al punto da rischiare di essere completamente travolta dall'offensiva tedesca.

› VEDI
L'invasione tedesca
→ pag. 366

Deportati impegnati nella costruzione del canale Mar Bianco-Mar Baltico. Se non avessero estratto giornalmente tre metri cubi di terra e di pietre dal letto del canale, le razioni di cibo sarebbero state decurtate.

Bilancio delle competenze

Saper capire i caratteri fondamentali di un modello economico del Novecento

A questo punto del nostro percorso, possiamo ricostruire in forma organica i caratteri fondamentali dei principali modelli economici del Novecento.

1 Il **liberismo economico** non va confuso con il **liberalismo**. Il primo termine indica un orientamento economico, il secondo una dottrina politica. La confusione tra le due parole e i due concetti può nascere da una serie di ragioni. Entrambi, infatti, nacquero in Inghilterra nel Settecento, per opera, rispettivamente, di Adam Smith e di John Locke, e **pongono al centro** del proprio interesse **la proprietà privata**; nell'Inghilterra dell'Ottocento, pertanto, di fatto liberismo e liberalismo **si sovrapposero**.

→ Anche negli anni Venti del Novecento, sia in **Gran Bretagna** sia negli **Stati Uniti** incontriamo tale sovrapposizione di fatto: sia il Regno Unito che gli USA si sforzarono di essere, in tale fase, Paesi liberali (basati sul sistema parlamentare, sulla separazione dei poteri e sul rispetto dei diritti dei cittadini) e liberisti.
Secondo il modello liberista, infatti, **lo Stato deve intervenire il meno possibile nella vita economica**, determinata solo dalla legge della domanda e dell'offerta: in altri termini, dal **mercato**; al massimo (ed è il caso degli Stati Uniti nell'Ottocento, ma non dell'Inghilterra) si ammette che, per via legislativa, vengano posti alcuni dazi, finalizzati a proteggere e a stimolare la produzione nazionale di beni destinati al mercato interno.
Per il resto, lo Stato non deve fare nulla: soprattutto, non deve operare nel campo delle infrastrutture (le ferrovie, ad esempio, sia in Gran Bretagna sia negli USA furono costruite da soggetti privati) e non deve sostenere i lavoratori temporaneamente disoccupati. Lo Stato deve solo garantire che la moneta, utilizzabile come mezzo di scambio a livello internazionale, sia solida e affidabile: pertanto, in linea di massima, lo Stato non dovrebbe mai avere un bilancio negativo, ma sempre in pareggio.

2 Il modello liberista entrò in crisi con la prima guerra mondiale. Di fronte all'emergenza bellica (e, ancor più, di fronte all'infinito protrarsi della Grande Guerra), **tutti i Paesi furono costretti a indebitarsi**, o con soggetti privati nazionali (che prestarono somme più o meno ingenti alla patria, il che voleva dire, in altri termini, allo Stato) o con soggetti esteri. Gran Bretagna e Francia, in particolare, si trovarono pesantemente indebitate, alla fine del conflitto, con gli Stati Uniti. Il primo articolato e organico tentativo di **superare il liberismo** fu messo in atto in Germania dall'imprenditore **Walther Rathenau**, che ottenne dal ministero della Guerra tedesco l'incarico di censire e distribuire al meglio le materie prime e le risorse utili per lo sforzo bellico.
Nel momento in cui lo Stato interveniva in questo complesso e delicato lavoro di **pianificazione della**

Ben Cunningham, *Risorse dal suolo*, 1938, murales (Ukiah, California, Ufficio postale).

Saper capire i caratteri fondamentali di un modello economico del Novecento

1 Il modello liberista
2 L'economia mista in tempo di guerra
3 L'economia socialista
4 L'economia mista in tempo di crisi

produzione per il tempo della guerra, il mercato cessava di essere l'unico protagonista della dinamica economica e anzi riceveva dallo Stato stesso drastiche limitazioni. Tuttavia, si parla di **economia mista**, poiché la **proprietà privata** dei mezzi di produzione (miniere, banche, impianti industriali...) **non era minimamente messa in discussione**. Anzi, le industrie che producevano armamenti o autoveicoli per lo Stato (che comprava, e quindi pagava, tali merci) realizzarono profitti veramente enormi.

3 In Russia, la vittoria di Lenin comportò invece la **nazionalizzazione di tutti i mezzi di produzione**; il leader bolscevico restò profondamente colpito dall'esperimento di Rathenau e lo considerò il punto di massimo sviluppo cui poteva arrivare il sistema capitalistico. L'esperimento socialista sovietico (in seguito esportato in Polonia, in Cina, a Cuba e in altri Paesi europei e asiatici) prevedeva il completo ribaltamento del modello liberista: mentre in questo caso il mercato è l'unico soggetto della dinamica economica, **in un Paese socialista** (o comunista: sotto questo profilo, i due termini sono sinonimi intercambiabili) **la proprietà era abolita**, l'iniziativa privata soppressa, mentre lo Stato occupava tutto il quadro, senza lasciare alcuno spazio ad altre entità. In URSS, in particolare, lo Stato si preoccupò soprattutto di **tenere sotto stretto controllo la terra** e, quindi, la produzione agricola: solo vendendo all'estero enormi quantità di cereali, infatti, avrebbe ricavato i capitali (e la tecnologia) necessari per impiantare industrie capaci di produrre acciaio, macchine agricole, armamenti e, infine, nel limite del possibile, anche generi di consumo.

4 Negli **anni Trenta**, tutti i principali Stati capitalisti industrializzati abbandonarono il liberismo e adottarono una politica che, in un modo o nell'altro, vedeva un **intervento più o meno importante dello Stato**. Il termine americano *New Deal* stava proprio a indicare che la politica economica americana aveva preso un *nuovo indirizzo*, un *nuovo corso*. La novità più importante fu lo sforzo intrapreso dal governo federale di porre un freno alla dilagante disoccupazione e di **creare posti di lavoro**, mediante un vasto programma di **opere pubbliche**. In tal modo, un numero crescente di americani avrebbe avuto di nuovo un salario, sarebbe stato capace di acquistare beni e quindi avrebbe permesso alle altre aziende di ritornare in produzione, perché di nuovo dotate di un mercato. Si può affermare che, negli USA, le grandi opere pubbliche (prima fra tutte la diga sul fiume Tennessee) furono la *locomotiva* cui fu assegnato il compito di trainare di nuovo l'economia nazionale, facendola uscire dalla crisi.

➜ Nel **Terzo Reich**, un ruolo analogo fu svolto dalle **autostrade**; nella seconda metà degli anni Trenta, però, il ruolo di elemento trainante fu svolto dall'**industria degli armamenti**. L'economia iniziò a riprendersi, al punto che, nel 1938, **la disoccupazione** in pratica **era scomparsa**; le casse dello Stato e le finanze pubbliche, però, furono più volte messe a dura prova. Anche in Italia lo Stato si preoccupò soprattutto di bloccare la disoccupazione: nel momento in cui acquistava le aziende in crisi o vicine al fallimento, l'IRI (Istituto per la ricostruzione industriale, fondato nel 1933) si accollava enormi spese (perché l'azienda produceva in perdita), ma riusciva a garantire a milioni di italiani un posto di lavoro e un salario. Nel secondo dopoguerra, in Italia si sarebbe fatto varie volte ricorso a questa strategia, al fine di limitare la diffusione del rancore e delle proteste di massa, tipiche dei tempi di crisi e di disoccupazione.

1 La marcia su Roma fuori dal mito

Nella sua dimensione reale, la cosiddetta *marcia su Roma* fu ben poca cosa e non ebbe nulla di irresistibile. Se le autorità (primo fra tutti il re) e l'esercito avessero voluto, l'improvvisato aggregato di squadristi sarebbe stato disperso senza alcuna difficoltà. Il successo del fascismo fu politico, non militare.

Pioggia, pioggia, ancora pioggia. Poco cibo, tende insufficienti e poche armi. Le truppe fasciste concentrate a nord di Roma per l'attacco alla capitale sono stanche, bagnate e affamate quando, nel pomeriggio del 29 ottobre 1922, comincia a diffondersi la notizia che Benito Mussolini è stato nominato capo del governo. I primi arrivati attendono dal pomeriggio del giorno precedente l'attacco alla capitale. Nei giorni successivi, gruppi di uomini si sono aggiunti a Tivoli, Monterotondo, Santa Marinella, Foligno, Valmontone e Civitavecchia, dove le squadre sono state fermate dagli stessi ordini fascisti senza che dell'attacco si arrivi neppure a programmare l'inizio. Continuano invece gli assalti per rubare armi, che non sono ancora in quantità sufficiente: gli squadristi riuniti a Foligno, per lo più toscani – come del resto la maggior parte di coloro che sono partiti per marciare su Roma –, sono inviati a Spoleto dal quadrunvirato per assaltare il deposito militare della città. Ci riusciranno senza che il comandante e le truppe di guardia provino a difenderlo. Nel frattempo, sale la tensione nei luoghi di concentramento: gli squadristi sono stati chiamati a un'azione eroica e invece vengono trattenuti alle porte di Roma, costretti a un'attesa inoperosa e, ai loro occhi, immotivata. Qualcuno contravviene agli ordini. La mattina del 29 ottobre un gruppo tenta l'occupazione di un forte a Monte Mario: l'esercito lo blocca e lo obbliga a tornare indietro.

La strategia fascista fu vincente, soprattutto perché non fu contrastata, e di grande impatto: essa dimostrò [...] la forza dei fascisti, l'incapacità e la non volontà dello Stato liberale di reagire alle minacce

Quando poi, il pomeriggio dello stesso giorno, comincia a circolare la voce che Mussolini è stato incaricato di formare il nuovo governo, tutti gli squadristi pensano che l'ordine di entrare nella capitale arriverà immediatamente. Non è così. Le squadre si rimettono in moto, ma rimangono ai confini della capitale, aspettando l'arrivo di Mussolini che parte in treno da Milano. Tra il 29 e il 30, tra le altre, si muovono le colonne organizzate dai generali Gustavo Fara, Sante Ceccherini ed Emilio De Bono: sono circa 16 000 uomini. Ma il permesso di entrare nella capitale e occuparla tarda a giungere. Le squadre possono finalmente entrare a Roma a partire dalle 13.30 del 30 ottobre: l'ordine viene quasi contemporaneamente impartito agli squadristi e alle truppe dell'esercito che controllano gli squadristi dai posti di blocco. Tuttavia la disposizione non permette agli squadristi di conquistare la capitale, ma è piuttosto un invito a entrarvi: le squadre arrivano nella capitale in treno e, per ordine espresso del sovrano e del nuovo presidente del Consiglio, vengono alloggiate e nutrite in caserme e scuole.

Il quadro è completamente diverso rispetto a quello prospettato dal comando fascista, ma anche rispetto a quello che gli squadristi avevano immaginato. I fascisti hanno vinto, sono a Roma, ma non l'hanno conquistata e l'alone eroico della loro impresa ha perso smalto. Una volta entrati nella capitale, la posizione di potere e il controllo sulla città sono tutti da conquistare: Roma in quei giorni continua a respingerli più di qualsiasi altra città.

Gli squadristi non devono combattere contro lo Stato, ma contro gli antifascisti che non si sono rassegnati a lasciare occupare le aree dove sono in maggioranza e che, in qualche modo, controllano. Gli abitanti di San Lorenzo non si arrendono agli squadristi che invadono il loro quartiere, come non si arrendono gli abitanti della Prenestina, della Nomentana e quelli di Borgo Pio e della zona della via Trionfale: i fascisti cercano di occupare spazi che sono loro ostili, e i loro antagonisti continuano a rispondere.

L'attacco squadrista a Roma è pesantissimo: violenze nei quartieri popolari, olio di ricino agli avversari, case di deputati antifascisti distrutte, bastonature e poi incendi e distruzioni di sedi di partito, di giornali, di case del popolo. I fascisti decidono di attaccare tutti i potenziali oppositori: ma Roma è una delle poche città d'Italia dove l'opposizione antifascista non cede il campo senza combattere. Le forze dell'ordine lasciano libertà di manovra ai fascisti: arrivano nei luoghi degli scontri quando questi sono ormai finiti, di fatto solo per contare i morti, raccogliere i feriti e provare ad arrestare i colpevoli, che per lo più vengono individuati negli antifascisti. Malgrado la durezza degli scontri, che provocano ventidue morti in pochi giorni, il primo provvedimento di Mussolini una volta giunto al governo sarà quello di revocare il controllo della città all'esercito e dichiarare che la capitale è tranquilla. Non è vero, ma l'importante è che dall'esterno possa sembrarlo.

Questo è l'epilogo degli avvenimenti che costituiscono la marcia su Roma. [...] La strategia fascista fu vincente, soprattutto perché non fu contrastata, e di grande impatto: essa dimostrò, una volta di più, la forza dei fascisti, l'incapacità e la non volontà dello Stato liberale di reagire alle minacce e di far valere alcuni principi fondamentali della sua esistenza, tra i quali la libertà di espressione e di associazione, ma anche il monopolio della forza. [...] Nei fatti veniva compiendosi la distruzione dello Stato liberale; anche se a livello istituzionale questo processo sarebbe durato più a lungo.

G. ALBANESE, *La marcia su Roma*,
Laterza, Roma-Bari 2006, pp. V-VIII

Analizza il testo

- Spiega l'espressione: «La disposizione non permette agli squadristi di conquistare la capitale, ma è piuttosto un invito a entrarvi».
- Su chi si sfogò, nella capitale, la rabbia degli squadristi?
- Quale immagine dello Stato emerge dalla vicenda della marcia su Roma?

2 La messa in scena del carisma di Hitler

La figura del Führer è centrale nel quadro del nazionalsocialismo. All'interno del progetto politico nazista, Hitler occupò fin dall'inizio un ruolo eccezionalmente importante, che né Lenin, né Mussolini, né Stalin rivestirono mai. Hitler era molto di più di un leader di partito: amava presentarsi come un vero messia, chiamato dal destino a salvare la Germania. La sua figura divenne il centro di una grandiosa operazione di celebrazione, per comprendere la quale i paralleli più corretti sono quelli dello spettacolo teatrale e della sacra rappresentazione.

A partire dal congresso nazionale della NSDAP del 1934, le quinte per le messe in scena nazionalsocialiste divennero sempre più gigantesche, e sempre più raffinati i mezzi tecnici impiegati, senza che questo, tuttavia, modificasse granché i riti e le liturgie in quanto tali. La differenza determinante rispetto alle fasi precedenti consistette nel ricorso alla tecnica della moltiplicazione delle rappresentazioni da parte di mezzi come la radio e il cinema, e nella possibilità di utilizzare, dal 30 gennaio 1933, tutti i media, ormai sottoposti al controllo autoritario dei nazionalsocialisti, per raggiungere e soggiogare ogni angolo della Germania. Il progresso tecnico e il potere politico si integrarono in questo processo nel modo più efficace. Hitler e la NSDAP avevano tentato già prima del 1933 di sfruttare il progresso tecnico a scopi propagandistici. Ma i risultati erano rimasti per lo più modesti. [...]. Fin dal 1930 erano stati installati altoparlanti in occasione delle esibizioni oratorie di Hitler. Vi erano stati anche alcuni tentativi ancora piuttosto goffi di utilizzare il cinema come strumento di propaganda, e durante la battaglia elettorale del luglio 1932 erano stati distribuiti per la prima volta, sia pure in misura limitata, dischi con i discorsi di Hitler. Prima del 30 gennaio 1933 i nazionalsocialisti non avevano invece ancora potuto contare sulla radio e sulle sale cinematografiche, e prima di quella data erano stati anche molto pochi i periodici di cui avevano potuto disporre.

La propaganda nazista, basata inizialmente su rappresentazioni teatrali all'interno di scenari delimitati, era comunicabile in grande stile a un pubblico più vasto solo ricorrendo ai media, e la possibilità di accedere a quelli controllati dallo stato e al cinema costituì un enorme balzo in avanti in tal senso. Da quel momento in poi la messa in scena poté raggiungere l'insieme della popolazione, presentando il Führer carismatico come personaggio di culto di una religione politica dotata di immagini sempre nuove. Si allestì e si inscenò un rapporto mediato fra il popolo e il Führer, che diede tuttavia alla gente l'impressione di un rapporto diretto, che assunse un carattere di rito comunitario quantomeno là dove incontrava fedeli disposti a stare al gioco. Con quali mezzi fu creato lo spettacolo religioso al cui centro c'era Hitler? E quale parte vi ebbe lo stesso Hitler? Quale liturgia fu messa a punto e con quali riti e misteri si lavorò? Come per ogni spettacolo teatrale, l'allestimento cominciava con la preparazione. Prima ancora che Hitler acconsentisse di esibirsi come oratore, dovevano essere assolte condizioni ben precise che il partito concordava con i vari organizzatori. Per la semplificazione e la formalizzazione di questo processo di definizione dei particolari furono approntati questionari e furono elaborate le *Direttive per le riunioni in presenza di Hitler*, che non lasciavano nulla al caso e cercarono di regolare ogni sia pur minimo dettaglio. Una volta approvato l'intervento oratorio di Hitler dagli organi direttivi del partito, cominciava la pubblicità tramite manifesti e volantini. Già questo atto veniva sfruttato per l'enunciazione di principi ideologici. I manifesti esibivano in genere i colori del movimento – nero-bianco-rosso, da quella che era stata la bandiera del Reich del Kaiser – e la croce uncinata quale simbolo del razzismo e dell'antisemitismo. Inoltre i manifesti precisavano che agli ebrei non era consentito l'ingresso, e che per i disoccupati e i grandi invalidi di guerra l'accesso era invece gratuito. L'esclusione degli ebrei stava a dimostrare la determinazione della NSDAP di tradurre in realtà questo punto centrale del suo programma. Con il privilegio concesso ai disoccupati e agli invalidi di guerra si dava invece dimostrazione di sensibilità sociale: di solito la NSDAP faceva pagare l'ingresso alle manifestazioni uno se non due marchi.

Hitler per parte sua studiava molto attentamente il copione delle sue esibizioni oratorie. Parlava quasi sempre a braccio, però a volte si serviva di appunti corredati di parole chiave, specialmente se si proponeva di affrontare temi che richiedevano una preparazione specifica. [...] Più importante del contenuto dei discorsi era il modo in cui l'oratore si presentava. Un notevole significato assunse in questo senso il fatto che Hitler, fino alla sua nomina a cancelliere del Reich, parlasse quasi sempre senza usare un pulpito. Era in piedi su una pedana rialzata davanti o in mezzo al pubblico e lo si poteva vedere a figura intera come attore sul palcoscenico. Le volte che aveva bisogno di ricorrere a un testo scritto, lo poggiava su un tavolino accanto a sé. L'esposizione di tutto il corpo alla vista della platea richiedeva un grande controllo della gestualità, ma conferiva alle mani un'importanza maggiore nel complesso dell'esibizione. Poiché Hitler aveva cominciato fin dal 1923 a lavorare con meticolosità alla sua immagine fotografica e a rappresentarsi anche visivamente come il Führer, con l'aiuto del suo *fotografo di corte* Heinrich Hoffmann, è da presumere che studiasse con attenzione la sua gestualità oratoria. [...] Ovviamente il discorso del Führer non era oggetto di libera e pubblica discussione, come era avvenuto invece di norma fino al 1923. Le discussioni venivano evitate anche in cerchie ristrette. Hitler restava personalmente irraggiungibile per i suoi sostenitori: una volta terminato il discorso, si ritirava nella sua stanza d'albergo.

L. HERBST, *Il carisma di Hitler. L'invenzione di un messia tedesco*, Feltrinelli, Milano 2011, pp. 177-180, trad. it. U. GANDINI

Analizza il testo

- Per quale motivo i nazisti poterono disporre delle sale cinematografiche, dei giornali e della radio solo dopo il 30 gennaio 1933?
- Per chi era gratuito l'ingresso alle manifestazioni politiche del Partito nazista? Perché?
- Che possibilità di discussione vi era dopo un discorso di Hitler?

3 Dimensioni e caratteri della violenza staliniana

Nei venticinque anni circa in cui Stalin fu al potere, la società sovietica fu vittima di una specie di aggressione da parte dello Stato. Stalin infatti era deciso a portare avanti il suo progetto di modernizzazione della Russia, spazzando via qualunque oppositore, reale o potenziale.

Nello spazio di una generazione, dalla fine degli anni venti all'inizio degli anni cinquanta, un uomo adulto su cinque passò per i campi del Gulag. Ai circa 15 milioni di sovietici condannati ai lavori forzati (di cui più di un milione e mezzo morirono in reclusione) si devono sommare gli oltre 6 milioni di persone deportate collettivamente (a gruppi familiari, persino intere etnie), con una semplice misura amministrativa, verso le regioni più inospitali del paese, dove, private dei diritti civili, furono loro imposte residenza e condizioni di lavoro e di vita tali da causare un forte aumento della mortalità (durante la deportazione circa un milione e mezzo di individui perirono).

In venticinque anni, dal 1929 al 1953, circa 3 600 000 persone vennero condannate da una giurisdizione speciale alle dipendenze della polizia politica e 777 000 di queste subirono la pena capitale. Oltre 680 000, l'88 per cento, dei condannati a morte furono giustiziati durante gli anni del «Grande Terrore» (1937-38), in gran parte sulla base di «quote di esecuzione» pianificate e approvate dall'Ufficio politico.

Occorre aggiungere a tutto ciò la brutale espropriazione di 25 milioni di abitazioni contadine. Rimane infine, per completare questo breve inventario delle violenze e dei crimini di massa, la questione – centrale – della carestia del 1932-33, che, con i suoi 6 milioni di morti, da sola occupa un posto preponderante nel bilancio della repressione staliniana e costituisce una forma di violenza estrema e inedita: dopo essere stati collettivizzati, i contadini Kolchoziani di un certo numero di regioni agricole fra le più ricche del paese (Ucraina, Caucaso settentrionale, Terre nere) furono defraudati [derubati, *n.d.r.*] della totalità del loro raccolto, per essere poi «puniti» per aver tentato di resistere – passivamente – a tale spoliazione. La «punizione» trasformò una situazione di indigenza in una terribile carestia. [...]

Manifesto propagandistico che raffigura Stalin al timone dell'URSS. Il leader sovietico, una volta al potere, non esitò a reprimere ogni forma di dissenso, usando violenze e soprusi sugli avversari politici.

Nel 1930-31, la generale disorganizzazione, la mancanza totale di coordinamento tra le operazioni di deportazione condotte dall'OGPU [una delle diverse denominazioni assunte dalla polizia politica sovietica, *n.d.r.*] e l'insediamento dei deportati che era di competenza di autorità locali sovraccariche di compiti, trasformarono la dekulakizzazione in una deportazione-abbandono senza precedenti nella storia. Al più alto livello dello Stato-Partito, il Politbjuro costituì una «Commissione di insediamento dei kulaki» soltanto parecchi mesi dopo l'avvio della dekulakizzazione. Come scrive Viktor Petrovic Danilov, «tale provvedimento ritardato rispecchiava alla perfezione la situazione generale esistente in quel periodo negli ambienti politico-amministrativi. I dirigenti politici di alto rango, al pari dei loro subordinati a livello regionale e locale, non avevano acquisito la capacità di prevedere le conseguenze delle proprie decisioni». Dopo settimane, e persino mesi, di vagabondaggio, numerosi convogli scaricavano i «dekulakizzati» in piena taiga [foresta tipica della Siberia e delle regioni nordiche della Russia europea, *n.d.r.*], il più delle volte senza viveri né utensili. Nei primi due anni (1930-31) degli oltre 1 800 000 deportati, 500 000 morirono o fuggirono. Secondo dati frammentari sui vari gruppi di deportati, il tasso di mortalità annuale si aggirava intorno al 15 per cento per gli adulti e al 50 per cento per i bambini in tenera età. In termini di «valorizzazione delle regioni colonizzate», la deportazione-abbandono fu un insuccesso clamoroso: nell'autunno del 1931 meno del 10 per cento dei deportati svolgeva un lavoro «produttivo». [...]

[Quanto] alla carestia del 1932-33, appare indiscutibile la responsabilità dei dirigenti staliniani che già dall'estate del 1932 erano stati avvertiti a più riprese, grazie a rapporti tra loro concordi, a livelli diversi, e provenienti da molteplici fonti politiche, amministrative e poliziesche, del rischio e poi della realtà di tale terribile evento. Si potrebbe forse arrivare a dire che la carestia sia stata scientemente programmata in vista di un genocidio della popolazione ucraina? Un'interpretazione di tal genere è più che discutibile. Pur non negando l'esistenza di una dimensione «imperialista moscovita» – percepita come tale dalle vittime –, uno studio geografico della carestia mostra come ne siano state colpite sia zone ucraine, senza dubbio in modo maggioritario, sia cosacche, russe e kazache. La carta della carestia coincide con quella delle aree a più elevata produzione cerealicola e quindi più soggette al prelievo predatorio dello Stato [...]. Tali zone sono anche quelle in cui più forte fu la resistenza non soltanto alla collettivizzazione, ma altresì alla politica di requisizione degli anni del «comunismo di guerra».

N. WERTH, *Le logiche della violenza nell'URSS staliniana*, in H. ROUSSO (a cura di), *Stalinismo e nazismo. Storia e memoria comparate*, Bollati Boringhieri, Torino 2001, pp. 89-91, 95-100, trad. it. S. VACCA

Analizza il testo

- Spiega l'affermazione secondo cui «i dirigenti politici di alto rango non avevano acquisito la capacità di prevedere le conseguenze delle proprie decisioni».
- Spiega l'espressione: «una forma di violenza estrema e inedita», usata dall'autore a proposito della carestia del 1932-1933.

Le conseguenze della **crisi del 1929**

Lo studio della ***grande depressione*** e del ***New Deal*** può permettere l'acquisizione di una competenza fondamentale, che potremmo definire nel modo seguente: saper comprendere i termini e i concetti essenziali della scienza economica. Per affinare tale competenza viene proposto un approfondimento, che prende le mosse da due pagine storiografiche.

Ampiezza e gravità della crisi

La grande crisi è certamente l'evento di maggiore importanza nel periodo fra le due guerre: anche solo per l'ampiezza e la profondità dei suoi effetti, che colpiscono ovunque a testimonianza del livello d'integrazione internazionale raggiunto dall'economia. [...] I numeri sono impressionanti: la percentuale disoccupata della forza-lavoro tedesca è del 13,1% nel 1929, del 22,2% l'anno successivo, del 33,7% quello seguente e del 43,7% nel 1932. In quest'anno, che rappresenta il culmine della disoccupazione globale a livello mondiale ed europeo, la percentuale dei senza lavoro in Danimarca è del 31,7%, in Norvegia è del 30,8%, in Austria del 26,1%, in Svezia del 22,8% e in Gran Bretagna del 22,1%.

Accanto alla disoccupazione, che colpisce indiscriminatamente operai e impiegati, ma in modo maggiore i giovani, e che si prolunga mediamente per almeno tre-quattro anni, cresce la miseria diffusa, l'impoverimento dei contadini, il peggioramento complessivo del livello di vita. Ovunque aumenta la sottonutrizione, cresce la mortalità infantile, peggiora la salute dei cittadini e si moltiplicano i problemi psicologici tra i giovani tra i 20 e i 25 anni; si accentua anche la divisione del lavoro tra uomini e donne, con queste ultime quasi sempre vittime prioritarie della contrazione del mercato del lavoro e della disoccupazione (in molti paesi la legislazione prevede che le donne con marito occupato siano le prime a essere licenziate; in alcuni casi prevale invece la logica del minor costo della manodopera femminile nel mantenerle più a lungo al lavoro). La gestione della famiglia in un periodo di accentuata crisi, materiale innanzitutto ma anche psicologica, ricade totalmente sulla popolazione femminile, quasi sempre abbandonata a se stessa da uno stato che solo in parte può investire in assistenza e per lo più, quando avviene, attraverso sussidi o servizi pubblici di emergenza. [...]

I disoccupati nel 1933, secondo le stime ufficiali, ammontano a tredici milioni, un quarto esatto della forza lavoro

Negli Stati Uniti crescono di anno in anno coloro che perdono la proprietà della propria abitazione (150 000 nel 1930, 200 000 e 250 000 negli anni successivi); gli impiegati pubblici, maestri e insegnanti tra i primi, vengono pagati in obbligazioni o cambiali da municipalità che sono in bancarotta e non hanno liquidi sufficienti neppure dopo aver venduto parte dei terreni demaniali. I disoccupati nel 1933, secondo le stime ufficiali, ammontano a tredici milioni, un quarto esatto della forza lavoro. Gli investimenti industriali, sempre nel 1933, raggiungono appena i tre miliardi di dollari contro i ventiquattro del 1929, mentre la produzione automobilistica si è ridotta a un terzo e quella di acciaio del 60%. Chi ha la fortuna di mantenere il posto di lavoro si vede ridurre drasticamente il salario. Le donne vengono licenziate per prime, ma riescono a rientrare prima nel mercato del lavoro che cerca di tenere bassi i salari in attesa di una ripresa che tarda a venire. I giovani sotto i venti anni o gli anziani oltre i sessanta sono colpiti subito dopo. I più sfortunati sul terreno del lavoro sono coloro che hanno scarsa istruzione e nessuna specializzazione, i neri e gli immigrati, soprattutto ispanici, e in larghissima parte i contadini e gli abitanti delle zone rurali.

La depressione colpisce in modo particolare agricoltori e braccianti, tanto negli evoluti Stati Uniti quanto nell'arretrata Europa orientale. Il reddito medio dei contadini americani si riduce a un terzo tra il 1929 e il 1932 e nel giro di due anni il ricavo netto del raccolto cerealicolo scende in una contea dell'Oklahoma da 1,2 milioni a settemila dollari. [...]

Uniforme sul piano geografico, la depressione ha effetti differenziati sul tessuto sociale dei differenti paesi. In Germania peggiorano relativamente [subiscono maggiormente le conseguenze della crisi, *n.d.r.*] gli operai dell'acciaio, in Gran Bretagna quelli delle costruzioni navali, negli Stati Uniti i minatori, in Cile i lavoratori dei nitrati [coloro che lavorano nei giacimenti ricchi di nitrati, minerale di cui è ricco il Paese, *n.d.r.*], in Argentina i mandriani, ovunque i contadini. Anche se la disoccupazione è più forte nelle nazioni maggiormente industrializzate, sono gli stati più arretrati o più poveri a subire le conseguenze peggiori: non solo in termini assoluti, di livello di vita e di reddito, ma anche di possibilità di ripresa. Tra il 1929 e il 1932 i prezzi delle materie prime crollano del 56% e quelli dei prodotti alimentari del 48%, provocando gli effetti più disastrosi nelle nazioni povere e nei settori arretrati delle economie avanzate. [...] Per quanto riguarda l'Europa, non si può dimenticare che i cittadini dell'est e del centro, complessivamente, soffrono una situazione più tragica e prolungata di quella degli inglesi, dei francesi e ancor più degli scandinavi.

M. FLORES, *Il secolo-mondo. Storia del Novecento*, il Mulino, Bologna 2002, pp. 225-228

Gli effetti della recessione

Gli effetti disastrosi del crollo si fecero sentire ovunque in maniera uniforme. L'effetto immediato fu di carattere psicologico, una caduta netta della fiducia nel sistema capitalistico in quanto tale.

I marxisti per anni avevano predetto che la sorte del capitalismo era segnata; i movimenti antimoderni [critici nei confronti della società industriale e borghese, *n.d.r.*] lamentavano il carattere irrazionale, anarchico dell'economia di libero mercato. Ecco che ora il pasticcio veniva a galla: era lo stesso progresso economico a generare gli agenti della sua rovina. Non mancarono i critici che con compiacimento decretarono che i «ruggenti anni Venti», quel mondo di lucente giovinezza, di cocktail party, di musica impetuosa e gonne corte, aveva finito col bruciarsi da sé. C'era sempre stato un tocco decadente nella vita economica degli anni Venti, incarnato in gente come il costruttore d'auto francese André Citroën, il cui stile di vita patinato e spumeggiante scandalizzò Parigi fino a che la sua ditta andò incontro a uno spettacolare fallimento. Lo stesso magnate si suicidò. La cruda realtà della crisi pose fine alla frivola euforia dei consumi e al parossismo di speculazioni smodate che l'alimentava. Lo shock fu enorme. Il disastro sociale che seguì fece passare molti intellettuali al comunismo o al fascismo, nella convinzione che qualsiasi altro sistema sarebbe stato migliore di uno così evidentemente sregolato e distruttivo. [...]

Le conseguenze sul piano umano furono quelle più gravi. Molti europei di una certa età avevano fatto esperienza di qualche genere di crisi economica nel corso della loro esistenza, ma nulla di paragonabile alla serietà e alla durata della crisi tra le due guerre. È difficile capire anche solo la misura dell'impatto che ebbe su comunità che cominciavano solo allora a riprendersi dopo le devastazioni del conflitto e la crisi del dopoguerra. L'indicatore più netto era la disoccupazione: nessun paese ne risultò immune. Negli Stati Uniti ne fu colpito, all'apice della crisi nel 1933, un lavoratore su quattro. In Germania c'erano più di 8 milioni di disoccupati alla fine del 1932 su una forza-lavoro di 20 milioni di unità. Due tedeschi su cinque erano senza lavoro, una cifra che la dice lunga sull'entità della crisi politica che infuriava in Germania nello stesso anno. Il dato puro e semplice della disoccupazione però non spiega tutto. Molti restarono senza lavoro per tre o quattro anni, dando vita a intere comunità di uomini e donne rassegnati, per via della loro condizione, a una vita di indigenza e di vuota, cupa routine. In secondo luogo la disoccupazione agì in modo indiscriminato, colpendo tutti i settori dell'economia, compresi i «colletti bianchi» [impiegati che non svolgono lavori manuali: investiti o meno di ruoli dirigenziali, sono comunque a livello superiore rispetto agli operai, *n.d.r.*] e i professionisti. In Germania 800 mila dei senza lavoro venivano da questi due settori, che comprendevano un buon numero di giovani diplomati. Terzo, molti disoccupati appartenevano a gruppi di giovane età arrivati sul mercato del lavoro dopo il 1929 con scarse prospettive di trovarne uno: un quarto del totale dei disoccupati aveva meno di 25 anni. Infine, le cifre non tengono conto dell'enorme numero di persone costrette a lavorare a orario ridotto: due terzi di quelli che ancora lo facevano nel 1932 in Germania lavoravano meno di una settimana intera.

Lo shock fu enorme. Il disastro sociale che seguì fece passare molti intellettuali al comunismo o al fascismo

Una conseguenza diretta della situazione fu una disperata povertà. Persino in quei pochi paesi che avevano un sistema previdenziale accadde che l'enormità del problema ben presto prosciugò i fondi dell'assistenza pubblica. Il crollo del giro degli affari sottrasse al governo le entrate fiscali, rendendo impossibile il finanziamento di un livello adeguato di sussidi. In molte regioni spesso non c'era altro che la carità cui appellarsi. Nelle città europee e americane si assistette alla crescita impressionante di piccoli centri di assistenza di volontari, che davano ai disoccupati un pasto caldo o alimenti per le famiglie. Ma si trattava di semplici palliativi. Per i più l'epoca del grande crollo fu un periodo di tremenda povertà; regime alimentare e salute registrarono un calo, e il tasso delle nascite crollò.

Iniziò un'ondata di trasferimenti della popolazione dei centri urbani verso amici o parenti in campagna, per avere la speranza di qualcosa da mangiare, per quanto le zone rurali non fossero immuni dalla crisi, e nemmeno dalla fame. Le comunità operaie fecero affidamento sulle proprie risorse, con gli occupati che davano una mano ai senza lavoro. In molte famiglie erano principalmente le donne a portare il pane a casa. In Germania gli imprenditori preferivano assumere personale femminile perché costava meno: gli stipendi medi delle donne nell'industria metallurgica tedesca erano solo il 59% di quelli maschili. Ogni città aveva i suoi capannelli agli angoli delle strade, con tanti sfaccendati che si spostavano senza alcuno scopo da un gruppo all'altro. L'incidenza dei crimini contro la proprietà aumentò poiché famiglie ridotte alla miseria integravano le loro magre risorse con furti o attività di frodo [illegali, *n.d.r.*].

R.J. OVERY, *Crisi tra le due guerre mondiali 1919-1939*, il Mulino, Bologna 1998, pp. 71-76, trad. it. N. RAINÒ

Lavorare con i testi

Di seguito viene presentata una tabella. Dopo averla completata sarai in grado di costruire una scaletta che raccoglie le principali informazioni presenti nei due testi.

Analizza i testi

SOGGETTI COLPITI DALLA CRISI	EFFETTI DELLA CRISI E SITUAZIONE IN CUI SI VENGONO A TROVARE A CAUSA DELLA RECESSIONE
Stati Uniti	
Germania	
Paesi arretrati, la cui economia si basa solo sull'esportazione di prodotti agricoli	
Operai	
Impiegati	
Maschi adulti	
Giovani	
Donne	
Intellettuali	

Seguendo la scaletta, procedi alla stesura di un saggio breve. Il testo non deve superare le due colonne di foglio protocollo.

Verifica dell'apprendimento
Conoscenze e abilità

Continuità / Cambiamento

1. Osserva il grafico e rispondi alle domande.

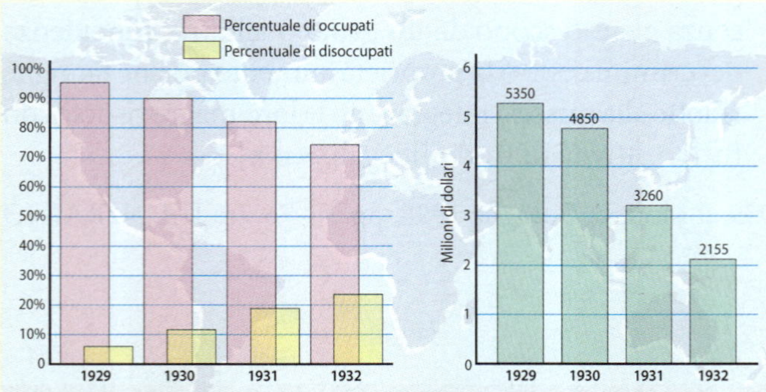

a) Che cosa rappresenta questo istogramma?

....

....

....

b) Il cambiamento di quali dati emerge in modo impressionante nel giro di così pochi anni?

....

....

....

c) Che cos'è la *grande depressione*? Quali conseguenze ebbe negli Stati Uniti e in Europa?

....

....

....

....

d) Grazie a quali provvedimenti il presidente americano Roosevelt riuscì a frenare la *grande depressione*?

....

....

....

Organizzare le informazioni

2. Completa la tabella relativa ai concetti di liberismo, liberalismo e democrazia.

	LIBERISMO	LIBERALISMO	DEMOCRAZIA
Definizione e finalità	..........: lo Stato non deve intralciare la .... dell'economia	*Dottrina politica*: lo Stato deve garantire i	..........: lo Stato deve garantire a tutti i cittadini un livello di vita ....
Caratteri fondamentali	Lo Stato si disinteressa dei cittadini .... in tempo di crisi	Lo Stato tutela gli .... solo dei cittadini .... di beni	Lo Stato garantisce la libera espressione ...., rispetta le .... del singolo e il diritto alla ....

Lessico

3. Definisci le espressioni o i termini.

Secessione dell'Aventino

....

....

....

Confino di polizia

....

....

Stato a partito unico

....

....

Piano quinquennale

....

....

Kolchoz

....

....

....

VERIFICA

Il tempo

4. Ricostruisci l'ordine cronologico degli eventi relativi all'ascesa del nazismo numerandoli progressivamente.

☐ **a)** Hitler emana un decreto che elimina ogni forma di opposizione
☐ **b)** Hitler diventa presidente del Reich e assume il totale controllo dello Stato
☐ **c)** Soppressione della separazione dei tre poteri fondamentali dello Stato: le nuove leggi del governo possono ignorare la Costituzione
☐ **d)** Hitler è nominato cancelliere
☐ **e)** Il Partito nazista rimane l'unico legale in Germania, tutti gli altri sono costretti a sciogliersi

Fatti e concetti

5. Rispondi brevemente alle seguenti domande.

a) Che cos'è la marcia su Roma? Che cosa accadde subito dopo questo episodio?

....

....

....

....

b) Che cosa sono e quali furono le conseguenze dei Patti lateranensi?

....

....

....

....

c) Quali ragioni concrete consentirono a Hitler e al suo partito di conquistare il pieno potere negli anni 1932-1933 in Germania?

....

....

....

....

d) Che cosa indica l'espressione "Grande terrore"? Che cosa accadde nel biennio 1937-1938 in URSS?

....

....

....

....

....

Il ruolo dei soggetti storici

6. Contrassegna con V (vero) o F (falso) ciascuna delle frasi.

	V	F
a) Pur avendo assunto la guida del governo, Mussolini nel 1925 operava ancora nel pieno rispetto delle decisioni del Parlamento italiano.	☐	☐
b) Quando il sindacalismo fascista divenne l'unico legittimo rappresentante dei lavoratori nel Paese, in realtà quest'ultimi non ebbero più modo di esprimere le proprie rivendicazioni.	☐	☐
c) Il presidente americano Herbert Hoover non fu in grado di incanalare gli USA nella strada della fine della grave crisi socio-economica apertasi nel 1929.	☐	☐
d) Secondo l'ideologia nazista, e in particolare nella concezione del ministro della Propaganda Joseph Goebbels, l'individuo ariano va posto al centro di ogni azione e pensiero.	☐	☐
e) Quando nacque ufficialmente l'URSS, la capitale scelta fu Pietrogrado (all'epoca nota come Leningrado).	☐	☐
f) Nel gennaio del 1930 Stalin decise la liquidazione dei kulaki come classe; per la maggior parte furono uccisi o internati.	☐	☐

Verso il saggio breve

7. Scrivi un testo – massimo tre facciate di foglio protocollo – sulla figura e la vicenda di Giacomo Matteotti utilizzando le domande-guida elencate di seguito.

→ Chi era Giacomo Matteotti? Quale il suo orientamento politico?
→ Che cosa denunciò nel giorno del 30 maggio 1924 presso la Camera dei deputati?
→ Quali conseguenze subì a causa di questo suo atto?
→ Come reagì il Parlamento italiano? Ci furono risvolti concreti?
→ Mussolini, dopo l'accaduto, affermò in un solenne discorso in Parlamento di «assumersi la responsabilità politica, morale, storica di quanto è avvenuto»: che cosa significa, secondo te? Dopo questa presa di posizione che cosa successe?
→ Chi è possibile ricordare tra i più combattivi antifascisti che condannarono il delitto Matteotti? Quale fu la sua vicenda personale e politica?

metodo di studio

→ Per ripassare i **fatti**

CONTRASTI POLITICI

Novembre 1921

→ I Fasci di combattimento si trasformano in Partito nazionale fascista

1922

→ 28 ottobre: marcia su Roma

→ 29 ottobre: Mussolini ottiene l'incarico di presidente del Consiglio

1924

→ 6 aprile: Elezioni politiche e vittoria del PNF

→ Giugno: Giacomo Matteotti viene ucciso Secessione dell'Aventino

1924-1925

→ *Leggi fascistissime*

1927

→ Stalin ottiene il pieno controllo del Partito comunista e dell'URSS

1930

→ Stalin inizia la liquidazione dei *kulaki*

1932

→ Il Partito nazista diventa il più votato alle elezioni politiche in Germania

→ Roosevelt viene eletto presidente degli Stati Uniti

1933

→ 30 gennaio: Hitler viene nominato cancelliere

→ 27 febbraio: Incendio del *Reichstag*

→ 28 febbraio: Sospensione delle libertà costituzionali in Germania

→ 23 marzo: Concessione dei pieni poteri al governo tedesco

→ 14 luglio: Scioglimento di tutti i partiti in Germania, escluso quello nazista

1937-1938

→ Grande terrore staliniano

ECONOMIA DEMOGRAFIA E SOCIETÀ

1929

→ Inizia il primo piano quinquennale in URSS

→ 24 ottobre: Crollo della Borsa di Wall Street

1932-1933

→ Gravissima carestia in URSS

→ La crisi economica provoca almeno sei milioni di disoccupaati in Germania

Dal 1933

→ Parte la politica economica del *New Deal* negli Stati Uniti

CULTURA CIVILTÀ E RELIGIOSITÀ

11 febbraio 1929

→ Patti lateranensi

5 novembre 1933

→ Joseph Goebbels precisa il nuovo concetto di "libertà", nel terzo Reich

Per ripassare i concetti

Leggere gli schemi

VERSO I TOTALITARISMI

- **Italia**
  - 1921: il fascismo al potere
  - Marcia su Roma (28 ottobre 1922) Mussolini presidente del consiglio
  - Inizio della dittatura (1925-1926)
  - Soppressione dello Stato liberale ed eliminazione di ogni opposizione
- **Stati Uniti**
  - *Ruggenti anni Venti*: sviluppo industriale
  - Difficoltà del mercato interno (offerta maggiore della domanda)
  - → Crisi del 1929
- **Germania**
  - Superamento della crisi post bellica
  - → Crisi del 1929
- **Crisi del 1929**
  - Vittoria elettorale di Roosvelt e *New Deal*
    - Isolazionismo americano
  - Vittoria elettorale di Hitler
    - Incendio del *Reichstag* e fine dello Stato liberale (1932)
    - 1933: partito unico
- **Russia**
  - Lotta per la successione a Lenin e affermazione di Stalin
  - Immenso sforzo industriale
  - Eliminazione dei kulaki
  - Carestia (1933) e Grande terrore (1937-1938)

Unità **8**

Verso una nuova guerra (1930-1939)

Un'immagine per iniziare

Nazismo e fascismo fecero ampio uso delle manifestazioni di massa (comizi, sfilate militari, manifestazioni sportive) per suggestionare le masse e spingerle a identificarsi con le ideologie dei regimi. In queste manifestazioni l'aspetto scenografico era fondamentale e veniva curato nel dettaglio: i grandiosi apparati scenografici, le bandiere, spesso le musiche e i canti corali aiutavano a esaltare l'unità della patria e l'orgoglio di appartenere a una nazione (nell'immagine, Hitler sale le scale dello stadio di Norimberga, durante il congresso del Partito naziata del 1934). Le adunate avevano poi un altro aspetto essenziale: la devozione sconfinata per colui che guidava lo Stato (Mussolini, il Duce, in Italia, e Hitler, il Führer, in Germania), a cui si doveva un'obbedienza incondizionata. Il capo infatti era idolatrato e solo lui sapeva qual era il bene della propria nazione.

Gli eventi per orientarsi nel tempo

1931
Il Giappone invade la Manciuria

1932
La crisi economica provoca almeno sei milioni di disoccupati in Germania

30 gennaio 1933
Hitler sale al potere in Germania

1931 | 1932 | 1933 | 1934 | 1935

1935-1936
L'Italia invade e conquista l'Etiopia

1935
La Saar torna alla Germania con un plebiscito

→ Sommario

TESTO

La carta d'identità del periodo
1 Il regime totalitario di Hitler
2 Il regime totalitario di Mussolini
3 Le tensioni internazionali negli anni Trenta
4 L'aggressione di Hitler all'Europa

MONOGRAFIA

Nazionalismo e comunismo in Cina

pagine digitali

› MONOGRAFIE

A. Fascismo e identità di genere
B. Origine ed evoluzione della guerra civile spagnola
C. La violenza fascista in Europa

Una carta per orientarsi

Carta proiettabile

La carta mostra i territori conquistati dai nazisti nel periodo compreso tra il 1936 e il 1939. Nel 1936 occuparono la Renania; nel marzo 1938 annetterono dell'Austria; nel settembre 1983 sottrassero alla Cecoslovacchia la regione dei Sudeti, abitata in prevalenza da tedeschi. Infine, nel 1939, Hitler occupò anche la Boemia-Moravia, conquistando in pratica l'intera Cecoslovacchia.

Orientarsi nel tempo

1936 La Germania occupa la Renania

1939 La Germania conquista il resto della Cecoslovacchia

Patto di non aggressione tra Germania e Unione Sovietica

1936 — 1937 — 1938 — 1939

1936-1939 Guerra civile spagnola

1938 Annessione dell'Austria alla Germania

Cessione della regione dei Sudeti ai tedeschi

Per iniziare

Storia slide

La carta d'identità del periodo

Perché Francia e Inghilterra scelsero inizialmente di non contrastare la politica estera di Hitler?

Tra il 1935 e il 1939 Hitler riuscì ad ampliare notevolmente il territorio tedesco: la Saar, la Renania, l'Austria, la Cecoslovacchia passarono sotto il controllo nazista, permettendo così la riunificazione al Terzo Reich di tutti i territori in cui si parlava tedesco. L'inerzia con cui Francia e Inghilterra accettarono questa situazione va ricondotta tendenzialmente a due motivi:

- la prima fu dovuta al ricordo della prima guerra mondiale e ai costi enormi che essa aveva causato alle economie dei due Paesi: questo può aiutare a spiegare perché essi cercarono di evitare un nuovo conflitto;
- la seconda è connessa con le paure dell'Inghilterra, consapevole sia della propria impreparazione militare, sia del rischio di perdere il proprio status di grande potenza a vantaggio della Germania, in caso di sconfitta.

CAPITOLO 1 Il regime totalitario di Hitler

→ Una volta salito al potere, Hitler concentrò tutto il potere nelle proprie mani (**principio del Führer**). In politica interna il suo obiettivo era la difesa della **purezza della razza ariana** da ogni contaminazione; in politica estera, invece, intendeva iniziare al più presto una guerra di conquista verso l'Europa dell'est, per costruire un impero in cui il popolo tedesco avrebbe dominato le genti slave, ritenute inferiori.

→ Il potere di Hitler rischiava però di essere offuscato da **Ernst Röhm**, capo delle SA (Squadre di assalto, la milizia armata del partito). Hitler, pertanto, il 30 giugno 1934 (*notte dei lunghi coltelli*), fece uccidere Röhm e numerosi suoi sostenitori. Il posto delle SA fu preso dalle **SS** (**Squadre di protezione**), guidate da Heinrich Himmler.

→ Le SS controllavano la polizia e il sistema dei **campi di concentramento** (**lager**), dove venivano rinchiusi criminali comuni, zingari, omosessuali, testimoni di Geova, comunisti ecc. Gli **ebrei**, invece, furono il primo bersaglio verso il quale si orientò il razzismo nazista: nella **notte dei cristalli** (9-10 novembre 1938) furono uccisi 36 ebrei tedeschi e vennero incendiati e devastati negozi ebraici e sinagoghe.

→ Il gravissimo problema della disoccupazione fu risolto sia grazie alla **realizzazione di grandi opere pubbliche**, sia violando le clausole del trattato di Versailles che vietavano alla Germania di possedere armi pesanti. A partire dal 1936, la Germania riprese a produrre grandi quantità di cannoni, aeroplani e carri armati, finalizzati ad **attrezzare la Germania alla guerra**.

CAPITOLO 2 Il regime totalitario di Mussolini

→ Una volta al potere, **Benito Mussolini** cercò di ottenere il pieno controllo della società italiana. Il regime si sforzò di diffondere fra gli italiani gli ideali e gli obiettivi fascisti attraverso **adunate di massa**. Questi raduni avevano inoltre lo scopo di celebrare la figura di Mussolini, il capo indiscusso del fascismo e la guida del popolo italiano.

→ Il Partito nazionale fascista (l'unico ammesso) divenne uno strumento per la diffusione dell'ideologia, ma era privo di un potere reale. Molto più importanti nella concezione di Mussolini erano lo **Stato**, a cui tutti i cittadini dovevano subordinare il loro interesse personale, e la **nazione**, l'insieme delle persone che vivono in uno Stato e sono chiamate a costruirne la grandezza.

→ Dal punto di vista economico il primo obiettivo del regime fascista fu quello di **arrestare la svalutazione della lira**. Questa decisione provocò due effetti contrapposti: da un lato, infatti, **penalizzò le esportazioni** e determinò una diminuzione dei salari; dall'altro, invece, permise di **importare a minor costo le materie prime** essenziali per l'industria.

→ In campo economico, due erano le parole chiave del regime: **protezionismo** e **autarchia**. Con la prima si intende una politica finalizzata alla tutela dei prodotti nazionali (ad esempio tassando i prodotti esteri). Con autarchia, invece, si intende la politica di un Paese che vuole raggiungere l'autosufficienza in campo economico: tipico esempio è la **battaglia del grano**, lanciata da Mussolini per aumentare la produzione di frumento in Italia.

Domande fondamentali

- In che modo la Germania di Hitler risolse il problema della disoccupazione?
- Quale scopo avevano le grandi adunate fasciste?
- Perché Francia e Inghilterra si trovarono in imbarazzo dopo l'aggressione italiana all'Etiopia?
- Quali erano i contenuti principali dell'accordo tra Germania e URSS stipulato nel 1939?

Discorso di Mussolini nell'arena di Verona, settembre 1938.

CAPITOLO 3 Le tensioni internazionali negli anni Trenta

Le relazioni internazionali, dagli anni Venti, erano regolate dalla **Società delle nazioni**, organismo nato subito dopo la prima guerra mondiale per impedire agli Stati più potenti di violare i diritti dei Paesi più deboli. Tuttavia, nel 1931, la Società delle Nazioni mostrò la sua **fragilità**, non riuscendo a impedire al Giappone di invadere la Manciuria.

Nel 1935 gli abitanti della **Saar**, occupata dai francesi nel 1919, con un plebiscito chiesero la riunificazione alla Germania. Dopo questo successo, Hitler ripristinò la coscrizione obbligatoria, violando così per la prima volta il trattato di Versailles: Francia e Inghilterra però non reagirono.

In **Spagna**, nel 1936, dopo la vittoria alle elezioni di una coalizione di sinistra, nei ceti superiori si diffuse il terrore che il Paese diventasse un regime comunista. Il 17 luglio 1936 esplose quindi una rivolta militare, guidata dal generale **Francisco Franco** e appoggiata dalla grande borghesia e dalla Chiesa. Ci fu una **guerra civile** lunga e sanguinosa (1936-1939) che portò al potere Franco.

Nel 1935-1936 il regime fascista conquistò l'**Etiopia**. Francia e Inghilterra, membri della Società delle nazioni, pur avendo bisogno dell'Italia in funzione antitedesca, assunsero un atteggiamento ostile. Sentendosi tradito, Mussolini si avvicinò a Hitler. Nel 1938, varò delle **leggi razziali che discriminavano tutti gli ebrei italiani**, vietandoloro di sposare una persona di razza ariana, lavorare in istituzioni pubbliche, possedere aziende o terreni, praticare determinate attività o mestieri.

CAPITOLO 4 L'aggressione di Hitler all'Europa

La politica estera di Hitler si fece più aggressiva: nel 1936 i tedeschi occuparono la Renania, mentre nel 1938 ci fu l'annessione dell'**Austria**; nello stesso anno il governo nazista rivendicò i Sudeti, una vasta regione di confine, sotto sovranità cecoslovacca, in cui vivevano circa 3 milioni di tedeschi. Pur di evitare lo scontro con la Germania, il primo ministro inglese Chamberlain **accettò che i tedeschi occupassero i Sudeti**. Nel novembre 1936, Hitler e Mussolini firmarono l'**Asse Roma-Berlino**.

Hitler si impegnò a non rivendicare altri territori; tuttavia, nel marzo 1939, **occupò anche Praga**, la **Boemia** e la **Moravia**. L'Inghilterra scelse anche questa volta di non reagire, mantenendosi fedele a una politica di conservazione della pace, a qualunque costo. Tuttavia, rendendosi conto che il prossimo obiettivo di Hitler poteva essere la Polonia, i governi di Londra e Parigi si accordarono con quello di Varsavia e gli garantirono la loro protezione.

Vistosi minacciato da Inghilterra e Francia, Hitler fu costretto ad appoggiarsi all'Italia. Il 22 maggio 1939 firmò **con Mussolini** un'alleanza incondizionata: il **Patto d'Acciaio**.

A questo punto, **Hitler** compì una mossa quanto mai spregiudicata, cioè **offrì a Stalin un patto di non aggressione** reciproca; anzi, in caso di guerra contro la Polonia, il territorio di quest'ultima sarebbe stata spartita da Germania e URSS. L'accordo (denominato **patto Ribbentrop-Molotov**, dal nome dei due ministri degli Esteri che firmarono il documento) venne stipulato il 23 agosto 1939.

Capitolo 1

CONTRASTI POLITICI

Il regime totalitario di Hitler

Storia slide

LE CONOSCENZE DA ACQUISIRE
Giunto al vertice dello Stato nel 1933, Hitler consolidò proprio potere con il sostegno delle SS e iniziò a preparare la Germania per la futura guerra contro l'URSS.

LE COMPETENZE DA POTENZIARE
Saper cogliere i caratteri fondamentali di un regime totalitario.

1.1 La concezione politica di Hitler

La guida del popolo tedesco

Il principio del Führer e la difesa della purezza della razza Fin dai suoi esordi, il nazismo riteneva che il sistema parlamentare andasse abolito e che tutti i poteri dovessero essere concentrati nell'unica persona di un *Führer* ("capo", "guida"). Anzi, in *Mein Kampf*, Hitler affermò che il nazionalsocialismo si distingueva dagli altri gruppi politici proprio in virtù del cosiddetto **principio del Führer**, secondo il quale tutte le decisioni capitali erano di competenza esclusiva del capo del movimento, una sorta di **figura profetica**.

› VEDI *Stato e rivoluzione* → pag. 164

Ancora una volta, le categorie più adatte a descrivere il complesso fenomeno del nazionalsocialismo provengono dall'ambito religioso. A tutto ciò, però, si deve sempre aggiungere la componente razziale, ineliminabile nella concezione del mondo nazista. Secondo Hitler, infatti, il Führer doveva disporre di tutti i poteri allo scopo di costruire, senza intralci, il grandioso e luminoso destino che, nelle promesse naziste, stava per aprirsi davanti al popolo tedesco. **Anche per Hitler (come del resto per Lenin) la conquista del potere statale non era affatto un valore in sé, ma solo un mezzo per far raggiungere un fine a una collettività**. Nel caso di Lenin, tale meta era la supremazia della classe operaia sulla borghesia; per Hitler, viceversa, l'obiettivo finale era l'**egemonia della razza ariana su tutte le altre**.

In **politica interna**, per Hitler, i compiti supremi dello Stato – subito dopo l'eliminazione del pericolo ebraico-marxista – erano la **difesa della purezza della razza** da ogni contaminazione e il suo miglioramento. Pertanto, ad esempio, fin dal 14 luglio 1933 fu introdotta in Germania una minuziosa legislazione che imponeva la sterilizzazione forzata degli alcolisti acuti e di tutti coloro che fossero affetti da malattie ereditarie.

Hitler abbraccia dei bambini tedeschi di razza ariana.

Il concetto di "spazio vitale" Hitler era convinto che il popolo tedesco avrebbe raggiunto una solida e duratura (*millenaria*) prosperità solo se fosse riuscito a conquistare quello che in *Mein Kampf* è chiamato lo «**spazio vitale**». Con tale espressione, egli designava in pratica un **impero capace di fornire al popolo tedesco i mezzi** necessari (alimenti e materie prime, ad esempio) **per il suo sviluppo**. Per questo, in **politica estera**, il Führer **rinunciò a ogni obiettivo coloniale extraeuropeo** e si orientò fin dall'inizio della sua carriera, e senza mai mutare il proprio orientamento di fondo, verso gli immensi spazi russi, abitati – ai suoi occhi – da popoli razzialmente inferiori rispetto agli ariani, cioè dagli slavi, guidati e manipolati dai marxisti ebrei.

Già negli anni Venti, dunque, Hitler aveva messo in conto una guerra offensiva contro l'URSS. Mostrandosi come il più radicale avversario del trattato di Versailles, egli riuscì a presen-

› VEDI
L'invasione dell'URSS
→ pag. 366

tarsi ai conservatori tedeschi come il campione della rinascita della Germania come grande potenza; tuttavia, fin dalle origini del movimento nazista, gli **obiettivi** di Hitler in politica estera furono **infinitamente più ampi rispetto a quelli dei tradizionali ceti dirigenti tedeschi**, i quali si sarebbero accontentati di recuperare i territori persi nel 1918 e di trasformare il Reich nella principale potenza economica dell'Europa centro-orientale. L'**obiettivo** del *programma* **di Hitler**, al contrario, era una sorta di **gigantesco impero continentale germanico**, che comportasse la dominazione del popolo tedesco sulle masse slave, decimate e ridotte a servire, in condizioni di semischiavitù, la superiore razza padrona.

Documento chiave →

Lo spazio vitale a est

In *Mein Kampf* Hitler indicò con estrema precisione il suo scopo finale: la costruzione di un impero continentale di enormi dimensioni, capace di rendere il popolo tedesco autosufficiente quanto a materie prime e a derrate alimentari.

La politica estera dello Stato nazionale deve assicurare l'esistenza su questo pianeta della razza raccolta nello Stato, creandole, col numero e lo sviluppo degli individui che la compongono e con la vastità e bontà del territorio, una situazione sana e vitale. Per la situazione sana intendiamo quella che assicura il sostentamento d'un popolo sul proprio suolo. [...] Solo un sufficiente spazio su questa Terra assicura ad un popolo una libera esistenza. [...]

Per il popolo tedesco, Hitler sogna una prosperità millenaria

Se il movimento nazional-socialista vuol conservare davanti alla storia il sacro carattere di una missione per il nostro popolo deve, dopo aver riconosciuta con dolore la reale situazione di questo popolo sulla Terra, intraprendere freddamente e con consapevolezza la lotta contro l'incapacità e la mancanza di scopi con cui finora il popolo tedesco fu guidato nelle vie della sua politica estera. Deve, senza riguardo a tradizioni e pregiudizi, trovare il coraggio di adunare il nostro popolo e le sue forze per iniziare la marcia su quella via che dall'odierna ristrettezza di spazio vitale condurrà all'acquisto di nuovo territorio. Così libererà per sempre la nazione tedesca dal pericolo di perire o di servire altrui quale popolo di schiavi. Il movimento nostro deve cercare di eliminare il funesto rapporto attuale fra la nostra popolazione e la superficie del nostro territorio, considerando il territorio sia come una fonte di sostentamento sia come punto d'appoggio della politica di potenza. [...]

Lo scopo della politica estera è la conquista di spazio a Est

Noi, nazional-socialisti [...] chiudiamo finalmente la politica coloniale e commerciale dell'anteguerra e trapassiamo alla politica territoriale dell'avvenire. Ma quando, oggi, parliamo di nuovo territorio in Europa, dobbiamo pensare in prima linea alla Russia o agli Stati marginali ad essa soggetti.

A Hitler non interessa l'Africa: in ciò è molto diverso da Mussolini

Sembra che il destino stesso ci voglia indicare queste regioni. Consegnando la Russia al bolscevismo, rapì al popolo russo quel ceto di intellettuali che finora ne addusse e garantì l'esistenza statale. [...] Più d'una volta, popoli inferiori aventi alla testa organizzatori e padroni germanici diventarono Stati formidabili e sussistettero fin quando durò il nucleo della razza che creò lo Stato. Da secoli la Russia si nutrì di questo nucleo germanico dei suoi ceti dirigenti: ma questo è, oggi, quasi del tutto estirpato e abolito. Al suo posto è subentrato l'ebreo. I russi non possono da soli scuotere il giogo degli ebrei; ma gli ebrei non possono, a lungo andare, conservarsi quel formidabile Stato. Perché l'ebreo non è un elemento di organizzazione ma un fermento di disorganizzazione. Il colossale impero orientale è maturo per il crollo. E la fine del dominio ebraico in Russia sarà pure la fine della Russia come Stato. Noi siamo eletti dal destino ad essere testimoni di una catastrofe che sarà la più poderosa conferma della teoria nazionalista delle razze.

La Russia oggi è in mano agli ebrei, che l'hanno conquistata grazie al marxismo

A. HITLER, *La mia battaglia*, Bompiani, Milano 1939, pp. 331, 334-335, 345-346, trad. it. B. REVEL

1.2 Il regime nazista

Gli estremisti del partito

Le SA, braccio armato del regime All'interno del Partito nazista, le ali più estremiste chiedevano al nuovo regime interventi radicali anche sulla struttura sociale, con un'ampia politica di nazionalizzazione delle imprese. Oltre che verso il mondo industriale, il loro scontento si indirizzava anche verso l'esercito, altro pilastro della società tedesca tradizionale. L'esercito e l'industria, però, erano elementi indispensabili per il successo dell'aggressiva politica estera che Hitler stava progettando.

Queste aspirazioni di cambiamento sociale erano molto diffuse soprattutto all'interno delle cosiddette SA (abbreviazione di *Sturmabteilungen*, squadre d'assalto). Guidate da **Ernst Röhm**, le **SA** erano il **braccio armato del movimento nazista**, una vera milizia che negli anni Venti si era più volte scontrata con i comunisti e che, nel 1933, aveva permesso al nuovo regime di togliere di mezzo tutti gli oppositori.

Nel 1934, le SA contavano circa 2 milioni di aderenti e Röhm sognava di trasformarle nel nerbo di un nuovo esercito tedesco che fosse veramente *popolare*, cioè capace di essere l'autentica e vitale espressione del *Volk* tedesco. A guida di tale nuovo esercito di popolo, non ci sarebbe più stata la casta dei militari tradizionali, formata ancora per la maggior parte da esponenti dell'aristocrazia nobiliare (**Junker**), ma i capi del movimento nazista e delle SA.

Le parole → Junker

Il termine tedesco *Junker* significava in origine "giovane signore". Con il tempo, la parola indicò l'insieme dell'aristocrazia prussiana, che deteneva immense proprietà terriere nelle regioni a est del fiume Elba. Fino alla prima guerra mondiale, gli Junker occuparono le più alte cariche dello Stato e, soprattutto, tutti i più alti gradi della gerarchia militare. Essi disprezzavano la democrazia e le masse: pertanto, in un primo momento, molti nobili guardarono con perplessità, diffidenza e senso di superiorità il movimento nazista, che fin dall'inizio Hitler volle come forza di massa, capace di coinvolgere l'intero popolo tedesco.

Potere e prestigio di Röhm

La *notte dei lunghi coltelli* Per Hitler, queste posizioni rappresentavano un grave pericolo, per vari e convergenti motivi. Da un lato, il potere e il prestigio di Röhm rischiavano di mettere in discussione il completo e assoluto controllo del movimento nazista da parte di Hitler. In secondo luogo, l'impostazione di Röhm spingeva i vertici dell'esercito a temere per le loro posizioni di comando, e quindi ad assumere una posizione di distanza critica nei confronti del nuovo regime. Hitler, viceversa, per i suoi radicali obiettivi di politica estera, aveva necessità del sostegno dell'esperto e collaudato stato maggiore dell'esercito. Senza di esso, la possibilità di procedere rapidamente allo scontro decisivo con l'Unione Sovietica sarebbe svanita completamente.

Pertanto, il **30 giugno 1934** Hitler procedette a una radicale **epurazione del movimento nazista**: in quella che ha preso il nome di ***notte dei lunghi coltelli***, Röhm, numerosi suoi sostenitori e altri avversari del regime furono uccisi a sangue freddo, con un'azione brutale che tolse di mezzo gli ultimi ostacoli a un **incontrastato dominio di Hitler** sul partito e sulla Germania intera.

Adolf Hitler e, subito alle sue spalle, Ernst Röhm, comandante militare delle SA, nel 1933.

ZOOM Gli ebrei: bersagli del razzismo nazista

Negozi, amministrazione, università

Il primo bersaglio contro il quale si orientò il razzismo nazista furono gli ebrei che vivevano all'interno della Germania. Nel mese di marzo del 1933, mentre il regime si consolidava e la dittatura andava costruendosi e rafforzandosi, le SA compirono numerosi **atti di violenza a danno di singoli individui ebrei**, con aggressioni per strada o in luoghi pubblici, irruzioni in casa, distruzione di beni privati. Il gesto più clamoroso fu **il boicottaggio di tutti i negozi ebraici**, messo in atto il 1° aprile 1933. Gruppi di SA si piazzarono dinanzi agli ingressi degli esercizi commerciali di proprietà ebraica; in altri casi, un cartello lanciava un minaccioso avvertimento: *Chiunque fa acquisti qui verrà fotografato.*

Il primo importante provvedimento amministrativo preso dal regime nazista nei loro confronti fu la riforma della **normativa relativa ai funzionari pubblici di carriera**. Il 7 aprile 1933, uno speciale comma (denominato *paragrafo ariano*) della nuova legge obbligò tutti coloro che non erano ariani a dare le dimissioni e al pensionamento anticipato. I provvedimenti successivi colpirono gli avvocati e i medici ebrei, esclusi dai tribunali e dagli ospedali pubblici.

Uno dei settori più colpiti dall'epurazione fu senza dubbio l'università: **nel solo 1933, furono privati della loro cattedra circa 1200 accademici**. In certi atenei, interi dipartimenti si svuotarono: primi fra tutti quelli di matematica e di fisica teorica. Altri docenti, pur non essendo stati licenziati, emigrarono di propria iniziativa, intuendo il pericolo imminente. Un eloquente segnale del nuovo clima che si respirava nelle università fu **il grande rogo dei libri** organizzato per la sera del 10 maggio 1933 nelle principali città tedesche. Solo a Berlino vennero bruciati circa 20 000 volumi, scritti da autori ebrei (come Marx, Freud ed Einstein) o da romanzieri disprezzati perché *pacifisti* e *antinazionali* (come E.M. Remarque).

Dalle Leggi di Norimberga alla Notte dei cristalli

Il 15 settembre 1935, mentre stava concludendosi l'imponente congresso della NSDAP, il Reichstag si riunì nella sala dell'Associazione culturale di Norimberga. In quella sede, Hitler presentò all'approvazione (o meglio, all'acclamazione) dei delegati alcuni provvedimenti (chiamati **Leggi di Norimberga**) che avrebbero segnato in modo profondissimo la vita degli ebrei tedeschi. Il primo provvedimento, denominato *Legge sulla cittadinanza*, riservava la pienezza dei diritti ai *cittadini di sangue tedesco o affine*. La *Legge per la protezione del sangue e dell'onore tedesco*, invece, **vietava severamente i matrimoni** (e più in generale ogni relazione sessuale) **tra ebrei e cittadini di sangue tedesco** o affine.

La discriminazione degli ebrei tedeschi (inclusi quelli austriaci) trovò la sua completa attuazione nel 1938, dopo la cosiddetta ***notte dei cristalli***. Il 7 novembre, un giovane ebreo polacco uccise un funzionario dell'ambasciata tedesca di Parigi, per protestare contro le violenze subite in Germania dai suoi genitori; il ministro della Propaganda Joseph Goebbels, per via telefonica, ordinò ai militanti delle varie organizzazioni naziste di **attaccare su tutto il territorio tedesco il maggior numero possibile di sinagoghe, negozi e abitazioni ebraiche**: il risultato dell'operazione, svoltasi la notte tra il 9 e il 10 novembre, fu l'uccisione di 36 persone, l'incendio di 101 sinagoghe e la devastazione di almeno 7500 negozi (ed è proprio la distruzione delle loro vetrine che ha generato l'espressione *notte dei cristalli*). Il 12 novembre, gli ebrei furono esclusi dalle scuole e da tutte le «manifestazioni della cultura tedesca» (cinema, teatri, mostre d'arte ecc.). Nello stesso tempo, si decise di procedere alla cosiddetta **arianizzazione dell'economia**, per cui tutti gli ebrei che fossero titolari di un'industria o di un'impresa commerciale furono obbligati a venderle, a prezzi notevolmente inferiori rispetto al loro valore di mercato, allo Stato o a un acquirente ariano.

Nella notte tra il 9 e 10 novembre 1938, la notte dei cristalli, furono distrutti 7500 negozi ebraici e quasi tutte le sinagoghe, date alle fiamme.

1.3 Le SS e il sistema dei lager

Eliminare ogni forma di dissenso

Le SS e i campi di concentramento Dopo la notte dei lunghi coltelli, le SA furono disarmate e persero ogni vera importanza politica. All'opposto, **aumentarono enormemente il potere e il prestigio** delle cosiddette **SS** (*Schutzstaffeln*, squadre di protezione). Si trattava, in origine, della guardia del corpo di Hitler e degli altri gerarchi del partito. Dal 1929, esse erano guidate da **Heinrich Himmler**, che nel corso del 1934 divenne il capo di tutta la polizia tedesca, compresa la cosiddetta **Gestapo** (*Geheime Staatspolizei*, polizia segreta di Stato), incaricata della repressione di ogni dissenso politico interno. Ciò permise a Himmler (e, di conseguenza, alle SS) di dominare l'intero sistema dei **campi di concentramento**, che fin dal 1933 rappresentarono il principale strumento di cui i nazisti si servirono per distruggere in Germania ogni opposizione al loro regime.

› VEDI L'incendio del Reichstag → pag. 277

I primi lager erano nati in modo improvvisato, *selvaggio*, senza una precisa direttiva dall'alto, nei giorni seguenti l'incendio del Reichstag, allorché le milizie armate naziste, di loro iniziativa, avevano arrestato migliaia di *sovversivi*, quasi tutti di orientamento comunista. Nella sola circoscrizione di Colonia, tra il 1° e il 15 marzo furono arrestate 980 persone; a Düsseldorf, ne vennero fermate 1500; in totale, vennero **internati circa 50 000 cittadini**. Pare che il primo lager in assoluto sia stato creato all'inizio del marzo 1933 a Nohra, in Turingia, vicino a Weimar. Poiché le prigioni non erano attrezzate a ospitare una simile massa di nuovi reclusi, si fece ricorso a qualsiasi struttura idonea al contenimento e alla sorveglianza dei soggetti arrestati. Così, **durante il 1933**, sorsero circa **70 campi** *selvaggi*, gestiti non dallo Stato, ma direttamente dalle SA o dalle SS.

Lavorare per competenze avvio al saggio breve
La violenza nazista → pag. 345

Il lager di Dachau Sotto la guida di Himmler, per gestire i campi fu creato un corpo specifico all'interno delle SS, i cosiddetti *reparti testa di morto*, che all'inizio comprendevano circa 5000 effettivi. All'interno del **sistema dei lager**, che **andava** gradualmente **istituzionalizzandosi e assumendo la sua forma definitiva**, il campo di **Dachau** assunse un ruolo del tutto speciale: **divenne una specie di modello**, l'esempio paradigmatico cui riferirsi. Moltissimi degli ufficiali che, nel corso degli anni successivi, avrebbero diretto i principali luoghi di deportazione, fecero il loro apprendistato proprio a Dachau e ne imitarono consapevolmente i simboli, l'impianto e il regolamento.

Tra le innovazioni introdotte a Dachau, quella che fu ripresa moltissime volte, in vari altri campi nazisti, fu lo slogan «**Arbeit macht frei**» ("Il lavoro rende liberi") impresso sul cancello

Particolare del cancello d'ingresso del lager di Dachau, con la scritta "Il lavoro rende liberi".

I personaggi

Heinrich Himmler

Nato nel 1900 a Monaco di Baviera, Himmler partecipò al fallito *putsch* di Monaco nel 1923. A differenza del Führer, egli era completamente privo di carisma: i contemporanei lo descrivono come un individuo pedante, meticoloso nell'eseguire gli ordini, eccellente organizzatore di strutture burocratiche complesse ma efficienti. Per queste sue doti, nel 1929 Hitler lo pose a capo delle SS. Tuttavia, sebbene comandasse un corpo scelto di 56 000 elementi, Himmler continuava a dipendere formalmente dal comandante in capo delle SA. Fu l'eliminazione di Röhm a segnare l'inizio vero della straordinaria carriera che doveva portarlo a diventare di fatto, all'interno del Terzo Reich, la figura più potente dopo Hitler.

all'ingresso del campo. La scritta più tardi fu ripresa anche a Sachsenhausen, a Terezín, ad Auschwitz I e in altri luoghi. **L'espressione non ha alcun significato ironico o denigratorio, nei confronti dei detenuti**. Al contrario, la scritta esprime una delle intenzioni per cui venne istituito il lager. Il campo, infatti, si proponeva di ***correggere* i comportamenti errati**, tenuti da alcuni **gruppi di cittadini tedeschi**. A questo fine, insieme al lavoro, fu assunto come modello il sistema disciplinare dell'esercito prussiano, da cui vennero prese in prestito abitudini e comportamenti (ad esempio, la cura con cui i prigionieri, negli anni Trenta, dovevano tenere la propria divisa da detenuti, oppure la precisione maniacale secondo cui dovevano essere piegate le lenzuola del letto). Anche l'uso di scandire a suon di musica alcuni momenti importanti della giornata risale alla prassi militare.

La disciplina militare come modello del lager

La condizione giuridica dei prigionieri dei lager I prigionieri internati nei lager nazisti si trovavano in una condizione giuridica del tutto particolare. Ufficialmente non avevano subito una condanna da parte di un tribunale: sotto il profilo formale, dunque, la differenza con il mondo sovietico non potrebbe essere più completa. **Nell'URSS, la deportazione in lager avveniva sulla base di una condanna** di un tribunale, che nel caso dei *politici* si serviva dell'articolo 58 del Codice penale, che puniva i reati controrivoluzionari. **In Germania, l'internamento era un provvedimento puramente amministrativo**, che ricadeva, principalmente,

Competenza esclusiva della polizia

ZOOM Identificati da un simbolo

Affinché i responsabili dei campi di concentramento potessero individuare a prima vista la categoria dei prigionieri, questi dovevano portare, sulla giubba o sui pantaloni, un **triangolo di stoffa** di un dato colore. La fotografia mostra un cartello, ritrovato in un lager nazista, che aiuta in questo compito di **identificazione**.

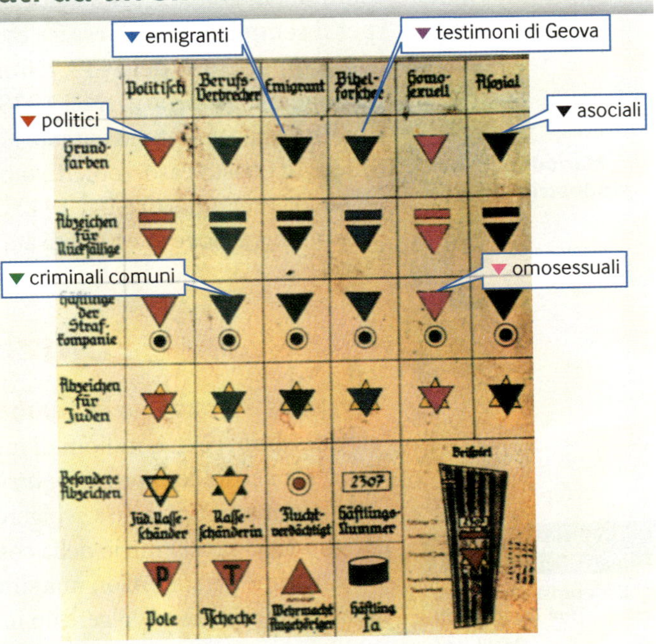

Lavoratori forzati ebrei nel campo di lavoro di Plaszów, nei sobborghi di Cracovia, 1944.

sotto la competenza della polizia (a sua volta sempre più controllata dalle SS). Come base per la sua azione, essa poteva assumere il principio della *Schutzhaft*, cioè dell'**arresto di sicurezza** (o *custodia protettiva*), le cui motivazioni furono via via precisate con sempre maggiore chiarezza. In pratica, questa misura poteva essere applicata contro qualunque persona che, a **insindacabile parere della polizia,** mettesse in pericolo lo Stato nazionalsocialista e il popolo tedesco.

Ambigua funzione del lager

Fin dall'inizio il lager nazista nacque all'insegna dell'ambiguità. Gli internati erano considerati, simultaneamente, dei *nemici* da rendere inoffensivi, grazie all'arresto di sicurezza, ma anche dei *tedeschi da rieducare*, mediante il lavoro e altri provvedimenti disciplinari. Con il passare del tempo, complice il fatto che la maggioranza dei prigionieri fu costituita da nemici provenienti da Paesi occupati dalla Germania o da razze ritenute *inferiori* dall'ideologia nazista, la seconda finalità tenderà a scomparire. Rimase valida solo per i testimoni di Geova tedeschi, di cui si continuò ad ammettere la potenziale *capacità correzionale*, persino in piena seconda guerra mondiale.

Categorie di internati I **testimoni di Geova** (chiamati anche *Bibelforscher,* cioè "studenti biblici") cominciarono a essere internati a partire dal 1935, perché si rifiutavano di prestare giuramento allo Stato e di fare il servizio militare. Gli arrestati furono più di 10 000, di cui circa la metà morì in lager. In aggiunta ai *politici* (contrassegnati da un triangolo rosso) e ai testimoni di Geova (triangolo viola), furono internati anche molti **omosessuali** (triangolo rosa), criminali comuni (triangolo verde) e *asociali* (triangolo nero). Quest'ultima definizione comprendeva una gamma estremamente ampia di comportamenti devianti, che andavano dal vagabondaggio, all'alcolismo, alla prostituzione. Anche gli **zingari**, in un primo tempo, furono **inseriti nel gruppo degli asociali**. Fino all'inizio della seconda guerra mondiale, invece, il numero degli ebrei imprigionati all'interno dei lager nazisti fu irrilevante. Poteva accadere che un individuo ebreo fosse arrestato, ma in genere ciò accadeva solo per motivi diversi da quello strettamente razziale. Gli ebrei presenti nei lager prima del 1938-1939, dunque, in genere erano stati internati perché comunisti oppure perché omosessuali, e non per il semplice fatto di essere ebrei.

Pochi ebrei nei lager, negli anni Trenta

In un discorso del 1937, Himmler ripeté che la finalità principale del lager era di tipo correzionale e *rieducativo*. **Nel 1938**, però, quando furono istituiti Mauthausen e Flossenbürg, le **finalità** che vennero assegnate al lavoro dei detenuti furono **di tipo prevalentemente economico**. In questo caso, l'obiettivo primario era quello di arricchire le SS. Con l'inizio della guerra e, ancor più, a partire dal 1942, **i lager divennero un'inesauribile riserva di manodopera**, che poteva e doveva essere usata senza risparmio, in vista della vittoria.

Manodopera per l'industria tedesca

1.4 Problemi e soluzioni in ambito economico

Disoccupazione e opere pubbliche Nel 1932, il **numero di disoccupati** in Germania era **elevatissimo**, circa 6 milioni di individui. Hitler affrontò il problema in vari modi: innanzitutto concesse i cosiddetti *prestiti matrimoniali*, che consistevano in sovvenzioni statali alle coppie in cui la donna rinunciasse a svolgere un'occupazione extradomestica. Inoltre, con una legge del 27 giugno 1933 sancì l'inizio della costruzione di una grande autostrada nazionale, che diede lavoro a moltissime persone. Con una simile forza lavoro a disposizione, si capisce perché i lager tedeschi non cominciarono a svolgere un importante ruolo nella vita economica della Germania prima del 1938. Fino a questa data, infatti, non si fece ricorso al lavoro degli internati.

Storiografia 1
Economia e consumi nel Terzo Reich
→ pag. 337

Ritorno alla piena occupazione

I risultati della politica nazista furono ben presto evidenti, tant'è che nel giro di sei mesi (dal gennaio al luglio 1933) la disoccupazione calò di ben un milione di unità. Tale **processo di riassorbimento della manodopera** restò una costante del regime nazista: i senza lavoro, infatti, passarono a 2 500 000 nel 1936, a 1 600 000 nel 1937 e a poco meno di 500 000 nel 1938. Infine, nel 1939, si realizzò in pratica la piena occupazione.

› VEDI
Il *New Deal*
→ pag. 270

Produzione di materiale bellico e riarmo Per certi aspetti, siamo di fronte a una ricetta affine a quella del *New Deal* rooseveltiano, caratterizzato dal **massiccio intervento dello Stato nella sfera dell'economia** e da un **pesante indebitamento pubblico**. Le differenze fondamentali vanno ricercate da un lato nel fatto che gli USA riuscirono a non distruggere la democrazia e lo Stato liberale, e dall'altro nel fine fondamentale per cui lo Stato divenne un elemento centrale dell'economia nazionale. In Germania, infatti, lo scopo primario era l'espansione imperialistica, venata di caratteri razzistici. Pertanto, accanto alle **grandi opere pubbliche** (come l'autostrada), in Germania si rivelarono fattori decisivi di rinascita economica il **riarmo** e la **produzione di materiale bellico**. È stato calcolato che le spese per l'esercito crebbero dai 2 miliardi circa del 1933-1934 ai 18 miliardi del 1938-1939, cioè circa i due terzi del bilancio statale erano destinati al riarmo. Appare evidente che **l'economia della Germania era organizzata in funzione di una guerra.**

Economia di guerra

Costruzione di aerei da guerra, nell'ambito del piano di rilancio economico nazista.

I disoccupati in Germania (1932-1938)

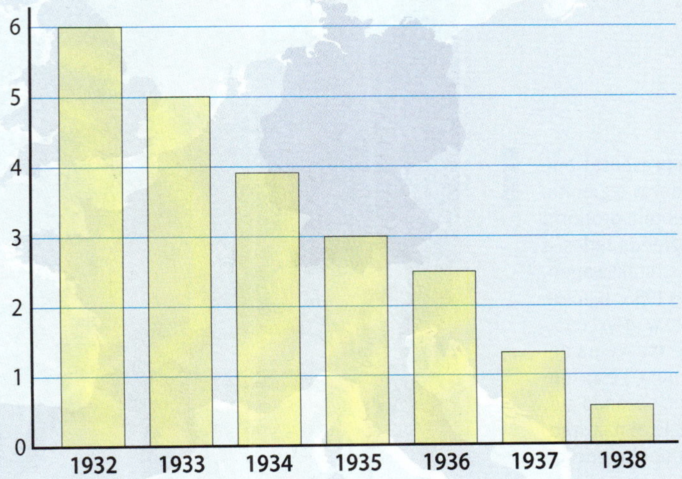

Il grafico mostra come diminuì la disoccupazione in Germania tra il 1932 e il 1938 (i dati sono espressi in milioni di disoccupati). Il rapido e continuo calo della disoccupazione fu uno dei motivi del consenso al nazismo in Germania.

Schema proiettabile

Dalla depressione economica al piano quadriennale

CAUSA EFFETTO

Depressione economica e alto tasso di disoccupazione

- Riassorbimento della manodopera e concessione di prestiti da parte dello Stato → Economia basata sull'intervento statale e conseguente indebitamento pubblico
- Incentivo al riarmo e alla produzione di materiale bellico → Politica di espansione imperialistica con caratteri nazisti

→ Piano quadriennale per rafforzare l'economia e preparare il Terzo Reich a sostenere una lunga guerra

› VEDI
La guerra lampo
→ pag. 357

La ripresa economica A pagare il prezzo della ripresa economica fu soprattutto la classe operaia. Da un lato, il principio della "partecipazione ai profitti delle grandi imprese" non fu più tenuto in considerazione; dall'altro, dopo lo scioglimento dei sindacati (2 maggio 1933), per i lavoratori fu impossibile svolgere attività di contrattazione o di protesta. Il risultato fu che **i salari rimasero bloccati al livello della crisi economica mondiale del 1932**. La disponibilità dei beni di consumo, invece, rimase relativamente elevata, anche se ciò provocò seri problemi alla preparazione militare tedesca: in altre parole, il Terzo Reich non giunse affatto alla crisi del 1939 perfettamente attrezzato a sostenere una lunga guerra di logoramento. Per questo motivo, in un primo tempo, la **strategia militare di Hitler** si basò su campagne rapide, capaci di schiacciare in tempi brevissimi l'avversario (***guerra lampo***). Finché gli fu possibile, Hitler si sforzò di non comprimere i consumi e di non abbassare il tenore di vita dei tedeschi, perché ciò avrebbe rischiato di mettere in discussione l'ampio consenso di popolo su cui, insieme al terrore, poggiava il regime nazista.

La presentazione del Maggiolino, automobile prodotta dall'azienda tedesca Volkswagen, nel 1938. Il nome "Volkswagen" (cioè "la macchina del popolo") esprime l'idea secondo cui, grazie al nazismo, il popolo tedesco avrebbe goduto di una generalizzata prosperità.

Su queste basi, nel 1936, fu elaborato il cosiddetto **piano quadriennale**, di cui **Hermann Göring** fu nominato responsabile, con il titolo di commissario. Ufficialmente, l'obiettivo principale del piano era di far fronte alle necessità dell'espansione demografica della Germania (che il regime non intendeva in alcun modo controllare, ma semmai potenziare), rendendo la Germania stessa il più possibile autosufficiente sotto il profilo economico. In realtà, poiché Hitler pensava che la soluzione definitiva al problema dell'espansione demografica di un popolo fosse la conquista di un corrispettivo *spazio vitale*, scopo vero del progetto era di **attrezzare la Germania per la guerra**. «Pongo così – scrisse Hitler in un memoriale del 1936 relativo al piano quadriennale – i seguenti obiettivi: 1) L'armata tedesca deve essere portata in 4 anni in pieno assetto di guerra. 2) L'economia tedesca deve essere messa in 4 anni in condizioni di affrontare una guerra».

SPORT

Sport, propaganda e razzismo in Italia e in Germania

Il caso delle Olimpiadi di Berlino

Il caso più clamoroso di **sfruttamento di un evento sportivo a fini di propaganda politica** fu l'organizzazione delle Olimpiadi a Berlino, nel 1936. Per immortalare l'evento, venne chiamata la grande regista Leni Riefenstahl, nota per aver appena girato *Il trionfo della volontà*, un film di eccezionale qualità estetica (per i parametri del tempo), che presentava il congresso del Partito nazista, celebrato a Norimberga nel 1934. Intitolato *Olympia*, il nuovo film metteva in diretto collegamento il mondo greco (universalmente considerato, a quel tempo, il vertice della civiltà umana) con il popolo tedesco, presentato come principale erede e portatore della perfezione ellenica. Tuttavia, la Riefenstahl diede molta enfasi anche all'episodio che, per così dire, rovinò le Olimpiadi di Hitler: **l'atleta americano Jesse Owens, nero, vinse infatti ben quattro medaglie** (100 metri, 200 metri, salto in lungo e staffetta 4 × 100), con **grande irritazione del Führer, che abbandonò lo stadio** dopo la sconfitta degli atleti tedeschi. Sport e politica si intrecciarono anche nel 1937, in occasione di un'importante partita di Coppa Davis. Dopo essere stato sconfitto dall'americano Don Budge in un incontro epico, che alcuni giudicano tuttora una delle partite più appassionanti dell'intera storia del tennis, **il tedesco Gottfried von Cramm, di 28 anni, venne accusato di omosessualità, arrestato e incarcerato**. Fu liberato solo in virtù di una petizione promossa dai più celebri tennisti del tempo.

Il caso di Arpad Weisz, allenatore del Bologna

In Italia, la vicenda più drammatica che vide intrecciarsi sport, politica e razzismo fu quella del **tecnico ebreo ungherese Arpad Weisz**, che allenava la squadra calcistica del Bologna. A quell'epoca, il capoluogo emiliano vantava uno degli stadi più grandi e moderni d'Italia, denominato il Littoriale. Weitz era un allenatore universalmente stimato e aveva già vinto uno scudetto alla guida dell'Inter nella stagione 1929-1930. Nel 1935, fu chiamato dal presidente, Renato Dall'Ara, a dirigere la squadra bolognese e per due campionati di seguito (nel 1935-1936 e nel 1936-37) la portò alla vittoria. Inoltre, nel 1937, il Bologna di Weitz conquistò pure il prestigioso trofeo dell'Esposizione, che si giocava a Parigi. Nel 1938, però, le leggi razziali ignorarono questi eccezionali successi sportivi e Weitz, come tutti gli altri ebrei stranieri, fu **obbligato ad abbandonare l'Italia**. Il 10 gennaio 1939, il grande allenatore varcò la frontiera, per dirigersi dapprima a Parigi, poi in Olanda (dove guidò la piccola squadra del Dordrecht). Dopo che i tedeschi ebbero invaso i Paesi Bassi, Weisz fu costretto a dimettersi nell'autunno del 1941. Infine, lui stesso, la moglie e i due figli furono dapprima condotti nel campo di transito di Westerbork e infine (il 2 ottobre 1942) caricati su un treno diretto ad **Auschwitz**. È possibile che Arpad sia sceso a Cosel, uno snodo ferroviario che serviva alcuni campi di lavoro dell'Alta Slesia. Elena (la moglie), Roberto e Clara (i due bambini) il 5 ottobre 1942 sbarcarono a Birkenau, non superarono la selezione sulla rampa ferroviaria e furono uccisi con il gas poche ore dopo il loro arrivo. Arpad, invece, morì il 31 gennaio 1944 in uno dei sottocampi di Auschwitz.

Olimpiadi di Berlino, 1936: l'atleta statunitense Jesse Owens durante la gara dei 200 metri piani, una delle quattro discipline in cui trionfò.

1.5 Gli obiettivi politici del Terzo Reich

L'imposizione degli obiettivi politico-strategici di Hitler Gli obiettivi di politica estera del Terzo Reich furono dettati sempre e solo da Hitler, mai da circoli economici più o meno potenti. Nella Germania nazista, dunque, per quanto la struttura sociale non sia stata sostanzialmente intaccata e le **élite tradizionali** abbiano potuto conservare o persino rafforzare le proprie posizioni di privilegio, **a esse non fu lasciato, in campo politico, alcun potere decisionale**.

Priorità assoluta dell'ideologia

Infatti, sebbene le aziende fossero rimaste di proprietà privata e avessero conosciuto un certo sviluppo economico generato dalla corsa al riarmo, a differenza di quanto era avvenuto per la prima guerra mondiale, imprenditori e industriali non ebbero mai alcuna influenza sugli obiettivi politici della guerra. Questi erano fermamente decisi da Hitler, per il quale gli obiettivi strategici ebbero sempre la meglio su quelli economici del Paese.

L'affermazione della dottrina della razza Ciò che rende il nazionalsocialismo un fenomeno originale, diverso anche dal fascismo italiano, è la **costante affermazione della dottrina della razza**: gli obiettivi ultimi di Hitler furono sempre di tipo razzista e determinarono le sue mosse essenziali sia in politica interna sia estera. Del resto, la stessa eliminazione del marxismo in Germania e l'artificiosa costruzione di una situazione di pace sociale non erano dei fini in se stessi, bensì dei mezzi. Da un lato, infatti, per Hitler combattere il comunismo significava lottare contro l'ebraismo internazionale, mentre dall'altro la fine dei conflitti sociali interni era, ai suoi occhi, il presupposto primario per la grande guerra di espansione del *Volk* tedesco verso est: senza L'eliminazione della lotta di classe, si sarebbe corso il rischio di cadere in una situazione analoga a quella che, secondo Hitler, aveva provocato la sconfitta del 1918.

› VEDI L'attacco all'URSS nel 1941 → pag. 366

Con l'avvento del nazismo cessarono disoccupazione e inflazione, ma alla classe operaia tedesca che fu imposta una ferrea irreggimentazione nelle fabbriche.

Capitolo 2

CONTRASTI POLITICI

Il regime totalitario di Mussolini

Storia slide

LE CONOSCENZE DA ACQUISIRE
Lo Stato fascista rifiutò completamente il modello liberale e democratico, ma si sforzò di essere una dittatura di tipo nuovo, in quanto si proponeva di mobilitare le masse e ne sollecitava il consenso.

LE COMPETENZE DA POTENZIARE
Saper cogliere i caratteri fondamentali di un regime totalitario.

2.1 La dottrina del fascismo

Stato e nazione Verso la fine del 1926, l'Italia si presentava ormai come una rigida dittatura. Chi esprimeva critiche o anche solo assumeva atteggiamenti sospetti veniva punito con il confino; l'opposizione politica attiva era invece repressa con il carcere, quando non addirittura pagata con la vita. Tale dittatura rispondeva in pieno alla concezione dello Stato teorizzata dall'ideologia fascista, di cui la voce *Dottrina del fascismo*, uscita a firma di Mussolini per l'*Enciclopedia Italiana* nel 1932, rappresenta il manifesto più chiaro.

Senza lo Stato la nazione non esiste

In tale saggio, il Duce tentò di precisare ciò che distingueva il suo movimento, ormai diventato regime, sia dal liberalismo sia dal socialismo marxista. Alla base di tutta la sua concezione stanno i **due concetti di nazione e di Stato**; la nazione viene definita come l'insieme «di tutti coloro che dalla natura e dalla storia» sono «avviati sopra la stessa linea di sviluppo e formazione spirituale, come una coscienza e una volontà sola». Intesa in questo senso, però, **la nazione** non è una semplice situazione di fatto, bensì **un risultato, coscientemente generato dall'azione dello Stato**. Senza di esso, la nazione non esiste, non si sviluppa, resta amorfa e incapace di farsi rispettare e di difendersi. Lo Stato, tuttavia, può a sua volta esercitare la propria azione di creatore e di promotore della grandezza della nazione solo nella misura in cui tutti **i singoli** componenti la nazione stessa accettino di **subordinare il proprio interesse personale a quello collettivo** (negazione dell'individualismo liberale), mentre le varie classi sociali cooperano tra loro invece di combattersi (rifiuto del concetto marxista di *lotta di classe*). In pratica, la grandezza nazionale potrà realizzarsi solo se tanto gli individui quanto le classi si sottomettono allo Stato, vera guida della nazione.

Rifiuto dell'individuo e della classe

Il rifiuto del concetto di democrazia Nello stesso tempo, **Mussolini rifiuta** apertamente il **concetto di democrazia**, secondo il quale è il popolo stesso ad autogovernarsi. Per il fondatore del fascismo, l'idea secondo cui le masse sono capaci di reggere gli Stati è soltanto un'assurda invenzione ottocentesca. All'opposto, secondo Mussolini, gli Stati e le nazioni possono sopravvivere e trionfare unicamente se sono guidati da un'élite, perfettamente consapevole e lucidamente conscia dei veri interessi e del destino cui la nazione è chiamata. Il **Duce**, ancor più del partito, svolge questa **funzione di guida**: verso di lui, pertanto, si deve assumere un atteggiamento di **completa e totale obbedienza**, fiduciosamente convinti della sua infallibile capacità decisionale.

Il ruolo delle guide

Benito Mussolini durante un comizio a Milano, 1935.

2.2 Il mito di Mussolini: consenso e celebrazioni

La ricerca costante del consenso La concezione fascista dello Stato non poteva dare nessun altro risultato se non una dittatura. Ciò che però distinse il fascismo da altre forme di regime autoritario fu la sua capacità di **coinvolgere e mobilitare le masse**, benché private di ogni potere reale. A differenza dei regimi conservatori, nei quali le masse tendono a essere escluse dalla partecipazione diretta alla vita politica, il fascismo ha sempre dato al popolo **l'impressione di avere un rapporto diretto con il Duce**. Mussolini, infatti, seppe illudere le masse di essere l'interprete delle loro aspirazioni, colui che avrebbe ristabilito un nuovo e più giusto ordine sociale.

L'illusione delle masse

Tale prerogativa costituì a lungo la forza del **regime fascista**, la cui **meta ultima** (che pure senza pietà reprimeva ogni critica e ogni forma di opposizione) era in realtà il **consenso**, o meglio la piena adesione del cittadino al regime, la completa e sincera accettazione degli ideali e degli obiettivi fascisti. Il Duce non voleva essere il nuovo zar di un gregge docile e passivo, ma il condottiero di un popolo che, interiorizzato il suo credo, lo seguisse con fede e con entusiasmo. Di qui gli enormi sforzi fatti dal regime per **compenetrare di elementi fascisti ogni ambito della vita del singolo cittadino italiano**, ovvero di far sì che la scuola, gli spettacoli, la cultura e lo sport si trasformassero in altrettanti canali di diffusione dell'ideologia fascista.

Il popolo deve aderire con fede al credo fascista

Per raggiungere questi scopi, si cercò di dare il massimo sviluppo possibile alle **organizzazioni educative fasciste** e di predisporre sempre più imponenti **raduni di massa**. Condotti secondo un'attenta e accurata regia (che fece tesoro di quanto era già stato sperimentato con successo, a Fiume, da D'Annunzio), quelle grandi adunate di popolo avevano lo scopo di coinvolgere il maggior numero possibile di italiani e di trasmettere loro i valori fondamentali del regime, **facendo leva** più sull'immaginazione e **sull'emozione** che sulla ragione: in una parola, di trasformare i partecipanti in altrettanti **fascisti convinti, disponibili a seguire il Duce nelle grandi imprese che egli avrebbe additato loro**.

› VEDI D'Annunzio a Fiume → pag. 205

Mussolini si improvvisa muratore in un fotomontaggio degli anni Trenta (immagine dell'Istituto Luce). Foto come questa aiutavano ad aumentare la popolarità del Duce tra le masse, perché ritraevano il capo del fascismo come un normale lavoratore in cui la gente poteva immedesimarsi.

› VEDI
I ras dello squadrismo
→ pag. 258

Il consolidamento del potere di Mussolini Per tutta la durata del suo regime, Mussolini dovette gestire il problema del rapporto con il Partito fascista. In certe realtà locali, infatti, il partito fu per vari anni una presenza ingombrante e rumorosa, più che un appoggio sicuro e fedele. La scelta stessa di Mussolini di affidare, il 12 febbraio 1925, la segreteria a **Roberto Farinacci**, uno dei *ras* più estremisti e violenti dello squadrismo fascista, testimonia che Mussolini doveva ancora fare i conti con i suoi stessi militanti.

Contrasto tra Duce e partito

Farinacci avrebbe voluto essere una figura di spicco all'interno del nuovo regime, sognando una sorta di **diarchia** tra governo e partito, o meglio tra capo del Governo e segretario del Partito nazionale fascista. Non appena Mussolini ebbe ulteriormente rafforzato il suo potere, Farinacci fu costretto alle dimissioni (30 marzo 1926) e sostituito da Augusto Turati. Questi procedette a una **radicale epurazione all'interno del PNF**: solo nei primi sei mesi del suo incarico, vennero espulsi 7400 gregari e 5 deputati; alla fine del 1927 erano stati rimossi 2000 dirigenti e 30 000 gregari, cui se ne sarebbero aggiunti altri 100-110 000 negli anni 1928-1938. Nello stesso tempo, Mussolini si premurò di affermare e ribadire l'assoluta supremazia dello Stato sul partito, come emerge dalla circolare del 7 gennaio 1927, in cui si precisava che il **prefetto** era la **massima autorità all'interno di una provincia** e che il federale (cioè il responsabile del Partito fascista a livello provinciale) gli doveva «rispetto ed obbedienza».

La creazione del mito di Mussolini All'interno del partito fu abolita ogni forma di democrazia, sicché il Congresso del 1925 fu l'ultimo della storia del PNF. Il nuovo statuto dell'8 ottobre 1926 cancellò completamente il principio dell'elettività delle cariche: da allora in avanti la scelta dei *federali* divenne prerogativa del solo Mussolini.

Figura carismatica ed eccezionale

È evidente che il nuovo indirizzo politico impresso al partito dal 1926 era volto a una **celebrazione sempre più solenne di Mussolini**, che doveva essere presentato come unico e indiscusso **capo del fascismo**, o meglio ancora come **figura al limite del sovrumano**, comunque superiore a tutte le altre personalità del partito e dello Stato. Il *mito di Mussolini* non nacque da una componente caratteriale dell'uomo, incline alla megalomania; al contrario, è parte integrante di un preciso meccanismo, finalizzato a **eliminare** (sia pure non in senso fisico) **ogni forma di concorrenza e di iniziativa politica da parte di altri esponenti del PNF**.

Video
L'Italia in uniforme fascista
Parla Mussolini

In questa direzione si mosse anche lo Statuto del partito, che gradualmente pose Mussolini fuori e al di sopra dell'organizzazione. Negli statuti del 1926 e del 1929, egli era presentato solo come il primo gerarca; nei testi del 1932 e del 1938 appare invece come una figura carismatica, del tutto separata e diversa. Nel primo caso, almeno in una logica partitica tradizionale, egli avrebbe anche potuto essere sostituito. Nella versione finale, al contrario, la sua persona assumeva una **coloritura quasi religiosa**, simile a quella che nei medesimi anni andavano assumendo Stalin in URSS e Hitler in Germania.

In questo manifesto Mussolini è rappresentato come guida dello Stato verso la grandezza della nazione, che si rispecchia nel suo Duce e ha il suo modello nella Roma imperiale.

Le parole → Diarchia

Forma di governo in cui la sovranità è esercitata da due individui dotati di pari autorità. Nel caso del fascismo, Mussolini (capo del Governo) e Farinacci (segretario del PNF) avrebbero dovuto governare insieme.

2.3 Lo Stato totalitario fascista

La funzione del PNF nello Stato totalitario Con l'affermazione della supremazia dello Stato sul partito, quest'ultimo fu privato di qualsiasi potere decisionale autonomo e, di conseguenza, cambiarono anche la sua funzione e la sua fisionomia. Nella sua ultima grande stagione, sotto la guida del segretario Achille Starace (1931-1939), il Partito nazionale fascista divenne soprattutto **strumento per la diffusione dell'ideologia ufficiale**, per l'educazione popolare e per la promozione del mito dell'infallibilità del Duce.

I personaggi → Achille Starace

Nacque il 18 agosto 1889 a Gallipoli (Lecce). Militare, negli anni Venti divenne fedele collaboratore di Mussolini. Nel 1931, a capo della segretaria nazionale del Partito fascista, si impegnò nella diffusione dell'ideologia fascista nella vita quotidiana delle masse. Dal 1933 al 1939, fu presidente del Comitato olimpico nazionale italiano, organo usato per scopi propagandistici. Nel 1939, le sue posizioni eccessivamente filotedesche gli costarono la carica di segretario. Il 29 aprile 1945, a Milano, fu arrestato dai partigiani, fucilato in piazzale Loreto e, infine, appeso accanto a Mussolini e ad altri gerarchi fascisti.

La fascistizzazione della società italiana La nuova linea, inaugurata all'inizio degli anni Trenta, si caratterizzò soprattutto per il rifiuto di considerare il PNF come una specie di ristretta élite investita del compito di educare dall'esterno gli italiani. Augusto Turati e il suo successore, Giovanni Giurati, avevano chiuso le iscrizioni al partito, timorosi dell'assalto degli opportunisti, preoccupati solo di salire sul treno del vincitore, ma privi di solide motivazioni ideologiche. Starace fece il contrario. Cessò le epurazioni sommarie (non più necessarie poiché nessuno ormai minacciava il monopolio del potere di Mussolini), **aprì a chiunque l'iscrizione al PNF** e anzi la rese **obbligatoria per i pubblici funzionari** e per lo svolgimento di numerose altre attività. In tal modo, il totale degli iscritti al PNF raggiunse numeri favolosi: 20 411 596 nel 1939, 23 281 622 nel 1940, 27 375 696 nel 1942. Se si tiene come parametro quest'ultima cifra, si può affermare che **oltre il 60 per cento della popolazione italiana era inquadrata nel PNF** o in qualche organizzazione da esso dipendente!

Come ha rilevato lo scrittore e storico italiano Emilio Gentile, siamo di fronte a un gigantesco «esperimento totalitario», che aveva come scopo ultimo la **fascistizzazione integrale della società italiana**. Nessuno spazio della realtà sociale doveva sfuggire al controllo del fascismo, e tutti gli ambienti e le attività, viceversa, dovevano contribuire alla diffusione dell'ideologia del regime, dei suoi valori e del culto di Mussolini: in una parola, promuovere il consenso e **aggregare intorno al fascismo il maggior numero possibile di italiani**.

Cittadinanza e Costituzione
La scuola → pag. 320

Bilancio delle competenze → pag. 322

Video
Il cinema italiano durante il fascismo

Tessera del Partito nazionale fascista, rilasciata nel 1921.

CONTRASTI POLITICI

2.4 La politica economica del regime

Combattere la svalutazione della lira Se nel 1919 il cambio con la sterlina era di 1 a 36 (cioè 1 sterlina corrispondeva a 36 lire), a metà degli anni Venti il rapporto era salito a ben 1 a 145. Pertanto il primo obiettivo del governo, in campo economico, fu quello di arrestare la svalutazione della lira e di raggiungere la soglia delle 90 lire per 1 sterlina, la cosiddetta **quota 90**. Tale decisione, da un lato provocò una forte limitazione del credito bancario, penalizzò gravemente le esportazioni e si coniugò con una pesante diminuzione dei salari; dall'altro, la **rivalutazione della lira** garantì invece il valore dei risparmi di quei ceti medi che, con particolare entusiasmo, avevano aderito al fascismo e costituivano il nucleo più consistente dello stesso PNF. Inoltre, la quota 90 permise l'importazione a minor costo delle materie prime essenziali all'industria: basti pensare, ad esempio, che **nel 1925 l'Italia era dipendente dall'estero per il 99% del cotone e del petrolio** necessari al suo fabbisogno.

Effetti della rivalutazione

Monografia
Fascismo e identità di genere

Guardiamo la storia
Moglie e madre: la donna secondo il fascismo

La battaglia del grano Gli effetti della rivalutazione furono dunque molteplici e contraddittori; la stessa cosa si può dire, nel campo agricolo, per la cosiddetta **battaglia del grano**, lanciata da Mussolini nel 1926. L'Italia non era in grado, con la sola produzione nazionale, di provvedere alle proprie necessità alimentari. Per quanto a livello mondiale, negli anni Venti, i prezzi agricoli fossero in netto ribasso, il fascismo preferì puntare decisamente nella direzione del **protezionismo** e del raggiungimento dell'**autosufficienza** nel campo della produzione granaria. I risultati della campagna, dal punto di vista puramente quantitativo, furono notevoli, e come tali ampiamente sbandierati dalla propaganda del regime: la produzione nazionale di grano (circa 50 milioni di quintali nel 1913) salì a 60 milioni di quintali nel 1930 e toccò gli 80 milioni nel 1939.

Effetti dell'autarchia

Tuttavia, i risvolti negativi di questa operazione orientata in direzione dell'**autarchia** alimentare furono numerosi; l'incremento della produzione di grano fu ottenuto mettendo a coltura cerealicola anche numerosi terreni che, in precedenza, erano destinati a pascolo per l'allevamento o alla coltivazione di prodotti pregiati come la frutta o le olive. Il **prezzo del grano** in Italia, inoltre, restò costantemente **alquanto elevato** (il 50% più alto che negli USA), obbligando la popolazione a una drastica riduzione dei consumi di grano pro capite: assumendo un indice 100 per gli anni 1922-1929, essi scesero a 91 nel periodo 1930-1938.

Le parole → Autarchia/Protezionismo

Il primo termine sta a indicare che un Paese cerca di raggiungere, in campo economico, l'autosufficienza. In pratica, l'autarchia è la forma più radicale di protezionismo, ossia la politica economica finalizzata alla difesa degli interessi economici di una nazione. Entro un certo limite, il protezionismo può portare vantaggi all'economia del Paese che la pratica; tuttavia una politica basata sul principio della limitazione degli scambi con l'estero finisce per danneggiare le attività economiche e finanziarie della nazione che l'ha applicata.

La copertina del settimanale "La Domenica dell'agricoltore": al centro campeggia l'immagine di un giovane nell'atto di piantare patriotticamente la bandiera italiana su un cumulo di sacchi di grano.

La scuola

Costituzione italiana

Articolo 34

La scuola è aperta a tutti. L'istruzione inferiore, impartita per almeno otto anni, è obbligatoria e gratuita.

La riforma Gentile

Negli articoli che dedica al diritto all'istruzione, la Costituzione della Repubblica italiana poneva ai legislatori un preciso compito: modificare l'impianto della scuola italiana varato nel 1923 dal ministro della Pubblica istruzione Giovanni Gentile, la cui azione legislativa può essere considerata **una delle più durature eredità lasciate dal fascismo**. La struttura della riforma Gentile era solida e coerente, ma lasciava intravedere **un preciso disegno**, decisamente conservatore, **della società**; su tale base, man mano che il regime andò consolidandosi, fu possibile introdurre elementi specificamente fascisti e, dal 1929, anche cattolici. **Tradizionalismo borghese, fascismo e cattolicesimo conservatore**, nel campo dell'istruzione pubblica, crearono una formidabile alleanza, al punto che – nei suoi punti di forza e, soprattutto, nei suoi aspetti problematici – la cultura e il sistema scolastico italiano ne rimasero influenzati (per non dire impregnati) fino agli anni Sessanta del Novecento. Il primo dato che colpisce è la precisa volontà di limitare al minimo l'istruzione delle classi sociali più umili. Per ragioni diverse (ma complementari), Chiesa, borghesia e fascismo **temevano l'istruzione del popolo**, che non a caso – nei decenni precedenti – era stata invece promossa in tutti i modi possibili dalle amministrazioni comunali socialiste (prima fra tutte quella di Reggio Emilia).

Una scuola elitaria

Nella maggior parte delle famiglie – soprattutto nelle campagne – le persone parlavano solo il dialetto; la conoscenza e l'uso corretto dell'italiano era già una conquista, per queste persone che provenivano da ambienti sociali arretrati e poveri. Pertanto, per la maggioranza di loro era semplicemente impossibile studiare il latino, che invece – secondo la riforma Gentile – era una delle materie fondamentali del percorso scolastico successivo a quello elementare. Di fatto (anche se, in linea teorica, le eccezioni erano sempre possibili) i **ragazzi di bassa estrazione sociale**, superato l'esame di quinta elementare, si iscrivevano a un triennio che offriva loro una **formazione professionale**, in «scuole complementari per l'avviamento al lavoro». La vera e propria **scuola media** (tre anni) era di fatto **accessibile solo a un'élite molto ristretta**, che avrebbe proseguito gli studi in un **liceo** e, infine, all'**università**; anche se erano prevista la creazione di altre scuole e di altri indirizzi (istituti tecnici industriali e commerciali, ad esempio), alle facoltà ritenute più prestigiose si poteva accedere solo dopo un percorso liceale e un duro esame di Stato (che prevedeva la preparazione, in tutte le discipline, dei programmi degli ultimi tre anni di studi). Come ha notato lo storico inglese C. Duggan, «per effetto di queste riforme si assisté a una considerevolissima diminuzione del numero degli studenti delle scuole superiori (da 337 000 nel 1922-23 a 237 000 nel 1926-27); e le

Il filosofo Giovanni Gentile (1875-1944), uno dei massimi esponenti della cultura legata al fascismo.

Le alunne di una scuola romana negli anni Trenta del Novecento.

immatricolazioni universitarie caddero da 53 000 nell'immediato dopoguerra a circa 42 000 dieci anni dopo». La Costituzione prese atto di questo formidabile carattere elitario della scuola italiana e quindi dettò una specie di *programma*, per ovviare al problema dell'esclusione di fatto di tantissimi giovani cittadini dal diritto all'istruzione. Non a caso, l'articolo 34 (di cui abbiamo citato l'esordio) precisa che «**i capaci e i meritevoli, anche se privi di mezzi, hanno diritto a raggiungere i gradi più alti degli studi**. La Repubblica rende effettivo questo diritto con borse di studio, assegni alle famiglie ed altre provvidenze, che devono essere attribuite per concorso».

I limiti della scuola italiana

Guardata dalla prospettiva di oggi, la scuola italiana nata negli anni Venti ci appare singolare e problematica da vari altri punti di vista. In primo luogo va precisato che il **liceo classico** era considerato la scuola per eccellenza: tutti gli altri indirizzi erano, di fatto, posti a un livello più basso. Nel suo impianto originario, tuttavia, tale scuola offriva, alla ristretta élite in grado di frequentarla, un'ottima preparazione in campo umanistico, ma era **gravemente carente sotto il profilo scientifico**. Del resto, sia Gentile sia Benedetto Croce (filosofo e storico che svolse un ruolo decisivo nella cultura italiana del XX secolo) erano convinti che la scienza fosse un sapere puramente strumentale, e quindi potesse svolgere un ruolo solo secondario e ausiliario nella formazione di un individuo. Inoltre, una concezione esageratamente nazionalista, secondo cui **l'Italia era la culla della civiltà**, generò l'**idea che le lingue straniere non fossero importanti**; nel liceo classico della riforma Gentile, la lingua straniera era studiata solo nei primi due anni (denominati IV e V ginnasio). Va ricordato, infine, che la scuola italiana subì un processo di *fascistizzazione* sempre più marcato. Nel 1929, fu introdotto nelle scuole elementari un libro di testo unico, fortemente caratterizzato in senso ideologico. Nel 1930, **a tutti i professori universitari fu imposto un giuramento di fedeltà al regime** (cui si sottrasse solo una dozzina di docenti su 1250); tre anni dopo, l'iscrizione al PNF divenne un requisito obbligatorio per poter mantenere il posto da insegnante in tutti i gradi e gli ordini di scuola. «La scuola italiana – dichiarò Mussolini fin dal dicembre 1925 – in tutti i suoi gradi e i suoi insegnamenti si ispiri alle idealità del Fascismo, educhi la gioventù italiana a comprendere il Fascismo, a nobilitarsi e a vivere nel clima storico creato dalla Rivoluzione fascista». Nello stesso mese, fu approvata una nuova legge che prevedeva il pensionamento forzato di quei docenti che «si pongano in condizione di incompatibilità con le generali direttive del governo». L'articolo 33 della Costituzione si spiega proprio come reazione a questo clima: «L'arte e la scienza sono libere e libero ne è l'insegnamento».

> *Nel 1930, a tutti i professori universitari fu imposto un giuramento di fedeltà al regime [...]; tre anni dopo, l'iscrizione al PNF divenne un requisito obbligatorio [...] per tutti i gradi e gli ordini di scuola*

Bilancio delle competenze

I caratteri fondamentali di un regime totalitario

A questo punto del nostro percorso, possiamo esporre in forma organica i caratteri fondamentali comuni ai principali regimi totalitari, precisando subito, tuttavia, che le differenze tra i vari sistemi sono altrettanto importanti delle somiglianze.

1 Un regime totalitario presuppone un'**ideologia**. In genere, essa non è una novità assoluta, cioè non viene elaborata solo dal leader del movimento che assume il potere: il partito o il capo del regime costruiscono un sistema coerente, partendo da varie idee che circolavano in precedenza e che essi portano fino alle estreme conseguenze.

→ Delle ideologie dei principali regimi totalitari, gli storici hanno tentato una **genealogia**, in modo da cogliere radici e novità rispetto a modelli precedenti. Nel caso del sistema sovietico, si trattò del marxismo, rielaborato e ripensato da Lenin; Mussolini riprese alla lettera numerose intuizioni e categorie d'analisi proposte dal nazionalismo italiano degli anni 1900-1915. Hitler, infine, assunse miti e concetti che circolavano da tempo in Germania a proposito della superiorità razziale degli europei di pelle chiara (gli ariani) e della conseguente inferiorità degli ebrei; a queste idee, aggiunse quella (di origine russa) secondo cui gli ebrei erano i veri responsabili e burattinai della rivoluzione comunista del 1917 (concetto di bolscevismo giudaico).

2 Un'ideologia totalitaria non è solo un'ipotesi intellettuale, bensì un **progetto**. I capi dei principali sistemi totalitari (Lenin, Stalin, Mussolini, Hitler) non sono dei filosofi che, in astratto, formulano le proprie concezioni del mondo: dalla teoria, vogliono calare in pratica quello in cui credono. Ogni totalitarismo presuppone una fondamentale **sintesi fra teoria e prassi**: in altri termini, è un'azione coerente (e radicale), che trae origine e legittimazione da un preciso pensiero. Nel medesimo tempo, ciascun totalitarismo è animato da una formidabile **pretesa di verità assoluta**, che **non ammette** alcun tipo di **critica né** consente **dissensi**. Per loro intrinseca natura, fascismo, comunismo sovietico e nazismo disprezzavano il modello liberale e parlamentare (che, invece, permette a tutti libertà di associazione, di parola, di stampa e di espressione) ed erano inevitabilmente orientati verso la dittatura a partito unico; anzi, a ragione, **il campo di concentramento è divenuto il simbolo stesso dei regimi totalitari.**

→ Tuttavia, si trattò di dittature di tipo molto diverso da quelle del passato, in cui le masse dovevano essere silenziose e obbedienti. L'obiettivo ultimo dei dittatori totalitari non era quello di governare un gregge di individui amorfi e passivi, bensì di **suscitare il consenso intorno al progetto elaborato dal leader e dal partito**. Lenin, Stalin, Mussolini e Hitler avrebbero voluto un esercito di militanti entusiasti, disposti a seguirli con passione e convinzione. Di qui il ruolo fondamentale che la **propaganda** assunse in tutti i sistemi totalitari e la caratteristica essenziale che il capo doveva possedere: essere un **leader carismatico**, capace di appassionare e trascinare le folle. Dei quattro dittatori menzionati, Stalin fu sicuramente quello più freddo; incapace di comunicare passione e calore alle masse, si sforzò tuttavia in maniera incessante di compensare le sue personali carenze creando una specie di "Stalin alternativo", cioè un'immagine fittizia del capo, moltiplicata ad arte dalla propaganda, che lo presentava come affettuoso con i bambini, affabile con tutti e, soprattutto, sempre sorridente.

3 Ciascun progetto totalitario ha sempre una **dimensione utopica**, più o meno marcata. Essa è clamorosamente evidente nella pagina di *Stato e rivoluzione* in cui Lenin prospetta l'estinzione dello Stato: l'abolizione della proprietà e la fine della divisione in classi sociali, infatti, provocheranno una totale **rigenerazione della natura umana**, a tal punto che gli uomini osserveranno

I caratteri fondamentali di un regime totalitario

1 Una verità di Stato
2 Un leader in dialogo con le masse
3 Una prospettiva utopica
4 Una prassi violenta, fino all'estremo

spontaneamente e volentieri la legge morale. L'avvento del socialismo, di fatto, coincide con un ritorno all'Eden perduto. Utopico fu senza dubbio anche il regime nazista, che si definiva Terzo Reich, con un evidente recupero di un lungo filone culturale (comprendente Gioacchino da Fiore e Dante, in età medievale; il positivismo di Comte, in epoca moderna) che aveva concepito la storia come una grandiosa vicenda in tre atti: la terza fase, quella conclusiva, avrebbe finalmente portato **giustizia, pace e armonia** in un mondo che, invece, a lungo ha sofferto per la totale assenza di esse. In apparenza, il fascismo presenta tratti utopici meno marcati: il **costante riferimento alla Roma imperiale** e l'obiettivo di trasformare l'Italia in grande potenza erano comunque **un'impegnativa promessa di prosperità futura**, che accomuna il progetto di Mussolini a quello di Lenin e di Hitler. Stalin, invece, si sforzò di fondere presente e futuro: la propaganda degli anni Trenta, infatti, presentava **l'URSS come il Paese più felice del mondo**. L'utopia, lasciava intendere la propaganda, si era **già realizzata**, e il cittadino sovietico avrebbe dovuto convincersene (a costo di negare l'evidenza di un Paese in cui, invece, la carenza dei beni di consumo, e perfino dei generi di prima necessità, erano all'ordine del giorno).

4 L'utopia totalitaria è **figlia della prima guerra mondiale** e del suo clima culturale. La tremenda durata del conflitto ha generato in tutti un'inedita **assuefazione alla violenza**: peggio ancora, ci si è **abituati alla morte di massa**, la si considera normale, o per lo meno inevitabile, per raggiungere un determinato obiettivo, giudicato infinitamente più importante della vita dei singoli individui. Nei primi e terribili anni che seguirono l'ottobre 1917, Lenin non ebbe mai esitazioni nell'ordinare la fucilazione di tutti coloro che si opponevano alla rivoluzione. Non importava se fossero di destra (i bianchi) o di sinistra (i menscevichi e i socialrivoluzionari, che difendevano gli interessi dei contadini): senza differenze né distinzioni, erano tutti considerati nemici del proletariato e dell'umanità (cui volevano sottrarre l'utopia promessa dal Partito bolscevico). Quindi andavano sbaragliati ed eliminati senza alcuno scrupolo.

→ Stesso discorso vale, in Italia, per gli squadristi, che consideravano i socialisti nemici della nazione; non è affatto un caso che tutti i principali capi delle squadre d'assalto degli anni 1920-1922 fossero ex combattenti: anzi, si può affermare che essi **militarizzarono la politica**, cioè, senza alcuna soluzione di continuità, trasferirono allo scontro politico metodi e tecniche tipiche del tempo di guerra. A maggior ragione, negli anni Trenta, il Duce e i suoi generali non ebbero alcuna esitazione di fronte all'eliminazione di migliaia di libici o di etiopi: la loro sottomissione (e, in caso di resistenza, la loro uccisione) era il prezzo da pagare per raggiungere l'obiettivo della risorta potenza imperiale romana. Ovviamente, l'assuefazione alla violenza, ovvero la **disponibilità a provocare la morte di migliaia (o milioni) di persone, pur di raggiungere un determinato obiettivo**, toccò il proprio vertice nella deportazione dei kulaki ordinata da Stalin, nella carestia che colpì l'Ucraina negli anni 1932-1933 (provocando vari milioni di vittime) e nella *soluzione finale della questione ebraica in Europa*, tentata dai nazisti.

Manifesto che raffigura Stalin circondato da bambini, offrendo un'immagine positiva e rassicurante del dittatore.

Capitolo 3

POTERI E CONFLITTI

Le tensioni internazionali negli anni Trenta

Storia slide

LE CONOSCENZE DA ACQUISIRE
Giappone, Italia e Germania avanzarono pretese sempre più ampie, al punto da portare l'Europa e il mondo di nuovo in guerra.

LE COMPETENZE DA POTENZIARE
Saper individuare i fattori fondamentali che determinano la potenza militare di uno Stato.

3.1 Le ambizioni del Giappone

› VEDI La Società delle nazioni → pag. 221

L'intervento giapponese in Manciuria Nata all'indomani della prima guerra mondiale, al fine di impedire l'esplosione di un nuovo devastante conflitto internazionale, la **Società delle nazioni** era una struttura tutt'altro che efficiente. La sua **debolezza strutturale** emerse per la prima volta nel 1931, quando **il Giappone occupò la Manciuria**. Si trattava di una regione ricchissima di ferro e carbone; in teoria dipendeva dalla Cina, ma in pratica era controllata dai giapponesi, cui apparteneva il 75% dei capitali investiti. La grande crisi scoppiata nel 1929 aveva colpito le esportazioni di seta e, più in generale, l'intera economia nipponica, che si riprese solo grazie a forti spese militari, finalizzate all'espansione imperiale. Poiché i giacimenti mancesi dovevano fornire all'industria pesante nipponica materie prime a basso costo, si procedette all'occupazione militare della Manciuria e alla sua trasformazione in uno **Stato satellite**; denominato ***Manchukuo***, esso era governato dall'ultimo discendente della dinastia Qing ed era formalmente indipendente. Di fatto, però, l'asservimento agli interessi giapponesi era totale.

L'impotenza della Società delle nazioni Pur **condannando severamente l'intervento giapponese,** la Società delle nazioni, di fatto, non poté far nulla per modificare la nuova situazione che l'impero nipponico aveva imposto con la forza. In tal modo, mentre da un lato

Movimento di truppe giapponesi in Manciuria, occupata dal 1931. Foto del 1937.

la condanna formale irritò il Giappone (che, per reazione polemica, uscì dalla Società delle nazioni), dall'altro mostrò la completa impotenza del nuovo organismo nel mettere davvero un argine alle violazioni del diritto internazionale. Per porre un rimedio a questa incapacità operativa, negli anni immediatamente seguenti il 1931 la Società elaborò un **complesso sistema di sanzioni economiche**, che divennero comunque effettivamente operanti, per la prima volta, nel 1935, in occasione dell'aggressione italiana all'Etiopia.

3.2 La sfida della Germania all'ordine di Versailles

› VEDI Il trattato di Rapallo → pag. 222

La fine della collaborazione Germania-URSS In Europa, l'assetto internazionale sorto dopo la Conferenza di Versailles del 1919 iniziò a entrare in crisi nel 1933, con il trionfo del nazionalsocialismo in Germania. Infatti, con l'avvento al potere di Hitler, il rapporto di **collaborazione fra la Germania e la Russia comunista giunse al termine**, mentre il 26 gennaio 1934 fu firmato un patto di non aggressione con la Polonia. Le ragioni di questa duplice presa di posizione risiedono nella **convinzione di Hitler che il vero nemico del Reich non fosse la Polonia, bensì l'URSS**, dove il popolo tedesco avrebbe potuto finalmente trovare il proprio spazio vitale.

Austria: cuscinetto tra Italia e Germania

Le relazioni della Germania con il resto delle potenze europee, poi, si fecero di nuovo tese: un esempio è il contrasto che opponeva il Reich all'Italia, a proposito dell'**indipendenza dell'Austria**. Dopo la dissoluzione dell'impero asburgico, il governo di Vienna aveva chiesto alle potenze vincitrici di potersi unire alla Germania, in nome del *principio di nazionalità*. Tale richiesta, però, era stata respinta, cosicché l'Austria era rimasta un piccolo Stato che, proprio in virtù della sua autonomia, svolgeva il ruolo di cuscinetto tra Italia e Germania. Nel 1934, esaltati dal successo di Hitler e dal metodo radicale con cui egli, in Germania, aveva eliminato le SA, i nazisti austriaci tentarono un colpo di Stato, assassinando il cancelliere Dollfuss (25 luglio 1934). Mussolini, a quel punto, minacciò di intervenire militarmente, e la crisi fu superata solo dopo che il governo austriaco ebbe riacquistato il controllo della situazione.

La violazione del trattato di Versailles Nel gennaio 1935, gli abitanti della regione mineraria della **Saar** – occupata nel 1919 dai francesi – con un plebiscito ottennero la **riunificazione al Reich**. Per Hitler si trattò di un clamoroso successo politico: infatti, sebbene la Germania fosse già nazista da due anni, e le notizie delle violenze fossero diffuse in tutta l'Europa, il 90,5% degli abitanti della Saar si espresse a favore della reintegrazione. Sull'onda di questo trionfo, Hitler procedette alla prima significativa violazione del trattato di Versailles, ripristinando la **coscrizione obbligatoria**.

Per risposta, nell'aprile 1935, a Stresa, si riunirono i governanti di Francia, Gran Bretagna e Italia (**fronte di Stresa**) e concordarono di mantenere l'assetto europeo esistente, che Hitler invece palesemente voleva modificare. In maggio, Hitler annunciò allora solennemente che la Germania ripudiava le residue clausole sul disarmo del trattato di Versailles, «considerato – così recitava la dichiarazione ufficiale del dittatore tedesco – che le altre potenze non avevano adempiuto l'obbligo di disarmare che incombeva loro».

Medaglia commemorativa tedesca, coniata nel 1935, in occasione della riunificazione della regione mineraria della Saar alla Germania.

3.3 La guerra civile in Spagna

Monografia
Origine ed evoluzione della guerra civile spagnola

Guardiamo la storia
La guerra civile spagnola

Le tensioni politiche e i ribelli di Franco Nel 1931, la vittoria dei repubblicani e dei socialisti nelle elezioni comunali provocò l'abbandono della Spagna da parte di re Alfonso XIII e la conseguente **proclamazione della Repubblica spagnola** (14 aprile 1931). Il nuovo governo repubblicano, che fu poi confermato nelle elezioni politiche tenutesi a giugno dello stesso anno, si diede una costituzione di tipo moderno che estendeva, ad esempio, il diritto di voto alle donne. Nel febbraio del 1936 (dopo un intermezzo di quasi tre anni, in quanto alle elezioni politiche del 1933 prevalse una coalizione di destra), ritornò al potere una coalizione di sinistra, il **Fronte popolare**, decisa a ridimensionare l'enorme peso che ancora esercitava la Chiesa nella società spagnola (soprattutto nel campo dell'istruzione) e a introdurre riforme sociali di vario tipo, in favore sia degli operai delle industrie sia dei contadini. Fra i ceti superiori spagnoli si diffuse, allora, il terrore che il Paese potesse trasformarsi da un momento all'altro in una nuova Russia: paura rafforzata dai **disordini sociali e anticlericali fomentati dagli anarchici**, che in Spagna erano fortemente radicati e godevano di ampio seguito fra gli strati più poveri della popolazione.

Così, nel luglio del 1936, **i militari si sollevarono contro il governo repubblicano** di Madrid e cercarono di rovesciarlo. I ribelli erano guidati dal generale Francisco Franco e godevano dell'appoggio della grande borghesia, dei proprietari terrieri e della Chiesa.

A seguito della resistenza del governo legittimo della repubblica, il Paese sprofondò in una sanguinosa **guerra civile** (1936-1939).

Il sostegno delle potenze straniere La Spagna divenne subito il **centro della politica internazionale europea**, nel senso che la guerra civile non restò affatto una questione interna, ma vide il coinvolgimento delle principali potenze, sia pure a diverso titolo. Nella speranza di attrarre in futuro la Spagna nella propria orbita, **l'Italia fascista** si affrettò a **sostenere i militari ribelli**, e per tutta la durata del conflitto inviò armi e truppe (circa 35 000 uomini). Anche la **Germania** mandò aiuti a Franco, puntando però più sulla qualità e l'efficienza che sulle forze armate (inviò circa 6000 uomini); per il Terzo Reich, si trattò soprattutto di collaudare i nuovi armamenti che la Germania aveva iniziato a produrre su larga scala, e a questo proposito merita senz'altro di essere ricordato il **bombardamento** compiuto dagli **aerei tedeschi** sulla città di Guernica e immortalato poi da Picasso in uno dei suoi più celebri quadri.

La Repubblica fu invece appoggiata con le armi dall'**Unione Sovietica**, e ciò senz'altro

Questa fotografia fu scattata dal celebre reporter di guerra Robert Capa, il 5 settembre 1936, sul fronte di Cordova, nella Spagna meridionale. Il miliziano si chiamava Federico Borrell García e aveva 24 anni. L'immagine è diventata un'icona della lotta contro il fascismo.

I personaggi → **Francisco Franco**

Nato nel 1892, intraprese la carriera militare e divenne generale nel 1925. La sua insurrezione contro la Repubblica democratica ebbe inizio il 17 luglio 1936. La guerra civile si concluse di fatto il 28 marzo 1939, giorno in cui Franco riuscì a entrare a Madrid. Anche se la sua vittoria era risultata possibile solo grazie all'appoggio militare italiano e tedesco, il governo spagnolo non partecipò alla seconda guerra mondiale. Così, a differenza del fascismo e del regime nazista, la dittatura di Franco sopravvisse al conflitto 1939-1945. Il *Caudillo* (cioè il *Condottiero*, soprannome analogo a *Duce* e *Führer*) mantenne il potere fino alla morte, avvenuta nel 1975. Il suo posto venne preso da re Juan Carlos di Borbone, che fin dall'inizio dichiarò di voler introdurre in Spagna la democrazia. Oggi la Spagna è una monarchia costituzionale (come il Regno Unito).

Neutralità di Francia e Inghilterra

contribuì a definire l'ambiguo atteggiamento delle democrazie occidentali; Francia e Inghilterra, infatti, optarono per il non intervento, preoccupate più della nascita di un secondo Stato comunista in Europa che del sorgere di una nuova dittatura di destra.

Occorre però dire che in favore delle forze repubblicane intervennero le **brigate internazionali**, costituite da circa 20 000 volontari antifascisti di varie nazionalità (sostenute materialmente soprattutto dall'URSS).

La vittoria di Franco

Dopo tre anni di duri scontri su tutto il territorio spagnolo (che fecero circa un milione di morti), Franco portò il decisivo attacco a Madrid e Valencia, ultime roccaforti dei repubblicani e il 1° aprile 1939 poteva annunciare la fine del conflitto. Già prima della sua conclusione, **Franco** era stato nominato ***Caudillo*** ("condottiero") **della Nuova Falange**, che raggruppava i movimenti della destra spagnola. Essa divenne il partito unico del nuovo regime, che riservava a Franco tutti i poteri, con il sostegno dell'esercito, della Chiesa e della borghesia; la sua dittatura durerà fino alla sua morte, avvenuta nel 1975.

La guerra civile spagnola

	REPUBBLICANI	FORZE DI FRANCO
Schieramento	Anarchici Repubblicani, socialisti e comunisti Braccianti e operai	Maggioranza dell'esercito Partiti di destra Proprietari terrieri Clero
Alleati internazionali	Brigate internazionali (20 000 volontari) Unione Sovietica (armi)	Germania (6000 uomini, armi) Italia (35 000 uomini, armi)

geostoria

La guerra civile fu aspramente combattuta in tutta la Spagna, con punte di particolare violenza in Andalusia (nel Sud della penisola), intorno a Madrid e nelle province basche del Nord. L'offensiva lanciata dalle truppe di Franco in Aragona, nel marzo 1938, tagliò in due il territorio controllato dai repubblicani: così Catalogna e Nuova Castiglia caddero in poche settimane, ponendo fine alla guerra, costata circa 600 000 morti e con 350 000 spagnoli costretti all'esilio.

La guerra civile spagnola (1936-1939)

Carta proiettabile

3.4 L'imperialismo dell'Italia fascista

Diventare una grande potenza

Le aspirazioni imperialiste di Mussolini Nel 1935, l'Italia era ancora alleata di Francia e Gran Bretagna, saldamente attestata sul fronte antitedesco. L'obiettivo ultimo del regime era però di trasformarsi in una grande potenza. A tal fine, il **mito** (cioè l'immagine di riferimento, capace di colpire la fantasia, di suscitare l'entusiasmo e quindi di mobilitare le energie del popolo verso il conseguimento di una determinata meta) consapevolmente assunto dal fascismo fu quello **di Roma**: l'Italia, in sintesi, avrebbe dovuto tornare alla potenza e alla posizione di egemonia che aveva posseduto nell'antichità, al tempo dell'impero dei Cesari.

Monografia
La violenza fascista in Europa

In primo luogo, il regime si sforzò di **sottomettere una volta per tutte il territorio della Libia**, che in teoria era italiana dal 1912. In realtà, la situazione era molto diversa, visto che sotto vero controllo italiano si trovavano solo le città costiere, mentre l'interno era nelle mani di vari gruppi ribelli ben armati e ben organizzati. All'inizio degli anni Trenta, **i generali Pietro Badoglio e Rodolfo Graziani** procedettero alla ***riconquista della Libia*** e furono autorizzati ad agire, se necessario, con estrema brutalità. L'episodio più grave fu l'allestimento in Cirenaica (Libia orientale), di numerosi campi di concentramento, di dimensioni diverse, in cui vennero internate circa 100 000 persone. A causa delle pessime condizioni di vita in cui furono costretti a vivere, morirono circa 40 000 libici.

I campi di concentramento in Libia

Guardiamo la storia
Donne e propganda: la guerra d'Etiopia

La conquista dell'Etiopia Nell'estate del 1935, Mussolini decise di conquistare l'Etiopia, in modo da dimostrare che il regime sarebbe riuscito là dove, invece, lo Stato liberale aveva clamorosamente fallito, subendo l'umiliante disfatta di Adua del 1896. L'**esercito italiano invase l'Etiopia** nei primi giorni d'**ottobre del 1935**. Poiché non avevano in quella regione interessi significativi, Gran Bretagna e Francia non sollevarono obiezioni particolari nei confronti del fatto che l'Italia la occupasse totalmente o in parte.

L'Etiopia, tuttavia, faceva parte della Società delle nazioni, per cui bisognava in qualche modo difenderne l'onore e la dignità. Il 7 ottobre, pertanto, la **Società delle nazioni colpì l'Italia con sanzioni economiche**. Si trattava, a dir il vero, di misure alquanto blande; infatti, per quanto si vietasse agli Stati membri della Società il commercio con il Paese aggressore, non venne proibita l'esportazione verso l'Italia di ferro, di acciaio, di carbone e persino di petrolio. Così, anche se provocarono notevoli danni all'economia nazionale (nel gennaio 1936 le esportazioni italiane diminuirono di quasi la metà e le importazioni di molto più di un terzo rispetto al gennaio 1935) le sanzioni non impedirono affatto al regime fascista di portare a termine la sua impresa coloniale: il **9 maggio 1936, il re d'Italia** fu proclamato dal Duce **imperatore d'Etiopia**.

Al "Fondatore dell'Impero d'Etiopia", Benito Mussolini, fu dedicata un'enorme scultura in terra etiopica.

Documento

Mussolini annuncia l'inizio della guerra d'Etiopia

Mussolini pronunciò questo discorso il 2 ottobre 1935. Il testo è un concentrato di tutte le più importanti argomentazioni care ai nazionalisti italiani: la volontà di riscattare la disfatta di Adua del 1896, la vittoria mutilata dopo la prima guerra mondiale, lo scontro tra «nazioni borghesi» e «nazioni proletarie».

Camicie nere della rivoluzione! Uomini e donne di tutta Italia! Italiani sparsi nel mondo, oltre i monti e oltre i mari! Ascoltate! Un'ora solenne sta per scoccare nella storia della patria. Venti milioni di uomini occupano in questo momento le piazze di tutta Italia. Mai si vide nella storia del genere umano, spettacolo più gigantesco. Venti milioni di uomini: un cuore solo, una volontà sola, una decisione sola. La loro manifestazione deve dimostrare e dimostra al mondo che Italia e fascismo costituiscono una identità perfetta, assoluta, inalterabile. Possono credere il contrario soltanto i cervelli avvolti nella più crassa ignoranza su uomini e cose d'Italia, di questa Italia 1935, anno XIII dell'era fascista.

Da molti mesi la ruota del destino, sotto l'impulso della nostra calma determinazione, si muove verso la mèta: in queste ore il suo ritmo è più veloce e inarrestabile ormai! Non è soltanto un esercito che tende verso i suoi obiettivi, ma è un popolo intero di quarantaquattro milioni di anime, contro il quale si tenta di consumare la più nera delle ingiustizie: quella di toglierci un po' di posto al sole. Quando nel 1915 l'Italia si gettò allo sbaraglio e confuse le sue sorti con quelle degli Alleati, quante esaltazioni del nostro coraggio e quante promesse! Ma, dopo la vittoria comune, alla quale l'Italia aveva dato il contributo supremo di seicentosettantamila morti, quattrocentomila mutilati, e un milione di feriti, attorno al tavolo della esosa pace non toccarono all'Italia che scarse briciole del ricco bottino coloniale altrui. Abbiamo pazientato tredici anni, durante i quali si è ancora più stretto il cerchio degli egoismi che soffocano la nostra vitalità. Con l'Etiopia abbiamo pazientato quaranta anni! Ora basta!

Alla Lega delle nazioni, invece di riconoscere i nostri diritti, si parla di sanzioni. Sino a prova contraria, mi rifiuto di credere che l'autentico e generoso popolo di Francia possa aderire a sanzioni contro l'Italia. I seimila morti di Bligny [battaglia del 1918, sul fronte francese, cui partecipò anche un contingente di truppe italiane, *n.d.r.*] caduti in un eroico assalto, che strappò un riconoscimento di ammirazione allo stesso comandante nemico, trasalirebbero sotto la terra che li ricopre. Io mi rifiuto del pari di credere che l'autentico popolo di Gran Bretagna, che non ebbe mai dissidi con l'Italia, sia disposto al rischio di gettare l'Europa sulla via della catastrofe per difendere un paese africano, universalmente bollato come un paese senza ombra di civiltà.

Alle sanzioni economiche opporremo la nostra disciplina, la nostra sobrietà, il nostro spirito di sacrificio. Alle sanzioni militari risponderemo con misure militari. Ad atti di guerra risponderemo con atti di guerra. Nessuno pensi di piegarci senza aver prima duramente combattuto. Un popolo geloso del suo onore non può usare linguaggio né avere atteggiamento diverso! Ma sia detto ancora una volta, nella maniera più categorica – e io ne prendo in questo momento impegno sacro davanti a voi – che noi faremo tutto il possibile perché questo conflitto di carattere coloniale non assuma il carattere e la portata di un conflitto europeo. Ciò può essere nei voti di coloro che intravvedono in una nuova guerra la vendetta dei tempi crollati, non nei nostri. Mai come in questa epoca storica il popolo italiano ha rivelato le qualità del suo spirito e la potenza del suo carattere. Ed è contro questo popolo, al quale l'umanità deve talune delle sue più grandi conquiste, ed è contro questo popolo di poeti, di artisti, di eroi, di santi, di navigatori, di trasmigratori, è contro questo popolo che si osa parlare di sanzioni.

Italia proletaria e fascista, Italia di Vittorio Veneto e della rivoluzione! In piedi! Fa' che il grido della tua decisione riempia il cielo e sia di conforto ai nemici in ogni parte del mondo: grido di giustizia, grido di vittoria!

G. ROCHAT, *Il colonialismo italiano*, Loescher, Torino 1974, pp. 163-164

Analizza il testo

- Con quali motivazioni Mussolini sostiene il diritto italiano all'espansione coloniale in Africa?
- Qual è l'atteggiamento del Duce nei confronti delle sanzioni economiche imposte dalla Società delle nazioni?

3.5 Il fascismo e la legislazione razziale

Un nuovo *tipo* umano

L'impero e l'inizio della questione raziale Con la conquista dell'Etiopia e la proclamazione dell'impero, il consenso degli italiani al regime toccò il picco più alto. Mussolini ritenne allora che il momento fosse propizio per accelerare il processo di **creazione dell'*uomo nuovo* fascista**: insomma, gli italiani dovevano essere trasformati in quel particolare tipo umano di cui il futuro imperiale della nazione aveva bisogno.

Secondo Mussolini, non si poteva tenere o allargare un impero se la nazione impegnata in quell'impresa non aveva una fortissima consapevolezza della propria superiorità e della propria grandezza. Pertanto, nei mesi seguenti la vittoria, il primo problema che si pose il regime fu quello di **regolamentare le relazioni tra popolo conquistatore e nuovi sudditi** dell'impero appena costituito. Ben presto, venne scelta una politica di **netta separazione** tra i due soggetti, come emerge dal decreto del 19 aprile 1937 (convertito in legge il 30 dicembre 1937), che puniva con la reclusione da 1 a 5 anni le relazioni «d'indole coniugale» tra cittadini italiani e indigeni. Questo provvedimento sarebbe stato completato, nel giro di qualche anno, da una serie di altre norme restrittive circa i matrimoni misti (17 novembre 1938) e ogni altra relazione tra nativi e italiani.

Divieto dei matrimoni misti

La legge del 29 giugno 1939 istituì il **reato di lesione del prestigio della razza**, con una connotazione estremamente ampia: ben al di là della sfera dei rapporti sessuali, era considerato reato il fatto che un italiano lavorasse per un indigeno o frequentasse un locale riservato ai neri. Infine, la legge del 13 maggio 1940 si occupò dei **meticci**, cui veniva **negata la piena cittadinanza** e che anzi erano **equiparati agli indigeni**. Il meticcio, specificava la legge, «assume lo statuto del genitore nativo ed è considerato nativo a tutti gli effetti».

***Manifesto* del razzismo fascista**

La giustificazione teorica del razzismo Per giustificare la politica razziale che stava mettendo in atto, all'inizio del 1938 Mussolini ritenne necessario che i suoi provvedimenti (quelli già emanati a proposito dell'Etiopia e quelli ancora da emanare) fossero inseriti all'interno di un quadro teorico solido e coerente. A tal proposito, il 14 luglio 1938, fu diffuso in forma anonima, sul "Giornale d'Italia", *Il fascismo e i problemi della razza*, una sorta di *decalogo ideologico* del razzismo fascista stilato dal giovane antropologo Guido Landra (1913-1980), su espresso incarico del Duce.

Il documento è noto anche come *Manifesto degli scienziati razzisti*: Landra, infatti, fu incaricato di riunire un comitato di intellettuali, disposti ad assumersi insieme a lui la paternità del testo. Quando esso fu ripubblicato sul primo numero della **rivista "La difesa della razza"**, uscito il 5 agosto 1938, il documento recava la firma di dieci studiosi, più o meno famosi. La figura più nota e prestigiosa era il direttore dell'Istituto di Patologia medica dell'Università di Roma, Nicola Pende (1880-1970). Questi, tuttavia, non condivideva fino in fondo l'impostazione del *Manifesto*, che, di fatto, esprimeva un **razzismo biologico, molto simile a quello tedesco**. Pende al contrario – consapevole della difficoltà di sostenere la purezza degli italiani, nel più vasto contesto della razza ariana – sosteneva che la via italiana al razzismo doveva porre l'accento su Roma, cioè sulla sua capacità di forgiare un nuovo popolo da una molteplicità di stirpi differenti.

Il primo numero della rivista "La difesa della razza". Si noti l'immagine: una testa di antico romano separata da una spada da quelle delle due "razze inferiori", l'ebrea e l'africana.

Le parole → Razzismo biologico

Secondo questa idea, nata nell'Ottocento e rilanciata nel XX secolo soprattutto dal nazismo, l'umanità non è un gruppo omogeneo, bensì è composta da varie entità (le razze) biologicamente diverse tra loro, proprio come gli uomini sono diversi dalle scimmie. Il razzismo biologico, inoltre, è convinto che le diverse razze siano disposte in un preciso ordine gerarchico. Al vertice della scala erano posti gli europei di pelle chiara e di lingua indoeuropea, denominati "ariani" o "razza ariana".

Storiografia 2
Scuola e razzismo nell'Italia fascista
→ pag. 338

I primi provvedimenti contro gli ebrei La decisione di intraprendere la via del razzismo biologico fu presa da Mussolini in persona. Questa scelta del Duce significò un immediato **allargamento della legislazione razzista**, che non riguardò più solo i neri africani, ma **anche gli ebrei**.

Il 22 agosto 1938 venne effettuato un censimento al fine di individuare, contare e schedare gli ebrei residenti in Italia. L'operazione registrò 46 656 individui, 37 241 dei quali erano italiani, il resto (9415) stranieri, ma residenti in Italia da oltre sei mesi. In sostanza, verso la fine degli anni Trenta, gli ebrei d'Italia costituivano poco **meno dell'1,1 per mille della popolazione** complessiva residente nel Paese.

Gli ebrei italiani erano distribuiti sul territorio nazionale in modo fortemente ineguale. Nelle regioni a sud di Roma, il numero degli israeliti presenti era quasi nullo; nel Centro-Nord, la maggioranza di loro risiedeva in città medie o grandi. Le comunità più importanti erano quelle di Roma (11 000 circa), Milano (7000 circa) e Trieste (5000 circa).

Esclusione delle scuole

I primi provvedimenti riguardarono la scuola e gli ebrei stranieri. Un Regio decreto-legge del 5 settembre 1938, intitolato *Provvedimenti per la difesa della razza* e firmato dal ministro Bottai, stabilì l'esclusione con effetto immediato dei docenti ebrei dalle scuole statali. Solo nell'ambito dell'università, vennero esclusi dall'insegnamento 96 docenti. Il decreto prevedeva inoltre il divieto di iscrizione per gli alunni ebrei alle stesse scuole degli alunni di razza ariana; un altro decreto-legge (del 23 settembre) stabilì in seguito la costituzione di speciali sezioni per alunni ebrei nelle scuole elementari statali e la facoltà delle comunità ebraiche di aprire proprie strutture scolastiche.

Quanto agli ebrei stranieri, il Regio decreto-legge del 7 settembre revocò la cittadinanza italiana concessa a «stranieri ebrei posteriormente al 1° gennaio 1919», e intimò loro di abbandonare entro sei mesi il territorio del Regno.

Le ragioni della svolta antisemita di Mussolini A partire dal 1938, le restrizioni nei confronti degli ebrei si fecero via via più numerose e più rigide. Non è facile cogliere le motivazioni che spinsero Mussolini su questa strada. È da **escludere** che i provvedimenti antisemiti siano stati dettati da **pressioni da parte della Germania nazista**, perché manca qualsiasi prova documentale in questa direzione. Quindi, sebbene le motivazioni di tale scelta non siamo univoche né facili da individuare, si può affermare che **Mussolini agì di sua iniziativa**.

Gli obiettivi di Mussolini

Le considerazioni e gli obiettivi del Duce furono di vario tipo. Una prima preoccupazione riguardava l'autonomia d'azione delle comunità ebraiche, che egli sopportava sempre di meno, man mano che avanzava il suo disegno di controllo totalitario sull'intera società italiana. In secondo luogo, va ribadito lo **sforzo mussoliniano di costruire l'*uomo nuovo* fascista**, in un contesto di entusiasmo per l'impero appena conquistato. Nella concezione del Duce, occorreva **rafforzare con ogni mezzo negli italiani il senso della propria superiorità** e il razzismo serviva egregiamente a questo scopo.

Le leggi razziali Il 6 ottobre 1938, il **Gran Consiglio del fascismo** emanò una solenne dichiarazione programmatica, in cui vennero enunciati per sommi capi i principali provvedimenti razzisti che il regime, di lì a poco, avrebbe assunto.

Provvedimenti amministrativi

Innanzitutto, si decise che sarebbero stati vietati i matrimoni misti, tra soggetti appartenenti a razze diverse. Inoltre, agli ebrei fu drasticamente limitato l'accesso a numerosi ambiti della società

Le parole → **Gran Consiglio del fascismo**

Era l'organismo che raggruppava tutti gli esponenti più autorevoli dello Stato fascista per affiancare l'attività di Mussolini come capo del Governo. Nel 1928 divenne istituzione dello Stato e fu regolato per legge. Ne facevano parte i presidenti di Camera e Senato, i ministri e alcuni sottosegretari, gli alti dirigenti del PNF. Il Gran Consiglio coordinava tutta l'attività del regime, approvava la lista dei parlamentari e gli incarichi di partito, doveva essere consultato sulle questioni più importanti, comprese la successione al trono e le prerogative della monarchia. Nel luglio 1943 la maggioranza del Gran Consiglio votò la sfiducia a Mussolini, provocandone la caduta e l'arresto.

civile e delle istituzioni pubbliche, espellendo quelli già presenti. Tali ambiti erano, ad esempio, il Partito nazionale fascista, l'esercito (agli ebrei fu vietato il servizio militare, mentre gli ufficiali ebrei furono congedati), gli impieghi pubblici. In campo economico, agli ebrei fu fatto divieto di essere «possessori o dirigenti di aziende di qualsiasi natura che impieghino cento o più persone», nonché di possedere terreni di superficie superiore ai 50 ettari.

Il re complice

La delusione più grave, per gli ebrei italiani, riguardò la monarchia sabauda. **Vittorio Emanuele III**, infatti, **firmò senza proteste tutti i decreti** che, di lì a poco, avrebbero dato valore giuridico alle indicazioni programmatiche della *Dichiarazione sulla razza* del Gran Consiglio. Agli occhi degli ebrei italiani, Vittorio Emanuele III tradiva clamorosamente il gesto liberale di Carlo Alberto, che il 29 marzo 1848 aveva concesso la pienezza dei diritti civili agli ebrei piemontesi e liguri.

Dopo le prime leggi razziali del 1938, gli **ebrei italiani** furono **colpiti da una** vera **valanga di provvedimenti amministrativi**, che limitarono pesantemente la loro esistenza e spinsero molti di essi (circa 6000, tra il 1938 e il 1943) all'**emigrazione**. Tantissime attività e numerosi mestieri vennero vietati agli ebrei italiani, che non potevano essere amministratori o portieri di case abitate da *ariani*, commercianti di preziosi, fotografi, venditori di libri, articoli per bambini, carte da gioco e oggetti di cartoleria. Agli ebrei furono inoltre vietati la licenza di pescatore dilettante, la pubblicazione di annunci mortuari, l'inserimento del proprio nome negli elenchi del telefono, la detenzione e la vendita di radio, l'adesione a società sportive o ricreative (come i circoli del tennis, degli scacchi e del bridge, o il Club alpino italiano).

Negozianti appongono un cartello con la scritta "Negozio ariano", fotografia del 1938.

I principali provvedimenti razziali

DATE	EVENTI
19 aprile 1937 (convertito in legge il 30 dicembre 1937)	Decreto: punite le relazioni «d'indole coniugale» tra cittadini italiani e indigeni
14 luglio 1938	*Manifesto degli scienziati razzisti*
22 agosto 1938	Censimento per individuare gli ebrei residenti in Italia
5 settembre 1938	Decreto *Provvedimenti per la difesa della razza*: • sospensione dal servizio degli insegnanti ebrei dalle scuole statali e dalle università • divieto di iscrizione per gli alunni ebrei alle stesse scuole degli alunni di razza ariana
7 settembre 1938	Decreto legge: espulsione degli ebrei stranieri
6 ottobre 1938	Dichiarazione programmatica del Gran Consiglio del fascismo; agli ebrei è fatto divieto di: • sposare una persona di razza ariana • lavorare in istituzioni pubbliche • possedere aziende • possedere terreni
17 novembre 1938	Decreto legge: proibizione del matrimonio tra ariani e persone appartenenti ad altra razza
1938-1943	Altri provvedimenti amministrativi vietano agli ebrei, tra le altre cose, di: • praticare molte attività e numerosi mestieri • avere una radio • aderire a società sportive o ricreative

Capitolo

4

POTERI
E CONFLITTI

L'aggressione di Hitler all'Europa

Storia slide

LE CONOSCENZE DA ACQUISIRE
Hitler rilanciò la potenza economica della Germania con una vasta strategia di riarmo.
Tra il 1936 e il 1939, egli passò da un successo di politica estera all'altro, mentre Inghilterra e Francia non fecero nulla per fermarlo.

LE COMPETENZE DA POTENZIARE
Saper individuare i limiti e i fattori di debolezza di una grande potenza apparentemente invincibile.

4.1 La politica estera di Hitler

I rapporti con l'Italia Fino al 1936, i **rapporti** tra **Italia fascista** e **Germania nazista** furono decisamente tiepidi, a causa della questione austriaca. Tuttavia, la politica imperialista italiana aveva incrinato i rapporti tra il governo di Mussolini e i suoi alleati, Francia e Inghilterra. Queste due Paesi, infatti, facevano parte della Società delle nazioni che aveva sanzionato l'Italia a causa della conquista dell'Etiopia. Intenzionato a uscire dall'isolamento internazionale che si era creato intorno a lui, il **Duce cercò** allora **il sostegno tedesco**. Hitler colse al volo la situazione di disunione tra i suoi avversari: dopo aver dichiarato che il patto di Locarno, per lui, non aveva alcun valore, il 7 marzo 1936 occupò la Renania smilitarizzata, che in virtù del trattato di Versailles avrebbe dovuto restare priva di truppe e di basi militari.

› VEDI
Il trattato di Locarno
→ pag. 224

Alleanza tra Italia e Germania

Nel novembre 1936 Mussolini proclamò solennemente l'esistenza di un **Asse Roma-Berlino** intorno al quale avrebbe dovuto ruotare, da allora in poi, la politica europea. A creare questa nuova situazione politica contribuirono in primo luogo le sanzioni economiche imposte all'Italia dalla Società delle nazioni, vissute da Mussolini come un tradimento; poi, in estate, l'inizio della guerra civile spagnola, che vide i due Stati allineati su posizioni affini e impegnati in un'azione congiunta.

I rapporti con la Gran Bretagna Sull'altro fronte, la politica delle grandi potenze occidentali si basò invece in quegli anni su una **serie di equivoci** e di gravi **errori di valutazione**. L'Inghilterra, in particolare, era disponibile ad accettare una revisione dei confini tedeschi fissati a Versailles, a patto che ciò non alterasse troppo il complessivo equilibrio politico europeo. Tale politica, condotta soprattutto dal primo ministro **Neville Chamberlain**, spinse la Gran Bretagna a svolgere regolarmente un

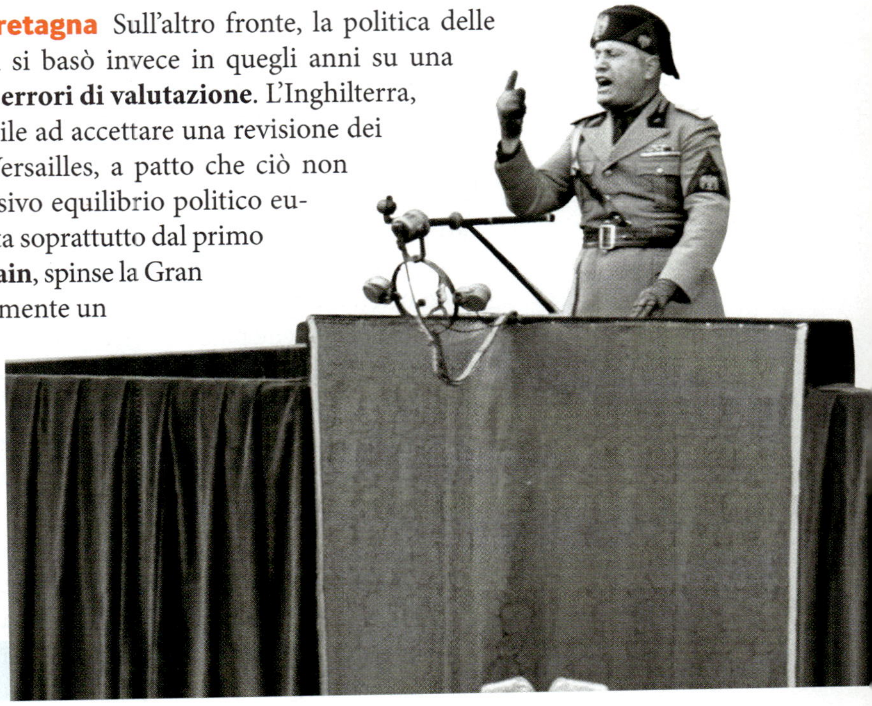

Mussolini dal palco annuncia l'Asse Roma-Berlino.

notevole ruolo di freno nei confronti della Francia, che si considerava il vero garante dell'ordine uscito da Versailles, si opponeva a ogni sua modifica, ma da sola non sarebbe stata in grado di opporsi alla Germania.

La politica britannica nasceva da un'elementare constatazione: dopo la prima guerra mondiale, che il Regno Unito aveva vinto, la situazione economica era stata per molti anni molto critica, mentre il Paese si era pesantemente indebitato nei confronti degli Stati Uniti. Era opinione corrente e condivisa che, **se fosse scoppiata una seconda guerra contro la Germania**, perfino in caso di una nuova vittoria, **la Gran Bretagna ne sarebbe uscita letteralmente esausta**: insomma, il prezzo da pagare sarebbe stato talmente alto, che in pratica avrebbe potuto provocare la perdita dell'impero.

Il Patto antiComintern: Germania, Giappone e Italia Il 25 novembre 1936 si ebbe la firma di un **Patto antiComintern** (diretto contro l'Internazionale comunista) **tra Germania e Giappone**, in direzione antisovietica. Hitler sperò a lungo di avere come alleato nella sua lotta contro l'URSS anche l'Inghilterra, ma essa non rispose positivamente. Costretto a realizzare i suoi piani di espansione a Oriente senza la Gran Bretagna, Hitler scelse allora (come soluzione di ripiego) l'**Italia**, che il 6 novembre 1937 fu accolta nel Patto antiComintern.

L'Italia, alleato di ripiego

Le annessioni dell'Austria e dei Sudeti La prima vera mossa tedesca verso lo scardinamento dell'ordine del 1919 fu l'**annessione dell'Austria** (13 marzo 1938), realizzata tra l'entusiasmo generale della popolazione. In Italia, l'***Anschluss*** ("annessione") non suscitò alcuna reazione negativa: fu il segno evidente della nuova atmosfera politica venutasi a creare tra i due Paesi, dopo la crisi delle sanzioni e la collaborazione militare praticata durante la guerra civile spagnola.

Subito dopo, Hitler sollevò la questione dei tre milioni di tedeschi presenti entro i confini della **Cecoslovacchia** (che abitavano in prevalenza nella regione dei **Sudeti**); di nuovo, l'Inghilterra accettò di trattare, cosicché Mussolini fu incaricato di svolgere un'azione di mediazione nei confronti del dittatore tedesco. Per esaminare la questione fu convocata a Monaco (il 29 settembre 1938) una **riunione a quattro** (**conferenza di Monaco**), a cui parteciparono Hitler, Mussolini, Chamberlain e Daladier, primo ministro francese. In quella sede si decise, senza interpellare il governo della Cecoslovacchia, che essa doveva **cedere al Terzo Reich la regione dei Sudeti**, un territorio di 28 345 chilometri quadrati, popolata da 2 800 000 tedeschi e da un milione di cechi.

La conferenza di Monaco

Nel discorso pronunciato al suo ritorno da Monaco, Chamberlain proclamò: «Credo che sia la pace per il nostro tempo». Si trattava di un'illusione, basata sull'ipotesi del tutto errata che Hitler fosse un uomo politico tradizionale e che la sua principale aspirazione fosse solo quella (pienamente giustificata, dal punto di vista inglese) di permettere alla Germania di contare di più in Europa.

Le illusioni del premier inglese

Le occupazioni di Praga, Boemia e Moravia L'**equivoco in cui caddero gli statisti britannici** fu di pensare che, in ultima analisi, Hitler desiderasse come loro mantenere la pace in Europa; l'obiettivo finale del Führer, invece, era fin dall'inizio la conquista degli immensi spazi orientali: le sue mosse politiche non tendevano a una riorganizzazione, su basi più eque e razionali di quelle poste a Versailles, dell'equilibrio internazionale. La sua meta ultima era la creazione di un vasto impero continentale, che avrebbe dovuto essere una sorta di corrispettivo dell'egemonia marittima e coloniale della Gran Bretagna. La distruzione dell'ordine del 1919 era solo la prima tappa del *programma* di Hitler, una specie di dimostrazione di forza e di determinazione, finalizzata ad avvertire le altre potenze di non intralciare i suoi piani di espansione verso est.

L'obiettivo di Hitler: un impero germanico coloniale in URSS

Il risultato di questo equivoco fu duplice; Hitler proseguì nelle sue azioni dimostrative, tant'è vero che, nel marzo 1939, la **Germania occupò anche Praga, la Boemia e la Moravia** (che divennero un "Protettorato del Reich"). Quanto all'Inghilterra, sia pure a malincuore accettò anche questa nuova aggressione, giustificandola con il fatto che la Boemia aveva fatto parte, nell'Ottocento, della Confederazione germanica ed era stata legata all'Austria fino al 1918.

Carta interattiva
L'espansione della Germania di Hitler nel 1938-39

4.2 Il progetto egemonico della Germania

Le decisive scelte della Polonia

La minaccia tedesca alla Polonia La situazione politica dell'Europa si chiarì quando, deciso a proseguire nel suo piano di conquiste, Hitler si volse alla **Polonia** ponendole un'alternativa categorica: lo Stato polacco era invitato a unirsi alla campagna antisovietica che Hitler stava programmando, cioè a firmare il Patto antiComintern. La Polonia rifiutò (26 marzo 1939), ben sapendo che accettare l'intimazione tedesca avrebbe significato la sua trasformazione in un satellite del Reich. A quel punto, però, la **cancellazione dello Stato polacco** divenne uno degli **obiettivi a breve termine di Hitler**.

L'occupazione della Polonia avrebbe irrimediabilmente compromesso l'equilibrio europeo; ormai pienamente consapevole delle intenzioni egemoniche di Hitler, il 30 marzo 1939 **Chamberlain** pronunciò una solenne **dichiarazione di garanzia dell'indipendenza polacca**: «Se venisse intrapresa un'azione che minacciasse chiaramente la sua indipendenza, e alla quale il governo polacco si sentisse di conseguenza costretto a resistere con le sue forze nazionali, il governo di Sua Maestà e il governo francese gli presterebbero immediatamente ogni aiuto in loro potere».

Il Patto d'acciaio Per la seconda volta, pertanto, la **Germania** si trovò costretta ad appoggiarsi all'**Italia**, con la quale il 22 maggio 1939 venne firmato il **Patto d'acciaio**: un'alleanza militare completa e incondizionata, che avrebbe dovuto scattare «immediatamente», qualora una delle due parti contraenti «venisse ad essere impegnata in complicazioni belliche con un'altra o con altre Potenze» (art. 3). Per Hitler, tuttavia, tale accordo era per il momento del tutto inutile, visto che il governo fascista fu costretto ad ammettere che **l'Italia non sarebbe stata pronta per una guerra di vaste proporzioni prima del 1943**. Allo stesso modo, in Asia, il Giappone decise nel maggio del 1939 di rinunciare a intraprendere uno scontro con l'URSS, dopo che alcuni incidenti di frontiera verificatisi in Manciuria ebbero mostrato allo stato maggiore giapponese l'effettiva potenza dell'Armata rossa.

Il ministro degli Esteri Galeazzo Ciano con Adolf Hitler, subito dopo la firma del Patto d'acciaio, a Berlino, nel maggio 1939.

Clamoroso accordo con l'URSS

L'inaspettato accordo tra Hitler e Stalin A sorpresa, Hitler giocò allora, nell'agosto 1939, la carta sovietica. Poiché la Polonia, da potenziale alleato, si era trasformata in ostacolo, e una guerra contro di essa avrebbe inevitabilmente provocato l'intervento anglo-francese, **Hitler scelse di giungere a un provvisorio accordo tattico con Stalin**. Il dittatore russo, nella primavera/estate del 1939, era stato a più riprese interpellato da Francia e Inghilterra affinché l'URSS si alleasse con loro e con la Polonia, in funzione antitedesca. L'accordo, però, non si era concretizzato, in quanto la Polonia non voleva assolutamente che truppe russe transitassero sul suo territorio. Del resto Stalin, profondamente risentito per il fatto che le gravi decisioni della conferenza di Monaco erano state prese senza consultare l'Unione Sovietica, diffidava di Francia e Gran Bretagna, temendo che esse finissero per coinvolgere l'URSS in una guerra con la Germania, e poi in pratica le accollassero il peso maggiore del conflitto.

Storiografia 3
Germania e URSS verso il patto di non aggressione
→ pag. 339

Così, quando Hitler **offrì alla Russia un patto di non aggressione**, Stalin accettò immediatamente la proposta. L'accordo fu firmato il **23 agosto 1939** dai rispettivi ministri degli esteri, Vjačeslav M. **Molotov** e Joachim von **Ribbentrop**; contestualmente, venne poi siglato anche un *Protocollo segreto*, che prevedeva – in caso di guerra contro la Polonia di una delle due potenze firmatarie – una vera e propria **spartizione della Polonia** stessa.

Patto di non aggressione e spartizione della Polonia

Nelle intenzioni di Hitler, il patto avrebbe dovuto indurre Francia e Inghilterra a non intervenire a fianco della Polonia; ma, poiché la Repubblica polacca era considerata un tassello troppo importante dello scacchiere internazionale, all'atto dell'invasione tedesca la guerra cessò immediatamente di essere un conflitto regionale, ristretto all'Europa orientale, e si trasformò subito in un grande scontro globale fra le più grandi potenze del continente.

Uno *Spitfire* dell'aeronautica militare inglese.

EUREKA! I nuovi aerei, pronti per la guerra

Lo *Spitfire*

Negli anni Trenta, sia gli inglesi sia i tedeschi misero a punto gli armamenti con cui si sarebbero affrontati, nel caso in cui fosse scoppiato un nuovo conflitto. Rispetto alla prima guerra mondiale, i **progressi più notevoli** vennero compiuti **nel campo dell'aviazione**. In Gran Bretagna, il velivolo migliore che venne elaborato fu lo *Spitfire*, giunto alla versione definitiva nel 1938. All'inizio della guerra, la RAF (Royal Air Force) aveva ordinato 1960 *Spitfire*, ma la ditta produttrice era riuscita a consegnarne soltanto 306. A differenza di vari altri modelli di velivolo, che nel corso della guerra furono sostituiti da aerei più moderni, lo *Spitfire* restò sempre in produzione e fu prodotto in ben 22 versioni diverse. Il modello attivo nel 1940 pesava (a pieno carico) 2651 kg ed era lungo 9,12 metri. L'apertura alare era di 11,23 metri, mentre la velocità massima era di 557 km/h. **Lo *Spitfire* era in grado di salire a 4572 metri in 6 minuti e 51 secondi**; il principale limite era la sua relativamente scarsa autonomia di volo, che non superava i 1014 km. Inizialmente, lo *Spitfire* era armato di otto mitragliatrici Browning da 7,7 millimetri, ma ben presto ci si rese conto che tale armamento era inadeguato contro aerei dotati di corazze o armature particolarmente resistenti. Pertanto, i modelli successivi montarono due cannoni da 20 millimetri e quattro mitragliatrici.

Il *Messerschmitt Bf 109* e lo *Stuka*

Il principale antagonista tedesco dei caccia inglesi *Spitfire* fu il *Messerschmitt Bf 109*. Il suo successo si spiegò inizialmente con il fatto che fu il **primo vero caccia maturo monoplano**, in un mondo in cui i biplani erano ancora molto diffusi. Tra il 1937 e il 1945, ne sarebbero stati prodotti più di 35 000 esemplari. La potenza del motore, però, era inferiore a quella degli *Spitfire* britannici (960 hp, contro i 1000 del rivale); anche l'autonomia di volo era scarsa (700 chilometri). L'aereo tedesco era lungo 8,7 metri e aveva un'apertura alare di 9,9 metri. Il *Messerschmitt Bf 109* era dotato di una mitragliatrice che sparava attraverso il mozzo dell'elica, in aggiunta a due armi laterali.
Un altro aereo tedesco pronto alla fine degli anni Trenta, e quindi utilizzato all'inizio del conflitto, fu lo *Junkers Ju 87* (denominato anche *Stuka*). Progettato nel 1933, era un **piccolo bombardiere** che aveva una sagoma facilmente riconoscibile per la **sua particolare configurazione alare** (*ad ala di gabbiano rovesciata*). **Lo *Stuka* attaccava in picchiata verticale**, e ciò poteva provocare qualche malore al pilota; il terrore che esso diffondeva a terra, tuttavia, era formidabile: il rumore, infatti, spesso era amplificato da una sirena, che spaventava a morte e paralizzava coloro che subivano l'attacco aereo.

1 Economia e consumi nel Terzo Reich

Il regime nazista indirizzò gran parte delle risorse nazionali all'industria bellica e a grandiose opere pubbliche, prime fra tutte le autostrade. I salari degli operai rimasero bassi, ma gran parte dei tedeschi apprezzarono la stabilità che il regime offrì alla Germania, dopo i tormentati anni della Repubblica di Weimar (1919-1933).

Alla vigilia della guerra, nel 1939, la maggior parte dei tedeschi viveva il Terzo Reich come un'epoca preziosa di stabilità economica e politica. Questa stabilità era una conquista che la popolazione era decisa a tenersi stretta. Erich Ebermayer [scrittore tedesco che aveva 32 anni nel 1933, al momento dell'ascesa al potere di Hitler; il suo diario viene usato dall'autore come fonte per ricostruire la mentalità di chi viveva in Germania sotto il Terzo Reich, *n.d.r.*] descrisse l'umore pubblico [...]. «Nessuno vuole la guerra», spiegava Ebermayer alla fine di settembre del 1938, aggiungendo un elenco non esattamente applicabile al tedesco comune, ma comunque indicativo del generale senso si appagamento: «Tutti se la passano bene! Ci guadagniamo da vivere! Abbiamo un'auto, un frigorifero, un grammofono: a che pro, dunque, la guerra?». Ma la popolarità del regime non si basava solo su salari più alti e migliori prospettive di guadagno. La sensazione di fondo che la Germania si fosse riappropriata del futuro rafforzava la fiducia dei suoi cittadini in «una vita migliore per sé e per le generazioni future». Come sostiene [lo storico, *n.d.r.*] Norman Frei, il nazionalsocialismo creò un senso di «era nuova» nella quale i tedeschi si attendevano un gran numero di miglioramenti, ma nessuna alternativa di fondo al Terzo Reich.

La fedeltà di lungo periodo nei confronti dei nazisti dipendeva dalla capacità del nuovo governo di creare un futuro sostenibile per i cittadini tedeschi, e specialmente per i milioni di persone che nel gennaio del 1933 erano disoccupate. Leggendo i rapporti sulla situazione redatti da funzionari di sicurezza del regime e da agenti clandestini del Partito socialdemocratico in esilio, si ricava una duplice impressione. Da un lato, esisteva una diffusa delusione per il ritmo lento della ripresa economica, per i bassi salari e per i prezzi elevati. Tale delusione era dovuta in parte alle stesse aspettative create dai nazisti. Nonostante il forte calo del numero di disoccupati ufficiali tra il 1933 e il 1934 (da 4,8 a 2,7 milioni), rimanevano senza lavoro nel 1935 2,2 milioni di tedeschi. [...] D'altra parte i rapporti confermano che i lavoratori riconoscevano a Hitler il merito di una stabilizzazione dell'economia. Nel 1937 il numero dei disoccupati in Germania era sceso a meno di un milione e il numero dei lavoratori coinvolti nei programmi di emergenza era sceso a 60 000. Alla fine degli anni Trenta la penuria di lavoratori dischiuse opportunità anche per le donne; queste ultime, pur guadagnando meno degli uomini, nel 1939 costituivano il 37 per cento della forza-lavoro: una cifra che comprendeva 6,2 milioni di donne sposate, contro i 4 milioni del 1933. I redditi non superarono mai di molto i livelli raggiunti alla fine degli anni Venti, ma la conquista della sicurezza era molto importante. È «difficile esagerare» l'effetto che la fine della disoccupazione ebbe «per la stabilizzazione del regime nazionalsocialista», conclude uno storico: «Milioni di persone che vegetavano sotto la linea di povertà e che avevano esperienza quotidiana di fame e indigenza furono strappate alla crisi della loro esistenza individuale e restituite a condizioni normali» (N. Frei). [...]

Nel 1937 le case tedesche tornarono allo standard di vita di cui godevano nel 1928, prima della Grande Depressione. La vita rimaneva modesta. «I tedeschi erano già abituati a spalmare sulla loro fetta di pane grigio margarina invece di burro, e a mettervi sopra marmellata ai quattro frutti invece di salame», ricorda Frei; rispetto agli americani, inglesi e francesi, essi mangiavano in modo più semplice anche negli anni *buoni* prima della guerra, e però sempre nelle qualità desiderate». Sui quotidiani venivano pubblicizzate le merci luccicanti dell'economia dei consumi, ma le abitazioni della classe lavoratrice erano in gran parte prive di generi essenziali come la radio o la bicicletta. [...] All'inizio della guerra i tedeschi non potevano ancora permettersi un aspirapolvere, e tanto meno una lavatrice o un frigorifero, che simboleggiavano i benefici promessi dall'elettrificazione (ed erano posseduti dall'1 per cento circa della popolazione), e il riarmo assorbiva una quota sproporzionata delle risorse. Ma ciò che essi *consumavano* [il principale beneficio portato dal regime, *n.d.r.*] non erano beni durevoli, bensì una promessa di prosperità. [...]

I nazisti rivendevano il futuro all'infinito. Uno dei progetti preferiti da Hitler era quello di motorizzare la Germania, rendendo accessibile al cittadino comune la *Volkswagen*, l'*auto del popolo*. La maggior parte delle persone avrebbe preferito poter avere subito una bicicletta, ma nelle automobili e nelle *Autobahnen* [autostrade, *n.d.r.*] appositamente costruite, c'era qualcosa di straordinariamente allettante. «La musica del futuro»: così un vecchio socialdemocratico ha descritto la campagna della azienda automobilistica. Il sogno di una *Volkswagen* sembrava promettere «un'era nuova, più felice» che a dire di Hitler avrebbe reso «ricchi i tedeschi e bella la Germania». La *Volkswagen* funzionava come simbolo di una nuova capacità di sognare: in questo fondamentale senso, i nazisti apparivano «uomini del futuro». E non c'è dubbio che essi abbiano realmente anticipato l'era dell'automobile. L'enorme complesso turistico che fu quasi ultimato dal Fronte del Lavoro a Prora, sull'isola di Rügen nel Mare del Nord, comprendeva un parcheggio coperto per cinquemila auto, sufficiente perché ogni famiglia arrivasse nel complesso con la sua vettura. Era dal posto di guida di un'automobile che Hitler immaginava il suo impero: le *Autobahnen* costruite da migliaia di lavoratori schiavi avrebbero condotto gli automobilisti tedeschi fino in Crimea e nel Caucaso, lasciando i russi «a vegetare nella propria sporcizia lontano dalle strade principali». Ancora dopo Stalingrado Hitler sperava in una pace prospera in cui si producessero un milione di *Volkswagen* l'anno.

P. FRITZSCHE, *Vita e morte nel Terzo Reich*, Roma-Bari, Laterza, 2010, pp. 55-58. trad. it. M. CUPELLARO

Analizza il testo

- Che cosa è un grammofono? Si tratta di un bene di prima necessità?
- Che ruolo svolgevano le autostrade e le «auto del popolo» nelle promesse del regime nazista?

2 Scuola e razzismo nell'Italia fascista

La scuola fu uno dei primi settori a essere investito dalla svolta razzista del regime fascista. Agli studenti ebrei venne vietato di frequentare la scuola pubblica, mentre ai docenti che non fossero di razza ariana fu proibito di insegnare. Le comunità ebraiche organizzarono allora propri istituti d'istruzione, mentre i libri di testo rivolti ai giovani italiani celebravano il Duce, la conquista dell'impero e la grandezza di Roma in chiave razziale.

I minacciosi proclami del *Manifesto della razza* non restano a lungo sulla carta. All'inizio di settembre del 1938, infatti, l'antisemitismo viene formalmente introdotto nell'ordinamento giuridico italiano, cominciando dagli ebrei stranieri, dal diritto di cittadinanza e, soprattutto, dalla scuola. Per il sistema scolastico, la linea è quella dettata dal ministro dell'Educazione Nazionale Bottai in una circolare ai provveditori [i funzionari incaricati, in ogni provincia, di dirigere l'intero sistema scolastico, dalle elementari agli istituti superiori, *n.d.r.*] del 6 agosto: «Nella scuola di primo grado, coi mezzi acconci [idonei, adatti, *n.d.r.*] alla mentalità dell'infanzia, si creerà il clima adatto alla formazione d'una prima, embrionale coscienza razzista, mentre nella scuola media il più elevato sviluppo mentale degli adolescenti, già a contatto con la tradizione umanistica attraverso lo studio delle lingue classiche, della storia e della letteratura, consentirà di fissare i capisaldi della dottrina razzista, i suoi fini e i suoi limiti. La propagazione della dottrina continuerà, infine, nella scuola superiore dove la gioventù studiosa, con il sussidio delle cognizioni umanistiche e scientifiche già acquistate, potrà approfondirla e prepararsi a essere, a sua volta, divulgatrice e animatrice». In una scuola così concepita, non può esserci posto per gli ebrei, né sulle cattedre, né tra i banchi (vengono espulsi perfino tre bambini del Regio Istituto dei Sordomuti di Roma, i fratelli Adolfo ed Esterina Della Seta e Angelica Limentani), né sui libri di testo (per i quali viene avviata una *bonifica*). Il 2 settembre Bottai presenta al Consiglio dei ministri il *Provvedimento per la difesa della razza nella scuola italiana* – approvato e pubblicato sulla «Gazzetta Ufficiale» del 5 settembre e successivamente integrato con due provvedimenti del 23 settembre e del 15 novembre – giusto in tempo per l'avvio dell'anno scolastico, il 17 ottobre.

L'epurazione degli ebrei dal sistema scolastico raccoglie il plauso della stampa di tutto il Paese [...]. La maggior parte dei presidi e insegnanti ariani si adegua al provvedimento senza battere ciglio

Le nuove norme sanciscono l'esclusione degli ebrei – docenti e alunni – dagli istituti pubblici di ogni ordine e grado, relegandoli in apposite scuole o sezioni speciali create dalle Comunità con gli insegnanti licenziati, mentre agli studenti universitari che non siano fuori corso, già iscritti nell'anno accademico 1937-1938, viene concesso di concludere gli studi. Migliaia di studenti e centinaia di insegnanti vengono così spazzati via dalle scuole e dalle università italiane, e ai bambini non ancora in età scolastica viene consentito di iscriversi solo alle scuole ebraiche e viene preclusa la possibilità di frequentare l'università. Un paio di settimane dopo, il 18 settembre, in piazza Unità a Trieste, Mussolini pronuncia il suo unico discorso pubblico in materia di razzismo, annunciando l'imminente emanazione di nuovi provvedimenti organici: «Anche in questo campo noi adotteremo le soluzioni necessarie». A scanso di equivoci, rivendica l'autonomia italiana nella scelta razzista: «Coloro i quali fanno credere che noi abbiamo obbedito a imitazioni, o peggio a suggestioni, sono dei poveri deficienti ai quali non sappiamo se dirigere il nostro disprezzo o la nostra pietà». E definisce l'ebraismo mondiale «un nemico irreconciliabile del Fascismo», raccogliendo una delle più consistenti ovazioni della folla triestina al suo discorso, con lo slogan collettivo ritmato «du-ce, du-ce». In complesso, le sue parole sul razzismo vengono accolte da nove momenti di applauso od ovazione, talora con l'acclamazione del suo nome.

L'epurazione degli ebrei dal sistema scolastico raccoglie il plauso della stampa di tutto il Paese. *Bonifica*, titola l'editoriale de «Il Giornale di Genova» sabato 3 settembre. E lo stesso giorno «l'Unione Sarda» annuncia a tutta pagina *Inflessibile marcia razziale del fascismo*, precisando nel sommario che «Il campo spirituale [è stato] epurato della mentalità giudaica». Mentre il «Giornale di Sicilia» commenta che si tratta di *Provvedimenti necessari*, bollando come «lamentose» le proteste sollevate dal «giudaismo internazionale» e spiegando che sono «misure di legittima difesa». La *bonifica* è volta a escludere – come scrive il provveditore agli studi di Bologna, rigettando la domanda di ammissione di una bambina, nonostante le benemerenze del padre – «qualsiasi promiscuità fra alunni di razza ariana ed ebraica». E l'intento riesce perfettamente, visto che alla riapertura delle classi per gli insegnanti e gli alunni ebrei si consuma il dramma dell'esclusione nella più «totale mancanza di solidarietà» [formula tratta dalla testimonianza rilasciata nel 2001 da A. Tedeschi Falco, *n.d.r.*] da parte di colleghi e compagni, a parte qualche rara eccezione. L'espulsione dei docenti ebrei, censiti in agosto dal ministero, è quasi sempre immediata. Per gli studenti, invece, il momento dell'allontanamento dipende dagli organi scolastici. A volte sono necessari controlli sulla loro appartenenza alla *razza* ebraica, che possono prolungarsi nel tempo. L'8 novembre, ad esempio, a scuola iniziata da qualche settimana, il preside del liceo scientifico Tassoni di Modena informa il provveditore di aver compiuto un'indagine «razziale» tra i suoi studenti e di aver individuato sei ebrei, *immediatamente* espulsi. La maggior parte dei presidi e insegnanti *ariani* si adegua al provvedimento senza battere ciglio.

M. AVAGLIANO, M. PALMIERI, *Di pura razza italiana. L'Italia «ariana» di fronte alle leggi razziali*, Baldini & Castoldi, Milano 2013, pp. 81-83

Analizza il testo

- Secondo il ministro Bottai, lo studio delle materie umanistiche e delle lingue classiche agevola oppure ostacola la diffusione delle concezioni razziste tra i giovani?
- Spiega l'espressione «autonomia italiana nella scelta razzista».

3 Germania e URSS verso il patto di non aggressione

Nella primavera del 1939, dopo che Hitler aveva invaso la Cecoslovacchia e l'Inghilterra si era impegnata a proteggere la Polonia da un'eventuale aggressione tedesca, la diplomazia anglo-francese cercò di coinvolgere anche l'URSS in una coalizione antinazista. Stalin però, invece di aderire alle confuse offerte delle potenze occidentali, preferì stipulare un clamoroso patto di non aggressione con la Germania, al fine di conquistare le regioni più orientali della Polonia.

Senza il sostegno della Russia, l'unica grande potenza geograficamente in grado di intervenire nell'Europa orientale, le garanzie anglo-francesi [alla Polonia, *n.d.r.*] avrebbero perso ogni valore. Francia e Gran Bretagna avrebbero ancora potuto attaccare ad ovest, ma ciò non avrebbe impedito all'esercito tedesco di invadere la Polonia e presentare alle potenze occidentali un *fait accompli* [un fatto compiuto, *n.d.r.*] che avrebbe fatto apparire del tutto inutile la continuazione della guerra. C'era niente che la Germania potesse fare per ostacolare i colloqui di Mosca? O meglio ancora, esisteva una possibilità di sostituire ad un accordo anglo-franco-sovietico uno sovietico-tedesco, che in caso di guerra avrebbe assicurato la neutralità sovietica e che più di ogni altra cosa sarebbe servito ad isolare la Polonia e a fiaccare la determinazione delle potenze occidentali? Le basi di un accordo erano evidenti. Fino a quando Hitler avesse insistito nel cercare ad est il proprio *Lebensraum* [spazio vitale, *n.d.r.*] la guerra con la Russia sarebbe stata inevitabile; ma nel breve periodo l'ultima cosa che egli potesse desiderare era di impelagarsi con la Russia prima di aver sistemato la Polonia ed eliminato la minaccia di un intervento britannico e francese.

Dall'altra parte, la principale preoccupazione di Stalin era di evitare, o quanto meno ritardare, uno scontro con la Germania, almeno fino a quando la minaccia giapponese avesse esposto l'Unione Sovietica al pericolo di una guerra su due fronti. Privo di alternative, Stalin aveva accettato vari progetti di sicurezza collettiva; egli, tuttavia, provava un'inveterata sfiducia nei confronti delle potenze occidentali, che sospettava stessero tentando di coinvolgere l'Unione Sovietica in uno scontro con la Germania al fine di indebolire entrambi i regimi. Le esitazioni, britanniche in particolare, mostrate nei negoziati in corso non avevano certo contribuito a dissipare i suoi dubbi. Laddove Chamberlain era stato disposto a recarsi per ben tre volte in Germania nel 1938, nessun ministro britannico aveva chiesto di partecipare ai colloqui di Mosca, nonostante l'espresso invito sovietico rivolto al loro ministro degli Esteri, Lord Halifax.

L'irritazione e la sfiducia generati nel Cremino dall'atteggiamento britannico trovarono espressione alla fine di giugno in un articolo di Zdanov sulla *Pravda* intitolato *I governi britannico e francese non vogliono un accordo paritario con l'URSS*: «Ciò che vogliono è un trattato in cui l'URSS funga da facchino che sostenga sulle proprie spalle tutto il peso degli obblighi assunti. Nessun paese che si rispetti accetterebbe un simile trattato, a meno che non voglia ridursi a mero balocco nelle mani di gente che è abituata a farsi togliere da altri le castagne dal fuoco». L'articolo di Zdanov poteva essere inteso in due modi (come certamente si voleva): o come una forma di pressione su Londra e Parigi, o come un invito a Berlino. Subito dopo la sua pubblicazione vi fu la ripresa dei colloqui anglo-franco-sovietici, ma ciò potrebbe anche spiegarsi con la mancanza di alternative concrete. Se tale alternativa fosse consistita nell'offrire alla Russia non la partecipazione a una coalizione in cui, in caso di guerra, essa avrebbe dovuto inevitabilmente sopportare il peso maggiore del conflitto, bensì l'opportunità di evitare la guerra e stare alla finestra a guardare la Germania e le potenze occidentali indebolirsi a vicenda, non sarebbe apparsa più attraente? [...]

Gli ostacoli alla realizzazione di tale progetto erano gli stessi per entrambe le parti: l'estrema diffidenza reciproca e l'impegno pubblico che ciascuno aveva assunto contro l'altro. Per vent'anni Hitler aveva fatto dell'antibolscevismo il tema dominante della sua campagna propagandistica; dopo quello dell'antisemitismo, con il quale si identificava, esso costituiva l'elemento più coerente di tutta la sua carriera, intrinsecamente legato all'obiettivo di conquista del *Lebensraum* ad est, a spese della Russia. La controparte, nel caso di Stalin, era rappresentata dalla crociata antifascista e dal ruolo svolto dall'Unione Sovietica e dal Comintern alla lotta contro il fascismo, con cui Stalin si era appellato con successo all'opinione pubblica di tutto il mondo. Entrambi dovevano valutare quanto un accordo di qualsiasi sorta, e l'aperta sconfessione dei loro principi che ciò avrebbe implicato, avrebbe danneggiato la loro immagine e quanto ciò avrebbe contato di fronte ai vantaggi politici che ne sarebbero invece derivati. Una volta ripresisi dallo shock, non sarebbe la gente rimasta molto più colpita dall'astuzia mostrata da ciascuno dei due uomini nel convincere l'altro a firmare, che turbata dalla loro incoerenza? Il popolo sovietico sarebbe sicuramente stato grato a Stalin per aver evitato la guerra, e il Comintern avrebbe compreso la necessità di una manovra tattica a difesa della *patria dei lavoratori* non più compromettente agli occhi di un comunista di quanto lo era stato il precedente attacco contro i socialisti al grido di *socialfascisti*. I tedeschi sarebbero certamente stati impressionati dall'abilità mostrata da Hitler nel dissipare il pericolo di una coalizione contro di essi, nel compromettere la garanzia delle potenze occidentali e nel riuscire a isolare la Polonia [...].

L'elemento decisivo che indusse Stalin a preferire la proposta tedesca fu qualcosa a cui Gran Bretagna e Francia non avrebbero mai potuto controbattere, a prescindere da chi avessero inviato a Mosca e quanto rapidamente vi fossero giunti: la partecipazione non alla difesa dell'indipendenza di un'irriconoscente Europa orientale, quanto alla sua spartizione, e ciò in cambio della promessa di starsene da parte, di acconsentire a *non* entrare in una qualsiasi eventuale guerra. Non appena divenne chiaro che questo era quanto Hitler era disposto ad offrire, Stalin entrò personalmente in scena e prese in mano le redini dei negoziati.

A. BULLOCK, *Hitler e Stalin. Vite parallele*, Garzanti, Milano 2000, pp. 790-792, 799, trad. it. S. MINUCCI

Analizza il testo

- Per quali motivi Stalin diffidava delle potenze occidentali?
- Quale fu l'elemento decisivo che indusse Stalin a preferire l'offerta tedesca?

STORIOGRAFIA

Nazionalismo e comunismo in Cina

Il tramonto dell'impero cinese

L'imperialismo in Cina Le grandi potenze occidentali avevano, nel corso dell'Ottocento, brutalmente sfruttato l'impero cinese. In un primo tempo, l'aggressione era venuta soprattutto dall'Inghilterra e dalla Francia; verso la fine del secolo, si erano aggiunti anche la Russia, il Giappone, gli Stati Uniti e la Germania. Ognuno di questi Stati era riuscito a ottenere per sé una o più ***zone d'influenza***, cioè territori che, pur continuando formalmente a essere sottoposti al governo di Pechino, di fatto erano completamente assoggettati agli interessi economici di una potenza straniera.

Sun Yat-sen e la cultura occidentale A differenza del Giappone, l'impero cinese non aveva saputo rispondere alla sfida degli occidentali dotandosi in tempi rapidi di un'industria e di un esercito moderni; molti intellettuali, tuttavia, si resero conto del fatto che la scienza e la tecnica degli europei non potevano più essere guardate con sospetto o con disprezzo, bensì, al contrario, dovevano essere trasferiti al più presto in Cina, se si voleva impedire il completo asservimento del Paese. Tra questi intellettuali decisi a riconquistare l'indipendenza, si distinse all'inizio del secolo **Sun Yat-sen** (1866-1925), il quale compì numerosi viaggi in Occidente. Della cultura ottocentesca diffusa in Europa, Sun assorbì da un lato le concezioni tipicamente positivistiche relative al **ruolo progressista della scienza e della tecnica**, dall'altro le **idee di democrazia e di nazione**; sotto questo profilo, la sua figura può essere paragonata a quella di Mazzini, con il quale Sun condivise anche la convinzione di aver ricevuto una specie di *missione* in ordine alla salvezza della propria nazione. Inoltre, allo stesso modo di Mazzini, anche Sun non ebbe mai simpatie nei confronti del socialismo: la nuova Cina da lui sognata avrebbe dovuto essere, certo, repubblicana e democratica, ma non caratterizzata dall'abolizione della proprietà privata.

Idee di progresso e di democrazia

Nei primi dieci anni del Novecento, Sun fu un instancabile organizzatore di congiure e colpi di mano; i suoi avversari principali non furono tanto le grandi potenze imperialiste, bensì il governo imperiale di Pechino. Dal 1644, sul trono sedevano gli imperatori della dinastia Qing che, per il fatto di provenire dalla Manciuria, era percepita come un soggetto estraneo rispetto alla tradizione nazionale, al punto da essere considerata da molti cinesi una dominazione straniera.

Il colpo destinato a far crollare il potere imperiale fu una rivolta scoppiata, nell'ottobre 1911, nella città di Wuchang; da lì, il moto si diffuse dapprima nella Cina meridionale, e poi nel resto del Paese. Il **29 dicembre 1911, venne proclamata la repubblica**, e Sun Yat-sen assunse la carica di presidente.

Sun Yat-sen sul balcone della sua casa di Canton, 1923.

L'alleanza tra Partito comunista e nazionalista

I signori della guerra

La frammentazione del Paese Il 12 febbraio 1912 il **potere** passò nelle mani dell'esercito e dei **militari**, ponendo fine alla presidenza di Sun. Nel giro di pochi anni, il Paese si divise in vari distretti, ciascuno amministrato in maniera autonoma da un generale e dai suoi soldati. Questi ***signori della guerra*** cinesi si comportavano da veri padroni nei territori che controllavano militarmente; spesso, dietro a ognuno di essi stava una grande potenza straniera, che finanziava quel particolare generale, in cambio della possibilità di svolgere liberamente le più vantaggiose operazioni economiche.

Il comunismo in Cina Nel 1919, l'intero Paese fu scosso da un generale moto di protesta non appena si diffuse la notizia che la Conferenza di Versailles aveva trasferito al Giappone i diritti di sfruttamento della regione dello Shantung, in precedenza detenuti dalla Germania. Nel corso di questo movimento, fecero per la prima volta la loro comparsa alcuni intellettuali che si dichiararono apertamente marxisti e affermarono di voler assumere come modello di riferimento la rivoluzione russa. Nel **luglio 1921**, un gruppo di questi intellettuali diede ufficialmente vita, a Shanghai, al **Partito comunista cinese**, che fu riconosciuto dalla Terza Internazionale. Sotto il profilo numerico, la nuova formazione marxista era una forza insignificante, così come minuscola (circa un milione e mezzo di individui) era la consistenza della classe operaia cinese; pertanto, i dirigenti dell'Internazionale imposero ai comunisti di allearsi al *Kuomintang*, il Partito nazionalista fondato nel 1919 da Sun Yat-sen, che controllava la città di Canton, nella Cina meridionale.

Il *Kuomintang*

A partire dal 1923, **l'Unione Sovietica fornì a Sun un regolare sostegno militare e organizzativo**, che permise al *Kuomintang* di entrare in competizione con i *signori della guerra*, al fine di riunificare politicamente il Paese e di sottrarlo al controllo economico delle potenze straniere. Malgrado ciò, Sun e il suo partito non si convertirono affatto al socialismo: il centro del suo pensiero restò occupato sempre, fino alla fine, dalle speranze di liberazione nazionale. Ai suoi occhi, l'Unione Sovietica non era un modello di società da imitare e da trasferire in Cina, ma un semplice Stato alleato, che essendo a sua volta (e per propri motivi) in competizione con le grandi potenze imperialiste, aveva interesse ad aiutare i nazionalisti cinesi nella loro lotta per l'unità politica e l'indipendenza.

Le fondamenta della lotta rivoluzionaria

Offensiva dei nazionalisti

Un nuovo leader **Chiang Kai-shek** (1887-1975), comandante dell'esercito nazionalista costituito con il sostegno sovietico, subentrò alla guida del *Kuomintang* in seguito alla morte di Sun Yat-sen, avvenuta nel 1925. Il 9 luglio 1926, l'esercito lanciò da Canton una grande offensiva verso Nord, finalizzata a sottomettere i *signori della guerra* che controllavano le regioni settentrionali del Paese e la capitale. La campagna militare fu un successo ed ebbe il proprio maggiore risultato positivo nella **conquista di Shanghai**, un grande centro industriale i cui operai scioperarono in massa all'avvicinarsi delle truppe nazionaliste. Tuttavia, la mobilitazione operaia impaurì Chiang Kai-shek, preoccupato di non riuscire più, in futuro, a controllare le masse, una volta mobilitate in direzione rivoluzionaria.

La rottura con Mosca Nella primavera **1927**, pertanto, **Chiang Kai-shek decise di rompere l'alleanza con Mosca** e procedette all'arresto dei più attivi sindacalisti e dei militanti comunisti: dei 60 000 membri che il Partito contava nell'aprile del 1927, circa la metà venne catturata o giustiziata entro la fine dell'anno. Per la giovane organizzazione marxista, la **repressione del 1927** fu un colpo durissimo, che pose fine alla sua presenza attiva nelle regioni cinesi più sviluppate, industrializzate e moderne. Se il Partito comunista non scomparve completamente dalla Cina, lo si dovette solo al fatto che, negli stessi anni in cui la maggior parte dei dirigenti concentrava i propri sforzi nell'organizzazione del proletariato industriale e sosteneva l'alleanza politico-militare con il *Kuomintang*, altri intellettuali avevano condotto un capillare e sistematico lavoro di promozione della rivoluzione comunista nelle campagne.

Comunisti nelle campagne

Mao e la lunga marcia

La politica di Mao Tra i militanti che operavano fra i contadini, il più abile si rivelò **Mao Zedong** (1893-1976), il quale elaborò gradualmente una strategia politica e militare originale che, pur ostacolata inizialmente dal Partito comunista cinese e dall'Internazionale, risultò vincente sul lungo periodo.

I dirigenti comunisti credevano che la sola forza rivoluzionaria capace di modificare l'assetto sociale della Cina fosse il proletariato delle città: in pratica, non pensavano possibile un modello di rivoluzione comunista diverso da quello bolscevico, che dopo aver preso il potere nelle città aveva poi esteso la propria influenza alle campagne. Mao, al contrario, **pose** fin dall'inizio **i contadini al centro della propria strategia**, nella consapevolezza che i grandi centri industriali erano saldamente controllati dalle potenze coloniali (oppure dall'esercito nazionalista) e quindi erano praticamente inespugnabili.

Strategia militare di Mao

In secondo luogo, Mao ebbe fin dall'inizio una **concezione militare e *territoriale* della lotta rivoluzionaria**; egli partiva dall'elementare constatazione che le regioni della Cina erano controllate militarmente (prima ancora che politicamente) dai *signori della guerra*, o dall'esercito del *Kuomintang*. La rivoluzione comunista, per vincere in Cina, doveva porsi sul loro medesimo terreno: occorreva **costituire un esercito *rosso*** e conquistare militarmente una regione; da questa *cellula sovietica* iniziale, la lotta si sarebbe allargata progressivamente, con la forza delle armi, fino a coprire e conquistare l'intera Cina.

Strategia di Mao Zedong

Schema proiettabile

PRESUPPOSTO	OBIETTIVO	STRUMENTI
Convinzione che il marxismo risolverà i secolari problemi della popolazione cinese	Trasformazione della Cina in uno Stato comunista, simile a quello sovietico	Lotta armata dei contadini e conquista di territori da trasformare in regioni rosse, dalle quali partire per la conquista della città

Mao Zedong durante un comizio invita gli ascoltatori alla resistenza contro l'occupazione giapponese.

MONOGRAFIA

La lunga marcia Partendo da questi presupposti strategici, Mao riuscì a costituire una piccola *isola comunista* nella regione montana del Chingkangshan, nell'ottobre 1927. Da qui, i guerriglieri comunisti estesero il loro raggio d'azione, che consisteva nel colpire i proprietari terrieri più ricchi e nel **distribuire le terre ai contadini poveri**, instaurando di fatto, con le armi, un **nuovo regime politico e sociale**. Nel 1933-1934, al massimo della sua espansione, la *Cina rossa* – conquistata militarmente dalle truppe comuniste dirette da Mao – controllava nelle regioni meridionali del Paese un territorio molto vasto, abitato da circa 9 milioni di persone e avviato a diventare un piccolo Stato autonomo, capace di competere con il potere di Chiang Kai-shek. Il leader del *Kuomintang*, pertanto, decise di attaccare con ingenti forze le posizioni dei comunisti, che furono accerchiate con una fitta rete di fortificazioni in cemento, allo scopo di chiudere i guerriglieri in un vero e proprio assedio.

La Cina rossa di Mao

Nell'ottobre del 1934, la situazione degli assediati era ormai disperata; il 15-16 ottobre, tuttavia, il rigido accerchiamento dell'esercito nazionalista fu infranto, e circa 100 000 guerriglieri comunisti riuscirono a mettersi in salvo.

In un primo tempo, questi fuggitivi, guidati da Mao e da Lin Biao, pensarono di spostarsi in una regione vicina, in modo da fondare un'altra *base rossa* nel Sud della Cina. Nel **gennaio 1935**, però, il gruppo dirigente, con a capo i suoi due leader, decise di intraprendere la cosiddetta ***lunga marcia***, cioè di **trasferire tutte le forze armate comuniste rimaste nel Nord del Paese**, verso la Grande Muraglia. L'obiettivo che si proponevano i comunisti, era di **combattere contro l'esercito giapponese**, che a partire dal 1931 stava occupando territori sempre più estesi nella Cina settentrionale. I comunisti intendevano presentarsi, ai contadini di quelle regioni, come l'unica salvaguardia della loro indipendenza. Al contrario, Chiang Kai-shek non aveva mai cercato di ostacolare con le armi l'avanzata giapponese nel Nord: negli anni 1932-1935, la sua preoccupazione primaria fu di schiacciare la guerriglia comunista. Solo dopo il successo della repressione, a suo giudizio, si sarebbe potuta intraprendere la resistenza contro l'invasore.

Soldati dell'esercito di Mao viaggiano attraverso l'aspro deserto della provincia di Shanxi. La necessità di ritirarsi di fronte all'avanzata delle forze del Kuomintang costrinse i comunisti a intraprendere la *lunga marcia* (1935-1936).

La grande offensiva giapponese

Il conflitto con il Giappone Nel 1937, la situazione politica e militare subì una brusca accelerazione; l'esercito giapponese attaccò in forze in tutto il territorio cinese, con l'esplicito obiettivo di conquistarlo integralmente. Pechino cadde l'8 agosto, mentre in ottobre-novembre furono occupate Shanghai, Nanchino, Canton e tutte le altre principali città industrializzate della regione costiera. Alla fine del 1938, le truppe nipponiche avevano sottomesso un milione e mezzo di chilometri quadrati, abitati da 170 milioni di cinesi, obbligati a fornire prodotti alimentari e materie prime al Paese invasore.

Di fronte a una simile massiccia e feroce offensiva, **Chiang Kai-shek fu costretto** ad assumere un atteggiamento militare più energico e a **stipulare una tregua con i comunisti**. Fino al 1945, i guerriglieri di Mao (30 000 nel 1935, all'indomani della *lunga marcia*, 400 000 nel 1940) e l'esercito di Chiang Kai-shek combatterono contro lo stesso nemico. Entrambi ritenevano tuttavia che, subito dopo la sconfitta del Giappone, lo scontro tra le forze rivoluzionarie marxiste e quelle nazionaliste del *Kuomintang*, legatosi sempre più strettamente agli Stati Uniti dopo il 1941, si sarebbe riaperto.

I luoghi → Nanchino

Situata su un'ansa del Fiume Azzurro (Yangtze), la città di Nanchino (Nanjing, "Capitale del Sud") occupa un ruolo importantissimo nella memoria storica e nell'identità nazionale cinese. Nel 1368 Zhu, primo imperatore della dinastia Ming, la scelse come propria dimora. Anche se nel 1420, ultimata la cosiddetta *Città proibita*, gli imperatori si spostarono di nuovo a Pechino, Nanchino restò ugualmente il cuore culturale e nazionale della Cina. Pertanto, dopo la caduta della monarchia, Sun Yat-sen la volle come capitale della nuova repubblica cinese.

geostoria La Cina della lunga marcia

Carta proiettabile

La **violenza nazista**

Lo studio del regime totalitario nazista può permettere l'acquisizione di una competenza fondamentale, che potremmo definire nel modo seguente: **saper cogliere i caratteri specifici di un'ideologia del Novecento**. Per affinare tale competenza, viene proposto di seguito un approfondimento, che prende le mosse dai testi di due storici che si sono proposti il delicato compito di comparare i crimini nazisti con quelli staliniani.

Dalla repressione politica alla violenza razziale

Fu proprio la violenza a costituire il nucleo centrale del nazismo. Se nel bolscevismo dottrina e realtà si trovavano in una relazione antinomica – al posto della decadenza dello Stato il Leviatano [lo Stato assoluto, teorizzato nel Seicento dal filosofo inglese Thomas Hobbes, *n.d.r.*], e invece della fraternità il Gulag – nel sistema nazista erano un tutt'uno fin dall'inizio. Culto della virilità eroica, affermazione del diritto del più forte, discorso sulla durezza salutare: la violenza non era soltanto un mezzo, ma un valore in sé, essa si equiparava a una «legge di natura», anzi era l'unica in grado di garantire sopravvivenza e vittoria nella lotta delle razze che, nella visione del mondo nazista, rappresentava la trama della storia umana.

Elevata a dottrina ed esaltata nei discorsi, la violenza nazista passò nei fatti con tanta più forza in quanto era necessaria ai progetti fondamentali del regime: vale a dire la trasformazione della società tedesca in tribù guerriera, il dominio sul continente europeo, la riconfigurazione razziale dello «spazio vitale» rivendicato dai nazisti nell'Europa centrale e orientale. Proteso verso la guerra, il Terzo Reich portava connaturata in sé la violenza; e la guerra, una volta scoppiata, non fece che amplificare quella feroce aggressività, in primo luogo contro i popoli conquistati e soprattutto contro gli allogeni che per loro disgrazia risiedevano entro lo spazio vitale. [...]

Prima della guerra tale violenza motivata sul piano politico ebbe una portata relativamente limitata, fatta eccezione per i primi mesi del 1933, quando un'ondata di terrore si abbatté sugli avversari del Partito nazista causando l'internamento di circa 50 000 persone in campi di fortuna dove soprattutto le SA si abbandonarono a regolamenti di conti con brutalità inaudita. La repressione politica andò in seguito attenuandosi grazie al consolidarsi del regime e al crescente isolamento degli oppositori. A metà degli anni trenta, la popolazione dei campi di concentramento, ormai unificati sotto il controllo delle SS, segnò persino un calo: nel 1936-37 i detenuti erano 7500. Ma i campi erano diventati un'istituzione pronta all'uso non appena se ne fosse sentita la necessità. [...] In compenso, il Partito nazista non fu sottoposto a nulla di paragonabile alle purghe staliniane; l'episodio che più vi si può accostare, la «Notte dei lunghi coltelli» nel giugno 1934, in cui fu decimata la direzione delle SA, fece circa 80 vittime.

Lo scoppio della guerra dette impulso a tale logica repressiva, specialmente nei territori occupati. Ci fu anzi un vero e proprio scatenamento, qualificabile come terroristico in URSS, in Polonia e nei Balcani, prima che l'ondata assassina rifluisse verso Ovest, a partire dal 1943. Nel caso della lotta antipartigiana è difficile valutare quanti civili caddero vittime di rappresaglie poliziesche e militari nell'Europa nazista, anche se il loro numero supera di certo il milione. [...] I campi di concentramento rispecchiano questa evoluzione. Essi divennero una specie di torre di Babele dove convivevano donne e uomini di ogni nazionalità mentre i detenuti tedeschi rappresentavano ormai soltanto una piccola minoranza, ora privilegiata. All'inizio della guerra la popolazione concentrazionaria si aggirava sui 25 000 individui, numero moltiplicatosi per quattro nel 1942, per dieci nell'estate del 1943 e per trenta all'inizio del 1945: nel gennaio di quest'ultimo anno vi erano 714 211 detenuti di cui 202 674 donne. In tutto almeno un milione e mezzo di persone conobbero l'inferno dei campi e i due terzi vi persero la vita in seguito alle sevizie, allo sfinimento o alle malattie. [...]

Per gli zingari e gli ebrei la «ripulitura dello spazio

vitale» significò lo sterminio allorché vennero abbandonate altre soluzioni quali l'emigrazione, la deportazione o il confino in riserve. A differenza di altre popolazioni, in questo caso la violenza nazista si accanì su intere famiglie: il genocidio non consente infatti eccezioni per i singoli. Una distinzione, questa, di essenziale importanza che conferma la specificità dello sterminio attuato contro gli ebrei.

P. BURRIN, *La violenza congenita del nazismo*, in H. ROUSSO (a cura di), *Stalinismo e nazismo. Storia e memoria comparate*, Bollati Boringhieri, Torino 2001, pp. 116-119, 124, trad. it. S. VACCA

Violenza *interna* e violenza *esterna*

Nei «campi di custodia cautelare» (KL), costituiti per i «nemici dello Stato», erano presenti nel luglio 1933 circa 27 000 persone. Durante lo stesso anno ne vennero incarcerate circa 80 000. Entro la metà degli anni Trenta il numero degli internati nei KL si ridusse a un nucleo di 9000 prigionieri politici, accanto ai quali furono però rinchiusi sempre più spesso criminali comuni e «asociali» (dagli omosessuali ai testimoni di Geova). Nelle settimane successive ai *pogrom* contro gli ebrei del 9 novembre 1938 furono internati circa 36 000 ebrei, quasi tutti rilasciati entro la primavera del 1939. Il numero complessivo dei prigionieri nei KL allo scoppio della guerra ammontava così a circa 25 000, tra i quali una minoranza di prigionieri politici. Certamente questo sistema di *Lager* era allestito per un'espansione dinamica, come dimostra l'istituzione dei campi di concentramento centrali di Sachsenhausen (1936), Buchenwald (1937) e Dachau (1937-1938) [Dachau, però, come campo a dimensione locale, bavarese, funzionava già dal 1933, *n.d.r.*]. Ma queste neoistituzioni furono fin da principio concepite in previsione della guerra. Nel complesso, il numero degli assassinati prima della guerra dovrebbe ammontare alle centinaia piuttosto che alle migliaia.

Confrontare questa situazione con quella dell'Unione Sovietica nello stesso periodo significa trovarsi letteralmente in un'altra dimensione. Solo per i due anni del Terrore (1937-1938) dobbiamo calcolare 1 000 000 di morti violente (tra cui 700 000 fucilazioni) e circa due milioni di internamenti nelle prigioni e nei campi, numero che anche dopo la fine del Grande Terrore non diminuì, ma anzi continuò a crescere. Inoltre vi furono svariati milioni di deportati, esiliati, espulsi dalle città o comunque persone in condizioni di vita e lavoro non libero. Di un periodo di terrore così concentrato in tempo di pace, contro la propria popolazione, non troviamo alcun precedente storico, nemmeno nella Germania nazista.

Che cosa significa tutto questo? Per quanto concerne la Germania, vuol dire innanzitutto solamente che i nazisti non dovettero esercitare un autentico terrore di massa per «coordinare» la stragrande maggioranza del popolo tedesco e prepararlo alla guerra imminente. Furono sufficienti i mezzi di una dittatura brutale, ma relativamente tradizionale. Non solo il «livellamento» politico della società (*Gleichschaltung*), ma anche quello culturale procedettero senza particolari problemi. [...]

L'autentico radicalismo del movimento nazista si sviluppò propriamente nell'aggressione sfrenata e continua verso l'esterno e nello schiavizzare e annientare tutti quei soggetti definiti estranei, nemici per razza o esseri inferiori all'interno del proprio paese e dei paesi europei occupati. Questa politica culminò di fatto nel tentativo di una «soluzione finale della questione ebraica». [...] Lo sterminio degli ebrei europei, come degli zingari, seguì indubbiamente la logica di un genocidio totale, cioè l'intenzionale e, per quanto possibile, completa eliminazione di una determinata *gens*, cioè di un genere umano che doveva essere bandito *tout court* [in modo radicale e senza possibilità di alternativa, *n.d.r.*] dalla comunità umana. Non fu né il primo né l'ultimo tentativo di genocidio del XX secolo. Lo sterminio degli ebrei fu «particolare» in quanto fu il tentativo di genocidio più radicale mai messo in atto. Fu il tentativo di cancellare integralmente e senza lasciare tracce un intero genere umano, per quanto fosse possibile raggiungere tutti i suoi appartenenti, sulla base di argomentazioni pseudoscientifiche e razziali e con l'aiuto della moderna burocrazia e tecnica. [...]

Questo rimanda ancora una volta alle fondamentali differenze tra le due realtà: il nazionalsocialismo era in primo luogo un progetto di conquista di «spazio vitale» straniero e di neofondazione di un enorme impero razziale continentale sulla base della riduzione in schiavitù, della decimazione o dell'annientamento di popoli stranieri. Il bolscevismo al contrario perseguiva la fondazione di un grande Stato di nuovo tipo su tutto quanto ereditato dall'antico impero russo, una «Unione delle Repubbliche Socialiste Sovietiche». A questo scopo più o meno tutta la società preesistente venne sottoposta a una radicale epurazione e trasformazione, tanto gli uomini come le cose, tanto i rapporti di produzione come gli stili di vita, le basi materiali come la «sovrastruttura» [espressione tipicamente marxista per indicare l'arte, la cultura e la religione, *n.d.r.*] intellettuale.

Per questa impresa dei bolscevichi, fallita sul nascere e quindi perseguita con più acceso fanatismo, il terrore di massa era un mezzo imprescindibile, ma non un fine in se stesso. La politica bolscevica ebbe in certi periodi i tratti dello sterminio, ma non può essere correttamente definita «di genocidio». Per esempio la borghesia non fu «annientata», era piuttosto forzatamente livellata con tutte le altre classi e strutture sociali. Anche la «liquidazione dei *kulaki* come classe», proclamata da Stalin, non mirava all'eliminazione fisica di quanto restava di un certo contadino indipendente. Ci si prefiggeva piuttosto di sottomettere, espropriare, collettivizzare e mobilizzare [obbligare al mutamento, *n.d.r.*] con mezzi terroristici di più vasta portata la popolazione rurale, che costituiva ancora l'80% della popolazione complessiva.

G. KOENEN, *Genocidio razziale e sterminio sociale. Un confronto storico tra nazionalsocialismo e stalinismo*, in G. CORNI, G. HIRSCHFELD (a cura di), *L'umanità offesa. Stermini e memoria nell'Europa del Novecento*, il Mulino, Bologna 2003, pp. 125-136

Lavorare con i testi

Nei brani citati, il colore ha evidenziato alcuni passaggi essenziali, finalizzati a far comprendere i tratti tipici dei due regimi (quello sovietico e quello nazista). Come ulteriore stimolo di analisi e di riflessione, ti viene presentata una scaletta, che raccoglie le principali informazioni presenti nei due testi.

Analizza i testi

Germania 1933-1939:

- Numero relativamente scarso di prigionieri detenuti nei lager (oppositori politici, omosessuali, testimoni di Geova, *asociali*)
- Assenza di *purghe* all'interno del partito

Germania 1939-1945:

- Crescita esponenziale del numero dei prigionieri deportati nei lager
- Violenza sistematica contro le popolazioni dei Paesi occupati (soprattutto nell'Est europeo, nei confronti dei polacchi, dei russi e, più in generale, degli slavi)
- Tentativo di attuare la *soluzione finale della questione ebraica*

Specificità della violenza nazista:

- La violenza viene esercitata soprattutto *all'esterno*, cioè sui popoli considerati razzialmente inferiori e destinati a diventare schiavi del popolo tedesco
- Lo sterminio degli ebrei aspira a essere totale, senza eccezioni e senza residui

Seguendo la scaletta come una traccia, componi un saggio breve. Il testo non deve superare le due colonne di foglio protocollo.

Verifica dell'apprendimento
Conoscenze e abilità

Lo spazio

1. **Indica sulla carta i nomi delle regioni invase dal Reich tra il 1936 e il 1939. Per ognuna scrivi anche l'anno della conquista.**

Organizzare le informazioni

2. **Completa lo schema relativo alle misure economiche adottate nella Germania nazista. Per aiutarti, ti forniamo qui sotto in ordine sparso i termini e le espressioni da inserire.**

materiale bellico — caratteri nazisti — economia — manodopera — lunga guerra — prestiti — indebitamento pubblico — piano quadriennale — disoccupazione — espansione

Depressione economica e alto tasso di ....

→ Riassorbimento della .... e concessione di .... da parte dello Stato → Economia basata sull'intervento statale e conseguente ....

→ Incentivo al riarmo e alla produzione di .... → Politica di .... imperialistica con ....

→ .... per rafforzare l'.................. e preparare il terzo Reich a sostenere una ....

Lessico

3. Definisci le espressioni o i termini.

Spazio vitale (nella concezione di Hitler)

Battaglia del grano

Patto Ribbentrop-Molotov

Il tempo

4. Ricostruisci l'ordine cronologico degli eventi elencati numerandoli progressivamente.

- ☐ **a)** Notte dei lunghi coltelli
- ☐ **b)** Emanazione delle leggi razziali in Italia
- ☐ **c)** Patto d'acciaio tra Germania e Italia
- ☐ **d)** Elaborazione del piano quadriennale tedesco
- ☐ **e)** Francisco Franco instaura la dittatura in Spagna
- ☐ **f)** Invasione italiana dell'Etiopia
- ☐ **g)** Il Giappone occupa la Manciuria
- ☐ **h)** Emanazione delle Leggi di Norimberga
- ☐ **i)** *Anschluss* dell'Austria

Economia, cultura, società

5. Rispondi brevemente alle seguenti domande.

a) Quali erano le principali categorie di internati nel sistema dei lager nazisti? Con quali simboli diventavano riconoscibili?

b) Quali furono le misure adottate dal governo di Hitler per far fronte alla crisi economica e riportare un certo grado di benessere in Germania?

c) Quando vennero emanate in Italia le prime leggi antisemite? In quali provvedimenti consistevano?

d) Che cos'è la conferenza di Monaco del 29 settembre 1938? Che cosa si stabilì con essa?

e) Che cos'è il Patto d'acciaio? Perché Hitler dovette ricorrere per la seconda volta al sostegno dell'Italia, che pur non era un Paese al momento pronto per affrontare una guerra?

→ Verso il saggio breve

6. Scrivi un testo – massimo due facciate di foglio protocollo – sulla guerra civile in Spagna utilizzando le domande-guida elencate di seguito.

- → In quali anni si colloca l'evento? Che cosa era accaduto, dal punto di vista politico, in Spagna negli anni immediatamente precedenti?
- → Che cos'è il Fronte popolare? Quali erano i suoi obiettivi?
- → Quali erano i timori dei ceti superiori spagnoli nei confronti del successo politico del Fronte popolare e degli anarchici?
- → Chi era Francisco Franco? Perché si faceva chiamare *Caudillo*? Quale ruolo ebbe nella guerra civile spagnola?
- → Quale fu l'atteggiamento delle potenze straniere nei confronti del conflitto spagnolo? Quale, in particolare, quello di Italia e Germania?
- → Come si concluse la guerra civile?

metodo di studio

→ Per ripassare i **fatti**

CONTRASTI POLITICI

1931
→ Il Giappone invade la Manciuria

30 giugno 1934
→ *Notte dei lunghi coltelli* (eliminazione SA)

1935
gennaio
→ La Saar torna alla Germania con un plebiscito
ottobre
→ Attacco dell'Italia all'Etiopia

1936
marzo
→ La Germania occupa la Renania smilitarizzata
maggio
→ L'Italia conquista l'Etiopia
luglio
→ In Spagna scoppia la guerra civile
novembre
→ Patto antiComintern tra Giappone e Germania

novembre 1937
→ L'Italia viene accolta nel patto antiComintern

1938
marzo
→ Annessione dell'Austria alla Germania
settembre
→ Conferenza di Monaco: cessione dei Sudeti alla Germania

1939
marzo
La Germania occupa il resto della Cecoslovacchia
maggio
Patto d'acciaio tra Germania e Italia
agosto
→ Patto di non aggressione tra Germania e Unione Sovietica

ECONOMIA DEMOGRAFIA E SOCIETÀ

1926
→ Inizia la battaglia del grano

1935
settembre
→ Leggi razziali di Norimberga

1936
→ Piano quadriennale nazista finalizzato al riarmo

Dal 1938
→ Leggi razziali fasciste

CULTURA CIVILTÀ E RELIGIOSITÀ

1932
→ Esce l'Enciclopedia Italiana

10 maggio 1933
→ Rogo dei libri in Germania

1938
→ Otto Hahn scopre la fissione nucleare

→ Per ripassare i **concetti**

Leggere gli schemi

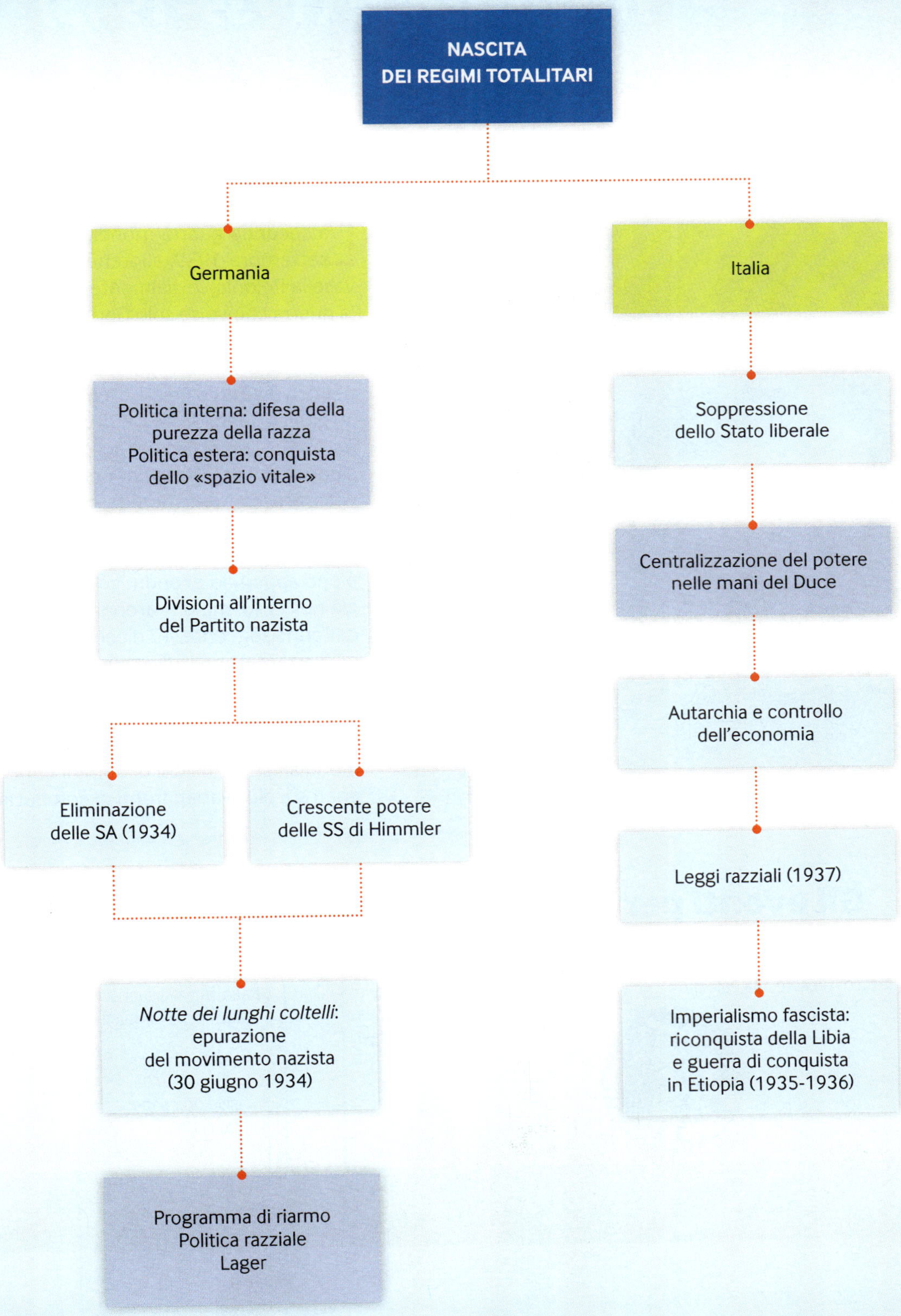

Unità 9 I primi anni della seconda guerra mondiale (1939-1943)

Un'immagine per iniziare

La seconda guerra mondiale ebbe inizo il 1° settembre 1939, allorché il Terzo Reich invase la Polonia. Inizialmente (oltre alla Polonia) la guerra coinvolse solo Germania, Inghilterra e Francia. L'Italia rimase fuori dal conflitto, in una posizione di *non belligeranza*, cioè di sostegno politico del Terzo Reich, di cui era alleata, fino al 10 giugno 1940. USA e URSS entrarono in guerra nel 1941; Stalin si fidò dell'accordo di non aggressione stipulato con Hitler nell'agosto 1939: dovette bruscamente ricredersi il 22 giugno 1941, quando i tedeschi invasero l'URSS con l'*Operazione Barbarossa*. Gli Stati Uniti, invece, diedero pieno appoggio economico alla Gran Bretagna già nel 1940, ma entrarono in guerra dalla fine dell'anno seguente. Il 7 dicembre 1941, i giapponesi attaccarono la flotta americana nella base di Pearl Harbor, nelle Hawaii; qualche giorno dopo, l'11 dicembre, Germania e Italia dichiarano guerra agli USA. Il conflitto diventava così mondiale, con milioni di uomini e mezzi impegnati sui più svariati fronti di combattimento.

Gli eventi per orientarsi nel tempo

1° settembre 1939
Attacco tedesco alla Polonia

Aprile/maggio 1940
La Germania invade la Norvegia, l'Olanda e il Belgio

10 giugno 1940
L'Italia entra in guerra al fianco della Germania

14 giugno 1940
I nazisti occupano la Francia

gen. 1939 — gen. 1940 — gen. 1941

3 settembre 1939
Gran Bretagna e Francia dichiarano guerra alla Germania

estate 1940
Inizia la battaglia d'Inghilterra

28 ottobre 1940
Mussolini dichiara guerra alla Grecia

Sommario

TESTO

La carta d'identità del periodo

1 L'aggressione tedesca all'Europa

2 L'Italia dalla *non belligeranza* alla guerra

3 L'invasione tedesca dell'URSS

4 La guerra degli italiani in Africa e in Russia

Una carta per orientarsi

Le due carte mostrano le strategie tedesche per invadere la Francia nel primo e nel secondo conflitto mondiale. Il piano Schlieffen prevedeva di conquistare Parigi dopo aver attraversato il Belgio (neutrale), cogliendo di sorpresa i francesi, che invece difendevano il confine franco-tedesco. Il piano Manstein (seconda guerra mondiale), prevedeva una finta avanzata tedesca nel Belgio del Nord, per attirare le forze britanniche e francesi, e poi un attacco decisivo appena oltre la linea Maginot, nel Nord della Francia; il piano fu modificato su richiesta di Hitler e l'attacco delle truppe tedesche avvenne dal Belgio del Sud.

Orientarsi nel tempo

22 giugno 1941
Attacco tedesco contro l'URSS

8 dicembre 1941
Gli Stati Uniti entrano in guerra al fianco dell'Inghilterra

7 dicembre 1941
Attacco giapponese contro le basi navali americane a Pearl Harbor

gen. 1942

gen. 1943

31 gennaio 1943
Disfatta tedesca a Stalingrado

Per iniziare

Storia slide

La carta d'identità del periodo

L'andamento della seconda guerra mondiale seguì le previsioni di Hitler?

L'idea di una guerra che avrebbe dovuto portare la Germania al rango di prima potenza mondiale rientrava fin dagli anni Venti nei progetti di Hitler. Egli voleva conquistare gli sterminati spazi russi e trasformarli in un immenso impero tedesco. Nelle sue intenzioni, l'Inghilterra avrebbe dovuto essere al fianco della Germania e, negli anni precedenti la guerra, la politica inglese parve non ostacolare gli obiettivi di Hitler. Nel 1942, però, la situazione era ben diversa: nel pieno del conflitto si contrapponevano due grandi schieramenti composti rispettivamente da Gran Bretagna, Stati Uniti e Unione Sovietica da un lato, e da Germania, Italia e Giappone dall'altro. Questa situazione sicuramente non era nelle previsioni: infatti non solo negli anni Venti, ma perfino nel 1939 nessun osservatore avrebbe potuto prevedere con certezza che una futura guerra avrebbe visto uno scontro tra questi due schieramenti.

CAPITOLO 1 L'aggressione tedesca all'Europa

➔ La seconda guerra mondiale iniziò il **1° settembre 1939**, con l'**invasione tedesca della Polonia**. Due giorni dopo, il 3 settembre, Inghilterra e Francia dichiararono guerra alla Germania. Il 17 settembre, da est, entrò in Polonia anche l'Armata rossa, con l'obiettivo di occupare i territori assegnati all'URSS dal patto di non aggressione Molotov-Ribbentrop.

➔ La campagna militare in Polonia fu di una velocità sorprendente (Varsavia capitolò il 28 settembre), in quanto le forze tedesche travolsero l'esercito polacco mediante l'applicazione della cosiddetta **guerra lampo** (*Blitzkrieg*): si trattava, in pratica, dell'utilizzo combinato delle due nuove armi che resero la seconda guerra mondiale un conflitto radicalmente diverso da quello del 1914-1918: l'**aviazione** e il **carro armato**.

➔ Nella primavera del 1940, i **tedeschi** attaccarono il fronte occidentale e **occuparono** rapidamente la **Danimarca**, la **Norvegia**, l'**Olanda** e il **Belgio**. Dopo aver aggirato da nord la linea Maginot (il sistema di fortificazioni che stava al confine tra Francia e Germania), l'esercito tedesco occupò anche **Parigi il 14 giugno 1940**.

➔ Guidato da **Winston Churchill**, il Regno Unito rimase da solo a combattere contro il Terzo Reich. Nell'estate del 1940, i tedeschi progettarono l'invasione della Gran Bretagna: per preparare lo sbarco dell'esercito iniziarono a bombardare ogni giorno prima gli aeroporti inglesi e successivamente le città; l'**aviazione inglese**, però, **respinse la grande offensiva aerea tedesca** (**battaglia d'Inghilterra**).

CAPITOLO 2 L'Italia dalla *non belligeranza* alla guerra

➔ Nel 1939, l'Italia era alleata della Germania. Tuttavia, quando Hitler invase la Polonia e dovette fronteggiare la dichiarazione di guerra di Francia e Gran Bretagna, **Mussolini scelse di restare fuori dal conflitto**. L'Italia, infatti, era in una posizione di gravissima impreparazione militare e la sua economia soffriva di una cronica carenza di materie prime essenziali come ferro, carbone e petrolio.

➔ Le fulminee vittorie di Hitler stupirono Mussolini, che aveva ipotizzato una guerra lunga e difficile. Quando le truppe tedesche invasero la Francia, il Duce temette che la conclusione del conflitto sarebbe giunta addirittura troppo in fretta, senza dargli la possibilità di essere tra i vincitori. Di conseguenza, **Mussolini dichiarò guerra a Francia e Gran Bretagna** il **10 giugno 1940**.

➔ L'Inghilterra di Churchill, tuttavia, non chiese la resa, come Hitler pensava (e come Mussolini sperava). l'Italia si trovò così coinvolta in una guerra molto più grande di lei: gli inglesi, nel novembre 1940, misero fuori combattimento metà della flotta da guerra italiana.

➔ Desideroso di qualche successo che rafforzasse l'immagine del regime, il Duce dichiarò **guerra alla Grecia**: il suo obiettivo era di effettuare una **guerra parallela**, diversa da quella tedesca e finalizzata a trasformare il Mediterraneo in una vasta area subordinata alla potenza italiana. In realtà, la campagna di Grecia dimostrò la **debolezza dell'esercito italiano**, che fu salvato da una totale disfatta solo grazie all'intervento tedesco.

→ Domande fondamentali

- Che cosa si intende con l'espressione "guerra lampo"?
- Perché Mussolini cambiò idea e dichiarò guerra alla Francia e all'Inghilterra?
- In seguito a quale episodio gli Stati Uniti entrarono in guerra?
- Perché in generale le offensive degli italiani in Africa e in Russia non ebbero successo?

Soldati tedeschi in azione nel territorio russo (1941).

CAPITOLO 3 L'invasione tedesca dell'URSS

→ Nel 1941, Hitler, recuperando i suoi progetti originali, ordinò ai suoi generali di **progettare l'invasione della Russia**. Questa ebbe inizio il 22 giugno 1941 e fu caratterizzata fin dall'inizio da una **brutalità eccezionale**: infatti, le armate tedesche erano seguite da speciali reparti di SS, incaricati di fucilare tutti i membri del Partito comunista e tutti gli ebrei.

→ La prima fase della guerra sul fronte orientale si esaurì con l'arrivo dell'inverno. I tedeschi avevano conquistato un territorio più vasto dell'intera Germania. Tuttavia, furono bloccati davanti a Mosca e non riuscirono a conquistare Leningrado (San Pietroburgo), che fu stretta in un micidiale assedio, durante il quale morì almeno un milione di persone.

→ Fin dall'autunno del 1940 la **Gran Bretagna** godeva dell'**appoggio economico e politico degli Stati Uniti**: gli USA, però, non erano ancora entrati ufficialmente nel conflitto. Il 7 dicembre del 1941 gli aerei giapponesi colpirono duramente la flotta americana ancorata nella base di **Pearl Harbor**, nelle isole Hawaii. L'11 dicembre anche la Germania e l'Italia dichiararono guerra agli Stati Uniti.

→ Nell'estate del 1942 i tedeschi ripresero l'offensiva in URSS e riuscirono a giungere fino alla città di **Stalingrado**, dove si svolse una delle più importanti battaglie della guerra. Per alcuni mesi, si combatté casa per casa, in quella che i tedeschi chiamavano *Rattenkrieg* ("guerra da topi"). Nel novembre 1942, i russi passarono al contrattacco e riuscirono a circondare un'intera **armata tedesca** (250 000 uomini), che fu **costretta ad arrendersi** il 31 gennaio 1943.

CAPITOLO 4 La guerra degli italiani in Africa e in Russia

→ Italia e Gran Bretagna si affrontarono soprattutto in **Africa del Nord**: i soldati italiani, infatti, dalla Libia cercarono di entrare in Egitto per conquistare Alessandria e bloccare il canale di Suez. L'organizzazione e i mezzi militari italiani non erano tuttavia all'altezza della situazione e tali manovre non ebbero successo.

→ In Africa del Nord, l'esercito italiano ricevette il sostegno di un contingente tedesco denominato *Africa Korps*, guidato dal generale **Erwin Rommel**. Questi, nel 1942, riuscì a penetrare in territorio egiziano: la controffensiva inglese ad **El Alamein** (autunno 1942), tuttavia, obbligò **italiani e tedeschi alla ritirata**.

→ Nel 1942 fu Hitler a chiedere all'Italia un maggior contributo nella guerra contro l'URSS. In questo modo, circa 229 000 **soldati italiani** furono inviati **sul fronte russo**. Essi erano però mal armati e mal equipaggiati. La maggioranza, nel contesto della battaglia di Stalingrado, cadde o fu fatta prigioniera dall'Armata rossa. Gli altri furono costretti a una terribile ritirata in mezzo al gelo e alla neve.

→ La spedizione militare dell'Italia in URSS si era dunque rivelata un **autentico fallimento**. Tra i sopravvissuti si diffuse un vivo sentimento di disprezzo nei confronti del regime e dei tedeschi, che durante la ritirata non avevano quasi mai aiutato i loro alleati italiani.

Capitolo 1

POTERI E CONFLITTI

L'aggressione tedesca all'Europa

Storia slide

LE CONOSCENZE DA ACQUISIRE

Nella prima fase del conflitto, la Germania nazista riuscì a conquistare gran parte dell'Europa. Si trattò di una guerra lampo: il Terzo Reich, infatti, non possedeva le risorse per condurre una guerra di lunga durata.

LE COMPETENZE DA POTENZIARE

Saper individuare i limiti e i fattori di debolezza di una grande potenza apparentemente invincibile.

1.1 La Germania in guerra

La dichiarazione di guerra di Inghilterra e Francia alla Germania In risposta all'**invasione della Polonia** da parte dell'esercito tedesco, avvenuta il **1° settembre 1939**, l'**Inghilterra** e la **Francia dichiararono guerra alla Germania**, due giorni più tardi, il **3 settembre**. Allo scoppio del conflitto, dunque, Hitler si trovava in una posizione molto diversa da quella che aveva preventivato. Infatti, il progetto di espansione verso est per mezzo di un'offensiva antibolscevica, con l'appoggio della Gran Bretagna e della Polonia, era ormai tramontato. Al contrario, la Germania si trovava schierata contro l'Inghilterra, mentre aveva dalla sua parte la benevola **neutralità dell'URSS, il cui supporto era fondamentale** sia dal punto di vista strategico-militare sia da quello economico. Solo la Russia poteva garantire al Terzo Reich regolari rifornimenti di **petrolio** (dai giacimenti del Caucaso) e di altre **materie prime fondamentali** come il caucciù, che proveniva dall'Asia sud-orientale ed era trasportato attraverso la Siberia per mezzo della ferrovia. In tal modo, alla Germania fu possibile evitare le conseguenze del blocco navale britannico; tuttavia, politicamente parlando, la situazione di Hitler era a dir poco imbarazzante.

Una situazione imbarazzante

Soldati tedeschi assistono alla rimozione della sbarra che segna il confine tra Polonia e Germania: è il 1° settembre 1939, inizia la seconda guerra mondiale.

Video
La guerra lampo di Hitler

Guardiamo la storia
L'evoluzione del carro armato

La guerra lampo La conquista della Polonia avvenne in tempi brevissimi: il 28 settembre Varsavia capitolò. Le forze tedesche travolsero l'esercito polacco mediante l'applicazione della cosiddetta **guerra lampo** (*Blitzkrieg*). Essa si basava sull'utilizzo integrato di due nuove armi che avrebbero fatto della seconda guerra mondiale un conflitto radicalmente diverso da quello del 1914-1918: l'**aviazione** e il **carro armato**. In un settore del fronte veniva scatenata una massiccia azione di bombardamento aereo; subito dopo, approfittando del disorientamento provocato dall'aviazione, quel medesimo settore era investito da un violento attacco delle forze corazzate. Considerando che i polacchi non possedevano carri armati e che la maggior parte dei loro aerei fu distrutta al suolo, ben si capiscono le ragioni del repentino successo tedesco.

Ma per cogliere pienamente l'importanza storica della guerra lampo, si deve andare al di là dell'ottica strettamente militare e strategica. Nel 1939, la Germania non aveva affatto impostato tutta la propria vita economica e sociale in direzione del riarmo e della produzione utile ai fini bellici. Il tenore di vita dei tedeschi e la disponibilità di beni di consumo **in Germania** erano ancora decisamente elevati, né Hitler poteva permettersi di abbassarli, se voleva mantenere il consenso di **una popolazione** che **era entrata in guerra contro voglia** e senza entusiasmo. Infine, la massiccia importazione di materie prime dall'URSS mostrava chiaramente che il Terzo Reich non disponeva di risorse interne sufficienti e dunque non sarebbe stato in grado di sostenere una lunga guerra di logoramento: di qui l'individuazione di una geniale tattica militare, che permettesse di giungere rapidamente alla vittoria e permettesse di abbreviare il più possibile i tempi del conflitto.

1.2 Le azioni sovietiche nell'Europa orientale

› VEDI
Il patto Ribbentrop-Molotov → pag. 336

Contese sul territorio polacco

L'occupazione sovietica degli Stati baltici Il 17 settembre **l'Armata rossa penetrò in Polonia da est**, con l'obiettivo di occupare i territori assegnati all'URSS dal *protocollo segreto* siglato insieme al patto di non aggressione Ribbentrop-Molotov. In teoria, secondo le promesse fatte al governo polacco, Inghilterra e Francia avrebbero dovuto subito dichiarare guerra anche all'URSS. Tuttavia, il crollo della Polonia si preannunciava incombente e inevitabile; ciò spinse i governi delle potenze occidentali a non allargare il conflitto, per non aumentare il numero dei nemici.

A fine mese, il 28 settembre, Germania e Russia si accordarono in modo più preciso per la spartizione delle rispettive *sfere di influenza* nell'Europa orientale; in quella circostanza, **Hitler permise ai sovietici** di occupare anche gli **Stati baltici** della **Lettonia**, dell'**Estonia** e della **Lituania** (che furono poi annessi all'URSS nel 1940). Nelle intenzioni di Stalin, anche la **Finlandia** avrebbe dovuto cedere una parte del proprio territorio all'URSS, al fine di garantire una più efficace difesa di Leningrado. I finnici, tuttavia, si opposero alle pretese sovietiche,

I luoghi → Lettonia, Estonia, Lituania, Finlandia

Fino al 1918 tutti questi territori appartenevano all'impero zarista. Dopo la sconfitta della Russia e la rivoluzione, divennero invece indipendenti. Nel novembre 1939, l'attacco russo alla Finlandia incontrò una tenacissima resistenza; dopo la sconfitta dei finnici, con il trattato di Mosca del marzo 1940, il confine tra Russia e Finlandia venne spostato verso nord, in modo che l'intero lago Ladoga passasse sotto controllo sovietico. L'occupazione russa di Lettonia, Estonia e Lituania fu invece molto più facile: nel 1940, tra il 14 e il 17 giugno, le tre piccole repubbliche baltiche furono accorpate all'URSS. Nel 1941, allorché i tedeschi attaccarono la Russia, lituani, estoni e lettoni appoggiarono la Germania, che fece ampio uso di loro in operazioni dirette contro i partigiani comunisti e contro gli ebrei. La Finlandia partecipò all'invasione dell'URSS, ma nel 1944 stipulò un nuovo armistizio con la Russia, ormai vittoriosa. In tal modo, conservò la propria indipendenza; gli Stati baltici, invece, tornarono sotto il completo dominio sovietico e vi sarebbero rimasti fino al 1991.

Carta proiettabile

Le vicende politiche e militari del 1939

DATE	EVENTI
1° settembre	L'esercito tedesco invade la Polonia occidentale
3 settembre	L'Inghilterra e la Francia dichiarano guerra alla Germania
17 settembre	L'esercito sovietico invade la Polonia orientale
28 settembre	Germania e Unione Sovietica si accordano per la spartizione delle rispettive sfere di influenza nell'Europa orientale
30 novembre	L'esercito sovietico entra in Finlandia
14 dicembre	L'Unione Sovietica viene espulsa dalla Società delle nazioni

cosicché il 30 novembre 1939 iniziò un conflitto tra i due Stati, che si sarebbe risolto a favore dell'Armata rossa solo nella primavera del 1940.

L'espulsione dell'URSS dalla Società delle nazioni In conseguenza di questa aggressione, il 14 dicembre 1939 l'**Unione Sovietica** fu **espulsa dalla Società delle nazioni**, mentre in Inghilterra, da più parti, si propose di intervenire militarmente a fianco della Finlandia contro la Russia, considerata a pieno titolo un alleato del Terzo Reich. Per le stesse ragioni, da parte francese, si progettò di attaccare i pozzi petroliferi del Caucaso partendo dai possedimenti coloniali anglo-francesi in Medio Oriente. Si trattò di progetti vaghi e mai realizzati: alla fine del 1939, comunque, la **guerra mondiale avrebbe potuto prendere un indirizzo del tutto diverso rispetto all'andamento che poi effettivamente assunse**. Gli schieramenti che oggi, a posteriori, siamo abituati a considerare come ovvi e scontati, non lo erano affatto poco prima e subito dopo lo scoppio delle ostilità.

Schieramenti ancora fluidi

Truppe finlandesi posano prima di un attacco alle postazioni sovietiche, dicembre 1940.

POTERI E CONFLITTI

1.3 1940: l'avanzata tedesca in Occidente

Lavorare per competenze
avvio al saggio breve
La guerra lampo
→ pag. 385

Video
L'esercito tedesco

L'occupazione tedesca nell'Europa occidentale Solo a partire dalla primavera del **1940** gli scontri raggiunsero anche l'Europa occidentale. In un primo momento, la Germania occupò la **Danimarca** e la **Norvegia**, per assicurarsi il regolare approvvigionamento di ferro dalla Svezia (neutrale) e per disporre di basi aeree da cui bombardare l'Inghilterra. Successivamente, in maggio, la guerra lampo nazista arrivò in **Olanda, Belgio** e **Francia**. Dopo aver aggirato da settentrione la linea Maginot (il sistema di fortificazioni che stava al confine tra Francia e Germania), l'esercito di Hitler sfondò il fronte alleato vicino a Sedan e isolò le armate francesi impegnate nel Nord del Paese. Anche questa volta, come già in Polonia, risultarono decisive la velocità e la capacità d'urto delle forze corazzate, sostenute dall'aviazione. La **disfatta anglo-francese**, a quel punto, fu totale e l'unico successo consistette nel fatto che gli inglesi riuscirono a evacuare dal porto di **Dunkerque** le truppe in ritirata: si trattava di un contingente di circa 200 000 soldati britannici e 140 000 francesi, che si salvarono riparando in Inghilterra attraverso il canale della Manica.

Il governo di Vichy Il **14 giugno 1940 le truppe tedesche entrarono trionfalmente a Parigi**, costringendo il governo francese a chiedere la resa. La Francia venne divisa in due zone: mentre il Nord fu posto sotto il diretto controllo tedesco, nel Sud fu instaurato un governo conservatore. Guidato da **Philippe Pétain** (il generale vincitore di Verdun nella prima guerra mondiale, divenuto nel frattempo "maresciallo di Francia"), il nuovo esecutivo si insediò a **Vichy** e si dichiarò disposto a collaborare con i tedeschi, nella convinzione che essi avessero vinto la guerra.

› VEDI
La congiura del 20 luglio 1944
→ pag. 411

Hitler al massimo della popolarità In Germania, per effetto della fulminea vittoria sulla Francia, il prestigio di Hitler toccò il suo massimo livello. Anche quegli ambienti militari che avevano ancora delle riserve nei suoi confronti le abbandonarono definitivamente, accettandolo come indiscutibile guida della Germania e del suo popolo. Nessun generale tedesco sarebbe più stato in grado, fino all'estate del 1944, di mettere in discussione le sue direttive. Il 19 luglio 1940, in un discorso al Reichstag, Hitler offrì alla Gran Bretagna la pace; a Londra, tuttavia,

I luoghi → Linea Maginot

La poderosa linea fortificata costruita dai francesi tra il 1930 e il 1936 prese nome dal ministro della Guerra che ne promosse la realizzazione. Il sistema difensivo era stato progettato per resistere a qualunque attacco frontale, con sbarramenti anticarro e zone minate, mitragliatrici e artiglieria. Ogni postazione di tiro era protetta da spesse calotte di calcestruzzo o da cupole d'acciaio resistenti anche a proiettili di grosso calibro; la rete di collegamento nel sottosuolo era un vero capolavoro di ingegneria militare: impianti di riscaldamento e aerazione, centrali elettriche e telefoniche, acquedotti e magazzini di munizioni, alloggiamenti e ospedali, il tutto collegato da una ferrovia sotterranea. Il costo dell'opera fu spropositato ma del tutto inutile: la linea Maginot, progettata e realizzata pensando a un conflitto di posizione come nella prima guerra mondiale, assalita alle spalle non fu in grado di opporre resistenza. Lo Stato Maggiore francese non capì che i nuovi carri armati e gli aerei avevano cambiato radicalmente la velocità degli attacchi, ma non seppe neppure prevedere la replica di quanto era già avvenuto nel 1914: l'attacco tedesco da Nord.

Carta proiettabile

Guardiamo la storia
- Churchill, il combattente inglese
- La battaglia d'Inghilterra

il 10 maggio era diventato primo ministro **Winston Churchill**, il più fiero avversario, prima dello scoppio della guerra, della politica conciliante condotta da Chamberlain. Consapevole di rappresentare il sentimento comune del popolo inglese, il governo respinse l'offerta hitleriana e si preparò a resistere a un conflitto che si profilava lungo e difficile.

Il piano tedesco di invasione dell'Inghilterra Dopo il rifiuto inglese dell'offerta di pace tedesca, lo Stato Maggiore del Terzo Reich iniziò a progettare l'**invasione della Gran Bretagna**. Tale operazione, tuttavia, avrebbe potuto avere successo solo se le navi, mentre attraversavano la Manica, non fossero state attaccate dall'aviazione inglese. Così, nel corso dell'estate del 1940, ebbe luogo la cosiddetta **battaglia d'Inghilterra**, caratterizzata dallo sforzo dei bombardieri tedeschi di mettere fuori uso gli aeroporti inglesi, di acquistare il dominio assoluto dei cieli e, infine, di rendere possibile l'invasione dell'isola. **L'aviazione inglese** (*Royal Air Force* - RAF), però, **riuscì a infliggere enormi perdite a quella avversaria**, in virtù sia della superiorità tecnica dei propri *caccia* (gli *Spitfire*), sia del rivoluzionario utilizzo del **radar**, che permise di conoscere in anticipo da dove proveniva un attacco nemico e di concentrare in quel settore tutti gli aerei necessari o disponibili.

Sconfitta dell'aviazione tedesca

Verso la fine dell'estate e in autunno, i tedeschi cambiarono obiettivo e si concentrarono sulle città inglesi. Tra il 7 settembre e il 13 novembre, **Londra fu colpita praticamente ogni giorno e ogni notte**. Per l'aviazione tedesca (*Luftwaffe*), però, mantenere una simile pressione sulla popolazione inglese risultò alla fine impossibile: nel periodo tra il 10 luglio e il 31 ottobre, l'aviazione tedesca perse 1733 aerei e 3089 aviatori, a fronte dei 915 velivoli e 503 piloti persi dalla RAF.

Victoria Station, a Londra, dopo i bombardamenti tedeschi del 7 settembre 1940.

Le vicende politiche e militari della primavera del 1940

DATE	EVENTI
Maggio	Invasione tedesca di Norvegia, Danimarca, Olanda, Belgio e Francia
14 giugno	Le truppe tedesche entrano a Parigi
Estate-autunno	Battaglia d'Inghilterra

I personaggi → Winston Churchill

Nato nel 1874, entrò nell'esercito nel 1895. Nel 1898 partecipò alla guerra condotta dagli inglesi per la conquista del Sudan e poi, tra il 1899 e il 1900, a quella contro i boeri (coloni sudafricani di origine olandese), in Sud Africa, dove fu catturato, riuscendo a fuggire. Nel 1900 fu eletto alla Camera dei Comuni e iniziò la propria carriera politica, che lo portò a rivestire il delicato incarico di primo lord dell'Ammiragliato all'inizio del primo conflitto mondiale. Negli anni Venti, Churchill sostenne il principio secondo cui bisognava con ogni mezzo tenere alto il prestigio della Gran Bretagna: di qui le sue scelte di sostenere la rivalutazione della sterlina e di impedire che l'India potesse ottenere l'indipendenza. Per lo stesso motivo si oppose alla linea di dialogo con la Germania, seguita da Chamberlain. Negli anni 1948-1951 stese a caldo una celebre storia della seconda guerra mondiale, con cui nel 1953 ottenne il premio Nobel per la letteratura. Morì a Londra nel 1965.

Capitolo 2

CONTRASTI POLITICI

L'Italia dalla *non belligeranza* alla guerra

Storia slide

LE CONOSCENZE DA ACQUISIRE
L'iniziale neutralità italiana venne sospesa nel giugno 1940, nel momento in cui il Duce si convinse che la fine della guerra sarebbe stata imminente.

LE COMPETENZE DA POTENZIARE
Saper cogliere i fattori fondamentali che determinano la potenza militare di uno Stato.

2.1 La situazione italiana nel 1939

Ritardo italiano rispetto alla Germania

L'arretratezza dell'Italia Nel 1939, allo scoppio della guerra, **l'Italia non era assolutamente preparata ad affrontare**. Dal punto di vista dello sviluppo industriale, economico e sociale, era clamorosamente indietro rispetto alla Germania, con un ritardo che alcuni storici hanno quantificato in 30-50 anni. Un esempio lampante è il tasso di **analfabetismo**. Secondo il censimento del 1931, il problema in Italia riguardava il 20,9% dei cittadini con più di sei anni d'età, con questa suddivisione territoriale: 10% al Nord, 21% al Centro, 39% al Sud e nelle isole. In Germania, invece, l'analfabetismo era praticamente scomparso già all'inizio del Novecento.

Alla fine degli anni Trenta, circa la metà degli italiani in età da lavoro era impiegata in agricoltura, a fronte di un 26% dei tedeschi; la quota dell'industria nel prodotto nazionale tedesco aveva superato quella dell'agricoltura negli anni 1889-1890, mentre l'Italia toccò faticosamente tale traguardo negli anni 1935-1940 e regredì già nel 1941, dopo un solo anno di guerra. L'**industria italiana** era del tutto **dipendente dall'estero per materie prime** fondamentali come ferro, carbone e petrolio. Nel solo marzo 1940, invece, la Germania riuscì a coprire l'intero fabbisogno italiano di carbone, facendo pervenire nel nostro Paese un milione di tonnellate di combustibile.

Grave debolezza economica strutturale

Secondo il *Patto d'acciaio* (stipulato il 22 maggio 1939), **l'Italia avrebbe dovuto subito entrare in guerra a fianco del Terzo Reich**, nel momento stesso in cui la Germania aveva dato il via all'invasione della Polonia. Mussolini tuttavia, quando venne a conoscenza della decisione di Hitler di iniziare il conflitto in tempi brevi, presentò all'alleato un lunghissimo elenco di richieste, che mettevano a nudo la strutturale debolezza economica dell'Italia.

22 maggio 1939: a Berlino Galeazzo Ciano, ministro degli Esteri italiano, firma il Patto d'acciaio. Adolf Hitler (seduto al centro) assiste alla scena insieme ad Hermann Göring (in piedi, alle spalle del Führer).

Le gravi carenze militari dell'Italia Sul piano strettamente militare, le carenze delle forze armate italiane erano clamorose. Il Paese era del tutto **privo di protezione contro i bombardamenti nemici**: con 2 (due!) riflettori e 230 batterie antiaeree era evidentemente impossibile difendere tutte le città del vasto territorio nazionale. L'Italia poi **non possedeva aerei, carri armati e pezzi d'artiglieria moderni** e adeguati, mentre le navi non erano munite di alcun tipo di radar. Quel poco di efficiente che la nazione aveva avuto era stato bruciato nel conflitto per la conquista dell'Etiopia e nella guerra civile spagnola. Si può dire – con le parole del generale Carlo Favagrossa (responsabile, nel 1940, della produzione bellica) – che Mussolini aveva svolto per anni «un sistematico esercizio di *bluff* nel quale l'esaltazione dello spirito, del valore personale, dell'ardimento, quindi le chiacchiere, avevano rimpiazzato i fondi indispensabili per l'approntamento dei mezzi di guerra».

Il *bluff* di Mussolini

In realtà, le carenze militari dell'esercito italiano non erano da attribuire al solo Mussolini: molti generali italiani, infatti, non avevano appreso alcuna lezione dal primo conflitto mondiale e continuavano ad affermare che l'uomo, non la macchina, era l'elemento vincente in uno scontro bellico. I comandanti dell'esercito insistevano sull'**importanza del numero dei soldati** da gettare sul campo di battaglia, mentre non avevano affatto compreso il ruolo devastante delle divisioni corazzate. Pertanto, non meraviglia che lo Stato Maggiore italiano **non abbia** mai seriamente **imposto** alla FIAT Ansaldo **di progettare un carro armato** davvero efficiente e pesante, **capace di reggere il confronto con i mezzi inglesi o russi**, e sia stato indulgente nei confronti dei prodotti di non eccelsa qualità con cui l'industria torinese riforniva le forze armate.

Mancanza di mezzi e teorie militari obsolete

2.2 1940: la scelta dell'intervento

Un errore di valutazione Mussolini era fermamente convinto che la guerra sarebbe durata a lungo. Dunque, non era necessario affrettare i tempi: l'Italia avrebbe potuto prendere parte al conflitto nel giro di due o tre anni. La sua posizione iniziale, dunque, fu la cosiddetta ***non belligerenza***, che, nelle sue intenzioni, non consisteva nella neutralità, quanto nel **pieno appoggio politico alla Germania, senza**, però, **coinvolgimento militare**. D'altronde lo stesso Hitler, nel settembre 1939, aveva comunicato a Mussolini che non aveva bisogno dell'esercito italiano per la *sua* guerra.

La *non belligeranza*

Ma quando la Francia fu sconfitta, i piani di Mussolini vennero completamente capovolti e **il Duce**, temendo di non riuscire a salire sul carro dei vincitori, diede l'annuncio dell'**intervento dell'Italia il 10 giugno 1940**. Insomma, la ragione per cui Mussolini, pur consapevole della gravissima impreparazione delle forze armate italiane, scelse ugualmente di gettare il Paese nel conflitto va ricercata nella sua **convinzione che Hitler avesse già vinto la guerra**. Sconfitta la Francia – secondo Mussolini – l'Inghilterra sarebbe senz'altro scesa a patti con la Germania; pertanto, solo una partecipazione effettiva e diretta allo scontro, secondo il dittatore fascista, avrebbe garantito all'Italia la possibilità di far udire la propria voce all'imminente tavolo delle trattative di pace.

10 giugno 1940: l'Italia entra in guerra contro la Francia e l'Inghilterra.

Le mire espansionistiche di Mussolini Il **progetto di Mussolini** era di **conquistare** la **Corsica**, **Nizza**, la **Savoia** e alcune colonie, capaci di ingrandire l'impero fascista. In una prospettiva ancora più ambiziosa, il Duce sperava di creare una vasta area sotto controllo italiano e di realizzare una duratura egemonia *romana* nel Mediterraneo e nei Balcani. Tuttavia, nell'estate del 1940, poiché la Gran Bretagna respinse ogni offerta di armistizio da parte di Hitler, **l'Italia si trovò coinvolta in un grande conflitto europeo, senza avere la minima speranza di vincerlo**.

Disfatte italiane

L'11 novembre 1940, gli aerosiluranti inglesi riuscirono senza problemi ad affondare tre corazzate nel porto di Taranto e a mettere fuori combattimento metà dell'intera flotta da guerra italiana. Qualche mese più tardi, il 27 marzo 1941, al largo di Capo Matapan (la punta più meridionale della Grecia) gli italiani persero altri 5 incrociatori e 2400 marinai. In **Etiopia**, intanto, le mal equipaggiate truppe italiane – del tutto tagliate fuori dalla madrepatria, e quindi assolutamente prive di rifornimenti – subirono presto gravi sconfitte e non poterono impedire che, il **6 aprile 1941**, gli **inglesi occupassero Addis Abeba** e rimettessero sul trono il negus Hailé Selassié.

Mentre le disfatte si moltiplicavano, nel giro di pochi mesi le riserve d'oro dello Stato minacciarono di esaurirsi e il Paese divenne totalmente dipendente dalla Germania per il proprio fabbisogno energetico. Il Terzo Reich fornì all'Italia 12 milioni di tonnellate di carbone nel 1940-1941 e 11 milioni nel 1941-1942; malgrado questo sforzo tedesco, la già magra produzione di acciaio in Italia (nel 1938, essa era un decimo di quella tedesca e pari al 38% di quella giapponese) calò vistosamente passando da 2,32 milioni di tonnellate (1938) a 1,73 milioni di tonnellate (1942), a causa della **carenza di materie prime**. Con un simile **retroterra industriale precario**, **l'esercito e la marina** si trovarono subito **in gravi difficoltà**, in quanto non erano in grado di sostituire il materiale distrutto dal nemico.

Storiografia 1
Il rancio del soldato italiano
→ pag. 381

Documento →

Il discorso di Mussolini del 10 giugno 1940

Mussolini annunciò l'entrata in guerra dell'Italia con un solenne discorso, pronunciato dal balcone di Palazzo Venezia, a Roma. In quell'occasione, il Duce rilanciò la retorica nazionalista secondo cui nel mondo i Paesi giovani, fecondi e proletari si contrapponevano a quelli ricchi, ma ormai condannati al declino politico.

Combattenti di terra, di mare e dell'aria! Camicie nere della rivoluzione e delle legioni! Uomini e donne d'Italia, dell'impero e del Regno d'Albania! Ascoltate!

Un'ora segnata dal destino batte nel cielo della nostra patria. L'ora delle decisioni irrevocabili. La dichiarazione di guerra è già stata consegnata agli ambasciatori di Gran Bretagna e di Francia. Scendiamo in campo contro le democrazie plutocratiche [basate sulla ricchezza, *n.d.r.*] e reazionarie dell'Occidente, che, in ogni tempo, hanno ostacolato la marcia, e spesso insidiato l'esistenza medesima del popolo italiano. [...]

Noi impugniamo le armi per risolvere, dopo il problema risolto delle nostre frontiere continentali, il problema delle nostre frontiere marittime; noi vogliamo spezzare le catene di ordine territoriale e militare che ci soffocano nel nostro mare, poiché un popolo di quarantacinque milioni di anime non è veramente libero se non ha libero l'accesso all'Oceano. Questa lotta gigantesca non è che una fase dello sviluppo logico della nostra rivoluzione; è la lotta dei popoli poveri e numerosi di braccia contro gli affamatori che detengono ferocemente il monopolio di tutte le ricchezze e di tutto l'oro della terra; è la lotta dei popoli fecondi e giovani contro i popoli isteriliti e volgenti al tramonto; è la lotta tra due secoli e due idee. [...]

L'Italia, proletaria e fascista, è per la terza volta [dopo la guerra in Etiopia e quella di Spagna, *n.d.r.*] in piedi, forte, fiera e compatta come non mai. La parola d'ordine è una sola, categorica e impegnativa per tutti. Essa già trasvola e accende i cuori dalle Alpi all'Oceano Indiano: vincere! E vinceremo, per dare finalmente un lungo periodo di pace con la giustizia all'Italia, all'Europa, al mondo.

Popolo italiano!

Corri alle armi, e dimostra la tua tenacia, il tuo coraggio, il tuo valore!

E. COLLOTTI, *La seconda guerra mondiale*, Loescher, Torino 1985, pp. 90-91

Analizza il testo

- Qual è, nelle parole del Duce, l'obiettivo ultimo dell'Italia fascista, e più in generale la condizione perché uno Stato sia una grande potenza?
- Sottolinea i passaggi in cui Mussolini incita gli italiani. Osservi un crescendo nel tono? Motiva la tua risposta.

2.3 La guerra italiana nei Balcani

La "guerra parallela"

Tenace resistenza greca

Albania, Grecia e Iugoslavia Mussolini non comprese mai le strutturali debolezze dell'esercito e della società che guidava, e anzi continuò a sopravvalutare ampiamente le reali possibilità italiane. Pertanto, il **28 ottobre 1940 dichiarò guerra alla Grecia**. L'obiettivo del Duce era di tipo politico: con la **campagna di Grecia** voleva mostrare che l'Italia non era una semplice pedina tedesca, bensì poteva condurre – in piena autonomia e con proprie risorse – una *guerra parallela*, con obiettivi rispondenti solo agli interessi italiani. L'attacco fu condotto dall'**Albania**, un piccolo regno che l'**Italia aveva occupato** nell'aprile 1939, dopo che la Germania si era impadronita, in marzo, della Cecoslovacchia. Mussolini immaginava una campagna rapida, capace di portare gloria e prestigio al regime. All'opposto, incontrò una tenacissima resistenza greca, mentre sulle montagne i soldati italiani dovettero affrontare il freddo invernale con un equipaggiamento scadente e inadeguato. Insomma, l'**insuccesso fu totale** e il risultato fu del tutto opposto a quello sperato. L'esercito italiano fu salvato dalla completa disfatta solo in virtù del tempestivo intervento tedesco nei Balcani, nell'aprile 1941.

Per raggiungere la Grecia e soccorrere l'esercito italiano in grave difficoltà, i tedeschi furono costretti a passare per i territori della Bulgaria e della Iugoslavia. La prima collaborò attivamente all'avanzata tedesca, facilitando il transito delle truppe sulle proprie strade, e per questo fu ricompensata con l'annessione della Tracia e della Macedonia, due regioni che i greci avevano conquistato nel 1913 e che i bulgari rivendicavano. La **Iugoslavia**, invece, **tentò di opporsi** alle richieste tedesche e per questo **fu smembrata**.

L'occupazione italiana della Grecia Per gli italiani, la prima delusione venne il 24 aprile 1941, subito dopo la capitolazione della Grecia all'esercito nazista. I tedeschi, infatti, trattarono il Paese con notevole benignità, rispetto a quanto avevano fatto in Iugoslavia e in Polonia. Berlino accettò l'esistenza di un governo greco (secondo una prassi simile a quella applicata in Danimarca o in Francia) e quindi trattenne l'ambizione degli italiani, che avrebbero voluto annettere subito una parte di territorio ellenico all'Albania. Di fatto, anche se la zona di Atene e il Sud del Paese erano sotto l'amministrazione militare del regio esercito, i **tedeschi avevano posto fine a qualsiasi speranza italiana di dominare la Grecia**.

ZOOM Campagna di Grecia

L'offensiva contro la Grecia partì dall'Albania, che l'Italia aveva occupato nell'aprile 1939. La campagna di Grecia evidenziò le carenze dell'esercito italiano: i greci contrattaccarono sui monti dell'Epiro (nella Grecia nord-occidentale), costringendo gli italiani a una guerra di posizione per tutto il rigido inverno 1940-1941. L'equipaggiamento inadatto (molti reparti avevano la divisa estiva e scarponi con la suola in cartone pressato) e i pochi rifornimenti contribuirono al tragico bilancio di parte italiana: 14000 morti, 25 000 prigionieri, 50 000 feriti e 14 000 rimpatriati per congelamento. L'intervento tedesco a sostegno dell'esercito italiano, che rischiava l'annientamento completo a opera dei greci, giunse attraverso la Bulgaria e la Iugoslavia, costringendo la Grecia alla capitolazione.

Carta proiettabile

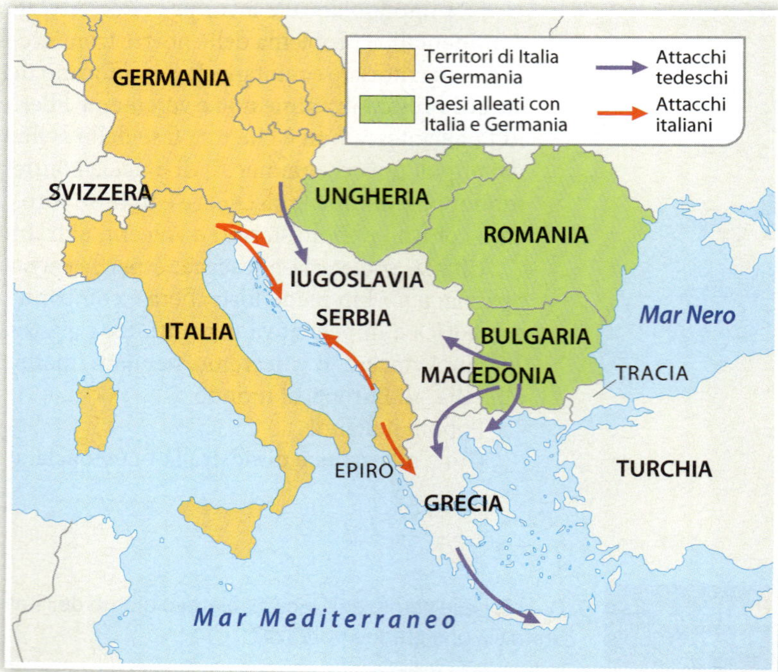

CONTRASTI POLITICI

Italiani ed ebrei in Grecia

Per sfuggire ai tedeschi, molti ebrei greci si recarono nella capitale e nella zona d'occupazione italiana; poiché **il nostro esercito, fino al collasso dell'8 settembre del 1943, si rifiutò di consegnare ai nazisti questi rifugiati**, Atene e gli altri territori controllati dagli italiani furono un prezioso rifugio, sia pur precario e provvisorio, per circa 5000 ebrei fuggiti dal Nord della Grecia, dalla Serbia e dalla Croazia. La **determinazione italiana a proteggere gli ebrei** non nasceva da spirito umanitario, ma da **ragioni politiche**. Impedire la cattura e la deportazione di coloro che avevano trovato protezione temporanea nella zona controllata dagli italiani era un modo **per ribadire la propria autonomia rispetto ai tedeschi**. Dopo l'insuccesso militare e la trasformazione di fatto in un satellite del Terzo Reich, l'Italia cercava di farsi rispettare non tollerando ingerenze poliziesche all'interno dei territori che (sulla carta) erano di sua esclusiva competenza.

Fame e miseria della Grecia occupata

Nei primi tempi dell'occupazione, i problemi più gravi dei greci furono di natura alimentare, visto che la produzione di cereali del 1941 calò del 60% rispetto a quella del 1938 e non fu possibile importare quasi nulla dall'estero. Nel terribile inverno 1941-1942, i marciapiedi di Atene erano affollati di individui sofferenti per la fame, che nel complesso provocò (tra il 1941 e il 1945) 350 000 decessi. In queste circostanze, la resistenza greca fu, almeno all'inizio, abbastanza ridotta.

Le difficoltà dell'esercito italiano Le **truppe italiane impegnate in Iugoslavia e in Grecia erano mal equipaggiate, scarsamente addestrate e poco motivate**: l'impressione è che agissero spesso di malavoglia, senza condividere un preciso disegno imperialista o razzista. Il dato più interessante riguarda comunque il numero enorme di soldati italiani (circa **600-650 000 uomini**) impegnati nell'occupazione dei Balcani, immobilizzati in quelle regioni impossibili da pacificare e dunque inutilizzabili su altri teatri di guerra. Si trattò di un'imponente forza sottratta dapprima all'Africa settentrionale e poi più tardi (nel settembre 1943) alla difesa del territorio nazionale di fronte all'occupazione tedesca. Un altro dato è eloquente e sconcertante: pur essendo attivo un numero così alto di soldati, i diari e le opere di memoralistica pubblicati sono pochissimi; ciò sta a significare che questa guerra balcanica, fatta di rappresaglie e di fucilazioni, più che di azioni militari vere e proprie, fu vissuta con **scarsa partecipazione dai soldati**, che infine preferirono far dimenticare la loro esperienza, invece di renderla di pubblico dominio.

Una squadriglia aerea italiana di stanza a Gadurrà, nell'Egeo, in una foto del giugno 1941.

L'Italia in guerra, le prime tappe

DATE	EVENTI	CONSEGUENZE
22 maggio 1939	*Patto d'acciaio*	L'Italia avrebbe dovuto subito entrare in guerra a fianco del Terzo Reich
Settembre 1939	Mussolini dichiara la *non belligeranza*	Pieno appoggio politico alla Germania, pur senza entrare in guerra
10 giugno 1940	La sconfitta della Francia induce Mussolini a entrare in guerra	L'Italia vuole partecipare da vincitrice alle probabili trattative di pace
11 novembre 1940	Gli inglesi bombardano tre corazzate italiane nel porto di Taranto	L'Italia non è militarmente ben equipaggiata e dipende dall'aiuto tedesco
28 ottobre 1940	L'Italia dichiara guerra alla Grecia e attacca passando dall'Albania	La resistenza dei greci costringe gli italiani a richiedere l'aiuto tedesco (aprile 1941)
24 aprile 1941	Capitolazione della Grecia a opera dei tedeschi	L'Italia perde ogni speranza di dominio sul Mediterraneo

Capitolo 3

POTERI E CONFLITTI

L'invasione tedesca dell'URSS

Storia slide

LE CONOSCENZE DA ACQUISIRE
Nel 1941, il terzo Reich attaccò l'URSS. La guerra assunse caratteri di inedita barbarie e di inaudita brutalità.

LE COMPETENZE DA POTENZIARE
Saper cogliere i caratteri specifici di un conflitto militare.

3.1 La preparazione e le ragioni dell'attacco

Il Patto tripartito: Germania, Italia e Giappone Nel settembre 1940, il progetto tedesco di invadere la Gran Bretagna era definitivamente tramontato. In compenso, la sconfitta della Francia e l'instaurazione del regime di Vichy garantivano alla Germania una certa *sicurezza alle spalle*, condizione essenziale per il buon esito della **guerra contro l'URSS, secondo le idee che Hitler aveva espresso nel *Mein Kampf***.

Alleanza con Italia e Giappone

In vista dell'azione contro la Russia, il Führer decise di allestire un preciso piano diplomatico e rinsaldò così i rapporti con i propri alleati: il 27 settembre 1940 la **Germania** strinse con **Italia** e **Giappone** il **Patto tripartito**, che impegnava i tre Paesi a fornirsi assistenza politica e militare. Hitler cercò l'alleanza con il Giappone da un lato perché era preoccupato dei consistenti aiuti economici che il presidente Roosevelt aveva concesso all'Inghilterra, dall'altro per mettere sotto pressione l'Unione Sovietica in Estremo Oriente, grazie a un attacco nipponico in Siberia.

Allargamento a est e ritardi causati dall'Italia

I ritardi nel piano tedesco Nel frattempo, l'espansionismo sovietico non si era fermato: dopo aver conquistato Finlandia, Lettonia, Estonia e Lituania, l'URSS aveva occupato la Bessarabia (l'attuale Moldavia), regione passata alla Romania nel 1920. La **Germania**, allora, dopo aver provocato un colpo di Stato e la formazione di un governo filonazista, **occupò** militarmente la **Romania**, che aderì al Patto tripartito insieme all'Ungheria e alla Slovacchia.

Si stava delineando la strategia di accerchiamento, preludio a un attacco verso i territori russi. Hitler, però, fu costretto prima (febbraio 1941) a soccorrere con l'*Afrika Korps* l'esercito italiano incalzato in Libia dagli inglesi; poi (marzo-aprile 1941) fu necessario inviare truppe in Iugoslavia, dove un colpo di Stato aveva tolto il potere al governo autoritario filotedesco, e in Albania, per aiutare il contingente italiano in difficoltà con i greci sostenuti dagli inglesi. A maggio la Penisola greca era completamente in mano tedesca.

Queste operazioni, però, fecero sì che il vero obiettivo di Hitler, l'attacco all'Unione Sovietica, subisse il ritardo di un paio di mesi.

Bambini giapponesi festeggiano a Tokyo la firma del Patto tripartito, 1940.

› VEDI
Stalin e il Grande terrore
→ pag. 286

Sottovalutazione delle forze russe e razzismo L'Armata rossa si trovava in una situazione non facile, a causa delle difficoltà incontrate in territorio finlandese, nonché delle pesanti epurazioni condotte da Stalin fra i generali negli anni 1937-1938. Questi furono alcuni dei fattori che spinsero Hitler a prevedere, in modo troppo ottimistico, che le truppe tedesche fossero in grado di attaccare l'armata sovietica e, in una nuova guerra lampo, respingerla fino agli Urali prima dell'arrivo dell'inverno.

Slavi = sottouomini

Un altro elemento decisivo, che spinse Hitler a sottovalutare le capacità russe di opporre una valida resistenza all'attacco tedesco, fu poi la sua **concezione razzista**: nell'immaginario hitleriano, **l'URSS era comandata da una banda di bolscevichi ebrei**, capaci solo di disgregare e decomporre le energie vitali di un popolo, e non certo di costruire una solida e potente entità statale. Dunque, contro gli slavi (considerati da Hitler come *sottouomini*) e contro i loro dirigenti ebraici, le forze della Germania avrebbero sicuramente trionfato, secondo il Führer, in un breve lasso di tempo.

› VEDI
Le SS
→ pag. 308

La brutalità dell'attacco tedesco La concezione razzista di Hitler è alla base anche della **particolare brutalità** che caratterizzò la guerra a Oriente. Nella primavera del 1941, a più riprese il Comando supremo tedesco ricevette precise istruzioni sulla necessità che l'esercito venisse accompagnato da **speciali reparti di SS**, incaricati di eliminare la classe dirigente sovietica: il che, nel giro di breve tempo, provocò l'**esecuzione di tutti gli ebrei** che si trovavano in territorio sovietico. Da parte loro, il 6 giugno, gli alti comandi militari emanarono un ordine (denominato *Kommissarbefehl*) in base al quale tutti i *commissari politici* e i funzionari comunisti catturati dovevano essere giustiziati sommariamente.

Tale comportamento era del tutto coerente con il fine ultimo della campagna d'Oriente: la **conquista dello spazio vitale (*Lebensraum*) per il popolo tedesco**, lo sfruttamento coloniale delle risorse russe e la trasformazione della sua popolazione in un'informe moltitudine di schiavi al servizio dei conquistatori.

Guardiamo la storia
La guerra totale sul fronte orientale, nella seconda guerra mondiale

In tempi più brevi, però, il ragionamento di Hitler era dettato anche da motivazioni tattiche. Nei suoi progetti, la rapida conquista dell'URSS avrebbe dovuto indurre la Gran Bretagna a una pace di compromesso con la Germania, ormai diventata nuova potenza egemone sul continente europeo. In alternativa, nel caso in cui Churchill si fosse ostinato a proseguire la guerra a oltranza, le immense riserve agrarie e minerarie russe avrebbero fornito al Terzo Reich le **risorse alimentari** e le **materie prime per combattere una lunga guerra di logoramento**.

3.2 L'avanzata tedesca e la reazione sovietica

Sorpresa di Stalin

L'iniziale successo tedesco: l'Operazione Barbarossa Il 22 giugno 1940, i tedeschi scatenarono l'**offensiva contro la Russia**. Denominata **Operazione Barbarossa**, l'azione colse di sorpresa Stalin, che non aveva previsto le reali intenzioni di Hitler. L'URSS aveva infatti mantenuto gli accordi di non aggressione e si aspettava dalla Germania lo stesso comportamento.

In un primo momento, l'operazione di Hitler riportò un successo clamoroso. Alla fine dell'estate 1941, il numero dei prigionieri sovietici aveva raggiunto la cifra di 3 milioni (circa 500 000 furono costretti ad arrendersi al momento della **conquista di Kiev, il 19 settembre**). Nel maggio 1942, quando i tedeschi ripresero l'offensiva, altri 239 000 prigionieri furono catturati nei pressi di Kharkov, in Ucraina. Alla fine del conflitto, il numero globale di soldati sovietici caduti in mani tedesche toccò la quota di 5 700 000. In un primo tempo, le loro condizioni di detenzione furono terribili: non a caso, si calcola che almeno 3 300 000 di essi siano periti di stenti o vittime di esecuzioni sommarie. I nazisti presero come pretesto il fatto che l'URSS non aveva firmato la *Convenzione di Ginevra* sui prigionieri di guerra. In realtà, la motivazione vera della violenza nazista verso i sovietici era di natura ideologica: il **disprezzo razzista contro i *sottouomini* slavi** si mescolava con l'odio per il nemico *bolscevico*.

Carri armati tedeschi avanzano nell'inverno russo.

La reazione sovietica: resistenza e guerra di logoramento Alla metà di settembre, l'esercito di Hitler era riuscito ad avanzare in territorio russo per una **profondità di 800 chilometri**, conquistando un territorio che – più vasto dell'intera Germania – garantiva prima della guerra all'URSS il 36% della sua produzione di grano, il 60% di quella di ferro e di acciaio, il 55% di quella del carbone. Eppure, malgrado tutti questi successi, nessuno dei grandi obiettivi che la Germania si era proposta di conseguire in tempi brevi era stato raggiunto. A nord Leningrado – per quanto assediata e affamata (al punto che più di un terzo dei suoi 3 milioni di abitanti morì per denutrizione tra il 1941 e il 1944) – non capitolò, mentre a sud la **conquista dell'Ucraina** (con le sue miniere e le sue acciaierie) **non si rivelò** così **decisiva** come si era sperato. Negli anni Trenta, il regime sovietico aveva costituito una nuova regione industriale negli Urali; pertanto la perdita dell'Ucraina (e del suo grano), pur provocando gravi problemi per il rifornimento alimentare delle città russe non determinò affatto il collasso dell'industria bellica sovietica che, al contrario, dal 1942, fu in grado di produrre mensilmente 2000 carri armati e 3000 aeroplani.

Efficienza dell'industria bellica sovietica

Quanto al settore centrale del fronte – che avrebbe dovuto comprendere anche la conquista

Documento

Le direttive del feldmaresciallo von Reichenau

Probabilmente, il feldmaresciallo Walter von Reichenau fu l'alto ufficiale tedesco ideologicamente più compromesso con il regime nazista. La sua direttiva emanata il 10 ottobre 1941, indirizzata alla VI Armata (operante in Ucraina), mostra che il generale condivideva pienamente la politica di sterminio. Un documento datato 13 novembre 1941 attesta che Hitler lesse e approvò personalmente la direttiva di Reichenau.

Il feldmaresciallo Walter von Reichenau (1884-1942).

Vi sono ancora molte idee oscure sulla condotta dell'esercito nei confronti del sistema bolscevico. Lo scopo essenziale della campagna contro il sistema giudaico-bolscevico è la distruzione completa della potenza e lo sterminio dell'influenza asiatica nell'area culturale europea. In rapporto a questo si presentano anche per i militari compiti che vanno oltre la concezione tradizionale e unilaterale che abbiamo del soldato. Nello spazio orientale il soldato non è solo il combattente secondo le regole dell'arte militare, ma anche il portatore dell'imprescindibile idea di popolo e il vendicatore di tutti gli atti bestiali commessi contro il popolo tedesco e i popoli ad esso apparentati. Il soldato deve pertanto comprendere appieno la necessità di una dura ma giusta espiazione da parte della subumanità ebraica. Inoltre deve mirare a stroncare sul nascere eventuali rivolte dietro le linee del fronte della Wehrmacht, che, stando all'esperienza, sono sempre fomentate da ebrei. [...]

Indipendentemente da qualsiasi considerazione politica sul futuro, il soldato deve svolgere un duplice compito:

1) Annientare l'eresia bolscevica, lo Stato sovietico e le sue forze armate.

2) Sterminare senza pietà le insidie e le crudeltà delle specie straniere e in tal modo garantire la sicurezza della Wehrmacht tedesca in Russia.

Solo in questo modo assolveremo al compito storico di liberare una volta per tutte il popolo tedesco dal pericolo dell'ebraismo asiatico.

M. WEINREICH, *I professori di Hitler. Il ruolo dell'Università nei crimini contro gli ebrei*, Il Saggiatore, Milano 2003, pp. 165-166, trad. it. C. SALMAGGI

Analizza il testo

- Secondo il testo che hai appena letto, era prevista la sopravvivenza (su scala ridotta) di un'entità statale russa?
- Che cosa, secondo von Reichenau, deve capire il soldato tedesco?

Cannoni russi caduti in mano nazista durante l'Operazione Barbarossa.

di Mosca – l'esercito tedesco subì una prima battuta d'arresto nella regione di Smolensk fin dalla metà del luglio 1941. In novembre le truppe di Hitler arrivarono fino ai sobborghi di Mosca, ma il 5 dicembre, quando già l'inverno russo infieriva e causava terribili problemi ai soldati tedeschi, l'**Armata rossa contrattaccò davanti alla capitale**, provocando la **trasformazione della guerra lampo** in una micidiale **guerra di logoramento**.

Stalin, inoltre, fin dal 3 luglio 1941 aveva esortato il popolo russo alla resistenza a oltranza contro l'invasore e a far uso sistematico della tattica della *terra bruciata* («Non bisogna lasciare una sola locomotiva, non un vagone, non un chilo di grano, un litro di carburante») e della **lotta partigiana**. L'appello fu accolto con entusiasmo dal popolo, che difese con estrema determinazione la patria: il brutale comportamento dei nazisti, del resto, spense ben presto le illusioni di chi aveva sperato di poter rovesciare la spietata dittatura staliniana con l'aiuto dell'esercito tedesco.

Carta interattiva
L'espansione dell'Asse nel 1942

geostoria

La seconda guerra mondiale in Europa (1939-1941)

Carta proiettabile

Nell'estate del 1941 la Germania (e gli Stati a essa alleati) avevano occupato quasi tutta l'Europa. Solo Gran Bretagna e URSS (oltre ai Paesi non impegnati nel conflitto perché neutrali) mantenevano ancora la loro indipendenza.

3.3 L'entrata in guerra di Giappone e USA

Churchill: Hitler è il principale nemico

Le premesse: il sostegno di Roosevelt a Churchill L'offensiva tedesca in Unione Sovietica non poté lasciare indifferente l'Inghilterra, al punto che Winston Churchill, in un discorso pubblico, si espresse in questi termini: «Chiunque combatte il nazionalsocialismo ha il nostro aiuto: chiunque marcia con il nazionalsocialismo è nostro avversario». Il giudizio negativo di Churchill sul comunismo rimaneva inalterato; tuttavia, dato che l'obiettivo primario dell'Inghilterra era «distruggere Hitler e ogni traccia di nazionalsocialismo», il governo britannico si dichiarava pronto a mettere a disposizione tutti i suoi mezzi per sostenere la lotta del popolo russo.

La *Legge affitti e prestiti*

Fin dall'autunno 1940, la **Gran Bretagna godeva** dell'**appoggio politico** ed **economico** degli **Stati Uniti**, che il presidente Roosevelt – abbandonando gradualmente l'isolazionismo degli anni Trenta – definì «arsenale delle democrazie». Nel 1941, l'aiuto americano trovò un'espressione ancora più efficace mediante la cosiddetta ***Legge affitti e prestiti***. Approvata dal Congresso l'11 marzo, essa prevedeva che il presidente avesse il potere di mettere le risorse americane a disposizione della difesa di quegli Stati la cui sconfitta militare avrebbe messo in pericolo la sicurezza degli USA. Al primo posto figurò la Gran Bretagna, mentre l'URSS (non senza resistenze e titubanza) venne aiutata solo a partire dal novembre 1941, quando iniziò a essere evidente che sarebbe sopravvissuta all'attacco tedesco. Il 14 agosto 1941, Churchill e Roosevelt si incontrarono e stesero insieme un documento programmatico noto come **Carta atlantica**. Nell'ispirazione di fondo, il testo riprendeva i *14 punti* lanciati da Wilson nel gennaio 1918 e quindi proclamava che tutti i popoli – sconfitto il nazismo – dovevano recuperare la sovranità e l'indipendenza eventualmente perdute, oltre a essere liberi di scegliersi la forma di governo sotto la quale intendevano vivere.

› VEDI
I *14 punti* di Wilson
→ pag. 131

La *Legge affitti e prestiti* fu estesa anche alla Cina, che dal 1937 era in guerra con il Giappone, e anzi aveva perso Pechino e le regioni settentrionali e orientali del Paese.

Le priorità strategiche giapponesi

La posizione del Giappone verso l'URSS Nell'estate del 1941 il Giappone si trovò di fronte a una grave alternativa, in quanto Hitler lo sollecitava a intervenire in Siberia, a conquistare Vladivostok e a schiacciare l'URSS in una guerra su due fronti. Tuttavia, dopo aver preso atto delle difficoltà incontrate dai tedeschi nella regione di Smolensk (luglio 1941), il governo giapponese scartò una simile ipotesi, decidendo di procedere piuttosto alla graduale occupazione dei possedimenti francesi e olandesi in Estremo Oriente, in modo da impadronirsi del petrolio, dello stagno e delle altre materie prime che si trovavano in quei territori.

Il **Giappone**, dunque, **non aprì le ostilità nei confronti dell'URSS**. Fino alla sconfitta della Germania, l'URSS, a sua volta, non dichiarò guerra al Giappone, che condusse pertanto – si potrebbe dire – solo una sorta di *guerra regionale* in Estremo Oriente, dettata dai propri interessi economici, **rifiutando l'offerta hitleriana di impegnarsi in uno scontro a più ampio respiro contro tutti i nemici della Germania**.

Roosevelt e Churchill a bordo della corazzata britannica *Prince of Wales*, 14 agosto 1941, dopo aver appena sottoscritto la Carta atlantica.

Le vicende politiche e militari del 1941

DATE	EVENTI
11 marzo	Legge affitti e prestiti (USA)
22 giugno	Invasione tedesca dell'URSS: Operazione Barbarossa
2 luglio	Scelta di non belligeranza del Giappone nei confronti dell'URSS
24 luglio	Invasione giapponese dell'Indocina
26 luglio	Blocco dei beni giapponesi negli USA
7 dicembre	Attacco giapponese contro la flotta americana a Pearl Harbor

Crisi delle relazioni tra Giappone e USA

La discesa in guerra del Giappone **Il 24 luglio 1941, il Giappone entrò con il suo esercito nella regione di Saigon**, a quel tempo appartenente all'Indocina francese (oggi Ho Chi Minh, città del Vietnam). Questa operazione fu percepita da parte degli Stati Uniti come l'espressione della volontà giapponese di espandere la propria influenza nei mercati dell'Estremo Oriente, che rappresentavano un'importante risorsa sia per gli americani sia per gli inglesi. In risposta, dunque, Roosevelt annunciò, il 26 luglio, il **blocco di tutti i beni giapponesi negli USA** e l'**embargo di ogni prodotto nei confronti del Paese nipponico**.

Poiché a tale chiusura delle forniture si associarono immediatamente anche la Gran Bretagna, i Paesi del *Commonwealth* e l'Olanda, **il Giappone** (che si riforniva di petrolio e caucciù dalle Indie olandesi) **si decise per la guerra nei confronti delle potenze occidentali**, accusate di voler impedire la creazione di quella vasta area economica asiatica – la cosiddetta *sfera di co-prosperità della grande Asia orientale* – che il governo nipponico riteneva essenziale alla sopravvivenza del Paese.

Storiografia 2

L'ampliamento del conflitto nel dicembre 1941

→ pag. 382

Video

L'attacco di Pearl Harbor

L'attacco giapponese a Pearl Harbor Il **7 dicembre 1941**, l'aviazione nipponica attaccò la base americana di **Pearl Harbor**, nelle Hawaii: quattro corazzate furono affondate e altre dieci navi vennero gravemente danneggiate. Tuttavia, le quattro **portaerei** in dotazione alla flotta statunitense non si trovavano nel porto al momento dell'incursione, con il risultato che – per quanto gravi siano stati i suoi effetti – l'attacco rappresentò solo una mezza vittoria, visto che restarono indenni le **unità navali più importanti** ai fini della prosecuzione del conflitto **nel Pacifico**. Nel medesimo tempo, i giapponesi attaccarono le principali basi inglesi in Asia orientale.

Attacco da parte di aerei giapponesi alla base americana di Pearl Harbor.

Fumo nero si alza da un serbatoio di petrolio incendiato nel corso di un raid aereo giapponese sulla base navale americana nelle isole Midway, il 4 giugno 1942.

Nei primi mesi del 1942, il **Giappone** non fece che cumulare **successi**. I principali possedimenti inglesi e americani in Asia orientale (**Hong Kong**, **Singapore**, le **Filippine**) furono conquistati uno dopo l'altro, mentre l'occupazione della **Birmania** portò l'esercito giapponese praticamente ai confini con l'India britannica. Nel Pacifico, lo scontro assunse caratteristiche inedite e modernissime. Infatti, a cominciare dalla battaglia del Mar dei Coralli (2 maggio 1942), nell'Oceano le forze navali dei due schieramenti non entrarono mai in contatto diretto: le azioni furono condotte sempre e solo dagli aeroplani, che decollavano dalle portaerei, individuavano la posizione della flotta nemica e cercavano di affondarne le navi. Per questo motivo, la grande battaglia del 4 giugno 1942, al largo delle **isole Midway**, può essere considerata la **prima vera battuta d'arresto dell'espansione giapponese**: l'aviazione americana, infatti, riuscì ad affondare quattro grandi portaerei nipponiche, permettendo agli USA di acquisire la completa superiorità aeronavale nel Pacifico.

Importanza dell'aviazione

Guardiamo la storia — La guerra aero-navale nel Pacifico

La dichiarazione di guerra tedesca agli Stati Uniti Fin dall'inizio della guerra, di fatto, gli USA si trovavano in condizione di semibelligeranza verso la Germania nazista, considerato il supporto economico che Roosevelt aveva fornito alla Gran Bretagna. La contrapposizione degli schieramenti venne formalizzata l'**11 dicembre 1941**, nel momento in cui **Hitler dichiarò guerra agli Stati Uniti**.

La strategia del Führer per arginare il contributo della più forte potenza industriale al mondo prevedeva di bloccare l'afflusso dei rifornimenti americani diretti in Inghilterra con una **poderosa guerra sottomarina nell'Atlantico** (più decisa e sistematica che nel 1917). Nei primi sei mesi del 1942, infatti, ben 498 navi americane furono affondate dai sommergibili tedeschi.

Inoltre, Hitler era saldamente convinto che il Terzo Reich avrebbe sconfitto l'Unione Sovietica in tempi brevi, accedendo di conseguenza alle sue le immense risorse, che avrebbe impiegato in funzione antiamericana e antibritannica.

La guerra sottomarina

Carta interattiva — La guerra nel Pacifico

Le ragioni dell'entrata in guerra del Giappone

Schema proiettabile

Richiesta tedesca di intervenire frontalmente contro la Russia	Dichiarazione di non belligeranza verso l'URSS
Necessità di rifornirsi di nuove materie prime	Colonizzazione di regioni dell'Estremo Oriente già occupate da altri Paesi europei
Interruzione degli scambi commerciali e blocco dei beni a opera degli USA	Dichiarazione di guerra agli Stati Uniti e attacco di Pearl Harbor

3.4 Estate 1942: gli errori di Hitler

Divisione dell'esercito tedesco

L'attacco contemporaneo al Caucaso e a Stalingrado Nell'**estate 1942** l'esercito germanico riprese la sua avanzata in territorio sovietico, con l'obiettivo di occupare i campi petroliferi del Caucaso. Da qui, le truppe tedesche avrebbero poi dovuto, nelle intenzioni di Hitler, puntare su Mosca da sud, risalendo il Volga. Ma il Fürer, dopo alcune clamorose vittorie estive, il 23 luglio compì **l'errore strategico** più grave di tutta la guerra, in quanto **ordinò al suo esercito di dividersi** in due gruppi di armate, in modo da **attaccare contemporaneamente sia il Caucaso sia Stalingrado**, un importante centro industriale che si estendeva per una trentina di chilometri lungo la riva destra del Volga. Il risultato fu che nessuno dei due obiettivi venne conseguito, visto che la capacità d'urto delle armate tedesche (peraltro già gravemente provate dalla campagna del 1941) fu irrimediabilmente compromessa da quella divisione di forze. La resistenza sovietica a Stalingrado, in particolare, fu tale che i tedeschi non ebbero mai il completo controllo della città, e anzi si dissanguarono nel disperato tentativo di conquistarla. I sovietici, infatti, combatterono casa per casa e all'interno delle fabbriche, in un **groviglio inestricabile di rovine e di macerie** che rese difficile ai tedeschi l'elaborazione di qualsiasi manovra di vasto respiro e li obbligò a condurre quella che definirono una *guerra da topi* (*Rattenkrieg*).

Storiografia 3
La battaglia di Stalingrado
→ pag. 383

Bilancio delle competenze
→ pag. 374

La battaglia di Stalingrado Nel novembre 1942, **l'Armata rossa** passò al contrattacco e **riuscì ad accerchiare i 250 000 soldati della VI Armata tedesca** impegnata a Stalingrado. Hitler vietò esplicitamente al generale von Paulus ogni ritirata dalla città, in cui – **da assedianti** – **i tedeschi si erano trasformati in assediati**; ma, al tempo stesso, non vi fu nessuna possibilità né di rompere l'accerchiamento dall'esterno né di rifornire la VI Armata per via aerea. Il risultato fu che von Paulus, il 31 gennaio 1943, fu costretto ad arrendersi con gli ultimi 91 000 tedeschi superstiti. Per molti aspetti, quella di **Stalingrado** fu la **battaglia decisiva** di tutta la guerra. Certo, la situazione della Germania era ancora, all'inizio del 1943, tutt'altro che disperata; tuttavia, da allora in poi, **le armate tedesche** persero l'iniziativa e **furono costrette sulla difensiva**, subendo il peso di una coalizione di nemici che, di mese in mese, rafforzava la propria capacità di produzione bellica.

› VEDI
La battaglia di Kursk
→ pag. 399

Battaglia di Stalingrado. Soldati sovietici difendono le rovine di una fabbrica.

Le vittorie alleate nel 1942-1943

DATE	EVENTI
4 giugno 1942	Vittoria americana contro i giapponesi alle isole Midway
Novembre 1942	Inizio della controffensiva russa a Stalingrado
31 gennaio 1943	Resa dei tedeschi a Stalingrado

Bilancio delle competenze

Saper cogliere i caratteri specifici di un conflitto militare

A questo punto del nostro percorso, possiamo iniziare ad esporre in forma organica i caratteri specifici della seconda guerra mondiale, confrontandola con il conflitto 1914-1918.

1 Un **confronto tra le due guerre mondiali** ci può aiutare a cogliere la specificità di entrambi i conflitti, in cui le differenze sono di gran lunga più significative delle somiglianze. Innanzitutto va ricordato che, **nel 1914, nessuno dei ministri o dei sovrani dei principali Stati europei aveva *programmato* la guerra**. Tutti, inoltre, attribuirono ai loro avversari la colpa della catastrofe, dichiarando a gran voce che essi, invece, si erano limitati a reagire all'attacco altrui. Pertanto, nel 1919, allorché i vincitori, alla Conferenza di Versailles, attribuirono alla Germania l'intera responsabilità dello scoppio delle ostilità, i tedeschi, di tutti gli orientamenti politici, respinsero sdegnati l'accusa, dichiarando che si erano solo difesi dalla minaccia franco-russa. Nel 1939, invece, **è innegabile che Hitler cercasse la guerra**, o per lo meno che l'avesse messa in conto, se la Polonia non si fosse piegata ai suoi voleri e gli alleati occidentali l'avessero sostenuta.

Piloti dell'aviazione tedesca, 1941.

→ Anche se il termine non va preso troppo alla lettera, cioè in modo rigido, si può affermare che **Hitler aveva un suo preciso *programma***, cioè intenzioni chiare e precise. Il suo obiettivo ultimo era (e rimase) **la creazione dello *spazio vitale*, l'impero coloniale tedesco da costruire sugli immensi spazi della Russia**, una volta eliminati gli ebrei e trasfomati gli slavi in un'amorfa massa di servi. Nella realizzazione del progetto si poteva essere flessibili, su alcuni dettagli marginali: ad esempio, si poteva chiedere la collaborazione della Polonia in funzione antirussa e antibolscevica, oppure si poteva spazzare via la repubblica polacca dalla carta geografica. Analogamente, per un periodo meno lungo, al fine di evitare la guerra su due fronti, si poteva blandire Stalin e stipulare con l'URSS un accordo di non aggressione. Resta che **Hitler, fin dal *Mein Kampf*** (e, a maggior ragione, dal 1933) **aveva progettato la sua guerra di conquista, che avrebbe dovuto garantire al Reich mille anni di ricchezza e prosperità**.

2 Lo scontro verificatosi negli anni 1914-1918 fu una *guerra di posizione*. Dato che nessuno dei due eserciti fu mai in grado di sfondare il fronte avversario, il **conflitto** restò **confinato a un'area relativamente limitata**, al punto che la situazione militare del novembre del 1918 non si differenzia di molto da quella dell'ottobre 1914 (dopo la battaglia della Marna). Nel caso della **seconda guerra mondial**e, invece, **gli eserciti furono in continuo movimento**; in linea di massima, potremmo dire che negli anni 1939-1942 vediamo le truppe tedesche avanzare e conquistare enormi spazi in Europa occidentale, nei Balcani (Grecia e Iugoslavia), in Polonia, in Russia e in Africa settentrionale. A partire dal 1943, la situazione si capovolge: vediamo gli angloamericani avanzare in Africa del Nord, in Italia, in Francia, mentre l'Armata rossa riconquista l'Ucraina, entra in Polonia e, infine, arriva fino al cuore della Germania. **Ogni anno, la carta della situazione militare, per tutta la durata della seconda guerra mondiale, va ridisegnata e valutata con molta attenzione**, a seguito dei rapidi spostamenti degli eserciti, capaci di avanzare (o retrocedere) per centinaia di chilometri.

Saper cogliere i caratteri specifici di un conflitto militare

1 Una guerra voluta e scatenata intenzionalmente
2 Una guerra di movimento
3 Carri armati e aeroplani
4 La preminenza del fronte orientale

3 La **guerra di trincea**, tipica degli anni 1914-1918, vide la netta e assoluta **preminenza della difesa sull'attacco**. Capace di sparare 400 colpi al minuto, la mitragliatrice era capace di bloccare qualsiasi offensiva, provocando migliaia di morti all'esercito che avesse tentato un assalto frontale. Nessuna delle innovazioni introdotte (il gas, il lanciafiamme, il tank...) fu mai in grado di *sfondare il fronte*, cioè di provocare, sul campo di battaglia, una vittoria tale da permettere a un esercito una grande avanzata capace, al limite, di arrivare fino alla capitale del Paese nemico (Parigi, in particolare, restò per tutta la guerra il grande obiettivo dei tedeschi). Quanto all'aviazione, gli aerei furono sempre talmente fragili, che il loro contributo fu insignificante e comunque non determinante, nelle principali battaglie. **Carri armati e aeroplani furono invece le armi decisive del secondo conflitto mondiale**.

→ All'inizio dello scontro, la superiorità tedesca fu assoluta per due ragioni. Innanzi tutto, **i generali del Terzo Reich tennero i carri raggruppati**, cioè li lanciarono in battaglia a centinaia, mentre i francesi li sparpagliarono, dividendoli in piccoli gruppi. In virtù di questa novità tattica, la forza di impatto e di penetrazione delle *divisioni corazzate* tedesche fu, in un primo tempo, assolutamente inarrestabile. Inoltre (secondo elemento da prendere in considerazione), i carri armati agirono in strettissima **collaborazione con l'aviazione: dopo che questa aveva pesantemente bombardato le difese del nemico, esse erano investite dalla devastante potenza delle forze corazzate**. Per i tedeschi, la situazione si fece difficile solo quando, con il passar del tempo, sui vari fronti, gli Alleati riuscirono a schierare un numero equivalente o superiore di carri, mentre acquisivano una crescente (e infine schiacciante) supremazia aerea. Senza l'assoluto **dominio dei cieli**, in particolare, lo sbarco in Normandia (6 giugno 1944) sarebbe stato semplicemente impensabile.

4 Nel primo conflitto mondiale, tutto si gioca sul **fronte occidentale**. La Germania vince lo scontro con l'impero zarista, che deve abbandonare la partita e accettare una pace molto pesante. Tuttavia, poiché in Francia l'esercito tedesco non riesce a sfondare, la guerra, alla lunga, viene perduta. I combattimenti sul fronte russo furono durissimi e molto sanguinosi; ma, nella memoria collettiva, la battaglia di Verdun è diventata il vero simbolo della Grande Guerra.

→ Nel conflitto 1939-1945, invece, **gli scontri più violenti e sanguinosi si verificarono a Est**, in Russia: si pensi, innanzitutto, a Stalingrado (1942-1943) e a Kursk (nell'estate del 1943). Soprattutto, però, è sul **fronte russo** che la guerra assunse il suo **volto più barbaro e brutale**; si pensi che, secondo alcuni studiosi russi, i cittadini sovietici morti negli anni 1939-1945 furono 26-27 milioni. Tra questi dobbiamo considerare i 2,5 milioni di ebrei sterminati dai nazisti, i 3 milioni di prigionieri di guerra lasciati morire di fame e di stenti nei lager tedeschi e i circa 10 milioni di civili caduti per rappresaglie, per fame o per altre cause (1 milione, solo a Leningrado/San Pietroburgo).

Materiale bellico distrutto nella battaglia di Kursk. Sullo sfondo carri armati tedeschi, luglio 1943.

Capitolo 4

POTERI E CONFLITTI

La guerra degli **italiani** in Africa e in Russia

Storia slide

LE CONOSCENZE DA ACQUISIRE
L'esercito italiano non fu in grado di combattere ad armi pari né in Nord Africa né in Russia.

LE COMPETENZE DA POTENZIARE
Saper cogliere i caratteri specifici di un conflitto militare.

4.1 La dispersione delle forze italiane

› VEDI
La disfatta italiana in Etiopia
→ pag. 363

Gli italiani in Africa Con la conquista dell'Etiopia, nel 1936, gli italiani avevano coltivato l'ambizione di fondare un impero, ma quei territori erano stati loro sottratti, all'inizio del 1941, dagli inglesi. Da quel momento, il principale teatro dello scontro tra Gran Bretagna e Italia fu l'**Africa del Nord**. Le caratteristiche del territorio e il tipo di guerra che vi si combatteva rendevano più che mai necessario un equipaggiamento e una capacità logistica di cui le forze italiane non disponevano. I carri armati e i camion per spostare le truppe scarseggiavano, e quelli che c'erano, per molto tempo, furono privi di radiotelefoni e bussole; nei motori per gli aeroplani e nelle mitragliatrici, poi, erano quasi sempre assenti i filtri antisabbia. Dalla colonia libica, l'esercito italiano tentò più volte di entrare in Egitto, conquistare Alessandria e bloccare il canale di Suez. Ma operazioni del genere, per avere successo, richiedevano rapidità di movimento, materiale adeguato e buona organizzazione, cose di cui le truppe italiane erano prive.

L'aiuto tedesco

Nel febbraio 1941, il contingente **italiano fu rafforzato da un contingente tedesco**, denominato **Afrika Korps**, guidato dal generale Erwin Rommel. Dotato di numerosi e veloci carri armati, Rommel riuscì a conquistare il porto di Tobruk (in Libia) e a penetrare infine in territorio egiziano, fino a 100 chilometri da Alessandria.

Nell'autunno del 1942, tuttavia, **gli inglesi** ottennero imponenti rifornimenti e **scatenarono una grande offensiva nei pressi di El Alamein, ricacciando** indietro **le truppe italiane e tedesche**. La battaglia di El Alamein chiuse definitivamente ogni speranza di una conquista del Canale di Suez da parte dei nemici dell'Inghilterra.

Intervento americano

Nello stesso tempo, il 7-8 novembre 1942, truppe anglo-americane sbarcarono in Marocco e in Algeria, con il risultato che le forze italo-tedesche si trovarono compresse, in Tunisia, da Oriente e da Occidente, e infine dovettero arrendersi. Gli Alleati fecero 130 000 prigionieri, l'intero Mediterraneo passò nelle loro mani, mentre **l'Italia divenne una sorta di fortezza assediata**.

I personaggi → Erwin Rommel

Nato nel 1891, Erwin Rommel partecipò alla battaglia di Caporetto e, proprio in quella occasione, fu insignito della massima onorificenza tedesca al valor militare. Nel 1939-1940 mostrò eccezionali doti di comandante nella *guerra lampo*, basata sulla rapidità di spostamento delle divisioni corazzate. Anche in Africa del Nord dimostrò notevoli capacità strategiche, tanto da ricevere il soprannome di *volpe del deserto*. Nel 1944 ricevette il comando delle truppe tedesche in Francia e cercò inutilmente di impedire lo sbarco degli anglo-americani in Normandia. Dopo l'attentato a Hitler del 20 luglio 1944, fu sospettato di far parte del gruppo dei congiurati che avevano tentato di uccidere il Führer. Per evitare rappresaglie contro la sua famiglia, fu costretto a suicidarsi.

Gli alpini

Nei Balcani e in Russia Oltre alle carenze nei materiali e nella produzione bellica, una delle principali cause delle ripetute disfatte italiane fu la **dispersione delle forze**. Infatti, mentre gli inglesi attaccavano a El Alamein, Mussolini aveva bloccato ben 30 divisioni (600 000 uomini, come si è visto) nei Balcani e, soprattutto, ne aveva inviati altri 229 000 sul fronte russo.

Inizialmente, il Duce aveva insistito con Hitler affinché alla grande campagna antibolscevica lanciata dal Terzo Reich partecipasse anche un piccolo contingente italiano (62 000 uomini). Nel 1942, dopo il fallimento dell'*Operazione Barbarossa*, fu Hitler a chiedere all'Italia un maggiore contributo: così, alle 3 divisioni iniziali se ne aggiunsero altre 7. **In Russia**, il regio esercito impiegò in tutto **10 divisioni** (229 000 uomini), **su un totale di 65**: per l'esercito italiano si trattò di uno sforzo notevole; oltretutto, furono inviati nella steppa russa anche moltissimi alpini, il cui impiego sarebbe stato più proficuo tra le montagne della Iugoslavia.

Equipaggiamento inadatto

La tragica campagna di Russia L'Armata italiana in Russia (ARMIR) era assolutamente **inadatta per il tipo di scontro che dovette affrontare**. I soldati erano privi di armi automatiche individuali (fucili mitragliatori), mentre le pesanti mitragliatrici in dotazione ai reparti spesso erano inutilizzabili nel rigido inverno russo, con temperature anche inferiori a -40 °C. La qualità della lana delle divise era cattiva, pessima quella delle **scarpe, che spesso perdevano la suola** e comunque non erano in grado di impedire (come già era accaduto in Grecia) il **congelamento dei piedi**. I pochi carri armati non reggevano il confronto con quelli tedeschi o russi: pesavano al massimo 3 tonnellate (più o meno come un camion), a fronte delle 27 dei panzer tedeschi e delle 34 dei carri sovietici.

Ritirata nella neve

Nell'autunno 1942, insieme all'armata romena, l'ARMIR era schierata sul fiume Don, a protezione del fianco sinistro della Wehrmacht, impegnata a Stalingrado. La grande offensiva sovietica che il 19 novembre portò all'accerchiamento dei tedeschi sfondò il fronte in più punti e infine (il 17 gennaio) rinchiuse anche **150 000 italiani**, in maggioranza alpini, **in una grande sacca**, obbligandoli a una **terribile ritirata in mezzo alla neve**. Quasi tutti i cannoni furono abbandonati sul Don, mentre gli automezzi disponibili e funzionanti erano insufficienti. La ritirata **verso ovest**, pertanto, avvenne **a piedi**; in linea d'aria, si trattava di un tragitto di circa 120 chilometri. In realtà, furono molti di più, a causa della confusione e della necessità di compiere continue deviazioni, per evitare di affrontare i russi, decisamente superiori in uomini e mezzi.

geostoria

La dispersione delle truppe italiane

Carta proiettabile

Scarsamente armato ed equipaggiato in modo molto scadente, l'esercito italiano fu disperso su troppi fronti: Africa del Nord, Russia e Iugoslavia.

Documento chiave

Le carenze degli armamenti italiani

Cristoforo Moscioni Negri prese parte alla campagna di Russia come sottotenente degli alpini. Rientrato in Italia, dopo l'8 settembre 1943 comandò un reparto partigiano in provincia di Pesaro. Nel suo resoconto, più volte ribadisce che gli alpini combattevano per spirito di corpo. All'opposto, la constatazione delle carenze militari privò i soldati di qualsiasi fiducia nei generali e, a maggior ragione, in Mussolini e nel regime fascista. La scena qui descritta va ambientata poco prima della grande offensiva sovietica del novembre 1942.

Passai fuori molte ore pensando a come avrebbero attaccato i russi e ai punti deboli della nostra difesa. Ero sicuro che non sarebbero venuti dopo una preparazione di artiglieria per non metterci sull'avviso, ma di sorpresa con una rapida corsa attraverso il fiume gelato. Ancora una volta, coi parabellum [fucili mitragliatori, capaci di sparare a raffica, di cui i russi erano dotati, mentre gli italiani avevano solo fucili a colpo singolo, *n.d.r.*] contro i fucili, sarebbe stato un massacro. I nostri mitragliatori infatti non potevano essere tenuti pronti in postazione perché si gelavano e non sparavano più, dato che non avevano nemmeno mai visto la miscela antigelo promessaci sin dall'estate. Dovevamo tenerli nei ricoveri, sopra le stufe, ravvolti da una coperta in modo che l'umidità non si condensasse a contatto dell'acciaio, ma anche così non bastava. Portati fuori occorreva qualche minuto prima che si sciogliessero, sparando un colpo alla volta, e la raffica partisse.

La sorpresa avrebbe potuto essere un fattore determinante per la vittoria russa

Delle tre postazioni fucilieri, quella di Minelli al centro e l'ultima sulla destra avevano un lieve margine di sicurezza perché una breve scarpata le separava dal piano del fiume. Su di essa, forse, potevano fermare i russi coi fucili intanto che i mitragliatori si scaldavano. Ma quella di Pintossi situata a sinistra verso la valle, dove il Don era più stretto, non aveva davanti nessun ostacolo. Almeno fosse stato possibile difendersi con le bombe a mano. Ma le nostre non erano come le tedesche o le russe: facevano soltanto rumore e per di più sulla neve molte volte non scoppiavano affatto. Se poi i russi avessero attaccato con l'appoggio dei carri, ci avrebbero fatti a pezzi senza possibilità di difesa. I tedeschi almeno, oltre a cannoni di calibro adatto, avevano tenuto dei corsi per cacciatori di carri e i loro fanti potevano difendersi con una tecnica ben studiata e mezzi opportuni. Noi avevamo degli uomini di tempra magari più salda, ma dai nostri comandi arrivavano soltanto inutili e prolisse circolari: il nostro maggiore, al rapporto ufficiali, usava distribuirle come carta per bassi servizi a chi ne aveva bisogno.

Le mitragliatrici italiane non funzionavano in condizioni di freddo intenso

Gli italiani erano sprovvisti di carri armati

C. MOSCIONI NEGRI, *I lunghi fucili. Ricordi della guerra di Russia*, il Mulino, Bologna 2005, pp. 16-17

Truppe italiane in marcia con i fucili in spalla. Russia, 1941.

POTERI E CONFLITTI

4.2 La disfatta italiana in Russia

La ritirata di Russia Per uscire dalla sacca in cui erano caduti, i soldati italiani impiegarono almeno una decina di giorni (alcune divisioni anche di più), che furono una vera odissea nel gelo e nella neve. Nel complesso, la ritirata di Russia fu una di quelle esperienze estreme in cui si verificano episodi di straordinario eroismo, di toccante solidarietà e di brutalità inumana.

Le cifre del disastro

In questo disastro, l'esercito italiano perse circa **95 000 uomini** (10 030 riuscirono a tornare dalla prigionia, a guerra finita) che morirono per le cause più disparate: **attacchi russi, assideramento durante la ritirata, congelamento e malnutrizione** durante il trasferimento verso i campi di concentramento sovietici o nel periodo dell'internamento. Per coloro che furono catturati, infatti, l'**esperienza della prigionia fu estremamente dura**, a cominciare dalle marce del *davaj*, la parola russa (*avanti!*) con cui le guardie di scorta sospingevano i soldati prigionieri. In teoria, le direttive sovietiche indicavano che bisognava trattare i nemici catturati in modo dignitoso; in pratica, nessuna delle direttive fu applicata, e solo tardivamente le autorità si preoccuparono di farle rispettare.

La prigionia Agli occhi dei soldati sovietici, italiani e tedeschi erano solo dei nemici, degli stranieri degni di odio e di disprezzo, che avevano invaso la loro terra e compiuto ogni sorta di violenze contro i civili e i militari russi; l'**enorme quantità di prigionieri** che, simultaneamente, cadde in mano all'Armata rossa dopo Stalingrado completò il quadro, in cui **impreparazione, inefficienza e colpevole negligenza** si rafforzarono a vicenda. Pertanto, le memorie dei superstiti narrano di marce infinite (di 7, 10, perfino 20 giorni) in mezzo alla neve (a -40 °C) e di moltissimi soldati morti di stenti o uccisi perché non reggevano il passo. Pare che le violenze maggiori siano state compiute dai partigiani sovietici, cioè da civili che, nei due anni precedenti, spesso avevano visto i loro villaggi incendiati dagli invasori e i loro parenti assassinati dai tedeschi.

La tragica ritirata dell'esercito italiano in Russia.

Gli italiani in Russia

Schema proiettabile

SOLDATI ITALIANI IN RUSSIA	229 000
RIMPATRIATI FERITI O CONGELATI	29 690
PRIGIONIERI SINO A FINE GUERRA	10 030
ALTRI SUPERSTITI	114 480
MORTI	95 000

› VEDI
La deportazione degli ebrei
→ pag. 438

Le marce si concludevano con l'arrivo in varie stazioni ferroviarie, che fungevano da punti di smistamento verso i campi. Poiché i soldati furono stipati nei vagoni bestiame – con le brutali modalità tipiche di ogni deportazione di massa – anche il viaggio in treno è spesso ricordato come un'esperienza atroce, a volte peggiore della prigionia vera e propria nei campi.

Nel 1942-1943, man mano che il numero dei prigionieri catturati dall'Armata rossa andava aumentando, il **Partito comunista e l'Internazionale** organizzarono **una capillare attività di propaganda** fra i **soldati nemici detenuti** e cercarono di trasformarli in una risorsa per diffondere disfattismo e ribellione tra le forze avversarie. Ai soldati si indicavano Hitler e Mussolini come i soli responsabili delle loro sventure, e quindi li si invitava a firmare volantini che esortavano alla diserzione (nell'arco della guerra, l'Armata rossa ne diffuse 25 000, tutti diversi) oppure a lanciare appelli radiofonici.

Comunisti italiani a Mosca

L'odio dei prigionieri italiani verso Mussolini Tra i comunisti italiani che operavano a Mosca, l'incarico di dirigere questa propaganda antifascista tra i prigionieri fu assegnato a Vincenzo Bianco. Questi comprese subito che molti dei soldati catturati avevano maturato per conto proprio un profondo odio per Mussolini e per il **regime fascista, di cui avevano scoperto** – sulla propria pelle e su quella dei loro compagni morti – **tutta l'inefficienza e l'inettitudine**. Inoltre, molti italiani erano rimasti disgustati dalle violenze dei tedeschi contro gli ebrei e i civili, oltre che dai frequenti episodi di scarsa solidarietà verificatisi durante la ritirata (la Wehrmacht aveva più mezzi motorizzati, ma solo raramente permise agli italiani di servirsene). Alle stesse conclusioni, del resto, arrivarono anche molti dei sopravvissuti, che una volta tornati in patria non ebbero più dubbi o ripensamenti: quindi, dopo la caduta del fascismo e dopo l'armistizio, si rifiutarono di continuare a combattere a fianco dei tedeschi o addirittura si organizzarono in unità combattenti antifasciste.

Bianco, tuttavia, visitando i campi di prigionia si rese conto che le **pessime condizioni in cui erano tenuti gli italiani** (persino dopo le *marce del davaj* e i terribili trasferimenti ferroviari) ostacolavano notevolmente il lavoro di propaganda, cioè **non rendevano credibile l'immagine dell'URSS come forza positiva** da sostenere, in radicale alternativa ai regimi di Hitler e Mussolini. Il 31 gennaio, Bianco si rivolse a Palmiro Togliatti, alto esponente dell'Internazionale, che di lì a poco avrebbe assunto in Italia la guida del Partito comunista italiano. Questi, però, si rifiutò di intervenire presso Stalin affinché migliorasse le condizioni di vita nei campi; Togliatti cercò di giustificare la sua inerzia con argomenti politici e filosofici: in realtà, semplicemente, era consapevole del totale disinteresse del dittatore sovietico verso la sorte dei prigionieri nemici.

Palmiro Togliatti in una fotografia del 1944.

I personaggi → Palmiro Togliatti

Nacque nel 1893, a Genova. Dopo la prima guerra mondiale, nel 1921, insieme a Gramsci fu uno dei promotori della nascita del Partito comunista d'Italia. Ricercato dalla polizia fascista, si rifugiò in Unione Sovietica. A Mosca rivestì incarichi di notevole responsabilità all'interno dell'Internazionale comunista, per conto della quale partecipò alla guerra di Spagna. Tornato a Mosca, dal 1940 al 1944 lavorò alla radio, da cui lanciava messaggi di propaganda antifascista. Arrivato in Italia nel 1944, partecipò alla vita politica del Paese fino alla morte, avvenuta nel 1964. Negli anni centrali della sua attività di dirigente comunista, fu a piena conoscenza dei crimini di Stalin; tuttavia, anche dopo la morte del dittatore (e persino dopo la denuncia dei suoi delitti da parte di Kruscëv, suo successore al Cremlino), Togliatti non criticò mai apertamente la politica dell'Unione Sovietica, che fino all'ultimo egli considerò il fondamentale e indiscutibile punto di riferimento del proletariato sulla via del socialismo.

1

Il rancio del soldato italiano

L'efficienza di un esercito non si misura solo dalle armi che utilizza. Anche il vitto è un parametro importantissimo per valutare la modernità di un apparato militare, oltre a essere un fattore determinante del morale dei soldati. Dotati di un equipaggiamento scarso e inadeguato, i soldati italiani furono trattati peggio dei militari di tutti gli altri eserciti anche a questo elementare livello, mentre gli ufficiali difesero fino all'ultimo i propri privilegi legati al grado.

Il vitto dei soldati merita una trattazione a parte per un'importanza che non occorre sottolineare, anche se spesso sottovalutata dagli studi (non certo dalla memorialistica). Ci offre una testimonianza impietosa dei ritardi dell'esercito, qui il regime fascista c'entra poco, salvo per le crescenti difficoltà di approvvigionamento. «Il rancio di mezzogiorno era di solito brodo di carne con un po' di pasta ed un pezzetto di lesso; la sera c'era il minestrone; poche rare volte la pastasciutta... alla domenica c'era anche un po' di vino» (1938). Dalla fine dell'Ottocento alla seconda Guerra mondiale, la razione giornaliera dell'esercito aveva quattro componenti base: pane di buona qualità; carne bovina fresca o congelata (carne *con l'osso*, quindi con una percentuale di scarto, nel 1915-18 la razione era di 375 grammi di carne *in piedi*, ossia calcolata sull'animale vivo); pasta (maccheroni, i *tubi* della memorialistica) o riso due volte alla settimana; infine patate e legumi per il minestrone serale. [...] Un vitto per un paese povero, agli inizi del secolo per i contadini e gli operai mangiare pane bianco e carne tutti i giorni era un lusso, malgrado la bassa qualità tradizionale delle cucine militari. Nel 1940 la razione era sufficiente in caserma e nelle retrovie, non però al fronte, come attestano tutte le memorie e le testimonianze dei reduci. Al fronte, in tutti i teatri di guerra, la fame era garantita.

I soldati si arrangiavano accendendo fuochi sotto le gavette quando potevano, rubacchiando viveri qua e là, ma avrebbero meritato di meglio

Possiamo indicare due ragioni di fondo. Gli alti comandi che parlavano di guerra di rapido corso non avevano pensato a modernizzare un sistema di vettovagliamento adeguato ai fronti statici della prima Guerra mondiale, quando si provvedeva alle truppe con forni e cucine nelle retrovie. Nulla fu fatto per migliorare i forni Weiss per la panificazione che si erano dimostrati pesanti e poco mobili già in Etiopia: dovevano restare così lontano dal fronte che spesso in Albania il pane arrivava vecchio e ammuffito. Sembra poi incredibile, ma è documentato, l'esercito non disponeva di cucine mobili (i primi esemplari entrarono in servizio nel 1943 e, in omaggio alla tradizione, funzionavano a legna anziché a nafta o benzina più reperibili), ma contava ancora sulle casse di cottura di fine Ottocento e sulle gloriose marmitte da campo modello 1855. Ossia il rancio veniva avviato al fronte da cucine nelle retrovie, si può immaginare con quali fatiche e ritardi se le truppe erano in movimento o su posizioni difficilmente raggiungibili, dove arrivava un pastone tiepido eppure prezioso, date le circostanze. Le cucine poi si riducevano a cucinieri poco addestrati, agli attrezzi e a grandi marmitte appese a strutture precarie da rinnovare ad ogni spostamento, con fuoco a legna da reperire sul posto; problemi piccoli in condizioni normali, non facili da risolvere durante gli spostamenti o in regioni prive di legna come la Libia. Inoltre, in tre anni di guerra su fronti diversi questo sistema non fu modificato con una modernizzazione delle attrezzature e il decentramento della preparazione del rancio, dove possibile o necessario, o la distribuzione di fornelli ai reparti. I soldati si arrangiavano accendendo fuochi sotto le gavette quando potevano, rubacchiando viveri qua e là, ma avrebbero meritato di meglio.

L'altro problema di fondo era la desolante insufficienza dei generi di integrazione al rancio. L'immagine del soldato inglese che si prepara il *breakfast* abbrustolendo il *bacon,* poi si concede una tazza di the è un po' troppo idilliaca in contrapposto al soldato italiano che inzuppa il pane nella brodaglia di un caffé, però inquadra il problema. Il rancio rimane lo stesso dalle caserme al fronte, peggiora inevitabilmente di qualità e regolarità in momenti in cui le truppe sono sottoposte alle fatiche e tensioni del combattimento. La razione di Albania prevede la distribuzione *eventuale* di un bicchierino di cognac (3 cl) *oppure* 50 grammi di marmellata *oppure* 25 di cioccolato, con un cenno alla possibilità di una distribuzione continuativa per periodi eccezionali. Manca la concezione che il soldato al fronte debba avere un vitto più ricco e curato, garantito anche in caso di collasso dei rifornimenti. La razione di riserva si riduceva a 400 grammi di galletta e una scatoletta di carne, a volte la scadente minestra Chiarizia in scatola; molti reparti in Albania (e poi in Africa settentrionale) non ebbero di meglio per settimane. Un confronto con la *razione K* del soldato americano (tutto il necessario per 24 ore salvo l'acqua in una sola confezione: scatolette varie, minestra liofilizzata, caffé in polvere, gallette, forellino a meta, sigarette, fiammiferi, carta igienica eccetera) è umiliante, segna il confine non tra due eserciti, ma tra due civiltà. [...]

In tutti gli eserciti si distingueva tra mensa ufficiali, mensa sottufficiali e rancio dei soldati, in tempo di pace e in guerra nelle retrovie, con ovvie varianti. Al fronte però il vitto era uguale per tutti, salvo che per le forze armate italiane che conservarono fino al crollo il privilegio di una mensa a parte, più ricca e curata, per gli ufficiali e per i sottufficiali. La memorialistica di Libia attesta sia lo stupore degli italiani quando vedevano Rommel pranzare con pane nero e marmellata, sia il piacere degli ufficiali tedeschi invitati alla mensa dei colleghi italiani, dove pastasciutta e vino erano garantiti (ovviamente non durante i combattimenti).

Per i soldati, dovunque, soltanto la gavetta o le razioni a secco. MacGregor Knox ha trovato le risposte dei comandi della II armata in Jugoslavia a un sondaggio sull'abolizione delle mense privilegiate, promosso nell'estate 1941 dallo stato maggiore dell'esercito su richiesta di Mussolini. «Gran parte dei comandanti si disse favorevole per motivi logistici più che di leadership. Ma "la massa degli ufficiali" si dimostrò palesemente poco entusiasta. Un comandante di corpo d'armata sostenne che gli ufficiali fossero semplicemente incapaci di svolgere le loro funzioni nutrendosi con il rancio normale dei soldati: "La mensa ristora e mette l'ufficiale nelle condizioni fisiche e di spirito per ben assolvere il suo non facile compito. Una differenziazione, ai fini del morale degli ufficiali, ci deve assolutamente essere". La soppressione delle mense da campo per ufficiali avrebbe inoltre potuto produrre una "eccessiva dimestichezza e conseguente diminuzione di prestigio", nonché una perdita di "affiatamento e cameratismo" tra gli ufficiali dei reparti. Infine il nuovo sistema, se esteso alla vita di guarnigione, avrebbe potuto condurre a "diminuzioni della già tenue autorevolezza dei giovani subalterni, conseguente dalla soppressione di distinzioni formali". La tenacia con cui il corpo ufficiali difese tali "distinzioni formali" lascia ben intendere la misura dei propri dubbi sulla sua stessa capacità di comando». Una pagina triste, un esercito vecchio che non riusciva ad assicurare un rancio sufficiente alle truppe e cercava di garantire il prestigio degli ufficiali con privilegi di casta ottocenteschi anziché selezione e addestramento.

G. ROCHAT, *Le guerre italiane 1935-1943. Dall'Impero d'Etiopia alla disfatta*, Einaudi, Torino 2005, pp. 280-285

Analizza il testo

- Si può dire che i generi di integrazione al rancio fossero adeguati alle esigenze dei soldati al fronte?
- Che cosa nascondeva, secondo MG. Knox, la tenacia con cui il corpo ufficiali difese la differenziazione delle mense?

2 L'ampliamento del conflitto nel dicembre 1941

La guerra in Asia era iniziata diversi anni prima che in Europa. Dal 1937, infatti, l'esercito giapponese era impegnato nella conquista della Cina; lo scontro, tuttavia, assunse caratteri del tutto nuovi allorché l'impero del Sol Levante decise di attaccare la flotta americana a Pearl Harbor (nelle isole Hawaii), le Filippine e le principali colonie inglesi in Asia orientale (Hong Kong e Singapore).

Alle 7,55 del mattino di domenica 7 dicembre 1941, ora delle Hawaii, 366 bombardieri e caccia giapponesi colpirono le navi da guerra americane alla fonda a Pearl Harbor. 4 corazzate americane esplosero o affondarono mentre erano all'áncora; altre 4 furono danneggiate e altre 11 navi da guerra affondate o messe fuori combattimento. Contemporaneamente all'attacco alle navi da guerra americane, i giapponesi colpirono gli aeroporti di Pearl Harbor: 188 aerei americani vennero distrutti al suolo. Quando gli aerei giapponesi tornarono in volo alle portaerei della loro I Flotta, 2330 americani erano morti o morenti; 1177 sulla corazzata *Arizona*. Allorché Roosevelt informò Churchill, in segreto, sulla gravità delle perdite, spiegando che esse erano state «considerevolmente maggiori di quelle comunicate alla stampa», il commento di Churchill fu: «Che olocausto!». I giapponesi avevano perduto 29 aerei e 5 sommergibili tascabili nell'attacco; 64 dei loro uomini erano morti, e uno, l'alfiere Kazua Sakamaki, il cui sommergibile tascabile si era arenato nell'isola, fu fatto prigioniero: il primo prigioniero giapponese della seconda guerra mondiale. Quando la misura delle perdite americane divenne nota, l'emozione negli Stati Uniti fu grande; delle 9 corazzate americane capaci di azioni offensive o difensive nel Pacifico all'inizio di quella mattina, solo 2 erano ancora in grado di affrontare il combattimento. Le 10 corazzate giapponesi erano padrone del Pacifico. [...]

Fu verso la mezzanotte del 7 dicembre, ora dell'Europa centrale, che Hitler, nel suo Quartier generale di Rastenburg, in Prussia orientale, apprese dell'attacco giapponese a Pearl Harbor. «Adesso è per noi impossibile perdere la guerra», disse a Walther Hewell, e continuò spiegando: «Abbiamo adesso un alleato che non è mai stato vinto in tremila anni». [...] Il mattino dell'8 dicembre la gravità dell'aggressione giapponese divenne chiara. La flotta americana a Pearl Harbor era stata pressoché distrutta. Truppe giapponesi erano sbarcate in Malesia. Nelle Filippine, un attacco aereo sull'isola di Luzon aveva avuto come conseguenza la perdita di 86 dei 160 aerei americani nell'isola, al costo di soli 7 caccia giapponesi abbattuti. Vi era stato inoltre uno sbarco, coronato da successo, nella piccola isola settentrionale di Batan. Sulla costa della Cina i giapponesi avevano catturato le guarnigioni americane a Shangai e Tientsin; a Shangai, la cannoniera americana *Wake*, dopo un tentativo di autoaffondarsi, si era arresa. «Ieri», dichiarò Roosevelt in un messaggio di guerra al Congresso, «7 dicembre 1941 – una data che vivrà nell'infamia – gli Stati Uniti d'America sono stati attaccati improvvisamente e deliberatamente da forze navali e aeree dell'Impero del Giappone». E aggiunse: «Qualsiasi spazio di tempo dovrà impiegare per sconfiggere questa premeditata invasione, il popolo americano, nella sua giusta potenza, saprà ottenere una vittoria totale». [...]

Attacco da parte di aerei giapponesi alla base americana di Pearl Harbor, nelle isole Hawaii, il 7 dicembre 1941.

STORIOGRAFIA

L'8 dicembre, allorché le truppe giapponesi erano già sbarcate in Malesia, Winston Churchill informò il governo giapponese che «tra i nostri due Paesi esiste uno stato di guerra». Adesso, le due sole nazioni che si confrontavano senza essere in guerra erano la Germania e gli Stati Uniti. Nel bel mezzo dello scompiglio provocato dalla nuova guerra nel Pacifico, dall'aspro scontro in Russia e dalla continuazione della guerra in Nord Africa, le due nazioni mantenevano ancora relazioni diplomatiche. Roosevelt – così venne informato Hitler al suo ritorno a Berlino, il 9 dicembre – avrebbe fatto di tutto per evitare una guerra con la Germania, per impedire di esporre gli Stati Uniti a una guerra nei due oceani. [...] L'11 dicembre la Germania dichiarò guerra agli Stati Uniti. Fu forse il più grave errore e il gesto più decisivo della seconda guerra mondiale. Gli Stati Uniti, ancora neutrali in Europa, erano appena stati trascinati in una largamente impari lotta nel Pacifico. L'Atlantico, e la guerra sul continente europeo, erano nell'altra metà del globo. Hitler, con la sua dichiarazione di guerra, riportò gli Stati Uniti in Europa in qualità di belligeranti; dapprima le navi da guerra, poi gli aerei, infine le armate americane avrebbero assicurato, qualunque potessero essere gli impegni del Paese nel Pacifico, la sconfitta di Hitler e del suo sistema. «L'avere acquisito gli Stati Uniti al nostro fianco» telegrafò Churchill il giorno dopo ad Anthony Eden, che era in viaggio per la Russia, «cambia del tutto la situazione e, con il tempo e la pazienza, assicurerà una vittoria certa». [...]

Il 13 febbraio 1942, i giapponesi distrussero la principale difesa di Singapore, i cannoni pesanti costieri da 380 mm, e, nel Borneo sud-orientale, occuparono il porto di Bandjarmasin. Il 14 febbraio paracadutisti giapponesi atterrarono a Palembang, a Sumatra. Il giorno dopo Singapore si arrese; 32 000 soldati indiani, 16 000 inglesi e 14 000 australiani furono fatti prigionieri. Più della metà di loro sarebbe morta in prigionia.

La caduta di Singapore, la *Gibilterra dell'oriente*, rappresentò per l'Inghilterra un grave impedimento della possibilità di resistere ai giapponesi e insieme un duro colpo per il morale della popolazione. «È questo il momento», disse Churchill in un radiodiscorso del 15 febbraio, «di dar prova della calma e dell'equilibrio, uniti alla salda determinazione, che non molto tempo fa ci hanno consentito di sfuggire alle fauci stesse della morte». Il «solo pericolo», ammonì Churchill, sarebbe stato «un indebolirsi dei nostri fermi propositi, e quindi della nostra unità – questo sarebbe un delitto mortale». Chiunque si fosse reso colpevole di un tale delitto, o avesse sollecitato altri a compierlo, avrebbe fatto meglio «a mettersi una pietra al collo e a gettarsi in mare». Churchill sollecitò i suoi ascoltatori a non disperare. «Dobbiamo ricordarci», disse, «che non siamo più soli. Siamo in mezzo a una folla. Tre quarti del genere umano procedono adesso con noi. L'intero futuro dell'umanità può dipendere dalle nostre azioni e dal nostro comportamento». Sino adesso, aggiunse Churchill, «non abbiamo ceduto. Non cederemo ora. Spingiamoci avanti risolutamente nella tempesta e attraverso la tempesta».

M. GILBERT, *La grande storia della seconda guerra mondiale*, Mondadori, Milano 2003, pp. 314-320, trad. it. M. SPINELLA

Analizza il testo

- Come accolse Hitler la notizia dell'attacco giapponese a Pearl Harbor?
- Quale effetto ebbe su Churchill e sul morale degli inglesi il coinvolgimento degli USA nel conflitto??

3 La battaglia di Stalingrado

Lo scontro che, per mesi, impegnò tedeschi e sovietici nella città di Stalingrado fu il più violento e sanguinoso di tutta la guerra. Un ruolo determinante venne certo svolto dal fatto che la città portava il nome del dittatore sovietico. Al di là del valore simbolico, però, la città rivestiva un eccezionale ruolo strategico: se i tedeschi fossero riusciti a conquistarla, avrebbero spezzato il centro dello schieramento nemico e, quindi, avrebbero potuto attaccare sia Mosca (da sud) sia il Caucaso, con i suoi importanti giacimenti petroliferi (da nord).

Stalingrado si trova sulla riva occidentale del Volga, il fiume più grande d'Europa. La città, che in origine prendeva il nome dalla Carica, un affluente del Volga che la divide a metà, passò a portare il nome di Stalin in onore di una campagna della guerra civile in cui il futuro leader aveva svolto un ruolo cospicuo. Anche per questo Stalingrado era stata sviluppata come città modello per la regione, con spazi aperti, parchi e blocchi di appartamenti bianchi dall'aspetto immacolato che riflettevano il fiume e l'abbagliante luce estiva. Ma la città sarebbe stata importante anche se non avesse portato un nome famoso. Era un centro fondamentale per l'industria tecnica e manifatturiera, aveva un'università e diverse scuole tecniche, e ospitava una vasta rete di servizi di rifornimento e stivaggio per le armate che combattevano nelle vicinanze del Don. Nel 1942 Hitler la considerava un'importante testa di ponte [base strategica, da cui proseguire le conquiste nell'area orientale dell'URSS, *n.d.r.*] sul Volga e un luogo di raccolta per mezzi e soldati, essenziale per le armate dirette a sud verso i campi petroliferi del Caspio. Assaporava inoltre la prospettiva di conquistare la città che portava il nome di Stalin. [...]

L'attacco fu sferrato domenica 23 agosto [1942, *n.d.r.*]. Quel giorno, 600 aerei tedeschi volteggiarono su Stalingrado. Volavano basso, bombardando a tappeto, a turni. Al calar della notte sul terreno era rimasto poco a parte le macerie, le fiamme ardenti e il fumo. «Le case e le strade della città erano morte» scrisse Cujkov [il comandante delle forze sovietiche, *n.d.r.*] mentre ispezionava il suo nuovo campo di battaglia alcuni giorni dopo la catastrofe. «Sugli alberi non un ramo verde: tutto era stato distrutto dal fuoco. Delle case di legno non era rimasto che un mucchio di cenere e tubi di stufa contorti. Molte case in muratura erano annerite, senza finestre e porte, il tetto crollato. Qua e là qualche edificio, ancora in piedi: intorno gente che si dava da fare con fagotti, samovar [recipiente di metallo usato per scaldare e conservare l'acqua per il tè, *n.d.r.*], vasellame. Portavano tutto all'approdo [per fuggire sull'altra sponda del Volga, *n.d.r.*]». Decine di migliaia di civili non riuscirono mai a fuggire; durante quel primo giorno e quella prima notte si valuta che siano morte 40 000 persone.

La fase più aspra e sconvolgente della difesa di Stalingrado comincia sempre quell'agosto. Per qualche settimana la LXII e la LXIV Armata dei sovietici si ritirano dai sobborghi occidentali della città in alcune roccheforti del Centro e al Nord. A settembre la LXII Armata difende la città da sola. Aveva l'ordine di distruggere il nemico, la VI Armata del generale Paulus, all'interno della città. Ai soldati che difendevano la stretta lingua di terra lungo la sponda occidentale era stato detto di combattere come se sulla riva orientale, dall'altra parte del fiume, non ci fosse terra. Ben presto risultò chiaro che cosa significava. Gli uomini di Cujkov, spalleggiati da tutti i soldati che riuscivano ad attraversare il fiume [dalla riva orientale a quella occidentale, dove si svolgevano i combattimenti, *n.d.r.*] vivi, restavano aggrappati alla loro testa di ponte battendosi per ogni singola casa. All'interno delle rovine, talvolta al buio, gli uomini combattevano con le baionette e a mani nude per difendere ogni pozzo delle scale e ogni stanza crivellata di proiettili. A partire da ottobre, i soldati di Cujkov in città vennero affiancati da un'artiglieria ben organizzata, questa volta ragionevolmente collocata sulla riva orientale del Volga. Ma il nemico manteneva la totale superiorità aerea. Tutte le truppe della città, tedesche e sovietiche, e i pochi civili che non erano riusciti a fuggire dopo i primi giorni fatali, erano soggetti a un bombardamento ininterrotto. Lo stesso vale per le barche che portavano rifornimenti e uomini attraverso il fiume dalla parte sovietica. Il cibo scarseggiava, i proiettili scarseggiavano, l'acqua di raffreddamento nelle mitragliatrici bolliva. Gli uomini vivevano e morivano in mezzo a mucchi di cadaveri e macerie, i corpi mischiati alla polvere. Lo ricorda lo stesso Cujkov: «Le gravi perdite, la ritirata continua, la scarsità di viveri e di munizioni, la difficoltà di ricevere rinforzi... tutto ciò aveva pessimi effetti sul morale. Molti anelavano a varcare il Volga, a fuggire dall'inferno di Stalingrado». I suoi uomini erano prossimi alla totale disperazione. «Ora è tutto così difficile che non vedo come ne usciremo» scrisse a casa un soldato quell'ottobre. «Possiamo ormai pensare che Stalingrado sia pronta ad arrendersi».

Per decine di migliaia di persone non ci sarebbe mai stata via d'uscita. Va detto che alcuni pezzi grossi e alcuni membri della polizia si erano imbarcati verso lidi più sicuri, lasciando i soldati semplici ad affrontare da soli lo sfacelo e le fiamme. A quanto si dice, lo stesso Cujkov aveva chiesto più volte di trasferire il suo quartier generale al sicuro sull'altra sponda, ma il generale non aveva scelta. Aveva l'ordine di guidare i soldati dando loro l'esempio. In certa misura aveva mano libera riguardo alla tattica, e la promessa del rimpiazzo quotidiano degli uomini [l'invio continuo di rinforzi, per sostituire i caduti, *n.d.r.*], ma non ci sarebbe stata possibilità di ritorno. I soldati che sbarcavano a Stalingrado avevano solo una possibilità, quella di combattere. Una sanzione che Cujkov non si vergognò mai di utilizzare era la minaccia di una pallottola nella schiena. La disciplina mantenuta dal generale era feroce, persino in base ai criteri dell'Armata Rossa [...]. Secondo gli uomini, dieci giorni erano il massimo che chiunque potesse sopportare. Persino i più robusti ripetevano di avere la certezza che dopo l'ottavo o il nono giorno sarebbero stati feriti, se non uccisi. Per la maggior parte si erano abituati ai rumori e agli odori della guerra, e con la loro consumata esperienza ritenevano di poter giudicare, e persino prevedere, il proprio universo. Era il massimo cui potevano arrivare per controllare il caos al fronte. «Dalla traiettoria di una granata capivamo se ci avrebbe colpito o no» ricordava un sopravvissuto. «Potevamo anche dire dove sarebbe atterrata una mina dal rumore che produceva». Ma la lotta incessante per rimanere vigili alla fine distruggeva la capacità di concentrazione. Negli archivi non si parla molto dello stress – nell'esercito sovietico non erano previste procedure così attente riguardo alla salute e alle condizioni fisiche dei soldati – ma, come disse un sopravvissuto, gli uomini diventavano «un po' meno che umani» mentre tendevano le orecchie per udire le ombre nell'oscurità.

C. MERRIDALE, *I soldati di Stalin. Vita e morte nell'Armata Rossa 1939-1945*, Mondadori, Milano 2007, pp. 167-169, trad. it. L. A. DALLA FONTANA

Analizza il testo

- Spiega il significato dell'espressione «combattere come se sulla riva orientale, dall'altra parte del fiume, non ci fosse terra».
- Qual era il principale punto di forza dei tedeschi? In quale campo avevano la supremazia?

Pattuglia tedesca pronta all'attacco, Stalingrado 1942.

STORIOGRAFIA

La **guerra lampo**

Lo studio delle prime fasi della seconda guerra mondiale può permettere l'acquisizione di una competenza fondamentale, che potremmo definire nel modo seguente: **saper cogliere i caratteri specifici di un conflitto militare**. Per affinare tale competenza, viene proposto di seguito un approfondimento, che prende le mosse da alcune pagine storiografiche relative ai primi clamorosi successi tedeschi, ottenuti grazie a un migliore utilizzo strategico dei carri armati.

La *Blitzkrieg* in Polonia e in Francia

Blitzkrieg è il corrispettivo tedesco di *guerra lampo*. Ironia vuole che si trattasse sotto molti aspetti di un'invenzione inglese, nata dalle lezioni apprese sul fronte occidentale durante la prima guerra mondiale. Il capitano Basil Liddell Hart aveva considerato l'altissimo numero di vittime riportato da entrambi gli schieramenti e ne aveva tratto alcune conclusioni. Da ufficiale subalterno di fanteria aveva subito, come molti, un'intossicazione da gas, i cui effetti a lungo termine lo costrinsero a ritirarsi dall'esercito nel 1927; si dedicò quindi alla carriera giornalistica, diventando corrispondente militare del *Daily Telegraph* prima e del *Times* poi, e pubblicando numerosi trattati di storia bellica. Riteneva che sul fronte occidentale l'errore fatale di molte offensive fosse stato la lentezza e la prevedibilità degli attacchi diretti e sosteneva che un «approccio più indiretto» avrebbe avuto il vantaggio di sorprendere il nemico e destabilizzare i comandanti, consentendo poi di sfruttare lo sconcerto che ne sarebbe derivato. Il metodo consisteva nel concentrare i mezzi corazzati e l'aviazione in un attacco lampo dall'effetto letale. Secondo Liddell Hart il segreto del successo stava «in parte nella combinazione tattica di carri armati e aerei, in parte nell'imprevedibilità di un'offensiva per quanto riguarda la direzione e il momento, ma *soprattutto* nel "seguito dello sfondamento", e cioè nella maniera i cui lo sfondamento viene sfruttato da una penetrazione strategica profonda, eseguita da forze corazzate lanciate alla testa del grosso delle forze operanti *indipendentemente*».

La buona notizia per Liddell Hart fu che i suoi libri ebbero vasta risonanza; la cattiva, però, fu che riscossero successo non in Gran Bretagna, ma in Germania. Con l'eminente eccezione del generale maggiore John Frederick Charles Fuller, i comandanti inglesi, come il feldmaresciallo Haig, si rifiutarono semplicemente di accettare che «i carri armati e i veicoli a motore [avrebbero] soppiantato i cavalli nelle guerre del futuro», archiviando le armi motorizzate come meri «accessori per soldati e cavalli». Della stessa opinione era il fratello di Haig: la cavalleria non sarà «mai relegata in un angolo per far posto ai carri armati». I giovani ufficiali tedeschi, invece, colsero subito il significato dell'opera di Liddell Hart. Heinz Guderian, comandante del 19° Corpo d'armata tedesco durante l'invasione della Polonia, fu uno dei suoi più ferventi ammiratori e più tardi avrebbe ricordato che a ispirargli l'importanza della «concentrazione delle unità corazzate» erano stati proprio Liddell Hart e gli altri pionieri britannici di «un nuovo concetto di guerra su larga scala». [...] Guderian, cui piaceva descriversi come discepolo e allievo di Liddell Hart e che tradusse perfino le sue opere in tedesco, assimilò i concetti tanto bene che nel settembre 1939 i suoi panzer erano inarrestabili. Leggenda vuole che i polacchi avessero tentato di frenarli con le cariche della cavalleria. In realtà, impiegarono i soldati a cavallo soltanto contro la fanteria tedesca, ma non disponevano di adeguati veicoli a motore e i loro carri armati erano inferiori per numero e qualità rispetto a quelli tedeschi. Inoltre, come già i cechi prima di loro, avrebbero scoperto che l'impegno anglo-francese non aveva alcun valore militare. Nella battaglia del fiume Bzura lanciarono una disperata controffensiva per bloccare l'attacco a Varsavia, ma il 16 settembre i tedeschi sbaragliarono ogni resistenza e il giorno successivo raggiunsero la fortezza di Bresc (Brest) sul fiume Bug. Il 28 Varsavia cadde. Otto giorni dopo deposero le armi anche gli ultimi soldati polacchi. L'intera campagna era durata appena cinque settimane.

I polacchi si erano battuti con coraggio, ma furono penalizzati dall'inferiorità numerica e dall'insufficienza di armi. L'aspetto incredibile della guerra combattuta l'anno successivo a ovest è che si verificò esattamente il contrario. Che olandesi e belgi sarebbero stati sopraffatti dalle forze tedesche era un'evenienza quantomeno prevedibile, ma la caduta della Francia dopo appena sei settimane di scontri fu, come la definì lo storico Marc Bloch, un'«insolita disfatta». Sulla carta, le forze francesi erano già superiori senza bisogno dei soccorsi del Corpo di spedizione britannico e il vantaggio avrebbe dovuto essere anche più schiacciante per il fatto di trovarsi a combattere in difensiva. Possedevano il doppio dei veicoli su ruote e 4638 carri armati contro i 4060 dei tedeschi. I blindati francesi, poi, avevano una corazzatura più resistente e cannoni più potenti. Eppure, quando il 10 maggio 1940 i tedeschi si lanciarono all'attacco, molte unità opposero soltanto una debole resistenza. [...] Cosa c'era dietro il crollo dei francesi? Secondo Liddell Hart, che fu così scioccato dallo scoppio della guerra da soffrire un esaurimento nervoso, si trattava principalmente di un fallimento della dottrina militare: «Si sarebbero potute fermare le forze corazzate tedesche molto prima che arrivassero alla Manica contrattaccando con forze dello stesso tipo. Ma i francesi, che pure avevano carri armati migliori del nemico e più numerosi, li avevano distribuiti a gruppetti tra le varie unità... La sola divisione corazzata britannica disponibile fu mandata in Francia solo dopo l'inizio dell'offensiva tedesca, e arrivò perciò troppo tardi per la prima e decisiva fase... Ma questo saggio di "guerra lampo" fu possibile solo perché i capi alleati non avevano ben capito la nuova tecnica e perciò non seppero farvi fronte... Eppure mai disastro fu altrettanto prevedibile».

N. FERGUSON, *XX secolo, l'età della violenza. Una nuova interpretazione del Novecento*, Mondadori, Milano 2008, pp. 369-372, trad. it. D. LADDOMADA

Il trionfo tedesco in Francia nel 1940

È rimasta celebre una pagina delle memorie di Churchill nella quale egli ricorda di essere stato svegliato alle sette e mezza del mattino del 15 maggio da una telefonata del presidente del Consiglio dei ministri francese Reynaud. Con voce angosciata questi gli annuncia: «Siamo stati battuti». Mentre il primo ministro inglese, interdetto, non ha ancora aperto bocca, il presidente francese ripete: «Siamo stati vinti, abbiamo perso la battaglia». Churchill replica che è impossibile che una tale catastrofe possa essere accaduta così all'improvviso, ma il presidente francese insiste: «Il fronte è stato rotto a Sedan, i tedeschi dilagano con una grande massa di carri armati e di veicoli corazzati». Churchill decide di recarsi immediatamente a Parigi. Qui trova il panico: il governo è dimissionario, si bruciano gli archivi segreti. Il generale Gamelin sta per essere licenziato, al suo posto è richiamato d'urgenza in patria dal Medio Oriente Maxime Weygand. [...] A uno stupefatto Churchill che chiede i motivi dell'incredibile e improvviso tracollo francese Maurice Gamelin, che non è riuscito a sostenere l'urto della Wehrmacht, elenca tre ragioni: inferiorità numerica, inferiorità negli armamenti, inferiorità nella tattica. È una risposta inesatta, salvo che per la (indubbia) inferiorità tattico-strategica dei francesi. In verità lo stesso Gamelin, studiando la campagna in Polonia, aveva intuito le novità della guerra tedesca. Ma [...] lui e il suo successore Maxime Weygand non riescono a valorizzare le forze a disposizione [...].

In questo frangente Weygand conia uno dei luoghi comuni più ostinati e condivisi dai francesi: «Siamo andati a combattere con un esercito del 1918 contro un esercito tedesco del 1939. È stata follia pura». In realtà questa affermazione, pur contenendo elementi di verità, deve essere criticamente rivista. L'armata francese del 1940 infatti non è esattamente quella del 1918. Non lo è certamente dal punto di vista del numero e della qualità dei mezzi corazzati e dei velivoli di cui dispone e per altri indicatori tecnico-militari (salvo forse per il sistema delle trasmissioni). I francesi infatti dispongono dello stesso numero di carri armati dei tedeschi, se non addirittura in numero maggiore e alcuni pure di tipo più avanzato. Difettavano invece di una visione operativa e tattica adeguata alla situazione, in particolare per quanto riguarda l'utilizzo dei carri armati. Soltanto alcuni generali ne sono consapevoli. Gli storici menzionano solitamente le posizioni anticonformiste del colonnello Charles De Gaulle e le sue coraggiose iniziative, ma vanno ricordate anche le parole pronunciate nel dicembre del 1939 dal generale Gaston Billotte, che nel maggio 1940 avrebbe ricoperto senza fortuna posti direttivi decisivi: «Anche se è indubbia la nostra superiorità tecnica e numerica sulle divisioni blindate tedesche, altrettanto non si può dire sul piano tattico dal momento che per far fronte abbiamo solo tre divisioni meccanizzate leggere». La tanto decantata superiorità della Wehrmacht nel 1940 non è determinata dalla maggiore disponibilità di mezzi e di materiali. È attrezzata modernamente con mezzi corazzati soltanto per il 10%, dispone di 120 000 camion, ma utilizza ancora 200 000 cavalli. È la mentalità operativa e tattica sul campo che fa la differenza decisiva. [...]

All'indomani della sconfitta la denuncia culturale, morale, «spirituale» diventa un'arma politica nelle mani di chi aveva avuto una grande parte di responsabilità per quanto era accaduto. Tra i sostenitori dell'accusa c'è l'anziano maresciallo Philippe Pétain, chiamato *in extremis* a salvare il salvabile della *patrie* contro il nemico storico, la Germania. Il risultato sarà non solo il *collaborazionismo* con il nazionalsocialismo, ma la trasformazione della Francia in un regime autoritario, reazionario, antisemita. In breve sarà il tradimento della Francia repubblicana, cui viene senz'altro imputata la *débacle* del 1940. A questa Francia Pétain addebita la colpa di avere «troppi pochi bambini, troppo pochi amici, troppo poche armi» e di coltivare in compenso «uno spirito di piacere». Questo patetico sfogo moralistico nasconde le responsabilità intellettuali, politiche e professionali del ceto dei militari di cui Pétain era espressione. Al momento dello scoppio della guerra, il mitico eroe di Verdun viveva di rendita della sua *gloire*, tetragono [sicuro e irremovibile, *n.d.r.*] nelle sue convinzioni che la difesa sia la strategia migliore dell'attacco, «perché il fuoco uccide». Non credeva affatto alla modernizzazione dell'esercito nel senso della sua motorizzazione e della dotazione di corpi autonomi di blindati. Era sordo e ostile alle nuove dottrine dell'impiego autonomo dei carri e dell'aviazione, nonostante gli sforzi degli esponenti più illuminati dell'ambiente militare francese. Alla fine ripeterà la pietosa menzogna che la sconfitta era dovuta alla inferiorità numerica di uomini e di armi dell'*armée* rispetto alla Wehrmacht.

G. E. RUSCONI, *1914. Attacco a Occidente*, il Mulino, Bologna 2014, pp. 256-257, 259-260

Lavorare con i testi

Nei passi citati, il colore ha evidenziato alcuni passaggi essenziali, cioè alcuni aspetti della mentalità militare degli anni compresi tra il 1918 e il 1940. Come ulteriore stimolo di analisi e di riflessione, ti viene proposto uno schema, in modo da riassumere le principali informazioni.

Analizza i testi

STATO BELLIGERANTE	DOTAZIONE DI CARRI ARMATI	MENTALITÀ MILITARE
Germania	Produzione su grande scala di mezzi corazzati	I carri armati agiscono in autonomia e vengono lanciati contro il nemico in grande quantità (divisioni corazzate)
Polonia	Pochi e scadenti mezzi corazzati	Il coraggio è la risorsa principale di un esercito, la cavalleria può svolgere ancora un ruolo importante
Francia	Produzione su grande scala di mezzi corazzati	I mezzi blindati sono sparpagliati, cioè distribuiti (in piccolo numero) a sostegno dei reparti di fanteria
Gran Bretagna	Produzione insufficiente di mezzi corazzati	I generali non hanno colto l'importanza strategica dei mezzi corazzati, che, in un primo tempo, non vengono neppure inviati in Francia

Dopo aver svolto tale operazione, componi un testo di tre colonne di foglio protocollo.

Verifica dell'apprendimento
Conoscenze e abilità

Lo spazio

1. **Osserva la carta, a cui è stata tolta la legenda, e rispondi alle seguenti domande. Attribuisci infine un titolo idoneo alla carta.**

Titolo: ....
....

a) Quali sono i Paesi alleati della Germania? Con quale colore vengono indicati?

....
....

b) Perché l'Italia, pur legata alla Germania dal Patto d'acciaio, decise in un primo momento per la famosa *non belligeranza*?

....
....

c) Quale tratto in comune contraddistingue i Paesi colorati in arancio chiaro nella carta? Quale conclusione si può trarre dall'osservazione di questo dato specifico?

....
....
....

d) Quando e come avvenne l'invasione tedesca dell'URSS? Con quali motivazioni venne giustificata la violazione del patto Ribbentrop-Molotov?

....
....
....

Continuità / Cambiamento

2. **Completa lo schema relativo alle prime tappe dell'Italia nella seconda guerra mondiale.**

DATA	EVENTO	CONSEGUENZA
22 maggio 1939	*Patto*	L'Italia avrebbe dovuto .... entrare in guerra a fianco del ....
.... 1939	Mussolini dichiara la	Pieno appoggio politico alla Germania, pur senza entrare in guerra
....	La sconfitta della .... induce Mussolini a entrare in guerra	L'Italia vuole partecipare da .... alle probabili .... di pace
11 novembre 1940	Gli .... bombardano tre corazzate italiane nel porto di	L'Italia non è militarmente ben equipaggiata e dipende dall'.......................
28 ottobre 1940	L'Italia dichiara guerra alla .... e attacca passando dall'Albania	La .... dei greci costringe gli italiani a richiedere l'aiuto tedesco (aprile ....)
....	Capitolazione della Grecia a opera dei	L'....................... perde ogni speranza di dominio sul ....

VERIFICA

Lessico

3. Definisci le espressioni o i termini.

Guerra lampo

....

....

Linea Maginot

....

....

Non belligeranza (dell'Italia)

....

....

Patto tripartito

....

....

ARMIR

....

....

Il ruolo dei soggetti storici

4. Rispondi brevemente alle seguenti domande.

a) Perché, nel 1939, l'Italia non era minimamente preparata ad affrontare un conflitto moderno?

....

....

....

b) Quali erano i rapporti fra Gran Bretagna e Stati Uniti negli anni Quaranta? Che cos'è la Legge affitti e prestiti? Quale il suo scopo?

....

....

....

c) Che cosa accadde il 4 giugno 1942 alle isole Midway? Qual è l'importanza storica di questo episodio?

....

....

....

d) Estate 1942: a Stalingrado si consuma una lunga lotta tra esercito russo ed esercito tedesco: come si svolsero i fatti? Quale passaggio storico segnò la conclusione della battaglia di Stalingrado?

....

....

....

Economia, cultura, società

5. Contrassegna con V (vero) o F (falso) ciascuna delle frasi.

	V	F
a) All'inizio della seconda guerra mondiale la Germania dichiarò subito guerra all'URSS, anche perché il Terzo Reich era autosufficiente nel reperimento di petrolio e materie prime.	☐	☐
b) Hitler raggiunse il massimo della popolarità nel suo Paese quando le truppe tedesche entrarono trionfanti a Parigi.	☐	☐
c) Fino a quando l'Italia poté mantenere lo stato di non belligeranza, Mussolini non aveva alcuna mira espansionistica né in Europa né in Africa.	☐	☐
d) Quando l'Italia occupò la Grecia, molti ebrei greci trovarono rifugio nei territori controllati dagli italiani.	☐	☐
e) Quando il Giappone, nell'estate 1939, invase l'Indocina, gli Stati Uniti non intervennero in alcun modo.	☐	☐
f) Quando Hitler dichiarò guerra agli Stati Uniti, il suo piano prevedeva di sconfiggere la grande potenza con un massiccio attacco dai cieli.	☐	☐
g) Benché la ritirata degli italiani dalla Russia fosse avvenuta in condizioni disumane, il soggiorno nei campi di prigionia russi non fu particolarmente duro e traumatico.	☐	☐
h) Molti soldati italiani che erano stati catturati sul fronte russo avevano infine scoperto la totale inettitudine e inefficienza del governo fascista.	☐	☐

Verso il saggio breve

6. Scrivi un testo – massimo due facciate di foglio protocollo – sull'attacco a Pearl Harbor utilizzando le domande-guida elencate di seguito.

→ Quali Paesi vide coinvolti questo episodio della seconda guerra mondiale? A quale precisa data risale?

→ Che cosa accadde? Si può parlare di una netta vittoria di una parte o dell'altra? Perché?

→ Quali furono le conseguenze di questo fatto?

→ Nella memoria collettiva l'attacco a Pearl Harbor ha lasciato una forte impronta (letteratura, cinema, documentaristica): perché secondo te?

metodo di studio

→ Per ripassare i **fatti**

CONTRASTI POLITICI

1939

1° settembre

→ Invasione tedesca della Polonia

3 settembre

→ Francia e Gran Bretagna dichiarano guerra alla Germania

17 settembre

→ L'Unione Sovietica attacca la Polonia

1940

10 giugno

→ L'Italia entra in guerra a fianco della Germania

14 giugno

→ I tedeschi entrano a Parigi

Estate

→ Battaglia aerea d'Inghilterra

28 ottobre

→ Mussolini ordina l'attacco alla Grecia

1941

Marzo-aprile

→ Intervento tedesco in Iugoslavia e Grecia

aprile

→ Gli inglesi conquistano tutta l'Etiopia

22 giugno

→ Attacco tedesco all'URSS

7 dicembre

→ Attacco giapponese a Pearl Harbor

11 dicembre

→ Germania e Italia dichiarano guerra agli Stati Uniti

1942

Giugno

→ Alle isole Midway viene fermata l'avanzata giapponese nel Pacifico

Autunno

→ Battaglia di El Alamein e offensiva inglese in Africa

1943

31 gennaio

→ Resa dei tedeschi a Stalingrado. Ritirata tedesca e italiana

ECONOMIA DEMOGRAFIA E SOCIETÀ

1941

11 marzo

→ Legge del governo americano "Affitti e prestiti" a sostegno dei nemici della Germania

CULTURA CIVILTÀ E RELIGIOSITÀ

1908

→ H.G. Wells profetizza che la guerra aerea sarebbe stata una vera apocalisse

1941

14 agosto

→ Roosevelt e Churchill preparano il documento chiamato *Carta atlantica*

→ Per ripassare i **concetti**

Leggere gli schemi

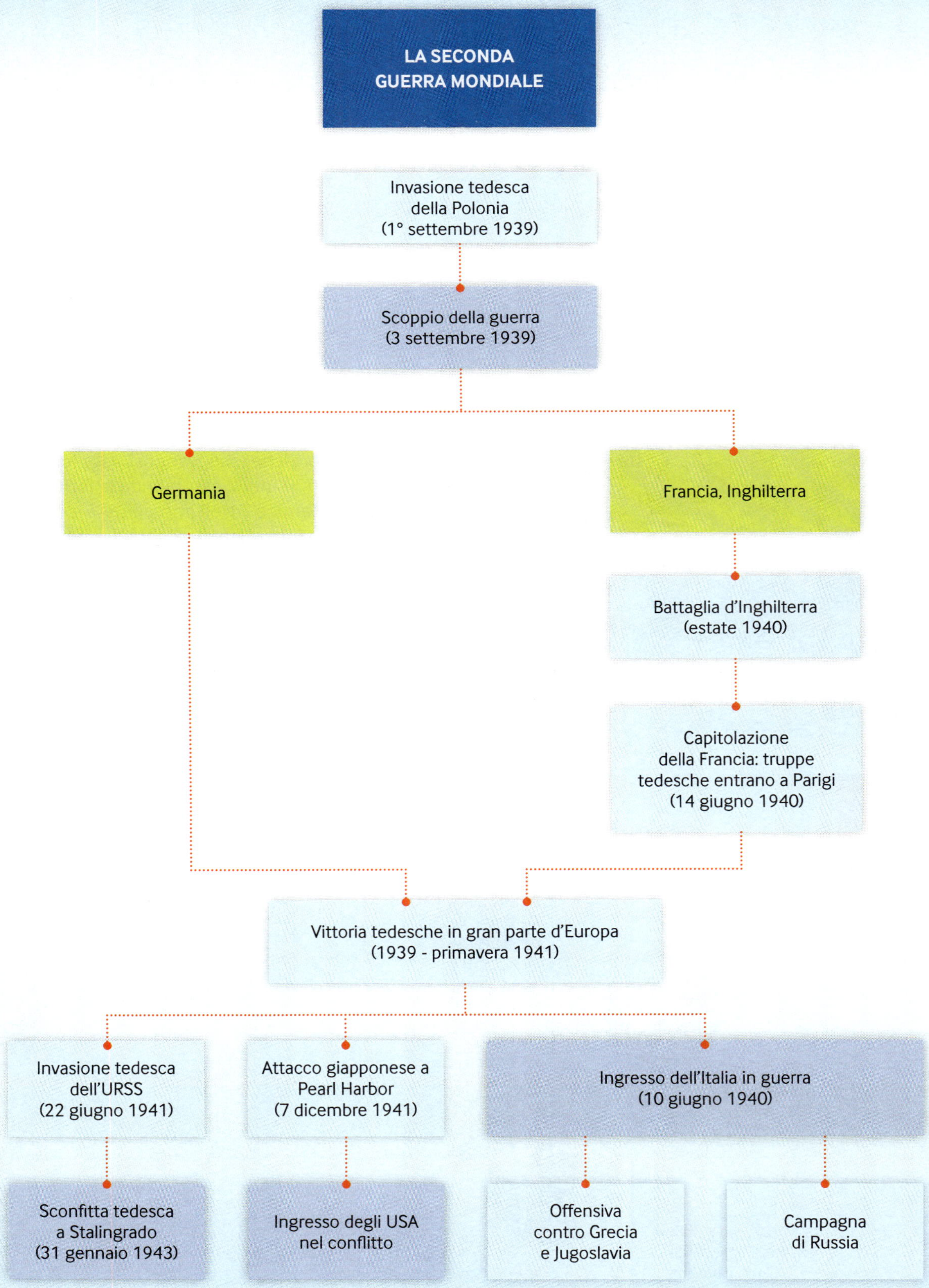

Unità 10

La fine della seconda guerra mondiale (1943-1945)

Un'immagine per iniziare

Per piegare la resistenza giapponese, Il 6 e il 9 agosto 1945, furono sganciate sulle città di Hiroshima e Nagasaki due bombe atomiche che provocarono oltre 100 000 morti e altrettanti feriti. La bomba che cadde su Hiroshima, del peso di 4 tonnellate, devastò un'area di circa 12 chilometri quadrati. Nel momento dell'esplosione, per l'elevatissima temperatura, tutti i materiali della bomba diventarono gassosi e formarono un'immensa colonna di fumo e polvere che, sollevandosi, raggiunse l'altezza di 9000 metri, assumendo la forma di un "fungo atomico". Nell'immagine è possibile vedere quanto resta della città di Hiroshima dopo l'attacco atomico: l'edificio in primo piano è tuttora conservato come monumento commemorativo dell'evento.

Gli eventi per orientarsi nel tempo

10-11 luglio 1943 Sbarco degli anglo-americani in Sicilia

3 settembre 1943 Armistizio dell'Italia con gli Alleati

6 giugno 1944 Sbarco alleato in Normandia

gen. 1943

gen. 1944

12 luglio 1943 Nasce la Repubblica sociale italiana

25 luglio 1943 Caduta del fascismo in Italia

20 luglio 1944 Attentato a Hitler

→ Sommario

TESTO

La carta d'identità del periodo
1 I drammatici eventi dell'estate 1943
2 Le crescenti difficoltà della Germania
3 La sconfitta della Germania
4 Gli ultimi atti del conflitto mondiale

Una carta per orientarsi

L'ultima offensiva dei tedeschi contro gli anglo-americani nelle Ardenne avvenne alla fine del 1944. L'assoluta superiorità aerea degli anglo-americani risultò decisiva. Sul fronte orientale, i russi incontrarono resistenza da parte dei tedeschi, ma nella primavera del 1945 raggiunsero Berlino, ove si svolse l'ultimo violentissimo scontro. Da parte sovietica, maturava intanto l'idea di spostare verso ovest i confini della Polonia, fino ai fiumi Oder e Neisse, a 80 chilometri dalla capitale tedesca.

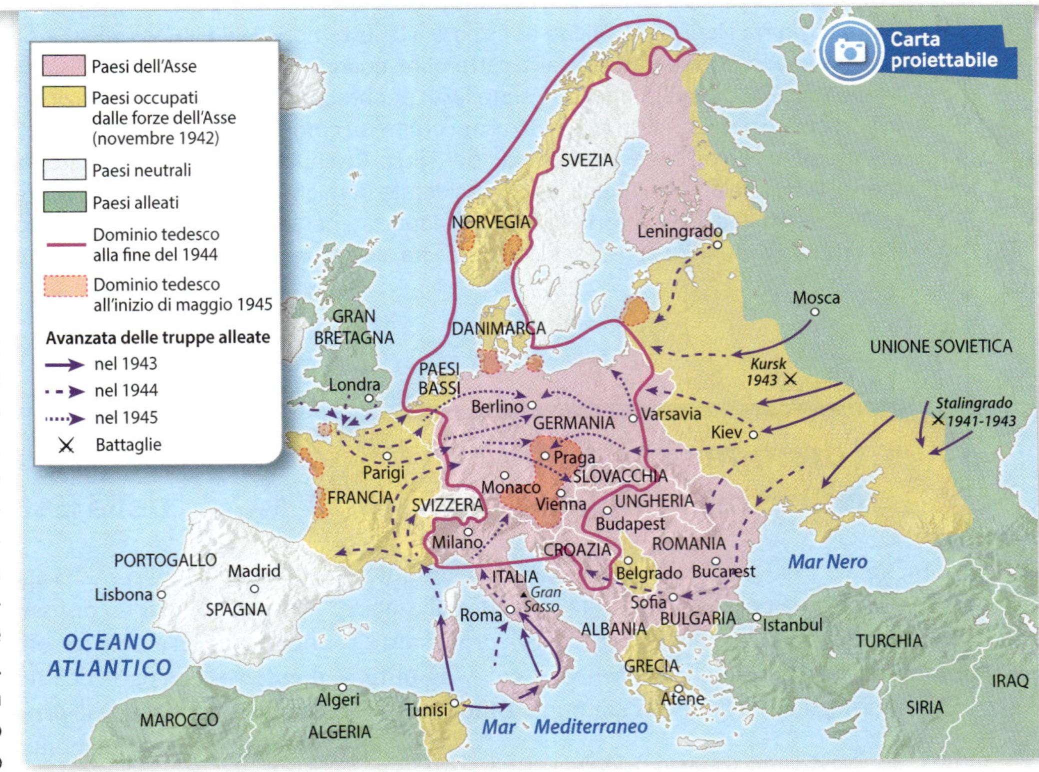

Orientarsi nel tempo

27 aprile 1945 Fucilazione di Mussolini

30 aprile 1945 Suicidio di Hitler

6 e 9 agosto 1945 Bombe atomiche su Hiroshima e Nagasaki

gen. 1945

8 maggio 1945 Resa della Germania. Fine della guerra in Europa

2 settembre 1945 Resa del Giappone

gen. 1946

Per iniziare

Storia slide

La **carta d'identità** del periodo

Che cosa avvenne in Italia dopo l'8 settembre 1943?

L'armistizio tra l'Italia e gli Alleati fu firmato il 3 settembre 1943 a Cassibile (Sicilia), ma l'annuncio della firma venne tenuto segreto fino all'8 settembre, quando il generale Badoglio, il capo del governo, ne diede l'annuncio. Poco o nulla, però, era stato fatto per preparare esercito e popolazione al cambio di alleanze; in particolare non era stato diramato alcun ordine su come i reparti dell'esercito italiano avrebbero dovuto comportarsi verso i tedeschi. I soldati del Terzo Reich, invece, ne approfittarono per occupare militarmente la Penisola: le truppe italiane, considerate nemiche e traditrici, vennero attaccate da ingenti forze tedesche. Molti soldati furono catturati e deportati nei campi di concentramento in Germania, mentre altri, riusciti a sfuggire ai tedeschi, diedero vita ai primi reparti della Resistenza.

CAPITOLO 1 I drammatici eventi dell'estate 1943

➜ All'inizio del 1943, la situazione militare dell'Italia era gravissima. Inoltre, la popolazione civile era demoralizzata dalla fame, dalle difficoltà che la guerra aveva provocato e dai bombardamenti inglesi. Il consenso di cui Mussolini aveva goduto negli anni Trenta si era quasi annullato.

➜ La situazione precipitò il 10 luglio 1943, allorché **gli anglo-americani sbarcarono in Sicilia**. In breve, l'isola fu conquistata e divenne evidente che la guerra era perduta. Il 25 luglio 1943, i gerarchi Grandi e Ciano convinsero il Gran Consiglio del fascismo a privare il Duce di qualsiasi potere; vista la situazione, anche **Vittorio Emanuele III** decise di agire: **destituì Mussolini, lo fece arrestare** e investì il maresciallo **Pietro Badoglio** del ruolo di primo ministro.

➜ Il 3 settembre 1943 Badoglio firmò un **armistizio con gli Alleati**, che venne reso noto il giorno 8 settembre. In quella delicata situazione, però, né Badoglio né il re seppero agire con competenza. Mentre il sovrano e il governo si rifugiavano a Brindisi (presso il comando degli Alleati), Roma fu lasciata senza alcuna difesa; **l'esercito** non ricevette più alcun ordine e **fu abbandonato a se stesso**.

➜ In molte città italiane, in Grecia e in Iugoslavia, i soldati italiani furono catturati a centinaia di migliaia dai tedeschi, che si affrettarono a occupare la Penisola o a prendere il controllo della situazione nelle aree in cui erano presenti truppe italiane. In alcuni casi, vi furono duri conflitti: il più violento si verificò nell'isola greca di **Cefalonia** (15-22 settembre) e provocò la morte di almeno 4000 soldati italiani.

CAPITOLO 2 Le crescenti difficoltà della Germania

➜ Tra il 5 luglio e il 23 agosto, nella regione di **Kursk**, in Russia, i sovietici sconfissero i tedeschi. Per tutto il 1943, inoltre, la Germania fu sottoposta a durissimi **bombardamenti aerei** da parte dell'aviazione inglese e americana, che ridussero in macerie le principali città tedesche. Per sopperire alla carenza di manodopera, necessaria alla produzione di guerra, vennero **deportati in Germania migliaia di tecnici e operai** dai territori controllati dai tedeschi.

➜ I tedeschi liberarono Mussolini il 12 settembre 1943. Il Duce fu messo a capo di uno Stato che prese il nome di **Repubblica sociale italiana** (o **Repubblica di Salò**, visto che i più importanti ministeri furono sistemati in quella cittadina sul lago di Garda): in teoria, si trattava di uno Stato sovrano, nella pratica, i tedeschi trattarono **l'Italia** come un **Paese occupato**, senza mai tenere in seria considerazione le autorità fasciste.

➜ Il 9 settembre 1943 gli Alleati sbarcarono a Salerno e poi (22 gennaio 1944) ad Anzio (nel Lazio). Lo scontro più duro di tutta la guerra in Italia si svolse a **Montecassino**, ove i tedeschi avevano costruito una formidabile linea fortificata (linea Gustav): quando il fronte venne finalmente sfondato, si giunse alla **liberazione di Roma** (4 giugno 1944).

➜ A **Salerno** nel 1944 si svolse un **dibattito politico**: i partiti politici antifascisti discussero se era giusto collaborare con Vittorio Emanuele III, il sovrano che per vent'anni aveva sostenuto Mussolini. La questione fu sciolta quando il leader comunista Togliatti propose di rinviare qualsiasi decisione in merito a dopo la vittoria contro il nazifascismo.

Domande fondamentali

- Che cosa avvenne il 25 luglio 1943?
- Quale fu il tema del dibattito politico svoltosi a Salerno nel 1944?
- Quale conseguenza ebbe l'ingresso dei sovietici a Berlino?
- Quale avvenimento provocò la resa del Giappone?

Testa di Hitler sulle rovine, 1945.

CAPITOLO 3 La sconfitta della Germania

Nella conferenza di Teheran (22-26 novembre 1943), si decise di aprire un secondo fronte in Francia. Il 6 giugno 1944 ci fu così lo **sbarco in Normandia delle forze alleate**. La Germania cercò di reagire con la produzione di nuove armi (razzi e aerei a reazione), ma non riuscì a impedire la doppia avanzata degli anglo-americani, da ovest, e dell'Armata rossa, da est, verso il cuore stesso della Germania.

Nel 1943 in Italia si formarono le prime **bande partigiane** (il movimento di **Resistenza**), cioè uomini e donne di età ed esperienze differenti che reagivano all'occupazione nazista e al ritorno del fascismo. Con il tempo questi gruppi, sempre più numerosi, si organizzarono in grandi formazioni, coordinate dal **Comitato di liberazione nazionale** (**CNL**).

A partire dal 1944 si intensificarono gli attacchi partigiani: il più grande successo fu la **liberazione di Firenze**, avvenuta nell'agosto dello stesso anno. In diverse zone del Nord Italia furono proclamate alcune **repubbliche partigiane**, nelle quali l'autorità della Repubblica sociale fu di fatto sostituita dalle forze della Resistenza.

I tedeschi, costretti ad abbandonare anche Firenze, riuscirono a riorganizzarsi dietro la **linea gotica**, un efficace sistema di difese che collegava Massa Carrara a Pesaro. In questa loro ritirata verso nord compirono diverse **stragi di civili** in Toscana e in Emilia-Romagna: la più grave avvenne a Monte Sole (**Marzabotto**), dove furono uccisi 770 civili. Nel frattempo nell'Italia del Nord, tra agosto e dicembre, tutte le repubbliche partigiane furono cancellate dai tedeschi.

CAPITOLO 4 Gli ultimi atti del conflitto mondiale

L'ultimo atto della seconda guerra mondiale in Europa si svolse nella primavera del 1945. I **sovietici** riuscirono ad **assediare Berlino** e a **conquistarla**. Quando i nemici erano ormai vicino al suo bunker fortificato, **Hitler si suicidò** (30 aprile). Una settimana dopo, l'8 maggio 1945, quanto restava dell'esercito tedesco si arrese agli Alleati e ai sovietici.

Nel 1945, mentre gli Alleati risalivano l'Italia, liberando le zone occupate dai tedeschi, le forze partigiane organizzarono insurrezioni popolari nelle principali città italiane. **Il 25 aprile 1945 vi fu la liberazione di Milano** e di numerosi altri centri del Nord Italia; **due giorni dopo**, **Mussolini fu catturato e fucilato**. Il 2 maggio, le ultime truppe tedesche presenti sul territorio italiano si arresero.

In Oriente, la guerra continuò ancora per alcuni mesi. Sebbene fosse allo stremo delle forze, il Giappone si rifiutava di firmare la resa. Una sua invasione avrebbe richiesto almeno 5 milioni di soldati e comportato perdite fino a un milione. Nel luglio 1945, però, il presidente americano **Harry Truman** ricevette la notizia che era stata sperimentata con successo la **prima bomba atomica**.

Per piegare le **resistenze giapponesi**, Truman decise di usare la nuova arma contro le due città giapponesi di **Hiroshima** (6 agosto) e **Nagasaki** (8 agosto). I due ordigni nucleari provocarono più di 100 000 morti (e circa altrettanti feriti), oltre alla distruzione delle due città. Il 2 settembre 1945 il **Giappone firmò la resa**: la guerra era ufficialmente finita in tutto il mondo.

Capitolo 1

POTERI E CONFLITTI

I drammatici eventi dell'estate 1943

Storia slide

LE CONOSCENZE DA ACQUISIRE

Il 25 luglio 1943, Mussolini fu deposto dal re. Poco dopo, l'Italia si arrese agli alleati , ma venne invasa dai tedeschi.

LE COMPETENZE DA POTENZIARE

Saper individuare i fattori di rafforzamento e di indebolimento di una struttura politica.

1.1 La situazione della Germania

La Conferenza di Casablanca Dal 13 al 24 gennaio 1943, Churchill e Roosevelt si incontrarono a Casablanca per fare il punto della situazione politica e militare. La decisione più importante presa durante la **Conferenza di Casablanca** fu quella di **non interrompere la guerra fino alla *resa incondizionata* della Germania**. Tale formula aveva, come obiettivo primario, lo scopo di rassicurare Stalin (che non poté partecipare, essendo impegnato a dirigere le operazioni militari a Stalingrado). In effetti, il dittatore sovietico temeva che – a seguito di un accordo separato con Hitler – gli anglo-americani lasciassero l'URSS a dissanguarsi da sola contro il Terzo Reich.

Intensificare i bombardamenti

Nell'impossibilità di aprire subito un secondo fronte, al fine di ottenere non soltanto «la progressiva distruzione e dispersione del sistema militare ed economico» del Terzo Reich, ma anche di «minare il morale del popolo tedesco sino a indebolirne fatalmente la capacità di resistenza armata», i due leader occidentali decisero di intensificare i bombardamenti aerei sulla Germania.

Il presidente americano Roosevelt e il primo ministro inglese Churchill, a Casablanca, 1943.

La resistenza della Germania La seconda guerra mondiale si trasformava così in scontro *totale*, seguendo la strada che in passato era già stata percorsa dalla guerra civile americana (1861-1865) e dal conflitto del 1914-1918. La differenza radicale rispetto al passato, però, stava nel fatto che, nel 1943, **l'aviazione riusciva a colpire direttamente i centri produttivi e le città**, al fine di distruggere le risorse industriali del nemico e minarne la capacità di resistenza. Il risultato sarebbe stato, per la Germania, la distruzione totale delle principali città, a cominciare da Berlino e Amburgo, oggetto di devastanti incursioni, rispettivamente, nel gennaio e nel luglio 1943.

Il morale della popolazione tedesca, però, non venne scalfito: tra gli abitanti della Germania, gli oppositori al regime rimasero sempre una sparuta e insignificante minoranza. L'episodio più significativo si verificò **a Monaco di Baviera**, per opera di un gruppo di studenti cattolici denominato ***Rosa bianca***. Il loro pressante appello alla disobbedienza e alla resistenza, tuttavia, rimase del tutto inascoltato, sebbene si fosse già verificata la catastrofe di Stalingrado. Anzi, è possibile che proprio il pericolo di un'invasione russa abbia spinto la maggior parte dei tedeschi a stringersi intorno a Hitler e al regime nazista.

1.2 Il fascismo verso la crisi

Gli scioperi della primavera 1943 L'atteggiamento della popolazione era molto diverso in Italia, dove **la situazione economica e alimentare era sempre più drammatica**. A fronte di salari bloccati, i prezzi dei commestibili erano costantemente saliti, cosicché il potere d'acquisto reale era sempre più basso. Nel giugno 1942, la razione giornaliera di pane venne fissata a 150 grammi per persona, mentre grassi e zuccheri furono distribuiti rispettivamente nella misura di 400 e 500 grammi mensili.

Gli scioperi di Torino

A seguito di questa grave crisi, il 5 marzo 1943 scoppiò a **Torino** una serie di **scioperi di protesta**; il regime fu colto alla sprovvista e si mostrò del tutto incapace nel reprimere le agitazioni, che ben presto si estesero alle industrie milanesi e coinvolsero 130 000 operai, fascisti e antifascisti.

Il 2 aprile, il governo fu costretto ad annunciare un aumento generale dei salari e degli stipendi, «da corrispondersi per l'anniversario della fondazione di Roma, il 21 aprile». Appellandosi a questa data simbolica, il regime voleva far finta di mascherare (a se stesso, in primo luogo) la grave situazione di malcontento diffuso fra la popolazione. Il significato degli scioperi della primavera del 1943 sta proprio in questa **progressiva corrosione del consenso** del popolo italiano nei confronti del **fascismo**.

Il calo trasversale dei consensi Un primo sintomo, in questa direzione, era stato lo scarso entusiasmo con cui la popolazione aveva accolto l'intervento in guerra. Rendendosi conto di questo fatto, e accettando le lamentele che venivano dal mondo contadino, a seguito della carenza di braccia, nell'autunno 1940 erano stati congedati ben 600 000 soldati.

Un segnale ancora più preoccupante, per il regime, venne dall'ambiente dei **giovani di estrazione borghese**, che nelle guerre risorgimentali e nel 1915 si erano arruolati volontari in gran numero. Nel luglio 1940 non fu modificata la normativa vigente, che permetteva agli studenti universitari di completare gli studi e di rinviare la chiamata alle armi fino all'età di 26 anni. Il risultato fu un'improvvisa **esplosione delle iscrizioni maschili alle università**, che passarono da 17 138 (dati relativi al primo anno di corso, per il 1938-1939) a 21 216 (1939-1940) e toccarono il massimo l'anno accademico seguente (43 500, nel 1940-1941).

L'università per evitare l'esercito

Operai della FIAT con le braccia incrociate per lo sciopero, marzo 1943.

La crisi del regime fascista

Schema proiettabile

EVENTI MILITARI	EVENTI ITALIANI
Autunno 1942 Sconfitta in Nord Africa	**1940-1942** Scarso entusiasmo della popolazione per la guerra
Autunno-inverno 1942-1943 Sconfitta in Russia	**5 marzo 1943** Scioperi operai nelle città del Nord
11 luglio 1943 Sbarco in Sicilia	**14 giugno 1943** Dimissioni del conte Cini da ministro delle Comunicazioni

Tutti questi erano stati, per così dire, segnali *in negativo*; gli scioperi del marzo 1943 furono invece, in positivo, la prima vera e aperta manifestazione di dissenso nei confronti del regime.

Il vuoto intorno a Mussolini

Meno spettacolare (ma non meno importante, come sintomo e segnale della crisi di consenso che stava per investire il fascismo) fu l'episodio delle **dimissioni del conte Cini** da ministro delle Comunicazioni, il 14 giugno. Cini, infatti, era una figura di primo piano del mondo dell'industria e dell'imprenditoria, cioè di quella fascia sociale che, nel 1922, aveva accettato che il fascismo andasse al potere, considerandolo l'unica barriera di fronte al pericolo della rivoluzione. Le dimissioni di Cini sono, per certi versi, il parallelo alto-borghese degli scioperi operai; si trattò di **un distacco**, di **una presa di distanza critica**: da ogni parte, e **persino negli ambienti che avevano appoggiato per anni il regime**, si stava insomma creando, intorno a Mussolini, il vuoto.

Documento

I sentimenti della popolazione nel 1943

Nell'estate 1943, temendo un attacco degli anglo-americani in Sicilia, Mussolini tenne alla radio numerosi discorsi infarciti di espressioni retoriche. Tra l'altro (il 18 giugno) dichiarò che i nemici sarebbero stati fermati sulla spiaggia (o meglio, sul bagnasciuga) e che ogni città dell'isola sarebbe stata una trincea. Il documento seguente, datato 9 luglio, è tratto da un rapporto dei carabinieri di Enna: dimostra che la popolazione non credeva più alla retorica e considerava la guerra irrimediabilmente perduta.

Il discorso del Duce ha lasciato il pubblico indifferente… non è stato sentito dalla maggioranza dei cittadini, che non hanno più fede in colui che guida i destini della nazione.

Il pubblico, oltre le cose di primaria necessità, ha bisogno di sapone – che ora viene consegnato totalmente alle forze armate – olio, zucchero (che non sono distribuiti), vestiti e scarpe che sono scomparse completamente dal mercato. A tutto questo si devono aggiungere i continui bombardamenti delle città piccole e grandi dell'isola, senza sufficiente opposizione da parte nostra, che hanno abbassato il morale della popolazione a un punto tale che essa prega per la fine della guerra come una santa liberazione.

E. AGA ROSSI, *Una nazione allo sbando. L'armistizio italiano del settembre 1943 e le sue conseguenze*, il Mulino, Bologna 2003, p. 66

Analizza il testo

- Perché «il discorso del Duce ha lasciato il pubblico indifferente»?
- Formula un'ipotesi: quale comportamento assunse la popolazione siciliana di fronte all'arrivo degli Alleati?

1.3 Lo sbarco degli Alleati in Sicilia

Una soluzione di compromesso Nell'estate 1943, i dirigenti delle forze alleate non concordavano sulle modalità di proseguimento della guerra: Stalin insisteva perché gli angloamericani (conclusa la campagna d'Africa) aprissero un secondo fronte in Occidente, in modo da distogliere truppe tedesche dal settore orientale; il presidente americano Roosevelt era dell'idea che la forza d'invasione anglo-americana dovesse attaccare la Francia; il primo ministro britannico Churchill, invece, propendeva per un attacco nei Balcani, per arginare l'avanzata russa nel cuore dell'Europa.

La soluzione di compromesso su cui, infine, tutti si trovarono d'accordo fu un attacco di portata limitata nel Mediterraneo: in quel momento, infatti, i **tedeschi** erano **impegnati** nella decisiva **battaglia di Kursk**, in Russia, e quindi non erano in grado di inviare aiuti consistenti sul fronte italiano. Pertanto, nella notte tra il **10 e l'11 luglio 1943, gli Alleati attaccarono la Sicilia** con 150 000 uomini.

Il generale George S. Patton, comandante dell'esercito americano, durante lo sbarco alleato in Sicilia nel luglio 1943.

L'esercito italiano si disperde Dinanzi all'evidente superiorità nemica, molte unità italiane finirono allo sbando, rifiutandosi di combattere **una guerra** che ormai giudicavano **del tutto inutile e perduta.** Nella divisione Assietta, ai primi d'agosto mancavano all'appello ben 9110 soldati (cioè praticamente tutti); nella divisione Aosta, disertarono di fatto 51 ufficiali e 2635 uomini. L'episodio più clamoroso si verificò ad Augusta (in provincia di Siracusa), che fu abbandonata senza combattere, lasciando intatti il materiale bellico e perfino i codici cifrati. **Solo le due divisioni tedesche presenti in Sicilia combatterono accanitamente** e infine riuscirono a riparare sul continente; durante la ritirata, in alcune località, i soldati della Wehrmacht compirono alcuni eccidi di civili italiani (a Castiglione, un paese della zona dell'Etna, furono uccise sedici persone) e provocarono la rabbiosa reazione della popolazione. **Il 17 agosto, gli anglo-americani erano padroni assoluti dell'isola.**

1.4 La caduta del fascismo

La decisione di Vittorio Emanuele III Il comandante in capo delle Forze armate italiane, generale Vittorio Ambrosio, comprese immediatamente la gravità della situazione e suggerì a Mussolini di chiedere a Hitler che all'Italia fosse permesso intavolare il più in fretta possibile trattative di pace con gli anglo-americani. Il rifiuto di Mussolini a procedere in questa direzione determinò la crisi definitiva del fascismo. Infatti, il **re si decise** finalmente **a preparare**, insieme all'esercito, **un colpo di Stato che estromettesse Mussolini dal potere** e desse al Paese un nuovo governo. Le **motivazioni** che indussero Vittorio Emanuele III ad agire furono, sostanzialmente, **di natura dinastica**; egli temeva, infatti, che l'imminente disfatta militare avrebbe potuto travolgere lo stesso istituto monarchico. Il suo sforzo fu quello di **distinguere, almeno all'ultimo momento, la monarchia dal fascismo** e dalla guerra voluta dal regime mussoliniano, **in modo che la caduta del Duce** (inevitabile, in caso di sconfitta) **non coinvolgesse la dinastia sabauda.**

Il re vuole allontanare Mussolini

Le iniziative dei vertici del fascismo Nel frattempo, anche i più alti esponenti del fascismo si resero conto che la situazione stava precipitando. Una quindicina di gerarchi, il 16 luglio, richiese ufficialmente la convocazione del Gran Consiglio, per discutere con Mussolini riguardo ai provvedimenti che ormai si presentavano come inevitabili.

Progetti di pace separata

Un gruppo di alti esponenti del partito, però, decise di sfruttare l'occasione per **mettere sotto accusa Mussolini e chiederne**, di fatto, **la destituzione**. Tale nucleo di dissidenti era guidato da **Dino Grandi** e da **Galeazzo Ciano**; il primo era stato ambasciatore a Londra dal 1932 al 1939, allorché fu richiamato in Italia e nominato presidente della Camera. Nel suo periodo londinese, Grandi aveva fatto di tutto per mantenere buoni i rapporti dell'Italia con l'Inghilterra e impedire l'avvicinamento del fascismo al nazionalsocialismo tedesco. Ciano, genero del Duce, era invece stato ministro degli Esteri dal giugno 1936 al febbraio 1943; dopo la catastrofe di Stalingrado, aveva a più riprese sollecitato Mussolini a premere su Hitler affinché concedesse una maggior attenzione al fronte mediterraneo, o meglio ancora giungesse a una pace negoziata con l'URSS, in modo da poter concentrare tutte le forze contro gli anglo-americani. Tuttavia, a causa di tale presa di posizione, Ciano era stato destituito da Mussolini nel febbraio 1943.

Le decisioni del Gran Consiglio La riunione del **Gran Consiglio del Fascismo** ebbe inizio alle 17 del **24 luglio 1943**; Grandi **pose in votazione un proprio *ordine del giorno***, che in sostanza **esautorava Mussolini da ogni potere**, visto che chiedeva il ritorno del comando delle Forze armate (assunto da Mussolini il 10 giugno 1940, al momento dell'ingresso dell'Italia in guerra) al re e il regolare funzionamento di tutti gli organi dello Stato, primo fra tutti la Camera. Certamente, **nelle intenzioni di Grandi**, non si trattava di un vero ritorno allo Stato liberale e al parlamentarismo; piuttosto, egli e i suoi sostenitori prospettavano una sorta di *fascismo senza Mussolini*, di **regime autoritario senza la dittatura personale del Duce**, se non altro, per ottenere di nuovo la collaborazione di tutte quelle forze conservatrici (la grande borghesia e l'esercito, ad esempio) che avevano abbandonato Mussolini al suo destino. In ogni caso, **per il momento, secondo Grandi erano importanti soprattutto lo sganciamento dalla Germania e l'armistizio con gli anglo-americani**; tutto il resto, in ultima analisi, era subordinato a questa fondamentale svolta in politica estera.

L'ordine del giorno Grandi

25 luglio 1943

La drammatica e confusa riunione del supremo organo del fascismo durò dieci ore ed ebbe termine alle 2.40 del mattino del 25 luglio, dopo l'approvazione dell'*ordine del giorno Grandi* (19 a favore, 7 contrari, 1 astenuto). Probabilmente, **Mussolini non ritenne affatto decisiva e vincolante quella votazione**, dal momento che, a suo avviso, nell'economia globale del regime il Gran Consiglio aveva una funzione solo consultiva e non veramente deliberativa. Pertanto, non prese nell'immediato alcun provvedimento contro Grandi e il suo gruppo. Inoltre, nel momento in cui chiese al re di potersi recare in udienza in giornata, per metterlo al corrente dell'esito della riunione, non sospettava minimamente che potessero esserci, in tempi ravvicinati, dei gravi pericoli per il suo regime.

La sala del Gran Consiglio del fascismo a palazzo Venezia nella notte fra il 24 e il 25 luglio 1943. Alle riunioni non erano ammessi fotografi o cineoperatori e il disegno è stato fatto sulla base dei documenti e delle testimonianze dei membri partecipanti.

L'arresto di Mussolini e il crollo del regime Il re vide nella decisione del Gran Consiglio la legittimazione finale del **colpo di Stato** che stava per attuare e che ebbe effettivamente luogo nel pomeriggio del 25 luglio. Recatosi alla residenza di Vittorio Emanuele III, Mussolini si sentì dire dal sovrano che non era più il **capo del governo** e che al suo posto, per quell'incarico, il re aveva già nominato il maresciallo **Pietro Badoglio**. **Mussolini fu arrestato** e portato in una località segreta, in modo che non potesse dirigere una reazione fascista diretta contro la decisione del re.

L'annuncio al popolo italiano

Alle 22.45 del 25 luglio, furono trasmessi due radiomessaggi al popolo italiano, nei quali si annunciavano la **destituzione di Mussolini**, la nomina di Badoglio a guida del governo e l'assunzione da parte del re del comando delle Forze armate. Nel medesimo tempo, **però, si dichiarava che la guerra continuava**. Malgrado quest'ultima drammatica precisazione, i due messaggi furono accolti con entusiasmo dalla popolazione; viceversa, **non ci fu alcun tentativo di reazione** fascista, neppure da parte della milizia, la forza armata del partito e del regime. In pratica, nell'estate del 1943, il fascismo si reggeva ormai solo sul carisma della figura di Mussolini: **esautorato il Duce, l'intero regime crollò**, come un castello di carte privo di puntelli o un edificio corroso e privo di fondamenta.

I personaggi

Pietro Badoglio

Nato nel 1871, dopo aver scelto la vita militare partecipò ai principali conflitti coloniali condotti dall'Italia in Africa (Etiopia, 1896; Libia, 1911-1912). Durante la prima guerra mondiale comandava il XXVII Corpo d'Armata nella regione di Caporetto; il suo comportamento e i suoi errori di valutazione, all'inizio dell'attacco tedesco, ebbero un ruolo decisivo nel provocare la grave disfatta dell'ottobre 1917. Malgrado queste sue gravi responsabilità, Badoglio non vide compromessa la propria carriera. Anzi, dal 1925 al 1940 rivestì l'incarico di capo di Stato Maggiore generale e fu il comandante in capo delle operazioni in Etiopia nel 1935-1936. Tornato in Italia da trionfatore, gli venne assegnata la tessera *ad honorem* del Partito fascista. I suoi rapporti con Mussolini si incrinarono dopo i primi insuccessi in Grecia, che lo costrinsero a presentare le dimissioni e a ritirarsi a vita privata. Su richiesta del re, assunse il governo dopo la caduta del fascismo (25 luglio 1943) e rimase in carica fino al giugno del 1944. Morì nel 1956.

La caduta del regime fascista

Schema proiettabile

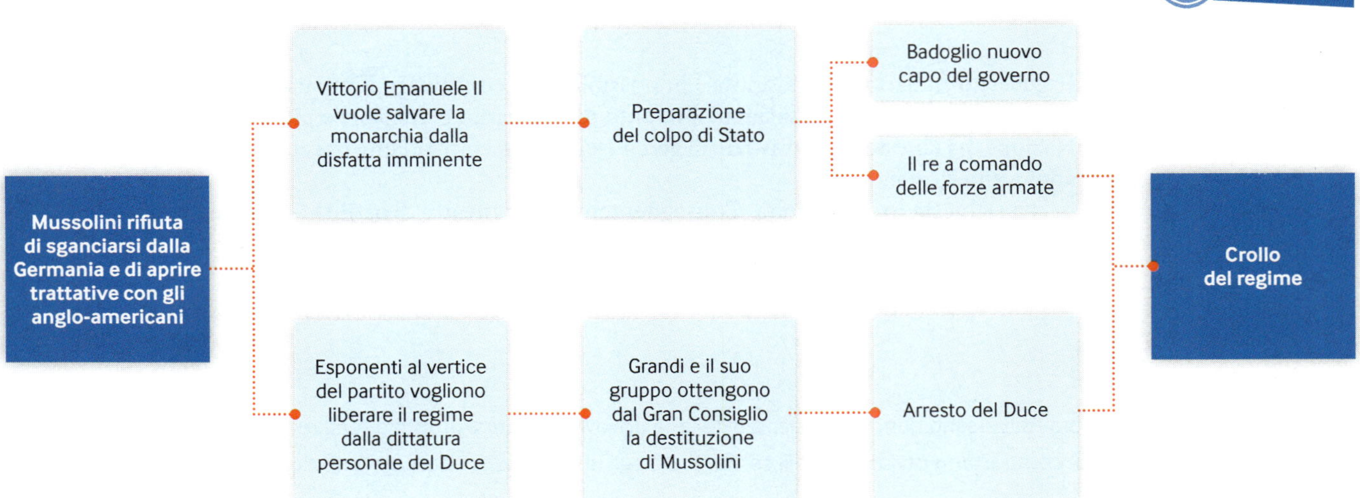

1.5 L'8 settembre e l'occupazione tedesca

Ordine di sparare sulla folla

L'armistizio con gli Alleati Badoglio temeva innanzitutto che i partiti antifascisti (in particolare quelli di sinistra) potessero sfruttare la confusione venutasi a creare per tentare un moto rivoluzionario. A tal fine, furono presi vari provvedimenti, tra i quali spicca l'ordine di sparare sulla folla «anche con mortai e artiglieria, senza preavvisi di sorta, come se si procedesse contro il nemico» in caso di tumulti sovversivi.

Intanto, furono presi contatti **con gli Alleati**, per giungere a un **armistizio**, che venne in effetti firmato a **Cassibile**, in Sicilia, il **3 settembre**. Il problema, a quel punto, era rappresentato dai tedeschi, i quali non avevano la minima intenzione di accettare passivamente la capitolazione dell'Italia, né di lasciare il suo territorio, nel caso di una pace separata conclusa dal governo italiano con gli anglo-americani. Badoglio cercò a più riprese di prendere tempo; gli Alleati, però, gli comunicarono infine brutalmente che avrebbero reso nota l'avvenuta firma dell'armistizio.

Storiografia 1
L'8 settembre: le reazioni degli italiani e dei tedeschi
→ pag. 424

L'esercito del Reich occupa l'Italia L'**8 settembre 1943, Badoglio** si rassegnò a **diffondere via radio la notizia che l'Italia aveva cessato le ostilità con la Gran Bretagna e gli Stati Uniti**. Il testo del comunicato lasciava intendere che ci sarebbe stata un'immediata e dura reazione da parte tedesca; malgrado ciò, i comandanti dei vari reparti dell'esercito furono lasciati del tutto privi di ordini e di indicazioni operative coerenti. Neppure a difesa di Roma fu presa alcuna misura, in quanto il re e il governo, il 9 settembre, abbandonarono in segreto la capitale, rifugiandosi a Brindisi, appena liberata dagli Alleati.

"Tutti a casa!"

Seguendo il piano *Achse*, preparato da tempo dal comando, **le truppe tedesche** affluirono sempre più numerose dal Brennero e, in poco tempo, **occuparono tutto il territorio nazionale**. La totale mancanza di direttive trasformò la situazione in un vero e proprio caos generalizzato. La maggior parte dei reparti si disgregò completamente, assumendo quell'atteggiamento che la formula: «Tutti a casa!» riassume meglio di tante parole. In Italia e nei Balcani, **almeno 700 000 militari italiani furono catturati dai tedeschi e deportati in Germania**; sul territorio nazionale, la maggior parte dei soldati fu disarmata e fatta prigioniera senza avere la possibilità di reagire.

Documento →

Badoglio annuncia l'armistizio

L'8 settembre 1943, gli italiani appresero della firma dell'armistizio da un breve comunicato radiofonico del generale Badoglio. Molte persone pensarono che la guerra fosse finita. In realtà, essa entrava in una nuova e più terribile fase, che avrebbe direttamente coinvolto il territorio nazionale e la popolazione civile.

Il governo italiano, riconosciuta l'impossibilità di continuare l'impari lotta contro la soverchiante potenza avversaria, nell'intento di risparmiare ulteriori e più gravi sciagure alla Nazione, ha chiesto un armistizio al gen. Eisenhower, comandante in capo delle Forze alleate anglo-americane.

La richiesta è stata accolta. Conseguentemente, ogni atto di ostilità contro le forze anglo-americane deve cessare da parte delle forze italiane in ogni luogo. Esse, però, reagiranno ad eventuali attacchi da qualsiasi altra provenienza.

E. COLLOTTI, *La seconda guerra mondiale,* Loescher, Torino 1985, p. 112

Analizza il testo

› Chi era l'avversario contro cui le forze italiane dovevano tenersi pronte a reagire?
› Quali comportamenti imponeva il comunicato agli ufficiali italiani nei confronti delle forze anglo-americane?

La strage di Cefalonia

Le conseguenze per l'esercito italiano nei Balcani Più tragica e concitata fu la vicenda di molti reparti di stanza in Grecia, in Albania o sulle isole dell'Egeo e dello Ionio; le truppe che scelsero di resistere ai tedeschi dovettero affrontare duri combattimenti e la spietata violenza dei tedeschi, che in alcuni casi fucilarono anche coloro che si erano arresi. L'episodio più grave si verificò a **Cefalonia**, un'isola del Mar Ionio, tra il 15 e il 22 settembre: è stato stimato che, dopo uno scontro in cui morirono circa 200 soldati, altri **3800-4000 furono fucilati, dopo la resa**. Nel complesso, in quelle settimane confuse e drammatiche l'**esercito italiano ebbe complessivamente quasi 19 000 morti**, tra caduti in combattimento e fucilati dai tedeschi.

Un soldato italiano preso prigioniero dai nazisti.

Anche la marina e l'aviazione militare furono colte alla sprovvista dall'improvviso annuncio dell'armistizio. Secondo la marina inglese, 133 unità della flotta passarono sotto il controllo alleato; tuttavia, il destino delle singole navi spesso fu determinato dai comandanti, molti dei quali trovarono umiliante e disonorevole l'ordine di consegnarsi agli inglesi: piuttosto di ubbidire, preferirono affidare la loro unità ai tedeschi o affondarla. È possibile che, in questo modo, sia andato perduto un centinaio di navi. In altri casi, invece, le imbarcazioni militari furono distrutte dagli aerei tedeschi: è il caso della **corazzata *Roma*, ammiraglia della flotta, che affondò con 1253 marinai**. Quanto agli aerei, la maggior parte fu subito catturata dai tedeschi negli aeroporti: su 800 velivoli, circa 200 raggiunsero i territori controllati dagli Alleati.

Documento chiave

Il disprezzo dei comandi tedeschi verso i militari italiani

Il testo seguente è tratto da un ordine emanato il 23 settembre 1943 dai generali Kesselring e Rommel riguardo al trattamento delle truppe italiane asservite a Badoglio. Il documento mostra il profondo disprezzo che i tedeschi nutrirono verso gli italiani dopo l'8 settembre, un sentimento che di favorì le violenze verso i militari italiani e la popolazione civile.

È del tutto fuori luogo che i soldati tedeschi nutrano qualsivoglia scrupolo di natura sentimentale nei confronti delle bande asservite a Badoglio che indossano l'uniforme dei loro ex camerati. Coloro che combattono contro le truppe tedesche non meritano più alcuna indulgenza e dovranno essere trattati con durezza, come si addice alla gentaglia che improvvisamente punta le armi contro i propri amici. Tale concetto deve divenire al più presto patrimonio comune di tutti i soldati tedeschi.

I tedeschi agirono in modo durissimo verso gli italiani, accusati di tradimento

Gli italiani furono di fatto equiparati ai russi, cioè trattati da "sottouomini"

E. AGA ROSSI, *Una nazione allo sbando. L'armistizio italiano del settembre 1943 e le sue conseguenze*, il Mulino, Bologna 2003, p. 155

Capitolo 2

ECONOMIA DEMOGRAFIA E SOCIETÀ

Le crescenti **difficoltà della Germania**

Storia slide

LE CONOSCENZE DA ACQUISIRE
Nel 1943, la situazione militare si capovolse: la Germania si trovò in difficoltà sul fronte orientale e sottoposta a bombardamenti sempre più intensi.

LE COMPETENZE DA POTENZIARE
Saper individuare i limiti e i fattori di debolezza di una grande potenza, apparentemente invincibile.

2.1 I prigionieri in Germania

L'ultima offensiva dell'esercito tedesco L'ultima offensiva tedesca nella Russia centrale, denominata *operazione Zitadelle*, fu tentata tra il 5 luglio e il 23 agosto 1943, nella **regione di Kursk**: **si trattò della più vasta battaglia** campale **di tutta la guerra**, che coinvolse un numero elevatissimo di carri armati, da entrambe le parti. Proprio ai carri sovietici T-34, che si dimostrarono superiori ai *Tiger* tedeschi, spettò il maggior merito della vittoria. Di fronte a questa sconfitta, consapevole della formidabile potenza della coalizione nemica, Hitler decise allora di **mobilitare tutte le risorse tedesche**: per la prima volta dall'inizio della guerra, gli investimenti diretti ai beni di consumo furono in Germania drasticamente ridotti e il tenore di vita dei tedeschi venne ridimensionato.

T-34 e Tiger

La nuova produzione bellica del Terzo Reich Il compito di gestire l'economia tedesca in questo disperato sforzo fu assegnato ad Albert Speer, che nel settembre 1943 assunse la carica di **ministro per l'Armamento e la Produzione di guerra**. I risultati ottenuti dall'organizzazione costruita da Speer hanno del miracoloso: basti pensare che la Germania riuscì a produrre, nel 1944, 105 258 armi belliche (cannoni pesanti, aerei, carri armati), contro le 36 804 del 1942. Tale dato è ancora più sorprendente se si tiene conto che, nel 1943, le **incursioni aeree anglo-americane sui centri industriali della Germania** si fecero **sempre più massicce e metodiche**: nel complesso, sull'intera Germania caddero 207 600 tonnellate di bombe nel 1943, salite a 915 000 nel 1944; soltanto su Berlino, furono sganciate 50 000 tonnellate di bombe tra il novembre 1943 e il marzo 1944.

Albert Speer, architetto e ministro per la Produzione di guerra durante il nazismo, mostra ad Adolf Hitler i suoi progetti.

I personaggi

Albert Speer

Nato nel 1905, Speer studiò architettura. In virtù di questa sua competenza specifica, fu sempre ammirato da Hitler, il quale gli conferì l'incarico di ridisegnare la città di Berlino, che a guerra finita e vinta avrebbe dovuto diventare la grande capitale del Reich millenario. Dopo la sconfitta tedesca, Speer fu processato a Norimberga nel 1946, insieme a numerosi altri esponenti di spicco del Terzo Reich. Venne condannato a vent'anni di reclusione, che scontò a Spandau, e morì nel 1981. Le sue memorie, che è possibile leggere anche in traduzione italiana, sono una fonte importantissima per comprendere dall'interno il nazismo.

LE BATTAGLIE

Kursk, 5-12 luglio 1943

Lo scontro ebbe luogo nel luglio 1943 e fu **la più imponente operazione di forze corazzate dell'intera guerra mondiale**. A Kursk, i russi potevano contare su 1 370 000 soldati, trincerati in posizioni fortificate e appoggiati da 20 220 cannoni e 900 lanciarazzi denominati *Katyusha*. Essenziale fu anche la potenza dell'aviazione (circa 2650 velivoli), mentre immensi campi minati resero particolarmente difficile l'avanzata dei carri tedeschi. L'esercito di Hitler schierava invece 900 000 uomini, 10 000 pezzi d'artiglieria e circa 2700 mezzi corazzati, tra cui i nuovi modelli di *Panzer*, denominati *Tiger* e *Panther*. Quest'ultimo era dotato di una corazza frontale di 100 mm e di una laterale di 80 mm, che lo rendevano pressoché impenetrabile.

La battaglia prende il nome dalla città di **Kursk**, nella **Russia centrale**. I tedeschi la presero come obiettivo e l'attaccarono da nord e da sud. Se fossero riusciti nella loro manovra, avrebbero circondato un'enorme quantità di soldati russi, chiudendoli in una grande sacca; in realtà, com'era accaduto a Stalingrado, un'operazione di questo tipo avrebbe potuto funzionare solo se avesse colto il nemico di sorpresa. I russi, invece, erano pronti a difendersi fin dalla fine di maggio, mentre Hitler non fu in grado di iniziare l'attacco prima del 5 luglio.

Il 12 luglio, nel settore meridionale, avvenne un'impressionante **battaglia campale tra centinaia di carri armati**: circa 800 mezzi sovietici (500 dei quali erano T-34, così denominati perché pesavano, appunto, ben 34 tonnellate) contro 600 *Panzer* tedeschi. «Fu il più grande scontro di carri armati della storia. In un'area di meno di otto chilometri quadrati, più di mille carri armati si lanciarono gli uni contro gli altri. Nessuno dei due contendenti aveva programmato apposta uno scontro frontale, ma era ormai inevitabile. Raramente i carri armati si erano impegnati in battaglie campali contro altri carri armati, ma ora, come due orde preistoriche, i corazzati si andavano incontro, predatori feroci contro predatori feroci» (R. Overy).

A sera, i russi avevano perso circa 450 mezzi, i tedeschi 300. Il disperato sforzo tedesco, però, era stato respinto. Rispetto a Stalingrado, il dato più importante della battaglia di Kursk consiste nel fatto che l'**Armata Rossa era riuscita per la prima volta a sconfiggere i tedeschi** in una grande battaglia estiva, **in campo aperto**, mentre in precedenza le vittorie russe erano state ottenute solo in circostanze ambientali (l'inverno o la guerra casa per casa) del tutto particolari. A Kursk, per i russi, impegnare (e distruggere) il maggior numero possibile di carri armati tedeschi divenne il fine principale della battaglia: Stalin e i vertici militari sovietici, infatti, dopo Stalingrado erano certi di poter rimpiazzare le perdite del proprio esercito e consapevoli del fatto che la Germania nazista, invece, avrebbe fatto molto più fatica di loro a inviare sul campo forze fresche e nuovi armamenti. Nel 1943, le fabbriche sovietiche riuscirono a produrre 24 000 carri armati (15 812 dei quali T-34), mentre le industrie del Terzo Reich ne costruirono solo 17 000. Né va dimenticato che – il 10 luglio – gli anglo-americani erano sbarcati in Sicilia: e Hitler si rese subito conto che, da solo, l'esercito italiano non avrebbe saputo opporre una valida resistenza agli Alleati. Da questo momento, ormai, la definitiva disfatta tedesca fu solo una questione di tempo.

Un carro armato russo T-34 in un villaggio in fiamme durante la battaglia di Kursk, luglio 1943.

La deportazione di manodopera specializzata Per sopperire alla carenza di manodopera, vennero **deportati in Germania tecnici e operai** prelevati da tutti i territori controllati dall'esercito tedesco; nel 1944, la cifra globale di tali lavoratori stranieri occupati in Germania superava i **7 milioni** (di cui circa 2 800 000 cittadini sovietici). Le loro condizioni di vita erano molto diverse, a seconda delle caratteristiche razziali. Quanti provenivano da Paesi occidentali (Francia, Belgio, Olanda, ad esempio) erano trattati in modo relativamente decente; **russi e polacchi**, invece, furono in genere **sfruttati come veri e propri schiavi** nei lavori più faticosi e pericolosi, quando non furono addirittura lasciati semplicemente morire per fame e per sfinimento fisico.

Russi e polacchi come schiavi

Le modalità di reclutamento furono così sommarie e brutali da lasciare perplessi persino alcuni funzionari tedeschi, convinti che le retate di massa compiute nei cinema o tra le donne in fila per comprare il latte avessero come unico risultato quello di spingere un numero crescente di civili nelle fila dei partigiani. Anche il governatore della Polonia Hans Frank, verso la fine del 1943, denunciò il fatto che le **razzie indiscriminate di lavoratori polacchi** (in tutto, più di 2 500 000) da spedire all'interno del Reich avevano gravissimi effetti controproducenti, in quanto aggravavano notevolmente l'odio della popolazione contro i tedeschi. Una volta condotti in Germania, questi lavoratori forzati dovevano portare ben in vista sui vestiti precisi segni di identificazione: una P per i polacchi, la scritta «Ost» (Est) per i sovietici.

Lo sfruttamento dei detenuti nei lager Mentre i lavoratori deportati erano di solito alloggiati in piccole strutture costruite nei pressi dei luoghi di lavoro, nei campi veri e propri (gestiti direttamente dalle SS), nell'agosto 1943 vi erano complessivamente 224 000 detenuti, che salirono a 524 000 nell'agosto 1944. In totale, un'indagine ufficiale del 15 gennaio 1945 censì 714 211 persone: 511 537 maschi e 202 674 donne. Pare che l'idea di **sfruttare la manodopera dei detenuti** nei lager sia venuta prima di tutti ai dirigenti dell'industria Heinkel, produttrice di aeroplani. Nel tardo autunno 1941, essa utilizzava già i detenuti del campo di concentramento di Oranienburg; al principio del 1943, nei suoi diversi stabilimenti, la Heinkel ne utilizzava circa 4000. Anche se lo sfruttamento più clamoroso fu quello effettuato dall'industria chimica IG Farben ad Auschwitz, nessuno dei grandi gruppi industriali si lasciò sfuggire l'occasione di usare **manodopera a bassissimo costo** (6-8 marchi al giorno per gli operai specializzati; 4 marchi al giorno per il personale non qualificato), "noleggiandolo" dalle SS.

Manodopera presa dal lager

Industrie tedesche: i prigionieri come "unità lavorative"

Per la Daimler-Benz lavorarono almeno 10 000 detenuti, mentre Ferdinand Porsche (dirigente della Volkswagen), nel marzo 1944, protestava energicamente con le SS, affermando che non gli bastavano assolutamente i 3500 lavoratori assegnati alle sue fabbriche. Quanto alla Krupp, nell'estate 1944 il vicedirettore andò personalmente al campo di Buchenwald per *ordinare* 2000 operai specializzati. **Nessuna di queste aziende trattò i detenuti in modo umano**. Imprenditori e dirigenti condividevano quasi interamente la concezione razzista di Hitler, per cui i prigionieri (primi fra tutti gli ebrei, ad Auschwitz, i polacchi e i sovietici, in altri luoghi) erano soltanto ***pezzi* intercambiabili e sostituibili** a basso costo, non soggetti portatori di diritti.

Prigionieri durante l'appello a Buchenwald (Germania).

ECONOMIA DEMOGRAFIA E SOCIETÀ

2.2 La Repubblica sociale italiana

La liberazione di Mussolini e la nascita della repubblica di Salò Il 2 settembre 1943, un reparto di paracadutisti liberò Mussolini, che era detenuto in Abruzzo, in un albergo nella zona del Gran Sasso. Condotto in Germania, incontrò Hitler, dal quale ottenne l'autorizzazione a riorganizzare i fascisti in Italia. Il nuovo stato, denominato **Repubblica sociale italiana** (RSI), si estendeva inizialmente dall'Italia del Nord fino ai confini settentrionali della Campania. Il governo si stabilì in varie ville sulla costa del lago di Garda; poiché il ministero degli Esteri, tenuto personalmente da Mussolini, aveva sede nella cittadina di Salò, presto si cominciò a indicare il nuovo Stato fascista con l'espressione ***Repubblica di Salò***. Tra i primi provvedimenti presi, nell'inverno tra il 1943 e il 1944, vi fu la sentenza di morte per 5 gerarchi che avevano votato l'*ordine del giorno Grandi*, tra cui Galeazzo Ciano.

Lavorare per competenze
avvio al saggio breve
La Repubblica di Salò
→ pag. 427

L'ostilità del Terzo Reich La RSI non ebbe vita facile. Per quanto cercasse di presentarsi come uno Stato pienamente sovrano, la sua autonomia e la sua legittimità vennero rifiutate da tutti i Paesi neutrali, cosicché neppure la Spagna di Franco e il Vaticano riconobbero ufficialmente la nuova repubblica fascista. La stessa Germania la trattò sempre e solo al pari di **un qualsiasi altro territorio occupato, e non più come un alleato**. Il Trentino-Alto Adige e il Friuli, ad esempio, furono di fatto sottratti alla sovranità italiana e posti sotto la diretta amministrazione del Reich. In tal modo, in pratica, **Hitler riportò i confini italiani a quelli del 1915**, quando Trento, Bolzano e Trieste erano sotto la dominazione austriaca. Inoltre, **la Germania sottopose l'Italia** occupata a uno **spietato sfruttamento economico**, inserendola nel gigantesco meccanismo della produzione bellica tedesca; in particolare, un gran numero di tecnici e di operai specializzati furono obbligati a trasferirsi nel territorio del Terzo Reich, in modo da farne funzionare a pieno ritmo le fabbriche e le industrie.

Un trattamento da territorio occupato

L'ostilità degli italiani Il **nuovo Stato fascista non trovò** mai l'**appoggio della popolazione italiana**, malgrado i suoi tentativi di conquistarla. Tra questi sforzi, il più significativo fu senz'altro quello della cosiddetta *socializzazione*: espressione dal contenuto vago che si richiamava al programma fascista delle origini e che avrebbe dovuto servire a conquistare le masse operaie, lasciando intravedere loro la possibilità di una diretta partecipazione agli utili delle aziende. Neppure questa prospettiva (per altro osteggiata dalla borghesia e dagli stessi occupanti tedeschi) servì a ottenere il consenso dei lavoratori dei grandi centri industriali, che invece, spesso, si dimostrarono disponibili a **scioperare e** a **boicottare** in altri modi l'**attività produttiva** finalizzata a sostenere l'economia di guerra nazista.

La *socializzazione*

L'esercito della Repubblica di Salò fu scarso e poco efficiente: piccoli reparti, che obbedivano ai tedeschi, usati esclusivamente nella guerra contro i partigiani.

Gli **scioperi** più consistenti si verificarono dal 1° all'8 marzo 1944; come le agitazioni operaie di un anno prima, anche in questo caso il motivo scatenante furono le dure condizioni di vita imposte dalla guerra. A giudizio di vari storici, i partecipanti furono circa mezzo milione, un numero notevole, soprattutto se si tiene conto dei gravi rischi che una protesta poteva comportare. In effetti, circa 1200 operai furono deportati in lager dai tedeschi (400-600 dalla sola FIAT di Torino).

Renitenti alla leva

Il dato che più di ogni altro dimostra lo **scollamento esistente tra RSI e popolazione** riguarda la **scarsa risposta alla chiamata alle armi**. Solo pochi giovani risposero ai periodici e sempre più minacciosi (per i renitenti) bandi di arruolamento. Spesso, era solo il pericolo di ritorsioni contro le famiglie che spingeva i coscritti a presentarsi agli uffici di leva; la maggior parte di essi, poi, disertava il più presto possibile, si nascondeva o andava a **ingrossare le file della Resistenza**, dei *ribelli*, che per motivazioni ideali e politiche diverse avevano scelto di opporsi con le armi al nuovo Stato fascista e al suo custode nazista. In pratica, la RSI poteva contare solo su alcune unità composte da fascisti convinti (come la cosiddetta **X^a^ MAS**) e sulle cosiddette *brigate nere*, nate grazie alla *militarizzazione del partito*, cioè all'arruolamento di tutti gli iscritti al PNF in età compresa tra i 18 e i 60 anni (1° luglio 1944). **I tedeschi si fidavano poco delle truppe italiane**; quindi, in linea di massima, non le impiegavano al fronte, contro gli anglo-americani, ma nella guerriglia antipartigiana, che andò assumendo contorni sempre più violenti.

Volontari della X^a^ MAS del comandante Junio Valerio Borghese marciano a Milano.

Le parole → X^a^ MAS

La 10ª Flottiglia MAS, nota come Decima MAS, X^a^ MAS, o "la Decima", fu un reparto speciale della regia Marina italiana, specializzato in *assalti* e *incursioni*. Dopo l'armistizio dell'8 settembre 1943, gran parte dell'unità accettò il comando del principe Junio Valerio Borghese e si mise al servizio dei tedeschi.

2.3 La politica dopo la liberazione del Sud Italia

L'arrivo degli Alleati a Roma Un nuovo **sbarco degli Alleati** ebbe luogo il 9 settembre 1943 a **Salerno**, in Campania. I tedeschi riuscirono però a organizzarsi efficacemente sulla cosiddetta **linea Gustav**, lungo i fiumi Garigliano e Sangro. La situazione rimase bloccata per diversi mesi e a nulla servì un nuovo sbarco alleato, tentato il 22 gennaio 1944 ad Anzio. Il centro della zona di combattimento furono le alture di Cassino, nel Lazio, dove sorgeva l'antica **abbazia benedettina di Montecassino**, distrutta dai bombardamenti degli Alleati.

Roma liberata

Il 23 marzo, 33 soldati tedeschi furono uccisi in un attentato, compiuto da un gruppo di partigiani in via Rasella, a Roma. Per rappresaglia, i nazisti fucilarono alle Fosse Ardeatine 335 italiani prelevati tra gli antifascisti e gli ebrei internati nelle carceri della capitale. Finalmente, nel maggio 1944 i tedeschi furono obbligati a ritirarsi verso nord, permettendo la **liberazione di Roma** (**4 giugno 1944**).

Liberato dagli Alleati nel giro di pochi mesi, il Sud della Penisola non conobbe un vero e proprio movimento di resistenza; la grande insurrezione di Napoli (28 settembre - 1° ottobre 1943) – ad esempio – fu una sorta di spontanea reazione popolare alla sistematica distruzione della città compiuta dai tedeschi in ritirata, più che il frutto di un progetto politico preciso e meditato.

La posizione dei partiti nei confronti della monarchia Al Sud, i leader dei diversi partiti, usciti dalla clandestinità dopo il 25 luglio, si trovarono a dover subito affrontare i problemi politici che, a livello nazionale, si sarebbero posti solo dopo la fine della guerra. Una delle principali questioni era quella della **legittimità della monarchia**, pesantemente **compromessa dalla collaborazione con il regime fascista**. Sebbene il re avesse provocato la fine del regime il 25 luglio

1943 e il governo Badoglio avesse proceduto, il **13 ottobre**, a dichiarare guerra alla Germania, al Sud, i **partiti antifascisti ritenevano che il sovrano dovesse uscire dalla scena politica**.

Intransigenza degli azionisti

Su questo punto insisteva soprattutto il **Partito d'Azione**, che era nato ufficialmente nel luglio del 1942, ma costituiva lo sviluppo evolutivo del movimento *Giustizia e Libertà*, fondato in Francia, nel 1929, da **Carlo Rosselli** (poi assassinato da sicari fascisti insieme al fratello Nello, il 9 giugno 1937), da Emilio Lussu e da altri intellettuali democratici ostili alla dittatura.

Dopo la caduta di Mussolini, il Partito d'Azione assunse una posizione di **rigida intransigenza**, mostrando la **volontà di rompere radicalmente** non solo con il fascismo, ma anche con tutti quei soggetti politici e sociali che con il fascismo stesso erano scesi a patti: la grande borghesia, i quadri dirigenti dell'esercito, la magistratura e naturalmente, al primo posto, la monarchia.

Partiti più moderati come la **Democrazia cristiana** (risorta dalle ceneri del Partito popolare italiano) e i liberali avrebbero accettato di dialogare con il re e Badoglio, ma gli azionisti (sostenuti dai socialisti e dai dirigenti comunisti attivi sul territorio nazionale) restavano fermi sulle loro posizioni intransigenti.

L'iniziativa del Partito comunista La situazione trovò uno sbocco inaspettato nella primavera del 1944, per iniziativa dell'URSS e del **Partito comunista italiano**: il 4 marzo, un diplomatico sovietico fu inviato **a Salerno, dove il governo si era trasferito**, e comunicò a Badoglio che l'URSS era disponibile e pronta a riprendere rapporti ufficiali con l'Italia; lo stesso giorno, a Mosca, Stalin convocò il più prestigioso leader comunista italiano presente in Russia, **Palmiro Togliatti**, e gli diede **precise istruzioni**, in vista del suo imminente ritorno in patria.

Stalin e Togliatti

Subito dopo il suo arrivo in Italia (27 marzo) Togliatti dichiarò che il suo partito era disposto a partecipare a un **governo di unità nazionale, rinviando la soluzione della questione istituzionale** (ossia il mantenimento della monarchia o l'instaurazione della repubblica) al periodo successivo alla vittoria. Alla luce dei nuovi documenti che negli anni Novanta è stato possibile studiare negli archivi sovietici, non è più possibile considerare questa importante operazione politica (chiamata, di solito, *svolta di Salerno*) come un'iniziativa autonoma di Togliatti. Piuttosto, si trattò di una precisa scelta di Stalin (che infatti, in novembre, diede indicazioni simili anche ai comunisti francesi), finalizzata a sostenere l'autonomia e il potere contrattuale del debole Stato italiano nei suoi rapporti con gli anglo-americani, e a **rafforzare il peso del Partito comunista in Italia**, che grazie alla *svolta di Salerno* riuscì a entrare nell'esecutivo. **Il nuovo governo Badoglio** (con la partecipazione di sei partiti antifascisti) **nacque il 24 aprile 1944** e durò fino alla liberazione di Roma (4 giugno 1944). A quel punto, mentre Vittorio Emanuele III accettò di nominare come luogotenente del regno il proprio figlio Umberto, trasferendogli provvisoriamente i suoi poteri, si ebbe la formazione di un ulteriore governo, aperto a tutte le formazioni politiche antifasciste, presieduto dall'anziano leader del socialismo riformista Ivanoe Bonomi.

La *svolta* di *Salerno*

› **VEDI** Abdicazione di Vittorio Emanuele III → pag. 485

La guerra in Italia (1943-1944)

DATE	EVENTI
24-25 luglio 1943	Riunione del Gran Consiglio del Fascismo che esautora Mussolini da ogni potere
25 luglio 1943	Arresto di Mussolini e nomina di Badoglio a capo del governo
3 settembre 1943	Armistizio con gli Alleati a Cassibile, in Sicilia
8 settembre 1943	Annuncio dell'armistizio
9 settembre 1943	Fuga del re e del governo da Roma a Brindisi
12 settembre 1943	I tedeschi liberano Mussolini al Gran Sasso, in Abruzzo
Settembre 1943	Nasce la Repubblica sociale italiana
Primavera 1944	Svolta di Salerno
24 aprile 1944	Nasce il nuovo governo Badoglio con la partecipazione di sei partiti antifascisti

Capitolo 3

POTERI E CONFLITTI

La sconfitta della Germania

Storia slide

LE CONOSCENZE DA ACQUISIRE
Lo sbarco in Normandia (6 giugno 1944) segnò l'inizio della disfatta del Terzo Reich.

LE COMPETENZE DA POTENZIARE
Saper cogliere i caratteri specifici di un conflitto armato del Novecento.

3.1 Gli avvenimenti dell'estate 1944

La Conferenza di Teheran Dal 22 al 26 novembre 1943, si tenne la Conferenza di Teheran, cui partecipò anche Stalin; sotto il profilo militare, fu deciso che, entro il 1944, gli **anglo-americani avrebbero aperto un secondo fronte in Francia**. Una simile opzione fu osteggiata, fino all'ultimo, da Churchill, che proponeva in alternativa uno sbarco nei Balcani, ovvero un attacco da sud alla «fortezza Europa» (secondo un'espressione di Hitler) nazista. La preoccupazione dello statista inglese era evidente: ormai certo della sconfitta di Hitler, Churchill cominciava a temere le conseguenze future dell'avanzata sovietica verso l'Europa centrale.

Divergenze tra gli Alleati

La proposta di Churchill (non meno della paura di Stalin, sopra segnalata, di una pace separata delle potenze capitalistiche con Hitler) pone in evidenza come durante la guerra permanessero tra i diversi nemici della Germania tutti quei **sospetti** e quelle **diffidenze** che esistevano prima del conflitto. Solo Hitler aveva potuto indirettamente favorire, nel 1941, la **strana alleanza** tra le due potenze liberali, da un lato, e la Russia comunista dall'altro. Poiché la vittoria sembrava ormai a portata di mano, a Teheran si cominciò a discutere della riorganizzazione che avrebbe subito l'Europa dopo la guerra. A proposito della Polonia, ad esempio, si iniziò a prendere in considerazione lo spostamento verso ovest (fino al fiume Oder) del suo confine, a danno della Germania, in modo da compensare lo Stato polacco dei territori persi a oriente e annessi dall'URSS nel 1939. Era evidente che, in caso di crollo della resistenza tedesca, la Polonia sarebbe passata sotto il controllo militare sovietico e, di fatto, sarebbe stato solo Stalin a decidere della sua sorte.

› VEDI La conferenza di Yalta → pag. 472

Nel giorno della liberazione di Parigi, le forze alleate sfilano sotto la torre Eiffel, 26 agosto 1944.

La liberazione della Francia L'ultima fase della guerra iniziò nell'estate del 1944: anglo-americani e russi attaccarono le forze naziste, quasi contemporaneamente, da nord-est e da ovest. Il 6 giugno 1944 cominciò l'offensiva anglo-americana in Francia, il cui atto iniziale fu lo **sbarco in Normandia**: un'operazione colossale, realizzata con l'impiego di circa 200 000 uomini, su 6500 mezzi da sbarco, protetti da 200 navi da guerra e da oltre 13 000 aerei.

L'esercito tedesco non poté opporsi a lungo, con il risultato che, il **25 agosto, Parigi venne liberata.** Le prime truppe a entrare nella capitale furono francesi. Si trattava di reparti che avevano aderito a un appello lanciato all'indomani della disfatta, il 18 giugno 1940, dal **generale Charles de Gaulle**; rivolgendosi a una Francia sconfitta e demoralizzata, dove molti erano tentati di collaborare con l'occupante tedesco,

ZOOM Lo sbarco in Normandia

Video
Lo sbarco in Normandia

La maggioranza dei generali tedeschi aveva ipotizzato che gli Alleati avrebbero tentato lo sbarco in Francia nella regione di Calais; in quel punto, in effetti, il canale della Manica è più stretto e presenta minori difficoltà di attraversamento. La battaglia di Normandia ebbe inizio pochi minuti dopo la mezzanotte del 6 giugno 1944, allorché le prime truppe inglesi e americane furono paracadutate sul suolo francese. Nel cuore della notte l'aviazione cominciò a bombardare le difese tedesche nelle aree previste per lo sbarco, che cominciò all'alba. Le difficoltà maggiori furono incontrate dagli americani sbarcati sulla spiaggia denominata in codice *Omaha*, ove le truppe tedesche furono sconfitte solo nel tardo pomeriggio. Dopo il **successo dello sbarco**, la battaglia di Normandia proseguì fino alle ultime settimane d'agosto, allorché **ai tedeschi risultò del tutto impossibile fermare l'attacco nemico**. Entro la fine di agosto gli Alleati riuscirono a far sbarcare in Francia più di 2 milioni di uomini, 438 000 veicoli e 3 milioni di tonnellate di rifornimenti.

Un momento dello sbarco degli Alleati in Normandia, 6 giugno 1944.

› VEDI
De Gaulle negli anni Sessanta
→ pag. 527

egli aveva esortato alla resistenza e alla continuazione (con ogni mezzo possibile) della guerra contro la Germania. Rientrato finalmente a Parigi, De Gaulle assunse la carica di **presidente della Repubblica francese**, e si può dire che per tutta la sua vita egli si sia sforzato di mantenere alto il prestigio della Francia nel mondo. La sconfitta nel 1940 e la liberazione da parte degli anglo-americani, tuttavia, avevano mostrato chiaramente che la Francia non era più una grande potenza capace di guidare e dominare la situazione politica internazionale.

Il fallito attentato a Hitler

L'agonia della Germania nazista Nel corso dell'estate, un gruppo di militari e di industriali tedeschi stabilì di eliminare fisicamente Hitler per rovesciare la dittatura; il Führer, tuttavia, scampò alla bomba innescata nel suo quartier generale in Prussia orientale, il 20 luglio.

Storiografia 2
Le debolezze tedesche nel 1944
→ pag. 425

La situazione nazista andava peggiorando sempre più: il 23 agosto 1944 l'Armata rossa scagliò l'offensiva decisiva, che, a seguito del crollo del settore centrale del fronte orientale, comportò la cattura di 350 000 prigionieri e **aprì ai russi le porte della Polonia**. La Germania tentò di rispondere a questi colpi mettendo in funzione una serie di **nuove armi**. Si trattava di **aerei a reazione** e di **razzi a lunga gittata**. Questi ultimi (**V1** e **V2**) uccisero circa 9000 londinesi, ma il tonnellaggio totale dell'esplosivo contenuto (più o meno 2500 tonnellate in sei mesi di

EUREKA! V1 e V2

I missili a reazione tedeschi furono di due tipi, entrambi contrassegnati dalla lettera V, iniziale di *Vergeltungswaffe*, che significa "arma di rappresaglia". Le prime *bombe volanti*, soprannominate **V1**, furono pronte il 22 giugno 1944. Ne furono lanciate dieci, ma solo cinque raggiunsero Londra. Per decollare, le V1 avevano bisogno di una rampa di lancio obliqua; erano assai precise sull'obiettivo ma lente, e quindi intercettabili dai caccia inglesi e dalla contraerea. Le **più moderne e perfezionate V2** (lanciate per la prima volta l'8 settembre), invece, decollavano (come i missili odierni) in posizione verticale e raggiungevano velocità superiori ai 5500 km/h, risultando però poco precise. Delle 6000 V2 prodotte, solo 1403 furono lanciate contro l'Inghilterra, e di fatto solo 517 caddero sulla capitale.

I primi razzi V2 tedeschi.

Bilancio delle competenze
→ pag. 414

lanci) rappresentava appena lo 0,23% della quantità sganciata dalle forze aeree alleate sulla Germania nello stesso periodo.

La maggior parte dei razzi utilizzati dai tedeschi fu prodotta in una gigantesca fabbrica sotterranea, che ricevette il nome in codice *Dora* (dove nel marzo del 1945 si trovavano circa 40 000 internati). Gli impianti furono collocati in tunnel aperti dentro una montagna, nella Germania centrale, a circa 70 chilometri da Buchenwald. Tutta la manodopera era costituita da deportati, che alloggiavano in un grande campo di concentramento allestito nei pressi della fabbrica sotterranea.

3.2 La Resistenza in Italia

Le prime formazioni partigiane Tra notevoli difficoltà, il movimento di Resistenza era nato in Italia nell'autunno del 1943. Inizialmente, soprattutto in Piemonte e nel Friuli-Venezia Giulia, i reparti partigiani furono concentrazioni di notevole entità, in quanto erano composte da **unità militari** che non si erano sbandate e a cui si erano aggiunti numerosi fuggiaschi (sia italiani, sia prigionieri inglesi o russi evasi dai campi in cui erano stati internati). Alcuni di questi militari avevano scelto la **lotta partigiana** per fedeltà al re e allo Stato; altri, all'opposto, perché avevano fatto la campagna di Grecia o di Russia ed erano rimasti disgustati sia dal fascismo sia dai tedeschi, che durante la ritirata nella neve avevano spesso rifiutato qualsiasi tipo di solidarietà agli italiani. A essi si aggiunsero poi, nel giro di qualche mese, i reparti partigiani organizzati dai partiti politici antifascisti. **I comunisti crearono le *Brigate Garibaldi*, mentre il Partito d'Azione diede vita alle formazioni *Giustizia e libertà*.** A livello nazionale, il movimento era guidato da un *Comitato di liberazione nazionale* (**CLN**), insediato a Roma; a livello operativo, tuttavia, dal 31 gennaio 1944, le decisioni più importanti furono prese da un *Comitato di liberazione nazionale alta Italia* (**CLNAI**), che aveva la propria sede a Milano ed era guidato dall'azionista Ferruccio Parri. Gli eventi dell'estate 1944, infine, diedero un notevole impulso al movimento.

Le motivazioni dei partigiani

› VEDI
Il Governo Parri
→ pag. 484

Il contributo partigiano alla liberazione dell'Italia In luglio, le formazioni (di militari, comunisti, azionisti e, in misura minore, anche socialisti e cattolici) riunivano forse 50 000 uomini. In diverse zone del Nord Italia, l'autorità della Repubblica sociale fu di fatto sostituita da quella partigiana: gli storici contano 17-18 *zone libere* o ***repubbliche partigiane***. Le più importanti furono quelle della Val d'Ossola (in Piemonte) e di Montefiorino (nell'Appennino modenese-reggiano). In agosto, inoltre, la resistenza italiana riuscì a ottenere un notevole successo di tipo politico, oltre che militare, in occasione della liberazione di Firenze. Mentre Roma era stata conquistata dalle sole forze militari anglo-americane, senza alcun contributo partigiano, **a Firenze il movimento di resistenza riuscì a organizzare un'insurrezione** (11 agosto), mentre gli Alleati erano impegnati contro i tedeschi alla periferia sud della città. Quando infine, il 2 settembre, le truppe inglesi e americane entrarono a Firenze, il centro era nelle mani del CLN fiorentino, che aveva già collocato propri uomini nei posti chiave dell'amministrazione cittadina.

L'insurrezione divenne il grande obiettivo politico anche per il CLNAI, che si propose di coinvolgere settori sempre più ampi della popolazione nell'attività antifascista, in modo da garantire per il futuro un assetto più democratico alle istituzioni dello Stato e alle strutture della società italiana del dopoguerra.

Guardiamo la storia
Partigiani e Repubblica sociale in Italia

Partigiani della 14° brigata Garibaldi in Val di Susa (Torino).

La resistenza tedesca: la linea gotica L'entusiasmo suscitato dalla liberazione di Firenze, però, si spense in fretta. I tedeschi riuscirono a riorganizzarsi dietro la **linea gotica**, un efficace sistema di difese che si estendeva da Massa Carrara a Pesaro. Fu costruita in fretta e furia, utilizzando manodopera locale rastrellata fra i civili e obbligata a lavorare per l'esercito tedesco: 15 000 operai italiani avevano predisposto 2376 postazioni per mitragliatrici, creato 479 basi per cannoni anticarro, steso 120 000 metri di filo spinato e dislocato migliaia di mine finalizzate a bloccare l'attacco nemico.

Nella loro ritirata verso nord i tedeschi compirono numerose **stragi di civili**, sia in Toscana sia in Emilia-Romagna: l'episodio più grave si verificò nella zona di **Monte Sole** (**Marzabotto**) il 29-30 settembre 1944 e provocò la morte di 770 persone. Intanto, nell'Italia del Nord, tra agosto e dicembre le forze partigiane furono attaccate in modo sistematico; tutte le *repubbliche partigiane* furono cancellate, mentre i rastrellamenti a tappeto provocarono gravissime perdite a numerose unità. La sconfitta partigiana più grave ebbe luogo in Veneto, nella zona del Grappa (20-29 settembre) e provocò almeno 300 caduti in combattimento; altri 171 *ribelli* catturati furono impiccati pubblicamente, mentre i deportati furono circa 400.

Una fase difficile per i partigiani

Il 13 novembre 1944, il generale inglese H.R. Alexander rivolse un proclama ai *patrioti al di là del Po*, esortandoli a «cessare le operazioni su larga scala» e a «non esporsi in azioni troppo arrischiate». L'invito del generale alla moderazione fu letto come un appello alla smobilitazione vera e propria e come la negazione di ogni dignità politica al movimento resistenziale. Pertanto, anche se **il movimento partigiano italiano stava attraversando la sua fase più critica**, l'attività politica e militare proseguì: anzi, malgrado le numerose difficoltà, mantenne come obiettivo prioritario quello dell'**insurrezione popolare**. Le varie unità – nate originariamente come realtà differenti e autonome – cercarono di unificarsi, di rafforzare i contatti reciproci, di cancellare i simboli di partito, in modo da presentarsi come un vero esercito di liberazione nazionale.

Video
Beppe Fenoglio. Letteratura e Resistenza

geostoria

La guerra in Italia dal 1943 al 1945

Carta proiettabile

La carta mostra i movimenti delle truppe alleate, le tappe della loro avanzata e le posizioni difensive dei tedeschi. Questi organizzarono una prima linea difensiva, la linea Gustav, per fermare l'avanzata degli Alleati. Dopo lo sbarco degli anglo-sassoni ad Anzio (22 gennaio 1944), il fronte arretrò sulla linea gotica, in corrispondenza dell'Appennino tosco-emiliano. Qui il fronte si stabilizzò dal settembre 1944 sino all'aprile 1945, con l'insurrezione del Nord Italia e la rapida avanzata delle truppe alleate nella Pianura Padana.

Carta interattiva
L'Italia divisa in due.
La liberazione fra il 1943 e il 1944

Bilancio delle competenze

Saper capire i caratteri specifici di un conflitto militare

A questo punto del nostro percorso, possiamo completare l'esposizione organica dei caratteri specifici della seconda guerra mondiale, confrontata con il conflitto 1914-1918.

1 La Grande Guerra vide il decisivo coinvolgimento degli Stati Uniti, la partecipazione del Giappone (alleato degli inglesi, contro i tedeschi), una serie di scontri in Medio Oriente e qualche sporadica azione militare nelle colonie africane. Nel complesso, si potrebbe però definire il **conflitto 1914-1918** come una **gigantesca guerra europea**, con qualche appendice extraeuropea.
La **seconda guerra mondiale** fu di segno molto diverso, in quanto **l'Asia svolse un ruolo capitale e determinante**. A partire dal 1941, la lotta contro il Giappone richiese alla Gran Bretagna e agli Stati Uniti un enorme dispendio di uomini e di mezzi, principalmente se si tiene conto che il ruolo centrale venne svolto dall'aviazione, dalla marina e, soprattutto, dalle gigantesche (e costosissime) portaerei. Infine, basterebbe ricordare **le due bombe nucleari** sganciate dagli americani su Hiroshima e Nagasaki, nell'agosto 1945, per rendersi conto della centralità dello scenario asiatico e, quindi, della **portata** veramente **planetaria del secondo conflitto mondiale**.

Macerie a Dresda dopo i bombardamenti da parte delle aviazioni alleate, febbraio 1945.

2 Quando si mettono a confronto le due guerre mondiali per cogliere la specificità di entrambi i conflitti, uno dei dati più importanti da prendere in considerazione è la **situazione delle grandi città, alla fine dello scontro**. Nel 1914, l'arma più potente a disposizione degli eserciti era l'artiglieria pesante, capace di sparare i propri colpi a distanza di alcuni chilometri. Nel 1918, pertanto, a fronte di alcune zone in cui si era combattuto in modo feroce per quattro interminabili anni, il resto del continente rimase quasi indenne.
Nella seconda guerra mondiale, l'aviazione militare era in grado di portare **morte e distruzione** praticamente **ovunque**; pertanto, mentre Berlino era uscita senza danni dalla Grande Guerra, e Londra era stata colpita in modo superficiale, entrambe le capitali furono pesantemente colpite negli anni 1940-1945. Anzi – come **Monaco, Dresda, Amburgo** (per non parlare, in Asia, di **Tokyo** e, naturalmente, di **Hiroshima e Nagasaki**) – **Berlino** al termine della guerra era **un unico cumulo di macerie**.

➜ Anche Varsavia subì violenze gravissime, e la sua distruzione pressoché totale – a fronte della sostanziale indennità di cui poté godere Parigi – è emblematica del **carattere prevalentemente *orientale* del secondo conflitto mondiale**.
L'**aviazione**, inoltre, fu in grado di **colpire** in profondità tutte **le infrastrutture e gli impianti industriali del nemico**; pertanto, mentre nel 1919 le industrie tedesche erano del tutto integre, nel 1945, praticamente, erano stati distrutti tutti i ponti e tutte le ferrovie, mentre numerose strutture industriali erano state pesantemente danneggiate. Inutile aggiungere che, mentre la prima guerra mondiale aveva conservato una certa distinzione tra civili e militari, fra chi indossava l'uniforme e chi non apparteneva alle forze armate, tale distinzione scomparve completamente a partire dal 1939, con la **cancellazione totale di ogni distinzione tra fronte e retrovie**: la guerra, semplicemente, era ovunque, senza più limiti e distinzioni.

Saper capire i caratteri specifici di un conflitto militare

1 Una guerra veramente planetaria
2 Una guerra illimitata
3 Uno scontro ideologico
4 Una guerra decisa ancora in Europa

3 Coloro che si impegnarono nella **Grande Guerra** condividevano, in ultima analisi, il medesimo sistema di valori. Tutti i generali, i sovrani e i ministri si muovevano ancora all'interno di un **quadro etico e religioso cristiano**. Anche se qualcuno, in Francia o in Italia, era più laico e/o anticlericale, rispettava però i valori della tradizione, così come erano stati recepiti e parzialmente rielaborati dalla borghesia europea. **Razzismo, antisemitismo e marxismo erano assolutamente *marginali* nel mondo borghese o aristocratico del 1914**; mentre il socialismo era disprezzato come una dottrina folle e pericolosa per l'ordine civile, l'antisemitismo era spesso considerato rozzo e plebeo: non a caso, a Vienna, l'imperatore Francesco Giuseppe si era lungamente opposto ai partiti antisemiti, mentre l'odio contro gli ebrei era da più parti definito *il socialismo degli imbecilli*. Quanto al razzismo, si riteneva ovvio che i neri (ritenuti selvaggi) e gli asiatici (giudicati mentalmente pigri e, quindi, inevitabilmente arretrati) fossero inferiori ai bianchi: ma, tra europei, si pensava che dovesse esistere un certo stile e occorresse rispettare alcune precise regole di civiltà, perfino in tempo di guerra.

→ **Negli anni seguenti il 1918**, incontriamo invece il **trionfo delle ideologie totalitarie**, che conquistano il potere in Russia, in Italia e in Germania. La seconda guerra mondiale fu, certo, uno **scontro** tra grandi potenze, ma anche **tra ideologie rivali**, determinate a imporsi sulle concezioni opposte e a spazzare via tutti i propri nemici. Dopo la guerra, Stalin non ebbe esitazioni a imporre il modello sociale comunista in tutti i territori conquistati dall'Armata rossa; cosa ancora più grave, il razzismo non fu più *marginale*, cioè applicato fuori e lontano dall'Europa. Nel momento in cui Hitler bollò ebrei e slavi come parassiti e sotto-uomini, modalità di relazione discriminatorie, strategie militari brutali (fino al genocidio) e **tecniche di gestione del potere violente, tipiche dei contesti coloniali**, furono portate **nel cuore del continente europeo**. Il risultato fu un conflitto spietato e feroce, in cui **la vita del nemico** non aveva più alcun valore e anzi **doveva essere soppressa**, per realizzare il progetto utopico di un'ideologia totalitaria.

4 La prima guerra mondiale venne decisa nelle grandi capitali dei principali Stati europei che furono compiute le scelte cruciali. **Nel 1914**, in effetti, si può affermare che **l'Europa era *il centro del mondo***. Nel 1918, la sconfitta della Germania venne ottenuta solo grazie al decisivo contributo americano; tuttavia, subito **dopo la Conferenza di Versailles, gli Stati Uniti ripresero la loro tradizionale politica di isolazionismo**, cioè rinunciarono a occuparsi delle questioni europee, delegando il ruolo di guide del nuovo assetto politico a Francia e Inghilterra. Nel 1939, anche se Vienna si era ormai eclissata e la Russia (o meglio l'URSS) era defilata e isolata, la decisione di scatenare un nuovo conflitto venne presa ancora una volta nelle capitali europee: Berlino, Londra, Parigi. Il significato storico della seconda guerra mondiale potrebbe essere riassunto nella formula seguente: **fine della centralità decisionale europea**. In effetti, al termine del conflitto, Francia, Inghilterra e Germania erano esauste, mentre **i veri vincitori** erano gli **Stati Uniti e l'URSS**.
Il fatto che la bomba atomica sia stata realizzata negli Stati Uniti, e non in Germania, può essere assunto come simbolo della nuova condizione dell'Europa, nella seconda metà del XX secolo. Nel tempo della guerra fredda, le decisioni veramente importanti sarebbero state prese a **Washington** e a **Mosca**, mentre **alle grandi potenze europee**, a cominciare dalla Germania (divisa tra i due mondi), di fatto **venne tolta qualsiasi possibilità di scelta**.

Capitolo 4

POTERI E CONFLITTI

Gli **ultimi atti** del **conflitto mondiale**

Storia slide

LE CONOSCENZE DA ACQUISIRE
In Europa, la guerra si concluse con la conquista russa di Berlino (8 maggio 1945). In agosto, in Asia, gli americani sganciarono due bombe atomiche sul Giappone.

LE COMPETENZE DA POTENZIARE
Saper comprendere il concetto di "svolta storica".

4.1 La caduta di Hitler

Guardiamo la storia
I bombardamenti alleati sulla Germania

L'ingresso degli Alleati nel Terzo Reich Alla fine del 1944, lo sfinimento delle forze tedesche e la superiorità di quelle alleate (in particolare l'aviazione) apparivano ormai evidenti. In dicembre, Hitler lanciò un'ultima disperata offensiva nella regione delle **Ardenne**, ma, dopo alcuni iniziali successi, fu infine fermato, anche a causa della carenza di carburante per i suoi carri armati.

All'inizio del nuovo anno, gli eserciti degli Alleati penetrarono da est e da ovest all'interno del territorio tedesco vero e proprio. Il 25 aprile 1945, russi e americani riuscirono a incontrarsi a Torgau, sul fiume Elba, nel cuore della Germania. Fino all'ultimo, Hitler aveva sperato che i dissidi e i conflitti di interesse tra le varie potenze impegnate a combattere il Terzo Reich degenerassero in scontro aperto. Tale speranza, però, fu spenta definitivamente allorché il 12 aprile, morto improvvisamente Roosevelt, il nuovo presidente **Harry S. Truman** non mutò minimamente la linea politica del suo predecessore, sebbene molto più di lui diffidasse di Stalin e dell'Unione Sovietica.

Militari della fanteria russa a Berlino, maggio 1945.

L'ordine di distruzione totale A quel punto, **Hitler perse** completamente **il controllo della situazione**. Non solo continuò a dirigere eserciti tedeschi e divisioni corazzate ormai inesistenti ma, cosa ancora più grave, comunicò a Speer il cosiddetto **Ordine Nerone**: sentitosi tradito dal popolo tedesco, che a suo giudizio non si era rivelato degno della grande impresa in cui egli lo aveva guidato, ora il Führer ne auspicava la completa distruzione, convinto che «ciò che resta(va) dopo la battaglia (erano) solo gli esseri inferiori; quelli buoni erano caduti». Di conseguenza, ordinò la distruzione di tutti gli impianti militari, industriali e di comunicazione che avrebbero potuto servire al nemico. Fortunatamente per il popolo tedesco, l'**ordine di distruzione totale** non fu eseguito, se non in minima parte.

I russi a Berlino L'atto finale della seconda guerra mondiale in Europa ebbe inizio il 16 aprile 1945, quando **l'esercito sovietico sferrò l'offensiva decisiva contro Berlino**, ove Hitler aveva tentato di organizzare un'ultima disperata resistenza. I russi schierarono 2 milioni di uomini, 41 000 cannoni, 6300 carri armati e 5000 aerei. **Il Terzo Reich invece non aveva più forze integre** da contrapporre all'Armata rossa, se non un'*armata popolare*, frettolosamente messa in piedi arruolando a forza ragazzini di 13 anni e ultrasessantenni.

A Berlino si combatté spesso strada per strada e casa per casa; un punto di resistenza particolarmente difficile da conquistare fu **il**

Reichstag, il parlamento tedesco, trasformato in fortezza. Stalin aveva ordinato che la bandiera rossa doveva sventolare sulla sua sommità il 1° maggio; pertanto, il generale sovietico Cuikov piazzò davanti all'edificio 90 cannoni pesanti e lo investì di tutto il fuoco possibile. Per alcuni giorni si combatté in modo durissimo all'interno del parlamento: pare che solo nella battaglia del Reichstag siano morti 2200 sovietici e 2500 tedeschi.

Il suicidio di Hitler e dei vertici del Reich Il 28 aprile, il *Führerbunker* (la struttura sotterranea in cemento armato, costruita sotto l'edificio della Cancelleria) era ormai completamente circondato. Consapevole della disfatta imminente, il comandante delle SS – Heinrich **Himmler** – cercò di aprire negoziati personali con gli anglo-americani, ma non vi riuscì: arrestato, **si suicidò**.

La bandiera russa sul Reichstag a Berlino, 2 maggio 1945.

Saputa la notizia del tradimento di Himmler, il 29 aprile anche Hitler cominciò a preparare il proprio suicidio. Dettò il suo testamento politico, esortando i nuovi «capi della nazione e tutti i seguaci all'osservanza scrupolosa delle **leggi razziali** e alla resistenza spietata **contro il giudaismo internazionale** che intossica tutti i popoli del mondo». Analogamente, stabilendo che «la meta finale deve essere inoltre la conquista di uno spazio a oriente per il popolo tedesco», confermava fino all'estremo i pilastri di quella concezione geopolitica e razziale che l'aveva guidato fin dal 1923. **Il 30 aprile, dopo essersi sposato con la sua amante Eva Braun, Hitler si tolse la vita insieme a lei, ingerendo una capsula di cianuro e sparandosi un colpo alla testa.** I loro corpi furono subito portati in cortile, cosparsi di benzina e bruciati. Poco dopo, **il gesto del Führer fu imitato dal ministro Goebbels e da sua moglie**, che uccisero con il cianuro anche i loro sei figli.

geostoria

La guerra in Europa dal 1942 al 1945

Carta proiettabile

La carta mostra l'accerchiamento della Germania in Europa dal 1942 al 1945: mentre le truppe sovietiche attaccavano il Reich da est, i soldati americani e inglesi avanzavano da ovest (Francia) e da sud (Italia).

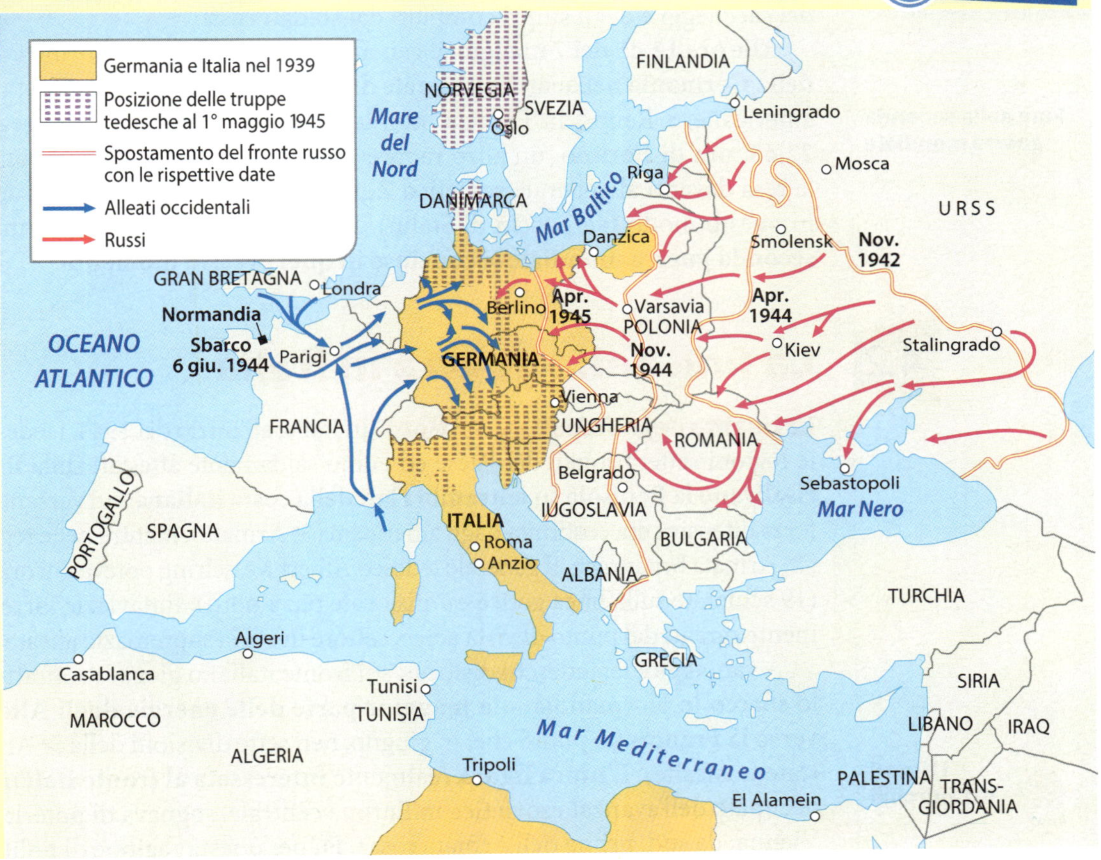

Prima e seconda guerra mondiale a confronto

Schema proiettabile

PRIMA GUERRA MONDIALE	SECONDA GUERRA MONDIALE
Guerra prevalentemente europea, con appendici coloniali in Asia e in Africa	Guerra in cui i fronti extraeuropei rivestono un'importanza decisiva
Gli scontri più sanguinosi avvengono nell'Europa occidentale	Gli scontri più sanguinosi avvengono nell'Europa orientale (principalmente in Unione Sovietica)
Guerra di posizione	Guerra di movimento
Scarsa possibilità di colpire l'interno dei Paesi nemici, per distruggere il loro apparato industriale	Possibilità di bombardare i territori dei Paesi nemici, per distruggerne l'apparato industriale
Marginale coinvolgimento della popolazione civile	Massiccio e diretto coinvolgimento della popolazione civile
La partecipazione americana non mette in discussione la centralità dell'Europa	La partecipazione americana provoca la fine dell'egemonia politica europea

Guardiamo la storia
Donne e guerra: le violenze dell'Armata Rossa in Germania

Il 2 maggio, il comandante dell'esercito tedesco che combatteva ancora a Berlino, generale Weidling, ordinò alle sue truppe di cessare ogni azione ostile contro i sovietici. La battaglia per Berlino provocò ai sovietici almeno 304 000 tra morti e feriti; i tedeschi ebbero forse un milione di vittime, includendo in tale numero sia i prigionieri militari che furono condotti nei campi di concentramento russi, sia circa 100 000 civili, vittime dei bombardamenti, delle violenze arbitrarie commesse da nazisti fanatici (che giustiziavano chiunque parlasse di resa), dei saccheggi e degli stupri compiuti dai soldati russi.

Fine della seconda guerra mondiale

Alle ore 12.45 del 7 maggio, il generale tedesco Alfred Jodl firmò la **resa senza condizioni della Germania** nel quartier generale di Eisenhower, comandante supremo delle forze anglo-americane, a Reims, in Francia, non lontano da Parigi. Il giorno seguente, **8 maggio, alle 22.43, ora di Berlino**, un altro rappresentante della Germania, il comandante Keitel, firmò la resa davanti al generale sovietico Zukov, il quale era presente in rappresentanza di Stalin: in questo modo (agli occhi di Stalin) il Terzo Reich si arrendeva innanzitutto all'URSS. **La seconda guerra mondiale si concluse in quel preciso momento.**

4.2 La fine della guerra in Italia

La risalita degli Alleati verso Nord In Italia, all'inizio del 1944, i tedeschi controllavano tutte le regioni settentrionali del Paese ed erano saldamente attestati sulla **linea gotica. Gli Alleati risalivano la Penisola su entrambi i lati della costa italiana**: sul versante toscano, la principale forza offensiva era costituita dagli americani (5ª Armata), mentre nelle regioni adriatiche operava l'8ª Armata britannica. Il generale tedesco Albert Kesselring poteva ancora contare su 26 divisioni (19 schierate sulla linea gotica e 7 dislocate più a nord); tuttavia, le forze tedesche erano gravemente carenti dal punto di vista aereo, settore in cui la supremazia alleata era pressoché assoluta.

I timori di Churchill

A vantaggio dei tedeschi dislocati sul fronte italiano giocava soprattutto il fatto che – dopo lo sbarco in Normandia – **la maggior parte delle energie degli Alleati si era indirizzata verso la Francia** (al punto che, in giugno, ben sette divisioni della 5ª Armata americana erano state trasferite). **L'unica figura** realmente **interessata al fronte italiano era Churchill**: preoccupato dell'avanzata sovietica in Europa centrale, sognava di poterla fermare, giungendo a Vienna, da sud, prima dell'Armata rossa. Fu per questa ragione di politica internazionale che venne infine deciso di lanciare l'offensiva più importante sul versante adriatico, un attacco in grande stile denominato in codice *operazione Olive*, che iniziò la sera del 25 agosto 1944 con un intenso bombardamento della zona del fiume Metauro.

Il rinvio dell'offensiva finale

Dopo un mese di combattimenti furiosi, le forze inglesi (che comprendevano, tuttavia, anche canadesi, polacchi e altre nazionalità) avevano perso 15 000 uomini; anche se le perdite tedesche erano ben superiori (circa 20 000 morti), la spinta degli inglesi andò lentamente spegnendosi, complici anche il maltempo e le piogge torrenziali, che resero molto difficili gli attacchi aerei. Per di più, gli **allagamenti di vaste aree** (in parte causate dalle precipitazioni, in parte provocate artificialmente dai tedeschi) obbligavano i soldati inglesi ad avanzare nel fango, oppure sulle poche strade praticabili, esposte al fuoco avversario. A quel punto, fu deciso di rinviare alla primavera seguente l'offensiva finale.

L'attacco finale e l'uccisione di Mussolini Per garantirsi il successo nella nuova offensiva primaverile, gli Alleati si dotarono di una grande quantità di aeroplani (2000), di carri armati (circa 3000), di carri dotati di lanciafiamme e perfino di mezzi anfibi, capaci di superare i terreni acquitrinosi o invasi dalle acque. **L'attacco ebbe inizio il 1° aprile 1945** e si caratterizzò per l'**impressionante potenza di fuoco** dispiegata: davanti a Cotignola, in Romagna, la 2ª divisione neozelandese sparò da sola 250 000 granate, mentre aerei di ogni dimensione bombardavano senza interruzione le postazioni tedesche.

La fucilazione del Duce

Il 22 aprile, Bologna venne liberata dalle truppe alleate; a quel punto, in tutte le principali città dell'Italia settentrionale scattò l'insurrezione popolare diretta dal **CLNAI**, che il **25 aprile, a Milano, assunse i pieni poteri** «in nome del popolo italiano e quale delegato del Governo italiano». Mussolini tentò di fuggire in Svizzera, ma **fu arrestato il 27 aprile** a Dongo **e fucilato il giorno seguente**; il suo corpo (insieme a quello della sua amante Claretta Petacci e di altri gerarchi fascisti giustiziati) fu poi appeso a testa in giù a Milano, in piazzale Loreto, ove pochi mesi prima era stato ucciso un gruppo di partigiani. **Il 2 maggio, le truppe tedesche si arresero**. Formalmente, in Italia, la seconda guerra mondiale era terminata.

geostoria **I centri della resistenza armata**

Carta proiettabile

Seguì un **lungo strascico di violenze**: in Emilia e in altre zone si ebbero soprusi, atti violenti ed esecuzioni sommarie nei confronti di fascisti che avevano partecipato allo squadrismo dei primi anni Venti o che avevano aderito alla RSI. La gestione dell'ordine pubblico, in **un Paese devastato dall'odio e dal conflitto**, fu uno dei primi e più seri problemi dei governi del dopoguerra. Gli episodi più gravi di quel periodo si ebbero tuttavia nella zona di **Trieste, occupata dai partigiani iugoslavi** il 1° maggio. Nell'arco di un mese, 4-5000 italiani furono trucidati.

4.3 La guerra e la resistenza in Iugoslavia

Violenze in Croazia

La divisione della Iugoslavia Nel 1941, la Iugoslavia fu invasa dagli eserciti italiano e tedesco e smembrata per volontà di Hitler: la parte settentrionale della Slovenia fu annessa al Reich, mentre Lubiana (in Slovenia) e la zona centrale della Dalmazia (nell'attuale Croazia) diventarono italiane. Inoltre, nacque uno Stato indipendente di Croazia, guidato dal movimento ultranazionalista degli *ustascia* (*ribelli*) di Ante Pavelić, che aveva lottato per l'autonomia dalla Serbia fin dagli anni Venti. Il nuovo Stato comprendeva, oltre la Croazia propriamente detta, anche la Bosnia-Erzegovina e altre terre abitate da serbi. I musulmani furono considerati cittadini a pieno titolo del nuovo Stato; serbi, ebrei e zingari, invece, furono oggetto di una feroce politica di repressione, di deportazione e di massacro.

Il partigiano Tito

Alle forze degli invasori e degli *ustascia* si opposero **due movimenti di resistenza**, che non operarono mai insieme, e anzi spesso si combatterono a vicenda. Il primo comprendeva i cosiddetti *cetnici*, partigiani nazionalisti serbi fedeli alla monarchia; il secondo, invece, guidato dal croato **Josip Broz** (detto **Tito**), era di orientamento comunista e raccoglieva uomini di ogni gruppo etnico iugoslavo. Anche in Slovenia (occupata dagli italiani) si creò in breve tempo una **forte guerriglia comunista**, parallela a quella guidata da Tito in altre zone del Paese.

Guardiamo la storia
L'esodo dei giuliano-dalmati

Il dramma delle foibe

I partigiani iugoslavi Tra il 1941 e il 1943, i **partigiani iugoslavi** compirono **numerose azioni di sabotaggio** contro treni, strutture ferroviarie, linee del telegrafo, alle quali **l'esercito italiano reagì** con fucilazione di ostaggi, distruzione di villaggi e deportazione di tutti i sospetti in campi situati in Italia (il più importante divenne Gonars, in provincia di Udine) o nell'isola di Arbe (o Rab, nella Dalmazia settentrionale). Le truppe di Tito risposero a loro volta con **rappresaglie** e di **violenze**, dirette nei confronti di tutti coloro che, in Istria, rappresentavano lo Stato italiano: carabinieri, insegnanti, messi comunali, impiegati postali ecc. Alcune **centinaia di** queste **persone** (tra le 500 e le 700, a seconda delle stime) **furono arrestate e uccise nei pressi di particolari cavità naturali carsiche, dette foibe**, nelle quali infine furono gettati i loro cadaveri.

L'intervento delle forze tedesche obbligò i partigiani di Tito a ritirarsi dopo circa un mese di occupazione. I nazisti insediarono il loro comando a Trieste, all'interno della cosiddetta ***risiera di San Sabba***, un tetro edificio che era servito per l'essiccazione del riso. In breve tempo

I luoghi → Iugoslavia

La Iugoslavia nacque dall'unione, intorno al regno di Serbia, del Montenegro (un piccolo regno, indipendente prima del 1914), della Croazia (sotto dominio ungherese, prima della guerra), della Slovenia e della Bosnia-Erzegovina (amministrate da Vienna fino al 1914-1918). Queste regioni erano tutt'altro che omogenee fra loro per sviluppo economico e ospitavano popolazioni molto diverse: croati e sloveni, ad esempio, erano cattolici e utilizzavano l'alfabeto latino, mentre i serbi erano per lo più ortodossi e facevano uso dei caratteri cirillici (russi). In Bosnia e in Erzegovina, inoltre, esisteva una consistente minoranza di musulmani, cioè di abitanti che – pur parlando la stessa lingua dei serbi e dei croati – al tempo della dominazione degli ottomani avevano adottato la religione islamica. Nel 1941, il Paese venne nuovamente diviso – per ordine di Hitler – e spartito tra Germania e Italia.

la risiera divenne un centro di transito per prigionieri destinati alla deportazione in Austria, in Germania o in Polonia e anche luogo di esecuzione di prigionieri politici ed ebrei.

Partigiani italiani e iugoslavi uniti

Grazie alle risorse abbandonate dall'esercito italiano, i guerriglieri iugoslavi riuscirono a tener testa ai tedeschi fino all'arrivo dell'Armata rossa, insieme alla quale entrarono a Belgrado il 20 ottobre 1944. Pochi giorni prima di questa vittoria, il leader comunista italiano Palmiro Togliatti si incontrò con alcuni delegati di Tito e decise di sostenerne pienamente la politica. Alla fine di dicembre, in nome del comune ideale comunista, i partigiani della *brigata Garibaldi Natisone* (forte di ben 2000 uomini) passarono sotto il comando del *IX corpus* sloveno, che prendeva ordini dall'*Esercito popolare di liberazione iugoslavo* guidato da Tito.

4.4 Trieste contesa e le foibe

L'eccidio di Porzûs Il 7 febbraio 1945, a **Porzûs** (in provincia di Udine), un gruppo di comunisti dei GAP uccise una ventina di partigiani democratico-cristiani della *brigata Osoppo*, dopo averli accusati di tradimento. Questo scontro tra comunisti e cattolici in Venezia Giulia è il sintomo, a livello locale, della situazione che di lì a poco si sarebbe creata a livello internazionale: venuto meno il comune nemico, l'alleanza antinazista si sarebbe immediatamente sgretolata e avrebbe lasciato il posto a relazioni sempre più fredde e ostili tra americani e sovietici. Inoltre, l'eccidio di Porzûs può essere considerato come il preludio di una serie ancora più grave di violenze, che furono compiute nei confronti degli italiani nell'**area di Trieste**, allorché i **partigiani comunisti** iugoslavi riuscirono a riconquistare l'intera Istria e a entrare nel capoluogo giuliano, **prima degli Alleati (1° maggio)**.

Nazionalismo slavo

Le violenze dei partigiani di Tito Tito era un comunista convinto, ma era animato anche da un marcato nazionalismo slavo e pertanto riteneva necessario allargare i confini della nuova Iugoslavia che stava costruendo; al confine italiano, non nascose mai il proprio **obiettivo di annettere l'intera Venezia Giulia**, spostando la frontiera con l'Italia al fiume Tagliamento. Nelle aree occupate dai partigiani al suo comando, le violenze del 1943 si ripeterono su scala ancora maggiore, in modo da eliminare tutti coloro che potessero ostacolare o contrastare il controllo slavo della Venezia Giulia. Per la seconda volta, i cadaveri degli **italiani uccisi** furono gettati **nelle foibe**; poiché esse erano spesso usate, dalla gente del luogo, come discariche, questo comportamento assumeva anche un forte valore simbolico. È difficile fornire un bilancio preciso di questi massacri, finalizzati a imporre con la violenza, in regioni tradizionalmente italiane, il nuovo ordine politico-sociale, a un tempo slavo e comunista. Allo stato attuale degli studi, pare corretto parlare di 4-5000 vittime per il periodo compreso tra l'occupazione iugoslava (1° maggio) e l'ingresso a Trieste delle truppe inglesi (12 giugno 1945).

4-5000 vittime

L'operazione di repressione travolse centinaia di militari della RSI, ma anche, più in generale, **chiunque apparisse una minaccia per il potere comunista iugoslavo**. Pertanto, furono colpiti anche numerosi antifascisti italiani, che avevano combattuto contro i tedeschi, ma ora – a guerra finita – rifiutavano il progetto annessionista di Tito. Insieme agli esponenti della borghesia giuliana, furono dichiarati *reazionari* e *nemici del popolo*, e di conseguenza giustiziati in modo sommario.

La perlustrazione di una foiba in cui furono gettati alcuni italiani.

4.5 L'attacco nucleare contro il Giappone

La drammatica situazione del Giappone La pace, nell'area asiatica, fu raggiunta solo nel settembre del 1945. Dall'inizio dell'anno, in realtà, il Giappone era allo stremo delle forze. I due terzi della sua flotta mercantile erano stati affondati, cosicché le fabbriche si erano fermate per mancanza di materie prime e di carbone. I **bombardamenti** sulle città si susseguivano quasi **senza interruzione**: l'8 marzo, in una sola incursione su Tokyo, persero la vita 83 000 persone, 20 000 in più di tutti i civili inglesi periti nell'intero conflitto a causa degli attacchi aerei tedeschi. La **situazione alimentare**, poi, era **tragica**: la razione giornaliera pro capite non superava le 1200 calorie, inferiore a quella di cui aveva potuto disporre il popolo tedesco durante la prima guerra mondiale.

Iwo Jima e Okinawa

Eppure, il **Giappone** voleva a tutti i costi evitare l'umiliazione della resa incondizionata e, soprattutto, si sforzava di avere la garanzia del mantenimento della dinastia imperiale; pertanto, **continuava a resistere**, al punto che in marzo e in giugno l'occupazione delle isole giapponesi di Iwo Jima e di Okinawa costò agli americani migliaia di morti. Il generale MacArthur, nella primavera del 1945, pronosticò che un'invasione del Giappone avrebbe richiesto l'impiego di almeno 5 milioni di soldati e comportato perdite fino a un milione.

L'uso della bomba atomica Per questo motivo, il presidente americano Truman sollecitò l'intervento sovietico nel conflitto contro il Giappone, e l'URSS dichiarò guerra all'impero nipponico l'8 agosto. A quella data, però, gli Stati Uniti avevano già impiegato, come strumento per piegare la resistenza giapponese, l'arma nucleare. La **prima bomba atomica** (basata sul principio della liberazione d'energia conseguente la scissione del nucleo di un atomo di uranio) fu fatta esplodere, a titolo sperimentale, il 16 luglio ad Alamogordo, nel New Mexico. Le ricerche e gli esperimenti che avevano portato alla sua costruzione erano in corso da diversi anni. I primi a intuire le enormi potenzialità dell'energia nucleare in campo militare, in realtà, erano stati alcuni scienziati europei. Costoro, nel timore che la nuova scoperta finisse nelle mani di Hitler, avevano avvisato (tramite il noto scienziato **Albert Einstein**) il presidente americano Roosevelt, affinché gli Stati Uniti si dotassero della nuova arma prima che ci riuscisse la Germania.

Guardiamo la storia
La bomba atomica

Video
La bomba atomica

Il **6 agosto**, venne bombardata la città giapponese di **Hiroshima**: l'80% degli edifici fu raso al suolo, mentre almeno 70 000 persone morirono all'istante; altri 40 000 giapponesi restarono feriti in modo diverso o, comunque, subirono i postumi dell'esplosione, ovvero si ammalarono poi di leucemia e di altre forme tumorali.

Il **9 agosto**, una **seconda bomba** fu sganciata su **Nagasaki**, provocando 40 000 morti e 60 000 feriti; a quel punto, il **Giappone chiese la resa**, ufficialmente stipulata il 2 settembre 1945 a bordo di una corazzata americana all'ancora nella baia di Tokyo.

Soldati giapponesi ricoverati nella stazione di Hiroshima dopo il bombardamento atomico.

CLIL

Einstein's First Letter to Roosevelt

Audiolettura

Albert Einstein wrote a letter to President Roosevelt on August 2, 1939 warning him of the possibility of constructing "extremely powerful bombs of a new type", that German scientists might win the race to build an atomic bomb and Hitler would be more than willing to resort to such a weapon. The letter was most likely written by Leo Szilard, the scientist who invented the chain reaction, one of the European scientists who had fled to the US in the 1930s to escape Nazi and Fascist repression. Nevertheless, Einstein took full responsibility for its consequences, calling it "the greatest mistake" of his life. Initially preoccupied with Hitler's invasion of Poland (which started World War II), Roosevelt was proceeding cautiously but soon became convinced of the value of exploring atomic energy. Ultimately, the advice he received led to the "Manhattan Project" and the world's first atomic bombs which were dropped on Hiroshima and Nagasaki.

Albert Einstein
Old Grove Rd.
Nassau Point
Peconic, Long Island
August 2nd 1939

F.D. Roosevelt
President of the United States
White House
Washington, D.C.

Sir:
Some recent work by E. Fermi and L. Szilard, which has been communicated to me in manuscript, leads me to expect that the element uranium may be turned into a new and important source of energy in the immediate future. Certain aspects of the situation which has arisen seem to call for watchfulness and, if necessary, quick action on the part of the Administration. I believe therefore that it is my duty to bring to your attention the following facts and recommendations.

In the course of the last four months it has been made probable – through the work of Joliot in France as well as Fermi and Szilard in America – that it may become possible to set up a nuclear chain reaction in a large mass of uranium, by which vast amounts of power and large quantities of new radium-like elements would be generated. Now it appears almost certain that this could be achieved in the immediate future.

This new phenomenon would also lead to the construction of bombs, and it is conceivable – though much less certain – that extremely powerful bombs of a new type may thus be constructed. A single bomb of this type, carried by boat and exploded in a port, might very well destroy the whole port together with some of the surrounding territory. However, such bombs might very well prove to be too heavy for transportation by air.

The United States has only very poor ores of uranium in moderate quantities. There is some good ore in Canada and the former Czechoslovakia while the most important source of uranium is Belgian Congo.

In view of the situation you may think it desirable to have more permanent contact maintained between the Administration and the group of physicists working on chain reactions in America. One possible way of achieving this might be for you to entrust with this task a person who has your confidence and who could perhaps serve in an inofficial capacity. His task might comprise the following:

a) to approach Government Departments, keep them informed of the further development, and put forward recommendations for Government action, giving particular attention to the problem of securing a supply of uranium ore for the United States;

b) to speed up the experimental work, which is at present being carried on within the limits of the budgets of University laboratories, by providing funds, if such funds be required, through his contacts with private persons who are willing to make contributions for this cause, and perhaps also by obtaining the co-operation of industrial laboratories which have the necessary equipment.

I understand that Germany has actually stopped the sale of uranium from the Czechoslovakian mines which she has taken over. That she should have taken such early action might perhaps be understood on the ground that the son of the German Under-Secretary of State, von Weizsäcker, is attached to the Kaiser-Wilhelm-Institut in Berlin where some of the American work on uranium is now being repeated.

Yours very truly,
Albert Einstein

Answer the following questions

- What is Einstein's purpose?
- What is the most important part of the excerpt above?

1 L'8 settembre: le reazioni degli italiani e dei tedeschi

L'armistizio dell'8 settembre 1943 ha costituito per tutti gli italiani che l'hanno vissuto un'esperienza esistenziale di eccezionale portata: nelle memorie individuali e in quella collettiva dell'intera nazione quel giorno è rimasto indelebile per un'intera generazione (come lo fu a lungo Caporetto, per chi visse la prima guerra mondiale). Tuttavia, come ha osservato lo storico italiano Claudio Pavone, «ancora oggi considerare l'8 settembre come una mera tragedia o come l'inizio di un processo di liberazione è una linea che distingue le interpretazioni di opposte sponde»: quella filofascista e quella antifascista.

L'annuncio dell'armistizio fu salutato dalla maggioranza della popolazione con un senso di sollievo e in alcuni casi addirittura con entusiasmo, anche se non mancò chi vide nella resa agli angloamericani una scelta umiliante e disonorevole. Il 10 settembre Piero Calamandrei [giurista e politico, *n.d.r.*] notava nel suo diario: «Rimango sorpreso di sentire come è potente anche nella gente umile la vergogna dell'armistizio». Molte testimonianze mostrano una serie di reazioni che andavano dall'incredulità allo stupore, alla gioia, e poi alla preoccupazione e allo smarrimento, a mano a mano che la situazione reale, quella personale di ciascuno e quella del paese, diveniva più chiara.

Questi sentimenti si succedettero in sequenza più o meno rapida a tutti i livelli. Ancora una volta, come già era avvenuto il 25 luglio, la gente interpretò la decisione del governo Badoglio di arrendersi come la fine della guerra. In molte città suonarono le campane, si improvvisarono balli nelle piazze o più semplicemente bevute e pranzi tra amici e parenti. La maggioranza della popolazione sperava che fosse finito tutto, che sarebbe tornata la normalità, o almeno che non si sarebbe più sofferta la fame. Le iniziali espressioni di contentezza e l'illusione di una conclusione indolore dell'avventura bellica fascista lasciarono ben presto il posto alla preoccupazione per l'immediato futuro. Che cosa avrebbero fatto i tedeschi? Sarebbero arrivati gli angloamericani? La risposta non tardò molto, perché la reazione del Comando germanico fu immediata, con l'attivazione del piano *Achse*, già preparato da tempo, per l'occupazione delle città e per il «disarmo a sorpresa, con ogni mezzo e senza il minimo scrupolo, delle truppe italiane». È persino inesatto parlare di una *reazione*, perché si trattava in realtà dell'attuazione di un piano già predisposto. Infatti quando il 7 settembre si capì che ci sarebbe stato uno sbarco angloamericano nell'Italia meridionale, il Comando supremo della Wehrmacht si preparò a chiarire con un «ultimatum politico e militare» il rapporto con l'Italia, la cui uscita dalla guerra era ritenuta imminente. Una nota elencava una serie di richieste da presentare al governo di Roma: una loro mancata accettazione avrebbe portato all'assunzione diretta della difesa dell'Italia da parte tedesca e all'immediato disarmo delle truppe dell'ex alleato. L'ultimatum doveva essere presentato indipendentemente dall'uscita dell'Italia dalla guerra e le truppe tedesche erano già in stato di allarme. Così, mentre la maggioranza delle forze armate italiane venne a conoscenza della firma dell'armistizio dall'annuncio alla radio, e fu quindi colta totalmente di sorpresa, le unità tedesche invece erano già preparate, come risulta evidente dalla rapidità e dalla simultaneità delle loro iniziative.

Il Comando supremo delle forze armate del Reich emanò tra il 9 e il 15 settembre una serie di direttive, che un autore tedesco [lo storico G. Schreiber, *n.d.r.*] ha definito *criminali*, sul trattamento da applicare ai soldati italiani. I militari ex alleati dovevano essere divisi in tre gruppi e ricevere un trattamento diverso sulla base del loro atteggiamento di fronte alla proposta di continuare a combattere a fianco della Germania. Quelli che aderivano potevano conservare le armi ed essere trattati come i soldati tedeschi, quelli che non volevano collaborare e non volevano combattere dovevano essere mandati nei campi di internamento in Germania o in altri paesi alleati, come prigionieri di guerra; infine quelli che opponevano una qualche forma di resistenza o che si schieravano apertamente con le forze partigiane e nemiche avrebbero subito un trattamento diverso a seconda che fossero ufficiali o semplici soldati: gli ufficiali che opponevano resistenza o non ordinavano ai propri soldati di consegnare le armi dovevano essere fucilati come *irregolari*, mentre i soldati dovevano

Un manifesto propagandistico fascista: un garibaldino piange sulle sciagure dell'Italia, passata dalla gloria dell'impero alla vergogna dell'8 settembre.

essere impiegati come *forza lavoro* nei territori dell'Est europeo. Nelle prime direttive si parlava di prigionieri di guerra; soltanto il 20 settembre, su ordine dello stesso Hitler, agli italiani catturati fu attribuita la denominazione di *internati militari*, non tutelati quindi dalle leggi internazionali, anche se questa decisione era del tutto arbitraria dal punto di vista del diritto internazionale. [...]

Da parte italiana il problema di che cosa fare si pose subito per i presìdi dell'esercito sparsi in tutta la penisola e per le divisioni che occupavano la Jugoslavia, la Grecia e l'Albania. Il proclama di Badoglio escludeva una resistenza organizzata e lasciava i comandi senza direttive. L'accenno alla reazione a «eventuali attacchi da qualsiasi altra provenienza» si riferiva ovviamente ai tedeschi, ma escludeva un'iniziativa italiana, mentre [...] l'abitudine a un atteggiamento passivo e l'incapacità dei comandanti di assumersi responsabilità ebbero effetti disastrosi. Dopo aver inutilmente aspettato ordini da Roma, una buona parte dei generali e degli ufficiali superiori delle varie unità se ne andò alla chetichella. In molti casi i soldati furono consegnati [obbligati a rimanere, *n.d.r.*] nelle caserme, dove poi furono bloccati e catturati dai tedeschi; in altri furono mandati in *licenza* o invitati a sbandarsi e a *tornare a casa*. Da qui una prima differenza tra quello che accadde in Italia e quello che avvenne fra le truppe dislocate fuori dai confini nazionali, dove non vi fu uno sbandamento perché la *casa* non poteva essere raggiunta: fuori d'Italia l'alternativa – consegnarsi ai tedeschi o combattere – fu fin dall'inizio più netta. Fu tra le divisioni all'estero che si verificarono perciò sia i casi di maggiore collusione con la Wehrmacht, sia quelli di vero eroismo, come il noto sacrificio della divisione *Acqui* a Cefalonia. [...]

Nel caso di Cefalonia il Comando supremo delle forze armate tedesche, seguendo una direttiva dello stesso Hitler, ordinò «di non fare prigionieri tra gli italiani». Gli ordini di Hitler furono eseguiti pienamente: circa 1300 militari della divisione *Acqui* morirono in combattimento o uccisi al momento della cattura. Le perdite complessive tra caduti in battaglia, fucilati e morti sulle navi affondate dalle bombe alleate, variano tra 6500 e 9500, secondo diverse stime [...]. A Corfù morirono in combattimento o fucilati 600-700 uomini. I responsabili di questi massacri furono giudicati come criminali di guerra a Norimberga. Nei Balcani i tedeschi perpetrarono i maggiori eccidi di militari italiani. Non è possibile precisarne l'entità, perché sia le fonti italiane che quelle tedesche danno dati spesso contrastanti. Così, mentre è noto il numero dei morti angloamericani e tedeschi, per gli italiani non è possibile indicare cifre precise. Molte uccisioni furono effettuate senza che i comandanti tedeschi che le avevano ordinate provvedessero a stilare elenchi nominativi o a darne notizia nei diari di guerra.

E. AGA ROSSI, *Una nazione allo sbando. L'armistizio italiano del settembre 1943 e le sue conseguenze*, il Mulino, Bologna 2003, pp. 135-138, 154

Analizza il testo

- In quale errore caddero molti italiani, sia il 25 luglio sia l'8 settembre 1943?
- Che cosa era il piano Achse? Per quale motivo è improprio parlare di reazione tedesca all'armistizio italiano?
- Che differenza esisteva tra prigionieri di guerra e internati militari?

2 Le debolezze tedesche nel 1944

Lo sbarco in Normandia (denominato in codice operazione Overlord) fu possibile solo perché i tedeschi, nel 1944, erano in gravi difficoltà. Mentre la maggior parte dell'esercito era impegnato sul fronte orientale, il principale punto di forza degli Alleati era una straordinaria supremazia aerea, un controllo del cielo praticamente assoluto.

«Se attaccano in Occidente» aveva detto Adolf Hitler nel dicembre 1943 «quell'attacco deciderà della guerra». Nonostante il Vallo atlantico [un complesso sistema di fortificazioni eretto dai tedeschi sulla costa francese, per contrastare l'eventuale sbarco nemico, *n.d.r.*] presentasse dei punti deboli, la conclamata impazienza di Hitler di fronte all'invasione degli alleati non rappresentava una mera millanteria. Le sue armate in Russia venivano inesorabilmente costrette alla ritirata e distrutte; solo tra il luglio 1943 e il maggio 1944, la Germania aveva perso 41 divisioni sul fronte orientale. Il numero degli uomini sotto le armi era sceso da un totale di oltre 3 milioni nel luglio 1943 a 2,6 milioni in dicembre. In seguito, tra il marzo e il maggio 1944, i tedeschi avevano subito altre 341 950 perdite e altri 150 000 uomini erano stati perduti nel quadro degli sbarchi alleati in Italia. L'unica possibilità rimasta alla Germania di evitare la catastrofe consisteva ora nell'annientare *Overlord*. «La nostra sola speranza è che sbarchino dove possiamo buttargli contro l'esercito» aveva detto il generale von Thomas a un compagno di prigionia. Se gli alleati fossero stati ricacciati in mare, ci sarebbero voluti anni prima che avessero potuto rilanciare un nuovo attacco, se mai fossero stai in grado di riprovarci. In tal caso, il contingente dell'esercito tedesco nell'Europa nordoccidentale, 59 divisioni, poteva essere trasferito quasi al completo all'est per sferrare l'attacco decisivo contro i sovietici. Entro l'anno sarebbero stati disponibili in grandi quantità le armi segrete e gli aerei a reazione. Da allora in poi, confidava Hitler, tutto sarebbe stato possibile. Anche se si trattava di uno scenario minato da elementi di precarietà, non era tuttavia irrealizzabile, a patto però che si riuscisse a impedire agli alleati di metter piede in Francia.

Nel gennaio 1944 il generale Jodl fece un giro d'ispezione lungo le coste della Manica e stilò un rapporto a fosche tinte sullo stato delle difese. Il costante dissanguamento di uomini, da occidente a oriente, aveva stremato le singole divisioni. Nelle isole Normanne, la 319ª divisione era ormai ridotta al 30 per cento dei suoi effettivi. L'operazione di riequipaggiamento stava provocando il caos: l'artiglieria era dotata di ben 21 modelli diversi di cannoni: francesi, russi e cecoslovacchi. I comandanti protestavano che non si lasciava loro il tempo per programmi essenziali di addestramento in quanto gli uomini venivano impiegati di continuo per costruire fortificazioni. I tedeschi avevano la stessa preoccupazione degli alleati di mantenere a ogni costo la supremazia aerea sulla zona probabile dell'invasione, eppure Jodl era costretto ad ammettere che «non dobbiamo accettare battaglia contro la forza aerea del nemico». Allo sventurato comandante in capo von Rundstedt non si chiedeva mai di quali forze avesse bisogno per respingere l'invasione; ma ci si limitava a fargli sapere quante gliene avrebbero mandate. Il grosso delle sue truppe era costituito da soldati di età avanzata e fisicamente poco idonei, da convalescenti reduci dal fronte orientale, da una miscellanea ben poco affidabile di disertori polacchi, russi e italiani e dagli uomini del servizio del lavoro obbligatorio. Anche le divisioni di prima linea che avevano cominciato ad affluire in Francia nella primavera del 1944 secondo la Direttiva 51 di Hitler, che intendeva rafforzare il dispositivo occidentale, erano per la maggior parte formazioni già duramente provate sul fronte orientale, che avrebbero avuto bisogno di essere ricostruite e riequipaggiate di sana pianta se si voleva che riacquistassero la loro primitiva potenza di combattimento. Per quanto Hitler fosse ben consapevole della necessità di opporre una valida difesa all'invasione, era tuttavia succube dell'implacabile imperativo che continuava ad esigere uomini e carri armati per combattere contro la minaccia in atto da est, piuttosto che contro quella solo ancora prevista da ovest.

Per quanto Hitler fosse ben consapevole della necessità di opporre una valida difesa all'invasione, era tuttavia succube dell'implacabile imperativo che continuava ad esigere uomini e carri armati per combattere contro la minaccia in atto da est

Se anche dopo la vittoria si diffuse tra gli alleati occidentali la convinzione dettata dall'euforia di aver accentrato su di sé le apprensioni e il massimo sforzo della Germania nazista, bastano le cifre a smentirla. Nel gennaio 1944 Hitler aveva in campo 179 divisioni sul fronte orientale, 26 nel sud-est dell'Europa, 22 in Italia, 16 in Scandinavia e 53 in Francia e nei Paesi Bassi. Alla data del 6 giugno, in Francia e nei Paesi Bassi c'erano 59 divisioni – 41 delle quali a nord della Loira –, 28 in Italia, e ancora 165 all'est. Quanto alle divisioni Panzer, in gennaio 24 erano sul fronte orientale e 8 altrove, e in giugno sarebbero diventate rispettivamente 18 e 15. È stupefacente il fatto che, pur dopo tre anni di perdite devastanti all'est e dopo il micidiale bombardamento dell'industria bellica di Hitler, la Germania riuscisse ancora a mettere insieme ed equipaggiare in occidente forze capaci di causare le più gravi difficoltà a quanto di meglio la Gran Bretagna e l'America fossero in grado di gettare in campo. «La possibilità che Hitler riesca a ottenere una vittoria in Francia non si può escludere» scriveva con umor tetro Brooke il 25 gennaio. «I rischi della battaglia sono incalcolabili».

Il punto di maggior debolezza della Germania sulla costa della Manica nella primavera del 1944 era costituito dal suo brancolare nel buio. La Luftwaffe aveva perduto non solo la sua potenza, ma anche il suo ardore combattivo. Pur se il dominio aereo degli alleati poneva delle difficoltà, la ricognizione aerea sarebbe stata in qualche misura possibile se i piloti tedeschi fossero stati ancora animati dalla primitiva determinazione. La Germania non diede invece segno di aver valutato quanto sarebbe venuta a costare quella carenza, né d'altro lato di quanto fosse inferiore il suo servizio di interpretazione fotografica rispetto a quello degli alleati.

M. HASTINGS, *Overlord. Il D-Day e la battaglia di Normandia*, Mondadori, Milano 1985, pp. 72-74, trad. it. G. SALINAS

Analizza il testo

- Come erano distribuite sui vari fronti, all'inizio del 1944, le forze tedesche?
- Quale era il punto di maggior debolezza della Germania sulla costa della Manica, da dove sarebbe arrivato l'attacco anglo-americano?

Carri armati tedeschi, Normandia 1944.

STORIOGRAFIA

La **Repubblica di Salò**

Lo studio della Repubblica sociale italiana può permettere l'acquisizione di una competenza fondamentale, che potremmo definire nel modo seguente: **saper individuare i tratti fondamentali e caratteristici di un'ideologia**. Per affinare tale competenza, viene proposto di seguito un approfondimento, che prende le mosse da due pagine storiografiche.

Il confuso progetto di socializzazione

«Italia, repubblica, socializzazione». Ci volle un anno, più della metà della vita concessa alla Repubblica, perché l'ultimo termine della triade neofascista assumesse il risalto e il peso annunciati fin dai primi concitati appelli. Inveramento dell'intima essenza del fascismo, vendetta contro la borghesia capitalistica massonica e giudaica, testimonianza della coerenza etico-politica di Mussolini, rivelazione della sostanza stessa della guerra in corso: socializzazione è un programma che assume significati vari, che possono anche contrapporsi, di volta in volta portati alla ribalta dalle diverse componenti politiche e dalle personalità che le rappresentano.

«...questa immensa guerra è guerra sociale...», sentenzia su "Brescia repubblicana" Corrado Rocchi, il 1° novembre 1943. E Fulvio Balisti, personaggio di ben maggior rilievo politico [...] pochi giorni dopo sintetizza in termini non diversi il quadro della lotta in cui il nuovo fascismo si sente ingaggiato: «La nostra partita: lotta umana, proletaria, scioperistica di popoli poveri contro il privilegio non mai sazio. La contropartita anglosassone: soggezione del lavoro e servitù delle generazioni future. Sullo sfondo: il bolscevismo».

E il programma di Verona a sua volta mette in primo piano il tema della socializzazione, pur riconoscendo la legittimità della proprietà privata, «frutto del lavoro e del risparmio individuale, integrazione della personalità umana». Non usa espressamente il termine «socializzazione»: si limita ad affermare che «il lavoro manuale, tecnico, intellettuale in ogni sua manifestazione è la «base della Repubblica e suo oggetto primario» (Art. 9). «Nell'economia nazionale tutto ciò che, per dimensione e funzione, esce dall'interesse del singolo per entrare nell'interesse collettivo, appartiene alla sfera d'azione che è propria dello Stato» (Art. 11).

Un percorso accidentato e vicende convulse attendono viceversa la socializzazione. La definizione degli obiettivi e dei mezzi per conseguirli deve procedere per uno stretto pensiero: in equilibrio sul filo dell'eredità corporativa conciliatrice degli opposti interessi di classe, il fascismo repubblicano vuole a un tempo rivendicare la gestione dell'economia nazionale come prerogativa dello stato, ma rifiutare la statalizzazione integrale sul modello sovietico: «...il socialismo fascista non può essere il socialismo marxista...» afferma Pavolini, ribadendo nel suo discorso a Verona l'inviolabilità della proprietà privata. Ma si direbbe che l'assemblea, caotica e sconclusionata secondo l'apprezzamento stesso di Mussolini [...], coaguli infine tutti i suoi umori in una direzione sola: «...tutti questi dirigenti (della Confederazione fascista degli industriali) hanno tutti ordito, hanno tutti preparato la strada del tradimento, niuno escluso», denuncia il federale di Roma, Gino Bardi [...]. «Il problema sociale richiede provvedimenti immediati nel campo dell'industria, soprattutto dove la funzione del capitalismo è quasi sempre stata antipolitica, antitaliana e antifascista...», gli fa eco il federale di Venezia; e da Sondrio un militante accusa: «Molti industriali fra coloro che erano più indiziati per opera di sabotatori e di tradimento, hanno valicato le frontiere chiudendo le fabbriche e buttando sul lastrico migliaia di operai». [...]

In questo quadro, dominato dall'ossessione del tradimento e dal livore anticapitalista, Renato Ricci [...] cerca di lanciare parole che riprendano il tema della missione rivoluzionaria internazionale che si avvia a dominare l'ultima fase del conflitto: «...il programma sociale del fascismo», così suona il suo intervento nelle pagine del verbale, «è per gran parte il programma stesso del socialismo nazionale dei nostri amici germanici, è il programma stesso verso cui si avviano, alla luce del pensiero mussoliniano, gli altri popoli di Europa. Occorre sentire la realtà di questa Europa proletaria nel senso sociale interno e proletaria nel senso internazionale.

La nostra lotta antiplutocratica è interna ed esterna in uno stesso momento. Questo è il cardine della nostra politica estera, della nostra posizione rivoluzionaria nel nostro Paese e nella comunità europea e nel mondo». [...] I problemi cui la socializzazione deve rispondere sono più complessi e – al tempo stesso – più immediati e più concreti di quanto non appaia dalle dichiarazioni di principio, dai programmi, dai decreti legge.

L'atto centrale della socializzazione, il momento culminante e decisivo che deve provare l'intima essenza rivoluzionaria del nuovo fascismo è l'immissione dei lavoratori ai livelli decisionali della gestione delle imprese. Ma quest'atto deve rispettare sia i tempi e le forme dettati dalle circostanze belliche sia (soprattutto) la necessità di garantire ai tedeschi i loro interessi, l'efficace funzionamento dell'apparato produttivo grazie a un buon accordo con gli imprenditori [...]. Anche in quest'ambito, il camerata germanico non deflette da comportamenti rigidi, severamente ostentati come prodotto dell'intima coerenza ideologica e strategica del Reich e, per quanto solo in parte, riesce a frenare i sobbollimenti anticapitalistici del fascismo repubblicano.

L. GANAPINI, *La repubblica delle camicie nere*, Milano, Garzanti 2002, pp. 367-370

La nazificazione del fascismo nel periodo della RSI

Al di là della convergenza della Repubblica di Salò con la Germania nazista, che si espresse nella collaborazione, possiamo dire che nel fascismo della RSI si realizza anche un ulteriore avvicinamento al Terzo Reich nella misura in cui assistiamo a una radicalizzazione del fascismo stesso oltre le sue radici estremistiche e squadristiche delle origini, com'è stato messo bene in evidenza dagli studi specificamente rivolti alla valutazione della violenza, e a quel particolare tipo di violenza, nella RSI. Si tratta di quella tendenza che già altra volta abbiamo definito come una forma di nazificazione del fascismo di Salò. Essa è l'esito dell'autocritica del fascismo come critica al fascismo del ventennio e come parte in certo senso di un processo di rifondazione del fascismo, che tiene direttamente conto di una duplice esperienza. Da una parte, in negativo, i compromessi e gli accomodamenti derivanti dal dualismo di potere con la monarchia, con gli apparati dello stato (la burocrazia ministeriale), e con la stessa chiesa cattolica; dall'altra, in positivo, l'esperienza del regime nazista in Germania la cui tenuta si doveva in buona parte attribuire alla totale concentrazione del potere nel Partito nazionalsocialista e alla lotta senza quartiere nei confronti di ogni centrifuga articolazione nello stato e nella società (chiese comprese). [...] In altre parole, il nuovo fascismo che si vuole riorganizzare in stato nel suo processo di rifondazione si appropria di una serie di elementi che intendono esaltarne i caratteri di novità e di originalità in una rinnovata opzione a favore di un attivismo fascista consapevole anche della posta in gioco nel Nuovo ordine europeo.

Anche se l'europeismo del fascismo di Salò – se si astrae dalla permanente retorica della spiritualità latina e fascista – è reso ancora più ambiguo dalla identificazione dell'Europa con l'area controllata e difesa dalla Germania nazista, senza il cui baluardo la stessa RSI sarebbe totalmente indifesa e quindi un'entità praticamente inesistente.

Nel momento in cui tenta di rinascere dalle macerie del fascismo del ventennio, la RSI guarda sicuramente al «modello del totalitarismo nazista», com'è stato detto [dallo storico italiano L. Ganapini, *n.d.r.*]. All'interno di questo modello si collocano sicuramente il primato del partito rispetto agli apparati dello stato, capovolgendo l'equilibrio a favore dello stato che aveva caratterizzato il regime fascista in Italia a differenza del regime nazista in Germania [...]. La centralità del PFR [Partito fascista repubblicano, *n.d.r.*] che sarebbe stata affermata non solo teoricamente nel Manifesto di Verona del 14 novembre del 1943 ma soprattutto nella prassi e nella struttura stessa del nuovo partito – non più partito burocratizzato ma partito d'élite e di avanguardia – doveva essere uno dei caposaldi della nuova rigenerazione dello stato e delle sue articolazioni anche in rapporto alla società. [...]

Il secondo nucleo della nazificazione sarebbe rappresentato dal peso che nella RSI assunsero gli apparati del terrore e l'uso della violenza, ben al di là dell'organizzazione poliziesca che già presiedette nel regime fascista al controllo e alla repressione delle opposizioni e di ogni eventuale manifestazione di dissenso o addirittura di non consenso. In questo contesto non va inclusa soltanto la variegata moltitudine delle polizie della RSI e la relativa autonomia di cui godettero corpi armati, unità speciali e formazioni in qualche misura autonoma, le varie bande Koch o Carità, le Brigate Nere piuttosto che la Xª MAS: sarebbe da considerare il complesso di un processo di militarizzazione che coinvolse larghi settori della società, che incluse anche certamente la militarizzazione dello stesso Partito fascista repubblicano, di cui le Brigate nere furono per l'appunto il volto militarizzato e militare. Ma in generale, la militarizzazione in questa fase era il risvolto di una mobilitazione totale che prima ancora che nella diffusione delle armi mirava a diffondere negli animi sentimenti di antagonismo senza pietà e senza quartiere. [...] Nella tensione tra vendicatori e conciliazionisti, come potremmo definire le due posizioni principali che si confrontarono nella Repubblica di Salò, a tenere in pugno la situazione non furono certo i conciliazionisti, che facevano appello alla concordia con grande spreco retorico; era l'ora dell'estremismo e qualunque ne fosse l'ispirazione prima, desiderio di vendetta, di purificazione o di espiazione, voglia e necessità di competere con i tedeschi supplendo alla mancanza di armamenti con un superiore tasso di violenza spicciola, il carattere militante della RSI non poteva che esprimersi attraverso il ricorso forsennato alle misure più radicali. Polizie e unità militari della RSI furono solo eccezionalmente impegnate sul fronte di combattimento contro le forze regolari degli eserciti alleati; il terreno privilegiato del loro impiego fu all'interno del territorio della RSI, nell'azione antipartigiana in primo luogo ma anche nel presidio del territorio, nelle guarnigioni delle città, nella repressione di qualsiasi forma di opposizione, nelle fabbriche e in altre situazioni. Furono a fianco dei tedeschi come agenti esecutivi di operazioni promosse da questi, in rastrellamenti, nelle rappresaglie o nelle deportazioni o con essi collaborarono quando ebbero un minimo di autonomia operativa. Ma ebbero una fondamentale funzione intimidatrice nei confronti della generalità della popolazione; interpretarono il tentativo di coinvolgere la popolazione e di convogliarla sotto le bandiere della RSI non con la persuasione ma con l'intimidazione. [...]

Infine, il peso crescente che l'antisemitismo acquista nella RSI è un altro dei segni della nazificazione della quale parlavamo prima. Sotto questo aspetto la lotta e la caccia agli ebrei nella Repubblica di Salò non è il semplice prolungamento cronologico della legislazione contro gli ebrei già emanata dal regime fascista sin dal 1938.

E. COLLOTTI, *L'Europa nazista. Il progetto di un nuovo ordine europeo (1939-1945)*, Giunti, Firenze 2002, pp. 412-417

Lavorare con i testi

Il colore ha evidenziato i passaggi fondamentali dei due brani. Inoltre, di seguito, viene presentato uno schema, che raccoglie le principali informazioni presenti nei due testi.

Analizza i testi

- Crisi del fascismo dopo il 25 luglio
- Recupero delle radici ideologiche originarie
- Progetto di *socializzazione* diretto contro la borghesia italiana accusata di tradimento
- Difficoltà di realizzazione:
  - indifferenza e disinteresse delle masse operaie
  - perplessità della borghesia italiana
  - timori dei tedeschi per la produzione bellica
- Scelte ideologiche alternative (modello tedesco nazista):
  - supremazia del partito sullo Stato
  - ricerca di obbedienza tramite la violenza e l'intimidazione
  - antisemitismo

Assumendo lo schema come scaletta, componi un saggio breve. Il testo non deve superare le due pagine di foglio protocollo.

Verifica dell'apprendimento
Conoscenze e abilità

Lo spazio

1. Utilizzando colori diversi, indica sulla carta: i territori liberati dagli anglo-americani alla fine del 1943; i territori controllati dai nazifascisti nell'agosto 1944; il fronte di avanzata delle truppe alleate tra la primavera e l'agosto 1944. Traccia poi sulla carta la linea gotica e la linea Gustav. Rispondi infine alle seguenti domande.

a) Grazie a quali avvenimenti concomitanti le truppe alleate riuscirono a far arretrare il nemico tedesco sul suolo italiano?

....

....

....

....

b) Che cosa sono la linea Gustav e la linea gotica?

....

....

....

c) Quale tipo di governo era stato istituito a Salò? Nella realtà dei fatti, come si presentava nel contesto italiano di quella fase storica?

....

....

....

....

Lessico

2. Definisci le espressioni o i termini.

Conferenza di Casablanca

....

....

....

Socializzazione (in riferimento alla RSI)

....

....

....

Xª MAS

....

....

CLN

....

....

Il tempo

3. Ricostruisci l'ordine cronologico degli eventi elencati numerandoli progressivamente.

- ☐ **a)** Strage di Marzabotto
- ☐ **b)** L'esercito russo entra a Berlino
- ☐ **c)** Liberazione di Roma
- ☐ **d)** Il Gran Consiglio del fascismo esautora Mussolini
- ☐ **e)** Resa incondizionata della Germania
- ☐ **f)** Arresto e fucilazione di Mussolini
- ☐ **g)** Sbarco degli Alleati in Normandia
- ☐ **h)** Badoglio diffonde la notizia che l'Italia non è più in guerra con Gran Bretagna e USA
- ☐ **i)** Gli Alleati sbarcano in Sicilia
- ☐ **l)** Scontro tra sovietici e tedeschi nella regione di Kursk

Il ruolo dei soggetti storici

4. Rispondi alle seguenti domande.

a) Nella primavera del 1943 a Torino si svolse una serie di scioperi di protesta: quale importante segnale rivelano questi fatti? Quali altri episodi possono essere considerati significativi di questo particolare contesto socio-politico italiano?

....

....

....

....

....

....

b) Quale fu il ruolo delle maggiori industrie tedesche nei confronti della politica di deportazione nei lager da parte dei tedeschi?

....

....

....

....

....

....

c) Che cos'è l'Ordine Nerone? Quali soggetti coinvolse? Perché fu emanato?

....

....

....

....

....

Fatti e concetti

5. Completa le seguenti frasi.

a) Nel corso della seconda guerra mondiale, una guerra ...., l'aviazione era in grado di colpire direttamente i .... e le ....

b) Le ragioni che indussero re Vittorio Emanuele III a muoversi nella direzione della .... di Mussolini dal potere furono di tipo ....

c) Nella riunione del Gran Consiglio del fascismo del luglio ...., l'ordine del giorno .... chiedeva che il Duce fosse esautorato da ogni ....

d) Quando Badoglio assunse la carica di nuovo capo del governo, furono presi contatti con gli .... per giungere a un ...., poi firmato a .... (Sicilia) il 3 settembre 1943.

e) L'esercito italiano nei Balcani ebbe una vita durissima, con perdite umane numerosissime: a ...., isola del Mar ...., morirono oltre 4000 soldati, in parte fucilati anche dopo la ....

f) Il dato più significativo della battaglia di Kursk risiede nel fatto che, per la prima volta, l'.................................. aveva sconfitto i tedeschi in uno scontro estivo in ....

g) Palmiro Togliatti, tornato in Italia nel marzo del 1944, su indicazione di ...., dichiarò che il Partito .... era disposto a partecipare a un governo di ....

h) Formalmente, la seconda guerra mondiale in Italia terminò con la resa dei .... il 2 maggio ...., dopo le pesanti sconfitte nel Centro-.................................. e l'arresto e la fucilazione a Milano di ....

→ Verso il saggio breve

6. Scrivi un testo – massimo tre facciate di foglio protocollo – sull'attacco nucleare al Giappone utilizzando le domande-guida elencate di seguito.

→ In quali date e su quali località ricadde il bombardamento atomico da parte degli Stati Uniti?

→ Prima che si verificasse l'attacco, qual era la situazione politica, militare e sociale del Giappone?

→ Perché gli Stati Uniti, guidati dal presidente Truman, presero una decisione di questa gravità?

→ Prima dell'attacco atomico in Giappone era già stata sperimentata la forza nucleare in altre occasioni? Quale Paese aveva per primo condotto studi in merito?

→ Perché e come si colloca la figura dello scienziato di fama mondiale Albert Einstein all'interno della vicenda?

→ Quali furono le conseguenze, in termini di distruzione fisica e morale, del lancio della bomba atomica? Qual è oggi l'eredità storica di tale episodio?

metodo di studio

Per ripassare i **fatti**

CONTRASTI POLITICI

1943
10-11 luglio
→ Sbarco degli anglo-americani in Sicilia

25 luglio
→ Destituzione e arresto di Mussolini

3 e 8 settembre
→ Armistizio con gli Alleati
→ Annuncio dell'armistizio

9 settembre
→ Fuga del re e del governo da Roma a Brindisi

12 settembre
→ I tedeschi liberano Mussolini
→ Nasce la Repubblica sociale italiana

novembre
→ Conferenza di Teheran

1944
6 giugno
→ Sbarco alleato in Normandia

giugno-agosto
→ Liberazione di Roma
→ Insurrezione di Firenze
→ Liberazione di Parigi

29-30 settembre
→ Strage di civili a Monte Sole (Marzabotto)

1945
25 aprile
→ Liberazione del Nord Italia

27 aprile
→ Arresto ed esecuzione di Mussolini

30 aprile
→ Suicidio di Hitler

8 maggio
→ Fine della guerra in Germania

6 agosto
→ Bomba atomica su Hiroshima

9 agosto
→ Bomba atomica su Nagasaki

2 settembre
→ Resa del Giappone

ECONOMIA DEMOGRAFIA E SOCIETÀ

1943
Marzo
→ Sciopero a Torino

settembre
→ Albert Speer diventa ministro per l'Armamento e la Produzione della guerra in Germania

CULTURA CIVILTÀ E RELIGIOSITÀ

1943
Febbraio
→ Arresto a Monaco degli studenti della "Rosa bianca"

1944
Primavera
→ Svolta di Salerno

1944
20 luglio
→ Attentato contro Hitler

→ Per ripassare i **concetti**

Leggere gli schemi

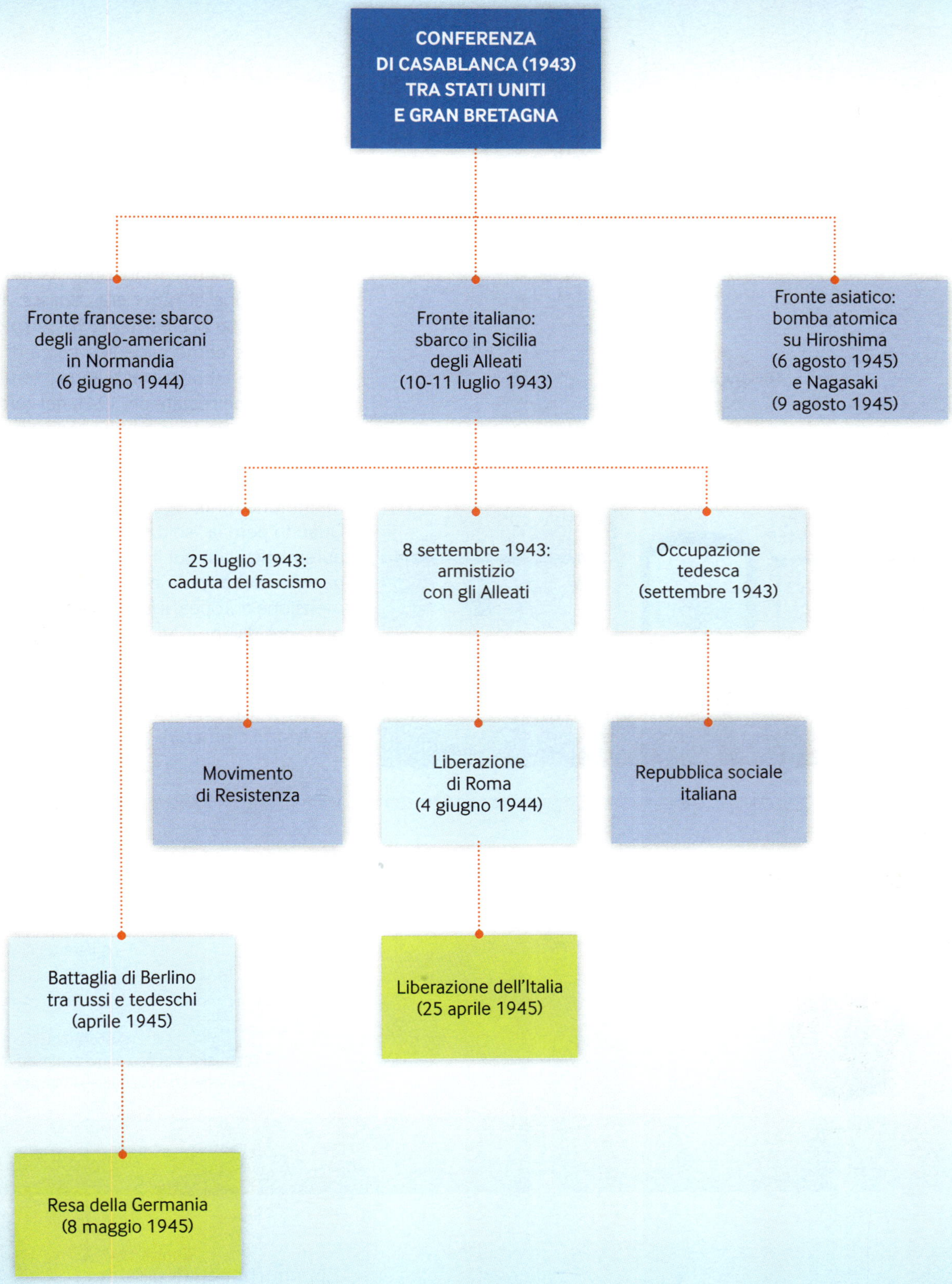

Unità 11

Il genocidio degli ebrei

Un'immagine per iniziare

La seconda guerra mondiale fu un conflitto ideologico: a scontrarsi non furono solo gli eserciti ma anche due visioni opposte del mondo. La concezione di Hitler era razzista: al centro stava l'idea che gli ebrei fossero esseri mostruosi, da eliminare come il medico cerca di distruggere i batteri. I primi massacri sistematici ebbero luogo nell'estate del 1941, nel corso dell'avanzata che portò le truppe tedesche a pochi chilometri da Mosca. Negli anni seguenti fu un crescendo e presero a funzionare i centri di sterminio (Chelmno, Belzec, Sobibor e Treblinka). Quando però la "soluzione finale" (espressione eufemistica con cui il nazismo indicava l'eliminazione del popolo ebraico) acquistò una dimensione europea, il luogo di sterminio più importante divenne Auschwitz (nell'immagine il cancello di ingresso dei treni diretti ad Auschwitz II-Birkenau), che fu dotato di quattro imponenti strutture di messa a morte, munite di camere a gas e forni crematori.

Gli eventi per orientarsi nel tempo

gen. 1933 · gen. 1939 · gen. 1940 · gen. 1941 · gen. 1942

1933
Creazione dei primi lager in Germania

1939
Concentrazione degli ebrei polacchi nei ghetti

Estate 1941
Esecuzioni di massa in URSS, da parte degli *Einsatzgruppen*

Autunno 1941
Costruzione di due nuovi campi ad Auschwitz: Birkenau e Monowitz

Dicembre 1941-estate 1942
Creazione dei campi di sterminio di Treblinka, Sobibor, Belzec

20 gennaio 1942
Conferenza di Wannsee

→ Sommario

TESTO

La carta d'identità del periodo
1 L'invasione della Polonia
2 Lo sterminio degli ebrei in URSS
3 I centri di sterminio
4 Auschwitz

Una carta per orientarsi

Carta proiettabile

Oggi, Auschwitz, Treblinka, Sobibor e Belzec si trovano tutti in Polonia. Nel 1942, invece, Auschwitz era all'interno del Reich, poiché la regione polacca dove è situata era stata annessa alla Germania. Treblinka, Sobibor e Belzec erano dei puri e semplici luoghi di esecuzione. Ad Auschwitz, invece, chi era ritenuto idoneo al lavoro era introdotto in uno dei tre lager della zona, mentre i vecchi, i bambini e i malati erano subito eliminati nelle camere a gas.

Orientarsi nel tempo

1943-1944
Deportazione di massa degli ebrei dall'Europa occidentale verso i campi di Auschwitz

27 gennaio 1945
Liberazione dei campi di Auschwitz

gen. 1943 — gen. 1944 — gen. 1945 — gen. 1946

Aprile 1943
Ribellione e distruzione del ghetto di Varsavia

Estate 1944
Deportazione ad Auschwitz di 500 000 ebrei ungheresi

20 novembre 1945-1° ottobre 1946
Processo di Norimberga

Per iniziare

Storia slide

La **carta d'identità** del periodo

Qual è l'espressione migliore per definire la tragedia degli ebrei durante la seconda guerra mondiale?

Anche se a volte è ancora utilizzato il termine *Olocausto*, tale espressione viene usata sempre più di rado, in quanto essa, in origine, significava "sacrificio di una vittima a Dio". Se si tiene conto della vastità della tragedia, e dell'elevatissimo numero di bambini che esso coinvolse, lascia molto perplessi l'utilizzo di un termine del genere, che evoca l'idea di un'offerta sacrificale. È perciò preferibile utilizzare espressioni più generiche e neutre (come *sterminio* o *genocidio*), oppure adottare l'espressione ebraica *Shoah*, che significa "annientamento", "distruzione totale". In alternativa si può usare la formula "processo di distruzione", che non si limita a definire il risultato dell'azione genocida, ma anche il metodo con cui essa venne condotta.

CAPITOLO 1 L'invasione della Polonia

→ Nel settembre 1939, dopo la spartizione della Polonia tra URSS e Germania, solo una parte dell'ex territorio polacco fu annesso direttamente al Terzo Reich; nel resto della **Polonia tedesca** fu creato un Governatorato generale sotto il dominio dei nazisti.

→ In Polonia, nel settembre 1939, vivevano circa tre milioni di ebrei: i tedeschi, in quel periodo, non avevano ancora le idee chiare sul futuro degli ebrei d'Europa. A partire dai primi mesi del 1940, in territorio polacco, la maggior parte degli ebrei venne reclusa in **quartieri speciali** (o **ghetti**), ritagliati all'interno delle principali città; formalmente l'amministrazione era affidata a Consigli ebraici, ma essi in pratica si limitavano a trasmettere gli ordini dei nazisti.

→ Tali zone, inizialmente, erano separate dal resto della città con recinzioni di filo spinato, successivamente furono costruiti muri di mattoni o di cemento. Gli ebrei che erano in grado di lavorare, ogni mattina si recavano presso una fabbrica, un'industria o un laboratorio (anche esterno al ghetto): tra il 1940 e il 1941 la finalità principale dei tedeschi era lo **sfruttamento intensivo della manodopera ebraica**.

→ I **ghetti** erano **sovraffollati**, cosicché le condizioni igieniche erano pessime e il **tifo** mieteva vittime; oltre tutto, la **miseria diffusa** faceva sì che la maggior parte delle persone fosse denutrita, il che aumentava ulteriormente il rischio di essere aggrediti da malattie anche gravi. I principali ghetti furono quelli di **Varsavia**, **Cracovia** e **Lodz**.

CAPITOLO 2 Lo sterminio degli ebrei in URSS

→ Lo sterminio sistematico degli ebrei ebbe inizio nell'estate 1941, nel momento in cui l'esercito nazista invase l'URSS. Alle spalle delle truppe, nei territori appena occupati, operavano quattro **reparti speciali** (*Einsatzgruppen*) **di SS** incaricati di uccidere la classe dirigente del regime comunista.

→ Gli *Einsatzgruppen* avevano il completo appoggio dell'esercito, che mise a disposizione mezzi, carburante, armi e munizioni. Gli ordini da loro ricevuti erano però talmente vaghi da lasciare un ampio margine discrezionale, cosicché nelle prime settimane di attività uccisero quasi esclusivamente ebrei maschi adulti.

→ Quando gli *Einsatzgruppen* avevano iniziato la loro attività criminale, Hitler non aveva ancora ordinato lo sterminio generalizzato degli ebrei. Tuttavia, i comandanti sapevano, perché il Führer l'aveva dichiarato in precedenza (il 30 gennaio 1939, di fronte al Parlamento tedesco), che, in caso di guerra, il conflitto si sarebbe concluso non con la vittoria sul bolscevismo bensì con l'**annientamento della razza ebraica**.

→ Le esecuzioni degli *Einsatzgruppen* avvenivano per **fucilazione di massa** e spesso provocavano **gravi disagi psichici** agli assassini. Si pensi al fatto che a Babij Jar (nei pressi di Kiev, in Ucraina) in due giorni (29 e 30 settembre 1941) furono uccisi 33 771 ebrei. Il problema del disagio psicologico venne affrontato da **Himmler**: egli, perciò, nell'autunno del 1941 incaricò ad alcuni subordinati di **trovare metodi alternativi** alla fucilazione.

Domande fondamentali

- Che cosa erano e dove si trovavano i ghetti?
- Chi erano gli *Einsatzgruppen*?
- Qual è la differenza tra lager e campi di sterminio?
- Quali elementi, di solito separati negli altri luoghi di violenza del Reich, erano invece riuniti nella struttura di Auschwitz?

Ebrei catturati sono condotti da truppe tedesche al punto di raccolta per la deportazione dopo l'insurrezione del ghetto di Varsavia del 1943.

CAPITOLO 3 I centri di sterminio

Tra gennaio e luglio del 1942 furono creati e resi operativi in Polonia orientale **tre centri di sterminio** (Belzec, Sobibor e Treblinka). Bisogna fare attenzione a **non confondere queste strutture con i campi di concentramento**; nei lager, infatti, i deportati erano condotti per lavorare, mentre nei centri di sterminio l'**esecuzione** era **immediata**, appena si scendeva dal treno.

La decisione dei tedeschi di procedere alla deportazione verso est per tutti gli ebrei di Varsavia fu comunicata il 22 luglio 1942. I deportati furono condotti a Treblinka su treni; appena giunti a destinazione, venivano fatti spogliare in baracche per poi entrare nudi in tre camere a gas mascherate da docce. Una volta nella stanza, veniva sprigionato nell'aria il monossido di carbonio, che ne provocava la morte.

Belzec, **Sobibor** e **Treblinka** non erano dotati di forni crematori: i cadaveri, dunque, furono dapprima sotterrati in enormi fosse comuni e poi bruciati all'aperto, in pire. È possibile che, da solo, il centro di Treblinka abbia provocato la morte di circa 900 000 persone.

Nell'aprile 1943, si verificò il più celebre episodio di resistenza contro le deportazioni nei campi di sterminio: la **rivolta del ghetto di Varsavia**. Il 16 febbraio 1943 Himmler aveva ordinato di distruggere il ghetto, ma l'azione tedesca partì solo il 19 aprile: gli ebrei, però, organizzarono una strenua resistenza. I tedeschi ebbero la meglio solo dopo durissimi scontri che portarono alla cattura di oltre 56 000 ebrei.

CAPITOLO 4 Auschwitz

Auschwitz è un piccolo centro della Polonia sud-occidentale, facilmente raggiungibile per mezzo della ferrovia. I nazisti vi costruirono ben **tre campi di concentramento**, che denominarono Auschwitz I, Auschwitz II e Auschwitz III. Il primo campo (sul cui cancello era ben visibile la scritta *Arbeit macht frei* – "Il lavoro rende liberi") era destinato in primo luogo a prigionieri polacchi.

Auschwitz II divenne la struttura più vasta e più importante: ospitava quattro grandi impianti integrati (denominati **crematori**), dotati sia di camera a gas sia di forni per la distruzione dei cadaveri. L'esecuzione nelle camere avveniva con un gas denominato *Zyklon B*. Il campo contrassegnato con il numero III fu istituito perché i deportati lavorassero alla costruzione di un'immensa fabbrica chimica di proprietà della IG Farben; si tratta del lager in cui fu internato, tra gli altri, **Primo Levi**.

Mentre Dachau era un puro campo di concentramento e Treblinka, invece, un puro centro di sterminio, Auschwitz II univa l'una e l'altra cosa: **lavoro forzato ed eliminazione di massa con il gas**.

Al loro arrivo, sulla banchina ferroviaria i deportati subivano una **selezione** da parte degli ufficiali medici delle SS: coloro che erano ritenuti idonei al lavoro erano condotti in uno dei tre lager che costituivano il complesso di Auschwitz. Quanti invece erano ritenuti inabili all'attività lavorativa (anziani, bambini, malati) erano subito condotti ai *crematori* ed eliminati nel giro di un'ora.

Capitolo 1

PERCORSI DI STORIA EUROPEA

L'invasione della Polonia

Storia slide

LE CONOSCENZE DA ACQUISIRE
Nella Polonia occupata, i tedeschi crearono numerosi ghetti, in ognuna delle principali città polacche.

LE COMPETENZE DA POTENZIARE
Saper comprendere il concetto di svolta storica.

1.1 L'inizio della violenza sugli ebrei

Quando la minaccia nazista raggiunse la Polonia, gli **ebrei** che vi risiedevano erano **circa tre milioni**. Di questi, sotto la dominazione tedesca, **ne finirono almeno due milioni**, distribuiti in modo ineguale tra **Governatorato generale** (la maggioranza) e territori annessi al Terzo Reich. All'inizio, fu possibile per gli ebrei scappare verso est, oltrepassando il fiume Bug. Ma verso la fine del 1939 i sovietici impedirono queste fughe: le guardie di frontiera sparavano ai fuggitivi e rimandavano indietro chi riusciva a entrare nelle zone occupate dai sovietici.

In un primo tempo, nei confronti degli ebrei polacchi **la violenza nazista si scatenò in modo pubblico, plateale e selvaggio**, secondo modalità che richiamavano quelle delle SA e degli altri estremisti del partito che, negli anni Trenta, boicottarono i negozi ebraici in Germania e furono i protagonisti della *notte dei cristalli*. In effetti, a Lodz (nel Warthegau, cioè nei territori polacchi annessi al Reich) – proprio il 10 novembre 1939, anniversario della *notte dei cristalli* – le quattro principali sinagoghe della città furono distrutte.

L'esercito, nel 1939, non può ancora essere additato come un ingranaggio attivo e vitale nel processo di genocidio; anzi, **spesso, gli ufficiali e i comandi superiori deplorarono i gravi episodi di violenza antisemita**, proibirono di bruciare le sinagoghe e punirono chi si rese colpevole di saccheggio o di esecuzioni sommarie. I militari, però, erano preoccupati principalmente dal carattere selvaggio, caotico, non organizzato dall'alto, di quelle azioni, che secondo gli ufficiali dell'esercito tedesco avrebbero potuto compromettere la disciplina delle truppe.

geostoria La Polonia all'inizio della seconda guerra mondiale

Carta proiettabile

Le parole → **Governatorato generale**

Dopo la spartizione della Polonia tra URSS e Germania, solo una parte dell'ex territorio polacco fu annesso direttamente al Terzo Reich. Nel resto del Paese fu creata una provincia, chiamata "Governatorato generale", sotto stretto dominio tedesco. Come governatore della provincia fu designato Hans Frank, che risiedeva a Cracovia.

Donne e bambini ebrei fotografati a Gostynin, in Polonia, nell'ottobre 1939, subito dopo l'invasione tedesca.

L'imposizione della stella gialla e del ghetto Il 23 novembre, un'ordinanza del governatore Frank impose che tutti gli ebrei del Governatorato generale dovessero apporre una **stella gialla** sui vestiti. Intanto, andava maturando il progetto secondo cui gli **ebrei di Polonia** avrebbero dovuto essere **internati in ghetti**, cioè in *quartieri speciali*, da cui non potessero più uscire. La prima direttiva in tal senso fu emanata il 21 settembre 1939 da Reinhard Heydrich, capo della polizia tedesca, l'uomo più potente in Germania, dopo Hitler e Himmler.

I Consigli ebraici

Il progetto venne gradualmente attuato nei primi mesi del 1940. Il risultato fu la **reclusione** della maggior parte degli ebrei in alcune aree all'interno dei principali centri urbani polacchi; tali zone speciali furono separate dal resto del territorio delle città in modo sempre più rigido: dapprima, vennero usate recinzioni di filo spinato, poi si costruirono alti muri di mattoni o cemento.

L'amministrazione delle comunità recluse nei ghetti fu affidata a dei *Consigli ebraici* (*Judenrät*) appositamente costituiti. Il margine di azione dei membri di un Consiglio era quasi nullo: in pratica, essi erano la semplice cinghia di trasmissione che permetteva agli ordini emanati dai nazisti di arrivare alla massa della popolazione ebraica prigioniera. I soggetti abili al lavoro si recavano ogni mattina presso una fabbrica, un'industria o un laboratorio, che a seconda dei casi erano situati fuori o all'interno del ghetto. All'inizio, negli anni 1940-1941, pareva che l'obiettivo primario dei tedeschi fosse lo **sfruttamento intensivo della manodopera ebraica**.

Manodopera a basso costo

Le parole → Ghetto

La reclusione degli ebrei in quartieri delimitati da mura fu attuata per la prima volta nel 1412 in Spagna. La parola *ghetto*, però, è di origine veneziana. Infatti, quando anche la Serenissima, nel 1516, adottò un provvedimento di reclusione analogo a quello spagnolo, nella laguna fu riservata agli ebrei un'isola sulla quale, in precedenza, era stata attiva una fabbrica di cannoni, ovvero una fonderia in cui si "gettava" (da cui il termine) il metallo necessario per la costruzione di quelle armi da fuoco. Nel Cinquecento la pratica di rinchiudere gli ebrei in questi quartieri speciali recintati divenne pressoché universale.

I personaggi → Reinhard Heydrich

Nato nel 1904, si iscrisse al Partito nazista nel giugno 1931. Poco dopo ricevette l'incarico di creare un servizio segreto all'interno delle SS. Divenuto l'uomo di fiducia di Himmler, Heydrich venne posto a capo dell'*Ufficio centrale per la sicurezza del Reich*, che nel 1939 controllava tutto il sistema di polizia tedesco. Nel settembre 1941 ricevette l'incarico di governatore della Boemia. Morì il 4 giugno 1942, in seguito a un attentato da parte della resistenza ceca. La sua morte fu vendicata dai nazisti con la distruzione del villaggio di Lidice, presso Praga, e il massacro dei suoi abitanti. Poco tempo dopo, quando furono attivati i centri di sterminio di Belzec, Sobibor e Treblinka, l'attività genocida che vi venne svolta fu chiamata in codice *Aktion Reinhard*.

1.2 Vita nei ghetti

L'ambiguità della politica tedesca nei confronti degli ebrei La **contraddittorietà della politica tedesca** verso gli ebrei polacchi emerge esaminando il seguente contrasto: in teoria, il compito primario dei reclusi era quello di lavorare per lo sforzo bellico tedesco; nei fatti, la manodopera era sprecata e comunque costretta a vivere in condizioni tali che il risultato del meccanismo non era la produzione, ma la morte di massa. Del resto lo stesso Hans Frank, il 25 novembre 1940, lo disse senza mezzi termini: «Più ne muoiono, meglio è». Siamo di fronte a un problema centrale, per la comprensione della Shoah (intesa nel senso di annientamento del popolo ebraico). Infatti, è indubbio che, all'inizio del «*processo di distruzione*», il regime trasse notevoli vantaggi dalla confisca dei patrimoni ebraici. Tuttavia, quando il fenomeno raggiunse il proprio apice, le spese aumentarono, ma **i profitti si fecero sempre più scarsi** e le occasioni di guadagno (per mezzo, ad esempio, dello sfruttamento sistematico della manodopera detenuta) furono trascurate, cioè messe in secondo piano, rispetto all'imperativo di uccidere tutti gli israeliti.

Graduale «processo di distruzione»

Motivazioni non economiche

Lo sterminio degli ebrei rappresentò **un'operazione economicamente non vantaggiosa**; una volta decisa, l'intera azione fu progettata e condotta non per ragioni di profitto, ma per **motivi di tipo ideologico**: fu la diretta, coerente e radicale conseguenza della concezione della storia nazista, secondo cui la luminosa e superiore razza ariana, per sopravvivere, doveva combattere una **lotta senza quartiere contro la criminale e demoniaca stirpe giudaica**.

I ghetti: sovraffollamento e malattie Lo sterminio degli ebrei polacchi iniziò solo nel 1942. Fino ad allora, i principali problemi che gli israeliti rinchiusi nei ghetti dovettero affrontare furono quelli della **fame** e del **sovraffollamento**. **A Varsavia**, una popolazione di almeno 400 000 persone fu obbligata a vivere in un quartiere che comprendeva appena 73 strade (o parti di strade) sulle 1800 totali della capitale polacca e che, al massimo, occupava il 2,4% dell'intero spazio urbano; quei 400 000 individui, però, rappresentavano il 30% della popolazione complessiva della città.

Il ghetto di Varsavia

Nel 1940, l'area del ghetto di Varsavia era di circa 10 chilometri quadrati; nel 1941, mentre periodicamente venivano fatti affluire nuovi gruppi di ebrei dalle regioni circostanti, la super-

Ebrei nel ghetto di Varsavia aspettano il loro turno per ricevere le tessere necessarie per ricevere il cibo.

Degrado, malattie e fame

ficie del *quartiere ebraico* fu ulteriormente ristretta, con il risultato che, nell'ottobre di quello stesso anno, la media era di 13/15 abitanti per vano. Inevitabile, in un contesto così degradato sotto il profilo igienico, il **dilagare delle malattie**, prima fra tutte il tifo (propagato dai pidocchi). Infine ricordiamo che, a Varsavia, solo 27 000 ebrei su 400-450 000 avevano un lavoro e quindi possedevano un reddito che permetteva loro di acquistare generi alimentari. Tutti gli altri erano a carico del Consiglio ebraico, o meglio vivevano di **elemosina**, cioè soffrivano la fame in maniera atroce.

Il ghetto di Lodz

La situazione non era migliore a **Lodz**: nel gennaio 1940, circa 160 000 persone furono concentrate nei quartieri vicino al cimitero ebraico e costrette a vivere in 32 000 appartamenti; la maggior parte di essi era di legno e composta di un solo locale. Solo 725 abitazioni disponevano di acqua corrente; il 95% era del tutto privo di bagni, di collegamenti alla rete fognaria e di elettricità. La superficie totale del ghetto era di 4 chilometri quadrati; in ogni stanza, in media, erano alloggiate cinque persone.

L'imposizione del lavoro per le ditte tedesche Nelle iniziali intenzioni del governatore tedesco, Arthur Greiser, la sistemazione appena descritta era provvisoria: egli infatti si aspettava che gli ebrei del Warthegau sarebbero stati di lì a poco deportati verso est, nel Governatorato generale. Inoltre, era convinto che gli ebrei – negli anni passati – avessero accumulato «enormi fortune». Pertanto, la minaccia della morte doveva servire come strumento di pressione, o meglio di estorsione, delle ricchezze che *sicuramente* – si diceva – tenevano nascoste.

Nell'agosto del 1940, la deportazione verso est non era ancora iniziata, a causa dell'assoluta impossibilità di stanziare grandi masse di popolazione nella Polonia orientale. Pertanto, anche se vivevano in condizioni terribili di sovraffollamento e di miseria – cui vanno aggiunti il freddo e le malattie – agli ebrei di Lodz fu imposto di lavorare. Alla fine, **vennero creati ben 117 laboratori, che producevano uniformi** per l'esercito, ma anche corsetti, reggiseni, pellicce e tute da motociclista, venduti con profitto in Germania.

Ebrei del ghetto salgono sul camion che li porta a lavorare fuori dal quartiere ebraico, 1941.

Capitolo 2

POTERI E CONFLITTI

Lo **sterminio** degli **ebrei in URSS**

Storia slide

LE CONOSCENZE DA ACQUISIRE

La sterminio vero e proprio degli ebrei iniziò contestualmente all'invasione dell'URSS. I primi massacri furono condotti da unità mobili di SS.

LE COMPETENZE DA POTENZIARE

Saper cogliere i caratteri specifici di un conflitto militare.

2.1 I reparti di intervento tedeschi

› **VEDI** L'invasione tedesca dell'URSS → pag. 366

Gli *Einsatzgruppen* Sul fronte russo, in seguito all'invasione dell'estate 1941, non operò solo l'esercito regolare tedesco. Fin dall'inizio della campagna militare, furono attivati quattro *reparti di intervento* (*Einsatzgruppen*), con lo specifico compito di **eliminare la *classe dirigente* del regime comunista**. Si trattava di una forza che, nel complesso, contava circa 3000 effettivi, reclutati in prevalenza tra la *Polizia di sicurezza* e il cosiddetto SD (i servizi segreti delle SS).

I quattro *Einsatzgruppen* erano contrassegnati dalle prime lettere dell'alfabeto. Il reparto A (990 uomini) operò nei Paesi Baltici e nella regione di Leningrado; il reparto B (655 uomini) fu impiegato soprattutto in Bielorussia; l'*Einsatzgruppe* C (700-900 uomini) fu attivo in Ucraina; il reparto D (circa 500 uomini), infine, agì nella regione di Odessa, in Crimea e nel resto della Russia meridionale. I comandanti dei quattro reparti ricevevano **ordini da Himmler e da Heydrich**, nei confronti dei quali erano responsabili del loro operato. Periodicamente, dunque, i quattro comandanti inviarono **rapporti dettagliati** ai loro diretti superiori, tenendoli informati dell'attività svolta nei settori di loro competenza.

Le azioni degli *Einsatzgruppen* Gli *Einsatzgruppen* potevano contare sul più completo **appoggio e sostegno logistico da parte dell'esercito**, che li dotò di mezzi, carburante, armi. I compiti degli *Einsatzgruppen*, tuttavia, all'inizio della campagna sul fronte orientale erano estremamente vaghi, cosicché il loro incarico di eliminare l'intera *classe dirigente* del regime sovietico si prestò a varie interpretazioni. **Nelle prime settimane di attività, essi uccisero quasi esclusivamente ebrei maschi adulti**. Inoltre, in occasione delle prime esecuzioni, i reparti mantennero spesso la prassi militare tradizionale secondo cui l'esecuzione di un uomo era condotta da almeno tre soldati, procedura che serviva come strumento per alleviare la responsabilità personale, in quanto era difficile determinare quale pallottola avesse di preciso provocato la morte della vittima.

L'elasticità degli ordini conferiti ai comandanti degli *Ein-*

Un esempio di fucilazione militare: nessuno avrebbe avuto la certezza di aver ucciso il prigioniero.

Spazio all'iniziativa personale

satzgruppen lasciava loro **molto margine per l'iniziativa personale**. Entrò in gioco allora il principio di base secondo cui funzionava gran parte dell'apparato nazista: in situazioni di incertezza, si doveva cercare di **interpretare le più profonde intenzioni del Führer** e tentare di realizzarle.

Storiografia 1
La *profezia* di Hitler → pag. 458

Nel caso della politica antisemita, un posto importante occupò una pubblica dichiarazione di Hitler, effettuata per la prima volta di fronte al Reichstag il 30 gennaio 1939, ma poi ripetuta più volte, nel corso del conflitto. In quella sede – e poi in tutte le altre – **Hitler** affermò che, in caso di guerra, essa non si sarebbe conclusa con la vittoria sul bolscevismo, bensì con l'«**annientamento della razza ebraica in Europa**». Questa dichiarazione non va intesa come un preciso programma, come se Hitler, già nel gennaio 1939, avesse deciso di procedere allo sterminio degli ebrei. Si tratta piuttosto di un auspicio, o meglio dell'espressione pubblica di una disponibilità ad azioni radicali, qualora il contesto lo avesse reso possibile.

Azioni sempre più radicali

Quando gli *Einsatzgruppen* iniziarono la loro attività criminale in URSS, Hitler non aveva ancora ordinato il genocidio. Tuttavia, i comandanti sapevano perfettamente che la piena realizzazione del millenario impero tedesco, per cui il nazismo combatteva, si sarebbe attuata solo con la cancellazione totale degli ebrei dal continente europeo. Dunque, **in un contesto bellico che si faceva sempre più spietato, ufficiali e soldati spesso procedettero di propria iniziativa** in quella direzione; e poiché nessuno veniva punito per i propri *eccessi di zelo*, le azioni radicali contro gli ebrei divennero sempre più frequenti, fino a farsi **prassi generalizzata**, infine sanzionata anche dai vertici di Berlino.

Documento →

Lo stupore di un ufficiale tedesco

La testimonianza seguente fu resa, alla fine della guerra, da Erich von dem Bach-Zelewski, alto ufficiale delle SS e comandante della Polizia nella Russia centrale. Gli ordini che i comandanti degli *Einsatzgruppen* avevano ricevuto descrivevano regolarmente gli ebrei come un gruppo agguerrito e potente: la pericolosa classe dirigente bolscevica. Nella pratica, le SS dei reparti operativi si confrontarono con una massa di civili inermi, assolutamente incapaci di affrontare la tempesta che si rovesciò su di loro.

Contrariamente all'opinione dei nazionalsocialisti secondo i quali gli ebrei formavano un gruppo altamente organizzato, la realtà terrificante era che non avevano, invece, nessuna organizzazione, di nessun genere. La massa del popolo ebraico fu completamente presa alla sprovvista. Non sapevano assolutamente che cosa fare; non avevano né direttive, né parole d'ordine che indicassero loro come dovevano agire. Sta qui la più grande menzogna riguardo l'antisemitismo, perché contraddice l'affermazione secondo la quale gli ebrei cospiravano per dominare il mondo e che erano incredibilmente organizzati. In realtà non erano organizzati per niente, nemmeno un servizio di informazione. Se fosse esistita un'organizzazione di un tipo o di un altro, questa gente avrebbe potuto salvarsi a milioni; invece furono presi completamente alla sprovvista. Mai fino a quel momento, un popolo era stato condotto alla distruzione in una incoscienza così completa. Non c'era nessuna preparazione. Assolutamente niente. Non era nemmeno vero, come sostenevano gli antisemiti, che fossero amici dei sovietici. Questo è il malinteso più incredibile. Gli ebrei della Vecchia Polonia, che non hanno mai avuto simpatia per i comunisti, avevano in tutta la regione, a partire dal Bug e fino verso l'Est, più paura del bolscevismo che del nazismo. Era follia. Avrebbero potuto essere salvati. Tra loro c'era gente che aveva molto da perdere, uomini d'affari; non volevano andarsene. Inoltre, c'era l'amore per casa loro e l'esperienza dei pogrom [massacri, *n.d.r.*] in Russia. Dopo le prime azioni antiebraiche dei tedeschi, credevano che la tempesta fosse finita, così sono ritornati e sono corsi incontro alla loro distruzione.

R. HILBERG, *La distruzione degli Ebrei d'Europa*, Einaudi, Torino 1995, p. 1111, trad. it. F. SESSI, G. GUASTALLA

Analizza il testo

- Qual è «la più grande menzogna riguardo l'antisemitismo»?
- Per quale motivo gli ebrei dell'Europa orientale, tradizionalmente, temevano più i russi dei tedeschi?

2.2 Il disagio di uccidere

La strage di Babij Jar L'avanzata tedesca raggiunse Kiev il 19 settembre 1941. Fu uno dei momenti più difficili, per l'Armata rossa: oltre mezzo milione di soldati, infatti, venne ucciso o catturato. Una decina di giorni dopo l'occupazione della capitale ucraina, entrò in azione l'*Einzatzgruppe* C: prendendo a pretesto l'esplosione di alcuni palazzi (minati in precedenza dai sovietici in ritirata), venne attuato il piano per l'eliminazione degli ebrei di Kiev. Il 28 settembre 1941, un avviso affisso in ogni angolo della città impose agli ebrei di radunarsi il giorno seguente presso il cimitero ebraico, lasciando intendere che sarebbero stati trasferiti in altra località.

L'eliminazione degli ebrei di Kiev

In effetti, il punto di ritrovo era vicino ai binari dello scalo merci della stazione ferroviaria. In realtà, a distanza di circa un chilometro e mezzo, si trovava un burrone, chiamato **Babij Jar**, letteralmente "gola della nonna", scelto dai nazisti come fossa comune. Assistiti da miliziani ucraini, i tedeschi obbligavano gli ebrei a entrare a piccoli gruppi da uno stretto varco creato in una barriera di filo spinato e ostacoli anticarro; superata la strettoia a 30-40 la volta, consegnavano il denaro e i preziosi. Poi, dovevano percorrere un corridoio di soldati, che li incitavano a procedere di corsa fino a un prato, ove dovevano spogliarsi. Infine, dovevano scendere il pendio del vallone, all'interno del quale venivano fucilati. Secondo un rapporto ufficiale datato 2 ottobre 1941, **in due giorni** (29 e 30 settembre 1941) **furono uccisi** a Babij Jar **33 771 ebrei**.

I problemi di ordine psicologico nei soldati tedeschi Nell'autunno 1941, il processo di sterminio era ormai diventato indiscriminato, cioè comprendeva tutti gli ebrei, senza differenze di età, di sesso o di professione. La *violenza totale* investiva, a quell'epoca, solo i territori occupati dell'Unione Sovietica; con il nuovo anno, avrebbe riguardato anche la Polonia, l'Europa centrale e quella occidentale.

Crolli nervosi e alcol

I **poliziotti tedeschi** coinvolti nelle azioni di sterminio, tuttavia, incontrarono numerosi **problemi di ordine psicologico**, che turbarono profondamente Himmler. Durante i massacri, molti di loro subivano dei veri crolli nervosi, che potevano essere superati solo grazie a massicce quantità di alcol: in pratica, spesso, gli eccidi furono condotti da **soldati completamente ubriachi**. Questo provocò, in vari altri casi, un'ulteriore perdita di controllo, in direzione del sadismo e dell'abbrutimento totale.

Ricerca di metodi alternativi

Il problema fu affrontato da Himmler in vari modi. Innanzitutto, venne potenziato il numero degli ausiliari ucraini, lettoni o lituani, cui spesso si cercò di delegare il lavoro sporco. Denominati *Hiwi* (abbreviazione di *Hilfswillige,* cioè "volontari"), erano prevalentemente reclutati fra i prigionieri di guerra sovietici che si dichiaravano anticomunisti e affermavano di voler combattere contro il regime di Stalin. Infine, Himmler constatò di persona che le esecuzioni collettive non potevano essere un metodo adeguato per la prevista *soluzione finale della questione ebraica* a livello europeo. Pertanto, già nell'autunno 1941 incaricò alcuni subordinati di **trovare dei metodi alternativi**, che a parità di efficacia fossero meno traumatici e più asettici rispetto alle fucilazioni di massa.

Ucraina, 1942: un soldato degli *Einsatzgruppen* spara a una donna ebrea che cerca di proteggere il figlio.

Capitolo
3

POTERI E CONFLITTI

I centri di sterminio

Storia slide

LE CONOSCENZE DA ACQUISIRE
Dal 1942, funzionarono i centri di sterminio di Chelmno, Belzec, Sobibor e Treblinka, che non devono assolutamente essere confusi con i campi di concentramento.

LE COMPETENZE DA POTENZIARE
Saper cogliere i caratteri specifici di un crimine di massa del Novecento.

3.1 Belzec, Sobibor e Treblinka

Cronologia e obiettivi differenti

La differenza tra campi di concentramento e campi di sterminio È molto importante, a questo punto, mettere in evidenza la fondamentale differenza tra i **campi di concentramento** e i **campi di sterminio**. I primi (ad esempio Dachau, Buchenwald o Mauthausen) nacquero e si svilupparono nel corso degli anni Trenta, per rinchiudere soggetti ritenuti pericolosi per la sicurezza dello Stato (si pensi, in primo luogo, ai comunisti) o per **redimere** tramite il lavoro individui che tenevano una condotta giudicata anormale dai nazisti (si pensi ai testimoni di Geova e agli asociali). I campi di sterminio, invece, risalgono a un periodo successivo. Tra gennaio e luglio 1942 furono creati e resi operativi in Polonia orientale tre centri di sterminio: Belzec, Sobibor e Treblinka. I tre centri facevano parte di un **unico vasto progetto** che, in onore di Heydrich, dopo la sua morte (4 giugno 1942) venne denominato *Aktion Reinhard*.

Ebrei salgono su un treno diretto al campo di sterminio nazista di Treblinka.

ZOOM Campi di concentramento e centri di sterminio

LUOGHI	DEPORTATI	DECEDUTI	%
Dachau	200 000	76 000	38,00
Buchenwald	239 000	60 000	25,00
Mauthausen	230 000	100 000	43,50
Chelmno	150 000	149 985	99,99
Belzec	550 000	549 945	99,99
Sobibor	200 000	199 900	99,95
Treblinka	750 000	749 625	99,95

Questa tabella comparativa è tratta da uno studio sui campi di concentramento e i centri di sterminio della seconda guerra mondiale*. Sui dati gli studiosi non sono concordi. Numerosi storici, ad esempio, elevano fino a 900 000 i morti di Treblinka. In questa sede, a noi interessano solo gli *ordini di grandezza*, capaci di mettere in chiaro che i *campi di concentramento* e i *centri di sterminio* furono realtà completamente diverse, che non vanno in alcun modo confuse.

* J. KOTEK, P. RIGOULOT, *Il secolo dei campi. Detenzione, concentramento e sterminio 1900-2000*, Mondadori, Milano 2001, pp. 55-58, trad. it. A. BERNABBI

Memoriale a Treblinka, con circa 17 000 pietre che simboleggiano lapidi. Le iscrizioni indicano i luoghi di partenza dei treni della Shoah.

Luoghi di esecuzione, non di lavoro

I **nuovi centri di sterminio** di Belzec, Sobibor e Treblinka non erano campi di detenzione o di lavoro forzato, ma puri e semplici **luoghi di esecuzione**, messa ora in opera mediante il gas, in quanto le fucilazioni collettive erano risultate troppo dure da sopportare per gli stessi carnefici.

In linea di massima, dobbiamo figurarceli come siti relativamente piccoli rispetto a Dachau, Buchenwald o Mauthausen. Il numero delle vittime, invece, è decisamente più alto, anche se non c'è accordo tra gli studiosi sulle cifre degli ebrei assassinati nei singoli campi. Da soli, infatti, Belzec, Sobibor e Treblinka eliminarono come minimo 1 500 000 persone.

3.2 Lo sterminio degli ebrei di Varsavia

Le deportazioni da Varsavia La decisione tedesca di procedere alla liquidazione degli ebrei di Varsavia fu annunciata al presidente del Consiglio ebraico della città, Adam Czerniaków, il 22 luglio 1942, alle 10 del mattino. La comunicazione nazista parlava di **deportazione verso est per tutti gli ebrei di Varsavia**, a eccezione dei lavoratori impegnati in aziende tedesche, dei poliziotti ebrei e delle loro famiglie, e dei membri del Consiglio ebraico.

Suicidio di Czerniaków

Per le 16, occorreva consegnare al posto di smistamento il primo contingente di 6000 persone, che sarebbero state caricate sui treni. Il giorno dopo, 23 luglio, Czerniaków si suicidò inghiottendo una capsula di cianuro. La guida del Consiglio venne assunta da Marek Lichtenbau, che cercò di accontentare i tedeschi e di fornire ogni giorno il contingente richiesto. Pertanto, le deportazioni proseguirono indisturbate per tutto il mese d'agosto: **circa 300 000 persone lasciarono Varsavia**. Particolare impressione destò la partenza, il 5 agosto, dei 200 bambini dell'orfanotrofio e di tutto il personale d'assistenza, compreso il direttore dell'istituto, **Janusz Korczak**, pedagogista di fama internazionale. Ai primi di settembre, in città erano rimasti solo 60 000 ebrei. Circa 33 000 erano ufficialmente schedati, cioè lavoravano per imprese tedesche; gli altri, al contrario, erano illegali, nascosti in cantine o altri rifugi più o meno ingegnosi.

Guardiamo la storia
Le deportazioni naziste

Destinazione: Treblinka Da Varsavia, i deportati erano condotti a Treblinka, che dista dalla capitale polacca appena un centinaio di chilometri. Il primo treno arrivò da Varsavia il 23 luglio 1942. Di solito, dai convogli che giungevano alla stazione di Treblinka, venivano separati 20 vagoni ogni volta; questi erano condotti da macchinisti tedeschi fino alla rampa ferroviaria del campo, mentre gli altri carri (o, più tardi, gli altri convogli arrivati a destinazione: si arrivò fino a tre treni in una giornata) attendevano alla stazione. Ogni vagone portava in media 150-180 persone, molte delle quali erano già morte quando gli sportelli venivano aperti.

Camere a gas mascherate da docce

I nazisti cercarono di presentare Treblinka come un campo di transito e di disinfezione; in tal modo, almeno all'inizio, giustificavano l'ordine di entrare nelle baracche-spogliatoio (quella di sinistra per le donne e i bambini, quella di destra per gli uomini). Usciti da queste strutture, nudi, gli ebrei potevano leggere un cartello con scritto: «Alle docce». Entravano così nel *tubo*, un percorso obbligato lungo circa 100 metri e largo 5; ai due lati, sul filo spinato, un fitto sistema di frasche e di rami impediva allo sguardo di spingersi fino alle **fosse comuni**. Infine, arrivavano alle strutture omicide: tre camere mascherate da docce, ciascuna delle quali misurava 4 × 4 metri, con un'altezza di circa 2,5 metri. Una volta chiuse le porte, le camere erano prive di illuminazione; un'altra stanza, adiacente, conteneva il **motore diesel che produceva il monossido di carbonio**.

La negazione della realtà La destinazione e la sorte di coloro che lasciavano Varsavia divenne ben presto nota. Ciò nonostante, molte persone continuarono a rifiutare la realtà, a negare l'evidenza della volontà nazista di sterminare l'intera popolazione ebraica senza eccezioni. Poliziotti e membri del Consiglio ebraico conoscevano perfettamente la verità, ma temevano che i nazisti, in caso di disobbedienza o di resistenza, procedessero all'immediata liquidazione di tutto il ghetto. Fino all'ultimo, vissero nell'illusione di poter salvare la propria vita, insieme a quella dei loro familiari e dei soggetti abili al lavoro. L'atteggiamento dei membri del Consiglio ebraico e il comportamento dei poliziotti è stato severamente criticato da molti intellettuali del tempo (e, più tardi, da numerosi storici). Il più importante cronista del ghetto, Emanuel Ringelblum, scrisse il 15 ottobre 1942: «Non avremmo dovuto acconsentire alle deportazioni. Avremmo dovuto precipitarci nelle strade, appiccare il fuoco ovunque, abbattere il muro e scappare nella zona ariana. I tedeschi si sarebbero vendicati e la cosa ci sarebbe costata decine di migliaia di vite, ma non 300 000». In realtà il ghetto, nell'agosto 1942, era ancora pieno di vecchi, bambini e persone malate, troppo deboli o spaventate per prendere in considerazione un'azione di resistenza.

L'illusione di salvarsi la vita

Ebrei appena catturati dai nazisti nel ghetto di Varsavia.

3.3 Insurrezione e distruzione del ghetto di Varsavia

› VEDI
Il sionismo
→ pag. 495

Autunno 1942: nasce un'organizzazione per lottare nel ghetto In seguito alle traumatiche deportazioni dell'estate 1942 e all'insoddisfazione per la disastrosa politica di passività attuata dal Consiglio ebraico, alcuni giovani di movimenti e partiti già attivi prima della guerra (come *Hashomer Hatsair*, sionista, e il *Bund*, socialista) diedero vita a una *Organizzazione ebraica di combattimento* (*Zydowska Organizacja Bojowa* - ZOB). Verso il 20 ottobre, fu creata una Commissione di coordinamento, mentre a **Mordechai Anielewicz** venne assegnato il comando delle eventuali operazioni militari. Il problema più serio da affrontare, in vista di una rivolta, riguardò il rifornimento di armi, che la resistenza nazionalista polacca offrì in quantità molto limitata.

Il rastrellamento del gennaio 1943

Il 9 gennaio 1943, Himmler visitò Varsavia e rimase contrariato per il fatto che nella capitale polacca vi fossero ancora moltissimi ebrei, impegnati in fabbriche di proprietà tedesca. Il comandante delle SS, pertanto, ordinò una drastica epurazione del ghetto. Il 18 gennaio, alle 6 del mattino, poliziotti tedeschi e ucraini entrarono nel quartiere ebraico: il rastrellamento durò fino al 21 gennaio e vennero catturate 5-6000 persone. L'operazione, però, non fu per nulla agevole, in quanto la maggior parte della popolazione restò nascosta nei rifugi che aveva approntato dopo le deportazioni dell'estate 1942. Inoltre, furono sparati alcuni colpi e un tedesco rimase ucciso.

La cancellazione del ghetto di Varsavia Il **16 febbraio 1943**, Himmler ordinò la **completa cancellazione del ghetto di Varsavia**. La polizia tedesca in servizio nella città, però, diede corso al comando di Himmler solo dopo due mesi: un intervallo di tempo che permise alla ZOB (colta di sorpresa, in gennaio) di elaborare un piano di difesa. L'azione tedesca iniziò **lunedì 19 aprile** (vigilia della Pasqua ebraica) alle 4 del mattino. Il colonnello von Sammern si attendeva uno scontro, ma non una **resistenza tenace e organizzata**. Il generale Krüger, comandante della polizia di Cracovia (capitale del Governatorato generale), ricevuto l'imbarazzante rapporto che segnalava le prime perdite e la ritirata delle truppe inviate a rastrellare il ghetto obbligò von Sammern alle dimissioni e lo sostituì con il generale **Jürgen Stroop**.

Ritardo nell'esecuzione degli ordini di Himmler

I primi incendi si svilupparono come conseguenza dei combattimenti. Dal giorno 20 aprile, tuttavia, Stroop ordinò la **sistematica distruzione con il fuoco di tutti gli edifici del ghetto**, in quanto si rese conto dell'esistenza di innumerevoli rifugi sotterranei, usati sia dai combattenti sia dalla popolazione che cercava di evitare l'arresto e la deportazione. Per scovare e **stanare gli ebrei dai nascondigli e dalle fogne**, vennero usati anche i gas (Stroop, tuttavia, sostenne sempre che si trattava di fumogeni). Nel suo rapporto del 26 aprile, Stroop annotò di aver già catturato 30 000 ebrei. L'azione proseguì per circa un mese, anche dopo che – l'8 maggio – Mordechai Anielewicz e numerosi altri combattenti furono uccisi, nel loro rifugio. Il 24 maggio Stroop scrisse di aver catturato 56 065 ebrei e di averne già eliminati 133 929. Le perdite tedesche erano decisamente modeste: 16 morti e 85 feriti.

Non si conosce il nome di questo bambino, diventato l'icona della Shoah. La foto fa parte di un più vasto album di 53 fotografie, che il comandante tedesco Jürgen Stroop inviò a Berlino, dopo aver represso la rivolta del ghetto di Varsavia, nel 1943. Il dossier era rilegato, e sulla copertina in cuoio nero spiccava il titolo: *Non esiste più un quartiere ebraico a Varsavia*.

Capitolo

4

POTERI
E CONFLITTI

Auschwitz

Storia slide

LE CONOSCENZE DA ACQUISIRE

Nei dintorni della cittadina polacca di Oswiecim/Auschwitz, i nazisti crearono ben tre campi di concentramento. Nelle camere a gas situate nel campo denominato Auschwitz II furono uccise centinaia di migliaia di ebrei, deportati da tutta l'Europa.

LE COMPETENZE DA POTENZIARE

Saper cogliere la dimensione di massa dei fenomeni tipici del XX secolo.

4.1 Le camere a gas di Auschwitz-Birkenau

La pianificazione dello sterminio Il 20 gennaio 1942, a **Wansee**, vicino a Berlino, si tenne una conferenza finalizzata a pianificare lo sterminio degli ebrei di tutti i territori europei caduti in mano ai nazisti.

Ad Auschwitz tre campi: Birkenau per lo sterminio

Poco tempo dopo venne deciso che la maggioranza degli ebrei, prelevati nei diversi Paesi dell'Europa occupata, sarebbe stata portata ad **Auschwitz**, una località polacca presso la quale esisteva **una *rete* di campi di concentramento**. Il primo di essi (chiamato **Auschwitz I**) era un luogo di detenzione per prigionieri politici polacchi; nel corso del 1941 si erano aggiunti altri due campi di concentramento, in località chiamate **Birkenau** (**Auschwitz II**) e **Monowitz** (**Auschwitz III**).

Auschwitz-Birkenau: bambini e adulti nel boschetto di betulle prima di essere condotti nelle camere a gas e sterminati, nell'estate 1944.

Forni crematori e Zyklon B A fianco del campo di Birkenau vennero costruiti il terminale ferroviario e il complesso dei *crematori*, ciascuno dei quali comprendeva una vasta camera a gas e diversi forni per bruciare i cadaveri. Quando arrivava un convoglio, i deportati erano sottoposti alla cosiddetta **selezione** (che non aveva luogo a Treblinka, dove tutti, senza eccezione, venivano subito eliminati); in pratica, con un colpo d'occhio, un ufficiale medico delle SS valutava **chi di essi sembrasse abile al lavoro**.

Coloro che non erano considerati capaci di alcuna attività lavorativa erano inviati ai crematori, cioè uccisi poco tempo dopo il loro arrivo. A Birkenau non veniva usato il monossido di carbonio, bensì un anti-

I luoghi → Wannsee

Wannsee è un sobborgo elegante di Berlino. La conferenza al vertice per discutere della soluzione finale della questione ebraica in Europa si svolse in una villa di proprietà delle SS. Oltre a Heydrich, che convocò e presiedette la riunione, parteciparono altri 14 funzionari, tra cui Adolf Eichmann, che fu poi incaricato di organizzare i convogli ferroviari diretti ad Auschwitz. Dopo la guerra, Eichmann riuscì a fuggire in Argentina. Scoperto dai servizi segreti dello Stato di Israele, venne catturato e portato a Gerusalemme. Processato nel 1961 da un tribunale israeliano, Eichmann fu impiccato il 31 maggio 1962. Lui e tutti gli altri partecipanti alla Conferenza di Wannsee furono criminali di tipo nuovo e speciale: si trattava, infatti, di burocrati, di funzionari che solo raramente si sporcarono direttamente le mani, eppure furono la loro regia e la minuziosa opera di pianificazione a tavolino che resero possibile lo sterminio degli ebrei, in tutta la sua radicalità.

L'esterno di uno dei quattro crematori di Birkenau in un disegno di un internato ebreo, David Olère, 1945.

Acido prussico

parassitario a base di acido prussico, chiamato **Zyklon B**, immesso dall'alto nelle grandi camere a gas. Conservato in barattoli ermeticamente chiusi, questa sostanza si presentava sotto forma di cristalli di colore blu, che a contatto con il calore e l'umidità sprigionano vapori tossici. Una volta completata l'esecuzione (che poteva comportare l'uccisione di 2000 persone ogni volta), i cadaveri erano portati fuori dalle camere e bruciati nei forni da *reparti speciali* (*Sonderkommando*), composti da prigionieri ebrei.

Guardiamo la storia
Donne e Shoah: le donne come vittime privilegiate

Tenendo presenti le disgustose condizioni in cui avevano operato in Russia le unità mobili di massacro, ci si rende conto che ad Auschwitz-Birkenau il meccanismo dell'assassinio di massa aveva compiuto uno straordinario processo di perfezionamento: chi uccideva, infatti, era riuscito a **rendere quasi invisibile la propria vittima**, a prendere le distanze da lei e a ridurre al minimo il proprio coinvolgimento diretto nell'atto che provocava la morte.

geostoria — I tre principali campi di Auschwitz

Carta proiettabile

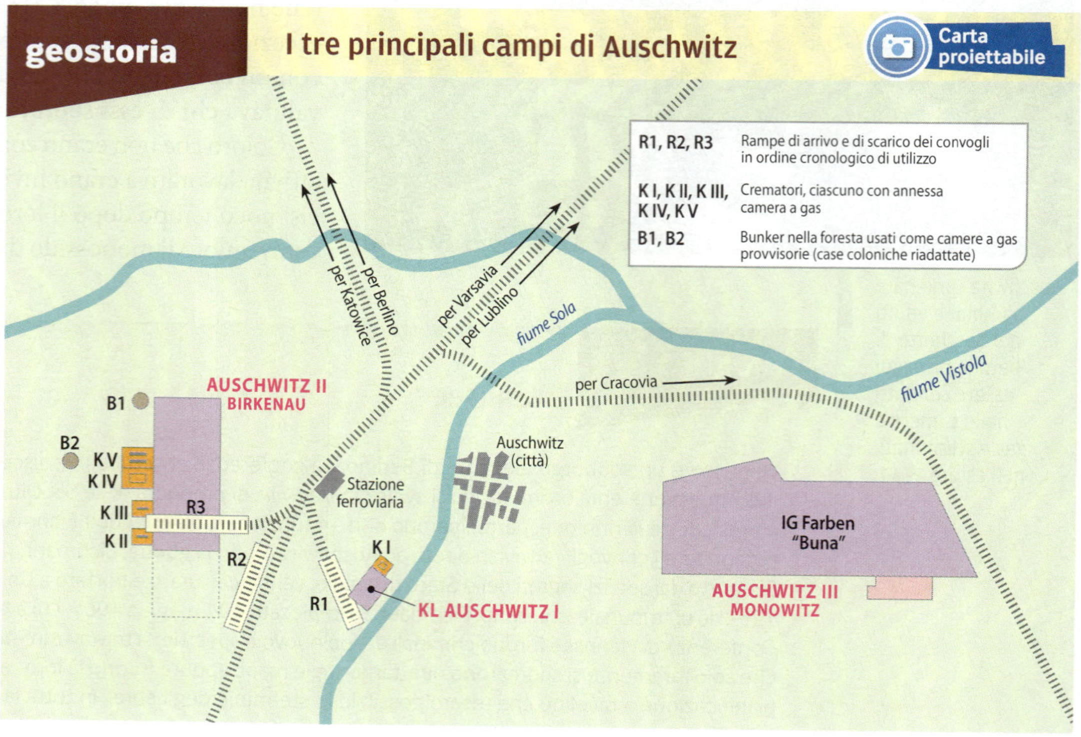

Carta interattiva
I lager

4.2 I lager

› VEDI I lager in Germania → pag. 406

I prigionieri dei lager In Germania, i **lager**, cioè i campi di concentramento, erano nati subito dopo la conquista del potere da parte del nazismo, nel 1933. Fino alla guerra, il regime vi aveva rinchiuso soprattutto **prigionieri politici** (comunisti, in primo luogo), **asociali** (alcolisti, vagabondi, individui che non volevano trovare una stabile occupazione), **omosessuali** e **dissidenti per motivi religiosi**. Durante la guerra, invece, venne internato nei lager un numero enorme di individui considerati razzialmente inferiori (ebrei, zingari, polacchi, russi ecc.). Alla stazione di Birkenau, gli ebrei che erano ritenuti abili al lavoro venivano inviati in uno dei lager che si trovavano nei dintorni di Auschwitz.

Le parole → Zingari

I termini *zingari* e *gitani* designano i popoli sinti e rom. Arrivarono dall'Oriente nel XIV secolo; tuttavia, fieri delle proprie usanze e del proprio modo di vita, per secoli vissero ai margini della società europea. La loro persecuzione in Germania iniziò nel 1936: in occasione delle Olimpiadi di Berlino, tutti gli zingari che si trovavano nei pressi della capitale vennero rinchiusi a Marzahn, un lager appositamente predisposto in una zona abbandonata e malsana. Il 16 dicembre 1942, Himmler firmò l'ordine di deportazione dei sinti e dei rom tedeschi. Dei 23 000 zingari internati nei lager di Auschwitz, 20 000 persero la vita. Più difficile, invece, è fare un bilancio globale del genocidio del popolo gitano; una stima prudente, probabilmente difettosa, individua 219 000 vittime. Come nel caso degli ebrei, siamo di fronte allo sforzo di cancellare dall'Europa un intero popolo, con metodo e sistematicità.

La vita nei lager La condizione di vita di tutti costoro era estremamente dura: sottoposti alle violenze dei guardiani e a un lavoro micidiale, non ricevevano un'alimentazione sufficiente, sicché la maggior parte moriva per sfinimento nel giro di pochi mesi. **Nel gergo del campo**, il prigioniero distrutto dalla fatica, dalle percosse e dalle privazioni **era chiamato *musulmano*, un individuo solo biologicamente vivo**, ormai privo di emozioni, di pensiero e di coscienza. «I volti – così J. Olbrycht descrisse i *musulmani* al processo contro Rudolf Höss, il comandante di Auschwitz – sembravano maschere, con uno sguardo strano e le pupille innaturalmente dilatate.

ZOOM La banchina della morte

Questa fotografia fu scattata nell'estate del 1944: sulla banchina ferroviaria del campo di Auschwitz II-Birkenau. Si tratta di ebrei ungheresi, appena scesi dal treno, in attesa della selezione. Entro un'ora, la maggioranza delle persone fotografate sarà in camera a gas. L'immagine fa parte di un dossier di 197 fotografie scattate dai nazisti di Auschwitz; intitolato *Il trasferimento degli ebrei ungheresi*, questo *album di Auschwitz* fu inviato a Berlino a titolo di documentazione. L'originale è oggi conservato al Museo Yad Vashem di Gerusalemme.

Soffrivano di apatia e di sonnolenza, rallentamento e indebolimento di tutti i processi vitali». Se non era condotto dai nazisti alle camere a gas, o non veniva ucciso dai guardiani perché non riusciva più a lavorare e non rispondeva più agli ordini, il *musulmano* finiva per lasciarsi morire, cessando di mangiare e di bere.

I sommersi del lager

Primo Levi, non a caso, proprio ai *musulmani* ha dedicato alcune delle pagine più terribili e toccanti di *Se questo è un uomo*: «La loro vita è breve – scrive Levi –, ma il loro numero è sterminato; sono loro, i *Muselmänner*, i sommersi, il nerbo del campo; loro, la massa anonima, continuamente rinnovata e sempre identica, dei non-uomini che marciano e faticano in silenzio, spenta in loro la scintilla divina, già troppo vuoti per soffrire veramente. Si esita a chiamarli vivi: si esita a chiamar morte la loro morte, davanti a cui essi non temono perché sono troppo stanchi per comprenderla. Essi popolano la mia memoria della loro presenza senza volto, e se potessi racchiudere **in una immagine tutto il male del nostro tempo**, sceglierei questa immagine che mi è familiare: un uomo scarno, dalla fronte china e dalle spalle curve, sul cui volto e nei cui occhi non si possa leggere traccia di pensiero».

Deportati a Buchenwald, fotografia di Margaret Bourke-White.

I personaggi

Primo Levi

Nato a Torino nel 1919, Levi studiò chimica e riuscì a laurearsi, malgrado le leggi razziali. Arrestato nel 1944, fu condotto ad Auschwitz III-Monowitz. La sua opera più famosa, intitolata *Se questo è un uomo*, è considerata una delle testimonianze più lucide sulla deportazione nei lager nazisti. Al momento dell'evacuazione del campo da parte dei tedeschi, Levi era malato. Pertanto, non dovette affrontare la micidiale marcia di trasferimento nel corso della quale morirono moltissimi detenuti. I campi di Auschwitz furono liberati dai russi il 27 gennaio 1945. Tuttavia, il ritorno in Italia fu possibile a Levi solo dopo un itinerario lungo e complicato, descritto in *La tregua*. Morì suicida nel 1987.

4.3 La *zona grigia* del lager

Sopravvivere a qualunque costo

La perdita di umanità nei deportati Come ha osservato lucidamente Primo Levi, il mondo del lager non è affatto semplice, cioè facilmente divisibile in *carnefici* e *vittime*; al contrario esisteva, ed era parte integrante del suo meccanismo, una vasta e indistinta *zona grigia*, composta da prigionieri che accettavano posti di responsabilità e si ponevano a un livello intermedio fra i nazisti e gli altri deportati, verso i quali spesso erano più violenti e brutali delle stesse SS. Tale comportamento si spiega con il tentativo, da parte di questi prigionieri, di sopravvivere. E l'unico modo per farlo, nel lager, era quello di sottrarsi ai lavori più duri e di trovare razioni supplementari di cibo; nella maggioranza dei casi ciò era possibile solo **ponendosi al servizio dei nazisti** e, al limite, rendendosi loro complici nella gestione del campo.

Video – La scoperta dei campi di concentramento

Anche senza arrivare a questo caso-limite, nei lager era comunque pressoché impossibile ogni forma di solidarietà verso gli altri: gli individui, per sopravvivere, erano costretti a cambiare la propria moralità, cioè ad abbandonare il modo abituale con cui, prima dell'internamento, si rapportavano con il prossimo. Questo **processo di degradazione morale dei detenuti** era incentivato dalle condizioni di vita del campo e ci permette di comprendere la funzione ultima del lager.

Funzione ideologica del lager

La finalità del lager Anche se i prigionieri erano obbligati a lavorare come schiavi, **la finalità del lager non era di natura economica**; come la manodopera qualificata dei ghetti venne portata senza risparmio alle camere a gas dei centri di sterminio, così si può affermare che il lavoro dei prigionieri ebrei nei lager (soprattutto ad Auschwitz) non aveva scopi di tipo produttivo, ma solo il compito di sfinire i prigionieri e obbligarli a trovare stratagemmi di ogni tipo per sopravvivere, a spese degli altri deportati.

Funzione ideologica del lager

Schema proiettabile

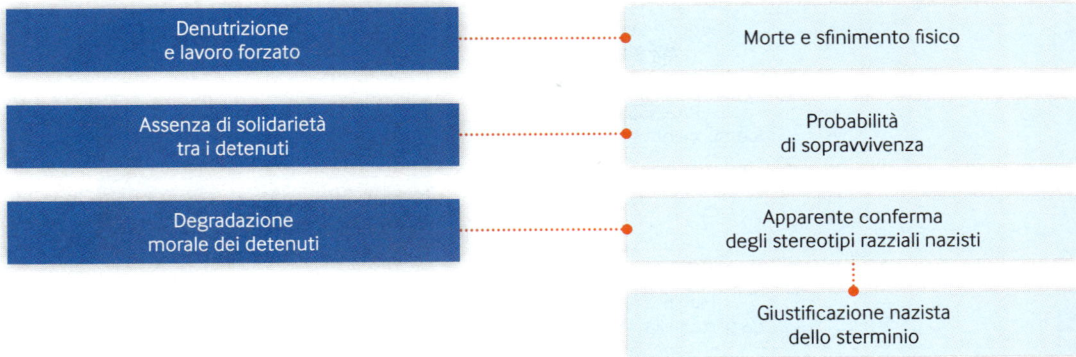

Laboratorio per ricreare il *tipo ebreo*

In pratica, seguendo lo storico americano G.L. Mosse, possiamo affermare che **il lager assunse**, nel sistema complessivo del Terzo Reich, **una precisa funzione ideologica**. I prigionieri *razzialmente inferiori* (in primo luogo, naturalmente, gli ebrei) assumevano nei lager tutte le caratteristiche che l'ideologia nazista assegnava loro: diventavano ipocriti, falsi, immorali e privi di ogni solidarietà verso il prossimo. Mosse arriva a definire il lager una sorta di «laboratorio», nel quale i nazisti riuscivano a ricreare il «tipo ebreo» che «in natura» non esiste, perché è un frutto del pregiudizio antisemita. «L'ideologia – ha scritto Mosse – fu sempre la preoccupazione principale del nazionalsocialismo. La riduzione degli ebrei allo stato che abbiamo appena descritto si adattava perfettamente alla concezione dell'ebreo come vile e immorale, come l'opposto che bisognava distruggere».

Insomma, **osservando i prigionieri** dei lager e il loro modo di agire – che i carcerieri non attribuivano alle condizioni di vita nel campo da essi create, ma all'essenza razziale dei detenuti stessi – **i nazisti potevano confermare tutti i propri pregiudizi razzisti**. E mentre rafforzavano la loro idea di appartenere a una razza superiore, riuscivano perfino a convincersi che, procedendo allo sterminio di quegli esseri malefici e ripugnanti, non stavano compiendo un crimine orrendo, bensì rendevano un servizio all'umanità, paragonabile a quello di un medico che uccidesse dei pericolosi parassiti o dei micidiali batteri.

4.4 La specificità dello sterminio nazista

› VEDI L'antisemitismo all'inizio del Novecento → pag. 18

La differenza tra l'antisemitismo nazista e quello del passato Gli ebrei, nel corso della loro storia, hanno subito numerosi e gravi episodi di violenza. Nonostante questo, lo sterminio nazista si differenzia da tutti gli altri eventi accaduti in precedenza. I motivi di questa diversità sono numerosi.

Nel passato le stragi di israeliti erano avvenute soprattutto per motivi di carattere religioso, mentre **lo sterminio nazista fu condotto in nome di un'ideologia razzista**. La differenza fondamentale tra i due tipi di persecuzione consiste nel fatto che la motivazione religiosa portava alla violenza verso l'ebreo osservante, ma risparmiava colui che si convertiva, cioè accettava di farsi battezzare e di entrare a far parte della Chiesa. La logica razziale nazista, invece, non faceva eccezioni di nessun tipo: mentre da un lato considerava assurdo ogni tentativo, da parte di un ebreo, di *trasformarsi* in un tedesco (adottandone gli usi, la lingua e persino la fede), dall'altro riteneva necessario procedere all'**eliminazione completa di *tutti* gli ebrei** (compresi i bambini e i convertiti), perché l'esistenza di anche uno solo di essi era considerata una minaccia per i popoli ariani.

Lavorare per competenze avvio al saggio breve
Lo sterminio nazista → pag. 461

Già sotto questo profilo, il **processo di distruzione** degli ebrei attuato dai nazisti appare diverso rispetto alle violenze del passato: anzi, nella misura in cui **alla religione sostituisce la scienza** (sulla cui base il nazismo pretenderebbe di fondare la superiorità della razza ariana rispetto a tutte le altre), lo sterminio perpetrato dai tedeschi ci appare perfettamente moderno. Analogamente, la **modernità del genocidio** compiuto negli anni 1941-1945 ci appare evidente non appena osserviamo che esso non fu eseguito dalle masse popolari, cioè da folle di individui eccitati, momentaneamente dominati dalla furia omicida.

Complessità interpretativa dello sterminio

Schema proiettabile

Bilancio delle competenze → pag. 457

Pianificazione burocratica e razionale

Storiografia 2
Lo sterminio dei malati di mente: la *Aktion T4* → pag. 459

L'apporto della burocrazia al piano di sterminio Certo, anche durante la seconda guerra mondiale si verificarono tumulti popolari contro gli ebrei, e i nazisti cercarono in ogni modo di sfruttare il diffuso antisemitismo presente in vari Paesi dell'Europa dell'Est (specie Polonia e Lituania). Ma **la violenza popolare fu solo un elemento accessorio** e occasionale nell'insieme del processo di distruzione vero e proprio. A partire dal gennaio del 1942 (Conferenza di Wannsee), lo sterminio sistematico venne **freddamente pianificato** dai vertici del più potente Stato d'Europa, cioè condotto a compimento **da una burocrazia efficiente e minuziosa**, attenta ai minimi dettagli. Senza il contributo pianificatore di tali funzionari, il progetto razzista di eliminazione totale degli ebrei non avrebbe potuto aver luogo, come ha fatto rilevare il sociologo britannico (ma di origini polacche) Z. Bauman: «Le emozioni sono notoriamente instabili e possono essere ribaltate. Una folla assetata di linciaggio è inaffidabile, talvolta può essere sopraffatta dalla compassione, ad esempio di fronte alla sofferenza di un bambino. Estirpare una "razza" equivale fondamentalmente a uccidere quel bambino. Un omicidio accurato, globale, definitivo, richiedeva la sostituzione della folla con la burocrazia, della furia collettiva con l'obbedienza all'autorità. Ira e furore sono strumenti di distruzione di massa ridicolmente primitivi e inefficienti. Di solito scemano prima che il compito sia stato portato a termine. Sulla loro base è impossibile costruire grandi progetti. L'omicidio di massa contemporaneo si distingue, da una parte, per l'assenza pratica di spontaneità e, dall'altra, per il prevalere del progetto razionale, accuratamente calcolato».

La somiglianza tra nazismo e movimenti millenaristici Questi aspetti coesistono con altri elementi tutt'altro che moderni, in quanto il **nazionalsocialismo** presenta forti **tratti in comune con i movimenti millenaristici** dell'Autunno del Medioevo e del Cinquecento: con essi, in particolare, il nazismo condivide una **concezione dualista e apocalittica**, secondo cui il Bene e il Male si devono affrontare in una lotta all'ultimo sangue, che potrà concludersi, a seconda del vincitore, o con la fine dell'umanità (che coincide, secondo Hitler, con la razza ariana), o con l'instaurazione del *millennio* e la definitiva eliminazione del Male.

Lo storico si trova in gravi difficoltà a comprendere il genocidio degli ebrei in tutti i suoi aspetti, se non ha la capacità di muoversi contemporaneamente su più piani e su diversi registri che, istintivamente, egli riterrebbe alternativi e privi di relazioni reciproche. Infatti, l'**idea di razza** e il **ruolo decisivo svolto dai funzionari dello Stato**, nella pianificazione e nella esecuzione del genocidio, sono tipiche **espressioni della *modernità*; invece la mentalità nazista** nel suo complesso appare assolutamente **pre-moderna** e pre-illuminista, nei suoi lineamenti di base e nelle sue aspirazioni più profonde: per realizzarle Hitler e i suoi seguaci ritenevano indispensabile la completa distruzione del popolo ebraico nel mondo.

La stella gialla che identificava gli ebrei.

ZOOM

I processi contro i criminali nazisti

Il processo di Norimberga

A Norimberga, la città che fu teatro delle oceaniche adunate naziste, si svolse l'ultimo atto della seconda guerra mondiale. **Tutti i capi superstiti del regime nazista** (Göring, Hess, von Ribbentrop, Rosenberg e altri venti alti funzionari del Reich), **furono processati da un tribunale speciale dei vincitori** tra il 20 novembre 1945 e il 1° ottobre 1946.

I responsabili della guerra e dei crimini a essa legati ebbero un processo regolare, poterono utilizzare avvocati e difendersi in pubblico. Si pose però un problema giuridico: **potevano essere colpevoli i capi del nazismo, se la legge della Germania non considerava reato i loro atti?** La persecuzione contro gli ebrei, ad esempio, era stata scatenata da una legge dello Stato tedesco approvata il 12 novembre 1938, dopo la *notte dei cristalli*. Coloro che furono accusati delle persecuzioni antiebraiche si difesero adducendo di aver **obbedito a ordini superiori**.

Le condanne degli imputati

A Norimberga furono stabiliti nuovi principi: oltre ai "crimini di guerra" (uccisione di prigionieri, bombardamento di città) c'erano anche "crimini contro la pace" (guerra di aggressione in violazione di trattati) e "**crimini contro l'umanità**" (persecuzione, sterminio, schiavizzazione, deportazione). Questi delitti **non sono giustificabili dall'ordinamento di alcuno Stato**: nessuno può obbedire a ordini criminali.

Su questa base giuridica, 12 gerarchi nazisti furono condannati a morte, altri a molti anni di carcere. Come disse il giudice americano J.R.H. Jackson durante la sua arringa finale: «Se dicessimo che questi uomini non sono colpevoli, tanto varrebbe affermare che non vi è stata guerra, che non vi sono stati massacri, che nessun crimine è stato commesso».

Göring, il più celebre degli imputati, preferì darsi la morte piuttosto che essere giustiziato dai vincitori, seguendo l'esempio di Hitler, Goebbels e Himmler.

La sentenza, inoltre, dichiarò "criminali" la direzione del Partito nazionalsocialista, la Gestapo, le SS e la SD, il servizio di sicurezza del partito stesso. Questo presupposto permise di istruire nuovi processi, che si tennero sempre a Norimberga negli anni seguenti contro alcune centinaia di nazisti e collaboratori del regime: ufficiali delle SS responsabili del funzionamento dei campi di sterminio, medici che compivano esperimenti sui prigionieri, giuristi che stesero le leggi razziali, economisti e direttori di grandi aziende belliche (come la Krupp e il colosso chimico I.G. Farben), gli alti ufficiali dell'esercito. Generalmente i processi si conclusero con pene detentive e altre condanne a morte. L'ultima impiccagione fu eseguita nel 1951.

Video
I processi di Norimberga

Imputati a Norimberga durante una fase del processo.

Bilancio delle competenze

Saper cogliere i caratteri specifici di un crimine del XX secolo

A questo punto del nostro percorso, siamo in grado esporre in forma organica i caratteri specifici dello sterminio degli ebrei operato dai nazisti, confrontandolo con altri crimini di massa del Novecento, da un lato, e con altri episodi di ostilità antiebraica verificatisi nel passato.

1 Il primo elemento che distingue nettamente la **soluzione finale della questione ebraica in Europa** da vari altri episodi di violenza compiuta contro gli ebrei nel corso della storia è il suo carattere **statale** e, per così dire, *ufficiale*. **In varie altre occasioni** – si pensi alla prima crociata o ai tumulti esplosi in occasione della peste del 1347-1350 – a scatenarsi contro gli ebrei furono **folle esaltate**, in preda al terrore o a una forte emozione. Passata quest'ultima, o diminuita la tensione, anche la violenza finiva per attenuarsi o svanire completamente. **In altre circostanze, le autorità cercarono di opporsi** alle calunnie che potevano generare azioni aggressive: si pensi alla falsa accusa secondo cui, per impastare il pane azzimo della cena pasquale, gli ebrei avrebbero utilizzato il sangue di un bambino cristiano. Nel Medioevo, questa diceria venne respinta dall'imperatore Federico II, mentre in epoca moderna – ad esempio in Austria-Ungheria e in Polonia – le autorità istituirono procedimenti giudiziari finalizzati a impedire la giustizia sommaria delle popolazioni ostili agli ebrei.
In Germania, al contrario, mentre lo Stato (a partire dal 1933) si faceva promotore di una serie di norme discriminatorie, si permise (nel maggio 1934) che Julius Streicher dedicasse un numero speciale della rivista "Der Stürmer" alla calunnia dell'*omicidio rituale*. Nel 1938, in occasione della *notte dei cristalli*, vennero ancora mobilitate le masse (o, per lo meno, i militanti del Partito nazista); **con l'inizio della guerra, la violenza contro gli ebrei fu riservata a un gruppo di *addetti ai lavori***: zelanti funzionari delle SS, poliziotti impegnati nelle fucilazioni di massa, personale di sorveglianza nei lager e nei centri di sterminio. Ogni emozione, a questo punto, è scomparsa: l'uccisione su vasta scala è **un'operazione condotta con efficienza da un gruppo di professionisti**.

2 Nella sua qualità di *crimine di Stato*, lo sterminio degli ebrei d'Europa assomiglia alla deportazione degli armeni (compiuta dai turchi nel 1915) o alla violenta campagna condotta da Stalin contro i contadini più agiati (i kulaki) nel 1930. In questi due casi, però, paiono prevalere considerazioni di carattere politico (la presenza degli armeni in Anatolia è considerata un serio pericolo per la sicurezza dell'impero ottomano) oppure economico (l'opposizione dei kulaki alla collettivizzazione potrebbe ostacolare il processo di industrializzazione dell'URSS). Nel caso della soluzione finale, invece, siamo di fronte a un'**azione che non ha alcuna finalità economica**, e anzi è controproducente, sotto questo profilo. Invece di utilizzare milioni di ebrei come manodopera a basso costo, essenziale per lo sforzo bellico, il regime nazista scelse di impiegare ingenti risorse (treni, uomini, strutture) per ucciderli, accontentandosi di recuperare qualche *sottoprodotto* del processo di sterminio: i denti d'oro, i capelli delle donne (riciclati per fare materassi o tappeti), il lavoro dei deportati che non erano subito inviati in camera a gas, i vestiti e gli altri beni (occhiali, valigie, posate...), che venivano abbandonati sulla banchina ferroviaria da coloro che arrivavano in un centro di sterminio. Se all'inizio, negli anni Trenta, il regime trasse notevoli vantaggi dalla confisca dei patrimoni ebraici, **a partire dal 1941** – allorché il processo di distruzione raggiunse il proprio apice e il meccanismo del suo funzionamento raggiunse il massimo della propria complessità – lo sterminio degli ebrei rappresentò **un'operazione economicamente non vantaggiosa**.

3 La soluzione finale della questione ebraica fu progettata e portata avanti non per ragioni di profitto, ma per **motivi di**

Saper cogliere i caratteri specifici di un crimine del XX secolo

1 La *Shoah* come crimine di Stato
2 Assenza di motivazioni economiche
3 Motivazione ideologica e violenza radicale
4 Il ruolo secondario dei campi di concentramento

tipo ideologico: fu la diretta e radicale conseguenza della concezione della storia nazista, secondo cui la superiore razza ariana aveva il dovere di cancellare dalla faccia della terra tutti gli ebrei, indistintamente, pena la sua stessa possibilità di sopravvivenza. Questo **approccio *biologico***, tuttavia, spiega la **particolare radicalità della violenza nazista**, che non può permettersi di lasciare alcun *resto* né di fare alcuna eccezione. Nel Medioevo, gli ebrei che diventavano cristiani si salvavano dalla persecuzione e dalla violenza; analogamente, nel 1915, un numero imprecisabile di donne e bambini armeni riuscì a sopravvivere convertendosi all'islam; per Hitler, al contrario, l'ebreo non era assimilabile: anzi, i suoi tentativi di diventare tedesco dovevano essere smascherati come la più subdola delle tattiche, che avrebbe permesso al nemico della razza ariana di mascherarsi e di distruggere dall'interno il popolo superiore. In linea teorica, **la violenza nazista era priva di limiti**: si sarebbe esaurita solo con la morte dell'ultimo ebreo, **con una procedura simile a quella seguita dal medico**, che per far recuperare la salute al suo paziente deve asportare tutte le cellule intaccate da un tumore o eliminare tutti i batteri che hanno provocato un'infezione.

4 La specificità della Shoah può essere pienamente colta solo se si riconosce che la soluzione finale non ebbe nei campi di concentramento il proprio principale strumento di esecuzione. **Nel complesso, solo una piccola parte degli ebrei uccisi dai nazisti visse l'esperienza del lager**. Negli anni Trenta, quando i campi vennero istituiti, la maggior parte degli ebrei tedeschi non fu rinchiusa in tali strutture, rivolte soprattutto agli oppositori politici (primi fra tutti i comunisti), agli omosessuali, ai testimoni di Geova, agli asociali e ad altri soggetti *devianti* ariani. Solo dopo la *notte dei cristalli*, nel 1938, per un breve periodo, alcune migliaia di ebrei tedeschi furono internati a Buchenwald, ma poi anch'essi furono rilasciati nel giro di poco tempo. Quando iniziò davvero la soluzione finale, **gli ebrei dell'URSS** (2 milioni, forse) furono **fucilati nei pressi dei loro villaggi e delle città** in cui vivevano; quando fu il turno degli **ebrei polacchi** (2,5 milioni, forse), vennero **uccisi con il gas nei centri di sterminio** di Chelmno, Belzec, Sobibor e Treblinka. Infine, sulla banchina ferroviaria di Auschwitz, vennero selezionate circa 850 000 persone che, giudicate non idonee al lavoro, furono uccise con il gas subito dopo. Dunque, **la grande maggioranza degli ebrei fu eliminata in contesti che non hanno nulla a che fare con il lager**. L'esperienza di Primo Levi, sotto questo profilo, non è affatto rappresentativa della sorte della maggioranza delle vittime del gigantesco *processo di distruzione* attuato dal nazismo.

Il cimitero ebraico di Terezin dove sono sepolte più di 30 000 vittime del nazismo.

1 La profezia di Hitler

Lo sterminio degli ebrei verificatosi negli anni 1939-1945 fu provocato dal fanatico antisemitismo di Hitler, che fino all'ultimo restò fedele alla sua tesi razzista, secondo cui gli ebrei erano una terribile minaccia per il popolo tedesco. Il 30 gennaio 1939, egli lanciò dal pulpito del Reichstag una terribile *profezia*, minacciando la distruzione degli ebrei in Europa. Negli anni seguenti, questa pubblica dichiarazione fu ripresa e amplificata. Chiunque volesse *lavorare in funzione del Führer* aveva ben chiaro – anche in assenza di ordini formali – quale comportamento il Führer stesso si attendeva da lui.

Adotteremo come punto di partenza il discorso pronunciato da Hitler il 30 gennaio 1939 davanti al Reichstag in occasione della commemorazione annuale della sua ascesa al potere. In quel discorso, accennava allo sterminio degli ebrei che sarebbe avvenuto se fosse scoppiata una nuova guerra mondiale. [...]

Nella dichiarazione del 30 gennaio 1939, Hitler diede espressione sintetica ed enfatica allo schema apocalittico che strutturava la sua ideologia antisemita [...]. *Apocalisse* significa rivelazione, la rivelazione della lotta finale che coinvolge la sorte dell'umanità. *Profeta* è colui che fa questa rivelazione ed è il ruolo che si assume Hitler. Addossando agli ebrei la responsabilità di una eventuale guerra mondiale, egli riprende il tema della *guerra ebraica,* di una guerra fomentata dagli ebrei – uno dei temi nuovi dell'antisemitismo moderno. Un tema che però amplifica collocandolo in un quadro apocalittico. La lotta di cui si parla mette in gioco molto di più della sorte della Germania. Non parla infatti della Germania, ma del mondo, della bolscevizzazione del mondo.

Hitler è in senso letterale un profeta di sventure. Quando nello stesso discorso evoca un'altra possibile *soluzione della questione ebraica*, la concentrazione in un territorio lontano, non riveste i panni del profeta. È l'uomo la cui immaginazione è attratta dalle situazioni estreme. Ne aveva dato prova nel *Mein Kampf.* In quel 30 gennaio 1939 rivelava di essere pronto all'occorrenza a rispondere con misure estreme.

Ma qual è la situazione da lui prospettata, che potrebbe portare allo sterminio degli ebrei europei? Si sarà notato che egli evita di pronunciarsi sull'identità del vincitore dell'eventuale guerra mondiale. Coerentemente con la sua ideologia, l'avvenire è una lotta il cui esito è incerto. Ciò che gli preme annunciare, come sottolineato dal tenore negativo della seconda parte della frase, è che in nessun caso la guerra si concluderà con la vittoria degli ebrei. Se il nazismo uscirà vincitore, va da sé che gli ebrei saranno eliminati, anche se non se ne conosce il modo, con lo sterminio o la deportazione in terre lontane, eventualmente con un'operazione internazionale. È chiaro che non è questa l'ipotesi che spinge Hitler ad atteggiarsi a profeta. È piuttosto l'ipotesi in cui il nazismo non esca vincitore, sia che la guerra si protragga portando allo sfinimento generale,

Se il nazismo uscirà vincitore, va da sé che gli ebrei saranno eliminati, anche se non se ne conosce il modo

sorgente di tutti i mali possibili, sia che, peggio ancora, si concluda con la sconfitta senza appello della Germania nazista.

Se si accetta questa interpretazione, ciò che Hitler annuncia è che, anche se non è in suo potere determinare la fine vittoriosa dell'eventuale guerra mondiale, è in suo potere fare in modo che gli ebrei non ne escano vincitori. Ciò che emerge qui con violenza è il trauma del 1918, la matrice storica del nazismo sotto tutti i punti di vista, l'origine del suo atteggiamento di attesa e della sua mentalità di gruppo. Una non vittoria o una sconfitta tedesca potrebbero avverarsi, ma in nessun caso una nuova vittoria degli ebrei. [...]

Al di là dell'interpretazione da dare a questa dichiarazione, bisogna chiedersi che funzione rivesta l'assumere il ruolo di profeta. [...] La prima è una funzione *statutaria*. Il ruolo profetico – familiare nella cultura cristiana – rifletteva e confermava l'eccezionalità di Hitler, in altri termini il suo carisma. Il capo nazista si presentava nei panni di mediatore fra il mondo dei mortali e il mondo sovrannaturale per annunciare la fine di un regno, quello degli ebrei. Lo faceva coniugando la sorte loro e la sua personale in una visione che forniva alla situazione un'ampiezza cosmica e una portata quasi metastorica. E se il peggio si fosse realizzato, avrebbe elevato, con le sue solenni parole, un mausoleo in cui la posterità avrebbe commemorato l'eroe

Adolf Hitler durante un discorso pubblico.

germanico che era riuscito a far scendere nella tomba il suo peggiore nemico prima di soccombere a sua volta.

La seconda funzione è pedagogica, una pedagogia che punta all'identità. Hitler proponeva ai suoi fedeli e al popolo tedesco la sua interpretazione di una realtà in gestazione, un'eventuale guerra mondiale evidente conseguenza della sua politica, ma di cui addossava in anticipo la responsabilità agli ebrei e che descriveva come una lotta all'ultimo sangue contro di loro. Nell'esprimere in maniera spettacolare la sua visione apocalittica, incoraggiava l'adozione della forma più violenta di antisemitismo. I tedeschi erano invitati ad abbandonare lo spazio nazionale regolato dalle norme del diritto, fosse pure di un diritto eccezionale che discriminava una minoranza. E non per portarsi nello spazio delle guerre fra Stati, nel quale alcune norme giuridiche sopravvivevano ancora, bensì per spostarsi nello spazio metafisico della lotta fra il bene e il male che non ammetteva né tregua, né compromesso, né limite alcuno all'esercizio della violenza.

Con la sua profezia, Hitler incoraggiava, insomma, la formazione di una comunità di pensiero e di azione, di una *comunità interpretativa*, come direbbero i miei colleghi anglosassoni. Voleva che venisse condivisa la sua visione di una situazione estrema e questa visione doveva allargare i limiti del concepibile, orientare le attese e fornire, ove necessario, la giustificazione all'agire.

P. BURRIN, *L'antisemitismo nazista*, Bollati Boringhieri, Torino 2004, pp. 61-67, trad. it. G. SECCO SUARDO

Analizza il testo

› In che cosa un'eventuale sconfitta tedesca in una futura guerra mondiale sarebbe stata comunque molto diversa dalla disfatta del 1918?

› Per l'autore, è legittimo confinare il nazionalsocialismo nel campo delle dottrine politiche?

2 Lo sterminio dei malati di mente: la *Aktion T4*

Esiste un legame diretto tra la campagna di eutanasia dei malati di mente e degli handicappati tedeschi, da una parte, e il giudeicidio, dall'altra. Per la prima volta, il regime nazista decise di risolvere un problema con le esecuzioni di massa; a questo fine, venne preparato un gruppo specifico di funzionari (che si abituarono a procedure omicide su vasta scala) e una tecnica (l'uccisione con il monossido di carbonio), che sarebbero poi stati trasferiti a est, nel 1942.

Hadamar, Grafeneck, Brandenburg, Hartheim, Sonnenstein, Bernburg: nessuno di questi nomi si è radicato nella memoria collettiva come quelli di Auschwitz o di Treblinka. Tuttavia, sono i nomi dei primi centri di annientamento. Vi furono liquidati infermi e portatori di handicap, malati di mente e depressi, marginali e detenuti dei campi di concentramento. Qui i nazisti misero in funzione le prime camere a gas, che, tra l'autunno del 1939 e l'estate del 1941, servirono a uccidere quasi 70 000 persone, essenzialmente tedeschi, la cui «vita era inutile», secondo i criteri del regime. La genesi di questo massacro ci interessa per una duplice ragione: perché ci è restato l'ordine che di esso diede Hitler, a partire dall'ottobre 1939, e perché Reinhard Heydrich fu implicato nella sua attuazione.

Cominciata nell'ottobre 1939, la prima fase dell'operazione detta di eutanasia venne proseguita fino all'inizio dell'autunno del 1941. Era diretta da un ufficio ubicato al n. 4 della Tiergartenstrasse, a Berlino, da cui il nome in codice dell'operazione di annientamento: T4. Quando la Aktion T4 [Azione T4, *n.d.r.*] venne sospesa, il suo personale non dovette aspettare molto per essere reimpegnato. Il 25 ottobre 1941 Erhard Wetzel, incaricato della «questione razziale» alle dipendenze di Alfred Rosenberg, ministro per i territori occupati dell'Est, scriveva a Hinrich Lohse (1896-1964), Reichskommissar dell'Ostland [distretto comprendente i tre Paesi Baltici e parte della Bielorussia, della Russia e dell'Ucraina, occupate nel 1941, *n.d.r.*], che si poteva prendere in considerazione l'idea di liberare l'area dagli «ebrei inabili al lavoro». Infatti: «...Herr Brack, Oberdienstleiter della Cancelleria del Führer, ha già fatto sapere di essere pronto a predisporre edifici e installazioni per la gassazione». Viktor Brack (1904-48), sin dall'autunno 1939, aveva dato assicurazioni a tutta l'amministrazione della Aktion T4 da parte della Cancelleria del Führer. E Wetzel aggiungeva che «lo Sturmbannführer Eichmann, specialista di questioni ebraiche presso l'RSHA [l'Ufficio Centrale per la Sicurezza del Reich, diretto da R. Heydrich, *n.d.r.*]» era d'accordo perché il procedimento venisse impiegato a Riga o a Minsk, dove si prevedeva, in quella data, di allestire campi di lavoro per gli ebrei deportati dalla Germania.

Alla fine, nel novembre 1941, fu più a sud che vennero inviati i cento funzionari della Aktion T4, incaricati di lavorare con Odilo Globocnik (1904-45) e Adolf Eichmann alla progettazione e all'edificazione di Belzec in Polonia. A metà dicembre furono raggiunti dal primo comandante del campo di annientamento, Christian Wirth (1885-1944), che aveva contribuito a mettere a punto i procedimenti di eliminazione degli infermi e dei portatori di handicap a Brandenburg nel gennaio 1940, per poi occuparsi di compiti amministrativi a Hadamar e Hartheim. Si era ancora in fase sperimentale quando si tenne la conferenza di Wannsee. Si trattava di rendere quantitativamente più efficienti i metodi di uccisione che erano stati praticati sui malati mentali. A metà marzo 1942 il procedimento fu messo in funzione per gli ebrei del Governatorato Generale. In effetti, dal mese di aprile 1941, l'organizzazione T4 aveva cominciato a pianificare una Aktion 14f13, il cui bersaglio era la «popolazione inadatta al lavoro» dei campi di concentramento. Poiché nel contempo tale trattamento cominciava a venir applicato agli ebrei dei ghetti polacchi e poi, a partire dall'autunno, agli ebrei deportati del Reich, la pratica dell'eutanasia finì col convergere con la «soluzione finale della questione ebraica», dando origine ai campi di annientamento Belzec, Sobibor e Treblinka che ebbero inizialmente comandanti provenienti dalla Aktion T4 – e pagati sul bilancio di questa.

Un'altra istituzione, la Kriminalpolizei di Heydrich, non era da meno. Nell'agosto 1941 Arthur Nebe (1894-1945), direttore del *Reichskriminalpolizeiamt* e capo dell'*Einsatzgruppe* B, e Albert Widmann, del *Kriminaltechnischer Institut*, che aveva messo a punto i procedimenti di gassazione per i centri di eutanasia in

Germania, furono invitati da Himmler a immaginare sistemi di assassinio diversi dalla fucilazione, da utilizzare sul territorio sovietico occupato per eliminare ebrei, asiatici, malati mentali e menomati; Widmann perfezionò progressivamente il modello del camion a gas. A fine ottobre 1941 Herbert Lange, della Kripo [Polizia criminale, *n.d.r.*], si installò a Chelmno con il suo commando SS che aveva effettuato operazioni omicide in Polonia, indipendentemente dalla Aktion T4, ma nel quadro della politica di eutanasia voluta dal Führer. Qui le uccisioni cominciarono ancor prima che a Belzec, a partire dal 5 dicembre 1941.

Fu la guerra a rivelare il volto totalitario del nazismo, creando le circostanze favorevoli alla realizzazione dei progetti genocidi generati dalla giudeofobia, dal razzismo e dall'eugenismo

Fu la guerra a rivelare il volto totalitario del nazismo, creando le circostanze favorevoli alla realizzazione dei progetti genocidi generati dalla giudeofobia, dal razzismo e dall'eugenismo. Il pretesto invocato quando si cominciò a parlare di eutanasia fu quello di «liberare letti» per i feriti di guerra. Si trattava anche – ed era un'ossessione del dittatore che sarebbe arrivata al parossismo in occasione della campagna contro l'URSS e della messa a morte dei prigionieri di guerra sovietici – di eliminare le bocche inutili. Esiste un testo, firmato di suo pugno da Hitler, antidatato al 1° settembre 1939 – giorno dell'inizio delle ostilità con la Polonia – che autorizzava l'effettuazione dell'eutanasia. Ma si ha a che fare, come sempre sotto il Terzo Reich, con un processo in cui vennero prese molteplici iniziative nel quadro fissato dal Führer, solo in seguito coordinate.

Nel gennaio 1939, come già era capitato numerose volte, alcuni genitori si erano rivolti al Führer – la posta arrivava nella sua «cancelleria personale» – chiedendo di abbreviare le sofferenze dei loro figli malformati, e il dittatore aveva immediatamente incaricato Karl Brandt, uno dei suoi due medici personali, e Philipp Bouhler, capo della sua Cancelleria, non soltanto di dare seguito alla richiesta, cosa che era già avvenuta, ma di lanciare un processo più globale di selezione ed eliminazione delle «vite non degne di essere vissute». È interessante notare la simultaneità di questo avvenimento con il discorso al Reichstag del 30 gennaio 1939 in cui si annunciava il genocidio degli ebrei d'Europa in caso di guerra. Nel febbraio 1939 Brandt e Bouhler radunarono un gruppo di medici con l'incarico di ipotizzare una procedura di eliminazione dei bambini menomati. [...] Sempre al ministero degli Interni, il Segretario di Stato alla Sanità Leonardo Conti (1900-45) [...] aveva rapidamente preso in mano la questione dell'eliminazione degli adulti con handicap. Nel regime a esecuzione decentrata quale fu il Terzo Reich, chiunque volesse accrescere il proprio potere doveva affermare la propria autorità in un campo che investisse il cuore dell'ideologia hitleriana. Bormann, capo di gabinetto di Hess (e più tardi capo della Cancelleria del Partito) – e dunque rivale di Bouhler – si alleò con Leonardo Conti per giocare anche lui un ruolo nel processo. La rivalità era tanto più forte visto che ciascuno dei due attori voleva apparire come quello che lavorava meglio «nella direzione del Führer». Fu una gara tra organismi del Partito e dello Stato che contribuì all'allargamento della cerchia degli individui coinvolti: dopo i bambini e gli adulti con handicap, furono presi di mira anche i malati colpiti da cancro, tubercolosi e arteriosclerosi.

É. HUSSON, *Heydrich e la soluzione finale. La decisione del genocidio*, Einaudi, Torino 2010, pp. 35-38, trad. it. M. MARCHETTI

Analizza il testo

- Quanto tempo durò la campagna si eutanasia? Quante vittime fece?
- Per quale motivo il programma di eutanasia fu denominato "Aktion T4"?

L'ufficiale delle SS Odilo Globocnik, supervisore della costruzione di diversi campi di concentramento in Polonia, nel campo di sterminio di Sobibor.

STORIOGRAFIA

Lo **sterminio nazista**

Lo studio dello sterminio degli ebrei in Europa durante la seconda guerra mondiale può permettere l'acquisizione di una competenza fondamentale, che potremmo definire nel modo seguente: **saper cogliere i caratteri specifici di un crimine del XX secolo**. Per affinare tale competenza, viene proposto di seguito un approfondimento, che prende le mosse dai testi di due studiosi che tentano di precisare i tratti tipici del più grave crimine nazista confrontandolo con altre vicende del Novecento.

Le *terre di sangue*

Nel cuore dell'Europa, in poco più di un decennio, i regimi nazista e sovietico eliminarono circa 14 milioni di persone. Il luogo in cui inesorabilmente le vittime morirono, le *terre di sangue*, si estendeva dalla Polonia centrale alla Russia occidentale, includendo anche la Bielorussia, l'Ucraina e gli Stati Baltici. Nel corso del consolidamento del nazionalsocialismo e dello stalinismo (1933-1938), dell'occupazione congiunta tedesco-sovietica della Polonia (1939-1941) e poi della guerra tra Germania e Unione Sovietica (1941-1945), una violenza di massa mai avvenuta in precedenza si diffuse in queste regioni mietendo vittime fra gli stessi abitanti, principalmente ebrei, bielorussi, ucraini, polacchi, russi e baltici. Furono uccisi 14 milioni di persone nello spazio di soli dodici anni, tra il 1933 e il 1945, mentre Hitler e Stalin erano al potere. […]

Durante la Seconda guerra mondiale l'Unione Sovietica sconfisse la Germania nazista sul fronte orientale, ottenendo in tal modo la gratitudine di milioni di persone nei confronti di Stalin e un ruolo fondamentale nella definizione dell'ordine postbellico in Europa. Ma le uccisioni di massa attuate da Stalin erano impressionanti quanto quelle ordinate da Hitler. Anzi, proprio in tempo di pace furono peggiori. Con il pretesto di difendere e modernizzare l'Unione Sovietica, negli anni Trenta Stalin fu responsabile della morte per fame di milioni di concittadini e della fucilazione di 750 000 persone. Stalin massacrò i propri connazionali con la stessa efficienza con cui Hitler eliminò gli abitanti di altri Paesi. Dei 14 milioni di persone deliberatamente sterminate nelle terre di sangue tra il 1933 e il 1945, un terzo lo si deve ai sovietici.

Questa è una storia di assassini di massa politici. I 14 milioni erano tutti vittime di una politica di morte sovietica o nazista, spesso di un'interazione tra l'Unione Sovietica e la Germania nazista, ma mai vittime della guerra in corso tra i due Paesi. Un quarto di essi fu ucciso addirittura prima dell'inizio della Seconda guerra mondiale. Altri 200 000 perirono tra il 1939 e il 1941, mentre l'Unione Sovietica e la Germania stavano rimodellando l'Europa in qualità di *alleati*. Le morti dei 14 milioni di persone erano a volte previste o affrettate da pianificazioni e considerazioni economiche, ma non furono mai causate da necessità finanziarie in senso stretto. Nel 1933 Stalin sapeva che cosa sarebbe successo se si fosse impossessato del cibo dei contadini affamati dell'Ucraina, esattamente come Hitler sapeva che cosa aspettarsi quando, otto anni più tardi, privò del cibo i prigionieri di guerra sovietici. In entrambi i frangenti, persero la vita più di 3 milioni di persone. Le centinaia di migliaia di contadini e operai sovietici uccisi durante il Grande Terrore nel 1937 e 1938 erano vittime di chiare direttive di Stalin, proprio come i milioni di ebrei sterminati tra il 1941 e il 1945 erano vittime di una esplicita decisione di Hitler. La guerra modificò l'equilibrio dei massacri. Negli anni Trenta, l'Unione Sovietica era l'unico Stato europeo che eseguiva una politica di uccisione di massa. Nei primi sei anni e mezzo in cui Hitler fu al potere, il regime nazista uccise non più di 10 000 persone circa. Il regime stalinista ne aveva già affamate a milioni e ammazzate oltre 500 000. La politica tedesca di uccisione di massa giunse a rivaleggiare con quella sovietica tra il 1939 e il 1941, dopo che Stalin permise a Hitler di intraprendere la guerra. […]

È opinione comune che l›orrore del XX secolo risiedesse nei campi di concentramento, ma non è lì che morì la maggioranza delle vittime del nazismo e dello stalinismo. I fraintendimenti riguardanti i luoghi e i metodi degli stermini di massa ci impediscono di comprenderlo. […] Un milione circa di persone morì perché fu destinato a lavorare nei campi di concentramento tedeschi, tutt›altro dalle camere a gas, dai campi di sterminio e da quelle aree in cui i nazisti avevano imposto la morte per fame, in cui perirono *10 milioni* di persone. Più di un milione di vite fu stroncato per sfinimento e malattie nei gulag sovietici tra il 1933 e il 1945 – anche in questo caso con una netta differenza rispetto ai campi di sterminio sovietici e alle regioni dell'Unione Sovietica ridotte alla fame, dove morirono attorno ai 6 *milioni* di persone, di cui circa *4* nelle terre di sangue. Il 90 per cento di quelli che entrarono nei gulag rimase in vita. Anche la maggior parte delle persone chiuse nei campi di concentramento tedeschi (al contrario dei campi di gassificazione, delle fosse comuni e dei campi di prigionieri di guerra) sopravvisse. Il destino degli internati nei campi di concentramento, per quanto intollerabile, è diverso da quello dei molti milioni che furono sottoposti a camere a gas, uccisi con le armi da fuoco o perirono di stenti. [...] La stragrande maggioranza delle vittime dei regimi tedeschi e sovietici non vide mai un campo di concentramento. Auschwitz era due cose in una, un campo di lavoro e una fabbrica di morte, e il destino degli ebrei e dei non ebrei costretti al lavoro divergeva da quello degli ebrei selezionati per finire nelle camere a gas. Quindi Auschwitz appartiene a due storie correlate ma distinte. In quanto campo di lavoro coatto rappresenta perfettamente l'esperienza delle persone che furono sottoposte alle politiche di concentramento tedesche (e sovietiche), mentre intesa come fabbrica di morte è più rappresentativa del destino di coloro che vi furono deliberatamente uccisi. La maggior parte degli ebrei che arrivarono ad Auschwitz fu semplicemente gassata e non passò mai per un campo di concentramento, come quasi tutti i 14 milioni di morti delle terre di sangue.

T. SNYDER, *Terre di sangue. L'Europa nella morsa di Hitler e Stalin*,
Rizzoli, Milano 2011, pp. 10-16, trad. it. L. LANZA, S. MANCINE, P. VICENTINI

Caratteri tipici del genocidio nazista

La decisione di uccidere gli ebrei d'Europa fu una cosa mai pensata in precedenza. Era ignota alla storia. Il parallelo più vicino era stata l'uccisione di un numero tra 1 000 000 e 1 500 000 di armeni da parte dei turchi nel 1915 (i due terzi dei quali vivevano a quel tempo in Turchia). Esistevano alcune similarità. C'era stata una lunga preistoria dell'ostilità turca nei confronti degli armeni, punteggiata da scoppi di violenza terribile e da massacri. Alcuni imperativi ideologici avevano spinto a quella radicalizzazione. E l'emergenza di un genocidio totale si verificò nel contesto di una guerra assolutamente brutale. Il programma di sterminio fu poi realizzato con il sostegno del governo turco. Ma esistevano anche importanti differenze. A determinare il genocidio non fu un razzismo biologico. È possibile che 20 000 armeni all'incirca abbiano evitato il massacro convertendosi all'islam. Invece, nella Germania nazista, la conversione al cristianesimo, naturalmente, non poteva offrire protezione agli ebrei. Non esisteva alcuna politica di distruzione fisica degli armeni alle spalle del loro genocidio. Esso non era stato burocraticamente programmato, e all'inizio si svolse in modo disorganico, partendo da reazioni, sempre più violente e crudeli, alle crisi impreviste del 1914-15. Il genocidio nazista, benché iniziato solo nel 1941, fu una conseguenza logica – in effetti, sotto certi aspetti, una conseguenza inesorabile – delle premesse su cui si fondava il potere nazista. Dal 1933 in avanti, le sue fondamenta filosofiche basate su un antisemitismo biologico furono inserite nell'ideologia di stato (incarnazione della più alta autorità della nazione). Questo comportò poi una sistematica e sempre più radicale persecuzione, efficientemente messa in atto da una macchina burocratica moderna, culminata nello sterminio meticolosamente pianificato, eseguito attraverso una tecnologia di tipo industriale, con l'obiettivo finale dell'annientamento in Europa di tutti gli ebrei. [...]

La mentalità di Hitler era questa: la guerra non poteva essere vinta finché non fossero stati distrutti gli ebrei. Era un'idea rimasta in lui dopo che la prima guerra mondiale era finita in quella che egli definiva «una catastrofe immensa, una capitolazione vile, una rivoluzione odiosa e un'umiliazione nazionale». Al pari di tanti altri appartenenti alla destra tedesca del tempo, di tutto ciò egli riteneva responsabili gli ebrei. [...]

L'idea non era confinata alla sola mente di Hitler. Nel periodo immediatamente successivo al pogrom della *Reichskristallnacht* [la notte dei cristalli, *n.d.r.*] il 9-10 novembre 1938, Hermann Göring, il primo paladino di Hitler, parlò in alcuni circoli ristretti di «una grande resa dei conti con gli ebrei», nel caso ci fosse stata un'altra guerra. Due settimane più tardi, il 24 novembre, la principale pubblicazione delle SS, *Das Schwarze Korps*, parlò di estirpare gli ebrei criminali «col fuoco e con la spada». [...] Come capo supremo del regime, Hitler incarnava il credo fondamentale secondo cui la salvezza della Germania dipendeva dall'eliminazione degli ebrei. Altri, per realizzare tale imperativo ideologico, s'impegnavano in modi diversi. Nella Polizia di

Sicurezza, la *missione* aveva assunto una forma istituzionale. E veniva a far parte comune con il più ampio obiettivo della guerra e della conquista. L'esplicito nesso che Hitler vedeva tra ebrei e guerra gli consentiva non solo di utilizzare e sfruttare il vecchio pregiudizio antisemitico, ma gli aveva anche conferito uno scopo dinamico, messianico. Quando cominciò la guerra, la dirigenza nazista era già forgiata in élite *protogenocida* [mentalmente pronta e moralmente disposta a compiere un genocidio, *n.d.r.*].

Per puntellare la mentalità genocida occorreva una demonizzazione degli ebrei, che era diventata la fantasia centrale dell'immaginario nazista. Essa trascendeva qualsiasi considerazione pratica. Gli ebrei erano un'esigua minoranza della popolazione tedesca – solo lo 0,76 per cento nel 1933 – e non erano evidentemente in grado di competere per il potere nello Stato, di sollevare concorrenziali rivendicazioni di spazio, risorse o modi d'essere se non nella proiezione fantasmatica di chi li vedeva come una minaccia [...]. L'immagine che i nazisti avevano degli ebrei andava al di là dei pregiudizi e degli odi tradizionali. Presupponeva che gli ebrei fossero nientemeno che il supremo pericolo *esistenziale*. In seno alla Germania, gli ebrei erano considerati quelli che *avvelenavano* la cultura tedesca. La *vera* essenza di tutto ciò che era supposto come *germanico* si contrapponeva alle correnti sovversive del materialismo e della corruzione *ebraici*. Ma il pericolo era visto come capace di andare anche oltre. Secondo l'immaginario nazista, gli ebrei, dominando sia il capitalismo dei nemici *plutocratici*, Gran Bretagna e Stati Uniti, sia il bolscevismo del nemico sovietico, ponevano una minaccia ultimativa all'esistenza stessa della Germania. Infatti, gli ebrei rappresentavano un mondo totalmente aborrito dal nazismo, una serie di valori morali che erano filtrati attraverso il giudaismo e il cristianesimo per formare le fondamenta di quella civiltà che Hitler, come aveva ripetuto chiaramente, voleva sradicare. In questo senso, il nazismo equivaleva all'apocalittica visione di una nazione e di una società rinnovate che sarebbero sorte dalla distruzione e dallo sradicamento dei valori corrosivi incarnati dagli ebrei. Era nientemeno che un tentativo fondamentale di cambiare il corso della storia, di conseguire una redenzione nazionale con l'eliminazione non solo di ogni influenza ebraica, ma degli ebrei stessi. Partendo da una simile premessa, la decisione di uccidere gli ebrei d'Europa, anche se sorta in specifiche circostanze createsi nel 1941, seguiva un'inesorabile e orribile logica. Nell'esaminare altre fatali decisioni prese dai leader politici nel 1940-1941, abbiamo cercato di considerare se e quali alternative si ponevano eventualmente a loro, e come essi vedevano la situazione al tempo. Ma di fronte alla decisione di Hitler di uccidere gli ebrei, simili alternative non c'erano: o meglio, avrebbero riguardato soltanto dei metodi alternativi di sterminio.

I. KERSHAW, *Scelte fatali. Le decisioni che hanno cambiato il mondo. 1940-1941*, Bompiani, Milano 2012, pp. 564-569, trad. it. G. BERNARDI

Lavorare con i testi

Nei passi citati, il colore ha evidenziato alcuni passaggi essenziali, cioè alcuni elementi che permettono di cogliere meglio le tesi dei due storici. Come ulteriore stimolo di analisi e di riflessione, ti viene proposto uno schema, che riassume le principali informazioni. Dopo averlo esaminato, utilizzandolo come scaletta, componi un testo di tre colone di foglio protocollo.

Analizza i testi

Elementi di affinità tra la Shoah e altri crimini del Novecento	Elementi tipici della violenza nazista
Un gruppo umano viene identificato come un pericolo mortale per la comunità nazionale o per l'intera umanità	Gli ebrei sono considerati una razza: non sono previsti ravvedimenti, conversioni o collaborazioni
Lo Stato è il principale artefice della diffamazione calunniosa delle vittime	L'approccio *biologico* prevede la totale eliminazione del nemico fino all'ultimo individuo
Lo Stato è il protagonista dell'azione criminale	L'ebreo non è solo un avversario: è demonizzato, è trasformato in *principio metafisico negativo*: è l'incarnazione stessa del male
Lo Stato utilizza i campi di concentramento come strumento di repressione politica, ma il crimine più grave è compiuto con altre modalità, diverse dal lager	Lo Stato non persegue finalità politiche o economiche: l'obiettivo ultimo è di carattere *messianico*, utopico

Verifica dell'apprendimento
Conoscenze e abilità

Lo spazio

1. Osserva la carta, a cui è stata tolta la legenda, e rispondi alle seguenti domande. Attribuisci infine un titolo idoneo alla carta.

Titolo: ....

....

a) Qual è la fondamentale differenza tra le località indicate da una stella e quelle indicate da un pallino? Quale luogo potrebbe nella carta essere contrassegnato sia dalla stella sia dal pallino? Perché?

....

....

....

b) Che cosa indicano, invece, i triangoli?

....

....

c) Che cosa differenzia l'area colorata in arancione e l'area colorata in marroncino?

....

....

....

d) Che cosa indica l'espressione *Aktion Reinhard*? Perché ha assunto proprio questo nome?

....

....

Organizzare le informazioni

2. Completa lo schema relativo alla funzione ideologica del lager.

Denutrizione e .... → Morte e ....

Assenza di .... tra i detenuti → Probabilità di ....

Degradazione .... dei detenuti → .... conferma degli stereotipi .... nazisti

→ Giustificazione nazista dello ....

Lessico

3. Definisci le espressioni o i termini.

Governatorato generale

....

....

Ghetto (in riferimento alla Germania nazista)

....

....

Einsatzgruppen

....

....

Conferenza di Wannsee

....

....

Fatti e concetti

4. Collega gli inizi di frase della colonna di sinistra con le corrispondenti conclusioni della colonna di destra.

a) L'elasticità degli ordini impartiti ai membri delle *Einsatzgruppen*	**1)** l'amministrazione delle comunità era affidata ai Consigli ebraici (*Judenrät*).
b) Nei primi mesi del 1943 il ghetto di Varsavia,	**2)** fu condotto per motivazioni ideologiche e non economiche.
c) All'interno dei ghetti nelle città polacche	**3)** spinsero l'amministrazione tedesca a cercare metodi alternativi per l'uccisione di prigionieri ed ebrei.
d) I crolli nervosi e i problemi psicologici mostrati da molti soldati tedeschi	**4)** dopo aver opposto ai tedeschi una tenace resistenza, fu dato alla fiamme e tutti gli ebrei catturati e deportati.
e) Il nazismo, dal punto di vista ideologico,	**5)** condivide con il millenarismo la concezione dualistica e apocalittica.
f) In campi di sterminio come Chelmno	**6)** la percentuale di morti era prossima al 100%.
g) La selezione all'ingresso dei campi di concentramento	**7)** avveniva in base a un sommario sguardo di un medico delle SS, che decideva della vita e della morte di migliaia di ebrei.
h) La distruzione del popolo ebraico progettata da Hitler	**8)** li lasciava liberi nelle iniziative personali, per cui giunsero a gravissime forme di violenza.

Il ruolo dei soggetti storici

5. Rispondi brevemente alle seguenti domande.

a) Perché nel testo si è parlato di atteggiamento ambiguo dei tedeschi nei confronti degli ebrei polacchi, in riferimento al trattamento che veniva "riservato" a questi ultimi?

....

....

....

....

b) Chi furono i protagonisti della strage di Babij Jar? Che cosa accadde?

....

....

....

....

c) Che cosa indica il termine "musulmano" in riferimento ai campi di concentramento? Chi era Primo Levi? Quale concetto ha inteso esprimere parlando di «zona grigia» nei lager?

....

....

....

→ Verso il saggio breve

6. Scrivi un testo – massimo due facciate di foglio protocollo – sul processo di Norimberga utilizzando le domande-guida elencate di seguito.

- → Qual è la valenza simbolica della scelta di Norimberga come città dove processare i capi superstiti del regime nazista?
- → Chi condusse il processo dalla parte dell'accusa?
- → Qual era il più grande ostacolo giuridico per giungere alla lecita condanna degli imputati?
- → Come si difesero i capi nazisti? Che cosa pensi delle loro risposte?
- → Quale fu l'importantissima novità giuridica introdotta con il processo di Norimberga?
- → Oltre a singoli individui, le sentenze di Norimberga individuarono altri colpevoli di crimini contro l'umanità?

metodo di studio → Per ripassare i **fatti**

CONTRASTI POLITICI

1933
→ Creazione dei primi campi di concentramento in Germania

1941
Estate
→ Invasione dell'Unione Sovietica: inizia lo sterminio sistematico degli ebrei russi

Autunno
→ Costruzione di due nuovi campi ad Auschwitz: Birkenau e Monowitz

20 gennaio 1942
→ Conferenza di Wannsee: decisione e pianificazione dello sterminio (soluzione finale)

Aprile 1943
→ Ribellione e distruzione del ghetto di Varsavia

ECONOMIA DEMOGRAFIA E SOCIETÀ

1939
→ Creazione dei ghetti in Polonia dopo l'occupazione

Dicembre 1941-estate 1942
→ Creazione dei campi di sterminio di Treblinka, Sobibor, Belzec

CULTURA CIVILTÀ E RELIGIOSITÀ

1934
→ Numero speciale di "Der Stürmer" sull'omicidio rituale

1939
30 gennaio
→ "Profezia" di Hitler di fronte al Reichstag

1942
→ Emanuel Ringelblum stende la sua cronaca sul dramma del ghetto di Varsavia

20 novembre 1945-1° ottobre 1946
→ Processo di Norimberga

→ Per ripassare i **concetti**

Leggere gli schemi

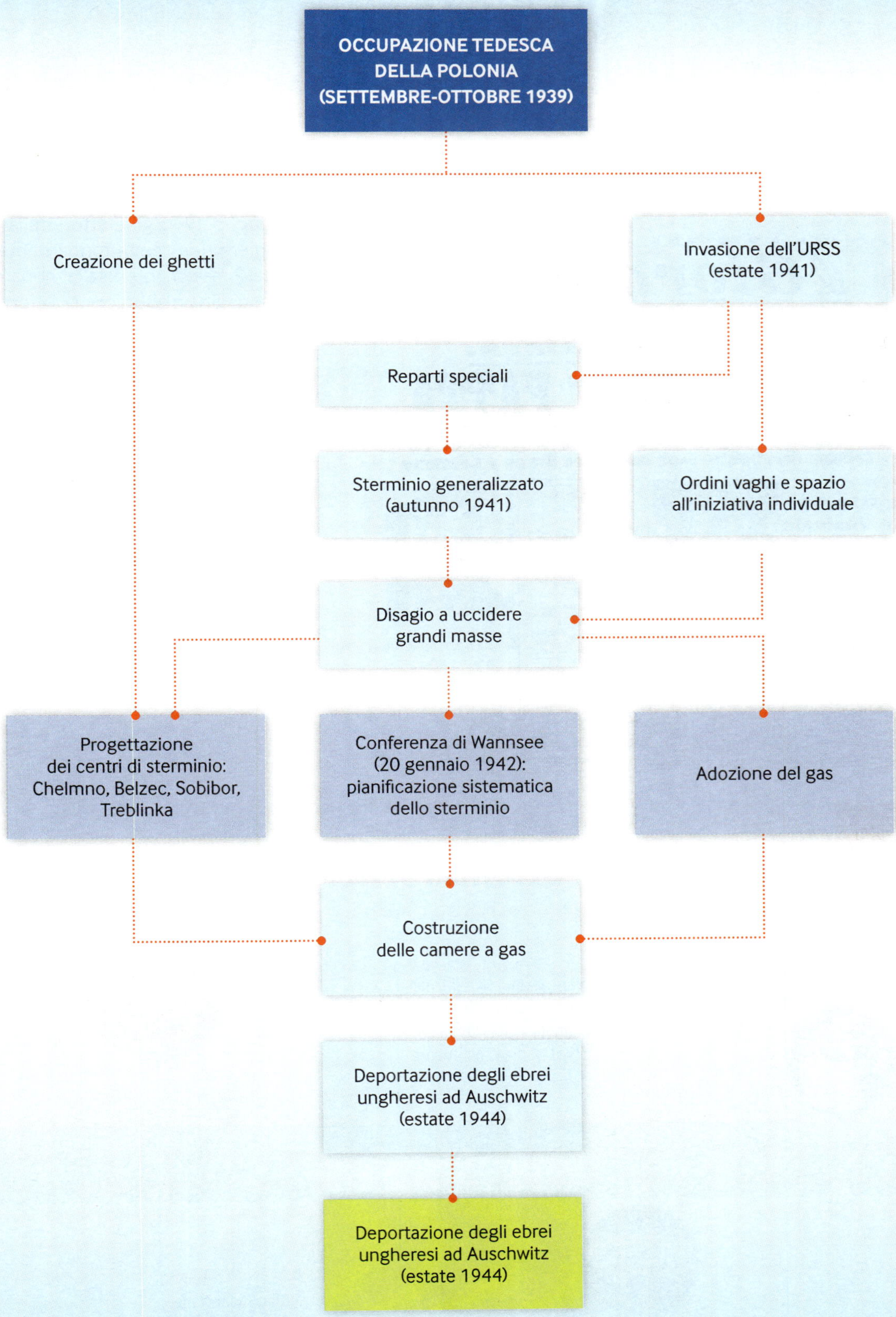

Unità **12**

Dopoguerra: gli anni cruciali (1946-1950)

Un'immagine per iniziare

ULTIMA EDIZIONE DELLA SERA

MOBILI – SENZA AUMENTO – 18 RATE

il Giornale DI TORINO – Indipendente della sera

FRUTTOMALT ALL'ARANCIA

TORINO Anno I - Numero 80 – Ogni numero L. 5

MERCOLEDI' 5 - GIOVEDI' 6 Giugno 1946 – Ogni numero L. 5

Alle ore 10 Nenni dichiara:

"LA REPUBBLICA E' FATTA,,

De Gasperi in Quirinale dopo avere esaminata la situazione con Romita - Colloqui del Ministro degli Interni con Brosio e Cevolotto

Differenza di 2 milioni di voti?

La mattinata a Palazzo Viminale

L'onorevole Orlando presente nella sede della Presidenza del Consiglio

REFERENDUM

Ore 9,30

(dati non ufficiali)

Repubblica 10.485.000

Monarchia 8.370.000

COSTITUENTE

Ore 8,30

I risultati provvisori, riguardanti 21.549.002 elettori sono i seguenti

Democraz. Crist.	7.598.783
Partito Socialista	4.512.333
Partito Comunista	4.129.222
U. D. N.	1.392.227
Uomo Qualunque	1.106.726
Repubblicani	954.753
Blocco Libertà	564.677
Azionisti	313.022
Conc. D. R.	89.476
Mov. U. I.	68.408
Cristiano soc.	51.078
Altre liste	768.297

La fisionomia della Costituente

200 D.C., 120 socialisti, 110 comunisti

Come ci vedono dall'estero

Parigi

A Trieste, città di confine

Londra

Il 2 giugno 1946 gli elettori italiani dovettero compiere una scelta fondamentale per il futuro del Paese: mantenere la monarchia, oppure voltare pagina e abbracciare la forma repubblicana? La complicità del sovrano Vittorio Emanuele III con il regime fascista (basta ricordare l'inerzia dimostrata durante la marcia su Roma o dopo il delitto Matteotti) risultò fatale ai Savoia: gli italiani infatti scelsero la repubblica (nell'immagine un giornale torinese riporta in prima pagina la notizia della vittoria repubblicana). In quelle votazioni inoltre si registrò un altro avvenimento molto importante: per la prima volta, nel nostro Paese, poterono partecipare al voto anche le donne. Il 2 giugno, infine, gli elettori scelsero i deputati che composero l'Assemblea costituente, l'organismoincaricato di stendere la nuova cosituzione.

Gli eventi per orientarsi nel tempo

1911
Fine dell'impero cinese e nascita della Repubblica

1920
Gandhi inizia la lotta non violenta per l'indipendenza dell'India

1945
Conferenza di Yalta e nascita dell'ONU

2 giugno 1946
Referendum in Italia per scegliere tra monarchia e repubblica ed elezioni per l'Assemblea costituente

1947
Gli USA lanciano il Piano Marshall

1948-1949
Prima guerra arabo-israeliana

1948
Indipendenza dell'India

1° gennaio 1948
Entra in vigore la nuova Costituzione italiana

1911 – 1920 – 1945 – 1946 – 1947 – 1948

→ Sommario

TESTO

La carta d'identità del periodo
1 La spartizione del mondo tra USA e URSS
2 La nascita della Repubblica italiana
3 Il risveglio del continente asiatico
4 Lo scontro tra Israele e gli arabi

pagine digitali

› **PERCORSI DI STORIA LOCALE**

Banditismo e politica in Sicilia tra guerra e dopoguerra

Una carta per orientarsi

Nel 1945, con la caduta del regime nazista, i Paesi vincitori della seconda guerra mondiale decisero di dividere la Germania in quattro zone. Anche la città di Berlino, che si trovava al centro della zona occupata dai sovietici, fu ripartita in quattro settori, ciascuno dei quali fu affidato a una delle potenze vincitrici.

Orientarsi nel tempo

18 aprile 1948
Prime elezioni politiche in Italia e vittoria della DC

1949
Patto atlantico

I comunisti di Mao conquistano il potere in Cina

1949 – 1950 – 1951 – 1952 – 1953 – 1954 – 1955

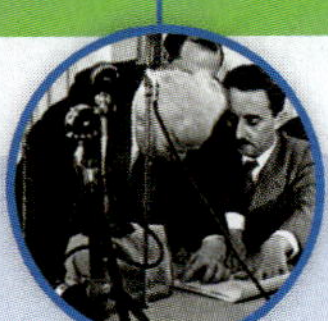

15 maggio 1948
Nascita dello Stato di Israele

1955
Patto di Varsavia

Per iniziare

Storia slide

La **carta d'identità** del periodo

Quale fu il tratto più tipico della politica del secondo dopoguerra?

Sicuramente la creazione di due blocchi politici-militari contrapposti, facenti riferimento agli USA e all'URSS fu il tratto più tipico della politica del secondo dopoguerra. L'alleanza contro le potenze dell'Asse (Germania, Italia, Giappone) si ruppe dopo il 1945: ebbe allora inizio la "guerra fredda", scontro politico e ideologico tra due opposti modelli politici, economici e culturali:

- da una parte c'era il "mondo libero", formato dagli Stati Uniti e da tutti i Paesi che gravitavano nell'orbita americana, accomunati dalla stessa economia di mercato, da sistemi di governo democratico-liberali e dall'appartenenza al Patto atlantico della NATO, l'alleanza militare siglata da dodici nazioni nel 1949;
- dall'altra il "mondo comunista", formato dall'URSS e dai Paesi conquistati dall'Armata rossa, nei quali vennero insediati governi comunisti, amici dei sovietici, accomunati dallo stesso tipo di economia pianificata e dall'appartenenza al patto di Varsavia, l'alleanza militare creata nel 1955.

CAPITOLO 1 La spartizione del mondo tra USA e URSS

→ Durante la **conferenza di Potsdam** (1945), i vincitori **divisero la Germania in quattro settori**, assegnati a URSS, USA, Gran Bretagna e Francia. Anche Berlino venne divisa nello stesso modo. Nel corso del 1947-1948, le zone americana, inglese e francese si unirono: così, sia a Berlino sia nel resto della Germania rimasero solo due settori, *Ovest* (legato agli americani) ed *Est* (sottoposto ai sovietici).

→ Nel 1945, l'Europa era in condizioni drammatiche. Per ricostruirla e per rilanciarne l'economia, gli Stati Uniti lanciarono un vasto progetto di sviluppo denominato **Piano Marshall**, che serviva a sostenere economicamente tutti quei Paesi che avessero estromesso i comunisti dal governo e avessero accettato la guida politica e militare degli USA.

→ Dopo la seconda guerra mondiale, in Europa si crearono quindi **due blocchi di Stati contrapposti**: il primo sotto il controllo sovietico (Polonia, Cecoslovacchia, Bulgaria, Romania, Ungheria e Germania Est); il secondo filoamericano (Francia, Gran Bretagna, Italia, Belgio, Paesi Bassi, Lussemburgo e Germania Ovest).

→ Nel 1948, Stalin tentò di annettere Berlino Ovest, bloccando tutti gli accessi terrestri al settore occidentale. Gli Stati Uniti reagirono con un **gigantesco ponte aereo** che rifornì Berlino Ovest di generi di prima necessità di ogni tipo. Il 4 aprile 1948 USA, Canada e i principali Paesi dell'Europa occidentale firmarono il **Patto atlantico**, con funzione difensiva.

CAPITOLO 2 La nascita della Repubblica italiana

→ Il 2 giugno 1946, il popolo italiano fu chiamato alle urne e per la prima volta anche le donne poterono votare. I cittadini furono chiamati **a scegliere tra la monarchia** (compromessa con il fascismo) **e la repubblica**. Il *referendum istituzionale* risultò favorevole alla repubblica, che ottenne il 54% dei suffragi.

→ Nella medesima circostanza, i cittadini elessero anche l'**Assemblea costituente**, investita del compito di stendere la nuova Costituzione, che sarebbe poi entrata in vigore il **1° gennaio 1948**. Pur avendo visioni politiche molto diverse, i principali partiti (Democrazia cristiana, Partito comunista e Partito socialista) riuscirono a trovare importanti punti d'accordo sui valori di fondo.

→ Le prime elezioni politiche si svolsero il **18 aprile 1948**. I due partiti più importanti erano schierati su fronti contrapposti: da una parte c'era la **DC** (Democrazia cristiana), un partito cristiano e filoamericano; dall'altra il **PCI** (Partito comunista italiano), legato all'URSS. Le elezioni furono vinte dalla DC, che ottenne un clamoroso successo (48,5% alla Camera dei deputati).

→ Il governo fu guidato dal moderato **Alcide De Gasperi**, convinto della necessità di concedere all'opposizione completa libertà di movimento e di espressione. Il PCI, invece, era guidato da **Palmiro Togliatti**. Il 14 luglio 1948, un attentato a Togliatti gettò il Paese nel caos: seguirono disordini e scontri armati che tuttavia lentamente rientrarono, anche grazie all'azione di freno dei dirigenti del PCI.

Domande fondamentali

- Che cosa si decise durante la conferenza di Potsdam?
- Perché il popolo italiano fu chiamato alle urne il 2 giugno 1946?
- Quale strategia utilizzò Gandhi per ottenere l'indipendenza dell'India?
- Che cosa si intende con l'espressione "sionismo"?

15 maggio 1948: sotto il ritratto di Theodor Herzl, ideologo del sionismo, David Ben Gurion proclama la nascita dello Stato di Israele.

CAPITOLO 3 Il risveglio del continente asiatico

In India, il movimento che negli anni Trenta chiedeva l'indipendenza dalla Gran Bretagna era guidato da **Mohandas Karamchand Gandhi**, fautore della nonviolenza. La comparsa di una nuova entità politica, la **Lega musulmana**, inasprì le tradizionali rivalità tra indù e musulmani.

Dopo la seconda guerra mondiale la **Gran Bretagna concesse l'indipendenza** (14 agosto 1947). Furono creati due Stati: la **Repubblica indiana** (a maggioranza indù) e il **Pakistan** (a maggioranza musulmana). Il 30 gennaio 1948, un estremista indù assassinò Gandhi, dopo che gravissimi scontri religiosi avevano provocato circa un milione di morti.

Durante la seconda guerra mondiale i due schieramenti politici (i comunisti di **Mao Zedong** e i nazionalisti di **Chiang Kai-shek**) che dagli anni Venti si combattevano per il predominio in Cina, fecero fronte comune contro il Giappone. Dopo la vittoria, i guerriglieri di Mao sconfissero i nazionalisti e, nel 1949, conquistarono Pechino. Il 1° ottobre 1949 Mao proclamò la **nascita della Repubblica popolare cinese**. Il nuovo governo ebbe l'appoggio dell'URSS.

Nel 1950 il governo comunista della **Corea del Nord** invase la **Corea del Sud**. **Gli Stati Uniti intervennero** in difesa di quest'ultima. A sua volta, Mao, avendo ottenuto dagli URSS armi e tecnologia, sostenne il Nord. Il conflitto si trasformò in una guerra di posizione che si concluse con un armistizio nel luglio 1953.

CAPITOLO 4 Lo scontro tra Israele e gli arabi

Il genocidio degli ebrei a opera dei nazisti nella seconda guerra mondiale suscitò grande emozione nelle comunità ebraiche americane, che si mobilitarono per sostenere la **creazione di uno Stato ebraico in Palestina (sionismo)**. La Gran Bretagna continuava però a contingentare l'arrivo degli esuli ebrei in Palestina. Per costringere gli inglesi ad abbandonare il Paese, alcuni ebrei di Palestina compirono atti di guerriglia e terrorismo.

Gli arabi erano assolutamente contrari alla fondazione di uno Stato ebraico. La Gran Bretagna, allora, decise di rimettere l'intera questione all'Organizzazione delle Nazioni Unite: il 29 novembre 1947, l'Assemblea generale dell'ONU approvò un piano che prevedeva la nascita di **due Stati in Palestina**, uno ebraico e uno arabo.

Il progetto dell'ONU fu accettato dai sionisti: il 15 maggio 1948, essi proclamarono la **nascita dello Stato di Israele**, immediatamente riconosciuto sia dagli Stati Uniti sia dall'Unione Sovietica.

Tutti gli Stati arabi del Medio Oriente, invece, non accettarono tale proclamazione, vista come un'usurpazione ai loro danni di un territorio che abitavano da secoli. Iniziò allora la **prima guerra arabo-israeliana** (1948-1949), conflitto che terminò con la vittoria di Israele; in seguito alla guerra 700 000 arabi palestinesi abbandonarono il territorio dello Stato di Israele e si spostarono verso est, prevalentemente in Cisgiordania.

Capitolo 1

CONTRASTI POLITICI

La **spartizione** del mondo tra **USA** e **URSS**

Storia slide

LE CONOSCENZE DA ACQUISIRE
Nel 1945, USA e URSS di fatto si spartirono l'Europa che fu divisa in due blocchi.

LE COMPETENZE DA POTENZIARE
Saper comprendere il concetto di svolta storica (in ambito politico.

1.1 Le decisioni di Yalta

I problemi della coalizione anti Hitler

Il problema della Polonia Il futuro assetto dell'Europa preoccupava molto i membri della *coalizione anti Hitler*. Per trovare un accordo, i *Tre Grandi* – **Roosevelt, Churchill e Stalin** – si riunirono a **Yalta**, in Crimea, il **4 febbraio 1945**. La guerra non era ancora finita, ma, nonostante la disperata resistenza delle ultime armate tedesche, la capitolazione della Germania era ormai solo una questione di tempo.

Il **principale nodo** era rappresentato dalla **Polonia**, in quanto erano due i governi che pretendevano di rappresentarla ed erano di opposta tendenza. Il primo, che viveva in esilio a Londra ed era appoggiato dagli anglo-americani, teneva una posizione nazionalistica, cioè antirussa e anticomunista. Il secondo, invece, era sorto nel 1943, dopo che a Katyn, nella Polonia orientale, era stata scoperta una fossa comune contenente i cadaveri di circa 4500 ufficiali polacchi. Poiché il governo che operava a Londra, per quel crimine, aveva subito accusato i russi,

ZOOM Le fosse di Katyn

Nell'ultima settimana di febbraio del 1943, i tedeschi scoprirono delle **grandi fosse comuni** nella foresta di Katyn; all'interno furono trovati i cadaveri di circa 4500 ufficiali polacchi. Catturati dall'Armata rossa nel 1939, nella primavera dell'anno seguente questi soldati erano stati dichiarati politicamente e ideologicamente irrecuperabili dalla polizia politica comunista; prelevati dai campi, erano stati infine assassinati con un colpo alla nuca. Fino al crollo dell'URSS, **le autorità sovietiche negarono** recisamente di aver compiuto questo crimine e cercarono in ogni modo di addossarlo ai tedeschi. In realtà, i diari trovati in tasca ai morti (e, oggi, persino i documenti degli archivi moscoviti) non lasciano più alcun dubbio. Si trattò di un'**operazione di pulizia di classe** finalizzata ad eliminare tutti gli elementi considerati controrivoluzionari, cioè ostili al nuovo dominio russo e comunista, imposto alle regioni polacche appena occupate.

I tedeschi diedero ampia pubblicità alle fosse di Katyn, permettendo che i cadaveri fossero attentamente studiati da medici legali polacchi e di altre nazionalità. La speranza di Goebbels (ministro della Propaganda nazista) era di mettere in imbarazzo il governo di Londra e quello polacco in esilio, spingendoli a rompere l'alleanza con l'URSS. L'operazione riuscì solo in parte, in quanto la scelta di dare la precedenza assoluta alla lotta contro la Germania (rimandando a dopo la guerra qualsiasi altra questione, a cominciare dai confini orientali della Polonia) non fu messa in discussione.

1943: due ufficiali tedeschi osservano le fosse di Katyn, dove l'Armata rossa massacrò 4500 soldati polacchi.

Il governo polacco di Lublino

Stalin aveva rotto le relazioni diplomatiche con le autorità polacche stabilitesi in Inghilterra e promosso la nascita di un governo polacco residente a Mosca, in cui i comunisti avevano una posizione di assoluta egemonia. A seguito dell'avanzata dell'Armata rossa, quel governo alternativo prese infine dimora a Lublino, e al momento della conferenza di Yalta continuava a essere l'unico riconosciuto dai russi.

La ricerca di un compromesso A Yalta, i Tre Grandi cercarono di giungere a un compromesso: gli anglo-americani cessarono di appoggiare il governo conservatore londinese e riconobbero come legittimo quello di Lublino. In cambio, ottennero però che esso ampliasse la propria base, cioè si aprisse a elementi non comunisti, residenti in Polonia o all'estero. Tale nuova formazione, allargata a elementi filo-occidentali, avrebbe poi dovuto «indire il più presto possibile libere elezioni sulla base di un diritto di voto universale e segreto, cui hanno diritto di partecipare e presentare candidati tutti i partiti democratici e antinazisti». Inoltre, veniva concordato che un'analoga procedura sarebbe stata seguita anche in tutti gli altri Paesi liberati dalle armate antinaziste, sulla base del principio del «diritto di tutti i popoli a scegliere la forma di governo sotto cui vivere».

Promessa di libere elezioni

A Yalta, dunque, non venne affatto deciso (come spesso si afferma) che l'Europa sarebbe stata divisa in due grandi *sfere di influenza*: al contrario, la *Dichiarazione sull'Europa liberata*, sottoscritta da tutti e tre i partecipanti all'incontro, lasciava **ampio spazio all'autonomia decisionale dei popoli** e alla loro possibilità di darsi, tramite libere elezioni, governi rispondenti alla loro effettiva volontà.

Un nuovo organismo internazionale: l'ONU A Yalta venne affrontato anche l'argomento dell'istituzione dell'**Organizzazione delle Nazioni Unite**, un'istituzione che, nelle intenzioni statunitensi, avrebbe dovuto tutelare tutti gli Stati del mondo, anche i più deboli e indifesi, dalle mire egemoniche dei più forti. La sua finalità principale sarebbe stata la **conservazione della pace e della sicurezza a livello mondiale**, mediante una sistematica prevenzione e punizione di ogni violazione del diritto internazionale. A questo proposito, la speranza di Roosevelt era che fosse possibile **continuare a collaborare con l'URSS** anche dopo la fine della guerra.

Le speranze di Roosevelt

Le organizzazioni internazionali

L'ONU svolge la sua funzione in collaborazione con numerosi istituti e agenzie che si occupano di specifici problemi. In generale, possiamo affermare che il compito di questi istituti è quello di migliorare il tenore di vita dell'umanità e tutelare l'esercizio dei diritti fondamentali dell'uomo e contemporaneamente sviluppare i settori dell'alimentazione e dell'agricoltura.

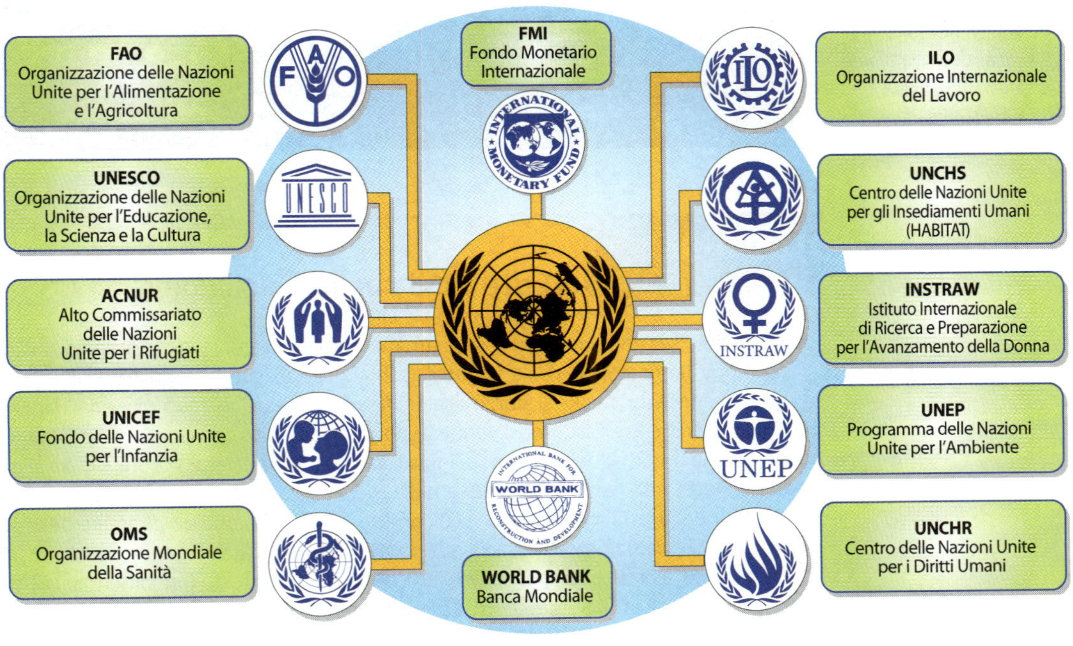

Perché un simile progetto potesse funzionare, era necessaria la partecipazione sovietica alla nuova organizzazione mondiale; Stalin, invece, era molto preoccupato che l'ONU potesse diventare il nucleo di aggregazione e lo strumento di attuazione di una grande politica antisovietica, da parte dei Paesi capitalisti. Così, a Yalta, il dittatore russo ottenne che all'interno del *Consiglio di sicurezza* (l'organismo direttivo dell'ONU) le cinque più importanti potenze (**USA, URSS, Gran Bretagna, Francia e Cina**, *membri permanenti* del Consiglio di sicurezza stesso) godessero del **diritto di veto**.

› VEDI La Società delle nazioni → pag. 221

Su questa base, l'Organizzazione poté ufficialmente nascere il 26 giugno 1945, dopo che un'apposita conferenza convocata a San Francisco ne ebbe fissato i principi di fondo e lo statuto. Pur di ottenere il coinvolgimento dell'URSS, **Roosevelt accettò di fare a Stalin quella concessione che avrebbe di fatto paralizzato l'ONU per quasi cinquant'anni**. Infatti, grazie al diritto di veto, le varie potenze furono in grado di bloccare, fino agli anni Novanta, ogni decisione dell'ONU che mettesse in questione i loro interessi nelle varie aree del pianeta, con il risultato che essa, nella seconda metà del XX secolo, non riuscì mai a trasformarsi in un'istituzione capace davvero di difendere la pace nel mondo, come del resto non aveva saputo esserlo, negli anni Trenta, la sfortunata Società delle nazioni.

Il problema della sovranità degli Stati

Inoltre, nello statuto dell'ONU si affermava esplicitamente che le Nazioni Unite non erano autorizzate a intervenire «in questioni che appartengono essenzialmente alla competenza interna di uno Stato»: il principio della sovranità assoluta di ogni singola entità statale all'interno del proprio territorio, dunque, non era minimamente messo in discussione. All'atto pratico, però, ciò significava che, nel caso in cui un governo avesse compiuto gravissime violazioni dei **diritti fondamentali dell'uomo** entro i confini di un determinato Stato, l'ONU non avrebbe in alcun modo potuto impedirlo.

È il 24 ottobre 1945: a San Francisco, negli Stati Uniti, nasce l'Organizzazione delle Nazioni Unite.

Le parole

→ Diritti fondamentali dell'uomo

Il principio secondo cui ogni essere umano possiede alcuni diritti fondamentali, che lo Stato non dovrebbe assolutamente violare, risale al filosofo John Locke, vissuto in Inghilterra alla fine del Seicento. Per mezzo di questo concetto, Locke si sforzò di giustificare la rivoluzione compiuta dal Parlamento britannico nel 1688-1689, allorché il re Giacomo II venne deposto e sostituito con Guglielmo d'Orange. Le teorie di Locke furono riprese da altri rivoluzionari: esse, infatti, formano l'intelaiatura teorica della *Dichiarazione d'indipendenza* degli Stati Uniti d'America (1776) e della *Dichiarazione dei diritti dell'uomo e del cittadino* del 1789. Dopo la seconda guerra mondiale, il 10 dicembre 1948, l'Assemblea generale delle Nazioni Unite approvò una solenne *Dichiarazione dei diritti dell'uomo*, che tutti gli Stati membri dell'ONU si impegnavano a rispettare. Riportiamo, a titolo esemplificativo, l'articolo 1 di questo testo fondamentale: «Tutti gli esseri umani nascono liberi ed eguali in dignità e diritti. Essi sono dotati di ragione e di coscienza e devono agire gli uni verso gli altri in spirito di fratellanza».

1.2 La spartizione della Germania

La Conferenza di Potsdam I vincitori della seconda guerra mondiale si incontrarono per l'ultima volta, **dal 17 luglio al 2 agosto** 1945, a **Potsdam**, in Germania. Rispetto alla Conferenza di Yalta, la situazione presentava alcune notevoli differenze: la Germania si era arresa, e quindi la guerra in Europa era terminata; inoltre Roosevelt era morto e il nuovo presidente statunitense era **Harry S. Truman**. Quest'ultimo, rispetto al suo predecessore, era molto più diffidente nei confronti di Stalin e pertanto nel maggio 1945 aveva interrotto bruscamente gli aiuti nei confronti dell'URSS, dichiarando decaduta la *Legge affitti e prestiti*. Inoltre, proprio mentre la conferenza era in corso, giunse a Truman la notizia che il primo test relativo alla bomba atomica, compiuto nel New Mexico, aveva dato esito positivo. Dunque, la collaborazione russa non era più necessaria per sconfiggere il Giappone: e questo, naturalmente, privava gli USA di un'importante motivazione per il mantenimento di buone relazioni con l'URSS.

› **VEDI** La prima bomba atomica → pag. 422

1946: la Germania divisa in quattro Al centro della discussione si poneva il destino della **Germania**; ma, in questo clima di crescente sospetto reciproco, le decisioni prese furono contraddittorie. Già a Yalta era stato stabilito che la Germania fosse **divisa in quattro grandi zone d'occupazione**: la più vasta, a est, era quella sovietica, che comprendeva 17 milioni di abitanti; quella inglese, a nord, era più piccola, ma decisamente più popolosa, visto che era abitata da 23 milioni di tedeschi; infine, nel Sud del Paese, amministrato dagli americani, fu deciso di ritagliare una zona affidata all'amministrazione della **Francia**, che veniva così **riammessa nel gruppo delle grandi potenze**. A Potsdam, la contraddizione consisté nel fatto che, in linea di principio, si proclamò la volontà di procedere a una gestione congiunta e unitaria del Paese sconfitto; viceversa, quando fu affrontato **il problema delle riparazioni** che la Germania avrebbe dovuto versare ai vincitori, si accettò il principio secondo cui ogni potenza avrebbe potuto effettuare prelievi di impianti industriali o di altro materiale, a titolo di riparazione, direttamente nella zona d'occupazione da essa amministrata. Ciò in pratica significava, per ogni vincitore, la possibilità di subordinare completamente ai propri interessi, e per un tempo indeterminato, l'economia di un intero settore della Germania. Al di là di tutte le dichiarazioni di principio che promettevano il mantenimento della sua unità politica e territoriale, **di fatto, all'inizio del 1946, la Germania era già un Paese diviso**.

Un cartello indica il confine del settore di Berlino amministrato dalla Gran Bretagna, 1946.

Gli incontri al vertice (1943-1945)

DATE E LUOGHI	PARTECIPANTI	DECISIONI
13-24 gennaio 1943 Casablanca (Marocco)	Churchill e Roosevelt	Impegno a continuare la guerra fino alla resa incondizionata della Germania
22-26 novembre 1943 Teheran (Persia)	Churchill, Roosevelt e Stalin	Impegno degli inglesi e degli americani ad aprire un nuovo fronte in Francia nel 1944
4 febbraio 1945 Yalta (Crimea)	Churchill, Roosevelt e Stalin	Accordi relativi al futuro dell'Europa e alla nascita dell'ONU
17 luglio-2 agosto 1945 Potsdam (Germania)	Churchill, Truman e Stalin	Divisione della Germania in quattro zone di occupazione

Lavorare per competenze
avvio al saggio breve

Violenza, spostamenti ed espulsioni: questioni nazionali nel dopoguerra
→ pag. 503

Guardiamo la storia
L'espulsione dei tedeschi dalla Polonia e dalla Cecoslovacchia

La "sovietizzazione" della Germania dell'Est e della Polonia A Yalta, Roosevelt sperò che i russi avrebbero accettato l'instaurazione di governi democratici nei Paesi dell'Europa orientale; Stalin invece, nel 1945, era soprattutto preoccupato di impedire per il futuro una nuova invasione del territorio sovietico, ed era profondamente convinto che solo dei governi rigidamente controllati da Mosca sarebbero risultati davvero affidabili. Pertanto, ignorando la dichiarazione firmata anche dall'URSS a Yalta, il leader russo decise di procedere alla **"sovietizzazione" di tutta l'area occupata dall'Armata rossa** durante la sua vittoriosa avanzata: un immenso *impero* che comprendeva più di 6 430 000 chilometri quadrati, pari a quasi il 62% dell'intero continente europeo.

Quanto alla **Polonia** (il Paese di gran lunga più diffidente verso il grande vicino russo), Stalin cercò di legarla a sé utilizzando anche l'arma del nazionalismo. Poiché i polacchi erano quanto mai riluttanti ad accettare che i territori invasi nel 1939 dall'esercito russo fossero annessi all'Unione Sovietica, Stalin decise di compensarli per tale perdita **concedendo alla Polonia un'ampia fascia di territorio tedesco**, spostando il confine occidentale della Polonia stessa fino alla linea rappresentata dai due fiumi Oder e Neisse. Storicamente parlando, ciò significò la **fine della plurisecolare presenza tedesca nell'Europa dell'Est**, visto che alle popolazioni tedesche residenti in queste regioni (circa 10 milioni di individui) fu in pratica imposto di trasferirsi in Germania. Più in particolare, il nuovo assetto territoriale di questa area significò la **cancellazione della Prussia** come entità storica e culturale: i suoi territori più orientali furono annessi all'URSS, mentre il resto divenne parte integrante dello Stato polacco.

Tedeschi dei Sudeti espulsi dalla Cecoslovacchia, 1945.

Anche la **Cecoslovacchia** procedette a un'analoga **operazione di pulizia etnica**, all'interno dei propri confini, espellendo tre milioni di tedeschi dalla regione dei Sudeti. L'operazione fu condotta in modo brutale e violento, nell'estate del 1945, subito dopo la fine della guerra in Europa, e provocò molte migliaia di vittime (forse 30 000).

1.3 La politica estera americana del dopoguerra

Ambizioni sovietiche

L'irrigidimento della politica estera americana In questa fase di riassestamento politico e geografico, l'**URSS** cercò di rafforzare la propria posizione anche nella **zona mediorientale** e in quella **mediterranea**. Riguardo al primo obiettivo, nel 1946 Stalin tentò di ritardare il ritiro di un contingente inviato in Persia (l'attuale Iran) durante la guerra, per presidiare alcuni importanti impianti petroliferi; in tal modo mirava a partecipare allo sfruttamento dei giacimenti del Paese. Riguardo al secondo, i sovietici tentarono di imporre alla Turchia un accordo relativo alla difesa congiunta degli stretti del Bosforo e dei Dardanelli, in modo da porre il governo di Ankara sotto la propria tutela. Per di più, in Grecia, nel 1946 esplose una violenta guerra civile, dopo che i comunisti non riconobbero il governo monarchico e conservatore.

Una cortina di ferro

Tutto ciò **irrigidì la politica estera americana**, spingendola ad abbandonare la linea rooseveltiana della cooperazione con l'Unione Sovietica. Il 15 marzo 1946, nel corso di una cerimonia cui era presente lo stesso Truman, Winston Churchill disse – alludendo all'imposizione forzata del comunismo nell'Europa dell'Est – che una cortina di ferro era calata sulle regioni orientali del continente. Con il suo discorso, lo statista inglese si era proposto di scuotere l'America, cioè di **impedire un ritorno degli usa a una politica di isolamento** (come era accaduto negli anni Venti e Trenta) e di mostrare che, in Europa, il pericolo comunista non era affatto meno grave di quello nazista appena sconfitto. Quello di Churchill, in pratica, era un appello affinché gli Stati Uniti continuassero a impegnarsi attivamente in Europa, in modo da bilanciare la crescente potenza sovietica.

CLIL

Churchill's Iron Curtain *Speech*

Audiolettura

On March 5, 1946, nine months after been defeated for re-election as prime minister, sir Winston Churchill gave his famous "The Sinews of Peace" speech to a crowd of 40,000 at Westminster College, in Fulton, Missouri. He used the phrase "Iron Curtain" to refer to the political, military, and ideological barrier erected by the USSR after World War II to seal itself and its dependent eastern European allies off from contact with the West. Churchill's speech changed the way the democratic West viewed the Communist East and is considered the beginning of the Cold War.

Sir Winston Churchill giving his famous "V" (Victory) sign, 1945.

A shadow has fallen upon the scenes so lately light by the Allied victory. Nobody knows what Soviet Russia and its Communist international organization intends to do in the immediate future, or what are the limits, if any, to their expansive and proselytizing tendencies. [...] From Stettin in the Baltic to Trieste in the Adriatic an iron curtain has descended across the Continent. Behind that line lie all the capitals of the ancient states of Central and Eastern Europe. Warsaw, Berlin, Prague, Vienna, Budapest, Belgrade, Bucharest and Sofia, all these famous cities and the populations around them lie in what I must call the Soviet sphere, and all are subject in one form or another, not only to Soviet influence but to a very high and, in some cases, increasing measure of control from Moscow. Athens alone – Greece with its immortal glories – is free to decide its future at an election under British, American and French observation. The Russian-dominated Polish Government has been encouraged to make enormous and wrongful inroads upon Germany, and mass expulsions of millions of Germans on a scale grievous and undreamed-of are now taking place. The Communist parties, which were very small in all these Eastern States of Europe, have been raised to pre-eminence and power far beyond their numbers and are seeking everywhere to obtain totalitarian control. Police governments are prevailing in nearly every case, and so far, except in Czechoslovakia, there is no true democracy.

http://www.historyguide.org/europe/churchill.html

Answer the following questions

- Focus on Churchill's statements in the first paragraph and then examine his attitude toward Russia.
- What does Churchill think about the Communist parties of the Eastern states? Do you share his opinion?

La *dottrina Truman* L'anno seguente, l'appello di Churchill fu raccolto dal governo americano, e il nuovo atteggiamento trovò la propria espressione più netta nella cosiddetta ***dottrina Truman***, esposta nel discorso tenuto dal presidente il 12 aprile 1947 al Congresso. In tale occasione, Truman fissò come **obiettivo politico primario degli Stati Uniti** quello del «**contenimento del comunismo**», in modo da impedire che altre regioni dell'Europa o del mondo (a cominciare dalla Turchia e dalla Grecia che, in quel momento, parevano i Paesi più direttamente minacciati) finissero sotto controllo sovietico.

Timori politici ed economici degli USA

Tale orientamento nasceva da considerazioni che non erano solo di tipo politico e militare, bensì anche di ordine economico. Durante la guerra, la produzione industriale statunitense era praticamente raddoppiata e si può affermare che solo gli anni Quaranta chiusero, negli USA, il tragico periodo di depressione apertosi nel 1929; la grande paura, tuttavia, era che la fine del conflitto provocasse una nuova crisi di sovrapproduzione. Per questo, con anticipo e con tempestività, i più autorevoli economisti avevano chiesto a Roosevelt che uno dei principali obiettivi bellici americani fosse la creazione di una specie di grande mercato comune internazionale, capace di assorbire i manufatti degli Stati Uniti e di garantire alle sue industrie il regolare rifornimento delle materie prime.

Gli accordi di Bretton Woods

L'obiettivo statunitense di un **libero mercato globale**, potenzialmente mondiale, fu ribadito dai fondamentali **accordi monetari di Bretton Woods**, del 1944, finalizzati a stabilizzare i cambi delle monete. Tuttavia, la *comunistizzazione* dell'Est europeo pose un brusco freno a questi progetti, sottraendo alla penetrazione economica americana buona parte del Vecchio Continente. La decisione presa da Truman di procedere al «contenimento del comunismo» era il frutto non solo della constatazione che il progetto rooseveltiano di una cooperazione con l'URSS era completamente privo di prospettive, ma anche della **convinzione che fosse in gioco la sopravvivenza stessa dell'economia americana**.

Alcuni partecipanti alla conferenza monetaria di Bretton Woods, 1944.

Documento

La *dottrina* Truman

Con il discorso che pronunciò davanti al Congresso il 12 marzo 1947, Truman impegnò gli Stati Uniti a sostenere l'Inghilterra nel suo sforzo di contenere il tentativo russo di porre sotto il proprio controllo anche la Turchia e la Grecia. Al di là di questo impegno limitato e concreto, però, Truman proclamava che l'America avrebbe con ogni mezzo contrastato l'espansione del comunismo, in qualsiasi parte del mondo.

In questa fase della storia del mondo ogni nazione deve scegliere fra due diversi sistemi di vita. La scelta, troppo spesso, non è libera affatto. Un sistema di vita è fondato sulla volontà della maggioranza, ed è caratterizzato da libere istituzioni, governo rappresentativo, libere elezioni, garanzie di libertà individuale, libertà di parola e di religione, libertà dall'oppressione politica. L'altro sistema si fonda sulla volontà di una minoranza imposta con la forza alla maggioranza. Poggia sul terrore e l'oppressione, sul controllo della stampa e della radio, su elezioni prefabbricate e sulla soppressione delle libertà personali.

Io credo che debba essere politica degli Stati Uniti sostenere i popoli liberi che resistono ai tentativi di soggiogamento effettuati da minoranze armate o mediante pressioni esterne. Credo che noi dobbiamo aiutare i popoli liberi a costruire il loro destino alla loro propria maniera. Credo che il nostro aiuto debba essere in primo luogo di natura economica e finanziaria, il che è essenziale alla stabilità economica e ad un ordinato sviluppo politico. Il mondo non è statico e lo *status quo* [situazione presente, *n.d.r.*] non è consacrato. Ma noi non possiamo permettere cambiamenti nello *status quo* in violazione della Carta delle Nazioni Unite con metodi come quello della coercizione, o per mezzo di sotterfugi come quello dell'infiltrazione politica. Aiutando le nazioni libere e indipendenti a conservare la loro libertà, gli Stati Uniti daranno pratica efficacia ai princìpi della Carta delle Nazioni Unite.

Il presidente Truman nel 1947.

E. COLLOTTI, E. COLLOTTI PISCHEL,
La storia contemporanea attraverso i documenti,
Zanichelli, Bologna 1984, p. 288.

Analizza il testo

- Quali sono le caratteristiche dei due sistemi di vita descritti da Truman?
- Quale aiuto viene promesso da Truman ai Paesi che rischiano di cadere sotto un regime comunista?

Un piano di aiuti per l'Europa

Il *Piano Marshall* Quanto le considerazioni di tipo politico e quelle economiche fossero unite nella strategia americana di quegli anni emerse pienamente con il varo del cosiddetto ***Piano Marshall***. Si trattò di un grandioso progetto di aiuti (lanciato dal segretario di Stato americano George Marshall con un discorso pronunciato il 5 giugno 1947 all'Università di Harvard) finalizzato a rilanciare la produzione industriale dei Paesi europei e a far sì che essa potesse positivamente integrarsi con le esigenze dell'economia statunitense.

In un primo tempo, gli Stati Uniti offrirono fondi anche a Polonia e Cecoslovacchia, ma Stalin vietò loro di accettarli. Da quel momento, gli aiuti furono garantiti solo a quei governi che non vedessero la partecipazione dei comunisti: il piano, dunque, divenne una **formidabile arma di pressione**, finalizzata soprattutto a garantire agli USA l'allineamento di quei Paesi (come la Francia e l'Italia) che avevano al proprio interno dei forti partiti comunisti, i cui esponenti, in effetti, furono estromessi dall'esecutivo nel corso della primavera 1947.

Contadini al lavoro con una trebbiatrice fornita con gli aiuti del piano Marshall, 1947.

D'altra parte, proprio la riorganizzazione dell'economia, nella misura in cui produceva occupazione e lavoro, avrebbe ridotto le tensioni sociali tipiche di ogni periodo postbellico, e quindi progressivamente allontanato le masse da quelle forze che, mediante un radicale rivolgimento sociale, promettevano un futuro migliore.

Il Piano Marshall fu approvato dal Congresso americano nel marzo 1948; quattro anni dopo (nel 1952), quando le erogazioni furono sospese, l'intero progetto aveva distribuito aiuti per complessivi 13 812 milioni di dollari.

geostoria **Gli aiuti del Piano Marshall**

Carta proiettabile

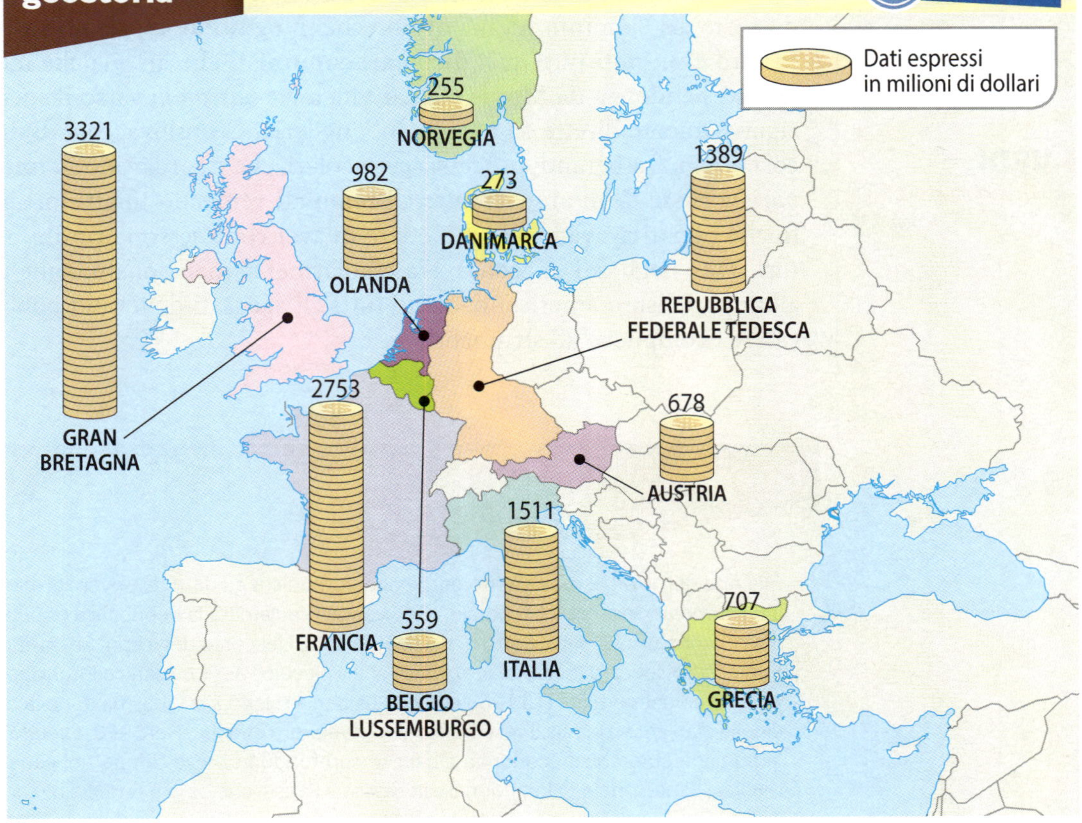

1.4 La risposta sovietica al Piano Marshall

Coordinare i partiti comunisti

La nascita del Cominform e del Comecon In risposta al Piano Marshall, l'URSS fondò il **Cominform** (Ufficio d'informazione dei partiti comunisti), il cui scopo era di coordinare l'azione politica dei partiti comunisti di tutto il mondo. In particolare, esso avrebbe fornito precise direttive a quelli operanti nei Paesi non direttamente controllati dall'Unione Sovietica, in modo che il processo di integrazione di tali Stati nel *blocco* occidentale fosse il più possibile ostacolato. Si trattava, in pratica, di una **nuova versione dell'Internazionale comunista**.

Nel gennaio del 1949, inoltre, venne ufficialmente costituito il **Comecon** (Comitato di assistenza economica), che in teoria aveva l'obiettivo di incoraggiare «una più vasta cooperazione economica tra i Paesi di democrazia popolare e l'URSS». In pratica, tramite il Comecon, Stalin si proponeva piuttosto di utilizzare le risorse dei Paesi occupati durante la guerra per **rilanciare l'economia sovietica**.

Potenziamento dell'industria

Questa vide una nuova fase di espansione, caratterizzata (come negli anni Trenta) dalla completa subordinazione delle più elementari esigenze dei cittadini sovietici alla meta del potenziamento dell'industrializzazione del Paese. I progressi, comunque, anche in questo secondo caso furono clamorosi, tant'è vero che entro la fine del 1947 vennero ristabiliti i livelli di produzione del 1940, e nel 1950 essi furono superati addirittura del 40%. Cosa ancora più importante, **nel 1949** l'economia sovietica fu in grado di sopportare le immense spese necessarie per la **produzione di ordigni nucleari**. A partire da questo momento, e per la prima volta nel corso della storia dell'umanità, si aprì la terrificante prospettiva di una completa distruzione del genere umano sulla Terra, qualora fosse scoppiata una nuova guerra fra le due *superpotenze* uscite vincitrici dal secondo conflitto mondiale.

L'espulsione dal Cominform del Partito comunista iugoslavo Il **28 giugno 1948, il Partito comunista iugoslavo venne espulso dal Cominform**. La ragione di questo evento clamoroso va cercata nel fatto che Tito, mentre procedeva nella costruzione della nuova Iugoslavia comunista, aveva lanciato l'idea di dar vita a una *federazione balcanica* che comprendesse anche la Bulgaria e l'Albania. Stalin vide in questa proposta una sfida alla completa egemonia che, nella sua concezione, l'Unione Sovietica doveva esercitare su tutti i partiti e gli Stati comunisti. Pertanto, il dittatore russo non si limitò a ordinare la *scomunica* di Belgrado da parte del Cominform, ma ordinò che in **ogni Paese** passato **sotto il controllo sovietico** fossero **eliminati** tutti quei **dirigenti comunisti** che, in qualche modo, **potevano aspirare all'indipendenza da Mosca** e a dar vita a *vie nazionali* verso il socialismo, sganciate e non rigorosamente dirette da Mosca. In Ungheria, Cecoslovacchia, Bulgaria e Polonia vennero così organizzati grandi processi spettacolari, che ricordavano in tutto e per tutto quelli delle *purghe* russe degli anni Trenta: gli imputati venivano infatti torturati per giorni e giorni, finché non arrivavano ad ammettere di aver commesso i crimini più assurdi e contraddittori. Tito, negli atti di accusa, era regolarmente menzionato come un criminale, vendutosi all'imperialismo americano, di cui tutti gli accusati dovevano pubblicamente dichiarare di essere i complici e gli strumenti.

› VEDI I partigiani di Tito → pag. 420

› VEDI Il Grande terrore → pag. 286

I luoghi → Albania

Alla fine del 1944, il movimento partigiano comunista guidato da Enver Hoxha acquisì il controllo di tutto il territorio albanese. L'11 febbraio 1945 venne proclamata la Repubblica popolare di Albania, che aderì sia al Comecon (1949) sia al Patto di Varsavia (1955). Nel corso degli anni Sessanta, i rapporti dell'Albania con l'Unione Sovietica si fecero tesi, al punto che il piccolo Paese balcanico interruppe con Mosca ogni contatto politico ed economico. Dal 1968 al 1978, l'Albania si legò alla Cina; ma dopo la morte del leader comunista cinese Mao anche le relazioni con Pechino divennero critiche. Nel 1990, quando il regime comunista crollò, la fragile e autarchica economia albanese sprofondò in breve tempo nel caos più completo, obbligando migliaia di persone ad abbandonare in massa il Paese, che oggi è uno dei più poveri dell'intera Europa.

1.5 L'inizio della guerra fredda

Guardiamo la storia
La guerra fredda

L'aiuto statunitense alla Germania e i timori dell'URSS Affinché l'Europa si riprendesse dalle devastazioni della guerra e potesse arginare l'espansione del comunismo, gli Stati Uniti ritenevano necessaria un'**attiva collaborazione della Germania**. Pertanto, con lo scopo di creare una sinergia d'azione in territorio tedesco, a partire dal 1° gennaio 1947 inglesi e americani unirono le proprie zone; quando la Francia, nel marzo 1948, accettò anch'essa di rinunciare alla gestione autonoma del proprio settore, si poté procedere a un'**amministrazione unificata dell'intera Germania Ovest**.

Germania verso la divisione

Il primo segnale in questa direzione fu, nel giugno dello stesso anno, l'introduzione di una riforma del sistema monetario vigente nelle regioni occidentali tedesche; l'Unione Sovietica, tuttavia, interpretò quel provvedimento come il passo definitivo intrapreso dagli americani verso la creazione di un vero e proprio Stato nella parte di Germania da essi controllata. Era l'inizio della cosiddetta "guerra fredda", che sarebbe durata fino al 1989 e che avrebbe visto contrapposti USA e URSS sotto il profilo politico, ideologico e militare.

Il ponte aereo su Berlino Per reazione, **i russi bloccarono ogni accesso alla città di Berlino**, la quale (come l'intera Germania) nel 1945 era stata divisa in quattro settori. La zona amministrata dalle tre potenze occidentali, fin dai tempi della conferenza di Potsdam, si trovava dunque circondata interamente da un territorio controllato dai sovietici. Fino ad allora, i collegamenti via terra erano stati regolarmente garantiti: bloccandoli, i russi si proponevano di obbligare gli occidentali ad abbandonare il loro settore, cioè a lasciare in mano sovietica l'intera capitale tedesca. Una ritirata di tal genere, però, sarebbe stata per gli americani uno scacco intollerabile; pertanto, il 26 giugno 1948, iniziò un imponente **ponte aereo**, il cui compito era quello di **rifornire** di tutto (alimenti, combustibile per il riscaldamento e materie prime per l'industria ecc.) **i due milioni e mezzo di berlinesi** residenti nella zona non sovietica.

Storiografia 1
Il blocco di Berlino
→ pag. 499

Il ponte aereo si rivelò un completo successo sotto il profilo tecnico: nei primi cento giorni del blocco, la città ricevette materiali per un totale di 258 000 tonnellate; in dicembre, costruito un nuovo aeroporto, la media giornaliera di prodotti sbarcati a Berlino Ovest toccava le 4500 tonnellate, diventate 5500 nel gennaio 1949. Il successo fu ancora più grande sotto il profilo politico: quando, nel maggio 1949, dopo circa un anno, i sovietici allentarono il blocco, **gli usa avevano dimostrato a tutta l'Europa che la loro volontà di impegnarsi in Europa era reale** e che alle promesse di aiuto potevano seguire i fatti.

Alcuni bambini tedeschi salutano festanti uno dei velivoli di trasporto americani impegnati nel ponte aereo, che per un anno assicurò i rifornimenti a Berlino, 1948.

Anzi, sull'onda della prima crisi berlinese, quello che era stato fino ad allora un aiuto di fatto si trasformò in una formale alleanza a scopo difensivo; il **4 aprile 1949**, nacque il **Patto atlantico**, cui aderirono – oltre agli Stati Uniti e al Canada – anche i principali Paesi dell'Europa occidentale (Gran Bretagna, Francia, Paesi Bassi, Belgio, Lussemburgo, Danimarca, Italia, Norvegia e Portogallo). La complessa organizzazione che coordina l'attività dei loro eserciti è la NATO (*North Atlantic Treaty Organization*). Nel **1955**, anche i Paesi dell'Europa comunista costituirono un'alleanza militare, che prese il nome di ***Patto di Varsavia*** e che, naturalmente, era guidata da Mosca.

Il Patto atlantico e la NATO

ZOOM Il senatore McCarthy e la caccia ai comunisti

Una caccia alle streghe

Il governo e la stampa degli Stati Uniti non si stancavano di denunciare che, in tutti i regimi comunisti, i diritti dell'uomo erano sistematicamente violati. In effetti, la libertà di parola, di stampa, di religione e di associazione erano state cancellate in tutte le *democrazie popolari* in cui era stata instaurata la *dittatura del proletariato*, di matrice leninista. Tuttavia, negli anni Cinquanta, neppure la democrazia americana offrì sempre un limpido e coerente modello di salvaguardia dei diritti umani; anzi, a partire dal 1948-1949 si verificò negli Stati Uniti una lunga serie di **abusi giudiziari** che, per la **modalità sommaria con cui vennero condotti i processi**, richiamò alla mente la drammatica *caccia alle streghe* verificatasi nell'Europa del tardo Cinquecento e del Seicento.

Poiché il comunismo sembrava potentissimo e inarrestabile, l'America fu attraversata da una specie di isteria collettiva, dettata dal panico; per spiegare i successi dei *rossi*, si fece ricorso alla **teoria del complotto**: i comunisti, secondo questa opinione, negli anni del *New Deal* si erano introdotti in tutti i settori vitali dello Stato americano e ora ne minavano a ogni livello l'efficienza e la capacità d'azione. Su queste premesse costruì la propria carriera politica il senatore **Joseph McCarthy**, che tra il 1950 e il 1954 fu presidente di varie commissioni d'inchiesta e condusse una specie di **crociata contro il comunismo**. Nella maggior parte dei casi, le sue accuse erano prive di ogni fondamento; molti imputati tuttavia, intimoriti dalle minacce, si prestarono a testimoniare il falso, con il risultato che negli Stati Uniti di quegli anni il sospetto e la delazione divennero una pericolosissima arma politica, capace di distruggere la carriera di funzionari parlamentari e ufficiali dell'esercito, almeno finché il Senato non prese provvedimenti per limitare gli abusi di potere compiuti da McCarthy e dai suoi fanatici collaboratori.

Il processo ai coniugi Rosenberg

Nel contempo, anche l'FBI e le autorità giudiziarie cominciarono una sistematica ricerca di tutti gli infiltrati *rossi*, incriminando per *cospirazione* o per *tradimento* chiunque avesse (o avesse avuto in passato) simpatie per il comunismo. Il processo più celebre fu quello contro l'ingegnere elettronico di origini ebraiche **Julius Rosenberg e sua moglie Ethel**, che nel marzo 1951 furono **giudicati colpevoli di spionaggio a favore dell'Unione Sovietica e poi giustiziati** nel giugno 1953. Nel corso delle indagini e del dibattimento, gli abusi e le irregolarità procedurali furono numerosissimi; sebbene sia praticamente certo che gli imputati, in precedenza, avessero realmente trasmesso all'URSS qualche informazione di secondaria importanza, senza dubbio non avevano commesso tutti i gravissimi reati di cui furono accusati e per cui furono infine condannati a morte. Possiamo dunque affermare che i coniugi Rosenberg furono vittime di un clima di panico, di un'**atmosfera psicologica caratterizzata dalla paura**, di un'opinione pubblica che, per tranquillizzare le proprie angosce, voleva che le autorità emettessero condanne esemplari, anche a costo di violare tutte le garanzie che la tradizione anglosassone assegnava da secoli a ogni cittadino citato in giudizio.

L'arresto di Julius e Ethel Rosenberg, nel 1951. Accusati di spionaggio, vennero giustiziati nel 1953.

Carta interattiva
L'Europa fra NATO e Patto di Varsavia

geostoria — La NATO e il Patto di Varsavia in Europa

Carta proiettabile

Le parole della guerra fredda

Schema proiettabile

SIGLA E SIGNIFICATO	ANNO	FUNZIONE
Cominform (Ufficio d'informazione dei partiti comunisti)	1947	Coordinamento dei partiti comunisti europei, sotto la direzione dell'Unione Sovietica
Piano Marshall	1947-1948	Programma di aiuti economici forniti dagli Stati Uniti ai Paesi europei non comunisti
Comecon (Comitato di assistenza economica)	1949	Coordinamento delle economie dei Paesi comunisti, sotto la direzione dell'Unione Sovietica
Patto atlantico	1949	Alleanza a scopo difensivo tra USA, Canada, Gran Bretagna, Francia, Paesi Bassi, Belgio, Lussemburgo, Danimarca, Italia, Norvegia e Portogallo
NATO (*North Atlantic Treaty Organization*)	1952	Coordinamento delle forze armate dei Paesi europei non comunisti, uniti nel Patto atlantico sotto la guida degli Stati Uniti
Patto di Varsavia	1955	Coordinamento delle forze armate dei Paesi comunisti, sotto la direzione dell'Unione Sovietica

Capitolo **2**

CONTRASTI POLITICI

La nascita della Repubblica italiana

Storia slide

LE CONOSCENZE DA ACQUISIRE
Nel 1946, l'Italia divenne una repubblica.
Nel 1948, fu promulgata la nuova Costituzione.

LE COMPETENZE DA POTENZIARE
Saper comprendere il modello di potere moderno, basato sul principio della sovranità popolare e sui diritti del cittadino.

2.1 I primi governi del dopoguerra

Il governo Parri Due mesi dopo la Liberazione, nel giugno 1945, nacque il primo governo italiano del dopoguerra. Ne era a capo **Ferruccio Parri**, esponente del **Partito d'Azione** e vicecomandante delle forze partigiane durante la guerra.

La nomina di Parri a presidente del Consiglio destò notevoli speranze e suscitò vivaci aspettative di rinnovamento; d'altra parte, i problemi che il nuovo governo dovette affrontare erano di dimensioni enormi, viste le tragiche condizioni in cui versava il Paese. Si pensi, in primo luogo, alla **questione dell'ordine pubblico**, grave soprattutto in Emilia-Romagna e in Puglia; in queste due regioni, lo squadrismo fascista aveva agito – negli anni 1920-1922 – in tutta la sua brutalità e la sua spietatezza: pertanto, i mesi seguenti la Liberazione furono caratterizzati da una lunga catena di violenza e di esecuzioni sommarie.

Più in generale, in tutto il Nord Italia – che aveva vissuto la Resistenza – era quanto mai viva l'aspirazione a cambiamenti sociali radicali, mentre la tensione veniva rafforzata dall'**elevatissimo numero dei disoccupati** e dalla **grande disponibilità di armi**. Di fronte a questa situazione, il governo non agì con risolutezza, imbarazzato di fronte alla prospettiva di dover reprimere con la forza le rivendicazioni di quelle masse popolari che, fino a pochi mesi prima, avevano sostenuto il movimento di Resistenza con più convinzione e sacrifici di tutte le altre. Quando i liberali, il partito più moderato dello schieramento antifascista, decisero di uscire dal governo, Parri rassegnò le dimissioni.

I personaggi → **Alcide De Gasperi**

Nato nel 1881 in Trentino, De Gasperi studiò filosofia a Vienna, laureandosi nel 1905. A quell'epoca, in Italia, i cattolici non partecipavano alla vita politica dello Stato unitario, che aveva cancellato il potere temporale del papato. In Austria e in Germania, invece, avevano dato vita a propri partiti e avevano accettato di prendere parte alle elezioni. Entrato in contatto con questi ambienti, De Gasperi decise di dedicarsi all'attività politica e nel 1911 venne eletto deputato al Parlamento di Vienna. Dopo la prima guerra mondiale e la fondazione del Partito popolare italiano di don Sturzo, ebbe un posto di primo piano nella nuova organizzazione politica cattolica. Fiero avversario del fascismo, venne arrestato dal regime e incarcerato per sedici mesi, nel 1927-1928. Dopo essere stato liberato, fu accolto in Vaticano, dove ricoprì l'incarico di bibliotecario. Negli anni compresi tra il 1945 e il 1953 si dimostrò uno dei più prestigiosi statisti italiani. Ritiratosi a vita privata nel 1954, morì nello stesso anno.

Il governo De Gasperi Il 10 dicembre 1945 divenne presidente del Consiglio Alcide De Gasperi, segretario della **Democrazia cristiana** (**DC**), l'organizzazione politica dei cattolici che, nel 1942-1943, era risorta dalle ceneri del Partito popolare, sciolto dai fascisti nel 1926. A questo primo governo De Gasperi parteciparono ancora i principali partiti di sinistra (vale a dire il Partito d'Azione, i socialisti e i comunisti). Il leader comunista **Palmiro Togliatti**, che svolgeva l'incarico di ministro della Giustizia, era convinto che in Italia non ci fossero assolutamente le condizioni per procedere a un moto rivoluzionario, che sarebbe stato schiacciato dall'esercito alleato. Togliatti, pertanto, impose al suo partito una linea politica di cautela e moderazione, che prese il nome di **democrazia progressiva**. In alternativa alla rivoluzione, tale impostazione proponeva la realizzazione di una serie di significative riforme in campo sociale e politico: nelle intenzioni di Togliatti, esse avrebbero inciso profondamente sulle condizioni di vita delle masse e permesso una loro maggiore partecipazione alla gestione dello Stato, in un'ottica autenticamente democratica.

La democrazia progressiva di Togliatti

La politica moderata del PCI Per rassicurare le forze moderate circa le intenzioni pacifiche del PCI, nel 1946 il ministro della Giustizia Togliatti annunciò l'**amnistia per i crimini compiuti durante la guerra**. Nel 1946, nelle carceri italiane si trovavano ancora 40 000 esponenti della Repubblica sociale; alla fine dell'anno, a seguito dell'amnistia erano ridotti a 4000. Nel giro di pochi anni, tornarono quasi tutti in libertà. Inoltre, tutti i prefetti nominati dal CLN nel Nord Italia furono sostituiti da funzionari di carriera, molti dei quali avevano prestato servizio sotto il regime fascista. Solo due dei nuovi prefetti non avevano ricoperto incarichi durante il ventennio; soltanto 5 su 264 questori avevano partecipato alla Resistenza. Tutti i magistrati, persino i più compromessi, restarono al loro posto.

Mancata epurazione dello Stato

In tal modo, l'epurazione dei soggetti che a vario titolo avevano collaborato con il fascismo, di fatto, si esaurì completamente. Ben presto si spensero anche le prospettive di rinnovamento sociale, in quanto il nuovo esecutivo inaugurò una politica moderata. Sul piano economico, furono abbandonati tutti i progetti di riforma del governo Parri, ad esempio quello di una forte tassazione sulle grandi imprese.

2.2 La scelta repubblicana

L'abdicazione di Vittorio Emanuele III

Il voto alle donne Pesantemente compromesso con il regime fascista, nel maggio 1946, Vittorio Emanuele III abdicò a favore del figlio Umberto II. Fu il tentativo di salvare la monarchia in vista delle votazioni che si sarebbero tenute di lì a poco: il **2 giugno 1946**, infatti, il popolo italiano fu chiamato a votare per il **referendum istituzionale** (per decidere se l'Italia dovesse restare una monarchia o trasformarsi in repubblica) e per l'**elezione dell'*Assemblea costituente***, chiamata a modificare lo Statuto albertino.

Il 1° febbraio 1945, a guerra non ancora finita, un decreto aveva concesso alle **donne il diritto di voto**. Si era trattato di un provvedimento timido, che non prevedeva l'eleggibilità

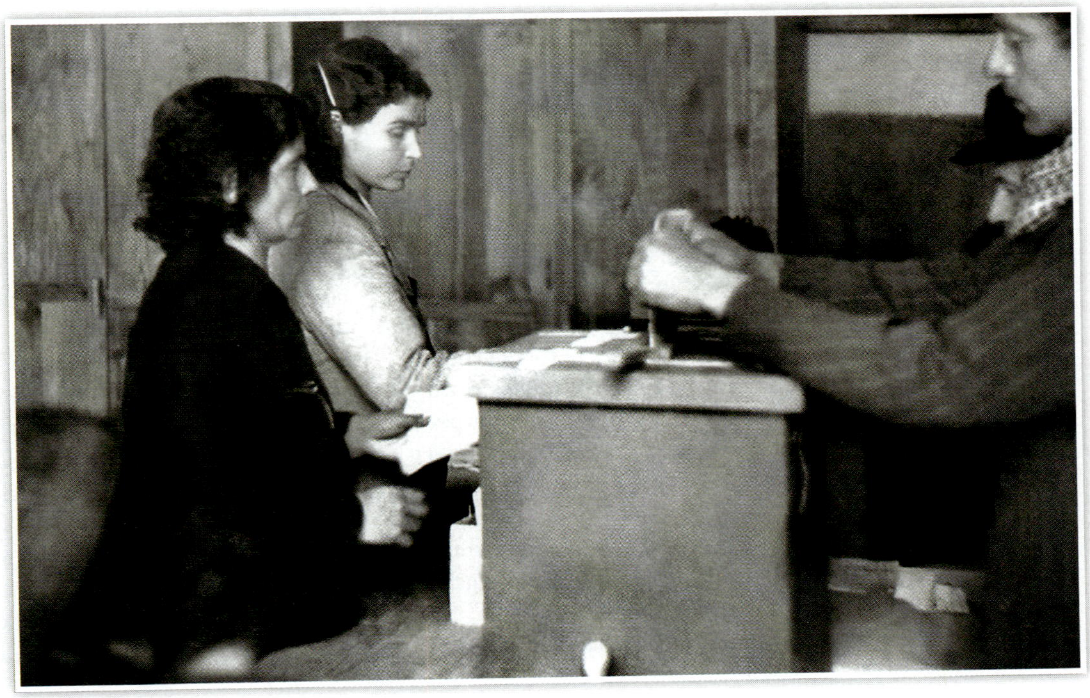

Due donne depongono la scheda nell'urna dopo il voto, durante il referendum istituzionale per la scelta tra monarchia o repubblica del 2 giugno 1946.

delle donne all'Assemblea costituente ed escludeva dal diritto di votare le prostitute schedate, «che esercitano il meretricio fuori dai locali autorizzati» (le prostitute delle *case chiuse*, invece, potevano andare alle urne). Nel corso dei due anni seguenti, queste due limitazioni vennero eliminate: alle donne che avessero compiuto 25 anni fu concesso di candidarsi e di essere elette, mentre scomparve ogni riferimento alle prostitute. Il voto alle donne fu voluto in modo fermo e concorde da Togliatti e da De Gasperi. Dietro i leader, però, sia pure per opposti motivi, molti militanti dei due maggiori partiti italiani erano perplessi e preoccupati. **I comunisti temevano che le donne votassero in larga maggioranza per la monarchia** e per i partiti moderati. I cattolici, al contrario, avevano paura che il problema del voto alle donne sollevasse quello del divorzio: nei primi anni del Novecento, infatti, la sinistra liberale aveva sempre legato insieme le due questioni. Invece, il nuovo provvedimento fu considerato con una certa freddezza proprio dai liberali, oltre che dal Partito d'Azione. Queste **piccole forze politiche temevano il risultato del suffragio femminile**, cioè intuivano che esso avrebbe portato vantaggi solo ai grandi partiti di massa.

Togliatti e De Gasperi concordi sul voto alle donne

Nelle testimonianze delle donne che nel 1946 andarono alle urne per la prima volta, si incontrano reazioni diverse e contrastanti. Alcune si recarono a votare solo per obbligo: De Gasperi infatti, temendo l'astensionismo delle donne cattoliche (soprattutto nei piccoli centri del Sud), aveva ottenuto che il voto fosse dichiarato un dovere civile e non solo un diritto. Inoltre, per sollecitare le donne al voto, molti periodici cattolici dichiararono che astenersi dal partecipare alle elezioni significava commettere peccato mortale. Altre donne, di tutti gli schieramenti politici, ricordano invece la straordinaria emozione e il senso di libertà provato nel seggio: per la prima volta nella loro vita, la segretezza del voto garantiva loro **una vera indipendenza dal controllo di un'autorità maschile** (padre o marito).

Guardiamo la storia
Donne e politica

Documento

Messaggio della Democrazia cristiana agli italiani

Il testo seguente porta la data del 31 maggio 1946 e fu distribuito il 1° giugno. È un appello elettorale democristiano, che esprime nel modo più chiaro la linea del partito cattolico. Mentre i partiti di sinistra (PCI, socialisti e Partito d'Azione) si schierarono apertamente per la repubblica, la DC lasciò ampia libertà di voto ai propri elettori (ed elettrici) sulla questione istituzionale, concentrando tutte le sue energie sull'altra questione: l'elezione dell'Assemblea costituente.

Il popolo voti per la libertà e la giustizia sociale! «RIFLETTI, ELETTORE!

1. Domani tu avrai "due schede": una per il referendum ed un'altra per l'elezione dell'Assemblea Costituente. Con la scheda del referendum tu voterai per la Monarchia o per la Repubblica, cioè per la "forma istituzionale"; con l'altra scheda voterai per uno dei Partiti in gara, cioè per la "sostanza costituzionale", che è quella che più conta per l'avvenire tuo, dei tuoi figli e del popolo italiano.
2. **I deputati che tu manderai con il tuo voto alla Costituente non potranno mutare la forma (monarchica o repubblicana) decisa col referendum dal popolo sovrano.** Perciò la tua preferenza per la "forma istituzionale" (Monarchia o Repubblica) non deve determinare la tua scelta fra i vari Partiti politici.
3. Non dare ascolto ai partiti o ai movimenti pregiudizialmente "repubblicano-monarchici"; essi ti ingannano perché ti inducono a idolatrare la "forma" e a trascurare la "sostanza" della Costituzione. Essi inoltre:
   a) o accettano il risultato del referendum e allora non hanno senso perché **la "Costituente" troverà risolta la questione istituzionale per volontà diretta del popolo;**
   b) o non accettano, come è probabile, il risultato del referendum, e allora diventano rovinosi, perché continueranno anche in seno alla Costituente la polemica istituzionale provocando fratture e disordini nel Paese.
4. I candidati della Democrazia Cristiana, prima di essere monarchici o repubblicani, sono "democratici", cioè rispettosi della volontà popolare, e quindi impegnati ad accettare senza riserve e senza ulteriori discussioni la forma istituzionale che risulterà vittoriosa dal referendum.
5. Sei dunque libero di votare la forma istituzionale che preferisci secondo coscienza, ma, se vorrai salvare la nostra civiltà – cioè i valori essenziali della libertà della persona, dell'unità ed indissolubilità del

Storiografia 2
Dalla proclamazione della Repubblica alla festa ufficiale
→ pag. 501

L'esito delle elezioni: repubblica e partiti di massa La **consultazione elettorale risultò favorevole alla repubblica**, con uno scarto di circa due milioni di voti: 12 718 641 (54%) contro 10 718 502. Quanto alle **elezioni per la Costituente**, si deve dire che esse videro **l'affermazione** dei tre grandi partiti di massa: **Democrazia cristiana** (35%), **Partito socialista** (20%) e **Partito comunista** (19%). Furono elette 21 donne (di cui 9 per la DC, 9 per il PCI, 2 per il Partito socialista e 1 per il piccolo partito denominato *L'Uomo qualunque*). I grandi sconfitti furono i liberali (cioè i protagonisti della vita politica italiana nel periodo precedente il fascismo) e il Partito d'Azione, incapace di conquistare il consenso sia dei lavoratori (legati per tradizione ai due partiti di orientamento marxista, oppure al partito cattolico), sia dei ceti medi (attratti soprattutto dalla DC).

Enrico De Nicola appone la firma sulla Costituzione italiana.

Riunitasi per la prima volta il 25 giugno 1946, l'Assemblea costituente procedette innanzi tutto a eleggere un nuovo capo dello Stato, che sostituisse il deposto sovrano. La scelta cadde sul senatore **Enrico De Nicola**, incaricato di svolgere le funzioni di **presidente della Repubblica** fino a quando non fossero entrate in vigore le norme della nuova Legge fondamentale (cioè la Costituzione). La stesura materiale del testo costituzionale fu affidata a una commissione di 75 membri, incaricata di elaborare e discutere i vari articoli, prima che essi fossero sottoposti all'assemblea per la loro definitiva approvazione.

Matrimonio, della prosperità della famiglia, della cristiana educazione dei figli, del riscatto del lavoro, della proprietà privata – vota per la Democrazia Cristiana.

6. Alcuni dicono che la Repubblica sarà "un salto nel buio"; altri rispondono che la Monarchia ci ha già precipitati, coi disagi presenti, in un buio pesto. **Attento: "il salto nel buio" non sarà determinato dalla forma istituzionale, ma dalla qualità della maggioranza dei deputati che il popolo manderà alla Costituente.** La Monarchia costituzionale non sarà in grado di salvarci dalla sventura di una Costituzione totalitaria ed anticristiana, se il popolo manderà alla Costituente una maggioranza socialcomunista. La Repubblica non sarà un pericolo, se il popolo manderà alla Costituente un insieme di forze cattoliche tanto vaste che possano imporsi per fondare una Costituzione democratica e cristiana.
7. La Costituente non è un Parlamento normale che fa leggi facilmente revocabili o modificabili. La Costituente farà la legge fondamentale dello Stato, in cui non solo si designa la "struttura" di esso, ma si determina lo "spirito" che lo deve animare. Tale legge – la Costituzione nuova – è destinata a durare nel tempo. Se sarà buona, si aprirà per l'Italia un periodo di ordinato progresso. Se sarà cattiva, ogni ulteriore sviluppo resterà profondamente viziato.
8. **La battaglia** non è soltanto fra Costituzione democratica e Costituzione antidemocratica; è anche fra Costituzione ispirata ai principi cristiani, cioè alle profonde insostituibili sorgenti della nostra civiltà, e Costituzione contraria o indifferente ai principi cristiani.
9. Tutti i Partiti, dal comunista al liberale, professano oggi "rispetto" alla Religione, ma l'uno non nasconde la sua ideologia "materialista", l'altro la sua ideologia "laicista", entrambe "anticristiane". La Democrazia Cristiana non si limita a professare "rispetto" alla Religione cattolica; considera la Religione come "elemento vitale" nella ricostruzione morale e politica del Paese.
10. Se sei cattolico consapevole, non sciupare il tuo voto per Partiti o partitini genericamente sedicenti cattolici. Lo strumento efficiente del pensiero cattolico sul terreno politico è, oggi, la Democrazia Cristiana, e in questa battaglia decisiva della Costituente **il cattolico consapevole – cattolico, prima che monarchico o repubblicano – sente il dovere dell'unità e vota per la Democrazia Cristiana».**

M. RIDOLFI, N. TRANFAGLIA, *1946. La nascita della Repubblica*, Laterza, Roma-Bari 1996, pp. 103-105

Analizza il testo

› Per quale motivo i cittadini italiani (uomini e donne) avrebbero ricevuto due schede?
› Spiega la frase «I candidati della Democrazia Cristiana, prima di essere monarchici o repubblicani, sono "democratici"».

2.3 L'evoluzione dei rapporti tra DC e PCI

La Costituzione italiana La Legge fondamentale della Repubblica italiana messa a punto dalla Costituente rappresentò una sorta di sintesi dei principali orientamenti politici sviluppatisi nel corso dell'Ottocento e del Novecento: liberale, cattolico, democratico e socialista.

Sintesi dei valori diversi

L'impostazione liberale è evidente nell'affermazione secondo cui lo Stato si impegna a garantire i **diritti dell'uomo e del cittadino**, considerati inviolabili (art. 2). Nel contempo, secondo un approccio caro alla concezione cattolica, l'essere umano non è visto solo nella sua dimensione di singolo individuo, bensì anche nella sua qualità di persona che vive in «formazioni sociali» (prima fra tutte la famiglia), che lo Stato si impegna a tutelare. Infine, mentre la tradizione liberale era preoccupata soprattutto di porre dei limiti al potere dello Stato nei suoi rapporti con il singolo cittadino, la Costituzione recepì (nell'art. 3) l'**ideale democratico e socialista** secondo cui **lo Stato deve rimuovere tutti gli ostacoli** di ordine economico e sociale che possono ridurre la libertà e l'uguaglianza. In particolare, con il riconoscimento del «diritto al lavoro» (art. 4) allo Stato, la Costituzione italiana attribuisce l'importante compito di promuovere lo sviluppo della piena dignità umana di ogni cittadino.

› VEDI
I Patti lateranensi
→ pag. 264

Lo scontro tra DC e PCI sui Patti lateranensi Un discorso a parte merita l'approvazione dell'art. 7, relativo ai **Patti lateranensi**. La DC, ovviamente, era favorevole alla loro introduzione nella Costituzione, senza modifiche di alcun genere, come chiedeva esplicitamente la Chiesa. Gli altri partiti, invece, erano perplessi, perché gli accordi del 1929 erano in contrasto con la proclamazione dell'assoluta uguaglianza di tutti i cittadini davanti allo Stato, solennemente proclamata nell'art. 3. La situazione trovò uno sbocco solo quando **Togliatti impose al PCI di votare a favore** dell'approvazione dell'art. 7, il 24 marzo 1947. Il comportamento del leader comunista si spiega alla luce della sua concezione della *democrazia progressiva*: a suo giudizio, come l'amnistia, il cedimento sui patti del Laterano era il prezzo da pagare per ottenere poi, dal partito cattolico, l'inizio di quelle vere riforme sociali destinate a migliorare profondamente le condizioni di vita dei lavoratori e delle masse popolari.

La definizione dei territori italiani e la rottura tra DC e PCI Tale prospettiva, però, nel corso del 1947 fu definitivamente sconfitta dall'evoluzione della situazione politica complessiva, sia italiana che internazionale. De Gasperi aveva già pensato in precedenza di procedere all'estromissione delle sinistre (comunisti e socialisti) dall'esecutivo, ma aveva deciso di rinviare la decisione definitiva, attendendo la **firma del trattato di pace con gli Alleati** (10 febbraio 1947), che comportò per l'Italia la perdita di tutte le colonie e il trasferimento alla Iugoslavia dell'Istria e di altri territori ottenuti dopo la prima guerra mondiale. Ottenuto anche il voto sui Patti lateranensi, nel maggio 1947 **De Gasperi** considerò chiusa la fase politica che necessitava della presenza dei comunisti nell'esecutivo, e **procedette alla formazione di un nuovo governo senza le sinistre**. A guidare la politica economica, da quel momento, fu il liberale Luigi Einaudi, che diede una forte impronta liberista alle scelte del governo.

Il problema del confine orientale

Percorsi di storia locale
Banditismo e politica in Sicilia tra guerra e dopoguerra

Del resto il 1947 vide anche, qualche mese dopo l'estromissione dal potere, una involuzione dello stesso Partito comunista, il quale aderì al Cominform, fondato pochi mesi prima. Tale adesione significò la perdita di ogni autonoma iniziativa politica, un vero e proprio **allineamento alle**

I personaggi → Luigi Einaudi

Nato nel 1874 in Piemonte, economista e studioso di formazione liberale, Einaudi divenne governatore della Banca d'Italia nel 1945 e ministro del Bilancio con De Gasperi nel 1947. Per bloccare l'inflazione e salvare la moneta, Einaudi adottò una politica liberista con provvedimenti che ebbero come conseguenza anche un aumento del costo del denaro che le imprese prendono a prestito dalle banche e dunque la riduzione degli investimenti, in particolare per le piccole e medie imprese che non possono autofinanziarsi, e il ricorso ai licenziamenti. Svalutò inoltre la lira rispetto al dollaro, rilanciando le esportazioni italiane all'estero. Nel 1948 venne nominato presidente della Repubblica. Morì nel 1961.

CONTRASTI POLITICI

ZOOM Perdite territoriali italiane

Il 10 agosto 1946, la **conferenza di pace** riunita a **Parigi** prese in esame la questione dei confini orientali italiani. In un discorso appassionato, il presidente del consiglio italiano, Alcide De Gasperi, tentò di mettere in evidenza il contributo militare fornito dall'Italia negli ultimi anni di guerra, al fine di mitigare i termini del trattato di pace. Ciò nonostante, quando il documento definitivo fu firmato (10 febbraio 1947), **all'Italia fu imposto di rinunciare a tutta l'Istria e gran parte della Venezia Giulia**.

Poiché la Iugoslavia reclamava anche Trieste, ma gli anglo-americani non volevano concedere al nuovo Stato comunista un porto di rilevanza strategica così forte, fu trovato un compromesso che scontentò tutte le parti in causa, in quanto fu deciso di creare un Territorio libero di Trieste, temporaneamente posto sotto l'amministrazione delle Nazioni Unite.

Dalle regioni orientali assegnate alla Iugoslavia **fuggirono verso l'Italia oltre 300 000 persone**, che lasciarono deserte intere città: solo dal capoluogo dell'Istria, Pola, che contava 34 000 abitanti, partirono 30 000 italiani. Come nel caso dei tedeschi dei Sudeti o della Prussia orientale, anche in Istria e in varie zone della Venezia Giulia la seconda guerra mondiale pose fine alla presenza di lunga durata di un gruppo etnico su un dato territorio, lasciando aperte ferite che solo grazie alla fine del comunismo e all'allargamento dell'Unione Europea, in tempi recenti, stanno iniziando a rimarginarsi.

Carta proiettabile

direttive di Mosca e un pesantissimo **irrigidimento ideologico**, di cui il culto di Stalin era una componente fondamentale. Si prenda, ad esempio, il titolo con cui "l'Unità" (il giornale fondato da Gramsci nel 1924 e diventato l'organo di stampa del PCI), il 6 marzo 1953, annunciava la scomparsa del dittatore sovietico: «È morto l'uomo che più ha fatto per la liberazione del genere umano».

2.4 1948: la vittoria della DC

La presenza politica della Chiesa All'irrigidimento ideologico dei comunisti corrispose un'analoga radicalizzazione delle posizioni cattoliche. Già in occasione delle elezioni per la Costituente, papa Pio XII si era espresso raccomandando agli elettori di non votare i partiti di sinistra. Tuttavia, la presenza della Chiesa si fece decisamente più forte in occasione delle prime elezioni politiche dopo l'entrata in vigore della Costituzione (1° gennaio 1948), previste per il 18 aprile 1948.

I comunisti come nemici dei valori cristiani

Per tutta la campagna elettorale, l'avversario comunista venne **"demonizzato"**, cioè **presentato come un pericolo mortale per i valori più cari alla tradizione cristiana**, primi fra tutti quelli relativi alla famiglia. Al contrario, la vittoria della DC veniva presentata come la prima tappa nella direzione di una società autenticamente cristiana, pacifica e ordinata perché sottoposta alla paterna guida sociale e politica della gerarchia ecclesiastica.

Le **elezioni del 18 aprile 1948** si svolsero dunque in un **contesto emotivo esasperato**: l'attenzione degli elettori non venne focalizzata su concrete e realistiche proposte e prospettive di ricostruzione del Paese; al contrario, il voto venne orientato su **due visioni del mondo**, presentate come opposte, alternative e inconciliabili: quella **cristiana** e quella **comunista**. In aggiunta, va poi ricordato che un ruolo propagandistico decisivo fu svolto anche dall'arrivo degli aiuti economici americani (176 milioni di dollari nei primi tre mesi del 1948), che venivano consegnati nel contesto di cerimonie solenni. In ognuna di queste occasioni, il rappresentante del governo statunitense ribadiva che un'eventuale vittoria comunista avrebbe comportato l'immediato arresto delle sovvenzioni statunitensi all'Italia.

Guardiamo la storia
Cattolici e comunisti in Italia nel 1948

Il trionfo democristiano L'esito delle elezioni fu la **clamorosa affermazione della DC**, che ottenne alla Camera 12 741 299 voti, pari al 48,5% del totale; il *Fronte popolare* (la coalizione delle sinistre, che riuniva comunisti e socialisti in un'unica lista) ottenne invece solo 8 137 047 suffragi, corrispondenti al 31% del totale. Le cifre appaiono ancora più straordinarie se confrontate con quelle delle elezioni del 1946, per la Costituente: **la DC guadagnò infatti quasi 5 milioni di voti**, mentre la coalizione delle sinistre perse circa un milione di suffragi. Tale risultato **collocò definitivamente l'Italia nello schieramento dei Paesi occidentali**, caratterizzati dall'esistenza di un'economia di mercato e di un'autentica democrazia parlamentare.

Video
L'attentato a Togliatti

Un clima turbolento La violenza dei toni utilizzati da entrambe le parti durante la campagna elettorale ebbe pesanti ripercussioni per diverso tempo. Il **14 luglio 1948**, **un giovane esaltato sparò quattro colpi di pistola a Togliatti**. Nei giorni immediatamente seguenti, si ebbero scioperi, disordini e scontri armati in tutta l'Italia centrale e settentrionale. La direzione del PCI, consapevole del fatto che un'insurrezione popolare non avrebbe avuto alcuna possibilità di riuscita, si affrettò a richiamare i propri militanti all'ordine e alla calma. Un analogo appello venne lanciato ai lavoratori anche dal sindacato **CGIL** (Confederazione generale italiana del lavoro), che a quell'epoca era un'organizzazione unica, in cui militavano sia comunisti sia socialisti e cattolici.

I dirigenti sindacali comunisti, tuttavia, in un primo momento avevano approvato l'idea che lo sciopero generale, bandito in occasione dell'attentato a Togliatti, non fosse solo una dimostrazione di sdegno e di solidarietà, ma si trasformasse in uno strumento di pressione per ottenere le dimissioni del governo. Di conseguenza, non appena fu tornata la calma, i cattolici (che non volevano più collaborare con i comunisti, neppure a livello sindacale) assunsero la vicenda dell'attentato come pretesto, si separarono e diedero vita a un proprio sindacato, denominato **CISL** (Confederazione italiana sindacati dei lavoratori); i socialisti e i socialdemocratici, a loro volta, nel 1950 diedero vita a un proprio sindacato, la **UIL** (Unione italiana del lavoro).

Spaccatura del sindacato

Negli anni seguenti, la tensione sociale rimase molto alta: a causa del **grande numero di disoccupati** (1 740 000 nel 1949; più di due milioni nel 1951), si ebbero frequenti scioperi, manifestazioni di piazza e occupazioni di fabbriche e di terre. Queste azioni di protesta si concludevano regolarmente con l'intervento della polizia (la cosiddetta *Celere*) e con vere e proprie battaglie tra lavoratori e forze dell'ordine.

Sciopero e scontri con la polizia

Un poliziotto ferito durante i disordini dei giorni dell'attentato a Togliatti, luglio 1948.

Capitolo 3

CONTRASTI POLITICI

Il risveglio del continente asiatico

Storia slide

LE CONOSCENZE DA ACQUISIRE
Nel 1947, l'India divenne indipendente. Nel 1949, la Cina divenne comunista. Fu un grave colpo al prestigio delle potenze colonialiste.

LE COMPETENZE DA POTENZIARE
Saper individuare il ruolo socialedei fattori e dei fenomeni religiosi.

3.1 L'indipendenza dell'India

Un mondo sempre più unito

L'inizio della crisi dei grandi imperi coloniali Per chiunque voglia studiare il secondo dopoguerra, l'orizzonte di riferimento non può restare confinato all'ambito nazionale, e nemmeno a quello europeo. Negli anni 1946-1950, il mondo fu più unito che mai, nel senso che iniziò la costruzione di quella rete di contatti e di connessioni che oggi ci è familiare, al punto che parliamo di una vera e propria *globalizzazione*. Alla base del nuovo fenomeno (che impiegherà tutta la seconda metà del XX secolo per giungere a piena maturazione) incontriamo innanzitutto la **crisi dei grandi imperi coloniali**, che iniziò con la **decisione britannica di concedere l'indipendenza all'India e di abbandonare la Palestina**. A ruota, sarebbe seguita la nascita di una nuova Cina comunista, arretrata e piena di problemi, per alcuni decenni, ma finalmente indipendente, sovrana e capace di respingere tutte le interferenze straniere: quella giapponese, quella americana e, in un secondo tempo, perfino quella sovietica.

Video
Gandhi e l'arma del digiuno

› VEDI
Il satyagraha di Gandhi
→ pag. 189

Gli scontri tra il Partito del Congresso e la Lega musulmana Nel 1945, la figura più prestigiosa dell'India sotto dominio britannico era ancora quella di **Gandhi** (1869-1948), il leader che, a partire dagli anni Venti, era a capo del movimento indipendentista e che sosteneva il **ricorso alla non violenza**, ossia alla **resistenza passiva** alle leggi ingiuste degli oppressori. A partire dagli anni Trenta, tuttavia, emerse un nuovo soggetto politico: la **Lega musulmana**. Questo nuovo partito si proponeva di difendere gli interessi specifici della minoranza islamica presente nel vastissimo mondo indiano. Il Partito del Congresso, guidato da Gandhi, fino ad allora aveva affermato di rappresentare tutti gli indiani, senza differenza di religione; la Lega musulmana contestò tale pretesa, sostenendo che, in una futura India indipendente, i cittadini di fede non induista sarebbero sicuramente stati oggetto di gravi discriminazioni.

Nell'immediato dopoguerra, proprio nel momento in cui la Gran Bretagna si era decisa ad abbandonare l'India, le tensioni tra i vari gruppi religiosi si fecero sempre più aspre, al punto che, nell'**agosto del 1946**, si verificarono **violenti scontri a Calcutta** e in altre città.

Polizia di Calcutta utilizza gas lacrimogeni sui manifestanti durante gli contri tra indù e musulmani nel 1946.

Divisione in due Stati

La spartizione dell'India e la fine del dominio inglese Nel **febbraio 1947**, il governo inglese dichiarò che, entro la fine dell'anno, la dominazione coloniale britannica si sarebbe conclusa. Malgrado la netta opposizione di Gandhi, il Congresso e la Lega musulmana si accordarono per una **divisione del Paese in ulteriori due Stati**; in pratica, le due zone in cui la maggioranza della popolazione era musulmana (all'estremo ovest, il Punjab, conosciuto come Pakistan occidentale; all'estremo est, il Bengala, noto come Pakistan orientale) avrebbero dato vita al **Pakistan** ("Terra dei puri"), il restante territorio avrebbe costituito l'**India**, a maggioranza indù.

Il dominio inglese sull'India cessò il 14 agosto 1947; appena furono rese note le frontiere precise dei due nuovi Stati, nel Punjab si verificò una gigantesca ondata di violenze tra musulmani e indù, nel tentativo di cancellare la presenza dal proprio territorio della minoranza religiosa rivale. Si stima che, nel complesso, vi siano stati **un milione di morti** e dieci milioni di sfollati, cioè profughi musulmani che dall'India fuggirono in Pakistan e profughi indù che dal Pakistan fuggirono in India.

Guardiamo la storia
Gandhi e l'indipendenza dell'India
Indira Gandhi e il sogno indiano

Per fermare la violenza interreligiosa, Gandhi intraprese un «digiuno fino alla morte», cioè interruppe ogni forma di alimentazione, dichiarando che si sarebbe lasciato morire se gli scontri non fossero cessati. L'accorato appello alla pace di colui che tutti ormai definivano Mahatma ("Grande anima") e, più in generale, l'affievolirsi delle passioni, permisero il ritorno alla normalità all'inizio del 1948. Gli indù estremisti, tuttavia, non perdonarono a **Gandhi** la sua disponibilità al dialogo con i musulmani: il **30 gennaio 1948**, pertanto, egli **venne assassinato** da un fanatico.

geostoria

L'indipendenza e la spartizione dell'India

Carta proiettabile

La divisione dell'India in due Stati provocò tensioni e migrazioni in tutto il Paese. La regione più tormentata fu il montuoso Kashmir, all'estremo Nord: il Maharaja indù locale, malgrado la forte maggioranza musulmana della popolazione, decise di unire il suo regno all'India provocando una vera guerra civile. Nel gennaio 1949 l'ONU intervenne assegnando parte del Kashmir al Pakistan, ma le tensioni rimasero forti e sfociarono nel 1965 in guerra aperta tra India e Pakistan, senza però modificare i confini del 1949.

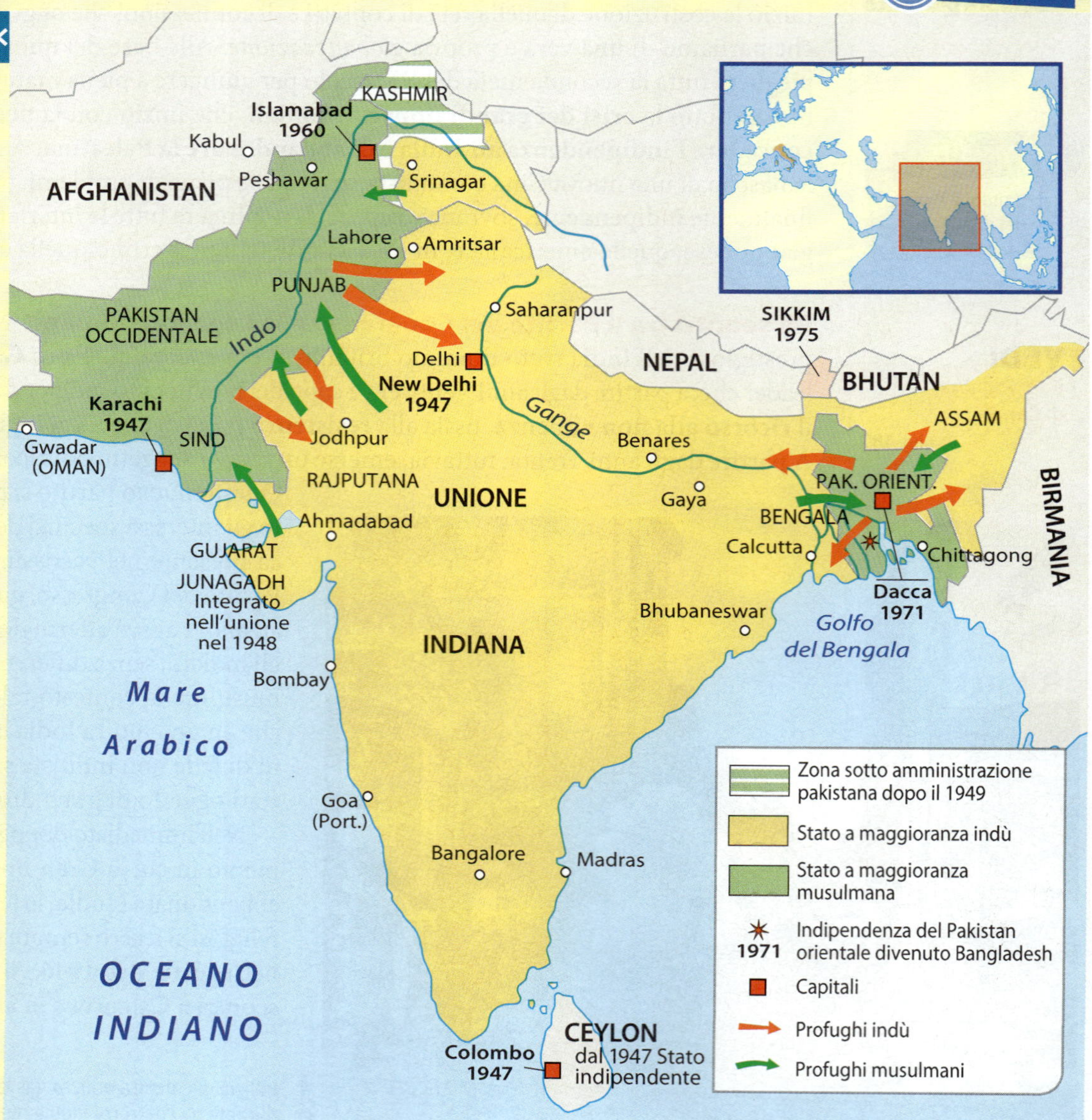

CONTRASTI POLITICI

3.2 La Cina di Mao e la guerra di Corea

La vittoria di Mao e la nascita della Repubblica popolare cinese La seconda guerra mondiale fu, per la Cina, una prova durissima, che provocò circa 20 milioni di vittime. I giapponesi si mostrarono molto spesso spietati nei confronti dei cinesi, che venivano considerati e trattati come esseri inferiori, da sfruttare senza scrupoli o uccidere senza esitazioni.

Tenute a freno dalla necessità di lottare contro il nemico comune, le tensioni riemersero subito dopo la vittoria contro i giapponesi. Tuttavia, lo scenario era molto diverso da quello degli anni Trenta: il *potere rosso* (comunista) si esercitava, nel Nord, su circa 160 milioni di persone e l'esercito di **Mao Zedong** contava nelle sue file circa un milione di guerriglieri.

› VEDI
Il conflitto con il Giappone
→ pag. 324

Video
Mao e la costruzione del socialismo in Cina

Lo scontro frontale con il Kuomintang riprese nel 1947, quando l'esercito nazionalista – sostenuto dagli USA – cercò di penetrare nelle regioni controllate dai comunisti. Ogni offensiva, tuttavia, fu respinta dai guerriglieri, che anzi riuscirono verso la fine del 1948 ad assicurarsi anche il controllo della Manciuria. Da quel momento, l'iniziativa militare passò ai comunisti, che occuparono, una dopo l'altra, tutte le principali città della Cina. Il **1° ottobre 1949**, a Pechino (che si era arresa il 31 gennaio) **Mao proclamò la nascita della *Repubblica popolare cinese***, mentre Chiang Kai-shek si rifugiava nell'isola di Formosa (Taiwan).

Nel **1950**, il nuovo governo procedette a una **riforma agraria** che distribuì terre per 47 milioni di ettari complessivi. Alla base di tale decisione vi erano la volontà di conquistare il consenso dei contadini poveri (circa 300 milioni), che beneficiarono delle distribuzioni di terre, ma anche quella di spazzare via gli agricoltori più agiati, che nei vari villaggi godevano di una posizione di grande prestigio. È possibile che l'intera operazione abbia provocato la morte di 2-5 milioni di agricoltori privilegiati e la deportazione in campi di lavoro di 4-5 milioni di contadini cinesi.

La Repubblica popolare cinese non fu riconosciuta dagli Stati Uniti, ma trovò, invece, l'immediato **sostegno dell'Unione Sovietica**. Del resto, i principi secondo cui Mao intendeva costruire il nuovo Stato erano sostanzialmente identici a quelli sovietici: al centro della vita politica, in altre parole, stava la *dittatura del proletariato*, guidato dal Partito comunista e impegnato a sconfiggere con ogni mezzo qualsiasi tentativo di controrivoluzione.

I luoghi → Taiwan

Dopo la guerra sino-giapponese del 1894-1895, l'isola di Taiwan (che i portoghesi nel 1544 avevano chiamato *Ilha Formosa*, cioè "isola bella") venne occupata dai giapponesi, che la tennero fino al 1945. Dopo la vittoria di Mao, l'isola offrì riparo e rifugio a Chiang Kai-shek, a quanto restava del suo esercito e a numerosi cinesi che vollero evitare il regime comunista. Questi esuli diedero vita alla *Repubblica della Cina nazionale*, che fu sostenuta dagli Stati Uniti. Solo nel 1971 gli americani permisero alla Repubblica popolare comunista di occupare il seggio della Cina alle Nazioni Unite. Nel frattempo, il Paese ebbe un notevole sviluppo economico, sia in campo agricolo sia nel settore industriale.

Proprietari terrieri, denunciati per sfruttamento, nella provincia di Jiangsu di fronte a masse infuriate di contadini, durante la riforma agraria cinese.

Documento chiave

La dittatura del proletariato secondo Mao

Nel testo seguente, scritto nel 1949, poco tempo dopo la conquista del potere, Mao risponde alle obiezioni di chi accusava i comunisti di aver instaurato una dittatura.

«Voi siete dei despoti». Sì, miei cari signori, siamo proprio dei despoti, avete ragione. Tutta l'esperienza accumulata dal popolo cinese in molti decenni ci insegna che bisogna rafforzare la dittatura democratica del popolo – che si può anche chiamare despotismo democratico popolare, i due termini hanno lo stesso significato – e cioè, privare i reazionari del diritto alla parola e lasciare questo diritto soltanto al popolo. Ma chi è popolo? In Cina, nella fase attuale, sono popolo gli operai, i contadini, la piccola borghesia urbana e la borghesia nazionale [la borghesia che ha preso le distanze dal Kuomintang, *n.d.r.*]. Sotto la guida della classe operaia e del Partito comunista, queste classi si uniscono per organizzare il loro stato ed eleggere il loro governo: impongono la loro dittatura ai leccapiedi dell'imperialismo, cioè i proprietari terrieri, la borghesia burocratica e i rappresentanti di queste classi, i reazionari del Kuomintang e i loro complici e permettono loro soltanto di comportarsi come si deve e non di chiacchierare e agire a vanvera... La democrazia si applica in seno al popolo che gode dei diritti di libertà di parola, di riunione, di associazione eccetera. Il diritto al voto appartiene unicamente al popolo, non ai reazionari. La combinazione di questi due aspetti, democrazia per il popolo e dittatura per i reazionari, è la dittatura democratica popolare.

Il modello assunto da Mao è Lenin

Il partito è l'avanguardia del popolo

Lo Stato proletario reprime la borghesia

Video
Le "battaglie" della guerra fredda

S.R. SCHRAM, *Il pensiero politico di Mao Tse-Tung*, Mondadori, Milano 1974, p. 187, trad. it. R. CORSINI PISU

La guerra di Corea Negli anni Cinquanta, la Cina mantenne l'appoggio dell'URSS anche in politica estera. In questo periodo, la crisi internazionale più grave esplose il 25 giugno 1950, quando l'esercito del regime comunista – sorto in Corea del Nord dopo la fine dell'occupazione giapponese – varcò il 38° parallelo e invase la Corea meridionale, che si trovava nell'orbita americana. Nel 1949-1950, la situazione della Corea fu utilizzata da Mao in termini strumentali, per ottenere da Stalin tecnologia e armamenti. **Mao prometteva di tenere impegnati migliaia di soldati americani**, a tempo indeterminato: il che avrebbe permesso a Stalin – se l'avesse ritenuto opportuno – di assumere in Europa atteggiamenti provocatori simili a quelli del blocco di Berlino. La ***guerra di Corea*** fu l'unico vero scontro armato fra i due blocchi della *guerra fredda* che per quarant'anni oppose il mondo capitalista a quello socialista.

Una ragazza coreana, con il fratellino sulle spalle, passa davanti a un carro armato statunitense a Haengju, Corea (1950-1953), fotografia di R.V. Spencer.

Dopo aver ottenuto l'autorizzazione all'intervento militare da parte del Consiglio di sicurezza dell'ONU, **gli Stati Uniti entrarono in forze in Corea**, allontanando i comunisti dalle regioni meridionali; a quel punto, però, nell'ottobre 1950, la Cina inviò a sua volta in Corea un contingente, di almeno 700 000 uomini. Nonostante le pressioni dei vertici dell'esercito americano, che volevano allargare il teatro della guerra, attaccando direttamente il territorio cinese, il presidente Truman impose che il conflitto restasse localizzato in Corea. Lo scontro divenne dunque una guerra di posizione, con il risultato che, nel luglio **1953**, i contendenti trovarono un accordo e stipularono un **armistizio**.

Capitolo
4

POTERI E CONFLITTI

Lo scontro tra Israele e gli arabi

Storia slide

LE CONOSCENZE DA ACQUISIRE
Nel 1948, nacque lo stato di Israele, che sconfisse gli stati arabi ostili alla sua creazione.

LE COMPETENZE DA POTENZIARE
Saper individuare i fattori di rafforzamento o di indebolimento di una struttura politica.

4.1 L'ONU e la spartizione della Palestina

› VEDI
Il sionismo
→ pag. 241

Guardiamo la storia
L'emigrazione ebraica verso Israele

Le posizioni di USA e Gran Bretagna riguardo la nascita di uno Stato ebraico Nel corso della seconda guerra mondiale, quasi sei milioni di ebrei europei erano stati uccisi dai nazisti; questo terribile evento colpì profondamente la forte comunità ebraica americana. Essa comprendeva ben cinque milioni di persone, ma, fino a quel momento, si era mostrata decisamente fredda nei confronti del **sionismo**, vale a dire quel movimento iniziato negli ultimi anni dell'Ottocento e finalizzato alla costruzione di uno Stato ebraico in Palestina.

Nel 1944, il leader sionista **David Ben Gurion** si rivolse agli ebrei statunitensi per chiedere aiuto e sostegno in ordine all'abolizione del *Libro bianco* del 1939; scosse dall'intensità e dalla violenza dell'antisemitismo nazista, le **comunità ebraiche americane si mobilitarono**, sostenendo il **progetto di uno Stato ebraico**, che venne fatto proprio anche dal presidente Harry S. Truman.

Al contrario, la Gran Bretagna, uscita dal conflitto vincitrice ma economicamente esausta, cercò di restare sulle sue posizioni prebelliche; così, ad esempio, rifiutò il permesso di sbarco a migliaia di profughi che, dopo essere scampati allo sterminio, arrivavano via mare in Palestina. Alcuni gruppi di ebrei di Palestina, pertanto, ricorsero alla guerriglia e al terrorismo, compiendo atti clamorosi finalizzati a mettere in imbarazzo il governo inglese e a obbligarlo ad abbandonare il Paese.

I personaggi → David Ben Gurion

Nato in Polonia nel 1886, emigrò in Palestina nel 1906. Nel primo dopoguerra, assunse un posto di primaria importanza fra i dirigenti del movimento sionista e fu tra i fondatori del partito Mapai, di tendenza socialdemocratica. Fu Ben Gurion, il 15 maggio 1948, a proclamare ufficialmente la nascita dello Stato di Israele, alla guida del quale rimase fino al 1953; dopo una pausa, tornò al governo dal 1955 al 1963. Ritiratosi dalla vita politica nel 1970, morì nel 1973. Ben Gurion era primo ministro nel momento in cui si svolsero le prime due guerre arabo-israeliane (1948-1949 e 1956); inoltre, nel 1961, fu il regista della cattura in Argentina e del processo a Gerusalemme di Adolf Eichmann, uno dei principali responsabili dello sterminio degli ebrei compiuto dai nazisti.

Immigrati clandestini sbarcano in Palestina a bordo delle scialuppe calate in mare da una nave che è riuscita a evitare il blocco inglese.

Storiografia 3
Il ruolo dell'URSS nella nascita dello Stato d'Israele
→ pag. 502

La risoluzione dell'ONU e la proclamazione dello Stato di Israele Nel febbraio **1947, la Gran Bretagna rimise l'intera questione alle Nazioni Unite**. La commissione internazionale creata dall'ONU elaborò un progetto di spartizione del territorio palestinese che venne posto in votazione, davanti all'assemblea generale, il 29 novembre 1947 (*risoluzione n. 181*). A favore del piano votarono 13 delegati su 33, mentre 10 furono gli astenuti. Tra questi ultimi, figurava anche il rappresentante inglese; a favore del progetto, invece, votò il delegato sovietico, in quanto l'URSS valutò l'insieme dell'operazione come un grave colpo inferto al prestigio dell'impero britannico.

Il piano di spartizione elaborato dall'ONU prevedeva la nascita in Palestina di tre entità distinte. Gerusalemme, città santa a tre religioni, avrebbe dovuto essere posta sotto controllo internazionale; sul resto del territorio palestinese, invece, sarebbero dovuti sorgere **due Stati, uno ebraico e uno arabo**. Il primo, secondo l'ONU, avrebbe dovuto comprendere il 55% della superficie e ospitare 500 000 ebrei e 497 000 arabi; nello Stato palestinese, invece, avrebbero dovuto vivere 750 000 arabi e 10 000 ebrei.

Israele e il rifiuto arabo

La proposta dell'ONU fu accolta dai sionisti, che il **15 maggio 1948** (allo scadere del mandato britannico) proclamarono lo **Stato di Israele**, immediatamente riconosciuto sia dagli Stati Uniti sia dall'Unione Sovietica. Gli arabi di Palestina e quelli degli Stati limitrofi, al contrario, rifiutarono il progetto, per motivazioni simili a quelle del 1920, l'anno in cui avevano visto fallire tutte le proprie aspirazioni. Agli occhi degli arabi, la risoluzione dell'ONU non era che **una nuova usurpazione imperialistica**.

I luoghi → Gerusalemme

La città di Gerusalemme venne conquistata, intorno al 1000 a.C., dal re ebraico Davide, che insediò la propria corte nei pressi di una collina chiamata Sion. Dopo che suo figlio Salomone costruì un grande tempio, considerato la dimora del Dio di Israele, Gerusalemme divenne la città santa per eccellenza. Nel luogo in cui anticamente si trovava il Tempio, sorgono oggi due moschee, che ricordano un miracoloso viaggio in paradiso compiuto (secondo la tradizione islamica) dal profeta Maometto. Gerusalemme è santa anche per i cristiani, che venerano il luogo della crocifissione di Cristo e il Santo sepolcro, in cui Gesù fu posto dopo la morte e che egli (secondo la fede cristiana) ha lasciato vuoto a seguito della sua resurrezione.

geostoria La formazione dello Stato d'Israele

Carta proiettabile

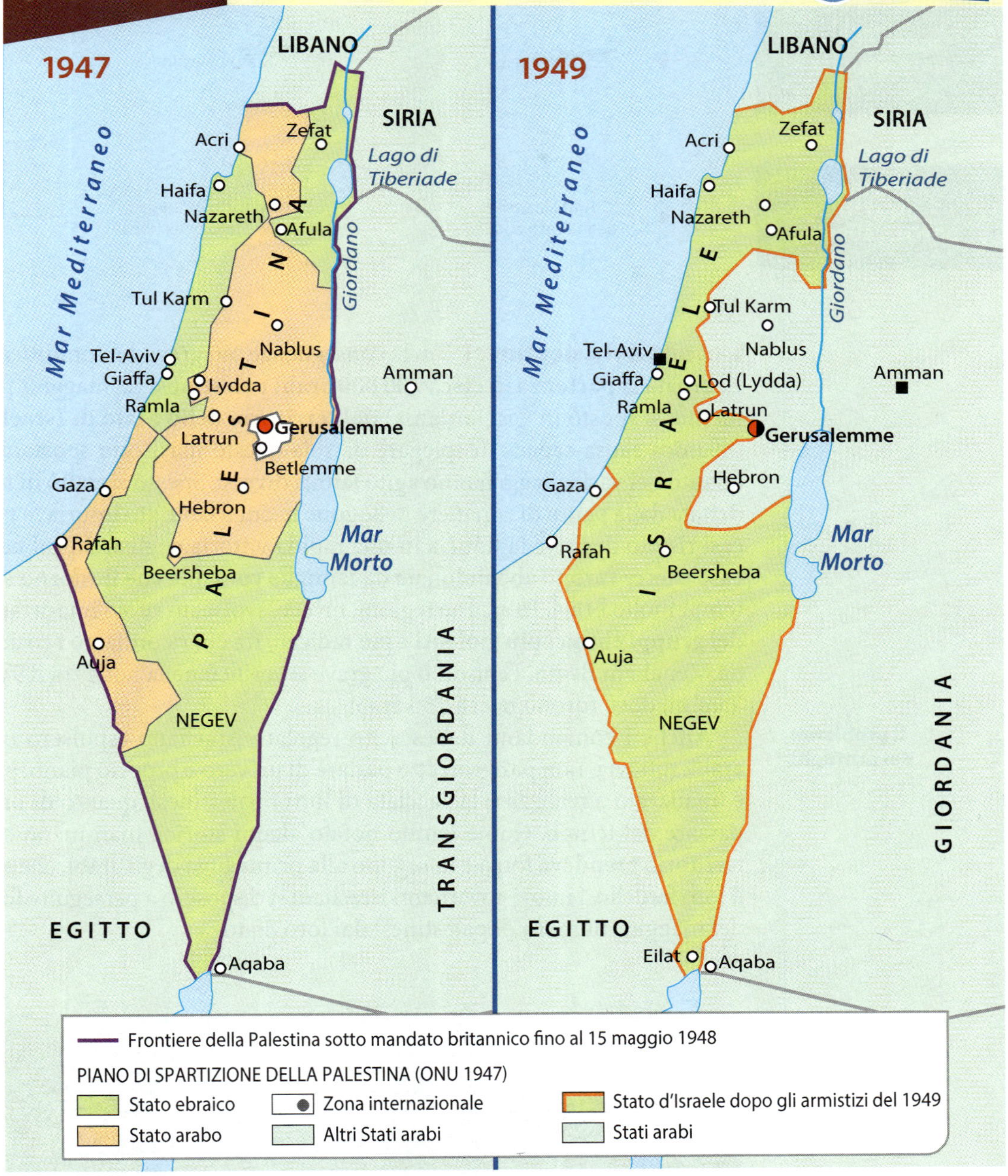

4.2 La prima guerra arabo-israeliana

Da guerriglia a guerra Fin dal novembre 1947, ossia prima della partenza delle truppe britanniche, sionisti e arabi palestinesi avevano intrapreso una sanguinosa guerriglia per impadronirsi dei territori che erano stati occupati dagli inglesi. In seguito, dal 15 maggio 1948, intervennero gli eserciti regolari degli Stati arabi. Tuttavia, inaspettatamente, le forze israeliane ebbero la meglio, alterando profondamente l'intero quadro politico della regione. Dopo che, tra il febbraio e il luglio 1949, ebbe firmato armistizi separati con l'Egitto, il Libano, la Giordania e la Siria, lo Stato di Israele, riuscì a diventare più grande di circa un terzo rispetto alla superficie prevista dalle Nazioni Unite; sul resto del territorio, inoltre, non si creò uno Stato arabo palestinese indipendente, visto che la striscia costiera a sud della città di Gaza fu occupata dall'Egitto, mentre l'intera porzione centrale della Palestina (la cosiddetta Cisgiordania) fu annessa da Abd-Allah di Giordania alla propria nazione, eretta a regno nel 1946. Quanto a Gerusalemme, al posto dell'autonomia garantita a livello internazionale, si ebbe una vera e propria spartizione: la parte occidentale passò sotto sovranità israeliana, quella orientale fu occupata dalla Giordania.

Vittoria israeliana

Gaza e la Cisgiordania

La Palestina prima e dopo la guerra del 1948-1949

Schema proiettabile

PIANO DELLE NAZIONI UNITE	Stato ebraico	Stato palestinese	Controllo internazionale su Gerusalemme
SITUAZIONE DI FATTO DOPO LA GUERRA	Ampliamento dello Stato ebraico	Mancata esistenza dello Stato palestinese	Divisione di Gerusalemme tra Israele e Giordania

L'esodo dei palestinesi Tra le conseguenze più gravi del conflitto del 1948-1949, dev'essere ricordata la **partenza di circa 700 000 arabi palestinesi** (la maggior parte dei quali, per il momento, si spostò in Cisgiordania) **dal territorio dello Stato di Israele**. È difficile individuare un'unica causa capace di spiegare da sola questo massiccio spostamento di popolazione, in quanto nei vari villaggi hanno agito fattori diversi. Spesso si trattò di una pura e semplice fuga, dettata dalla paura di rimanere nelle zone in cui il conflitto infuriava più violentemente; in altri casi risultò decisiva la fiducia in una rapida vittoria degli arabi sul nemico sionista: pertanto, case e terre furono abbandonate da famiglie convinte che il ritorno sarebbe stato possibile in tempi molto brevi. In alcune regioni, invece, svolse un ruolo importante l'**attività terroristica dei gruppi ebraici più violenti** e più radicali, fra cui ricordiamo i cosiddetti *revisionisti*, guidati da Menahem Begin. L'episodio più grave si verificò nella notte tra il 9 e il 10 aprile 1948, a Deir Yassim, dove furono uccisi 250 arabi.

Il problema dei profughi

Anche i comandanti dell'esercito regolare israeliano espulsero o deportarono numerosi arabi; tuttavia, non pare corretto parlare di un vero e proprio piano, predisposto fin dall'inizio e finalizzato a realizzare la cacciata di tutti i palestinesi, quanto di una decisione presa con il passare del tempo. Come hanno notato alcuni storici, man mano che la loro posizione nel territorio prendeva forza e in seguito alla prima fuga degli arabi, che alleggeriva notevolmente il loro fardello, i nuovi governanti israeliani si disposero a perseguire l'obiettivo dell'evacuazione del maggior numero di palestinesi dal loro Stato.

Accampamento di profughi palestinesi in seguito alla prima guerra arabo-israeliana, 1948.

1 Il blocco di Berlino

Nel 1948-1949, l'accesso a Berlino ovest fu bloccato. Tutte le vie di terra e tutti i canali navigabili che rifornivano la città (o meglio, i settori controllati da Inghilterra, Francia e Stati Uniti) furono chiusi, in quanto Stalin voleva usare il blocco come arma di pressione, per impedire la nascita di uno Stato tedesco nella Germania occidentale.

Il 1° giugno 1948 gli occidentali, riunitisi a Londra, annunciarono un piano per creare uno Stato separato della Germania Ovest. Il 18 giugno fu presentata una nuova moneta, il *Deutsche Mark*, che entrò in circolazione tre giorni dopo (le nuove banconote erano state stampate in gran segreto negli USA e trasportate a Francoforte sotto scorta dell'esercito americano). I vecchi *Reichsmark* furono ritirati, e a ogni cittadino tedesco fu concesso il diritto di cambiarne soltanto 40 al tasso di uno a uno e il resto al tasso di dieci a uno. Sebbene all'inizio piuttosto impopolare (perché distruggeva i risparmi e faceva salire i prezzi [...]), la nuova moneta fu rapidamente accettata, non appena i negozi cominciarono a riempirsi di merce che contadini e commercianti erano ora disposti a vendere a prezzo fisso, in una valuta affidabile.

Il 23 giugno le autorità sovietiche replicarono coniando a propria volta un *Mark* nella Germania Est e interrompendo le linee ferroviarie che collegavano Berlino alla Germania occidentale (tre settimane dopo fecero chiudere anche i canali). Il giorno seguente il governo militare occidentale di Berlino bloccò il tentativo sovietico di estendere la nuova moneta anche nella zona ovest: si trattava di un'importante questione di principio, dato che la città si trovava sotto il governo di quattro potenze e la zona occidentale non era considerata parte della Germania orientale, occupata dai sovietici. Quando l'Armata rossa intensificò il controllo sulle vie di comunicazione, i governi americano e inglese decisero di organizzare un ponte aereo per rifornire le proprie zone: il 26 giugno il primo volo atterrò nell'aeroporto di Tempelhof. Il ponte aereo fu mantenuto sino al 12 maggio 1949. In undici mesi gli alleati occidentali inviarono circa 2,3 milioni di tonnellate di derrate alimentari con 277 500 voli, e 73 piloti persero la vita nel corso delle operazioni. Scopo di Stalin era costringere l'Occidente a scegliere tra l'abbandono della città (sfruttando il vantaggio della mancanza, negli accordi di Potsdam, di una garanzia scritta sull'accesso alleato via terra) o la rinuncia alla creazione di uno Stato separato della Germania Ovest. Era questo ciò che Stalin voleva veramente (Berlino era soltanto merce di scambio), ma alla fine non riuscì a ottenere né l'una né l'altra cosa. Non soltanto gli occidentali tennero saldamente la propria zona di Berlino (con loro stessa sorpresa e l'esterrefatta gratitudine degli abitanti), ma lo stesso blocco sovietico, a distanza ravvicinata dal colpo di Stato a Praga, li persuase ancor più a sostenere il progetto di una Germania Ovest, rendendo l'idea più accettabile agli stessi tedeschi. Nell'aprile 1949 la Francia si unì alla bizona, creando così una singola unità economica della Germania Ovest, con 49 milioni di abitanti (in confronto agli appena 17 della parte sovietica).

Come quasi tutte le avventure diplomatiche di Stalin, anche

Agenti di polizia dell'Est e dell'Ovest faccia a faccia sulla linea che delimita i due settori, Berlino, 1948.

il blocco fu frutto d'improvvisazione e non di un'articolata strategia (sebbene non si possa dare all'Occidente la colpa di non averlo capito subito). Stalin non avrebbe certo scatenato una guerra per Berlino. Di conseguenza, quando la mossa fallì, il dittatore cambiò tattica. Il 31 gennaio 1949 propose pubblicamente di porre termine al blocco in cambio di un rinvio nei piani per la creazione della Germania Ovest. Gli occidentali non erano affatto disposti a una simile concessione, ma si decise comunque di organizzare un incontro: il 12 maggio l'URSS tolse così il blocco in cambio di una semplice riunione dei ministri degli Esteri, avvenuta il 23 maggio. I colloqui durarono un mese, ma, com'era prevedibile, non si riuscì a trovare alcun punto in comune. Anzi, avevano appena fatto in tempo a iniziare quando il Consiglio parlamentare della Germania Ovest, riunito a Bonn, approvò ufficialmente la legge fondamentale con cui si stabiliva il nuovo governo; una settimana dopo, Stalin rispose annunciando la formazione di una Germania Est, creata ufficialmente il 7 ottobre. Quando i colloqui si interruppero, il 20 giugno, il governo militare della Germania Ovest era già stato sostituito da alti commissari di USA, Inghilterra e Francia. Era nata la RFT [Repubblica federale tedesca, *n.d.r.*], anche se gli alleati si riservarono alcuni poteri d'intervento e persino il diritto di riassumerne il governo qualora ritenuto necessario. Il 15 settembre 1949, un mese dopo la vittoria elettorale della CDU [l'equivalente tedesco della Democrazia cristiana in Italia, *n.d.r.*], Adenauer [politico e statista tedesco, leader della CDU, *n.d.r.*] divenne il primo cancelliere della nuova Repubblica.

La crisi di Berlino ebbe tre importanti conseguenze. Innanzitutto portò direttamente alla creazione di due Stati, esito che nessuno quattro anni prima aveva ipotizzato. Per gli occidentali era diventato un obiettivo attraente e raggiungibile; tanto che, nonostante i numerosi sbandieramenti retorici sulla speranza di un'unificazione del paese, nessuno aveva fretta di realizzarla. Come, ancora nove anni dopo, il primo ministro inglese MacMillan replicò al presidente francese De Gaulle che gli domandava cosa pensasse a proposito di una Germania unificata: «In teoria dobbiamo sempre appoggiare la riunificazione. In questo non corriamo nessun rischio». Quanto a Stalin, dopo essersi reso conto che non poteva competere con gli alleati per conquistare la fedeltà dei tedeschi e che nemmeno poteva costringerli ad abbandonare i loro piani, un separato Stato comunista gli apparve come la soluzione meno peggiore. In secondo luogo, la crisi obbligò gli USA a impegnarsi per la prima volta a mantenere una consistente presenza militare in Europa a tempo indeterminato. Il risultato fu ottenuto grazie a Bevin, ministro degli Esteri inglese: fu egli infatti a persuaderli a organizzare il ponte aereo, subito dopo che Truman aveva avuto da Marshall e dal generale Clay (il comandante americano a Berlino) la conferma che valeva la pena affrontare il rischio. La Francia fu poco coinvolta perché scossa, dal 18 luglio al 10 settembre 1948, da una crisi politica interna che la privò di una chiara maggioranza di governo nell'Assemblea nazionale.

In terzo luogo, e in diretta conseguenza dei primi due, la crisi determinò un riesame dei calcoli militari alleati. Se era deciso a proteggere i suoi clienti tedeschi da un'aggressione sovietica, l'Occidente avrebbe dovuto dotarsi dei mezzi per poterlo fare. Inizialmente, gli americani avevano dislocato in Inghilterra un certo numero di bombardieri strategici capaci di trasportare atomiche (allora gli USA ne avevano 57), ma Washington non aveva ancora elaborato una politica precisa sul loro uso, e lo stesso Truman era particolarmente riluttante a considerare tale possibilità: nel caso di un'avanzata sovietica, la strategia prevedeva ancora una ritirata dal continente.

T. JUDT, *Dopoguerra. Com'è cambiata l'Europa dal 1945 a oggi*, Mondadori, Milano 2007, pp. 183-186, trad. it. A. PICCATO

Analizza il testo

- Quale scopo si proponeva di ottenere Stalin grazie al blocco di Berlino ovest?
- Quando e come iniziò il ponte aereo organizzato da inglesi e americani?
- Stalin era davvero disposto a scatenare una guerra per ottenere Berlino ovest?

2 Dalla proclamazione della Repubblica alla festa ufficiale

I risultati del referendum istituzionale furono resi noti il 10 giugno 1946. Nel pomeriggio del giorno seguente, il socialista Giuseppe Saragat proclamò ufficialmente la nascita della Repubblica italiana. Diversi antifascisti misero in luce il fatto che, proprio il 10 giugno 1924, fu rapito dai fascisti il deputato socialista Giacomo Matteotti: il clamoroso silenzio del re Vittorio Emanuele III, di fronte a questo ennesimo crimine del movimento fascista, era stata una delle ragioni per cui la maggioranza degli avversari di Mussolini si spostò su posizioni sempre più decisamente repubblicane.

Gli esiti del voto referendario, con la debole maggioranza conquistata dai fautori della Repubblica e la sua forte disomogeneità territoriale lungo la penisola (tra regioni centro-settentrionali e meridionali), dimostrarono quanto frammentaria e fragile fosse l'unità morale della nazione nel momento in cui gli italiani erano chiamati ad essere cittadini delle nuove istituzioni democratiche. La contrapposizione presto emersa tra le forze di governo guidate dalla Democrazia cristiana e i partiti della opposizione di sinistra compresse l'impatto emotivo e sentimentale della vittoria repubblicana nel referendum. Negli anni successivi si profilò un conflitto simbolico che fece emergere due contrapposti scenari rituali e altrettante immagini della Repubblica. Assecondando un'idea della festa come occasione di conciliazione nazionale nel nome delle istituzioni, la DC privilegiò la rappresentazione del legame tra lo Stato e le nuove Forze armate. Al contrario, utilizzando l'anniversario come momento di mobilitazione politica in chiave antigovernativa e promuovendo forme diffuse di partecipazione popolare, le sinistre tesero a ribadire costantemente il nesso tra Resistenza, Repubblica e Costituzione. [...]

I festeggiamenti ufficiali in onore delle nuove istituzioni furono posticipati fino a martedì 11 giugno, dopo che nel pomeriggio del giorno prima, una volta resi noti i risultati del referendum da parte del presidente della Corte di Cassazione Giuseppe Pagano, la Repubblica era stata proclamata nella Sala

STORIOGRAFIA

della Lupa a Montecitorio. Era un luogo storico già per altri motivi, avendo ospitato nel 1871 le prime riunioni del Parlamento dopo il passaggio della capitale da Firenze a Roma. La proclamazione, come avrebbe testimoniato in seguito il giornalista Vittorio Gorresio nella sua qualità di testimone oculare, stante il clima di incertezza ancora non dissoltosi, era avvenuta senza alcuna cerimonia preordinata. Se ne assunse l'onere Giuseppe Saragat, deputato socialista destinato di lì a due settimane ad essere eletto presidente dell'Assemblea Costituente. L'unico momento di una qualche solennità fu l'apparizione della storica bandiera tricolore della Repubblica romana del 1849, nel frattempo custodita presso il museo garibaldino del Gianicolo. Non era però mancato chi, volendo assegnare alla giornata un forte valore simbolico, aveva messo in correlazione altri 10 giugno memorabili. In quello stesso giorno infatti, sul Lungotevere, i socialisti vollero commemorare l'anniversario dell'assassinio di Giacomo Matteotti. Il contratto siglato con il voto degli italiani nel segno della Repubblica veniva trasformato in un patto morale, consacrato grazie al ricordo del sangue di Matteotti, il cui corpo offeso mortalmente, simbolo di tutti i caduti antifascisti, lungo il ventennio aveva rappresentato l'alter ego [l'alternativa speculare, *n.d.r.*] rispetto all'ostentata corporeità di Mussolini nelle cerimonie di regime.

Il martedì 11 giugno fu proclamato giorno festivo a tutti gli effetti civili. L'iniziativa era venuta dal segretario della CGIL Giuseppe Di Vittorio e il Consiglio dei ministri tenutosi nel corso della notte ritenne opportuno farla propria. Nella capitale si svolse una grande manifestazione, indetta dal sindacato unitario e con la partecipazione dei militanti dei partiti antifascisti. Davanti a circa trecentomila persone, convenute in Piazza del Popolo, il socialista Giuseppe Romita, ministro degli Interni, modulò il suo discorso senza enfasi e trionfalismi, mosso dall'imperativo di favorire la conciliazione nazionale, da perseguire, egli affermò, attraverso «la difesa della repubblica» e una ritrovata «unità spirituale del popolo italiano». «Al Vicinale quel giorno – come ricorderà lo stesso Romita, a riprova di una transizione istituzionale assai complessa sul piano simbolico – per la prima volta nella storia, era stata issata la bandiera italiana senza lo scudo sabaudo», mentre al Quirinale «sventolava ancora l'altra bandiera». Da tutta Italia intanto giungevano echi di festeggiamenti popolari che, in qualche caso, non avevano atteso la proclamazione ufficiale. Fu quanto accadde, per esempio, a Forlì, la cittadella repubblicana dell'Italia regia, laddove lo storico Circolo Mazzini già la sera del 9 giugno organizzò una festa con balli popolari, replicati in Piazza Saffi la sera del 10 alla presenza di circa diecimila persone. [...]

L'annuncio sui giornali dell'esito del referendum del 1946.

Per il capodanno la prassi istituzionale aveva sempre previsto la cerimonia degli auguri da parte delle autorità al Capo dello Stato. Non sentendosi investito di un effettivo mandato elettivo, il presidente provvisorio Enrico De Nicola ritenne però opportuno rinviare il ripristino della cerimonia e comunque ogni altra manifestazione ufficiale. Senza eco pubblica risultò anche la formale investitura del Quirinale come sede ufficiale del presidente; mentre nel tardo pomeriggio la bandiera tricolore veniva issata sul palazzo e in piazza la banda suonava l'Inno di Mameli davanti ad una esigua rappresentanza militare, De Nicola aveva già fatto sapere che avrebbe mantenuto il proprio domicilio presso Palazzo Giustiniani. [...] Una prima rappresentazione dello Stato attraverso il ricordo dell'atto di fondazione e della festa del 2 giugno si ebbe a partire dal 1948. [...] Prendeva forma la funzione riconosciuta al Presidente, il quale, secondo quanto indicato dalla Costituzione (art. 87), «rappresenta l'unità nazionale». La manifestazione principale si tenne a Roma presso l'Altare della Patria, con al centro della scena rituale la figura di Einaudi [Luigi Einaudi, secondo presidente della Repubblica, *n.d.r.*], sia nel rendere omaggio al Milite Ignoto sia nel ricevere il saluto delle bandiere dei corpi militari schierati a Piazza Venezia. Era l'atto di investitura, così come prescriveva la Costituzione, del comando delle Forze armate dello Stato. Alla testa del corteo presidenziale e con l'esordio pubblico dei carabinieri in alta uniforme nel ricostituito corpo dei corazzieri, dagli anni postunitari guardia personale del re, Einaudi era giunto in auto – un modello Aprilia Fiat 2800 presto divenuto familiare nelle cronache presidenziali – a Piazza Venezia, lungo un tragitto che, tra via XXIV Maggio e via IV Novembre, da allora sarebbe entrato nel cerimoniale repubblicano. Nei modi e nei comportamenti, Einaudi prefigurò lo stile sobrio e austero che avrebbe contraddistinto l'esercizio della sua funzione presidenziale e, con essa, il volto stesso della Repubblica; una immagine impersonale e di basso profilo, ancor più rimarcabile rispetto alla esibita corporeità e alla magniloquenza di chi, per un ventennio, lo aveva preceduto sulle scalinate del Vittoriano nelle cerimonie istituzionali.

M. RIDOLFI, *Le feste nazionali*, il Mulino, Bologna 2003, pp. 240-247

Analizza il testo

- Perché, come sede per proclamare la nascita della Repubblica, venne scelta la Sala della Lupa?
- Per quali motivi i primi discorsi di celebrazione della nascita della Repubblica si svolsero senza enfasi e trionfalismi?
- Perché le feste della Repubblica sarebbero state celebrate, per lo più, secondo uno stile sobrio e austero?

3 Il ruolo dell'URSS nella nascita dello Stato d'Israele

La risoluzione 181, che sancì la divisione della Palestina, fu votata dall'Assemblea delle Nazioni Unite il 29 novembre 1947. A favore votarono 33 Stati; 10 furono gli astenuti (tra cui la Gran Bretagna) e 13 i contrari (tra cui 7 Stati arabi). Il dato più importante da notare è che a favore della spartizione votò anche l'URSS di Stalin, convinto che la nascita del nuovo Stato ebraico avrebbe rappresentato un grave colpo per il prestigio dell'impero britannico e avrebbe potuto facilitare un aumento dell'influenza sovietica in Medio Oriente.

Il 26 novembre del 1947 l'Assemblea generale dell'Onu affrontò la discussione del problema palestinese. Nelle prime ore di quello stesso giorno, il presidente Truman e i principali ministri ricevettero dalla Cia un rapporto analitico, che descriveva la Palestina come un paese sconvolto dal caos, nel quale «i sovietici cercavano in ogni modo di consolidare le proprie posizioni». I servizi segreti americani mettevano in guardia il governo: la costituzione di uno Stato ebraico da una parte poteva privare gli Usa del petrolio che gli era necessario, e dall'altra poteva aprire la strada alla penetrazione sovietica in Medio Oriente. Il ministro della difesa Forrestal mostrò il rapporto segreto della Cia al presidente del partito democratico e lo pregò di far pressione su Truman evidenziando che contro l'America non sarebbero insorti solo gli arabi, ma tutto il mondo musulmano. Tuttavia, proprio in quel giorno gli ebrei palestinesi videro consolidarsi la speranza di ottenere un loro Stato. Di fronte all'Assemblea, Gromyko [Andrej Gromyko, rappresentante russo all'ONU, *n.d.r.*] pronunciò il suo famoso discorso in difesa del diritto degli ebrei ad avere un proprio Stato. Nelle linee essenziali il discorso era stato scritto a Mosca e Gromyko, che vi apportò solo qualche tocco personale di colore, formulò due possibili soluzioni per il problema: la creazione di un unico Stato arabo-ebraico, oppure, se questa variante fosse risultata impraticabile, la spartizione della Palestina in due Stati democratici indipendenti, uno arabo, l'altro ebraico. Ora, poiché sia gli arabi che gli ebrei dichiaravano di non poter convivere, restava in piedi solo la seconda ipotesi, contestata soltanto dagli Stati arabi. Nessuno forse meglio di Gromyko argomentò il diritto degli ebrei a costruire uno Stato in Palestina: «I rappresentanti dei paesi arabi sostengono che la spartizione della Palestina costituirebbe un'ingiustizia storica, ma questa opinione non è condivisibile, perché in realtà il popolo ebraico ha mantenuto il suo legame con la Palestina dai tempi più antichi. Inoltre, non possiamo non tener conto della situazione in cui esso si è venuto a trovare dopo l'ultima guerra scatenata dalla Germania hitleriana, che gli ha recato più sofferenze che a qualsiasi altro popolo. Sapete bene che nessuno stato dell'Europa occidentale ha saputo adeguatamente difenderlo dall'arbitrio e dalla violenza hitleriani».

Le delegazioni arabe manifestarono il loro scontento per questa posizione dell'Urss, ma Gromyko replicò: «Siamo profondamente convinti che la spartizione della Palestina in due Stati indipendenti risponda agli interessi non solo degli ebrei, ma anche degli arabi». Secondo Gromyko la spartizione avrebbe avuto «un significato di portata storica»: «Questa soluzione accoglie le legittime richieste del popolo ebraico, di quelle centinaia di migliaia di ebrei, senza più tetto né comunità, che si trovano ancora ricoverati provvisoriamente in campi di raccolta in diversi paesi dell'Europa occidentale». Gromyko si scagliò contro il governo inglese che si era dichiarato disposto a lasciare la Palestina e a creare le condizioni per la costituzione di due Stati, solo se arabi ed ebrei avessero trovato un accordo: «La stessa discussione del problema in seno a questa Assemblea dimostra che arabi ed ebrei non possono intendersi, pertanto porre tale condizione equivale a seppellire la decisione dell'Assemblea prima ancora che sia stata presa». In sostanza, Gromyko appoggiò la lotta armata delle formazioni ebraiche clandestine contro le autorità britanniche [...]. Gromyko si rivolse anche a quelle delegazioni arabe che insistevano nel negare il diritto dell'Onu a decidere delle sorti della Palestina: «L'Assemblea e l'Onu in generale, non solo hanno il diritto di esaminare la questione, ma, considerata la situazione attuale della Palestina, hanno il dovere di prendere una decisione. Secondo il parere della delegazione sovietica, il progetto di risoluzione approntato dal Comitato *ad hoc*, che il Consiglio di Sicurezza dovrebbe attuare attraverso una serie di misure concrete, risponde pienamente agli interessi della pace e della cooperazione mondiale. Per questo la delegazione sovietica appoggia la raccomandazione sulla spartizione della Palestina».

Il discorso di Gromyko fu decisivo per il futuro di Israele: stampato e diffuso in tutto il mondo dai giornali ebraici, influì anche sugli americani. Truman, visto che Stalin aveva deciso fermamente di dare uno Stato agli ebrei, decise che, da parte degli Stati Uniti, opporsi sarebbe stato stupido. [...] Nonostante i pareri discordanti all'interno dell'Amministrazione americana, Truman approvò la proposta di spartizione della Palestina e addirittura chiese al Dipartimento di Stato di adoperarsi per garantire il voto favorevole, o l'astensione, dei paesi dell'America latina. [...] La risoluzione n. 181 dell'Assemblea generale dell'Onu *Sulla costituzione di due Stati indipendenti sul territorio del mandato britannico in Palestina* fu approvata sabato 29 novembre 1947. Agli ebrei erano necessari i due terzi dei voti e la posizione di Stalin, che disponeva non di uno ma di ben cinque voti, giocò un ruolo fondamentale. Quando erano state istituite le Nazioni Unite, infatti, Stalin per accrescere il proprio peso, aveva tentato di farvi entrare tutte le repubbliche sovietiche. [...] Il 27 aprile [1945, *n.d.r.*] fu deciso di includere Bielorussia e Ucraina tra i membri fondatori dell'Onu. In tal modo Stalin venne a disporre di tre voti, cui si aggiungevano quelli di Cecoslovacchia e Polonia che avrebbero votato secondo i suoi ordini. Fu così che i cinque voti di Stalin furono decisivi per Israele: se fossero stati contrari, lo Stato ebraico non sarebbe nato. Trentatré paesi votarono *a favore*, tredici *contro*. Alcuni, tra i quali l'Australia e l'Inghilterra, si astennero. La decisione era stata presa.

L. MLECIN, *Perché Stalin creò Israele*, Sandro Teti Editore, Roma 2008, pp. 85-93, trad. it. S. SOLOMONOVA

Analizza il testo

- Perché l'URSS si schierò a favore della nascita dello Stato ebraico?
- Che cosa sosteneva Gromyko nel suo discorso? Quali furono le conseguenze di tale intervento?

STORIOGRAFIA

Violenza, spostamenti ed **espulsioni**: questioni nazionali nel dopoguerra

Lo studio della violenza estrema, tipica della seconda guerra mondiale e del periodo successivo, può permettere l'acquisizione di una competenza fondamentale: **saper cogliere le conseguenze di un grande conflitto, a livello demografico**. Per affinare tale competenza, viene proposto di seguito un approfondimento, in cui due storici affrontano la questione dell'espulsione di tutti i tedeschi dalla Cecoslovacchia, inserendola nel più vasto contesto degli spostamenti di popolazioni tipici del dopoguerra.

Gli spostamenti di popolazione nel secondo dopoguerra

Il continente era un tempo un intricato arazzo di linguaggi, religioni, comunità e nazioni. Molte città – soprattutto quelle più piccole, all'intersezione dei vecchi e nuovi confini imperiali, come Trieste, Sarajevo, Salonicco, Czernowitz [città dell'Ucraina, *n.d.r.*], Odessa o Vilnius – erano autentiche società multiculturali *avant le mot* [possono essere definite così, anche se il termine è più recente, *n.d.r.*], dove cattolici, ortodossi, musulmani, ebrei e altri ancora vivevano armoniosamente gli uni accanto agli altri. Non si deve però idealizzare. Quello che lo scrittore polacco Tadeus Borowski definì «l'incredibile e quasi comico crogiuolo di popoli e nazionalità pericolosamente brulicanti nel cuore stesso dell'Europa» era periodicamente lacerato da rivolte, massacri e pogrom: ma era reale ed è sopravvissuto nella memoria. Tra il 1914 e il 1945, tuttavia, quel mondo era stato frantumato e ridotto in polvere. La più compatta Europa formatasi, procedendo a balzi irregolari, nella seconda metà del ventesimo secolo aveva un minor numero di enclave labili. Grazie al conflitto, all'occupazione, al riaggiustarsi dei confini, alle espulsioni di massa e al genocidio, ora quasi tutti vivevano nel proprio paese, in mezzo alla propria gente. [...]

Ciò che stava accadendo nel 1945, e che era in corso già da almeno un anno, era [...] un'immensa operazione di pulizia etnica e trasferimento di popolazioni. Si trattava, in parte, dell'effetto di una separazione *volontaria* [di una fuga di fatto inevitabile, e non di una espulsione vera e propria, *n.d.r.*]: gli ebrei che si sentivano insicuri e indesiderati, per esempio; o gli italiani che preferivano lasciare l'Istria piuttosto che finire sotto la Iugoslavia. Molte minoranze etniche che avevano collaborato con le forze di occupazione (italiani in Iugoslavia, ungheresi in Transilvania, già occupata e ora restituita alla Romania, ucraini nell'URSS occidentale, e altri ancora) fuggirono insieme alle armate della Wehrmacht in ritirata per evitare la vendetta delle maggioranze locali o l'avanzata dell'Armata Rossa, e non tornarono più nel loro paese. Anche se le autorità locali non avevano ordinato e imposto per legge la partenza, a queste minoranze non era rimasta praticamente altra scelta.

Altrove, comunque, la politica si era già messa al lavoro ben prima che la guerra terminasse. Erano stati i nazisti, naturalmente, a dare l'esempio, con la deportazione e il genocidio degli ebrei e le espulsioni di massa di polacchi e altre popolazioni slave. Tra il 1939 e il 1943, sotto l'egida [protezione, *n.d.r.*] tedesca, ungheresi e rumeni si scontrarono per il confine della disputata Transilvania. Le autorità sovietiche, a propria volta, organizzarono una serie di trasferimenti forzati tra Ucraina e Polonia: tra l'ottobre 1944 e il giugno 1946, un milione di polacchi fuggì o fu cacciato dalle proprie case in quella che divenne l'Ucraina occidentale, mentre 500 000 ucraini lasciarono la Polonia, trasferendosi in URSS. Nel giro di pochi mesi, quella che era stata una regione composita, nella quale avevano convissuto fedi, lingue e comunità estremamente diverse, venne trasformata in due territori separati e monoetnici. [...]

Analoghi trasferimenti si ebbero tra Polonia e Lituania e tra Cecoslovacchia e URSS; 400 000 abitanti della Iugoslavia meridionale furono fatti trasferire a nord per prendere il posto dei 600 000 tedeschi e italiani che avevano abbandonato il territorio. Qui, come altrove, le popolazioni interessate non furono consultate; furono però i tedeschi a subire i maggiori contraccolpi. Quelli dell'Europa orientale sarebbero probabilmente fuggiti a occidente in ogni caso: nel 1945 non erano più bene accetti nei paesi in cui le famiglie avevano abitato per secoli. Schiacciate tra un autentico desiderio popolare di vendetta per le devastazioni della guerra e dell'occupazione e lo sfruttamento di questo sentimento da parte dei governi postbellici, le comunità germaniche di Iugoslavia, Ungheria, Cecoslovacchia, Polonia, della regione baltica e dell'URSS avevano il destino segnato e lo sapevano perfettamente.

All'atto pratico, non fu lasciata loro alcuna possibilità di scelta. Già nel 1942 gli inglesi avevano privatamente accolto le richieste cecoslovacche per la loro rimozione dalla regione dei Sudeti, e un anno dopo anche americani e russi si erano dichiarati d'accordo. Il 19 maggio 1945, il presidente della Cecoslovacchia Edvard Benes proclamò: «Abbiamo deciso di risolvere una volta per tutte il problema tedesco della nostra Repubblica». Le loro proprietà (esattamente come quelle degli ungheresi e di altri traditori) sarebbero state poste sotto il controllo dello Stato. Nel giugno 1945 vennero loro tolte le terre e, il 2 agosto dello stesso anno, anche la cittadinanza cecoslovacca. Nel corso dei successivi diciotto mesi furono rispediti in Germania quasi 3 milioni di profughi, la maggior parte provenienti dalla regione dei Sudeti. Nel trasferimento morirono circa 267 000 persone [stima elevata, non accettata da tutti gli storici; diversi studiosi avanzano cifre molto inferiori, *n.d.r.*]. Mentre negli anni Trenta i tedeschi avevano costituito il 29 per cento della popolazione della Boemia e della Moravia, nel 1950 si erano ridotti ad appena l'1,8 per cento.

Dall'Ungheria ne furono espulsi 623 000, dalla Romania 786 000, dalla Iugoslavia circa 500 000 e dalla Polonia 1,3 milioni. Ma il numero maggiore arrivava dagli ex possedimenti orientali della stessa Germania: Slesia, Prussia, Pomerania e Brandeburgo orientali. [...] L'Europa era stata ripulita della sua popolazione tedesca: come promesso nel settembre 1941, Stalin aveva riportato la «Prussia orientale nella terra degli slavi, alla quale appartiene».

T. JUDT, *Dopoguerra. Com'è cambiata l'Europa dal 1945 a oggi*, Mondadori, Milano 2007, pp. 13 e 34-36, trad. it. A. PICCATO

L'espulsione dei tedeschi dei Sudeti

In Cecoslovacchia, la sconfitta delle armate naziste fu immediatamente seguita dall'espulsione forzata di circa tre milioni di tedeschi residenti nella regione dei Sudeti.

In un incontro con Stalin del 16 dicembre 1943, Benes [presidente della Cecoslovacchia, *n.d.r.*] affermò che intendeva risolvere il problema tedesco [il problema della presenza di tre milioni di tedeschi all'interno dei confini della Cecoslovacchia, concentrati soprattutto nella regione dei Sudeti, *n.d.r.*] una volta per tutte e creare uno Stato cecoslovacco libero da tedeschi e ungheresi: «La sconfitta della Germania ci offre l'irripetibile occasione storica di espungere in modo radicale l'elemento tedesco dal nostro Stato. La futura repubblica dovrà essere uno Stato di cechi, slovacchi e carpazi ucraini. Dovrà essere uno Stato di nazioni slave. Dalla Cecoslovacchia dovrebbero essere cacciati a forza tutti gli insegnanti e i docenti tedeschi, i tipi alla SS, gli uomini della Gestapo, gli esponenti della gioventù hitleriana, tutti i membri attivi del movimento di Henlein [il capo del Partito tedesco dei Sudeti, sostenuto da Hitler, *n.d.r.*] e l'intera borghesia tedesca, tutti i tedeschi ricchi».

In questa e altre occasioni durante la guerra, Benes e i suoi consiglieri menzionarono la possibilità per alcuni tedeschi buoni di restare in Cecoslovacchia. Al termine del conflitto, tuttavia, nessun uomo o partito politico cecoslovacco poté resistere all'ondata montante del nazionalismo ceco antitedesco che gridava vendetta per gli insulti di Monaco, la perdita di sovranità e i terribili eventi della guerra stessa. [...]

La propaganda del governo ceco alimentò deliberatamente i sentimenti antitedeschi nel paese. Il massacro di Lidice [località boema, vittima di una brutale rappresaglia, dopo l'uccisione a Praga di R. Heydrich, alto ufficiale delle SS e capo della Gestapo, *n.d.r.*] trovò vastissima eco sulla stampa. L'intero popolo tedesco è responsabile di Lidice, titolò un giornale. Certo, alcuni degli attacchi ai tedeschi erano fortemente interessati, dal momento che predatori cechi piombarono da altre regioni del paese per fare man bassa; ma la gran parte dei saccheggi fu perpetrata in nome dello Stato e del suo programma nazionalista. Un proclama del Partito comunista del 13 maggio 1945 incitava i suoi membri a «ripulire la madrepatria dei responsabili di un tradimento senza uguali nella storia del nostro popolo!». Nel medesimo spirito di istigazione dei cechi alla violenza contro i tedeschi, il 18 agosto 1945 il Novo Slovo scrisse: «Il tedesco è senz'anima, e le parole che capisce meglio sono – secondo Jan Masarik – le raffiche di un mitra». Prokop Drtina, leader del liberale Partito nazionalsocialista [ovviamente non ha nulla a che fare col partito di Hitler, *n.d.r.*], dichiarò il 17 maggio 1945 che compito principale dei cechi era «ripulire l'intera repubblica e in modo radicale dai tedeschi [...]. Ciascuno di noi deve contribuire a ripulire la madrepatria». Finanche la Chiesa cattolica ceca fece sentire la propria voce. Monsignor Bohumil Stasek, canonico di Vysehrad, dichiarò: «Dopo mille anni è giunto il momento di regolare i conti con i tedeschi, che sono malvagi e per i quali il comandamento "Ama il prossimo tuo" non si applica».

Imbevuti di un tal genere di propaganda, via via che l'esercito tedesco batteva in ritirata incalzato dall'avanzata sovietica, la milizia ceca (molti dei cui membri reclutati a Praga dopo l'insurrezione), gruppi d'azione comunisti e il cosiddetto esercito Svoboda invasero le aree tedesche e si scagliarono contro i civili, in strada o irrompendo nelle case, facendo ben poca distinzione tra tedeschi antifascisti, comuni contadini o simpatizzanti henleinisti. In un parossismo di violenza che lasciò sconvolti finanche esperti comandanti e funzionari politici sovietici, i cechi pestarono a sangue i tedeschi, li fucilarono, li obbligarono a svolgere lavori umilianti e pericolosi senza mai mostrare un briciolo di pietà nei loro confronti. I villaggi vennero messi a ferro e fuoco, la gente uccisa a casaccio; molti vennero appesi agli alberi a testa in giù, cosparsi di petrolio e bruciati vivi. Nel corso di veri e propri pogrom, la milizia rastrellò città e villaggi sparando e uccidendo tedeschi all'impazzata. Migliaia di rifugiati tedeschi dei Sudeti documentarono in seguito molto accuratamente questi atti di brutalità gratuita, sebbene solo in pochissimi casi mostrassero di comprendere i motivi dei comportamenti dei cechi. [...]

Il 30 maggio 1945, nel corso della famosa marcia della morte di Bruenn (Brno), l'intera popolazione tedesca, circa 300 000 persone, venne cacciata da casa propria e picchiata selvaggiamente durante la marcia verso i campi al confine con l'Austria. Circa 1700 tedeschi morirono durante il tragitto.

Secondo fonti dei tedeschi dei Sudeti, circa 272 000 tedeschi (circa l'8 per cento dell'intera popolazione tedesca in Cecoslovacchia) morirono durante le operazioni di sfratto coatto dalle loro case, ivi incluso l'altissimo numero di persone rientranti nella categoria degli scomparsi. Questa cifra è stata contestata dagli storici cechi e tedeschi, i quali la considerano fortemente esagerata e sostengono che solo un decimo di tale numero morì in conseguenza del trasferimento in Germania. La commissione storica ceco-tedesca di recente istituita, ad esempio, sostiene che il numero di vittime va dalle 19 000 alle 30 000 unità. [...]

Le cifre dipendono spesso dal criterio di calcolo [...] e da come vengono considerati gli scomparsi. Il fattore più micidiale in assoluto fu la malattia: molti tedeschi perirono durante il viaggio o una volta giunti nella Germania occupata, stroncati da una varietà di malattie. Suicidi, inedia ed esposizione alle intemperie imposero anch'essi un prezzo altissimo. In altre parole, le cifre più basse indicano forse il numero dei tedeschi dei Sudeti assassinati e uccisi durante la deportazione, mentre quelle più alte includono quanti morirono per altre cause durante il processo di sfratto, detenzione, trasferimento e reinsediamento.

N.M. NAIMARK, *La politica dell'odio. La pulizia etnica nell'Europa contemporanea*, Laterza, Roma-Bari 2002, pp. 135-137, 141-142, trad. it. S. MINUCCI

Lavorare con i testi

Nei passi citati, il colore ha evidenziato alcuni passaggi essenziali, cioè i tratti più importanti dell'operazione di espulsione dei tedeschi. Come ulteriore stimolo di analisi e di riflessione, ti viene proposto uno schema, finalizzato a riassumere le principali informazioni.

Analizza i testi

SITUAZIONE PRECEDENTE IL 1939	SITUAZIONE DOPO IL 1945	IL CASO DEI TEDESCHI
In quasi tutti i Paesi dell'Europa centrale non c'è omogeneità etnica	Fuga degli ebrei sopravvissuti dalle regioni in cui si era verificata la Shoah	Espulsioni in massa dalla Polonia, dalla Romania, dalla Cecoslovacchia
La situazione non va idealizzata, ma i popoli, tutto sommato, coesistono	Espulsione o fuga di tutti coloro che non volevano sottostare a un regime comunista	Rastrellamenti, violenze, decine di migliaia di vittime

Utilizzando lo schema come scaletta, componi un testo di tre colonne di foglio protocollo.

Verifica dell'apprendimento

Conoscenze e abilità

Lo spazio

1. Utilizzando colori diversi, indica sulla carta: i Paesi aderenti alla NATO nel 1949 e quelli aderenti dal 1951; i Paesi aderenti al Patto di Varsavia nel 1955 e quelli aderenti dal 1956. Rispondi infine alle seguenti domande.

a) Che cos'è la NATO? Quale il suo scopo? In seguito a quali eventi storici nacque?

....

....

....

....

b) Quanto tempo dopo la fondazione della NATO si costituì il Patto di Varsavia? Di che cosa si trattava?

....

....

....

c) Quale evento diede il via alla cosiddetta "guerra fredda", ancor prima che si giungesse a parlare di un possibile conflitto atomico tra USA e URSS?

....

....

....

Continuità / Cambiamento

2. Completa lo schema relativo alla situazione della Palestina prima e dopo la guerra del 1948-1949.

PIANO DELLE	....	Stato palestinese	Controllo .... su Gerusalemme
SITUAZIONE DI FATTO DOPO LA	.... dello Stato ebraico	Mancata .... dello Stato	.... di Gerusalemme tra Israele e ....

Lessico

3. Definisci le espressioni.

Cortina di ferro

....

....

....

Piano Marshall

....

....

....

VERIFICA

Organizzare le informazioni

4. Collega ciascun nome o evento (colonna di sinistra) con le corrispondenti date (colonna centrale) e definizioni e/o contenuti (colonna di destra).

a) Risoluzione n. 181 dell'ONU	**1)** 14 agosto 1947	**A)** Comitato di assistenza economica (URSS)
b) Conferenza di Yalta	**2)** 1947	**B)** Divisione della Germania in quattro zone di occupazione
c) Cominform	**3)** 1949	**C)** La Corea del Nord oltrepassa il 38° parallelo e invade la Corea del Sud; intervengono USA e URSS
d) Scontro frontale in Cina tra guerriglieri di Mao e Kuomintang	**4)** 29 novembre 1947	**D)** Ufficio d'informazione dei partiti comunisti (URSS)
e) Conferenza di pace di Parigi	**5)** 4 febbraio 1945	**E)** L'Italia perde l'Istria e gran parte della Venezia Giulia; creazione del Territorio libero di Trieste
f) Conferenza di Potsdam	**6)** 10 agosto 1946	**F)** Accordi relativi al futuro dell'Europa e alla nascita dell'ONU
g) Fine del dominio britannico in India	**7)** 25 giugno 1950	**G)** Piano di spartizione della Palestina elaborato dall'ONU: Gerusalemme, Stato ebraico e Stato palestinese
h) Comecon	**8)** 17 luglio-2 agosto 1945	**H)** Creazione di due Stati: Pakistan e India
i) Guerra di Corea	**9)** 1° ottobre 1949	**I)** Nasce la Repubblica popolare cinese

Fatti e concetti

5. Rispondi brevemente alle seguenti domande.

a) Che cos'è l'ONU? Quali sono i suoi obiettivi principali? Quale fu l'atteggiamento di di Stalin nei confronti dell'istituzione di questo organismo internazionale?

....

....

....

....

b) Quale fu il risultato del referendum italiano del 2 giugno 1946? E quello relativo all'elezione della futura Assemblea costituente? Quali orientamenti politico-ideologici hanno ispirato i nostri padri costituenti?

....

....

....

....

→ Verso il saggio breve

6. Scrivi un testo – massimo due facciate di foglio protocollo – sul voto alle donne in Italia utilizzando le domande-guida elencate di seguito.

→ Quando venne concesso in Italia il diritto di voto alle donne? Rispetto al resto d'Europa, come si collocava il nostro Paese su questo tema?
→ Il diritto di voto significò da subito per la popolazione femminile poter partecipare attivamente alla vita politica?
→ Quali erano le posizioni dei partiti (Democrazia cristiana, Partito comunista, partiti di minoranza) rispetto alla possibilità delle donne di esprimere il loro parere già alle consultazioni elettorali del 1946, e in generale di votare?
→ Come reagirono nei fatti le donne chiamate alle urne?
→ Quale significato ebbe per molte di esse l'acquisizione di un diritto tanto importante?

metodo di studio

→ Per ripassare i **fatti**

CONTRASTI POLITICI

1945
→ Conferenza di Yalta
→ Nascita dell'ONU
→ Conferenza di Potsdam

2 giugno 1946
→ Referendum istituzionale (vittoria della repubblica) ed elezioni per l'Assemblea Costituente

1947
→ Nascita del Cominform

1948
→ Elezioni politiche in Italia con la vittoria della DC
→ Blocco sovietico di Berlino
→ Nascita dello Stato di Israele
→ Inizio della prima guerra arabo-israeliana

1949
→ Patto atlantico e nascita della NATO
→ Nascita della Repubblica federale tedesca
→ Nascita della Repubblica democratica tedesca
→ Vittoria comunista e nascita della Repubblica popolare cinese

1955
→ Patto di Varsavia

ECONOMIA DEMOGRAFIA E SOCIETÀ

1948
→ Varo del Piano Marshall

CULTURA CIVILTÀ E RELIGIOSITÀ

2 giugno 1946
→ Referendum istituzionale: per la prima volta in Italia votano anche le donne

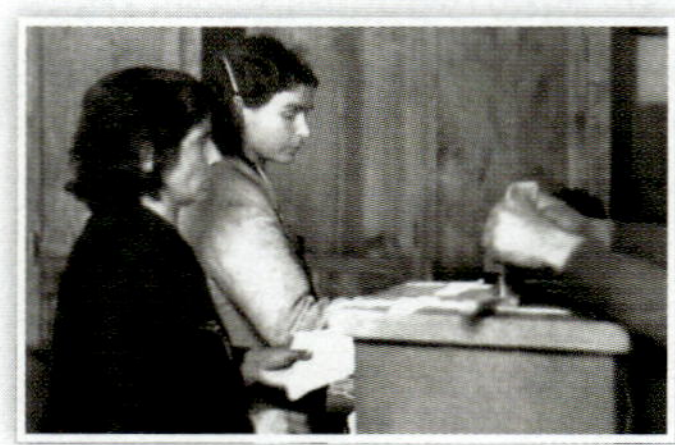

1947
→ Dottrina Truman

Per ripassare i **concetti**

Leggere gli schemi

FINE DELLA SECONDA GUERRA MONDIALE

- **Europa**
  - Spartizione della Germania
  - Inizio della guerra fredda (1945-1989)
  - Patto atlantico (1949) Patto di Varsavia (1955)
  - 2 giugno 1946: nasce la Repubblica italiana
  - Elezioni dal 1948: vittoria della DC e avvicinamento al blocco occidentale
- **Asia**
  - **India**
    - Lotta per l'indipendenza guidata da Gandhi
    - Fine dominazione inglese (1947)
    - Divisione del Paese tra India e Pakistan (1947)
  - **Cina**
    - Invasione giapponese (1931)
    - Scontri tra nazionalisti e comunisti
    - Nascita della Repubblica popolare cinese (1949)
- **Medio Oriente**
  - Nascita dello Stato di Israele (1948)
  - Prima guerra arabo-israeliana (1948)

Unità 13 Dopoguerra: gli anni di Kruscëv e di Kennedy (1950-1962)

Un'immagine per iniziare

Il muro di Berlino era alto 3-4 metri e lungo 166 chilometri: sorse nell'agosto 1961 come sbarramento tra i quartieri orientali della città e quelli occidentali (nell'immagine tre berlinesi sono immortalati mentre cercano di guardare dalla parte opposta del muro). Le autorità comuniste ufficialmente lo eressero per evitare un'aggressione dall'ovest: in realtà fu costruito per arrestare l'esodo dalla Germania Est (tra il 1949 e il 1961 circa 2 800 000 milioni di tedeschi orientali fuggirono a ovest). Il muro divenne il simbolo di tutte le divisioni portate dalla "guerra fredda"; cadrà solamente nel 1989 (9-10 novembre), distrutto pezzo a pezzo dai berlinesi, che poterono riunificare la propria città dopo oltre 28 anni.

Gli eventi per orientarsi nel tempo

1949
Nascita della Repubblica federale tedesca e della Repubblica democratica tedesca

1953
Morte di Stalin: Kruscëv sale al potere

febbraio 1956
Kruscëv denuncia i crimini di Stalin

ottobre 1956
Rivolta di Budapest e intervento militare sovietico in Ungheria

Crisi di Suez

1957
Con il Trattato di Roma nasce la CEE

1958
Uccisione di Nagy in Ungheria

1949 · 1953 · 1954 · 1955 · 1956 · 1957 · 1958

Sommario

TESTO

La carta d'identità del periodo

1 L'URSS negli anni di Kruscëv

2 I Paesi arabi e la crisi di Suez

3 Gli anni della tensione internazionale (1956-1962)

4 La politica in Italia negli anni Cinquanta

Una carta per orientarsi

La carta raffigura la divisione dell'Europa in due blocchi in due blocchi dagli anni Cinquanta del Novecento: tale situazione caratterizzerà il Vecchio continente fino al 1989. Da un lato ci sono i Paesi aderenti alla NATO, alleati con gli Stati Uniti, dall'altro ci sono i Paesi che facevano parte del Patto di Varsavia, sotto il controllo sovietico. Eestarono fuori dai blocchi l'Austria, che nel 1955 venne sgombrata dalle truppe di occupazione e si impegnò a restare neutrale, sia la Iugoslavia di Tito, che, benché a regime comunista, preferì non schierarsi con alcun blocco.

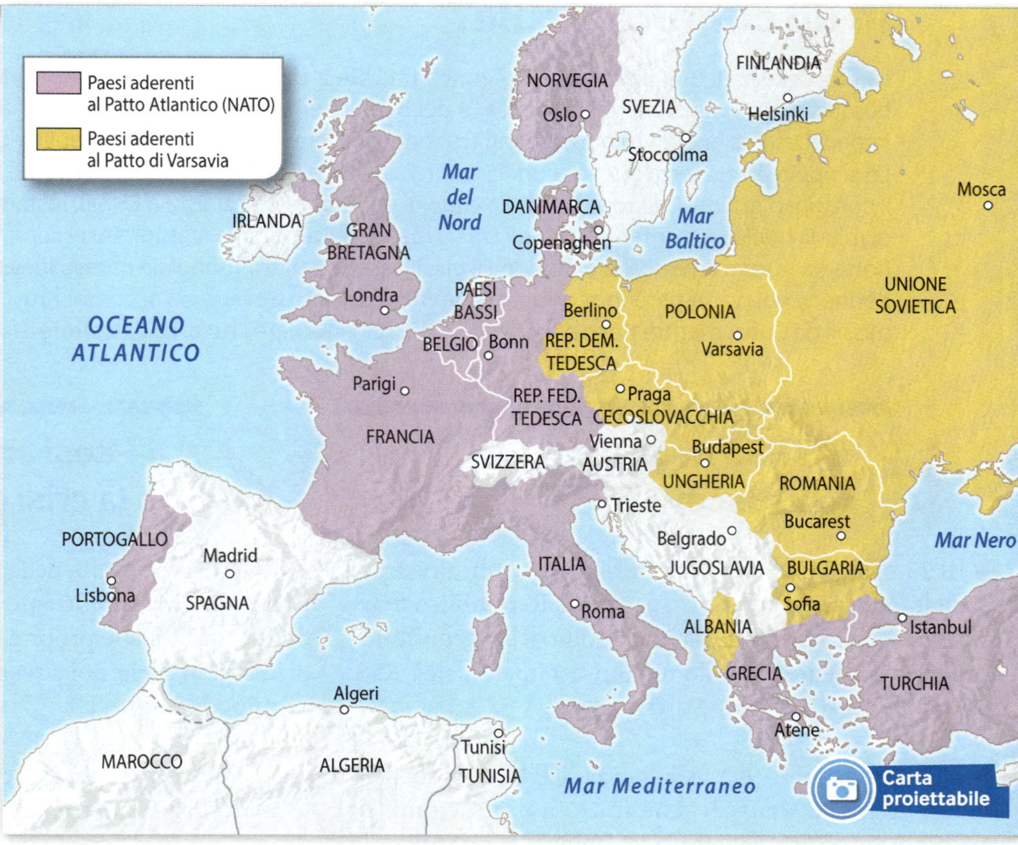

Orientarsi nel tempo

1959 Fidel Castro instaura un regime comunista a Cuba

1961 Costruzione del muro di Berlino

1962 Crisi dei missili a Cuba

1963 Assassinio di Kennedy

1964 Dimissioni di Kruscëv da segretario del Partito comunista sovietico

1959 1960 1961 1962 1963 1964

Per iniziare

Storia slide

La carta d'identità del periodo

La guerra fredda rischiò mai di trasformarsi in un conflitto reale?

La prospettiva di una distruzione reciproca tra USA e URSS (nel 1953 anche i sovietici si dotarono della bomba H, un'evoluzione dell'atomica, e dei missili per trasportarla) fu uno dei maggiori deterrenti, che impedì l'esplosione di un nuovo conflitto mondiale, creando una sorta di equilibrio del terrore.
Lo scoppio di una terza guerra mondiale non fu però così mai vicino come nel 1962, quando i sovietici, con il consenso di Fidel Castro (dal 1959 a capo di un regime comunista a Cuba), installarono sull'isola rampe di missili nucleari, puntati contro gli USA. Quando gli aerei spia statunitensi scoprirono le installazioni, la flotta da guerra americana circondò l'isola. Il terzo conflitto mondiale pareva inevitabile. Né Kruscëv, né Kennedy volevano però lo scontro e, tramite negoziati, trovarono l'accordo: Kruscëv accettò di ritirare i missili da Cuba, mentre Kennedy si impegnò a non invadere l'isola. La catastrofe atomica era scongiurata.

CAPITOLO 1 L'URSS negli anni di Kruscëv

➜ Il 23 maggio 1949, sul territorio prima amministrato da anglo-americani e francesi, nacque la **Repubblica federale tedesca**. Il 7 ottobre 1949 fu la volta della **Repubblica democratica tedesca**, sulle regioni occupate dall'URSS. La capitale, Berlino, venne divisa in due.

➜ Stalin morì nel 1953. Alla guida dell'URSS subentrò Nikita Sergeevic **Kruscëv**, che iniziò a dare **segnali di cambiamento**, privilegiando, sul piano economico, la produzione di beni di consumo e concedendo un'amnistia ai detenuti con condanne inferiori ai cinque anni. In politica estera Kruscëv **riprese i rapporti diplomatici con la Iugoslavia di Tito**, che si erano interrotti nel 1948.

➜ Nel febbraio 1956, al XX congresso del Partito comunista, Kruscëv affermò che tra mondo comunista e Occidente poteva esserci una **coesistenza pacifica**. Nella stessa occasione, egli **denunciò Stalin come un dittatore criminale**: tutto ciò destò grande scalpore a livello internazionale.

➜ Per reazione, in **Polonia** ci furono scioperi e occupazioni delle sedi del Partito comunista. Fu poi eletto un nuovo segretario, **Wladislaw Gomulka**, che cercò di allentare il controllo sovietico sulla Polonia: seppur a malincuore, il nuovo segretario venne accettato anche dall'URSS. Anche in **Ungheria** la popolazione insorse (ottobre 1956), chiedendo libertà e maggiore democrazia. Temendo che l'Ungheria uscisse dal blocco dei Paesi comunisti, Kruscëv ordinò all'esercito sovietico di occupare Budapest e di reprimere con forza l'insurrezione.

CAPITOLO 2 I Paesi arabi e la crisi di Suez

➜ Dopo la sconfitta nella prima guerra arabo-israeliana, i Paesi del Medio Oriente attribuirono la responsabilità della sconfitta alle proprie classi dirigenti. In **Giordania**, prima, e in **Siria** poi si verificarono disordini e tentativi di colpi di Stato.

➜ L'Egitto era il più importante dei Paesi arabi che parteciparono alla guerra del 1948-1949. Nel 1952, un colpo di Stato portò al potere **Gamal Abd-al-Nasser**, un militare che voleva rilanciare il prestigio dei popoli arabi. I suoi valori di riferimento erano l'indipendenza nazionale araba e il socialismo: il suo avversario principale divenne quindi l'imperialismo occidentale.

➜ Nasser tentò di dare allo Stato un ruolo più incisivo nella guida dell'economia: lo strumento principale doveva essere la **costruzione di una diga ad Assuan**, sul Nilo. Il leader egiziano, a tal fine, nazionalizzò la compagnia anglo-francese che gestiva il canale di Suez: Francia e Gran Bretagna, allora, intervennero militarmente contro l'Egitto, con il sostegno militare di Israele (**crisi di Suez**, 1956).

➜ L'operazione militare delle due potenze europee, però, incontrò la ferma condanna di USA e URSS, che costrinsero Francia e Inghilterra a ritirare le proprie truppe. Per molti storici questo fu un evento epocale, perché sancì la **fine della centralità decisionale dell'Europa sullo scenario politico internazionale**. Nasser, al contrario, acquistò grande popolarità in quanto era riuscito a fermare l'imperialismo occidentale e Israele.

Alle elezioni del 1953, la DC non ottenne il risultato sperato, a differenza del PCI, che accrebbe il suo peso in Parlamento. Nella foto un sacerdote esce dal seggio elettorale, 1953.

Domande fondamentali

- Perché il XX Congresso del Partito comunista sovietico destò grande scalpore?
- Che cosa significò la crisi di Suez per Francia e Inghilterra?
- Perché nel 1961 venne costruito il muro di Berlino?
- Quale atteggiamento politico prevalse in Italia durante gli anni del centrismo?

CAPITOLO 3 Gli anni della tensione internazionale (1956-1962)

Alla fine degli anni Cinquanta, la Francia dovette rinunciare al proprio impero coloniale. Il presidente De Gaulle, dopo anni di guerra in Algeria, concesse l'indipendenza al Paese. Negli anni successivi De Gaulle tentò di rilanciare il prestigio internazionale del Francia, osteggiando il rafforzamento della Comunità europea.

Sotto il regime comunista, tra il 1949 e il 1961, circa 2 800 000 persone lasciarono la Germania Est. Per impedire il flusso migratorio, il governo filo-sovietico, il 13 agosto 1961, chiuse tutti gli accesi che mettevano in comunicazione i due settori di Berlino. Dapprima si trattò di barriere di filo spinato sorvegliate da guardie; nel giro di qualche anno, fu innalzato l'impenetrabile **muro di Berlino**, simbolo della divisione tra mondo occidentale e mondo comunista.

Nel 1962, i sovietici iniziarono a costruire delle basi missilistiche sull'isola di **Cuba**, nella quale pochi anni prima **Fidel Castro** aveva attuato una **rivoluzione socialista**. Il presidente americano John F. Kennedy si oppose tenacemente e la flotta americana organizzò un blocco navale al largo di Cuba per impedire alle navi russe di raggiungere l'isola.

Lo scontro armato tra **USA e URSS** sembrava imminente; le due superpotenze, però, **trovarono un compromesso**: l'URSS di Kruscëv ritirò i missili da Cuba, mentre gli USA si impegnarono a non far crollare il regime di Castro. Poco dopo Kennedy fu assassinato a Dallas (22 novembre 1963), mentre Kruscëv venne obbligato a dimettersi dalla carica di segretario del Partito comunista sovietico (1964).

CAPITOLO 4 La politica in Italia negli anni Cinquanta

Nel 1949, la Chiesa prese una netta posizione nei confronti del comunismo, vietando ai cattolici di collaborare con i partiti marxisti. Il leader della DC Alcide De Gasperi, vincitore delle elezioni del 1948, decise comunque di costruire un **governo laico di coalizione**, a cui parteciparono anche i repubblicani, i liberali e i socialdemocratici: questa alleanza prese il nome di **centrismo** e durò fino al 1960.

De Gasperi fece approvare una **nuova legge elettorale** che avrebbe dato il 65% dei seggi parlamentari allo schieramento che avesse raggiunto il 50% dei voti; la legge fu subito etichettata dal Partito comunista e dal Partito socialista come **legge truffa**. La DC e i suoi alleati vinsero le **elezioni del 1953**, ma non ottennero il 50% dei voti, ragione per cui non scattò il premio di maggioranza previsto.

Tra il 1949 e il 1953, in Italia si diffuse una vera e propria **paura del comunismo**. Le istituzioni del Paese reagirono con atteggiamento conservatore per discriminare i comunisti e per "preservare la moralità dei cittadini". Per questo furono presi provvedimenti sull'adulterio femminile, sull'abolizione delle case chiuse e, perfino, sul cinema.

Nel 1956, l'invasione sovietica dell'Ungheria provocò una **grave crisi all'interno del PCI**, che scelse di appoggiare appieno la scelta della repressione. Circa 400 000 militanti (tra cui numerosi intellettuali, come lo scrittore Italo Calvino) lasciarono il partito, mentre i socialisti, che fino a quel momento erano stretti alleati del PCI, si sganciarono e assunsero una posizione decisamente critica.

Capitolo 1

CONTRASTI POLITICI

L'URSS negli anni di Kruscëv

Storia slide

LE CONOSCENZE DA ACQUISIRE
La morte di Stalin provocò un vero terremoto politico in tutta l'Europa dell'Est, dopo la denuncia dei suoi crimini da parte di Kruscëv.

LE COMPETENZE DA POTENZIARE
Saper individuare i fattori di rafforzamento e di indebolimento di una struttura politica.

1.1 Le *democrazie popolari*

› VEDI
Il blocco di Berlino
→ pag. 481

La nascita delle due Germanie Il 23 maggio 1949, mentre la crisi berlinese stava esaurendosi, venne promulgata la *Legge fondamentale* che dava ufficialmente vita alla **Repubblica federale tedesca** (**RFT** o FDR) sul territorio che, fino ad allora, era stato amministrato dagli anglo-americani e dai francesi.

Come risposta a tale modificazione della situazione creatasi nel 1945, il 7 ottobre 1949 nacque la **Repubblica democratica tedesca** (**RDT** o DDR), comprendente tutte le regioni tedesche occupate dall'Armata rossa; la capitale rimase a Berlino Est. Nei commenti con cui accompagnarono la nascita del nuovo Stato, le autorità comuniste si sforzarono di mettere in luce il significato del termine *democratico*, presente nella denominazione ufficiale del Paese. Esse, a più riprese, specificarono che quella nata nella Germania orientale non era una semplice "democrazia borghese" , bensì una ***democrazia popolare***. Si trattava di un'espressione legata alla concezione dello Stato esposta da Lenin in *Stato e rivoluzione*, nel 1917. Il termine era un sinonimo di *dittatura del proletariato*, cioè stava a indicare che – in Germania orientale, come in URSS e negli altri Paesi comunisti – i lavoratori si erano impadroniti del potere politico e lo utilizzavano contro la borghesia. Il proletariato, però, aveva costantemente bisogno di una guida e il compito di condurlo sulla strada che avrebbe portato alla meta socialista spettava al Partito comunista, dalle cui indicazioni nessuno poteva dissentire. Inoltre, dal 1948 in avanti, ciò non significava più solo eliminazione di ogni forza politica non comunista all'interno delle *democrazie popolari*, ma anche il loro completo e **totale allineamento alle direttive di Mosca** e del Cominform.

› VEDI
Stato e rivoluzione
→ pag. 164

Copertina de "La Domenica del Corriere" del 1° aprile 1956 che raffigura la rimozione dai musei dei ritratti di Stalin, morto nel marzo 1953, voluta da Kruscev.

Le conseguenze della morte di Stalin Questa impostazione entrò in crisi dopo la **morte di Stalin** (**5 marzo 1953**). Subito, dall'Unione Sovietica vennero lanciati verso l'esterno alcuni segnali di cambiamento. In primo luogo, la carica di primo ministro e quella di segretario del partito furono divise e assegnate a figure diverse: Georgj Malenkov e **Nikita Sergeevič Kruscëv**. Il 28 marzo, inoltre, fu concessa un'amnistia, che mise in libertà tutti i detenuti condannati a pene inferiori a cinque anni. Infine, sul piano strettamente economico, si cominciò gradualmente ad ammettere che la condizione dei contadini doveva essere migliorata e che era necessario dare **maggiore importanza alla produzione di beni di consumo**.

Proteste nella DDR

Mentre in Unione Sovietica si avviava questa inversione di rotta rispetto al tradizionale orientamento economico stalinista (che privilegiava in modo esclusivo l'industria pesante), nel maggio 1953 i dirigenti comunisti della Germania Est dichiararono che (per raggiungere gli obiettivi fissati nel piano quinquennale) era necessario elevare del 10% gli standard di produzione industriale. Nel medesimo tempo, fu deciso l'aumento del prezzo della carne, dello zucchero e di altri generi alimentari. A partire dal **16 giugno 1953, la popolazione iniziò a manifestare** in varie città, e **soprattutto a Berlino Est**, ove si presero d'assalto le sedi del partito, le prigioni e gli edifici governativi. Poiché la protesta rischiava di trasformarsi in una vera e propria rivolta, le **truppe sovietiche d'occupazione riportarono l'ordine con la forza**. Negli scontri del 17 giugno 1953 si ebbero 267 morti fra i manifestanti, 116 tra i funzionari comunisti e 18 tra i soldati sovietici. La versione ufficiale degli eventi, diffusa dalle autorità tedesche, fu che gli operai erano stati sobillati da agenti stranieri; in realtà, si trattava del primo drammatico segnale del fatto che le *democrazie popolari* potevano reggersi solo con l'uso della repressione e con il sostegno dell'esercito russo.

1.2 La linea politica di Kruscëv

› VEDI La rottura tra Tito e Stalin → pag. 480

La possibilità di una *coesistenza pacifica* Il mutamento rispetto al periodo staliniano fu visibile anche nel nuovo atteggiamento assunto dall'Unione Sovietica verso la Iugoslavia. I rapporti diplomatici, interrotti nel 1948, furono riavviati nel 1953; inoltre, il nuovo segretario del partito, **Kruscëv**, compì un viaggio a Belgrado alla fine di maggio e, all'aeroporto della capitale iugoslava, pronunciò un discorso in cui **riabilitava completamente Tito** e dichiarava del tutto false le accuse lanciate contro di lui dalla propaganda stalinista. Kruscëv giunse anche a dichiarare pienamente legittima l'esistenza di vie nazionali al socialismo, non subordinate all'Unione Sovietica ma autenticamente ispirate ai principi del marxismo-leninismo.

Questa presa di posizione fu confermata dal segretario del PCUS nel **febbraio del 1956**, in occasione del **XX congresso del Partito**; in tale sede, Kruscëv affermò inoltre che la guerra con l'**Occidente** non era affatto inevitabile. Mentre Stalin aveva sempre ritenuto il confronto militare fra campo socialista e blocco capitalista una specie di *fatalità storica*, Kruscëv lanciò l'espressione ***coesistenza pacifica***, per designare il tipo di relazioni che i due mondi avrebbero dovuto mantenere da quel momento in avanti.

Un'arma micidiale, in USA e URSS

Le armi atomiche Rispetto al passato, era in effetti intervenuta una decisiva novità tecnica, che aveva reso ancora più drammatico e complesso il problema di un eventuale confronto militare tra Unione Sovietica e Stati Uniti. Nel novembre 1952, gli USA avevano sperimentato la **prima bomba H**: un ordigno che sfruttava l'energia sprigionata dalla fusione (ottenuta ad

Kruscëv (a destra) e i massimi dirigenti sovietivi accolgono le delegazioni politiche invitate al XX congresso del PCUS, febbraio 1956.

altissima temperatura, per mezzo dell'esplosione di una tradizionale bomba atomica a fissione) dei nuclei degli isotopi di idrogeno pesante. Nell'agosto 1953, anche i sovietici erano riusciti a produrre un'analoga bomba all'idrogeno, ed erano persino riusciti a eliminare l'impianto di refrigerazione, che rendeva la bomba americana molto più pesante. Di conseguenza, il modello russo poteva essere montato su un missile e non doveva più essere trasportato sull'obiettivo solo da bombardieri. Insomma, si può affermare che la *coesistenza pacifica* lanciata da Kruscëv nasceva dalla realistica constatazione che, **in caso di conflitto nucleare, non ci sarebbero stati dei veri vincitori, ma solo un disastro di dimensioni inimmaginabili**.

Timore di un conflitto nucleare

Video
Kruscëv contro Stalin

La denuncia dei crimini di Stalin La **vera importanza storica del XX congresso del PCUS**, tuttavia, sta altrove; al termine delle sedute, infatti, la notte tra il 24 e il 25 febbraio 1956, a porte chiuse **Kruscëv** tenne ai delegati sovietici un lungo *discorso segreto* nel quale **denunciava Stalin come un dittatore criminale** e violento. L'immagine di sé che Stalin aveva costruito in vent'anni di propaganda fu distrutta nell'arco di una notte: apparve chiaro a tutti che l'uomo che aveva a lungo guidato il Paese era stato un dittatore feroce e brutale.

In effetti, **Kruscëv non risparmiò alcun aspetto dell'operato del suo predecessore**: rivelò che Lenin, nel suo testamento, aveva raccomandato di rimuovere Stalin dalla carica di segretario del Partito, denunciò il terrore che l'onnipotente polizia politica aveva imposto a tutti i russi e criticò con energia il cosiddetto *culto della personalità*, che aveva portato Stalin a comportarsi in modo autocratico e dispotico.

› VEDI
Togliatti e il PCI dopo il XX congresso
→ pag. 538

ZOOM Antisemitismo in URSS al tempo di Stalin

Il sostegno agli ebrei, durante la guerra

Nel 1941, a Mosca, non appena emerse con estrema chiarezza che gli ebrei erano uno dei bersagli privilegiati dell'invasore, alcuni intellettuali decisero di dar vita a un ***Comitato antifascista ebraico***, finalizzato a **rafforzare negli ebrei sovietici lo spirito di resistenza e di lotta contro i tedeschi**. Stalin e gli altri dirigenti comunisti sostennero l'iniziativa per proprie ragioni: essi, infatti, pensavano di servirsene come strumento di propaganda, come un mezzo che avrebbe potuto rafforzare il **sostegno internazionale nei confronti dell'Unione Sovietica**, in Inghilterra e negli Stati Uniti. Nel settembre del 1943, il Comitato antifascista ebraico era una struttura ben organizzata ed efficiente: aveva sede in un edificio a due piani situato in via Kropotkin, a Mosca, un personale stabile di circa 80 persone, pubblicava regolarmente una versione in yiddish (la lingua degli ebrei originari dell'Europa orientale) della "Pravda", cioè il giornale ufficiale del Partito comunista, e organizzava trasmissioni radiofoniche. Soprattutto, però, i numerosi intellettuali che ruotavano intorno al Comitato (ricordiamo soltanto Il'ja Erenburg e Vasilij Grossman) stavano **raccogliendo documenti e testimonianze relative allo sterminio degli ebrei** attuato dai nazisti, con l'intenzione di pubblicare quello che sarebbe stato chiamato *Il libro nero*.

La svolta antisemita

Dopo la guerra, l'atteggiamento di Stalin nei confronti degli ebrei sovietici si fece ben presto sospettoso e ostile. Un primo segnale del nuovo clima sempre più apertamente antisemita fu il destino del presidente del Comitato, il **celebre attore yiddish Solomon Mikhoels**, che il 12 gennaio 1948 venne **trovato morto vicino alla stazione ferroviaria di Minsk**. Poiché la versione ufficiale parlava di «incidente stradale», al grande regista e attore furono tributate solenni onoranze funebri. Il teatro di cui era stato direttore, però, ben presto venne disertato dal pubblico e infine chiuso dalle autorità nell'aprile del 1949. A partire da questo momento, **la svolta antisemita di Stalin** si fece sempre più netta. Ufficialmente, però, la campagna ostile non fu mai condotta *contro gli ebrei o l'ebraismo* in quanto tali, bensì contro nemici e avversari che vennero denominati in modi diversi, a seconda di quanto si voleva combattere o estirpare. I due termini più diffusi divennero ***cosmopolitismo*** e ***sionismo***. Il primo designava individui senza radici, e quindi privi di legami affettivi veri nei confronti dell'URSS: un comportamento che, in nome di un concetto astratto (e borghese) come quello di diritti umani, poteva persino giustificare l'interferenza di un potere estraneo negli affari interni di uno Stato. *Sionismo*, invece, denominava un atteggiamento nazionalistico, che cercava alla *questione ebraica* una soluzione diversa da quella della rivoluzione mondiale e, per ottenerla, non esitava a ricercare l'appoggio delle potenze capitalistiche, nemiche dell'Unione Sovietica.

Il pericolo di una deportazione di massa

Tra il novembre e il dicembre 1948, **quanto ancora restava del Comitato antifascista ebraico venne spazzato via**. L'edizione yiddish della "Pravda" venne abolita, così come fu chiusa l'annessa casa editrice (*Der Emes*, "La Verità" in yiddish). Infine, la targa del Comitato venne rimossa dallo

1.3 1956: le dimostrazioni antisocialiste in Polonia

Lavorare per competenze avvio al saggio breve

La fine dello stalinismo e le sue conseguenze → pag. 543

Gli effetti della *destalinizzazione*

Le conseguenza della denuncia di Kruscëv La denuncia di Kruscëv nasceva probabilmente dall'intenzione di consolidare la sua posizione al vertice dell'Unione Sovietica, descrivendo tutti i suoi avversari politici come complici dei crimini di Stalin (di cui lui stesso, in realtà, era stato uno stretto collaboratore). Tuttavia, egli non aveva previsto le **dirompenti conseguenze** che le sue esternazioni avrebbero potuto avere **nei Paesi dell'Est europeo**, sottoposti al controllo politico e ideologico dell'Unione Sovietica.

Il primo Paese dell'Europa dell'Est in cui si registrarono gli effetti della *destalinizzazione* avviata da Kruscëv fu la **Polonia**, dove giornalisti e scrittori cominciarono a denunciare i crimini compiuti dai dirigenti comunisti al tempo di Stalin e a chiedere il rilancio di una *via nazionale* al socialismo. Nel centro industriale di Poznan, il 28 giugno 1956, **migliaia di operai** scesero in **sciopero** per chiedere aumenti salariali; ben presto, la manifestazione si trasformò in un'esplicita protesta contro il regime, nel corso della quale i dimostranti **attaccarono le sedi del Partito**, liberarono detenuti politici e linciarono i poliziotti comunisti. L'intervento dell'esercito provocò 53 morti e 434 feriti, mentre più di trecento persone furono sottoposte a processo.

Per spiegare l'*inconcepibile* (gli operai che manifestavano contro lo Stato proletario!) si fece ricorso anche in questo caso – come a Berlino, nel 1953 – alla tesi della *cospirazione*. In realtà, era evidente che la sommossa nasceva dalle carenze dell'apparato economico socialista

stabile che lo aveva ospitato, mentre **persino la moglie ebrea del ministro Molotov**, Polina Semenovna Zemcuzina, **venne arrestata e poi spedita in Kazakistan**. Era il segnale che si stava preparando un'offensiva in grande stile, che non avrebbe risparmiato nessuno. Infatti, nel 1952, i principali attivisti del Comitato furono arrestati, processati, condannati a morte e giustiziati il 12 agosto 1952 (data che il mondo ebraico russo ha denominato la ***notte dei poeti assassinati***). Tra il 9 e l'11 dicembre 1952, vennero poi arrestati **11 medici dell'ospedale del Cremlino**, accusati di aver prescritto terapie errate ad alcuni alti esponenti del partito e del governo, per ucciderli. Negli ambienti ebraici di tutta l'Unione Sovietica si diffuse il terrore: si profilava seriamente la possibilità di una deportazione di massa verso oriente di tutti i 2 milioni di israeliti presenti ancora nel Paese dopo la vittoria sull'invasore nazista. **L'intero progetto venne bloccato dall'improvvisa morte di Stalin**. Il 3 aprile, il *complotto dei camici bianchi* venne ufficialmente smentito dai nuovi dirigenti sovietici, i quali affermarono che i medici coinvolti nella vicenda erano stati arrestati illegalmente e ingiustamente accusati di sabotaggio e attività terroristiche nei confronti del governo sovietico.

Membri del Comitato antifascista ebraico.

e dal desiderio di quella libertà di parola e di espressione che lo Stato proletario non concedeva. In Polonia, per di più, a queste rivendicazioni diffuse anche negli altri Paesi socialisti si aggiunse l'esplicita richiesta di una maggiore libertà religiosa e la fine della **persecuzione nei confronti della Chiesa**.

Dalla morte di Stalin alla crisi polacca

DATE	EVENTI
6 marzo 1953	Morte di Stalin
16-17 giugno 1953	Rivolta popolare a Berlino Est
Maggio-giugno 1955	Riconciliazione ufficiale tra Unione Sovietica e Iugoslavia di Tito
24-25 febbraio 1956	Al XX congresso del PCUS, Kruscëv denuncia i crimini di Stalin
28 giugno 1956	Rivolta operaia a Poznan, in Polonia
12 ottobre 1956	Gomulka diventa segretario del Partito comunista polacco

› VEDI
I processi staliniani nel dopoguerra
→ pag. 480

Wladislaw Gomulka Il Partito comunista polacco cercò di farsi interprete di tali richieste e la corrente più sensibile alle necessità nazionali riuscì a eleggere segretario **Wladislaw Gomulka**, che era stato rimosso nel 1948, nell'ambito della grande epurazione stalinista conseguente la rottura con Tito. Gomulka non voleva abolire il regime di *dittatura del proletariato* in Polonia; tuttavia, come affermò in un discorso del 12 ottobre 1956, si era convinto del fatto che, se «è possibile guidare una nazione senza poter godere della sua fiducia, questo può avvenire ed essere mantenuto soltanto con le baionette». Inoltre, Gomulka si rese conto che il socialismo doveva in qualche modo venire incontro al radicato spirito nazionale polacco, **allentando il rigido controllo politico e militare sovietico sul Paese**.

Opposizione alla guida di Gomulka

Nell'ottobre 1956, al momento dell'elezione di Gomulka a segretario, Kruscëv e gli altri massimi dirigenti sovietici si recarono a Varsavia e cercarono di bloccare la sua nomina, minacciando perfino di far marciare i carri armati sovietici su Varsavia. Dopo due giorni di violenta discussione (19-20 ottobre), **Kruscëv comprese che l'intero Paese seguiva Gomulka** e che l'intervento militare avrebbe provocato una vera guerra sul suolo polacco. D'altra parte, Gomulka non voleva assolutamente rompere i legami di alleanza con l'URSS e tanto meno abolire il regime socialista in Polonia.

Il segretario del PCUS, pertanto, accettò che la Polonia entrasse in una nuova fase della propria storia comunista, i cui primi atti furono la riabilitazione di migliaia di innocenti processati in epoca staliniana, la **liberazione del cardinal Wyszynki, arcivescovo di Varsavia da tempo detenuto**, e il ritorno in URSS degli ufficiali sovietici che controllavano i vertici della polizia e delle forze armate polacche.

Una bambina cinge con un fazzoletto rosso il segretario del Partito comunista polacco Wladislaw Gomulka, capace di ottenere una limitata ma significativa autonomia del suo Paese dall'Unione Sovietica.

1.4 1956: la rivolta in Ungheria

La reazione delle autorità comuniste ungheresi Nell'autunno del 1956, anche in Ungheria la popolazione insorse contro il rigido controllo governativo. Qui, però, **le autorità comuniste si allinearono completamente alle direttive sovietiche**: ciò spinse gli intellettuali e l'opinione pubblica a muovere rivendicazioni sempre più radicali, che poterono essere messe a tacere solo con l'uso della forza.

Disordini a Budapest

La protesta ungherese iniziò il **23 ottobre 1956**, per le vie di **Budapest**, con una **grande manifestazione** alla quale parteciparono circa 300 000 persone, chiedendo che fosse nominato al governo **Imre Nagy**, un dirigente comunista che era stato eletto a capo del governo nel luglio 1953, aveva introdotto una politica economica orientata verso la crescita della produzione di beni di consumo, ma infine era stato destituito nel febbraio 1955. La polizia cercò di disperdere i manifestanti con la forza, sennonché un gran numero di soldati dell'esercito ungherese si schierò con la folla, con il risultato che per tutta la città si scatenò una vera battaglia. Per sedare la rivolta, verso la mezzanotte del **23 ottobre le truppe sovietiche entrarono in azione** e così Budapest fu teatro di una guerriglia confusa per circa una settimana, finché a **Nagy** (nominato in tutta fretta presidente del Consiglio) non **riuscì a trovare una mediazione** fra le parti. Il **30 ottobre, l'esercito russo si ritirò da Budapest**; a quel punto, però, nessun ungherese avrebbe reputato accettabile l'idea di un governo comunista, sia pure di orientamento *nazionale*, come in Polonia. Nagy si rese conto di ciò e, pertanto, accettò di guidare un governo di coalizione, in cui entrarono anche elementi non comunisti.

L'esercito sovietico si ritira

La repressione sovietica della rivolta Un atto di questo genere significava la fine della *democrazia popolare*, o meglio, del sistema a partito unico, e tutti i membri del nuovo governo, Nagy compreso, sapevano che l'URSS non avrebbe tollerato una simile provocazione. Quindi, cercarono di spingersi il più avanti possibile, dichiarando che l'**Ungheria usciva dal Patto di Varsavia** e che si sarebbe comportata, da quel momento, come un Paese neutrale. L'estrema speranza dei ribelli era che l'ONU considerasse un eventuale (e probabile) nuovo intervento militare russo come un'aggressione e quindi intervenisse a sostegno dell'Ungheria.

L'Occidente non interviene

In realtà, la situazione internazionale era tale per cui un qualsiasi appoggio militare dell'Occidente alla ribellione ungherese avrebbe immediatamente scatenato un nuovo conflitto mondiale. L'Ungheria, dunque, fu lasciata a se stessa allorché il **4 novembre i carri armati sovietici attaccarono per la seconda volta Budapest**. Per domare completamente la rivolta, furono necessari quattro giorni di scontri violentissimi nelle strade della capitale. **Nagy**, considerato un pericoloso simbolo nazionale, fu arrestato e deportato in Romania; dopo due anni di detenzione, fu riportato in Ungheria, processato a porte chiuse e infine **impiccato il 16 giugno 1958**.

Documento →

L'ultimo messaggio radiofonico di Nagy

Il primo ministro ungherese Imre Nagy lanciò questo messaggio radiofonico alle 5 del mattino del 4 novembre 1956.

Qui parla Imre Nagy, nella sua qualità di Presidente del Consiglio della Repubblica Popolare Ungherese. Oggi all'alba le truppe sovietiche hanno scatenato un attacco contro la capitale nell'ovvio intento di rovesciare il legittimo e democratico Governo magiaro [ungherese, *n.d.r.*]. Le nostre truppe sono in azione. Il Governo è al suo posto. Annuncio questi fatti al popolo ungherese e all'opinione pubblica del mondo intero.

M. FLORES, *1956*, il Mulino, Bologna 1996, p. 104

Analizza il testo

› Nagy è un dirigente comunista. Secondo te, usa il termine *democratico* con lo stesso significato che esso ha assunto nel nome ufficiale della Germania Est (Repubblica democratica tedesca)?

Capitolo 2

CONTRASTI POLITICI

I Paesi arabi e la crisi di Suez

Storia slide

LE CONOSCENZE DA ACQUISIRE
Nel 1956, il presidente egiziano Nasser sfidò Francia e Inghilterra, nazionalizzando il canale di Suez.

LE COMPETENZE DA POTENZIARE
Saper comprendere il concetto di svolta storica, in ambito politico.

2.1 Gli Stati arabi e il nazionalismo

› VEDI La conferenza di Sanremo → pag. 239

L'indipendenza dei Paesi del Medio Oriente Dopo la seconda guerra mondiale, e come sua conseguenza, tutti i Paesi del Medio Oriente avevano ottenuto l'indipendenza. All'interno di questo quadro, la creazione di uno Stato non musulmano (1948), abitato da ebrei di origine europea, rappresentava per gli arabi un'umiliazione e un disastro (*nakba*) paragonabili in tutto e per tutto a quello del 1920. Eppure, nel mondo arabo, per designare la sconfitta del 1949 si preferì ricorrere spesso a un altro termine, ovvero a *naksa*, che indica un male subito per colpa propria; in questo modo, la **responsabilità della disfatta** veniva attribuita ai governi e alle **classi dirigenti dei Paesi arabi**, che in effetti andarono incontro a un'irreversibile crisi di credibilità. Uno dei primi a esserne investito fu **Abd-Allah di Giordania, assassinato** a Gerusalemme nel luglio **1951**; poiché era stato accusato di essersi impadronito di Gerusalemme e della Palestina orientale (la cosiddetta Cisgiordania), approfittando della situazione creatasi nel corso del conflitto, la sua morte fu accolta con soddisfazione in tutto il mondo arabo. Malgrado ciò il regno di Giordania – governato da allora fino agli anni Novanta dal nipote di Abd-Allah, Hussein – riuscì presto a ritrovare un suo equilibrio e una sua stabilità interni. In **Siria**, al contrario, si verificò una lunga serie di complotti e di colpi di Stato, che mantennero la situazione politica del Paese alquanto confusa per tutti gli anni Cinquanta.

Ricostituire una grande nazione araba

La nascita di *Baath*, partito laico e nazionalista In questo contesto, acquistò una popolarità e un'importanza sempre maggiori il partito ***Baath*** ("Rinascita"); la sua denominazione ufficiale, dal 1953, fu **Partito socialista della Rinascita araba**. I suoi fondatori, infatti, si posero innanzi tutto obiettivi di tipo nazionalistico; essi posero l'accento sulla identità culturale araba e sulla necessità che tutti gli arabi unissero le loro energie per ridare grandezza e potenza alla loro nazione. Le differenze confessionali non dovevano avere alcun valore: lo stesso Michel Aflaq (uno dei più influenti teorici del movimento) era, non a caso, un cristiano ortodosso, non un musulmano. Il *Baath* era un **partito veramente laico**, orientato a costruire uno Stato in cui la religione non condizionasse in alcun modo la gestione del potere.

Due sconfitte arabe a confronto — Schema proiettabile

1920 Conferenza di Sanremo	*Nakba* disastro	Responsabilità delle potenze imperialiste
1948 Sconfitta dopo la guerra contro Israele	*Naksa* catastrofe	Responsabilità dei governi arabi

Quanto al *socialismo*, va invece osservato che, in realtà, il movimento della *Rinascita araba* rifiutava la lotta di classe e non si proponeva l'instaurazione di una società senza proprietà privata dei mezzi di produzione e senza classi. Parlare di *socialismo* segnalava soltanto la volontà di una netta **rottura** con la potente classe dei grandi proprietari fondiari e, più in generale, **con tutti i gruppi economici** che erano in vari modi **collegati con l'imperialismo occidentale**. Di fatto, il *socialismo* del *Baath* risultò spesso una parola d'ordine capace di galvanizzare e di mobilitare le masse verso finalità di tipo nazionalistico, piuttosto che un concreto progetto di radicale riorganizzazione dell'assetto sociale e di redistribuzione della ricchezza.

2.2 L'Egitto di Nasser

Nasser e gli *Ufficiali liberi*

› VEDI I Fratelli musulmani → pag. 245

Il colpo di Stato in Egitto Così come era avvenuto in Giordania e in Siria, anche in Egitto (il più importante del Paesi arabi che parteciparono alla guerra del 1948-1949) furono attuati colpi di Stato che portarono a un ricambio ai vertici del governo. Nel 1952, il re Faruq venne rovesciato da un gruppo di militari guidati da **Gamal Abd-al Nasser** (1918-1970) e chiamato degli *Ufficiali liberi*. Essi ricevettero il sostegno dei **Fratelli musulmani** (un movimento nato nel 1928 con l'obiettivo di riportare l'Egitto all'osservanza completa della legge coranica e di purificarlo da ogni contaminazione ideologica o politica di matrice occidentale), i quali accusavano il re Faruq e la sua polizia segreta di aver assassinato il loro leader e fondatore, **Hasan al-Banna'**, nel 1949.

Guardiamo la storia
Nasser il combattente arabo

Il tentativo di riforma agraria di Nasser Non è facile descrivere con esattezza i caratteri dell'ideologia di Nasser, in quanto anche qui, come nel caso del partito *Baath*, le parole d'ordine e gli slogan non sempre corrisposero alla realtà effettiva. Come il movimento nato in Siria, anche Nasser aspirava all'unità della nazione araba e assumeva come avversario principale l'imperialismo occidentale. Il ***socialismo arabo* di Nasser**, tuttavia, tentò in qualche modo di incidere sulla società egiziana, come emerge dal fatto che, nei primi anni del loro governo, gli *Ufficiali liberi* procedettero a una **parziale riforma agraria**. Tale misura era necessaria in quanto, nel 1952, il 70% dei coltivatori possedeva meno di un *feddan* (circa un acro) a testa delle terre coltivabili; viceversa, un ristretto manipolo di proprietari terrieri (lo 0,5%) possedeva un terzo di tutto il terreno coltivabile. Il nuovo regime fissò, per la proprietà fondiaria, il limite massimo di 200 *feddan*; tuttavia, i provvedimenti presi nei confronti dei latifondisti non furono né radicali né rivoluzionari. Per tutte le terre espropriate, infatti, i proprietari furono indennizzati tramite la concessione di titoli di Stato; il limite massimo, inoltre, fu esteso a 300 *feddan* per tutti coloro che fossero padri di due o più figli. Di conseguenza, solo il 10% del totale delle terre fu destinato ai contadini. Inoltre, tali estensioni non furono date integralmente ai contadini: lo Stato ne tenne in molti casi la proprietà, sostituendosi ai latifondisti nello sfruttamento dei contadini più poveri e dei braccianti agricoli.

Gamal Abd-al Nasser, presidente della Repubblica egiziana dal 1956 al 1970.

L'avvicinamento all'Unione Sovietica A partire dal 1956, Nasser tentò di dare allo Stato un ruolo ancora più decisivo e centrale nella guida dell'economia nazionale; lo strumento principale per raggiungere tale scopo avrebbe dovuto essere la **costruzione di una grande diga sull'Alto Nilo**, nei pressi di **Assuan**, da cui ci si attendeva sia un aumento del 30% dell'area coltivabile, sia la produzione dell'energia elettrica necessaria al decollo e allo sviluppo dell'industria egiziana. Per finanziare questa colossale impresa, l'Egitto chiese un prestito di 200 milioni di sterline alla Banca mondiale, la quale accettò di concederlo solo a condizione che Stati Uniti e Gran Bretagna, a loro volta, prestassero all'Egitto 70 milioni di sterline.

Ostilità verso le potenze occidentali

La politica estera di Nasser, tuttavia, nel suo orientamento nazionalista, ostile alle potenze coloniali europee e al loro alleato americano, si era già proiettata nella direzione di un **rapporto** cordiale e **amichevole con l'Unione Sovietica**: nel 1955, infatti, l'Egitto aveva stipulato un accordo con la Cecoslovacchia per la vendita di riso e cotone, in cambio di aerei e carri armati di fabbricazione russa.

La crisi di Suez A metà degli anni Cinquanta, Nasser si trovava tra due fuochi: da un lato, gli Stati Uniti tentavano di ostacolarlo nella sua scelta di appoggiarsi all'Unione Sovietica e per questo negarono all'Egitto finanziamenti e aiuti tecnici; dall'altro, la **diga** era diventata una sorta di **simbolo del prestigio della nazione e del nuovo regime**, e pertanto Nasser non

ZOOM L'Egitto dopo la costruzione della diga di Assuan

Elettricità, agricoltura e fertilizzanti

L'idea di costruire una diga sull'Alto Nilo risale alla metà dell'Ottocento, da parte degli inglesi, che avevano occupato l'Egitto. Essi, però, dominavano anche il Sudan e l'Uganda. Il progetto originale, dunque, era di costruire lo sbarramento non in Egitto, ma più a sud, in una zona montuosa, vicina ai grandi laghi dell'Africa orientale.

Poiché Nasser fu costretto a individuare un'area in territorio egiziano, si decise infine per Assuan, ma **la scelta non fu assolutamente felice**: si tratta infatti di una zona molto calda, e ciò provoca la rapida evaporazione di circa un sesto dell'acqua raccolta nel vasto lago artificiale (*lago Nasser*, di 150 chilometri quadrati) creato dalla diga.

La diga di Assuan, la cui costruzione è terminata nel 1970, ha portato all'Egitto **grandi vantaggi**, ma anche **nuovi problemi**. Le acque del nuovo bacino generano circa **un terzo di tutta l'elettricità egiziana**; inoltre, a valle, in un primo tempo è stato possibile aumentare notevolmente la produzione di riso, mais e cotone. Tuttavia, insieme all'acqua, **il lago Nasser trattiene anche il 98% del limo**, cioè della fanghiglia che (dal tempo dei faraoni) rendeva fertile la terra dell'Egitto quando il Nilo, periodicamente, inondava l'intero Paese. Per la prima volta nella sua millenaria storia, l'agricoltura egiziana è stata costretta a far ricorso in modo massiccio ai **fertilizzanti chimici**, di cui l'Egitto è oggi uno dei massimi produttori e consumatori a livello mondiale. E così, la maggior parte dell'elettricità prodotta dalla diga viene consumata per fabbricare questi concimi artificiali.

La situazione delle acque

Un altro serio problema provocato dalla diga di Assuan riguarda il **delta del Nilo**. Poiché la corrente del grande fiume è notevolmente calata di potenza, **il mare sta divorando la terra** a ritmi molto preoccupanti: in certe zone, la costa è arretrata di 70-90 metri ogni anno. Per di più, privati del nutrimento portato alla foce dal Nilo, **sardine e gamberetti sono praticamente scomparsi** dalle acque del Mediterraneo egiziano, il che ha mandato **in rovina circa 30 000 pescatori**. Infine, in molti dei canali usati per l'irrigazione ha trovato un habitat ideale il giacinto acquatico, una pianta palustre che in passato le periodiche inondazioni del Nilo spazzava via. Questa pianta offre un ottimo ambiente di riproduzione ai trematodi, parassiti che trasmettono **gravi malattie al fegato e all'intestino**. È dunque possibile affermare che la costruzione della diga di Assuan ha avuto effetti pesanti sull'ambiente e sulla salute degli egiziani.

Storiografia 1
Le ragioni della crisi di Suez
→ pag. 539

poteva rinunciare al progetto. Così, brandendo a un tempo le parole d'ordine rivoluzionarie del *socialismo* e del *nazionalismo arabo*, il 26 luglio 1956 il leader egiziano annunciò ad Alessandria, di fronte a una folla osannante, la **nazionalizzazione della compagnia internazionale** che **gestiva** il traffico navale attraverso il **canale di Suez**. L'obiettivo di Nasser era, a un tempo, economico e politico: in assenza dell'aiuto americano, la diretta gestione del canale avrebbe fornito le risorse necessarie alla realizzazione della diga di Assuan. Tuttavia, poiché la compagnia apparteneva per il 50% al governo britannico e per il 44% ad azionisti privati francesi, il gesto di Nasser assunse, soprattutto, la valenza di una **sfida all'Occidente** colonialista e sfruttatore. Da quel momento, tra le masse del Medio Oriente, Nasser divenne una specie di eroe, una figura carismatica che indicava alla nazione araba la strada della riscossa e della vittoria.

Ultimo atto dell'imperialismo europeo

Francia e **Gran Bretagna** decisero di rispondere con la forza alla provocazione di Nasser; innanzi tutto, presero contatti con **Israele** e concordarono un'**operazione militare congiunta**. Il 29 ottobre 1956, l'esercito israeliano lanciò una grande offensiva nella penisola del Sinai, occupandola senza difficoltà; il 1° novembre, l'aviazione inglese e quella francese bombardarono gli aeroporti egiziani, mentre un contingente di paracadutisti occupava Porto Said, all'estremità settentrionale del canale.

Francia e Gran Bretagna si appellarono al trattato anglo-egiziano del 1954, in base al quale le potenze europee avrebbero potuto occupare la regione di Suez qualora essa fosse stata minacciata da uno Stato intenzionato a bloccare la navigazione lungo il canale. Si trattava, evidentemente, di un pretesto, di una semplice copertura, dal punto di vista del diritto internazionale, di quella che era stata progettata, invece, come una vera e propria *spedizione punitiva*, finalizzata a **ridimensionare le mire** e le intenzioni anti-imperialiste di **Nasser**.

Nasser acclamato dalla popolazione, dopo aver annunciato la nazionalizzazione della Compagnia del Canale di Suez.

I luoghi → Canale di Suez

Il canale di Suez è lungo 169 km e mette in collegamento il Mediterraneo (presso Porto Said) con il Mar Rosso (presso Suez). In pratica, esso permette di navigare dall'Oceano Atlantico all'Oceano Indiano senza bisogno di circumnavigare l'Africa. Il canale fu inaugurato ufficialmente il 17 giugno 1869 e richiese, per la sua costruzione, lo spostamento di 74 milioni di metri cubi di terreno. In origine, il canale era profondo 8 m e largo 22. Nel corso degli anni, tuttavia, è stato più volte ampliato: tra il 1869 e il 1940 vennero spostati altri 315 milioni di metri cubi di materiale. I lavori originari, iniziati nel 1859, furono promossi dal governo egiziano e da una compagnia francese. Tuttavia, nel 1875, il governo inglese acquistò la maggior parte delle azioni della compagnia che gestiva il canale; poi, nel 1882, l'Inghilterra impose all'intero Paese la propria protezione, che durò in pratica fino al 1952.

Il ritiro di Francia, Inghilterra e Israele **L'operazione militare**, tuttavia, venne apertamente **disapprovata** non solo dall'**Unione Sovietica**, ma anche dagli **Stati Uniti**, che minacciarono di sospendere ogni aiuto economico all'Inghilterra, che era uscita esausta dalla seconda guerra mondiale e aveva ancora bisogno del sostegno finanziario americano. Le truppe dei tre Paesi nemici dell'Egitto, pertanto, dovettero ritirarsi.

Per **Nasser**, l'umiliazione militare si trasformò in un grande successo politico: alle masse arabe, egli **poté presentare l'Egitto come l'unica forza in grado di contrastare l'imperialismo occidentale e il sionismo**. Tuttavia, egli sottovalutò il rischio che una simile immagine pubblica comportava: sull'Egitto, le masse dell'intero Medio Oriente cominciarono a riversare speranze del tutto sproporzionate rispetto alle possibilità effettive del Paese. Per non deludere le aspettative di quei popoli, l'Egitto nasseriano, negli anni Sessanta, si trovò costretto ad elevare sempre più il tono della propria politica estera: trascinato in una sorta di spirale inarrestabile, **Nasser** fu spinto ad assumere **posizioni sempre più estremistiche e aggressive**, che dovevano infine portarlo, nel 1967, allo scontro diretto con Israele e alla completa disfatta.

› VEDI
La guerra dei Sei giorni
→ pag. 571

2.3 La contestazione politica a Nasser

L'opposizione dei Fratelli musulmani Sebbene Nasser stesse riscuotendo un grandissimo successo presso le masse popolari, non tutti erano favorevoli alle sue scelte e alla sua impostazione politica. I gruppi islamici più legati alla tradizione, tra cui ricordiamo i Fratelli musulmani, accusavano il presidente di aver impresso alla politica egiziana un orientamento troppo laico imbevuto di principi occidentali. La loro contestazione acquisì un crescente rilievo, in particolare grazie alla forte personalità del leader **Sayyd Qutb**, il quale venne arrestato, torturato e infine impiccato dal regime nasseriano nel 1966. Nei primi anni Sessanta, i Fratelli musulmani divennero un'efficace forza di opposizione, sempre più organizzata e determinata.

La critica all'imitazione dell'Occidente Il contributo più importante di Qutb al dibattito politico e religioso dei Paesi musulmani è l'applicazione del concetto di ***jahiliyya*** alle moderne società arabe: nel Corano, il termine è usato spregiativamente per indicare la *barbarie* in cui viveva l'Arabia prima della rivelazione di Maometto. Secondo Qutb, la condizione del mondo islamico del XX secolo non era per nulla diversa da quell'antica condizione di paganesimo, in quanto allora, come nella decadente epoca moderna, non veniva osservata la legge divina.

Ritorno alla fede e al Corano

Ancora più grave, tuttavia, era il fatto che un gran numero di governanti di **Paesi musulmani si fossero messi a imitare l'Occidente**, i suoi usi e la sua cultura. Costoro, in pratica, avevano fatto ripiombare anche il mondo islamico nella *jahiliyya*; la riscossa degli Stati musulmani, pertanto, non avrebbe dovuto essere condotta usando parole d'ordine *laiche* (e, quindi, in fondo anch'esse estranee alla cultura islamica) come il *nazionalismo arabo* o il *socialismo*, bensì ritornando alle radici della fede e rimodellando l'intera società secondo la legge coranica. La proposta politica di Qutb, dunque, si fece apertamente rivoluzionaria: con lui **l'islam divenne un formidabile strumento di contestazione di tutti i governi e di tutti i regimi**.

Sayyd Qutb, leader dei Fratelli musulmani, in carcere.

Capitolo 3

CONTRASTI POLITICI

Gli anni della **tensione internazionale** (1956-1962)

Storia slide

LE CONOSCENZE DA ACQUISIRE
All'inizio degli anni Sessanta, le relazioni tra URSS e USA furono molto tese, a causa della costruzione del muro di Berlino e della crisi di Cuba.

LE COMPETENZE DA POTENZIARE
Saper cogliere i caratteri specifici di un conflitto militare.

3.1 La fine dell'impero coloniale francese

Le umiliazioni internazionali della Francia Rispetto al periodo precedente la guerra, i protagonisti della grande politica internazionale erano cambiati. **Francia e Inghilterra**, che pure figuravano tra i vincitori, in realtà si erano trasformate in **soggetti minori**; dinanzi all'evidente prevalenza politica di USA e URSS, la Gran Bretagna aveva accettato il proprio declassamento e, dopo aver concesso l'indipendenza all'India (1947), aveva provveduto rapidamente a smantellare il proprio impero coloniale. Al contrario, la **Francia** cercò di difendere con tenacia e determinazione i suoi domini coloniali e **rinunciò mal volentieri al suo ruolo di grande potenza**.

› VEDI La guerra in Vietnam → pag. 584

Per la Francia, il primo scacco venne dall'Indocina, nel 1954, dove le forze francesi dovettero riconoscere l'indipendenza di Laos, Cambogia e Vietnam; una seconda umiliazione ci fu nel 1956, allorché le truppe francesi e inglesi (negli stessi giorni in cui l'esercito sovietico interveniva in Ungheria) attaccarono l'Egitto durante la crisi di Suez. Dopo aver formalmente disapprovato l'azione, i governi dell'URSS e degli USA obbligarono Londra e Parigi a ritirare i propri soldati, dimostrando che **i Paesi europei non avevano più alcuna autonomia** nelle decisioni politiche di portata mondiale.

I luoghi → Indocina

La regione asiatica, comprendente Vietnam, Laos e Cambogia, che la Francia controllava dall'inizio del Novecento.

La guerra d'Algeria La determinazione francese nel partecipare alla spedizione, che avrebbe dovuto punire e umiliare l'Egitto per la sua sfida alle potenze europee, si spiega con le difficoltà di Parigi in Nord Africa. È infatti necessario ricordare che dal 1954 la Francia era impegnata anche a reprimere la **rivolta** esplosa **in Algeria**, scoppiata per ottenere l'indipendenza da Parigi. La speranza francese era di infliggere al presidente egiziano Nasser una lezione tale da spingere i ribelli algerini a prendere atto della superiorità militare europea e rinunciare a ogni pretesa di indipendenza. Il fallimento dell'operazione in Egitto, però, vanificò queste speranze.

Rivolta per l'indipendenza

Fu così che **l'Algeria sprofondò in una guerra sanguinosa e feroce**, che vide da un lato i militanti del *Fronte di liberazione nazionale* e dall'altra i francesi. Poiché i ribelli facevano ricorso al terrorismo e alla guerriglia, l'esercito iniziò a praticare su larga scala la tortura nei confronti dei prigionieri e a compiere violenze di ogni genere nei confronti della popolazione civile. Nel 1957, le truppe impegnate in Algeria ammontavano a 350 000 effettivi, mentre le linee di confine con il Marocco, a ovest, e con la Tunisia, a est, erano state sbarrate dal filo spinato e da campi minati, per evitare che i guerriglieri algerini potessero trovare rifugio all'estero.

Repressione militare e dubbi dell'opinione pubblica

Man mano che la repressione delle aspirazioni algerine all'indipendenza si faceva sempre più brutale (sul piano militare) e costosa (sotto il profilo finanziario), **nell'opinione pubblica francese aumentò la disponibilità a prendere in considerazione l'ipotesi di un ritiro dal**

Legionari francesi in azione nel Sahara durante la guerra d'Algeria.

Paese nordafricano. Ma il 13 gennaio 1958, per impedire una simile svolta, i coloni francesi d'Algeria diedero vita a un *comitato di salute pubblica*.

Poiché il movimento dei coloni era apertamente sostenuto dalle gerarchie militari (convinte che l'abbandono dell'Algeria avrebbe significato la fine della potenza politica della Francia), a Parigi si diffuse la paura di un colpo di Stato dell'esercito. Per salvare la situazione, si fece ricorso alla prestigiosa figura del **generale De Gaulle, simbolo di unità nazionale** e inflessibile sostenitore della necessità di salvaguardare e rilanciare la *grandeur* ("grandezza", prestigio in campo internazionale) della Francia.

Finché fosse rimasta bloccata nel conflitto in Algeria, la Francia sarebbe rimasta paralizzata: tale fu la netta diagnosi formulata da **De Gaulle** nel momento in cui, il 1° giugno 1958, **divenne presidente della Repubblica francese**. Sfidando l'ostilità dei coloni e dei militari (la cui resistenza si manifestò in vari modi: ribellione di alcuni reparti, azioni di terrorismo e persino complotti per assassinare il generale), De Gaulle cercò pertanto di chiudere la questione dell'**Algeria**, a cui fu **concessa piena indipendenza** nel 1962.

ZOOM Il processo di decolonizzazione

La rapida fine degli imperi europei

Il fenomeno della **decolonizzazione** fu per molti versi speculare a quello dell'**imperialismo**, che si era verificato tra il 1890 e il 1914. Con la stessa velocità con cui le grandi potenze avevano sottomesso praticamente tutta l'Africa e l'intera Asia, tra il 1945 e il 1965 i popoli di questi due continenti riconquistarono la propria indipendenza. I primi Paesi che tornarono liberi furono le colonie italiane, che la Repubblica dovette abbandonare a seguito del trattato di Parigi del 1947. Nello stesso periodo, tuttavia, l'Inghilterra abbandonò l'India e la Palestina, dimostrando di volersi sganciare dallo scenario mediorientale e di volersi liberare del proprio impero coloniale. Ricordiamo che, nel 1941, Churchill e Roosevelt avevano firmato la cosiddetta *Carta atlantica*: con quel documento, l'Inghilterra si era impegnata ad aprire il proprio impero ai prodotti statunitensi. In tal modo, di fatto, i possedimenti coloniali diventavano più un onere amministrativo, che una fonte di profitto: di qui la decisione inglese di liquidare in fretta il proprio vastissimo impero. In Africa, la prima colonia inglese a ottenere l'indipendenza fu il **Ghana**, nel 1957, seguita dalla **Nigeria** nel 1960. Il Belgio imitò l'esempio inglese, ma il **Congo** sprofondò in una violenta guerra civile, dopo che la ricca regione mineraria del Katanga cercò di staccarsi dal nuovo Stato dello **Zaire**.

I casi del Portogallo e del Sud Africa

Il 1960 è stato definito «l'anno delle diciassette indipendenze e delle grandi speranze»; tre anni dopo, i Paesi ufficialmente sovrani erano addirittura saliti a trenta. Gli ultimi territori che ottennero l'indipendenza furono le colonie portoghesi dell'**Angola** e del **Mozambico**; il Portogallo, infatti, era governato da una dittatura di destra, che riteneva un oltraggio inaccettabile la perdita dell'impero. Nel marzo 1974, operavano in Mozambico 60 000 soldati portoghesi impegnati nella repressione della guerriglia. Per la debole economia portoghese era un vero salasso, che contribuì al cambio di regime attuato dall'esercito il 25 aprile 1974. Non appena il nuovo governo ebbe dichiarato la sua volontà di concedere l'indipendenza alle proprie colonie africane, il Mozambico giunse in fretta alla meta (giugno 1975). L'Angola sprofondò invece nella **guerra civile tra fazioni rivali, sostenute dalle grandi potenze** (USA, Cina e URSS). I più attivi furono i cubani e i russi, che sostenevano il MPLA (Movimento popolare di liberazione dell'Angola), per contrastare il quale entrarono in Angola anche truppe sudafricane (1975-1976). In Sud Africa, le conseguenze del dominio europeo pesarono più a lungo che altrove. Infatti, la popolazione bianca di remota origine olandese instaurò un regime apertamente razzista (denominato **apartheid**) che durò dal 1948 al 1990.

Il neocolonialismo

In numerosi Paesi, gli effetti della dominazione coloniale non hanno mai smesso di farsi sentire. In tutti questi casi, si parla di **neocolonialismo**, a indicare situazioni in cui l'indipendenza politica effettivamente raggiunta non ha portato alcun beneficio reale alla maggior parte della popolazione. In tali Stati, il potere è saldamente conservato da un gruppo ristretto di famiglie o di clan, che sono in strette relazioni politiche ed economiche con i vecchi dominatori (francesi e inglesi, ad esempio) oppure hanno costruito nuovi legami d'affari con aziende statunitensi.

L'intervento decisivo di De Gaulle

Schema proiettabile

- Rivolta algerina per l'indipendenza dalla Francia
- L'esercito francese fallisce in Egitto
- → Guerra tra Fronte di liberazione nazionale ed esercito francese
  - → Determinazione dei coloni, appoggiati dai militari
  - → Ipotesi di Parigi di ritirarsi
- → Il governo incarica De Gaulle della risoluzione della crisi
  - → Rifiuto delle istanze di coloni e militari
  - → Concessione dell'indipendenza all'Algeria

3.2 La politica di De Gaulle

Guardiamo la storia
De Gaulle e il sogno francese

Il rilancio del prestigio internazionale Dopo la concessione dell'indipendenza all'Algeria, il presidente De Gaulle si dedicò al rilancio del prestigio internazionale della Francia. Secondo il suo giudizio, il rapporto che esisteva fra gli Stati Uniti e i suoi alleati all'interno del Patto atlantico era troppo sbilanciato a favore della superpotenza americana. I Paesi europei, per De Gaulle, avrebbero dovuto acquistare un'autonomia molto maggiore, che trasformasse l'**Europa occidentale** in una specie di ***terza forza*****, guidata dalla Francia e capace di trattare alla pari sia con l'URSS sia con gli USA**.

Il distacco francese dalla NATO

Naturalmente, per raggiungere un simile obiettivo era necessario che la Francia si dotasse di un proprio autonomo arsenale nucleare e potenziasse notevolmente il proprio esercito; nel contempo, era ovvio che questa forza militare francese non poteva, alla lunga, restare subordinata a un comando centralizzato (americano) capace di coordinare tutti i mezzi di offesa (nucleari e convenzionali) del Patto atlantico. Pertanto, sia pure in modo graduale, **De Gaulle procedette allo sganciamento francese dalla NATO**, il cui quartier generale, nel 1966, si spostò definitivamente da Parigi a Bruxelles.

Nasce la CEE

L'opposizione alla Comunità europea Infine, occorre ricordare che, il **25 marzo 1957**, il cosiddetto ***trattato di Roma*** **diede vita alla CEE** (Comunità economica europea). Tale organismo si proponeva la creazione di un vasto *mercato comune europeo*, all'interno del quale circolassero liberamente, senza dazi e limitazioni, materie prime, manufatti industriali e prodotti agricoli. Al trattato avevano aderito **sei Paesi** (Italia, Repubblica federale tedesca, Francia, Paesi Bassi, Belgio e Lussemburgo), mentre l'inizio del processo di liberalizzazione era stato fissato per il 1° gennaio 1959. All'avvicinarsi di questa data, si temette che l'orientamento nazionalista della politica di De Gaulle potesse provocare il ritiro della Francia dalla Comunità europea. Il presidente francese non compì una simile scelta e mantenne gli impegni assunti dal governo che l'aveva preceduto; tuttavia si oppose in ogni modo alla prospettiva che la CEE, da organismo puramente economico, evolvesse fino a trasformarsi in un embrione di struttura politica federale.

Charles De Gaulle a Strasburgo, 1959.

De Gaulle può essere considerato come l'**ultimo grande sostenitore dello Stato-nazione** tipico dell'Ottocento e della prima metà del Novecento: uno Stato che non tollerava limitazioni di sorta alla propria sovranità interna e, quindi, non riusciva neppure a concepire l'idea di una confederazione europea che superasse la tradizionale frammentazione politica del continente.

3.3 Il muro di Berlino

La fuga da Berlino Est È stato calcolato che **circa 2 800 000 persone siano scappate dalla Repubblica democratica tedesca** nei primi anni dalla sua fondazione, e più precisamente tra il 1949 e il 1961. In genere, la fuga aveva come prima tappa Berlino Ovest, facilmente raggiungibile dopo che i russi avevano riaperto le vie d'accesso terrestri bloccate nel 1948. In base alle statistiche redatte dal ministero degli Esteri della Repubblica federale, nel solo 1953 gli espatri da Berlino Est risultano essere stati 306 000. Fu questo fenomeno la causa dello scoppio di una **seconda crisi berlinese** tra USA e URSS nell'estate **1961**.

Storiografia 2
Il muro di Berlino
→ pag. 540

La costruzione del muro di Berlino Nel tentativo di arrestare il flusso migratorio, che causava alla Germania Est la perdita di manodopera specializzata e qualificata, il governo comunista tedesco chiese ai sovietici l'autorizzazione a prendere drastici provvedimenti. Nacque così l'idea di porre, fra Berlino Est e Berlino Ovest, un'insuperabile barriera divisoria, il cosiddetto ***muro di Berlino***, che divenne il simbolo fisico della divisione politica dell'Europa. L'operazione fu messa in atto all'una di notte del **13 agosto 1961**: senza alcun preavviso, tutti i passaggi fra i due settori vennero bloccati da filo spinato.

Con il tempo, quella prima misura improvvisata si trasformò in un complesso sempre più sofisticato, lungo 166 chilometri e dotato di 285 torri di controllo sopraelevate. Il *muro* divenne una delle più impenetrabili ed efficienti fortezze della storia; la sua singolarità consisteva nel fatto che l'obiettivo non era di impedire l'ingresso a un nemico, bensì la fuga ai cittadini di uno Stato e di una città, il che rendeva decisamente più pertinente paragonare il *muro* al recinto di una prigione che a un sistema difensivo tradizionale.

Video
La costruzione del muro di Berlino

L'impotenza degli americani Gli **americani** non si aspettavano un intervento così rapido e così radicale, sicché furono **colti completamente di sorpresa**; del resto – elemento nuovo rispetto alla crisi berlinese del 1948 – nei confronti del settore occidentale di Berlino non venne compiuto alcun atto dichiaratamente ostile o minaccioso. Pertanto, gli americani non seppero trovare alcuna risposta adeguata al gesto compiuto dalle autorità comuniste tedesche; semplicemente, ribadirono la loro solidarietà nei confronti dei berlinesi dell'Ovest, sottolineando che non li avrebbero abbandonati qualora ci fossero stati espliciti tentativi, da parte della Repubblica democratica, di porre sotto la propria sovranità l'intera ex capitale del Reich.

Solidarietà in caso di emergenza

Il soldato diciannovenne Conrad Schumann scavalca le barriere (ancora provvisiorie) che avrebbero diviso la capitale tedesca fino al 1989. È il 15 agosto 1961. Questo celebre scatto del fotografo Peter Leibing divenne l'emblema stesso del muro di Berlino. Schumann fu il primo dei circa 2000 soldati che fuggirono all'Ovest nei cinque anni successivi.

Schema proiettabile

La costruzione del muro

CAUSA EFFETTO

Fuga di manodopera specializzata da Berlino Est	Il governo ottiene dai russi l'autorizzazione per scoraggiare la fuga verso Berlino Ovest	Costruzione del muro, simile a una grande prigione	Il muro diventa simbolo della divisione dell'Europa e della contrapposizione USA-URSS

CLIL

Kennedy's Berlin Speech

Audiolettura

In June 1963, President John F. Kennedy visited five Western European nations in order to spread good will and building unity among America's allies and to have a meeting in Vienna with Soviet leader Nikita Kruscëv. The summit was unsuccessful and it also increased tensions between the two superpowers. On June 26, Kennedy arrived in West Berlin. An immense crowd gathered to listen to the President in the Rudolph Wilde Platz near the Berlin Wall. As he paid tribute to the spirit of Berliners and to their quest for freedom, the crowd roared with approval upon hearing his dramatic pronouncement, "Ich bin ein Berliner" (I am a Berliner).

There are many people in the world who really don't understand, or say they don't, what is the great issue between the free world and the Communist world. Let them come to Berlin.

There are some who say that Communism is the wave of the future. Let them come to Berlin.

And there are some who say in Europe and elsewhere we can work with the Communists. Let them come to Berlin.

And there are even a few who say that it is true that Communism is an evil system, but it permits us to make economic progress. *Lass' sie nach Berlin kommen*. Let them come to Berlin.

Freedom has many difficulties and democracy is not perfect, but we have never had to put a wall up to keep our people in, to prevent them from leaving us.

[...]

When all are free, then we can look forward to that day when this city will be joined as one and this country and this great continent of Europe in a peaceful and hopeful globe.

When that day finally comes, as it will, the people of West Berlin can take sober satisfaction in the fact that they were in the front lines for almost two decades.

All free men, wherever they may live, are citizens of Berlin, and, therefore, as a free man, I take pride in the words "Ich bin ein Berliner".

http://www.jfklibrary.org/JFK/JFK-in-History/The-Cold-War-in-Berlin.aspx

President Kennedy just before his speech, June 26, 1963.

Answer the following questions

- Why, in Kennedy's opinion, Berlin West is the living proof of Communism failures?
- How does Kennedy define the Wall?

3.4 Cuba e gli USA: la crisi dei missili

Guardiamo la storia
Aerei a reazione e missili

La rivoluzione comunista a Cuba Sul finire degli anni Cinquanta, due ulteriori eventi vennero ad accrescere la tensione tra la potenza statunitense e quella sovietica. Il 4 ottobre 1957, i russi riuscirono a mettere in orbita il primo satellite artificiale, denominato ***Sputnik***, mostrando di possedere vettori missilistici capaci di raggiungere qualsiasi regione del territorio americano.

Controllo americano a Cuba

Due anni dopo, la situazione strategica si complicò ulteriormente per il fatto che nell'isola di **Cuba**, ad appena 90 chilometri dalle coste della Florida, risultò vittoriosa una **rivoluzione di matrice comunista**. Dalla fine del XIX secolo, Cuba era una specie di protettorato statunitense: pur essendo uno Stato formalmente indipendente, il Paese era sotto stretto controllo politico e militare di Washington. Inoltre, grandi compagnie statunitensi controllavano interamente l'economia dell'isola, basata soprattutto sulla coltura intensiva del tabacco e della canna da zucchero, concentrata nelle mani di un gruppo assai ristretto di grandi proprietari terrieri. Mentre la maggior parte della popolazione viveva nelle campagne, in condizioni di estrema miseria, nella capitale – L'Avana, visitata da un gran numero di uomini d'affari statunitensi – prosperavano invece le case da gioco, i locali notturni e la prostituzione.

Sconfitta del dittatore Batista

Nel 1956, un gruppo di intellettuali (nel quale si distinsero fin dall'inizio **Fidel Castro** ed Ernesto Guevara, **detto** *Che*) diede vita a un'intensa attività di **guerriglia** contro il governo del dittatore Fulgencio Batista, che deteneva il potere. La lotta si risolse, nel gennaio 1959, con la **completa vittoria dei rivoluzionari** che, in un primo momento, diedero vita a un governo moderato cui parteciparono varie forze politiche, ma poi in breve tempo istituirono un **regime di tipo socialista**. Le banche, le industrie, le imprese di commercio e gran parte delle terre furono poste sotto il controllo dello Stato, mentre la corrente comunista della rivoluzione, che faceva capo a Fidel Castro, divenne arbitra assoluta della vita politica.

Il tentativo USA di rovesciare il regime a Cuba Nel 1961, i servizi segreti statunitensi (la CIA) finanziarono e organizzarono una spedizione militare di **fuoriusciti cubani** decisi a **rovesciare il governo di Castro**. Il 17 aprile, in una località denominata **Baia dei Porci**, sulla costa meridionale dell'isola, fu tentato uno sbarco, che però si risolse in un **fallimento totale** in quanto gli abitanti, che gli esuli pensavano si sarebbero ribellati, appoggiarono il nuovo regime.

La popolazione appoggia il nuovo governo

In effetti, il nuovo governo aveva preso una serie di misure radicali che avevano suscitato ampio consenso; basti pensare che, oltre ai provvedimenti di nazionalizzazione appena citati e a una radicale riforma agraria finalizzata a ridistribuire la proprietà delle terre, il governo socialista si era distinto – nei suoi primi anni di vita – per una massiccia lotta all'analfabetismo, che nel corso del solo 1961 si ridusse, fra la popolazione, dal 25 al 4%.

Embargo degli USA

Vista l'impossibilità di rovesciare il regime rivoluzionario per via militare, il governo di Washington ricorse all'**embargo economico**, cioè al blocco di ogni relazione commerciale fra Stati Uniti e Cuba.

L'Unione Sovietica, allora, si offrì come nuovo partner commerciale, offrendo ai cubani il proprio petrolio in cambio dello zucchero e del tabacco prodotti nell'isola caraibica.

I personaggi → Ernesto Che Guevara

Ernesto Guevara, detto *Che*, nacque in Argentina nel 1928 e si laureò in medicina a Buenos Aires. Avvicinatosi al marxismo, decise di dedicare tutta la propria esistenza alla causa della rivoluzione. Sbarcato a Cuba nel 1956, divenne il luogotenente di Fidel Castro nel periodo della lotta armata contro il regime di Batista. Dopo la vittoria della rivoluzione, divenne ministro dell'Economia. Che Guevara, tuttavia, non amava il potere, e oltre tutto finì per entrare in contrasto con Fidel Castro. Pertanto rinunciò a tutti i suoi incarichi politici a Cuba e si dedicò di nuovo alla lotta armata, cercando di accendere il maggior numero possibile di focolai rivoluzionari in alcune parti dell'Africa e in tutta l'America Latina. Venne ucciso in Bolivia, l'8 ottobre 1967, durante un'azione di guerriglia.

Bilancio delle competenze → pag. 532

La crisi dei missili Nel 1961, per il Partito democratico, era stato eletto presidente degli Stati Uniti **John Fitzgerald Kennedy**, di origine irlandese e di religione cattolica (mentre i presidenti, tradizionalmente, erano di origini anglosassoni e di religione protestante). Appena salito al potere dovette gestire sia la crisi berlinese che aveva portato alla costruzione del muro, sia la disastrosa spedizione della Baia dei Porci, a Cuba.

Errate convinzioni di Kruscëv

Proprio in seguito a queste due battute d'arresto americane, Kruscëv, il cui stile politico si caratterizzava per una notevole impulsività, si era convinto che il presidente americano fosse un avversario più debole rispetto ai suoi predecessori e che lo scenario fosse pronto per un'**alterazione della situazione politica** e strategica a livello internazionale. Pertanto, nel 1962, **i sovietici iniziarono la costruzione, a Cuba, di una serie di postazioni missilistiche**, capaci di minacciare direttamente il vicino territorio americano. Le installazioni sovietiche furono scoperte dagli americani nel corso delle ricognizioni aeree compiute tra il 15 e il 18 ottobre 1962; ma Kennedy, a differenza di quanto sperava Kruscëv, non accettò il fatto compiuto, senza reagire. In un discorso televisivo pronunciato il 22 ottobre, il presidente americano annunciò infatti che gli Stati Uniti avrebbero disposto un **blocco navale al largo di Cuba**, cioè fermato qualunque imbarcazione diretta all'isola caraibica e affondato tutte le navi che avessero rifiutato di arrestarsi.

Storiografia 3
La paura atomica → pag. 541

Il serio rischio di una guerra nucleare Colti di sorpresa dalla ferma risposta americana, i sovietici si resero conto che uno scontro armato con gli Stati Uniti non era mai stato così prossimo a esplodere e che c'era la reale possibilità di una sua degenerazione in conflitto nucleare. Kruscëv, pertanto, dapprima ordinò alle navi russe dirette a Cuba di diminuire la velocità o di invertire la propria rotta, e poi offrì agli USA di ritirare i missili **in cambio della solenne dichiarazione americana che gli Stati Uniti non avrebbero più tentato di invadere l'isola** al fine di rovesciare il regime di Castro. Per l'Unione Sovietica si trattò di una capitolazione totale, che segnò l'inizio del **declino del prestigio di Kruscëv**. Nel 1964, dopo essere stato accusato di aver condotto una politica estera troppo avventata e pericolosa, il leader sovietico fu obbligato a dimettersi dalla carica di segretario del Partito e a ritirarsi a vita privata. Il suo posto fu preso da **Leonid Breznev**, che avrebbe guidato l'URSS fino al 1982.

Video: Kennedy e l'impegno per la distensione

Guardiamo la storia: J.F. Kennedy, il presidente della Nuova frontiera

L'assassinio di Kennedy

Kennedy, l'altro protagonista della più grave e pericolosa crisi politico-militare del dopoguerra, **fu** invece **assassinato a Dallas**, in Texas, il **22 novembre 1963**. È possibile che l'idea dell'assassinio sia nata in ambienti razzisti, che non avevano tollerato la notevole spinta che il presidente aveva dato al processo di piena integrazione della minoranza afro-americana. Va comunque precisato che questa (come le numerose altre spiegazioni che sono state proposte nel corso degli anni) è una semplice ipotesi, e che ancora oggi non si è fatta piena luce su quel tragico avvenimento.

ZOOM Kennedy e la Nuova frontiera

John Fitzgerald Kennedy (1917-1963) fu il primo presidente americano di religione cattolica. In campagna elettorale, fu il primo candidato a confrontarsi con un suo rivale in un "duello" televisivo. Divenuto presidente, affascinò i suoi elettori con il progetto della **Nuova Frontiera**: si trattava di un programma di governo che in politica interna prevedeva lo sviluppo economico e la protezione dei ceti più poveri e in politica estera la distensione con l'Unione Sovietica. Kennedy intendeva battere l'URSS costruendo una società più libera, più giusta e più prospera.

Infine va ricordato che la sfida con i sovietici riguardò anche la conquista dello spazio. Per rispondere alle imprese degli astronauti sovietici, gli Stati Uniti fondarono la NASA, un apposito ente spaziale.

Kennedy a colloquio con il leader societico Kruscëv, 1962.

Bilancio delle competenze

Saper capire i caratteri specifici di un conflitto militare

A questo punto del nostro percorso, siamo in grado di presentare in forma organica i caratteri specifici di quel particolare conflitto che fu chiamato "guerra fredda".

1 Lo scontro che vide contrapposti USA e URSS negli anni 1945-1989 (e che ebbe negli anni 1948-1962 i suoi episodi più critici) fu precocemente denominato *guerra fredda* dal giornalista americano Walter Lippmann, che usò tale espressione fin dal 1947.
È probabile che Lippmann si sia ispirato a una formula che circolava in Francia negli anni Trenta, nel momento in cui la tensione con la Germania nazista era in costante crescita e la seconda guerra mondiale sarebbe potuta esplodere da un momento all'altro. Tuttavia, negli anni Cinquanta, incontriamo **una variabile fondamentale, rispetto a vent'anni prima: l'invenzione dell'arma nucleare**. Nel 1945, gli USA erano gli unici a possederla; nel **1949**, però, **i sovietici sperimentarono la prima bomba atomica**. Poco dopo, negli anni 1952-1953, sia l'URSS sia gli USA si dotarono di **bombe all'idrogeno** (bombe H), infinitamente più potenti degli ordigni che avevano distrutto Hiroshima e Nagasaki. Per di più, visti i progressi dell'industria missilistica, negli anni Cinquanta fu possibile creare le cosiddette testate nucleari, cioè **montare le bombe su razzi potentissimi**, capaci di viaggiare per moltissimi chilometri e distruggere le città del nemico.

Esplosione di una bomba H durante un test statunitense alle isole Marshall, 1952.

In questo nuovo scenario (potenzialmente apocalittico, cioè **capace di porre fine a ogni forma di vita sul pianeta Terra**) il concetto di guerra fredda assunse un significato del tutto particolare: da un lato, la tensione restò sempre altissima, ma dall'altro **la volontà di andare fino in fondo era**, per forza di cose, **tenuta sotto stretto controllo da entrambe le parti**, nella piena consapevolezza delle conseguenze di un conflitto nucleare. A livello economico, entrambe le superpotenze spesero cifre enormi per essere competitive rispetto all'avversario; **la guerra fredda**, quindi, **ebbe conseguenze determinanti sui bilanci degli Stati** (né più né meno di uno scontro effettivamente combattuto). La soglia critica, però, non venne mai superata: l'esplosione finale, insomma, non si verificò mai.

2 Crisi più o meno gravi si verificarono periodicamente, in tutto il mondo, soprattutto negli anni 1948-1962. L'episodio più grave fu probabilmente la crisi di Cuba, allorché i sovietici posizionarono i loro missili nell'isola caraibica, a circa 100 chilometri dalla costa statunitense. Pare che i vertici militari fossero determinati a bombardare le installazioni missilistiche russe a Cuba, ma che siano stati fermati all'ultimo

Saper capire i caratteri specifici di un conflitto militare

1 Una guerra fredda
2 Il senso del limite, in tempo di crisi
3 Guerre calde, in tempo di guerra fredda

momento da un **esplicito comando del presidente Kennedy**. Nel 1948, un analogo ordine categorico era stato emanato da Stalin, che non voleva far precipitare in guerra aperta la crisi del blocco di Berlino: pertanto, nessuno degli aerei americani che portavano viveri e altri generi di prima necessità al settore occidentale di Berlino venne abbattuto dai russi. Possiamo individuare, dunque, una serie di costanti, di **elementi tipici delle crisi del dopoguerra**, che ebbero tutte una dinamica di sviluppo analoga:
– **provocazione**: uno dei due soggetti contrapposti viola il precario equilibrio in cui si trova l'assetto politico internazionale. I sovietici, ad esempio, si comportarono in questo modo provocatorio nei due episodi appena citati: nel 1948 (blocco di Berlino Ovest) e nel 1962 (installazione di missili a Cuba);
– **risposta non bellica**: nel 1914, la provocazione di Sarajevo ricevette subito una risposta militare (a costo di scatenare una guerra generalizzata, di proporzioni gigantesche). Dopo il 1945, è proprio questo che non si vuole, o meglio, che si deve evitare a qualunque costo. Pertanto, prima di passare alle armi, il soggetto che ha subito la provocazione (e che non può accettare il fatto compiuto, pena una grave alterazione dell'equilibrio) tenta un gesto non violento. Nel 1948, si trattò del ponte aereo, nel 1962 del blocco navale istituito al largo di Cuba;
– **ricezione del messaggio**: in tutte le circostanze, il soggetto che aveva attuato la provocazione recepì il messaggio e fece un passo indietro, cioè accettò di tornare alla situazione precedente l'inizio della crisi. Stalin, pertanto, dopo aver ordinato che nessun aereo fosse abbattuto, permise di nuovo il rifornimento di Berlino Ovest per vie di terra; analogamente, Kruscëv dapprima ordinò alle navi sovietiche di non entrare in contatto con la flotta americana, e poi di smantellare i missili a Cuba.

3 Sarebbe errato pensare che, nell'epoca della guerra fredda, le due superpotenze non si siano mai affrontate sul **campo di battaglia**. Ciò avvenne, infatti, almeno due volte: in **Corea** e in **Vietnam**. Forse, è indicativo che lo scontro vero e proprio sia avvenuto in Asia, e non in Europa, la quale era un'area considerata troppo delicata e importante, per superare la pericolosa soglia critica e far passare la parola alle armi. Comunque, nonostante la loro brutalità e il loro notevole carico di vittime, anche i due conflitti *caldi* non sfuggirono completamente alla dinamica tipica delle altre crisi che caratterizzarono la guerra fredda. Fondamentalmente, possiamo infatti dire che **sia la guerra di Corea** (1950-1953) **sia la guerra in Vietnam** (1954-1975) **videro una drastica autolimitazione operativa** da parte degli americani. Nel primo caso, il presidente Truman ordinò esplicitamente di non attaccare la Cina comunista, sebbene fosse evidente il suo sostegno militare alla Corea del Nord; nella seconda circostanza, il divieto riguardò l'invasione del Vietnam del Nord, che gli aerei americani bombardarono in modo brutale, ma fu sempre rispettato nella sua sovranità territoriale, nel timore di un'escalation del conflitto, cioè di un coinvolgimento esplicito dell'URSS e/o della Cina.

Marine sulla spiaggia di Cape Batangan, Vietnam, 1965.

Capitolo 4

ECONOMIA DEMOGRAFIA E SOCIETÀ

La **politica** in **Italia** negli **anni Cinquanta**

Storia slide

LE CONOSCENZE DA ACQUISIRE
Negli anni Cinquanta, lo scontro tra cattolici e comunisti fu durissimo.

LE COMPETENZE DA POTENZIARE
Saper individuare i fattori di rafforzamento e di indebolimento di una struttura politica.

4.1 L'Italia tra Chiesa e centrismo

La scomunica ai comunisti

La condanna del comunismo da parte della Chiesa Nel luglio 1949, un ufficiale divieto della Chiesa proibì ai cattolici di iscriversi o appoggiare i partiti comunisti, nonché di «pubblicare, diffondere o leggere libri, periodici, giornali o fogli volanti, che sostengano la dottrina o la prassi del comunismo, o collaborare in essi con scritti». La cosiddetta ***scomunica ai comunisti*** creò un baratro invalicabile tra i fedeli e i comunisti stessi, rendendo assolutamente impossibile una reciproca collaborazione. Chiesa e mondo marxista furono, per alcuni decenni, due "universi paralleli"; in fortissima concorrenza reciproca, si disputavano le masse, cercando di portarle dalla propria parte, sottraendole al soggetto rivale.

Documento chiave

Disposizioni del cardinale Schuster

Il decreto emanato dal Sant'Uffizio nel luglio 1949 fu preceduto e seguito da numerose dichiarazioni di vescovi italiani, che si esprimevano pubblicamente sul tema del comunismo. Il cardinale Schuster, arcivescovo di Milano, emanò chiare direttive in una lettera indirizzata al clero della sua diocesi. Il testo del messaggio pastorale fu pubblicato dal quotidiano "La Stampa" il 23 febbraio 1948.

Non si possono assolvere [dare l'assoluzione, cioè il perdono dei peccati, *n.d.r.*] gli aderenti al comunismo o ad altri movimenti contrari alla professione cattolica: 1) quando aderiscano formalmente agli errori contenuti nelle loro dottrine; 2) quando prestino cooperazione anche solo materiale, specie mediante il voto e, ammoniti, rifiutino di desistere... È gravemente illecito ad ogni fedele il dare il proprio voto a candidati, o a una lista di candidati, che siano manifestamente contrari alla Chiesa, ovvero all'applicazione dei principi religiosi e morali cristiani nella vita pubblica. Il voto può e deve essere dato solo a quei candidati che offrano maggiori garanzie di esercitare il loro mandato nello spirito e secondo le direttive della morale cattolica.

E. NOVELLI, *Le elezioni del Quarantotto*, Donzelli, Roma 2008, p. 55

Il comunismo era ateo

Secondo Marx, la religione era "l'oppio dei popoli"

La Chiesa esortava a votare per la Democrazia cristiana

Analizza il testo

- Secondo Schuster, quali gruppi di aderenti al comunismo non possono ottenere il perdono della Chiesa?
- A quali candidati poteva dare il proprio voto l'elettore cattolico?

› VEDI
Il primo governo De Gasperi
→ pag. 484

De Gasperi e il centrismo La Chiesa degli anni Cinquanta non era ancora del tutto in sintonia con i principi fondamentali di uno Stato moderno: laico, liberale e democratico. Per questo, risalta notevolmente la figura di **De Gasperi**. All'indomani del clamoroso successo elettorale del proprio partito, il segretario della DC decise di costituire un **governo di coalizione**, a cui partecipassero (oltre, ovviamente, ai democristiani) anche i **partiti laici**, cioè repubblicani, liberali e socialdemocratici, guidati da Giuseppe Saragat. Questi si erano staccati il 9 gennaio 1947 dal Partito socialista, in quanto non accettavano di collaborare con i comunisti ed erano fortemente critici nei confronti del regime sovietico. L'alleanza politica di questi anni prese il nome di **centrismo** e durò fino al 1960.

De Gasperi: cattolico, ma liberale

De Gasperi, dunque, scelse di governare l'Italia insieme a un gruppo di partiti laici, alquanto diversi – per tradizione e valori di riferimento – rispetto al partito cattolico. Tale scelta era il segno di un **netto rifiuto**, da parte del segretario della DC, **di trasformare l'Italia in un regime integralmente cattolico**, sebbene a più riprese egli avesse ricevuto forti pressioni ecclesiastiche in questa direzione. De Gasperi, per quanto fervente cattolico, era pur sempre un uomo di formazione e di cultura liberale, fermo sostenitore, dunque, del principio secondo cui tutte le fedi e le opinioni dovevano poter circolare liberamente, senza che allo Stato fosse lecito farne propria nessuna in particolare.

Le parole → Partiti laici

L'espressione *partiti laici* indicava quelle forze politiche che da un lato si diversificavano dalla DC perché non si ispiravano ai valori cattolici e dall'altro non si riconoscevano nell'orientamento marxista, condiviso da socialisti e comunisti. I più importanti partiti laici erano quello liberale (PLI) e quello repubblicano (PRI): entrambi si rifacevano ai valori e agli uomini del Risorgimento (i primi a Cavour, i secondi a Mazzini). In seguito, distaccandosi dal marxismo, figurarono come laici anche il Partito socialdemocratico (PSDI) e il Partito socialista (PSI).

ZOOM Le riforme del centrismo

La riforma agraria

Per soddisfare la "fame di terra" dei contadini poveri, che nel Sud avevano dato vita a frequenti episodi di occupazione di terre incolte, negli anni 1944-1947 e 1949-1950 vennero varati tre distinti provvedimenti di riforma agraria: la "legge Sila", relativa alla Calabria; la "legge stralcio" (relativa al Fucino, Maremma toscana, Delta del Po, Sardegna, Basilicata, Campania e Puglia); la "legge per la Sicilia". **Queste leggi permisero l'esproprio delle grandi proprietà** (in Calabria quelle di superficie superiore ai 300 ettari) sulle quali i proprietari non avessero apportato migliorie, per un totale di 672 000 ettari, che furono **frazionati e assegnati a 113 000 famiglie contadine**. I vecchi proprietari vennero indennizzati con buoni del tesoro; i nuovi proprietari dovettero riscattare le terre pagando 30 annualità al tasso del 3,50%.

I **limiti economici** della riforma stavano nell'insufficienza delle terre espropriate, nella loro scadente qualità, nella creazione di aziende di dimensioni troppo piccole. I **risultati politici** furono invece: la creazione di un ceto di piccoli proprietari che costituirà la base sociale della potente Coldiretti (l'associazione che raccoglie e tutela i contadini italiani); un ridimensionamento dei grandi agrari del Sud; la creazione di una nuova base di potere democristiano nel Mezzogiorno, grazie al controllo di risorse che lo Stato erogava. Tra queste, la creazione di un Fondo statale per mutui ai contadini che, tra il 1948 e il 1956, permise l'acquisto di 667 000 ettari da parte dei coltivatori.

La Cassa per il Mezzogiorno

Fu istituita nel 1950 e in dieci anni investì complessivamente 1200 miliardi, soprattutto in **opere pubbliche** (acquedotti, opere di bonifica, strade). Il risultato più consistente fu la **creazione di una rete stradale nel Sud. Con la Cassa si venne formando un nuovo ceto politico** (in gran parte legato alla DC), il cui potere dipendeva dall'erogazione dei finanziamenti.

L'Industria a partecipazione statale

Nel 1953 venne creato l'**ENI** (Ente nazionale idrocarburi), il cui principale artefice fu **Enrico Mattei**. Nel 1956 fu istituito il ministero delle Partecipazioni statali, con la funzione di controllo e gestione dei contributi statali nei vari settori dell'economia italiana. ENI e IRI, a quel punto, uscirono dalla Confindustria (ente a tutela degli interessi delle aziende nei confronti di istituzioni politiche e sindacali) e la DC puntò a dotarsi di una consistente presenza in alcuni settori strategici, in particolare quello dell'energia.

La riforma Vanoni e le "case Fanfani"

Nel 1951 fu varata, su proposta del ministro delle Finanze Ezio Vanoni, una riforma tributaria che prevedeva la **dichiarazione annuale dei redditi** e l'istituzione di un'**imposta progressiva sul reddito**. Nello stesso periodo il ministro del Lavoro Amintore Fanfani predispose un piano di **edilizia popolare** pubblica che riuscì negli anni successivi a dare una prima significativa risposta alla fame di abitazioni nelle grandi città e nelle regioni del Nord.

La riforma elettorale

Le elezioni del 1953 In vista delle **elezioni del 1953**, per ottenere un esecutivo ancora più stabile, **De Gasperi propose una riforma elettorale**, secondo la quale il raggruppamento che avesse raggiunto il 50% dei suffragi avrebbe avuto diritto a un premio di maggioranza pari al 65% dei seggi parlamentari. Fedeli a una rigida concezione proporzionale, le opposizioni attaccarono violentemente De Gasperi e bollarono la sua proposta con l'epiteto di ***legge truffa***.

Le elezioni si svolsero dunque, di nuovo, in un clima di grande tensione; tuttavia, rispetto al 1948, la propaganda anticomunista ottenne minori effetti: la DC e i suoi alleati non ottennero la maggioranza assoluta (necessaria per far scattare il *premio* di cui abbiamo appena parlato). Le sinistre, rispetto alle elezioni del 1948, guadagnarono consensi e suffragi: tuttavia, mentre il PCI aumentò i propri voti, il **PSI registrò un netto regresso**, che provocò in Pietro Nenni e in altri dirigenti socialisti l'inizio di un serio processo di ripensamento della linea politica da seguire. I veri vincitori delle elezioni del 1953, comunque, risultarono i partiti di estrema destra: i monarchici, infatti, triplicarono i propri seggi (ottenendo il 6,9%), mentre i **neofascisti** del **Movimento sociale italiano** (MSI) si attestarono sul 5,8% (guadagnando un milione di voti rispetto alle precedenti elezioni amministrative di due anni prima).

4.2 Un Paese conservatore

› VEDI *La caccia alle streghe* del senatore McCarthy → pag. 482

La paura del comunismo Il 4 aprile 1949 il governo italiano aveva aderì alla NATO; in tal modo, in un mondo ormai diviso in due blocchi, l'Italia si collocò definitivamente nello schieramento filo-americano. In questo contesto teso ed esasperato, molti uomini di governo italiani proposero di **discriminare i comunisti**, estromettendoli dall'attività parlamentare, o quantomeno di tenerli sotto controllo. Considerandoli pericolosi agenti di un Paese nemico, così si espresse il 4 dicembre 1954, in una riunione dell'esecutivo, il ministro degli Interni Mario Scelba: «Dobbiamo partire dalla constatazione che il PC opera contro la democrazia e lo Stato democratico servendosi dell'appoggio di una potenza straniera. Se si accetta questa impostazione, ogni provvedimento diventa logico». Nella stessa seduta, fu citato come modello l'atteggiamento tenuto dal governo della Svizzera, che aveva autorizzato il controllo dei telefoni di tutti i militanti comunisti, **né si escluse l'idea di mettere il PCI fuorilegge**.

Una discriminazione strisciante ma efficace

Anche se provvedimenti radicali non furono varati, la discriminazione di fatto, strisciante ma efficace, fu prassi normale e corrente. Nelle rassegne stampa radiofoniche, ad esempio, i

In una sezione romana del PCI si festeggia la sconfitta della *legge truffa*, dopo le elezioni del 29 giugno 1953.

giudizi e le notizie riportati da "l'Unità" non venivano mai menzionati, così come i docenti notoriamente comunisti venivano scartati al momento della composizione delle commissioni degli esami di Stato. A maggior ragione, dalle prefetture e da vari altri uffici pubblici (primi fra tutti gli uffici di collocamento, che decidevano quanti e quali disoccupati assegnare ai diversi settori bisognosi di manodopera) furono eliminati tutti gli «elementi di dubbia tendenza politica» (come si espresse il prefetto di Bologna, nel febbraio 1955). Si trattava di **provvedimenti al limite della legalità**, che violavano lo spirito e la lettera della Costituzione. Ancora più grave fu la conservazione, segreta e clandestina, da parte delle autorità di polizia, del *Casellario politico centrale*, uno schedario in cui si raccoglievano le informazioni relative a tutti i soggetti potenzialmente *sovversivi*. Poiché era stato uno dei più efficaci strumenti operativi della polizia fascista, dopo la guerra il Casellario era stato ufficialmente abolito. In realtà continuò a esistere, in funzione anticomunista. Secondo una testimonianza di Vincenzo Parisi (capo della polizia dal 1987 al 1994), nel 1961 esso contava 13 716 *vigilati*: di questi, 12 491 erano classificati come *estremisti di sinistra*, 177 come *anarchici* e 626 come *estremisti di destra*.

Controllo dei militanti comunisti

La Corte costituzionale: nascita e primi provvedimenti Nel **1956, entrò in funzione la Corte costituzionale**, il cui compito istituzionale è quello di impedire l'applicazione di norme contrarie al dettato della Legge fondamentale. Alcuni esponenti delle forze moderate cercarono di limitarne drasticamente le competenze, sostenendo che essa non poteva dare alcun giudizio sulle leggi in vigore prima del 1° gennaio 1948; in tal modo, numerose norme fasciste, lesive delle libertà personali, in caso di necessità avrebbero potuto essere utilizzate in funzione anticomunista. La Corte rigettò questa interpretazione restrittiva del suo operato, ma ben presto assunse un **atteggiamento conservatore** su numerose questioni spinose. Nel 1947, ad esempio, fu dichiarata anticostituzionale la legge del 1947 che fissava il principio dell'*imponibile di manodopera*, cioè concedeva alle organizzazioni contadine di imporre ai proprietari terrieri un determinato numero di braccianti.

Scarsa considerazione delle donne

Anche nel **campo del diritto di famiglia** e della parità tra i sessi la **Corte costituzionale fu**, inizialmente, **molto conservatrice**. Nel 1956, ad esempio, essa accettò il principio secondo cui le donne potevano essere ammesse nei tribunali come *giudici popolari*, ma dichiarò che esse, comunque, non potevano essere in maggioranza. Inoltre, nel 1961, la Corte sostenne che era giusto considerare l'**adulterio maschile meno grave di quello femminile**, con la seguente motivazione: «Il fatto che la moglie conceda i suoi amplessi a un estraneo costituisce offesa più grave dell'isolata infedeltà del marito».

Un orientamento complessivamente conservatore, da parte della magistratura, è riscontrabile anche a livelli più bassi. Da vari giudici (e prefetti) fu accolta con giudizi molto severi la cosiddetta ***Legge Merlin***, che nel 1958 eliminò le *case chiuse*, mentre il cinema era in genere considerato uno strumento estremamente pericoloso, che diffondeva l'immoralità e permetteva ai comunisti di trasmettere in modo quanto mai efficace le loro idee sovversive. Nel 1960, il prefetto di Cremona si espresse aspramente contro *La dolce vita*, pellicola di Federico Fellini, e ritenne suo dovere aprire un fascicolo sulle conseguenze che la proiezione di tale film avrebbe avuto «sull'ordine e sulla sicurezza pubblica» della città.

Anita Ekberg nella fontana di Trevi, un celebre fotogramma da *La dolce vita*, del 1960, diretto da Federico Fellini. Il film fu oggetto di accesi dibattiti.

4.3 La spaccatura del PCI

La crisi dello stalinismo e la reazione del PCI Nel 1956, in seguito alla denuncia dei crimini di Stalin da parte di Kruscëv al XX Congresso del PCUS, anche per il **Partito comunista italiano**, come per quelli degli altri Paesi, furono inevitabili una profonda **crisi** e un sostanziale **ripensamento** della propria posizione politica. Colui che, in Italia, si assunse il compito di suggerire un'interpretazione di quanto era accaduto in Russia e di formulare una linea politica per il futuro fu Togliatti, già collaboratore di Stalin a Mosca. Togliatti fece proprio il concetto kruscieviano di *policentrismo*, secondo il quale non esisteva un'unica via obbligata – quella russa – nella costruzione del socialismo. Ciò nonostante, il leader comunista italiano continuò a sostenere che, al di là di tutti gli errori e gli eccessi di Stalin, **l'esperienza storica sovietica rimaneva sostanzialmente valida**. La sua posizione, però, non soddisfaceva né chi desiderava un vero ripensamento del comunismo, né chi continuava a considerare l'URSS come un Paese ideale.

Le conseguenze della rivolta ungherese nel PCI

La posizione neostalinista di Togliatti e la spaccatura nel Partito Nell'autunno 1956 esplose la **rivolta ungherese**. Togliatti, in un messaggio inviato alla segreteria del Comitato centrale del PCUS, il 30 ottobre segnalò ai sovietici che un comportamento incerto da parte dell'URSS avrebbe disorientato le masse e provocato una pericolosa spaccatura all'interno del partito, che si sarebbe diviso in fazioni e correnti (alcune favorevoli all'intervento repressivo, altre contrarie). Così facendo, **Togliatti assunse un atteggiamento** del tutto **simile a quello dei leader del blocco comunista**, che furono consultati da Kruscëv e che si pronunciarono tutti (compreso Tito) per l'invasione, con la sola eccezione del polacco Gomulka.

In Italia, il leader sindacale CGIL Giuseppe Di Vittorio, che in un primo tempo aveva assunto posizioni critiche nei confronti della repressione sovietica in Ungheria, fu obbligato in breve tempo a ritrattare e ad allinearsi sulla posizione ufficiale del Partito, che giustificava l'intervento e lo presentava come la giusta risposta a un complotto internazionale ordito al fine di rovesciare il socialismo in Ungheria.

Militanti e intellettuali lasciano il partito

La posizione *neostalinista* di Togliatti e degli altri dirigenti destò **forte dissenso e profonda indignazione fra i militanti**, molti dei quali (circa 400 000, soprattutto intellettuali: ricordiamo, ad esempio, lo scrittore Italo Calvino, lo storico Renzo De Felice e il critico letterario Carlo Muscetta) lasciarono il partito.

Rottura definitiva tra comunisti e socialisti

I socialisti, dal canto loro, colsero l'occasione della crisi ungherese per prendere definitivamente le distanze dai comunisti. Quando Togliatti paragonò l'intervento russo in Ungheria all'appoggio fornito dall'URSS alla Spagna, negli anni Trenta, Nenni respinse il confronto, definendolo assolutamente falso. Il 6 novembre 1956, in un discorso alla Camera, **Pietro Nenni condannò** «senza reticenza» **l'intervento sovietico**, e pochi giorni dopo restituì a Mosca il *premio Stalin*, che i sovietici gli avevano conferito nel 1953.

La politica neostalinista di Togliatti

Schema proiettabile

Denuncia dei crimini di Stalin → Per Togliatti la Russia non è l'unica via, ma non deve essere condannata →
- Delusione di chi chede un ripensamento nel PCI
- Delusione di chi non vuole allontanarsi dall'URSS

Scoppio della rivolta ungherese → Togliatti si schiera a favore dell'invasione →
- Militanti e intellettuali abbandonano il partito
- I socialisti si allontanavano dai comunisti

1 Le ragioni della crisi di Suez

La crisi di Suez del 1956 fu un evento di capitale importanza: una vera svolta storica. Da una parte, essa può essere considerata come l'ultimo atto dell'imperialismo europeo. Verso l'Egitto, Francia e Inghilterra si comportarono con la stessa arroganza che avevano dimostrato in tutta l'Africa e l'Asia nel secolo precedente. D'altro canto, l'esito fallimentare della spedizione dimostra che il tempo della centralità decisionale europea era definitivamente tramontato: da parte americana, bastò la minaccia di interrompere le forniture di petrolio per obbligare francesi e inglesi a ritirarsi dall'area del canale.

Se prima della crisi di Suez, nel 1956, i britannici erano convinti di essere ancora una delle grandi potenze mondiali, dopo quegli eventi i più realisti tra loro capirono che non era più così. [...] La crisi vedeva al centro il petrolio, i complessi problemi legali relativi alla proprietà del canale di Suez e la più generale architettura strategica del Medio Oriente. Il canale di Suez era sotto il controllo di una società anglo-francese la cui concessione commerciale sarebbe scaduta nel 1968. Circa 122 milioni di tonnellate di navi da carico transitavano ogni anno attraverso il canale, il quaranta per cento delle quali trasportava petrolio, praticamente i due terzi delle forniture dell'Europa occidentale; di contro, solo il cinque per cento delle importazioni petrolifere americane passava per Suez. Agli inizi degli anni Cinquanta il governo egiziano ricevette solamente 3 milioni di dollari come parte dei profitti annuali della compagnia, che ammontavano a 100 milioni di dollari, un fatto che avrebbe causato un cocente risentimento nell'élite egiziana al potere. [...]

Sebbene Nasser odiasse il Partito comunista egiziano e il suo analogo in Sudan, che premeva per l'indipendenza, quando l'accordo con gli Stati Uniti non andò in porto egli si rivolse ai sovietici

Nasser visita il fronte di Suez, 1956.

Nasser sperava di comperare armi dagli americani, e inizialmente fece un accordo che prevedeva 20 milioni di dollari in armi e altri 40 in aiuti economici. Ma Washington prese tempo, essendosi resa conto tardivamente che le armi sarebbero state usate contro gli israeliani, o addirittura contro i britannici. [...] Sebbene Nasser odiasse il Partito comunista egiziano e il suo analogo in Sudan, che premeva per l'indipendenza, quando l'accordo con gli Stati Uniti non andò in porto egli si rivolse ai sovietici, che offrirono al presidente egiziano un accordo basato su uno scambio e un prestito conveniente. Le armi sarebbero arrivate via Praga, il canale indiretto usato anche per vendere armi agli israeliani. [...] Una volta andato a buon fine l'affare delle armi sovietiche, i britannici consigliarono Washington di surclassare la mossa sovietica e di offrirsi di organizzare, insieme a loro come partner secondari, gli enormi prestiti necessari per finanziare la diga di Assuan, un progetto che stava molto a cuore ai militari che governavano l'Egitto. La diga avrebbe in effetti generato energia idroelettrica permettendo l'irrigazione di dodici milioni di chilometri quadrati in più nel territorio della valle del Nilo. Ancora non si sapeva che l'impatto ambientale sul lungo periodo, provocato dall'interruzione delle inondazioni annuali del fiume, avrebbe comportato l'esaurimento delle un tempo abbondanti riserve di pesca allo sbocco del delta e un incremento di salinità del suolo che si sarebbe rivelato disastroso. Si arrivò a un primo abbozzo dell'accordo in cui il finanziamento iniziale sarebbe derivato dal fondo degli aiuti americani – che per altro aveva bisogno di essere approvato dal Congresso – a cui avrebbe fatto seguito lo stanziamento principale della Banca mondiale. Istituita nel 1944 a Bretton Woods, dopo che il Piano Marshall si era concentrato tutto sull'Europa, la Banca mondiale si sarebbe specializzata in prestiti a favore dei paesi in via di sviluppo. Né gli americani né gli egiziani furono soddisfatti dell'accordo. Nasser perché con esso gli stranieri si conquistavano un livello di controllo sull'economia egiziana che resuscitava echi del passato, mentre in America l'ostilità all'accordo venne sia dai membri del Congresso degli stati del Sud, in quanto andava a favorire una nazione loro rivale nella produzione di cotone, sia dagli intransigenti sostenitori della Guerra fredda, perché Nasser aveva riconosciuto la Repubblica popolare cinese.

Nonostante la CIA ce la mettesse tutta, Dulles [segretario di Stato in carica, negli USA è la figura equivalente a un ministro degli Esteri, *n.d.r.*] non fu mai entusiasta di Nasser o del progetto di Assuan, e immaginò perfino uno scenario alternativo in cui, se i sovietici fossero stati così avventati da farsi coinvolgere nel finanziamento della diga, ciò avrebbe potuto danneggiarli per sempre. Come avrebbero infatti potuto giustificare il finanziamento di un miliardo di dollari all'Egitto, quando la gente nei paesi satelliti moriva di fame e di freddo? Nel luglio 1956 Dulles ritirò l'offerta del prestito e anche la Banca mondiale uscì dal progetto. Siccome Nasser non aveva alcuna voglia di dipendere dai sovietici, l'unica alternativa a quel punto sembrò essere quella della nazionalizzazione del canale di Suez, impiegando le entrate che ne sarebbero derivate per pagare gli interessi sui prestiti necessari. [...] Il 26 luglio 1956, rivolgendosi a duecentocinquantamila persone radunate ad Alessandria e a un pubblico vastissimo che lo ascoltava per radio in tutto il mondo arabo, Nasser usò un tono confidenziale e l'arabo colloquiale per elencare tutte le colpe dei britannici fin dai tempi del regime da vicerè di lord Cromer negli anni Settanta dell'Ottocento, mettendole insieme alle recenti azioni degli Stati Uniti e della Banca mondiale. [...] La notizia arrivò a Londra mentre Eden [Anthony Eden, in quel momento primo ministro inglese, *n.d.r.*] riceveva il re dell'Iraq e il primo ministro Nuri al-Said. Il consiglio di quest'ultimo a Eden fu: «Colpisca Nasser, lo colpisca ora, e ci vada giù duro». [...] Alla base della crisi c'era dunque un uomo debole, obbligato a fare la parte dell'uomo forte da coloro che non avevano ancora capito fino in fondo che la posizione della Gran Bretagna dopo la guerra era profondamente cambiata. Ciò che era ovvio per gli osservatori esterni [gli americani e i sovietici, *n.d.r.*], fece ora scoppiare quella bolla di illusioni in cui vivevano uomini ancora convinti di essere i dominatori del mondo.

M. BURLEIGH, *La genesi del mondo contemporaneo. Il crollo degli imperi coloniali 1945-1965*, Feltrinelli, Milano 2014, pp. 313, 320-322, 327, trad. it. F. CONTE

Analizza il testo

- Quali conseguenze ebbe, sull'ambiente egiziano, la costruzione della diga di Assuan?
- Per quali ragioni l'accordo preliminare raggiunto tra americani ed egiziani non risultò soddisfacente per nessuno dei due soggetti coinvolti?

2 Il muro di Berlino

Per quasi cinquant'anni, la città di Berlino ha vissuto in una situazione paradossale: divisa in due parti, era l'incarnazione stessa della guerra fredda, mentre la zona occidentale era una sfida e una provocazione capitalista, incuneata nel cuore stesso del mondo comunista. Con la costruzione del muro (1961), la realtà berlinese toccò il vertice dell'assurdità, anche se, per molti versi, la fine delle fughe dalla Germania Est (rese di fatto impossibili dalla presenza della nuova barriera) allentò notevolmente le occasioni di scontro e di tensione.

Solo la peculiarità della guerra fredda – e cioè il modo in cui cristallizzò quella che era stata pensata solo come una soluzione provvisoria alla fine del secondo conflitto mondiale – poteva produrre una città divisa nei settori americano, britannico, francese e sovietico, situata quasi duecento chilometri all'interno della Germania Est creata da Stalin nel 1949 e circondata da parecchie centinaia di migliaia di soldati sovietici. Grazie agli aiuti del Piano Marshall, a generosi sussidi del governo della Germania Ovest e a contributi americani destinati a università, biblioteche, centri culturali ed emittenti radiofoniche – attività in parte finanziate segretamente dalla CIA – le zone di Berlino occupate dagli occidentali diventarono uno spot pubblicitario permanente delle virtù del capitalismo e della democrazia nel bel mezzo della Germania Est comunista. Tuttavia l'esistenza stessa di Berlino Ovest era molto precaria, dato che niente avrebbe potuto impedire ai russi – o ai tedeschi dell'Est, se ne avessero avuto il permesso – di chiudere le vie d'accesso terrestri alla città, come aveva fatto Stalin un decennio prima. Ed era chiaro che adesso un ponte aereo non avrebbe funzionato: non era assolutamente possibile sostenere, per via aerea, una città che era notevolmente più popolosa, e di gran lunga più prospera, di quanto lo fosse nel 1948. Il suo stesso successo aveva reso Berlino Ovest più vulnerabile. La città sopravviveva solo grazie alla tolleranza di Mosca.

Ma anche la Berlino Est occupata dai sovietici aveva i propri punti deboli, come avevano evidenziato i tumulti esplosi nel 1953. Lo scontento era andato progressivamente aumentando soprattutto perché allora ai berlinesi era consentito passare liberamente da una zona all'altra della città. «Era un sistema veramente pazzesco» ricorderà un berlinese orientale. «Tutto quello che dovevi fare era prendere la metropolitana o un treno di superficie... e ti ritrovavi in un altro mondo... Potevi passare dal socialismo... al capitalismo in due minuti». Da Berlino Ovest era poi facilissimo emigrare nella Germania Ovest. La palese differenza degli standard di vita aveva suscitato «grande insoddisfazione» nella zona sovietica, ammise subito dopo i disordini il capo del

Il filo spinato sarebbe stato presto sostituito da una costruzione in cemento, le finestre sulla parte ovest murate, i fili del telefono tagliati per evitare la comunicazione tra Berlino Est e Ovest. Questi nonni non vedranno le nipoti per anni. Berlino, 1961.

Cremlino, Georgij Malenkov, «[un'insoddisfazione, *n.d.r.*] che è particolarmente evidente, dato che la popolazione ha cominciato a fuggire dalla Germania Est a quella Ovest».

Il dato riferito da Malenkov era di 500 000 fuggiaschi nel corso dei due anni precedenti, ma alla fine del 1956 le statistiche sovietiche aggiungevano alla cifra oltre un milione di tedeschi orientali in fuga. Fu subito chiaro anche che i transfughi erano perlopiù individui istruiti e altamente qualificati, le cui motivazioni andavano individuate sia nell'assenza di libertà politica che nell'indigenza economica. Nel 1959 l'ambasciatore sovietico in Germania Est, Michail Pervuchin, riassunse la situazione scegliendo accuratamente le parole: «La presenza a Berlino di una frontiera aperta e sostanzialmente priva di controllo tra il mondo comunista e quello capitalista spinge inconsapevolmente la popolazione a fare un confronto tra le due parti della città, confronto che, sfortunatamente, non sempre risulta a favore della Berlino democratica [Est, *n.d.r.*]». Krusciov [...] assicurò a un deluso Ulbricht [leader comunista tedesco, a guida della RDT, *n.d.r.*] che entro il 1961 «la RDT (Repubblica democratica tedesca) comincerà a superare la RFT (Repubblica federale tedesca) per quanto riguarda il livello di vita. Questo sarà per loro come una bomba. Pertanto la nostra posizione è quella di guadagnare tempo». Di tempo, invece, se ne perse: nel 1961, già 2,7 milioni di tedeschi dell'Est erano fuggiti nella Germania Ovest attraverso la frontiera aperta di Berlino Ovest. Dal 1949 la popolazione totale della Repubblica democratica tedesca era scesa da 19 milioni a 17 milioni. [...]

Era almeno dal 1952 che Ulbricht aveva un suo piano per bloccare il flusso di emigranti: un muro che separasse Berlino Ovest da Berlino Est e dal resto della Germania Est. Ma i leader sovietici e degli altri paesi dell'Europa dell'Est si erano sempre opposti a quell'idea. Nel 1953 Molotov segnalò che un muro avrebbe «suscitato rancore e insoddisfazione nei berlinesi nei confronti del governo della RDT e delle forze armate sovietiche in Germania». Krusciov insisteva nell'affermare che il modo migliore per vincere la sfida della Germania Ovest era «cercare di conquistare le menti della gente usando la cultura e la politica per creare migliori condizioni di vita». Il leader ungherese János Kádár – che a sua volta era stato costretto a rimettere in riga una popolazione insoddisfatta dopo la rivolta del 1956 – all'inizio del 1961 previde che la costruzione di un muro a Berlino avrebbe «danneggiato seriamente la reputazione dell'intero movimento comunista». «Il muro era una cosa odiosa», riconobbe Krusciov, ma «cosa avrei dovuto fare? Più di 30 000 persone, in pratica le migliori e le più qualificate della RDT, avevano lasciato il paese in luglio... L'economia della Germania Est sarebbe collassata, se non avessimo fatto subito qualcosa contro la fuga di massa... Il muro era l'unica scelta che ci rimaneva».

Il Muro sorse la notte tra il 12 e il 13 agosto 1961, prima come semplice barriera di filo spinato, poi come muro di cemento vero e proprio, alto più di tre metri e mezzo, lungo circa 150 chilometri, protetto da torrette di guardia, campi minati, cani poliziotto e l'ordine fu di fare fuoco su chiunque tentasse di superarlo. La decisione di Krusciov, in effetti, stabilizzò la situazione di Berlino per quanto riguardava i rapporti tra le superpotenze nel corso della guerra fredda. Con Berlino Ovest isolata da Berlino Est e dalla Germania Est, Krusciov non aveva più bisogno di cercare di costringere le potenze occidentali a lasciare la città, con tutti i rischi di guerra nucleare che un tentativo del genere avrebbe comportato. Adesso respirava meglio e, a dire il vero, lo stesso potevano fare i leader occidentali. «Non è una bella soluzione» ammise Kennedy «ma quel maledetto muro è sempre meglio di una guerra». Tuttavia il presidente americano, in occasione della sua visita al Muro di Berlino nel giugno 1963, non poté resistere alla tentazione di osservare: «Noi non abbiamo mai dovuto costruire un muro per tenere dentro il nostro popolo, per impedirgli di andarsene». L'odiosa struttura che Krusciov aveva eretto era «la più evidente e vivida dimostrazione dei fallimenti del sistema comunista sotto gli occhi di tutto il mondo».

J.L. GADDIS, *La guerra fredda. Cinquant'anni di paura e di speranza*, Mondadori, Milano 2008, pp. 123-126, trad. it. N. LAMBERTI

Analizza il testo

- Spiega la metafora secondo cui Berlino Ovest è paragonata a uno spot pubblicitario permanente.
- Che giudizio davano sul muro molti dirigenti comunisti? Si può affermare che si procedette alla sua installazione con fierezza, considerandolo un beneficio per la società socialista?

3 La paura atomica

Negli anni Cinquanta e Sessanta, la paura di essere distrutti da una guerra nucleare globale era molto diffusa sia negli Stati Uniti che in Europa. La preoccupazione, naturalmente, toccò il proprio punto più alto nel 1962, durante la crisi dei missili di Cuba; l'angoscia, però, fu una costante per circa vent'anni, e talvolta fu alimentata dalle autorità, che in tal modo riuscivano a giustificare le enormi spese pubbliche in bombardieri, sommergibili nucleari e arsenali missilistici.

Alle dieci e quarantacinque dell'8 febbraio 1951, aerei nemici sganciarono bombe a innesco nucleare sulla città di New York. La signora Bertha Smith, un'insegnante di prima media della Public School 75 al 735 di West End Avenue, rispose prontamente all'«improvviso flash bianco», ordinando ai suoi allievi di «ripararsi». I bambini si gettarono a terra, rannicchiandosi con la schiena rivolta alla finestra. L'attacco terminò in meno di un minuto: era stata la prima esercitazione «senza preallarme» in America. Bambini, insegnanti e genitori erano tutti sufficientemente terrorizzati. Nonostante l'evidenza, il preside della Public School 75 insistette nel dire che le esercitazioni erano state condotte in modo da non «allarmare» eccessivamente i bambini. Secondo lui, i genitori erano favorevoli alle esercitazioni, credevano che «anche se i loro figli erano spaventati... era comunque più importante tenerli pronti per ogni evenienza». [...] Una bambina di sette anni spiegò tra le lacrime che doveva portare un cartellino di riconoscimento «in modo che la gente possa sapere chi sono anche se ho il viso sfigurato», mentre altri bambini si rifiutavano di togliersi le loro *medagliette* persino quando andavano a letto o facevano il bagno, credendo che fossero una sorta di talismano che in caso di attacco atomico li avrebbe salvati miracolosamente. Nel 1962, all'epoca della crisi dei missili con Cuba, le tensioni si fecero ancora più aspre. Ecco il ricordo di Deborah, che all'epoca compiva undici anni: «Si può immaginare cos'ho pensato quando mia madre, che solitamente era una persona rassicurante, andò al negozio all'angolo..., poi tornò a casa, e proprio davanti a me cominciò a scaricare una quantità di cibo in scatola da stipare nello scantinato... Ho davvero creduto che la fine potesse essere vicina. Avevo i nervi a pezzi. [...] Ora che ci penso, quella settimana mio padre non andò in ufficio. Erano tutti e due a casa, una novità per me. Dio, che paura avevo!». Quando un'insegnante del Midwest chiese alla sua classe di bambini di nove anni: «Di che cosa avete più paura?», trenta alunni su trentadue risposero: «Delle bombe», e in una lista dei loro tre più grandi desideri scrissero tutti: «Mai più guerre». [...]

«Era come se fosse esploso il sole. Tutto il Nevada sembrava in fiamme [...]. Fu spaventoso, davvero terrificante, molto peggio di come me l'ero immaginato»

Giusto il giorno precedente alla prima esercitazione atomica «senza preallarme» a New York City, una bomba atomica era stata fatta esplodere nel Nevada. Lo scoppio si era sentito fino a Los Angeles, a 400 chilometri di distanza. Il capitano Edward Boyce, pilota di un aeroplano della Transworld Airlines che faceva rotta da New York a Los Angeles, vide l'esplosione dal velivolo che stava pilotando. Ricordò: «Era come se fosse esploso il sole. Tutto il Nevada sembrava in fiamme. Il cielo era assolutamente sereno a sud-est. Vidi la luce che si rifletteva oltre le montagne, verso est, poi mi voltai a guardare questa enorme cosa sempre più grossa, che diventava sempre più rossa finché non svanì. Credo sia rimasta sospesa in cielo per più di dieci secondi. Fu spaventoso, davvero terrificante, molto peggio di come me l'ero immaginato». L'esplosione fu causata da una bomba atomica convenzionale, simile a quella usata alla fine della seconda guerra mondiale. L'anno seguente venne testata la prima bomba all'idrogeno. Se le bombe sganciate su Hiroshima e Nagasaki equivalevano a quindicimila tonnellate di TNT (trinitrotoluene) [il tritolo, un forte esplosivo, *n.d.r.*], la bomba all'idrogeno equivaleva a venticinque milioni di tonnellate di TNT, e in alcuni test addirittura a cinquanta milioni. La gente aveva ottimi motivi per essere atterrita. [...]

Un test di una bomba atomica in Nevada, 1957.

Per molte persone la guerra fredda era molto più spaventosa dell'ultimo conflitto mondiale – dopotutto, l'America era stata risparmiata dai danni peggiori delle battaglie e anche gli attacchi subiti dall'Inghilterra erano stati di gran lunga più limitati rispetto a quelli sperimentati in qualunque altra nazione europea. In realtà, [...] se durante la seconda guerra mondiale i cittadini inglesi avevano ottimi motivi per avere più paura di quelli americani, le cose si invertirono durante la guerra fredda. Con il lancio delle bombe all'uranio e al plutonio su Hiroshima e Nagasaki nell'agosto del 1945, la modernità scientifica aveva assunto una dimensione distintamente minacciosa. L'anno successivo *Hiroshima* di John Hersey, un libro che riscosse un immenso successo, costrinse i lettori a riconoscere che «poteva succedere anche a noi!». Ma la vera scintilla che fece esplodere il panico del nucleare si accese il 24 settembre 1949, quando fu annunciato che l'Unione Sovietica aveva testato la sua bomba nucleare. Poi, nel novembre del 1952, ebbe luogo il primo esperimento con la bomba all'idrogeno. [...] Come ricordò ai suoi lettori il noto sociologo Anthony Giddens: «Nessuno saprà mai con certezza se la deterrenza "funziona" o meno, almeno fino allo scoppio di un conflitto nucleare, il che dimostrerebbe che non funziona». [...]

L'olocausto nucleare fu la più grande minaccia del ventesimo secolo. Nell'era nucleare non fu più possibile zittire la paura della morte con la fede nell'aldilà, il valore della famiglia e nemmeno della civiltà. L'individuo, la comunità, la nazione: sarebbe stato tutto distrutto. In molti dissero che gli storici futuri («sempre che ci saranno») avrebbero chiamato gli anni cinquanta e sessanta l'*età della paura*. In quei decenni, il terrore era in realtà l'emozione più razionale. La fiducia nella superiorità mondiale degli Stati Uniti, accompagnata all'insolita minaccia di una guerra nel loro stesso territorio, rendeva gli americani particolarmente sensibili a quelle paure. Con una sola eccezione, dalla fine dell'Ottocento alla guerra fredda gli americani si erano abituati al fatto che in guerra il sangue dei loro cittadini avrebbe macchiato soltanto il suolo straniero. Anche durante la seconda guerra mondiale, quando la minaccia giapponese era reale, l'angoscia di subire un'invasione venne soffocata. Il popolo era rassicurato dalla distesa oceanica che separava l'America dai suoi nemici. Gli aeroplani in grado di compiere voli transoceanici e le testate nucleari distrussero ogni senso di sicurezza.

J. BOURKE, *Paura. Una storia culturale*, Laterza, Roma-Bari 2007, pp. 257, 260-263, trad. it. B. BAGLIANO

Analizza il testo

- Che rapporto di potenza esiste tra una bomba atomica convenzionale o al plutonio e una bomba all'idrogeno?
- Quale cambiamento radicale della guerra portò gli americani al timore di un conflitto nucleare?

STORIOGRAFIA

La **fine dello stalinismo** e le sue conseguenze

Lo studio del periodo successivo alla seconda guerra mondiale può permettere l'acquisizione di una competenza fondamentale: **saper comprendere il concetto di svolta storica (in ambito politico)**. Per affinare tale competenza, viene proposto un approfondimento, che prende le mosse da alcune pagine storiografiche relative alla denuncia dei crimini di Stalin operata da Kruscëv nel 1956. Il primo brano traccia un quadro della seduta conclusiva del XX congresso del PCUS, in cui venne criticato il "culto della personalità" del dittatore sovietico. Il secondo passo mette in luce gli effetti del rapporto del segretario all'interno della società sovietica.

Il «rapporto segreto» di Kruscëv al XX congresso del PCUS (24-25 febbraio 1956)

Fu dunque nella seduta a porte chiuse che si tenne la notte tra il 24 e il 25 febbraio, dopo che il congresso era già terminato e gli organi dirigenti erano stati eletti, che Krusciov [diversa grafia per Kruscëv, *n.d.r.*] (riconfermato nel pomeriggio alla carica di segretario generale del partito) lesse quello che divenne noto col nome di «rapporto segreto». Il discorso di Krusciov ai delegati ebbe l'effetto di una deflagrazione. Tanto i più giovani che i più anziani, i dirigenti centrali e quelli periferici, avevano fatto carriera sotto Stalin, per molti o per pochi anni: e tutti avevano certamente pianto la morte del «piccolo padre» insieme a milioni di sovietici tre anni prima. Essere messi di fronte ai «crimini» di Stalin, ascoltare la denuncia del «culto della personalità» che il «dittatore» georgiano aveva imposto al partito, vedere elencati gli atti di «illegalità» compiuti su suo ordine soprattutto negli ultimi anni del terrore paranoico instaurato dal suo isolamento al Cremlino, sapere che i massimi dirigenti del partito arrestati e fucilati come traditori della patria e del proletariato non avevano altra colpa che di aver cercato di opporsi allo strapotere della polizia segreta: tutto questo non poteva che avere un effetto devastante, nel breve come nel lungo periodo. Incredulità, senso di liberazione, timore delle conseguenze, paura dell'instabilità, terrore di nuove repressioni, speranza di essersi lasciati alle spalle il periodo più buio della storia dell'URSS e fiducia di poter cominciare una nuova epoca furono i contrastanti sentimenti, come in molti raccontarono successivamente, che accompagnarono le rivelazioni di Krusciov.

Fu in questa occasione che i delegati presero conoscenza del testamento di Lenin, che solo i dirigenti più anziani avevano ascoltato direttamente o per sentito dire, in cui il fondatore dell'URSS, già malato, ammoniva il Comitato centrale a deporre Stalin dalla carica di Segretario generale che non era in grado, per il suo carattere e la sua personalità, di svolgere per il bene del partito e del socialismo. Udirono anche degli accenni a un possibile coinvolgimento di Stalin nell'assassinio di Kirov, il segretario del partito di Leningrado la cui uccisione, nel dicembre 1934, aveva segnato l'inizio delle grandi purghe, del grande terrore e dei grandi processi che avevano insanguinato l'URSS soprattutto tra il 1936 e il 1938; e lo stesso riguardo alla morte di Maksim Gor´kij, il massimo scrittore sovietico scomparso in modo non del tutto chiaro nel 1936.

Finalmente si poteva parlare del periodo più buio e drammatico della storia sovietica, di cui ogni famiglia serbava il ricordo per aver avuto almeno un parente o un amico improvvisamente scomparso, per aver avuto timore di sentire di notte i colpi della GPU (poi divenuta NKVD e infine KGB) [si tratta delle sigle dei diversi nomi assunti nel corso del tempo dalla polizia politica, *n.d.r.*] bussare alla propria porta, per avere finto di non vedere e non sentire, per avere taciuto ai propri figli e per avere di colpo disconosciuto gli amici in disgrazia. Ma si poteva anche, finalmente, parlare della guerra, della «grande guerra patriottica» [la guerra contro la Germania nazista, che aveva invaso la Russia, *n.d.r.*], fuori della retorica con cui era stata raccontata per dieci anni. Una parte del suo «rapporto segreto», infatti, Krusciov la dedicò alle responsabilità di Stalin nella impreparazione di cui dette prova l'esercito sovietico al momento dell'invasione tedesca. E menzionò come gravi illegalità le deportazioni di massa di intere popolazioni effettuate in tempo di guerra.

Le critiche più severe Krusciov le mosse agli «errori» compiuti da Stalin nel dopoguerra, periodo caratterizzato da un crescente isolamento del dittatore, da una sua paranoica paura di attentati e complotti, da un uso ancora più arbitrario del suo potere e della polizia segreta. A venire elencati come ultimi «crimini» furono la rottura con la Jugoslavia di Tito, [...] l'*affare* dei camici bianchi (il supposto complotto dei medici ebrei per assassinare Stalin, che era servito da scusa al dittatore per iniziare un'altra purga in grande stile contro ebrei, professionisti, artisti, scienziati). [...]

Mentre Krusciov leggeva il suo rapporto una voce dalla sala domandò: «E tu dov'eri compagno Krusciov quando Stalin si comportava nel modo che ci stai raccontando? Perché non hai mai detto nulla?». Il segretario del PCUS s'interruppe e chiese: «Chi ha parlato?». Dopo un attimo d'imbarazzo e impaurito silenzio aggiunse: «Ecco perché nessuno di noi parlava». Questo aneddoto, raccontato più volte anche dallo stesso Krusciov, testimoniava il clima di sospetto e timore che ancora regnavano nel partito, e che nessuno era certo fosse stato davvero abbandonato malgrado l'intervento del segretario generale. Tutti erano a conoscenza, d'altronde, del livello di scontro dentro l'apparato, non ancora terminato e risolto, pur se il potere di Krusciov appariva sempre più stabile. [...]

È difficile giudicare se Krusciov volesse limitarsi a una piccola autoriforma dall'alto, compiuta in gran parte per garantirsi maggiore autorità e rafforzare il proprio potere rispetto ai suoi concorrenti; o volesse invece introdurre una netta cesura col passato nell'ipotesi di riformare sostanzialmente il sistema. Nei fatti la sua politica non poté andare, anche soggettivamente, al di là della prima ipotesi. [...] Egli stesso, probabilmente, aveva immaginato gli effetti che la sua operazione avrebbe avuto all'interno del partito e ai vertici degli altri partiti comunisti, ma non riuscì a prevedere appieno le conseguenze che le sue rivelazioni avrebbero avuto sulla società sovietica e ancor più su quelle polacca o ungherese; né come sarebbero mutati i rapporti tra i diversi partiti comunisti e tra questi e le società in cui operavano per la conquista o per il mantenimento del potere.

M. FLORES, *1956*, il Mulino, Bologna 1996, pp. 38-46

La società sovietica di fronte alla denuncia di Kruscëv

I contenuti del XX congresso divennero gradualmente noti a tutto il partito e, di conseguenza, al pubblico, e non fu dunque un caso se il 1956 si sia impresso nella memoria della società russa come un punto di svolta, una pietra miliare. Esso suscitò tuttavia reazioni piuttosto differenti e, se la confusione spinse alcuni alla riflessione, altri ne furono semplicemente disorientati. [...]

Non mancò una reazione di disaccordo della base rispetto alla critica di Stalin: dopo un incontro all'Università di Vologda, fu trovata la seguente nota manoscritta: «Chiacchiere senza senso. Stalin è con noi. Komsomol [l'organizzazione giovanile del Partito comunista sovietico, *n.d.r.*]», mentre i soldati si dicevano l'un l'altro: «Stalin è vivo nella memoria del popolo, noi siamo andati in guerra e siamo morti nel suo nome». Uno di loro lo spiegò meglio:

«Stavo leggendo la lettera confidenziale del Comitato centrale [sul culto della personalità] e il suo contenuto mi ha fatto arrabbiare [...]. Non posso credere facilmente a tutti i fatti che sono descritti nella lettera: Stalin ha fatto molto per lo stato sovietico e noi non dobbiamo svalutare i suoi servigi. Egli ha trasformato il nostro paese, portandolo dall'arretratezza allo stato di potenza industriale avanzata. Grazie a Stalin abbiamo vinto la guerra [...]. Fin dalla mia infanzia, Stalin mi ha fatto crescere nelle sue idee e non sarà ora che le rifiuterò. Avevo e ho tuttora un'altissima opinione di Stalin [...]. Sono arrabbiato per quello che la lettera ha rivelato [...]. Se egli è stato colpevole di qualcosa, è solo di aver creduto in Berija [comandante della polizia politica, *n.d.r.*] e di aver ucciso molti onesti sovietici. [...] Se non fosse per Stalin, non avremmo uno stato sovietico ma una repubblica di tipo borghese».

La logica delle argomentazioni proposte da questo soldato era piuttosto diffusa fra quanti non accettavano le decisioni sul culto della personalità: come dimostravano i rapporti al Comitato centrale, gli ex soldati restavano i più conservatori nella loro idea di Stalin, mentre la maggior parte delle reazioni favorevoli al discorso di Krusciov venne dall'intelligencija [il mondo degli intellettuali, *n.d.r.*] artistica e dagli studenti.

Il giornalista O.P. Lacis ricorda così le impressioni provocate dal rapporto Krusciov su di lui e sugli studenti suoi amici dell'Università statale di Mosca: «Il suo discorso, anche tenendo conto della nostra impreparazione e della nostra inesperienza, c'impressionò per la sua semplicità e la sua assenza di artificio. Egli disse che il grande genio era un grande malfattore, e i fatti lo dimostravano in modo irrefutabile, ma ciò non fece che provocare ancora più obiezioni e dubbi: com'era potuto succedere nel nostro paese, nel nostro partito, nella nostra rivoluzione?

Com'era compatibile con il socialismo? Ridurre questi interrogativi a una questione di culto della personalità era un inganno deliberato, perché non si trattava di un qualsiasi traditore, ma del leader che avevamo seguito. Due interrogativi nascevano immediatamente: com'era potuto succedere, quali garanzie vi erano che non sarebbe più successo? Ma non vi era risposta a nessuna delle due domande, noi chiedevamo che ci venissero date queste garanzie, ma nessuno rispondeva. Tutto si riduceva a porre l'uno al posto dell'altro, ma noi capivamo bene che non c'erano garanzie».

I dubbi spingevano a riflettere, e dalla riflessione nascevano nuove domande. [...] Una discussione portava a un'altra, l'onda dell'interesse pubblico diventava sempre più ampia e più profonda, ma il gruppo dirigente del paese non era preparato a una reazione così violenta. «Dopo il XX congresso, quando la gente cominciò a porsi domande di ogni tipo, non eravamo preparati a rispondere», avrebbe confessato la segretaria del comitato di partito di Mosca, E.A. Furceva, in una riunione locale. Fu presa la decisione di sospendere temporaneamente la lettura pubblica del rapporto Krusciov e, quando ne fu chiesta la ragione, la spiegazione corrente fu che era anzitutto per evitare gli intrighi della propaganda occidentale e, in secondo luogo, per poter condurre un lavoro preparatorio più scrupoloso fra i comunisti, dato che essi avevano preso, in molte occasioni, «posizioni scorrette su opinioni devianti». [...]

Una situazione particolare cominciò a prendere forma nella società: rimuovendo Stalin dal suo piedistallo, Krusciov aveva disperso l'aura di inaccessibilità che circondava la personalità dominante e il suo entourage [cerchia ristretta di collaboratori fidati, *n.d.r.*]. Il sistema della paura era così stato spezzato di colpo (e questo era un successo indubbio della nuova leadership), mentre la precedente, perfetta impunità del potere supremo non era più intatta: in questo modo Krusciov si offriva volente o nolente agli sguardi, ossia all'esame, dei suoi connazionali e, anche se l'intera struttura istituzionale di potere era rimasta invariata, questa nuova visione ne alterò inevitabilmente l'equilibrio interno.

E. ZUBKOVA, *Quando c'era Stalin. I russi dalla guerra al disgelo*, il Mulino, Bologna 2003, pp. 223-229, trad. it. B. SORAVIA

Lavorare con i testi

Il colore ha evidenziato alcuni passaggi essenziali dei due testi. Come ulteriore stimolo di riflessione, ti presentiamo una serie di domande.

Analizza i testi

- Su quali aspetti del regime stalinista si incentrò la denuncia di Kruscëv al XX congresso del PCUS?
- Che significato bisogna attribuire al silenzio di chi mosse a Kruscëv la domanda: «E tu dov'eri...»?
- Quali motivazioni spinsero Kruscëv a denunciare i crimini di Stalin?
- Quali domande critiche e quali interrogativi suscitava la denuncia di Kruscëv?
- Quali settori della società sovietica restarono più tenacemente attaccati al mito di Stalin?

Dopo aver risposto alle domande, sarai in grado di costruire una scaletta, che raccoglie le principali informazioni presenti nei due testi. Seguendola, componi un saggio breve. Il testo non deve superare le due pagine di foglio protocollo.

Verifica dell'apprendimento
Conoscenze e abilità

Lo spazio

1. Cerchia sulla carta i nomi di quelle che, tra fine degli anni Quaranta e l'inizio dei Cinquanta, vennero definite "democrazie popolari". Rispondi poi alle seguenti domande.

a) Che cosa significa, nelle intenzioni di chi coniò l'espressione, "democrazia popolare"? Quali sono i legami teorici rispetto all'ideologia comunista del recente passato?

....

....

....

....

b) Quale evento storico in particolare spinse i partiti comunisti europei, soprattutto quello sovietico, a concentrare l'attenzione sul tema dell'aggettivo "democratico"?

....

....

c) Come dovevano essere strutturate le democrazie popolari?

....

....

....

Continuità / Cambiamento

2. Completa lo schema relativo alla costruzione del muro di Berlino.

.... di manodopera specializzata da	Il governo ottiene dai .... l'autorizzazione per scoraggiare la fuga verso	.... del muro, simile a una grande	Il muro diventa .... della .... dell'Europa e della contrapposizione ....

VERIFICA

Lessico

3. Definisci le espressioni o i termini.

Naksa (in riferimento al Medio Oriente dopo la seconda guerra mondiale)

Partito *Baath*

Decolonizzazione

Crisi dei missili

Partiti laici (in Italia)

Corte costituzionale (in Italia)

Fatti e concetti

4. Rispondi brevemente alle seguenti domande.

a) Indica quale fu, per sommi capi, la politica di Nikita Kruscëv, nei confronti:
– degli Stati Uniti

– della Iugoslavia di Tito

– del suo predecessore Stalin

b) Chi era Wladislaw Gomulka? A quali vicende storiche è legata la sua figura?

c) Che cosa scatenò la crisi di Suez? Quali ne furono i protagonisti? Come si risolse?

d) Quali furono le conseguenze della guerra d'Algeria sull'opinione pubblica francese? Come si risolse la questione e grazie all'intervento di chi?

e) Perché si parla di politica della *Nuova Frontiera* in riferimento al presidente americano J.F. Kennedy?

f) In Italia, tra la fine degli anni Quaranta e gli anni Cinquanta, si registrò un'ondata di paura del comunismo? Se sì, perché ci fu e in quali forme si manifestò?

Verso il saggio breve

5. Scrivi un testo – massimo due facciate di foglio protocollo – sulla rivoluzione a Cuba utilizzando le domande-guida elencate di seguito.

→ Quale forma politica aveva Cuba a partire dalla fine del XIX secolo?
→ Quali erano le condizioni socio-economiche della popolazione prima della rivoluzione comunista?
→ Quando e da chi venne intrapresa la guerriglia per la presa del potere sull'isola? Come si concluse la vicenda?
→ Chi era Ernesto Che Guevara? Quale ruolo ebbe nel nuovo regime socialista cubano? In seguito, quali altre importanti battaglie condusse? Perché oggi è una vera e propria icona?
→ Che cosa accadde nel 1961 alla Baia dei Porci? Come reagirono USA e URSS?
→ Oggi come si presenta la situazione politica e sociale di Cuba?

metodo di studio → Per ripassare i **fatti**

CONTRASTI POLITICI

1948-1960
→ Anni del centrismo in Italia

1953
→ Morte di Stalin. Kruscëv diventa segretario del Partito comunista sovietico

1954
→ I francesi devono riconoscere l'indipendenza dell'Indocina (Laos, Cambogia, Vietnam)

1956
→ Kruscëv denuncia i crimini di Stalin
→ Rivolta in Ungheria repressa nel sangue dall'URSS
→ Nasser nazionalizza il canale di Suez
→ Intervento franco-inglese contro l'Egitto a Suez

1959
→ Rivoluzione comunista a Cuba

1961
→ Costruzione del muro di Berlino

1962
→ Crisi dei missili a Cuba

1963
→ Assassinio di Kennedy

1964
→ Kruscëv è obbligato a dimettersi da segretario del Partito comunista sovietico

ECONOMIA DEMOGRAFIA E SOCIETÀ

1950
→ Viene istituita la Cassa per il Mezzogiorno

1953
→ In Italia viene creata l'ENI (Ente nazionale idrocarburi)

1957
→ Trattato di Roma istitutivo della CEE

CULTURA CIVILTÀ E RELIGIOSITÀ

1949
→ "Scomunica" dei comunisti da parte della Chiesa

1953
→ In Italia legge elettorale maggioritaria ("legge truffa")

1956
→ In Italia entra in funzione la Corte costituzionale

1957
→ I russi mettono in orbita il primo satellite artificiale (Sputnik)

1961
→ J.F. Kennedy viene eletto presidente degli USA, dopo aver vinto il primo "duello" elettorale televisivo

→ Per ripassare i **concetti**

Leggere gli schemi

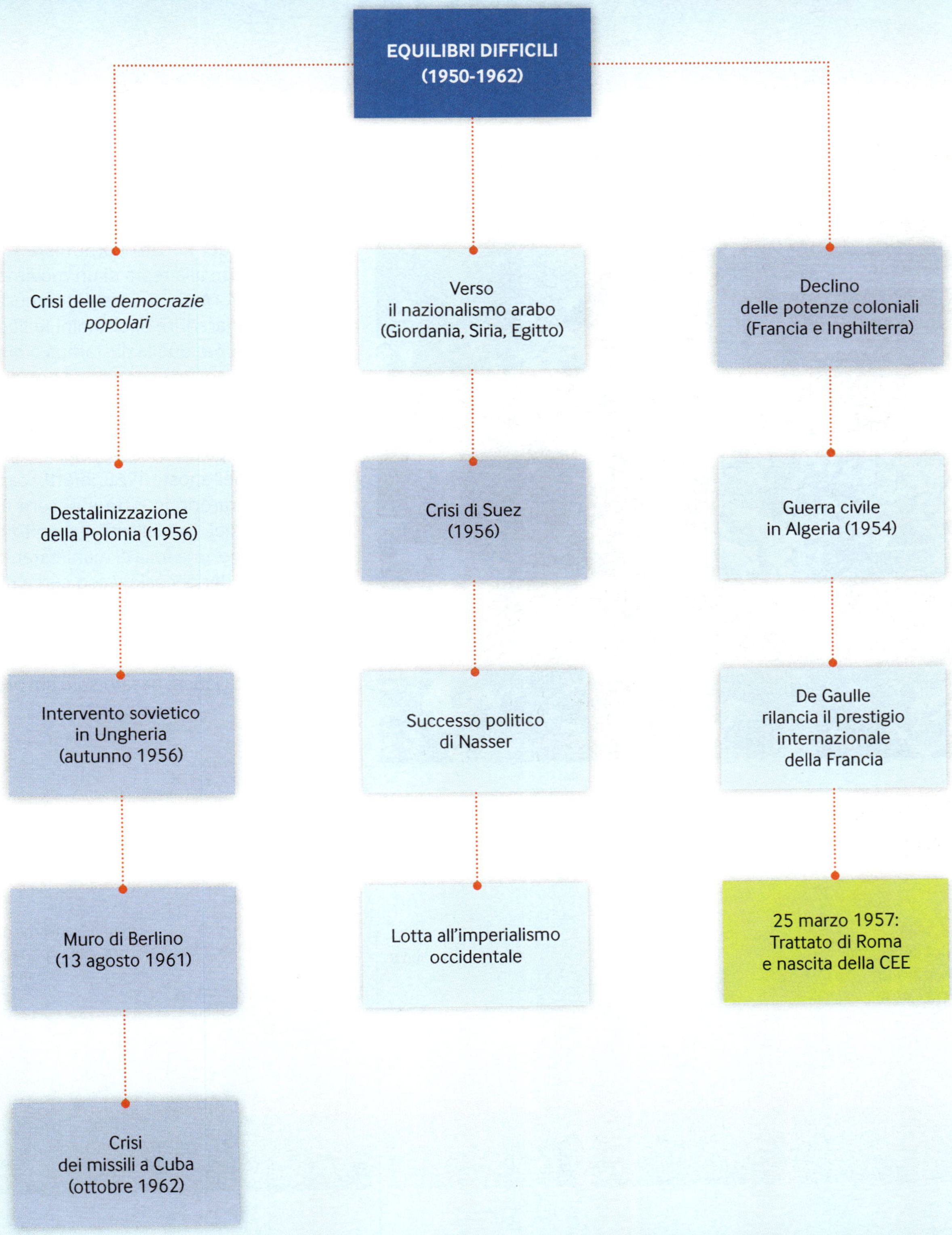

Unità 14

"La fantasia al potere!" (1960-1973)

Un'immagine per iniziare

Nel 1968, a Praga, in Cecoslovacchia, il segretario del Partito comunista Alexander Dubcek si mise alla testa di un movimento che intendeva riformare il sistema comunista. L'obiettivo era garantire ai cittadini le libertà fondamentali, come quella di stampa e di critica, e costruire una società comunista non autoritaria e basata sul consenso. Il tentativo di Dubcek, che prese il nome di "primavera di Praga", fu sostenuto da gran parte della popolazione, ma durò pochi mesi; nell'agosto 1968, infatti, i carri armati sovietici entrarono in città e posero fine all'esperimento del "socialismo dal volto umano". Nell'immagine, una folla di manifestanti che sosteneva il leader cecoslovacco cerca di contrastare pacificamente alcuni carri armati sovietici. A Parigi, intanto, gli studenti urlavano: "La fantasia al potere!", per indicare il loro rifiuto del mondo capitalistico, basato solo sul profitto.

Gli eventi per orientarsi nel tempo

1958-1961 Politica del *grande balzo in avanti* e grave carestia in Cina

1961 Concilio Vaticano II

1963 In Italia, governo di centro-sinistra, con la partecipazione dei socialisti

1958 | 1959 | 1960 | 1961 | 1962 | 1963

1958-1963 Miracolo economico in Italia

→ Sommario

TESTO

La carta d'identità del periodo

1 La Repubblica popolare cinese

2 Gli anni della crescita economico-sociale (1950-1979)

3 Israele, Egitto e OLP

4 L'Italia: miracolo economico e prospettive politiche

MONOGRAFIA

La guerra in Vietnam

Una carta per orientarsi

Nel 1967, il presidente egiziano Nasser assunse un atteggiamento sempre più provocatorio nei confronti di Israele. Lo Stato ebraico rispose con una fulminea offensiva militare che, in sei giorni (5-10 giugno), gli permise di conquistare Gerusalemme Est e la Cisgiordania, di occupare la striscia di Gaza e la penisola del Sinai e di annettere le alture del Golan (tolte alla Siria). Nell'insieme gli Stati arabi persero 68 000 chilometri quadrati di territorio.

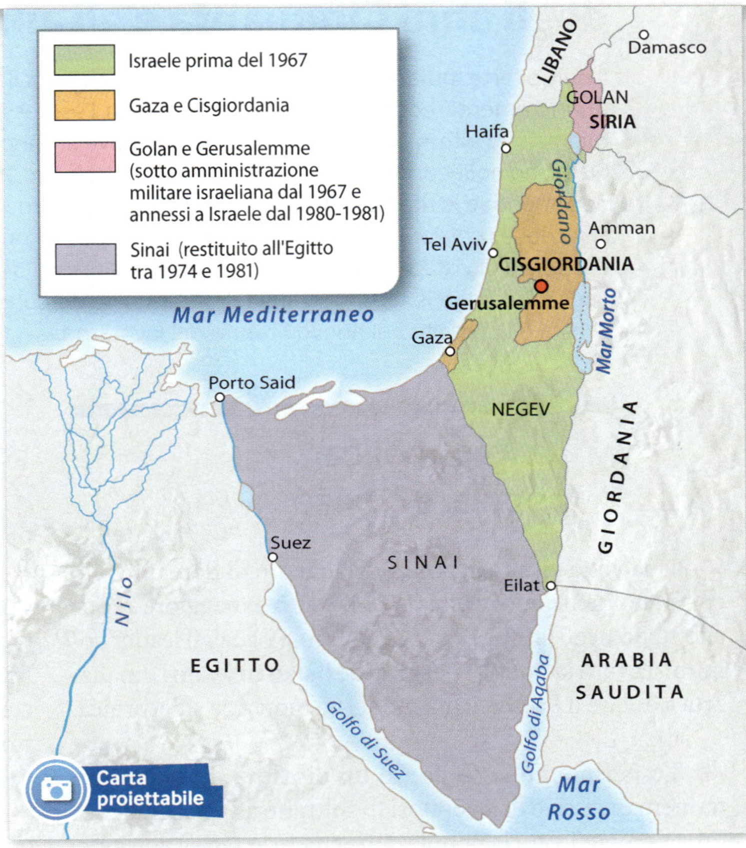

Orientarsi nel tempo

1964 Parte la contestazione studentesca negli Stati Uniti

1967 Guerra dei Sei giorni

1968 Primavera di Praga e intervento militare sovietico in Cecoslovacchia

1964 | 1965 | 1966 | 1976 | 1968 | 1969

1965-1973 Gli Stati Uniti intervengono militarmente in Vietnam

1966-1968 Rivoluzione culturale in Cina

1967-1968 Movimento studentesco negli Stati Uniti e in Europa occidentale

1969 Autunno caldo in Italia

Per iniziare

Storia slide

La carta d'identità del periodo

Quali furono i principali cambiamenti tra la fine degli anni Cinquanta e gli anni Sessanta?

Il primo forte mutamento fu di matrice economica: tra il 1958 e il 1963 la produzione industriale registrò un incremento eccezionale, tant'è che si usa l'espressione "miracolo economico", con conseguente migrazione interna dal Sud al Centro-Nord, dove si concentrava la maggior parte delle fabbriche.
Sul piano politico, i nuovi governi di centro-sinistra, dal 1963, non furono del tutto capaci di attuare il rinnovamento e le riforme che la nuova formula di governo prometteva: gli unici risultati consistenti furono la nazionalizzazione dell'energia elettrica e l'introduzione della scuola media unica.
Dal punto di vista sociale, invece, sarà il Sessantotto a determinare un profondo scossone: il movimento degli studenti e le lotte operaie dell'autunno caldo consentirono la liberalizzazione dell'accesso all'università e la nascita del nuovo Statuto dei lavoratori.

CAPITOLO 1 La Repubblica popolare cinese

➔ Una volta giunto al potere, Mao tentò di dare un volto completamente nuovo alla Cina. Lo sforzo maggiore venne effettuato negli anni 1958-1959, durante i quali il leader comunista varò la politica del **grande balzo in avanti**, finalizzata a dotare il Paese di una moderna industria siderurgica.

➔ L'esperimento si risolse in un disastro, in quanto un numero eccessivo di lavoratori fu sottratto all'agricoltura, in un momento in cui la popolazione cinese era in espansione. Il risultato fu un drastico crollo della produzione di riso e di cereali e una **terribile carestia**. Secondo le stime cinesi, essa provocò la morte di 13 milioni di persone; secondo alcuni studiosi europei, in realtà i morti furono almeno il doppio.

➔ Il fallimento del grande balzo in avanti provocò un duro scontro all'interno del Partito comunista cinese, in quanto alcuni dirigenti criticarono apertamente Mao e le sue scelte. Il leader supremo non accettò di farsi da parte e rispose con la cosiddetta **rivoluzione culturale**, una vasta azione di mobilitazione di giovani a lui fedeli (chiamate **Guardie rosse**), disposti a combattere chi avesse criticato la sua politica.

➔ Negli anni 1967-1968, la Cina fu sconvolta da una vera **guerra civile interna tra maoisti e antimaoisti**. Le Guardie rosse usarono violenze di ogni tipo per umiliare i propri avversari; a quel punto lo stesso Mao, temendo che la situazione potesse sfuggire di mano, richiese l'intervento dell'esercito: molti giovani furono così giustiziati, mentre altri vennero obbligati a trasferirsi e a lavorare nelle campagne.

CAPITOLO 2 Gli anni della crescita economico-sociale (1950-1979)

➔ Gli anni Cinquanta e Sessanta furono un periodo di grande sviluppo economico, soprattutto per Stati Uniti, Germania Ovest e Giappone. Lo sviluppo industriale fu favorito innanzi tutto dal **basso costo del petrolio**. Al centro del processo produttivo troviamo i beni di consumo, prima fra tutti l'**automobile**.

➔ Nei Paesi occidentali il boom economico favorì la **scolarizzazione**: l'università divenne sempre più accessibile, anche alle **donne**. Negli anni Settanta, negli USA, nacque il **movimento femminista**: molte legislazioni accolsero le sue richieste, **modificando il diritto di famiglia**.

➔ Nel 1964, negli Stati Uniti, sorse un **movimento giovanile di protesta** contro la guerra in Vietnam. In Europa la contestazione esplose nel 1968 ma era rivolta, in primo luogo, contro il modello economico capitalistico. Sempre nel 1968, a Praga, il leader comunista Dubcek tentò di introdurre il cosiddetto **socialismo dal volto umano**, che concedeva libertà di parola, di discussione e di critica. In agosto, però, l'intervento sovietico soffocò la **primavera di Praga**.

➔ Nel Sud America, una grave crisi economica (1930-1960) generò forte malcontento e proteste, represse dalle forze armate dei vari Paesi, che finirono per prendere il potere con **colpi di Stato**. In Cile, il regime democratico e socialista di Salvador Allende venne rovesciato dal generale Augusto Pinochet nel 1973. I militari andarono al potere anche in Argentina, dove eliminarono i dissidenti (***desaparecidos***).

→ Domande fondamentali

→ Che cosa si intende con l'espressione "rivoluzione culturale"?
→ Che cosa successe a Praga nel 1968?
→ Quali erano le rivendicazioni dell'OLP?
→ Che cosa si intende con l'espressione "miracolo economico"?

Un momento del violento scontro tra studenti e forze dell'ordine alla Kent State University, Ohio, 1970.

CAPITOLO 3 Israele, Egitto e OLP

→ Nel giugno del 1967 il leader egiziano **Nasser impedì a tutte le navi israeliane l'accesso al golfo di Aqaba**. Per lo Stato di Israele fu una vera e propria sfida: da quel porto, infatti, passavano i rifornimenti petroliferi per il loro Paese. Il governo israeliano decise di rispondere con la forza e di attaccare gli aeroporti egiziani, siriani e giordani.

→ L'aviazione di Israele distrusse la maggior parte degli aerei nemici quando erano ancora al suolo; una volta padrona dei cieli, poté sbaragliare le forze avversarie di terra in soli sei giorni (**guerra dei Sei giorni**). La conseguenza più importante riguardò la città di **Gerusalemme**: fino a quel momento, infatti, era divisa tra Israele e Giordania ma dopo il conflitto passò completamente sotto controllo dello Stato ebraico.

→ Nel frattempo, nel 1964, gli arabi della Palestina diedero vita all'**Organizzazione per la Liberazione della Palestina** (OLP) e trovarono una guida nella figura di **Yasser Arafat**. L'OLP rivendicava per il solo popolo palestinese l'intero territorio del mandato britannico e rifiutava l'esistenza di un popolo ebraico in quell'area.

→ L'OLP, però, non poteva competere sul piano militare con i suoi avversari; la strategia utilizzata fu quindi quella di fare ricorso al **terrorismo**, sequestrando ostaggi e dirottando aerei di linea. L'episodio più grave si verificò a Monaco di Baviera, nel 1972, in occasione delle Olimpiadi, quando un commando palestinese sequestrò la rappresentanza israeliana e provocò la morte di 11 atleti.

CAPITOLO 4 L'Italia: miracolo economico e prospettive politiche

→ Tra gli anni Cinquanta e Sessanta l'Italia visse un periodo di profondi cambiamenti, il **miracolo economico**, che la trasformò rapidamente in un Paese industrializzato. Lo sviluppo, concentrato nel **Centro-Nord del Paese**, determinò, dal Sud, un eccezionale fenomeno di **migrazione interna** di persone in cerca di lavoro.

→ Dal punto di vista politico, nel 1963, DC e PSI si accordarono per dar vita a un governo di **centro-sinistra**, guidato da Aldo Moro. Il nuovo governo intraprese alcune riforme, come l'introduzione della **scuola media unica**; si cercarono poi di modernizzare quelle regioni (soprattutto al Sud) che non avevano beneficiato degli effetti del boom economico.

→ Nel 1967-1968 l'Italia fu scossa da importanti movimenti di protesta: gli studenti, in particolare, occuparono diverse università, criticando il sistema educativo italiano. La **contestazione dei giovani**, però, ben presto investì ogni forma di autoritarismo e di gerarchia, esaltando modelli sociali alternativi al capitalismo.

→ Nell'autunno del 1968 nacquero alcuni gruppi estremisti che avevano come obiettivo la rivoluzione proletaria. Nel 1969 la protesta si estese anche alla **classe operaia**, dando origine al cosiddetto **autunno caldo**, cioè a un periodo contraddistinto da un aperto scontro tra operai e industriali. In questo clima i sindacati guidarono i lavoratori alla conquista di maggiori diritti e migliori condizioni lavorative: il risultato più duraturo di tale azione fu l'approvazione dello **Statuto dei lavoratori** nel 1970.

Capitolo 1

ECONOMIA DEMOGRAFIA E SOCIETÀ

La Repubblica popolare cinese

Storia slide

LE CONOSCENZE DA ACQUISIRE
La Cina degli anni Cinquanta e Sessanta vide lo sforzo di Mao di trasformare il Paese e la sua economia.

LE COMPETENZE DA POTENZIARE
Saper cogliere i caratteri fondamentali di un regime totalitario.

1.1 Utopia e realtà del *grande balzo in avanti*

Il mito europeo della Cina comunista Negli anni Sessanta, le notizie che arrivavano in Europa dalla Cina erano scarse, vaghe e imprecise. Pertanto, tra i militanti della sinistra italiana, francese o tedesca, nacque e si radicò un'**immagine** ampiamente **mitica e idealizzata della Cina di Mao**, presentata come una specie di *paradiso comunista*, una terra della giustizia e dell'uguaglianza in cui gli ideali di Marx e di Lenin avevano trovato piena realizzazione, senza i difetti e i limiti che, dopo il 1956, l'URSS dimostrava di possedere in abbondanza.

› VEDI
Il primo piano quinquennale sovietico
→ pag. 282

La situazione reale L'esperienza cinese, in realtà, era molto più complessa e, soprattutto, drammatica rispetto a quanto emergeva da quell'immagine convenzionale, che per molti versi era addirittura falsa e del tutto priva di fondamento. Negli anni **1953-1957**, la Cina comunista sperimentò il suo **primo piano quinquennale**: come per il modello economico staliniano, la **priorità** fu assegnata all'**industria pesante**, mentre i capitali necessari si ricavavano dall'esportazione delle eccedenze di cereali. Per incrementare la produzione agricola, nel 1956 si procedette a una rapida **collettivizzazione delle campagne**.

La popolazione cinese (583 milioni al censimento del 1953) cresceva però al ritmo impressionante del 2% annuo. L'agricoltura non poteva contemporaneamente fornire capitali

Operai cinesi al lavoro presso alcune rudimentali fornaci per produrre acciaio, 1958.

all'industria e alimentare una popolazione in costante espansione. Analogamente, le terre non potevano essere utilizzate per la coltura di materie prime (cotone e tabacco, ad esempio) destinate all'industria leggera, perché tutte le aree disponibili dovevano essere adibite alla coltivazione di prodotti destinati all'alimentazione.

L'utopia del *grande balzo in avanti* Ignorando completamente questi vincoli strutturali di tipo premoderno, nel biennio 1958-1959 Mao lanciò la parola d'ordine del ***grande balzo in avanti***, che nella sua concezione avrebbe dovuto portare alla realizzazione del comunismo in tempi brevissimi. Secondo Mao (che sotto questo profilo, invero, ha poco in comune con Marx), le masse erano in grado di **conquistare con un grandioso sforzo di volontà qualsiasi meta economica e sociale**; di fatto, si può dire che il leader cinese, in questi anni, inseguì un'utopia, convinto della sua realizzabilità, senza tenere in alcun conto il quadro reale della situazione del suo Paese.

Le masse, una divinità quasi onnipotente

Rispetto agli anni della pianificazione (1953-1957) modellata sull'esempio sovietico, il periodo del *grande balzo* fu caratterizzato da un notevole **decentramento della gestione economica**. Nel Paese, infatti, sorsero le cosiddette ***comuni popolari***, gigantesche entità collettive che comprendevano migliaia di famiglie (fino a 20 000) e costituivano le **unità produttive di base dell'intero sistema economico e sociale**. In una comune, tutto era compiuto in modo collettivo, a cominciare dai pasti, consumati in grandi mense. Inoltre, i suoi abitanti svolgevano svariate attività nello stesso tempo, dalla coltivazione dei campi, all'addestramento militare, alla produzione di acciaio: a ogni unità, in effetti, erano stati assegnati dei piccoli altiforni, affinché la produzione siderurgica raggiungesse traguardi elevati.

Lavorare per competenze avvio al saggio breve
1958-1961: il grande disastro cinese
→ pag. 589

I drammatici risultati dell'utopia maoista Il risultato di questo *salto nell'utopia* fu, a dir poco, drammatico. I contadini si trovarono sottoposti a ritmi di lavoro massacranti e, soprattutto, del tutto impossibilitati a curare contemporaneamente sia la produzione di acciaio (oltre tutto di pessima qualità e, quindi, inutilizzabile dall'industria), sia il lavoro dei campi. Nel 1960, il raccolto di cereali risultò inferiore del 26% rispetto a quello del 1957, cioè pari a quello del 1950: in dieci anni (1950-1960), però, la popolazione era aumentata di circa 100 milioni di unità. Una **gravissima carestia**, pertanto, **colpì l'intero Paese**, riproponendo uno scenario che l'Europa non conosceva più dalla metà del Settecento, con **una massa di contadini debilitati e sfiancati**, costretti a nutrirsi di erbe e foglie. È difficile fare un bilancio di questa apocalisse verificatasi in Cina negli anni tra il 1958 e il 1961; fonti ufficiali, nel 1981, ammisero la cifra di 13 milioni di morti, ma gli esperti occidentali ritengono che fossero oltre il doppio.

Milioni di vittime

Schema proiettabile

Il fallimento del *grande balzo in avanti* CAUSA EFFETTO

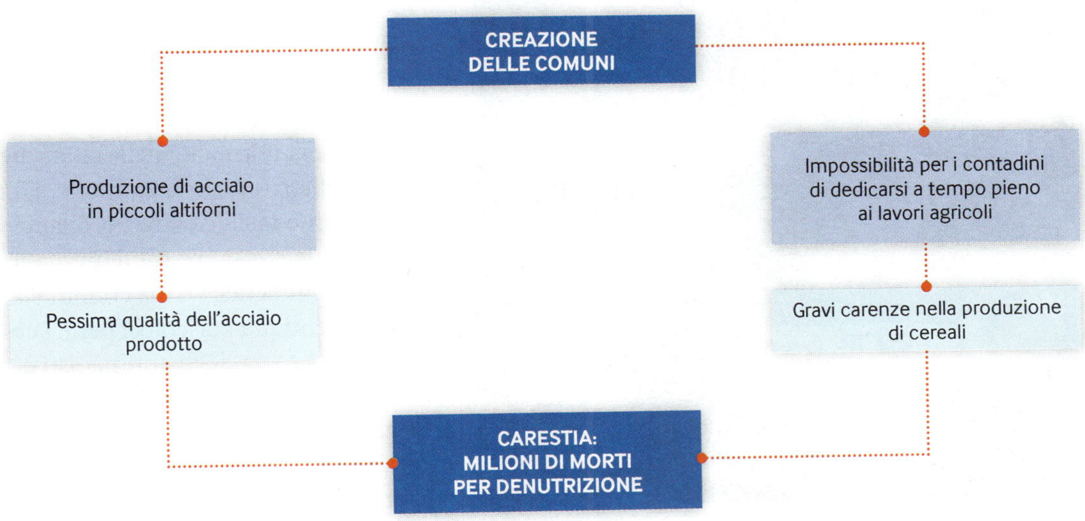

1.2 La rivoluzione culturale e la guerra civile

› VEDI
La NEP in Russia
→ pag. 178

La rottura tra Mao e la dirigenza cinese Per fronteggiare la gravissima crisi che colpiva il Paese, fu necessario introdurre nuovamente la **proprietà privata** e il **libero mercato**. I dirigenti comunisti si orientarono verso una politica economica simile alla NEP, adottata da Lenin nel 1922: si concesse ai contadini la possibilità di coltivare in proprio appezzamenti di terreno più o meno estesi e di vendere liberamente i cereali prodotti su tali campi. Ma una tale politica economica, attenta più alle reali condizioni della Cina che alla costruzione dell'utopia, rappresentava un **attacco frontale nei confronti di Mao**. Quest'ultimo, tuttavia, **non accettò di tirarsi indietro**; al contrario, scelse di contrapporsi in modo frontale a tutti quei dirigenti – come Liu Shaoqi, presidente della Repubblica, e Deng Xiaoping, stretto collaboratore di Liu – che avevano imposto la fine del *grande balzo*.

Storiografia 1
Le origini della rivoluzione culturale
→ pag. 580

Il *Libretto rosso* e la rivoluzione culturale Mao **si rivolse allora alle nuove generazioni**. Un suo fedele generale curò, nel 1964, la pubblicazione di un piccolo testo, il ***Libretto rosso***, che raccoglieva passi dei discorsi e degli scritti più famosi del leader comunista. Esso divenne il testo di riferimento per le ***Guardie rosse***, termine che indicava una complessa e articolata rete di gruppi giovanili, concentrati nelle città e accomunati dal fatto di considerare Mao una guida infallibile, capace di condurre in tempi brevi la Cina al comunismo. Ai loro occhi, tutto ciò che era legato al passato o che ostacolava il rapido cammino verso il futuro doveva essere considerato *reazionario* e, di conseguenza, spazzato via senza pietà. La ***rivoluzione culturale*** si attuò quando Mao decise di utilizzare questi giovani radicali, fanaticamente imbevuti del suo pensiero e disposti a tutto pur di instaurare l'utopia, per **eliminare i suoi avversari politici**.

La rivoluzione culturale contro i nemici del maoismo

La rivoluzione culturale iniziò nelle università, quando nel maggio del 1966 gli studenti attaccarono i propri insegnanti, definiti spesso «mostri e demoni»; questa vera e propria **disumanizzazione dell'avversario** restò una delle caratteristiche più importanti della rivoluzione culturale e spiega in larga misura l'ondata di violenze compiuta dalle Guardie rosse, nonché la loro sistematica volontà di umiliare con ogni mezzo i loro bersagli. Molti insegnanti e numerosi intellettuali, accusati di essere troppo legati alla cultura dell'Occidente capitalista e imperialista, furono ingiuriati, picchiati o addirittura uccisi.

Violenze e umiliazioni

La guerra civile Qualche tempo dopo, iniziò l'attacco nei confronti dei dirigenti comunisti che si erano contrapposti a Mao: Liu Shaoqi fu incarcerato nel 1967 (e morì, a causa dei maltrattamenti subiti, nel 1969), mentre Deng Xiaoping fu costretto a ritirarsi dalla politica attiva. Tuttavia, il tentativo di eliminare i quadri del partito per sostituirli con elementi più determinati e rivoluzionari, cioè più legati alle posizioni di Mao, incontrò una forte resistenza, con il risultato che la Cina, nel **1967**, sprofondò in una vera **guerra civile tra maoisti e antimaoisti**.

Giovani maoisti umiliano pubblicamente un uomo colpevole di non appoggiare il regime, tagliandogli i capelli (1966).

Mao stesso, a quel punto, temette che la situazione potesse sfuggire a ogni controllo e nel **1968 chiese l'aiuto dell'esercito**, che riportò l'ordine in modo violento e brutale. Le **Guardie rosse furono sciolte con la forza**, molti giovani furono giustiziati e numerosissimi altri (più di 5 milioni) furono obbligati a trasferirsi e a lavorare nelle campagne, in modo da riportare la quiete e la normalità nelle città, che erano state teatro principale della *rivoluzione culturale*. Di quest'ultima, in conclusione, non è facile stilare un bilancio: si può dire infatti che Mao, grazie a essa, riuscì temporaneamente a imporsi come suprema guida della Cina comunista, eliminando dalla scena i concorrenti più pericolosi per il suo potere e il suo prestigio. Tuttavia, la forza degli antimaoisti era tutt'altro che liquidata: anzi, l'entità dei problemi del Paese (che Mao non era affatto in grado di risolvere) e la repressione delle *Guardie rosse* garantirono loro la possibilità di risorgere e di riaffermare le proprie posizioni moderate e realistiche.

Capitolo 2

ECONOMIA DEMOGRAFIA E SOCIETÀ

Gli **anni** della **crescita** economico-sociale (1950-1979)

Storia slide

LE CONOSCENZE DA ACQUISIRE
Negli anni Sessanta la società e la mentalità dei Paesi europei furono attraversati da mutamenti radicali e profondi.

LE COMPETENZE DA POTENZIARE
Saper comprendere il concetto di svolta storica in ambito culturale.

2.1 Sviluppo economico e società dei consumi

› **VEDI** Il miracolo economico in Italia → pag. 575

Il boom economico del dopoguerra Per diverse zone del mondo il periodo tra gli anni Cinquanta e Settanta fu un momento di enorme crescita e sviluppo. Oltre agli **Stati Uniti**, i Paesi più coinvolti in questo processo furono il **Giappone** e la **Repubblica federale tedesca**: basti pensare che, all'inizio degli anni Settanta, questi tre Paesi stavano in cima alla classifica mondiale delle esportazioni, controllando il 12% (USA), l'11,2% (RFT) e il 7% (Giappone) del traffico mondiale. Inoltre, tra il 1951 e il 1973, il Giappone mantenne un incremento annuo del prodotto interno lordo (PIL) pari al 10%, mentre la Germania Ovest registrò nello stesso periodo una crescita media annua del 5,9%. Entrambi i Paesi erano usciti pesantemente sconfitti dalla guerra: tuttavia, era interesse dei **vincitori** (in primo luogo con il Piano Marshall) aiutarli e promuovere una loro **rapida rinascita economica**, in modo da trasformarli in **solidi e affidabili partner politici**, da contrapporre all'Unione Sovietica, in Europa, e alla Cina, in Asia orientale.

Momento di crescita in tutta Europa

In realtà, quasi tutta l'Europa visse negli stessi anni un'eccezionale crescita della capacità produttiva (nota come *boom economico*), simile a quello di Stati Uniti, Germania e Giappone. Per cogliere l'entità del mutamento, ricordiamo innanzitutto che in molte regioni europee, prima della seconda guerra mondiale, l'agricoltura aveva ancora un posto assai rilevante nella vita economica e sociale. Ciò non valeva solo per Stati arretrati come la Bulgaria o la Romania,

L'interno di un grande supermercato negli Stati Uniti, 1964.

dove ben quattro abitanti su cinque lavoravano la terra; nel 1939, fra tutti i Paesi industrializzati, solo il Belgio e la Gran Bretagna contavano un numero di lavoratori dediti ad attività tradizionali (come la pesca e l'agricoltura) inferiore al 20%: in Germania e negli Stati Uniti la percentuale corrispondeva, circa, al 25% della popolazione occupata, mentre in nazioni come l'Austria, la Svezia o la Francia i contadini erano il 35-40% di tutti i lavoratori.

Meccanizzazione del lavoro ed espansione industriale

Dopo il 1945, in America e in tutta l'Europa si registrò un vertiginoso **calo della popolazione occupata nelle campagne**, tanto che all'inizio degli anni Ottanta superava il 10% dei lavoratori solo in Irlanda, in Spagna e in Portogallo, Paesi nei quali, comunque, gli agricoltori erano quasi dimezzati rispetto agli anni Trenta, quando costituivano circa la metà della popolazione attiva. Un simile **mutamento** si spiega con l'introduzione della **meccanizzazione del lavoro** e l'adozione di una serie di altre innovazioni (nei settori della chimica e delle scienze biologiche) capaci, per ogni singolo lavoratore, di elevare la produttività agricola a livelli impensabili nel passato. Questa prima rivoluzione, del resto, avvenne in un momento di **grande espansione industriale**, sicché la manodopera eccedente nelle campagne fu assorbita con facilità nei grandi centri urbani.

› VEDI
Il taylorismo, negli anni Venti
→ pag. 226

Le ragioni dello sviluppo economico Lo strabiliante sviluppo degli anni Cinquanta e Sessanta fu possibile, innanzitutto, per il **basso costo del petrolio**: un barile di greggio saudita, infatti, fra il 1950 e il 1973 costava in media meno di due dollari. Si può quindi affermare che, se nel primo dopoguerra il motore del rilancio economico fu il Piano Marshall, negli anni successivi un simile ruolo propulsore va attribuito alla bassissima incidenza che il costo dell'energia ebbe all'interno delle spese di produzione.

Il *modello dello sviluppo* imitò quello che già era avvenuto, negli anni Venti, negli Stati Uniti. In Occidente, l'obiettivo primario della produzione industriale fu quello di fornire a un numero sempre crescente di cittadini beni di consumo che, in tempi passati, erano stati a disposizione solo di un gruppo ristretto di privilegiati. Dunque, anche nell'Europa degli anni Sessanta (come negli USA dell'epoca di Henry Ford) fu la **diffusione** a livello **di massa dell'automobile** il simbolo della nuova situazione economica e sociale. Tuttavia, una tale strategia economica – basata sull'incremento costante della quantità di beni di consumo immessi sul mercato – poteva reggere solo se i potenziali consumatori erano messi in grado di acquistare i prodotti stessi. Fu necessario pertanto, nei due decenni 1950-1970, **mantenere relativamente alti i salari dei lavoratori**, in modo da **garantire loro un elevato potere d'acquisto**.

› VEDI
I *ruggenti* anni Venti
→ pag. 224

Traffico automobilistico su una superstrada del Texas, USA, 1965.

Lo sviluppo economico (1950-1970)

Schema proiettabile

FATTORE DECISIVO PER IL CONTROLLO ECONOMICO	FATTORI DI RINFORZO DELLA CRESCITA	RISULTATO
Piano Marshall	Calo della popolazione nelle campagne = disponibilità di manodopera per l'industria	Sviluppo della produzione industriale e società dei consumi
	Basso costo del petrolio	

Lo Stato sociale (Welfare State) Poiché una simile scelta rischiava di comprimere i profitti degli imprenditori (e, di conseguenza, di frenare gli investimenti), il potere d'acquisto dei salari fu sostenuto anche da parte delle autorità pubbliche, che negli anni Sessanta si preoccuparono di **fornire in quantità crescente servizi sociali** di ogni genere (pensioni, assistenza sanitaria, istruzione gratuita). In tal modo, una quota importante del salario, che in passato le famiglie dovevano accantonare per far fronte alle disgrazie improvvise, alle malattie o alla vecchiaia, diventava improvvisamente disponibile per i consumi, per acquisti di beni sulla cui produzione in serie poggiava l'intero sistema economico. **Lo Stato che eroga questi servizi prende il nome di *Stato sociale*** o, come comunemente si dice usando l'analoga espressione inglese, *Welfare State*.

› VEDI Il *New Deal* → pag. 270

Stato e *Welfare State*

Il capitalismo postbellico, insomma, mentre da un lato fece tesoro dei metodi di produzione già collaudati nell'America degli anni precedenti la grande crisi del 1929, dall'altro applicò anche i correttivi al sistema introdotti dal *New Deal* rooseveltiano e teorizzati dall'economista inglese John Maynard Keynes (morto nel 1946). Come già era accaduto negli anni Trenta, **lo Stato** scelse di non essere un semplice arbitro esterno, ma di **svolgere un ruolo importante nella vita economica e sociale**: tutti i governi occidentali, ad esempio, accettarono di garantire la piena occupazione e lo sviluppo industriale, al prezzo di un crescente **deficit di bilancio** (situazione finanziaria in cui le spese sono superiori rispetto alle entrate).

› VEDI Il neoliberismo di Reagan negli USA → pag. 610

I problemi sarebbero esplosi a partire dagli anni Settanta e negli anni Ottanta: poiché i deficit finanziari rischiavano di sfuggire al controllo dei governi, per evitare la bancarotta si dovette intervenire limitando l'erogazione di quei servizi che lo *Stato sociale* (*Welfare State*) forniva da tempo ai propri cittadini.

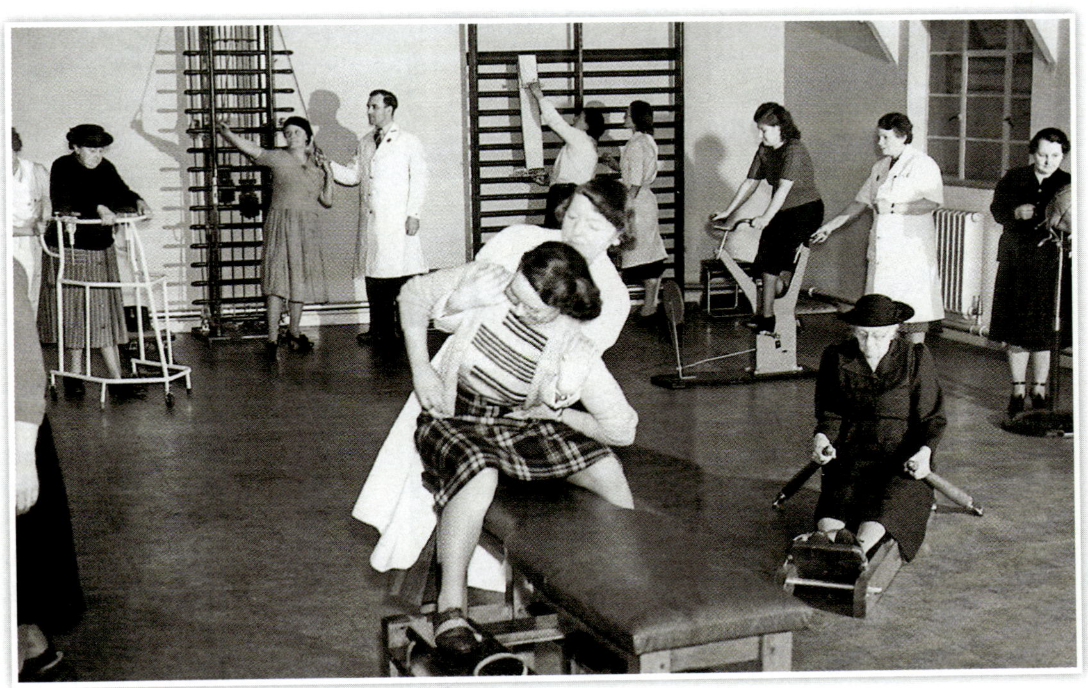

Ginnastica nell'ospedale St Olave, Rotherhithe, Londra. Era l'epoca delle cure mediche gratuite in Gran Bretagna. Febbraio 1950.

2.2 I cambiamenti nella società

Milioni di studenti universitari

Guardiamo la storia

- Donne e istruzione nel Novecento
- Donne e rivoluzione sessuale negli anni Sessanta
- Donne e lavoro

L'incremento della scolarizzazione Il grande boom economico degli anni Cinquanta e Sessanta ebbe enormi conseguenze in vari settori della vita dei Paesi occidentali. Una di queste conseguenze fu l'aumento della **scolarizzazione**, che non solo crebbe, ma addirittura subì in alcuni campi una vera e propria metamorfosi, sia negli Stati Uniti sia nei principali Paesi europei: la **formazione universitaria**, ad esempio, divenne accessibile a un numero sempre crescente di studenti, e non fu più un fenomeno elitario, destinato unicamente ai più alti livelli della società. È stato calcolato che nel periodo precedente la seconda guerra mondiale la popolazione universitaria europea era di circa 150 000 unità, ossia circa lo 0,01% degli abitanti d'Europa. Negli anni Ottanta del XX secolo gli studenti erano diventati milioni.

La trasformazione dell'istruzione universitaria in fenomeno di massa innescò un fondamentale cambiamento sociale riguardo alla figura femminile. Subito dopo la guerra mondiale, le donne costituivano al massimo fra il 15% e il 30% degli studenti, nella maggior parte dei Paesi sviluppati. Nel decennio seguente, **il numero di ragazze che compirono gli studi superiori e frequentarono le università crebbe in modo costante**: così moltissime donne si trovarono finalmente in possesso di un titolo di studio ed ebbero la possibilità di accedere a una professione qualificata.

Il nuovo ruolo della donna nella società Rispetto al passato, questa nuova generazione di donne che si avvicinava al mondo del lavoro presentava una differenza fondamentale: nei decenni precedenti, infatti, erano le donne povere a lavorare per garantire alla famiglia la sopravvivenza. La **nuova generazione di donne colte**, invece, era per lo più di **provenienza borghese**: non lavorava per necessità, ma per trovare nella professione realizzazione e soddisfazioni. L'impiego, in queste nuove circostanze, permetteva alla donna di essere una **figura indipendente**, dotata di propria personalità e autonoma capacità decisionale, e non più vincolata al marito e alla casa.

Maxime de la Falaise, modella e designer, indossa abiti della propria collezione, agosto 1954.

Intanto, nel 1960, negli Stati Uniti iniziò la commercializzazione della pillola anticoncezionale, che provocò un duplice effetto sui costumi e sulle abitudini degli individui. Innanzitutto, diede la possibilità alle famiglie di decidere quanti figli avere e quando. Inoltre, la ***pillola* sganciò nettamente la sessualità dalla riproduzione**.

All'interno delle famiglie, non parve più degradante e *contro natura* che l'uomo accudisse i bambini piccoli o provvedesse alle faccende domestiche (per altro alleviate da un numero crescente di elettrodomestici, primo fra tutti la lavatrice per il bucato, una delle attività femminili più faticose). Del resto, mentre secondo l'immagine virile tradizionale, per distinguersi dalla donna, il giovane portava i capelli corti, a partire dall'inizio degli anni Sessanta tra i ragazzi si impose la moda delle capigliature lunghe.

La nascita del movimento femminista Spingendosi oltre, all'inizio degli anni Settanta **nacque negli Stati Uniti il movimento femminista**, che si proponeva di lottare contro il dominio esercitato per secoli dai maschi sulle donne. I gruppi femministi intrapresero un'ampia riflessione culturale affinché le donne assumessero *coscienza* di se stesse, della loro posizione all'interno della famiglia e della società, del modo in cui vivevano il rapporto con il proprio corpo e la propria sessualità. Nel contempo, in Europa e negli USA, furono organizzati cortei, manifestazioni e altre forme di pressione per indurre i parlamenti a emanare leggi sul divorzio, sull'aborto, sull'uso di anticoncezionali e sulla violenza sessuale.

Cambia il diritto di famiglia

Le legislazioni dei vari Stati, sia pure in tempi diversi a seconda dei casi, seguirono il mutamento dei costumi. La maggioranza dei Paesi, ad esempio, **cambiò il proprio diritto di famiglia**, in modo da riconoscere pari dignità alla moglie all'interno della famiglia stessa; in Gran Bretagna, nella Repubblica federale tedesca e in vari Stati degli USA, inoltre, fu depenalizzata l'omosessualità. Quanto all'aborto, nuove leggi – più permissive rispetto al passato – furono approvate in Inghilterra (1967), Germania (1974) e Francia (1975). Per l'Italia, va ricordato che la legge sul divorzio, introdotta nel 1970, fu confermata poi nel 1974 da un referendum che spaccò l'opinione pubblica; anche il tema dell'aborto destò un violento dibattito nel nostro Paese, ma la legge che, a determinate condizioni, l'aveva legalizzato nel 1978, fu confermata da un referendum popolare nel 1981.

2.3 Gli Stati Uniti tra lotte per i diritti e guerra del Vietnam

Le lotte degli studenti Il nuovo gruppo sociale costituito dagli studenti fece sentire la propria voce in modo massiccio, in tutto l'Occidente, a partire dalla metà degli anni Sessanta. Il vasto fenomeno di protesta iniziò negli Stati Uniti, per poi coinvolgere la maggior parte dei Paesi europei. Il centro da cui il movimento si diffuse fu l'università di Berkeley, in California, dove nel 1964 la **contestazione studentesca** investì le modalità di gestione delle università.

Negli stessi anni, inoltre, negli USA era in corso la **battaglia per i diritti civili dei neri**, che vide la partecipazione di numerosi studenti e costituì per molti di loro la prima vera esperienza di militanza politica.

Marthin Luther King (1929-1968), leader della lotta dei neri americani per i diritti civili.

Le proteste dei neri negli anni Cinquanta All'inizio del XX secolo, la **maggioranza dei cittadini neri viveva negli Stati meridionali degli USA**, ed era **vittima** di una rigidissima **discriminazione**, la cui legislazione era stata elaborata in forma sistematica alla fine dell'Ottocento. I neri non potevano esercitare il diritto di voto ed erano esclusi da tutte le cariche pubbliche; inoltre, non potevano frequentare le scuole migliori, riservate ai bianchi, ed erano obbligati a viaggiare in carrozze ferroviarie separate.

La **protesta** dei cittadini **neri americani**, per **ottenere** una **vera parità di diritti**, cominciò a manifestarsi a partire dalla metà degli anni Cinquanta. Il primo significativo episodio di lotta si verificò nel 1956 nella città di Montgomery, in Alabama, ove la popolazione nera boicottò per un anno i trasporti pubblici, sui quali l'amministrazione locale aveva imposto la più rigida separazione tra bianchi e neri. A guida della clamorosa iniziativa di protesta si pose **Martin Luther King**, un giovane pastore della Chiesa battista. Non deve sorprendere che King fosse un ecclesiastico: esclusi dalla vita politica, fin dal tempo della schiavitù i neri avevano trovato nei pastori i portavoce dei loro bisogni. In Martin Luther King, il coraggio di lottare per l'eguaglianza dei diritti dei neri nasceva dalla sua fede cristiana; egli, pertanto, **rifiutò sempre la violenza come strumento di lotta**, né mai la scusò, nel caso di sommosse o rivolte: un'emancipazione che avesse fatto uso della violenza, a suo parere, non avrebbe mai potuto generare una pacifica convivenza con i bianchi, ma solo lasciarsi dietro una lunga scia di odio e di sangue.

28 agosto 1963: la marcia antirazzista di Washington.

La lotta per l'integrazione Nel 1963, a Birmingham, in Alabama, una pubblica dimostrazione organizzata da King fu dispersa con tale violenza da destare l'orrore del presidente Kennedy. In giugno, questi presentò dunque un organico progetto di legge per **abolire la separazione** in tutti i locali pubblici e nelle scuole. Al fine di indurre il Congresso ad approvare al più presto il provvedimento, le principali associazioni antirazziste organizzarono una grande **marcia su Washington**, che ebbe luogo alla fine di agosto di quell'anno e coinvolse 200 000 persone.

Le violenze di Selma

Nel marzo 1965, a Selma (una cittadina dell'Alabama) si ebbe un'altra clamorosa esplosione di violenza razzista: i dimostranti neri che marciavano pacificamente furono bastonati dalla **polizia**, che **arrestò** moltissime persone, tra cui lo stesso **King**, il quale da poche settimane aveva ricevuto a Stoccolma il premio Nobel per la pace. Come Kennedy due anni prima, il **presidente Lyndon B. Johnson** ritenne doveroso un intervento del governo federale e presentò al Congresso il ***Voting Rights Bill***, un provvedimento che rendeva finalmente **effettiva la cittadinanza dei neri**.

Sul piano dei diritti, la battaglia dei neri per l'integrazione era vinta, ma il razzismo non era ancora spento: **l'assassinio Martin Luther King, il 4 aprile 1968**, ne fu la tragica prova. A migliaia di neri divenne possibile, dalla metà degli anni Sessanta, fare carriera sul lavoro, nell'amministrazione federale, nell'esercito e persino nella vita politica. Il limite principale di questa vittoria consisté nel fatto che, a godere di essa, in pratica fu solo la media borghesia nera: per il proletariato delle grandi metropoli, relegato in quartieri-ghetto, la situazione restò pressoché immutata, il che, spesso, significava vivere in condizioni di estrema miseria e disoccupazione.

Guardiamo la storia
- M.L. King e i diritti civili dei neri
- Malcom X e la Nazione dell'islam

ZOOM Il primo uomo sulla Luna

Negli stessi anni delle lotte per i diritti e della grandi manifestazioni di protesta, il governo degli Stati Uniti varò un ambizioso programma di **esplorazione dello spazio**.

Il 21 luglio 1969, la missione americana denominata ***Apollo 11* arrivò sulla Luna**. Neil Armstrong fu il primo uomo a toccare il suolo lunare; alcuni minuti più tardi, Armstrong fu seguito da Buzz Aldrin, che lo fotografò mentre si avvicinava alla bandiera americana che aveva piantato in precedenza. Il gigantesco sforzo effettuato dagli Stati Uniti per essere i primi a raggiungere la Luna si spiega solo nel contesto della guerra fredda (che, ricordiamo, durò fino al 1989). Si trattò di un **grande successo simbolico**, del recupero di un primato: una decina d'anni prima, infatti, erano stati i sovietici a lanciare il primo satellite e il primo uomo nello spazio, provocando tra gli americani un profondo disorientamento.

Video
La conquista dello spazio

Monografia
La guerra in Vietnam
→ pag. 584

La contestazione della guerra del Vietnam Negli stessi anni, un altro importante bersaglio della contestazione negli Stati Uniti fu la **guerra del Vietnam**, nella quale il Paese si trovava coinvolto dal 1960. In un primo tempo, gli americani si erano limitati a fornire aiuti militari e istruttori al governo sudvietnamita, per reprimere la guerriglia, alimentata e sostenuta dal regime comunista costituitosi nella parte settentrionale del Paese. Nel corso del decennio, l'impegno e il coinvolgimento dell'esercito statunitense si erano fatti sempre maggiori, al punto che, alla fine del 1967, i soldati americani inviati a combattere in Vietnam erano circa mezzo milione.

Questo conflitto generò nel Paese un crescente malessere fra i giovani, che sempre più numerosi cominciarono a rifiutare le cartoline-precetto inviate dal governo. La protesta raggiunse la sua massima intensità nell'**ottobre 1967**, allorché più di **50 000 giovani marciarono sul Pentagono**, il quartier generale delle forze armate statunitensi. Questo episodio può essere considerato l'apice della ribellione giovanile negli Stati Uniti, ma, nel contempo, segnò pure l'inizio del suo declino. Gli studenti, infatti, dopo aver messo in discussione tutte le istituzioni e le autorità tradizionali (i genitori, i rettori delle università, i partiti, l'esercito stesso), non riuscirono mai a elaborare un efficace progetto politico. Si può senza dubbio affermare che la protesta giovanile abbia avuto una sua notevole importanza storica sul piano del costume (diffondendo, ad esempio, una modalità radicalmente nuova di vivere la sessualità), e persino che essa abbia contribuito a far sì che il governo iniziasse a cercare una soluzione di pace alla guerra del Vietnam; nell'insieme, però, si trattò di **un movimento che non riuscì ad alterare le strutture di base della società americana**.

Protesta di studenti statunitensi contro la guerra in Vietnam.

Le tappe della protesta negli Stati Uniti

DATE	EVENTI
1956	Cittadini neri americani protestano a Montgomery guidati da Martin Luter King
1960	Intervento delle truppe americane nella guerra del Vietnam
28 agosto 1963	Marcia su Washington a favore dei diritti dei neri
1964	La contestazione di Berkeley dà il via alle lotte studentesche
10 dicembre 1964	Martin Luter King riceve il premio Nobel per la pace
1965	Il presidente Johnson rende effettiva la cittadinanza ai neri
ottobre 1967	Marcia studentesca sul Pentagono contro la guerra in Vietnam
4 aprile 1968	Assassinio di Martin Luter King

LE BATTAGLIE

L'offensiva del Tet, 31 gennaio - 6 aprile 1968

L'insieme di scontri che prende il nome di **offensiva del Tet** è l'episodio più famoso e controverso della guerra del Vietnam. Secondo il tradizionale calendario locale, il Tet è il capodanno vietnamita, che nel 1968 cadeva il 31 gennaio. Approfittando della temporanea smobilitazione di gran parte delle truppe del Vietnam del Sud, i comunisti ruppero la tregua che era stata stipulata in occasione della festa e attaccarono simultaneamente numerosi obiettivi. L'offensiva fu scatenata lanciando 80 000 uomini (tra vietcong e truppe regolari del Vietnam del Nord) contro 36 dei 44 capoluoghi di provincia della regione meridionale. Scopo dell'attacco, insomma, era di **conquistare tutti i principali centri urbani del Vietnam del Sud**, compresa la stessa Saigon; verosimilmente, i dirigenti comunisti speravano poi che il successo di un'operazione così clamorosa avrebbe spinto la popolazione sud-vietnamita a insorgere e a cacciare gli *imperialisti* americani.

In un primo tempo, la sorpresa fu assoluta. Nella capitale, 4000 vietcong presero d'assalto tutti i principali edifici governativi e la stessa ambasciata degli Stati Uniti, oltre alle sedi della polizia e della televisione. Diciannove guerriglieri comunisti, a bordo di un camion e di un taxi, riuscirono a forzare il muro di cinta della sede diplomatica statunitense e a spargere il panico, prima di essere eliminati. Anche nel resto di Saigon l'offensiva fu ben presto respinta, ma gli episodi di guerriglia urbana furono numerosi e sanguinosi.

Fuori della città, gli scontri più duri si ebbero a Hué (la terza città più grande del Vietnam del Sud, situata vicino al confine con lo Stato comunista rivale), attaccata da 12 000 uomini. I comunisti si impossessarono dell'antica Cittadella, che trasformarono in fortezza; ci vollero 26 giorni per riconquistarla, e i *marines* americani furono costretti a una battaglia durissima tra le rovine, simile a quella condotta dai tedeschi a Stalingrado. Come ha scritto G. Smith, «i *marines* erano diventati un immobile mucchio di ratti, rannicchiati in mezzo a un cumulo di macerie di case crollate, circondati da pezzi di mura del cortile, automobili bruciate, alberi e pali elettrici abbattuti». Infine, dev'essere ricordata almeno la violentissima battaglia che si svolse nei pressi della base americana di Khesanh, assediata dai nord-vietnamiti per circa tre mesi.

Il 6 aprile, la grande battaglia era finita. Da un punto di vista strettamente militare, l'offensiva del Tet fu – per chi l'aveva lanciata – un completo fallimento, uno di quei disastri che, in una guerra tradizionale, avrebbero deciso le sorti del conflitto. È stato stimato che a Khesanh, per ogni americano morto (non più di 200), siano caduti sotto il micidiale fuoco dell'aviazione statunitense almeno 50 soldati comunisti. Nel complesso è possibile affermare che, tra il 31 gennaio e il 6 aprile, morirono almeno 40 000 tra vietcong e nord-vietnamiti; nel solo anno 1968, furono uccisi più soldati comunisti di tutti gli americani caduti nei 10 anni compresi tra il 1963 e il 1973. Eppure, paradossalmente, l'offensiva si trasformò in un successo, in quanto dimostrò che **gli Stati Uniti** potevano, certo, infliggere perdite gigantesche al nemico, ma **non avrebbero mai potuto vincere davvero la guerra**. Poiché un'invasione del Vietnam del Nord e un serio tentativo di annientare il nemico (come era accaduto per la Germania di Hitler nel 1945) erano del tutto impossibili, per timore di un coinvolgimento sovietico e cinese, la guerra sarebbe proseguita a oltranza, mentre l'**opinione pubblica americana** (giovani, famiglie dei soldati, contribuenti...) era **stanca di spendere denaro e bruciare vite** americane in Vietnam. Di qui la paradossale decisione americana, presa pochi mesi dopo la formidabile *vittoria militare* del 1968, di iniziare una strategia di sganciamento dal *ginepraio* indocinese.

Soldati statunitensi durante una delle prime fasi dell'offensiva del Tet, 31 gennaio 1968.

2.4 Il Sessantotto in Europa occidentale

I bersagli della protesta del Sessantotto Nei principali **Paesi dell'Europa occidentale** la **rivolta studentesca eslose nel 1968**. Non era certo la prima volta che i giovani si ribellavano al mondo degli adulti; in passato però (pensiamo ai moti nazionali dell'Ottocento, oppure al 1914) per i governi era stato facile riassorbire la loro rabbia e incanalarne le energie in direzione della guerra o dell'espansione imperialista, in quanto la protesta prendeva in genere i colori di un acceso nazionalismo.

I giovani guardano a sinistra

Verso la fine degli anni Sessanta, al contrario, la protesta assunse fin dall'inizio tinte ideologiche radicali. La ribellione del *Sessantotto* fu diretta, in primo luogo, **contro** una **società capitalistica** che – si diceva – **riduceva l'uomo alla pura dimensione economica** e subordinava l'individuo alle esigenze della produzione e del profitto. All'assetto sociale prevalente in Europa e, ancor più, negli Stati Uniti, furono contrapposti modelli di società radicalmente alternativi (come quello cubano e quello cinese), idealizzati e considerati vere incarnazioni e realizzazioni dell'utopia egualitaria.

La protesta a Berlino Ovest e il *maggio francese* La prima grande città europea in cui la protesta prese il via fu **Berlino Ovest**, che divenne centro di grandi manifestazioni di solidarietà con il Vietnam, in lotta contro il gigante americano, il suo imperialismo e, più in generale, il sistema economico capitalistico. Fu tuttavia **Parigi**, in **maggio**, a divenire l'epicentro (e il simbolo) del movimento del Sessantotto. Come era già accaduto in America, anche i giovani francesi contestarono, in primo luogo, le rigide e autoritarie regole che caratterizzavano il funzionamento delle università, molte delle quali furono occupate dagli studenti. La situazione raggiunse l'apice della tensione il 3 maggio, quando venne chiusa la facoltà di Lettere di Nanterre e la polizia entrò con la forza alla Sorbona, l'ateneo di Parigi.

Scontri, occupazioni e scioperi in Francia

Cominciò allora una serie di **violenti scontri** fra i dimostranti e la polizia; il 12 maggio, tuttavia, alla grande manifestazione che si snodò per le vie di Parigi si unirono anche numerosi operai e cittadini, mobilitati dai sindacati e dai partiti della sinistra. L'obiettivo di questa dimostrazione pubblica (seguita da un'ondata di scioperi e di occupazioni di fabbriche che paralizzarono la vita economica del Paese) era quello di spingere De Gaulle alle dimissioni. Il presidente, invece, rispose sciogliendo il Parlamento e convocando **nuove elezioni**, che si risolsero con una grande **vittoria** dei **partiti sostenitori di De Gaulle** e una **pesante disfatta della sinistra**.

Il ritorno dell'ordine

L'elettorato francese, dunque, era rimasto impressionato negativamente dai disordini del *maggio* e aveva manifestato con il voto la propria volontà di stabilità e di normalità. Nello stesso tempo, era però vero che la popolarità di De Gaulle stava calando: chiamati di nuovo alle urne per un referendum, a un anno di distanza gli elettori bocciarono nettamente la linea politica del presidente, che si dimise nell'aprile 1969.

Un momento della la protesta studentesca che nel maggio 1968 mise in crisi il governo De Gaulle.

2.5 L'Europa dell'Est: la primavera di Praga

La situazione politica nell'Europa dell'Est Sul finire degli anni Sessanta, mentre l'Occidente ricco e industrializzato affrontava la contestazione degli studenti, nei Paesi dell'Europa orientale i problemi della libertà e dei diritti umani assumevano un carattere meno idealistico e ben più concreto.

Mentre, negli anni precedenti, la Repubblica democratica tedesca, l'Ungheria o la Polonia avevano visto esplodere violente proteste, la **Cecoslovacchia** non era mai stata teatro di scontri paragonabili a quelli. Intorno alla metà degli anni Sessanta, sotto il profilo politico, trionfava un regime ancora molto legato al **passato stalinista**; sotto il profilo economico la situazione era relativamente buona e il tenore di vita era stato a lungo mediamente superiore rispetto a quello di altri Paesi del blocco sovietico.

La situazione cominciò a deteriorarsi a partire dal 1962. Quando alcuni generi alimentari sparirono dal mercato, la popolazione slovacca diede i primi segni di malcontento nei confronti della politica accentratrice del governo di Praga, che non lasciava alcuna autonomia alla Slovacchia.

Dubcek e il socialismo dal volto umano Questi primi segnali di malcontento spinsero i sovietici a sollecitare un mutamento al vertice del partito, cosicché la carica di segretario venne assegnata ad **Aleksander Dubcek**.

Aleksander Dubcek nel 1969.

Dubcek era stato scelto, in primo luogo, per il fatto che era slovacco, non ceco. Sebbene credesse ai principi fondamentali del leninismo, si rese conto del fatto che il Partito comunista, in Cecoslovacchia, non godeva più da tempo della fiducia della popolazione; pertanto, si propose di **impostare su basi radicalmente rinnovate il posto e la funzione del partito** all'interno della società. Durante i primi mesi del 1968, Dubcek cominciò a illustrare la sua posizione, dichiarando che bisognava prima di tutto dare libera voce alle critiche che, secondo la gente comune, il regime meritava di ricevere. Il governo avrebbe dovuto poi venire incontro alle **richieste avanzate dal popolo**: in tal modo, dopo aver riconquistato la propria credibilità, il Partito sarebbe stato di nuovo legittimato a guidare il Paese e i cecoslovacchi ne avrebbero seguito con rinnovato entusiasmo le indicazioni e le direttive.

Dubcek non metteva minimamente in discussione né il fatto che la Cecoslovacchia dovesse restare socialista, né la sua adesione al Patto di Varsavia e l'alleanza con l'Unione Sovietica. Chi legga i suoi scritti e i suoi discorsi, finalizzati a spiegare le caratteristiche del ***socialismo dal volto umano***, che egli voleva introdurre nel suo Paese, deve tuttavia ammettere che, del concetto leninista della *dittatura del proletariato* restava ben poco. Il partito, infatti, nella concezione di Dubcek, cessava di essere un'entità infallibile e onnisciente,

I luoghi → **Slovacchia**

La Slovacchia è una regione dell'Europa centrale che per secoli fu dominata dagli Asburgo. Nel 1867 l'impero fu organizzato in una duplice monarchia: Austria e Ungheria; mentre la Slovacchia dipendeva dall'Ungheria, Praga e la Boemia sottostavano all'Austria. Nel 1919 le due regioni furono fuse nella Cecoslovacchia, che però venne distrutta da Hitler nel 1939. La Slovacchia fu di nuovo separata e mal tollerò nel 1945, alla conclusione della seconda guerra mondiale, di essere ancora unita alla Boemia. La regione di Praga, infatti, era più ricca e industrializzata, mentre la Slovacchia era povera e agricola: gli slovacchi quindi si sentivano discriminati e penalizzati rispetto ai cechi. Questa situazione (insieme ad altre ragioni di carattere economico e sociale) porterà, nel 1993, alla divisione della Cecoslovacchia in due distinti Stati: la Repubblica Ceca e la Repubblica Slovacca.

Documento

Il socialismo dal volto umano di Dubcek

Dubcek pronunciò questo discorso alla televisione cecoslovacca il 18 luglio 1968. Le parole seguenti, dunque, non furono dette in privato, in un circolo ristretto, ma in pubblico, a milioni di ascoltatori. Circa un mese dopo, i carri armati sovietici entravano a Praga.

Cari amici, stimati concittadini, [...] sentiamo la grande responsabilità che incombe su tutti noi. [...] Abbiamo pagato un caro prezzo per la prassi in voga negli anni passati. È per questa ragione che la direzione del partito annette una particolare importanza al fatto che i cittadini possano far valere il loro spirito creativo e soddisfare i propri desideri e le proprie esigenze, affinché il nostro paese non rimanga arretrato nel campo dell'economia e in quello della cultura, e, principalmente, affinché noi possiamo svolgere, al servizio del popolo, una politica che consenta al socialismo di non perdere il suo volto umano. Dopo molti anni, è venuta a crearsi nel nostro paese un'atmosfera in cui ciascuno può manifestare pubblicamente e senza timori, apertamente e dignitosamente, la propria opinione, convincendosi in tal modo che la causa di questo paese e la causa del socialismo rappresentano la causa di noi tutti. Grazie a una politica aperta e onesta, eliminando con impegno e coerenza le sedimentazioni accumulate negli anni passati, il nostro partito va gradualmente riacquistando la fiducia gravemente scossa. È per questo che noi parliamo apertamente, con calma ma anche con decisione, coscienti di tutto quello che è adesso in giuoco: non esiste altra strada che quella mediante la quale porteremo a termine, insieme con il popolo di questo paese, la profonda trasformazione democratica e socialista della nostra vita.

Il Partito comunista cecoslovacco si basa sul volontario appoggio del popolo; «non esercita il proprio ruolo direttivo governando sulla società, lo esercita, invece, servendo con la massima dedizione, per il libero sviluppo progressista e socialista. Non può imporre la propria autorità impartendo ordini; la impone, invece, mediante il lavoro dei suoi membri, grazie alla verità dei suoi ideali». Se, nel periodo precedente, le masse, il nostro popolo, non erano soddisfatti del modo in cui veniva attuata la politica nel nostro paese [...] è del tutto evidente che il partito, se vuole svolgere una sua politica, non può mutare le masse, non può mutare il popolo, e deve invece mutare la propria direzione, e questa direzione, a sua volta, deve mutare i metodi della politica, facendo sì che essa risulti effettivamente corrispondente agli interessi e alle aspirazioni delle nostre nazioni, che abitano in questa patria socialista cecoslovacca [...]. Sviluppare il socialismo sì da trasformarlo in una società libera, sulla base del marxismo-leninismo, una società dotata di un orientamento moderno, e profondamente umana – questo è un grande compito patriottico e, nel medesimo tempo, è il nostro autentico dovere internazionalista nei confronti del movimento comunista e operaio. Il paese abitato dal nostro popolo è come un cuneo inserito tra gli altri paesi socialisti, e noi difenderemo come la pupilla dei nostri occhi questa posizione strategica del socialismo. Non abbiamo deluso i nostri amici e alleati, abbiamo fedelmente rispettato e continueremo a rispettare gli impegni che derivano dalla nostra adesione alla comunità difensiva costituita attorno al Patto di Varsavia.

Nei vincoli che ci uniscono ai paesi socialisti, e specialmente all'Unione Sovietica, cui ci lega una sincera amicizia profondamente radicata nei nostri sentimenti, noi scorgiamo la necessaria base della nostra esistenza autonoma nella presente situazione, caratterizzata da elementi di perturbazione in Europa e nel mondo intero. [...] Ci preme soltanto far sì che il socialismo risulti saldamente radicato sul terreno del nostro paese, nei pensieri e nei sentimenti del nostro popolo, affinché possa rispondere, oltre che a principi di validità generale, anche alle nostre condizioni nazionali e alle tradizioni cecoslovacche. Decidiamo in maniera autonoma, e secondo le nostre riflessioni, intorno a quelle che sono le vie più adatte all'edificazione del socialismo nella nostra patria, intorno a quello che può essere il modello più accettabile della nostra vita socialista.

A. DUBCEK, *Le ventimila parole di Dubcek per un'autentica democrazia socialista (30 ottobre 1967 - 4 agosto 1968)*, Il Saggiatore, Milano 1969, pp. 299-303, trad. it. B. MERIGGI

Analizza il testo

› Indica, nel discorso pronunciato da Dubcek il 18 luglio 1968, i passaggi in cui il segretario del Partito comunista cecoslovacco:
a) critica il comportamento tenuto in precedenza dal regime comunista;
b) ribadisce la fedeltà della Cecoslovacchia all'URSS e al Patto di Varsavia.

trasformandosi in un organismo che, accettando di mettersi costantemente in discussione e di ricevere critiche, meritava l'appoggio del proletariato e del popolo solo in virtù della sua capacità di interpretarne davvero al meglio i bisogni e le aspirazioni concrete.

La discordanza esistente tra la concezione tradizionale del ruolo del Partito e la posizione di Dubcek fu colta, prim'ancora che a Mosca, dai dirigenti degli altri Paesi comunisti, Polonia e Germania orientale in testa. Sollecitato da loro a prendere posizione, Breznev (l'allora segretario del PCUS) dapprima fece pressione su Dubcek affinché ripristinasse la censura e ponesse un freno al dibattito politico che, nel corso della prima metà del 1968 (di qui l'espressione ***primavera di Praga***), si era liberamente manifestato all'interno della Cecoslovacchia. Infine, il **20 agosto 1968**, vista la determinazione di Dubcek, Breznev decise di soffocare l'esperimento del *socialismo dal volto umano* con un **intervento militare delle truppe del Patto di Varsavia** analogo a quello ungherese del 1956. In Cecoslovacchia, però, il governo, l'esercito e la popolazione scelsero di non ricorrere alla resistenza armata.

Storiografia 2
La primavera di Praga
→ pag. 581

Il tentativo di Dubcek, dunque, non finì in tragedia; comunque, dimostrò l'impossibilità di riformare **un partito comunista di modello leninista**. «Tale modello ubbidiva a una logica interna che tendeva verso una forma staliniana. Non aveva bisogno di funzionare sulla base di un'adesione volontaria e spontanea della popolazione. **Poteva reggersi solo sulla disciplina imposta da un apparato tenuto saldamente in pugno da dirigenti decisi**» (J.-M. Le Breton).

Il 1968

DATE	EVENTI
Primi mesi	Primavera di Praga
3 maggio	Scontri tra polizia e studenti a Parigi
12 maggio	Manifestazione a Parigi contro il governo De Gaulle
20 agosto	Intervento militare sovietico in Cecoslovacchia

Carri armati sovietici attraversano Praga sotto gli occhi perplessi di un passante (primavera del 1968).

2.6 L'epoca delle dittature militari in Sud America

Crisi e totalitarismi Tra il 1925 e il 1950, la popolazione totale dell'America Latina passò da 95 a 157 milioni di abitanti. Il principale effetto di questo aumento demografico fu l'**emigrazione di massa verso le grandi città**, che in breve tempo divennero sovraffollate e incapaci di fornire servizi efficienti a una popolazione in costante crescita. Ma, soprattutto, il fenomeno migratorio verso le metropoli significò una progressiva **sottrazione di manodopera al settore agricolo**.

È importante sottolineare che l'esportazione di caffè e zucchero – attività capace di garantire la ricchezza di poche grandi famiglie di produttori latinoamericani, oppure di imprese capitalistiche europee e statunitensi – registrò un leggero incremento. A perdere manodopera fu l'attività agricola destinata a rifornire il mercato interno, al punto che, tra il **1934 e il 1954, la produzione di alimenti pro capite diminuì** del 5%, mentre l'importazione di derrate aumentò del 3,1% annuo.

In tale contesto il malcontento e la protesta cominciarono a farsi sentire, soprattutto dopo la vittoriosa **rivoluzione cubana** del gennaio 1959, che **destò notevoli speranze di riscatto fra le masse latinoamericane**. Gli anni Sessanta e Settanta videro pertanto una presenza sempre più marcata delle **Forze armate nella vita politica** dei principali Stati latinoamericani, finalizzata a schiacciare sul nascere o a reprimere ogni tentativo di modificare l'assetto politico e sociale. **Nel 1964, in Brasile, i militari operarono un colpo di Stato** e soppressero ogni traccia di democrazia; quello brasiliano divenne il prototipo e il **modello dei regimi autoritari** che avrebbero caratterizzato per i vent'anni seguenti la maggior parte dei Paesi latinoamericani.

Tali regimi non possono essere definiti *fascisti*, in quanto a essi mancava quel legame diretto tra il *capo* e le masse, che distinse la dittatura mussoliniana (o hitleriana) da altre forme più tradizionali di governo autoritario. Le masse, nei regimi militari sudamericani, non furono mobilitate in nome di un'ideologia razzista o nazionalista, ma schiacciate da una spietata politica di **repressione poliziesca**.

geostoria

Instabilità politico-militare in America Latina

2.7 La dittatura in Cile

Il governo di Allende Il **Cile** possedeva nel proprio sottosuolo le maggiori riserve mondiali di rame, il più importante tra i metalli industriali. La produzione cilena, controllata da grandi compagnie minerarie statunitensi, era cresciuta in maniera costante, passando dalle 300 000 tonnellate annue del 1929 alle 600 000 tonnellate del 1973.

1970: il governo socialista di Allende

Nel settembre 1970, le elezioni presidenziali furono vinte da una coalizione di sinistra (detta *Unidad Popular*), che portò al governo il socialista **Salvador Allende** (1908-1973). Egli non intendeva percorrere una via rivoluzionaria e violenta, sul modello leninista o castrista; tuttavia era determinato a introdurre, per vie legali e costituzionalmente corrette, provvedimenti capaci di incidere sulla realtà sociale ed economica del Paese. Pertanto, Allende varò una **riforma agraria** finalizzata a eliminare il latifondo, diede un forte incremento alle opere pubbliche, in modo da assorbire la disoccupazione, e cercò di migliorare i servizi sociali destinati alla popolazione.

Nazionalizzazione delle miniere di rame

Il provvedimento più coraggioso fu la **nazionalizzazione delle miniere di rame**, operazione che non comportò indennizzi per le compagnie minerarie, sulla base dell'affermazione che esse avevano già a lungo ricavato enormi profitti sfruttando le risorse del popolo cileno.

La politica di Allende incontrò la netta opposizione della grande borghesia cilena e dei ceti

Regimi autoritari a confronto

POPULISMO	FASCISMO	DITTATURE MILITARI
Rifiuto della democrazia	Rifiuto della democrazia	Rifiuto della democrazia
Mobilitazione delle masse	Mobilitazione delle masse	Passività ass oluta delle masse
Sostegno del proletariato	Sostegno della borghesia e dei ceti medi	Sostegno della borghesia e dei ceti medi

1973: il *golpe* di Pinochet

medi, che misero in atto uno **sciopero degli autotrasportatori** impedendo la distribuzione di derrate alimentari e di generi di prima necessità. Infine, sostenuti dai servizi segreti statunitensi, i militari decisero di procedere al **colpo di Stato** (*golpe*, in spagnolo); l'**11 settembre 1973**, il palazzo presidenziale venne attaccato e Allende fu ucciso nel corso dei combattimenti. Migliaia di cileni vennero arrestati e condotti allo stadio di Santiago, dove molti furono uccisi senza processo e altri torturati per ottenere informazioni. I pieni poteri, infine, furono assunti da una giunta militare; presieduta dal generale **Augusto Pinochet** (1915-2006), essa inaugurò una politica di assoluto liberismo in campo economico.

2.8 L'Argentina tra dittatura e crisi economica

Il crollo delle dittature Nel **1976**, anche in **Argentina i militari presero il potere**, instaurando un regime violento e spietato: tutti coloro che erano sospettati di attività politica ostile al governo erano arrestati, torturati e uccisi; poiché di loro non si veniva a sapere più nulla, per designare queste vittime fece la sua comparsa nel linguaggio corrente una nuova espressione: ***desaparecidos***. I parenti degli oppositori catturati si organizzarono in un vasto movimento di protesta, i cui capi furono però arrestati nel dicembre 1977. Molte madri e nonne dei *desaparecidos* non si diedero per vinte: si riunirono per anni, tutti i giovedì, a *Plaza de Mayo* a Buenos Aires, di fronte al palazzo presidenziale, per chiedere la liberazione dei loro parenti sequestrati dalla polizia o dalle forze speciali dell'esercito.

Debiti e bancarotta

Nel 1982, i militari tentarono di guadagnare la simpatia della popolazione con una politica estera aggressiva: l'esercito argentino invase l'arcipelago delle **isole Falkland** (o Malvine), appartenenti all'Inghilterra. Dopo una breve guerra che si concluse con la **disfatta argentina**, il prestigio della dittatura crollò. Nel 1983, pertanto, furono permesse di nuovo le elezioni, e l'Argentina si avviò a un lento ritorno al regime parlamentare. Il fatto che, dal 1990 – con l'abbandono della politica da parte di Pinochet –, anche il Cile sia tornato alla democrazia dimostra che l'epoca delle dittature militari, almeno per il momento, aveva esaurito la propria forza espansiva. I problemi economici e sociali dell'area sudamericana, però, rimasero irrisolti.

In Argentina, tra il 1986 e il 1994 il tasso di disoccupazione urbana passò dal 5,6 all'11,2%; nel 2001, la disoccupazione arrivò al 17,5%: **una persona su tre viveva al di sotto della soglia di povertà**. La situazione crollò nel dicembre 2001: il **Fondo monetario internazionale** rifiutò l'ennesimo prestito e il governo dichiarò che non poteva più rimborsare i propri creditori, cioè coloro che avevano comprato titoli di Stato. I conti correnti bancari venivano bloccati e in tutto il Paese esplosero moti di protesta, repressi con la forza (35 morti solo il 19 dicembre). Il 2002 registrò una forte impennata dell'inflazione (42%) e della disoccupazione (24%).

Nel 2004, il *Fondo monetario internazionale* concesse un prestito all'Argentina. Il governo si impegnò a rimborsarlo e la situazione sociale si andò temporaneamente stabilizzando. Il debito complessivo dell'Argentina, però, aveva ormai raggiunto l'astronomica cifra di 81 miliardi di dollari.

Augusto José Ramón Pinochet Ugarte (1915-2006) è stato un generale e politico cileno, dittatore dall'11 settembre 1973 all'11 marzo 1990.

Le parole → **Fondo monetario internazionale**

Organizzazione nata nel maggio del 1946 che ha lo scopo di promuovere la cooperazione monetaria internazionale e favorire lo sviluppo dei Paesi del sud del mondo.

Capitolo 3

CONTRASTI POLITICI

Israele, Egitto e OLP

Storia slide

LE CONOSCENZE DA ACQUISIRE
Nel 1967, Israele inflisse agli arabi una durissima sconfitta nella guerra dei Sei giorni.

LE COMPETENZE DA POTENZIARE
Saper cogliere i caratteri specifici di un conflitto militare del Novecento.

3.1 La guerra dei Sei giorni

Guardiamo la storia
La guerra dei Sei giorni

Le provocazioni di Nasser a Israele A partire dal 1961, il presidente egiziano Nasser si sforzò di caratterizzare maggiormente in senso socialista l'economia e la società del suo Paese; pertanto, nazionalizzò banche, compagnie di assicurazione e numerose altre industrie. Tuttavia il regime investiva la maggior parte delle energie in politica estera, con il risultato di un enorme dispendio di risorse. Dal 1962, ad esempio, l'Egitto si trovò coinvolto in una sanguinosa guerra civile scoppiata in Yemen, la quale, nel 1965, impegnava ancora 40 000 soldati egiziani.

La tendenza a compiere azioni eclatanti e provocatorie portò infine Nasser a un **nuovo scontro con Israele**; nel **maggio 1967**, infatti, egli ordinò di impedire l'accesso al golfo di Aqaba a tutte le navi dirette al porto israeliano di Eilat. In tutte le città mediorientali, l'entusiasmo delle masse esplose: ovunque si inneggiò all'imminente annientamento dell'odiato nemico sionista, mentre le radio di tutti i Paesi arabi proclamavano che l'obiettivo ultimo della loro politica restava la *distruzione di Israele*.

› VEDI
La prima guerra arabo-israeliana
→ pag. 497

La guerra dei Sei giorni Per lo Stato ebraico si trattò di una vera e propria sfida, oltre che di un pericolo reale di strangolamento economico, in quanto da quella via passavano tutti i rifornimenti petroliferi del Paese. Il governo, pertanto, decise di rispondere con la forza alla provocazione nasseriana: il 5 giugno, l'**aviazione israeliana** attaccò gli aeroporti egiziani, siriani e giordani, distruggendo al suolo la maggior parte degli aerei nemici. Ottenuto in questo modo l'**assoluto controllo del cielo**, per l'esercito di Israele fu facile, nei Sei giorni seguenti, sbaragliare le forze di terra avversarie, cioè conquistare l'intera penisola del Sinai (fino al canale di Suez) e, sul fronte siriano, le alture del Golan. In Palestina, inoltre, tutto il territorio occupato dalla Giordania nel 1948 (la *Cisgiordania*), compresa la porzione est di Gerusalemme, passò sotto controllo militare israeliano: nell'insieme, gli Stati arabi persero terre per circa 68 000 chilometri quadrati.

Soldati israeliani scortano un convoglio di prigionieri egiziani durante la guerra dei Sei giorni, giugno 1967.

Per il mondo arabo fu una disfatta assai più **umiliante** e pesante di quella del 1948: oltre ai territori del Sinai e al blocco del canale di Suez, il solo Egitto subì la perdita di 10 000 soldati uccisi e 12 000 prigionieri, a fronte di 700 morti israeliani. Nasser, considerandosi il principale responsabile della catastrofe, rassegnò le proprie dimissioni. È vero che il popolo egiziano, in questa tragica circostanza, si mostrò solidale con il suo leader; Nasser, pertanto, continuò a guidare l'Egitto fino alla propria morte, nel 1970. Il ***nasserismo***, tuttavia, dalla *guerra dei Sei giorni* **subì un colpo fatale**, da cui non si sarebbe più ripreso.

3.2 L'OLP: una nuova forza contro Israele

La nascita dell'OLP A seguito della disfatta del 1967, il mondo arabo fu costretto a riorganizzarsi e a cercare idee, prospettive e strategie nuove rispetto al passato. Il primo nuovo soggetto politico che riuscì ad affermarsi fu l'**Organizzazione per la liberazione della Palestina** (**OLP**), che nel 1968 redasse, nella sua forma definitiva, il proprio *Atto costitutivo nazionale*.

In questa solenne dichiarazione delle finalità e degli obiettivi incontriamo in primo luogo lo sforzo di delineare con precisione quale terra possa essere chiamata con il nome di *Palestina* (*Filastin*, in lingua araba). Al tempo dell'impero turco, infatti, la regione era divisa in diversi distretti amministrativi, tutti sottomessi all'autorità del governatore generale di Damasco. La Palestina dunque, per secoli, non è stata altro che la porzione meridionale della Siria e solo con il mandato britannico essa è stata sganciata dal più potente vicino siriano, ricevendo per la prima volta confini precisi. Per tale ragione, nel suo tentativo di definire con precisione l'estensione della terra dei palestinesi, l'*Atto costitutivo nazionale* è costretto a far riferimento all'epoca della dominazione inglese. Nel medesimo tempo, però, viene negata ogni legittimità alla spartizione effettuata dall'ONU nel 1947: **l'intero territorio del mandato britannico**, pertanto, **viene** integralmente **rivendicato per il solo popolo palestinese**.

Una Palestina tutta araba

Sul sionismo, il giudizio palestinese è sferzante e dispregiativo; innanzitutto, infatti, gli si nega il carattere di movimento nazionale in quanto, a priori, **si rifiuta l'esistenza di un popolo ebraico**. Gli ebrei, secondo l'*Atto costitutivo*, sono solo degli individui che aderiscono a una religione: per il resto, sono cittadini degli Stati da cui provengono e in cui hanno abitato, ma non hanno caratteri nazionali propri. La scelta di dar vita a uno *Stato ebraico* viene considerata dai palestinesi come un puro e semplice atto di aggressione imperialistica nei confronti della nazione araba. Di conseguenza, **lo Stato d'Israele dev'essere cancellato dalla carta geografica** e lasciare spazio a una Palestina interamente araba, disponibile a ospitare solo quegli ebrei «che risiedevano abitualmente in Palestina prima dell'inizio dell'invasione sionista» (art. 6).

Eliminare lo Stato ebraico

Iniziativa autonoma dopo il 1967

L'OLP in azione L'OLP fu fondata nel 1964, ma cominciò veramente ad agire solo dopo la *guerra dei Sei giorni*. Fino ad allora, l'organizzazione fu pesantemente controllata dall'Egitto, che in pratica non le lasciava spazio per alcuna iniziativa politica autonoma. Dopo la disfatta del 1967, invece, all'interno dell'organizzazione si fecero rapidamente strada il movimento (***Al-Fatah***) e il leader (**Yasser Arafat**) che, a partire dal 1969, avrebbero continuato a guidarla fino agli anni Novanta. Il tratto più tipico della nuova corrente emergente fu quella di **fondere insieme elementi culturali e politici provenienti dalle tradizioni più disparate**. La terminologia prevalentemente utilizzata, infatti, è di chiara matrice islamica: il termine *al-fatah* ("conquista"), ad esempio, era correntemente utilizzato, nel passato, per indicare una vittoria musulmana in una guerra santa contro i nemici di Dio; analogamente, il combattente palestinese, detto *feday* (parola che, alla lettera, significa "chi sacrifica se stesso"), era una versione moderna del guerriero della fede, disposto a combattere fino alla morte per la vittoria dell'Islam. Non a caso, i comunicati militari di *Al-Fatah* esordirono spesso con l'invocazione tipicamente musulmana: «Nel nome di Allah clemente e misericordioso».

Linguaggio di matrice islamica

Yasser Arafat (1929-2004), leader dell'OLP.

3.3 L'OLP: concezione dello Stato e azioni

› VEDI
La guerra d'Algeria
→ pag. 525

Algeria, Vietnam e Cuba: esempi per i palestinesi La posizione politica e l'ideologia dell'OLP non si basarono solo sulla tradizione islamica. Tra gli altri elementi decisivi, ricordiamo in primo luogo, l'enorme **fascino** esercitato dalla **rivoluzione algerina**: grazie alla mobilitazione generale della popolazione, il *Fronte di liberazione nazionale* era infatti riuscito a superare l'enorme sproporzione delle forze militari in campo e a sconfiggere la Francia, un gigante che – proprio come Israele, il grande nemico dei palestinesi – sembrava apparentemente invincibile. A fianco di questa suggestione araba, infine, va posta la grande influenza che ebbero le **vittorie** ottenute, in **Vietnam** e a **Cuba**, da eserciti composti prevalentemente da guerriglieri, nei confronti di grandi potenze imperialistiche come la Francia e gli Stati Uniti. L'assunzione di questi modelli politici e militari spinse talvolta *Al-Fatah* a utilizzare un linguaggio e una terminologia affini a quelli marxisti: il termine *rivoluzione palestinese*, in particolare, venne usato con estrema frequenza nei documenti ufficiali.

Linguaggio marxista

Uno Stato laico e democratico Eppure, **non è** affatto **possibile delineare** con precisione quale **concezione dello Stato** avesse il **movimento**, né si può affermare che il suo obiettivo fosse un vero Stato socialista, di modello sovietico o di stampo cinese. Su questo punto, anzi, *Al-Fatah* e l'*Atto costitutivo nazionale palestinese* restarono sempre nel vago: «Il primo problema cui far fronte nell'affrontare una prospettiva rivoluzionaria – recita un documento ufficiale di *Al-Fatah* del 1968 – è stato quello del frazionamento dei palestinesi in vari partiti, in varie tendenze ideologiche e politiche. E poiché il raggiungimento dell'unità nazionale è l'inizio della guerra popolare di liberazione, l'attuale fase è una fase di lotta nazionale. Per questo, non ci si dovrebbe lasciare invischiare da divergenze ideologiche: la nostra lotta sanguinosa contro l'occupazione sionista è una lotta per l'esistenza e non per combattere certe ideologie a favore di altre».

La liberazione della Palestina, prima di tutto

Un gruppo di guerriglieri dell'OLP, 1969.

Circa le caratteristiche del **nuovo Stato** che avrebbe dovuto sorgere nella Palestina di nuovo unificata, ci si limitò a dire che sarebbe stato ***laico e democratico***: formula con la quale l'OLP rifiutava l'ipotesi di uno *Stato islamico* e si poneva sulla scia di quei regimi arabi che, nel corso del Novecento, avevano posto rigidi limiti all'influenza della religione nella vita sociale e politica. Per il resto si può dire che, negli anni Settanta e Ottanta, tutte le energie di *Al-Fatah* si concentrarono sulla lotta contro Israele e sullo sforzo di unire tutto il popolo palestinese in tale battaglia, al di là delle varie prospettive ideologiche e delle diversità religiose.

La concezione politica dell'OLP

Schema proiettabile

PRESUPPOSTI	OBIETTIVI	STRATEGIA
Rifiuto di considerare gli ebrei come una comunità nazionale	Distruzione dello Stato di Israele	Lotta armata e guerriglia
Rifiuto della legittimità del sionismo	Fondazione di uno Stato palestinese	Azioni terroristiche

Guardiamo la storia
Golda Meir, la combattente israeliana

Il ricorso al terrorismo Per più di vent'anni, *Al-Fatah* rifiutò ogni ipotesi di compromesso e ogni prospettiva politica diversa da quella della distruzione di Israele. In questi due decenni, tuttavia, l'OLP **fu costretta più volte** dalle circostanze a **modificare la propria strategia d'azione.** In un primo tempo, Arafat tentò di dare vita, in Cisgiordania, a una grande sollevazione popolare, ma la repressione israeliana rese ben presto impraticabile questa ipotesi, obbligando l'OLP a spostare le proprie centrali organizzative in Giordania (ove nel 1967, abbandonando i territori occupati da Israele, si erano rifugiati circa 250 000 palestinesi).

All'interno del regno giordano, l'OLP si ritagliò ampie sfere di autonomia, giungendo al punto da mettere seriamente in discussione l'autorità di re Hussein; dopo che questi, nel **settembre 1970** (il cosiddetto *settembre nero*), ebbe ordinato ai palestinesi di consegnare le armi, esplose un violento conflitto tra i guerriglieri palestinesi e l'esercito giordano. Dopo aver perduto nello scontro armato almeno 3000 militanti, l'organizzazione dovette spostare la propria sede centrale a Beirut, in **Libano** (ove risiedevano, nei primi anni Settanta, circa 235 000 palestinesi). Fu allora che, per richiamare l'attenzione dell'opinione pubblica internazionale, *Al-Fatah* e numerosi altri gruppi armati più piccoli fecero ricorso su larga scala all'**arma del terrorismo**; esso ebbe a lungo, come bersaglio privilegiato, il trasporto aereo: numerosi apparecchi vennero dirottati o distrutti, mentre vari aeroporti furono oggetto di attacchi da parte di guerriglieri. L'episodio più clamoroso (almeno sotto il profilo simbolico) resta comunque il sequestro e l'uccisione di 11 atleti israeliani, a **Monaco di Baviera**, durante le **Olimpiadi del 1972**.

1972, Olimpiadi di Monaco: bandiere a mezz'asta in segno di lutto dopo la strage degli atleti israeliani.

I luoghi → Libano

Il Libano è un piccolo Stato prevalentemente montuoso, confinante a sud con Israele, a nord e a est con la Siria. Il versante ovest del Paese si apre sul Mar Mediterraneo: gran parte dello Stato attuale anticamente ospitava le città dei fenici. A differenza di altre terre del Medio Oriente, dopo la conquista araba il territorio libanese continuò a ospitare una significativa comunità di cristiani. Intorno al 1860 la Francia riuscì a penetrare nella regione, che divenne poi un mandato francese nel 1920. Ottenuta la piena sovranità nel 1946, il Libano tentò di tenere in equilibrio le diverse componenti religiose: i cristiani, che formavano la classe dirigente, e i musulmani, che erano la maggior parte della popolazione e vivevano in povertà, emarginati dai posti di potere. Il precario equilibrio interno fu alterato dalla massiccia immigrazione di palestinesi negli anni Settanta. Il Paese sprofondò allora nella guerra civile, che si concluse solo nel 1991, con l'intervento armato della Siria, che fin dagli anni Quaranta aspirava a porre il Libano sotto il proprio controllo politico.

Carta interattiva
Lo Stato d'Israele tra la guerra dei Sei giorni e la nascita dell'Autorità nazionale palestinese

Capitolo 4

ECONOMIA DEMOGRAFIA E SOCIETÀ

L'Italia: miracolo economico e prospettive politiche

Storia slide

LE CONOSCENZE DA ACQUISIRE
La società e l'economia italiana furono cambiati radicalmente da un rapido processo di industrializzazione.

LE COMPETENZE DA POTENZIARE
Saper capire i caratteri fondamentali di un modello economico del Novecento.

4.1 Il miracolo economico italiano

I settori trainanti Negli anni 1958-1963, l'Italia visse una strordinaria epoca di progressi produttivi. I mutamenti sociali furono talmente rapidi e forti da sembrare *miracolosi*, al punto che il periodo nel suo complesso ha ricevuto il nome di ***miracolo economico***. I tassi di incremento annuo della produzione toccarono livelli prima impensati: 6,37% (1959), 5,82% (1960), 6,81% (1961), 6,07% (1962).

Automobili ed elettrodomestici

I settori trainanti di questa straordinaria crescita produttiva furono numerosi e diversificati. Al primo posto, ricordiamo la **produzione di automobili**, che già nel 1953 aveva visto la **FIAT** lanciare la **600**, il modello che avrebbe segnato l'equivalente di ciò che la Ford T era stata negli USA degli anni Venti: una vettura economica, capace di trasformare la **motorizzazione** in un **fenomeno di massa**.

Un altro settore importantissimo per la crescita economica del Paese fu quello della produzione di **elettrodomestici**, destinati sia all'esportazione sia al consumo interno; «nel giro di cinque anni – ha scritto Valerio Castronovo – fra il 1959 e il 1963, la fabbricazione di autoveicoli quintuplicò salendo da 148 000 a 760 000 unità, i frigoriferi da 370 000 diventarono un milione e mezzo, le lavatrici passarono da 72 000 a 262 000 e i televisori (che erano non più di 88 000 nel 1954) a 634 000». Analogamente, la produzione di macchine da scrivere crebbe di quattro volte, mentre la fabbricazione di materie plastiche registrò un incremento di oltre quindici volte.

Video
L'Italia del miracolo economico

Piazza della Scala, a Milano, alla fine degli anni Cinquanta, affollata di automobili.

Schema proiettabile

Il miracolo economico

CAUSA EFFETTO

Storiografia 3

Televisione e società in Italia, negli anni del miracolo economico
→ pag. 583

Le cause del miracolo economico Le ragioni che resero possibile il *miracolo* furono molteplici e complesse. Ricordiamo, innanzitutto, che l'Italia disponeva di un enorme serbatoio di disoccupati in cerca di lavoro: il potenziamento della produzione, insomma, poté avvenire in un contesto di **bassi salari**, dovuti al fatto che l'offerta di manodopera era ancora molto superiore alla richiesta da parte delle industrie. Nello stesso tempo, in Italia si registrò anche una progressiva sostituzione degli impianti a carbone con altri, decisamente meno costosi, a base di combustibili liquidi o gassosi derivati dal **petrolio**, che l'ENI (Ente nazionale idrocarburi) riuscì a fornire in quegli anni a **prezzi estremamente convenienti.**

Rispetto agli anni precedenti la guerra, l'industrializzazione uscì dall'area ristretta che aveva occupato in passato (quando era di fatto limitata al *triangolo* Torino-Milano-Genova): negli anni 1958-1962, cioè, iniziò il decollo industriale anche di numerose altre zone della Pianura Padana, fino ad allora esclusivamente agricole.

Il *miracolo*, comunque, fu un fenomeno essenzialmente settentrionale; pertanto, dopo aver attirato i contadini delle province circostanti, i **centri industriali del Nord attirarono** un gran numero di **emigranti dal Sud dell'Italia.** Sebbene sia difficile, soprattutto all'inizio del processo, fare calcoli precisi, è legittimo ritenere che oltre 900 000 persone abbiano abbandonato la loro residenza al Sud per trasferirsi nelle regioni settentrionali industrializzate.

Guardiamo la storia

- Gli italiani in Belgio nel dopoguerra
- Il miracolo economico e la migrazione dal Sud al Nord Italia

La calca per salire su un treno diretto al Nord, alla ricerca di un posto di lavoro.

ZOOM I consumi degli italiani

Negli anni del miracolo economico molti italiani conobbero una decisa crescita del tenore di vita. La tabella presenta i dati su quattro beni di consumo indicativi.

I beni di consumo durevoli posseduti dalle famiglie italiane (numero di esemplari ogni 100 abitanti)

ANNO	TV BIANCO E NERO	TV A COLORI	LAVATRICE	FRIGO
1953	–	–	4	14
1960	20	–	5	17
1965	49	–	23	55
1971	82	–	63	86
1975	89	–	77	93
1980	85	22	86	98
1985	64	58	89	99

Immagine pubblicitaria per la lavatrice Candy, fine anni Cinquanta.

4.2 Nuove prospettive politiche: il centro-sinistra

› VEDI Il compromesso storico → pag. 621

Fanfani, Moro e l'apertura a sinistra Dopo le elezioni del 1953, De Gasepri si era ritirato dalla vita pubblica; al suo posto, la guida della DC fu assunta da **Amintore Fanfani** e da **Aldo Moro**. I due leader del partito cattolico portarono avanti una nuova linea politica, secondo cui la DC, impossibilitata a governare solo con il sostegno dei piccoli partiti laici che erano stati suoi alleati fin dal 1948, doveva trovare un **accordo** non a destra, con i monarchici e i neofascisti del MSI, bensì **a sinistra, con i socialisti**. Questa operazione, detta *apertura a sinistra*, fu possibile solo **all'inizio degli anni Sessanta**, dopo che il PSI ebbe troncato definitivamente ogni legame con i comunisti e dopo l'elezione al pontificato (1958) di **Giovanni XXIII**, papa meno rigido sul dialogo con il mondo moderno rispetto a Pio XII, il papa delle elezioni del 1948 e della scomunica ai comunisti.

Nel 1962, Fanfani stesso fu a capo di un governo che non comprendeva ancora i socialisti al suo interno, ma era comunque da loro sostenuto in Parlamento. Tra i più significativi provvedimenti assunti dall'esecutivo dev'essere menzionata la creazione dell'ENEL (Ente nazionale per l'energia elettrica), nata dopo la **nazionalizzazione delle imprese produttrici di elettricità**, approvata dal governo nel dicembre 1962; per i socialisti, tale provvedimento doveva essere il primo passo per l'introduzione, nell'economia italiana, di regole capaci di tenere sotto controllo pubblico lo spontaneismo selvaggio del *miracolo economico*.

ZOOM Giovanni XXIII e il Concilio Vaticano II

Alla morte di Pio XII, nel 1958 fu eletto papa **Giovanni XXIII**: il suo breve pontificato (1958-1963) fu di un'intensità e di una vivacità straordinarie, che hanno trasformato la Chiesa cattolica in modo profondo e, in alcuni ambiti, irreversibile.

In primo luogo, va segnalata, la decisione del pontefice di indire un nuovo **Concilio ecumenico** (cioè una riunione plenaria di vescovi), che fu annunciata pubblicamente il 25 gennaio 1959. L'ultimo concilio di questo tipo risaliva al 1870 (Vaticano I) e aveva proclamato l'infallibilità del papa nel campo della fede e della morale.

Dopo tre anni di preparazione, il **Concilio Vaticano II** venne ufficialmente **aperto l'11 ottobre 1962**, alla presenza di 2778 vescovi, provenienti da tutti i continenti: Europa (38%), Americhe (31%), Africa (10%), Asia e Oceania (21%).

Fin dal suo discorso inaugurale, il pontefice manifestò con estrema chiarezza la volontà di dare vita a una nuova fase della storia della **Chiesa**, o meglio la sua disponibilità a metterla **in dialogo con il mondo moderno**.

Il Concilio introdusse importanti innovazioni, alcune delle quali riguardarono la spiritualità e la liturgia dei credenti, in modo da renderli parte attiva alla celebrazione della messa. In particolare si stabilì che:

- le **preghiere della messa e delle altre funzioni religiose** sarebbero state pronunciate nelle diverse lingue nazionali, e non in latino, come in precedenza;
- il **sacerdote**, durante la funzione religiosa, sarebbe stato sempre **rivolto in direzione dell'assemblea** (mentre prima guardava l'altare e quindi voltava le spalle ai fedeli per gran parte del rito);
- inoltre, mentre il Concilio di Trento aveva di fatto proibito la lettura privata della Bibbia in lingua volgare, temendo le interpretazioni personali, erronee o critiche verso la Chiesa, da parte dei fedeli, si **raccomandò ai cattolici di prendere dimestichezza con la Sacra Scrittura**, rilanciata come insostituibile fonte primaria della fede e della spiritualità del credente.

Guardiamo la storia
Giovanni XXIII, il papa del Concilio

San Pietro, Città del Vaticano, 11 ottobre 1961: vescovi da ogni parte del mondo per la cerimonia di apertura del Concilio Vaticano II.

Il nodo delle riforme

I governi di centro-sinistra Il 5 dicembre 1963 il Parlamento votò la fiducia a un esecutivo comprendente anche esponenti socialisti; presieduto da **Moro**, il **governo** venne definito di ***centro-sinistra***, proprio a indicare la sua volontà di far collaborare insieme forze di centro (come la DC) e di sinistra (come, appunto, i socialisti). In teoria, un governo di questo tipo avrebbe dovuto procedere alla rapida approvazione di una lunga serie di riforme di cui il Paese aveva urgente bisogno. Da un lato, si trattava di modernizzare quelle regioni (soprattutto al Sud) che non avevano direttamente partecipato al *miracolo economico*; le zone che si erano repentinamente industrializzate, dall'altro, avevano bisogno di nuove regole urbanistiche e di un rapido adeguamento dei servizi (edilizia popolare, scuole, trasporti, ospedali ecc.) alle esigenze della popolazione attirata nelle grandi città dalle possibilità del lavoro in fabbrica.

I numerosi governi di centro-sinistra che si susseguirono tra il 1963 e il 1969 non diedero un'efficace risposta a questi gravi problemi. Pertanto, a cominciare dal 1967, ebbe inizio una lunga stagione di proteste e di forti tensioni sociali, che sarebbe durata per circa quindici anni.

4.3 Le contestazioni giovanili

La riforma della scuola I governi che guidarono l'Italia nei primi anni Sessanta si posero seriamente il problema dell'istruzione scolastica. **La scuola italiana visse una stagione di cambiamenti decisivi e fondamentali**: nel 1961 fu aperto l'accesso alle facoltà universitarie scientifiche anche ai diplomati degli istituti tecnici; nel **1962**, una riforma ancora più importante trasformò la scuola media inferiore. In passato, subito dopo la quinta elementare, molti ragazzi erano avviati a una formazione di tipo professionale, mentre solo una minoranza, che in genere proveniva da famiglie borghesi, frequentava la scuola vera e propria, la sola che desse in seguito accesso ai gradi superiori dell'istruzione. Con la riforma, fu introdotta la cosiddetta ***scuola media unica***, identica e obbligatoria per tutti i ragazzi, che avrebbero dunque potuto compiere le proprie scelte di tipo culturale e professionale tre anni più tardi rispetto al passato.

Improvvisa crescita degli studenti universitari

In virtù di tali provvedimenti, anche in Italia crebbe in maniera esponenziale il numero degli alunni che proseguivano gli studi, fino al livello universitario: nell'anno accademico 1967-1968, gli iscritti all'università erano 500 000, contro i 280 000 del 1960-1961. Le strutture universitarie, tuttavia, non erano pronte per assorbire un tale impetuoso incremento: a Roma, a Napoli o a Bari, ad esempio, le università erano state progettate per accogliere circa 5000 studenti; ognuna di esse, invece, si ritrovò con un numero di iscritti di gran lunga superiore: 30 000 (Bari), 50 000 (Napoli), 60 000 (Roma).

Scontri alla facoltà di giurisprudenza dell'Università di Roma, 1968.

Il movimento studentesco Prima ancora del *maggio parigino*, la protesta studentesca esplose in Italia nell'autunno del 1967 e nella primavera del 1968. **Vennero occupate molte università**, come Trento, Milano, Torino e altre ancora: al loro interno, gli studenti rimanevano giorno e notte, organizzando assemblee e dibattiti nei quali tentavano di dare corpo e struttura alle proprie posizioni politiche, che venivano poi espresse in elaborati documenti di analisi sociale.

Nell'agosto del 1968, i carri armati sovietici intervennero in Cecoslovacchia ponendo fine all'esperienza del *socialismo dal volto umano* di Aleksander Dubcek. Mentre nel 1956, di fronte alla rivolta ungherese, il Partito comunista italiano aveva appoggiato in pieno l'intervento armato russo, **nel 1968** il PCI prese le distanze dalla **repressione in**

Cecoslovacchia, condannandola severamente e senza mezze misure. In pratica, questa condanna significava rinunciare al principio leninista della *dittatura del proletariato*, che lo stesso Dubcek aveva accantonato, e proclamare che il socialismo non poteva andare disgiunto dalla democrazia parlamentare e dal rispetto dei diritti del cittadino, così come li avevano elaborati la Rivoluzione francese e la tradizione liberale.

Sogni di rivoluzione sociale

Tuttavia, nello stesso momento in cui il PCI assumeva, non senza fatica, una posizione critica nei confronti del modello socialista sovietico, dall'ambiente del **movimento studentesco** emersero nuove e ben più radicali **aspirazioni di rinnovamento**. Nata come protesta per l'incapacità del sistema universitario di far fronte al cospicuo aumento delle iscrizioni, ben presto **la contestazione dei giovani investì ogni forma di autoritarismo e di gerarchia**, esaltò la Cina o Cuba come modelli sociali radicalmente alternativi, perfettamente egualitari, e si propose l'obiettivo di entrare in **stretto collegamento con la classe operaia** per risvegliarne l'energia rivoluzionaria.

L'estremismo di sinistra Nell'autunno del 1968 nacquero molti gruppi estremisti, tra cui *Servire il popolo*, *Potere operaio* e *Lotta continua*. Anche se ognuno di essi aveva un'identità propria, tutti concordavano sul fatto che era necessario organizzare la **rivoluzione proletaria** in tempi brevi, assumendo un atteggiamento simile a quello tenuto da Lenin nel 1917 in Russia.

Un marxismo estremista e violento

Tanti giovani erano convinti che la società capitalista fosse sul punto di crollare sotto il peso delle proprie contraddizioni, per lasciare il posto a una società utopica, dai contorni indeterminati, ma comunque egualitaria e giusta. Inoltre in molti di loro, come corollario di questo marxismo estremista, si fece progressivamente strada la concezione secondo cui, per accelerare i tempi del passaggio alla società socialista vagheggiata, era lecito **usare la violenza** contro coloro che si opponevano all'avanzata della nuova realtà.

L'*autunno caldo* degli operai Nel 1969, la protesta sociale si estese alla classe operaia, dando origine al cosiddetto ***autunno caldo***, che si manifestò come aperto e violento **scontro tra industriali e lavoratori**. Di fronte all'incapacità dello Stato di porre delle regole al sistema industriale e di governare la trasformazione nel suo complesso, fu il **sindacato** a guidare i lavoratori alla conquista di maggiori diritti e di migliori condizioni di vita.

Nel 1969 le ore perdute per agitazioni nelle fabbriche superarono, nell'industria manifatturiera, la cifra di 200 milioni. A seguito di queste lotte, gli **operai** ottennero sia **aumenti salariali**, sia innovazioni di tipo normativo. Gli **ambienti di lavoro** divennero **più sicuri** per la salute dei lavoratori, mentre il cottimo e altri sistemi di produzione che legavano la retribuzione al rendimento furono limitati. A coloro che erano privi di un titolo di studio, inoltre, fu concessa la possibilità di studiare per 150 ore ogni anno, frequentando corsi di istruzione per adulti appositamente istituiti. Infine, nel **1970**, il Parlamento approvò lo ***Statuto dei lavoratori***, che era previsto dalla Costituzione ma non era mai stato redatto. In esso si vietava ogni abuso di potere all'interno delle fabbriche, ponendo precisi limiti all'autorità dei padroni e vietando loro di discriminare i lavoratori stessi per motivi politici.

Corteo operaio davanti ai cancelli dello stabilimento FIAT di Mirafiori, a Torino, nel 1969.

1 Le origini della rivoluzione culturale

Dopo il fallimento del *grande balzo in avanti*, numerosi esponenti del Partito comunista cinese cercarono di porre un freno all'azione di Mao, considerato un pericoloso visionario, che agiva senza tener conto dei problemi strutturali della realtà economica e sociale del Paese. Mao reagì all'offensiva dei moderati scatenando contro di loro milioni di giovani, che i seguaci più fedeli del dittatore indottrinarono in maniera fanatica. La *rivoluzione culturale* fu simultaneamente scontro generazionale e lotta politica, condotta senza esclusione di colpi.

[A giudizio di Mao], l'attivismo rivoluzionario di sinistra, ora in calo, poteva rigenerarsi se si identificava correttamente il nemico e si usavano tutte le forze per sradicarlo e distruggerlo. In passato aveva sostenuto che era necessario *appiccare il fuoco* a scadenze di pochi anni per tenere in vita la rivoluzione. Ma questo poteva anche spaventare il popolo: [...] Mao giunse a ritenere che la sua missione fosse sì quella di appiccare il fuoco, ma anche quella di insegnare ai giovani come riuscirci da soli. In questa missione stranamente apocalittica, trovò un composito seguito di alleati. Uno era il ministro della Difesa, Lin Biao, intenzionato a guidare l'Esercito Popolare di Liberazione ancora più avanti nel cammino rivoluzionario, grazie al libretto rosso del maoismo, che commissionò nel 1964 ordinando a tutti i soldati di leggerlo. Un anno dopo Lin abolì mostrine, uniformi in stile sovietico e qualunque altro simbolo di grado in tutto l'esercito, ricreando, almeno nell'intenzione di Mao, un'immagine ben più semplice di vita militare, con quell'aura da guerriglia cui il leader era da tempo associato. Un secondo gruppo di alleati era formato da certe cellule e certi intellettuali, in molti casi di base a Shangai, che avevano un forte orientamento a sinistra ed erano sinceramente costernati di fronte alla direzione presa dalle politiche agricole e industriali, che consideravano passatiste. Un terzo gruppo trovava il suo centro nella moglie di Mao, Jiang Qing, che per vent'anni dopo il suo matrimonio con Mao a Yan'an si era tenuta lontana dalla politica. Ma nel 1956, tornata dal suo soggiorno per cure mediche in Unione Sovietica, cominciò a interessarsi vivamente allo stato del cinema e del teatro cinesi contemporanei. Formò gradualmente un nucleo di fedeli compagni che cercavano di far penetrare nuovamente gli atteggiamenti rivoluzionari nel mondo culturale e di snidare quegli elementi revisionisti [moderati, *n.d.r.*] che – in questo Jiang concordava con Mao – si celavano dappertutto. [...]

Ogni strada doveva esporre una citazione del presidente Mao e altoparlanti presenti a ogni incrocio e in ogni parco dovevano diffondere il suo pensiero [...] Nessun negozio poteva vendere libri classici

Alla fine di maggio [1966, *n.d.r.*], alcuni insegnanti dell'Università di Pechino affissero dei manifesti in cui denunciavano i nemici di destra che «avevano imboccato la strada del capitalismo» presenti nelle università e nella burocrazia culturale; Mao dette il suo beneplacito ai manifesti e gli studenti si accodarono attaccando i propri insegnanti. Il *Quotidiano del Popolo* si pronunciò a favore dei dissidenti nell'editoriale e il movimento si diffuse in altre città della Cina, dall'università alle scuole superiori. Gruppi di studenti cominciarono a indossare uniformi paramilitari e fasce rosse al braccio dichiarandosi *Guardie Rosse* e difensori del presidente Mao. [...] In agosto, pronunciandosi con toni da oracolo in favore della lotta (affermò che «ribellarsi è giustificato» e che era bene «bombardare il quartier generale»), Mao indossò l'uniforme militare e dall'alto di Tienanmen [l'immensa piazza che si trova nel cuore di Pechino, *n.d.r.*] passò in rassegna centinaia di migliaia di studenti in adorazione, accettando da loro una fascia delle Guardie Rosse a riprova del suo sostegno. A settembre, un milione di persone cominciò a radunarsi in queste manifestazioni raggiungendo Pechino da ogni parte della Cina. Gli studenti di Pechino, a loro volta, presero a percorrere in squadre le campagne (fu consentito loro di viaggiare gratis in treno) per diffondere il verbo di quella che ora veniva chiamata la *Rivoluzione culturale.* [...]

Un annuncio pubblicato nell'agosto 1966 dalle «Guardie Rosse della Scuola Numero 26 di Pechino» impose il tipo di programma che fece poi da modello a innumerevoli altri. Ogni strada doveva esporre una citazione del presidente Mao e altoparlanti presenti a ogni incrocio e in ogni parco dovevano diffondere il suo pensiero. Ogni unità familiare, così come tutti i treni e gli autobus, le biciclette e i risciò, dovevano mostrare un'immagine di Mao. I controllori dei biglietti sul treno e sugli autobus dovevano tutti declamare il pensiero di Mao. Ogni libreria doveva rifornirsi delle citazioni di Mao e ogni mano in Cina doveva impugnarne una copia. Nessuno poteva indossare jeans, pantaloni stretti, «stravaganti abiti da donna», o portare «pettinature con il gel o scarpe alla moda americana». Non si potevano usare profumi o creme di bellezza. Nessuno poteva tenere animali da compagnia, fossero pesci, gatti o cani, allevare grilli da combattimento. Nessun negozio poteva vendere libri classici. Tutti quelli riconosciuti dalle masse come proprietari terrieri, teppisti, nemici di destra e capitalisti dovevano indossare una targa che li identificava come tali ovunque andassero. In ogni stanza dovevano abitare almeno tre persone; tutti gli altri spazi dovevano essere riservati agli uffici statali per gli alloggi. I bambini dovevano criticare gli adulti, gli studenti dovevano criticare i professori. Nessuno al di sotto dei trentacinque anni poteva bere o fumare. [...]

Il numero delle vittime di questa violenza non coordinata nella Rivoluzione Culturale è incalcolabile, ma si parla di molti milioni. Alcuni furono uccisi, altri si uccisero. Altri rimasero mutilati o segnati per la vita. Altri ancora furono tormentati periodicamente per un numero imprecisato di *crimini*, come l'aver conosciuto stranieri, posseduto libri o oggetti d'arte di provenienza estera, avere assecondato gli studi classici, l'essere stati insegnanti autoritari, aver denigrato Mao o il partito in qualche commento casuale. I figli soffrirono per colpa di quello che i genitori o i nonni ave-

La riproduzione di immagini di Mao, una delle principali attività dopo la rivoluzione culturale.

vano fatto, e talvolta cercarono di liberarsi di quelle accuse mostrando uno *zelo rivoluzionario* fuori dal comune, per esempio devastando l'appartamento dei genitori, picchiando gli insegnanti o partendo per aree di confine per *servire il popolo* e *imparare dalle masse*. Molte famiglie distrussero i propri oggetti d'arte, bruciarono o strapparono le foto, i diari e le lettere, per evitare che finissero nelle mani delle onnipresenti Guardie Rosse. [...]

La minuscola figura sulla tribuna di Tienanmen, che salutava con la mano la marea adorante di bandiere e libretti rossi che gli si stendeva davanti a perdita d'occhio, aveva solo un vago sentore delle emozioni che attraversavano le menti dei fedeli commossi. Gli bastava che fossero lì, adoranti e con le lacrime agli occhi. Gli bastava di essere diventato per loro, finalmente, il «Grande Timoniere, il grande educatore, il grande leader, e il Rosso, Rosso sole nei loro cuori».

J. SPENCE, *Mao Zedong*, Gruppo Editoriale L'Espresso/"la Repubblica", Roma 2006, pp. 145-151, trad. it. L. BALDINUCCI

Analizza il testo

- Quali categorie subirono particolari persecuzioni durante la rivoluzione culturale?
- Che ruolo svolse Lin Biao? Quale posizione occupava nell'apparato dello Stato cinese?
- Per quale motivo erano vietati i jeans?

2 La primavera di Praga

L'esperienza della Cecoslovacchia nei primi mesi del 1968 portò grandi speranze in numerosi militanti della sinistra europea: per la prima volta, gli ideali di giustizia sociale tipici del socialismo parevano coniugarsi con la libertà di opinione e di stampa. L'intervento sovietico (in agosto) spense tutte le illusioni relative alla capacità di autoriformarsi da parte dei regimi comunisti.

La Ceco-Slovacchia (come venne chiamata all'inizio) era sempre stata una nazione dagli equilibri difficili e precari. La minoranza slovacca nel Sud e nell'Est era più povera e rurale di quella ceca, residente nel Nordovest. Sottratti al dominio ungherese nel 1918, gli slovacchi, nel periodo fra le due guerre, costituivano l'elemento più povero del multietnico paese, e non furono sempre ben trattati da Praga. Perciò, molti avevano salutato con gioia la spaccatura del 1939 e l'istituzione di un «indipendente» Stato fantoccio con Bratislava come capitale. [...] Inizialmente, la Slovacchia non se la passò male sotto il comunismo. Ma lo stato d'animo mutò radicalmente dopo il 1960. La nuova Costituzione «socialista» lasciava ancora meno spazio all'iniziativa e all'opinione locale rispetto alla precedente, e l'autonomia accordata alla Slovacchia nel periodo della ricostruzione postbellica fu ora soppressa. Ben più grave per la maggior parte degli slovacchi, tuttavia, era il ristagno economico (nel 1964 il tasso di crescita era il più basso di tutti i paesi del blocco sovietico), che colpì l'industria pesante della Slovacchia centrale in modo più intenso di qualsiasi altro settore. [...]

Il 5 gennaio 1968 il Comitato centrale del Partito comunista cecoslovacco elesse un nuovo primo segretario, Alexander Dubcek. Questi era giovane (47 anni, sedici in meno del predecessore), apparteneva all'ala riformista e, soprattutto, era slovacco. [...] Il 22 marzo, Novtny [presidente della Repubblica, comunista di stampo staliniano, *n.d.r.*] fu costretto a dare le dimissioni e, una settimana più tardi, il suo posto fu preso dal generale Ludvik Svoboda. Cinque giorni dopo, il Comitato centrale adottò un «programma d'azione», nel quale si proponeva il riconoscimento di uno status paritario e dell'autonomia per la Slovacchia, la riabilitazione delle vittime del passato e la «democratizzazione» del sistema economico e politico. Il partito stava quindi sottoscrivendo quello che il programma stesso definiva un «esperimento unico di comunismo democratico»: il «socialismo dal volto umano», come venne comunemente chiamato. Entro un certo tempo (il documento parlava di transizione decennale), il Partito comunista cecoslovacco avrebbe dovuto misurarsi in autentiche e libere elezioni. Non si trattava certo di idee nuove, ma, una volta proclamate pubblicamente dagli organi ufficiali di un partito comunista al potere, scatenarono un terremoto politico. Era cominciata la «primavera di Praga». Gli eventi della primavera e dell'estate del 1968 in Cecoslovacchia furono frutto di tre illusioni del tempo. La prima, diffusasi nel paese dopo l'ascesa al potere di Dubcek e soprattutto dopo la pubblicazione del programma, stava nella convinzione

STORIOGRAFIA

che le libertà e le riforme di cui si discuteva potessero essere incardinate armonicamente nel progetto socialista (ossia comunista). Sarebbe sbagliato supporre, in retrospettiva, che nel 1968 il «vero» obiettivo di studenti, scrittori e riformisti fosse il rovesciamento del comunismo e la sua sostituzione con il capitalismo liberale, o che il loro entusiasmo per il «socialismo dal volto umano» fosse semplice retorica di compromesso. Al contrario: l'idea che esistesse una «terza via», un socialismo democratico compatibile con istituzioni libere, rispetto delle libertà individuali e obiettivi collettivi, aveva completamente catturato l'immaginazione degli studenti cechi. [...] Ciò, a propria volta, alimentò una seconda illusione. Se il popolo credeva che il partito potesse salvare il socialismo dalla propria storia, la leadership finì per convincersi di poterlo fare senza perdere il controllo del paese. Il 18 aprile venne formato un nuovo governo sotto la guida di Oldrich Cernik che, spronato da enormi dimostrazioni pubbliche di affetto e sostegno (in particolare in occasione delle tradizionali celebrazioni per la festa del 1° maggio), annullò praticamente tutti i controlli formali sulla libera parola. Il 26 giugno venne ufficialmente abrogata la censura sulla stampa e sui mezzi di comunicazione. Lo stesso giorno fu annunciato che la Cecoslovacchia sarebbe diventata un autentico Stato federale, formato da una Repubblica socialista ceca e da una Repubblica socialista slovacca (questa fu l'unica riforma di Dubcek che sopravvisse alla successiva repressione, entrando in vigore il 28 ottobre 1968). Tuttavia, ora che aveva tolto tutti i controlli sull'opinione, la leadership comunista subì forti pressioni da ogni lato affinché seguisse la logica delle proprie azioni. Perché aspettare dieci anni prima di libere e aperte elezioni? Ora che la censura era stata abrogata, che motivo c'era di mantenere la proprietà e il controllo dei media? [...] La linea di demarcazione tra uno Stato comunista e una società aperta era ormai perfettamente visibile. E questo, a propria volta, nell'estate del 1968 focalizzò l'attenzione nazionale sulla terza illusione, la più pericolosa: la convinzione di Dubcek di poter tenere a bada Mosca, persuadere i compagni sovietici che non avevano nulla da temere, anzi, che avevano soltanto da guadagnare dalla rinnovata popolarità del partito e dalla nuova fede in un rinvigorito progetto socialista. Se Dubcek fece questo fatale errore di valutazione, il motivo va cercato nel fatto che i riformisti cechi non avevano compreso la lezione del 1956. L'errore di Nagy, a loro giudizio, era stato l'abbandono del Patto di Varsavia e la proclamazione della neutralità. Sinché la Cecoslovacchia fosse rimasta saldamente e fedelmente alleata a Mosca, Breznev e colleghi l'avrebbero lasciata tranquilla. Ma nel 1968 l'URSS era più preoccupata dalla perdita del controllo di partito che dalle questioni di sicurezza militare. Già il 21 marzo, durante una riunione del Politbjuro sovietico, il leader del partito ucraino Petro Shelest si era lamentato per la contaminazione provocata dall'esempio cecoslovacco: le notizie provenienti da Praga avevano effetto dirompente sui giovani ucraini. I leader della Polonia e della RDT presentarono analoghe rimostranze ai colleghi sovietici in un incontro tenutosi a Dresda nello stesso mese [...]. In aprile il ministro sovietico della Difesa Andrei Grechko fu discretamente autorizzato a tracciare un piano per le operazioni militari: una prima bozza di quella che sarebbe diventata l'*operazione Danubio*.

T. JUDT, *Dopoguerra. Com'è cambiata l'Europa dal 1945 a oggi*, Mondadori, Milano 2007, pp. 544-549, trad. it. A. PICCATO

Analizza il testo

- Spiega l'espressione «la convinzione che le libertà e le riforme di cui si discuteva potessero essere incardinate armonicamente nel progetto socialista».
- Spiega il concetto di terza via, che i comunisti cechi speravano di poter percorrere.
- Per quale motivo la fedeltà di Dubcek all'alleanza militare con l'URSS non fermò l'intervento sovietico a Praga?

Manifestazione pacifica in piazza Venceslao, cuore della città di Praga, 1968.

3 Televisione e società in Italia, negli anni del miracolo economico

Insieme all'automobile, al frigorifero e alla lavatrice, il televisore divenne il simbolo della nascente società dei consumi. Tuttavia, la televisione ebbe numerose e più vaste conseguenze, nella società italiana degli anni Sessanta; in particolare, favorì l'unificazione linguistica del Paese, che né la scuola né gli altri mezzi di comunicazione (stampa, radio, cinema) avevano ancora saputo creare.

Alla fine degli anni Cinquanta, in Italia, il giovedì sera i caffè dotati di televisore si affollavano di gente che guardava il popolare quiz *Lascia o raddoppia?*, un adattamento del programma americano *The $64,000 Question* (1955); negli Stati Uniti era una trasmissione di mezz'ora, mentre in Italia aveva maggior seguito e durava decisamente di più, tanto che alcuni cinema per trasmetterlo interrompevano addirittura la proiezione. Negli anni Cinquanta alla Comasina, un quartiere operaio della periferia di Milano con un elevato numero di immigrati dal Sud, la visione collettiva era la norma; nel 1962, tuttavia, il 90 per cento delle famiglie di quella zona possedeva ormai un televisore (molto più della media italiana), e l'era della tv al bar si era pressoché conclusa... almeno alla Comasina.

La velocità di questo cambiamento è emblematica nella storia dello sviluppo della televisione in una minuscola comunità rurale italiana, Torre Noverana [...] a soli settanta chilometri da Roma. Negli anni Cinquanta Torre Noverana era un modesto agglomerato agricolo di settantacinque case. La vita collettiva era intensa: ogni domenica la chiesa si riempiva, e, tempo permettendo, la sera la maggior parte della gente stava seduta fuori a chiacchierare. L'elettricità, e con essa la radio, arrivò in paese nel 1950; il primo televisore venne comprato nel 1960, sei anni dopo l'inizio della teletrasmissione in Italia, dalla famiglia più abbiente, stimolata dalla prospettiva di poter vedere le Olimpiadi di Roma. L'acquisto fu in parte una risposta alle pressioni dei membri più giovani della famiglia e delle donne; il vecchio nonno non era d'accordo, e rifiutò di guardare la tivù fino all'ultimo dei suoi giorni. Altre dieci famiglie, imparentate con i fortunati proprietari dell'apparecchio, si riunivano regolarmente per assistere con loro ai programmi. La famiglia accettò che il privilegio di essere i primi comportasse l'obbligo morale e sociale di accogliere i propri compaesani affinché potessero goderne a loro volta: il sabato sera, se il tempo era bello, il televisore veniva trasportato in strada per consentire la visione a una più ampia fetta della comunità. Dieci anni dopo un terzo delle famiglie possedeva un televisore, e praticamente tutte avevano una radio.

L'arrivo di questo mezzo di comunicazione coincise con altri importanti cambiamenti per gli abitanti di Torre Noverana: i piani per l'occupazione pubblica e il boom immobiliare di Roma avevano attirato molti lavoratori locali nella grande città. Gli anni dal 1958 al 1962 furono, in modo particolare in Italia, un periodo di crescita economica senza precedenti e di considerevoli mutamenti sociali, ed è quindi difficile isolare gli effetti specifici prodotti dalla televisione. Nello sviluppo di una lingua comune, tuttavia, essa giocò un ruolo fondamentale. Nel 1960 gli abitanti di Torre Noverana parlavano solo il dialetto locale: l'italiano era la lingua che veniva insegnata a scuola alla generazione più giovane ed era utilizzata, con qualche difficoltà, nei contesti ufficiali. Poiché, però, in televisione il dialetto non si usava mai, gli abitanti furono esposti quasi ogni sera a un flusso ininterrotto di italiano. L'unità d'Italia potrà anche risalire al 1861, ma linguisticamente parlando l'unificazione fu completata solo negli anni Sessanta, e in larga misura grazie alla televisione: nel 1951, infatti, ben 5 400 000 italiani (quasi tutti analfabeti) non erano in grado di parlare la lingua nazionale, 26 milioni comunicavano in dialetto con parenti e amici, e solo 7 800 000 si esprimevano abitualmente in italiano.

A dispetto del loro relativo isolamento, gli abitanti della località laziale avevano preferenze televisive simili a quelle del resto del Paese. [...] Era raro che qualcuno si interessasse ai programmi culturali, ma nessuno si perdeva il telegiornale. Poiché l'alfabetizzazione era scarsa e i giornali erano tutti scritti in italiano, sino a quel momento gli abitanti di Torre Noverana erano venuti a conoscenza di quanto succedeva nel mondo solo attraverso la radio e il cinegiornale proiettato al cinema di Ferentino. Il telegiornale invece spalancava orizzonti più ampi ed era guardato da tutti, e di fatto è da allora uno dei programmi di punta della Rai. Dal momento che in Italia la stampa popolare non esisteva, l'avvento del telegiornale costituì la nascita dell'unico *quotidiano popolare* che il Paese avesse mai avuto. Questa dipendenza dalle notizie in un sistema televisivo statale soggetto al controllo politico, ben lontana dall'ispirare un'accettazione passiva di massa, inasprì un diffuso cinismo nei confronti delle informazioni ricevute (così nel luglio del 1969 l'intero Paese assistette all'allunaggio dell'Apollo 11, ma molti erano convinti che si trattasse di una messinscena). [...] Un mezzo di comunicazione culturale centrato sulla famiglia comporta allo stesso tempo opportunità e rischi. Di ciò papa Pio XII era perfettamente consapevole (non c'è da stupirsi, considerando che il Vaticano aveva adottato la radio negli anni Venti). Nella sua esortazione apostolica del 1° gennaio 1954 sulla televisione, dava il benvenuto al nuovo mezzo di comunicazione, ma metteva in guardia: «Davanti alla nostra mente non cessa di essere presente il quadro doloroso della potenza malefica e sconvolgitrice degli spettacoli cinematografici. Ma come non inorridire al pensiero che, mediante la Televisione, possa introdursi fra le stesse pareti domestiche quell'atmosfera avvelenata di materialismo, di fatuità e di edonismo, che troppo sovente si respira in tante sale cinematografiche». Nel breve periodo i suoi timori sarebbero stati smentiti, poiché, almeno in Italia, quanti lavoravano per la televisione erano in gran parte cattolici che supportavano il principale partito di governo, la Democrazia Cristiana. La morale comune dettava legge; la famiglia era salva, addirittura più salva, perché in tutt'Europa la televisione teneva gli uomini a casa, lontani da taverne, pub, bar e caffè.

D. SASSOON, *La cultura degli europei dal 1800 a oggi*, Rizzoli, Milano 2011, pp. 1321-1324, trad. it. C. BERIA, M. BOTTINI, E. FARAVELLI, N. STABILINI

Analizza il testo

- In che anno ebbero inizio, in Italia, le trasmissioni televisive?
- Quale fu l'importanza della diffusione di questo mezzo di comunicazione dal punto di vista culturale?

La guerra in Vietnam

La guerra contro la Francia

La lotta di Ho Chi Minh

L'indipendenza del Vietnam All'inizio del Novecento, la **Francia controllava** la regione del Sud-Est asiatico comunemente chiamata **Indocina**, oggi comprendente tre Stati: Vietnam, Laos e Cambogia. Nel 1941, dopo che la Francia era stata travolta dall'offensiva tedesca in Europa e costretta alla resa, questi territori passarono sotto il dominio politico del Giappone, la cui ambizione era di conquistare la Cina e di sostituirsi agli occidentali nel resto dell'Asia orientale. Alla fine del conflitto mondiale, con l'aiuto degli inglesi, i francesi riuscirono a ripristinare la loro autorità coloniale nella parte meridionale del Vietnam, che aveva in Saigon il proprio capoluogo. Nel Nord del Paese, invece, la situazione venne complicata dal fatto che si era costituito un forte **movimento di resistenza**, diretto da **Ho Chi Minh** (*Colui che porta la luce*, pseudonimo di Nguyen Tat Tan).

Animato da un profondo desiderio di libertà per il proprio Paese, Ho Chi Minh aveva dapprima viaggiato in Occidente e infine si era legato al movimento comunista. Insieme a Vo Nguyen Giap, nel 1941 aveva dato vita alla *Lega per l'indipendenza del Vietnam*, meglio nota con il nome di *Vietminh*. Dopo una **lunga azione di guerriglia**, diretta magistralmente da Giap, nell'estate del 1945 il Vietminh riuscì a occupare la capitale del Nord, Hanoi, e numerosi altri centri (fra cui il porto di Haiphong); il **2 settembre 1945**, a Hanoi, **Ho Chi Minh proclamò** solennemente **l'indipendenza** del Paese, **sfidando l'autorità coloniale francese**. Il testo del documento che annunciava l'esistenza del nuovo Stato vietnamita era chiaramente modellato sulla *Dichiarazione di indipendenza* delle colonie americane, del 1776. La speranza di Ho Chi Minh, in questo immediato dopoguerra, era che gli Stati Uniti appoggiassero le rivendicazioni dei popoli che volevano liberarsi dalla dominazione coloniale europea. Tuttavia, dopo che i rapporti fra Stati Uniti e Unione Sovietica si fecero critici, ogni possibilità di risolvere il problema vietnamita per via diplomatica andò perduta.

Guardiamo la storia
La guerra in Vietnam

La disfatta francese Lo **scontro armato ebbe inizio nel novembre del 1946**, ma risultò ben presto evidente che la Francia, da sola, non era in grado di contrastare i guerriglieri del Vietminh; deciso a *contenere* a qualunque costo e con ogni mezzo l'espansione del comunismo, il presidente americano Truman accordò alla Francia ingenti aiuti finanziari (quasi 3 miliardi di dollari: una somma superiore a quella che la Francia stessa ricevette a seguito del Piano Marshall). Sul fronte opposto, invece, dal 1949, i comunisti poterono contare sull'appoggio militare cinese.

Un gruppo di paracadutisti francesi si spinge nel territorio del Laos durante la guerra di Indocina (1953).

In un primo tempo, l'opinione pubblica francese sostenne i governi decisi a non perdere l'impero coloniale; in seguito, però, **le perdite si fecero sempre più numerose**: alla fine del 1952, i francesi avevano perso 90 000 uomini tra morti, feriti, prigionieri e dispersi. Sul piano militare, il colpo decisivo fu sferrato dal Vietminh nel maggio 1954, quando riuscì a conquistare la piazzaforte di Dien Bien Phu, difesa da ben 13 000 soldati francesi.

La divisione del Vietnam

1954: il Paese è diviso in due Subito dopo la sconfitta francese, a Ginevra si aprì una conferenza di pace (1954) finalizzata a dare un nuovo assetto politico al **Vietnam**; dopo lunghe discussioni, cinesi e francesi obbligarono il Vietminh ad accettare che il Paese venisse, per il momento, **diviso in due zone**, all'altezza del 17° parallelo. La regione **settentrionale** divenne una **repubblica comunista**; nel **Sud**, invece, alla partenza dei francesi assunse il potere **Ngo Dinh Diem**, un **leader nazionalista** che si era opposto alla dominazione coloniale straniera ma, nello stesso tempo, anche alla prospettiva di una vittoria comunista.

Il 17° parallelo

Comunisti e nazionalisti Per Ho Chi Minh, il compromesso di Ginevra era una sconfitta inaccettabile. È vero che gli accordi prevedevano, per il 1956, libere elezioni in tutto il Paese e la riunificazione. Dopo la conquista del potere da parte di Diem, tuttavia, divenne evidente che le elezioni non avrebbero mai avuto luogo e che la divisione del Vietnam sarebbe durata (come quella della Germania o della Corea) a tempo indeterminato. Pertanto, il governo del **Vietnam del Nord incentivò la nascita di nuclei di lotta armata**, diretti a **colpire** militarmente **lo Stato del Sud**. Per schiacciare tali guerriglieri – che dai loro avversari furono ben presto battezzati *vietcong* ("comunisti vietnamiti") – gli **Stati Uniti fornirono** al regime di **Diem** consistenti **aiuti finanziari** e, in misura crescente, **sostegno militare**. In questa prima fase della guerra, gli americani presenti in Vietnam erano un numero limitato (3205 nel 1961; 9000 nel 1962); si trattava soprattutto, per il momento, di *consiglieri militari*, cioè ufficiali e tecnici (piloti di elicottero, ad esempio) incaricati di addestrare le truppe sudvietnamite. Il livello di efficienza dell'esercito di Diem, però, era estremamente scadente; inoltre, Diem non introdusse mai alcuna riforma sociale o politica capace di migliorare le condizioni di vita della popolazione, formata per la grande maggioranza da contadini impegnati nelle risaie.

I vietcong

Le difficoltà del Vietnam del Sud Il malcontento, già molto diffuso nel Paese, si accrebbe ulteriormente a partire dall'estate 1963, allorché Diem, che era cattolico, impose una serie di umilianti limitazioni all'esercizio pubblico dei riti buddhisti. Per protesta, i monaci seguaci del Buddha adottarono una forma di lotta che impressionò profondamente l'opinione pubblica di tutto il mondo: molti di essi, infatti, nel centro di Saigon, si diedero fuoco, lasciandosi morire tra le fiamme.

Ho Chi Minh, leader vietnamita.

In questo contesto, fra i **generali dell'esercito sudvietnamita** maturò l'idea di compiere un **colpo di Stato**: il 1° novembre 1963, dopo che il palazzo presidenziale era stato attaccato, **Diem** e **suo fratello vennero uccisi**. Gli Stati Uniti non ispirarono direttamente l'azione dei militari, ma neppure la disapprovarono, sperando che il **nuovo governo militare** mostrasse migliore capacità di organizzazione e maggiore efficienza. Anch'esso, tuttavia, si rivelò **incapace di sconfiggere i vietcong**, che ricevevano regolari rifornimenti dal Vietnam del Nord attraverso il cosiddetto *sentiero di Ho Chi Minh*, una lunga pista nella giungla che collegava i due Paesi e che, per lunghi tratti, passava per territori sotto la sovranità del Laos e della Cambogia. All'interno degli ambienti politici e militari americani, pertanto, si fece strada l'idea della necessità di un coinvolgimento massiccio e diretto delle forze armate statunitensi, che andasse al di là del sistema dei consiglieri militari (che nel 1963, per altro, avevano già raggiunto la ragguardevole cifra di 16000).

L'intervento degli Stati Uniti

I bombardamenti aerei sul Vietnam del Nord Nel 1964, il governo del Vietnam del Nord decise di intensificare la lotta per liberare la regione meridionale del Paese: in primo luogo, pertanto, procedette a trasformare il *sentiero di Ho Chi Minh* in una grande arteria stradale, capace di permettere il transito di notevoli quantità di uomini e mezzi verso sud. Non appena la guerriglia dei vietcong si fece più violenta, anche il **governo americano** (nella persona del presidente **Lyndon Johnson**) decise di prendere provvedimenti più radicali per schiacciare il nemico; innanzi tutto, **ordinò all'aviazione di bombardare** sia il **Vietnam del Nord** sia il *sentiero di Ho Chi Minh*, in modo da costringere i comunisti a desistere dal continuare le operazioni belliche.

Aviazione ed esercito USA

Il primo bombardamento ebbe luogo nel febbraio 1965; a partire da quel momento, il Vietnam del Nord fu investito da un'offensiva aerea senza precedenti nella storia, che si interruppe solo nel gennaio 1973, quando l'amministrazione Nixon (successore di Johnson) siglò un accordo di cessate il fuoco. In questi otto anni, come ha scritto Stanley Karnow, «gli Stati Uniti sganciarono sul Vietnam del Nord, un'area grande quanto il Texas, il triplo delle tonnellate di bombe sganciate sull'Europa, Asia e Africa durante la seconda guerra mondiale».

Neppure una simile mole di esplosivo piegò la resistenza dei vietnamiti; pertanto, **Johnson autorizzò l'invio nel Sud-Est asiatico dell'esercito americano**, i cui primi reparti arrivarono in Vietnam nell'estate 1965. Da quel momento, circa 3 milioni di soldati statunitensi avrebbero prestato servizio in Vietnam; per ognuno di loro, era prevista una presenza di un anno, passato il quale il soldato poteva tornare in patria. **Nel complesso, i caduti americani furono circa 58 000.**

58 000 caduti americani

L'inutile potenza dell'esercito americano L'esercito americano dispiegò in Vietnam tutta la propria potenza; i soldati, in battaglia, erano appoggiati da elicotteri, aviazione, artiglieria e mezzi corazzati. Il terreno vietnamita, tuttavia, non permise a tale spiegamento di forze di ottenere il successo che avrebbe potuto avere in qualsiasi guerra convenzionale. I soldati americani, in effetti, spesso dovettero combattere **una guerra di imboscate** improvvise nelle risaie e nella giungla, senza l'esistenza di un vero e proprio fronte, mentre la popolazione, in molte regioni, appoggiava e proteggeva i vietcong.

Per anni, il conflitto non fece significativi passi in avanti, mentre le truppe statunitensi (e, ancor più, l'opinione pubblica americana) mostrarono segni di tensione e di delusione sempre più forti. Neppure l'uso del **napalm** (una sostanza altamente infiammabile) e di grandi quantità di sostanze defoglianti permise agli americani di snidare i guerriglieri; all'opposto, destò enorme scalpore il fatto che il **31 febbraio 1968** (giorno del Tet, cioè del capodanno lunare, secondo il calendario vietnamita) l'**esercito comunista** fosse riuscito a scatenare una grandissima **offensiva in tutto il Vietnam del Sud**. Per la prima volta, furono i centri urbani il bersaglio dell'attacco: a Saigon i vietcong penetrarono persino all'interno del perimetro dell'ambasciata americana.

> **VEDI** L'offensiva del Tet → pag. 564

Le parole

Napalm

Il napalm può essere considerato la più micidiale arma di sterminio prodotta dalla tecnologia bellica, dopo i gas utilizzati nella guerra 1914-1918 e prima delle bombe a fissione atomica. Si tratta di una miscela gelatinosa di benzina, benzene, sali di alluminio e plastica. Quando è innescato e incendiato, sviluppa un calore spaventoso: usato su Tokyo durante la seconda guerra mondiale, provocò la morte di 90 000 giapponesi. In Vietnam gli americani ne rovesciarono sulle foreste del Paese circa 150 000 tonnellate, in dieci anni. Numerosi piloti che sganciarono il napalm restarono traumatizzati di fronte allo spettacolo del mare di fiamme che si scatenava sotto di loro. La stessa industria che fabbricava il napalm (la *Dow Chemical*) produceva anche il micidiale defogliante *Agent Orange*, a base di diossina.

1972: Kim-Phuc, di nove anni, corre disperata dopo essersi liberata dei vestiti in fiamme. Il suo villaggio era appena stato colpito da una bomba al napalm americana (fotografia di Nick Ut).

MONOGRAFIA

La vittoria comunista

Le pressioni dell'opinione pubblica americana L'offensiva del Tet costò ai comunisti circa 40 000 caduti; eppure, mostrò che neanche la presenza di 500 000 *marines* era riuscita a schiacciare la determinazione dei vietnamiti. Mentre i giovani, nelle città e nelle università americane, elevavano proteste sempre più rumorose contro la presenza militare statunitense, anche l'opinione pubblica e i più autorevoli mezzi d'informazione cominciarono a reclamare che gli Stati Uniti lasciassero il Vietnam e che la diplomazia subentrasse alle armi: del resto, nel solo 1967, la guerra era costata 21 miliardi di dollari, costringendo Johnson ad aumentare del 10% le imposte sui redditi. Il compito di *uscire dal Vietnam* venne affidato dal nuovo presidente, Richard Nixon, eletto nel novembre 1968, al suo consigliere, **Henry Kissinger**. Questi aveva da tempo capito che era impossibile una vittoria schiacciante, capace di chiudere la lotta una volta per tutte sul piano militare. Pertanto, scelse lucidamente la strada del compromesso con il governo nord-vietnamita.

La fine della guerra Il **27 gennaio 1973**, **a Parigi**, **fu raggiunto un accordo**, che prevedeva la **fine dei combattimenti** e la liberazione di tutti i prigionieri. Dal punto di vista americano, tuttavia, si trattava chiaramente di una sconfitta, in quanto all'esercito comunista era concesso di rimanere nelle zone di territorio sud-vietnamita controllato dai vietcong. È vero che il governo di Saigon ricevette, prima del **definitivo disimpegno statunitense**, ingenti rifornimenti di armi; ciò nonostante, era chiaro che i comunisti non avrebbero rinunciato affatto alla riunificazione del Paese: Kissinger, con l'accordo di Parigi, aveva solo guadagnato che la totale vittoria comunista avvenisse dopo un «decente intervallo» (come disse in privato, una volta, lo stesso Kissinger) rispetto all'uscita degli Stati Uniti dal conflitto. In effetti, nella **primavera del 1975**, l'esercito nordvietnamita attaccò in forze, riuscendo a conquistare tutte le principali città del Paese. **Saigon fu occupata** il 30 aprile e venne ribattezzata *Ho Chi Minh City*, in onore del leader comunista, morto nel 1969.

Negli anni seguenti, si verificò un **massiccio esodo di vietnamiti** che non volevano vivere sotto un regime comunista o che erano subito stati discriminati e perseguitati, con l'accusa di aver collaborato con il governo di Saigon. Quasi un milione di persone abbandonarono via mare, con imbarcazioni di fortuna, il Vietnam del Sud, e circa 50 000 morirono nel corso della navigazione.

Nel Paese riunificato, intanto, il governo procedette in tempi brevi alla collettivizzazione delle campagne (soprattutto nel fertile delta del fiume Mekong) e a varare un piano quinquennale di matrice sovietica, basato sulla preminenza dell'industria pesante. Come in tutti gli altri Paesi socialisti, anche qui l'economia – oltre tutto penalizzata dalla necessità di ricostruire le devastazioni di trent'anni di guerra – è ben presto entrata in grave crisi, al punto che il Vietnam è stato per vari decenni una delle nazioni più povere del mondo. «Sì, abbiamo sconfitto gli Stati Uniti. Ma adesso siamo perseguitati da molti problemi. Non abbiamo da mangiare. Siamo un Paese povero, sottosviluppato. Fare una guerra è facile, ma governare un

Un Paese povero

I personaggi

Henry Kissinger

Henry Alfred Kissinger nacque in Germania nel 1923. Nel 1938 la sua famiglia, ebraica, cercò rifugio negli Stati Uniti per sfuggire al nazismo. Dopo aver studiato a Harvard e aver ottenuto una cattedra di Scienze politiche in quella stessa università, nel 1969 divenne consigliere personale del presidente Nixon. Ricoprì la carica di segretario di Stato (equivalente a ministro degli Esteri) dal 1973 al 1977. Dopo aver concluso la pace con il Vietnam del Nord, ricevette il premio Nobel per la pace, insieme al negoziatore vietnamita Le Duc Tho.

Trent'anni di guerra

Schema proiettabile

Vittime vietnamite nella guerra contro la Francia	Vittime vietnamite tra il 1961 e il 1975	Cooperative agricole e villaggi distrutti	Orfani presenti nel Vietnam del Sud nel 1973
800 000	2 000 000 morti 300 000 dispersi	4000 (su 5800) nel Vietnam del Nord 9000 (su 15 000) nel Vietnam del Sud	900 000

Paese è difficile», riconobbe nel 1981, in un'intervista, il primo ministro Pham Van Dong.

Imitando la Cina, in tempi recenti il Vietnam (80 milioni di abitanti, nel 2002) si è aperto agli investimenti stranieri e ha privatizzato parte della propria agricoltura. Tali provvedimenti hanno provocato un rapido incremento nella produzione di riso e un promettente sviluppo industriale. Il cammino verso la prosperità, tuttavia, è senza dubbio ancora lungo e faticoso.

geostoria La guerra del Vietnam (1960-1975)

Carta proiettabile

Carta interattiva
Gli schieramenti nella guerra del Vietnam

MONOGRAFIA

1958-1961: il grande disastro cinese

Lo studio della realtà economica e politica cinese può permettere l'acquisizione di una competenza fondamentale, che potremmo definire nel modo seguente: **saper cogliere i caratteri specifici di un crimine di massa del Novecento.** Per affinare tale competenza, viene proposto di seguito un approfondimento, che prende le mosse da alcune pagine storiografiche relative al cosiddetto ***grande balzo in avanti*** e alla terribile carestia che fu provocata dalle scelte di Mao.

Le responsabilità di Mao

Nell'autunno del 1959 il raccolto di frumento subì un brusco calo di almeno trenta milioni di tonnellate rispetto all'anno precedente, anche se i quadri del partito affermarono invece che era aumentato. (Questa stima tiene anche conto delle piantagioni di patata americana, per cui il calo nella resa effettiva di frumento fu in realtà ancora più pesante.) Per coprire simili menzogne, i funzionari locali cominciarono a sequestrare tutto il frumento possibile. Si fissarono gli obiettivi degli approvvigionamenti statali al quaranta per cento della produzione totale, una quota record, e in alcune zone venne requisito l'intero raccolto. Talvolta i funzionari comunicavano un raccolto così abbondante che anche dopo aver sequestrato tutto ciò che potevano, compresi bestiame, verdure e prodotti agricoli destinati al mercato, continuavano a cercare di casa in casa. Mao aveva ordinato non solo di consegnare le quote di cereali fissate, ma di fissarne altrettante per suini, pollame, anatre. I responsabili del partito si recavano di villaggio in villaggio alla ricerca di riserve di cibo nascoste. Fu una campagna violenta e brutale in cui molti contadini vennero torturati e picchiati a morte. [...] Se alla fine del 1959 buona parte dei contadini era ormai alla fame, il culmine della carestia arrivò nel gennaio e nel febbraio dell'anno successivo, in cui si registrò il più alto numero di vittime.

Durante questo periodo Mao continuò a sostenere che i contadini tenevano nascosto il frumento sotto terra e che a turno vi facessero la guardia. Per sviare le squadre addette al sequestro, sosteneva, i contadini di giorno mangiavano rape, e di nascosto, al calar del sole, riso. In realtà, i contadini mangiavano solo la brodaglia a base d'avena servita dalle cucine comuni, mista a erbe e a quant'altro di commestibile riuscissero a mettere insieme. In fila per la razione, i contadini assomigliavano sempre più ai detenuti dei campi di concentramento, figure scheletriche coperte di stracci in lotta per ricevere la porzione maggiore. [...]

Nel frattempo, la situazione politica era piuttosto sconcertante. Quasi tutti i leader di partito erano chiaramente a conoscenza di quanto stava avvenendo ma nessuno osava ammettere l'esistenza della carestia finché non fu Mao a farlo. Chen Yun [uno dei leader comunisti al fianco di Mao, fu anche vicepresidente del Partito, *n.d.r.*], che era stato nelle campagne dello Henan e aveva colto la gravità della situazione, decise di ritirarsi nella villa di Hangzhou, una bella località della provincia dello Zhejiang, adducendo come scusa problemi di salute, e accompagnato da un'infermiera si diede allo studio dell'opera locale. Non sarebbe tornato a Pechino che nel 1961. Si ritirò dalla scena politica anche Liu Shaoqi, presidente cinese e membro della Commissione permanente del Politburo, preferendo l'isola semitropicale di Hinan, dove rimase per buona parte del 1960, per studiare economia, disse. Mentre pare che Deng Xiaoping [fra i dirigenti del Partito comunista all'epoca di Mao, guidò poi la Cina dal 1978 al 1992, *n.d.r.*] abbia trascorso quasi tutto il tempo in discussioni ideologiche, sempre più frequenti, con Mosca. La rottura finale tra i due partiti arrivò nel luglio del 1960 con la partenza improvvisa dei circa quindicimila esperti sovietici attivi in Cina. È possibile che Pechino volesse la loro partenza perché non riferissero a Kruscëv che l'intero Paese stava morendo di fame.

Dopodiché, la Cina cadde in una sorta di sinistro isolamento. Pochi leader cinesi partirono per viaggi all'estero e pochi ospiti stranieri vennero accolti in Cina. La comunità di stranieri non era mai stata così sparuta. Dall'inizio del 1960, il Partito vietò che le pubblicazioni cinesi varcassero i confini nazionali, eccezion fatta per il "Quotidiano del popolo" e la rivista bimestrale "Bandiera rossa": il mondo poteva solo immaginare quello che stava accadendo a un quinto dell'umanità. All'interno del Paese, in ogni caso, se ne sapeva tanto quanto fuori. La posta era controllata dalle autorità locali per impedire che si diffondesse la notizia della carestia. Pochi cinesi possedevano il telefono e i viaggi all'interno della Cina si interruppero completamente. [...]

Perfino a Pechino non c'era più nulla da mangiare, mentre nelle campagne fuori dalla capitale i contadini sopravissuti erano troppo deboli per piantare nuove colture o per raccoglierle

Nella prima metà del 1960 Mao pretese un altro balzo in avanti, compreso un incremento gigantesco nella produzione di acciaio. Ordinò la mobilitazione di settanta milioni di persone per raggiungere l'obiettivo dei ventidue milioni di tonnellate di acciaio, un'impresa assurda, dal momento che nel 1957 la produzione aveva raggiunto solo otto milioni di tonnellate e nel 1958 la cifra dichiarata era stata di undici milioni. Arrivò a proporre di incrementare la produzione totale a cento milioni di tonnellate entro un decennio: questa volta però le sue parole caddero nel vuoto. Mao insistette inoltre perché i contadini continuassero a mangiare nelle cucine collettive, descritte come «i principali campi di battaglia del socialismo». L'alone di irrealtà di cui si circonfuse sfidò qualsiasi sforzo di penetrazione fino alla fine del 1960, un anno in cui le sue azioni e le sue parole restano tuttora in gran parte un mistero. Secondo alcuni, egli si ritirò nel suo studio per lunghi periodi, incapace di ammettere a se stesso quanto stava accadendo.

Perfino a Pechino non c'era più nulla da mangiare, mentre nelle campagne fuori dalla capitale i contadini sopravissuti erano troppo deboli per piantare nuove colture o per raccoglierle. Nei villaggi a qualche chilometro da Pechino erano quasi tutti grottescamente gonfi per l'edema e morivano a centinaia. La produzione di frumento precipitò. Una situazione drammatica, eppure Mao si rifiutò di arrestare l'esportazione di cereali o di ascoltare chi suggeriva di importarne dall'estero. Il Partito era paralizzato. Man mano che l'inverno si avvicinava la situazione dei contadini divenne sempre più spaventosa. Tanto questi ultimi che il Partito realizzarono con orrore che sarebbero morte sempre più persone, ma nessuno tra i vertici del PCC ebbe il coraggio di dire a Mao la verità. Da una fonte risulta che egli avrebbe iniziato a reagire solo dopo gli appelli disperati dei familiari.

J. BECKER, *La rivoluzione della fame*, Il Saggiatore, Milano 1998, pp. 87-90, trad. it. L. VITALI

La carestia

Lungi dall'affrettare l'avvento della società comunista, l'esperienza del Grande Balzo si conclude con una profonda crisi economica, che raggiunge tutti i settori d'attività e fa bruscamente precipitare la curva della crescita demografica. Questa crisi assume l'ampiezza e l'orrore della calamità [...] dei tempi pre-moderni. Dal 1980-81 si dispone finalmente dei dati che permettono di valutare il calo della produzione agricola, ma che le statistiche ufficiali dell'epoca avevano inizialmente mascherato e in seguito rivelato soltanto in modo incompleto. Queste cifre ufficiali confermano il buon raccolto del 1958, ma lo riducono a 200 milioni di tonnellate (contro 350 milioni di tonnellate annunciate in aprile del 1959, e i 250 milioni di tonnellate accertate dopo una revisione, nell'agosto 1959). A questo buon raccolto del 1958 succede quello, mediocre, del 1959, e poi quello, disastroso, del 1960. Durante quest'ultimo anno la produzione raggiunge soltanto 144 milioni di tonnellate, che rappresenta una diminuzione del 26,4%, in rapporto al 1958. La ripresa si delinea nel 1962. Si concluderà soltanto nel 1965 quando, con 195 milioni di tonnellate, la produzione di cereali ritrova il suo livello precedente al Grande Balzo. [...] All'epoca i dirigenti cinesi hanno attribuito la responsabilità di questa catastrofe agricola alle cattive condizioni climatiche. È vero infatti che la Cina è soggetta ai terribili rischi atmosferici che dominano la vita agricola dell'Asia monsonica. Nel 1959 un terzo della superficie coltivata è esposta alle intemperie. Infine nel 1960 più della metà del territorio (60 milioni di ettari) ne è colpita. Come così spesso nel passato, sono le province del Nord – Hebei, Henan, Shanxi, Shandong – quelle che sono più duramente colpite dalla siccità, mentre l'intera zona costiera è devastata da tifoni e inondazioni.

Le intemperie tuttavia non possono giustificare né il carattere generalizzato della crisi, né la sua durata. Secondo l'analisi proposta da Liu Shaoqi nel 1962, le calamità naturali possono fornire solo una spiegazione parziale e gli uomini sono al 70% responsabili del disastro. Dopo la morte di Mao Zedong, i dirigenti comunisti, nella *Risoluzione su alcuni problemi concernenti la storia del Partito*, del 27 giugno 1981, preciseranno che la crisi del 1959-1960 era dovuta «[alla] mancanza di esperienza nella costruzione socialista e (alla) cattiva comprensione delle leggi dello sviluppo economico e dei fondamenti essenziali dell'economia cinese... e ciò che è più importante, [era dovuta] al fatto che il compagno Mao Zedong insieme a molti compagni dirigenti... avevano perso la testa per i successi riportati, e si spazientivano e volevano ottenere risultati immediati e portare all'estremo il ruolo dei fattori soggettivi; della volontà e degli sforzi umani». Nell'autunno 1958 i raccolti sono buoni ma [...] molti marciscono, in mancanza della mano d'opera necessaria per farli ricoverare [per riporre i cereali nei depositi, *n.d.r.*]. Milioni di contadini sono mobilitati sui grandi cantieri o intorno ai piccoli altiforni, altri sono partiti per farsi assumere in città. Nelle province del Nord la mancanza di lavoratori rurali raggiunge il 50%. Nell'insieme del paese la mano d'opera contadina è calata da 192 milioni nel 1957 a 151 milioni nel 1958. L'appello lanciato da Mao Zedong per l'accelerazione e la meccanizzazione agricola non porta una soluzione immediata al problema. [...]

Nelle province del Nord la mancanza di lavoratori rurali raggiunge il 50%

Per la prima volta, nel 1981, le pubblicazioni cinesi confermano l'importanza del calo demografico all'epoca del Grande Balzo. Per gli anni 1959-1961, il numero dei morti era stato valutato tra i 16 e i 28 milioni dagli esperti occidentali. Le fonti cinesi lo stimano 13 milioni. Anche se ci si attiene a questa cifra, il numero delle vittime del Grande Balzo supera, e di gran lunga, quello delle carestie della fine del XIX e della prima metà del XX secolo.

M.-C. BERGÈRE, *La Repubblica popolare cinese (1949-1989)*, il Mulino, Bologna 1994, pp. 143-147, trad. it. G. MAROGNA VIANO

Lavorare con i testi

Nei passi citati, il colore ha evidenziato alcuni passaggi essenziali, cioè alcuni aspetti della situazione cinese degli anni compresi tra il 1958 e il 1961. Come ulteriore stimolo di analisi e di riflessione, ti viene proposta una serie di domande.

Analizza i testi

- Quali furono le cause della disastrosa carestia che colpì la Cina negli anni 1959-1961?
- Fino a che punto è lecito tener conto delle condizioni climatiche?
- Quali responsabilità possono essere addebitate direttamente a Mao?
- Quanti dei dirigenti cinesi osarono sfidare Mao, rammentandogli la gravità della carestia in atto?
- Che cosa significa l'affermazione secondo cui Mao aveva portato all'estremo il ruolo dei fattori soggettivi?

Dopo aver risposto, sarai in grado di costruire una scaletta, che raccoglie le principali informazioni presenti nei due testi. Componi un testo di tre colonne di foglio protocollo.

Verifica dell'apprendimento

Conoscenze e abilità

Lo spazio

1. Utilizza lettere o numeri per indicare sulla carta i territori conquistati da Israele dopo la guerra dei Sei giorni (1967) e quelli restituiti in seguito all'Egitto (1974-1981). Rispondi poi alle domande e attribuisci un titolo idoneo alla carta.

Titolo: ....

....

a) Quali provocazioni del presidente egiziano Nasser spinsero Israele a intervenire e scatenare così la guerra dei Sei giorni?

....

....

b) Con quali mezzi gli israeliani riuscirono a raggiungere la totale vittoria nel conflitto, nonostante l'inferiorità numerica del loro esercito?

....

....

....

c) Quale fu la reazione del mondo arabo? In particolare, quali le sorti del nasserismo e le conseguenze in Palestina?

....

....

....

Continuità / Cambiamento

2. Completa lo schema relativo al fallimento del *grande balzo in avanti* di Mao Zedong.

CREAZIONE DELLE ....

Produzione di acciaio in ....

.... dell'acciaio prodotto

.... per i contadini di dedicarsi a .... ai lavori agricoli

Gravi carenze nella produzione di ....

..............................: **MILIONI DI MORTI PER** ....

VERIFICA

Lessico

3. Definisci le espressioni o i termini.

Comuni popolari

....

....

....

Stato sociale (*Welfare State*)

....

....

....

Voting Rights Bill

....

....

....

Primavera di Praga

....

....

....

Dittatura militare (in Sudamerica)

....

....

....

Autunno caldo (Italia, 1969)

....

....

....

Economia, cultura, società

5. Completa le seguenti frasi.

a) La rete di gruppi di giovani che considerava .... una guida infallibile verso il comunismo aveva il nome di ....

b) Una delle figure carismatiche della lotta per i .... dei neri negli USA fu ...., giovane pastore battista che rifiutava la .... come strumento di lotta.

c) La forte caratterizzazione ideologica delle proteste del .... in Europa si esprimeva nella forte opposizione alla società ....

d) Il socialismo dal volto umano di .... si proponeva di impostare su nuove basi la funzione del .... all'interno della società, venendo incontro alle richieste del ....

e) Quando nel 1976 in Argentina i .... presero il potere, tutti i sospettati di attività .... avversa al regime furono arrestati, ... e uccisi o misteriosamente fatti sparire: è il fenomeno dei ....

f) Obiettivo primario dell'OLP era l'eliminazione di .... e la creazione di un nuovo .... che avrebbe dovuto essere .... e democratico.

g) Nel 1963 in Italia vi fu la prima comparsa di un governo di ...., guidato da .... e che riuniva forze di centro (..........................) e di .... (socialisti).

Il tempo

4. Collega gli eventi della colonna di sinistra con le corrispondenti date della colonna di destra.

a) Marcia antirazzista su Washington	**1)** 1966-1968
b) Concilio Vaticano II	**2)** 1967
c) Nascita dell'OLP	**3)** 1961
d) Rivoluzione culturale in Cina	**4)** 28 agosto 1963
e) Approvazione della legge sul divorzio in Italia	**5)** settembre 1970
f) Salvador Allende al potere in Cile	**6)** 1974

Verso il saggio breve

6. Scrivi un testo – massimo due facciate di foglio protocollo – sul maggio francese utilizzando le domande-guida elencate di seguito.

- Che cosa indica l'espressione "maggio francese"?
- In quali altri Paesi europei, nello stesso periodo, si scatenarono vivaci e talora violente proteste giovanili e operaie? Perché il contesto francese può essere considerato un caso parzialmente diverso?
- Quali erano le rivendicazioni degli studenti francesi? Quanto accadde il 12 maggio 1968 ebbe conseguenze concrete sulla vita del Paese?
- Come si colloca la figura e l'azione del presidente De Gaulle all'interno dell'intera vicenda?

VERIFICA

metodo di studio

→ Per ripassare i **fatti**

CONTRASTI POLITICI

1964
→ Contestazione studentesca negli Stati Uniti
→ Nascita dell'OLP

1964-1973
→ Intervento militare degli Stati Uniti in Vietnam

1967
→ Guerra dei Sei giorni

1967-1969
→ Movimento studentesco negli Stati Uniti e nei Paesi dell'Europa Occidentale

1968
→ Assassinio di Martin Luther King
→ Primavera di Praga

1969
→ Autunno caldo in Italia

1972
→ Sequestro e morte degli atleti israeliani a Monaco di Baviera

ECONOMIA DEMOGRAFIA E SOCIETÀ

1958-1961
→ Politica del grande balzo in avanti in Cina e conseguente grave carestia nel Paese

1958-1963
→ Boom economico in Italia

CULTURA CIVILTÀ E RELIGIOSITÀ

1962
→ In Italia viene introdotta la Scuola media unica

1962-1965
→ Concilio Vaticano II

1966-1968
→ Rivoluzione culturale in Cina

1970
→ Il Parlamento italiano approva lo *Statuto dei lavoratori*

Per ripassare i **concetti**

Leggere gli schemi

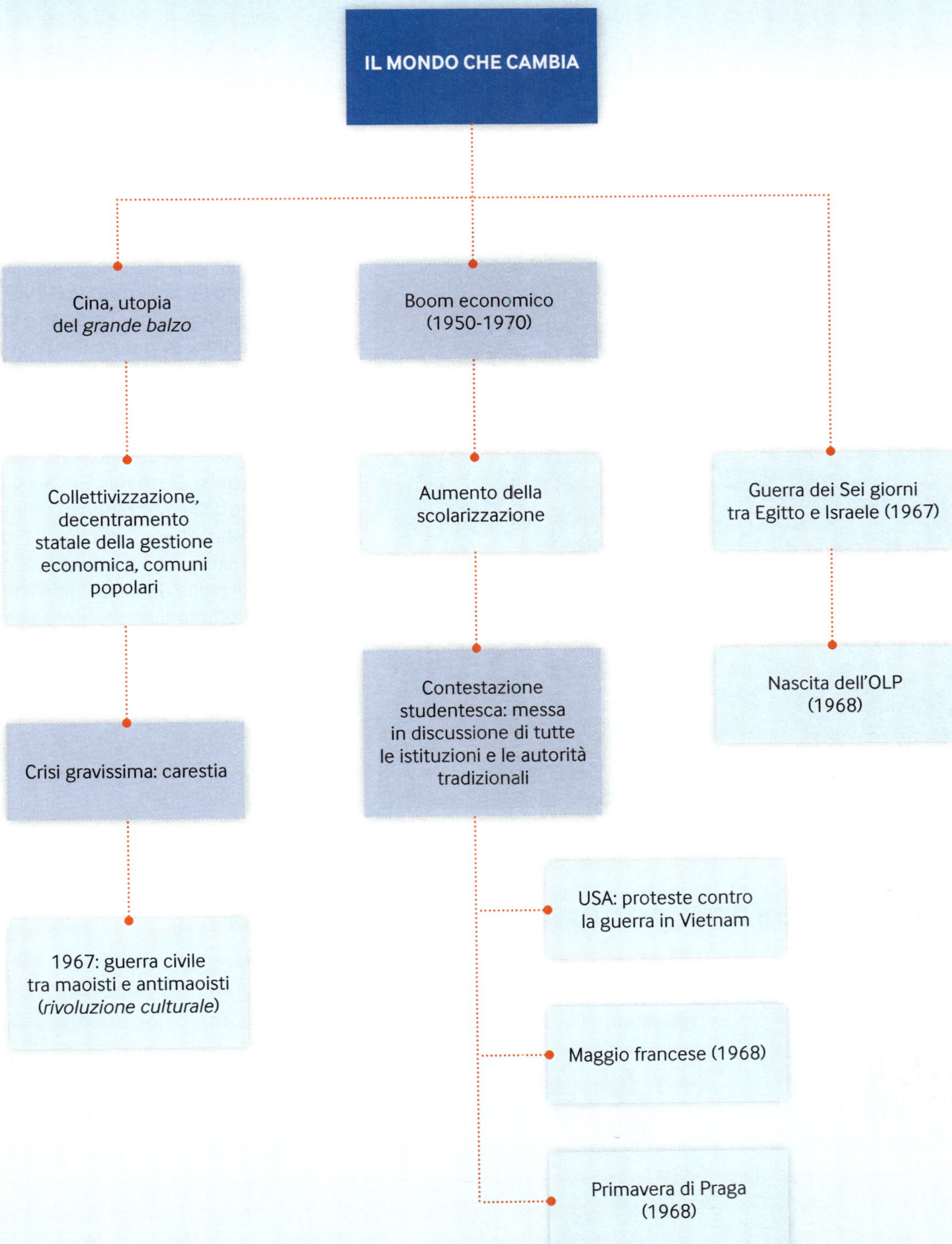

Unità 15
La fine del *secolo breve*

Un'immagine per iniziare

Nel 1989 il mondo comunista iniziò a sgretolarsi e nel giro di poco tempo si giunse alla riunificazione della Germania (1990). Immagine simbolo della fine di quel mondo è la caduta del muro di Berlino, avvenuta il 9 novembre 1989 (nella fotografia si possono vedere migliaia di giovani berlinesi dell'Est in cima al muro, vicino alla Porta di Brandeburgo), dopo che, il giorno prima, Gunter Schabowski, il leader del Partito comunista della Germania Est, aveva dichiarato che a partire dalla mezzanotte i tedeschi dell'Est sarebbero stati liberi di lasciare il Paese. Michail Gorbacëv, che guidava l'URSS, non volle ostacolare il crollo del vasto "impero" che Stalin aveva costruito in Europa orientale dopo la vittoria del 1945.

Gli eventi per orientarsi nel tempo

1969 Bomba di piazza Fontana a Milano: inizia il periodo della strategia della tensione

1973-1977 Guerra dello Yom Kippur

1978-1980 Governi di solidarietà nazionale in Italia

Le Brigate rosse rapiscono e uccidono Aldo Moro

1979-1980 Intervento sovietico in Afghanistan

1979 L'*ayatollah* Khomeini sale al potere in Iran

1980-1988 Guerra Iran-Iraq

1969 | 1973 | 1978 | 1979 | 1980 | 1981 | 1982 | 1983 | 1984

→ Sommario

TESTO

La carta d'identità del periodo

1 Il risveglio del mondo islamico

2 L'Iran e la rivoluzione islamica

3 La crisi del capitalismo e il crollo del comunismo

4 L'Italia degli anni di piombo

Una carta per orientarsi

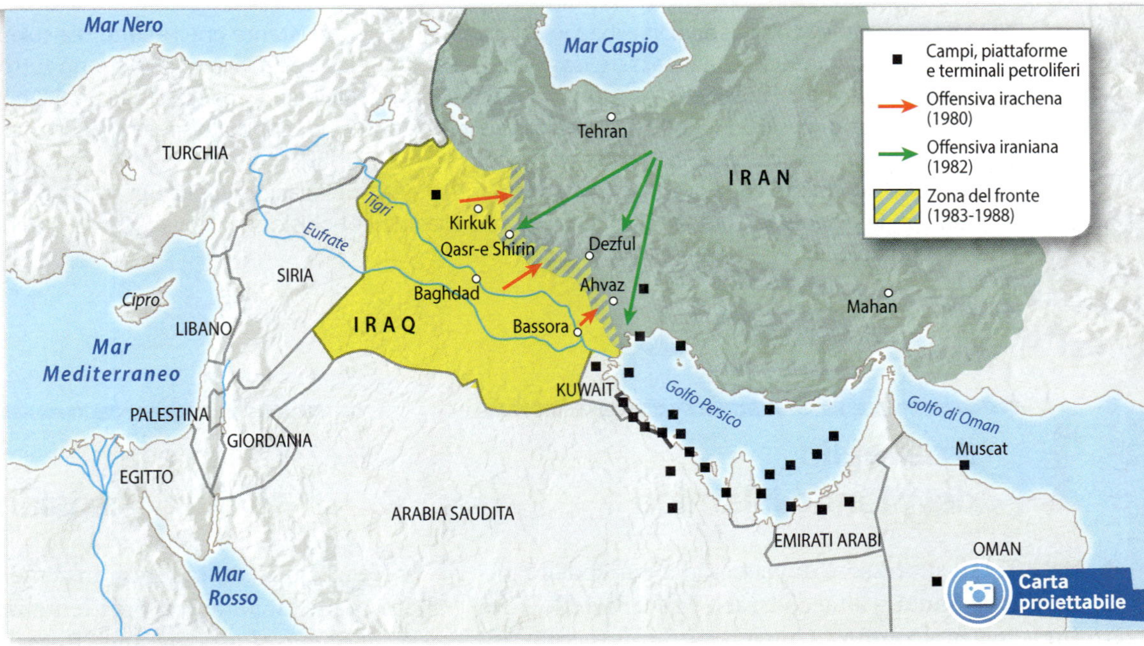

Fino al 1979, l'Iran era stato alleato degli Stati Uniti in funzione antirussa; tuttavia, nel 1979, lo *shah* Reza Pahlavi fu deposto e fu instaurata una repubblica islamica guidata dall'ayatollah Khomeini. Nel 1980, il dittatore dell'Iraq Saddam Hussein, timoroso di un allargamento della rivoluzione, attaccò l'Iran: la guerra che ne scaturì (fino al 1988), senza vincitori né vinti, provocò a entrambi i Paesi circa un milione di morti e immensi danni materiali (soprattutto alle piattaforme petrolifere). Nella carta sono raffigurate le zone del fronte, ai confini fra i due Stati, dove si concentrarono le principali offensive.

Orientarsi nel tempo

1985 1986 1987 1988 1989 1990

1985 Gorbačëv sale al potere in URSS

1989 Caduta del muro di Berlino e crisi dei regimi comunisti

1990 Riunificazione della Germania

Per iniziare

Storia slide

La carta d'identità del periodo

Perché il sistema sovietico è collassato?

Nel 1957, allorché l'URSS lanciò in orbita lo *Sputnik*, parve per un istante che l'economia sovietica fosse all'avanguardia. In realtà, con il passare degli anni, le spese per gli armamenti divorarono tutte le risorse dell'URSS, avviando il Paese verso il baratro della bancarotta. Michail Gorbacëv, negli anni Ottanta, tentò di salvare la nazione introducendo alcune riforme importanti e riducendo le spese militari, ma ormai era troppo tardi per la martoriata economia sovietica.
Con il crollo dei regimi comunisti dell'Europa orientale e la riunificazione della Germania (e, successivamente, con la disgregazione dell'URSS) era giunto alla sua conclusione il Novecento uscito dalla prima guerra mondiale.

CAPITOLO 1 Il risveglio del mondo islamico

→ Nel 1973, il successore di Nasser alla guida dell'Egitto – **Anwar al-Sadat** – attaccò Israele (**guerra dello Yom Kippur**), ma fu sconfitto. Constatata l'impossibilità di eliminare per via militare lo Stato ebraico, Sadat decise di aprire trattative di pace e, nel 1979, giunse a un accordo con Israele. Questi restituì il Sinai, ma la Striscia di Gaza rimase sotto controllo israeliano.

→ Nell'ottobre 1981, Sadat fu assassinato da un seguace di Sayyd Qutb, che lo accusò di essere un traditore dell'islam. Il presidente aveva cercato di rendere l'**Egitto** uno Stato **parzialmente laico**, fatto inconcepibile per l'ala estremista dei Fratelli musulmani. Si affermava quindi l'**islamismo**, nettamente contrapposto alle ideologie di tipo occidentale (nazionalismo e socialismo), portate avanti dai principali capi di Stato arabi.

→ Nel 1973, il **petrolio** prodotto fino a quel momento da diversi Stati arabi fu usato come vera e propria **arma politica**. Infatti, i Paesi del Medio Oriente si rifiutarono di vendere il greggio a tutti coloro che avevano appoggiato Israele nella recente guerra dello Yom Kippur.

→ Il conseguente **innalzamento del prezzo del petrolio** riversò quantità immense di denaro nelle casse dei Paesi produttori. Questi soldi, però, non hanno permesso la nascita di una borghesia imprenditoriale, a causa di un forte controllo sulla società da parte delle strutture politiche e religiose.

CAPITOLO 2 L'Iran e la rivoluzione islamica

→ Negli anni Trenta l'Iran, insieme alla Turchia, era lo Stato mediorientale più occidentalizzato. A partire dal 1941 il nuovo ***shah*** (sovrano) **Reza Pahlavi** proseguì in modo sempre più deciso su questa strada: ad esempio, di fronte alla legge ci fu la completa equiparazione sia delle donne sia dei cittadini non musulmani.

→ Anche dal punto di vista economico in Iran ci furono parecchi cambiamenti: prima di tutto le numerose **riforme agrarie** finalizzate a razionalizzare il possesso della terra e limitare il potere dei grandi proprietari. Queste misure però provocarono un aumento della disoccupazione nelle campagne e forte malcontento tra la popolazione, prontamente represso dallo *shah*.

→ Sfruttando questo profondo disagio e il malcontento verso il regime, il clero sciita si mise alla guida di una rivoluzione che, nel 1979, costrinse **Reza Pahlavi** ad abbandonare il Paese. In Iran venne allora istaurata una **repubblica islamica**. Il nuovo leader dell'Iran, l'*ayatollah* ("segno di Dio") Khomeini, ritornato dall'esilio, riorganizzò l'intera società, in tutti i suoi aspetti, secondo gli insegnamenti del Corano.

→ Timoroso di un allargamento della rivoluzione, il dittatore dell'Iraq **Saddam Hussein** attaccò l'Iran nel 1980: ne scaturì una guerra sanguinosissima che, durata fino al 1988, si concluse senza vincitori né vinti, dopo aver provocato circa un milione di morti oltre a immensi danni materiali ai due Paesi.

Domande fondamentali

- Perché l'islamismo si contrapponeva alle ideologie dei Paesi occidentali?
- Qual era la caratteristica principale della repubblica islamica in Iran?
- Quali sono e qual è il significato delle due parole chiave che riassumono le riforme di Gorbacëv?
- Che cosa si intende con l'espressione "governi di solidarietà nazionale"?

Strage alla Banca Nazionale dell'Agricoltura di piazza Fontana, Milano, 1969.

CAPITOLO 3 La crisi del capitalismo e il crollo del comunismo

→ Negli anni Settanta l'aumento del prezzo del petrolio provocò una **grave crisi economica in Occidente**. In risposta, nei Paesi anglosassoni si affermarono **modelli neoliberisti**, che riducevano drasticamente il peso dello Stato nella dinamica sociale. In Gran Bretagna, la figura che seguì questa linea fu il premier **Margaret Thatcher** (1979-1990), negli USA, invece, il presidente **Ronald Reagan** (1981-1989).

→ Negli anni Ottanta iniziò il **declino dell'URSS**, la cui economia non era più competitiva né era in grado di sostenere le spese militari per reggere il confronto con gli USA. Nel 1985, la guida del Paese fu assunta da **Michail Gorbacëv**, il quale introdusse varie novità radicali, condensate nelle due espressioni *glastnost* ("trasparenza") e *perestrojka* ("ristrutturazione").

→ Dopo l'avvento di **Gorbacëv** in tutti i Paesi dell'Est europeo cominciò a diffondersi il desiderio di cambiamento: il leader sovietico, d'altronde, se voleva rimanere credibile, non poteva più soffocare le critiche o il dissenso con le modalità brutali che erano state usate nel 1956 in Ungheria e nel 1968 in Cecoslovacchia.

→ Nel 1989 in Ungheria, Polonia, Cecoslovacchia e Bulgaria, le popolazioni obbligarono i dirigenti comunisti ad abbandonare il potere; il cambio di governo avvenne in modo più sanguinoso in **Romania**, ove il dittatore comunista **Nicolae Ceausescu** fu ucciso il 25 dicembre. Il **muro di Berlino** venne **abbattuto il 9 novembre 1989** e le due Germanie furono riunificate il 3 ottobre 1990.

CAPITOLO 4 L'Italia degli anni di piombo

→ Alla fine degli anni Sessanta gli estremisti di destra si convinsero che in Italia fosse imminente una rivoluzione comunista. Ne conseguì una **lunga serie di stragi del terrorismo nero** (la prima fu alla Banca Nazionale dell'Agricoltura di Milano, nel 1969) finalizzate a spargere il terrore fra la popolazione (la cosiddetta **strategia della tensione**).

→ Il segretario del PCI, **Enrico Berlinguer**, temendo un colpo di Stato in Italia, propose alla DC un **compromesso storico**, finalizzato a difendere le istituzioni democratiche. Berlinguer trovò un valido interlocutore nel leader democristiano **Aldo Moro**: nacque allora prima il **governo della non-sfiducia** (1976) e poi il **governo di solidarietà nazionale** (1978), appoggiato dal PCI.

→ La scelta di Berlinguer venne però criticata dai movimenti di estrema sinistra: in questi ambienti si fece strada l'idea di *colpire al cuore* sia il sistema capitalistico sia lo Stato borghese. La più spietata organizzazione terroristica di estrema sinistra, le **Brigate Rosse**, tra il 1974 e il 1981 (i cosiddetti **anni di piombo**) organizzò diversi attentati: l'azione più sanguinosa fu il **rapimento di Aldo Moro** (il 16 marzo 1978), che venne poi trovato ucciso il 9 maggio 1978.

→ Da quel momento, i sindacati e la grande maggioranza della classe operaia italiana considerarono le BR un'organizzazione criminale da isolare e sconfiggere, cosa che avvenne negli **anni Ottanta**. Negli stessi anni si registrò poi una **forte crescita dell'economia italiana** e nel 1987 l'Italia divenne la quinta potenza industriale del mondo.

Capitolo

1

CONTRASTI POLITICI

Il risveglio del **mondo islamico**

Storia slide

LE CONOSCENZE DA ACQUISIRE

All'inizio degli anni Ottanta, l'islamismo giunse a piena maturazione come ideologia politica.

LE COMPETENZE DA POTENZIARE

Saper individuare il ruolo sociale dei fattori religiosi nella dinamica storica.

1.1 L'Egitto di Sadat

› VEDI La politica di Nasser → pag. 521

La guerra dello Yom Kippur Nel 1977, **Anwar al-Sadat** (1918-1981), il successore di Nasser alla guida dell'Egitto, fu costretto ad ammettere che per il suo Paese era ormai necessario un cambio di strategia. Il 6 ottobre 1973, infatti, mentre si celebrava la grande **festa ebraica dello Yom Kippur** (espiazione dei peccati), **l'esercito egiziano e quello siriano attaccarono nel Sinai e nel Golan**, cogliendo di sorpresa il governo e lo stato maggiore israeliani. Dopo il primo successo iniziale, però, l'attacco arabo fu bloccato e anzi si trasformò in una **completa disfatta**. Sadat, pertanto, giunse alla conclusione che l'Egitto avrebbe tratto più vantaggi dal riconoscimento di Israele, che non dalla prosecuzione all'infinito di un conflitto che il suo Paese, in definitiva, non sembrava in grado di vincere.

La Striscia di Gaza

Il 20 settembre 1977, il presidente egiziano si recò a Gerusalemme e, di fronte al Parlamento israeliano, offrì formalmente allo Stato ebraico la cessazione della guerra. Grazie alla mediazione del presidente degli Stati Uniti Jimmy Carter, Sadat e il primo ministro israeliano Menahem Begin riuscirono a firmare a Washington, il **26 marzo 1979**, un vero **trattato di pace**, che prevedeva la restituzione del Sinai all'Egitto e la sua parziale smilitarizzazione. Rimase **sotto controllo israeliano**, invece, la **Striscia di Gaza**, un territorio costiero al confine tra Egitto e Israele, densamente abitato da popolazione palestinese.

Una colonna di mezzi israeliani attraversa il canale di Suez durante i giorni della guerra dello Yom Kippur, 1973.

L'attentato a Sadat Nell'**ottobre del 1981**, al Cairo, **Sadat cadde vittima di un attentato**; per quanto venga istintivo mettere questo assassinio in diretto collegamento con la sua scelta di giungere a un accordo con Israele, un'analisi più attenta della situazione egiziana degli anni Settanta porta a una valutazione più sfumata e articolata di quel tragico evento.

Il fallimento dello Stato laico

Nasser e Sadat avevano cercato di dar vita a uno Stato almeno parzialmente laico, di stampo occidentale, e avevano diffuso tra gli egiziani un nuovo sentimento di identità collettiva, basato più sul fatto di essere arabi che sull'appartenenza alla grande e sovranazionale comunità (*umma*) dei credenti nella rivelazione del Profeta. Per tali ragioni, il regime di Nasser e di Sadat veniva dichiarato *pagano* dall'ala più radicale dei Fratelli musulmani. Agli occhi di Sayyd Qutb e dei suoi seguaci, chi operava in quel senso non era più un vero musulmano, bensì un *takfir*, un miscredente.

L'accusa di aver tradito l'Islam

Un governo guidato da un infedele di questo tipo non era degno dell'obbedienza dei veri credenti, che anzi avevano il **dovere di rovesciarlo con la forza** e di sottoporre l'apostata alla pena prevista per lui dal Corano: la morte. È poi significativo che, a voce alta, uno degli assassini abbia proclamato, subito dopo aver sparato a Sadat: «**Ho ucciso il Faraone**». L'interesse di questa dichiarazione consiste nel fatto che essa presuppone l'esplicito rifiuto di ogni prospettiva nazionalistica e di ogni riferimento culturale diverso da quello islamico. **Sadat**, in effetti, **aveva assunto l'antico Egitto dei faraoni come una sorta di mito nazionale** in cui tutti gli egiziani (i cristiani copti come i musulmani) potessero identificarsi; per i seguaci di Sayyd Qutb, al contrario, quel passato preislamico era degno solo di disprezzo: "Faraone", secondo la loro prospettiva, era simbolo non di grandezza nazionale, bensì di **barbarie pagana** e di **potere arbitrario**, da abbattere e da sostituire con uno Stato veramente islamico, che trovasse nel Corano e nella sua santa legge gli unici criteri di riferimento.

ZOOM Fondamentalismo e islamismo

L'assassinio di Sadat è stato il gesto più clamoroso dell'opposizione islamica al regime nato in Egitto con la rivoluzione del 1952. Più in generale, va considerato come l'atto che ha segnalato al mondo occidentale l'esistenza di una proposta ideologica e politica radicalmente *altra*, del tutto diversa rispetto a quelle che avevano dominato la scena mediorientale per i primi settant'anni del Novecento: l'***islamismo***.

Per indicare questa corrente, spesso viene utilizzato il termine ***fondamentalismo***; tale espressione, però, è nata intorno al 1910 negli Stati Uniti, per designare quei gruppi protestanti che rifiutavano il darwinismo e ogni approccio storico-critico al testo biblico. Vista la notevole distanza culturale che separa i due fenomeni, pare opportuno utilizzare, per definire la nuova ideologia dilagante in tutte le società musulmane, un'altra terminologia, che marchi, soprattutto, l'originalità e la peculiarità del fenomeno. A tal fine, nel mondo culturale di lingua francese, è stata proposta l'adozione del termine *islamisme*, da cui l'italiano *islamismo*.

L'islamismo è un **movimento a carattere rivoluzionario**; l'osservazione è importante in quanto la tradizione musulmana classica condannava la rivolta nei confronti del principe, giungendo anche ad affermare che un ordine ingiusto è preferibile al caos e all'anarchia, che inevitabilmente seguono la ribellione (*fitna*).

Bisogna dire, però, che la maggior parte dei dottori musulmani partiva dall'idea che il principe stesso fosse un credente e che il suo primo dovere fosse quello di far rispettare la legge di Dio, la *shari'a*. Al contrario, **per i seguaci di Qutb, Sadat era un traditore, un pagano, un falso musulmano, quindi la rivolta era del tutto giustificata**.

Dopo il fallimento del nasserismo, assistiamo alla piena maturità politica di un'ideologia che non vuole avere nulla in comune con la cultura occidentale: l'*islamismo* si presenta come una dottrina politica e religiosa radicalmente alternativa e opposta rispetto a tutto quello che, fino ad allora, l'Occidente aveva proposto ai popoli musulmani.

Manifestazione di piazza di fondamentalisti islamici; in primo piano addirittura un bambino.

1.2 L'Arabia Saudita e il petrolio

La produzione petrolifera dell'Arabia Negli anni Settanta, l'**Arabia Saudita** era ormai diventata uno dei maggiori esportatori di **petrolio** verso l'Occidente. Prima della seconda guerra mondiale, i Paesi del Medio Oriente fornivano appena il 5% dell'intera produzione petrolifera mondiale; del resto, negli anni Trenta, le sole nazioni produttrici della regione erano l'Iran e l'Iraq. Sebbene, a partire dal 1932-1933, fosse ormai chiaro che anche l'Arabia ne possedeva in quantità enorme (pari a circa un quarto delle riserve mondiali), in territorio saudita le estrazioni in grande stile cominciarono solo dopo il 1945. Negli stessi anni, iniziarono le trivellazioni anche nel piccolo Stato del Kuwait, che possiede circa il 9% delle riserve mondiali.

I luoghi → **Kuwait**

A partire dal 1899, quando ancora, formalmente, era sottomesso all'impero ottomano, il Paese era stato un protettorato britannico; nel 1961, allorché la Gran Bretagna concesse al Kuwait l'indipendenza, l'Iraq protestò vibratamente, in quanto considerava il Kuwait stesso parte integrante del proprio territorio.

Il petrolio come arma politica Nel 1970, il Medio Oriente produceva circa la metà del petrolio estratto in tutto il mondo non comunista; pertanto, in occasione della ***guerra del Kippur***, del **1973**, i Paesi produttori tentarono di trasformare questa loro eccezionale risorsa economica in arma di lotta e di pressione politica. Infatti, i governi arabi si rifiutarono di vendere petrolio a tutti i Paesi che, nel corso del conflitto, avessero appoggiato Israele.

Embargo all'Occidente

A livello mondiale, il risultato di questo embargo (durato fino al marzo del 1974) fu una formidabile **impennata dei prezzi**: il barile di greggio, che prima della crisi costava 3,5 dollari, nel 1974 toccò la quota di 15 dollari.

A partire da quel momento, **un vero fiume di dollari si riversò nelle casse degli Stati arabi esportatori di petrolio**: le entrate dell'Arabia Saudita, ad esempio, passarono da 2,7 miliardi di dollari nel 1972 a poco meno di 25 miliardi nel 1975. È stato stimato che, in un'ora, lo Stato saudita guadagnasse, negli anni Settanta, quello che, negli anni Trenta, guadagnava in un anno. Eppure, una simile abbondanza ha portato, nel mondo arabo, anche diversi problemi; segnaliamo, al primo posto, la massiccia emigrazione dai Paesi meno fortunati in quelli più ricchi di risorse: nel piccolo emirato di Dubai, ad esempio, solo 80 000 abitanti, su una popolazione globale di 600 000 individui, sono cittadini a pieno titolo e non lavoratori stranieri. Il problema centrale, però, consiste nel fatto che, malgrado gli enormi proventi petroliferi, le **società** degli Stati arabi sono troppo **rigide nelle loro strutture politiche e religiose** per permettere la nascita di una vera borghesia imprenditoriale, capace di far decollare l'economia nazionale. Inoltre, **il legame economico che unisce l'Arabia Saudita all'Occidente ha esposto i suoi governanti all'accusa di essere degli ipocriti, dei "servi" degli americani.** Pertanto, nel 1979, un gruppo di estremisti islamici, durante il grande pellegrinaggio a La Mecca, occupò la prestigiosa moschea di al-Haram, accusando la monarchia saudita di essere indegna del prestigioso compito di custodire i luoghi più santi dell'islam.

Società ricche ma rigide

Pozzi petroliferi in Arabia Saudita, anni Settanta.

Capitolo 2

CULTURA CIVILTÀ E RELIGIOSITÀ

L'Iran e la rivoluzione islamica

Storia slide

LE CONOSCENZE DA ACQUISIRE
Nel 1979, in Iran, una rivoluzione spodestò lo *shah* e portò al potere l'*ayatollah* Khomeini.

LE COMPETENZE DA POTENZIARE
Sapere individuare i caratteri specifici di un'ideologia.

2.1 La situazione politico-economica con lo *shah*

Lo sforzo di occidentalizzazione di Reza Pahlavi In Egitto, il progetto rivoluzionario degli integralisti islamici non ebbe, per il momento, esito positivo. Risultò vincitrice, invece, la rivoluzione diretta dal clero musulmano in **Iran**, che, a partire dagli anni Trenta, insieme alla Turchia era lo Stato mediorientale più occidentalizzato. Il nuovo ***shah*** – Muhammad **Reza Pahlavi** (1941-1978) – proseguì in modo ancora più energico il percorso, introducendo ad esempio la completa equiparazione di fronte alla legge sia delle donne sia dei cittadini non musulmani; nel corso dei secoli, al contrario, tutta la tradizione musulmana aveva sempre ritenuto che alle donne, agli ebrei e ai cristiani spettasse, nella scala sociale, un posto decisamente basso, e solo il musulmano di sesso maschile dovesse godere della pienezza dei diritti.

Diritti per donne e non musulmani

Il **processo di occidentalizzazione** fu accompagnato dallo sforzo di costruire una nuova identità collettiva, svalutando il ruolo dell'islam. Proprio come in Egitto, negli anni di Nasser e di Sadat, ci si richiamava allo splendore dell'epoca dei faraoni, così in Iran si assunse come grande *mito storico nazionale* la più antica civiltà che in passato aveva caratterizzato il Paese: lo *shah*, pertanto, si presentò come il successore di Ciro e di Dario, i grandi sovrani persiani che avevano conquistato, a partire dal VI secolo, l'intera Mezzaluna fertile.

Lo *shah* Mohammad Reza Pahlavi (1919-1980).

La situazione economica Anche l'economia del Paese subì profonde modificazioni nei tre decenni successivi alla guerra mondiale, ma le numerose riforme agrarie finalizzate a razionalizzare il possesso della terra e a limitare il potere dei grandi proprietari finì per produrre un notevole **aumento della disoccupazione nelle campagne**. Poiché la maggior parte di questi contadini disoccupati si riversò nelle città (Teheran, ad esempio, passò da 2 719 000 abitanti, nel 1966, a 4 496 000, nel 1976) i centri urbani furono investiti da una grave inflazione che rendeva sempre più alto il costo della vita. La risposta dello *shah* al dilagare del malcontento fu di tipo esclusivamente repressivo; infatti, in Iran non erano ammessi sindacati diversi da quelli controllati dal governo, mentre ogni forma di opposizione politica alla dittatura del sovrano era soppressa dall'onnipresente e feroce polizia segreta del regime.

ZOOM Gli sciiti dell'Iran

In Persia (l'attuale Iran), a partire dal XVI secolo si era diffuso un tipo particolare di islam, detto *Shi'a*. Alla lettera, questo termine significa "partito", "gruppo al seguito di qualcuno"; la **corrente sciita**, infatti, nacque intorno alla metà del VII secolo, allorché esplose fra i successori di Maometto una guerra civile che vide i sostenitori di Muàwiya (fondatore della grande dinastia omayyade, che da Damasco governò l'immenso impero arabo fino al 750) contrapposti a quelli di Ali, cugino e genero del Profeta. Mentre i seguaci di Muàwiya presero il nome di *sunniti* (da *sunna*, "tradizione", "usanza") e fino ai nostri giorni sono stati la parte numericamente più consistente della comunità musulmana, il *partito di Ali* ha dato origine al minoritario islam sciita.

Dopo la morte di Ali (661), la lotta fu continuata da suo figlio Husayn, che tuttavia fu assassinato nel 680; figura centrale dell'islam sciita – che ogni anno ricorda solennemente il suo martirio – Husayn ebbe vari successori, che vennero chiamati *imam* ("guide"). Sebbene essi, nello scontro con i loro avversari, siano stati temporaneamente sconfitti, nella loro convinzione, quando verrà il momento stabilito da Dio, il regime degli empi usurpatori sarà comunque rovesciato definitivamente. L'islam persiano attribuisce il compito di instaurare la giustizia definitiva al **dodicesimo imam**, che secondo il credo sciita è stato **nascosto e occultato da Dio**, affinché svolga alla fine dei tempi la sua eccezionale **missione messianica**. «Uno dei miei discendenti comparirà – dice una massima attribuita al Profeta, molto citata dagli sciiti – e colmerà il mondo di giustizia e di equità quanto è ora ricolmo di ingiustizia e di tirannia».

Con il passar del tempo, l'islam sciita assunse alcuni tratti tipici che lo resero particolarmente rigido, al limite del fanatismo: **obbedienza a un'autorità suprema**, considerata infallibile e depositaria della vera interpretazione del Corano; convinzione di incarnare la fede nella sua forma più pura e autentica, voluta dal Profeta; **disponibilità al martirio**, frutto di secoli di persecuzioni da parte dell'islam sunnita maggioritario.

geostoria L'islam nel mondo

Carta proiettabile

CULTURA CIVILTÀ E RELIGIOSITÀ

2.2 Khomeini e lo Stato islamico

Guardiamo la storia
La rivoluzione di Khomeini in Iran
Khomeini e la repubblica islamica

Storiografia 1
La guerra contro l'Iraq e le sue conseguenze in Iran
→ pag. 627

La rivoluzione khomeinista In questo contesto esasperato, l'**iniziativa politica passò** gradualmente alle **autorità religiose, fino al punto in cui Reza Pahlavi fu costretto ad abbandonare il Paese**, il 16 gennaio 1979. L'uso della forza da parte della polizia, per reprimere una lunga serie di imponenti manifestazioni di piazza non era riuscito a nascondere che, ormai, il potere dello *shah* non godeva più di alcun consenso popolare. Due settimane dopo, rientrò in Iran l'anziano ***ayatollah*** ("segno di Dio") **Khomeini**, che dal suo esilio parigino aveva diretto la rivoluzione contro l'odiato sovrano. Il popolo iraniano lo accolse come un salvatore.

Sayyd Ruhollah al-Musawi al-Khomeini (1900-1989) si era opposto da tempo alle innovazioni dello *shah*, che egli condannava severamente in quanto *non islamiche*. Costretto all'esilio, aveva elaborato un'originale dottrina che giustificava la resistenza al potere e, nello stesso tempo, proponeva una **radicale riorganizzazione dello Stato su basi nuove**. La sua opposizione all'autorità si fondava sul comportamento del Profeta alla Mecca, presentato come un ribelle che non volle scendere a compromessi con l'idolatrica società della Mecca, fu costretto all'esilio e combatté implacabile il nemico, fino alla vittoria finale.

La centralità del Corano Per quanto concerne, invece, il nuovo Stato, Khomeini amava ripetere che l'islam «è politico, o non è». A suo giudizio, l'intera società poteva e doveva essere retta dalla legge divina, in quanto «il Corano contiene versetti concernenti problemi sociali in misura cento volte maggiore di quelli su argomenti di pratica religiosa».

L'unica legge è quella divina

Posta in questo modo la **centralità del Corano**, Khomeini arrivava a negare persino la facoltà umana di legiferare; l'uomo non deve creare la legge, bensì applicare quello che Dio, una volta per tutte, ha rivelato: «La fondamentale differenza fra il governo islamico e le monarchie costituzionali o le repubbliche è questa: mentre i rappresentanti del popolo o il monarca si impegnano a produrre un ordinamento legislativo, nell'islam il potere legislativo e la competenza ad emanare leggi appartiene solo a Dio. **Il Sacro Legislatore è l'unico legislatore**».

Lo Stato islamico Tuttavia, negli scritti di Khomeini, la formula preferita per designare il nuovo Stato è quella di *vilayat-i-faqih*, "governo del giurista islamico". Secondo un'impostazione tipicamente sciita, posta al centro la **Legge di Dio**, l'autorità suprema risiede, all'atto pratico,

Manifestazione khomeinista in Iran, 1979.

La concezione politica di Khomeini

Schema proiettabile

PRESUPPOSTI

L'islam non è una religione "privata"

OBIETTIVO

La legge islamica investe la società nel suo complesso

STRUMENTO

Governo del giurista islamico, che conosce e interpreta la legge di Dio

Guardiamo la storia
L'islam radicale sunnita

nei giuristi, negli **esperti della legge coranica** (o *shari'a*), **cui spetta il compito di applicarla correttamente, nei vari campi dell'esistenza**. Pertanto, assai più di quello saudita o di quello prospettato dai Fratelli musulmani, sunniti, lo Stato islamico di Khomeini finisce per caratterizzarsi non solo come una teocrazia ("governo di Dio"), bensì come una specie particolare di *ierocrazia*, di governo della casta sacerdotale e, più in generale, di coloro che svolgono un'opera di mediazione fra Dio e gli uomini.

Rifiuto della libertà di opinione

Per chi ragiona come Khomeini, non hanno senso né la libertà di opinione, di espressione e di associazione, né la partecipazione popolare alla vita dello Stato. In uno Stato islamico, il **popolo non può essere considerato depositario di diritti**, bensì unicamente chiamato ad assolvere dei doveri, o meglio a eseguire i comandi fissati da Dio e prescritti dagli esperti giuristi che conoscono la sua legge. La libertà di pensiero, soprattutto, non è concepibile: appena l'individuo prende posizione contro l'islam, infatti, deve essere considerato un arrogante ribelle e trattato come un apostata: per questo motivo, ad esempio, nel febbraio del 1989 Khomeini condannò a morte lo scrittore anglo-indiano Salman Rushdie, visto che il suo romanzo *I versetti satanici*, secondo l'*ayatollah* persiano, era blasfemo e offensivo per la fede.

Analogamente, **è inconcepibile l'eguaglianza di tutti i cittadini davanti allo Stato**; ebrei e cristiani, in età medievale e moderna, avevano sì ampia libertà di culto e di organizzazione, ma erano nel contempo sottoposti a interdizioni di diverso tipo e al pagamento di un'imposta speciale. Per il passato, si può senz'altro dire che le società islamiche furono molto più tolleranti delle cristiane nei confronti delle minoranze religiose monoteiste. Trasferito meccanicamente nel XX secolo, tuttavia, quell'antico nobile modello di tolleranza appare, agli occhi occidentali, decisamente superato, cioè riduttivo e lesivo del diritto di ogni cittadino a non subire discriminazioni di sorta sulla base della propria religione.

I versetti satanici di Salman Rushdie bruciati per volere di Khomeini, 1989.

CULTURA CIVILTÀ E RELIGIOSITÀ

2.3 La guerra tra Iran e Iraq

L'Iraq di Saddam Hussein Negli Stati arabi circostanti, i rivolgimenti politici iraniani destarono un certo panico, a causa della radicalità con cui Khomeini accusava tutti i regimi retti da musulmani apostati e invitava a rovesciarli. I timori più forti sorsero in **Iraq**, dove la maggior parte della popolazione pratica l'islam sciita, mentre il Paese era guidato da una minoranza sunnita. A partire dal 1968, l'Iraq era governato da un regime (sunnita) che, pur essendo in cronica competizione con la Siria, si ispirava in larga misura all'ideologia del partito *Baath*. Il nuovo regime, di fatto, era una dittatura che non tollerava il pluralismo politico.

› VEDI Il partito Baath in Siria → pag. 520

Nei primi anni Settanta, il potere si concentrò nelle mani di Saddam Hussein (1937-2006), che nel 1972 procedette a nazionalizzare le compagnie petrolifere che operavano nel Paese. In virtù della quadruplicazione dei prezzi del 1973-1974, l'Iraq vide aumentare a dismisura i propri profitti, che passarono da 584 milioni di dollari (nel 1972) a 7,5 miliardi nel 1974. Saddam Hussein impiegò la maggior parte di questi introiti nell'acquisto di armamenti e tecnologie militari. Con uranio e assistenza francesi, l'Iraq arrivò persino a costruire, nel 1979, un reattore nucleare; tuttavia, prima di essere completato (cioè capace di produrre bombe atomiche affini a quelle di Hiroshima e Nagasaki), l'impianto fu distrutto dall'aviazione israeliana.

Petrolio e armamenti

L'attacco iracheno all'Iran di Khomeini Convinto di poter facilmente sconfiggere l'avversario, nel 1980 **Saddam Hussein attaccò l'Iran**, con l'obiettivo di porre sotto il controllo iracheno anche la sponda orientale dello Shat al-Arab, l'estuario formato dal Tigri e dall'Eufrate nel punto in cui sfociano nel Golfo Persico. Più in generale, Saddam Hussein sperava di umiliare l'avversario, in modo da togliere ogni fascino e prestigio alla rivoluzione khomeinista presso le masse sciite dell'Iraq.

L'Iran, invece, non crollò, con il risultato che il conflitto durò per otto anni (1980-1988), provocando **immensi danni materiali e circa un milione di morti**. Da parte irachena, venne fatto frequente uso di armi chimiche; gli iraniani, invece, ricorsero spesso ad attacchi basati sulla tecnica della cosiddetta *ondata umana*: migliaia di soldati (spesso appena adolescenti) si riversavano in massa contro le difese nemiche, incuranti della morte perché convinti che essa sarebbe stata un vero e proprio martirio per la fede, ricompensato da Dio nella vita ultraterrena. Le città e le petroliere, nell'ultima fase del conflitto, furono sottoposte a una sistematica azione di distruzione: nel febbraio 1988, caddero 58 missili su Teheran e 26 su Baghdad; quanto alla flotta mercantile, è stato stimato in più di 500 il numero di imbarcazioni danneggiate o distrutte nel corso della guerra.

Armi chimiche e ondate umane

Nel **luglio 1988**, infine, **Iran e Iraq accettarono il *cessate il fuoco* dell'ONU**, senza che nessuno dei due avesse ottenuto qualche risultato veramente significativo. «Il trionfante Saddam Hussein – commenta Peter Mansfield – dichiarò che l'Iraq aveva vinto la guerra, il che era parzialmente vero, anche se non aveva raggiunto l'obiettivo originario di sovvertire la repubblica islamica. Aveva vinto perché non aveva perso, proprio come Khomeini aveva perso perché non aveva vinto».

Saddam Hussein nel 1980.

Capitolo **3**

CONTRASTI POLITICI

La crisi del **capitalismo** e il crollo del **comunismo**

Storia slide

LE CONOSCENZE DA ACQUISIRE
Per affrontare i problemi economici emersi negli anni Settanta, negli Stati Uniti e in Inghilterra venne rilanciato il liberismo economico.

LE COMPETENZE DA POTENZIARE
Saper capire i caratteri fondamentali di un modello economico.

3.1 Gli USA negli anni Settanta e Ottanta

I problemi economici degli anni Settanta Gli anni Settanta furono un periodo di arresto dal punto di vista economico. Fin dalla fine degli anni Sessanta, in realtà, l'andamento internazionale dell'economia aveva iniziato a mostrare i **primi segni di crisi**. Negli Stati Uniti, l'attività produttiva cominciò a rallentare, provocando una forte crescita della disoccupazione. Per aumentare la concorrenzialità dei prodotti americani destinati all'esportazione, nel 1971 il presidente Richard Nixon decise di **svalutare il dollaro**, abbandonando il rapporto fisso fra moneta statunitense e oro (35 dollari per un'oncia di oro) stabilito dagli accordi di Bretton Woods del 1944. Va sottolineato che si trattava del primo momento di calo, dopo che per due decenni – gli anni Cinquanta e Sessanta, che lo storico inglese E.J. Hobsbawm, infatti, definì «l'età dell'oro» – lo sviluppo era stato pressoché ininterrotto.

Primo calo dal dopoguerra

› VEDI La guerra del Kippur e l'embargo petrolifero → pag. 600

Due anni dopo, il commercio internazionale fu sconvolto da un elemento di perturbazione ancora più grave. A seguito della **guerra del Kippur** (iniziata il 6 ottobre 1973), **i Paesi arabi** produttori di idrocarburi, dapprima **bloccarono** ogni **fornitura di petrolio a tutti gli Stati che avevano sostenuto Israele** e poi (quando ripresero le vendite) aumentarono notevolmente il prezzo del greggio che aveva assunto un posto eccezionale nella vita economica dei Paesi industrializzati, nel corso degli anni Sessanta.

Il risultato della *rivoluzione dei prezzi petroliferi* del 1973 fu l'**arresto del grande sviluppo**

I personaggi → Richard Nixon

Nato nel 1913, dopo aver studiato legge, scelse nel 1946 di dedicarsi alla vita politica. Nel 1960 partecipò alle elezioni presidenziali come candidato del Partito repubblicano, ma fu sconfitto (sia pur di stretta misura) da Kennedy. Nel 1968, allorché riuscì a diventare presidente, Nixon dovette affrontare numerosi problemi di tipo economico e politico, tra i quali la guerra in Vietnam occupava senza dubbio il primo posto. Rieletto presidente nel 1972, dietro suggerimento del suo più autorevole collaboratore, il segretario di Stato Henry Kissinger, Nixon decise di porre fine al conflitto vietnamita (1973) e di aprire un dialogo con la Cina comunista, che era entrata in tensione con l'Unione Sovietica. L'8 agosto 1974, fu costretto a dare le dimissioni: durante la campagna elettorale del 1972, infatti, un gruppo di individui al servizio del Comitato per la rielezione di Nixon era entrato abusivamente nella sede del Partito democratico (avversario del presidente) per carpire alcune informazioni riservate. Dal nome dell'edificio in cui l'episodio si svolse, l'intera questione venne chiamata scandalo *Watergate*. In seguito, il suffisso *-gate* è stato aggiunto a vari altri nomi, tutte le volte in cui un altro episodio imbarazzante ha rischiato di mettere in gioco il prestigio e la carriera di un presidente.

ZOOM I fabbisogni energetici nei Paesi industrializzati

La tabella mostra in che modo è cambiata la copertura dei bisogni energetici nei Paesi industrializzati nel giro di vent'anni. Se analizziamo la situazione dei soli Stati europei aderenti alla CEE, come sottolinea lo storico italiano Giuseppe Mammarella, «il processo di trasformazione è stato ancora più marcato: mentre nel 1950 il petrolio rappresentava solo il 10% del consumo di energia [...], dieci anni dopo la rivoluzione si era compiuta e la percentuale era salita al 60%. Nel 1973, allo scoppio della crisi energetica, era del 64%».

	1950	1972
Carbone	55,7%	28,7%
Energia elettrica prodotta da fonti primarie	6,5%	6,9%
Petrolio	28,9%	46,1%
Gas naturale	8,7%	18,4%
Altre fonti	0,2%	0

Crisi dell'auto

produttivo che aveva caratterizzato l'economia degli anni Sessanta. La prima industria a entrare in crisi fu quella automobilistica; la recessione, tuttavia, ben presto investì tutti i settori, provocando un **aumento** generalizzato **della disoccupazione**: nel 1975, la percentuale della forza-lavoro priva di occupazione raggiunse quasi il 5%, nell'insieme dei Paesi della CEE, mentre toccò il 6% in Italia. Nel contempo, tutti i principali Stati videro crescere vertiginosamente i tassi d'inflazione, che nel 1974 raggiunsero il 24,5% in Italia e il 24,2% in Gran Bretagna.

Autonomazione delle industrie e aumento della disoccupazione

Con l'obiettivo di ridurre i costi di produzione, in molte industrie furono introdotte radicali e rivoluzionarie **innovazioni tecnologiche**. Sostituendo il lavoro umano, l'automazione permise all'imprenditore di risparmiare denaro; in questo modo, i Paesi più avanzati dal punto di vista tecnologico riuscirono a superare la crisi e a espandere ulteriormente la propria economia.

Crescita economica non significa più occupazione

Al loro interno, tuttavia, si creò una situazione del tutto particolare. L'**automazione dei processi produttivi**, infatti, pose fine alla tradizionale equazione tra espansione economica e aumento dell'occupazione: la tecnologia sempre più sofisticata introdotta nelle fabbriche provocò il **licenziamento di un gran numero di lavoratori scarsamente qualificati**, incapaci di reinserirsi rapidamente nel sistema. In Inghilterra, ad esempio, la disoccupazione raggiunse i tre milioni di unità (pari al 12% della forza lavoro) all'inizio degli anni Ottanta. Analogamente, negli Stati Uniti, la disoccupazione raggiunse, nel 1982, la quota del 9,7%; questo processo, però, colpì in particolare i lavoratori afroamericani, che furono investiti da un'ondata massiccia di licenziamenti e si trovò costretta a vivere di espedienti in quartieri-ghetto sempre più degradati.

Nel medesimo tempo, quasi tutti gli Stati si trovarono in difficoltà a far fronte alle crescenti necessità sociali della propria popolazione: i bilanci, infatti, presentavano deficit sempre più esorbitanti, mentre le tasse non potevano essere ulteriormente aumentate, pena la cancellazione dei profitti da parte degli imprenditori e il conseguente blocco degli investimenti. In Inghilterra e negli Stati Uniti, verso la fine degli anni Settanta si diffuse pertanto un orientamento di **politica economica** che può essere definito ***neoliberista***. Reagendo all'orientamento *keynesiano* prevalente negli anni Sessanta, tale impostazione affermò che lo **Stato doveva gradualmente ritirarsi dalla scena economica e sociale**, cioè diminuire drasticamente la quantità di servizi offerti (in modo da ridurre il proprio indebitamento), attenuare la tassazione e incentivare la libera iniziativa degli individui in tutti i campi.

› VEDI Intervento statale nell'economia e società dei consumi → pag. 559

Ridurre le tasse per rilanciare l'economia

Il neoliberismo di Reagan Il primo governo a tentare di impostare la politica di una nazione secondo questo orientamento neoliberista fu quello inglese, che negli anni dal 1979 al 1990 fu presieduto ininterrottamente da **Margaret Thatcher**. Una politica simile fu seguita dal presidente americano **Ronald Reagan**. Eletto alla Casa Bianca nel novembre 1980, egli procedette a una **riduzione delle imposte** del 25%, in tre anni. Da una simile drastica operazione Reagan si attendeva un grande rilancio dell'economia americana, in quanto era fiducioso che gli imprenditori avrebbero reinvestito in attività produttive tutto ciò che risparmiavano per merito della diminuzione della pressione fiscale. In realtà, l'atteso massiccio trasferimento di capitali in direzione degli investimenti non si verificò, in quanto molte delle nuove risorse resesi disponibili furono indirizzate piuttosto verso i consumi. L'unico risultato ottenuto dalla strategia neoliberista fu dunque di **aggravare** notevolmente il **deficit della spesa pubblica**, che si avviò al raddoppio, passando dai 64 miliardi di dollari del 1981 ai 128 del 1982. Evidentemente, era un risultato paradossale: da un lato, le spese statali per i servizi pubblici erano state fortemente ridimensionate (cosicché, di fatto, i cittadini più poveri erano stati lasciati a loro stessi), dall'altro le condizioni del bilancio dello Stato non erano mai state così critiche. Oltre tutto, poiché tra gli obiettivi di Reagan c'era quello di mantenere un'indiscussa superiorità militare americana, sul bilancio federale pesò anche il **raddoppio** (in quattro anni) delle **spese per gli armamenti**, che passarono dai 159 miliardi di dollari del 1981 ai 320 del 1985.

Aumento del numero di poveri

L'ambigua ripresa degli anni Ottanta A partire dalla fine del 1982, l'economia americana si riprese decisamente; tale rilancio, tuttavia, non risultò privo di contraddizioni e di ombre. Poiché il deficit del bilancio pubblico restava altissimo, le **spese sociali** furono ulteriormente **compresse**: il tenore di vita del lavoratore americano medio si abbassò, mentre **crebbero** a dismisura sia il numero di coloro che erano privi di qualsiasi tutela relativa alle malattie e alla vecchiaia, sia la percentuale (stimata intorno al 18-20% della popolazione globale) dei **poveri**. Inoltre, a fronte di settori emergenti (legati, soprattutto, all'elettronica e all'informatica), capaci di mantenere l'economia americana ai massimi livelli mondiali, gli anni Ottanta videro anche un **drastico ridimensionamento di industrie più tradizionali** (legate alla produzione di acciaio o manufatti tessili), che persero circa 7 milioni di posti di lavoro tra il 1979 e il 1986.

Margaret Thatcher e Ronald Reagan nel 1983.

CONTRASTI POLITICI

3.2

Il declino dell'URSS

Armamenti nucleari

Le enormi spese per la difesa Il campo degli armamenti fu uno dei maggiori terreni di scontro tra USA e URSS nel corso della guerra fredda. L'economia sovietica aveva retto il passo di quella statunitense per tutti gli anni Cinquanta, giungendo a mostrare una tecnologia di eccellente livello nel campo dei vettori missilistici, negli anni 1956-1957. Ma con la messa in campo dei missili *Polaris*, collocati su sommergibili nucleari, gli Stati Uniti riacquistarono la superiorità. A questo punto, l'**URSS** iniziò a **spendere somme gigantesche**, con l'obiettivo di ristabilire la cosiddetta *parità strategica*, concentrandosi in particolare nella **costruzione di armamenti nucleari**.

› VEDI La crisi dei missili a Cuba → pag. 530

Tuttavia, la crisi di Cuba aveva dimostrato le carenze militari russe anche nel settore navale, nonché messo in evidenza la difficoltà dei sovietici a condurre una politica di dimensioni planetarie, degna di una *superpotenza*. Così, un'altra importante quota delle risorse economiche sovietiche venne distolta dagli investimenti produttivi e diretta alla costruzione di imponenti **flotte da guerra**, capaci di operare in ogni mare e in ogni contesto strategico, proprio come riuscivano a fare le navi americane. Infine, a partire dal 1969, i **rapporti con la Cina si fecero sempre più tesi**, obbligando Mosca a dislocare ingenti forze anche sul proprio immenso confine asiatico (più di 7000 chilometri: la più lunga frontiera terrestre del mondo). Secondo alcune stime, il costo di uno schieramento di tanta portata si elevò a non meno di 200 miliardi di rubli, in un'epoca in cui l'intero reddito nazionale di un quinquennio era appena sei-sette volte tanto.

Informatica ed elettronica

La disparità tecnologica con gli USA Tale dirottamento di capitali verso le spese militari rese inverosimile la più solenne delle promesse di Kruscëv: quella secondo cui – al massimo nel 1970 – il sistema produttivo socialista sovietico avrebbe sorpassato in ogni campo il modello economico capitalista. Nel **1969**, non furono russi, ma **americani**, i **primi astronauti che sbarcarono sulla Luna**, a dimostrazione del fatto che – persino nel campo dei voli spaziali, che aveva visto i sovietici come precursori – gli Stati Uniti si erano ormai lasciati indietro il tradizionale avversario. La disparità tecnologica, nel corso degli anni, si aggravò ulteriormente; intorno alla metà degli anni Ottanta, mentre l'economia del mondo capitalista stava investendo sempre più nel settore informatico e nell'industria elettronica, gli sforzi produttivi sovietici erano ancora finalizzati all'aumento della produzione di acciaio, di ghisa e di trattori.

EUREKA! Sommergibili nucleari

Nella seconda metà del Novecento, il sommergibile è diventato uno strumento completamente diverso rispetto a quello che era stato durante la prima e la seconda guerra mondiale. Il primo **sottomarino alimentato da un reattore nucleare** entrò in servizio nel 1952: fu chiamato *Nautilus* (come il sommergibile del capitano Nemo, nei romanzi di Jules Verne) ed era **americano**. Nel corso degli anni Sessanta, si dotarono di sommergibili nucleari anche l'Inghilterra, la Francia e l'Unione Sovietica. Teoricamente, un sottomarino a propulsione nucleare potrebbe navigare ininterrottamente, in immersione completa, per più di 150 000 miglia. In pratica, la situazione è diversa, in quanto una permanenza eccessiva in immersione provocherebbe gravi turbe psico-fisiche all'equipaggio. Sul piano dell'armamento, la differenza fondamentale rispetto ai sommergibili del passato consiste nel fatto che quelli odierni non sono dotati solo di siluri per la distruzione di navi, ma anche (e soprattutto) di **missili a testata nucleare**, destinati a colpire il territorio e le città dell'eventuale nemico.

L'intervento militare in Afghanistan Per di più, nel dicembre del **1979, l'URSS intervenne militarmente** nel vicino Afghanistan, ove un regime militare filosovietico incontrava crescenti difficoltà a mantenersi al potere. La decisione di inviare in Afghanistan l'esercito fu, a dir poco, rovinosa, in quanto questa guerra cominciò a inghiottire **risorse economiche e umane** in quantità **esorbitanti**. Per schiacciare la guerriglia dei partigiani musulmani, che avevano le proprie basi in Pakistan ed erano sostenuti militarmente dall'Iran, dalla Cina, oltre che, naturalmente, dagli Stati Uniti, fu impiegato ogni mezzo possibile. Ciò nonostante, malgrado l'impiego complessivo (in dieci anni) di circa 520 000 soldati e un bilancio di 15 000 morti e 36 000 feriti, l'URSS non riuscì mai a controllare davvero l'intera regione e, infine, **fu costretta a ritirarsi nel febbraio 1989**. Oltre a essere un enorme spreco di risorse, la guerra provocò un diffuso malumore fra la popolazione: i soldati inviati in Afghanistan, infatti, non erano volontari, ma normali militari di leva; le loro lettere, più di ogni altra propaganda antisovietica, minarono la credibilità e il prestigio del regime comunista.

› VEDI
L'Afghanistan nel XXI secolo
→ pag. 661

Ritiro delle truppe sovietiche dall'Afghanistan, 1989.

I luoghi

Afghanistan

L'Afghanistan è un Paese (la cui superficie è di circa 650 000 km^2) che occupa la sezione più orientale dell'altopiano iranico. In tutte le epoche, è stato una terra di confine tra civiltà diverse: nell'antichità, ad esempio, era la regione di contatto e di transito tra la civiltà persiana (e poi, più tardi, quella ellenistica e quella islamica) e il mondo indiano. In età coloniale l'Afghanistan (divenuto un regno autonomo intorno alla metà del Settecento) assunse il ruolo di cuscinetto tra l'impero zarista e l'India britannica. Dopo la seconda guerra mondiale, l'influenza sovietica si fece sempre più forte e si accentuò ulteriormente dopo che, nel 1973, il Paese divenne una repubblica. La rapida introduzione di usi e costumi occidentali in una terra ancora molto legata alla tradizione musulmana mise in moto un processo di resistenza popolare e di guerriglia. Illudendosi di poter schiacciare facilmente tale movimento di opposizione islamica, Breznev ordinò alle truppe sovietiche di occupare il Paese. Tuttavia, l'operazione si rivelò molto più difficile del previsto: l'Afghanistan, insomma, si trasformò in una specie di Vietnam russo, dal quale i sovietici furono costretti a ritirarsi nel 1989. Il disimpegno russo non ha permesso all'Afghanistan di vivere in pace: da allora il Paese è stato lacerato da una violenta lotta civile, tra le diverse fazioni contrapposte della guerriglia islamica che ha sconfitto gli invasori stranieri.

Lech Walesa in un comizio nei cantieri di Danzica, agosto 1980.

Guardiamo la storia
Giovanni Paolo II, il papa polacco

Le proteste in Polonia: Solidarnosc Il calo della credibilità che stava colpendo il Partito comunista fu evidente non solo in Russia, ma anche in altri Stati del blocco sovietico. All'inizio degli anni Ottanta, infatti, nessuno concepiva l'idea che un qualche membro del Partito potesse farsi carico del malcontento popolare e del desiderio di rinnovamento, come avevano fatto Gomulka, nel 1956, e Dubcek, nel 1968.

Le manifestazioni di protesta più accese si verificarono in Polonia, nell'estate del 1980, quando gli **operai dei cantieri navali di Danzica** entrarono in sciopero (galvanizzati anche dall'elezione di un loro connazionale, **Karol Wojtyla**, al pontificato, con il nome di Giovanni Paolo II). Costretto a cedere, il governo permise la **nascita di un sindacato libero**, cioè autonomo dal Partito e dallo Stato, che prese il nome di ***Solidarnosc*** ("solidarietà") e fu presieduto da uno dei leader della protesta operaia, **Lech Walesa.**

La sfiducia verso il Partito era condivisa dagli stessi militari. Il 13 dicembre 1981 il generale **Wojciech Jaruzelski riportò l'ordine in Polonia**, sciogliendo con la forza il sindacato libero, che sempre più stava assumendo i caratteri di un vero partito politico d'opposizione. È verosimile pensare che, se *Solidarnosc* avesse assunto ulteriore importanza all'interno della società polacca, minacciando l'esistenza stessa del socialismo, l'esercito russo sarebbe intervenuto. Fu questo timore a spingere Jaruzelski all'azione, cioè ad arrestare Walesa: il generale polacco salvò il regime comunista solo per motivi di tipo nazionalistico, cioè per scongiurare l'invasione russa, e non per sincera convinzione ideologica, mentre il Partito, in questa vicenda, non giocò nessun ruolo.

3.3 Michail Gorbacëv e la *perestrojka*

Potenza militare, stagnazione economica

Le riforme di Gorbacëv Sotto la guida di Breznev, l'URSS aveva raggiunto il vertice della sua potenza militare; allo stesso tempo, tuttavia, anche la responsabilità della stagnazione economica e sociale in cui versava il Paese andava attribuita alla politica attuata dal successore di Kruscëv. Dopo la sua morte, avvenuta nel novembre del 1982, l'URSS fu guidata per tre anni da dirigenti anziani e malati, incapaci di promuovere alcuna riforma nel sistema sovietico.

Solo nel **1985** il Partito osò percorrere una strada diversa, eleggendo a segretario **Michail Gorbacëv**. Nato nel 1931, egli **non aveva collaborato al regime staliniano**, a differenza degli uomini che l'avevano preceduto alla guida del Paese. Anzi, le sue idee presentavano diversi aspetti di discontinuità rispetto alla tradizione sovietica: Gorbacëv continuava a credere nel socialismo, ma voleva coniugarlo con la democrazia e con il rispetto dei diritti dell'uomo e del cittadino. Insomma, la sua concezione del socialismo, sotto molti aspetti, era vicina quella di Dubcek.

Libertà di critica

A partire dal febbraio 1986, Gorbacëv lanciò un grande **programma di *ristrutturazione* (*perestrojka*) del sistema sovietico.** Tale progetto doveva tendere alla riorganizzazione sia dell'economia sia dell'assetto politico russo, e nella concezione di Gorbacëv i due aspetti avrebbero dovuto procedere in parallelo. A suo giudizio, però, il Paese aveva bisogno prima di tutto di ***glasnost***, cioè di ***trasparenza***, di libertà di discussione e di critica, senza la quale neppure le reali condizioni economiche dell'URSS avrebbero potuto essere studiate e migliorate.

L'orientamento politico di Gorbacëv

Schema proiettabile

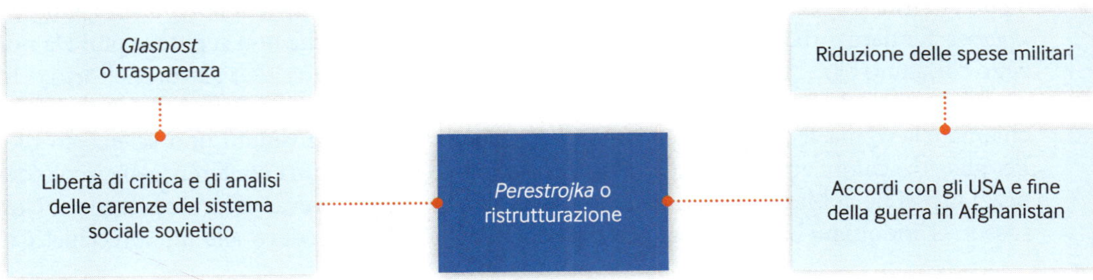

Storiografia 2
La catastrofe del reattore di Černobyl'
→ pag. 628

Il disarmo nucleare Nell'aprile **1986, esplose un reattore della centrale nucleare di Černobyl'**, in Ucraina; la nube radioattiva, sprigionata dall'esplosione, dapprima provocò immensi danni nelle regioni circostanti l'impianto, e poi investì diversi Paesi europei. Questo tragico evento mostrò il disordine e l'inefficienza che regnavano persino nel settore dell'industria atomica, e quindi rese evidente la necessità di procedere in fretta a drastiche riforme anche nei campi che si credevano più avanzati e moderni. Per far ciò, naturalmente, si dovevano trovare risorse, e Gorbacëv comprese che era necessario intervenire prima di tutto sul settore militare. Pertanto, il leader sovietico intraprese con il presidente americano Reagan una serie di **trattative finalizzate a ridurre il numero dei missili e delle testate nucleari**, perseguì una politica di riconciliazione con la Cina e pose fine alla presenza russa in Afghanistan. In un primo tempo gli americani guardarono con scetticismo alla nuova politica sovietica. Quando si capì che le intenzioni di Gorbacev erano serie, il leader sovietico fu celebrato dalla stampa occidentale come il nuovo garante della pace mondiale.

Lo storico incontro tra il presidente statunitense Reagan e il segretario generale dell'Unione Sovietica Gorbacëv in Islanda, nel 1986.

Documento

Una testimonianza da Černobyl'

Svetlana Aleksievic (autrice di *Preghiera per Černobyl'*, pubblicato per la prima volta nel 2001) ha passato tre anni a interrogare persone che, a vario titolo, sono state coinvolte nella catastrofe provocata dal reattore nel 1986. Il testo seguente è tratto da un'intervista rilasciata da una donna anziana, che tenacemente si ostinava a vivere in un villaggio deserto a causa della contaminazione.

La prima volta ci hanno detto che qui da noi c'era la radiazione e noi abbiamo pensato: sarà una malattia, chi si ammala muore, punto e basta. No, ci hanno spiegato, è una cosa che finisce sul terreno e si infila anche sotto, ma non si può vedere. Per gli animali è diverso, la vedono e la sentono, l'uomo no. E invece non è vero! Io l'ho vista... Questo cesio [elemento chimico radioattivo; l'esplosione del reattore di Černobyl' ne disperse grandi quantità nell'atmosfera, *n.d.r.*] era finito nel mio orto e c'è rimasto finché non l'ha inzuppato la pioggia. Ha il colore dell'inchiostro... Era lì per terra e luccicava, a pezzetti iridescenti... Ero venuta via un momento dal *kolchoz* per dare un'occhiata al mio orto... Era un pezzetto così, tutto blu... E duecento metri più in là, ancora un altro... Grande come il fazzoletto che ho in testa. Ho chiamato la vicina, le altre donne, siamo corse qua e là. Per gli orti, i campi vicini... Un paio di ettari... Solo di pezzi grossi ne abbiamo trovati quattro... Uno anche rosso... L'indomani ha cominciato a piovere. Fin dalla mattina. E all'ora di pranzo erano spariti tutti. Quando sono arrivati quelli della milizia non c'era più niente da far vedere. Abbiamo potuto solo raccontarglielo. Erano pezzi così... (Ne mostra le dimensioni a gesti.) Come il mio fazzoletto. Blu e rossi...

Questa radiazione non ci faceva molta paura... Se non l'avessimo trovata nell'orto, se non avessimo visto com'era, magari ci avrebbe fatto più paura, ma ormai non era più il caso. Gli agenti della milizia e i soldati hanno messo dei cartelli davanti ad alcune case e sulla strada... E a noi che da una vita campavamo delle nostre patate, delle nostre buone cipolle, di punto in bianco sono venuti a dire che non si poteva più! Da non sapere se ridere o piangere... Per i lavori nell'orto ci hanno consigliato di mettere mascherine di cotone e guanti di gomma... Ed è anche venuto uno scienziato di quelli importanti a tenere una conferenza al circolo del villaggio per dirci che dovevamo lavare la legna... Cose dell'altro mondo! Non credevo alle mie orecchie! Ci hanno ordinato di

3.4 La fine del socialismo nell'Europa orientale

La crisi del modello socialista Mentre Gorbacëv, tra mille difficoltà e resistenze, tentava di imprimere una nuova direzione alla politica sovietica, i dirigenti dei Paesi socialisti dell'Europa orientale non intrapresero alcuna riforma, anche se la loro situazione economica si era fatta ogni anno più critica. Nell'opinione pubblica di queste nazioni – come già era accaduto in Polonia, nel 1978 – si era **persa ogni fiducia nella capacità del sistema comunista di modificarsi in senso democratico e di rinnovare il proprio modello economico.**

Sfiducia nelle autorità comuniste

D'altro canto, ci si rese conto che, in caso di un'azione politica e sociale energica da parte dell'opposizione, **Mosca non sarebbe più intervenuta a sostegno delle dittature socialiste**: un'operazione militare analoga a quella ungherese del 1956 (o a quella cecoslovacca del 1968) avrebbe segnato, in Occidente, l'immediato crollo della credibilità di Gorbacëv e dei suoi sforzi riformatori. Pertanto, nel corso del 1989, la situazione precipitò repentinamente in tutti i principali Stati europei caratterizzati da un regime socialista.

I primi cedimenti: Polonia e Ungheria A dare l'esempio fu la **Polonia**, ove il generale Jaruzelski (in febbraio) concordò con *Solidarnosc* lo svolgimento di elezioni a cui potessero partecipare anche candidati non comunisti. Tenutesi nel **giugno 1989**, queste **prime libere consultazioni** furono un vero trionfo, cosicché il 12 settembre, a guida del governo, fu eletto il cattolico Tadeusz Mazowieski, collaboratore di Walesa.

Libere elezioni in Polonia

Negli stessi mesi, la situazione si era profondamente modificata anche in **Ungheria**, ove (in marzo) le autorità decisero di procedere alla solenne riabilitazione di Imre Nagy e degli altri leader della rivolta del 1956. A questo gesto simbolico, il **28 maggio** ne seguì un altro, ben più gravido di conseguenze: le autorità ungheresi, infatti, ordinarono all'esercito di tagliare i

lavare le lenzuola, le federe e le tende, anche se erano pulite... Ma se si trovavano dentro casa! nei canterani [mobili con grandi cassetti, *n.d.r.*] e nei bauli! Come poteva essere entrata dentro casa questa radiazione? Dentro una casa con le finestre? Con tanto di porta? Da non credere! Ma andate a cercarla nella foresta o nei campi... Hanno messo il lucchetto ai pozzi, li hanno coperti con teli di plastica... L'acqua è sporca, dicevano... Ma dov'è che è sporca, se è l'acqua pura di sempre! Hanno detto un sacco di scemenze. Morirete tutti... Bisogna andar via... C'è l'ordine di evacuazione... La gente s'è spaventata... S'è presa paura... Alcuni hanno cominciato a sotterrare i loro beni. Anch'io ho fatto i miei preparativi... I diplomi di merito per i tanti anni di onesto lavoro e i pochi soldi che avevo messo da parte. Ma provavo una pena! Una pena che mi rodeva il cuore! [...] Perché partire poi? È un bel posto! È tutto un germogliare e un fiorire. Dal moscerino al grosso animale, tutto vive.

Per lei, cercherò di ricordare ogni cosa... Gli aerei vanno avanti e indietro. Tutti i giorni. Bassi sulle nostre teste. Volano verso il reattore. Verso la centrale. Uno dopo l'altro. Da noi è in corso l'evacuazione. La migrazione. I soldati danno l'assalto alle nostre case. La gente si è chiusa dentro, si nasconde. Il bestiame muggisce, i bambini piangono. La guerra! E il sole splende placido... Io aspetto in casa senza uscire, ma non chiudo a chiave. I soldati bussano: «Allora, padrona, sei pronta?». Io chiedo loro: «Mi porterete fuori legata mani e piedi?». Restano un po' lì, senza dire più niente, poi se ne vanno. Erano giovani giovani. Dei ragazzini! Le donne si erano buttate in ginocchio davanti alle case, li avevano supplicati, ma i soldati le avevano prese per le braccia, una dopo l'altra, e caricate sugli autobus. Io però li avevo minacciati, a ogni buon conto: il primo che mi avesse toccato o avesse tentato di afferrarmi, si sarebbe preso una bastonata. Li avevo anche insultati! E pesantemente! Ma senza piangere. Quel giorno non avevo pianto.

Me ne sto seduta in casa. Prima gridavano. E come se gridavano! Poi s'è fatto silenzio... E tutto è diventato calmo... Quel giorno io... Io quel giorno non sono uscita di casa... Me l'hanno raccontato: una colonna di persone... Una colonna di bestiame. Come in guerra! [...] E tu, tesorino mio, hai capito la mia tristezza? La porterai alla gente, ma forse io non ci sarò già più. Mi troveranno sotto terra... Sotto le radici.

Zinaida Evdokimonva Kovalenko, residente non autorizzata
S. ALEKSIEVIC, *Preghiera per Cernobyl'*, E/O, Roma 2007, pp. 45-53, trad. it. S. RAPETTI

Analizza il testo

- Come ha reagito la protagonista del racconto all'ordine di evacuazione?
- Per quali ragioni viene evocato il parallelo con la guerra?

fili spinati e disattivare il complesso sistema di mine e di allarmi che si stendeva lungo i 260 chilometri del confine austro-ungherese. In pratica, ciò significava proclamare che, in quel punto, la ***cortina di ferro* non esisteva più**, perché il governo ungherese non poneva più limiti al libero transito degli individui attraverso le proprie frontiere.

Il crollo dei regimi in Cecoslovacchia, Bulgaria e Romania In **dicembre**, i **regimi comunisti furono rovesciati** anche in **Cecoslovacchia**, in **Bulgaria** e in Romania; tranne che a Bucarest (ove il dittatore Nicolae Ceausescu venne ucciso da una rivolta popolare) tutti questi cambiamenti avvennero senza spargimento di sangue. Decisi a rompere ogni legame con il passato comunista e l'Unione Sovietica, i nuovi governi si affrettarono ad abbandonare sia il Comecon sia il Patto di Varsavia; inoltre avviarono un **rapido smantellamento dell'economia pianificata e diretta dallo Stato**, adottando un liberismo radicale, simile a quello reaganiano. Il risultato, però, non fu quello previsto, poiché l'economia di questi Paesi era del tutto impreparata ad affrontare di colpo le dure leggi del mercato internazionale.

Liberalismo selvaggio e traumatico

Tutti gli Stati dell'Europa orientale si trovarono ad affrontare gravissime difficoltà. A titolo esemplificativo, si può ricordare che la produzione industriale di questi Paesi, a metà del 1992, era tra la metà e i due terzi di quella del 1989. Di conseguenza, negli anni 1988-1992, la Polonia aveva perso più del 21% del suo prodotto interno lordo, la Cecoslovacchia quasi il 20%, la Romania e la Bulgaria il 30% o più. Fra la popolazione frustrata e perplessa, all'entusiasmo e alla commozione che avevano accompagnato la riconquista della libertà e della democrazia spesso si sono venuti sostituendo, con il tempo, la preoccupazione e il rancore, terreno fertile per favorire il diffondersi di messaggi politici di stampo nazionalistico e demagogico.

La rivoluzione del 1989

DATE	EVENTI
28 maggio	L'Ungheria apre le proprie frontiere: la cortina di ferro non esiste più
12 settembre	La Polonia è guidata da un primo ministro non comunista
9 novembre	Abbattimento del muro di Berlino
Dicembre	Vengono rovesciati i regimi comunisti in Cecoslovacchia, Bulgaria e Romania

Cittadini romeni su un carro armato sottratto all'esercito durante la rivolta che portò alla caduta di Ceausescu, Timisoara, dicembre 1989.

I luoghi → Romania

La Romania venne riconosciuta dalle grandi potenze come Stato indipendente nel 1878, al Congresso di Berlino. Dopo la prima guerra mondiale (che condusse contro Germania e Austria-Ungheria), aumentò notevolmente la propria estensione, ma nel 1940 fu costretta a cedere quasi un terzo del proprio territorio. In questo contesto drammatico e confuso, il generale Ion Antonescu assunse il potere con un colpo di Stato (5 settembre 1940) e portò al potere il partito filonazista delle *Guardie di ferro*, alleandosi con Hitler nella guerra in corso. Occupato dall'Armata rossa nel 1944, il Paese divenne comunista nel 1947. Dal 1965 la Romania fu governata da Nicolae Ceausescu, un dittatore dispotico e incapace di accogliere le spinte rinnovatrici della *perestrojka* gorbaceviana. Nel dicembre 1989 la popolazione romena insorse contro la dittatura, che cercò di reprimere la rivolta; la lotta, durata alcuni giorni, provocò la morte di circa 10 000 persone, ma infine si concluse con l'arresto e l'esecuzione sommaria di Ceausescu e di sua moglie, il 25 dicembre.

CONTRASTI POLITICI

3.5 Il crollo del muro di Berlino

Guardiamo la storia
L'emigrazione dai paesi dell'Est Europa dopo il crollo del comunismo

Lavorare per competenze
avvio al saggio breve
La caduta del muro di Berlino
→ pag. 631

La demolizione del muro L'apertura delle frontiere ungheresi permise ai tedeschi della Germania Est di emigrare in massa verso la Germania occidentale, proprio come negli anni Cinquanta. Fu questo grande movimento di persone a far precipitare la situazione anche nella Repubblica democratica tedesca, il cui governo era rimasto tenacemente attaccato al tradizionale modello comunista fino all'estate del 1989.

Il **9 novembre 1989**, le autorità comuniste **della RDT** presero atto dell'impossibilità di fermare l'esodo con la forza ed emanarono una nuova normativa relativa al transito alle frontiere, che in pratica significava la completa **liberalizzazione della circolazione fra le due Germanie**. Non appena la notizia si diffuse, la popolazione di Berlino Est si precipitò in massa contro il **muro**, che **venne demolito** in più punti, cancellando il simbolo più esplicito e odioso della divisione dell'Europa in due schieramenti ideologici e militari contrapposti.

La riunificazione della Germania L'iniziativa politica, a quel punto, venne rapidamente e saldamente assunta dal cancelliere della Repubblica federale tedesca **Helmut Kohl**, deciso sostenitore della **riunificazione del Paese** nel più breve tempo possibile. Tale prospettiva spaventava sia l'Unione Sovietica, sia gli alleati occidentali della Germania: tutti temevano che un nuovo Stato tedesco unificato assumesse in Europa un peso eccessivo, alterando l'equilibrio creatosi all'indomani della seconda guerra mondiale. Kohl poté invece contare sull'appoggio americano; inoltre, era consapevole che la riunificazione avrebbe potuto essere contrastata solo con l'uso della forza, cosa che avrebbe compromesso il processo di pacificazione in atto nel blocco sovietico, senza il quale la ristrutturazione economica e politica dell'URSS non sarebbe stata possibile.

Timori verso la grande Germania

Pertanto, vincendo le numerose resistenze che il suo progetto di ricongiungimento immediato aveva suscitato persino all'interno della stessa Germania, Kohl procedette senza ostacoli fino alla meta, raggiunta ufficialmente il **3 ottobre 1990**. Di fatto, si trattò di **una vera e propria annessione**, preceduta da un accordo economico e sociale che fissò il rapporto 2:1 per il cambio fra marchi orientali e marchi occidentali, e proclamò solennemente che le regioni orientali della Germania avrebbero immediatamente abbandonato ogni elemento della precedente gestione economica socialista.

Difficoltà economiche

Come negli altri Paesi che uscivano dal *socialismo reale*, anche per la Germania orientale il repentino passaggio all'economia di mercato si rivelò traumatico. L'intero complesso industriale della ex Repubblica democratica non risultò più capace di competere con la concorrenza occidentale: moltissime aziende dovettero chiudere o vennero assorbite da imprese dell'Ovest, mentre la **disoccupazione** (nel febbraio 1996) toccò la punta del 17,5% dell'intera forza lavoro. Per far fronte a questa situazione il governo centrale dovette intervenire con **sovvenzioni ingenti e continue**, sostenibili solo da un'economia forte come quella tedesca e impensabili, ad esempio, per la maggior parte degli Stati ex comunisti, il cui rilancio non ha potuto giovarsi di un simile imponente trasferimento di capitali e di risorse.

Folla di berlinesi di fronte al muro di Berlino, 11 novembre 1989, mentre una seziona del muro è già stata demolita.

Capitolo 4

CONTRASTI POLITICI

L'Italia degli anni di piombo

Storia slide

LE CONOSCENZE DA ACQUISIRE
Il periodo compreso tra il 1969 e il 1980 vide numerosi atti terroristici in Italia: stragi, rapimenti e assassinii politici.

LE COMPETENZE DA POTENZIARE
Saper individuare fattori di rafforzamento e di indebolimento di una struttura politica.

4.1 Le tensioni politiche

› VEDI
Il Sessantotto
→ pag. 565

Il desiderio di una società diversa Alla fine degli anni Sessanta, la società italiana era in fermento; mentre gli studenti chiedevano che la scuola e l'università rinnovassero radicalmente metodi e contenuti dell'insegnamento, i sindacati riuscirono a ottenere salari più alti e maggiori diritti per i lavoratori occupati nelle industrie, cresciute in maniera vertiginosa nei decenni del *miracolo economico*. In entrambi gli ambienti – quello **studentesco** e quello **operaio** – si diffuse un **fortissimo desiderio di cambiamento**: di *rivoluzione*, si diceva allora. I limiti dell'esperienza sovietica erano emersi con estrema chiarezza nel 1968, con l'intervento repressivo in Cecoslovacchia. La maggior parte dei militanti pertanto, guardava ad altre esperienze comuniste, prime fra tutte quella cubana e quella cinese. Di questi mondi (soprattutto della Cina) si sapeva poco, oppure si respingevano le voci che presentavano la figura di Mao come responsabile di gravi crimini o di disastri giganteschi, come quello del *grande balzo in avanti*.

Disillusione verso l'URSS

La radicalizzazione delle posizioni politiche: stragi e terrorismo Negli ambienti dell'**estremismo di sinistra**, la *tensione verso il nuovo* era fortissima, così come il desiderio di *fare la rivoluzione* spingeva su **posizioni sempre più radicali** e alzava di giorno i giorno il tono dei dibattiti e delle discussioni, nelle assemblee che si tenevano nelle fabbriche, nelle università e nelle scuole.

Il momento del lancio di un lacrimogeno, Milano 1970.

Gli ambienti dell'**estrema destra** risposero con fermezza e brutalità alla rinnovata determinazione rivoluzionaria e alle vittoriose lotte condotte dal sindacato. A partire dal 1969, iniziò il periodo delle ***stragi***, provocate da bombe che avevano l'esplicito scopo di spargere il terrore, di impedire con ogni mezzo un ulteriore rafforzamento del movimento operaio e, al limite, di sovvertire lo Stato democratico, considerato corrotto e incapace di contrastare quello che agli estremisti di destra appariva come un rinnovato tentativo comunista di conquistare il potere.

Anche l'**estrema sinistra** era disponibile a usare la violenza a fini rivoluzionari. Procedendo su questa strada, negli anni Settanta sarebbero nati numerosi **gruppi terroristici**, come *Prima linea*, i *Nuclei armati proletari* e, soprattutto, le *Brigate rosse* (BR). Va precisato che il terrorismo rosso colpì sempre singoli individui, in genere figure di spicco del mondo dell'economia e della politica, oppure quelli che considerava *servi dello Stato* (magistrati, poliziotti, guardie carcerarie). La violenza di estrema destra, invece, colpiva nelle piazze, nei locali pubblici o sui treni, con l'obiettivo di terrorizzare le masse.

Storiografia 3

Terrorismo nero e squadrismo neofascista in Italia

→ pag. 629

La strategia della tensione L'episodio iniziale dell'offensiva del terrorismo *nero* – chiamata anche ***strategia della tensione*** – ebbe luogo a **Milano il 12 dicembre 1969**, allorché venne fatta esplodere una **bomba alla Banca Nazionale dell'Agricoltura, in piazza Fontana**, provocando 16 morti e 87 feriti. In un primo tempo, la polizia seguì la cosiddetta *pista anarchica*, e quindi arrestò il ballerino romano Pietro Valpreda e il ferroviere milanese Giuseppe Pinelli; quest'ultimo, in circostanze misteriose, morì alla Questura di Milano, cadendo da una finestra. Alcuni estremisti di sinistra accusarono il commissario Luigi Calabresi di aver intenzionalmente ucciso Pinelli, mentre erano in corso gli interrogatori a suo carico; pertanto, il 17 maggio 1972, il funzionario di polizia venne assassinato con due colpi di pistola, davanti alla propria abitazione.

Errori e depistaggi

L'arresto di Valpreda e di Pinelli è l'episodio più tragico di una serie di disfunzioni e di depistaggi che l'apparato di polizia e i servizi segreti operarono in quei drammatici anni. Valpreda, infatti, nel 1985 fu prosciolto da ogni accusa relativa alla bomba di piazza Fontana; di questa strage, persino dopo le tardive condanne di tre estremisti di destra nel giugno 2001, molti misteri restano tuttora irrisolti.

Video: La stage più sanguinosa

Nel corso degli anni seguenti, numerosi **altri ordigni** vennero fatti esplodere con modalità analoghe: ricordiamo quello che a **Brescia**, in **piazza della Loggia**, il 28 maggio 1974 provocò 8 morti e 94 feriti; quello che devastò il **treno *Italicus*** nei pressi di Bologna il 4 agosto 1974 (uccidendo 12 passeggeri e ferendone 105); la bomba fatta esplodere alla **stazione di Bologna** il 2 agosto 1980 (83 morti e 200 feriti).

La strategia della tensione

LE STRAGI	
12 dicembre 1969	Piazza Fontana a Milano, 16 morti, 87 feriti
28 maggio 1974	Piazza della Loggia a Brescia, 8 morti, 94 feriti
4 agosto 1974	Treno *Italicus*, vicino a Bologna, 12 morti, 105 feriti
2 agosto 1980	Stazione di Bologna, 83 morti, 200 feriti

Il treno *Italicus* dopo l'esplosione della bomba in cui persero la vita 12 persone (4 agosto 1974).

› VEDI
Le dittature in Sud America
→ pag. 569

Berlinguer e il compromesso storico tra PCI e DC A questo scenario inquietante, che impensieriva molti italiani e li rendeva seriamente preoccupati per le sorti della democrazia in Italia, si aggiunsero gli eventi internazionali. Il 2 settembre 1973, **il presidente del Cile Salvador Allende**, che aveva tentato di introdurre nel suo Paese radicali riforme sociali, fu **rovesciato e ucciso da un colpo di Stato militare**. Il drammatico fallimento dell'esperimento cileno colpì profondamente l'opinione pubblica italiana e spinse il segretario del PCI, Enrico Berlinguer, a proporre una strategia politica radicalmente nuova rispetto a quella del passato. «La gravità dei problemi del Paese – scrisse Berlinguer il 28 settembre 1973 –, le minacce sempre incombenti di avventure reazionarie e la necessità di aprire finalmente alla nazione una sicura via di sviluppo economico, di rinnovamento sociale e di processo democratico rendono sempre più urgente e maturo che si giunga a quello che può essere definito il nuovo grande compromesso storico tra le forze che raccolgono e rappresentano la grande maggioranza del popolo italiano». In altre parole, **Berlinguer proponeva alla DC** – che era, come il PCI, un forte e radicato partito di massa – **un'alleanza programmatica capace sia di affrontare i problemi economici e sociali dell'Italia, sia di contrastare le spinte eversive che, da destra e da sinistra, minacciavano la democrazia**.

Storica stretta di mano tra Enrico Berlinguer (a sinistra) e Aldo Moro (a destra), Roma, 28 giugno 1977.

Per rendere credibile la sua proposta, Berlinguer ebbe il coraggio di dichiarare del tutto esaurita la spinta propulsiva e innovativa della rivoluzione d'ottobre: in pratica, pur non rinunciando ancora a considerarsi *comunista*, il PCI **si sganciava dal modello sovietico**. Inoltre, in un'intervista del 1976, lo stesso Berlinguer affermò che, anche in caso di vittoria elettorale comunista, l'Italia non avrebbe abbandonato il Patto atlantico con gli Stati Uniti. Infine, per sottolineare meglio la novità della propria linea politica, Berlinguer coniò l'espressione *eurocomunismo*, con la quale voleva indicare il tentativo di una via al socialismo completamente diversa da quella russa, capace di coniugare la lotta alla disuguaglianza sociale con la libertà e la democrazia tipiche dell'Europa occidentale.

ZOOM Gli effetti della crisi economica degli anni Settanta

In Italia, come negli altri Paesi, la crisi petrolifera del 1973 provocò una **crescita vertiginosa dei prezzi dei prodotti energetici e delle materie prime**. La situazione economica peggiorò: le aziende entrarono in crisi e crebbe la disoccupazione. Per contrastare l'aumento **vennero introdotte limitazioni ai consumi di elettricità**: l'illuminazione pubblica e l'orario di apertura dei negozi vennero ridotti e la chiusura di cinema, bar e locali fu anticipata. Il **divieto di circolare in automobile nei giorni festivi** fu quello che ebbe l'effetto più dirompente. Il 2 dicembre 1973 per la prima volta ci fu il blocco totale della circolazione privata (le cosiddette **"domeniche a piedi"**) e le biciclette ripresero a sfrecciare per la città fra le macchine immobili.

L'assalto a un camion che vende cherosene in una via di Milano.

CONTRASTI POLITICI

4.2 L'Italia dei referendum su divorzio e aborto

I cambiamenti sociali e di costume negli anni Settanta Il compromesso storico proposto da Berlinguer incontrò molti ostacoli, alcuni dei quali legati alle grandi questioni che emersero in quel periodo. Gli anni Settanta furono un momento di duro confronto, oltre che sul piano politico, anche sul piano sociale e della vita quotidiana, a cominciare dai ruoli sessuali e dalla morale. Nel 1971, infatti, una sentenza della Corte costituzionale rese legale la vendita della **pillola anticoncezionale**; nello stesso anno, il **Parlamento approvò la legge che autorizzava il divorzio**, provocando un vero terremoto nei costumi e nei comportamenti degli italiani e, ancor più, delle italiane.

La Chiesa propone il referendum

Anche se, nel resto d'Europa, il divorzio era ormai vietato solo in Irlanda e in Spagna, **per la Chiesa si trattò di uno strappo molto grave alla morale**, da riparare al più presto. Pertanto, il mondo cattolico si mobilitò e raccolse le firme per un referendum sulla legge del divorzio. L'istituto del *referendum popolare abrogativo* era previsto dalla Costituzione repubblicana, ma fino ad allora nessuna forza politica lo aveva mai utilizzato.

Lo scontro sul divorzio Nella primavera del 1974, la **campagna elettorale fu aspra e appassionata**. Da parte cattolica, si minacciava che la nuova legge avrebbe avuto effetti devastanti sulle famiglie italiane: i diritti dei figli, come disse Amintore Fanfani in un comizio, sarebbero stati «calpestati dai capricci di uno dei loro genitori». Un altro esponente del fronte cattolico, Gabrio Lombardi, arrivò a definire il divorzio «una variante dell'harem diluita negli anni».

Difficoltà del PCI

La questione del divorzio e il referendum disturbarono notevolmente i progetti politici di Berlinguer. **I comunisti**, infatti, **erano favorevoli alla nuova legge, mentre la DC chiedeva la sua abrogazione**. Su un tema decisivo come la famiglia, le posizioni dei due maggiori partiti italiani erano assai distanti, tanto che il *compromesso storico* rischiava di naufragare prima ancora di nascere. Anche vari intellettuali cattolici si schierarono a favore della nuova normativa. Chiamati *cattolici del dissenso* (e severamente condannati dalle autorità ecclesiastiche), essi sostenevano che lo Stato non poteva imporre a tutti i cittadini la morale cattolica (contraria al divorzio), così come non poteva obbligare alla fede. Il **referendum del 1974** vide un'altissima affluenza alle urne (poco meno dell'88% degli aventi diritto) e **si concluse con una conferma della nuova legge** (53,3% di voti a favore).

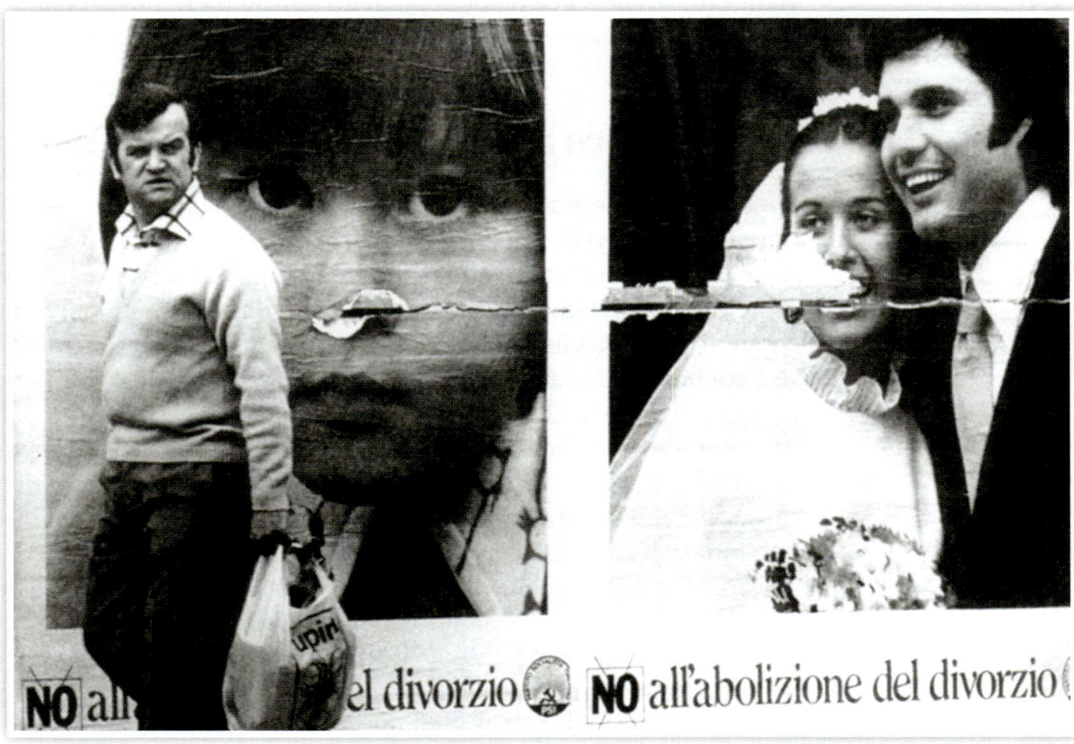

Manifesto propagandistico contro l'abrogazione del divorzio nel contesto del referendum del 1974.

Giovani donne si recano a una manifestazione a favore dell'aborto, 1975.

Il movimento femminista e la legge sull'aborto Negli stessi anni, iniziò la grande stagione del movimento *femminista* italiano. Un primo segnale evidente della nuova tendenza fu la pubblicazione del libro *Dalla parte delle bambine* (1973), di Elena Gianini Bellotti: si trattò della prima denuncia dei condizionamenti educativi che le femmine ricevevano, fin da piccole, in modo da diventare mogli docili e mansuete, al servizio dei loro mariti. Ancora più trasgressivo fu il volume *Noi e il nostro corpo*, un testo uscito nel 1974, scritto da un gruppo di donne americane, del collettivo femminista di Boston. In Italia, fu il primo testo rivolto alle donne (e, ancor più, alle ragazze) che parlasse di argomenti considerati tabù, quali il sesso e l'aborto.

Il referendum sull'aborto

Proprio l'interruzione volontaria della gravidanza divenne, pochi anni dopo, il nuovo terreno di scontro tra cultura laica e mondo cattolico. Anche la **legge sull'aborto (approvata dal Parlamento nel 1978)** venne sottoposta a **referendum** (nel **1981**) e infine confermata dagli elettori. Su questa delicata questione, però, lo schieramento di chi accettava la normativa sull'aborto fu più articolato che di fronte al divorzio. Socialisti e *radicali* (un piccolo movimento d'opinione, molto attento al tema delle libertà individuali) insistevano sul fatto che l'aborto fosse un *diritto delle donne*. I comunisti e numerosi intellettuali, invece, sostenevano che la legge dovesse restare in vigore, soprattutto al fine di **combattere la piaga sociale dell'aborto clandestino**, che a quell'epoca era molto diffuso tra le giovani donne, ma spesso praticato in condizioni igieniche carenti e senza una vera assistenza medica.

4.3 La collaborazione tra DC e PCI

L'Italia, una "democrazia bloccata" Il **presidente della DC Aldo Moro**, che aveva diretto il primo governo di centro-sinistra (in pratica, la prima vera svolta politica della storia repubblicana), fu l'interlocutore più importante, sul versante cattolico, del progetto politico di Berlinguer. L'**Italia**, constatava Moro, era una specie di **democrazia bloccata**, nel senso che non era possibile procedere a un'alternanza di governo come nei Paesi anglosassoni. In Inghilterra, ad esempio, laburisti e conservatori si alternavano nella guida della nazione perché garantivano che una loro vittoria non avrebbe significato la distruzione del sistema democratico. In Italia, invece, il fatto che il principale partito d'opposizione fosse il PCI non dava affatto quella garanzia: anzi, sia la rivoluzione russa sia l'esperienza dei Paesi dell'Est europeo avevano mostrato che una vittoria comunista comportava l'instaurazione di un regime dittatoriale, basato sul principio del partito unico.

La posizione di Moro

Per Moro, **l'evoluzione del PCI non poteva essere ignorata**. Il suo processo di democratizzazione, al contrario, andava sostenuto e accelerato mediante un suo **coinvolgimento nella maggioranza di governo**. Inserito definitivamente nel meccanismo democratico, il PCI avrebbe potuto condurre fino in fondo la propria evoluzione, trasformarsi da partito leninista in forza politica riformatrice, e quindi costituire una potenziale effettiva alternativa di governo per il Paese.

Un governo atipico

1976: il governo della non-sfiducia Nel 1976, il PCI conquistò alle elezioni il 34,4% dei suffragi, ponendosi a ridosso della DC, che aveva ottenuto il 38,7%. In queste condizioni, le ipotesi (in fondo convergenti) di Moro e Berlinguer parvero le uniche praticabili; pertanto, nell'agosto **1976**, il democristiano **Giulio Andreotti** guidò il primo governo che, dal 1947, non vide i comunisti italiani all'opposizione.

I rappresentanti del PCI, in vero, non parteciparono al governo, e neppure votarono la fiducia in Parlamento: tuttavia, astenendosi dal voto, permisero all'esecutivo di avere una maggioranza parlamentare. Questo singolare **governo della non-sfiducia** durò due anni; nel 1978, dopo aver concordato un programma con i comunisti, lo stesso Andreotti presiedette un esecutivo che, in Parlamento, avrebbe ricevuto il voto positivo del PCI, anche se nessun esponente di questo partito aveva ancora dirette responsabilità ministeriali.

4.4 Le Brigate Rosse e il sequestro Moro

Il rapimento di Aldo Moro La votazione della fiducia di tale **governo di solidarietà nazionale** era prevista per il **16 marzo**; la mattina di quel medesimo giorno, tuttavia, in Via Fani, a Roma, **Aldo Moro venne rapito**, mentre i cinque uomini della sua scorta furono uccisi a freddo, nel corso dell'operazione. A rivendicare l'azione fu il movimento delle **Brigate rosse (BR)**, un'organizzazione terrorista che riteneva possibile far esplodere in Italia una rivoluzione analoga a quella cinese o a quella cubana. Il gruppo aveva iniziato a organizzarsi nel 1970, sotto la guida di Renato Curcio e di Alberto Franceschini; le prime azioni delle BR si erano dirette contro esponenti del mondo dell'industria, al fine di mostrare al proletariato quanto i *padroni* fossero, in realtà, vulnerabili.

Colpire il cuore dello Stato

Le vittime, in questa prima fase, venivano rapite e sottoposte ai cosiddetti *processi del popolo*, cioè accusate di essere degli sfruttatori dei lavoratori; nel 1974, invece, il movimento iniziò una nuova offensiva, finalizzata a colpire il *cuore dello Stato*. Erano cominciati allora – e sarebbero durati sino al 1981 – i cosiddetti **anni di piombo**. Pertanto, le vittime privilegiate delle azioni terroristiche furono scelte tra esponenti della magistratura o della classe politica, che talvolta vennero, anch'essi, rapiti e processati, mentre in altri casi furono feriti alle gambe o uccisi. Nel 1976 il terrorismo di sinistra uccise 8 persone e ne ferì 15. L'anno dopo i morti furono 7 e i feriti 40.

Le Brigate rosse e il loro obiettivo politico I dirigenti delle BR non vollero rendersi conto del fatto che, nel panorama sociale italiano, la **lotta armata non era affatto condivisa dalla maggioranza degli operai**. Che in Italia, nel 1978, non ci fossero le condizioni minime per la vittoria di una *rivoluzione proletaria* (di cui le BR volevano essere l'avanguardia armata) emerse con chiarezza nelle ore immediatamente seguenti il sequestro di Moro: i tre grandi sindacati CGIL, CISL e UIL, infatti, proclamarono subito uno sciopero di protesta, esortando i lavoratori italiani a rifiutare la logica della violenza e a contrapporsi con ogni mezzo ai terroristi.

L'obiettivo politico del sequestro Moro era, nelle sue linee essenziali, evidente: le BR volevano **impedire**, con ogni mezzo possibile, **che il PCI fosse coinvolto nella normale dinamica democratica**. Una simile collocazione del PCI, in effetti, avrebbe significato la definitiva rinuncia a ogni prospettiva rivoluzionaria, che le BR, invece, ritenevano assolutamente necessaria e inevitabile, seguendo lo slogan: «Lo Stato borghese si abbatte, non si cambia».

Aldo Moro fotografato all'interno del covo BR in cui era tenuto prigioniero.

L'uccisione di Moro e il fallimento del disegno delle BR La vicenda del sequestro durò fino al **9 maggio 1978**, allorché le **BR uccisero Moro** abbandonandone il cadavere in un luogo – via Caetani, a Roma – che non a caso era a metà strada fra la sede centrale della DC e quella del PCI. Nei due mesi in cui lo statista fu tenuto prigioniero, le BR tentarono a più riprese di ottenere dei risultati politici: ad esempio, proposero di scambiare Moro con 13 brigatisti arrestati dalle forze dell'ordine negli anni precedenti e detenuti in carcere. Di fronte a questa proposta, il mondo politico italiano si divise in due orientamenti. I socialisti, guidati dal nuovo segretario, **Bettino Craxi**, ritenevano che fosse necessario innanzitutto salvare la vita di Moro. Il PCI, preoccupato soprattutto di mostrare la propria avversione nei confronti di un gruppo terrorista che, a sua volta, si definiva *comunista*, sostenne invece la *linea della fermezza*, secondo cui non bisognava cedere in nulla al ricatto delle BR. Tale linea fu fatta propria anche dalla DC (anche se molti democristiani ritenevano che fosse giusto tentare ogni strada, pur di salvare Moro) e, soprattutto, dal governo.

Fermezza del PCI

Si può dire che, **politicamente, il disegno delle BR era già fallito** quando, in occasione del sequestro di Moro, i lavoratori avevano seguito i sindacati nella loro azione di condanna del terrorismo, invece di mobilitarsi per la rivoluzione. Sul piano *militare*, invece, la strada per sconfiggere le BR fu ancora molto lunga e difficile, malgrado gli sforzi dello Stato e delle forze dell'ordine. Le Brigate rosse uccisero 29 persone nel 1978, 22 nel 1979 e altrettante nel 1980. Tra queste vittime ricordiamo un operario iscritto al PCI, il genovese Guido Rossa (giustiziato per aver denunciato un compagno sospettato di attività terroristiche), e il giornalista del "Corriere della Sera" Walter Tobagi.

Solo quando vennero introdotte consistenti riduzioni di pena per i **terroristi *pentiti***, cioè disposti a collaborare con la giustizia, fu possibile smantellare l'intera organizzazione delle Brigate rosse e degli altri gruppi terroristici che insanguinarono la vita italiana degli anni Settanta. Sul versante delle forze dell'ordine, un contributo particolarmente importante venne dal generale dei carabinieri **Carlo Alberto Dalla Chiesa**, che coordinò le indagini contro le BR.

I personaggi → Bettino Craxi

Bettino Craxi (il cui vero nome era Benedetto) nacque a Milano nel 1934 e si avvicinò fin da giovane al PSI. Dal 1960, ricoprì l'incarico di consigliere comunale e di assessore a Milano; dopo questa prima esperienza politica, venne eletto in Parlamento nel 1968. Nel 1976, durante la riunione del Comitato centrale del PSI, che si tenne all'Hotel Midas di Roma, avanzò la propria candidatura alla guida del partito e riuscì a sconfiggere Francesco De Martino. A differenza di questi, disponibile al dialogo con i comunisti, Craxi impose al PSI una linea di stretta collaborazione con la DC, in modo da rompere il progetto berlingueriano del *compromesso storico*, che avrebbe privato i socialisti di ogni peso politico. Nel 1983, dopo che il PSI ottenne un buon successo elettorale, ottenne l'incarico di formare il nuovo governo. Craxi fu dunque il primo presidente socialista della storia repubblicana e rimase al potere fino a 1987. A partire dal 1992, il PSI si trovò al centro di un grande scandalo di tangenti e lo stesso Craxi venne accusato di aver percepito denaro in modo illecito. Per evitare l'arresto, si rifugiò nella sua villa in Tunisia, dove morì il 19 gennaio 2000.

ZOOM La morte di Aldo Moro

Il corpo di Aldo Moro, assassinato dalle Brigate rosse, fu trovato a Roma il 9 maggio 1978, nel baule di un'automobile parcheggiata in via Caetani, che non a caso si trova in posizione intermedia tra piazza del Gesù (dov'era la sede nazionale della Democrazia cristiana) e via delle Botteghe Oscure (dov'era la sede nazionale del Partito comunista italiano). In questo modo, le **BR** vollero mostrare che il loro vero obiettivo era di **impedire il coinvolgimento del Partito comunista nei meccanismi di governo del sistema democratico**, che essi rifiutavano definendolo sprezzantemente Stato borghese, che volevano *colpire al cuore*. Scattata dal giovane fotografo Gianni Giansanti, l'immagine è diventata l'icona dei cosiddetti anni di piombo in Italia.

Schema proiettabile

Il compromesso storico

CAUSA EFFETTO

MORO (DC) È CONVINTO CHE L'ITALIA È UNA DEMOCRAZIA BLOCCATA	Progetto di coinvolgimento del PCI nella maggioranza di governo	Collaborazione tra DC e PCI e governo di solidarietà nazionale	Sequestro e uccisione di Aldo Moro	Fallimento del progetto democratico e dell'estrema sinistra

4.5 La svolta degli anni Ottanta

Fallimento del compromesso storico

Gli scioperi a oltranza Nel clima politico che si creò dopo l'omicidio di Moro, il progetto politico del **compromesso storico fallì**. Un gran numero di militanti del Partito comunista, infatti, non ritenne più produttiva l'alleanza con la DC e chiese con insistenza al vertice del partito di assumere un atteggiamento di critica più severa nei confronti della realtà sociale italiana. Così, il 31 gennaio 1979, il governo di solidarietà nazionale presieduto da Andreotti diede le dimissioni.

La situazione complessiva, tuttavia, stava cambiando rapidamente e se ne ebbe la riprova nell'autunno del 1980, che può essere considerato il momento conclusivo della fase storica apertasi nel 1969. L'inizio della svolta si ebbe a Torino, in occasione di una **vertenza FIAT**. Poiché l'azienda minacciava la **cassa integrazione** per 24 000 lavoratori e il licenziamento di 14 000 operai, a causa della crisi del mercato delle automobili, il sindacato proclamò uno **sciopero a oltranza**.

Dopo circa venti giorni di astensione dal lavoro, sebbene l'azienda avesse annunciato il ritiro dei licenziamenti, il sindacato non sospese la protesta, richiedendo la cancellazione totale anche della cassa integrazione. A quel punto, però, il **sindacato subì una clamorosa sconfitta**: il 14 ottobre (trentaquattresimo giorno di sciopero) circa 40 000 dipendenti della FIAT, in prevalenza operai e quadri, sfilarono per le vie di Torino chiedendo la riapertura della fabbrica. Il giorno dopo, il sindacato siglò un accordo con i dirigenti dell'azienda, abbandonando ogni prospettiva di mutamento sociale e di controllo degli operai sulla gestione della produzione.

Fuori dello stabilimento FIAT di Mirafiori durante i 35 giorni di occupazione, 1980.

Le parole → **Cassa integrazione**

L'espressione *cassa integrazione* (o più precisamente, *cassa integrazione guadagni*) indica un meccanismo di intervento straordinario per sostenere finanziariamente i lavoratori delle aziende in difficoltà economiche. Il meccanismo scatta nel caso in cui si verifichino dei licenziamenti collettivi, dovuti al fallimento di un'impresa, a un momento di crisi delle vendite oppure a una temporanea sospensione della produzione, dovuta a esigenze di radicale ristrutturazione dell'azienda. I lavoratori *cassintegrati* percepiscono l'80% del salario, per un massimo di due anni, nel corso dei quali possono cercare una nuova occupazione. Quindi, l'obiettivo indiretto della cassa integrazione è quello di favorire la *mobilità della manodopera*, cioè lo spostamento dei lavoratori dai settori in crisi a quelli in espansione.

L'economia italiana dal dopoguerra agli anni Ottanta

DATE	EVENTI
1946	Italia da ricostruire. Disoccupazione alle stelle e produzione a terra. I bombardamenti inoltre avevano distrutto molte strade, ferrovie e ponti
1958-1963	Anni del miracolo economico. La produzione e l'occupazione crescono a ritmi elevatissimi
1973	Crisi petrolifera. Calano produzione e occupazione
Anni Ottanta	L'economia italiana torna a crescere, la produzione torna a livelli altissimi. L'Italia diventa la quinta potenza industriale del mondo ma aumenta anche il deficit pubblico

La ripresa dell'economia italiana A partire da quel momento, gli industriali poterono procedere a radicali operazioni di **ristrutturazione dei processi produttivi**, introdurre liberamente nelle fabbriche innovazioni tecnologiche e ridurre il numero dei lavoratori occupati nelle imprese. A seguito di questa drastica terapia, **l'economia italiana riprese a crescere** e mantenne elevatissimi livelli di produzione per tutti gli anni Ottanta. Nel 1987, **l'Italia** riuscì perfino a superare la Gran Bretagna e **divenne la quinta potenza industriale del mondo** (dopo Stati Uniti, Giappone, Germania occidentale e Francia).

Crescita del debito pubblico

L'aspetto più preoccupante del quadro economico riguardò invece il bilancio dello Stato: di anno in anno, il deficit e il debito pubblico aumentarono in continuazione, fino a divenire, all'inizio degli anni Novanta, una vera e propria voragine finanziaria.

Sul versante più propriamente politico, il principale beneficiario del fallimento del *compromesso storico* fu **Bettino Craxi**, che dal 1976 era alla guida del Partito socialista. Alle elezioni del 1983, mentre la DC perse ben sei punti in percentuale (attestandosi sul 32,9%), il PSI ottenne invece, un buon successo elettorale, attestandosi sull'11,4%. Ricevuto l'incarico di formare il nuovo governo, Craxi fu **presidente del Consiglio fino al 1987**. Il suo programma politico prevedeva una stretta alleanza con la DC e lo sforzo di impedire in qualsiasi maniera il rilancio di un progetto simile a quello di Berlinguer (morto improvvisamente, a causa di un ictus cerebrale, nel giugno 1984), che avrebbe tagliato fuori i socialisti e li avrebbe condannati alla marginalità politica.

Bettino Craxi con sullo sfondo una foto di Pietro Nenni, 1983.

1 La guerra contro l'Iraq e le sue conseguenze in Iran

Il durissimo scontro che, dal 1980 al 1988, contrappose Iran e Iraq ebbe per il Paese sciita, che aveva appena compiuto la propria *rivoluzione islamica*, numerose conseguenze. Oltre ai gravi danni materiali e alle ingenti perdite umane, l'effetto più importante fu l'affermarsi di una nuova generazione di individui (spesso, poco più che adolescenti) che avevano combattuto per la fede ed erano attaccati in modo fanatico a Khomeini e al suo ideale di una repubblica integralmente basata sulla legge coranica.

Per l'Iran le conseguenze politiche, economiche e militari della guerra sono rilevanti. Alla fine del conflitto gli iraniani nei ranghi dei *pasdaran* [guardie della rivoluzione, *n.d.r.*], *basij* [forze di mobilitazione della resistenza, *n.d.r.*] e unità regolari sono un milione e trecentomila. Molti sono i prigionieri di guerra; alcuni torneranno a casa solo nel 2003, dopo la caduta di Saddam Hussein. Le perdite tra i combattenti ammontano a trecentomila uomini; mezzo milione sono i feriti, molti dei quali mutilati. Numerose famiglie hanno caduti e si prospetta il problema del loro sostentamento e di quello delle vedove di guerra. Alle famiglie dei *basij* le autorità avevano assicurato, al momento del loro volontario reclutamento, la corresponsione di una pensione nel caso fossero stati uccisi o feriti in battaglia. L'economia di guerra ha ridotto il paese allo stremo; spesa pubblica e inflazione sono alle stelle. In otto anni di conflitto l'Iran ha speso 85 miliardi di dollari, pari al 12% del suo prodotto interno lordo; la ricostruzione degli insediamenti produttivi e delle infrastrutture distrutte richiede grandi investimenti. Lo Shatt el-Arab [l'estuario formato dalla confluenza dei fiumi Tigri ed Eufrate, nel Golfo persico, *n.d.r.*] è stato reso inagibile dagli ingegneri idraulici, oltre che dai genieri, iracheni. I terminali del Golfo sono danneggiati e il mercato petrolifero è crollato. I khomeinisti devono prendere atto che il sogno di esportare la rivoluzione rovesciando le sorti della *guerra d'aggressione* è fallito.

Nelle disperate battaglie sacrificali che caratterizzano questa guerra poco *moderna*, fatta di scontri di fanterie, di attacchi a ondate, di campi trincerati e minati, più che di battaglie di carri e rapide manovre avvolgenti, prende forma un'ideologia che lascerà il segno ben oltre la fine del conflitto. Un'ideologia, quella del martirio e del sacrificio in nome della rivoluzione, che percorre come un filo rosso l'intera storia della Repubblica islamica e che, nel corso del tempo, genererà il principale filone della cultura politica del cosiddetto *partito dei militari.* Questa ideologia militante prende forma nei corpi dei *pasdaran* e dei *basij*, milizia nata nel 1979 per rinforzare i ranghi della Guardia della Rivoluzione, composta in larga parte da giovanissimi volontari, oltre che da persone in età matura, provenienti dai ceti sociali più umili. I *basij* daranno vita a una comunità del fronte coesa e dalla forte identità collettiva.

La vertigine della guerra, l'appello a combattere per difendere le conquiste della rivoluzione islamica rivolto loro da Khomeini esercitano un richiamo fortissimo tra questi adolescenti. Il legame emotivo che stabiliscono con la figura semi-divinizzata di Khomeini, simbolo del sacro comunitario su base politica, precede quello con le loro stesse famiglie, simbolo di un ordine comunitario tradizionale su base affettiva. Molti di loro si sono arruolati contro la volontà dei padri, ai quali hanno ricordato che l'obbligo di difendere l'islam viene prima del rispetto della loro autorità. Come spesso accade nelle esperienze totalitarie, il primato dello Stato si afferma su quello delle altre strutture sociali e la supremazia dell'ordine rivoluzionario si impone su quello familiare. La nuova famiglia, elettiva prima ancora che adottiva, è per questi adolescenti quella dei *basij.*

La battaglia è il rito di passaggio che conduce precocemente oltre la *linea d'ombra* di una gioventù mai vissuta da questi soldati-bambini; è lo spartiacque che divide l'esperienza di autentico senso dalla quotidianità alienata. Per l'audacia e il disprezzo per la morte dimostrati al fronte, i giovanissimi combattenti assurgono presto al ruolo di élite morale nell'armata rivoluzionaria e, come tali, indicati dalla propaganda del regime all'intera società iraniana. Quale migliore esempio, per mantenere alta la mobilitazione totale, di questi giovanissimi che donano la loro vita per la causa? I *basij* acquisiscono così un prestigio sociale inimmaginabile fuori dal contesto bellico, e precluso ai più prudenti e maturi miliziani, o soldati dell'esercito, umanamente preoccupati per il proprio destino e quello delle loro famiglie lontane.

Tra i giovani *basij* il vincolo familiare diventa un condizionamento da rimuovere, perché impedisce la completa dedizione alla causa. Per questo motivo, dopo lunghi mesi di prima linea e duri combattimenti, molti di loro rifiutano le licenze. Nei loro ritorni a casa, come testimonia la copiosa *letteratura dal fronte* cui daranno vita, provano un senso si estraneità e di rifiuto della quotidianità, apparsa improvvisamente banale a confronto con l'intensa esperienza della *battaglia per la fede* che si svolge nelle trincee. L'ordine sociale che regna nelle retrovie domestiche appare statico e insensato rispetto a quello che vige nella *comunità del fronte*, luogo sociale in cui l'utopia, alimentata da un senso del sacro ancora effervescente, trasforma radicalmente la vita quotidiana. Al fronte, la giovane milizia di adolescenti vive un'esaltante esperienza di comunione. Qui le gerarchie tradizionali si rovesciano in egualitarie *gerarchie della purezza*: come dimostrano gli stessi rapporti tra i *basij*, tra i quali non vige come nelle unità regolari la distanza che separa ufficiali e soldati.

Anche a causa della loro fascinazione per la morte, la guerra si trasformerà per *pasdaran e basij* in un immane sacrificio collettivo. Al grido di *Allah akhbar*, «Dio è grande», migliaia di giovani moriranno negli assalti all'arma bianca; o nelle operazioni speciali in cui si offrono volontari per aprire un varco nei campi minati iracheni. Incuranti della morte si scagliano contro le linee nemiche senza l'elmetto, con la sola fascia verde sulla fronte in cui sono incisi i versetti coranici che legittimano il martirio *sulla via di Dio*. Al collo questi giovani *shahid, martiri*, portano simbolicamente quelle *chiavi del Paradiso* che promettono loro di aprire la Porta del Cielo dopo la battaglia in cui lasceranno la vita terrena.

R. GUOLO, *La Via dell'Imam. L'Iran da Khomeini a Ahmadinejad*, Laterza, Roma-Bari 2007, pp. 52-54

Analizza il testo

- Per quale motivo la guerra tra Iran e Iraq è definita «poco moderna»?
- Quale rapporto avevano istituito gli adolescenti *basij* con Khomeini? E con le proprie famiglie?

2 La catastrofe del reattore di Černobyl'

Il disastro di Černobyl' (*Cornobyl'* in lingua ucraina) segna un passaggio decisivo nella vicenda della crisi dell'URSS. In un primo tempo, la gravità dell'accaduto fu minimizzata e tenuta nascosta, per timore che il prestigio del regime fosse colpito e compromesso. Questo atteggiamento provocò un colpevole ritardo nell'assunzione di misure di sgombero delle zone colpite e nella somministrazione di cure mediche alle popolazioni.

Nella notte tra il 25 e il 26 aprile 1986 un'avaria nella centrale nucleare di Cornobyl', località di cui in italiano si è affermato il nome russo Černobyl', a circa tre chilometri dalla città di Pripjat, nella regione di Kiev, provocò una catastrofe ambientale che colpì l'Ucraina, la Bielorussia e la Russia. La catastrofe fu causata da un errore umano, unito a difetti costruttivi e a dispositivi di sicurezza inadeguati. Il fattore scatenante fu un test durante il quale il reattore 4 venne fatto funzionare in condizione di instabilità al di fuori delle procedure previste. Quando si tentò di spegnere il reattore, la potenza prodotta aumentò esponenzialmente, provocando un surriscaldamento, un'esplosione chimica e quindi la distruzione del reattore. Il rilascio di sostanze radioattive proseguì fino al 6 maggio; la pioggia e il vento trasportarono il pulviscolo radioattivo in Europa occidentale, dove venne rilevato. Tra luglio e novembre 1986 il reattore venne ricoperto con un *sarcofago* di cemento armato. Il numero delle vittime è difficile da quantificare e il calcolo varia da istituzione a istituzione. Le stime vanno da diverse migliaia a centinaia di migliaia di decessi: se per l'OMS [Organizzazione mondiale della sanità, *n.d.r.*] sono 4mila, Greenpeace ne stila 90mila. Decine di migliaia di bambini si sono ammalati di tumore alla tiroide. Si prevedono inoltre migliaia di decessi per le conseguenze tardive delle radiazione, ma anche a causa di stress, ansia, alcolismo e suicidio. All'incidente nucleare vengono altresì attribuite immunodeficienze, patologie del sistema nervoso e malattie neonatali.

Nel quadro della politica energetica sovietica la centrale nucleare di Cornobyl', con i suoi reattori ad acqua bollente moderati a grafite, era un simbolo di prestigio. L'intento era di ampliarla e trasformarla in un impianto modello ad alte prestazioni. Il tragico evento, che impedì la realizzazione del progetto, contribuì a inasprire fortemente la politica di informazione sovietica, per nulla incline all'autocritica. Inizialmente Kiev e Mosca non fecero parola dell'incidente. Una settimana più tardi, a Kiev, nonostante la fuga radioattiva, si tenne persino la parata del Primo maggio, organizzata dal partito e da Scerbyc'kyj [Volodymyr Scerbyc'kyj, segretario del Partito comunista ucraino dal 1972 al 1989, *n.d.r.*]. Anche da alcuni resoconti intenzionalmente occultati si evince la portata dell'incidente, che andò ben al di là delle immense devastazioni ambientali e fece vacillare il sistema sovietico e la sua stabilità in Ucraina.

Responsabile della gestione della crisi fino al disfacimento dell'Unione Sovietica fu il governo di Mosca, la cui politica dell'informazione fino al 1988 fu improntata alla segretezza. Mentre in Finlandia, Norvegia e Svezia era già stato registrato un aumento dei livelli di radioattività, l'autorità sovietica per l'energia atomica il 28 aprile negò l'accaduto. Solo la sera dello stesso giorno la TASS, l'agenzia stampa dell'Unione Sovietica, riportò la notizia dell'incidente di Cornobyl'. Non venne data comunicazione alcuna sulle misure da adottare per proteggere la popolazione, sebbene il *politbjuro* [l'*ufficio politico*, cioè il ristretto gruppo di uomini che aveva il controllo del Partito e

Quel che resta del banco di controllo dell'unità 4 della centrale atomica di Černobyl'.

Secondo i dati ucraini, il numero complessivo delle persone registrate come vittime permanenti [dell'incidente] passò da 200 nel 1991 a 64 500 nel 1997 e a 91 219 nel 2001

quindi, in URSS, dello Stato, *n.d.r.*] di Mosca fosse tenuto costantemente informato sulle radiazioni fuoriuscite e le relative conseguenze. In una lettera segreta Scerbyc'kyj definì le dichiarazioni dell'Occidente sulla preoccupante diffusione delle sostanze radioattive «menzogne della propaganda borghese». Nel maggio 1988 vennero resi noti per la prima volta i valori di radioattività dei generi alimentari. Solo il 20 marzo 1989 la *Pravda* [il quotidiano del Partito comunista sovietico, *n.d.r.*] pubblicò una mappatura raffigurante l'entità della catastrofe e i territori contaminati. Fra le innumerevoli responsabilità del potere politico in questa vicenda vi fu anche l'enorme ritardo con cui venne fatta evacuare la popolazione. I circa 45mila abitanti di Pripjat furono evacuati solo 36 ore dopo l'incidente, il 27 aprile 1986. La città, a 5 chilometri da Cornobyl', che era stata realizzata come modello sovietico di insediamento destinato ai lavoratori della centrale nucleare, venne completamente sgomberata. Ancora oggi è disabitata ed è ormai una città fantasma. Si aspettò il 2 e il 3 maggio per evacuare altri 45mila abitanti dai territori nel raggio di 10 chilometri attorno al reattore. Il 4 maggio fu la volta di 116mila persone nel raggio di 30 chilometri. Negli anni successivi vennero trasferite almeno altre 200mila persone. Un intervento tardivo dal punto di vista medico, se si pensa che i preparati contro l'assimilazione di iodio radioattivo da parte della tiroide vennero distribuiti solo il 23 maggio. [...] Secondo i dati ucraini, il numero complessivo delle persone registrate come vittime permanenti di Cornobyl' passò da 200 nel 1991 a 64 500 nel 1997 e a 91 219 nel 2001. Eppure, nonostante l'accaduto, Cornobyl' rimase in funzione. Per gli addetti alla centrale atomica che avevano vissuto a Pripjat venne edificata la sittà di Slavutyc, a circa 40 chilometri da Cornobyl'. L'abitato è considerato una città modello, sebbene il livello di contaminazione del suolo sia ancora molto elevato. Dopo aver concluso i lavori di sgombero, i tre reattori ancora in attività vennero rimessi in funzione. [...]

L'incidente nucleare scosse la vita pubblica e privata dell'Ucraina a tal punto da scatenare profondi cambiamenti a livello politico. L'evento divenne il simbolo della svolta decisiva in Ucraina, poiché l'indifferenza dimostrata dalla *nomenklatura* [l'apparato dirigente del sistema sovietico, *n.d.r.*] verso le vittime aveva messo in luce il disinteresse del potere nei confronti della popolazione. La catastrofe di Cornobyl' divenne quindi il catalizzatore dei movimenti di indipendenza nazionale in Ucraina.

K. BOECKH, E. VÖLKL, *Ucraina. Dalla rivoluzione rossa alla rivoluzione arancione*, Beit, Trieste 2009, pp. 204-207, trad. it. P. BUDINICH, R. SANDRIGO, G. BOSSI

Analizza il testo

- Quale atteggiamento tenne l'URSS all'indomani dell'incidente di Černobyl'?
- Quali effetti ebbe sulla salute degli abitanti della cittadina ucraina?
- Spiega perché la catastrofe di Černobyl' «divenne [...] il catalizzatore dei movimenti di indipendenza nazionale in Ucraina».

3 Terrorismo nero e squadrismo neofascista in Italia

Alla fine degli anni Sessanta e negli anni seguenti, in Italia si registrò una pericolosa ondata di violenze neofasciste, finalizzate a contrastare il movimento studentesco e le lotte sindacali del 1968-1969. Le autorità assunsero un atteggiamento ambiguo. Numerosi funzionari dello Stato e delle forze dell'ordine, infatti, spesso sottovalutarono l'estremismo di destra, ritenendo che il pericolo vero fosse solo quello *rosso*.

Il 12 dicembre 1969, poche ore dopo l'esplosione di Piazza Fontana, il prefetto di Milano Libero Mazza dà una prima informazione al ministero dell'Interno sui contorni della tragedia e aggiunge: «Ipotesi attendibile che deve formularsi indirizza indagini verso gruppi anarcoidi aut comunque frange estremiste». Analoghi segni vengono quella sera stessa dalla questura milanese, e così *La Stampa* ne riferisce: «Il dr. Calabrese [sic, in realtà, il commissario Luigi Calabresi, *n.d.r.*] ... mi dice: "Certo, è in questo settore che dobbiamo puntare: estremismo, ma estremismo di sinistra. A Roma hanno fatto esplodere una bomba al monumento del Milite Ignoto. Non sono certo quelli di destra che fanno queste azioni. Sono i dissidenti di sinistra: anarchici, cinesi, operaisti (Potere operaio, Lotta continua)"». Del resto, conclude il commissario Luigi Calabresi, erano anarchici i responsabili degli attentati dei mesi scorsi alla Fiera di Milano e ai treni. In entrambi i casi le indagini successive dimostreranno invece sia la paternità fascista degli attentati, sia i *depistaggi* compiuti da magistrati e funzionari di polizia per dirigere le indagini verso gli anarchici. [...]

Nelle prime ore il nesso fra conflitti sociali, organizzazioni di estrema sinistra e strage è più cauto, ma l'arresto di Pietro Valpreda toglie alla maggior parte della stampa italiana ogni dubbio. La sua colpevolezza è data subito per certa da Bruno Vespa, che ne comunica l'arresto al telegiornale del 16 dicembre, mentre altri giornalisti televisivi vi aggiungono particolari totalmente inventati. La stampa accoglie pienamente la versione ufficiale: «Nel volgere di quattro giorni – scrive Mario Cervi sul *Corriere della Sera* – il mistero che avvolgeva il massacro di Piazza Fontana e gli altri attentati di venerdì scorso è stato dissolto». Sullo stesso numero del quotidiano vi è chi infierisce sulla *vita sbagliata* di Pietro Valpreda, «ex ballerino, rapinatore, anarchico»: «S'era imbrancato con un gruppo di gente poco raccomandabile che sognava il *colpo grosso*... una vita che si chiude al carcere perpetuo con il marchio di una colpa mostruosa»; e ancora: «Un uomo deluso, frustrato, verosimilmente visitato spesso da ore di disperazione».

«La bestia umana... è stata presa, è inchiodata», scrive il *Corriere d'Informazione*, e poche variazioni offrono *Il Messaggero* («belva umana mascherata da comparsa da quattro soldi»), *La Nazione* («mostro disumano»), o *Il Tempo* («pazzo sanguinario»). Nella notte che precede l'arresto di Valpreda vi è l'altro *evento*, la morte di Giuseppe Pinelli, ferroviere anarchico di 41 anni: precipita al suolo da una finestra del quarto piano della Questura di Milano. Vi era entrato la sera del 12 dicembre e il suo fermo si era protratto illegalmente: senza cioè la necessaria convalida dell'autorità giudiziaria. [...]

In una parte ampia dell'opinione pubblica si consolida la convinzione della colpevolezza degli anarchici e – soprattutto – dell'esistenza di un qualche legame, sia pur indiretto, fra gli autori della strage e gli aspri conflitti sociali che attraversano il paese. Con Piazza Fontana inizia quella che è stata chiamata la *strategia della tensione*: un inasprimento *forzato* dello scontro sociale volto a spostare a destra l'opinione pubblica, prima ancora che l'asse politico; e volto a costruire *governi d'ordine*, se non presidenzialismi autoritari o aperte rotture degli assetti costituzionali. Gli attori di quella strategia di più lungo periodo – fatta di attentati terroristici, di aggressioni squadristiche o di un uso illegittimo degli apparati dello Stato – sono già tutti all'opera nella strage di Milano e nella gestione dell'inchiesta giudiziaria e dei processi. [...] Dopo aver criticato aspramente i sindacati per l'«intolleranza» con cui hanno diretto gli scioperi, il prefetto di Belluno scrive: «Alle stesse organizzazioni è stata attribuita la responsabilità dei fatti cruenti verificatisi»; il prefetto di Terni, dopo aver mescolato «gli attentati dinamitardi avvenuti a Milano e a Roma e le continue lotte sindacali», conclude: «L'autunno caldo è stato severamente giudicato da larghi strati della popolazione, che addebitano agli organi dello Stato un graduale e pericoloso cedimento alle violenze di piazza». [...] A parlare in questo modo sono i prefetti della Repubblica, e segnali molto più radicali vengono dalle poche carte riservate di polizia che possiamo conoscere: esse offrono un inventario di pregiudizi anticomunisti e di autentiche paranoie.

Con Piazza Fontana inizia quella che è stata chiamata la strategia della tensione: un inasprimento forzato dello scontro sociale volto a spostare a destra l'opinione pubblica

È in questo clima che lo squadrismo neofascista lancia l'offensiva più seria mai tentata nell'Italia repubblicana, con protagonisti diversi e con connessioni differenti: dai militanti del Movimento sociale italiano alla nebulosa dei gruppi semiclandestini o clandestini; e sino a uomini variamente presenti all'interno dell'esercito, dei servizi, dei più diversi apparati dello Stato. Nel clima che abbiamo evocato, esasperato in modo parossistico dalla stampa di destra (da *La notte* a *Il Tempo*, e naturalmente *Il secolo d'Italia*), le aggressioni verso sedi e militanti di sinistra – o presunti tali – raggiungono grande intensità. Il peso della destra negli episodi di violenza – secondo un documentato studio (D. Della Porta e M. Rossi, *Cifre crudeli. Bilancio dei terrorismi italiani*, Bologna, 1984) – è pari al 95% tra il 1969 e il 1973, all'85% nel 1974 e al 78% nel 1975. Anche la ricerca coordinata da Marco Galleni fa cogliere da vicino il crescente dispiegarsi delle violenze contro persone o cose compiute dai gruppi neofascisti: dalle 148 del 1969 (contro le 10 attribuite alla sinistra) alle 286 del 1970, sino alle 460 del 1971. Nell'autunno del 1971 la giunta regionale lombarda presenta i risultati di una propria indagine: vi sono stati 400 episodi di violenza fascista nella regione dal 1969, uno ogni due giorni. [...]

Questo dunque è il quadro, ed è ben conosciuto dal prefetto. Eppure lo stesso prefetto alla fine del 1970, in un rapporto generale sull'ordine pubblico, ignora quasi totalmente lo squadrismo fascista e descrive invece una città dominata e soggiogata da un estremismo di sinistra militarmente organizzato: ventimila estremisti «prettamente rivoluzionari», che «si prefiggono di sovvertire le istituzioni democratiche... attraverso la violenza organizzata». Il prefetto Mazza continuava: «Questi estremisti dispongono di organizzazione, equipaggiamento ed armamento che può qualificarsi paramilitare... La stragrande maggioranza della popolazione è esasperata per le continue e scomposte manifestazioni, i disordini, i blocchi stradali, il dilagare della violenza... La gente assiste sbigottita e sgomenta alle esplosioni di odio forsennato contro ogni legittima autorità, nel nome di una malintesa libertà che, degenerando in licenza, arbitrio e sopraffazione, porta fatalmente al caos e all'anarchia». Il prefetto chiedeva di utilizzare «tutti gli strumenti normativi ed operativi esistenti» contro queste forme di «estremismo fanatico ed irresponsabile», la cui «illiceità risulta anche nella loro particolare struttura organizzativa di carattere paramilitare»: «Queste forme – concludeva – contrastano con l'art. 49 della Costituzione». È l'articolo che garantisce ai cittadini la libertà d'associazione: Mazza sta chiedendo di fatto la messa fuori legge dei gruppi extraparlamentari di sinistra e del movimento studentesco della Statale.

G. CRAINZ, *Il paese mancato. Dal miracolo economico agli anni Ottanta*, Donzelli, Roma 2003, pp. 364-366, 368-371, 373-374

Manifesto che a Bologna annuncia l'ultimo omaggio alle vittime dell'attentato all'*Italicus* di origine neofascista, 1974.

Analizza il testo

- Che immagine offrì di Pietro Valpreda la maggior parte della stampa italiana?
- Quali obiettivi si prefiggeva di ottenere la strategia della tensione?

STORIOGRAFIA

La **caduta del muro** di Berlino

Lo studio degli eventi che hanno portato alla caduta del muro di Berlino e alla fine dei regimi comunisti può permettere l'acquisizione di una competenza fondamentale, che potremmo definire nel modo seguente: **saper comprendere il concetto di svolta storica in ambito politico.** Per affinare tale competenza, viene proposto di seguito un approfondimento, che prende le mosse da due articoli di taglio giornalistico, che ricostruiscono le confuse vicende che portarono all'improvvisa apertura della frontiera nella capitale tedesca.

L'equivoco che fece cadere il muro

Quale fu la storica posta in gioco che venne decisa, tutta insieme, in un breve tragitto, dentro un'auto di Stato che correva, tra le 17.35 e le 17.50 del 9 novembre 1989, dal Palast der Republik di Berlino Est in direzione del Pressezentrum di Mohrenstrasse? Quel pomeriggio del 9 novembre, Guenther Schabowski sfogliò superficialmente i due fogli che gli aveva appena consegnato il suo amico Egon Krenz, da due settimane segretario generale della Sed (Partito socialista unificato di Germania). E arrivò impreparato alla conferenza stampa internazionale. La discussione al Politburo della Ddr era ancora in corso. Ma la decisione era presa: dal giorno dopo, 10 novembre, i cittadini della Germania comunista avrebbero avuto il permesso di viaggiare all'estero anche in Occidente, avrebbero ricevuto un passaporto, con una semplice richiesta, senza procedura. In preparazione di ciò, Krenz aveva dato ordine di non sparare alla *Volkspolizei*, contro eventuali fuggiaschi, già il 3 novembre. Era un tassello fondamentale in una strategia del regime traballante di distensione verso l'opinione pubblica interna, che chiedeva riforme e a Lipsia e Dresda manifestando da settimane, ogni lunedì. Mezzo milione di tedeschi dell'Est avevano protestato, compostamente, il 4 novembre ad Alexanderplatz, reclamando una riforma del socialismo, non la sua cancellazione. Schabowski non era un portavoce professionale, come fu evidente quel giorno. Burocrate, capo del partito di Berlino, aveva cospirato dalla fine di settembre con Krenz per esautorare il falco, il duro, l'irremovibile Erich Honecker, già malato di cancro, eroe antinazista, scampato alle prigioni della Gestapo, costruttore del Muro nel 1961, inflessibile oppositore di Gorbaciov, che alla riunione del patto di Varsavia di Bucarest il 7 e 8 luglio aveva cercato di provocare un intervento armato contro le riforme filo-occidentali in Ungheria. La storia è nota. Il portavoce giunse alla conferenza. Parlò per mezzora di questioni secondarie. Poco prima di andarsene, tirò fuori le due paginette di Krenz. Le lesse. I giornalisti, allibiti, capirono che le frontiere si aprivano. Che venivano concessi i diritti di viaggio e di espatrio in modo illimitato. Il corrispondente dell'Ansa, Riccardo Ehrman, seduto sulla pedana davanti al tavolo da conferenza, fece la domanda fatidica: da quando sarà in vigore? E il portavoce perduto lesse e rilesse i fogli, senza trovare una risposta precisa, si confuse e rispose balbettando «sofort», «ab sofort», ovvero, «immediatamente». Alle 19.17 i telegiornali di tutto il mondo diedero la notizia, la Zdf e la Ard aprirono i Tg con la incredibile novità, captate anche in Germania Est, informarono tutti i tedeschi. Centinaia di migliaia si assieparono ai varchi. Che, lasciati senza ordini, aprirono le porte. Quale fu dunque la posta in gioco? Che cosa cambiò quell'errore nel corso della storia? Il Muro sarebbe rimasto in piedi, se il disgraziato portavoce avesse risposto correttamente? No. La riunificazione, la *Wiedervereinigung* di cui nessuno fino a quel giorno aveva mai parlato, sarebbe saltata? No certamente. E allora? Fu il popolo ad abbattere il Muro e tutto quello che c'era dietro. Non fu più il tassello di un processo di riforme. Commesso l'errore, nessuno a Berlino, tranne il ministro della Stasi, la polizia segreta, Erich Mielke, si accorse della portata di ciò che era accaduto. Carlo Azeglio Ciampi, allora governatore di Bankitalia, era a Berlino Est quella sera, ospite della Banca di Stato, e venne portato in tutta tranquillità al teatro dell'Opera dal primo banchiere della Ddr che era appena giunto dalla riunione del Politburo. Horst Kaminsky minimizzò quanto stava accadendo fuori dal teatro: abbiamo problemi, ma abbiamo un percorso di riforme per risolverli... Fino all'11 novembre anche a Mosca pensarono di andare avanti tranquillamente sulle riforme politiche. Eppure, il gioco era fatto. Venne meno la possibilità di negoziare con Helmuth Kohl, di attuare un graduale piano che verrà presentato, il 17 novembre, da un leader comunista riformista ben più preparato di Krenz, ovvero il sindaco di Dresda, Hans Modrow: confederazione tra Ddr e Repubblica federale di Germania, unificazione graduale in 3-4 anni; apertura alla Comunità economica europea; riforma della proprietà pubblica dell'economia sul modello italiano dell'Iri e apertura al mercato con una valuta che si rivalutava a tappe; creazione di una proprietà privata accanto ai Konzerne riformati (Honecker aveva abolito le imprese private solo nel giugno 1971!). La prospettiva sarebbe stata la stessa, ovvero l'unificazione. Cosa avrebbe dunque comportato la possibilità di negoziare? Non lo sapremo mai. Il 7 febbraio il segretario di Stato James Baker vola a Mosca e ottiene segretamente da Gorbaciov il via libera per una Germania unificata nella Nato, e cioè non neutrale, prospettiva ancora possibile solo pochi giorni prima. Il cancelliere Helmut Kohl, sempre il 7 febbraio, apre a sorpresa la strada dell'unificazione monetaria, con la concessione di stipendi e risparmi a un cambio tra 1 a 1 e 1 a 2. La Ddr si era sbriciolata. Nessun margine di trattativa rimase a Modrow e a Christa Luft. La riunificazione venne attuata con l'articolo 23 della *Grundgesetz* (Legge fondamentale, ovvero costituzione provvisoria) come era accaduto per la riconsegna della Saar da parte francese nel 1857, e non sulla base dell'articolo 146 che prefigurava una nuova Costituzione (*Verfassung*) per la Germania riunificata.

P. PELUFFO, *Le ore prima della Storia*, in "Il Sole 24 Ore", 9 novembre 2014, p. 39

La notte in cui il muro crollò

Venticinque anni fa, a Berlino, la storia di una città, della Germania, del mondo, cambiarono quando Günter Schabowski, membro del Politburo e portavoce del governo comunista, annunciò che i tedeschi dell'Est avrebbero finalmente ottenuto il permesso di viaggiare. «*Ab sofort*», da subito, aggiunse. Erano da pochi minuti passate le sette di sera del 9 novembre, al Centro internazionale della stampa, gremito di giornalisti. [...] Volto squadrato, capelli grigi, l'aria seriosa e anonima del funzionario comunista, Schabowski aveva letto con burocratica compostezza un foglietto in cui erano scritte le nuove disposizioni del regime. Recitavano in sintesi così: «Mi viene comunicato che il Consiglio dei ministri ha disposto che le autorizzazioni per viaggi all'estero possono essere richieste da qualsiasi cittadino, senza condizione circa i mortivi del viaggio». Senza batter ciglio, Schabowski in pratica annunciò che milioni di tedeschi dell'Est avrebbero finalmente coronato il sogno di vedere l'altro mondo, di uscire dalla prigione ideologica in cui erano rimasti chiusi per ventotto anni. Per questo, molti avevano rischiato la vita. Per questo alcune centinaia erano stati uccisi alla frontiera o erano finiti in galera dopo maldestri tentativi di fuga, oltre il Muro, con ogni mezzo e ogni diavoleria, dal doppio fondo delle automobili alle immersioni nella Sprea [il fiume che attraversa Berlino, *n.d.r.*]. Per questo, centinaia di migliaia, dagli inizi di ottobre, scendevano in piazza ogni sera in tutte le città della Germania Est. Una lunga catena umana che si snodava a lume di candela dalle chiese protestanti e finiva sulle piazze di Lipsia, Dresda, Magdeburgo e naturalmente Berlino. Non erano più disposti a sopportare l'oppressione della propaganda, le menzogne dei giornali, i controlli ossessivi, un'esistenza condotta nel sospetto e nella paura che il vicino di casa fosse una spia. La Stasi, il servizio segreto interno, era il «grande fratello» orwelliano in salsa comunista, che aveva trasformato una società di diciassette milioni di abitanti in due categorie di individui: le spie e gli spiati, a volte in ruoli intercambiabili, secondo convenienza, conformismo, quieto vivere. Non tutti in realtà desideravano la fine immediata e traumatica di un modello politico, né immaginavano la riunificazione della Germania. Ma tutti reclamavano la dignità di essere loro il popolo: «*Wir sind das Volk*» [«Siamo noi il popolo!», *n.d.r.*], urlavano, contro la casta di gerarchi imbolsiti e corrotti, ciechi e sordi di fronte ai cambiamenti che stavano sconvolgendo l'Urss e il mondo comunista. [...]

L'attimo di Schabowski cambiò di colpo le considerazioni, i sogni, gli stati d'animo, le prospettive di tutti e il punto di vista del mondo. Nemmeno lui molto probabilmente ebbe la consapevolezza delle conseguenze che le sue parole avrebbero innescato. Me lo confessò, un anno dopo, nel suo modesto appartamento vicino alla Porta di Brandeburgo, mentre tutta la Germania celebrava il primo anniversario della caduta del Muro e l'avvenuta riunificazione. Era alla pensione forzata, un ex potente che vendeva interviste agli inviati occidentali e curava ormai soltanto il suo canarino. «Nell'ultima riunione del comitato centrale avevamo preso la decisione di aprire. Ma tutti pensavamo a un'evoluzione progressiva, concordata con le autorità dell'Ovest, per facilitare i passaggi. Si pensava di cominciare con il turno delle guardie di frontiera, che in teoria non avrebbero dovuto consentire passaggi illegali». Poi confessò in un libro di memorie: *Abbiamo sbagliato quasi tutto.* [...] Il suo «da subito» ebbe l'effetto di una bomba. Mentre i giornalisti correvano a trasmettere notizie ancora scarne e contraddittorie e le segretarie del centro stampa piangevano di gioia, l'annuncio di Schabowski percorse come un fremito tutta Berlino, entrò nei bar, nelle camere da letto, nei salotti in cui molti avevano cercato a fatica d'interpretare le notizie della televisione. La Notizia con la N maiuscola la diede in fondo il popolo a se stesso: una massa entusiasta e festante che sciama a piedi e sulle sbuffanti Trabant da ogni angolo della città, che salta e balla per le strade, che urla al cielo: «Die Mauer ist weg», «Il Muro è caduto!». Il Muro, l'incubo dei berlinesi, con le sue torrette minacciose ogni 200 metri, all'improvviso non fa più paura. Diviene di colpo la quinta irreale di una festa infinita, di una rivoluzione che sta per abbattere, senza spargere una goccia di sangue, anche un regime ormai fuori dal tempo e dalla storia. I Vopos, i terribili poliziotti che avevano l'ordine di sparare a vista, sono colti di sorpresa, non ricevono disposizioni, inutilmente cercano di averne e vanno in confusione; mettono via i mitra, arretrano, aprono le braccia e i cancelli. Sono loro la più evidente conferma che il regime è allo sbando e che la storia avanza a passo di carica.

M. NAVA, *La notte in cui il Muro crollò*, in A. CARIOTI, P. RASTRELLI (a cura di), *1989. Il crollo del muro di Berlino e la nascita della nuova Europa*, "Il Corriere della Sera", Milano 2014, pp. 37-45

Lavorare con i testi

Nei brani citati, il colore ha evidenziato alcuni passaggi essenziali. Come ulteriore stimolo di analisi e di riflessione, ti viene proposto uno schema che riassume le principali informazioni:

Analizza i testi

SITUAZIONE NEL 1989 A LIVELLO INTERNAZIONALE	SITUAZIONE NEL 1989 ALL'INTERNO DELLA DDR	9 NOVEMBRE 1989: IMPROVVISA ACCELERAZIONE	REAZIONI A BERLINO E ALL'INTERNO DELLA DDR	CONSEGUENZE NEL 1990 A LIVELLO INTERNAZIONALE
Riforme di Gorbacëv in URSS	Rigidità di gran parte del gruppo dirigente comunista	Decisione di aprire le frontiere	I berlinesi dell'Est si recano in massa ai punti di passaggio	La DDR cessa di esistere
Crisi dei regimi comunisti in Polonia e in Ungheria	Proteste pacifiche di migliaia di cittadini nelle principali città del Paese	Conferenza stampa di Schabowski	I *Vopos* (la polizia di frontiera) non usa le armi	La Germania Est è di fatto annessa dalla Germania Ovest

Dopo aver esaminato lo schema, componi un testo di tre colonne di foglio protocollo.

Verifica dell'apprendimento
Conoscenze e abilità

Lo spazio

1. Osserva la carta, alla quale è stata tolta la legenda, e rispondi alle seguenti domande.

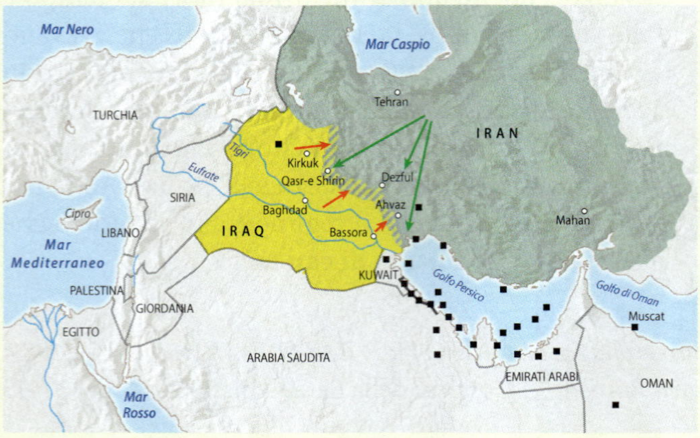

a) Quale evento storico è rappresentato nella carta? A quali anni risale?

....

....

....

b) Che cosa indicano, rispettivamente, le frecce verdi e quelle rosse? E l'area in cui compaiono righe verdi su fondo giallo?

....

....

....

c) I quadratini neri che cosa indicano? Dove sono collocati in prevalenza? Qual è il ruolo di questi luoghi nella rete dei rapporti internazionali del recente passato storico?

....

....

....

d) Chi è Saddam Hussein? Qual era il suo intento quando scatenò l'episodio storico rappresentato nella carta?

....

....

....

e) Come si concluse la vicenda? Con quali conseguenze?

....

....

....

Organizzare le informazioni

2. Completa lo schema relativo alla politica innovatrice di Gorbacëv.

- .... o trasparenza
- Libertà di .... e di analisi delle carenze del .... sovietico
- *Perestrojka* o ....
- Riduzione delle ....
- Accordi con gli .... e fine della guerra in ....

Lessico

3. Definisci le espressioni o i termini.

Guerra dello Yom Kippur

....

....

....

Politica economica neoliberista

....

....

Solidarnosc

....

....

....

VERIFICA

Brigate rosse

....

....

....

Strategia della tensione

....

....

....

Il tempo

4. Ricostruisci l'ordine cronologico degli eventi elencati numerandoli progressivamente.

- ☐ **a)** Rivoluzione dei prezzi petroliferi
- ☐ **b)** Primo sbarco sulla Luna a opera degli USA
- ☐ **c)** Fuga dello *shah* Reza Pahlavi dall'Iran
- ☐ **d)** Intervento miliare dell'URSS in Afghanistan
- ☐ **e)** Rapimento e uccisione di Aldo Moro
- ☐ **f)** Inizia il programma di ristrutturazione in URSS a opera di Gorbacëv
- ☐ **g)** Riunificazione della Germania
- ☐ **h)** Elezione di Reagan alla Casa Bianca
- ☐ **i)** Prime elezioni libere in Polonia
- ☐ **l)** Approvazione della legge sul divorzio in Italia

Fatti e concetti

5. Contrassegna con V (vero) o F (falso) ciascuna delle frasi.

	V	F
a) Il termine *islamismo*, che non coincide perfettamente con *fondamentalismo*, indica un movimento a carattere rivoluzionario che non vuole avere nulla in comune con la cultura occidentale.	☐	☐
b) Dalla metà degli anni Settanta, grazie alle immense ricchezze derivate dalla vendita di petrolio, tutti i Paesi arabi conobbero una fase di straordinaria crescita economica, politica e sociale.	☐	☐
c) Nel mondo islamico la corrente sciita è la maggioritaria.	☐	☐
d) Dopo il regime dello *shah*, nella Repubblica islamica di Khomeini tutti i cittadini vennero equiparati di fronte alla legge.	☐	☐
e) L'automazione dei processi produttivi all'interno delle fabbriche portò, a partire dagli anni Settanta, un generale e notevole incremento dell'occupazione.	☐	☐
f) Il neoliberismo della Thatcher in Gran Bretagna e di Reagan negli USA ebbe anche risvolti negativi: aumento del deficit pubblico, compressione delle spese sociali e aumento della povertà.	☐	☐
g) Il gravissimo episodio dello scoppio alla centrale nucleare di Černobyl' non fermò in alcun modo la corsa agli armamenti di USA e URSS sul finire della guerra fredda.	☐	☐
h) Nel 1989 in Ungheria l'esercito smantellò il sistema di mine e allarmi al confine con l'Austria: era caduta la cortina di ferro.	☐	☐
i) Le azioni violente delle Brigate rosse in molti casi ricevettero il tacito appoggio della classe operaia e di alcuni esponenti del PCI.	☐	☐
l) Bettino Craxi, dal 1976 alla guida del PSI, trasse vantaggio dal fallimento del compromesso storico: alle elezioni del 1983 il suo partito ottenne un buon successo e lui divenne presidente del Consiglio, carica mantenuta sino al 1987.	☐	☐

→ Verso il saggio breve

6. Scrivi un testo – massimo due facciate di foglio protocollo – sul crollo del Muro di Berlino e la riunificazione della Germania utilizzando le domande-guida elencate di seguito.

- → Quale evento permise ai tedeschi dell'Est di migrare verso Ovest? Che cosa accadde, poi, il 9 novembre 1989?
- → Qual era il significato simbolico del muro di Berlino? Quale, di conseguenza, il significato del suo abbattimento?
- → Quale politico tedesco prese l'iniziativa nella direzione dell'unificazione della Germania? Come reagirono gli altri Stati?
- → Quali condizioni vennero fissate per l'annessione ufficiale della DDR alla RDT?
- → A livello interno, vi furono conseguenze rilevanti sul piano economico, politico e sociale a seguito di questa trasformazione?

metodo di studio

→ Per ripassare i **fatti**

CONTRASTI POLITICI

1969
12 dicembre
→ Strage di piazza Fontana a Milano

1973
→ Strategia del compromesso storico

1976
→ Primo governo con l'astensione dei comunisti

1978
→ Governo di "solidarietà nazionale" sostenuto anche dal PCI

16 marzo
→ Le Brigate rosse rapiscono Moro e uccidono la sua scorta

9 maggio
→ Uccisione di Moro

1979
→ Intervento sovietico in Afghanistan (fino al 1989)
→ In Iran sale al potere Khomeini

1980
→ Nascita di *Solidarnosc* in Polonia

2 agosto
→ Strage alla stazione di Bologna

1980-1988
→ Guerra Iran-Iraq

1981
→ Il presidente egiziano Sadat muore in un attentato

1989
→ Fine dei regimi comunisti dell'Europa dell'Est
→ Caduta del muro di Berlino

1990
→ Riunificazione della Germania

ECONOMIA DEMOGRAFIA E SOCIETÀ

1973
→ La crisi petrolifera provoca la crescita dei prezzi dei prodotti energetici

1979-1990
→ Politiche economiche neoliberiste in Inghilterra (con Margareth Thatcher) e negli Stati Uniti (con Ronald Reagan)

1980
→ Sconfitta del sindacato nella vertenza FIAT

1987
→ L'Italia diventa la quinta potenza industriale del mondo

CULTURA CIVILTÀ E RELIGIOSITÀ

1974
→ Referendum popolare che conferma la legge sul divorzio in Italia

1978
→ Il Parlamento italiano approva la legge sull'aborto

1986
→ Esplosione della centrale nucleare di Černobyl' (Ucraina)

→ Per ripassare i **concetti**

Leggere gli schemi

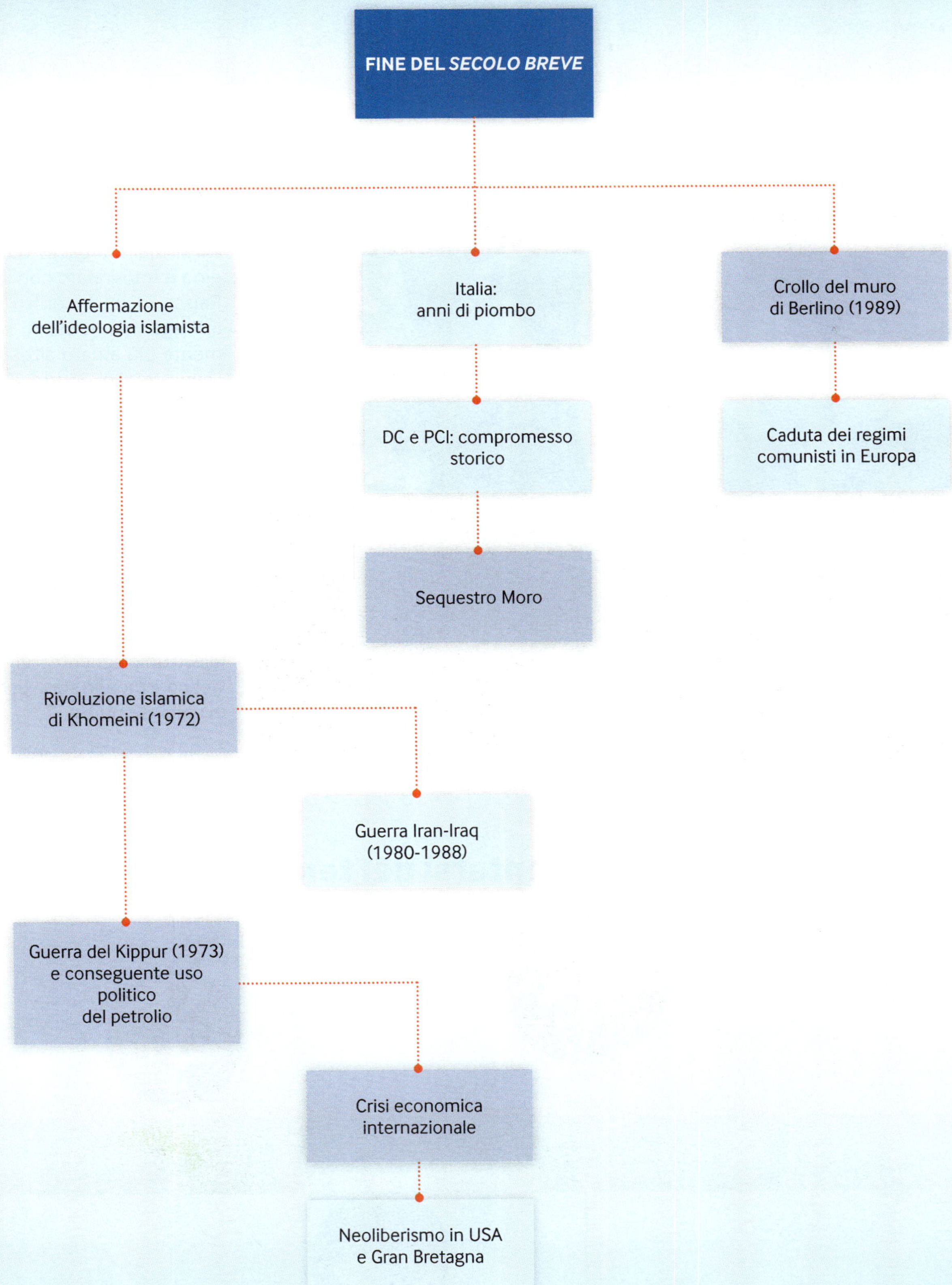

Unità 16 Il mondo globalizzato

Un'immagine per iniziare

L'ultimo segretario del PCUS, Michail Gorbacëv (nell'immagine è fotografato con la moglie Raissa in un incontro ufficiale a Praga, nel 1989) fu probabilmente più amato all'estero (per i suoi sforzi di ridurre gli arsenali nucleari) che in patria. I russi, infatti, lo vedevano come l'ultima incarnazione di un passato comunista che volevano lasciarsi alle spalle. Fu così che gli preferirono Boris Eltsin, il quale proponeva la dissoluzione dell'URSS e l'introduzione dell'economia di mercato. Il 25 dicembre 1991, quando Gorbacëv diede le dimissioni, si scioglieva ufficialmente il gigante sovietico: il mondo stava per entrare in una fase nuova.

Gli eventi per orientarsi nel tempo

1989
Repressione della protesta studentesca a piazza Tienanmen a Pechino

1991
Disgregazione dell'URSS

1992
Trattato di Maastricht (istituzione della UE)

1993
Accordi di pace tra Rabin e Arafat

→ Sommario

■ **TESTO**

La carta d'identità del periodo
1 Medio Oriente senza pace
2 Il superamento del comunismo
3 Mondi complessi: Medio Oriente e Africa
4 L'Italia dalla prima alla seconda repubblica

pagine digitali

› **MONOGRAFIA**

L'Europa unita dai primi progetti federalisti all'euro

Una carta per orientarsi

L'Unione Sovietica conteneva al suo interno un vero mosaico di nazioni, regioni e popolazioni, spesso con tradizioni e religioni diverse. Con la disgregazione dell'URSS, come si vede dalla cartina, tra il 1989 e il 1991 si formò una serie di nuovi Stati, alcuni dei quali (come l'Ucraina e il Kazakistan) di notevoli dimensioni.

Orientarsi nel tempo

2002 Entra in vigore l'euro

2003 Intervento americano in Iraq

2000 – 2001 – 2002 – 2003 – 2008 – 2012

2001 Attentati terroristici a New York

Intervento americano in Afghanistan

2008 Crisi economica mondiale

2012 Guerra civile in Siria

Per iniziare

Storia slide

La carta d'identità del periodo

Quali sono, per ora, i fatti salienti del millennio che è iniziato?

Del "nuovo mondo" uscito dalla guerra fredda, è possibile individuare alcuni elementi importanti:

- a livello internazionale, i primi anni del nuovo secolo sono stati dominati da quello che lo studioso americano Samuel P. Huntington ha definito "scontro delle civiltà". Con tale formula egli ha voluto sottolineare che il mondo, uscito dalla bipolarità della guerra fredda, si è trasformato in una realtà policentrica: gli USA, infatti, hanno dovuto affrontare la sfida del mondo musulmano, o meglio di intellettuali e terroristi che si sono contrapposti in modo drastico all'Occidente;
- da un punto di vista economico, il baricentro mondiale dell'economia tende a spostarsi sempre più lontano; la Cina è senza dubbio il candidato più probabile a sostituire gli Stati Uniti come principale potenza mondiale.

CAPITOLO 1 Medio Oriente senza pace

→ Negli anni Settanta l'OLP controllava gran parte del Libano meridionale, che si trovava ai confini con lo Stato di Israele. Poiché dal Libano partivano frequenti attacchi ai villaggi e alle città ebraiche, nel giugno 1982 il governo israeliano organizzò una potente controffensiva: i **palestinesi** furono sconfitti e **dovettero abbandonare il Libano**.

→ Nell'agosto 1990 l'Iraq di Saddam Hussein invase il Kuwait, un piccolo Stato ricco di petrolio. L'ONU autorizzò l'intervento militare di una vasta coalizione guidata dagli USA. Nel 1991 iniziò la **guerra del Golfo**, che vide la sconfitta dell'esercito iracheno. Saddam però non fu destituito, perché gli Stati della coalizione temevano che la sua caduta potesse provocare una pericolosa situazione di confusione politica.

→ Alla fine degli anni Ottanta, nacquero due movimenti, ***Hamas*** e la ***Jihad islamica***, che avevano come obiettivo la costruzione di uno Stato islamico in Palestina. L'OLP di Arafat comprese che, se non avesse ottenuto qualche risultato concreto, avrebbe perso l'appoggio dei palestinesi a scapito dei due nuovi movimenti. Dal canto suo, Israele temeva di diventare uno Stato orientato unicamente a reprimere le rivolte palestinesi.

→ Nel 1993 si giunse a una prima bozza di accordo tra Israele e OLP, ma l'**uccisione** del primo ministro **Ytzhak Rabin**, nel 1995, da parte di un israeliano estremista e fanatico bloccò il processo di pace; da quell'episodio, fino ai giorni nostri, si può dire che, seppur a fasi altalenanti, la situazione politica in Palestina è tutt'altro che stabile e tranquilla.

CAPITOLO 2 Il superamento del comunismo

→ Nel 1976, dopo la morte di Mao, in Cina il potere fu assunto da **Deng Xiaoping**, che introdusse alcune riforme radicali, come la **politica del figlio unico** e il graduale passaggio all'**economia di mercato**. Sul piano politico non fu concessa una maggiore democrazia e le rivolte furono represse nel sangue (**Piazza Tienanmen, 1989**).

→ Nel 1991 l'URSS crollò: l'immenso Paese, infatti, si disgregò in **numerose repubbliche indipendenti** e Gorbačëv si dimise da ogni incarico. Lo Stato più grande che si era venuto a creare, la **Russia**, in un primo tempo fu guidata da **Boris Eltsin**, che decise di cancellare l'economia socialista per far posto a quella di mercato, con esiti drammatici dal punto di vista economico.

→ Dal 2000, in Russia è presidente **Vladimir Putin**, determinato a riprendere il controllo di una situazione disperata. Sotto l'aspetto economico le ingenti risorse petrolifere hanno permesso di migliorare le finanze; tuttavia, in politica interna, Putin ha spesso usato **metodi autoritari** per controllare il dissenso. In politica estera, poi, i rapporti con gli Stati Uniti e i Paesi dell'Europa occidentale sono diventati più tesi.

→ Nel 1992, scoppiò una **sanguinosa guerra di stampo nazionalista**. Gli episodi più violenti si verificarono a Sarajevo e in altre zone della Bosnia tra serbi, croati e musulmani bosniaci. Il presidente serbo **Milošević** intraprese poi una vasta operazione di pulizia etnica nei confronti della popolazione albanese del Kosovo. La violenta azione della NATO costrinse infine Milošević ad arrendersi nel 2000.

→ Domande fondamentali

- Quali obiettivi hanno *Hamas* e la *Jihad islamica*?
- Che cosa è avvenuto in Cina dopo la morte di Mao?
- Quali sono state le conseguenze dell'attentato dell'11 settembre 2011 negli USA?
- Perché negli anni Novanta il mondo politico italiano vide un radicale cambiamento?

New York, 11 settembre 2001, l'attentato alle Torri gemelle.

CAPITOLO 3 Mondi complessi: Medio Oriente e Africa

→ L'11 settembre 2001, due aerei di linea colpirono le **Torri gemelle** del World Trade Center, nel cuore di New York, mentre altri due cercarono di colpire il Pentagono e (forse) la Casa Bianca. Gli Stati Uniti accusarono subito dell'attentato l'organizzazione islamica *al-Qaeda* ("La base") guidata da **Osama Bin Laden**, che si nascondeva in Afghanistan.

→ Nell'autunno 2001, l'esercito americano attaccò e occupò l'**Afghanistan**. Nel 2003, gli USA, senza il sostegno dell'ONU, attaccarono l'**Iraq** di Saddam Hussein, sospettato di possedere armi di distruzione di massa. Ufficialmente il conflitto è durato meno di due mesi, ma la successiva micidiale guerriglia irachena ha reso difficile il controllo del territorio da parte statunitense. Nel 2010, il presidente **Barak Obama** ha posto fine alla presenza militare americana.

→ L'Afghanistan è presidiato dalle truppe americane dal 2001; nel frattempo, nel 2011, in Pakistan, un commando americano ha ucciso Osama Bin Laden. Un recente e ulteriore elemento di instabilità nel mondo arabo è la presenza, dal 2014, di un gruppo armato che intende costruire uno **Stato islamico in Siria e in Iraq**.

→ In Africa, il processo di decolonizzazione ha lasciato gravi strascichi. In alcuni casi sono scoppiati conflitti con terribili operazioni di pulizia etnica (**Ruanda**). In **Sud Africa**, i bianchi hanno condotto una politica razzista (***apartheid***), strenuamente combattuta da **Nelson Mandela**. Dopo una lunga prigionia (1962-1990), Mandela è stato eletto presidente della repubblica sudafricana (1994).

CAPITOLO 4 L'Italia dalla prima alla seconda repubblica

→ Nel Novecento, nella società siciliana assunse un peso sempre maggiore la mafia, un'associazione criminale che chiama se stessa **Cosa nostra**. Nel secondo dopoguerra, la sua attività criminale si volse prima al controllo dell'edilizia; poi al contrabbando di sigarette.

→ Gli anni del terrorismo sono stati decisivi per il rafforzamento della mafia palermitana: infatti, mentre le forze dell'ordine erano impegnate a combattere il terrorismo, Cosa nostra si specializzò nel traffico internazionale della droga e divenne una struttura potentissima e spietata. Nel 1992 non esitò a uccidere i giudici **Giovanni Falcone** e **Paolo Borsellino**, impegnati in indagini contro gli interessi della mafia.

→ All'inizio degli anni Novanta, il mondo politico italiano vide un radicale cambiamento dei suoi protagonisti. Il Partito socialista fu travolto da un grave scandalo finanziario chiamato **Tangentopoli**; la fine del comunismo in URSS, invece, mandò in crisi l'identità sia della DC (che si sciolse) sia del PCI, che cambiò nome e abbandonò l'ideologia marxista.

→ Dopo Tangentopoli emersero nuovi soggetti politici come la Lega Nord, Forza Italia e il Partito democratico, mentre due schieramenti politici (il centro-destra e il centro-sinistra) si sono alternati al governo. Dal 2008, però, la pesante crisi economica mondiale ha colpito duramente anche l'Italia che, gravata da un enorme debito pubblico e da una forte disoccupazione, è impegnata a risanare il proprio bilancio e a creare nuove prospettive di crescita.

Capitolo 1

POTERI E CONFLITTI

Medio Oriente senza pace

Storia slide

LE CONOSCENZE DA ACQUISIRE
Negli anni Novanta, Israele e OLP giunsero a un passo dalla pace, ma dopo poco le trattative si arenarono.

LE COMPETENZE DA POTENZIARE
Saper comprendere il concetto di svolta storica (in ambito politico).

1.1 La cacciata dell'OLP dal Libano e l'*Intifadah*

La guerra del 1982

La presenza dell'OLP in Libano Nel corso degli anni Settanta, il **Libano meridionale** divenne la principale **base operativa dell'OLP**. L'organizzazione palestinese era riuscita a conquistare il controllo di gran parte della regione, situata in una posizione strategica perché ai confini con lo Stato di Israele: dal territorio libanese, quindi, i guerriglieri potevano sferrare attacchi ai villaggi e alle città israeliane.

Nel giugno 1982, il governo di Israele decise di rispondere con una poderosa controffensiva, infliggendo ai palestinesi una durissima sconfitta. Dopo circa tre mesi di resistenza, **Arafat e le sue truppe** furono costretti ad **abbandonare il Libano**, lasciando indifesi i *campi profughi* nella periferia di Beirut, in cui viveva la popolazione civile palestinese. Qui, nei due centri di **Sabra** e **Chatila**, il 16 settembre 1982, diverse centinaia di palestinesi inermi furono uccisi dai miliziani armati della *Falange*, un movimento politico che, espressione della componente cristiana della società libanese, nutriva da tempo un profondo odio e rancore nei confronti della presenza palestinese in Libano. Le truppe israeliane, pur essendo presenti nella zona, non intervennero per fermare il massacro, il che provocò, all'interno di Israele, orrore e sgomento: **migliaia di israeliani manifestarono pubblicamente contro la *sporca guerra* libanese**, che infine si concluse con il ritiro delle truppe dello Stato ebraico.

geostoria

Situazione in Medio Oriente negli anni Ottanta

Negli anni Settanta l'OLP rafforzò la sua presenza in Libano. Nel 1982, però, l'esercito israeliano intervenne causandone la dispersione. Anche qui, come in altre regioni (soprattutto in Cisgiordania), i campi profughi accoglievano quei palestinesi che fuggivano dai territori occupati dall'esercito israeliano.

Carta proiettabile

Le guerre arabo-israeliane

DATE	EVENTI
1948	Guerra di indipendenza di Israele
1956	Occupazione israeliana del Sinai e occupazione anglo-francese del canale di Suez
1967	Guerra dei Sei giorni
1973	Guerra del Kippur
1982	Invasione israeliana del Libano
1987	*Intifadah* palestinese

Bambini giocano tra le macerie in un campo profughi palestinese, 1987.

L'espulsione dell'OLP dal Libano Da un punto di vista puramente militare, la campagna del 1982 ottenne un importante risultato: l'**espulsione dell'OLP dal Libano**. Questo successo, però, fu pagato da Israele a un prezzo estremamente caro, in quanto l'intera operazione fu condotta con una determinazione e un cinismo tali da destare forti perplessità e disapprovazione nell'opinione pubblica internazionale. Una notevole dose di brutalità fu impiegata, a partire dal **1987**, anche nella repressione della cosiddetta ***Intifadah***, la rivolta delle popolazioni palestinesi più povere residenti in Cisgiordania e nella Striscia di Gaza.

La rivolta dei palestinesi

Per Israele, questa ribellione è stata fonte di un grave danno economico (pari alla riduzione del 2% del prodotto nazionale lordo), ma soprattutto ha comportato il rischio di un uso eccessivo di metodi polizieschi, tipicamente *coloniali*, al fine di mantenere l'ordine, cioè la **sistematica violazione dei diritti umani nei confronti dei palestinesi**. Si pensi che, nel corso dei primi due anni dall'esplosione della rivolta, fra i palestinesi vi furono circa 500 morti e 7000 feriti, mentre vennero arrestati 50 000 individui, la metà dei quali aveva meno di diciotto anni.

1.2 La guerra del Golfo

› VEDI La guerra tra Iran e Iraq → pag. 607

L'invasione irachena del Kuwait Mentre la Palestina era sconvolta dall'*Intifadah*, l'area del Golfo Persico vedeva gli ultimi lampi della guerra tra Iran e Iraq, che si concluse, nel 1988, senza vincitori né vinti. A causa della lunga durata del conflitto, l'economia di entrambi i Paesi venne messa a dura prova: nel 1989, ad esempio, il debito estero dell'Iraq era stimato in 70 miliardi di dollari. Ciò spinse Saddam Hussein a fare pressione sul **Kuwait** per ottenere la riduzione dell'estrazione di petrolio, così da aumentarne il prezzo e tamponare le proprie difficoltà economiche. Ottenuto un rifiuto, il 2 agosto 1990 Saddam ordinò l'**invasione del piccolo emirato** e ne proclamò l'**annessione all'Iraq**.

Il controllo sul petrolio kuwaitiano avrebbe dato al leader iracheno un potere immenso. Pertanto, alle Nazioni Unite si formò una **vasta coalizione**, comprendente circa cinquanta Paesi, decisi a **fermare l'espansionismo dell'Iraq in quella regione economicamente e strategicamente così importante**. A guida della coalizione si posero gli Stati Uniti e altri Paesi dell'Occidente; al loro fianco, tuttavia, si schierarono anche numerosi Paesi musulmani, tra cui l'Arabia Saudita, la Siria, la Turchia, l'Egitto, il Pakistan e il Marocco. Quanto all'Unione Sovietica, ormai entrata in fase di declino, mantenne una posizione quanto mai prudente e appartata, consapevole di non avere altra scelta.

Cautela dell'URSS

La prima fase della guerra del Golfo Il conflitto – che prese il nome di *guerra del Golfo* – iniziò il 17 gennaio 1991, ventiquattro ore dopo la scadenza dell'ultimatum delle Nazioni Unite; nella sua prima fase, lo scontro fu caratterizzato da un numero elevatissimo di incursioni aeree (15 000 missioni in otto giorni) sulle città irachene.

› VEDI
Il partito *Baath*
→ pag. 520

Consapevole di non poter opporsi alla superiore tecnologia militare americana, Saddam Hussein cercò di spezzare la coalizione dei suoi nemici in varie maniere. In primo luogo, abbandonando il suo tradizionale laicismo (tipico dell'ideologia *Baath*), chiamò tutti i musulmani alla *guerra santa* contro l'Occidente invasore. Inoltre, **bombardò** a più riprese, **con missili a lunga gittata**, le principali città dello Stato di **Israele**; il suo obiettivo era di provocare una reazione armata dello Stato ebraico, in modo da mettere in imbarazzo i Paesi arabi in guerra contro l'Iraq e obbligarli ad abbandonare la coalizione. Tenuto politicamente a freno dagli Stati Uniti, nonché munito dei più moderni sistemi di difesa antimissilistica, Israele non intervenne. Saddam Hussein intraprese allora una sistematica devastazione del patrimonio petrolifero del Kuwait: mentre centinaia di **pozzi** venivano **dati alle fiamme**, il greggio accumulato nelle raffinerie veniva riversato nel Golfo Persico, provocando una **gravissima catastrofe ecologica**. Secondo alcune stime, il costo della guerra poteva essere calcolato, a quel punto, in 500 milioni di euro al giorno.

Devastazione dei pozzi in Kuwait

La vittoria della coalizione anti-irachena Il 24 febbraio, iniziò l'offensiva terrestre dei 440 000 soldati (300 000 dei quali americani) della coalizione; **le forze irachene vennero completamente annientate** mentre abbandonavano il Kuwait e si ritiravano precipitosamente verso Nord.

Saddam sconfitto, non rimosso

Da più parti, in Occidente, si chiedeva che Saddam Hussein fosse processato come criminale di guerra; nonostante la sconfitta, però, **il dittatore iracheno restò al potere**. La paura dei governi occidentali, infatti, era che un collasso troppo rapido dell'Iraq (e, al limite, la sua disgregazione territoriale, provocata dallo scontro fra le diverse etnie e religioni presenti nel Paese) provocasse una sorta di *vuoto di potere*, una cronica situazione di confusione politica, pericolosissimo in una regione che invece, a causa della sua importanza economica, per rispondere veramente agli interessi occidentali dovrebbe possedere, come caratteristica fondamentale, proprio la stabilità. Desiderando un radicale cambiamento politico, in alcune regioni del nord e del sud la popolazione irachena si ribellò alla dittatura. Gli americani non intervennero: pertanto, Saddam Hussein potè schiacciare con estrema durezza tali rivolte.

Guardiamo la storia
La guerra in Iraq

Soldati americani con una bandiera di fronte a un murales con l'immagine di Saddam Hussein, febbraio 1991. Fotografia di Jean-Claude Coutaus.

POTERI E CONFLITTI

1.3 L'accordo tra Israele e OLP: una svolta storica

› VEDI
Sayyd Qutb
→ pag. 524

I movimenti radicali: Hamas e la Jihad islamica Alla fine degli anni Ottanta, in Palestina nacquero due nuovi movimenti che avevano come obiettivo quello di costituire uno Stato islamico, che ponesse la legge coranica alla base della vita civile: ***Hamas*** (Movimento di resistenza islamica) e ***Jihad islamica*** (Guerra santa islamica). I loro fondatori si ispiravano agli insegnamenti di Sayyd Qutb e dell'ala estremista dei Fratelli musulmani.

I rischi per la democrazia

Da parte di Arafat vi era la consapevolezza che, se non avesse ottenuto in breve tempo qualche successo politico, l'OLP sarebbe stata *scavalcata* dai nuovi movimenti: in pratica, avrebbe perso l'appoggio delle masse palestinesi in Cisgiordania e nella Striscia di Gaza. Da parte israeliana, invece, vi fu la lucida consapevolezza del premier **Ytzhak Rabin** (1922-1995) e del suo governo del rischio che una dominazione a tempo indeterminato sui milioni di arabi presenti a Gaza e, soprattutto, in Cisgiordania, creasse in Palestina una specie di *situazione sudafricana*, cioè il dominio di una piccola minoranza ebraica su una popolazione araba enormemente superiore dal punto di vista numerico. Il rischio, in fondo, era che la stessa democrazia israeliana finisse per naufragare, in virtù della trasformazione dell'intero Stato in una grande macchina prevalentemente orientata alla repressione di tutte le rivendicazioni dei palestinesi.

Gli accordi di Washington (1993)

L'accordo tra l'OLP e Israele Pertanto, nel settembre 1993, a Washington, **Arafat** (per l'OLP) e **Rabin**, nella sua qualità di primo ministro di Israele, raggiunsero un **accordo**. Per la prima volta, dal 1948, un'autorità rappresentativa degli arabi palestinesi accettò il **principio del diritto all'esistenza dello Stato di Israele**; si può dunque parlare, senz'altro, di una svolta storica, della fine di un'epoca, caratterizzata dal postulato secondo cui il frutto politico del sionismo doveva semplicemente essere cancellato dalla carta geografica. D'altro canto, fino ad allora, tutti i governi di Israele avevano considerato l'OLP esclusivamente come una feroce organizzazione di terroristi criminali, con i quali non si doveva intavolare alcuna forma di trattativa.

Gli accordi di Washington prevedevano il progressivo **ritiro dell'esercito israeliano da Gaza e dalla Cisgiordania**, le quali avrebbero potuto godere di un'autonomia sempre maggiore. Negli accordi non si parlava della nascita di un vero Stato: la sovranità palestinese su quei territori, però, era di fatto accettata come una realtà inevitabile dal governo di Israele. Per quanto non fossero indicate scadenze di nessun genere, i due popoli si dichiaravano disposti a coesistere pacificamente sul territorio della Palestina.

23 settembre 1993, una storica stretta di mano per il Medio Oriente: il presidente israeliano Rabin (a sinistra) e il leader dell'OLP Arafat (a destra), con la mediazione del presidente americano Clinton (al centro), si accordano per il riconoscimento reciproco e per la pacifica coesistenza tra i due popoli.

Documento chiave

Il carteggio Rabin-Arafat

Il 9 settembre 1993, il primo ministro israeliano Rabin e il leader della OLP Arafat si scambiarono due brevi lettere, in cui ponevano le basi per un dialogo politico tra due soggetti che per decenni avevano rifiutato qualsiasi confronto. Il carteggio suscitò grandi speranze. Tuttavia, a distanza di oltre vent'anni, la pace in Palestina e a Gerusalemme, città sacra a tre religioni, appare ancora molto lontana.

Arafat a Rabin

9 settembre 1993

Signor Primo ministro,

la firma della Dichiarazione dei Principi segna una nuova era nella Storia del Medio Oriente. Profondamente convinto di ciò, desidero confermare i seguenti impegni dell'OLP.

L'OLP riconosce il diritto dello Stato di Israele di esistere in pace e sicurezza.

Lo Stato dell'OLP dichiarava che l'obiettivo dell'organizzazione è la distruzione di Israele

L'OLP accetta le risoluzioni 242 e 338 del Consiglio di Sicurezza delle Nazioni Unite.

Si tratta delle risoluzioni che divisero la Palestina

L'OLP si impegna a intraprendere un processo di pace in Medio Oriente e a risolvere pacificamente il conflitto tra le due parti e dichiara che tutte le questioni fondamentali relative allo status finale saranno risolte attraverso negoziati.

L'OLP accetta che l'istituzione di uno Stato palestinese sia rinviata a data da destinarsi

L'OLP ritiene che la firma della Dichiarazione dei Principi costituisce un evento storico, che apre una nuova epoca di coesistenza pacifica, libera dalla violenza e da ogni altro atto che metta in pericolo la pace e la stabilità. Di conseguenza l'OLP rinuncia al ricorso al terrorismo e ad altri atti di violenza e assume la responsabilità di tutti i membri e il personale dell'OLP al fine di garantire il loro consenso, di prevenire violazioni e di punire coloro che se ne rendano responsabili.

In vista della promessa di una nuova era e della firma della Dichiarazione dei Principi, e sulla base dell'accettazione palestinese delle risoluzioni 242 e 338 del Consiglio di Sicurezza, l'OLP afferma che gli articoli dello Statuto palestinese che negano il diritto di Israele di esistere, e le clausole dello Statuto che contraddicono gli impegni di questa lettera, da questo momento sono inefficaci e non più valide. Di conseguenza, l'OLP si impegna a sottoporre al Consiglio nazionale palestinese, per l'approvazione formale, i necessari cambiamenti dello Statuto palestinese.

In fede
Yasser Arafat
Presidente Organizzazione per la Liberazione della Palestina

Rabin ad Arafat

9 settembre 1993

Signor Presidente,

in risposta alla Sua lettera del 9 settembre 1993, desidero confermarLe che, alla luce dell'impegno dell'OLP espresso nella Sua lettera, il Governo di Israele ha deciso di riconoscere l'OLP quale rappresentante del popolo palestinese e di dare avvio a negoziati con l'OLP nel quadro del processo di pace in Medio Oriente.

Il governo israeliano riconosce l'OLP

Fino da allora per Israele l'OLP era solo un gruppo di criminali e di terroristi

"la Repubblica", 10 settembre 1993, p. 2

1.4 Il difficile processo di pacificazione

Gli oppositori della pace L'accordo firmato a Washington non incontrò il favore di tutti, né in Israele né in Palestina: da parte palestinese, il rifiuto venne da *Hamas* e dalla *Jihad islamica*; da parte israeliana, da numerosi movimenti estremisti e violenti. Tra questi, ricordiamo il gruppo chiamato *Gush Emunim* ("Blocco dei fedeli"), i cui membri provenivano in maggioranza dai numerosi villaggi ebraici sorti sui territori occupati con il permesso del governo israeliano nei venticinque anni seguenti il 1967. Questo gruppo aveva come obiettivo il **popolamento ebraico dei luoghi biblici, da difendere a oltranza**, per scongiurare la loro cessione ai palestinesi. Ancora più radicale, il partito fondato dal rabbino Meir Kahane – con toni al limite del razzismo – chiedeva la completa espulsione degli arabi dalla *Eretz Israel* ("Terra di Israele").

Il problema dei coloni israeliani

Nel febbraio 1994, un esponente di tale movimento uccise 29 palestinesi a Hebron, luogo sacro sia agli ebrei sia ai musulmani perché, secondo la tradizione, lì si trova la tomba di Abramo. All'organizzazione che si ispirava a Kahane, inoltre, apparteneva anche il giovane che, il **4 novembre 1995**, **assassinò Rabin**, da lui considerato un traditore del popolo ebraico, disposto a cedere al nemico i territori più sacri della terra di Israele.

L'assassinio di Rabin

Dopo la morte di Rabin, il **processo di pacificazione si è lentamente arenato**. Nell'estate 2000, Arafat e il governo israeliano furono sul punto di trovare un accordo politico; le trattative, tuttavia, non approdarono ad alcuna conclusione, in quanto entrambi gli interlocutori si accusavano vicendevolmente di doppiezza. I palestinesi rinfacciavano al governo israeliano di non intervenire con sufficiente energia nell'affrontare il problema della presenza dei coloni all'interno della striscia di Gaza e in Cisgiordania; Israele, da parte sua, non perdonò ad Arafat di aver rifiutato tutte le offerte di compromesso che gli venivano proposte, compresa la possibilità di dividere in due parti la città di Gerusalemme.

La *seconda Intifadah* A partire dalla fine di settembre del 2000, Arafat decise di riprendere le azioni violente contro Israele, nell'illusione di poter fare pressioni sul suo governo, ritornare al tavolo delle trattative con maggiore forza contrattuale e ottenere condizioni di pace più favorevoli. La guida della **nuova rivolta palestinese** (chiamata anche ***seconda Intifadah***) fu tuttavia ben presto assunta dagli estremisti di Hamas e della Jihad islamica, che nell'estate 2001 adottarono un nuovo tipo di strategia armata: quella degli **attentati terroristici** compiuti da individui disposti al suicidio. In pratica, dopo aver legato al proprio corpo una grande quantità di esplosivo, il militante islamico faceva esplodere la carica in un luogo frequentato da numerosi cittadini israeliani (un autobus, un cinema, una discoteca...), provocando decine di morti ogni volta. Il **militante accettava volontariamente la morte**, in quanto si considerava un **martire di Dio e della fede**.

Attentatori suicidi

L'opinione pubblica di tutto il mondo si è divisa in modo acuto e radicale. Da un lato, i sostenitori di Israele insistevano sulla barbarie del terrorismo suicida, che uccideva prevalentemente civili inermi. Sull'altro fronte, l'accento è caduto invece sui metodi duri e radicali con cui il nuovo governo dello Stato ebraico, guidato allora da Ariel Sharon, ha risposto al terrorismo. In particolare, a livello internazionale, ha destato molto scalpore e disapprovazione la decisione di separare Israele dai territori occupati, per mezzo di **una barriera difensiva**. Oltre tutto, per proteggere anche alcuni insediamenti di coloni ebrei in Cisgiordania, il **muro di Sharon** non corre lungo i confini del 1967, ma si addentra all'interno dell'area palestinese: il che spinge i nemici di Israele ad accusarlo di voler espandersi a danno degli arabi.

Ritiro israeliano da Gaza

La situazione si è temporaneamente calmata nel 2005, dopo la morte di Arafat. Sharon, a quel punto, ha deciso di procedere al ritiro unilaterale da Gaza: in pratica, nell'agosto 2005, tutte le colonie ebraiche costruite in quella zona sono state abbandonate, e la polizia ha obbligato al trasferimento forzato anche i giovani ebrei più religiosi e intransigenti, decisi a non cedere agli arabi neppure un palmo di Terra promessa. **Il territorio di Gaza**, tuttavia, è passato **sotto il controllo di Hamas**, lasciando prevedere la possibilità di una violenta guerra civile all'interno del mondo palestinese. La pace in Palestina e a Gerusalemme, città santa a tre religioni, è dunque apparsa ancora una volta decisamente lontana.

Capitolo 2

ECONOMIA DEMOGRAFIA E SOCIETÀ

Il superamento del comunismo

Storia slide

LE CONOSCENZE DA ACQUISIRE
Alla fine del XX secolo, la Cina aprì gradualmente la sua economia al capitalismo, pur mantenendo un regime dittatoriale.

LE COMPETENZE DA POTENZIARE
Saper capire i caratteri fondamentali di un modello economico.

2.1 La Cina di Deng Xiaoping

La successione di Mao Alla morte di Mao Zedong, nel 1976, in Cina si scatenò una violenta lotta per la successione, alla fine della quale si impose una nuova linea, realistica e pragmatica. La nuova figura di riferimento fu **Deng Xiaoping** (1904-1997), emarginato al tempo della rivoluzione culturale proprio perché sostenitore di una politica moderata. L'anno in cui Deng assunse stabilmente il governo della Cina (1978) è stato paragonato a quello in cui Kruscëv, in Unione Sovietica, denunciò i crimini compiuti da Stalin (1956). Vi è però una differenza importante: mentre Kruscëv, fino all'ultimo, aveva collaborato con il dittatore sovietico, il nuovo leader cinese era stato una delle vittime di Mao; per questa ragione, egli simboleggiava con maggior determinazione la **rottura con il passato, almeno in campo economico e sociale**.

› VEDI
Kruscëv denuncia i crimini di Stalin
→ pag. 516

Liberalizzazione dell'agricoltura

Le riforme di Xiaoping La sua azione riformatrice investì in primo luogo le campagne, ove negli anni 1982-1983 venne messa in atto la **completa liquidazione della collettivizzazione attuata da Mao**. Il gesto simbolico più significativo di tale intervento fu, nel 1984, la scomparsa delle comuni, mentre la famiglia tornò progressivamente a essere l'unità produttiva di base. Inoltre, tolta una quota minore versata allo Stato (che formalmente continuava a essere il proprietario di tutta la terra), i contadini poterono vendere liberamente sul mercato i prodotti del loro lavoro. Dal 1978, i raccolti di cereali in Cina hanno dato risultati sempre migliori: il prodotto eccezionale del 1984 (407 milioni di tonnellate) è il simbolo stesso di questo spettacolare aumento di produzione.

Deng Xiaoping, durante una visita ufficiale.

Contemporaneamente, Deng affrontò in termini drastici **il problema dell'incremento demografico**: nel 1979, alle famiglie cinesi fu imposta la cosiddetta ***politica del figlio unico***, che però incontrò forti resistenze nella popolazione. Occorre poi ricordare che, in Cina, la donna è stata per secoli considerata inferiore all'uomo e quindi pesantemente discriminata. Negli anni Ottanta del secolo scorso, poiché molte famiglie desideravano che l'unico figlio permesso dalla legge fosse maschio, se prima di esso nasceva una bimba, spesso era uccisa in fasce. Per ovviare a questa tendenza, il governo ha dovuto permettere agli abitanti delle campagne (dove **l'infanticidio delle femmine** era più diffuso) di avere un secondogenito se il primo nato era una bambina.

Infine, Deng si preoccupò di **rilanciare la produzione industriale**, per mezzo della concessione, alle singole imprese, di ampia autonomia e responsabilità diretta. Nel 1979, furono istituite alcune zone economiche *speciali*, che, grazie e particolari regimi fiscali, erano destinate ad accogliere gli investimenti stranieri. In pratica, verso la metà degli anni Ottanta, l'economia cinese era diventata mista, o meglio dualista, cioè caratterizzata da una presenza dello Stato ancora molto significativa, e da un aumento continuo e costante del ruolo del libero mercato.

Verso l'economia di mercato

Libertà economica, repressione politica Assumendo nuovamente l'Unione Sovietica come paragone, si può affermare che **Deng agì in modo opposto rispetto a Gorbacëv**: questi, in effetti, procedette con estrema lentezza in campo economico, mentre fin dall'inizio concesse maggiori libertà di espressione e di discussione. Deng, al contrario, a fronte di una liberalizzazione economica rapida e priva di rimpianti di tipo ideologico, **non concesse nulla sul piano delle libertà e del potere**.

Tra il 15 aprile e il 4 giugno 1989, studenti, intellettuali e lavoratori cinesi organizzarono dimostrazioni contro il governo. La scintilla che diede l'avvio alla protesta fu la morte del segretario del Partito comunista cinese, Hu Yaobang, simbolo di speranza per i riformisti. A Pechino – nella stessa **piazza Tienanmen** che negli anni Sessanta aveva visto i grandi raduni delle *Guardie rosse* – gli studenti che manifestavano furono oggetto di una **violenta repressione** da parte dell'esercito: **un migliaio di giovani venne ucciso dai carri armati**, mentre altri 30-40 000 furono arrestati.

Protesta dei giovani cinesi

4 giugno 1989: un ragazzo si para davanti a una colonna di carri armati che avanzano. Il *rivoltoso sconosciuto* è diventato un'icona della libertà contro ogni dittatura.

2.2 La crescita economica della Cina

Lavorare per competenze avvio al saggio breve
Il secolo cinese
→ pag. 681

Uno strordinario sviluppo economico A partire dagli ultimi anni del Novecento, l'economia cinese è cresciuta a ritmo vertiginoso. Anche se la maggior parte degli studiosi ritiene che il tasso medio di **crescita annua** sia del **7%**, alcuni analisti arrivano a ipotizzare un tasso annuo superiore all'8%: secondo costoro, è possibile che, a causa delle enormi dimensioni del Paese, alcuni dati rimangano esclusi dai conteggi (è il caso, ad esempio, dell'enorme consumo energetico verificatosi in Cina negli ultimi quindici anni).

Grandiosa crescita delle città

Oggi, Pechino è una metropoli di 13 milioni di abitanti, caratterizzata da un traffico convulso e da migliaia di modernissimi palazzi, che ospitano gli uffici e i centri direzionali delle grandi aziende (cinesi, europee e statunitensi), le quali investono capitali in Cina più che in qualsiasi altro Paese del mondo. Il quadro di **Shanghai, vero cuore finanziario dell'economia cinese**, è identico, con grattacieli che fanno impallidire quelli di New York e un sistema di treni ad alta velocità che supera già, in efficienza e modernità, quello giapponese. Nel loro complesso, le città ospitano oggi circa 520 milioni di persone.

Forse, in futuro, queste enormi concentrazioni di uomini (e, più in generale, il fenomeno dell'**inquinamento** ambientale: la maggior parte delle industrie cinesi, infatti, funziona a carbone) finiranno per essere un ostacolo allo sviluppo cinese. Nell'immediato, tuttavia, l'economia del gigante asiatico continua a crescere a ritmi impressionanti. Secondo la maggioranza degli studiosi, **è possibile che intorno al 2025 l'economia cinese superi quella degli Stati Uniti**; i più audaci affermano addirittura che, come il Novecento fu il *secolo americano*, il XXI sarà il *secolo cinese*.

Video
La questione ambientale

Crescita demografica e manodopera a basso costo La popolazione globale del Paese ha raggiunto nel 2008 1 miliardo e 330 000 000 di unità. In passato, l'ampiezza demografica era stata un grave ostacolo allo sviluppo della Cina; oggi, invece, il numero è uno dei suoi principali elementi di forza: poiché l'abolizione del socialismo nelle campagne ha permesso da tempo di avere raccolti più che sufficienti a garantire la sopravvivenza fisica delle masse, le campagne costituiscono un **inesauribile serbatoio di manodopera a basso costo**. Come negli Stati Uniti dei primi del Novecento e nell'Italia del boom economico, milioni di persone sono disponibili a trasferirsi nelle città, per cercare lavoro nelle industrie. Una simile abbondanza di aspiranti operai permette agli imprenditori di contenere i salari, secondo modalità che non hanno alcun riscontro in Europa, in Giappone o in America.

Bassi salari

Esportazioni a prezzi concorrenziali

Il basso costo della manodopera (spesso, pagata appena 50-60 centesimi di dollaro all'ora) spiega sia il successo delle esportazioni cinesi (il 70% dei giocattoli commercializzati in tutto il mondo porta il marchio *made in China*), sia il fenomeno della **delocalizzazione delle imprese**. In pratica, numerose aziende occidentali hanno trasferito gran parte delle loro linee produttive in Cina per limitare i costi, mantenendo in patria solo gli uffici dirigenziali.

Gli altissimi grattacieli di Shanghai. Qui, come nelle altre grandi città cinesi, l'inquinamento rende l'atmosfera torbida.

2.3 Le contraddizioni della Cina moderna

I timori di Europa e USA

I problemi ambientali e il controllo delle nascite I prodotti cinesi si stanno rivelando in grado di conquistare tutti i mercati a prezzi competitivi. Il **rischio**, per interi settori industriali, è la **chiusura di moltissime aziende**, con la prospettiva di migliaia di disoccupati (in Italia, ad esempio, il settore industriale più minacciato è quello tessile). Insomma, in Europa e negli Stati Uniti lo sviluppo economico cinese incute paura.

Lo **sviluppo cinese**, tuttavia, non è privo di **problemi** e di **contraddizioni**, legati soprattutto alla particolare struttura demografica del Paese. In primo luogo, tutti i fenomeni di massa in Cina assumono dimensioni impressionanti, a cominciare dalla **motorizzazione**. Ogni mese, solo a Pechino vengono immatricolate 38 000 nuove auto. Poiché la capitale, nell'anno 2006, ospitava già 2 350 000 mezzi a motore, la Cina è ormai letteralmente sommersa dalle automobili: circa 900 milioni (una vettura per 1,3 abitanti), al punto che la velocità media nei centri urbani non supera i 10 km orari.

Il rifiuto della figlia femmina

La situazione demografica cinese all'inizio del XXI secolo presenta dunque alcuni aspetti particolari, che preoccupano molto le autorità. La limitazione delle nascite, ufficialmente ancora in vigore, al fine di frenare la crescita, non è facile da gestire e da governare. Anzi, da qualche decennio la situazione si è notevolmente aggravata in virtù degli esami che permettono di conoscere il sesso del nascituro. Nel caso in cui emerga con certezza che nascerà una femmina, spesso la gravidanza viene interrotta: e la pratica è così frequente, che **le autorità sono state costrette a vietare l'ecografia** (che però viene ugualmente eseguita clandestinamente su grande scala, da medici compiacenti e corrotti).

Il problema dell'invecchiamento della popolazione

La prospettiva di un Paese di vecchi e maschi D'altronde, persino il rallentamento della crescita demografica e la politica del figlio unico provocheranno, alla lunga, dei seri problemi: primo fra tutti, quello del **notevole squilibrio fra giovani e anziani**. Questi ultimi, nel giro di pochi decenni, saranno in numero elevatissimo: nel 2025, forse, gli ultrasessantenni saranno più di 300 milioni. Ciò vuol dire che, entro breve tempo, una quota consistente della ricchezza guadagnata dai giovani dovrà essere spesa per assistere i genitori e i nonni, in un Paese che non conosce **alcuna forma di protezione sociale pubblica**: l'unico *welfare* è la famiglia. Come scrive un economista dell'Università di Pechino, «a differenza degli occidentali e dei giapponesi, noi rischiamo di diventare vecchi prima di diventare ricchi».

Il traffico di Pechino. La motorizzazione di massa in Cina se da un lato è un indiscutibile sintomo di crescita economica, dall'altro spaventa molti ambientalisti che, vista la dimensione del fenomeno, temono un forte peggioramento dell'inquinamento provocato dai gas di scarico delle automobili.

Il rapporto tra maschi e femmine

L'altro squilibrio demografico che preoccupa notevolmente le autorità cinesi riguarda il rapporto tra maschi e femmine. Per le ragioni descritte sopra, il rapporto attuale tra uomini e donne è attualmente di circa 120 a 100. Nel 2004, il governo ha varato un programma sociale denominato *Aiuto alle ragazze*: i genitori che accettino una figlia femmina avranno diritto al rimborso delle tasse scolastiche della bambina (tutte le scuole più qualificate, nella Cina di oggi, sono a pagamento, con rette che vanno dai 6000 ai 20 000 dollari all'anno: sei o venti volte il reddito pro capite del cinese medio), a sconti sull'affitto e ad altre agevolazioni. Malgrado ciò, si prevede ugualmente che dai 30 ai 40 milioni di **maschi adulti siano condannati al celibato** nel prossimo decennio, per **carenza di donne**.

ZOOM Il problema del Tibet

Una regione conquistata, ma non sottomessa

Nell'estate 2008, si sono svolte le Olimpiadi a Pechino. La Cina si sforzò in ogni maniera di creare uno spettacolo solenne e grandioso, offrendo di sé l'immagine di un Paese moderno ed efficiente, capace di organizzare nel modo migliore un evento così prestigioso e complesso come i giochi olimpici. Tuttavia, molti dissidenti politici cinesi colsero proprio quell'occasione per ricordare al mondo che la Cina è ancora molto carente sotto il profilo del **rispetto dei diritti umani**, a cominciare dall'utilizzo frequente e sistematico della pena di morte, per punire i più diversi reati.

L'occasione dei giochi fu colta anche dai tibetani, che da vari decenni sono sotto dominazione cinese, ma rivendicano invece l'indipendenza, in nome del principio dell'autodeterminazione dei popoli, sancito da numerosi documenti delle Nazioni Unite.

Il **Tibet** fu conquistato dai mongoli nel XIII secolo e furono essi ad accorparlo per la prima volta alla Cina. Tuttavia, nel corso dei secoli, di fatto l'altopiano tibetano, situato a 4000 metri di altitudine, non ha mai subito una vera dominazione cinese, se non in termini poco più che formali. Del resto, nell'Ottocento e all'inizio del Novecento, la debolezza dell'impero rafforzò tale autonomia, cosicché i veri signori del Paese erano i **Dalai Lama**, prestigiose figure religiose, venerate dalla popolazione perché ritenute reincarnazioni del Buddha. Furono Sun Yatsen e Chiang Kai-shek, ferventi nazionalisti, determinati a far sì che la Cina tornasse a essere una nazione potente e rispettata, a livello internazionale, che rivendicarono a gran voce il diritto cinese a intervenire in Tibet. Sotto questo profilo, la Repubblica popolare cinese, dopo la vittoria comunista, non fece altro che riprendere e proseguire la linea politica dei suoi precedenti avversari.

Dalla fuga del Dalai Lama ai giorni nostri

L'esercito comunista entrò in Tibet nel 1950, un anno dopo la conquista di Pechino e la nascita ufficiale della nuova Cina. Nel maggio 1951, a Lhasa, capitale del Paese, venne firmato un accordo in 17 punti, con il quale il Tibet accettava la sovranità cinese, ma nel contempo conservava un'ampia autonomia e continuava a essere guidata dal Dalai Lama. Questi cercò di seguire una politica moderata, di dialogo con Pechino, ma altri soggetti più radicali, determinati a **ottenere l'indipendenza, diedero vita a una rivolta** che, nel **1959**, provocò l'intervento dell'esercito cinese e spinse il **Dalai Lama ad abbandonare il Paese**.

Da quel momento, il Dalai Lama non è più tornato in Tibet, malgrado la sua posizione resti moderata, cioè continui a chiedere per la sua terra ampia autonomia e non l'indipendenza. La cauta politica del leader religioso è stata criticata severamente dai tibetani, che tuttavia, per decenni, non hanno trovato valide possibilità per promuovere i propri obiettivi e fini politici. Anzi, dagli anni Settanta, man mano che si allargava il contrasto tra URSS e Cina, persino gli Stati Uniti hanno evitato di prendere una precisa posizione sulla questione, per non irritare il governo comunista.

Nell'ottobre 2007, tuttavia, gli USA conferirono un'alta onorificenza al **Dalai Lama**, che già nel **1989** aveva ricevuto il **premio Nobel per la pace**. Il gesto delle autorità statunitensi, unito alla congiuntura favorevole – tutti gli occhi del mondo, infatti, erano concentrati sulla Cina, in virtù dell'imminente evento olimpico – spinse i nazionalisti tibetani a organizzare grandi proteste nel marzo 2008. La repressione cinese fu dura e fece un numero imprecisato di vittime, riportando l'ordine.

A fine 2008, la situazione risultava per molti versi bloccata e problematica, mentre le condizioni di salute del Dalai Lama, ormai anziano e malato, destarono ulteriori serie preoccupazioni. In caso di morte, il timore più diffuso tra i tibetani è che i cinesi provvedano a nominare un nuovo leader a loro gradito, che non sollevi più problemi politici. Tale prospettiva – che priverebbe il Tibet della sua leadership storica legittima, e quindi chiuderebbe per lungo tempo qualsiasi speranza di autonomia o indipendenza – potrebbe spingere il Dalai Lama a designare un proprio successore prima della propria morte. Si tratterebbe, tuttavia, di uno *strappo* clamoroso nei confronti sia della tradizione sia della dottrina buddhista stessa, dal momento che sarebbe problematico continuare a credere nel principio della reincarnazione, in caso di una designazione che avvenisse prima del decesso del Dalai Lama attualmente in carica.

2.4 Il collasso dell'URSS

1989: la fine dell'egemonia del Partito comunista sovietico La graduale uscita della Cina dal comunismo coincise con il collasso del sistema in URSS e con il problematico passaggio della Russia a un sistema politico pluralista e a un'economia di mercato. Nel **marzo del 1989**, si svolsero le **elezioni** per un nuovo organismo destinato a sostituire il Soviet supremo, il **Congresso del popolo**. Il primo, in passato, era stato sempre egemonizzato dai comunisti e quindi non aveva mai svolto le funzioni di una vera assemblea parlamentare; al contrario, alle elezioni per il Congresso del popolo poterono partecipare anche candidati che non si riconoscevano nel Partito o che addirittura avevano apertamente sfidato il regime, subendo la prigionia e l'emarginazione, tra i quali il fisico Andrej Sacharov.

Fine dell'egemonia del PCUS

Oltre alle nuove leggi sulla libertà di stampa e sulla libertà di espatriare, tra le decisioni prese dal nuovo organismo spicca l'abrogazione, nel febbraio 1990, dell'art. 6 della Costituzione sovietica, che stabiliva la «funzione dirigente» del Partito comunista e, quindi, di fatto vietava ogni opposizione legale. Dopo tale provvedimento, **il PCUS diventava una normale forza politica**. D'altro canto, un simile mutamento costituzionale ne comportava numerosi altri: tanto per cominciare, era necessario giustificare su basi nuove la funzione di governo esercitata da Gorbacëv nella sua qualità di segretario del PCUS. Il problema venne risolto dal Congresso del popolo, che nel marzo 1990 elesse **Gorbacëv presidente dell'URSS**.

La spaccatura del PCUS A partire da questo momento, la lotta politica subì un processo di radicalizzazione sempre più accentuato, in quanto Gorbacëv **si trovò schiacciato fra due schieramenti nemici** decisi (sia pure per opposti motivi) a eliminarlo. Da una parte troviamo la componente più conservatrice e tradizionalista del PCUS, che aveva guardato con sospetto alla stessa *perestrojka* e infine, nel 1990, era stata costretta ad accettare che il Partito perdesse quasi tutto il proprio potere. Sull'altro fronte, invece, cominciò a emergere la figura di **Boris Eltsin**, che propugnava il **totale abbandono del socialismo** e l'adozione immediata dell'economia di mercato, ritenendo che la disastrata e sempre più ingovernabile situazione sovietica potesse essere risolta solo con una drastica terapia d'urto, che trasformasse dalle radici il sistema sociale dell'URSS. «Mentre Gorbacëv continuava a parlare di socialismo – ha scritto lo stesso Eltsin nelle sue memorie, sintetizzando i motivi della sua opposizione alla *perestrojka* –, di amicizia tra i popoli sovietici e di conquiste del modo di vita sovietico da sviluppare e arricchire, io arrivai con l'idea dell'emancipazione radicale da qualsiasi eredità sovietica».

Opposizione a Gorbacëv

› VEDI *La perestrojka* di Gorbacëv → pag. 613

Approfittando della crisi che cominciava a manifestare il potere centrale, in alcune regioni periferiche dell'URSS emersero i primi inequivocabili **segnali di nazionalismo** (che negli anni Novanta sorsero anche in Iugoslavia). Per prime si mossero le tre repubbliche baltiche (**Estonia**, **Lettonia** e **Lituania**), annesse da Stalin all'Unione Sovietica nel 1940. Subito, esse furono imitate dalla **Georgia**, all'estremità meridionale dell'Unione.

I personaggi →

Andrej Sacharov

Nato nel 1921, Andrej Sacharov si dedicò allo studio della fisica e si laureò a Mosca nel 1942. Nel dopoguerra, fu uno degli scienziati sovietici che contribuirono a trasformare l'Unione Sovietica in una potenza nucleare. Tuttavia, a partire dagli anni Settanta, si fece portavoce del cosiddetto *dissenso* (l'opposizione che chiedeva al regime comunista un maggior rispetto dei diritti umani e delle libertà di pensiero e di stampa) e per questo suo impegno ricevette nel 1975 il premio Nobel per la pace. Nel 1980, venne confinato nella città di Gorki, dalla quale poté allontanarsi solo nel 1986, grazie alla nuova politica attuata da Gorbacëv. Morì nel 1989.

1991: il progetto nazionalista di Eltsin Deciso a rompere con il passato, Eltsin optò per **scelte di tipo nazionalistico**, proponendo un futuro in cui la **Russia** fosse un'entità sovrana (distinta e **separata dalle altre repubbliche**) e potesse senza impacci di sorta adottare il modello capitalistico. La radicalità del progetto di Eltsin si coglie a pieno solo se si tiene a mente che l'**URSS** era uno Stato federale; **Eltsin, in pratica, ne progettava la dissoluzione**, rifiutando l'idea stessa di un Paese unito. Così egli da un lato sostenne i movimenti separatisti menzionati sopra; dall'altro si fece portavoce di un'opinione largamente diffusa tra la popolazione russa, secondo cui la Russia avrebbe potuto risorgere solo se avesse abbandonato a loro stesse le regioni dell'Unione meno sviluppate ed economicamente più arretrate.

Il rifiuto dell'idea di un Paese unito

Nel giugno **1991**, **Eltsin vinse**, con il 57% dei voti, **le elezioni per la carica di presidente della Repubblica russa**; a partire da questo momento, a Mosca si creò una situazione sempre più ambigua e confusa, in quanto il presidente dell'Unione Sovietica e quello della Russia praticavano politiche diverse e contrastanti.

Il tentativo di colpo di Stato e la fine dell'URSS La situazione precipitò nell'agosto del 1991, allorché un gruppo di ministri sovietici, spalleggiati da alcuni alti ufficiali dell'esercito e dal capo del KGB (i servizi segreti) organizzarono un complotto, con l'obiettivo di eliminare Gorbacëv dalla scena e di "riportare l'ordine" nel Paese. Il 19 agosto, mentre si trovava in vacanza in Crimea, **Gorbacëv fu posto agli arresti domiciliari**. A Mosca, le forze ribelli avrebbero voluto arrestare anche Eltsin, ma il presidente russo, consapevole di godere del sostegno politico americano, esortò la popolazione a difendere la propria residenza. Poiché la vittoria dei ribelli, a quel punto, sarebbe stata possibile solo a costo di un massacro fra la popolazione moscovita (e, al limite, di una vera guerra civile), la maggior parte dei **reparti militari** si schierò **dalla parte di Gorbacëv e di Eltsin**.

L'arresto di Gorbacëv

Il 21 agosto, gli alti esponenti del governo coinvolti nel complotto vennero arrestati e Gorbacëv venne liberato. La sua posizione e il suo prestigio, tuttavia, uscirono notevolmente compromessi: sebbene lui, personalmente, non avesse alcuna responsabilità, a organizzare il tentativo di colpo di Stato erano stati individui di quell'apparato sovietico che egli tentava ancora di salvare e di riformare. Nell'autunno 1991, Eltsin conseguì la propria vittoria, ottenendo lo **scioglimento del PCUS e del Parlamento sovietico**. In tal modo, uno alla volta, vennero cancellati tutti gli elementi ideologici, giuridici e organizzativi che avevano in passato tenuto insieme il Paese.

Bilancio delle competenze

→ pag. 656

Il colpo di grazia venne sferrato l'**8 dicembre 1991**, allorché Eltsin si accordò con i presidenti dell'Ucraina e della Bielorussia per dichiarare la **fine dell'Unione Sovietica**. Prendendo atto di essere a capo di uno Stato che, ormai, non esisteva più, **Gorbacëv diede le dimissioni** il 25 dicembre, mentre sul Cremlino la bandiera rossa fu sostituita da un tricolore russo, bianco rosso e azzurro.

La bandiera russa sul Cremlino

Boris Eltsin, in piedi su un mezzo blindato dei golpisti, davanti al Parlamento di Mosca nell'agosto 1991.

2.5 L'Unione Europea: nascita e allargamento

Il trattato di Maastricht

Dalla Comunità Europea all'Unione Europea Il 7 febbraio 1992, nella città olandese di **Maastricht** si riunirono i governanti dei 12 Paesi che formavano la Comunità Europea (Francia, Germania, Italia, Regno Unito, Irlanda, Danimarca, Belgio, Paesi Bassi, Lussemburgo, Grecia, Spagna, Portogallo). In quell'occasione venne **firmato il trattato che istituiva l'Unione Europea**, un organismo finalizzato a far sì che le dodici nazioni citate affrontassero in modo comune questioni di fondamentale importanza come lo sviluppo tecnologico, la tutela dell'ambiente, la sanità. Fu in campo economico, tuttavia, che il Trattato di Maastricht aprì le prospettive più concrete di una reale integrazione europea, capace di superare la sovranità dei singoli Stati membri dell'Unione Europea. Il trattato, infatti, prevedeva la nascita di una vera e propria nuova moneta unica europea (l'**euro**), destinata gradualmente a sostituire le diverse valute nazionali.

La moneta unica

Per garantire forza e sicurezza alla nuova moneta, tuttavia, era indispensabile che i Paesi che intendevano adottarla possedessero stabilità economica e finanziaria, che gli accordi di Maastricht stabilirono con precisione fissando rigidi parametri. Una valuta nazionale che aspirava a fondersi nell'euro, ad esempio, non doveva subire per due anni alcuna svalutazione; in secondo luogo, il tasso d'inflazione di un Paese non poteva superare dell'1,5% il tasso della nazione con inflazione più bassa. Inoltre, mentre il **debito pubblico di un Paese doveva essere inferiore al 60% del prodotto interno lordo, il deficit di bilancio non poteva superare il 3% del PIL stesso.**

Monografia
L'Europa unita dai primi progetti federalisti all'euro

Considerata nel suo complesso, l'Unione Europea è una delle aree economiche più importanti del mondo. Il suo punto più debole è la **mancanza di una vera politica estera comune**; in tutte le più gravi crisi internazionali, infatti, essa non ha saputo assumere una posizione veramente unitaria, cosicché ogni Paese ha agito per conto proprio.

I problemi economici dell'Italia

L'entrata dell'Italia nell'Unione monetaria L'Italia, pur figurando tra gli Stati firmatari del trattato del 1992, sembrava destinata a non poter accedere alla futura unione monetaria europea in quanto, all'inizio degli anni Novanta, il debito pubblico era al 103% rispetto al PIL (cioè era superiore al prodotto interno lordo), il deficit di bilancio corrispondeva al 9,9% del PIL e l'inflazione (al 6,9%) era molto superiore rispetto al parametro imposto. Malgrado ciò, il governo presieduto da **Romano Prodi**, con interventi finanziari drastici e decisi, riuscì a raggiungere l'ambizioso obiettivo dell'**ingresso dell'Italia nell'Unione monetaria**, allorché essa venne varata, all'inizio del 1999.

Romano Prodi durante un intervento all'Unione Europea.

L'allargamento ai Paesi dell'Est Inoltre, all'inizio del nuovo secolo, l'Unione Europea si è ulteriormente allargata, fino a comprendere **28 membri**. Molti dei **nuovi Paesi**, tuttavia, erano **appena usciti dall'esperienza comunista**: considerando l'area nel suo complesso, nel 1994 il prodotto interno lordo (globale) era ancora inferiore del 12% rispetto a quello del 1989, mentre soltanto la Polonia, nel 1995, era riuscita a far sì che la propria economia tornasse ai livelli del 1989.

Ovunque, invece, era esplosa la piaga della **disoccupazione di massa**: se si eccettua la Repubblica Ceca, dove si è attestata intorno al 3%, negli altri Stati la percentuale di disoccupati variava dal 10 al 16% della forza lavoro. Nel complesso, per l'insieme dell'Europa orientale, nel 1995 il numero dei senza lavoro era stimato come superiore ai quattro milioni. A causa di questi problemi, per la maggioranza dei nuovi membri dell'Unione Europea l'adozione della moneta unica si presenta come un traguardo difficile e lontano, che probabilmente comporterà pesanti sacrifici sociali.

Bilancio delle competenze

Saper comprendere il concetto di *svolta storica* (in ambito politico)

A questo punto del nostro percorso, possiamo esporre in forma organica le modalità secondo cui avviene (in ambito politico) un mutamento epocale, che chiamiamo *svolta storica*.

1 Innanzitutto può essere utile notare che le grandi svolte storiche, spesso, **non sono identificabili segnalando una sola data simbolica, o un singolo evento** particolarmente significativo. Si pensi, ad esempio, agli anni 1917-1918: è ovvio che a partire dagli anni Venti è iniziata una nuova epoca storica, caratterizzata dalla presenza di violenti regimi totalitari (Elie Halévy ha parlato di un'*era delle tirannie*). Tuttavia, come indicatori di riferimento dobbiamo assumerne, come minimo, due: la Rivoluzione d'ottobre (7 novembre 1917) e la resa incondizionata del Reich tedesco (11 novembre 1918). Allo stesso modo, non possiamo indicare la marcia su Roma (28 ottobre 1922) come evento unico, per segnalare l'inizio del regime fascista; nel 1925, infatti, se il re fosse intervenuto per destituire Mussolini dopo il delitto Matteotti, il regime non avrebbe avuto il tempo di mettere radici e consolidarsi. Un altro esempio: i caratteri veramente duraturi del sistema repubblicano italiano non si stabilirono con la sconfitta della monarchia, il 2 giugno 1946. I contemporanei, ben prima degli storici, si resero conto che la partita veramente importante, per il futuro del Paese, si sarebbe giocata alle prime libere elezioni; una vittoria comunista avrebbe provocato cambiamenti ben più importanti di quelli legati alla sconfitta dei Savoia, per cui la *svolta storica* si può dire pienamente compiuta solo con la consultazione il 18 aprile 1948.

Comizio repubblicano del 1948 in occasione del referendum istituzionale per la scelta tra repubblica e monarchia.

2 L'espressione ***secolo breve*** è stata coniata dallo storico inglese E.J. Hobsbawm, che nel 1995 espose, in un libro che porta appunto questo titolo, uno dei primi panorami completi del XX secolo. La principale novità del lavoro di Hobsbawm consisteva nel fatto di essere un **quadro globale di tutto il Novecento**, come già ne erano stati disegnati diversi per l'Ottocento e per altri periodi storici. Fino a quel momento, la storiografia aveva studiato tematiche specifiche (il nazismo, la rivoluzione russa, il fascismo italiano, la *grande depressione*...), ma solo pochissimi autori si erano cimentati in un lavoro di sintesi per il secolo che stava concludendosi. Il lavoro di Hobsbawm, però, non colpì soltanto per il suo taglio pionieristico. Lo studioso inglese, infatti, avanzava anche l'ipotesi che il **Novecento** (inteso in senso storiografico) **non comprendesse tutto il XX secolo** (inteso in senso strettamente cronologico), ma solo i decenni centrali di tale periodo. In termini più semplici, potremmo dunque dire che, mentre il XX secolo comprende tutto l'arco di tempo compreso tra l'anno 1900 e l'anno 1999, **il Novecento** è più ***breve***, nel senso che moltissimi problemi (quelli più tipicamente *novecenteschi*) iniziarono a presentarsi *dopo* l'inizio ufficiale del XX secolo e trovarono conclusione e risoluzione *prima* della fine del 1999.

Saper comprendere il concetto di *svolta storica* (in ambito politico)

1 Vari eventi, un'unica svolta
2 Il secolo breve
3 L'inizio e la fine del Novecento
4 Soggetti politici che passano in secondo piano

3 Secondo Hobsbawm, **il Novecento non iniziò prima del 1914**. Al momento dello scoppio della prima guerra mondiale, le grandi potenze che scesero in campo erano le stesse del 1871: anzi, i veri protagonisti di gran parte del conflitto furono quattro sovrani *ottocenteschi* come il aiser tedesco, lo zar russo, l'imperatore d'Austria e il sultano turco. La guerra mondiale li avrebbe spazzati via tutti e quattro. Dunque, pare corretto far iniziare il Novecento nel 1917-1918, allorché emersero in tutta la loro radicalità le **conseguenze della prima guerra mondiale**, vera *matrice* del *secolo breve*. In particolare, devono essere messi in risalto il ruolo della Rivoluzione d'ottobre, che provocò un vero terremoto politico e ideologico in tutta l'Europa, e la disfatta tedesca, che innescò la leggenda della *pugnalata alla schiena* e il bisogno di trovare dei responsabili per la sconfitta: in altre parole, preparò il terreno di coltura dell'ideologia nazista. Quanto alla fine, **il Novecento può dirsi già concluso dieci anni *prima*** della fine naturale del XX secolo, allorché, nel 1989-1991, si esaurisce proprio l'onda lunga della rivoluzione leninista e **il comunismo cessa di essere una forza storica vitale**, cioè esaurisce gran parte della sua funzione politica, legata com'era, indissolubilmente, alla potenza militare dell'Unione Sovietica.

Luigi Rapuzzi, *Rivoluzione d'Ottobre*, 1924 (Collezione privata).

4 Gli esempi appena presentati ci aiutano a ricordare che l'individuazione di una *svolta storica*, in ambito politico, viene correttamente compiuta quando ci si accorge che **alcuni soggetti, importantissimi in una determinata fase, cessano di essere determinanti in un tempo storico successivo**. Si pensi, per un istante, al papato in epoca medievale, che perde gradualmente di importanza, a livello politico, a partire dal XIV secolo; oppure, si pensi alla crisi di Suez del 1956, che segnò il definitivo declassamento di Francia e Gran Bretagna: i due principali protagonisti dell'età dell'imperialismo e dell'epoca della centralità decisionale europea, in quella circostanza furono obbligati a riconoscere di essere ormai soltanto potenze di seconda categoria. Un discorso analogo può essere fatto per l'URSS, che dapprima non seppe né volle impedire il crollo del muro di Berlino (1989) e la riunificazione tedesca (1990), e poi, nella primavera del 1991, non pose il veto all'intervento dell'ONU contro l'Iraq. Questa *assenza di intervento*, questa graduale ritirata dell'URSS dallo scenario internazionale che l'aveva vista indiscussa protagonista da decenni, fu il segno palese che stava cambiando qualcosa. In effetti, **nel dicembre 1991, la bandiera rossa dell'Unione Sovietica sarebbe stata ammainata sugli edifici del Cremlino**, lasciando il posto a quella della Russia. L'Europa e il mondo avevano voltato pagina.

2.6 La Russia di Putin

Il difficile passaggio al sistema capitalistico Ai tempi della sua lotta contro Gorbacëv, Eltsin aveva promesso che, adottando il sistema capitalistico, l'economia della Russia si sarebbe immeditamente ripresa. I fatti, però, lo smentirono. Nel settore industriale, il più colpito, il calo produttivo determinò la **chiusura di moltissime imprese** e una crescita vertiginosa della **disoccupazione**. In generale, il PIL è diminuito del 19% nel 1991-1992 e dell'11% nel 1992-1993. Nell'insieme, dal 1993 al 2005, la popolazione russa è diminuita di oltre 5 milioni di unità; **l'aspettativa di vita media si è notevolmente abbassata**, passando dai 69 anni del 1990 ai 65 del 2004. Tra le cause di morte (soprattutto dei maschi adulti), l'**alcolismo** occupa uno dei primi posti: per questo motivo, nel 1992 si contarono 18 morti ogni 100 000 abitanti; nel 2004, erano saliti a 26.

Storiografia 1
Putin e la mentalità russa nel XXI secolo
→ pag. 678

L'elezione di Putin e la crisi cecena In questa drammatica situazione sociale, a guidare il Paese è stato chiamato, a partire dal 1999, **Vladimir Putin**, determinato ad apparire come **un presidente energico** e capace di prendere importanti decisioni. La più grave di queste, senza dubbio, ha riguardato la **Cecenia**, una regione ricca di petrolio che già nel 1991 tentò di rendersi indipendente dalla Russia. Dopo una dura repressione dell'esercito di Mosca, i ceceni più radicali assunsero posizioni simili a quelle dell'estremismo islamico mediorientale e iniziarono una spietata campagna di azioni terroristiche. Il 23 ottobre 2002, ad esempio, un commando ceceno, del quale facevano parte anche varie donne, prese in ostaggio 800 spettatori in un grande teatro di Mosca; dopo 58 ore di assedio, la polizia riuscì a risolvere la situazione, ma il gas usato per neutralizzare i terroristi provocò la morte anche di 120 ostaggi. Ancora più odioso l'episodio verificatosi il 1° settembre 2004 a Beslan, nella regione russa dell'Ossezia del Nord, allorché 33 terroristi catturarono 1200 persone all'interno di una scuola. L'attacco delle forze speciali russe provocò la reazione dei terroristi, con il risultato che morirono varie centinaia di persone (tra cui almeno 150 bambini).

Terrorismo in Cecenia

In Cecenia, la **risposta dell'esercito russo** è stata **brutale e feroce**. Tale violenza fu coraggiosamente denunciata dalla giornalista moscovita **Anna Politkovskaja**, assassinata nella capitale nell'ottobre 2006. Le inchieste della polizia russa non sono arrivate ad alcuna conclusione; in Occidente, tuttavia, molti giornali hanno avanzato la tesi secondo cui il mandante ultimo dell'assassinio della scomoda giornalista siano state le autorità governative.

Il sospetto omicidio di una giornalista

Un regime, non una democrazia In effetti, il regime politico attualmente vigente in Russia è – a giudizio di molti osservatori europei – poco più che formale, cioè assomiglia più a un governo autoritario che a una vera democrazia. **Il potere del presidente è praticamente assoluto**, non bilanciato da alcun altro istituto, mentre l'opposizione è pesantemente ostacolata, soprattutto nei mesi che precedono le elezioni presidenziali.

Nell'autunno 2007, Putin è stato sostituito alla carica di presidente da Dmitrij Medvedev, ma di fatto resta il vero ispiratore della politica russa. In virtù delle straordinarie **risorse del sottosuolo**, che permettono all'immenso Paese di rendere numerose nazioni europee dipendenti dalle sue forniture di **gas** e di **idrocarburi**, Putin ha intrapreso una politica estera più decisa, sognando di rilanciare il ruolo internazionale della Russia. Anche se, in tempi brevi, non si prospetta un vero ritorno alla guerra fredda, tuttavia la presenza in Russia di **un regime semiautoritario** e militarmente sempre più determinato ha decisamente complicato e reso più teso il quadro delle relazioni internazionali: basti pensare al fatto che, **nel 2014, la Russia si è impadronita della Crimea** (che si trovava sotto sovranità dell'Ucraina) e non nasconde la propria **volontà di annettere anche le regioni più orientali dell'Ucraina stessa**.

I personaggi → Vladimir Putin

Nato nel 1952, Putin svolse inizialmente una brillante carriera nei servizi segreti (il KGB), in Germania orientale; la sua vita politica ebbe inizio a Leningrado/San Pietroburgo, allorché si mise in luce come vicesindaco della città. Convocato a Mosca, divenne stretto collaboratore di Eltsin, che infine – nell'agosto 1999 – gli assegnò il compito di capo del governo. Infine, il 25 marzo 2000, Putin fu eletto presidente.

ECONOMIA DEMOGRAFIA E SOCIETÀ

2.7 I problemi della ex Iugoslavia

La crisi della Iugoslavia dopo la morte di Tito La Iugoslavia fu retta da Tito dal 1945 al 1980. Tito, che era croato, conosceva bene il nazionalismo dei serbi: temendolo, prese una serie di misure finalizzate a contenerlo. Innanzi tutto, la nuova Repubblica di **Iugoslavia fu costruita su base federale** e organizzata in sei repubbliche (Slovenia, Croazia, Bosnia-Erzegovina, Macedonia, Serbia e Montenegro). La **Serbia** fu notevolmente **indebolita**, quanto a estensione territoriale, in quanto perse la Macedonia (costituita in repubblica separata) e il Kosovo (dichiarato nel 1974 provincia autonoma). Le cariche pubbliche e di partito, invece, furono distribuite in modo equo, senza privilegiare alcuna nazionalità.

Problemi dalla Serbia

Le rivendicazioni serbe emersero subito **dopo la morte di Tito** (1980) e si fecero sempre più acute nel corso degli anni seguenti. Man mano che la situazione economica, in Iugoslavia come in tutti gli altri Paesi comunisti, si faceva sempre più critica, in **Serbia** ripresero vigore le vecchie **ambizioni egemoniche**.

Il **28 giugno 1989**, il leader nazionalista serbo **Slobodan Milošević** annunciò la **revoca dell'autonomia del Kosovo**. Per reazione, in Slovenia e in Croazia – regioni settentrionali, più sviluppate dal punto di vista industriale – si fece strada l'idea di una secessione dalle più arretrate repubbliche del Sud (Serbia, Montenegro, Bosnia, Macedonia). **Il 25 giugno 1991, Slovenia e Croazia dichiararono la propria indipendenza** dalla federazione iugoslava. Le due regioni, però, erano molto diverse tra loro, in quanto la Slovenia era più omogenea della Croazia sotto il profilo etnico: in pratica, ospitava solo una piccola minoranza (formata dai pochi italiani che non erano fuggiti nel 1947) entro i propri confini. In Croazia, invece, si trovavano moltissimi serbi, che furono quasi subito oggetto di discriminazione; costoro quindi (appoggiati e sostenuti dall'esercito della Repubblica di Serbia) si organizzarono in formazioni armate, per ottenere a loro volta l'indipendenza dalla Croazia.

› VEDI La Serbia → pag. 55

geostoria Il groviglio etnico dello Stato iugoslavo — Carta proiettabile

La guerra tra serbi, croati e musulmani bosniaci La guerra serbo-croata esplose ben presto in tutta la sua violenza. Il lungo regime di Tito aveva facilitato in ogni modo i matrimoni misti e la mescolanza tra i diversi gruppi etnici, tanto che essi erano ormai strettamente intrecciati. Scoppiata la guerra, da entrambe le parti si fece allora ricorso in modo feroce e sistematico alla pulizia etnica: in pratica, al fine di **rendere una regione del tutto omogenea sotto il profilo nazionale**, si procedette all'eliminazione fisica o all'espulsione con la violenza di tutte le minoranze.

La pulizia etnica

Nel **1992**, **il conflitto si estese** anche **alla Bosnia-Erzegovina**, la regione che era caratterizzata dalla maggiore varietà etnica per la presenza di numerosi musulmani; intorno alla città di Sarajevo e nel resto della Bosnia, infuriò una **lotta brutale tra serbi, croati e musulmani**. L'intervento delle Nazioni Unite non sortì nessun effetto moderatore e un compromesso capace di porre **fine alla guerra di Bosnia** fu raggiunto solo dopo tre anni di violenze, nel **dicembre 1995**. L'accordo fu firmato a Dayton, negli Stati Uniti: prevedeva uno smembramento di fatto della Bosnia in due Stati distinti, uno serbo e uno croato-musulmano.

Guardiamo la storia
La pulizia etnica nella ex-Iugoslavia

È difficile fare un bilancio delle vittime della serie di guerre che hanno devastato la ex Iugoslavia negli anni Novanta, il più lungo e sanguinoso conflitto europeo del Novecento, escluse le guerre mondiali. Solamente in Bosnia, l'insieme delle violenze ha provocato più di 250 000 morti. L'episodio più feroce (il più grande massacro di civili in Europa, dopo il 1945) si verificò a Srebrenica, tra il 13 e il 15 luglio 1995, allorché le milizie serbe uccisero circa 7000 musulmani bosniaci, mentre le truppe dell'ONU (soldati olandesi) presenti nei dintorni scelsero di non intervenire.

Il massacro di Srebrenica

La guerra del Kosovo Nel 1998, il presidente serbo **Milošević** decise di procedere alla **pulizia etnica del Kosovo** (piccola regione della Serbia al confine con l'Albania): per lui e per tutti gli altri nazionalisti serbi, gli albanesi residenti in questa terra erano usurpatori che occupavano abusivamente una terra sacra, considerata la vera culla della cultura serba.

Per tutto il 1998 e il 1999, gli albanesi furono oggetto di violenze simili a quelle subite dai musulmani di Bosnia: almeno 300 villaggi furono distrutti, mentre centinaia di migliaia di profughi furono costretti ad abbandonare le loro case. Il 20 marzo 1999, l'esercito serbo intensificò la propria attività, con l'obiettivo di costringere tutti i kosovari albanesi a fuggire in direzione della Macedonia e dell'Albania.

Un uomo bacia il ritratto di Milošević' durante una marcia di protesta organizzata a Belgrado contro i bombardamenti della NATO sulle città serbe, 1999.

Una politica così brutale e violenta **spinse all'azione gli Stati Uniti** e i Paesi aderenti alla NATO; a partire dal 24 marzo, Belgrado e le altre **città della Serbia** furono oggetto di **violentissimi bombardamenti** che in un primo tempo, tuttavia, resero ancora più spietata l'opera dei militari serbi attivi in Kosovo.

Poiché i bombardamenti si fecero sempre più intensi e rischiavano di privare la Serbia di qualsiasi infrastruttura moderna (centrali elettriche, ponti, ferrovie, industrie, stazioni televisive ecc.), **Milošević accettò** infine di interrompere le violenze e **di ritirare le truppe serbe dal Kosovo**, che venne presidiato da truppe della NATO.

Nell'autunno 2000 **il leader serbo fu costretto ad abbandonare il potere**. Arrestato e condotto di fronte al Tribunale internazionale dell'Aja, incaricato di processarlo per **crimini contro l'umanità**, morì in carcere nel marzo 2006.

Sicuramente Milošević va considerato come il principale responsabile delle violenze verificatesi nella ex Iugoslavia. Il veleno del nazionalismo, però, è tutt'altro che spento: Bosnia e Kosovo (che ha proclamato la propria indipendenza nel marzo 2008) restano vere polveriere.

Capitolo 3

POTERI E CONFLITTI

Mondi complessi: **Medio Oriente e Africa**

Storia slide

LE CONOSCENZE DA ACQUISIRE
All'inizio del nuovo secolo, l'islam radicale sfidò apertamente gli Stati Uniti e l'Occidente.

LE COMPETENZE DA POTENZIARE
Saper individuare il ruolo sociale dei fattori e dei fenomeni religiosi.

3.1 Il terrorismo islamico e Bin Laden

Video
Il World Trade Center, un simbolo americano
I quattro aerei dell'11 settembre

I talebani in Afghanistan Dopo il ritiro dei sovietici dall'**Afghanistan**, nel 1989, il Paese fu travolto dalla **guerra civile**. Nel corso degli anni Novanta, si contrapposero due fazioni: da una parte i musulmani moderati, che avevano combattuto contro l'occupazione russa, ma non disprezzavano la cultura occidentale; dall'altra, i ***talebani*** (studenti di teologia coranica), i quali al contrario erano degli **integralisti radicali**, determinati a costruire nel Paese un regime islamico ancora più intransigente di quello khomeinista.

Nel 1996, i talebani presero il potere e attuarono il loro progetto politico-religioso. In quegli anni, in Afghanistan, solo le armi erano moderne: per il resto, **il Paese ripiombò in una specie di Medioevo**, guardato con perplessità e paura persino da molti musulmani osservanti. La violenza ideologica dei talebani si è abbattuta soprattutto sulle donne, costrette a chiudersi in casa e a coprirsi completamente il corpo sotto un mantello speciale, chiamato *burqa*.

All'inizio del **2001**, un grave episodio di intolleranza ha determinato la **distruzione di due** gigantesche e stupende **statue di Buddha**, scolpite nella roccia, per la ragione che raffiguravano un idolo. Con questa azione devastatrice, compiuta nei confronti di due capolavori che tutta l'umanità considerava parte del proprio comune patrimonio (secondo la formula dell'UNESCO, agenzia ONU per l'educazione e la promozione della cultura), i talebani vollero dimostrare il loro totale disprezzo per uno dei valori più tipici dell'Occidente: il rispetto per le opinioni, le forme d'arte, le religioni. A una simile idea di apertura, essi contrapposero la loro rigida e intollerante visione di un islam che detiene il monopolio della verità, e quindi non ha bisogno del dialogo e del confronto con le altre culture e le altre fedi.

New York, quel che resta del World Trade Center dopo l'attentato dell'11 settembre 2001.

L'attentato dell'11 settembre 2001 L'**11 settembre 2001**, due aerei di linea dirottati da **terroristi distrussero** due tra i più alti e prestigiosi grattacieli di **New York** (le cosiddette ***Torri gemelle*** del World Trade Center), schiantandosi contro di esse e provocando 2817 morti accertati. Lo stesso giorno, un terzo aereo si lanciò contro il Pentagono, a Washington; un quarto avrebbe probabilmente dovuto colpire la Casa Bianca, ma la reazione dei passeggeri (che grazie ai telefoni cellulari avevano già saputo quanto era accaduto a New York) provocò la caduta dell'aereo in una zona priva di centri abitati. **I luoghi attaccati rappresentavano i simboli più prestigiosi della potenza americana: economica (New York), militare (Pentagono), politica (Casa Bianca).**

› VEDI
Sayyd Qutb
→ pag. 524

Osama Bin Laden e al-Qaeda I sospetti degli americani si rivolsero immediatamente in direzione degli ambienti islamici più fanatici e radicali. In particolare, il principale indiziato fu il miliardario arabo **Osama Bin Laden**, che aveva recepito il rivoluzionario pensiero di Sayyd Qutb, si era recato personalmente a combattere in Afghanistan contro i sovietici e aveva finanziato con il suo denaro la guerriglia dei talebani contro i musulmani moderati.

Servendosi del suo enorme patrimonio (circa 900 milioni di dollari), Bin Laden aveva messo in piedi nel 1998 il *Fronte internazionale islamico per la guerra santa contro gli ebrei e i crociati*, primo passo per la creazione di una potentissima organizzazione terroristica chiamata ***al-Qaeda*** ("La base"), responsabile degli attentati che nel 1998 distrussero le ambasciate americane in Kenya e in Tanzania, provocando 224 morti.

Bombardamento dell'Afghanistan

Poiché Bin Laden, al momento dell'attacco terroristico dell'11 settembre 2001, si trovava proprio in **Afghanistan**, il Paese fu pesantemente **bombardato nell'autunno 2001** e infine **occupato dall'esercito americano**.

Documento → Bin Laden contro l'America e l'Occidente

Il primo bombardamento americano contro le forze dei talebani in Afghanistan ebbe luogo il 7 ottobre 2001. Pochi giorni prima, era stato consegnato alla televisione araba al-Jazira un video contenente un messaggio registrato di Bin Laden. Il messaggio fu trasmesso subito dopo l'inizio delle ostilità, poche ore dopo che il presidente Bush si era rivolto alla nazione americana per annunciare che l'offensiva contro il terrorismo era incominciata.

Lode a Dio. [...] Dichiaro che non c'è altro dio che Dio, l'Unico senza pari, e dichiaro che Muhammad è il suo servo e Profeta.

Ecco che l'America è stata colpita da Dio in uno dei suoi punti nevralgici e sono stati abbattuti i suoi due più grandi edifici, Dio sia lodato e ringraziato. E ora l'America tutta, da Nord a Sud, da Est a Ovest, si è riempita di paura; Dio sia lodato e ringraziato. Quello che l'America ha assaggiato oggi è molto meno di quanto noi abbiamo assaggiato per decine di anni. La nostra *Umma* [la comunità musulmana, *n.d.r.*] da oltre ottanta anni manda giù simili umiliazioni e offese: [l'America] uccide i suoi figli, sparge il suo sangue, viola i suoi Luoghi Santi, e uccide a dispetto di quanto è stato rivelato da Dio, senza che nessuno ascolti e se ne stupisca. Ma quando Dio Onnipotente e Altissimo ha concesso la vittoria a una delle avanguardie dell'Islam, aprendogli la via, l'America ha subito una grande distruzione – spero che Dio Onnipotente e Altissimo elevi il loro destino e li compensi col Paradiso supremo. Quando questi hanno dato supporto ai loro deboli figli, ai loro fratelli e sorelle della Palestina e in molti paesi dell'Islam, tutto il mondo ha gridato [il suo dolore]. L'Infedele ha gridato e l'Ipocrita lo ha seguito. [...] Quando, dopo ottanta anni, la spada si abbatte sull'America, l'Ipocrita si mobilita in prima persona; ci si addolora e si compatiscono le morti di coloro che si erano presi gioco del sangue dei Musulmani e dell'onore dei Luoghi Santi. Il meno che si può dire su queste persone è che sono depravati e seguaci della menzogna, che hanno aiutato il macellaio [a sgozzare] le sue vittime e hanno aiutato il malvagio contro i bambini innocenti [...]. Io dico che questi eventi hanno spaccato il mondo intero in due trincee: quella della Fede senza Ipocrisia, e quella degli Infedeli, che Dio protegga noi e voi da loro. Bisogna quindi che ogni Musulmano si dedichi a sostenere la sua Religione. Soffia il vento della Fede, soffia il vento del cambiamento per eliminare la menzogna dalla Penisola di Muhammad.

Quanto all'America, dico a lei e al suo popolo poche parole: giuro su Dio Supremo che da solo ha innalzato i cieli, che né l'America né coloro che vivono in America possono sognare la sicurezza finché tutti noi non potremo vivere in una reale sicurezza in Palestina, e finché tutti i soldati infedeli non siano usciti dalla Terra di Muhammad. Dio è Grande, gloria all'Islam. La pace, la misericordia e la benedizione di Dio siano su di voi.

B. LAWRENCE, *Messaggi al mondo*, Fandango, Roma 2007, pp. 173-175, trad. it. L. DECLICH, D. MASCITELLI

Analizza il testo

› Spiega l'espressione «Soffia il vento del cambiamento per eliminare la menzogna dalla Penisola di Muhammad».
› Chi è il principale avversario contro cui Bin Laden dichiara di combattere?

POTERI E CONFLITTI

3.2 Le particolarità della guerra al terrorismo

Una guerra non tradizionale

L'assenza di uno Stato sovrano **La *guerra contro il terrorismo*** è cominciata dopo l'11 settembre 2001. Si tratta di un **conflitto completamente diverso rispetto a quelli del passato**, sotto molti punti di vista. Per lo più, i conflitti precedenti vennero combattuti tra Stati sovrani, diretti da un'autorità visibile e riconoscibile. Per infliggere danni all'avversario, si colpivano il suo territorio e le sue città, fino a quando la capitale del nemico era espugnata e il suo governo chiedeva la resa o era rovesciato, e a quel punto la guerra era vinta. Prendiamo come esempi il secondo conflitto mondiale e la guerra fredda. Nel primo caso, la vittoria divenne totale quando i russi ebbero conquistato Berlino: poiché Hitler si era suicidato, il nuovo governo chiese la resa incondizionata. Nel caso della guerra fredda, l'equilibrio resse perché entrambi i contendenti temevano che il proprio territorio, colpito da testate nucleari, avrebbe subito danni di gravità irreparabile.

Guardiamo la storia
Il terrorismo internazionale

L'assenza di delimitazioni territoriali e di esercito convenzionale Nell'ambito del **terrorismo islamico**, invece, **il nemico non è confinato entro precisi limiti territoriali**. In questa nuova situazione, insomma, non c'è alcuna Berlino da espugnare o Mosca da minacciare con armi nucleari.

Inoltre, il terrorismo islamico **non dispone di un esercito**, nel senso convenzionale del termine. Contro i suoi militanti non è possibile ingaggiare una battaglia campale, come quelle che hanno dominato la scena storica dall'antichità (Greci contro Persiani, a Maratona; Romani contro Cartaginesi, a Canne ecc.) fino alla seconda guerra mondiale (tedeschi contro sovietici, a Stalingrado; anglo-americani contro tedeschi, in Normandia ecc.). Lo scenario è diverso persino da quello vietnamita, cioè da un contesto in cui un esercito tradizionale (dapprima francese, poi americano) ha dovuto fronteggiare un'armata di guerriglieri imprendibili e invisibili, che si guardavano bene dall'ingaggiare lo scontro in campo aperto, perché consapevoli della loro inferiorità tecnica. **Nel caso del Vietnam** (e degli **altri contesti *partigiani***) lo **scontro avveniva su un'area ben delimitata** e aveva come posta in gioco il controllo di un dato territorio. Il conflitto contro il terrorismo islamico, al contrario, è una **guerra globale**, priva di contorni precisi, planetaria: l'attacco dei militanti islamici, infatti, può colpire le città occidentali (New York 2001, Madrid 2004, Londra 2005), le ambasciate americane sparse nelle capitali di tutto il mondo, le località turistiche frequentate dai turisti europei o statunitensi (Bali 2002, Sharm el-Sheik 2005).

› VEDI La guerra del Vietnam → pag. 584

Guerra globale

Giovanissimi aspiranti kamikaze.

› VEDI
I kamikaze giapponesi
→ pag. 371

La disponibilità al suicidio Infine, il terrorismo islamico ricorre molto frequentemente a **soggetti disposti al suicidio**. Con la parziale eccezione dei *kamikaze* giapponesi (aviatori che si lanciavano con i loro aeroplani contro le navi americane, durante la seconda guerra mondiale) le guerre condotte fino a ora partivano dal presupposto che entrambi i contendenti volessero salvare la propria vita. Anzi, secondo alcuni studiosi di tattica militare, le battaglie del passato spesso sono state decise a livello psicologico, in caso di parità tecnica. Al tempo di Napoleone, due schieramenti si sparavano addosso, fino a quando uno dei gruppi non fuggiva. Il crollo di uno dei due schieramenti, però, avveniva in genere non tanto per le perdite subite davvero, ma perché i soldati non reggevano più lo stress dell'esposizione al rischio di essere colpiti dagli spari degli avversari.

Il concetto di martirio

Tutto questo, ovviamente, non vale nel caso dell'attentato suicida. Tale atteggiamento è nuovo anche per i terroristi: i membri delle Brigate rosse che si lanciavano in un'impresa, sapevano di correre dei rischi, ma speravano di sopravvivere. Fin dall'inizio, invece, il **militante islamico radicale cerca la morte, convinto di essere un martire**.

3.3 Gli obiettivi del terrorismo islamico

La rinascita della potenza dell'islam Ai nostri occhi, il gesto dei terroristi che l'11 settembre hanno volontariamente cercato la morte lanciando gli aerei contro le Torri gemelle può apparire folle, così come il disegno dei loro mandanti. Ma occorre essere molto cauti prima di pensare che questi eventi non siano parte integrante di una precisa strategia politica. Alla base degli attentati, infatti, esistono **una logica e un preciso progetto**, che a più riprese gli stessi protagonisti hanno esposto. Ad esempio, il principale collaboratore di Bin Laden, il medico egiziano Ayman al-Zawahiri, ha scritto un libro (*Cavalieri sotto la bandiera del Profeta*), di cui un quotidiano arabo pubblicato a Londra ha diffuso ampi estratti nel dicembre 2001. E ancora, lo stesso Bin Laden e altri esponenti di al-Qaeda si sono spesso serviti di Internet, oppure hanno inviato video registrati alle principali televisioni arabe.

Accuse contro i governanti arabi

Come si nota dal titolo del libro di al-Zawahiri, i **terroristi di al-Qaeda si concepiscono come i veri seguaci di Maometto**, investiti del compito di far rinascere la potenza dell'islam dopo secoli di umiliazioni subite da parte dell'Occidente. Inoltre, essi si considerano come gli unici autentici musulmani: i governanti dei principali Stati arabi, invece, sono accusati di essere ipocriti e apostati.

Sostenitori di Osama Bin Laden (Quetta, Pakistan).

Le accuse di Bin Laden all'Arabia Saudita In particolare, **uno dei bersagli primari di Bin Laden è la famiglia reale che detiene il potere in Arabia Saudita**. Fin dal 1924, qui era nato il primo *Stato islamico*, la cui legislazione era integralmente ispirata alla legge coranica: ancora oggi, ad esempio, le donne non possono neppure guidare l'automobile. Tuttavia, nel corso del tempo, per ragioni economiche e politiche, l'Arabia Saudita si è progressivamente legata agli Stati Uniti, al punto da permettere ai soldati statunitensi di organizzare sul suo territorio le basi logistiche da cui lanciare l'offensiva contro Saddam Hussein, nel 1991, per liberare il Kuwait.

Alleanza tra Arabia Saudita e USA

Per Bin Laden, il fatto di aver concesso agli "empi" occidentali di metter piede sul sacro suolo della penisola araba è un delitto imperdonabile. Non a caso, ben 15 su 19 dei terroristi che parteciparono all'attentato dell'11 settembre erano cittadini sauditi: è il segno dell'esistenza di un islamismo fortemente radicato e disposto a tutto.

Per diversi anni, il governo dell'Arabia Saudita è riuscito a dirottare la rabbia degli estremisti verso l'esterno, specie in Afghanistan, dove gli elementi più bellicosi sono stati impiegati per combattere l'Armata rossa. Con l'abbandono delle truppe sovietiche, però, il ruolo di "valvola di sfogo" dell'Afghanistan si è esaurito, cosicché sulla monarchia saudita incombe seriamente il pericolo di una rivoluzione.

Gli obiettivi di Bin Laden e di al-Qaeda A questo punto, la logica degli **attentati dell'11 settembre 2001** può essere compresa meglio: secondo Bin Laden, infatti, essi avrebbero dovuto dimostrare che l'America era vulnerabile e molto più debole di quanto gli arabi non pensassero. Galvanizzate dalla grande vittoria dell'11 settembre, le **masse arabe** (primi fra tutti i sauditi) **avrebbero dovuto** (nelle intenzioni di Bin Laden) **ribellarsi ai loro governanti** corrotti e venduti agli occidentali, rovesciarli **e insediare dei governi islamici**. Allora, forti della presenza del petrolio nel loro sottosuolo, i popoli musulmani avrebbero riacquistato quella potenza che avevano avuto nei primi secoli dopo la rivelazione ricevuta dal Profeta. La storia, per così dire, avrebbe riacquistato la sua vera e corretta direzione, con i musulmani al vertice della gerarchia, e i nemici dell'islam (sprezzantemente chiamati da Bin Laden «gli ebrei e i crociati») ridotti al rango di subordinati.

Bin Laden contro "ebrei e crociati"

Va infine notato che la **liberazione della Palestina** occupa, nella propaganda di al-Qaeda, un posto maggiore rispetto a quello che occupava nel pensiero di Sayyd Qutb e degli ideologi dell'islam radicale operanti negli anni Sessanta e Settanta. A quel tempo, la lotta contro Israele era lo strumento di propaganda privilegiato dei governi arabi nazionalisti; all'inizio del nuovo secolo, Bin Laden e al-Zawahiri sono riusciti a **impadronirsi di questo formidabile veicolo di mobilitazione delle masse**: la distruzione dello Stato di Israele è interpretata come un altro inevitabile effetto del rinnovato trionfo dell'islam che ha preso avvio grazie al sacrificio dei martiri dell'11 settembre.

3.4 La risposta dell'Occidente

L'intervento americano in Afghanistan Al momento dell'attacco alle Torri gemelle, il presidente degli Stati Uniti era **George W. Bush**, eletto proprio nel 2001, pochi mesi prima dell'attentato (sarebbe stato rieletto una seconda volta nel 2005). Molti consiglieri del presidente dissentivano da tutti quei giornalisti, studiosi e commentatori che, in Europa, ritenevano che la lotta al terrorismo non avesse più nulla a che fare con i conflitti del passato. Fortemente influenzati dalla corrente intellettuale neoconservatrice, coloro che **sostenevano che la guerra al terrorismo non fosse diversa da quelle del passato** vedevano nel quadro mediorientale una situazione sostanzialmente analoga a quella della guerra fredda: ancora una volta, infatti, **da una parte stava il *bene*** (gli Stati Uniti), **dall'altra il *male***, alimentato da uno o più *Stati canaglia* (espressione con cui gli americani hanno indicato le nazioni che costituiscono una minaccia per la pace) che proteggevano i terroristi.

Secondo i neoconservatori, sfruttando al massimo e al meglio il proprio grandioso potenziale militare, gli USA avrebbero po-

Le parole → Corrente neoconservatrice

Filosofia di pensiero secondo cui la vittoria americana sul comunismo andava spiegata, prima di tutto, come il segnale di una evidente superiorità morale degli Stati Uniti sull'Unione Sovietica.

tuto abbattere tutti i regimi che sostenevano i terroristi. Se l'attacco fosse stato portato fino in fondo, con quella radicalità e determinazione che invece, a loro giudizio, non era stata usata al tempo della guerra in Vietnam, il nuovo nemico dell'America avrebbe potuto essere sconfitto con relativa facilità.

Un attacco in forze

L'intervento americano in Afghanistan (ottobre 2001) rispondeva appieno a questa logica. Tuttavia, in questo caso, gli americani potevano dimostrare che il regime dei talebani era effettivamente collegato a Bin Laden; inoltre gli Stati Uniti, prima di attaccare l'Afghanistan, si preoccuparono di interpellare le altre potenze (Russia, Cina, Francia, Germania ecc.) e di ottenerne il consenso.

Il controverso intervento americano in Iraq Nel **2003**, le cose andarono molto diversamente per l'**intervento in Iraq**. I consiglieri neoconservatori di Bush, infatti, lo persuasero che quello di Saddam Hussein era il principale *Stato canaglia* del Medio Oriente. Eliminato Saddam, l'intera regione avrebbe accettato di collaborare con gli americani, garantendo soprattutto una regolare fornitura di petrolio alle potenze industrializzate, a prezzi ragionevoli.

Accuse false e bugie

Per ottenere il consenso dell'opinione pubblica, il governo americano organizzò una forte campagna di informazione televisiva, finalizzata a dimostrare che Saddam Hussein possedeva (o era in procinto di fabbricare) numerose **armi di distruzione di massa**, non esclusi gli ordigni nucleari. In realtà, negli anni seguenti, è emerso con chiarezza sia che Saddam non aveva stretto legami con Bin Laden, sia che non possedeva alcuna delle terribili armi addotte dal governo americano a pretesto per l'invasione.

A differenza di quanto era accaduto nel 1991, **gli Stati Uniti non ottennero**, nel 2003, il **sostegno delle Nazioni Unite**. Per i neoconservatori, questo non rappresentò un problema, dal momento che si erano convinti che l'ONU fosse un organismo ormai inutile e superato, e che dopo la caduta del comunismo gli USA fossero in diritto di **agire *unilateralmente*** (cioè senza il consenso delle altre potenze) per difendere i propri interessi nazionali. All'atto pratico, la prospettiva di un attacco all'Iraq lasciò molto fredde e perplesse Cina e Russia, mentre l'Unione Europea si spaccò al proprio interno, dimostrando tutta la propria debolezza: **Inghilterra, Spagna e Italia sostennero l'intervento americano** (sia pure in modo diverso: le truppe inglesi parteciparono all'attacco vero e proprio, quelle spagnole e italiane intervennero solo dopo la caduta di Baghdad); Francia e Germania, invece, lo condannarono severamente.

Divisioni all'interno dell'Unione Europea

Soldati americani usano l'artiglieria per far fuoco su una città dell'Iraq, novembre 2004.

Storiografia 2
La guerra in Iraq: obiettivi e illusioni del governo americano
→ pag. 679

Iraq: una rapida vittoria, ma un'infinita guerriglia Iniziata il 20 marzo 2003, la guerra contro l'Iraq terminò ufficialmente già il 1° maggio, quando il presidente Bush dichiarò chiuse le operazioni militari. La **guerra vera e propria**, quindi, **era stata vinta con estrema rapidità e facilità**.

I problemi seri, paradossalmente, iniziarono proprio in quel momento. Gli americani infatti, pur avendo vinto la guerra (nel senso tradizionale del termine), non controllavano affatto l'Iraq, che è divenuto teatro di **una guerriglia sanguinosa quanto infinita**. Per quanto la cosa riuscisse incomprensibile ai neoconservatori, gli iracheni non si comportarono affatto come gli italiani, i tedeschi o i giapponesi che, nel 1945, si diedero immediatamente una costituzione democratica (nel caso di Tokyo stesa, di fatto, dagli stessi americani). Al contrario, **frange consistenti della società irachena iniziarono a combattere contro gli americani e i loro alleati**, sia pure per ragioni diverse e spesso contrastanti.

Tra i nemici degli occidentali impegnati in Iraq, al primo posto troviamo ovviamente i terroristi di al-Qaeda, che approfittarono della confusione creata dalla guerra per infiltrarsi nel Paese, mentre in precedenza i rapporti tra il laico Saddam Hussein e l'integralista Bin Laden erano stati praticamente nulli. Oltre ad attaccare le truppe americane, gli integralisti islamici hanno proceduto al rapimento e all'uccisione di numerosi europei presenti in Iraq per ragioni di lavoro o in qualità di giornalisti. Spesso, la vittima è stata sgozzata o decapitata, come un animale, in segno di disprezzo; l'esecuzione, poi, in molti casi è stata ripresa e il video è stato inviato a una o più televisioni arabe. Inoltre, il 12 novembre 2003 fu portato un sanguinoso **attacco alla base dei soldati italiani di stanza a Nassirya**, provocando 28 morti (19 italiani e 9 iracheni). Le truppe italiane erano state inviate in Iraq dal governo di centro-destra, presieduto da Silvio Berlusconi, convinto sostenitore della linea tenuta dal presidente americano Bush.

La resistenza dell'oligarchia sunnita Anche numerosi ufficiali e soldati che in precedenza avevano militato agli ordini di Saddam Hussein ripresero a combattere contro le truppe statunitensi. La motivazione di base che li spingeva alla lotta non era tanto la fedeltà al loro vecchio comandante: infatti, la guerriglia non diminuì per nulla, dopo la **cattura di Saddam, avvenuta il 14 dicembre 2003** (processato e condannato a morte, il dittatore sarebbe poi stato impiccato il 30 dicembre 2006).

Cattura ed esecuzione di Saddam

La ragione più profonda che animò questi combattenti si comprende solo tenendo presente che i vecchi sostenitori di Saddam erano sunniti, mentre la **maggior parte della popolazione dell'Iraq è costituita da sciiti**. Per tutta la durata del regime di Saddam (salito al potere nel 1972), la minoranza sunnita esercitò il potere, riuscì a godere di notevoli privilegi e trasse i principali vantaggi dalle rendite petrolifere. La caduta di Saddam, per loro, è stata rovinosa, perché li ha privati del controllo dello Stato, a vantaggio degli sciiti.

Rancore dei sunniti

Nel Nord del Paese, la situazione era poi complicata ulteriormente dalla presenza dei **curdi**, una popolazione priva di un proprio Stato nazionale e distribuita in Iran e in Turchia, oltre che in Iraq. Nel 1991, dopo la prima guerra del Golfo, i curdi si erano ribellati al regime di Saddam Hussein, ma il dittatore aveva represso in modo feroce la rivolta, massacrandone migliaia.

Le parole → Curdi

I curdi sono un popolo del Medio Oriente che attualmente conta circa 25 milioni di individui. Dopo la prima guerra mondiale, non ottennero di poter costituire un proprio Stato nazionale che li raggruppasse in un unico territorio indipendente, ma furono divisi in vari Paesi: Turchia, Siria, Iraq, Iran. La maggior parte di essi (13 milioni) vive in territorio turco. Ovunque, essi sono una minoranza discriminata e, spesso, perseguitata. Questa situazione ha generato periodiche rivolte dei curdi nei confronti dei loro dominatori. Tra il 1988 e il 1991 si misero in luce soprattutto i curdi che vivono in Iraq, i quali si ribellarono alla dittatura di Saddam Hussein. L'esercito iracheno li massacrò a migliaia, facendo ricorso anche ai gas asfissianti e ad altre sostanze chimiche che venivano rovesciate sui villaggi dall'aviazione. La violenza della repressione indusse le Nazioni Unite a intervenire: furono inviati viveri e medicine, mentre agli aerei iracheni venne vietato sorvolare la loro regione, il Kurdistan.

3.5 Le conseguenze della guerra in Iraq

Quale democrazia in Iraq?

L'aspirazione a una repubblica islamica I curdi furono l'unica componente della popolazione irachena ad accogliere favorevolmente le truppe statunitensi. In precedenza, anche gli sciiti erano stati oppressi da Saddam Hussein; tuttavia, il loro atteggiamento verso gli americani fu molto diverso da quello che si attendevano i neoconservatori. **Una parte degli sciiti** (quella diretta dalle autorità religiose più rispettate e venerate dalla popolazione) ha assunto una posizione di neutralità e di attesa; una minoranza violenta e rivoluzionaria, guidata da alcuni giovani leader **desiderosi di imitare il vicino modello iraniano**, ha invece assunto un atteggiamento bellicoso, costringendo gli americani alla repressione armata. Il dato paradossale è che anche la componente sciita più benevola verso gli *invasori* occidentali non ha affatto intenzione di dar vita a una democrazia, ma, semmai, a una *repubblica islamica*, che ponga la legge coranica a base del proprio sistema normativo.

Migliaia di morti

I dubbi sulla superiorità morale degli Stati Uniti **Il bilancio dell'attacco all'Iraq è stato dunque fallimentare sotto tutti i punti di vista**: tra il marzo 2003 e il marzo 2005, sono stati contati 5000 militari iracheni morti; 1952 soldati caduti (1766 americani, 92 britannici, 26 italiani; gli altri appartengono ad altri Paesi che hanno collaborato con gli USA); 24 865 civili iracheni deceduti. Di questi ultimi, il 37% è stato ucciso da soldati occidentali, il 4,3% da attentati compiuti con auto imbottite di esplosivo, il 4% da terroristi suicidi.

Lo scandalo delle torture ad Abu Ghraib

A questi dati terribili va poi aggiunto che, nel maggio 2004, è esploso un clamoroso scandalo, a causa delle **torture inflitte ad alcuni prigionieri iracheni**, da un gruppo di soldati e soldatesse americane, nel carcere di Abu Ghraib. Questa vicenda ha inferto un duro colpo al concetto centrale della concezione politica dei neoconservatori americani, in quanto ha infangato e invalidato le asserite pretese di *superiorità morale* degli Stati Uniti rispetto agli *Stati canaglia*. Un'ombra pesante, in questa stessa direzione, era già emersa a seguito della guerra in Afghanistan, quando numerosi guerriglieri talebani catturati furono condotti nella base di **Guantanamo** (sull'isola di Cuba) e trattenuti in regime di prigionia, in una condizione di fatto simile a quella di un campo di concentramento.

Attentato a Madrid l'11 marzo 2004, durante il quale persero la vita 191 persone e altre 2000 rimasero ferite.

La paura del terrorismo e l'intensificazione degli attentati Da più parti, all'indomani dell'11 settembre, era stata espressa **la paura che la guerra al terrorismo mettesse in funzione una pericolosa spirale di limitazione delle libertà**, in nome della sicurezza collettiva. Anche se i diritti dei cittadini americani ed europei non sono stati seriamente limitati, il **disprezzo dell'amministrazione Bush nei confronti dell'ONU** e la sua tolleranza per i metodi brutali usati a Guantanamo e in Iraq (verso i presunti terroristi) ha provocato il rischio che il prestigio americano venisse seriamente compromesso a livello internazionale.

Infine, tra le conseguenze dell'invasione dell'Iraq vanno posti anche **gli attentati che colpirono l'Europa negli anni 2004 e 2005**. L'episodio più grave si verificò a **Madrid, l'11 marzo 2004**, provocando 191 morti e oltre 2000 feriti. Altre bombe sono state messe a **Londra**, nel **luglio 2005**, causando circa cinquanta di vittime. Secondo al-Zawahiri, questo «portare la battaglia sul territorio del nemico, per bruciare le mani di coloro che appiccano il fuoco nei nostri Paesi» non ha nulla di delittuoso, anche se le vittime degli attentati sono civili. Sempre secondo al-Zawahiri, infatti, «gli elettori occidentali votano liberamente. I loro popoli hanno dunque volontariamente reclamato, sostenuto e appoggiato tanto la creazione quanto la sopravvivenza dello Stato di Israele».

POTERI E CONFLITTI

3.6 Lo Stato islamico di al-Baghdadi

La morte di Bin Laden Negli Stati Uniti, l'elezione di **Barack Obama** a presidente (2009) ha aperto una fase nuova nella politica estera americana, decisamente meno aggressiva e *unilaterale* di quella tenuta da Bush. Obama, che nel 2010 ha di fatto posto fine alla presenza militare americana in Iraq, è riuscito a ottenere un importante successo con l'**uccisione di Bin Laden**: il 2 maggio 2011, infatti, un commando militare americano ha sorpreso il leader integralista nel suo rifugio pakistano e l'ha ucciso, dopo un breve conflitto a fuoco.

Intanto, la situazione nel mondo arabo si è fatta sempre più confusa e inquietante a partire dal 2012, dopo l'esplosione di una violenta **guerra civile in Siria**. Nel 2014, il più agguerrito e organizzato dei vari partiti armati che si combattono in Siria ha dichiarato di voler costruire uno **Stato islamico in Siria e in Iraq**; anzi, il suo leader – **al-Baghdadi** – si è proclamato califfo, cioè *luogotenente del Profeta* e vero depositario del più autentico messaggio musulmano. Per certi versi, questa figura persegue **obiettivi simili a quelli di Bin Laden** e di al-Qaeda, **ma la strategia è diversa**: i militanti dello Stato islamico, infatti, non fanno uso del terrorismo e preferiscono **la lotta militare, la conquista di vasti territori**. Da questo punto di vista, il loro modello paiono essere i talebani; questi ultimi, però, non presero mai seriamente in considerazione la possibilità di allargare i loro domini al di là dell'Afghanistan. **Proclamarsi califfo**, all'opposto, significa avanzare **una pretesa universale, estesa a tutto il mondo islamico, e non più ristretta a un singolo Paese**.

Storiografia 3
Lo Stato islamico
→ pag. 680

Per altro, poiché l'obiettivo primario sembra essere quello dell'unificazione della Siria e dell'Iraq sotto un'unica guida, emerge con estrema chiarezza che per al-Baghdadi **la divisione in Stati non ha alcun senso** e alcuna validità: ai suoi occhi, **tutte le frontiere esistenti in Medio Oriente sono artificiali, imposte con la forza da francesi e britannici** dopo la prima guerra mondiale. Il suo obiettivo ultimo potrebbe dunque essere espresso nel modo seguente: conquistato l'intero mondo arabo (compresi il regno di Giordania, l'Arabia Saudita, il Kuwait e gli altri emirati del Golfo Persico, ricchissimi di petrolio), lo Stato islamico – in cui dovrebbe entrare in vigore la legge coranica in tutto il proprio rigore – sarebbe in grado di **porsi allo stesso livello di potenza dell'Occidente**, permettendo di nuovo al mondo musulmano di recuperare quella grandezza e quella forza che esso aveva al tempo dei primi califfi e della creazione dell'immenso impero arabo, che si estendeva dalla Spagna alla Cina.

› VEDI
Gli accordi del 1920
→ pag. 239

ZOOM Lo scontro delle civiltà

Un ordine *multipolare*

Nel 1996, **Samuel P. Huntington** pubblicò *Lo scontro delle civiltà e il nuovo ordine mondiale*, la cui tesi centrale è spesso **banalizzata** o, peggio, **piegata al servizio di qualche particolare azione di politica estera**, condotta da un governo occidentale.

Il ragionamento di Huntington parte da due constatazioni. L'ordine che ha regolato il mondo intero dal 1945 al 1990 era semplice, perché **bipolare**. A guida del mondo c'erano USA e URSS: tutti i rimanenti Stati erano obbligati a schierarsi dall'una o dall'altra parte. Il successivo **collasso dell'URSS** non ha generato una situazione di indiscusso potere americano, ma un ***ordine* multipolare**: l'egemonia USA è apertamente sfidata da numerosi concorrenti, destinati a crescere nel corso del tempo, in virtù delle loro formidabili risorse demografiche ed economiche. Al primo posto, tra questi, si trovano Paesi asiatici come la Cina e il Giappone; a seguire, vengono poi gli Stati musulmani e l'India. Il *vecchio ordine* poggiava sullo scontro tra *ideologie* diverse, mentre oggi **i Paesi emergenti pongono la riscoperta delle loro antiche culture e religioni**.

Blocchi di civiltà

Secondo Huntington, gli Stati tendono (e tenderanno sempre di più, in futuro) a raggrupparsi in base al principio delle somiglianze culturali e religiose, cioè a dar vita a grandi **blocchi di civiltà**, in competizione tra loro. In occasione di una crisi internazionale, il principio di massima che guiderà la creazione di alleanze e coalizioni contrapposte non sarà più di tipo ideologico, ma l'**appartenenza alla medesima civiltà**.

«La cosa più importante – scrive Huntington alla fine della sua analisi – è riconoscere che in un mondo composto da più civiltà, **l'intervento occidentale negli affari delle altre civiltà è probabilmente la fonte più pericolosa di instabilità e di potenziale conflitto** planetario. In futuro, per evitare lo scoppio di conflitti tra civiltà su scala mondiale è necessario che gli stati guida si astengano dall'intervenire in conflitti interni ad altre civiltà». Huntington scrisse queste parole nel 1996. Dieci anni dopo, l'intervento americano in Iraq gli ha dato pericolosamente ragione.

CLIL

Obama's Inaugural Address

Audiolettura

On January 20, 2009, using the same bible Abraham Lincoln did for his inauguration, Barack Hussein Obama, son of a Kenyan immigrant, was officially sworn in as the 44th President of the United States of America – the first African-American ever to hold the Country's highest office. Obama spoke to the international community as well and announced the will of closing Guantanamo Bay immediately and withdrawing troops from Iraq. The event was witnessed by well over one million attendees in chilly Washington DC, and by many millions more through coverage on television and the Internet.

That we are in the midst of crisis is now well understood. Our nation is at war, against a far-reaching network of violence and hatred. Our economy is badly weakened, a consequence of greed and irresponsibility on the part of some, but also our collective failure to make hard choices and prepare the nation for a new age. Homes have been lost; jobs shed; businesses shuttered. Our health care is too costly; our schools fail too many; and each day brings further evidence that the ways we use energy strengthen our adversaries and threaten our planet.

These are the indicators of crisis, subject to data and statistics. Less measurable but no less profound is a sapping of confidence across our land – a nagging fear that America's decline is inevitable, and that the next generation must lower its sights.

Today I say to you that the challenges we face are real. They are serious and they are many. They will not be met easily or in a short span of time. But know this, America – they will be met. On this day, we gather because we have chosen hope over fear, unity of purpose over conflict and discord. […]

We remain a young nation, but in the words of Scripture, the time has come to set aside childish things. The time has come to reaffirm our enduring spirit; to choose our better history; to carry forward that precious gift, that noble idea, passed on from generation to 324
generation: the God-given promise that all are equal, all are free, and all deserve a chance to pursue their full measure of happiness. […]

Recall that earlier generations faced down fascism and communism not just with missiles and tanks, but with sturdy alliances and enduring convictions. They understood that our power alone cannot protect us, nor does it entitle us to do as we please. Instead, they knew that our power grows through its prudent use; our security emanates from the justness of our cause, the force of our example, the tempering qualities of humility and restraint.

We are the keepers of this legacy. Guided by these principles once more, we can meet those new threats that demand even greater effort – even greater cooperation and understanding between nations. We will begin to responsibly leave Iraq to its people, and forge a hard earned peace in Afghanistan. With old friends and former foes, we will work tirelessly to lessen the nuclear threat, and roll back the specter of a warming planet. We will not apologize for our way of life, nor will we waver in its defense, and for those who seek to advance their aims by inducing terror and slaughtering innocents, we say to you now that our spirit is stronger and cannot be broken; you cannot outlast us, and we will defeat you.

For we know that our patchwork heritage is a strength, not a weakness. We are a nation of Christians and Muslims, Jews and Hindus – and non-believers. We are shaped by every language and culture, drawn from every end of this Earth; and because we have tasted the bitter swill of civil war and segregation, and emerged from that dark chapter stronger and more united, we cannot help but believe that the old hatreds shall someday pass; that the lines of tribe shall soon dissolve; that as the world grows smaller, our common humanity shall reveal itself; and that America must play its role in ushering in a new era of peace.

To the Muslim world, we seek a new way forward, based on mutual interest and mutual respect. […]

http://www.whitehouse.gov/blog/inaugural-address

Answer the following questions

- How does Obama describe the present world situation?
- Which is his attitude toward the Muslim world?

3.7 I problemi dell'Africa subsahariana

La conflittualità interna nei Paesi decolonizzati Il processo di decolonizzazione, attuato dalle nazioni africane tra gli anni Cinquanta e Ottanta, non fu privo di conseguenze anche violente. Spesso, l'emergere di concreti e precisi interessi economici determinò conflitti interni spietati, come nel caso del Congo e della Nigeria. I due Paesi furono a lungo devastati da guerre civili che avevano come obiettivo il controllo della zona mineraria del Katanga nel caso del Congo, e dei giacimenti petroliferi del Biafra in quello della Nigeria (quest'ultimo caso complicato dalla presenza di conflittualità tra cristiani e musulmani).

Il genocidio in Ruanda Un discorso a parte meritano il Ruanda e il Burundi, due Stati che si trovano nella regione dei grandi laghi, nella parte orientale del continente africano. Entrambi i Paesi ospitano due etnie, i tutsi e gli hutu, che, prima dell'arrivo degli europei, non avevano mai lottato fra loro: furono gli europei a contrapporre i due gruppi indigeni, favorendo di volta in volta la supremazia dell'uno a danno dell'altro. Il risultato di questa politica coloniale fu una lunga serie di episodi drammatici che portarono gli estremisti hutu a massacrare sia i tutsi sia gli hutu moderati. La stima dei morti oscilla tra i 200 000 e i 500 000, tanto da poter essere considerato a tutti gli effetti un genocidio.

geostoria

La decolonizzazione dell'Africa

Carta proiettabile

La carta mostra le cinque fasi del processo di decolonizzazione che portò gli Stati africani a raggiungere l'indipendenza tra gli anni Cinquanta e Ottanta del Novecento. Per la maggior parte di essi, il processo si completò tra il 1958 e il 1970.

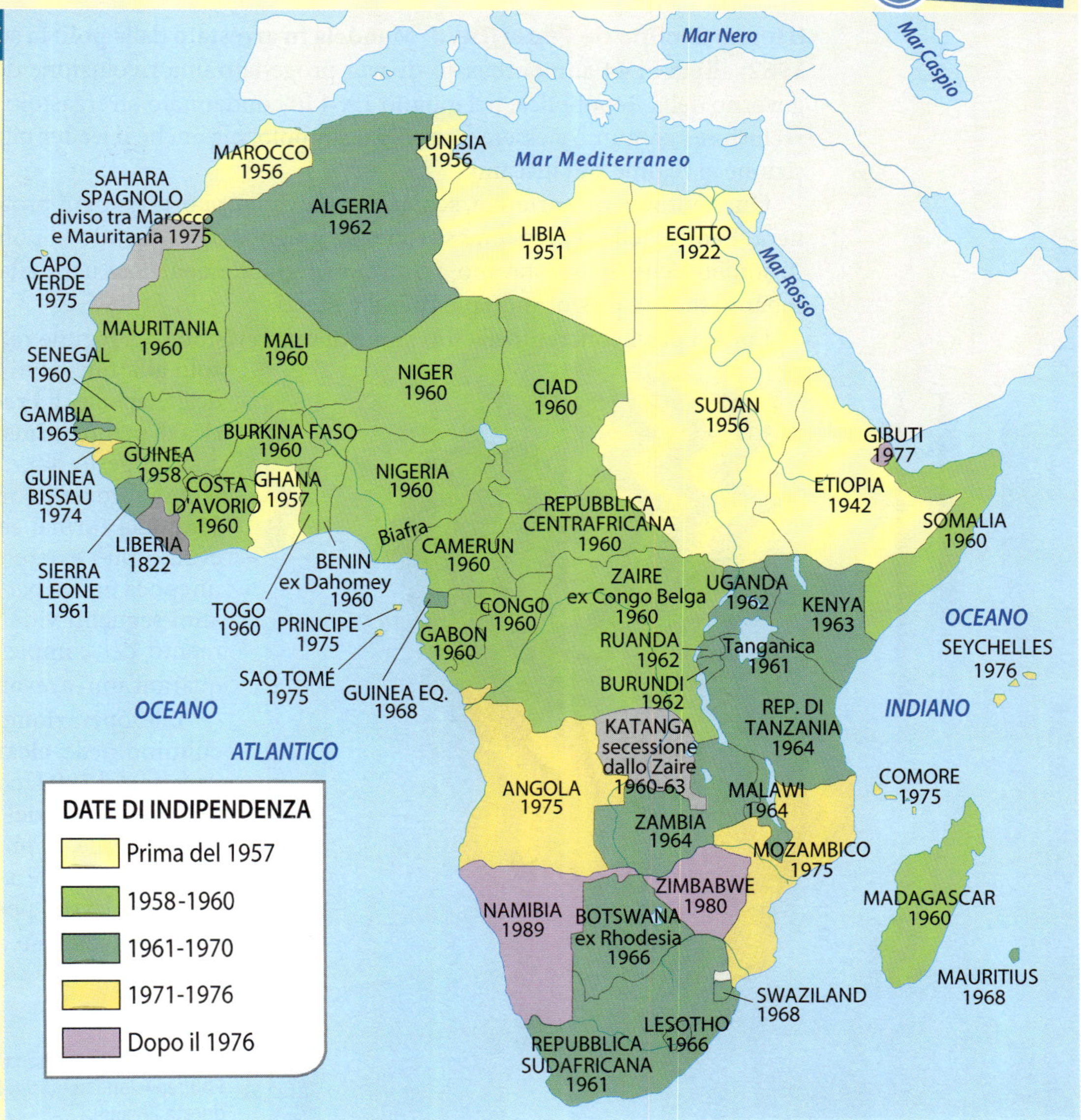

Carta interattiva
Il processo di decolonizzazione

L'*apartheid* in Sud Africa Subito dopo la fine della seconda guerra mondiale, in Sud Africa, dove dall'inizio del Novecento una minoranza di origine europea controllava tutte le attività economiche più redditizie, i bianchi al potere presero ad affrontare il problema dei rapporti con la popolazione nera in modo sempre più energico e radicale. I provvedimenti razzisti attuati dopo il 1950 (dividione in 4 grandi razze, definizione delle rispettive aree di residenza, divieto di matrimonio tra i gruppi) avevano come obiettivo l'***apartheid***, cioè la separazione dei diversi gruppi etnici e razziali presenti in Sud Africa, al fine di garantire ai bianchi il controllo delle ricchezze del Paese.

A partire dai primi anni Cinquanta, l'***African National Congress*** (ANC), guidato da **Nelson Mandela** (1918-2013) intraprese una lunga lotta politica e sociale contro l'*apartheid*. Sul piano ideologico e programmatico, il testo più significativo elaborato dall'opposizione fu la cosiddetta *Carta della Libertà*, approvata nel 1955 dai delegati di tutti i gruppi razziali discriminati in Sud Africa dal regime razziale bianco. Si trattò di una specie di *Dichiarazione dei diritti dell'uomo* sudafricana, che proclamava la necessità di instaurare l'uguaglianza di tutti i cittadini di fronte allo Stato e il diritto per ognuno al lavoro, all'istruzione, a una vita dignitosa. Nella sezione relativa alle ricchezze del Paese, si proclamava la necessità di procedere alla nazionalizzazione delle banche, delle miniere e delle grandi industrie. Pur ammettendo che la *Carta della libertà* era un "documento rivoluzionario", Mandela precisò che era sua intenzione non distruggere il capitalismo, bensì permettere che anche i cittadini sudafricani neri potessero prosperare come imprenditori o possessori di terre, in un regime in cui la libera iniziativa privata fosse garantita per tutti.

Il lento declino dell'*apartheid* **Mandela fu arrestato** dalla **polizia sudafricana nell'agosto 1962**, all'età di 44 anni; accusato di aver progettato una rivoluzione destinata a rovesciare il governo della Repubblica, nel giugno 1964 fu condannato all'ergastolo. Tuttavia, malgrado la reclusione, continuò a essere non solo il simbolo, ma anche il leader più autorevole dell'opposizione al regime sudafricano.

Quest'ultimo, da parte sua, schiacciò con violenza brutale ogni protesta della popolazione nera. L'apice della repressione si ebbe nel giugno 1976, quando la polizia sparò su una folla di studenti che manifestavano a **Soweto** (il grande quartiere nero alla periferia orientale di Johannesburg), provocando più di mille morti.

I primi passi concreti nella direzione di una revisione del regime razziale furono compiuti solo alla fine degli anni Ottanta, dopo la designazione di **Frederik de Klerk** alla carica di **primo ministro**. L'11 febbraio 1990, con un gesto di grande valore simbolico, il nuovo governo ordinò la **liberazione di Mandela** (ormai settantunenne). Questo evento può essere considerato l'inizio di un'epoca nuova per il Sud Africa, che negli anni seguenti vide il graduale smantellamento del complesso di norme che per quarant'anni avevano regolato l'*apartheid*.

Tale operazione ha trovato il proprio culmine nelle **elezioni a suffragio universale del 1994**, che portarono **Mandela alla presidenza del Paese**, e poi alla nuova Costituzione, approvata l'8 maggio 1996, che ha messo fine a ogni residuo di regime razziale e lavorò per ottenere una riconciliazione nazionale.

Nelson Mandela visita la sua cella in prigione a Robben Island nel 1994. La sua detenzione era durata 26 anni.

Capitolo 4

CONTRASTI POLITICI

L'Italia dalla prima alla seconda repubblica

Storia slide

LE CONOSCENZE DA ACQUISIRE
Negli anni Novanta, il crollo del comunismo provocò la crisi di tutti i partiti che si ispiravano alle grandi ideologie del Novecento.

LE COMPETENZE DA POTENZIARE
Saper individuare i fattori di rafforzamento e di indebolimento di una struttura politica.

4.1 Il potere della mafia

La sottovalutazione della mafia negli *anni di piombo* La mafia ha una storia lunga e complessa. Tuttavia, solo all'inizio degli anni Ottanta lo Stato italiano ha incominciato, tra varie difficoltà di tipo politico, economico e sociale, a contrastarla sistematicamente. Secondo il giudice Giovanni Falcone, una tra le conseguenze più gravi degli *anni di piombo* fu che, concentrato nella lotta contro l'estremismo politico, lo Stato tralasciò per molti anni di combattere **la mafia in Sicilia.**

L'area di Palermo

È importante ricordare, innanzitutto, che il termine *mafia* non è usato dagli stessi mafiosi per designare se stessi; inoltre, va precisato che si tratta di un fenomeno complesso, ramificato e soggetto a continue modificazioni. Solo grazie al lavoro di Falcone e di altri magistrati, che hanno operato prima e dopo di lui, possiamo oggi ricostruire a grandi linee i caratteri fondamentali e la storia della più potente e spietata organizzazione criminale siciliana di stampo mafioso: quella che definisce se stessa **Cosa Nostra** e ha il proprio territorio d'azione privilegiato nella provincia di Palermo.

Gli ambiti d'azione di Cosa Nostra Da tempo Cosa Nostra compiva numerose azioni illecite, di tipo tradizionale, come il ricatto nei confronti di imprenditori e commercianti: in teoria, essa offriva loro **protezione** nei confronti di furti o violenze; in pratica, chi non era disposto pagare il cosiddetto ***pizzo*** – cioè non versava alla mafia una parte dei suoi profitti – e si rivolgeva alla polizia per chiedere aiuto, subiva delle ritorsioni violente e, in molti casi, veniva ucciso. Negli anni Cinquanta e Sessanta, tuttavia, Cosa Nostra riuscì a compiere una duplice operazione, destinata a garantirle a lungo forza e potere. In primo luogo, riuscì a legare a sé numerosi esponenti politici, soprattutto democristiani, garantendo che la popolazione di una data zona controllata dalla mafia avrebbe votato, compatta, per loro; in cambio, l'organizzazione criminale ottenne per anni il monopolio delle assegnazioni degli **appalti pubblici**, sia a Palermo sia in altre località. In secondo luogo, Cosa Nostra intimidiva o eliminava fisicamente tutti gli imprenditori che avessero osato porsi in concorrenza con essa e rifiutato di sottomettersi alla sua pretesa di controllare in esclusiva interi settori dell'economia palermitana.

Legame con esponenti politici

La prima Commissione antimafia: un'occasione sprecata Il 30 giugno 1963, nella borgata di Ciaculli, vicino a Palermo, in un attentato dinamitardo persero la vita sette carabinieri; di fronte allo sgomento dell'opinione pubblica nazionale, il Parlamento incaricò un'apposita **Commissione antimafia** di far luce sul fenomeno della criminalità in Sicilia, mentre le forze dell'ordine e la magistratura, a Palermo, ottennero i loro primi successi, riuscendo a portare in tribunale alcuni tra i più pericolosi capi di Cosa Nostra. È senza dubbio esagerato affermare che, alla fine degli anni Sessanta, la mafia era stata sconfitta; tuttavia, la sua organizzazione era stata almeno in parte disarticolata e costretta a mettersi sulla difensiva. L'esplosione del *fenomeno terrorismo*, però, come si è già notato, impedì allo Stato di continuare la lotta contro Cosa Nostra con l'energia manifestata negli anni 1965-1969.

I successi dello Stato negli anni Sessanta

4.2 La lotta alla mafia

Enormi capitali

Dal contrabbando al traffico di droga Negli anni 1974-1979 toccò il suo apice una delle attività in cui la mafia siciliana aveva impiegato molte delle proprie energie: la gestione dell'importazione clandestina di sigarette straniere. Grazie al **contrabbando dei tabacchi**, Cosa Nostra da un lato accumulò **enormi capitali** e dall'altro ampliò, a livello internazionale, i propri contatti. In tal modo, fu possibile alla mafia siciliana assumere un posto sempre più importante nel **traffico internazionale della droga** e, in particolare, dell'eroina. Gli oppiacei erano importati dall'Oriente e poi raffinati in Sicilia; gran parte dell'eroina, infine, era inviata negli Stati Uniti, mentre il denaro *sporco* trovava canali di riciclaggio sempre più sofisticati.

› VEDI
Dalla Chiesa e la lotta alle BR
→ pag. 624

Dalla Chiesa, Falcone e Borsellino Per sconfiggere la criminalità organizzata siciliana, il 3 aprile 1982 venne nominato prefetto di Palermo **Carlo Alberto Dalla Chiesa** (il generale dei carabinieri che aveva coordinato e diretto con successo la lotta contro le Brigate rosse). In Sicilia, però, Dalla Chiesa non ottenne quegli ampi poteri di azione e quel sostegno delle istituzioni che, a livello nazionale, gli avevano permesso di battere il terrorismo. Consapevole della propria forza, Cosa Nostra osò allora sfidare apertamente lo Stato, uccidendo Dalla Chiesa, sua moglie e il loro autista, in una via centrale di Palermo, il 3 settembre 1982. Malgrado questo evidente messaggio di morte, un gruppo di **magistrati di Palermo** (fra cui ricordiamo **Antonino Caponnetto, Giovanni Falcone** e **Paolo Borsellino**) intensificò e coordinò le proprie indagini. In virtù della loro serietà e del loro rigore, essi riuscirono a ottenere la collaborazione di alcuni esponenti di spicco di Cosa Nostra, dai quali fu possibile avere le prime notizie dirette sull'organizzazione e le attività della mafia palermitana.

L'uccisione di Falcone e Borsellino

Sia **Falcone** che **Borsellino vennero uccisi nel 1992** (rispettivamente il 23 maggio e il 19 luglio); ciò nonostante, il numero dei capi mafiosi catturati dalle forze dell'ordine ha continuato a crescere, mentre alcuni degli uomini politici che, a Palermo e in altre province, agivano in stretta connessione con Cosa Nostra hanno dovuto abbandonare le loro tradizionali posizioni di potere. Pare dunque corretto ritenere che il problema della mafia siciliana, **ormai capillarmente diffusa anche fuori della Sicilia**, nei prossimi decenni si porrà in termini differenti rispetto al passato. Per lo meno, l'offensiva delle istituzioni ha costretto l'organizzazione criminale più forte e tenace dell'Italia del dopoguerra a rinnovare la propria struttura, dopo anni di assoluto dominio e di totale impunità.

ZOOM Falcone e Borsellino

Uccisi da Cosa Nostra nel 1992, i due magistrati Giovanni Falcone e Paolo Borsellino sono diventati **simbolo della lotta contro la mafia**, di un rinnovato desiderio di legalità e dell'impegno dello Stato contro qualsiasi tipo di malavita organizzata. Falcone fu ucciso con 500 kg di tritolo, insieme alla moglie e a 3 uomini di scorta, il 23 maggio, nei pressi dello svincolo di Capaci; l'esplosivo fu collocato in una galleria, scavata nel punto prescelto, sotto l'autostrada che collega l'aeroporto di Punta Raisi al capoluogo siciliano. Borsellino fu ucciso da un'autobomba, in via d'Amelio, a Palermo, il 19 luglio, insieme a 5 uomini della scorta.

CONTRASTI POLITICI

4.3 Il rinnovamento dei partiti

› VEDI
Il crollo del muro di Berlino
→ pag. 617

I cambiamenti nella sinistra e nella destra In linea con quanto accadeva in altri Paesi europei, anche in Italia, alla fine degli anni Ottanta, la situazione politica iniziò a mutare in modo rapido e radicale. Il PCI fu il primo partito a sentire la necessità di un profondo rinnovamento. Il crollo del muro di Berlino e la grave crisi dell'Unione Sovietica costrinsero i comunisti italiani a un sofferto dibattito interno, al termine del quale, nel gennaio 1991, il **Partito comunista italiano** decise di rescindere ogni legame con la tradizione ideologica leninista, collocandosi su posizioni riformiste, affini a quelle del laburismo inglese e della socialdemocrazia tedesca. Nacque così il ***Partito democratico della sinistra*** (**PDS**), che qualche anno dopo avrebbe assunto il nome si *Democratici di sinistra* (DS).

Nel **1995**, sul fronte opposto, si verificò **la trasformazione politica del *Movimento sociale - Destra nazionale***, che assunse il nome di ***Alleanza nazionale*** (AN). Come i postcomunisti del partito dei DS, anche i postfascisti della nuova organizzazione rinunciavano alla pretesa totalitaria di conquistare lo Stato e accettavano le regole della democrazia. Il leader di AN Gianfranco Fini si spinse fino a pronunciare una condanna senza mezzi termini del regime fascista, delle leggi razziali e delle violenze della Repubblica sociale.

Tangentopoli, scandalo della corruzione

Nel **febbraio 1992** ebbe invece inizio il **tracollo del Partito socialista**. Molti dei suoi più prestigiosi esponenti (compreso Bettino Craxi) furono coinvolti in un vasto scandalo finanziario, comunemente chiamato ***tangentopoli***. Dalle indagini di un gruppo di giudici milanesi, emerse che numerosi dirigenti socialisti, sia a Milano sia a livello nazionale, quando concedevano appalti e assegnavano i più importanti lavori pubblici, esigevano che le ditte e le imprese pagassero loro cospicue somme, dette *tangenti*. Mentre Craxi, per evitare l'arresto, si rifugiò nella sua villa in Tunisia (dove morì nel gennaio 2000), il PSI di fatto si dissolse. Solo dopo alcuni anni, dalle ceneri del partito maggiore nacquero alcune formazioni minori, che ne rivendicarono l'eredità politica.

La crisi della DC Anche la DC attraversava una fase delicata della sua storia politica. Pur presentandosi ancora come partito cattolico, la DC si trovava ormai a operare in **una società sostanzialmente indifferente e impermeabile ai richiami morali e religiosi delle autorità ecclesiastiche**, come avevano dimostrato i due referendum del 1974 e del 1981 sui temi del divorzio e dell'aborto. Il rischio era di non percepire i nuovi bisogni e le esigenze della società italiana di fine secolo. Ad aggravare una situazione già complicata, si aggiunse lo scandalo di **tangentopoli**, che coinvolse anche **diversi suoi esponenti**.

› VEDI
I referendum sull'aborto e sul divorzio
→ pag. 621

Inoltre, fin dalla sua fondazione, la **DC** era stata un **partito** profondamente **diviso** al proprio interno **in numerose *correnti***. Sul piano ideologico, ad esempio, in un primo tempo si erano fronteggiati senza esclusione di colpi cattolici *integralisti* (desiderosi di mettersi al servizio della Chiesa e del suo progetto di difendere a oltranza la tradizionale *identità cristiana* dell'Italia) e democratici cristiani profondamente sensibili nei confronti del principio della laicità dello Stato. Allo stesso modo, in campo sociale, una *sinistra* democristiana disponibile a profonde riforme si era per decenni scontrata con l'orientamento moderato di gran parte del partito, solidale con gli interessi della grande borghesia industriale.

Unn partito diviso al suo interno

Fino al 1990, l'unità della complessa galassia democristiana era stata garantita solo dalla comune volontà di opporsi alla minaccia comunista. **Dopo la fine dell'Unione Sovietica** e la metamorfosi del Partito comunista, **la DC entrò in crisi** e fu incapace di rinnovarsi. A partire dal 1994, il partito si divise in varie formazioni più piccole, alcune disponibili a collaborare con la sinistra riformista, altre schierate su posizioni più moderate. Nel 2007, uno di questi partiti postdemocristiani (denominato *Margherita*) si è fuso con i *Democratici di sinistra* e ha dato vita a una nuova formazione di centro-sinistra che ha preso il nome di **Partito democratico**, simile alla principale forza politica che, negli Stati Uniti, cerca di introdurre riforme sociali, contrapponendosi al più conservatore Partito repubblicano.

La Lega Nord All'inizio degli anni Novanta, fece la sua comparsa una forza politica radicalmente nuova, che assunse il nome di Lega Lombarda e poi, più tardi, di **Lega Nord**. Guidato da Umberto Bossi, tale partito pose l'accento sul divario economico fra il Nord e il Sud del

Paese. Tuttavia, mentre le terapie tradizionali proponevano di aumentare, al Sud, gli interventi finanziari e gli investimenti, la Lega iniziò a sostenere che la soluzione di tutte le contraddizioni consisteva nella concessione di un'ampia autonomia a ogni regione. In pratica la Lega (dopo aver inizialmente lanciato l'idea di una vera *secessione* del Nord, ribattezzato *Padania*) **cominciò a chiedere che l'Italia diventasse uno Stato federale**, che ogni regione fosse libera di investire sul proprio territorio le imposte che raccoglieva e che il governo centrale perdesse gran parte delle funzioni che aveva storicamente svolto.

Progetto di federalismo

Il partito di Berlusconi: Forza Italia Nel **1994**, preoccupato per la frammentazione della DC – la forza politica moderata che, per tanti anni, aveva sbarrato la strada del governo ai comunisti – **l'imprenditore Silvio Berlusconi diede vita a Forza Italia**. Nei suoi discorsi, Berlusconi sostenne che i partiti di sinistra non erano affatto cambiati: a suo giudizio, continuavano a essere *comunisti*, cioè non credevano nell'iniziativa individuale, nel profitto, nel libero mercato, nel capitalismo. In nome di questi principi, al centro del programma di Forza Italia figurò a lungo **la promessa di una riduzione delle imposte**. Al contrario, le sinistre sostengono che lo Stato non può permettersi il lusso di abbassare il prelievo fiscale: se lo facesse, dovrebbe pesantemente ridurre la qualità e la quantità dei servizi (scuola, sanità, trasporti ecc.) che offre ai cittadini: primi fra tutti quelli dotati di minori risorse economiche.

› VEDI Il neoliberismo → pag. 609

Lo scontro politico degli ultimi anni si è poi concentrato su altre questioni, in parte legate strettamente alla figura di **Berlusconi**, che **possiede tre reti televisive** e svariate testate giornalistiche e quindi, a giudizio dei suoi avversari politici, sarebbe in grado di influenzare pesantemente a suo favore l'opinione pubblica italiana. Infine, per vari anni, vi è stato un durissimo scontro sui temi della giustizia, in quanto alcuni magistrati milanesi avevano accusato Berlusconi di aver compiuto vari reati al fine di consolidare il suo impero finanziario, mentre l'imprenditore sosteneva di essere vittima di una persecuzione politica: a suo giudizio, i magistrati avrebbero utilizzato i procedimenti penali per eliminarlo dalla competizione politica.

Lo scontro sulla giustizia

Bandiere del Partito democratico e di Forza Italia.

4.4 Gli anni della crisi finanziaria

La vittoria del centro-destra alle elezioni del 2008 Nonostante le dure polemiche sulla figura di Berlusconi, le elezioni del 2008 hanno visto una netta vittoria dello schieramento di centro-destra; nel 2009, i due maggiori partiti di questo schieramento (Alleanza nazionale e Forza Italia) si sono fusi e hanno dato vita al **Popolo delle libertà**. Sul fronte avverso (*centro-sinistra*), il **Partito democratico** era la forza più consistente dell'opposizione; per la prima volta dal 1948, invece, nessuna formazione che facesse esplicito riferimento al comunismo storico è riuscita a far eleggere propri rappresentanti in Parlamento.

L'Italia e la crisi economica dell'Occidente A partire dal **2008**, una violentissima **crisi finanziaria ha sconvolto l'intera economia mondiale**, partendo dagli Stati Uniti, ove un gran numero di banche aveva compiuto ardite speculazioni prive di vera copertura. Il presidente americano Barack Obama intervenne con somme enormi, al fine di salvare dal fallimento gli istituti di credito più importanti e prestigiosi. Tuttavia, dagli USA, la crisi si è allargata al resto del mondo e, soprattutto, ha provocato un serio rischio di bancarotta negli **Stati economicamente più deboli** (primi fra tutti Grecia, Irlanda, Portogallo, Spagna e Italia), **gravati da un enorme debito pubblico**, superiore all'intera ricchezza prodotta in un anno da ognuno di tali Paesi. In Italia, il compito di affrontare con misure drastiche il debito dello Stato è stato assegnato, nel novembre 2011, al prestigioso economista **Mario Monti**.

› VEDI
La crisi del 1929
→ pag. 268

La vittora del PD alle elezioni del 2014 Nel 2014, mentre la situazione economica era ancora molto difficile, l'incarico di presidente del Consiglio è stato assunto dal segretario del Partito democratico, **Matteo Renzi**, che ha intrapreso una strada per molti versi inedita, piuttosto criticata dai sindacati. Infatti, pur essendo il leader di un partito di sinistra, Renzi ha introdotto alcuni provvedimenti legislativi che, rispetto al passato, hanno modificato il mondo del lavoro e i cui effetti si vedranno negli anni a venire.

ZOOM Papa Francesco

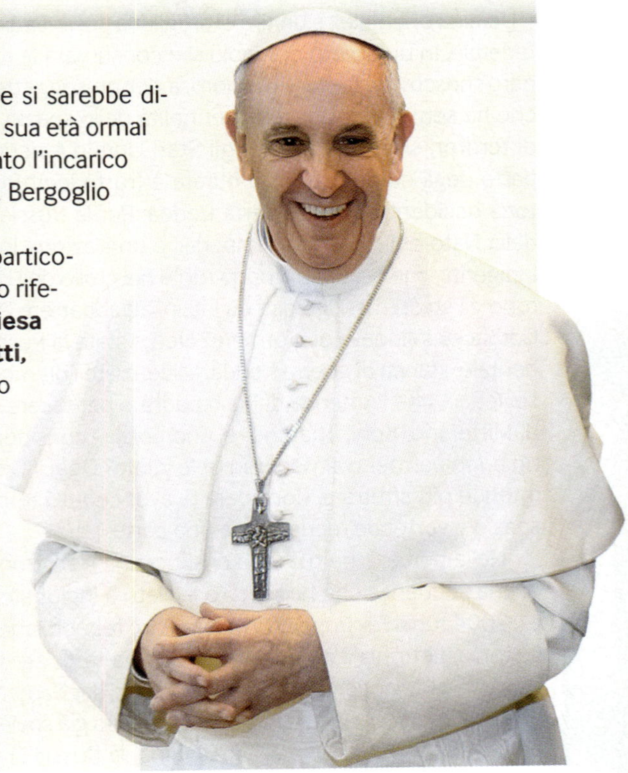

L'11 febbraio 2013, papa Benedetto XVI (Joseph Ratzinger) annunciò che si sarebbe dimesso dall'incarico di vescovo di Roma, per ragioni di salute e a causa della sua età ormai avanzata. Il 13 marzo, è stato eletto **Jorge Mario Bergoglio**, che ha assunto l'incarico con il nome di **Francesco**: nato nel 1936 in Argentina da genitori italiani, Bergoglio era gesuita e svolgeva l'incarico di arcivescovo di Buenos Aires dal 1997.

Fin dal suo primo gesto, il nuovo papa ha mostrato uno stile del tutto particolare: la scelta (assolutamente inedita) di chiamarsi Francesco, con un chiaro riferimento al santo d'Assisi, metteva in evidenza la volontà di guidare una **Chiesa aperta ai problemi degli uomini, preoccupata più di dialogare con tutti, che di giudicare** ed emettere condanne. Francesco, in effetti, ha mostrato atteggiamenti di notevole **apertura su varie questioni che**, da tempo, **vedevano la Chiesa cattolica in posizione di netto contrasto con la sensibilità dominante** nella società contemporanea. In particolare, il pontefice ha teso una mano a coloro che, dopo aver divorziato, si sono sposati di nuovo; tutti i papi del XX secolo, al contrario, avevano ribadito che il secondo matrimonio dei divorziati era un peccato, che li rendeva indegni del sacramento dell'eucaristia. La volontà di dialogo ha poi trasformato Bergoglio anche in efficace *operatore di pace*: nel dicembre 2014, grazie alla sua mediazione, **Cuba e gli Stati Uniti hanno ripreso le relazioni diplomatiche**, interrotte alla fine degli anni Cinquanta, in seguito all'instaurazione del regime comunista di Fidel Castro.

1 Putin e la mentalità russa nel XXI secolo

Nei primi mesi del 2014, il governo russo ha assunto un atteggiamento molto aggressivo nei confronti dell'Ucraina, spingendosi fino ad annettere la Crimea e minacciando di occupare le regioni più orientali di quel Paese. Secondo Putin, infatti, l'Ucraina non può sfuggire all'influenza della Russia: un'eventuale adesione di Kiev alla NATO o all'Unione Europea sarebbe considerata un affronto inaccettabile al prestigio di Mosca.

La Russia è in guerra contro l'America. Di riflesso contro noi europei, suoi pallidi alleati. E se noi non vogliamo capirlo, poco importa. I russi si sentono aggrediti nella «loro» Ucraina e reagiscono di conseguenza. Tracciano linee rosse, muovono mezzi e truppe, scavano trincee, fisiche e mentali. Si mobilitano allo squillo delle trombe del Cremlino, al ritmo della propaganda di Stato, monotona e ossessiva come una marcia militare. Pronti a stringere la cinghia. Perché sui campi di battaglia della Nuova Russia (Ucraina orientale per il resto del mondo), dove i soldati di Mosca supportano in malcelato incognito i ribelli locali che rifiutano di assoggettarsi al governo di Kiev, si gioca il destino della patria. [...] Venticinque anni fa i soldati di Mosca, la stella rossa bene in mostra sul colbacco, erano a Berlino, a vegliare sulla Porta di Brandeburgo, distante 999,19 miglia (1607,69 chilometri) dalla Piazza Rossa. Oggi, non troppo camuffati, militi russi pattugliano Donec'k (Nuova Russia = Ucraina orientale), a un tiro di artiglieria pesante dalla frontiera federale. In un quarto di secolo si è consumata la rotta dell'impero moscovita, tanto più dolorosa per un soggetto geopolitico che ha sempre idolatrato la centralità dello spazio, il controllo di territori smisurati [...]. Per gli Stati Uniti d'America e buona parte degli europei, questa ritirata è frutto legittimo della vittoria occidentale nella guerra fredda. Per la Russia, l'avanzata della Nato nelle sue terre imperiali è umiliazione immeritata e indigerita, che oscura il proprio ruolo nel crollo dell'Urss: non furono gli stessi russi, guidati da Eltsin, ad abbattere l'impero che Gorbacev s'illudeva di riformare? Non è stata la Russia filo-occidentale, stanca di guerra fredda, a licenziare l'ultimo presidente sovietico, che l'America di Bush padre – per tacere dell'Europa di Mitterand, Kohl, Thatcher e Andreotti – considerava invece un buon partner o almeno un utile idiota? Oggi il Cremlino non intende più arretrare. Considera di aver ceduto troppo del suo spazio e vorrebbe recuperarne una parte. [...]

Cedere l'Ucraina alla Nato, [...] significherebbe condividere con il potenziale aggressore duemila chilometri di frontiera indifendibile

Nella percezione russa, la crisi ucraina è l'estremo capitolo di una sequenza che ha portato la Nato a inglobare tra il 1999 e il 2004 tutto l'ex impero di Mosca e tre repubbliche sovietiche (Estonia, Lettonia, Lituania). Qui Putin ha tracciato la sua linea rossa. Se gli atlantici [gli occidentali, guidati dagli americani, *n.d.r.*] provassero ad avanzare ancora nello spazio già sovietico, come nel 2008 in Georgia e oggi in Ucraina, la Russia si sentirebbe obbligata a reagire. Viste dal Cremlino, le *rivoluzioni colorate* [le proteste contro i governi filo-russi in Ucraina: i manifestanti adottarono il colore arancione come propria bandiera e proprio simbolo, *n.d.r.*] non sono affatto proteste spontanee, ma prove generali del cambio di regime a Mosca. Cedere l'Ucraina alla Nato, definitivamente considerata come il Nemico, significherebbe condividere con il potenziale aggressore duemila chilometri di frontiera indifendibile. Ciò che più irrita Putin è che il *roll-back* americano [lo sforzo americano per *spingere indietro*, verso Est, la Russia, *n.d.r.*] lo getta nelle braccia dei cinesi. Per tutti gli anni Novanta il popolo russo aveva continuato a vedere nell'Occidente un modello di vita. Il 90% dei russi amava gli americani (oggi nemmeno il 10%). Eltsin e il primo Putin bussavano alle porte dell'UE e della Nato. Per integrarvisi o almeno esserne trattati su un piede di parità. La Federazione Russa aspirava ad essere riconosciuta come il terzo pilastro dell'Occidente cristiano. Da civiltà autonoma, ma alleata di Stati Uniti ed europei. Nella convinzione di condividerne l'urgenza di contenere l'ascesa della Cina e il terrorismo islamista. Invece, nota amaro il ministro degli Esteri Sergej Lavrov, dopo il crollo del Muro «siamo stati trattati da subumani». E adesso, «come dicono i bulli, volevano che la Russia facesse la figura del pollo (non trovo una espressione migliore), per costringerci a ingoiare l'umiliazione dei russi e della gente di madrelingua russa in Ucraina».

Non si capisce molto della reazione di Putin a Jevromaidan [piazza Europa, a Kiev, sede delle più accese manifestazioni antirusse, *n.d.r.*] se non si considera un sentimento diffuso in Russia, che non ha nulla a che vedere con il caso ucraino – di cui è semmai un antefatto – e tutto con l'esito della guerra fredda. Sergej Karaganov, fra i più ascoltati strateghi russi, lo riassume così: «Il rapporto USA-Russia è fallito perché l'Occidente non ha mai capito che non poteva trattarci da sconfitti. Primo, i russi non hanno mai creduto di essere stati sconfitti. Secondo, è il nostro carattere nazionale. Noi siamo una delle pochissime nazioni al mondo che non sono mai state davvero sconfitte». Specifica il politologo Sergej Mikheev: «I russi sono delusi dall'Occidente. I russi hanno distrutto l'Urss e si aspettavano maggiore riconoscenza. Invece l'Occidente si è comportato come se avesse vinto la guerra fredda, come se noi fossimo un paese sconfitto, i cui interessi nazionali non andavano tenuti in alcun conto».

Come ogni storia, anche questa ha il suo mito originario. Nel caso si tratta della promessa di Bush padre a Gorbacev, per convincerlo ad accettare l'allargamento a est della Repubblica Federale di Germania, di non spingere la Nato nell'ex impero sovietico. Putin è esplicito: «Ci era stato promesso che dopo l'unificazione della Germania la Nato non si sarebbe espansa verso oriente. La nostra decisione sulla Crimea è stata in parte prodotta da questo».

L. CARACCIOLO, *La Russia in guerra. Editoriale*, in "Limes", 12, 2014, pp. 7-14

Analizza il testo

- Spiega l'espressione «La Federazione Russa aspirava ad essere riconosciuta come il terzo pilastro dell'Occidente cristiano».
- Quale differente giudizio esprimono occidentali e russi sull'esito della guerra fredda?

2 La guerra in Iraq: obiettivi e illusioni del governo americano

Considerato uno dei maggiori conoscitori del mondo islamico del giorno d'oggi, lo studioso francese Gilles Kepel descrive in questa pagina i progetti dei consiglieri del presidente americano Bush. Secondo il loro giudizio, la caduta del regime di Saddam Hussein avrebbe immediatamente portato stabilità politica ed economica a tutto il Medio Oriente. La realtà, come sappiamo, fu molto diversa.

Il 20 marzo 2003, il presidente George W. Bush lancia l'offensiva militare che avrebbe dovuto, nelle sue intenzioni, portare a compimento la «guerra contro il terrore» eliminando Saddam Husseyn. Il rovesciamento del tiranno di Baghdad e l'instaurazione di un governo democratico e filoamericano al posto del regime ba'thista sono la chiave di volta della realizzazione di un *Nuovo Medio Oriente*, che i circoli neoconservatori di Washington immaginano liberato dai propri demoni e pronto a tuffarsi nella prospera mondializzazione del *nuovo secolo americano* sotto l'egida del *benevolent hegemon*, dell'iperpotenza benevola degli Stati Uniti. In termini meno poetici, e secondo considerazioni più prosaiche, la liquidazione di Saddam avrebbe permesso, dispiegando l'arsenale militare americano di fronte ad un nemico congeniale (a differenza dell'inafferrabile Bin Laden), di sferrare un colpo terribile capace di suscitare spavento e sgomento (*shock and awe*). [...] Abbattendo Saddam, indicato da "The Weekly Standard", il principale organo dei neoconservatori, dalla stampa legata al partito repubblicano e dalla rete televisiva *Fox News* come il marionettista di Osama, si sarebbe trattato il male colpendo la causa, distruggendo, insieme allo Stato canaglia iracheno, sia il supposto mandante del terrore mondiale sia il peggior dittatore arabo. Prendendo così due piccioni con una fava, si sarebbe promossa la democrazia, mentre il terrorismo, figlio perverso del malgoverno arabo, sarebbe scomparso insieme al genitore. D'altronde, l'instaurazione di una democrazia filoamericana in Iraq avrebbe permesso di esercitare irresistibili pressioni sul sistema saudita, messo con le spalle al muro dopo l'11 settembre. Da una parte, l'arrivo sul mercato di circa cinque milioni di barili di petrolio iracheno al giorno avrebbe fatto perdere a Riyad [all'Arabia Saudita, *n.d.r.*] la sua arroganza di *produttore elastico*, o *swing producer* [capace di determinare l'andamento del prezzo del petrolio, aumentando o diminuendo la produzione, a seconda dei propri interessi, *n.d.r.*], e il regime non avrebbe più potuto sottrarsi ad una riforma politica e religiosa. Dall'altra, [...] il nazionalismo arabo, con le reni spezzate dalla disfatta di Saddam, suo ultimo campione, non avrebbe avuto più la forza di esprimere il proprio rifiuto di Israele, e lo Stato ebraico si sarebbe integrato, con una posizione di forza, nell'insieme della regione, giocando di nuovo la carta della pace di Oslo ma a condizioni molto più favorevoli ai suoi interessi. In breve, per riprendere il titolo un po' millenarista del libro di Richard Perle pubblicato nel dicembre 2003, i teorici del neoconservatorismo e i loro fedelissimi della Casa Bianca vedevano in tutto ciò il profondo e virtuoso nesso fra missili, mezzi corazzati, liberazione e democratizzazione in Iraq che avrebbe avuto come esito finale e necessario un *End of the Evil*, la fine del male, e una riconciliazione fra l'escatologia [riflessione sul destino dopo la morte, *n.d.r.*] universale e gli interessi propri dell'America. [...] Dalla disfatta dell'esercito del tiranno all'affioramento della società civile irachena, la sequenza degli eventi si sarebbe dovuta dipanare come un *remake* [una copia, *n.d.r.*] della transizione post-comunista nell'Europa dell'Est.

Rimpatrio di un soldato americano ucciso in Iraq, aprile 2003.

Invece, passato l'entusiasmo delle prime settimane di liberazione, un anno di occupazione diretta dalle truppe statunitensi e di quelle dei loro alleati, fino alla vigilia del passaggio formale di potere alle nuove autorità di Baghdad il 28 giugno 2004, è stato sufficiente per dimostrare che l'aleatoria [apparente, superficiale, *n.d.r.*] democratizzazione della società irachena non segue la via intrapresa dalla Germania o dal Giappone nel 1945 [...]. Da nessuna parte l'esercito americano si è mai trovato ad affrontare un simile scatenarsi di violenza da parte di quegli stessi che esso aveva appena liberato dalla tirannia. [...]

La Casa Bianca si arrogava quella funzione che le Nazioni Unite, dipinte come decadenti e deboli, si erano rivelate incapaci di assumere: liberare il pianeta dal pericolo del capo di uno *Stato canaglia* determinato ad usare al più presto le sue armi di distruzione di massa, lanciando così la *guerra al terrore*. Il disincanto non ha tardato a farsi sentire, passato il primo momento di euforia provocato dalla caduta di Baghdad e dalla rovina del regime ba'thista. La violenza e il terrorismo si sono prontamente manifestati, portando così alla luce il dato di fatto che l'eliminazione politica di Saddam (come anche la sua cattura, qualche mese dopo) non costituiva affatto la panacea [il rimedio miracoloso, *n.d.r.*] in grado di sradicare le cause del terrore. [...] Gli effettivi americani non decrescono, anzi vengono rinforzati, accanto agli inglesi, da truppe inviate da alleati soprattutto europei: Spagna e Italia, Polonia e alcuni Stati dell'antico blocco sovietico i cui dirigenti corteggiano attivamente Washington. A un anno di distanza, al 1° maggio 2004, 600 soldati americani sono stati uccisi in Iraq dopo la fine della *battaglia maggiore*, contro i 153 caduti durante l'offensiva.

G. KEPEL, *Fitna. Guerra nel cuore dell'islam*, Laterza, Roma-Bari 2004, pp. 190-192, 201-202, trad. it. C. BRANCACCIO e L. CAPEZZONE

Analizza il testo

- Spiega l'espressione «End of the Evil».
- Quali esperienze del passato pensavano di poter ripetere i neoconservatori?

STORIOGRAFIA

3 Lo Stato islamico

A partire dal 2011, lo scenario mediorientale e, più in generale, il mondo islamico sono stati attraversati da rivolte e guerre civili che hanno seriamente messo in discussione l'assetto fissato dalle grandi potenze occidentali nel corso del Novecento. In Siria, un potente ed efficiente gruppo di integralisti ha creato un'entità territoriale (denominato Stato Islamico o IS) che sfida sia l'Occidente sia i governi dell'intera regione (Iran, Iraq e Arabia Saudita).

Per la prima volta dalla fine della Prima guerra mondiale, un'organizzazione armata sta ridisegnando la mappa del Medio Oriente tracciata da francesi e inglesi. Combattendo una guerra di conquista, lo Stato Islamico (IS), già noto come Stato Islamico dell'Iraq e del Levante (al Sham), ossia Isil o Isis, sta cancellando i confini fissati nell'Accordo Sykes-Picot formulato nel 1916. Oggi [novembre 2014, *n.d.r.*] la bandiera nera e dorata dell'Isis sventola su un territorio, più vasto del Regno Unito o del Texas, che va dalla sponda mediterranea della Siria fino al cuore dell'Iraq: l'area tribale sannita. Dalla fine di giugno 2014 questa regione è nota come il Califfato, una denominazione che aveva cessato di esistere nel 1924, in seguito alla dissoluzione dell'impero ottomano per mano di Ataturk. Nello Stato Islamico, come precedentemente in al Qaeda, molti osservatori occidentali vedono un'organizzazione anacronistica che vorrebbe riportare indietro le lancette dell'orologio. In effetti, rifugiati siriani e iracheni hanno descritto la sua forma di governo come indistinguibile da quella del regime talebano. Ovunque campeggiano manifesti che vietano di fumare e di usare la macchina fotografica; le donne non possono viaggiare se non accompagnate da un parente maschio, devono andare in giro completamente coperte e in pubblico non possono indossare i pantaloni. Al tempo stesso, lo Stato Islamico sembrerebbe impegnato in una sorta di pulizia religiosa attuata mediante una forma molto aggressiva di proselitismo. I residenti nel territorio che scelgono di non fuggire devono aderire, pena la morte, al suo radicale credo salafita [l'orientamento islamico integralista più estremo, *n.d.r.*]. Fin dalla sua comparsa sulla scena globale, il leader e califfo dello Stato Islamico, Abu Bakr al Baghdadi, è stato paragonato al Mullah Omar [leader del regime dei talebani, in Afghanistan, *n.d.r.*] di al Qaeda. Paradossalmente, questi raffronti hanno portato l'Occidente, e il resto del mondo, a sottovalutare sia al Baghdadi sia l'organizzazione da lui guidata. Nonostante il carattere draconiano [severo, rigido, *n.d.r.*] dello Stato Islamico, ritenerlo un'entità *arretrata* sarebbe un errore. Mentre il mondo dei talebani era limitato alle scuole coraniche e a un sapere basato sulle parole del Profeta, l'incubatrice dello Stato Islamico sono state la globalizzazione e la tecnologia moderna. [...] In netto contrasto con la retorica talebana, e nonostante il modo barbaro in cui tratta il nemico, lo Stato Islamico sta diffondendo un potente, e in parte positivo, messaggio politico nel mondo musulmano: quello del ritorno del Califfato, l'età dell'oro dell'Islam. Questo messaggio arriva in un momento di grande destabilizzazione in Medio Oriente, con la Siria e l'Iraq in fiamme, la Libia sull'orlo di un nuovo conflitto tribale, l'Egitto irrequieto e dominato dall'esercito e Israele ancora una volta ai ferri corti con i palestinesi di Gaza. Pertanto, il risorto Califfato, con il suo nuovo califfo al Baghdadi, appare agli occhi di molti sunniti non come l'ennesimo gruppo armato, ma come una nuova promettente entità politica che sorge dalle ceneri di decenni di guerra e distruzione.

Il fatto che questa fenice islamista si sia materializzata il primo giorno di Ramadan, il mese consacrato al digiuno e alla preghiera, del 2014 viene visto come il potente presagio della minaccia che lo Stato Islamico rappresenta per la legittimità di tutti i cinquantasette paesi di fede islamica. Come ha dichiarato il suo portavoce, Abu Mohamed al Adnani, «la legalità di tutti gli emirati, i gruppi, gli stati e le organizzazioni [musulmane, *n.d.r.*] viene azzerata dall'autorità del califfo e dall'arrivo delle sue truppe nei loro territori». È una sfida lanciata da uno stato contemporaneo che dispone di un esercito moderno e che riconduce la propria legittimità alla prima manifestazione territoriale dell'islam nell'Arabia del Settimo e Ottavo secolo. [...] Sotto la patina della religione e dietro le tattiche terroristiche, esiste una macchina militare pienamente impegnata nella costruzione di un nuovo stato e, cosa ancora più sorprendente, nella ricerca del consenso popolare una volta assicuratasi la conquista territoriale. Gli abitanti delle zone controllate dal Califfato, infatti, sostengono che l'arrivo delle milizie dello Stato Islamico ha coinciso con un miglioramento della gestione quotidiana dei loro villaggi. I combattenti dell'Isis hanno sistemato le strade, organizzato le mense per chi aveva perso la casa, garantito l'accesso all'elettricità per tutta la giornata. [...] Nel suo primo discorso in veste di nuovo califfo, al Baghdadi si è impegnato a restituire ai musulmani «la dignità, la potenza, i diritti e l'autorità del comando» che possedevano nel glorioso passato, al contempo ha rivolto un appello a medici, tecnici, giudici ed esperti di giurisprudenza islamica affinché si unissero a lui. Mentre parlava, una squadra di traduttori in tutto il mondo era al lavoro per diffondere il testo del discorso, quasi in tempo reale, sui siti jihadisti [siti che diffondono appelli alla *guerra santa* contro l'Occidente e contro i governi musulmani che collaborano con gli Stati Uniti, *n.d.r.*] in Internet e attraverso Facebook e Twitter, in numerose lingue, tra cui inglese, francese e tedesco. [...] È un messaggio potente e al tempo stesso seducente anche per chi vive all'estero, i giovani musulmani europei e americani, che lottano per integrarsi in una società occidentale che offre sempre meno opportunità alle giovani generazioni. Nessun'altra organizzazione armata ha mai mostrato altrettanta comprensione e intuizione politica nei confronti della politica interna del Medio Oriente e della frustrazione degli immigrati musulmani in tutto il mondo.

L. NAPOLEONI, *ISIS. Lo Stato del terrore*, Feltrinelli, Milano 2014, pp. 13-17, trad. it. B. AMATO

Analizza il testo

- Che cosa accomuna lo Stato islamico al regime integralista dei talebani afghani? In che cosa, invece, si distinguono le due strutture politiche?
- Per quale motivo il messaggio lanciato dal califfo al Baghdadi appare positivo a numerosi musulmani?
- Perché il Califfato è percepito come una sfida e una minaccia da tutti gli Stati islamici?

Il secolo cinese

Lo studio della situazione cinese all'inizio del XXI secolo può permettere l'acquisizione di una competenza fondamentale, che potremmo definire nel modo seguente: **saper individuare le ragioni per cui una potenza riesce a mantenere (o, viceversa, perde) la supremazia in campo economico.** Per affinare tale competenza, viene proposto di seguito un approfondimento, che prende le mosse da due brani di taglio giornalistico sui punti di forza e di debolezza del gigante cinese. Secondo il giudizio concorde degli economisti, l'unico confronto valido con altre realtà economiche è quello con gli Stati Uniti del XIX secolo.

La Cina nell'economia globale

Economisti ed editorialisti spesso descrivono la crescita della Cina come un ulteriore caso di economia emergente in fase di decollo, che è stata preceduta dal Giappone e dalle *tigri* asiatiche (Corea del Sud, Singapore, Taiwan e Hong Kong) e che sarà seguita tra breve dall'India. Invece, tutto si può dire, tranne questo, perché l'ascesa della Cina ha molte più cose in comune con quella degli Stati Uniti di un secolo fa che non con il progresso dei suoi predecessori e successori contemporanei. Ciò a cui stiamo assistendo è la crescita prolungata e impressionante di una futura potenza mondiale, con un'ampiezza di risorse senza pari, grandi ambizioni, forti posizioni negoziali e i mezzi tecnologici e finanziari di una diaspora [l'insieme dei cinesi sparsi in tutto il mondo, *n.d.r.*] dotata di solide posizioni e abilità negli affari. L'influenza di una Cina in ascesa sui paesi di tutto il mondo – quelli sviluppati come quelli in via di sviluppo – sarà enorme, come enorme sarà la necessità di elaborare strategie e risposte adatte per affrontarne la sfida. [...] Il *disordine* causato dall'avanzata della Cina non è né ciclico né temporaneo, ma rappresenta una ricostruzione dalle fondamenta del sistema economico globale e un riposizionamento delle sue componenti chiave. Presto dovremo fare i conti con la comparsa di un nuovo contesto per gli affari, con nuove regole di base per la competizione, nuove condizioni di lavoro e modelli innovativi di consumo: un nuovo clima che ridisegnerà i fronti di lotta in ambito politico, economico e sociale, un nuovo ambiente che porterà sfide inedite fin sull'uscio delle nazioni, delle imprese, degli individui.

[la Cina] è su una rotta che le consentirà di sorpassare gli Stati Uniti come prima economia mondiale nel giro di due decenni

Se si calcolano i dati in base ai differenziali di potere d'acquisto, la Cina è già la seconda economia mondiale. Con un tasso di crescita più elevato di quello di qualsiasi altro grande paese, è su una rotta che le consentirà di sorpassare gli Stati Uniti come prima economia mondiale nel giro di due decenni. Alcuni economisti non danno credito ai dati sulla crescita della Cina, perché li ritengono esagerati, ma anche se si abbassasse di un punto, come suggeriscono, il tasso di crescita del prodotto interno lordo (dall'8 al 7%), si accrediterebbe comunque la Cina del tasso di crescita più rapido (e sostenibile) sia tra i paesi sviluppati sia tra quelli in via di sviluppo. Altri osservatori, basandosi su indizi come il consumo di energia, suggeriscono invece che il tasso di crescita della Cina sia in effetti più elevato di quello suggerito dalle statistiche ufficiali. È vero che l'economia cinese si trova di fronte ad alcuni seri ostacoli, come un sistema bancario che si sta sgretolando, un terziario inefficiente e una componente significativa della popolazione priva di diritti, ma questi ostacoli sembrano al massimo in grado di frenare, non di arrestare la marcia economica cinese.

In molti settori, specialmente quelli *labour intensive* [quelli nei quali il costo del lavoro, cioè il salario degli operai, rappresenta una porzione significativa dei costi totali, *n.d.r.*], la Cina è sin d'ora la protagonista globale. Dagli impianti industriali situati in Cina esce il 70% dell'intera produzione mondiale di giocattoli, il 60% di quella di biciclette, la metà di quella di scarpe e un terzo di quella di valigeria. In queste categorie commerciali sugli scaffali dei negozi spesso è impossibile trovare qualcosa che non sia stato prodotto in Cina. In alcune altre categorie commerciali, come il tessile e il vestiario, la quota di mercato cinese è stata limitata da muraglie di quote e tariffe la cui eliminazione è stata programmata dopo l'ingresso del paese nell'Organizzazione mondiale del commercio (la Wto) e l'eliminazione delle limitazioni al commercio internazionale. La Cina, tuttavia, non è soddisfatta di restare confinata nel ruolo di produttore *low-tech* [di basso livello tecnologico, *n.d.r.*] e *labour intensive*. È già attiva in aree nelle quali la tecnologia svolge un ruolo importante e il lavoro non costituisce il fattore di costo dominante: il paese costruisce metà dei forni a microonde mondiali, un terzo delle televisioni e dei condizionatori d›aria, un quarto delle lavatrici e un quinto dei frigoriferi, e questi prodotti rappresentano il segmento a crescita più elevata delle sue esportazioni. Inoltre la competitività dei produttori di altre nazioni dipende in modo crescente dalla componentistica o da assemblatori cinesi.

A differenza del Giappone o della Corea, la Cina non lascerà perdere il settore *labour intensive* mentre si eleva nella scala delle nazioni. Al contrario, farà leva sul proprio predominio nei settori *labour intensive* e a medie tecnologie per finanziare un balzo significativo nelle aree *knowledge intensive* [quei settori nei quali la ricerca scientifica rappresenta la porzione più significativa dei costi totali, *n.d.r.*] che in futuro guideranno l'economia mondiale. È questa spinta combinata che catapulterà la Cina nella schiera delle principali potenze economiche, ed è questa combinazione che porrà sfide senza precedenti ai suoi concorrenti globali.

O. SHENKAR, *Il secolo della Cina. L'impatto della crescita cinese sull'economia globale, gli equilibri planetari, il lavoro*, Il Sole 24 ore, Milano 2005, pp. 1-3, trad. it. N. BORZI

Un nuovo protagonista del sistema economico mondiale

Nel febbraio 2005 gli schermi radar dell'economia mondiale hanno avvistato un sorpasso denso di significato. La Cina è diventata il maggior consumatore mondiale di prodotti industriali e agricoli sottraendo questo primato agli Stati Uniti, che lo detenevano da quasi cent'anni. Un mese prima, il 6 gennaio, la signora Lan Hui, impiegata trentunenne della Shell a Pechino, aveva partorito un maschietto di 3,66 chili. Il bambino finì sulle prime pagine dei giornali perché, con la sua nascita, la popolazione cinese raggiungeva ufficialmente 1 miliardo e 300 milioni. È la dimensione demografica dell'Europa sommata a quella degli Stati Uniti... e moltiplicata per due. Nel corso dello stesso 2005 il numero dei cinesi che hanno accesso a Internet (134 milioni) raggiunge e supera quello degli americani. La forza del paese è una combinazione di tutti questi elementi: le grandi dimensioni, l'inesauribile manodopera a buon mercato, le punte avanzate di modernità. Il boom cinese, ormai, detta i ritmi e le regole del sistema in cui noi tutti viviamo. Nessun settore, neanche quello tecnologicamente più avanzato, è al riparo dalla concorrenza del gigante asiatico: la Cina incarna il più grande popolo di consumatori, il più vasto bacino di forza lavoro e una nazione che riesce ad eccellere nella ricerca scientifica, nella conquista dello spazio, nelle biotecnologie. Minaccia o opportunità, non ci si può permettere di ignorarla. Secondo la banca americana Goldman Sachs, nel giro di trent'anni l'economia cinese sarà tre volte maggiore di quella degli Stati Uniti. *The Economist* ha stimato che nel prossimo mezzo secolo lo sviluppo della Cina aggiungerà all'economia del pianeta una ricchezza pari alla scoperta di altre quattro Americhe. Siamo entrati, in tutti i sensi, nel *secolo cinese*. [...]

I paragoni con la storia passata risultano imperfetti perché sottovalutano gli elementi di originalità della Cina. Il primo è questo: a differenza dell'Inghilterra dell'Ottocento e dell'America del Novecento, per le sue dimensioni demografiche eccezionali la Cina diventerà la maggiore economia mondiale nonostante una fetta della sua popolazione possieda redditi da Terzo Mondo. Sarà una superpotenza, ma conserverà un esercito di riserva di lavoratori poveri e continuerà così per molto tempo a esercitare una formidabile pressione competitiva sui paesi concorrenti. Solo nel 2002 la Cina si è integrata a tutti gli effetti negli scambi internazionali, diventando un membro dell'Organizzazione mondiale del commercio (Wto): un evento di cui i paesi ricchi avevano clamorosamente sottovalutato la portata. In breve tempo ciò ha sconvolto a tal punto gli equilibri dell'economia globale da arrivare a scatenare tensioni e paure, appelli al protezionismo, tentativi affannosi di riscrivere le regole e di rinegoziare gli accordi. La Cina non *entra* nella globalizzazione. Per le sue dimensioni, la Cina *cambia* il concetto di globalizzazione accettato finora. [...]

La Cina non entra nella globalizzazione. Per le sue dimensioni, la Cina cambia il concetto di globalizzazione accettato finora

La Cina suscita anche diverse paure. La più immediata, quella che riempie le prime pagine dei nostri giornali, è la paura economica. [Tuttavia], cercare di sottrarsi alla concorrenza cinese è impossibile, perché serve anche a noi. Abbiamo smesso da tempo di fabbricare computer e telefonini. Chiudere alla Cina vorrebbe dire amputarci di una parte del nostro tenore di vita. Quello sconto cinese che per alcuni di noi è una minaccia, per altri rappresenta un guadagno (consumatori, imprese che delocalizzano). Il 59 per cento delle esportazioni *made in China* in realtà sono *nostre*, cioè fabbricate da multinazionali dei paesi ricchi. Certo, i molti benefici che otteniamo senza neppure saperlo coesistono con i danni immediati e dolorosi per industrie e lavoratori spazzati via da una competizione massacrante. [...] Oltre all'ossessione del *made in China*, si individuano altre paure ben più legittime. A questo ritmo di sviluppo, tra vent'anni la Cina avrà 200 milioni di automobili. Già oggi lo smog cinese contamina l'atmosfera di tutta la Terra: polveri tossiche di Shangai vengono rintracciate nell'aria che si respira in Europa e in America. Per soddisfare il bisogno di legname dell'economia cinese, ogni anno in Indonesia vengono distrutte foreste pari alla dimensione della Svizzera. L'impatto sulle risorse naturali del pianeta è una delle incognite più gravi del nostro futuro.

F. RAMPINI, *Il secolo cinese. Storie di uomini, città e denaro dalla fabbrica del mondo*, Mondadori, Milano 2005, pp. 3-8

Lavorare con i testi

Nei testi citati, il colore ha evidenziato alcuni passaggi essenziali. Come ulteriore stimolo di analisi e di riflessione, ti vengono proposte alcune domande.

Analizza i testi

- Quali dati appaiono particolarmente significativi, tali da lasciar percepire la straordinario sviluppo dell'economia cinese?
- In quali settori produttivi la Cina gode già di una posizione di assoluto predominio?
- Per quale motivo, e in che senso, la Cina cambia il concetto di globalizzazione accettato finora?
- Quali problemi ambientali potrebbe provocare lo sviluppo cinese?

Dopo aver risposto, avrai a tua disposizione una scaletta, che riassume le principali informazioni. Sulla base di essa, componi un testo di tre colonne di foglio protocollo.

Verifica dell'apprendimento
Conoscenze e abilità

Organizzare le informazioni

1. Completa lo schema relativo alle particolarità della guerra al terrorismo inserendo correttamente i termini o le espressioni qui sotto elencati in ordine sparso.

islamico · battaglie campali · delimitazioni territoriali · molteplici · terrorismo · guerra globale · nemico · convenzionale · suicidio · Stato sovrano · martire

- **ASSENZA DI UNO** .... → .... e diversi soggetto coinvolti nella lotta al ....
- **ASSENZA DI** .... → Il .... non è confinato entro precisi limiti territoriali
- **ASSENZA DI UN ESERCITO** .... → Non ci possono essre ....
- **DISPONIBILITÀ AL** .... → Il militante .... cerca la morte convinto di essere un ....
  → ...., priva di contorni precisi

Lessico

2. Definisci le espressioni o i termini.

Intifadah

....
....
....

Politica del figlio unico (in Cina)

....
....
....
....

Trattato di Maastricht

....
....
....

Talebani

....
....
....

Stato islamico di al-Baghdadi

....
....
....

VERIFICA

Apartheid

....

....

....

Tangentopoli

....

....

Il ruolo dei soggetti storici

3. Collega gli inizi di frase della colonna di sinistra con le corrispondenti conclusioni della colonna di destra.

a) Nel 1993, con gli accordi di Washington

b) In virtù delle immense ricchezze del sottosuolo (petrolio e gas naturale), Putin

c) Quando entrarono a far parte della UE, molti Paesi dell'Europa dell'Est

d) Nel 2003 gli Stati Uniti, senza il sostegno delle Nazioni Unite,

e) La risposta della Russia alle rivendicazioni indipendentiste cecene

f) Durante la guerra del Golfo Saddam Hussein

g) Negli anni Novanta, le guerre su base etnico-religiosa scoppiate nei territori della ex Iugoslavia

h) Deng Xiaoping, assunto il governo della Cina nel 1978,

i) Le morti di Dalla Chiesa, Falcone e Borsellino, episodi vergognosi e dolorosi per il nostro Paese,

1) invasero l'Iraq, accusato di possedere armi di distruzione di massa.

2) si trovarono in enorme difficoltà, in quanto appena usciti dal comunismo e impreparati all'economia di mercato.

3) costrinsero la mafia a ripensare la propria struttura e mettersi sulla difensiva, dopo anni di totale dominio e impunità.

4) per la prima volta un'autorità palestinese riconosceva lo Stato di Israele.

5) ha intrapreso una politica estera aggressiva.

6) videro contrapporsi, con esiti disastrosi, serbi, croati e bosniaci.

7) diede avvio a una rapida liberalizzazione economica, ma nulla concesse sul piano delle libertà individuali e di opinione.

8) ordinò che il patrimonio petrolifero del Kuwait venisse devastato.

9) è stata feroce e violenta.

Fatti e concetti

4. Completa le seguenti frasi.

a) Nella guerra del .... del 1991 le truppe irachene furono annientate dall'offensiva terrestre delle forze della .... (Stati Uniti, ... e molti Paesi ....).

b) Fra i principali oppositori al processo di pace tra israeliani e .... vi erano i .... del gruppo *Gush Emunim* e il partito del rabbino Kahane, che chiedeva la completa .... degli arabi dalla Terra di Israele.

c) Il Tibet, territorio appartenente politicamente alla .... e guidato dal ...., da anni rivendica l'indipendenza o, se non altro, una maggiore ....

d) Quando il 24 marzo 1999 la .... iniziò a bombardare la Serbia, il presidente serbo .... ritirò le sue truppe dal .... e fermò le violenze.

e) I terroristi di .... si concepiscono come i veri seguaci di .... e si sentono investiti del compito di far rinascere la .... dell'islam.

f) L'intervento in .... da parte degli USA venne giustificato come una lotta del .... contro il male, alimentato dai cosiddetti .... che proteggevano il terrorismo.

g) Tra le conseguenze dell'invasione americana in Iraq vanno annoverati gli .... che colpirono Madrid nel .... e .... nel 2005.

→ Verso il saggio breve

5. Scrivi un testo – massimo due facciate di foglio protocollo – sulla Cina moderna utilizzando le domande-guida elencate di seguito.

→ Come si presenta oggi la Cina dal punto di vista della crescita economica? Dove sono collocati i maggiori centri di produzione?

→ Quali fattori hanno permesso negli anni recenti al Paese di raggiungere tassi di crescita annua così elevati?

→ Che cos'è la delocalizzazione delle imprese? Perché questo fenomeno riguarda così da vicino il colosso asiatico?

→ Esistono dei risvolti negativi legati all'impetuoso sviluppo economico del Paese? Se sì, quali sono e quali ricadute potrebbero avere sul futuro della Cina?

metodo di studio

Per ripassare i **fatti**

CONTRASTI POLITICI

1978
- Deng Xiaoping sale al potere in Cina

1982
- Massacro di palestinesi a Sabra e Chatila

1987
- Inizia l'*Intifadah*

1989
- Massacro di piazza Tienanmen

1990
L'Iraq invade il Kuwait

1991
- Guerra del Golfo
- Disgregazione dell'URSS

1992
- Uccisione di Giovanni Falcone e Paolo Borsellino

1993
- Accordo tra OLP e Israele

1995
- Assassinio di Ytzhak Rabin

2001
- Attentati terroristici a New York
- Intervento americano in Afghanistan

2003
Intervento americano in Iraq

2008
- Obama diventa presidente degli Stati Uniti

2010
- Gli USA ritirano le truppe dall'Iraq

2012
- Guerra civile in Siria

ECONOMIA DEMOGRAFIA E SOCIETÀ

1992
- Trattato di Maastricht (istituzione della UE)

2002
- Entra in vigore l'euro

2008
- Crisi economica mondiale

CULTURA CIVILTÀ E RELIGIOSITÀ

1981
- Referendum in Italia sull'aborto

1992
- Iniziano le inchieste giudiziarie di Tangentopoli

2006
- Assassinio a Mosca di Anna Politkovskaja

2013
- Dimissioni di Benedetto XVI ed elezione di papa Francesco

→ Per ripassare i **concetti**

Leggere gli schemi

IL MONDO TRA XX E XXI SECOLO

- **Il Medio Oriente**
  - Invasione israeliana del Libano (1982)
  - *Intifadah* palestinese (1987)
  - Settembre 1993: accordi di Washington tra Arafat e Rabin
  - 1995: assassinio di Rabin e seconda *Intifadah* (2000)
- **Soggetti politici**
  - Fine del comunismo
    - Vittoria di Deng Xiaoping in Cina
      - Libero mercato, rigido controllo ideologico
      - La Cina si avvia a guidare l'economia mondiale
    - Dissoluzione dell'URSS (1989)
      - Eltsin presidente della Russia
      - Libertà ideologica, economia in grave difficoltà
      - Affermazione di Putin
    - Nasce l'Unione Europea (Maastricht, 1992): 12 Stati
      - Entra in vigore l'euro
      - Progressivo allargamento: oggi i membri sono 28
- **Guerra al terrorismo**
  - 11 settembre 2001 attacco alle Torri gemelle
  - Gli USA invadono l'Afghanistan (2001)
  - Gli USA invadono l'Iraq (2003)
  - Elezione di Obama e ritiro dall'Iraq
  - Guerra civile in Siria e nascita dello Stato islamico

Indice dei nomi

A

Abd-Allah vedi Husayn Abd Allah ibn al-, 241, 497, 520
Adnani Abu Mohamed al-, 680
Agnelli Giovanni, 26
Akçam Taner, 68
Albanese Giulia, 290
Albertini Luigi, 263
Aldrin Buzz, 562
Alessandro I (zar di Russia), 69
Alessandro II (zar di Russia), 18-19, 53
Alessandro III (zar di Russia), 154, 160
Alexander Harold Rupert (conte di Tunisi), 413
Alfonso XIII (re di Spagna), 326
Alighieri Dante, 323
Allende Salvador, 569-570, 620
Aly Götz, 37, 187
Ambrosio Vittorio, 399
Amendola Giovanni, 261
Andreotti Giulio, 623, 625, 678
Anielewicz Mordechai, 448
Antonov Aleksandr, 175
Arafat Yasser, 572, 574, 642, 645, 647
Armstrong Neil, 562
Avagliano Mario, 338

B

Badoglio Pietro, 135, 137, 328, 401-403, 409, 424-425
Baghdadi Abu Bakr al-, 669, 680
Baker James, 632
Balbo Italo, 249, 258
Balfour Arthur James, 243
Balisti Fulvio, 427
Banna' Hassan al-, 245, 521
Barbusse Henri, 140
Bardi Gino, 427
Basso Lelio, 261
Batista Fulgencio, 530
Battisti Cesare, 93
Bäumer Gertrud, 106
Becker Jasper, 590
Begin Menahem, 498, 600
Ben Gurion David, 495
Benedetto XV, papa (Giacomo della Chiesa), 92, 136
Benedetto XVI, papa (Joseph Ratzinger), 677
Benes Edvard, 504
Benjamin Walter, 143
Bensoussan Georges, 144
Bergère Marie-Claire, 591
Berija Lavrentij, 283, 544
Berlinguer Enrico, 620-624, 626
Berlusconi Silvio, 667, 676-677
Bernstein Eduard, 10
Bernstein Henri, 17
Bethmann-Hollweg Theobald von, 106
Bevin Ernest, 500
Bianco Vincenzo, 380
Billotte Gaston, 386
Bin Laden Osama, 661-662, 664-667, 669, 679
Bismarck Otto von, 51, 67, 82
Blanqui Louis Auguste, 13
Bloch Marc, 386
Boldori Attilio, 249
Bonomi Ivanoe, 26, 259, 409
Bordiga Amadeo, 209-210, 218
Borghese Junio Valerio, 408
Borsellino Paolo, 674
Boselli Paolo, 123
Bossi Umberto, 675
Bottai Giuseppe, 331, 338
Boucicaut Aristide-Jacques, 36
Boulanger Georges, 13-14, 40
Bourke Joanna, 542
Boyce Edward, 542
Braun Eva, 417
Breznev Leonid, 531, 568, 582, 612-613
Broglie Albert de, 13
Bruneteau Bernard, 145
Brusilov Aleksej, 162-163
Bucharin Nikolaj, 169, 194, 281
Bullock Alan, 339
Bülow Karl von, 88, 102
Burleigh Michael, 540
Burrin Philippe, 346, 459
Bush George H.W., 678
Bush George W., 662, 665-669, 679

C

Cadorna Luigi, 90, 104, 122-123, 134-137, 142
Calabresi Luigi, 619, 629
Calvino Italo, 538
Capa Robert, 326
Capone Al (Alphonse Gabriel), 225
Caponnetto Antonino, 674
Caracciolo Lucio, 678
Cardini Franco, 38, 70
Carlo Alberto (re d'Italia), 332
Carter Jimmy, 600
Castro Fidel, 530-531, 677
Castronovo Valerio, 27, 575
Cavazza Stefano, 36
Cavour Camillo Benso, conte di, 25, 535
Ceausescu Nicolae, 616
Ceccherini Sante, 290
Cernik Oldrich, 582
Chamberlain Arthur Neville, 333-335, 339, 360
Chaplin Charlie, 226
Chen Yun, 589
Chiang Kai-shek, 341, 343-344, 493, 652
Churchill Winston, 192, 360, 367, 370, 382-383, 386, 396, 399, 410, 418, 472, 475-477, 526
Ciampi Carlo Azeglio, 631
Ciano Galeazzo, 335, 361, 400, 407
Cini Vittorio, 398
Cinnella Ettore, 186
Citroën André, 294
Clark Christopher, 57
Clay Lucius Dubignon, 500
Collotti Enzo, 363, 402, 429, 478
Corday Michel, 105
Corradini Enrico, 94-96
Craxi Bettino, 624, 626, 675
Croce Benedetto, 321
Cujkov Vasilij Ivanovic, 383-384
Curcio Renato, 623
Czerniaków Adam, 446

D

D'Annunzio Gabriele, 96, 98-100, 205, 208, 217, 248, 316
Daladier Édouard, 334
Dalai Lama, 652
Dalla Chiesa Carlo Alberto, 624, 674
Darwin Charles, 39, 601
De Bono Emilio, 290

De Felice Renzo, 94, 538
De Gasperi Alcide, 484, 486, 488-489, 535-536
De Gaulle Charles, 386, 410-411, 500, 526-527, 565, 568
Della Seta Adolfo, 338
Della Seta Esterina, 338
De Nicola Enrico, 487, 501
Deng Xiaoping, 556, 589, 648
Diaz Armando, 137-138
Dimitrievic Dragutin *detto* Apis, 53, 57-58
Di Nucci Loreto, 248
Di Vittorio Giuseppe, 501, 538
Dollfuss Engelbert, 325
Dreiser Theodor, 36
Drumont Édouard, 15
Drtina Prokop, 504
Drexler Anton, 229
Dreyfus Alfred, 15-17, 40, 71, 242
Dubcek Aleksander, 566-568, 578-579, 581-582, 613
Duggan Christopher, 320
Dulles Allen Welsh, 539
Dzerzinskij Feliks Edmundovic, 194-195

E

Ebert Friedrich, 179
Eckart Dietrich, 237-238
Eden Anthony, 383, 540
Ehrman Riccardo, 631
Einaudi Luigi, 488, 501
Einstein Albert, 39, 307, 422-423
Eisenhower Dwight D., 402, 418
Ejzenstein Sergej, 69
Eltsin Boris, 653-654, 658, 678
Engels Friedrich, 39, 93, 164, 166

F

Fabi Lucio, 142
Facta Luigi, 259
Faisal I (re d'Iraq), 241
Falcone Giovanni, 673-674
Falkenhayn Erich von, 106
Fanfani Amintore, 535, 577, 621
Fara Gustavo, 290
Farinacci Roberto, 247, 258, 264, 317
Faruq I (re d'Egitto), 521
Favagrossa Carlo, 362
Fellini Federico, 537
Ferguson Niall, 386
Fermi Enrico, 423
Fini Gianfranco, 675
Flores Marcello, 68, 294, 519, 544
Ford Henry, 226, 558
Forrestal James Vincent, 502
Franceschini Alberto, 623
Francesco, papa (Jorge Mario Bergoglio), 677
Francesco Ferdinando d'Asburgo, arciduca, 58-59, 67
Francesco Giuseppe, imperatore, 22, 67, 415
Franco Francisco, 326-327, 407
Frank Hans, 406, 439-440
Frantz Constantin, 37
Freeden Michael, 234
Freud Sigmund, 67, 91, 307
Friedländer Saul, 238
Fuller John Frederick Charles, 385
Furceva E.A., 545
Furet François, 145

G

Gaddis John L., 541
Gaeta Franco, 24, 272
Gamelin Maurice, 386
Ganapini Luigi, 428
Gandhi Mohandas Karamchand, 189-192, 491-492
Gemelli Agostino, 141
Gemlich Adolf, 228
Gentile Emilio, 39-41, 141, 237, 261, 318
Gentile Giovanni, 248, 320
Gentiloni Vincenzo Ottorino, 34-35
Gianini Bellotti Elena, 622
Giddens Anthony, 542
Gilbert Martin, 383
Giolitti Giovanni, 23-27, 30-31, 34-35, 92-93, 95, 99-101, 104, 137, 210, 216-217, 259
Giovanna D'Arco, 17
Giovanni XXIII, 577
Giovanni Paolo II, papa (Karol Wojtyla), 613
Giurati Giovanni, 318
Gobetti Piero, 262-263
Goebbels Joseph, 277-278, 307, 417, 455, 472
Goethe Johann Wolfgang von, 182
Gomulka Wladislaw, 518, 538, 613
Gor'kij Maksim, 543
Gorbacëv Michail, 613-616, 649, 653-654, 658, 678
Göring Hermann, 312, 361, 455, 462
Gramsci Antonio, 209-210, 380, 489
Grandi Dino, 258, 400-401, 407
Graziani Rodolfo, 328
Grechko Andrei, 582
Greiser Arthur, 441
Gromyko Andrei, 502
Grossman Vasilij, 516
Guderian Heinz, 385
Guevara Ernesto *detto* Che, 530
Guglielmo I, 184
Guglielmo II, kaiser, 59, 67, 80, 83, 86, 103, 133, 173
Guolo Renzo, 627

H

Haig Douglas, 385
Halifax lord (Edward Wood, I conte di Halifax), 339
Hastings Max, 67, 106, 426
Henlein Konrad, 504
Herbst Ludolf, 291
Herrer Karl, 229
Hersey John, 542
Herzl Theodor, 241-242
Hess Rudolf, 455, 460
Heydrich Reinhard, 439, 442, 445, 449, 459, 504
Hilberg Raul, 443
Himmler Heinrich, 308-310, 417, 439, 442, 444, 448, 451, 455, 460
Hindenburg Paul von, 88, 276, 279
Hirschfeld Gerhard, 347
Hitler Adolf, 19-22, 37, 85, 106-107, 133, 173, 222, 226-233, 235, 237-238, 246, 274-279, 291, 304-310, 312-314, 317, 322, 325, 333-337, 339, 356-357, 359, 361-362, 366-370, 372-374, 377, 380, 382-383, 396, 399-400, 404-407, 410-411, 415-417, 420, 422-423, 425-426, 439, 443, 454-455, 457-459, 461-463, 472, 504, 564, 566, 616, 663
Ho Chi Minh, 584-585
Hobbes Thomas, 345
Hoffmann Heinrich, 291

Honecker Erich, 631-632
Hoover John Edgar, 187
Hoover Herbert, 270-271
Höss Rudolf, 451
Hötzendorf Franz Conrad von, 59, 66
Husayn Abd Allah ibn al-, 241, 497, 520
Husayn Faisal ibn al-, 241
Husayn ibn Alì al-, 604
Husayni Hagg Amin al-, 246
Hussein Saddam, 607 627, 643-644, 665-668, 679

J

Jäckel Eberhard, 237
Jackson J.R.H., 455
Jaruzelski Wojciech, 613, 615
Jodl Alfred, 418, 425
Johnson Lyndon B., 562, 586-587
Juarès Jean, 16
Judt Tony, 500, 504, 582

K

Kádár János, 541
Kamenev Lev, 186
Kaminsky Horst, 631
Kaplan Tanya, 169
Karaganov Sergej, 678
Kautsky Karl, 176
Keep J.L.H., 186
Keitel Wilhelm, 418
Kemal Mustafà (Atatürk), 62, 244-245
Kennedy John Fitzgerald, 529, 531, 533, 541, 592, 608
Kepel Gilles, 679
Kerenskij Aleksandr F., 160, 162-163, 167, 186, 193
Kershaw Ian, 463
Kesselring Albert, 403, 418
Keynes John Maynard, 187, 272, 559
Khomeini Sayyd Ruhollah al-Musawi, 605-607, 627
Kim Phuc, 586
Kissinger Henry, 587, 608
Knox MacGregor, 381
Koch Robert, 6
Koenen Gerd, 347
Kohl Helmut, 617, 632, 678
Korczak Janusz, 446
Kornilov Lavr, 163-164, 193
Krenz Egon, 631-632
Krüger Friedrich Wilhelm, 448
Kruscëv Nikita Sergeevic, 380, 514-518, 529, 531, 533, 538, 543-544, 589, 611, 613, 648

L

L'vov Georgij, 157-158, 160, 162-163
Labriola Arturo, 26
Lacis O.P., 544
Lan Hui, 682
Landra Guido, 330
Lavrov Sergej, 678
Lawrence Bruce, 662
Lawrence Thomas Edward, 239
Lazzari Costantino, 209
Le Bon Gustave, 9, 13, 17, 39-41
Leibing Peter, 528
Lenin Vladimir Il'ic Ul'janov, 17, 130, 133, 145, 159-161, 163-169, 171, 173-174, 176-178, 180, 186, 193-194, 209, 217, 222, 237, 247, 273, 280-281, 283, 289, 291, 304, 322-323, 494, 514, 516, 543, 554, 556, 579
Leone XIII, papa (Vincenzo Pecci),12, 35
Levi Primo, 452, 457
Lewis David, 36
Lichtenbau Marek, 446
Liddell Hart Basil, 385-386
Liebknecht Karl, 10, 180-181, 183
Limentani Angelica, 338
Lin Biao, 343, 580
Lincoln Abraham, 670
Lincoln W. Bruce, 195
Liu Shaoqi, 556, 589-590
Locke John, 288, 474
Ludendorff Erich, 102
Lueger Karl, 22, 227
Luft Christa, 632
Lupo Salvatore, 249
Lussu Emilio, 124, 409
Luxemburg Rosa, 10, 180-181, 183

M

Mac-Mahon Patrice de, 13
MacArthur Douglas, 422
MacMillan Margaret, 71
Machiavelli Niccolò, 39
Malenkov Georgij, 514, 541
Mameli Goffredo, 501
Mandela Nelson, 672
Mao Zedong, 342-344, 480, 493-494, 554-556, 580-581, 589-591, 618, 648
Maometto, profeta, 244-245, 496, 524, 604, 664
Marinetti Filippo Tommaso, 95, 97, 248
Marr Wilhelm, 20-21, 37
Marshall George, 479-480, 483, 500, 539-540, 557-558, 584
Marx Karl, 8, 14, 25, 39, 164-166, 194, 209, 213, 307, 534, 554-555
Mashin Draga (regina di Serbia), 53
Matteotti Giacomo, 259, 262-263, 265, 500-501, 656
Maurras Charles, 17
Mazowieski Tadeusz, 615
Mazzini Giuseppe, 95, 213, 340, 501, 535
McCarthy Joseph, 482
Medvedev Dmitrij, 658
Merridale Catherine, 384
Mielke Erich, 631
Mikheev Sergej, 678
Milani don Lorenzo, 127
Mitterand François, 678
Mocali Roberto, 142
Modigliani Giuseppe Emanuele, 259
Modrow Hans, 632
Molotov Vjačeslav M., 336, 357, 517, 541
Monti Mario, 677
Moro Aldo, 577-578, 620, 622-625
Mosse George Lachmann, 145, 453
Muscetta Carlo, 538
Mussolini Benito, 26, 34, 39, 93-94, 96, 98-100, 205, 211-215, 230-232, 235-236, 247-249, 258-267, 272, 279, 290-291, 305, 315-319, 321-323, 325, 328-331, 333-334, 338, 361-365, 377-378, 380-381, 398-401, 407, 409, 419, 427, 500-501, 656

N

Nagy Imre, 519, 582, 615
Naimark Norman M., 505
Napoleone Eugenio Luigi Bonaparte, 12
Napoleone III, 12, 80, 172

Nasser Gamal Abd al-, 521-525, 539-540, 571, 600-601, 603
Nenni Pietro, 536, 538, 626
Ngo Dinh Diem, 585
Nicola II (zar di Russia), 154, 157-158, 171
Nietzsche Friedrich, 96
Nitti Francesco Saverio, 208, 217
Nixon Richard, 586-587, 608
Nolte Ernst, 238

O

Obama Barack, 669-670, 677
Obrenovic Alessandro (re di Serbia), 53
Orlando Vittorio Emanuele, 137-138, 208, 217
Overy Richard J., 295, 405
Owen Wilfred, 117, 313

P

Palmieri Marco, 338
Panunzio Sergio, 94, 248
Papini Giovanni, 97
Parisi Vincenzo, 537
Parri Ferruccio, 412, 484-485
Pashic Nikola, 53
Passani Giorgio, 249
Pasteur Lous, 6
Paulus Friedrich von, 373, 384
Pavelic´ Ante, 420
Pavolini Alessandro, 427
Peano Camillo, 100
Peluffo Paolo, 632
Perle Richard, 679
Pervuchin Michail, 541
Pessina G.E., 248
Petacci Claretta, 419
Pétain Philippe, 359, 387
Pham Van Dong, 588
Picasso Pablo, 326
Picot Georges, 680
Pinelli Giuseppe, 619, 629
Pio XII, papa (Eugenio Maria Pacelli), 489, 577, 583
Pohlmann Walter, 37
Politkovskaja Anna, 658
Preobrazenskij Evgenij Alekseevic, 194
Preziosi Giovanni, 172
Princip Gavrilo, 58
Prodi Romano, 655
Proudhon Pierre-Joseph, 14
Putin Vladimir, 658, 678

Q

Qutb Sayyd, 524, 601, 645, 662, 665

R

Rabin Ytzhak, 645-647
Rampini Federico, 683
Rathenau Walther, 83, 120, 222, 288
Reagan Ronald, 610, 614
Reichenau Walter von, 368
Remarque Erich Maria, 307
Renan Ernest, 14
Renzi Matteo, 677
Reynaud Paul, 386
Reza Khan, 245
Reza Pahlavi Muhammad, 603, 605
Ribbentrop Joachim von, 336, 357, 455
Ricci Renato, 427
Ridolfi Maurizio, 487, 501
Riezler Kurt, 106
Rigola Rinaldo, 137
Robespierre Maximilien-Marie-Isidore de, 137, 273
Rocchi Corrado, 427
Rocco Alfredo, 98
Rochat Giorgio, 125, 329, 382
Röhm Ernst, 306, 309
Romita Giuseppe, 501
Rommel Erwin, 376, 381, 403
Roosevelt Franklin Delano, 271-273, 366, 370-372, 382-383, 396, 399, 416, 422-423, 472-476, 478, 526
Rosenberg Alfred, 232, 455, 459
Rosenberg Ethel, 482
Rosenberg Julius, 482
Rossa Guido, 624
Rosselli Carlo, 409
Rossi Francesco, 630
Rundstedt Karl Rudolf Gerd von, 425
Rusconi Gian Enrico, 99, 103, 387
Rushdie Salman, 606

S

Sacco Nicola, 225
Sacharov Andrej, 653
Sadat Anwar al-, 600-601, 603
Said Nuri al-, 540
Sakamaki Kazua, 382
Salandra Antonio, 35, 90, 92, 98-100, 103-104, 123, 134, 204, 263
Salvatorelli Luigi, 261
Salvemini Gaetano, 30-31, 93, 248
Saragat Giuseppe, 500, 535
Sassoon Donald, 583
Sassoon Siegfried, 117
Saud Ibn, 245
Savoia Amedeo, duca d'Aosta, 236
Scaffei David, 57
Scelba Mario, 536
Schabowski Günter o Guenther, 631-633
Schlieffen Alfred von, 80, 88, 102-103
Schönerer Georg Ritter von, 227
Scorza Carlo, 249
Selassié Hailé, 363
Semeria Giovanni, 141
Serrai Roberto, 67, 106
Serrati Giacinto Menotti, 209, 217, 259
Sforza, Carlo, 263
Sharon Ariel, 647
Shelest Petro, 582
Shenkar Oded, 682
Smith Bertha, 541
Snyder Timothy, 462
Sonnino Sidney, 99, 103-104, 123, 134
Sorel Georges, 16-17, 26
Speer Albert, 404, 416, 455
Stalin (Iosif Vissarionovič Dzugasvili), 65, 171, 222, 280-287, 291-292, 317, 322, 336, 339, 347, 357, 367, 369, 374, 380, 383, 396, 399, 405, 409-410, 415-418, 444, 456, 461, 472-476, 479-480, 489, 494, 499-500, 502, 504, 514-518, 533, 538, 540, 543-545, 648, 653
Starace Achille, 318
Stasek Bohumil, 504
Stevenson David, 104
Stolypin P.A., 155
Strasser Gregor, 277
Stresemann Gustav, 224
Stroop Jürgen, 448
Sturzo Luigi, 210-211, 261, 484
Sun Yat-sen, 340-341, 344

Svoboda Ludvík, 505, 581
Sykes Mark, 680
Szilard Leo, 423

T

Tardieu André, 187
Tasca Angelo, 210
Taylor Frederick, 226
Tedeschi Falco Annamarcella, 338
Terracini Umberto, 210
Thatcher Margaret, 678
Tirpitz Alfred von, 83
Tito (Josip Broz), 420-421, 480, 515, 518, 538, 544, 659-660
Tobagi Walter, 624
Togliatti Palmiro, 210, 380, 409, 421, 484, 486, 488, 490, 538
Tranfaglia Nicola, 487
Treves Claudio, 137, 259
Trockij Lev, 171, 174, 186, 193-194, 280-282
Truman Harry S., 416, 422, 475-478, 494-495, 500, 502, 533, 584
Tuchacevskij Michail N., 177, 222, 287
Turati Augusto, 249, 317-318
Turati Filippo, 25, 30, 33-34, 101, 137, 209, 259

U

Ulbricht Walter, 541
Umberto II (re d'Italia), 485

V

Valera Paolo, 249
Valpreda Pietro, 619, 629
Valzania Sergio, 38, 70
Vanzetti Bartolomeo, 225
Videau Jean, 36
Vittoria (regina d'Inghilterra), 188
Vittorio Emanuele III (re d'Italia), 98, 103, 260, 262-263, 332, 399, 401, 485, 500
Viviani René, 105
Vo Nguyen Giap, 584

W

Wagner Richard, 227
Walesa Lech, 613, 615
Weidling Helmut O.L., 418
Weizsäcker Carl Friedrich von, 423
Werth Nicholas, 145, 292
Weygand Maxime, 386
Wilson Thomas Woodrow, 131-132, 187, 204, 221, 370
Wyszynki Stefan, 518

Z

Zamboni Anteo, 264
Zawahiri Ayman al-, 664-665, 668
Zdanov Andrej, 339
Zinov'ev Grigorij, 186
Zola Émile, 15
Zubkova Elena, 545
Žukov Georgij Konstantinovič, 418